사서

論語

中庸

四書

김원중 옮김

大學

사서

孟子

- 번역문에서 대괄호 [ ] 안의 문구는 내용 이해를 위해 역자가 추가한 것이고, 소괄호 ( ) 안의 내용은 해당 단어에 대한 간단한 설명이다.
- 각 편 및 장의 첫 부분에 붙인 해설은 본문에 나오는 주요한 사건이나 개념, 문장을 통해 전체 그림을 그려본 것이다. 역자의 독단과 감상을 경계했으며, 본문과의 중복을 피하고자 간소화했다.
- 찾아보기는 인명, 지명, 관직명, 주요 개념어 등을 중심으로 세밀하게 작성했다.

1.《대학》

- 내각본內閣本(1820년 간행, 2003년 학민문화사 영인본)인 주희朱熹의《대학장구大學章句》를 저본으로 삼았으며, 장이나 단락의 구분도 대부분 이 책을 따랐다. 아울러 중국 중화서국中華書局의《사서장구집주四書章句集注》도 주요 판본으로 삼아 교감 등에 활용했다.
- 주석은 주희의 주해 부분을 참조하되 역자의 번역 원칙을 견지했다. 또한 정약용을 비롯해 여러 주석가의 의견도 제시함으로써 독자들이 다양한 해석의 가능성을 접할 수 있도록 했다.
- 각 장과 절의 제목은 독자의 이해를 돕기 위해 역자가 임의로 붙인 것이다.

2.《논어》

-《논어》는 주로 공자와 제자들 혹은 제자들 간의 어록이므로 대화체의 어감을 살려 생동감 있고 감칠맛 나는 번역문을 만들고자 했다.
- 기존 번역본들과 달리 소제목을 달아 독자들이 쉽게 내용을 유추할 수 있게 했다.
-《논어》는 해석의 논란이 있는 부분이 많으므로 각주를 통해 여러 학설을 제시하고 각각의 타당성을 살펴보았다. 주희의《논어집주》와 정약용의《논어고금주》등을 비롯하여 역대 저명한 주석가들의 해설의 차이점을 두루 망라하려 노력했다.
- 제자가 공자에게 물을 때는 '여쭈었다'로, 공자가 말하거나 대답할 때는 '공자께서 말씀하셨다'로, 공자가 상급자의 질문에 답할 때는 '대답하셨다'로 옮겼다. 그외에 제자들끼리의 대화는 반존칭으로, 제자들이 혼자 말하는 부분은 '말했다'로 통일했다.
- "인仁" "광匡" 등 한 글자로 된 한자어를 제외하고는 원문에 해당 한자가 나올 경우 번역문에는 일일이 병기하지 않았다.
- 특별한 경우를 제외하고는 교감 작업은 하지 않았지만, 중요한 구절에 한하여 판본 문제를 거론했다.

3.《맹자》

- 주희의 사서집주본(중화서국, 표점본 1990)을 저본으로 삼아 완역했다.
- 소제목은 역자가 붙인 것으로, 독자가 쉽게 내용을 유추할 수 있게 했다. 또한 참고나 인용에 편리하도록《맹자》7편 각 상·하 장을 14장으로 하여 일련번호를 표시했다.
- 《맹자》는 해석의 논란이 있는 부분이 많으므로 각주를 통해 여러 학설을 제시하고 각각의 타당성을 살펴보았다. 주희의《맹자집주》, 조기의《맹자장구》, 초순의《맹자정의》를 비롯하여 정약용의《맹자요의》와 양보퀀의《맹자역주》 등을 비교 분석하고, 역대 저명한 주석가들의 해설을 두루 망라하여 그 차이점을 밝히고자 노력했다.
- 맹자의 제자 만장과 공손추가 맹자에게 물을 때 '문왈問曰'은 '여쭈었다'로, '왈曰'은 '말했다'로 통일하여 번역했는데, '왈'도 '여쭈었다'는 개념이 들어 있다. 맹자가 말하거나 대답할 때는 '맹자께서 말씀하셨다' 또는 '대답하셨다'로, 맹자가 왕의 질문에 답할 때는 '왕께서'로 번역했지만, 왕의 발언에는 '왕이 말씀하였다'로 하여 존칭어를 생략했다.
- 각주에서 맹자의 발언과 관련 있는 다른 문헌들, 예를 들어《시경》·《좌전》·《사기》 등의 내용을 병기하고 역자 나름의 평을 덧붙인 경우가 있는데, 이는 독자에게 해당 발언의 역사적·사상적 맥락을 알려주고자 함이다.

4.《중용》

- 내각본(1820년 간행, 2003년 학민문화사 영인본)인 주희의《중용장구中庸章句》를 저본으로 삼았으며, 장이나 단락의 구분도 대부분 이 책을 따랐다. 아울러 중국 중화서국의《사서장구집주》도 주요 판본으로 삼아 교감 등에 활용했다.
- 주석은 주희의 주해 부분을 참조하되 역자의 번역 원칙을 견지했다. 또한 정약용을 비롯해 여러 주석가의 의견도 제시함으로써 독자들이 다양한 해석의 가능성을 접할 수 있도록 했다.
- 각 장과 절의 제목은 독자의 이해를 돕기 위해 역자가 임의로 붙인 것이다.

서문

《논어》, 《맹자》, 《대학》, 《중용》을 일컫는 사서四書는 동아시아 사상의 주축을 이뤘다. 사서의 내용은 예禮를 중심으로 하는 가정윤리부터 군신관계 및 공동체 의식에 이르기까지 동아시아 사회에 큰 영향을 미쳐왔다. 인간의 본질을 예리하게 꿰뚫고, 민심을 얻는 왕도정치의 핵심을 담았으며, 수양과 덕치의 길을 알려주는 고전으로서 그 위상을 확고히 구축하여 오늘날까지 필독서로 거론된다.

사서는 남송의 주희가 집대성한 성리학의 구심점 역할을 했다. 공자와 맹자의 사상을 담은 《논어》·《맹자》, 유가의 도통을 잇는 증자와 자사의 《대학》·《중용》은 조선 유학자들에게 주희의 학문을 받아들이고 실천하기 위한 핵심 텍스트였다. 사실 주희가 아니었다면 《대학》과 《중용》은 《논어》·《맹자》와 대등한 지위를 누리지 못하고, 그저 《예기》를 읽다가 마주하는 두 편에 불과했을지도 모른다.

널리 알려져 있듯 유가 사상의 비조인 공자와 제자들의 어록인 《논어》의 위상은 지대하며, 《논어》가 사서의 중심축인 것은 분명하다. 날카로운 현실 인식을 바탕으로 명쾌한 논리와 탁월한 비유를 통해 왕도정치 및 민생경제를 이야기하는《맹자》또한 빼놓을 수 없는 대표적 유가 경전이다. 두 책에 비해《대학》과《중용》은 편폭이 상당히 짧지만, 주희는 사서 가운데《대학》과《중용》을 가장 먼저 읽어야 할 책과 가장 마지막에 읽어야 할 책으로 꼽았다. 이 같은 주희의 주장으로 인해《대학》과《중용》은《논어》·《맹자》와 견줄 만큼 비중을 갖게 되었고, 유학의 판도는 오경(《시경》,《서경》,《주역(역경)》,《예기》,《춘추》) 중심이 아니라 사서 중심으로 바뀌었다.《대학》을 큰 배움의 지침으로 삼고,《논어》를 통해 삶의 향방을 정하며,《맹자》로 인의와 왕도정치를 실현하고,《중용》으로 균형을 잡는 주희의 사서 독서법 또한 금과옥조처럼 지켜졌다.

춘추전국시대로부터 2,000여 년의 시간이 흐른 지금 사서를 읽어야 하는 이유는 무엇일까?《대학》은 말 그대로 '대인이 되는 배움'으로, 바르고 큰 사람이 되는 길을 가르친다.《논어》는 백성을 부유하게 하고 나서 가르치라는 '선부후교先富後教'의 논리를 펼치고,《맹자》는 백성과 즐거움을 함께하라는 '여민동락與民同樂'을 주창한다.《중용》은 '성실함'에 중심을 두고 치우침 없는 덕성으로 인간의 삶에 질서를 부여한다. 이처럼 춘추전국시대라는 혼돈의 시기에도 인성의 복원을 중시한 사서의 사유는 여전히 우리에게 유용한 삶의 지표를 제공한다. 네 권의 책에는 도덕을 탐구하고 이를 실천하는 정신이 배어 있어, 인간으로서 보편적 가치와 사회 질서를 유지하는 데 튼튼한 지침이 된다. 이와 함께 무엇이 진리이고 무엇이 선인지 치열하게 고민하는 유가의 사유는 창의성을 고취하는 동시에, 인생을 살아가며 우리가 부딪치는 문제를 고민하는 데에도 큰 도움을 준다. 수천 년 동안 전 세계 사람들에게 읽히는 가치의 지속성이야말로 사서의 힘이 아닐까?

이번에 사서를 완역하면서 원전에 바탕을 둔 쉬운 번역을 지향하고 상세한 각주를 다는 등 번역 원칙에 충실하였고, 원문을 수록하여 전문가와 일반 독자를 두루 고려했다. 주희의 사서 독서법에 맞춰 《대학》·《논어》·《맹자》·《중용》 순으로 사서를 읽고 오롯이 탐독할 수 있도록 한 권에 담아 선보인다. 후련함과 두려움이 교차하면서도, 이 사서 합본에 담긴 사상의 정수가 독자들에게 제대로 전해지길 바라는 마음이 간절하다.

2021년 3월

연구실에서

김원중

차 례

세부 차례

《대학》

《논어》

《맹자》

《중용》

대학
大學

해제

《대학》과 《중용》의 탄생 배경과 주희의 역할

《대학大學》과 《중용中庸》이 나오게 된 송 대宋代의 사상적 배경은 이러하다. 송 대는 유가儒家를 표방했으므로 기본적으로 사상과 문화, 풍속 등 모든 방면의 사유체계가 유가에서 나왔다. 그런데 문치를 숭상하다 보니 자연스레 국방력의 약화로 이어졌고, 1127년 북방의 이민족이 쳐들어와 금나라를 세우자 남송南宋 시대가 열린다. 서로 다른 문화를 북방과 남방이 공유하는 상황이 되자 지식인의 사회적 책임감과 정치 참여 의식이 고양되었다. 그래서 지식인들은 벼슬길에 오르기 전부터 천하를 걱정했고, 관직에 나가서도 자신들의 뜻을 펼치려고 했으며, 책임감 또한 이전 시대 지식인과는 달랐다. 송 대 사대부의 현실 참여 의식과 사명감은 "천하가 걱정하기 전에 먼저 걱정하고 천하가 즐거워한 이후에 즐거워해야 한다[先天下之憂而憂, 後天下之樂而樂]."라는 범중엄范仲淹의 발언에서 이미 선명하게 드러나고 있었다. 말하자면 대중보다 먼저 근심하고 나중에 즐긴다는 이타주의적 사유가 그들의 내면에 깊이 자리 잡고 있었다.

이런 시대적 상황에서 유학을 새롭게 해석한 학자가 다름 아닌 주희朱熹였다. 주희는 송 대 지식인의 정신을 학술 사상에 그대로 반영하여 송 대 학풍을 열었으며, 무엇보다도 유가의 회복에 뜻을 두었다. 선진先秦 시기의 유학은 쇠락한 예악禮樂, 정치 및 문화의 재건을 주요 과제로 삼은 데 비해, 도가나 불교는 명리名理, 현학玄學, 심성학心性學 등의 개념과 결합하면서 새로운 사상으로 변화를 거듭하고 있었다. 이러한 상황에서 신유학新儒學은 도가와 불교를 비판하고 새로운 시대에 걸맞은 유학을 건설하기 위해 우주본체론宇宙本體論, 인성론人性論, 공부수양론工夫修養論, 정치·사회철학 같은 철학적 이론체계의 확립을 절실하게 바랐다.

아울러 유학자들은 사회 저변에 민중을 중심으로 널리 퍼진 불교에 대해 특히 깊은 우려를 나타냈다. 인륜을 저버리는 승려와 신도의 증가는 적지 않은 사회 문제를 일으킬 수 있다고 보았기 때문이다. 말하자면 유학의 핵심은 가족인데, 불교는 가족의 해체를 전제했고, 수신제가와 치국을 같은 흐름 속에서 바라보는 유가의 시각으로 볼 때 당연히 배척해야 하는 대상이었다.

《대학》은 《중용》과 더불어 오경五經 중 하나인 《예기禮記》의 한 편명으로 수록되어 있었던 것을[1] 주희가 진면목을 알아채고 책으로 격상시켰다. 주희는 《대학》의 첫머리에 나와 있는 세 가지 강령과 '수신修身', '제가齊家', '치국治國', '평천하平天下' 등의 조목에 주목했다. 이런 명제들은 적어도 사회적 도덕을 실천함으로써 국가를 확립한다는 명제에 충실할 수 있는 확고한 근거로 충분하다고 보았기 때문이다. 물론 이런 유가의 가족 중심 윤리 사상은 비판적인 시각에서 바라볼 소지도 있다. 선진 유학과 마찬가지로 군주와 신하, 아버지와 아들, 남편과 아내, 형과 아우, 친구와 친구 사이의 친소관계가 강조되어 객관적인 정치가 가능하느냐는, 일종의 감성주의적 정치 성향이 문제가 될 수도 있다. 그러나 주희는 유학의 본령을 회복하는 것이 한족의 자존심을 회복하는 길이라고 판단했고, 그런 사상적 흐름을 주도할 독서의 구심점을 확립해야만 했다.

사서에 《대학》과 《중용》이 들어간 이유

주자학을 대표하는 주희는 이정二程(정호程顥·정이程頤)의 제자들에

---

1) 《예기》는 여러 학자가 정리한 책으로, 수록된 내용은 시대마다 편차가 있다. 진시황의 분서갱유를 겪고 난 이후에 한나라 때 정리된 것이어서 적지 않은 부분에서 위작 시비가 있었고, 저작 연대 역시 이설이 분분하다. 물론 《예기》에 수록된 내용이 유가에 의해 지어진 것이 대부분이고, 그 시기 역시 전국시대에서 한나라 초기라고 보는 것이 대체적인 견해이며, 《예기》에서 《대학》과 《중용》 두 편이 독립되면서 세상의 주목을 받기 시작했다.

의해 번성한 북송 시대의 유학을 종합하여 계통을 세운 인물이다. 주희의 자는 원회元晦이고, '회암 선생晦庵先生'이라고 불렸으며, 그의 학파는 민학閩學으로 불렸다. 주희는 아버지를 일찍 여의고 학업에 정진한 결과 열여덟 살 때 과거 예비시험에 합격하고 이듬해 본시험에 합격하여 스물네 살 때 관직에 나아가 실권 없는 공무를 부단히 수행하며 한편으로는 학자로서 발군의 역량을 발휘했다. 기존 오경 중심의 유학을 사서 중심의 신유학, 즉 성리학으로 탈바꿈한 그는 늘 "나는 게으름을 피우지 못하는 자"라면서 제자 467명을 기른 대유학자였다.

그는 자신의 말이나 행동 또한 신유학[2)]에 맞추었다. 그는 모든 사물은 형식의 기본 원리인 '이理'와 질료質料라고 할 수 있는 '기氣'를 가지고 있다고 보았다. 주희는 우주와 그 안에서 개인이 차지하고 있는 위치에 대한 폭넓은 철학적 관점을 제공했다. 그는 수·당 시대의 유교를 비판하고 주 대 후기 및 한 대 후기의 유교 경전으로 돌아갈 것을 주장했다. 그는 약 120권에 이르는 십삼경十三經에

2) '신유학이 누구에게서 시작되었는가' 하는 문제에는 다음과 같은 시각이 있다. 도道·불학佛學에 맞선 유학의 부흥운동이라는 점에서는 한유韓愈와 이고李翶부터 시작되었다고 할 수 있고, 문제의식과 이론이 갖추어졌다는 점에서는 주돈이周敦頤부터 시작되었다고 할 수 있다. 그러나 오늘날 이학理學, 심학心學의 이론적 문제는 정호, 정이 형제에게서 나왔고, 이학은 주희에 의해 집대성되었으며, 심학은 육구연陸九淵, 왕수인王守仁에 의해 완성되었다.

서 유교 사상의 핵심이 담겨 있는 《논어》, 《맹자》, 《중용》, 《대학》을 간추려내어 사서四書라는 이름으로 편찬했다.

요임금, 순임금, 우임금, 문왕과 무왕에 이어 당대의 고문古文 운동가인 한유韓愈와 유종원柳宗元까지 이어져 내려오다가, 남송의 정자程子와 주희에 이르러 완성된다는 것이 유가 도통론道統論의 틀이다. 주희는 《대학장구大學章句》의 서문에서 "《대학》이라는 책은 공씨가 남긴 글이고, 처음으로 배워 덕에 들어가는 문이다.[《大學》, 孔氏之遺書, 而初學入德之門也.]"라고 분명히 밝혔다. 한 걸음 더 나아가 《대학》은 덕德으로 들어가기 위해 가장 먼저 읽는 책이라고 하면서 덕의 의미를 제대로 알기 위해서는 《대학》, 《논어》, 《맹자》, 《중용》 순으로 읽어야 한다고 말했다.

> 대체로 《대학》보다 먼저 함이 없으니 강령을 잡지 않고서 《논어》와 《맹자》의 정밀하고 미묘함을 다할 수 없기 때문이며, 《논어》와 《맹자》를 읽지 않으면 융회관통融會貫通하여 《중용》의 돌아가는 길을 다할 수 없어 《중용》에서 지극함을 이해할 수도 없으며, 큰 기본을 세우고 큰 벼리를 논하며 천하의 책을 읽거나 천하의 일을 거론할 수도 없다.[3]

---

3) "蓋不先乎大學, 無以提挈綱領, 而盡語孟之精微, 上參之論孟, 則無以融會貫通, 而極中庸之指趣, 然上會其極於中庸, 則又何以建立大本, 經綸大經, 而讀天下之書, 論天下之事哉."(《대학혹문大學或問》)

지금에 가히 옛사람이 학문을 위해 순서를 매긴 것이 유독 이 편의 존재에 의지함을 볼 수 있고, 《논어》와 《맹자》를 그다음으로 하니, 배우는 자는 반드시 이로 말미암아서 배워나간다면 아마도 거의 어긋남이 없을 것이다.[4)]

위의 두 인용문은 주희가 쓴 책에서 따온 것이다. 주희는 《대학》이 강령綱領이고 《중용》은 대본大本이며, 두 책은 서로 융회관통한다고 설명한다. 그는 천인합일天人合一의 이치를 이해하는 핵심이 이 두 책 속에 있다고 보았다. 이 책들이야말로 주희의 학술사상에서 처음과 끝이 되므로, 그가 《대학장구》에서 시작하여 《중용장구》에서 마무리하려는 의도가 분명하다.

물론 사서라는 계보 속에는 공자가 공통으로 들어가 있다. 공자는 항상 "나는 주나라를 따르겠다.[我從周.]"라고 했다. 주나라의 기원인 요, 순, 문왕과 무왕의 대를 이어 공자인데, 공자를 이을 사람이 필요했다. 공자가 그토록 아꼈던 제자인 안회顔回가 도통을 잇지 못하고 요절하자, 또 다른 제자인 증자曾子가 《대학》을 지어 도통을 이었다.[5)] 또한 《중용》을 쓴 사람이 공자의 손자인 자사子思이니, 따

4) "於今可見古人爲學次第者, 獨賴此篇之存, 而論孟次之. 學者必由是而學焉, 則庶乎其不差矣."(《대학장구大學章句》)

지고 보면 공자의 사유가 다 배어 있는 셈이다.

주희는《대학》과《중용》이 자신의 수양과 나라의 통치를 위한 중요한 이론이며 지침이 되기에 전혀 부족함이 없는 명저라고 판단했다.《중용》이 도덕적 보편성과 필연성을 이론적으로 제공한다면,《대학》은 도덕과 지성을 하나의 영역으로 묶어놓은 책이다.《논어》나《맹자》와는 달리 내용이 논변적이고 형이상학적이라는 점에서 두 책이 차지하는 위상과 비중은 상당히 크다.

주희가《대학장구》에 온 힘을 기울인 이유

'대학'이라는 이름은 정현鄭玄이《삼례목록三禮目錄》에서 "대학이라고 한 것은 그것으로써 박학博學을 기록하고 있어 정사를 할 수 있기 때문이다.[大學者, 以其記博學, 可以爲政也.]"라고 한 데서 나왔다. '대학大學'에서 '대大' 자의 독음은 '대'와 '태' 두 가지다. 주희처럼 '대

5) 주희는《대학장구》에서 경문經文은 공자의 말씀을 증자가 서술한 것이고, 나머지는 제자들이 증자의 취지를 서술한 것이라고 기록했다. 이것이 막강한 영향력을 발휘하여 증자가《대학》의 저자라는 설이 자리 잡았다. 증자는 공자보다 46세나 어린 제자였다. 증자의 아버지는 공자의 제자인 증점曾點으로, 공자는 부자父子를 모두 제자로 삼았다. 공자는 증자가 그다지 총명하지 않다고 여겼는데, 오히려 우직한 증자가 공자의 학문을 계승했다는 점도 특기할 만하다.

학'이라고 읽으면 소학과 상대되는 뜻이 되고, '태학'이라고 읽으면 고대의 학궁學宮, 즉 교육기관이란 뜻이다. 한나라 때 모든 학문을 세운 것이 태학太學이고, 15세 이상의 귀족 자제들이 배울 수 있는 일명 국립대학이다. 반면 동양 최초의 사립대학이라고 할 수 있는 서원書院은 주희가 처음 세웠다고 할 수 있다. 서원에서 가르치는 과목도 사서 위주의 유가 경전이다. 태학에서 가르치던 사람들을 교수教授 또는 박사博士라고 하는데, 오늘날의 교수와 박사라는 말이 여기서 나왔다. 태학에서 오경을 가르쳤으므로, 태학의 교수와 박사를 '오경박사五經博士'라고 불렀다.

송나라 왕응린王應麟이 편찬한 《옥해玉海》에 "송나라 인종仁宗 천성天聖 8년에 새로 급제한 진사 양공진王拱辰에게 《대학》을 하사했다."라는 기록이 있는 것으로 미루어볼 때, 일찌감치 《예기》에서 독립한 《중용》과 달리 《대학》은 송 대 인종 재위 중에 독립했다. 그리고 최초의 주석으로는 사마광司馬光의 것을 거론하지만, 그에 관한 내용은 전하지 않는다. 사마광 이후 많은 주석서가 나왔는데, 정호와 정이에 이어 주희가 개정한 《대학》이 나옴으로써 원래의 《대학》을 《고본대학古本大學》이라 하여 구분하고, 개정 전 한 대·당 대 주석을 '고주古注', 송 대 정호·정이, 주희의 주석을 '신주新注'라고 구분한다.

주희는 마흔세 살 때인 1172년 《대학장구》의 초고를 완성했다. 《주자어류朱子語類》 권40에 다음과 같은 내용이 나온다.

하루는 학생들에게 《대학》을 보여주며 말했다. "나는 평생의 정력을 이 책에 다 쏟아부었다. 먼저 이 책을 통달하고 나서야 바야흐로 글을 읽을 수 있다." (……) 사마온공(사마광)이 《자치통감》을 만들고서 말하기를 "신 평생의 정력이 모두 이 책에 있습니다."라고 했는데, 나에게도 《대학》이 그러하다. 《논어》, 《맹자》, 《중용》은 도리어 힘을 기울이지 않았다.[6)]

온 정력을 쏟아부었다는 주희는 《예기》에서 분리된 '대학'을 《대학장구》라고 이름 붙이고 경經1장과 전傳10장의 체계로 나누고, '명명덕明明德', '친민親(新)民', '지어지선止於至善'을 '삼강령三綱領'으로, '격물格物', '치지致知', '성의誠意', '정심正心', '수신修身', '제가齊家', '치국治國', '평천하平天下'를 '팔조목八條目'으로 삼았다. 팔조목을 보자.

사물의 이치를 구명한 뒤에 앎이 이르고, 앎이 이르고 난 뒤에 뜻이 정성스러워지고, 뜻이 정성스러워진 뒤에 마음이 바르게 되고, 마음이 바르게 되고 난 뒤에 몸이 닦아지고, 몸이 닦아지고 난 뒤에 집안이 다스려지고, 집안이 다스려지고 난 뒤에 나라가 다스려지고, 나라

---

6) "一日, 教看大學, 曰: "我平生精力盡在此書. 先須通此, 方可讀書." (……) 溫公作通鑑, 言: "臣平生精力, 盡在此書." 某於大學亦然. 論孟中庸, 卻不費力."

가 다스려지고 난 뒤에 천하가 평정된다.[7)]

그러고는 《고본대학》 제2장 '성의장誠意章'에 속해 있던 것을 앞으로 옮겨 '삼강령'을 재해석한 전문으로 개편하고, 그 뒤에 '본말전本末傳'을 별도로 두어 편집했다. '격물치지전格物致知傳'에 빠진 문장이 있다고 판단하고는 자신이 직접 해당 내용을 기술하는 방식을 취해 '보망장補亡章'을 새로 추가하는 모험을 감행했다.

주희는 자신이 재편집한 의도를 《대학장구》의 서문에서 이렇게 말했다.

> 모든 전문은 경과 전을 섞어 인용하여 마치 계통과 벼리가 없는 듯하다. 그러나 글의 원리가 이어지고 혈맥이 관통하여 깊고 얕음과 처음과 끝이 지극히 정밀하니, 숙독하고 자세히 음미하면, 오래되면 마땅히 알 수 있을 것이므로 이제 다 해석하지 않는다.[8)]

주희가 편찬의 원칙으로 삼은 대체적인 사안들이 일목요연하게

---

7) "物格而後知至, 知至而後意誠, 意誠而後心正, 心正而後身修, 身修而後家齊, 家齊而後國治, 國治而後天下平."

8) "凡傳文, 雜引經傳, 若無統紀, 然文理接續, 血脈貫通, 深淺始終, 至爲精密. 熟讀詳味, 久當見之, 今不盡釋也."

드러나니, 그의 의도는 《대학》의 경·전과 삼강령, 팔조목의 논리 구조를 제대로 구현하는 데 중점을 둔 것으로 보인다.

주희가 재분류한 《대학》의 구성

그렇다면 주희가 재분류한 《대학》의 구성은 어떠한가? 주희가 펴낸 것은 《대학장구》인데, 경經·전傳과 장절章節의 구분이 없던 것을 장구를 나누고 주석을 붙이고 본문을 교정·이동했다. 좀 더 자세히 살펴보자.

경 1장은 공자께서 말씀하신 '대학의 도'를 증자가 서술한 것이고, 전 10장은 증자의 말을 그 제자들이 다시 기록한 것이다. 즉 《대학》은 공자의 말씀인 경문經文과 증자의 말씀인 전문傳文으로 구성되어 있다. 그 내용은 대부분 《논어》와 《맹자》의 내용과 긴밀한 상관관계를 이룬다. 이를 바탕으로 탄생한 사서는 관학이 되면서 일종의 통치 교과서 역할도 충실하게 수행한다.

주희에 의해 《대학》의 지위는 확고해졌지만, 《대학장구》는 주희의 의도가 적극적으로 개입된 구성이라는 점에서 논란의 여지가 있다.

몇 가지 사안만 보기로 하자. 우선 삼강령에 대한 논의는 적지 않은 논란을 일으켜왔다. '명덕明德'이 함축하고 있는 내용과 주희가

'친親'의 개념을 '신新'으로 교열한 것, 그리고 '지선至善'의 의미 문제 등이 바로 그것이다.

'명덕'의 개념부터 설명해보자. 주희는 격물치지에 접근하는 것에서 출발하여 사물의 이치와 마음의 본질을 탐구해야 한다고 주장한다. 명덕을 심성의 문제와 연관시키는 이유가 그것이다. 명덕을 인간이 실현해야 할 가치로 본다면 명덕을 밝히는 것은 바로 격물·치지와 성의·정심의 문제와 직결된다. 주희가 《대학》을 해석하면서 이 문제를 강조한 것은 유학만이 당시 만연하던 도교나 불교와 대적할 수 있었기 때문이다. 즉 유학의 수양이론이 공부에서 출발한다면, 주희가 《대학장구》를 통해 논의하고자 하는 사유는 《대학》이 얼마나 높은 사상사적 지위를 갖고 있는가 하는 점으로 귀결된다. 덕치를 표방하는 유가의 정치는 도덕 수양이 잘되고 높은 수준의 지식과 능력을 갖춘 인간의 정서가 하늘의 이치를 본받은 도덕 질서에 따라 정치 행위로 베풀어졌다는 점에서 선진 유학이 추구했던 덕치와 인치의 맥락과 닿아 있다.

여기서 주목할 점은, 주희는 인간의 본성이 사물에도 똑같이 내재해 있다고 인식해 사물에 대한 탐구야말로 인간 탐구의 전제가 된다고 본 것이다. 그러므로 《대학》의 '전傳'에 '격물치지' 항목이 없는 것을 이상하게 생각했고, 사물의 이치를 탐구함으로써 인간이 수양된다고 주장하는 '보망장'을 넣은 것이다. 그가 '격물치지'와 '성의정심誠意正心'을 두 단계의 학문 과정으로 생각해서 《대학》을 팔조목으로 나누었다고 보는 것이 연구자들의 일반적인 견해이다.

주희가 삼강령 중에서 '명덕'의 문제를 개인의 수양 차원에서 해석하고, 개인의 수양을 사회와 국가로 확장하여 백성을 교화해야 한다는 명제를 갖고 있음은 주지하는 바다. 그렇다면 백성을 새롭게 한다는 의미는 무엇인가. 도덕적인 감화로 아름다운 풍속을 지니게 된다는 뜻이다. 바로 수신을 통해 국가가 다스려지는 것을 의미하므로 주희는 '친민親民'을 '신민新民'으로 교열해야 한다고 주장한다. 말하자면 주희는 전2장에서 예로 든 옛 문헌들이 모두 새롭게 한다는 '신新'의 내용임을 근거로 '친親'을 '신新'으로 바꿔야 한다고 주장한 것이다. 물론 이 점에 대해 왕수인은 친함은 자신으로부터 점차 대상을 확장하는 것이므로 주희의 견해가 잘못되었다면서 굳이 교열할 필요성을 느끼지 않는다고 했는데, 후세의 연구자 대부분은 주희의 견해에 별다른 이의를 제기하지 않는다.

'지선至善'에 대해 주희는 인간이 도달해야 하는 지향의 문제로 파악한다고 했다. 세상 만물의 이치를 탐구하고 축적하여 깨달음을 얻어 지극한 선에 도달하는 것이 바로 천하를 태평하게 하는 경지인 것이다. 즉 모든 대상이 내재하고 있는 '지선'의 이치를 천하에 드러낸다는 의미이다.

결국 주희가 주장하는 《대학》은 15세 이상 왕이나 공경대부의 자제들, 사대부의 적자 등이 공부하는 내용으로, 8세 때 '소학小學'에서 익힌 기본적인 생활 도덕의 근거를 밝히는 공부, 즉 격물치지인 셈이다. 사물을 탐구하여 자신의 지식을 확장한다는 격물치지의 명제는 그 후 성리학자뿐만 아니라 반대파에 있는 학자들도 늘 고뇌하게 만드는 핵심 화두가 되었다. 《대학》을 구성한 주희의 관점은 분명 유학 사상을 체계화하는 과정의 일환이다. 남송 시기의 주희가 없었다면 성리학은 성립되기 어려웠을 것이며, 《대학》이 획득한 권위 역시 번영하지 못했을 것이다.

《대학》을 어떻게 읽을 것인가

주희가 《대학》, 《논어》, 《맹자》, 《중용》의 순서로 읽으라 했고, 이러한 순서는 율곡 이이의 《격몽요결擊蒙要訣》의 독서 지침에도 그대로 수용되었을 정도로 영향력 있는 주장이었다.

'소학'은 소인지학小人之學이고, '대학'은 대인지학大人之學이다. 《중용》에서는 '군자君子'와 그보다 높은 경지의 '성인聖人'이 거론되는데, 《대학》에서는 '대인大人'이라는 말[9]도 등장한다. 주희의 입장

9) '대인'은 《논어》 〈계씨〉 편 "군자에게는 세 가지 두려워하는 것이 있다. 천명을 두려워하고, 대인을 두려워하며, 성인의 말씀을 두려워한다.[君子有三畏. 畏天命, 畏大人, 畏聖人之言.]"라는 구절에도 보인다.

은 "《대학》을 통해 학문의 규모를 정하고, 《논어》에서는 근본을 배우며, 《맹자》에서는 발현된 부분을 관철하고, 《중용》에서는 옛사람의 미묘한 부분을 구하라."라는 것인데, 바로 이 점이 사서의 독법이다.

책 읽는 법에 관한 주자의 관점은 꽤 유명하다. 주희는 책을 읽을 때는 반드시 마음을 경건하게 가져야 한다고 강조했다. 경건함이란 일상적인 사고와 행위를 하는 데 외부 환경의 유혹에 이끌리지 않도록 마음을 붙들어 매는 것을 말한다. 이와 아울러 '허심虛心'과 '절기切己'도 강조했다. '허심'은 선입견을 물리쳐서 모든 의견을 경청할 수 있도록 마음을 열어놓는 자세이고, '절기'는 어떠한 문제를 풀기 위해 간절하게 도움을 구하는 태도이다.

주희는 사서 중 《대학》을 가장 먼저 읽어야 하는 이유를 이렇게 들었다. 사람으로 태어나 큰 공부를 하는 일을 세 가지 강령과 그에 따른 여덟 가지 조목을 중심으로 무엇이 가장 중요한지, 왜 공부해야 하는지, 어떤 마음으로 임해야 하는지 등 공부의 목적과 그 기본자세와 방향을 제시하고 있어서 갈피를 잡지 못하는 이에게 강력한 지침이 된다는 것이다.

이처럼 《대학》을 읽는 이유는 인간다운 삶을 살기 위한 자기 수양과 치세를 위한 기초 인문학적 소양 함양에 있다. '대인의 학문'이라는 말처럼, 이로움이나 추구하는 '소인'의 삶의 방식이 아니라 '군자'의 면모를 지키면서 어떻게 처신하는 것이 진정한 자기 정립의 지점인지 알아야 하지 않겠는가? 특히 지도자가 될 사람은 마땅히 '수기치인'의 도리를 먼저 알아야 한다. 즉《대학》은 인격 형성과 인간다운 삶을 위한 기본 지침서로 읽어야 하는 것이다.

오늘날 오직 돈이 최고라는 물질만능주의, 내가 아니라 남 탓이라는 아집과 편견이 대다수 사람의 뇌리를 장악하고 있다. 과연 우리의 존재는 무엇이며 현재 우리 사회가 당면한 문제가 무엇인가? 큰 공부의 이념이라고 할 수 있는 삼강령과 구체적 방법론이라고 할 수 있는 팔조목은 덕치를 바탕으로 둔 이상적 공동체에 이르는 길을 제시한다.《대학》을 인간 마음과 본성을 회복하고 내면을 닦는 계기로 삼는다면 우리의 삶도 지금보다 훨씬 더 풍요롭지 않겠는가? 단순하지만 내면에 지식을 쌓아가는 과정이 결국은 세상의 이치를 밝히는 길임을 다시 한 번 되새겨야 할 것이다.

경1장

공자의 말씀을 증자가 풀어서 설명하다

【해설】

"삼강령三綱領"은 '명명덕明明德', '친민親(新)民', '지어지선止於至善'이며, '명명덕'을 바탕으로 '친민'을 이루고, 다시 '친민'을 바탕으로 '지어지선'의 경지에 이르게 한다는 것이 삼강령의 위계이다. 지선의 경지란 국가 통치의 궁극 목적인 평천하이다. 명명덕, 친민, 지어지선은 끝까지 파고들어야 할 목표와 과정, 방법론 등이며, 구체적인 실현 방법으로 "팔조목八條目"을 제시했다. '격물格物·치지致知·성의誠意·정심正心·수신修身'은 '명명덕'의 일이고, '제가齊家·치국治國'은 '친민'의 일이며, '평천하平天下'는 궁극적인 목표인 '지어지선'이다. 주희는 팔조목을 "대학大學의 가지 같은 조목[大學之條目也]"이라고 했다. 삼강령이 나무의 기둥이라면 팔조목은 뻗어 나가는 가지인 셈이다. '격물·치지·성의·정심·수신·제가·치국·평천하'는 목표를 이루기 위해 능동적으로 이행하는 순서이다. '천하평天下平'의 능동형이 '명명덕어천하明明德於天下'로 명시되어 있으며, '치지致知'의 완성형이 '지지知至'임이 흥미롭다.

대학의 도가 제시하는 세 가지 강령 경1.1

대학大學[1]의 도는 밝은 덕을 밝히는 데 있으며[2], 백성을 새롭게[3] 하는 데 있으며, 지극한 선에 머무르게[4] 하는 데에 있다.

大學之道, 在明明德, 在親民, 在止於至善.

---

1) "대학大學"은 "대인지학大人之學"으로, 큰 사람[大人]의 학문을 말한다. '대인大人'은 '소인小人'과 대비되는 개념으로, '대인군자大人君子'라고도 쓴다. 도덕적 인격 수준이 성현의 지위에 오른 자로, 천하를 다스리고 교화할 수 있는 자격을 갖춘 사람을 뜻한다. 주희는 대인을 "성인"이라 했고, 왕수인은 대인을 "천지 만물을 자기의 몸과 하나로 보는 인仁[天地萬物一體之仁]"이라고 했다. 그리하여 주희는 "대학"을 성인이나 군자처럼 훌륭한 덕이 있는 사람의 학문과 천자나 경대부처럼 높은 지위에 있는 사람의 학문이라 했고, 공영달孔穎達은 널리 배워서 정치를 할 수 있도록 기록한 것이라 했다.

2) 원문의 "명명덕明明德"을 번역한 것으로, "명덕明德"은 배우거나 익혀서 얻는 후천적인 것이 아니라 사람이 태어날 때부터 지닌 덕을 말한다. 사람의 본성은 비록 청탁淸濁의 차이는 있으나 맑고 순수한 모습이라고 하여 이것을 명덕으로 보았고, 그것을 밝히는 데에 대학大學의 도道가 있다고 했다.(주희 설) 정현鄭玄은 "지극한 덕[至德]"이라 했고, 공영달은 "자기의 환하고 밝은 덕[己之光明之德]"이라고 했으며, 왕수인은 신령스럽고 명석한 덕이라고 했다.

3) 원문의 "친親"을 번역한 것으로, 주희는 "그 옛날에 물들었던 더러운 것을 제거함이 있게 하는 것이다.[亦有以去其舊染之汚也.]"라고 하여 사람은 누구든 오랫동안 가지고 있던 것을 새롭게 바꾸기가 대단히 어려움을 말한다. 원문에는 원래 '친親' 자로 되어 있는데, "친親" 자에 관하여 정이천程伊川은 '신新'으로 교정해야 한다고 했으며, 왕양명王陽明과 정약용丁若鏞은 오자가 아니라 '친애하다'는 뜻이라고 풀이했다. 말하자면 정이천과 주희는 '신新'으로 풀이하여 백성을 사랑하는 것에서 한 걸음 더 나아가 새롭게 만들어야 한다고 본 것이다. 대개 주자학파는 '신민'으로, 양명학파와 고본을 중시하는 학자들은 '친민'으로 풀이한다. 필자는 정이천과 주희 설에 의거하여 '신新' 자로 번역했다.

그침, 정함, 고요함, 편안함, 얻음의 순서 경1.2

그침을 안 이후에 정함이 있으며, 정한 이후에 고요할 수 있으며, 고요한 이후에 편안할 수 있으며, 편안한 이후에 생각할 수 있으며, 생각한 이후에 얻을 수 있다.[5)]

知止而後有定, 定而後能靜, 靜而後能安, 安而後能慮, 慮而後能得.

근본과 끝, 마지막과 시작 경1.3

사물에는 근본과 끝이 있고, 일에는 마지막과 시작[6)]이 있으니,[7)]

4) 원문의 "지어지선止於至善"을 번역한 것으로, 주희는 "모두 지선의 경지에 머물러 옮겨가지 않는다.[皆當止於至善之地而不遷.]"라는 뜻으로 보았으며, 공영달은 '처한다[處]'는 뜻이라고 했다. 지극한 선은 사물의 이치가 당연히 이르는 궁극이다. 밝은 덕을 밝히고 백성을 새롭게 하는 것은 모두 지극한 선의 경지에 머물러서 옮기지 않는 것이다. "반드시 하늘의 이치를 깨닫게 함으로써 터럭 하나만큼의 욕심이나 사사로움도 없게 한다.[蓋必其有以盡夫天理之極, 而無一毫人欲之私也. 此三者, 大學之綱領也.]"(주희 설)라는 것이다.

5) 이 단락은 '지止', '정定', '정靜', '안安', '려慮', '득得'의 순서대로 '육사六事'를 이야기하고 있다. 주희의 풀이대로 "지止"는 "마땅히 그쳐야 하는 곳이니, 곧 지극한 선이 있는 곳이다. 그것을 알면 뜻에 정해진 방향이 있게 된다.[所當止之地, 即至善之所在也. 知之, 則志有定向.]"라는 의미이고, "정靜"은 "망령스럽게 행동하지 않는 마음[心不妄動]"을 일컫고, "안安"은 "처하면서 편안히 하는 바[所處而安]"를 일컫는다. "려慮"는 "일을 처리하는 것이 정밀하고 상세한 것[處事精詳]"을 일컫고, "득得"은 "그치는 바를 얻는 것[得其所止]"을 일컫는다. 주희는 '정定'은 이치적인 면, '정靜'은 심적인 면, '안安'은 신체적인 면에서 말했다.

6) 원문의 "종시終始"를 번역한 것으로, 정약용은 "종終"을 제가치국평천하齊家治國平天下에서 '제齊', '치治', '평平'이라 보았고, "시始"를 성의정심수신誠意正心修身에서 '성誠', '정正', '수修'로 보았다.

앞서고 뒤서는 바를 알면 도에 가깝게 된다.

物有本末, 事[8]有終始, 知所先後, 則近道矣.

여덟 가지 조목 경1.4

예부터 천하에 밝은 덕을 밝히고자 하는 자는 먼저 그 나라를 다스리고, 그 나라를 다스리고자 하는 자는 먼저 그 집안[9]을 가지런하게 하고[10], 그 집안을 가지런하게 하고자 하는 자는 먼저 그 몸을 닦고, 그 몸을 닦고자 하는 자는 먼저 그 마음을 바르게 하고, 그 마음을 바르게 하고자 하는 자는 먼저 그 뜻[11]을 정성스럽게 하고, 그 뜻을 정성스럽게 하고자 하는 자는 먼저 그 앎에 이르러야 하니, 앎에 이르는 것[12]은 사물을 끝까지 파고들게 하는[13] 데 있다.

---

7) 이 문장의 의미에 대한 주희의 해설은 명쾌하다. "밝은 덕이 '근본[本]'이 되고, 백성을 새롭게 하는 것이 '말末'이 되고, 그침을 아는 것이 '시始'가 되고, 터득할 수 있는 것이 '종終'이 된다. '본本'과 '시始'는 먼저 하는 바요, '말末'과 '종終'은 나중에 하는 바이니, 이것은 위 문장 두 절의 뜻을 맺은 것이다.[明德爲本, 新民爲末, 知止爲始, 能得爲終. 本始所先, 末終所後, 此結上文兩節之意.]"

8) 정약용은 '물物'은 대상으로 뜻[意]·마음[心]·자신[身]·가정[家]·국가[國]·천하天下를 말하고, '사事'는 행위로 정성[誠]·바름[正]·수양[修]·가지런함[齊]·다스림[治]·태평[平]을 말한다고 했다.

9) 원문의 "가家"를 번역한 것으로, 원래는 제후가 신하에게 나누어준 토지를 뜻하지만, 여기서는 편의상 '집안'이라고 번역했다.

10) 원문의 "제齊"를 번역한 것으로, 균평均平, 즉 '고르고 평평하게 하다'라는 의미다.

11) 원문의 "의意"이다. '의'는 "마음이 피어나는 바[心之所發]"이니, "그 마음이 피어나는 바를 성실히 하여, 반드시 스스로 만족하여 스스로 기만하는 일이 없도록 하고자 하는 것[實其心之所發, 欲其必自慊而無自欺也]"이다.(주희 설)

古之欲明明德於天下者, 先治其國, 欲治其國者, 先齊其家, 欲齊其家者, 先修其身, 欲修其身者, 先正其心, 欲正其心者, 先誠其意, 欲誠其意者, 先致其知, 致知在格物.

사물의 이치를 구명한 뒤의 순서들 경1.5

사물의 이치를 구명한 뒤에 앎이 이르고,[14] 앎이 이르고 난 뒤에 뜻이 정성스러워지고, 뜻이 정성스러워진 뒤에 마음이 바르게 되고, 마음이 바르게 되고 난 뒤에 몸이 닦아지고, 몸이 닦아지고 난 뒤에 집안이 다스려지고, 집안이 다스려지고 난 뒤에 나라가 다스려지고, 나라가 다스려지고 난 뒤에 천하가 평정된다.

物格而後知至, 知至而後意誠, 意誠而後心正, 心正而後身修, 身修而後家齊, 家齊而後國治, 國治而後天下平.

---

12) 원문의 "치지致知"를 번역한 것으로, "치致"는 노력하여 최상의 상태에 이르는 것이다. 공영달은 "능히 배우고 익혀서 아는 것을 불러내어 이르게 하는 것[能學習招致所知]이라 했고, 주희는 "나의 지식을 궁극까지 밀고 가서, 아는 바가 다하지 않음이 없게 하고자 한다.[推極吾之知識, 欲其所知無不盡也.]"라고 했으며, 왕수인은 "내 마음의 양지良知(날 때부터 가지고 있는 시비지심)를 실현하는 것[致吾心之良知]"이라고 했다.

13) 원문의 "격물格物"을 번역한 것으로, 주희는 "격格"을 '이르다[至]'로, 공영달은 '오다[來]'로 보았다. '물物'은 '사事'와 같으므로 "사물의 이치에 끝까지 이르러, 궁극의 곳에 이르지 않음이 없게 하고자 한다.[窮至事物之理, 欲其極處無不到也.]"(주희 설)는 뜻이다. 왕수인은 바르지 못한[不正] 일이 바른[正] 것으로 돌아가는 것이라고 하여 사물들에 양지良知를 실현시킴으로써 사물을 바르게 하는 것, 사물의 위치를 회복하여 실천하는 것으로 보았다.

14) 원문의 "지지知至"를 번역한 것으로, "내 마음이 아는 바가 다하지 않음이 없다.[吾心之所知無不盡也.]"라는 것을 말한다.(주희 설)

수신이 근본이다 경1.6

천자부터 서인[백성]에 이르기까지 하나같이 몸을 닦는 것으로써 근본으로 삼았다.[15)]

自天子以至於庶人, 壹是皆以修身爲本.

근본이 어지러우면 경1.7

그 근본[자기 자신]이 어지러우면서도 끝이 다스려지는 것은 없으며, 그 두터운 바[16)]가 엷어지고, 그 엷은 바가 두터워지는 일은 있지 아니하다.

其本亂而末治者, 否矣, 其所厚者薄, 而其所薄者厚, 未之有也.

15) 천자天子부터 서인庶人에 이르기까지 모든 사람이 수신修身을 우선시해야 한다. 수신이 안 되면 집안과 나라를 다스릴 수 없다. 이세동은 팔조목의 첫 단계를 "격물"이 아닌 "수신"으로 보아 명명덕의 마지막 단계인 수신으로써 명명덕 전체를 포괄했다고 했다.

16) 원문의 "소후所厚"를 번역한 것으로, '소후'란 '집[家]'을 일컫는다. 정약용은 근본을 수신으로 삼으니 '소후'할 것을 자신으로, 박하게 할 것을 백성으로 보았다.[以修身爲本也. 所厚, 謂身也. 所薄, 謂民也.]

전1장

명명덕明明德

—밝은 덕을 밝히다

【해설】

주희는《대학장구大學章句》의 전傳에서 '명명덕明明德', '친민親(新)民', '지어지선止於至善', '본말本末', '격물치지格物致知', '성의誠意', '정심수신正心修身', '수신제가修身齊家', '치국평천하治國平天下' 등의 장을 나누었는데, 증자의 문인들이 치지致知에 대해 기록한 문장이라고 보았기 때문이다. 전傳에서는 경經에서 제시한 삼강령三綱領과 팔조목八條目에 대해《시경詩經》,《서경書經》등 고전의 관련 문장을 인용하여 해설하고 있다.《예기禮記》의 원본에는 여덟 가지 조목 가운데 격물치지와 관련한 내용이 없는데, 원래 있었으나 소실되었다고 생각한 주희가 스스로 128자를 저술하여 보완했다.

전의 1장은 "명명덕明明德"을 풀이한 것이다. 즉, 이 장의 글은 모두 자신의 덕을 밝히는 뜻을 말한 것이다. 전은 "명덕明德"과 관련하여《서경》의 '강고康誥'에서 왔을 것이라는 설, '태갑太甲'에서 왔을 것이라는 설, '제전帝典'에서 왔을 것이라는 설을 제시한다. 주희는 "책에서 인용한 바는 모두 스스로 자신의 덕을 밝혔다는 뜻을 말한 것"이라고 했다. 유가는 철저히 이성을 깨워 '내 안에 답이 있다'는 명제를 깨달으라는 학문이다.

덕을 밝히다 전1.1

'강고'[1] 편에서 말하기를 "능히[2] 덕을 밝힌다."라고 했다.

康誥曰: "克明德."

명을 돌아보다 전1.2

'태갑'[3] 편에서 말하기를 "이 하늘의 밝은 명을 돌아본다."[4]라고 했다.

太甲曰: "顧諟[5]天之明命."

---

1) '강고康誥'는 《서경書經》〈주서周書〉의 편명이다. 《서경》은 〈우서虞書〉·〈하서夏書〉·〈상서商書〉·〈주서周書〉로 나뉘며, 우虞·하夏·상商·주周의 역사서이다. 주나라 성왕成王이 아우 강숙康叔을 위나라의 제후로 봉하면서 내린 교훈적인 글이다.

2) 원문의 "극克"을 번역한 것으로, '능能' 자와 같은 의미다.

3) '태갑太甲'은 《서경》〈상서〉의 한 편명이다. 이윤伊尹이 태갑에게 가르침을 주는 글이다. 《사기》〈은본기〉에도 나온다. 탕임금이 세상을 떠나고 태갑제가 즉위했는데, 탕의 법령을 따르지 않고 현명하지도 않아 이윤이 그를 동궁으로 내쫓았다. 태갑제가 3년 동안 잘못을 뉘우치고 선해져서 돌아오자, 이윤이 그를 맞이했다는 기록이다. "[이윤은] 태갑제를 기려 태갑훈 세 편을 짓고, 태종이라 불렀다.[迺作太甲訓三篇, 褒帝太甲, 稱太宗.]"

4) 원문의 "고顧"를 번역한 것인데, "항상 눈이 그곳에 있다는 것을 일컫는 것[顧, 謂常目在之也]"이다. 주희는 "하늘의 밝은 명은 곧 하늘이 나에게 준 까닭으로 내가 덕으로 삼은 바이니, 항상 눈이 그곳에 있으면 때마다 밝지 않음이 없는 것이다.[天之明命, 卽天之所以與我, 而我之所以爲德者也, 常目在之, 則無時不明矣.]"라 했고, 정현은 '생각하다[念]'라는 뜻으로 보았으며, 공안국은 《서경》에서 "언제나 눈이 여기에 있다."라고 했고, 정약용은 "돌아보다[廻視]"라는 의미로 보았다.

큰 덕을 밝히다 전1.3

'제전'[6] 편에서 말하기를 "능히 큰 덕을 밝힌다."라고 했다.

帝典曰: "克明峻德."

스스로 밝히다 전1.4

[이런 것들은] 모두 [자신의 덕을] 스스로 밝히는 것이다.[7]

皆自明也.

---

5) "시諟"는 '이 차此'와 같다. '살필 심審'이라는 주석도 있으나, 이에 따르면 "하늘의 밝은 명을 돌아보고 살펴본다."라고 번역되는데, 역자는 취하지 않는다.

6) '제전帝典'은 《서경》 〈우서〉의 '요전堯典' 편이다. 이 글은 요임금의 덕치에 관한 글의 일부로, 개인의 덕을 닦음으로써 온 세상을 화평하게 다스린다는 내용이다.

7) 이 구절은 대학지도大學之道의 첫 단계로 내세운 '명명덕明明德'의 전거典據를 제시하는 대목이다. '명덕明德'을 설명하는 데 인용한 전거가 모두 수신의 덕목일 뿐만 아니라 천하를 덕으로 다스린 사례임에 주목해야 한다. 주희는 《대학》이 15세 이상 왕이나 공경대부의 자제들, 사대부의 적자 등이 공부하는 내용이고, '명덕'의 궁극은 '평천하'에 있음을 밝히는 대목이라 했다.

전2장

친민親(新)民

—백성을 새롭게 하다

【해설】

전의 2장은 "친민親(新)民"을 풀이한 것이다. 주희는 전2장의 내용이 모두 새롭게 한다는 '신新'이라는 점을 근거로 '친親'을 '신新'으로 바꿔야 한다고 주장했다. 제1절은 탕왕湯王을 인용하여 자신을 새롭게 하고, 이것을 근본으로 삼아 백성을 진작하고 새롭게 하여 변화를 이루면 나라에까지 미칠 수 있음을 말하고 있다. 이 내용을 경1장의 '명명덕'과 연관하여 설명한다. 자신은 신민의 근본이 되는 것이므로 먼저 이 점을 말한 것이다. 즉, '선善'은 선정으로 모든 백성이 선한 마음을 갖도록 정치를 하는 것을 말하며, 여기로 나아가게 하는 것이 '선왕지도先王之道'이다.

여기서 '新'의 의미를 세 가지로 볼 수 있다. 탕임금의 반명盤銘에서 새로워지는 것은 통치자 자신이다. '강고康誥'의 인용문은 자신과 백성이 새로워지는 것을 말하며, 새로운 기술이나 방법, 요령 및 새로운 문명에 필요한 모든 것을 포함한다. 세 번째는 유신維新으로 통치자와 백성이 함께 인간 생존환경의 발전을 추구하는 '신新'이다.

'신민新民'으로 보든 '친민親民'으로 보든 스스로 덕을 밝히는 '명덕明德'을 전제로 한다.

날마다 새롭고 또 새로워라 전2.1

탕[1]의 대야[2]의 새긴[3] 글에 말하기를 "진실로 날로 새로워지려거든, 나날이 새롭고, 또 날마다 새로워져야 한다."라고 했다.

湯之盤銘曰: "苟日新, 日日新, 又日新.[4]"

백성을 진작하라 전2.2

'강고' 편에서 말하기를 "새로워지는 백성을 진작[5]한다."라고 했다.

康誥曰: "作新民."

1) 탕왕은 이윤의 도움을 받아 폭군 걸왕을 치고, 박亳에 도읍하여 국호를 상商이라 정하고, 제도를 정비하여 13년간 재위했다. 그가 걸왕을 친 일은 유교에서 주周 무왕武王이 주왕紂王을 토벌한 것과 함께 올바른 '혁명'으로 불린다. 《사기》〈은본기〉에 "탕의 덕망이 지극하여 새와 짐승에게까지 미쳤도다.[湯德至矣, 及禽獸.]"라는 구절이 나온다.

2) 원문의 "반盤"을 번역한 것이다. 머리를 감고 몸을 씻는 대야[沐浴之盤]로, 한 사람이 들어갈 정도의 크기다.

3) 원문의 "명銘"을 번역한 것이다. 그 대야에 새긴 것이란 의미로, "스스로를 깨우치기[自警]" 위한 행위를 표현한 것이다.

4) 사람이 마음을 씻고 씻음으로써 악을 제거하는 것을 마치 그 몸을 씻는 것과 같이 보았다. 그러므로 대야에 글을 새긴 것은 때를 씻음으로써 나날이 새로워지고, 또 날로 새로워짐에 끊어짐이 있어서는 안 된다는 뜻이다.

오직 새로워라 전2.3

《시경》에 말하기를 "주나라가 비록 옛 나라[6]이지만, 그 천명은 오직 새로워질 것이다.[7]"라고 했다.

詩曰: "周雖舊邦, 其命維新."[8]

5) 원문의 "작作"을 번역한 것이다. "그들에게 북을 쳐주고, 그들을 춤추게 하는 것을 일컬어서 '작作'이라고 하니, 스스로 새로워지는 백성을 떨쳐 일어나게 하는 것을 말한다.[鼓之舞之之謂作, 言振起其自新之民也.]"라는 주희의 풀이가 제격이다. 공영달은 "되다"로 보아 이 글은 "성왕이 관숙管叔과 채숙蔡叔을 벌하고 강숙을 제후에 봉하여 은나라 유민을 다스리게 할 때, 그 유민이 주紂의 나쁜 풍속에 물들어 있으니 그들을 고쳐서 새로운 백성이 되게 하라고 강숙에게 당부한 글"(동양고전연구회 역주, 《대학》, 민음사, 2016, 51쪽)이라고 했다. 정약용은 《대학공의大學公議》에서 "작신作新"은 동사로 "흥興"과 의미가 통한다고 보아 "作新民"은 "백성을 일으킨다[興民]"는 뜻이라고 했다.

6) 원문의 "방邦"을 번역한 것으로, '국國' 자와 같은 의미다.

7) 원문의 "유신維新"을 번역한 것이다. 유신이란 '구舊'를 개혁하는 것이니, '오직 새롭게 한다'는 의미다.

8) 인용된 《시경詩經》은 〈대아大雅〉의 '문왕文王' 편이다. "주 나라가 비록 오래되었으나, 문왕에 이르러 능히 그 덕을 새롭게 함으로써 백성에게 미쳐서 처음으로 하늘의 명을 받은 것을 말한다.[言周國雖舊, 至於文王, 能新其德以及於民而始受天命也.]"라는 주희의 주석을 참고할 만하다.

종극을 쓰는 이유 전2.4

이런 까닭으로 군자는 [백성을 아낌에] 그 종극[9)]을 쓰지 않은 바가 없다.

是故君子無所不用其極.

9) 원문의 "극極"은 '종극終極'이란 의미로, '지어지선止於至善'을 뜻한다. 이 단어는 "스스로 새로워지고, 백성을 새롭게 하여 모두가 지극한 선에 머무르게 하고자 함이다.[自新新民, 皆欲止於至善也.]"(주희 설)라는 의미를 내포한다.

전3장

지어지선止於至善

—지극한 선에 머물다

【해설】

전의 3장은 '지어지선止於至善'을 해석한 것이다. 여기서도 모두《시경》을 인용하여 풀이하고 있는데, 앞 장의 '명명덕'과 '친민'의 개념을 확장하여 설명했다. 참다운 군자가 윗자리에 머물러야 백성이 감화되어 지극한 선에 머물게 된다는 것이다. 문왕과 무왕은 이미 돌아가셨으나 뭇 사람이 그를 흠모하여 오래도록 잊을 수 없으니, 이들이 군자의 본보기다. 전체 다섯 절 가운데 앞의 세 절은 '지어지선'을 해석하고, 나머지 두 절은 '명명덕'의 '지어지선'과 '친민'의 '지어지선'을 말하고 있다.

백성이 사는 곳 전3.1

《시경》에 이르기를 "나라의 경기[1]와 천 리 안은 오직 백성이 사는 곳[2]이다."[3]라고 했다.

詩云: "邦畿千裏, 惟民所止."[4]

사람이면서 새만 못하면 전3.2

《시경》에 이르기를 "우는 새소리 황새여, 언덕 모퉁이[5]에 머물러 있구나."라고 했다. 공자께서 말씀하셨다. "머묾에 그 그치는 바를 알지니, 가히 사람이면서 새만 같지 못하겠는가?"

---

1) 원문의 "방기邦畿"를 번역한 것이다. 도읍 근처의 100리로, 왕도가 미치는 곳을 말한다.

2) 원문의 "지止"를 번역한 것으로, '살다[居]'라는 뜻이다. "사물이 각기 마땅히 멈추는 바의 곳이 있음[物各有所當止之處也]"(주희 설)이니, 여기서는 백성이 머무는 곳을 말한다.

3) 왕도정치를 말할 때 나라의 중심은 '중원中原'이라 하고, 그 주변에 천자의 영향이 미치지 않는 범위를 '사이四夷'라고 한다. 중원에서 멀어지고 사이에 가까워질수록 왕도가 미치지 못한다. 이를 방지하기 위해 백성을 중원으로 모으는 것이다.

4) 인용된《시경》은 〈상송商頌〉의 '현조玄鳥' 편이다. 인용문 다음 구절은 "저 사해의 국경을 열어놓도다.[肇域彼四海.]"이다. 국경 안에 백성이 머무는 곳은 사방 천 리이지만, 덕치의 지극함이 넓다는 것을 뜻한다. 왕 노릇을 하는 자가 백성을 지극한 선에 머물도록 함을 노래한 시다.

5) 원문의 "우隅"를 번역한 것이다. 황새조차도 언덕 모퉁이에 멈추면서 자신이 있어야 할 곳을 알고 있는데, 사람이면서 새만 못한 부분도 있다고 비판적으로 풀이한 것이다.

詩云: "緡蠻[6]黃鳥, 止於丘隅."[7] 子曰: "於止, 知其所止,[8] 可以人而不如鳥乎?"

깊고 깊은 문왕 전3.3

《시경》에 "깊고 깊은 문왕이여, 아! 계속 밝아 삼가 멈출 것[9]을 삼가는구나."라고 했으니, 다른 사람의 군주가 되어서는 인仁에 머물고, 다른 사람의 신하가 되어서는 공경에 머물고, 다른 사람의 자식이 되어서는 효도에 머물고, 다른 사람의 아버지가 되어서는 자애로움에 머물고, 나라 사람들과 사귐에서는 믿음에 머문다.[10]

詩云[11]: "穆穆文王, 於緝熙敬止."[12] 爲人君, 止於仁, 爲人臣, 止於敬,

6) 원문의 "면만緡蠻"은 새 울음소리의 의성어인데, 《시경》에는 "면만綿蠻"으로 되어 있다.

7) 인용된 《시경》은 〈소아小雅〉의 '면만綿蠻' 편이다.

8) 주희는 "자왈子曰 이하는 공자가 시를 말한 문사이니, 사람이 응당 마땅히 멈추는 바의 곳을 알아야 함을 말씀하신 것[子曰以下, 孔子說詩之辭, 言人當知所當止之處也.]"이라고 덧붙여 설명하고는, '자왈子曰' 이하의 '어지於止'는 시간을 의미하고, '소지所止'는 장소를 의미하여, 공자는 '지止'를 시간과 장소에 모두 견주어서 풀이했다고 밝혔다.

9) 원문의 "즙희경지緝熙敬止"를 번역한 것이다. 주희는 "즙緝"을 '계속하다'는 의미로, "희熙"는 '빛나다'는 의미로 보았으며, "경지敬止"는 "공경하지 않음이 없어서 그치는 바에 편안하게 하는 것[其無不敬而安所止也]"이라고 풀이했다.

10) 원문의 순서대로 풀이해보면, 인仁이 첫 번째, 경敬이 두 번째, 효孝가 세 번째, 자慈가 네 번째, 신信이 다섯 번째인데, 이는 지어지선 가운데 큰 조목들이다. 주희는 "배우는 자는 이에 대해 정미의 깊음을 연구하고 또 유추하여 나머지를 다한다면 천하의 일에 대해 모두 그칠 데를 알 것[學者於此, 究其精微之蘊, 而又推類以盡其餘, 則於天下之事, 皆有以知其所止.]"이라고 풀이하며, 다시 '지어지선'의 의미를 확장하고 있다.

爲人子, 止於孝, 爲人父, 止於慈, 與國人交, 止於信.

멋진 군자의 모습 전3.4

《시경》에 이르기를 "저 물가의 모퉁이를 보라, 저토록 아름답고 푸른 대나무가 우거져 있구나![13] 멋있는 군자의 모습이어라. 잘라놓은 듯 다듬어놓은 듯 쪼아놓은 듯 갈아놓은 듯하도다.[14] 치밀하고 굳세며, 빛나고 성대하니, 멋있는 군자를 끝내 잊을 수 없어라!"라고 했다.

[여기서] '잘라놓은 듯 다듬어놓은 듯하다'는 것은 배움을 말하고, '쪼아놓은 듯 갈아놓은 듯하다'는 것은 스스로 닦는 것을 말한다. '치밀하고 굳세다'는 것은 매사 두려움을 느끼며 삼가는 것을 뜻하며, '빛나고 성대하다'는 것은 위엄을 갖춘 태도를 말한다. '멋있는 군자를 끝내 잊을 수 없다'는 것은 군자의 성대한 덕과 지극한 선

---

11) "운云"은 '~라고 이르더라'라는 뜻으로, 본인이 말하면서도 정확하지 않은 것이다. "운운云云"은 '~라고 하더라'라는 의미로서, 정확성이 더욱 떨어진다. '왈曰'은 정확하게 인용한 것이다. 그래서 《시경》을 인용한 것들은 '왈'이 더 정확한 표현이다.

12) 인용된 《시경》은 〈대아〉의 '문왕' 편이다.

13) 원문의 "의의猗猗"를 번역한 것으로, '아름답고 성한 모습'이다.

14) 원문의 "절切"은 칼과 톱으로 자르고, "탁琢"은 망치와 끌로 다듬으니, 모두 물건을 재단하여 형질을 이루게 하는 것이다. "차磋"는 줄과 대패로 갈고, "마磨"는 모래와 돌로 가니, 모두 물건을 매끄럽고 윤택하게 하는 것이다. 이 말은 공자가 자공子貢과 시를 논하는 《논어》 〈학이〉 편에도 나온다. "《시경》에 이르기를 '끊듯이, 갈듯이, 쪼듯이, 윤을 내듯이'라고 한 것은, 아마도 이것을 가리키는 것입니까? 공자께서 말씀하시길 '사야, 비로소 너와 더불어 《시경》을 이야기할 수 있겠다.'라고 하셨다.[詩云: 如切如磋, 如琢如磨. 其斯之謂與? 子曰: 賜也, 始可與言詩已矣.]"

을 백성이 잊을 수 없음을 말한다.[15)]

詩云: "瞻彼淇澳, 菉竹猗猗, 有斐君子, 如切如磋, 如琢如磨, 瑟兮僩兮, 赫兮喧兮, 有斐君子, 終不可諠兮!"[16)] 如切如磋者, 道學也, 如琢如磨者, 自修也, 瑟兮僩兮者, 恂慄也, 赫兮喧兮者, 威儀也, 有斐君子, 終不可諠兮者, 道盛德至善, 民之不能忘也.

군자와 소인의 자질 차이 전3.5

《시경》에 이르기를 "아아, 전왕을 잊지 못하는구나!"라고 했으니, 군자는 그 어진 사람을 어질게 여기고, 그 친한 사람을 친히 여기고, 소인은 그 즐거움을 즐겁게 여기고, 그 이로움을 이롭게 여기니, 이럼으로써 세상에서 없어지더라도 잊지 못하는 것이다.[17)]

詩云: "於戲, 前王不忘!"[18)] 君子賢其賢, 而親其親, 小人樂其樂, 而利其利, 此以沒世不忘也.

---

15) 원문의 "학學"은 강습하고 토론하는 일을 말하고, "자수自修"는 성찰하고 [사욕을] 이겨 다스리는 공부이다. 《시경》을 인용해 해석했는데, '명명덕' 하는 자의 '지어지선'을 밝히고, 도학과 자수는 이것을 얻게 된 이유를 말한 것이다.

16) 인용된 《시경》은 〈위풍衛風〉의 '기오淇澳' 편이다. 위나라의 최전성기를 이끈 위 무공이 수신을 게을리하지 않아 위나라 사람들이 칭송하는 시다.

17) 문왕과 무왕은 지선하여 이미 돌아가셨어도 사람이 흠모하여 오래도록 잊지 못하니, 그들을 본받고 잊지 않겠다는 뜻이다.

18) 인용된 《시경》은 〈주송周頌〉의 '열문烈文' 편이다. 《시경》 원문에는 "오호於乎, 전왕불망前王不忘"으로 되어 있다. 인용한 시의 앞 구절은 "더 강함이 없는 사람을 사방에서 교훈으로 삼으며, 더 드러날 수 없는 덕을 여러 제후가 본받나니.[無競維人, 四方其訓之, 不顯維德, 百辟其刑之.]"이다.

전4장

본말本末

—근본과 말단

【해설】

전의 4장은 "본말本末"을 해석한 것으로 '청송장聽訟章' 또는 '본말장本末章'이라고 하는데, 본문이 좀 까다롭다. 이 장은 경1장 제3절과 제7절의 본말을 더 자세히 설명했다. 공자의 말씀을 인용하여 송사가 없도록 하는 것이 나라를 잘 다스리는 방법임을 말하고 있다. 다툼에서는 내가 옳음을 전제하는 경우가 많으니, 내 안에서 스스로 다툼의 근원을 살펴 소송에까지 이르지 않도록 노력하는 것이 '명덕明德'의 일이요, '친민親(新)民'의 단초가 된다.

송사가 없게 하라 전4.1

공자께서 말씀하시길 "송사를 들어서 판결함에[1] 나는 다른 사람과 같으나, 반드시 [백성으로 하여금] 송사가 없게 할진저."[2]라고 했으니, 실정이 없는 자가 그 말을 다하지 못하는 것은 백성의 뜻을 크게 두려워하는 것이며, 이것을 일컬어 근본을 안다고 하는 것이다.[3]

子曰: "聽訟, 吾猶人也, 必也使無訟[4]乎!" 無情者不得盡其辭, 大畏民志, 此謂知本.

1) 원문의 "청송聽訟"을 번역한 것으로, '청聽'은 들으려는 의도를 가지고 듣는 것이고, '송訟'은 '송사'이다. 그래서 '청송聽訟'은 송사를 들어서 판단한다는 의미다.

2) 사람은 본래 편파적이라 해도 공정하게 판정하도록 노력하겠다는 말이지만, 공자는 나라를 잘 다스려서 시비 판결의 송사가 처음부터 생기지 않도록 하겠다고 말하고 있다. 이 말은《논어》〈안연顔淵〉 편에 나온다.《사기》〈주본기〉에서도 "성왕과 강왕의 시대에는 천하가 안정되어 형벌이 40여 년 동안이나 쓰이지 않았다.[成康之際, 天下安寧, 刑錯四十餘年不用.]"라고 했다. '형조刑錯'의 시대란 덕치의 시대[盛德之世]를 말한다. 덕은 다스림의 근본이요, 법은 말단이라는 말이 이것이다.《주역》송괘訟卦에, "믿음을 두나 막혀서 두려우니, 중도로 함은 길하고 끝까지 함은 흉하다.[有孚窒惕 中吉終凶.]"라는 말이 있다. 다투고 좋은 결말을 보기는 어렵다. 송사는 되도록 다투지 않으려는 자신과의 싸움이 중요하다는 말로도 들린다.

3) 실상이 없는 자가 허황되고 거짓된 말로 끝까지 속이지 못하는 것은 백성의 뜻을 두려워하기 때문이니, 백성의 심지를 두려워하여 스스로 복종하게 되는 것이다. 즉 민심이 가장 중요하다는 뜻이다.

4) 원문의 "청송聽訟"을 말末로, "사무송使無訟"을 본本으로 보는 설도 있다. 원문의 "사使" 자 바로 뒤에 '민民' 자가 생략되어 있다고 보면 무난하다.

근본을 안다는 것 전4.2

이것은 근본을 안다는 것을 일컫는다.

此謂知本.[5)]

5) 정이천은 이 문장이 '잘못 들어간 글[衍文]'이라고 했는데, 옳은 풀이다.

전5장

격물치지格物致知

—사물을 속속들이 파고들어 앎에 이르다

【해설】

"전의 5장은 대개 격물을 해석한 것이다.[傳之五章, 蓋釋格物.]"라고 되어 있으나 본문이 누락되어 있다. 주희는 이 장이 격물치지장이며, "치지致知"는 "격물格物"을 통해 얻는 지식을 지극히 하여 완성하는 단계라고 했으며, 격물치지는 활연관통豁然貫通을 통해 완성된다고 하여 모든 곳에 도달하지 않음이 없고 밝혀지지 않음이 없다고 판단한다. 주희는 '명덕'하는 일에서 '성의', '정심'의 일보다 더 지극한 데에 이르는 일이 '격물치지'한 일로, '격물치지'한 이후 사물마다 정성스러운 마음이 일어나 수신에 도움이 되는 것으로 본 것이다.

정이천은 이 장의 "차위지본此謂知本. 차위지지지야此謂知之至也."에서 앞의 네 자는 전4장 끝의 "차위지본此謂知本"에서 온 말로 판단하고 이를 군더더기 글인 연문衍文으로 보았다. 주희는 앞의 네 글자를 전4장의 결어로 보고 삭제하고, 뒤 여섯 글자 앞에 격물치지를 해석한 문장을 지어 보충했다. 이 장을 '보망장補亡章'이라고도 부르는 이유가 그것이다.

후대 학자들은 '차위지본此謂知本'의 '지본知本'이 '물격物格'의 오자로 보아 군더더기 글로 처리한 것에 이의를 제기하기도 했다. 전체적인 맥락을 고려해 주희의 보충 글에 보망장이라는 이름을 붙여 싣기만 하고 주석은 달지 않았다.

아는 것의 지극함 전5.1

이것은 아는 것의 지극함을 일컫는다.

此謂知之至也.[1)]

보망장

"'이른바 앎에 이르는 것은 사물을 끝까지 파고드는 데 있다'는 것은, 나의 앎에 이르고자 한다면 사물의 이치를 탐구해야 함을 말한다. 대체로 사람 마음의 신령스러움은 알지 못함이 없고, 천하의 사물에는 이치가 있지 않음이 없다. 오직 이치가 궁구하지 않으므로 그 앎이 다하지 않은 것이다. 그러므로《대학》에서 처음 가르침을 베풀어서 반드시 배우는 자들로 하여금 모든 천하의 사물과 부딪쳐 자신이 이미 알고 있는 이치를 통해 더욱 그것을 끝까지 파고듦으로써 지극한 곳에 도달할 것을 추구한다. 오래도록 힘을 쏟다가 하루아침에 확 트여서 관통하게 된다면, 모든 사물의 겉과 속, 정밀한 곳과 거친 부분이 도달하지 않음이 없을 것이며, 내 마음의 온전한 본체와 커다란 작용이 밝혀지지 않음이 없을 것이다. 이것을 일컬어 사물을 끝까지 파고들었다고 하는 것이며, 이것을 앎의 지극함이라고 일컫는 것이다."

1) 이 구의 윗글이 빠져 있고 이것을 맺음말로 보았다.《예기》에서는 "其所厚者薄, 而其所薄者厚, 未之有也."(《대학》 경1.7편) 뒤에 나오는데, 주희가 옮겨 적었다.

"所謂致知在格物者, 言欲致吾之知, 在卽物而窮其理也. 蓋人心之靈, 莫不有知, 而天下之物莫不有理, 惟於理有未窮, 故其知有不盡也. 是以大學始敎, 必使學者卽凡天下之物, 莫不因其已知之理而益窮之, 以求至乎其極. 至於用力之久, 而一旦豁然貫通焉, 則衆物之表裏精粗無不到, 而吾心之全體大用, 無不明矣. 此謂物格, 此謂知之至也."

전6장

성의誠意

—뜻을 정성스럽게 한다

【해설】

“전의 6장은 성의誠意에 대해 해석한다.[傳之六章, 釋誠意.]”라는 주희의 말처럼 ‘성의장’이라고도 한다. ‘성의’란 글자 그대로 뜻을 정성스럽게 한다는 말이다. 이것은 스스로를 수양하는 ‘자수自修’와 연관하여 자기 자신을 속이지 않는 ‘무자기毋自欺’와 군자의 행동으로 홀로 있음을 삼가는 ‘신기독愼其獨’을 중점적으로 말했다. 특히 증자의 말을 인용하여 군자가 갖추어야 할 태도를 ‘엄숙하다[嚴]’로 표현한 것에서 군자의 참모습을 엿볼 수 있는 장이다.

《대학장구》의 팔조목을 해석한 전傳의 구조가 두 조목씩 연관되어 있다. 즉, 전의 7장은 ‘정심’과 ‘수신’을, 8장은 ‘수신’과 ‘제가’를, 9장은 ‘제가’와 ‘치국’을, 10장은 ‘치국’과 ‘평천하’를 해석했다. 그러나 6장은 ‘성의’만 독립적으로 다루고 있어 주목할 만하다. 주희가 최후까지 다듬던 장이다.

군자가 홀로 있음을 삼가는 이유 전6.1

이른바 그 뜻을 정성스럽게 한다는 것[1)]은 스스로 속이지[2)] 말라는 것이니, 마치 더러운 냄새를 싫어하는 것처럼 하고, 호색을 좋아하는 것처럼 하니, 이것을 일컬어 스스로 만족한다고[3)] 한다. 그러므로 군자는 반드시 그 홀로 있음을 삼가는 것이다.

所謂誠其意者, 毋自欺也, 如惡惡臭, 如好好色, 此之謂自謙, 故君子必愼其獨也.

소인은 한가롭게 거하지만 전6.2

소인이 한가롭게 거하며 선하지[4)] 않은 것을 하면서 이르지 않은 바가 없으나, 군자를 본 이후에 겸연쩍은 모양으로 그 선하지 않음

---

1) 원문의 "성기의자誠其意者"를 번역한 것으로, "스스로를 닦는 것의 으뜸[自修之首]"이다.(주희 설)

2) 원문의 "자기自欺"를 번역한 것으로, "악을 제거하여 선해야 함을 알면서도 마음이 드러나는 바가 성실하지 못한 것이 있는 것[知爲善以去惡, 而心之所發, 有未實]"(주희 설)이다. 보통 사람은 스스로에게 관대하며 홀로 있을 때 나태해지기 마련이다. "남을 꾸짖는 마음으로 자기를 꾸짖고, 자기를 용서하는 마음으로 남을 용서하라.[以責人之心責己, 以恕己之心恕人.]"는 말이 있다. 군자는 늘 자신에게 엄격하며, 남을 수용하는 마음을 지녀야 한다. 군자가 행하는 스스로를 닦음[自修]이요, 뜻을 정성스럽게 하는[誠意] 것이다.

3) 원문의 "겸謙"을 번역한 것으로, 가차자이다. 뜻에 맞아 흡족한 것으로, 위선의 마음이 아니라 진실한 마음에서 우러나와 마음에 걸림이 없어 '만족[足]하다'는 의미다.

4) 원문의 "선善"을 번역한 것으로, '착하다'라고 번역하면 '선'의 의미가 축소되므로 '선하다'라고 번역한다.

을 가리고[5] 그 선함을 드러내니, 다른 사람들이 자기를 보는 것이 마치 그 폐와 간을 보는 것처럼 하거늘,[6] 무엇이 이롭겠는가? 이것을 일컬어 '속에서 성실히 하면 바깥에서 나타난다'고 하니, 그러므로 군자는 반드시 그 홀로 있음을 삼가는 것이다.[7]

小人閒居爲不善, 無所不至, 見君子而後, 厭然, 揜其不善, 而著其善, 人之視己, 如見其肺肝然, 則何益矣. 此謂誠於中, 形於外, 故君子必愼其獨也.

보는 바, 가리키는 바 전6.3

증자[8]가 말하기를 "열 개의 눈이 보는 바이며, 열 개의 손이 가리

5) 원문의 "엄揜"을 번역한 것으로, 겉만 살짝 가린 것이다.

6) 원문의 "여견기폐간연如見其肺肝然"을 번역한 것으로, '간담상조肝膽相照'와 '폐간상시肺肝相示'와 같은 의미다.

7) 원문의 "신기독야愼其獨也"를 번역한 것이다. "'독獨'이라는 것은 다른 사람이 알지 못하는 바이나, 나만 홀로 아는 바의 곳이다.[獨者, 人所不知而己所獨知之地也.]"(주희 설) 따라서 "신기독愼其獨"이란 "군자는 스스로를 속이지 않는 것이요, 반드시 제 홀로 있을 때를 삼간다.[君子, 無自欺, 必愼其獨也.]"는 뜻이다. "도道는 잠시도 떠날 수 없는 것이다.[道也者, 不可須臾離也.](《중용》 1.2편)"라 했으니, 도와 명덕에 대해 경외의 마음을 지니기 때문에 "군자는 보이지 않는 곳에서도 경계하고 삼가며, 들리지 않는 곳에서 두려워하고 두려워하는 것이다.[戒愼乎, 其所不睹, 恐懼乎, 其所不聞.]"라고 했다.

8) 증자는 공문의 재전제자再傳弟子들이 증삼曾參을 높인 칭호이다. 증삼의 자는 자여子輿로, 효성이 지극했다. 공문십철孔門十哲에는 증자가 들어가지 않지만, 송유宋儒가 도통을 세울 때 그를 지극히 높이 받들었다. 명대에는 증자를 복성復聖으로 봉하여 유약有若보다도 앞에 두었으며, 그의 위상은 안회를 넘어설 정도였다.

키는 바이니, 아마도 엄숙함일진저."[9]라고 했다.

曾子曰: "十目所視, 十手所指, 其嚴乎."

군자가 뜻을 성실하게 하는 이유 전6.4

부유함은 집을 윤택하게 하고, 덕은 몸을 윤택하게 한다. 마음이 넓고 몸은 편안하니, 그러므로 군자는 반드시 그 뜻을 성실하게 한다.

富潤屋, 德潤身. 心廣, 體胖, 故君子必誠其意.

9) 증자의 말은 "비록 그윽하고 홀로 된 가운데에 있을지라도 선악을 가히 가릴 수 없음이 이와 같으니, 가히 두려워함이 심하다고 말한 것이다.[言雖幽獨之中, 而其善惡之不可揜如此, 可畏之甚也.]"라는 주희의 풀이를 염두에 두고 읽어야 한다.

전7장

정심수신正心修身

—마음을 올바로 하고 몸을 닦다

【해설】

이 장은 분치忿懥, 공구恐懼, 호요好樂, 우환憂患의 감정을 지닐지라도 마음을 바로잡는 것이 진정한 '수修'의 정신임을 말하고 있다. 이 장에서 주목해야 할 글자는 '수修', '심心', '정正'이다. 제1절의 '즉부득기정則不得其正'은 정심正心을 뜻한다. 정심이란 곧 중용의 정신이요, 중용 제1장 제4절에서는 "기쁨·노여움·슬픔·즐거움이 아직 드러나지 않는 것[喜怒哀樂之未發]"이 '중中'이라고 설명한 바와 같이 화내고 성내며, 두려워하며, 좋아하며, 근심하는 감정이 없어야만 '마음을 바르게 함[正心]'이 가능하다. 분치, 공구, 호요, 우환의 감정이 다 비어야 중용이라고 할 수 있다.

근심하는 바가 있으면 바름을 얻지 못한다 전7.1

이른바 '몸을 닦는다는 것은 그 마음을 바르게 하는 데에 있다'고 하는데, 마음[1)]에 화내고 성내는 바가 있으면 그 바름을 얻지 못하며, 두려워하고 두려워하는 바가 있으면 그 바름을 얻지 못하며, 좋아하고 좋아하는 바가 있으면 그 바름을 얻지 못하며, 근심하고 걱정하는 바가 있으면 그 바름을 얻지 못한다.

所謂修身在正其心者, 身有所忿懥, 則不得其正, 有所恐懼, 則不得其正, 有所好樂, 則不得其正, 有所憂患, 則不得其正.

마음이 문제다 전7.2

마음이 있지 아니하면[2)] 보려 해도 보이지 않고, 들으려 해도 들리지 않으며, 먹어도 그 맛을 알지 못한다.[3)]

心不在焉, 視而不見, 聽而不聞, 食而不知其味.

---

1) 원문의 "신身"을 번역한 것으로, "'신유身有'의 신은 마땅히 '심心'이라고 해야 한다.[身有之身當作心.]"는 정이천의 설에 따라 '마음'으로 번역했다.

2) 원문의 "심부재언心不在焉"을 번역한 것으로, '언焉'은 장소를 나타내는 어조사이다. 직역하면 '마음이 여기(몸)에 있지 아니하면'이다. '언焉'은 번역하지 않는 경우가 많으나, '언焉'의 쓰임을 참고하면 의미전달이 확실해진다.

3) 원문의 "심心"은 내적인 것이고, "목目", "이耳", "구口"는 외적인 것이므로 마음인 '내內'가 중요하다.

수신은 정심이다 전7.3

이것은 '몸을 닦는다는 것은 그 마음을 바르게 하는 데에 있다'는 것을 일컫는다.[4)]

此謂修身在正其心.

4) 원문의 "정심正心"을 번역한 것이다. 최석기는 《대학》의 번역문에서 '마음을 바루다'라고 해석하기도 했는데, '바루다'는 '비뚤어진 것을 바르게 한다'는 뜻으로, '바로잡다'라는 해석과 크게 다르지 않다고 했다. 이 장은 병의 증세만 말하고 병을 치유하는 약은 말하지 않았다. 하지만 주희의 주에 "마음이 보전하지 못함이 있으면 그 몸을 검속할 수 없다. 이 때문에 군자는 반드시 이를 살펴서 마음을 곧게 함으로써 공경한 연후에 이 마음이 항상 보존되어 몸이 닦이지 않음이 없다.[心有不存, 則無以檢其身, 是以君子必察乎此而敬以直之, 然後此心常存而身無不脩也.]"라고 한 것에서 '찰察'을 말하고, '경이직지敬以直之'를 말한 것이 병을 치유하는 약이라고 할 수 있다고 했다.

전8장

수신제가修身齊家

—몸을 닦고 집안을 가지런히 한다

【해설】

이 장은 '수신장修身章'이라고도 한다. 앞의 '성의장'과 '정심장'은 마음이 드러났지만 아직 사물에 응하기 전의 수양에 해당하고, 이 장은 마음이 드러나 사물이나 남을 대하는 수양에 해당한다.

이 장의 제1절은 친애親愛, 천오賤惡, 외경畏敬, 애긍哀矜, 오타敖惰의 다섯 가지 치우친 감정, 즉 '오벽五僻'을 들어 수신의 근본적인 단계가 '편벽함[辟]'을 경계하는 것임을 강조했고, 제2절은 속담을 인용하여 편벽함으로 인한 실례를 보여주고 있으며, 제3절은 수신하지 않으면 사적인 감정에 치우쳐 집안을 가지런히 할 수 없다고 설명했는데, 문투가 앞의 '정심장'과 좀 다르다. 전7.1편은 전7.3편과 수미를 이루는데, 이 장의 전8.1편과 전8.3편은 '수신修身'과 '제가齊家'의 순서를 바꾸어 설명하고 있다.

몸을 닦는 것이 우선 전8.1

이른바 '그 집안을 가지런히 한다는 것은 그 몸을 닦는 것에 있다'는 것은 사람[1)]이 그가 친하고 사랑하는 바에 치우치며, 그가 천하게 여기고 싫어하는 바에 치우치며, 그가 두려워하고 존경하는 바에 치우치며, 그가 슬퍼하고 자랑스러워하는 바에 치우치며, 그가 거만하고 게으른 바에 치우치나니, 그러므로 좋아하면서도 그 악함을 알고, 미워하면서도 그 아름다움을 아는 자는 천하에 드물다.[2)]

所謂齊其家在修其身者, 人之其所親愛而辟焉, 之其所賤惡而辟焉, 之其所畏敬而辟焉, 之其所哀矜而辟焉, 之其所敖惰而辟焉, 故好而知其惡, 惡而知其美者, 天下鮮矣.

아들의 악함은 커가도 모른다 전8.2

그러므로 속담에 다음과 같이 말하니, "사람이 아무도 그 아들의 악함을 알지 못하고, 아무도 그 싹이 큰 것을 알지 못한다."[3)]라고 했다.

故諺有之曰, "人莫知其子之惡, 莫知其苗之碩."

---

1) 원문의 "인人"을 번역한 것이다. '뭇사람[衆人]'을 가리키는 것으로 '소인小人'의 개념으로 보아야 한다.

2) 좋아하면서도 악함을 알고, 미워하면서도 아름다움을 아는 자가 드문 이유는 사람들이 다들 치우치기 때문이다. 그래서 좋으면 다 아름다워 보이고, 싫으면 다 미워 보이는 것이다.

몸이 닦이지 않으면 전8.3

이것은 '몸이 닦이지 않으면 그 집안을 가지런하게 할 수 없다'는 것을 일컫는다.[4)]

此謂身不修, 不可以齊其家.

3) 자식을 편애해서 자신의 아들이 악한지를 모르고, 어쩌다 보니 악의 싹이 큰 줄도 모르는 것이다. "사랑에 빠진 자는 사리에 밝지 못하고, 탐욕스러운 자는 만족할 줄 모른다.[溺愛者不明, 貪得者無厭.]"라는 주희의 주석을 참조할 만하다.

4) '가家'는 사회 구성단위의 하나로 사회, 국가, 천하의 핵심이자 천하 국가의 성패를 가늠하는 요인이다. '제가齊家'는 《중용》에서도 말했듯이 부부의 사랑을 바탕으로 생명을 낳아 기르고 가르침으로써 사회의 일원으로 참여하게 하는 데 큰 의미가 있다.

전9장

제가치국齊家治國

—집안을 가지런히 하고 나라를 다스리다

【해설】

전의 9장은 "제가"와 "치국"을 해석한 장으로, 교화를 말하고 있다. 교화는 자기의 덕을 미루어 다른 사람도 변화하도록 하는 것이다.

제1절은 제가에서 치국으로 교화가 넓어지는 것을 말하고, 제2절은 《시경》 '강고' 편의 구절을 인용해 추推를, 제3절은 집안의 교화에서 나라 사람의 교화에까지 이르는 것을, 제4절은 요순 임금과 걸주의 예로 화化를 먼저 말하고 추推에 이르고, 제5절은 결론을, 제6절부터는 제가에서 치국으로 미루어나가는 점을 강조하고 있다.

자신의 집안도 교화하지 못하는 사람이 사회나 국가를 다스릴 수 없으니 먼저 집안을 다스려야 하며, 한 가정이 어질면 그것이 퍼져나가 한 나라가 어질어지고 백성이 본받아서 결국 나라가 교화되는 것이다. 그러므로 《시경》을 인용하여 한 집안의 형제나 아버지와 아들을 모범으로 삼으니, 이것이 치국의 요건이 된다. 그러므로 이 제가는 《중용》 12.14편 "군자의 도는 부부에게서 단서를 만드니, 그 지극함에 미쳐서는 하늘과 땅에서 드러나게 된다.[君子之道, 造端乎夫婦, 及其至也, 察乎天地]"와 연관해 생각해보아야 한다.

집안도 못 다스린다면 전9.1

이른바 '나라를 다스리는 것은 반드시 먼저 그 집안을 가지런하게 한다'는 것은 그 집안을 가르칠 수 없으면서[1] 능히 다른 사람을 가르칠 수 있는 것, 그런 것은 없다는 것이다. 그러므로 군자는 집을 벗어나서 나라에 가르침을 이룰 수 없으니, 효라는 것은 군주를 섬기는 까닭이며, 공손함[2]이라는 것은 윗사람을 섬기는 까닭이며, 자애라는 것은 민중을 부리는 까닭이다.[3]

所謂治國必先齊其家者, 其家不可教, 而能教人者, 無之. 故君子不出家, 而成教於國, 孝者, 所以事君也, 弟者, 所以事長也, 慈者, 所以使衆也.

어린아이를 보호하는 것처럼 전9.2

'강고' 편에서 말하기를 "마치 갓난아이를 보호하는 것처럼 하라."[4]라고 했으니, 마음이 진실로 그것을 추구하면, 비록 들어맞지

---

1) 원문의 "기가불가교其家不可教"를 번역한 것인데, '불가교不可教' 뒤에 '기가其家'가 와서 '불가교기가不可教其家'라는 문장이 도치된 것이다.

2) 원문의 "제弟"를 번역한 것으로, '공손하다[悌]'와 같은 의미다.

3) 원문의 "효孝·제弟·자慈"는 "스스로를 닦고 집을 교화할 수 있는 까닭이다.[所以修身而教於家者也.]"(주희 설). 몸을 닦아 효, 제, 자를 가르치면 집안이 가지런해지고, 나아가 나라를 다스릴 수 있다는 의미다.

4) 원문의 "여보적자如保赤子"를 번역한 것으로, '적자赤子'는 '갓난아이'를 말한다. 부모가 갓난아이를 사랑으로 보살피듯이 이러한 마음으로 백성을 다스려야 한다는 것이다.

않더라도 멀어지지는 않을 것이니, 자식을 기르는 것을 배운 이후에 시집가는[5] 사람은 있지 않다.

康誥曰: "如保赤子." 心誠求之, 雖不中, 不遠矣, 未有學養子, 而後嫁者也.

말 한마디, 사람 하나 전9.3

한 집안이 인仁하면 한 나라에 인을 일으키고, 한 집안이 양보하면 한 나라가 양보를 일으키며, 한 사람이 탐욕을 부리고 어그러지면 한 나라가 난을 일으킨다. 그 기동함[6]이 이와 같으니, 이것을 일컬어 한마디의 말이 일을 뒤엎고, 한 사람이 나라[7]를 안정시킨다고 한다.

5) 양육법을 모르고 시집가서 아이를 낳아 키우기 마련이다. 이것은 '심성구지心誠求之'와 통하는 말이기도 하다.

6) 원문의 "기機"를 번역한 것으로, '말미암는 바를 피고 움직이게 하는 것[發動所由]'을 뜻하며, 여기서 '기機'는 동사로 '기동機動하다'라는 의미다.

7) 팡동메이方東美 교수는 "국가는 국민의 안전하고 행복한 생활이 보장되도록 정치적·경제적·군사적 외형조직을 갖추고 도덕적 이상을 실현할 수 있는 발판이 되어야 하고, 하나의 원만하고 우아한 학교가 되어 문화적인 소양을 함양하여 각자가 가진 잠재능력을 발휘할 수 있도록 교화, 육성해야 하며, 문화 가치를 계속 제고해가는 창조의 터전으로서 평등한 기회와 공민으로서의 의무를 충실히 수행하게 하는 동시에, 개인마다 특수한 재질을 발전시켜 문화 이상을 실현하는 창조 활동에 기여하도록 해야 한다."라고 했다.《대학》에서 말하는 '나라'의 개념과 함께 생각해볼 부분이다.

一家仁, 一國興仁,[8] 一家讓, 一國興讓, 一人[9]貪戾, 一國作亂, 其機如此, 此謂一言僨事, 一人定國.

군자는 먼저 자신에게서 찾는다 전9.4

요임금과 순임금이 천하를 인으로써 거느려 백성이 그를 따르고, 걸과 주가 천하를 난폭함으로써 거느려도 백성이 그를 따르니, 그 명령하는 바가 [군주가] 좋아하는 바와 반대가 되면[10] 백성이 따르지 않는다. 이런 까닭으로 군자는 자기에게 있고 난 뒤에 남에게 구하며,[11] 자기에게 없고 난 이후에 남을 비난하니, 자신에게 감추어진 바가 용서되지 않는데도 능히 남에게 깨우쳐줄 수 있는 자는 있지 아니하다.

堯舜帥天下以仁, 而民從[12]之, 桀紂帥天下以暴, 而民從之, 其所令反

---

8) "일국一國, 흥인興仁"은 문장 순서에 따라 "온 나라가 인을 일으키고"라고 번역하지만, 인仁이 일국一國 뒤에 와서 '온 나라에 인이 일어나다'라고 번역해야 한다.

9) "일인一人"은 군주[君]를 일컫는다.

10) 원문의 "반反"을 번역한 것으로, '도리어'가 아니라, '반대가 되다'라는 뜻이다.

11) 원문의 "군자君子, 유저기有諸己, 이후구저인而後求諸人"을 번역한 것이다. 유가에서 말하는 군자의 상은 모든 것을 자기에게서 구하고 살필 것이며, 남에게서 말미암는 것이 없다. 《논어》〈위령공〉 편에 "군자구저기君子求諸己, 소인구저인小人求諸人", 《맹자》〈이루 상〉 편에 "반구저기反求諸己", 《명심보감》〈성심〉 편에 "행유부득行有不得, 반구저기反求諸己", 우임금의 아들 백계의 고사 "반궁자문反躬自問, 반궁자성反躬自省" 등에서도 군자의 상을 언급하고 있다.

12) "종從"은 '따를 종'으로, 여기서의 '종'은 긍정적인 개념이고, 뒷 구절의 '종'은 부정적인 의미로 따른다는 것이다.

其所好, 而民不從, 是故君子, 有諸己, 而後求諸人, 無諸己, 而後非諸人, 所藏乎身不恕,[13] 而能喩諸人者, 未之有也.

치국은 제가다 전9.5

그러므로 나라를 다스리는 것은 그 집안을 가지런히 하는 데에 있다.

故治國在齊其家.

좋은 여자가 집안에 들어오면 전9.6

《시경》[14]에 이르기를 "복숭아꽃이 예쁘고 예쁘구나.[15] 그 잎이 무성하고 무성하구나.[16] 이 여자가[17] 시집을 가서[18] 그 집안사람들에

---

13) "소장호신불서所藏乎身不恕"는 '소장호신所藏乎身, 불서不恕'처럼 쉼표가 있는 경우에는 '자신에게 감춰져 있는 바를 용서하지 못하면서'로, 쉼표가 없는 경우에는 '용서할 수 없는 것을 자신에게 감추는 바로'로 번역할 수 있는데, 역자는 전자로 번역했다.

14) 인용된 《시경》은 〈주남周南〉의 '도요桃夭' 편이다. 지자之子(시집가는 여자아이)의 덕행을 복숭아나무[桃]의 아름다움과 무성함에 비유한 것이다. 이처럼 덕행이 올바르고 무성하다면, 시집가서 착실히 제 임무를 다할 것이요, 주변에도 감화되어 집안으로 펴져나가고, 결국 나라에까지 퍼진다는 것이다.

15) 원문의 "요요夭夭"를 번역한 것으로, '젊고 예쁜 모양[少好貌]'을 뜻한다.

16) 원문의 "진진蓁蓁"을 번역한 것으로, "아름다움이 성한 모양[美盛貌]"을 뜻하니 '흥興'과 통한다. '기엽진진其葉蓁蓁'은 자식을 많이 낳으라는 말이다.

17) 원문의 "지자之子"를 번역한 것으로, 여자를 일컫는다. 주희는 "이것은 여자가 시집가는 것을 가리켜서 말한다.[此指女子之嫁者而言也.]"라고 풀이했다.

게 잘하는구나."라고 했으니, 그 집안사람들에게 잘하고 난 다음에 나라 사람들을 가르칠 수 있다.

詩云: "桃之夭夭. 其葉蓁蓁. 之子於歸, 宜[19]其家人." 宜其家人, 而後可以教國人.

우애가 있어야 전9.7

《시경》에 이르기를 "형에게 잘하고 아우에게 잘하라."고 했으니, 형에게도 잘하고 아우에게도 잘하고 나서 나라 사람들을 가르칠 수 있다.

詩云: "宜兄宜弟."[20] 宜兄宜弟, 而後可以教國人.

백성이 법도를 본받게 하려면 전9.8

《시경》에 이르기를 "그 거동이 어긋남이 없으니[21] 이 사방의 나라를 바르게 한다."라고 했으니, 그가 부자와 형제를 위하여 법도를

---

18) 원문의 "귀歸"를 번역한 것으로, '부인婦人'이 시집가는 것을 일컫는다. 여기에서 '부인婦人'은 결혼한 여자가 아니라, '여자'를 통틀어 말하는 것이다.

19) "의宜"는 '잘할 선善'의 의미다.

20) 인용된 《시경》은 〈소아〉의 '육소蓼蕭' 편이다. 집안에서 형과 아우의 노릇을 각자의 위치에서 마땅히 해내야 집안의 모범이 되고 집 밖에서도 남들을 교화할 수 있다.

21) 원문의 "특忒"을 번역한 것으로, '차差' 자의 의미다.

충족하게 한 다음에 백성이 그것을 본받는다.

詩云: "其儀不忒, 正是四國."[22] 其爲父子兄弟足法, 而後民法之也.

치국도 제가가 먼저다 전9.9

이것은 '나라를 다스린다는 것은 그 집안을 가지런히 하는 데에 있다는 것'을 일컫는다.

此謂治國, 在齊其家.

22) 인용된 《시경》은 〈조풍曹風〉의 '명구鳴鳩' 편이다. 부자父子와 형제가 각자 맡은 바를 모범이 되도록 함을 표현한 시로, 나라를 다스리는 것은 집안을 가지런히 하는 데에 있다는 뜻이다.

전10장

치국평천하治國平天下

—나라를 다스리고 천하를 태평하게 한다

【해설】

전의 10장은 "치국"과 "평천하"를 해석한 것이다. 모두 스물세 절로 팔조목의 중심 내용을 종합하고, 치국평천하의 주요 문제를 통괄하고 있다. 백성이 좋아하고 싫어하는 것을 함께하고, 위정자가 이익을 독차지하지 않으며, 모두 혈구絜矩의 뜻을 미루어 백성에게 미치는 것이다. 만약 이와 같다면 친친親親·존현尊賢·낙樂·이利가 각각 제자리를 얻음으로써 천하가 태평하게 될 것이라는 내용이다.

주희도 명확히 단락을 나누어 요지를 파악하지는 않았는데, 여섯 단락이니 여덟 단락이니 하는 설이 분분하다. 제1절은 혈구를 말하고, 제2절은 이를 상세히 설명하고, 제3절~제5절은 혈구를 바탕으로 백성과 함께 한 '호오好惡'를 거론했으며, 제6절~제10절은 덕을 근본으로 한 재물과의 관계에 대해 말했으며, 제11절~제14절은 전고를 인용하여 선과 근본에 대해 말했다. 제17절까지는 민중을 얻으려면 선善해야 하고, 선하려면 충신忠信해야 함을 말했다. 제18절은 '용인用人'을 거론했으며, 제19절~제23절은 재화와 용인을 합하여 말했다.

"혈구지도絜矩之道"란 자신의 마음을 헤아려 그것을 척도로 삼아 남을 헤아리는 방법까지 터득하는 것으로, '추기급인推己及人', '불인지심不忍之心'을 말한다. 주희의 주에서는 '상행하교上行下效, 첩어영향捷於影響, 소위제가이국치야所謂齊家而國治也'라 하여 상하上下의 중요성을 강조했는데, 상[천자]이 솔선수범해야 하[백성]에까지 영향을 미치게 된다는 것이다. 즉 내 집[內]에서 효孝를 행한 뒤에야 이것으로써 바깥의 만물[外]에 미칠 수 있다는 유가의 사상이다.

유가는 덕을 근본으로 하고 재물을 경시했기에 이 장에서 덕본재말德本財末을 내세우고 있다. 덕을 멀리하고 재물만 추구해서는 백성들을 추스르게 하는 것이 어렵다는 것을 거듭 강조하고 있다. 이로써 민생을 안정시키고 경제가 안정된다면 치국평천하가 되는 것이다. 공자가 말한 "족식족병足食足兵, 민신民信"이 이루어지는 것이다.

"차위국불이리위리此謂國不以利爲利, 이의위리야以義爲利也."는 결구이다.

군자가 바라는 것은 이利가 아니라 의義를 추구하는 것이다. 재물을 소유하여 잘사는 것이 아니라 어떤 가치를 지니고 살지가 중요한 문제이다. 공자가 "민신民信"을 가장 우선시한 점도 여기에 있으니, 위정자가 명심할 대목이다.

혈구지도란 전10.1

이른바 '천하를 평정하는 것이 그 나라를 다스리는 데에 있다'는 것은 윗사람이 노인을 노인으로 대접하면[1] 백성은 효를 일으키고, 윗사람이 연장자를 연장자로 대접하면 백성은 공손함을 일으키고,[2] 윗사람이 고아[3]를 어여삐 여기면 백성은 어그러지지 않으니,[4] 이 때문에 군자는 곱자라는 재는 도구[5]를 가지고 있다.

所謂平天下在治其國者, 上老老而民興孝, 上長長而民興弟, 上恤孤而民不倍, 是以君子有絜矩之道也.

---

1) 원문의 "노노老老"를 번역한 것으로, 주희는 "이른바 우리 노인을 노인으로 대접한다는 것이다.[老老, 所謂老吾老也.]"라고 풀이했다.《맹자》〈양혜왕梁惠王 상上〉에 "우리 노인(부형)을 노인으로 섬겨 남의 노인에게 미치고, 내 어린아이(자제)를 어린아이로 사랑해서 남의 어린아이에게까지 미치면, 천하는 손바닥에 놓고 움직일 수 있습니다.[老吾老以及人之老, 幼吾幼以及人之幼, 天下可運於掌.]"라는 구절이 있다.

2) 원문의 "흥제興弟"를 번역한 것이다. "'흥興'은 감동이 피어나고 흥이 일어나는 바[所感發而興起]"(주희 설)를 말하고, '제弟'는 '공손할 제悌'와 의미가 같다.

3) 원문의 "휼고恤孤"를 번역한 것이다. 주희는 '고孤'를 "어려서 아버지가 없는 지칭[幼而無父之稱]"이라 하고, 공영달은 '외롭고 약한 사람[孤弱之人]'이라 했으며, 정약용은 옛 왕이 '휼고恤孤'하는 방법은 나라를 위해 죽은 사람의 아들을 양육하는 것[恤孤之法, 其死事者之孤, 公養之]이라고 했다.

4) 원문의 "배倍"를 번역한 것으로, '역逆'과 같은 의미다.

5) 원문의 "혈구지도絜矩之道"를 번역한 것으로, '혈絜'은 '헤아리다, 재다[度]'라는 뜻으로 보았으며, '구矩'는 '곱자 구', '곡척 구'라는 뜻으로 방형方形과 장단長短, 곡직曲直, 광협廣狹 따위를 재는 도구이다. 이는 반구저기反求諸己에서 나아가 "추기급인推己及人", "기소불욕물시어인己所不欲勿施於人"과 상통한다. 내가 하고자 하는 것은 남도 하고자 할 것이며, 내가 꺼리는 바는 남도 꺼릴 것임을 헤아리는 것은 당연한 이치다[易地思之, 推己及人].

솔선수범 전10.2

윗사람에게 하기 꺼려지는 바로 아랫사람을 부리지 말며, 아랫사람에게 꺼려하는 바로 윗사람을 섬기지 말며, 앞사람에게 꺼려하는 바로 뒷사람을 먼저 하게 하지 말며, 뒷사람에게 꺼려하는 바로 앞사람을 좇지 말며, 오른쪽에 꺼려하는 바로 왼쪽과 교분을 맺지 말며, 왼쪽에 꺼려하는 바로 오른쪽과 교분을 맺지 말라. 이것을 일컬어 곱자로 재는 도라고 한다.

所惡於上, 毋以使下, 所惡於下, 毋以事上, 所惡於前, 毋以先後, 所惡於後, 毋以從前, 所惡於右, 毋以交於左, 所惡於左, 毋以交於右. 此之謂絜矩之道.

백성의 부모 전10.3

《시경》[6]에 이르기를 "즐겁구나, 군자여. 백성의 부모로구나!"라고 했으니, 백성이 좋아하는 바를 좋아하고, 백성이 미워하는 바를 미워하는 것,[7] 이것을 일컬어 '백성의 부모'라고 한다.

詩云: "樂只君子, 民之父母!" 民之所好好之, 民之所惡惡之, 此之謂民之父母.

---

6) 인용된 《시경》은 〈소아〉 '남산유대南山有臺' 편이다. '혈구지도'를 잘 터득하여 백성의 마음을 자기의 마음으로 삼는 것이 백성을 자식처럼 아끼는 것이다.

7) 윗사람이 백성이 좋아하는 바를 좋아하고, 백성이 싫어하는 바를 싫어해야 하는데, 이와 반대가 되면 민란이 일어난다. 민심이 천심天心이다.

삼가지 않으면 죽임을 당한다 전10.4

《시경》[8]에 이르기를 "깎아지른[9] 저 남산이여, 오직 바위가 높고 높구나. 빛나고 빛나는 태사 윤씨여,[10] 백성이 모두 너를 보고[11] 있구나."라고 했으니, 나라를 소유한 자는 가히 삼가지 않을 수 없으니, 편벽[12]되면 천하에 의해 죽임을 당할 것이다.[13]

詩云: "節彼南山, 維石巖巖. 赫赫師尹, 民具爾瞻." 有國者, 不可以不愼, 辟則爲天下僇矣.

8) 인용된 《시경》은 〈소아〉의 '절남산節南山' 편이다. 주나라의 가부家父가 지은 시로, 국정을 함부로 한 태사 윤씨를 꾸짖고 왕이 윤씨를 등용하여 난亂을 일으킨 것을 풍자했다. 윗자리에 있는 자는 사람들이 우러러보기 때문에 삼가지 않을 수 없다. 만약 왕이 곱자로 재지 못하여 좋아하고 미워함을 자기의 편벽함에 따르게 되면 자신은 시해되고 나라는 망하니, 윗자리의 중요성을 강조한 것이다.

9) 원문의 "절節"을 번역한 것으로, "깎아지른 듯이 높고 큰 모양[截然高大貌]"(주희 설)을 일컫는다. '절截' 자의 의미와 같다.

10) 원문의 "사윤師尹"을 번역한 것으로, 태사는 삼공三公의 으뜸 벼슬이고, 윤씨는 그의 성이다. 그러나 현대의 중국 학자들은 대체로 왕국유王國維의 고증에 근거하여 태사와 윤씨를 모두 벼슬 이름으로 보고 있다.(이세동 역, 《대학·중용》, 을유문화사, 2007, 111쪽.)

11) 원문의 "이첨爾瞻"을 번역한 것으로, '첨이瞻爾'가 뒤바뀐 것이다.

12) 원문의 "벽辟"을 번역한 것이다. 《논어》 〈위정〉에서 말하는 "군자는 원만하지만 편을 가르지 않고, 소인은 편을 가르지만 원만하지 않다.[君子, 周而不比, 小人, 比而不周.]"에서 '비比'는 비슷한 부류끼리 어울린다는 뜻으로 '편당偏黨(떼를 지음)'의 개념이다.

대중을 얻어야만 전10.5

《시경》[14]에 이르기를, "은나라가 대중을 잃지[15] 않았을 때는 능히 하느님과 짝했다.[16]"고 하니 마땅히 은나라를 거울삼고,[17] 큰 명령은 쉽지 아니하니 대중을 얻으면 나라를 얻고, 대중을 잃으면 나라를 잃는다는 것을 말한다.

詩云: "殷之未喪師, 克配上帝." 儀監於殷, 峻命不易, 道得衆, 則得國, 失衆, 則失國.

13) 원문의 "위천하륙의爲天下僇矣"에서 '천하天下'는 백성을 의미한다. "천하가 죽일 수 있다"라고 번역하면 안 된다. 륙僇 앞에 소所를 넣어서, "위爲 A 소所 B"는 'A에 의해 B한 바 되다.'라는 피동으로 번역해야 한다. 이 구절은 천하의 주인은 백성이라는 뜻으로《논어》〈안연〉 편에서 "백성이 믿어주지 않으면 [나라는] 존립할 수 없다.[民無信不立.]"라고 했듯이, '믿음[信]'이 가장 중요하다. '병기[兵]'를 먼저 없애고, 그다음으로 '식량[食]'을 없애도 괜찮으나 백성의 믿음은 절대로 버려서는 안 된다고 한 것과 의미가 통한다.

14) 인용된《시경》은 〈대아〉의 '문왕' 편이다. 민심을 얻으면 상제와 짝할 정도이지만, 대중을 잃으면 나라를 통치하지 못함을 말한다. "천하를 소유한 자가 능히 이 마음을 보존하고 잃지 않으면, 혈구絜矩하여 백성과 함께하는 것이 자연히 그만둘 수 없을 것이다.[有天下者, 能存此心而不失 則所以絜矩而與民同欲者, 自不能已矣.]"(주희 설)라고 했다.

15) 원문의 "상사喪師"를 번역한 것이다. '사師'는 대중[衆]을 의미하므로 '상사喪師'는 민심을 잃었다는 말이다.

16) 원문의 "배상제配上帝"를 번역한 것이다. '상제上帝'는 하느님이고, 배상제配上帝는 "천하의 군주가 되어서 하느님과 마주하고 있다는 것을 말한다.[言其爲天下君, 而對乎上帝也.]"(주희 설)라는 뜻이다.

17) 원문의 "의감儀監'을 번역한 것인데, '의'는 '마땅하다'로, '감監'은 '거울삼다'라는 동사로 번역한다.

덕에서 먼저 삼가라 전10.6

이런 까닭으로 군자는 먼저 덕에서 삼가니,[18] 덕이 있으면 이에 사람이 있게 되고, 사람이 있으면 이에 땅이 있게 되고, 땅이 있으면 이에 재물이 있게 되고, 재물이 있으면 이에 쓰임이 있게 된다.[19]

是故, 君子先愼乎德, 有德, 此有人, 有人, 此有土, 有土, 此有財, 有財, 此有用.

덕과 재물 전10.7

덕은 근본이요, 재물은 끝이다.

德者本也, 財者末也.

거꾸로 한다면 전10.8

근본을 바깥으로 하고, 끝을 안으로 하면, 백성을 다투게 하고, 빼앗는 방법을 퍼트리는 것이다.[20]

---

18) 원문의 "선신호덕先愼乎德"을 번역한 것으로, 주희는 "덕이라는 것은 곧 이른바 덕을 밝힌다는 것이다.[德卽所謂明德.]"라고 풀이했다.

19) 《논어》〈이인〉 편에 "덕불고필유린德不孤必有隣"이라는 구절과 통한다. 명덕明德을 근본으로 삼으면 재물은 저절로 모이기 마련이라며 근본의 중요성을 말하고 있다.

外本內末, 爭民施奪.

백성이 흩어지지 않게 하려면 전10.9

이런 까닭으로 재물이 모이면 백성이 흩어지고, 재물이 흩어지면 백성이 모인다.[21)]

是故, 財聚則民散, 財散則民聚.[22)]

20) 근본은 덕을, 끝은 재물을 말한다. 덕을 멀리하고 재물만 추구하면, 앞의 인용된 《시경》의 〈주남〉 '도요' 편 같은 덕의 융성함과는 반대로 뭇사람이 모두 재물을 탐하는 일에 몰두하여 서로 다툴 것이다. 이것은 혈구지도를 그릇되게 하고 이익만 일삼는 것이다. 인간은 이해관계에서 끊임없이 갈등하기 때문에 《대학》의 문장에 이러한 이상적 내용을 다루고 있음을 인지하여 우리는 늘 이상과 현실을 융합하여 공부하고 습득해야 한다.

21) 재물이 쌓이면 사람이 흩어질 수밖에 없다는 말뜻은 옳다. 예를 들어 집안에 재산이 많은 경우, 가족 간에 갈등과 불화가 일어나는 경우가 종종 있다. 그러나 재물이 모이면 사람들이 모여들고, 재물이 흩어지면 사람들 또한 흩어지는 것이 현실이다. 이것은 법가가 주장하는 논의이기도 하다. 필자가 생각하기에는 사람이 살아가는 데 덕과 재물 모두 중요하다. 그러나 재물과 이익에만 치우쳐 근본[德]을 잃고 살아간다면 과연 진정한 삶의 가치가 제대로 힘을 발휘할 수 있을까? 덕과 재물을 근본과 말단으로 구분했듯이, 먼저 해야 할 바와 나중에 해야 할 바를 지혜롭게 헤아리는 것이 진리라고 생각한다.

22) "근본을 바깥으로 하고 끝을 안으로 하기 때문에 재물이 모이고, 백성을 다투게 하고, 빼앗는 것을 퍼트리기 때문에 백성이 흩어진다. 이와 반대로 하면 덕이 있게 되고, 사람이 있게 된다.[外本內末故財聚, 爭民施奪故民散. 反是則有德而有人矣.]"(주희 설)

뿌린 대로다 전10.10

이런 까닭으로 말이 어그러져서 나가는 것 또한 어그러져서 들어오고, 재물이 어그러져서 들어오는 것 또한 어그러져서 나간다.[23)]

是故, 言悖而出者, 亦悖而入, 貨悖而入者, 亦悖而出.

천명도 영원하지 않다 전10.11

'강고' 편에서 말하기를 "오직 천명이란 영원하지 않다."라고 했으니, 선하면 그것을 얻고, 선하지 않으면 그것을 잃는 것을 말한다.

康誥曰: "惟命不於常." 道善則得之, 不善則失之矣.

선함을 보배로 삼은 나라 전10.12

《초서楚書》[24)]에서 말하기를 "초나라는 보배로 삼는 것이 없고, 오직 선함을 보배로 삼는다.[25)]"라고 했다.[26)]

23) "언言"과 "화貨"를 비교하여 풀이하고 있다. 말이 어그러져서 나가면 어그러져서 들어온다는 말은 "가는 말이 고와야 오는 말이 곱다."와 같다. 이처럼 어그러져서 들어온 재물 역시 어그러져서 나간다는 것이다. 혈구한 자와 혈구하지 못한 자의 득실을 밝히고 있다.

24) 인용된 《초서》는 《국어國語·초어楚語》를 말하는데, 이세동에 따르면 《초서》에는 이 말이 없고, 비슷한 이야기가 있다. 초나라 소왕昭王의 대부 왕손어王孫圉가 진晉나라에 사신으로 갔을 때 조간자趙簡子가 패옥에 대해 묻자 왕손어가 초나라의 어진 신하 두 사람을 거론하며 이들이 보배라고 말했다.

楚書曰: "楚國無以爲寶, 惟善以爲寶."

구범이 보배로 삼은 사람 전10.13

구범[27)]이 말하기를 "망명한 사람[28)]은 보배로 삼는 것이 없고, 친한 사람을 사랑하는 것[29)]을 보배로 삼는다."라고 했다.

舅犯曰: "亡人無以爲寶, 仁親以爲寶."

---

25) 원문의 "유선이위보惟善以爲寶"를 번역한 것으로, '이위보以爲寶'가 동사이고, '유선惟善'이 목적어이니, '유선惟善'이 앞에 와야 번역과 문장이 일치되므로 도치된 것이다. 이 구절을 "오직 선으로써 보배로 삼는다."라고 번역하기도 한다.

26) 여기서 말하는 보배는 금金이나 옥玉 같은 금은보화가 아니라 초나라의 '선인善人'을 보배로 여긴다.[不寶金玉而寶善人也.](주희 설)

27) "구범舅犯"은 '진문공晉文公'의 외삼촌 '호언狐偃'으로, 자는 '자범子犯'이고 외숙을 뜻하는 "구舅"를 써서 "구범舅犯"이라 했다. 《사기》〈진세가晉世家〉에 "진나라 문공 중이는 진 헌공의 아들이다. 어려서부터 선비를 좋아하여 나이 열일곱에 어진 선비 다섯 명을 두었으니 조최와 문공의 외삼촌인 호언구범, 가타, 선진, 위무자이다.[晉文公重耳, 晉獻公之子也. 自少好士, 年十七, 有賢士五人, 曰趙衰, 狐偃咎犯, 文公舅也, 賈佗, 先軫, 魏武子.]"라는 구절에 보인다. 구범은 문공의 망명 시절부터 모셨으며, 문공이 제후의 자리에 오르자 대부가 되어 문공을 도왔다.

28) 원문의 "망인亡人"을 번역한 것으로, 이는 문종이 당시 공자公子의 신분으로 망명을 떠난 것이다.(주희 설)

29) 원문의 "인친仁親"을 번역한 것이다. '인한 사람을 친히 하는 것'이라고도 번역하지만, '친親'은 '부형父兄'을 말하며, 주희가 "'인仁'은 사랑하다[愛]"라고 한 것으로 보아, '친한 사람을 사랑하는 것'이라고 번역해야 한다. '인친仁親'이 인仁의 시초이다. 유가에서 말하는 '친親'의 개념은 부모와 자식 간의 친함이다. 친한 사람을 사랑하는 것을 보배로 삼고, 부모를 봉양하는 마음을 개나 돼지를 키우는 것과 달리하여, 이러한 마음이 '백성에게 미쳐야 하는 것[及人]'이다.

진실로 받아들일 수 있는 사람 전10.14

《진서》에서 말하기를 "만일 진실하기만 하고 특별한 재주는 없는 어떤 신하가 그 마음이 아름다워 재주 있는 많은 사람을 받아들이니, 재주 있는 사람을 보면 마치 자신이 그 재주를 가지고 있는 것처럼 여기며, 훌륭하고 명철한 사람을 보면 마음으로 그들을 좋아하여 단지 입으로 말하는 것이 아니라 진실로 그들을 받아들일 수 있다면 우리 자손과 백성을 보존할 수 있으며, 오히려 이로움마저 있을 것이로다! [그러나] 재주 있는 사람을 질투하여 그를 미워하고, 훌륭하고 명철한 사람의 의견을 거슬러서 관철하지 못하게 한다면, 이는 다른 사람을 받아들일 수 없는 사람이다. 이러한 신하를 둔다면 우리 자손과 백성을 보존할 수 없을 것이니, 또한 '위태롭도다' 라고 말할진저."[30]라고 했다.

《秦誓》曰: "若有一个臣, 斷斷兮無他技, 其心休休焉, 其如有容焉. 人之有技, 若己有之. 人之彥聖, 其心好之, 不啻若自其口出, 寔能容之, 以能保, 我子孫黎民, 尚亦有利哉, 人之有技, 媢疾以惡之, 人之彥聖, 而違之, 俾不通, 寔不能容, 以不能保我子孫黎民, 亦曰殆哉."

30) 이 장에서는 원문의 "단단斷斷"이라는 말에 주목해야 한다. 주희나 정현은 '성일誠一한 모양'이라 했고, 공영달은 '성실전일誠實專一'이라 풀이했다. 곧 '단단斷斷'이란 진실하며 한결같은 마음으로, 투박하고 우직한 성품을 뜻한다. 이것이 재능과 재주보다도 근본이 되어야 함을 말하고 있다.

사랑도 미움도 인한 사람만이 전10.15

오직 인한 사람만이 그러한 사람들을 내쫓아 유배 보내어 사방의 오랑캐 지역으로 쫓아내어 중원에 함께하지 않게 한다. 이것을 "오직 인한 사람만이 다른 사람을 사랑할 수 있고, 다른 사람을 미워할 수 있다."라고 일컫는 것이다.[31)]

唯仁人放流之, 迸諸四夷, 不與同中國. 此謂唯仁人爲能愛人, 能惡人.

인재 등용의 원칙 전10.16

현명한 사람을 보고 등용할 수 없고, 등용했더라도 우선시하지 않았다면, 천명[32)]이다. 선하지 못한 사람을 보고도 물러나게 할 수 없고, 물러나게 하더라도 멀리할 수 없다면, 허물이다.

見賢而不能擧, 擧而不能先, 命也, 見不善而不能退, 退而不能遠, 過也.

31) "기忌"에 대한 설명이다. 시기하는 마음은 현명함을 방해하고 나아가 나라까지 병들게 한다. 인仁한 사람은 시기하는 마음 없이 남을 자신처럼 사랑하고 수용하기 때문에 오직 인한 사람만이 사사로운 마음 없이 사랑하고 미워할 수 있다는 것이다.

32) 원문의 "命"을 번역한 것으로, 정현은 "소홀하다[慢]", 정이는 '게으르다[怠]', 주희는 누가 옳은지 모르겠다고 했다. 정약용은 "어진 이를 보고도 먼저 들어 쓸 수 없는 것은 간혹 그 사람이 때에 이르지 않았으므로 '명命'이라고 말한 것이다. 어진 이를 등용하지 못하는 일은 오히려 말이 있으나 악인을 물리치지 못한 일은 변명할 수도 없다.[見賢而不能先擧, 或其人時有未至, 故曰命也. 謂不進賢, 猶有辭, 不退惡, 無可諉也.]"라고 풀이했다.

본성을 거스른다면 전10.17

남이 싫어하는 바를 좋아하며, 남이 좋아하는 바를 싫어하는 것, 이것을 일컬어 사람의 본성을 거스르는 것이라고 하니, 재앙[33]이 반드시 몸에 미친다.[34]

好人之所惡, 惡人之所好, 是謂拂人之性, 菑必逮夫身.

충심과 믿음으로 얻는 것 전10.18

이런 까닭으로 군자는 큰 도리[35]를 가지고 있으니, 반드시 충성[36]과 믿음으로써 그것을 얻고, 교만과 사치[37]로 그것을 잃는다.

是故, 君子有大道, 必忠信以得之, 驕泰以失之.

---

33) 원문의 "菑"는 현재 "묵은 밭 치(菑)" 자이나 고대에는 '재앙[災]'이라는 의미로 사용했다. 여기에서도 '재앙'을 뜻한다.

34) "선을 좋아하고 악을 미워하는 것은 사람의 본성이니, 사람의 본성을 거스르는 것에 이르면 인하지 않음이 심한 것이다.[好善而惡惡, 人之性也, 至於拂人之性, 則不仁之甚者也.]"(주희 설) 유가에서 출발한 성선설과 성악설은 인간의 본성에 대해 말한 것이다. 성선설은 위의 문장에서 '호인지소오好人之所惡'에 해당하며, 강제성이 없는 예로 다스리는 것을 말했고, 성악설은 '호악오선好惡惡善'을 말하는 것으로, 강제성이 있는 법으로 다스려야 한다는 입장이다. 그러나 인간의 본성을 성선과 성악으로 단순하게 나누기는 어렵다.

35) "'도道'는 그 자리에 머물러서 자신을 닦고 남을 다스리는 방법을 일컫는다. [道, 謂居其位而修己治人之術.]"(주희 설)

36) 원문의 "충忠"을 번역한 것으로, 이 글자는 '중中', '충沖' 등의 글자와 관련이 있다. 《소疏》에서는 '중심中心이 충忠'이라고 풀이한다. 어떤 일을 꾀함에서 진실하고 성실한 마음으로 임해야 하며, 다른 사람을 절대 속여서는 안 된다는 뜻이다.

재물을 생산하는 도 네 가지 전10.19

재물을 생산하는 데는 큰 도가 있으니, 그것을 생산하는 자가 많고, 그것을 먹는 자가 적고, 그것을 하는 자[38]가 빠르고, 그것을 쓰는 자가 천천히 하면 재물은 항상 풍족하다.[39]

生財有大道, 生之者衆, 食之者寡, 爲之者疾, 用之者舒, 則財恒足矣.

인자와 재물의 관계 전10.20

인한 자는 재물로써 자신을 피어나게 하고, 인하지 않은 자는 자신으로써 재물을 피어나게 한다.[40]

---

37) 원문의 "태泰"를 번역한 것으로, "사치스럽고 방자함[侈肆]"(주희 설)을 뜻한다.

38) 원문의 "위지자爲之者"를 번역한 것으로, 생업에 종사하는 자이다.

39) 이 문장에 대해 여대림呂大臨은 "나라에 노니는 백성이 없으면 생산하는 자가 많을 것이고, 조정에 요행으로 자리를 얻는 지위가 없으면 먹는 자가 적을 것이며, 농사철을 빼앗지 않으면 빠르게 할 것이요, 들어오는 것을 헤아려 내보내면 천천히 쓸 것이다.[國無遊民, 則生者衆矣, 朝無幸位, 則食者寡矣, 不奪農時, 則爲之疾矣, 量入爲出, 則用之舒矣.]"라고 하여 재물을 사치하지 않고 오래도록 검소하게 쓸 수 있는 방안에 대해 풀이했다.

40) 지혜로써 재물을 쓰고 백성을 다스리는 '득민得民'을 더 중요하게 여기는 것으로, 사람을 중시하는 유가의 근본 사상이다. 그런데 위의 원문과는 맞지 않는다. 그래서 주희의 주석을 보면, "인한 자는 재물을 흩트려서 백성을 얻고, 인하지 않은 자는 자신을 망가뜨려서 재물을 불린다.[仁者, 散財以得民, 不仁者, 亡身以殖貨.]"라고 했다. 주석의 의미와 같이 본문 '이재발신以財發身'에서 '재財' 앞에 '산散'을 넣고, '이신발재以身發財'에서 '신身' 앞에 '망亡'을 넣어서 이해해야 한다. 번역은 원문 그대로 "재물로써 자신을 피어나게 하고", "자신으로써 재물을 피어나게 한다"라고 번역한다.

仁者, 以財發身, 不仁者, 以身發財.

윗사람이 인을 좋아하라 전10.21

윗사람[41]이 인을 좋아하는데, 아랫사람이 의를 좋아하지 않는 것은 있지 아니하며, 의를 좋아하는데, 그 [윗사람의] 이 일이 끝마쳐지지 아니하는 것은 있지 아니하며, 부고에 재물이 있는데, 그 [윗사람의] 재물이 아닌 것은 있지 아니하다.

未有上好仁而下不好義者也, 未有好義, 其事不終者也, 未有府庫財, 非其財者也.[42]

41) 원문의 "상上" 자를 번역한 것으로, 이 글자를 '윗사람'으로 번역해야 하는 경우가 《논어》에도 나온다. 예를 들어 "공자께서 말씀하셨다. 윗자리에 있으면서 너그럽지 않고, 예를 행하면서 공경하지 않고, 상을 당하여 슬퍼하지 않는다면, 내가 무엇으로써 그런 사람을 관찰할 수 있겠는가?[子曰: 居上不寬, 爲禮不敬, 臨喪不哀, 吾何以觀之哉?]"(〈팔일八佾〉 3.26편)

42) "윗사람이 인을 좋아함으로써 그 아랫사람을 사랑하면, 아랫사람이 의를 좋아하여 그 윗사람을 충심으로써 대하니, 일이 반드시 끝이 있는 까닭이고, 부고의 재물이 어그러져서 나가는 근심이 없는 것이다.[上好仁以愛其下, 則下好義以忠其上, 所以事必有終, 而府庫之財無悖出之患也.]"(주희 설) 윗사람이 인仁이 없으면 일이 끝마쳐지지 않고, 창고에 재물이 없게 된다. 반면에 윗사람이 인仁을 좋아하면 아랫사람이 의義를 좋아하여 윗사람의 일을 늘 잘 처리하고 충성하여 일이 끝마쳐지며, 또한 아랫사람이 재물을 빼앗아가지 않게 되니, 창고에 윗사람의 재물이 있게 된다. 그러므로 "윗물이 맑아야 아랫물이 맑다"는 것이다.

착취하는 신하보다 도둑질하는 신하가 낫다 전10.22

맹헌자[43]가 말하기를 "네 마리의 말을 치는 사람(초시에 대부의 신분이 된 사람)은 닭과 돼지를 생각하지 않고, 장사나 제사 때 얼음을 사용할 수 있는 사람(경대부 이상의 신분인 사람)은 소와 양을 기르지 않는다. 마차 백 대를 가지고 있는 집안(경대부 집안)에서는 백성을 착취하는 신하를 키우지 않는다. 백성을 착취하는 신하를 키우느니 차라리 도둑질하는 신하를 둘 것이다."라고 했다. 이는 "국가는 이익만 추구함으로써 이익을 삼지 않고, 의로움을 추구함으로써 이익을 삼아야 한다."라는 의미다.

孟獻子曰: "畜馬乘不察於雞豚, 伐冰之家不畜牛羊, 百乘之家不畜聚斂之臣, 與其有聚斂之臣, 寧有盜臣." 此謂國不以利爲利, 以義爲利也.

소인은 국가에 재앙과 해악이다 전10.23

국가를 이끌어가면서 재물을 쓰는 데에 힘쓰는 것은 반드시 소인에게서 나온다. 소인에게 국가를 다스리게 한다면 재앙과 해악이 함께 이를 것이다. 비록 어진 사람이 있다고 할지라도 어찌할 수 없을 것이다. 이것이 "국가는 이익만 추구함으로써 이익을 삼지 않고, 의로움을 추구함으로써 이익을 삼아야 한다."라는 의미다.

---

43) 맹헌자孟獻子는 춘추시대 노魯나라의 재상인 중손멸仲孫蔑이다. 선정을 베풀어 '사직지신社稷之臣'으로 칭송을 받았다.

長國家而務財用者, 必自小人矣. 彼爲善之,[44] 小人之使爲國家, 菑害竝至. 雖有善者, 亦無如之何矣! 此謂國不以利爲利, 以義爲利也.

44) '피위선지彼爲善之'는 구句의 앞뒤로 빠진 문장이 있거나 글자가 잘못된 것으로 보인다. '피彼'는 '소인'을 가리키는데 그들이 선을 한다는 것은 맞지 않으므로 주희는 '彼爲不善之'이거나 '爲善之'를 빼야 한다고 했다. 이를 놓고 논란이 많다.

논어 論語

해제

《논어》는 어떤 책인가

공자孔子가 그의 제자들, 당대 인물들과 대화를 나눈 기록이 주 내용인 《논어》는 이미 한 개인의 저작이라는 차원을 뛰어넘어 인류의 보편적인 가치를 담고 있는 고전이 되었다.

《논어》는 대부분 대화체로 구성되어 있고 글자 수는 약 1만 5천 900여 자로 노자老子의 《도덕경道德經》이 5천 200여 자임을 감안하면 세 배가 넘는 분량이다. 《도덕경》이 응집된 사상을 일관된 필치로 써내려간 저술이라면 《논어》는 공자와 그의 제자들의 어록집에 가깝다. 제자들의 기억에 의존해 후대에 발췌하고 편집한 담화집이라는 이야기다. 《한서漢書》 〈예문지藝文志〉를 보면 "스승이 죽자 문인들이 그것을 모아 논의하여 편찬하였으므로 '논어論語'라고 한 것이다"라고 되어 있다. 어떻게 보면 《논어》는 단편적인 문장들을 모아놓아 실제로 읽어보면 일관된 배열의 원칙도 미흡하고 문장 상호간의 연관성도 부족한 듯하다. 편폭이 짧은데도 불구하고 중복되는 장절이 출현하고, 앞에 나왔던 말이 뒤에서 약간 다르게 인용되는 경우도 있다. 사마천의 기록대로 공자의 핵심 제자와 제자의 제자들이 모은 자료들이 적어도 수십 년에서 그 이상의 시차를 두고 편찬된 것은 분명한 사실이다. 《논어》는 공자가 죽은 지 오래지 않은 춘추 말에서 전국 초기에 현재의 판본에 가까운 내용과 형식으로 등장했을 것으로 추정된다.

어록이란 틈나는 대로 생각나는 대로 한 말을 엮어놓은 것이다. 어록집으로서 《논어》의 비체계성은 오히려 이 책의 가치를 더욱 드높이고 있다. 공자의 "술이부작述而不作(서술하되 짓지는 않는다)"의 원칙 덕분에 공자의 언행과 생활 습관 등이 잘 드러나기 때문이다. 제자들이 엮었기 때문에 스승의 언행이 담긴 글을 털끝 하나 건드리지 않고 그대로 엮었을 가능성이 크다. 말하자면 윤색해서 미화하거나 왜곡하지 않았다는 말이다. 사람 냄새가 나는 책, 풋풋하고 싱그러운 멋도 있는 말씀, 때로는 인간 공자의 편견과 아집, 쓸데없는 자존심도 고스란히 실려 있는 인간다운 어록집이란 말이다. 우리는 《논어》에서 비주류로 살다 간 실패한 정치인이 어떻게 위대한 사상가의 자세를 함께 견지하고 있는지를 생생히 살펴볼 수 있다.

《논어》에서 눈여겨볼 점은 제자들의 태도이다. 아무래도 스승이 다소 거슬리는 말을 하면 그것을 재편집해서 수록하고 싶기도 했을 터인데 그들은 그러지 않았다. 아마 제자들은 공자의 허례허식 비판이나 내용과 실질이 다른 위선에 대한 성찰을 마음 깊이 받아들였으리라.

왜 공자이고《논어》인가

《논어》의 주인공인 공자는 역사가 사마천도 동경해 마지않았던 사상계의 거목이었다. 공자의 행적에 대한 가장 오래되었으면서도 권위 있는 저서는 사마천의《사기史記》로서 사마천은 자신이 황로黃老학파(도가의 한 유파)에 속해 있으면서도 공자에게 상당한 의미를 부여했다. 사마천은 공자의 위상을 대단히 높게 보았으며, 전기를 집필해 제후와 같은 반열에 둠으로써 그의 인류문화사적 입지를 굳건히 하는 데 결정적으로 공헌했다. 사마천은 야합野合을 통해 공자가 탄생했다는 출생의 비밀을 밝히면서도 공자에 관한 거의 모든 사실을 세세히 고증하고 의미를 부여했으니, 이는 실로 전무후무한 일이다. 따라서 공자의 삶을 알기 위해 우리는 먼저《사기》〈공자세가孔子世家〉를 읽어보아야 한다. 또 제자들의 행적을 알기 위해서는《사기》〈중니제자열전仲尼弟子列傳〉을 읽어야 하고, 비록 단편적이고 편파적인 시각이기는 하나 유가학파의 흐름을 알기 위해서는《사기》〈맹자순경열전孟子荀卿列傳〉을 읽어야 하며, 공자 이후 유학의 발전 양상을 알기 위해서는《사기》〈유림열전儒林列傳〉을 꼼꼼히 살펴보아야 한다. 더구나 사마천은 한 무제가 공자를 떠받들어 성인으로 모신 데서도 영향을 받았으며, 곡부에 있는 공자의 고택을 방문하고 공자의 후예 공안국孔安國으로부터 고문을 배우기도 했으니, 이러한 사실로 볼 때 그의 기록물들은 매우 중요하게 받아들여졌다.

"중니仲尼(공자)는 예가 땅에 떨어지고 음악이 무너진 것을 슬퍼하여 경술經術을 닦아 왕도를 밝혀 어지러운 세상을 바로잡아 정도로 돌아오게 하고자 했다. 이것을 글로 나타내고 천하를 위해 의법儀法을 만들었으며, 육예六藝의 기강을 후세에 전했다."(〈태사공자서〉) 이것이 사마천이 〈공자세가〉를 지은 이유다. 사마천에게는 공자가 무관의 시절을 보내고 공후의 작위도 받지 못하고 봉토를 받아 나라를 세운 것도 아니라는 사실은 중요하지 않았다. 사마천은 공자의 여러 정치 활동과 사상을 두고 주공 다음가는 위대한 성인으로 평가했으며, 그의 정치 역량에 대해서도 결코 인색하지 않은 평가를 내렸다. 또한 굴곡진 삶에 대한 안타까움도 절절히 표하고 있다.[1)]

사마천의 기록에 따르면, 공자는 노魯나라 창평향昌平鄉 추읍陬邑(숙양흘叔梁紇이 다스리던 읍 이름)에서 태어났다. 그의 조상은 송宋나라

1) 사마천이 생각하는 공자는 성현이며 학자이지만 공자의 정치적 이상은 춘추시대라는 상황에 들어맞지 않아 현실화되지 못했다. 공자의 비극은 사마천의 비극이며, 공자가 굴복하지 않고 꿋꿋하게 살아가려는 모습은 사마천의 의지와도 닮아 있다.

사람으로 공방숙孔防叔이라고 한다. 방숙이 백하伯夏를 낳았고 백하는 숙양흘을 낳았다. 숙양흘은 안씨顔氏 딸과 야합(정식 혼인 절차를 거치지 않고 남녀가 결합하는 것)하여 공자를 낳았으니, 이구尼丘에서 기도를 하여 공자를 얻은 것이다.[2] 공자는 태어나면서부터 정수리가 움푹 패여 있고 둘레가 언덕처럼 솟아 있어 이름을 구丘라고 했다고 한다. 그의 자는 중니仲尼이고 성은 공씨孔氏이다. 공구가 태어나고 나서 숙양흘이 죽어[3] 방산防山에 매장되었다. 방산은 노나라 동쪽에 있었는데, 공자는 자신의 아버지가 어디에 매장되었는지를 두고 의구심을 품었으나 어머니는 알려주기를 꺼렸으며 이유는 알려져 있지 않다.[4] 공자가 어린아이로서 장난칠 때, 늘 조두俎豆(나무로 만든 제사 그릇)를 늘어놓고 예의와 자태를 갖추었다. 공자는 어머니가 죽자 오보구五父衢(곡부에서 서남쪽으로 2리 떨어진 곳)에 빈소를 차렸으

2) 본래 숙양흘은 노나라의 시씨施氏의 딸과 결혼해 딸 아홉을 낳았다고 한다. 당시 예법에 의하면 남자 나이 16세, 여자 나이 14세가 양기와 음기가 통하여 혼인에 적절한 나이였다. 숙양흘은 나이가 많고 안징재는 나이가 어려 초계初笄의 예를 치르기에 부적합하다고 보았고 따라서 야합이라고 한 것이다. 참고로 안징재는 안씨의 세 딸 가운데 막내다.

3) 공자 나이 3세 때였다.

4) 이를 다른 식으로 해석하기도 한다.《사기색은史記索隱》에 따르면 숙양흘이 안징재와 산 지 얼마 안 되어 죽었으니 안징재는 어린 나이에 과부가 된 것이다. 공자가 세 살 때 아버지가 세상을 떠났다는 것이 정설이다. 그녀는 이것을 혐오하여 장례도 따라가지 않았으므로 본인 역시 무덤이 있는 곳을 알지 못했을 뿐 일부러 숨긴 것은 아니라는 견해가 있다.

니, 이는 아마 부모를 함께 매장하려는 그의 신중함을 방증하는 듯하다. 추읍 사람 만보輓父의 어머니가 공자 아버지의 무덤을 알려주고 나서야 방산에 가서 두 분을 합장했다고 사마천은 설명한다.

이런 가정환경으로 볼 때 공자가 제대로 된 교육을 받지 않았을 것이라는 데에는 의견이 일치한다. 공자는 젊은 홀어머니 슬하에서 자라는 어려움을 겪었지만 자립하여 학문을 이루고 가정도 꾸렸다. 《논어》에 딸을 공야장에게 주었다는 기록과 아들이 50세의 나이로 공자보다 먼저 세상을 떠났다는 기록이 있는 것으로 보아, 공자가 결혼하여 1남 1녀 이상을 두었다는 것은 분명한 듯하다.

공자가 그토록 그리워한 것은 주周나라였다. 사마천에 따르면 공자는 자신과 거의 동시대인[5]이었던 주나라의 노자를 찾아가기도 했다. 공자는 노자에게 예禮에 관하여 물었다. 그러자 노자는 부질없다는 표정을 지으며 오히려 "그대는 교만과 지나친 욕망과 야심을 버리시오"(〈노자한비열전〉)라고 하면서 공자의 위선적인 태도를 나무라고 있다. 고향 곡부로 돌아가 제자들을 양성하기 전의 일이다. 사마천은 왜 공자와 노자의 만남을 기록으로 남겼을까? 공자와의 만남이 노자에 대한 유일한 역사 기록이기 때문이기도 하지

5) "或曰: 老萊子亦楚人也, 著書十五篇, 言道家之用, 與孔子同時云."(《사기》 〈노자한비열전〉)

만, 공자의 방향 전환에 노자가 미친 결정적인 역할을 강조하고 싶어서가 아니었을까? 우리는 노자가 공자에게 한 말 중에서 "군자는 때를 만나면 관리가 되지만, 때를 만나지 못하면 쑥처럼 떠돌이 신세가 되오"(〈노자한비열전〉)라는 충고를 유념할 필요가 있다. 때가 아니라는 것은 공자도 잘 알고 있었을 터였다. 이런 기록을 남기면서 사마천이 생각한 바는 무엇이었을까? 노자와 공자는 각기 다른 길을 가면서도 회통의 가능성을 열어놓은 사상가들이다. 결국 인간이 지향하는 삶은 각자 방법은 달라도 크게 보면 통한다는 의미이다. 사마천의 기록에는 자잘한 차이에 집착하지 않고 융합과 소통, 회통이라는 길을 모색하다 보면 고뇌에 찬 삶도 새로운 지평으로 열릴 것이라는 논지가 담겨 있지 않을까?

천자의 지위에서 제후의 지위로 전락해간 주나라로 그토록 돌아가고 싶어 했던 공자의 삶은 허울뿐인 명분에 집착한 시대착오적 여정에 불과하지 않은가 싶기도 하다. 공자가 갈망한 주나라는 종법제를 바탕으로 한 문명국이었고, 대국이었다. 또 당시는 그런 주나라를 정점으로 제후들 사이의 견제와 균형이 유지되던 시대였다. 그러나 공고해 보이던 혈연관계도 서서히 무너지더니 결국 주나라가 동쪽으로 옮겨져(동주) 명목상으로만 유지되는 처지로 전락하자 이제는 패자 중심으로 통치하는 시대가 도래했다. 초, 진秦, 제, 진晉, 오, 월 등 강대국들은 약소국인 노, 정, 위, 송, 진, 채 등을 끊임없이 괴롭혔으며 이들은 생존을 위해 몸부림쳐야 했다. 강자와 타협하길 원했지만 뜻대로 되지 않았고 언제 닥쳐올지 모르는 외부의 강적과 내부의 반란 등에 제후들의 마음도 타들어가고 있었다. 말하자면 노나라는 문화적으로는 타국에 앞서 있었으나 현실적으로 작고 힘이 없었다.

오늘날의 산둥성山東城에 자리 잡고 있었던 노나라는 서주 초기 주공周公 단旦이 천자에게 하사받은 봉국으로, 서주 정치·문화의 중심 가운데 하나였으며, 주나라의 역사 문헌을 많이 보존하고 있었다. 이러한 배경으로 인해 공자는 어린 시절부터 고대 문화의 훈도를 받았다. 공자는 도덕적 행동을 전통적 역할과 위계질서에 연계함으로써 주 왕조 체제를 옹호했지만, 주나라는 이미 쇠락한 상태였다. 공자는 주나라의 분신과도 같았던 노나라 안에서 주나라의 모든 규범적 질서가 어긋나는 상황을 목도하게 된 것이다.

공자가 살던 시대 노나라는 호시탐탐 기회를 노리는 강력한 제나라로부터 존립을 위협받았지만 남방의 강국 오·월이 견제하고 있어 긴장감만 계속 이어지는 상황이었다. 노나라는 주 무왕이 봉한 나라이므로 당시 명목상의 천자국이라 해도 얼마간 주나라의 보호를 받을 수는 있었다. 그러나 문제는 내부에 있었다. 무기력한 군주의 집권이 장기화되면서 가신들이 난을 일으켰으니 《논어》에 여러 차례 언급되는 삼환三桓(계손씨·숙손씨·맹손씨)이 나라를 좌지우지했으며 나중에는 계손씨의 가신인 양호陽虎가 반란을 일으키는 등 군신관계도 거의 무너져내렸다.

그러나 공자는 이런 세태에 초연하고자 했으며 주나라 천자의 권위를 회복하여 그 시대의 예제를 본받음으로써 새로운 천하를 구축하려는 이상을 품었다. 공자는 어려움에 처해서도 자신을 굳건히 지킨 인물들을 존경했다. 주나라의 노자老子, 위衛나라의 거백옥蘧伯玉, 제나라의 안평중晏平仲, 초나라의 노래자老萊子, 정나라의 자산子産, 노나라의 맹공작孟公綽 등이다. 그리고 공자는 장문중臧文仲, 유하혜柳下惠, 동제백화銅鞮伯華(진晉나라 대부 양설적羊舌赤), 개산자연介山子然(개지추介之推) 역시 존경했다.

공자는 30세 남짓 되었을 때 주 왕실의 도서실로 들어가 책을 보았으며, 삶의 상당 부분을 정鄭, 진陳, 채蔡, 제齊 같은 이웃 나라들에서 벼슬을 얻고자 했으나 번번이 좌절했다. 공자가 노나라를 떠나 본격적인 유세를 나선 것은 지천명을 넘긴 55세 때였다. 그로부터 68세까지 천하를 주유하며 제후들에게 일자리를 구하였으나, 이런 시도는 실패로 점철되었다. 공자는 명성에 걸맞은 예우도 받지 못했다. 제나라에서는 안영의 반대로 내쳐졌으며, 송나라에서는 생명의 위협을 받았고, 위나라에서는 쫓겨났다. 진나라와 채나라 사이를 전전하다, 결국 말년에 노나라로 돌아왔다. 공자는 만 13년에 걸친 긴 유랑 생활을 보내고 고향으로 돌아와 제자들을 가르치면서 육경을 편찬했다.

《논어》 곳곳에서 확인되듯 공자는 기존 귀족들이 누리던 세습적 특권을 과감하게 무시했다. 심지어 비판하기도 했다. 그러면서도 공자가 탄압을 받지 않았던 이유는 가르침의 내용이 상당히 보수적이었기 때문이다. 또한 학문의 전수에 있어서도 공자는 개인이 학문을 가르치는 새로운 풍조를 열어 서주 이래 관부에서만 공부할 수 있던 제도적 제한에서 벗어났으며, 학술 문화를 민간에까지 확산시켰다. 공자는 신흥 '사' 계층의 대표적인 인물로 국가에 봉사(仕)해야 한다는 계층적 소명 의식이 있었다.

한 고조 12년(기원전 196)에 고조가 곡부에 들러 태뢰太牢를 갖추어 공자에게 제사를 지냈다[6]는 기록으로 보건대 공자는 세상을 떠난 뒤 3백 년이 채 못 되어 거의 성인의 반열에 올랐다. 이는 한나라의 국교가 유교儒教라는 사실과 무관하지 않으며, 지식인의 명예를 회복시켜주기 위한 조치였다. 또한 공자가 성인이라 불렀던 요, 순, 우, 탕, 주나라의 문왕과 무왕, 주공 등과 달리 공자는 통치권을 갖지 못했지만 중국 문화 발전에 지대한 영향을 끼쳤다는 점은 이미 한나라 초기에도 인식했던 바였다.

《논어》에 나오는 제자들과 여러 인물들

《논어》에 언급되어 있는 인물은 150여 명이다. 이들은 크게 두 부

---

6) 《사기》〈공자세가〉 및 《한서》〈고제기高帝紀〉 등 참조.

류로 나뉘는데, 첫째는 공자의 제자들이고 둘째는 주로 정계 인물들이다.

공자의 제자는 몇 명이나 될까? 사마천은 두 가지 의견을 내놓았다. 〈공자세가〉에서는 "제자가 대체로 3천 명이었고, 육예에 능통한 사람이 일흔두 명이었다"[7]라고 했다. 또 〈중니제자열전〉에서는 "내 문하에서 학업에 힘써 육예에 통달한 사람은 일흔일곱 명이다"[8]라는 공자의 말을 인용했다. 두 글에서 제자들의 수가 일치하지 않지만 대략 규모는 파악할 수 있다. 《논어》를 읽어보면서 느끼게 되는 것은 공자와 제자들이 때로는 허물없다 싶을 정도로 솔직하게 대화하고 있다는 점이다.

리링 교수는 《상가구喪家狗》라는 책에서 공자의 제자들을 크게 1기, 2기, 3기로 나누어 분류하고 있다. 1기 제자들은 공자의 초창기인 35세 이전에 받아들인 인물들로 모두 다섯 명이 있었으니, 안무요顔無繇(자는 계로季路), 염경冉耕(자는 백우伯牛), 중유仲由(자는 자로子路), 칠조계漆雕啟(자는 자개子開), 민손閔損(자는 자건子騫) 등이다. 2기 제자들은 제나라에서 노나라로 돌아온 시기인 54세 즈음에 받아들인 제자들로 모두 여덟 명이다. 염옹冉雍(자는 중궁仲弓), 염구冉求(자는 자

7) "弟子蓋三千焉, 身通六藝者, 七十有二人."(《사기》〈공자세가〉)

8) "受業身通者七十有七人."(《사기》〈중니제자열전〉)

유子有), 재여宰予(자는 자아子我), 안회顏回(자는 자연子淵), 무마시巫馬施(자는 자기子旗), 고시高柴(자는 자고子羔, 계고季羔), 복부제宓不齊(자는 자천子賤), 단목사端沐賜(자는 자공子貢) 등이다. 그리고 3기 제자들은 그가 55세부터 천하를 주유할 때 받아들인 제자들로서 열한 명이다. 원헌原憲(자는 자사子思), 번수樊須(자는 자지子遲), 담대멸명澹臺滅明(자는 자우子羽), 진항陳亢(자는 자항子亢 혹은 자금子禽), 공서적公西赤(자는 자화子華), 유약有若(자는 자유子有), 복상卜商(자는 자하子夏), 언언言偃(자는 자유子游), 증삼曾參(자는 자여子輿), 전손사顓孫師(자는 자장子張), 사마경司馬耕(자는 자우子牛) 등이다. 그리고 공야장公冶長(자는 자장子長), 남궁괄南宮适(자는 자용子容), 증점曾點(자는 자석子晳), 공백료公伯寮(자는 자주子周), 금뢰琴牢(자는 자개子開 혹은 자장子張) 등이 기타 제자들이다. 이들 중에서 공자와 같은 나라인 노나라 출신이 가장 많다. 노나라 출신은 몰락한 가정에서 태어난 자가 대부분이며, 자공이나 사마우 정도를 제외하면 돈도 거의 없었다. 이 가운데 핵심 제자는 열 명 정도다. 공자도 언급했던 것처럼 덕행으로는 안회와 민손과 염경과 염옹을 꼽고, 정치로는 염구와 중유를 꼽으며, 언어로는 재여와 단목사를 꼽고, 문학으로는 언언과 복상을 꼽을 수 있다. 말하자면, 사과십철四科十哲이라고 하여 대단히 중시된 인물들이다.[9)]

그렇다면 공자는 어떤 제자들과 가깝게 지냈을까? 물론 덕행이 뛰어난 자들이다. 염경과 안회, 증삼, 유약처럼 말이 별로 없고 어리석은 것 같으면서도 자신의 말을 잘 어기지 않고 따르는 제자들을 좋아했고 심지어 안회는 편애했다. 반면 욱한 성격에 행동이 앞서는 중유는 심하게 나무랄 때도 많았다. 마찬가지로 덕행이 깊은 민손과 염옹을 칭찬하고 말재주가 뛰어난 재여와 단목사를 비판했다. 이 가운데 가장 혼이 많이 난 제자는 중유, 즉 자로다.

공자는 많이 돌아다니고 많이 만났기 때문에 《논어》에는 제자들 외에도 다양한 인물이 등장한다. 제후들은 공자를 등용하지는 않았지만, 형식적으로라도 그와의 대화를 통해 적지 않은 정치 자문을 받았다. 공자는 이에 답하기 위해 당대의 제후들을 면밀히 관찰하고 그들의 언행을 과거의 성현들과도 비교했다. 공자는 동시대인인 그들과 대화하는 가운데 자신의 생각을 관철해보려고 많은 노력을 기울였다.

《논어》에는 공자보다 한참 이전 인물이라 공자가 만나보지 못한 이도 많이 언급되는데, 제자들의 수보다 훨씬 많다. 총 40여 명으로 요임금과 순임금을 비롯하여 고요皐陶와 이윤伊尹, 직稷, 관중, 백이·숙제, 오태백 등이 대표적이다. 이들 이외에 공자와 동시대 인

9) 《논어》에 자주 등장하는 이들은 주로 초기 제자들이며 가장 많이 나오는 사람은 중유(42회)다. 이어서 단목사(38회), 안회와 복상(21회), 염구(16회), 언언(8회), 염옹(7회), 재여(5회), 민손(4회), 염경(2회)이다. 노년기의 제자로는 자장(18회), 증삼(15회), 번수(6회), 공서적(5회), 유약(4회) 등이 있다. 일흔일곱 명의 제자라고 하지만 핵심 인물은 열다섯 명 정도인 셈이다. 물론 다른 제자들의 어록도 꽤 수록되어 있다.

물도 일흔 명가량 나온다. 제나라 경공景公과 안평중晏平仲(안영晏嬰), 제나라 간공簡公, 노나라 소공昭公·정공定公·애공哀公을 비롯하여 양화陽貨, 공산불요公山弗擾, 임방林放, 좌구명左丘明, 위나라의 영공靈公과 출공出公, 영공의 부인 남자南子 등이 있으며, 공자를 공격한 송나라의 사마환퇴司馬桓魋, 정나라의 자산子產·비심裨諶 등도 있다. 초나라의 미치광이 접여接輿도 빼놓을 수 없는 인물이다.

이들은 크게 군주와 대부, 실권자, 은둔자 등으로 나뉘는데 공자는 이들을 좋게 보지 않고 심지어 악담도 서슴지 않았다. 이에 비해 공자가 만나보지 못한 인물들에 대해서는 호평을 많이 했다. 공자는 평생 몇몇 사람에게만 존경을 표했고 그들의 인품을 칭찬했다. 어찌 보면 공자가 출세하지 못한 것은 당연한 일인지도 모른다. 때로는 제후들이나 권력자와 직접 대면해서도 날카롭게 비판했으니, 옆에 두었다가는 사사건건 시비를 걸지 모른다고 생각했으리라. 공자가 추구한 인의예악은 당대에 결코 인정받지 못했고 현실성도 없어 보였다. 시대를 초월하여 사람들은 당장 눈앞의 이해타산에 급급하기 때문이다.

하지만 공자가 추구한 가치를 부정한 사람은 없다. 다만 시급한 것으로 여겨지지 않아 제후들의 주목을 거의 받지 못했던 것이다.

《논어》에 관한 대표적인 주석서들

《논어》에 관한 중국의 대표적인 주석서를 살펴보면 다음과 같은 책들이 손에 꼽힌다.[10)]

《논어집해論語集解》: 위魏나라 때 하안何晏(?~249)이 편찬한 《논어論語》에 대한 고주古注로서 그 당시까지 이어져 내려온 《논어》에 대한 주해를 모아 엮었는데, 공안국孔安國·포함包咸·마융馬融·정현鄭玄을 비롯하여 왕숙王肅이나 왕필王弼 및 주생렬周生烈의 견해 등을 두루 싣고 있다. 도가적 관점도 강하다.

《논어집해의소論語集解義疏》: 하안의 《논어집해論語集解》에 대한 세밀한 주석으로 양梁나라의 황간皇侃(488~545)이 편찬했으며, 고주에서 뜻풀이에 역점을 둔 것으로 널리 알려진 책이다. 송대 형병본邢昺本과 주희朱熹의 《논어집주論語集註》가 출현하면서 보이지 않다가, 청나라 때 일본을 통해 역수입되었다.

《논어필해論語筆解》: 당唐나라 때 한유韓愈(768~824)가 쓴 책을 그의 제자인 이고李翶(?~약 844)가 주注를 더한 것으로서 모두 2권이다. 훈고학적 해석을 지양한 책으로 북송 말기의 판본으로 추정된다는

10) 주석서 해설의 서지 정보와 맥락은 《중국대백과전서中國大百科全書》〈철학편〉(1986, 베이징)과 《두산세계대백과사전》(두산, 1996), 이강제의 〈논어 상십편의 해석에 대한 연구〉(서울대 박사논문, 1998)를 따랐다.

설도 있다.

《논어주소論語註疏》: 북송北宋의 형병邢昺이 편찬한 《논어집해論語集解》에 대한 소疏로서 《정의正義》라고 부르기도 한다. 이는 형병邢昺의 소疏가 "정의왈正義曰"로 시작되기 때문에 붙여진 이름이다.

《논어집주論語集註》: 송宋나라의 주희朱熹(1130~1200)가 편찬한 《사서집주四書集註》 가운데 하나로서 그의 사상이 잘 드러나 있는 책이다. 문자 고증이나 훈고학적인 측면과 기존 학설에 대한 나름의 의견 제시 등이 독보적이며, 고려말에 우리나라에 들어온 이후 지금까지도 이 책을 능가한다는 책이 없을 정도로 모든 《논어》의 주석서 가운데 그 차원을 달리하고 있는 책이다.

《논어정의論語正義》: 청淸나라 때 유보남劉寶楠(1791~1855)이 편찬한 것인데, 그는 이 책의 완성을 보지 못하고 죽었으나, 그의 아들 유공면劉恭冕이 완성(1865)하여 이듬해 출간되었다. 《논어정의》는 하안何晏의 《논어집해論語集解》에 대해 소疏를 더한 책으로서 그 해석의 탁월함으로 널리 인정을 받는 책이다.

《논어평의論語平議》: 청말 고증학자 유월兪越(1821~1906)의 《논어》에 대한 훈고학적 주석서이며 자신의 견해도 많이 들어가 있다.

《논어집석論語集釋》: 정수덕程樹德이 최근까지의 모든 성과를 총망라하여 주석의 최고봉으로 널리 인정받았다. 주희 이후 상당한 영향력을 발휘하고 있는 책이다.

조선시대의 주요 자료는 다음과 같다.

《논어석의論語釋義》: 이황李滉(1501~1570)이 1609년(선조 41년) 도산서원에서 간행한 《사서석의四書釋義》 중의 《논어》 부분이다. 주자설에 충실하면서도 《논어》에서 의심스럽거나 난해한 곳을 가려 뽑아 풀이와 현토를 제시하고 있으며, 그 의미를 상세하게 설명하기도 하였다. 조선시대 논어학의 효시이다.

《논어석의論語釋義》, 《율곡사서언해栗谷四書諺解》: 이이李珥(1536~1584)의 《논어석의論語釋義》는 《사서석의四書釋義》 4권 중 제3권으로 《논어論語》에서 논란이 되는 부분만을 가려 뽑아 풀이한 것이다. 《율곡사서언해栗谷四書諺解》는 사서四書 전편에 대해 언해를 가한 책으로 지금까지도 이 언해본의 영향력은 거의 절대적이다.

《사변록思辨錄-논어論語》: 박세당朴世堂(1629~1703)이 편찬한 책으로, 주자의 해석에 반기를 들었다는 이유로 사문난적이라는 비판을 받은 바 있지만 그 나름의 의미는 평가받을 만하다.

《논어질서論語疾書》: 이익李瀷(1681~1763)이 편찬한 책으로, 주희의 《논어집주》를 주로 참고하였지만 자신의 견해에 따라 공자의 가르침을 설명하고자 한 의욕을 드러낸 책이다.

《사서문답四書問答-논어문답論語問答》: 홍대용洪大容(1731~1783)이 편찬한 《담헌서湛軒書》 내집에 수록된 책으로 《논어論語》에서 쟁론거리가 되는 몇 편에 대해 여러 이설異說을 소개하고 자신의 견해를 밝힌 책이다.

《논어고금주論語古今注》: 정약용丁若鏞(1762~1836)이 편찬한 책으로 모두 40권으로 구성되어 있다. 하안의 《논어집해論語集解》, 황간의 《논어의소論語義疏》, 형병의 《논어주소論語註疏》 및 주희의 《논어집주論語集註》 등은 물론 당시 중국 고증학 및 일본 경학 연구 성과까지 수용한, 제목 그대로 고금의 주석을 총망라한 책이다. 또 각 견해에 대한 반론과 자신의 생각을 그 어떤 주석서보다 충분하고도 깊이 있게 서술하여 감히 주희의 주석과 견주어도 전혀 손색이 없다.

《논어》, 어떻게 읽을 것인가

조선왕조 5백 년의 독서 목록은 그야말로 유가경전이 핵심이었으니, 독서를 통한 인성론의 함양에 초점이 맞추어져 있었다. 유가적 가치관인 자애와 공경, 가정의 법도 준수, 부부와 형제자매와의 관계 정립을 위한 가르침의 중심에는 예禮가 있었다. 예는 가정 윤리와 공동체의 기본 지침이었으며, 이로써 인륜人倫의 관계를 중시하는 인성 지향의 독서관이 핵심이었음을 알 수 있다.

따라서 지금까지 우리나라의 경향 각지에 남아 있는 조선시대의 서원이나 향교의 맨 안쪽에는 공자의 사당이 있으며 건축물의 명칭에도 어김없이 《논어》에 나오는 핵심개념이나 지명 등을 활용한 것이 상당하니, 우리 선현들과 함께한 고전에 《논어》가 있었던 것이다.

우리에게 널리 알려진 대로, 《논어論語》·《맹자孟子》·《대학大學》·

《중용中庸》을 흔히 사서四書라고 하며, 《시경詩經》·《서경書經》·《역경易經》을 삼경三經이라 하고, 이 둘을 합쳐 사서삼경四書三經이라고 한다. 여기에 《예기禮記》와 《춘추春秋》를 합쳐 사서오경四書五經이라고 한다. 《대학》과 《중용》은 사서로 편입되긴 했으나 원래는 각각 《예기》의 한 편목이었다. 말하자면 《예기》의 한 편인 《대학》·《중용》은 《논어》나 《맹자》와 같은 반열에 오를 수 없는 저작이다.

바로 이 《대학》과 《중용》을 사서에 포함하자고 한 사람이 남송南宋의 성리학자 주희朱熹이다. 이 두 편이 《예기》의 편명이지만, 내용도 좋고, '도통道統'의 입장에서 보더라도 상당히 중요한 의미가 있다고 보았던 것이다. 주희는 도의 계통이 요堯임금, 순舜임금, 우禹임금, 문왕文王과 무왕武王에 이어 당대의 고문 운동가인 한유韓愈와 유종원柳宗元으로 이어져 내려오다가, 남송의 정자程子[11]와 주희에 이르러 완성된다고 보았다. 정자는 "《대학》이라는 책은 공씨가 남긴 글이고, 처음으로 배워 덕에 들어가는 문이다(《大學》, 孔氏之遺書, 而初學入德之門也)"라고 가르쳤다. 한걸음 더 나아가 《대학》은 입덕入德을 위해 맨 먼저 읽는 책이라고 말했다. 다시 말해 《대학》, 《논어》, 《맹자》, 《중용》의 순서로 책을 읽어야 한다는 뜻이다.

이 계보에 공자가 들어가 있는데, 이는 공문孔門의 학문 전수 과

11) 정자程子는 정명도程明道와 정이천程伊川 두 형제를 함께 이르는 명칭이다.

정을 고스란히 보여준다 하겠다. 요컨대《대학》이란 아주 짧은 문장을 읽고 나서《논어》로 들어가야 한다는 것이다. 조선의 성리학자 율곡은《격몽요결擊蒙要訣》의 〈독서장讀書章〉에서《논어》란 "인仁을 구하고, 자신(의 수양)을 위하는 것과 근원을 길러 가는 공을 하나하나 참되게 알아(求仁爲己涵養本源之功)"가기 위한 저술이므로 읽어야 한다고 했다.

그렇다면,《논어》를 어떻게 읽을 것인가?《논어》가 대화록이라 계통도 일관성도 없다고 말하는 이들의 말은, 뒤집어보면 아무 데나 펼쳐서 읽어도 된다는 말이 된다. 말하자면 그냥 읽는 것이 정답이라는 식이다. 물론 어느 정도는 일리 있는 말이지만, 공자의 제자들이 과연 아무 생각 없이 이렇게 순서를 정했을까?

역자는 그렇지 않다고 본다. 그들의 숨은 뜻을 헤아리는 것도《논어》의 독법 중 하나이리라.《논어》의 각 편 제목은 가장 먼저 나오는 두 글자를 딴 것으로, 특별한 내용을 반영하고 있지 않은 듯 보이지만, 20편을 살펴보면 꽤 체계적으로 구성되어 있음을 알 수 있다. '학學' '정政' '인仁' 등 공자 사유의 핵심이 전반부에 주로 배치돼 있고, 공자와 관련이 있는 인물들이 제목에 들어간 장들은 후반부에 몰려 있다. 이는 우연의 일치일 수도 있겠지만 편집 의도가 개입된 것으로 본다. 그래서 역자는《논어》를 순서대로 읽을 것을 권한다. 아무리 계통이 없다 해도 가장 타당한 구절과 내용을 책의 앞부분에 배치했을 것이라는 점을 확신하기 때문이다.

또 다른 이유는《논어》가 크게 전반부 10편과 후반부 10편으로 나뉘는데, 전반부 10편을 먼저 읽어야만 후반부 10편의 내용을 이해하는 데 무리가 없기 때문이다. 물론 다 그런 것은 아니지만, 전후반부의 문체가 상당히 다르고, 체재가 다른 면도 적지 않다. 예컨대, 제10편 〈향당〉을 보면 공자를 미화하는 듯한 내용이 많으며, 과연 '공자가 한 말일까' 하는 의구심마저 들 만큼 세련된 문장이 나오기도 한다. 문체와 체재의 상이함은 다루는 내용도 다르다는 것을 암시한다. 이런 사실은《논어》를 실제로 읽어볼 때 더 잘 드러나는 점이다.

한문 실력이 어느 정도 뒷받침된다면, 원문을 같이 읽어야《논어》의 더욱 깊은 맛을 알 수 있다. 역자가 생각하기에 번역서에서는 이 점을 배려하여 원문에 대한 상세한 설명을 달아 독자들의 이해를 도와야 한다고 본다.

《논어》는 다른 고전들과는 달리 읽는 이에 따라 같은 문장을 전혀 다른 의미로 파악하기도 한다. 이는《논어》라는 저술 자체의 함축성에서 기인하며, 앞뒤 문맥을 뚝 잘라버리고 단장취의斷章取義를 유발하게 하는 문장이 적지 않기 때문이다. 불과 10여 글자에서 20여 글자로 된 문장이 상당히 많은데,《논어》 주석본이 그렇게 많이 나왔던 가장 큰 이유는《논어》 자체의 함축적인 내용 때문이 아닌가 한다. 물론《논어》에 대한 대표적인 주석서들의 내용도 함께 읽으면 독서의 재미는 배가될 수 있겠다. 그러나 어느 정도 내공이 쌓이지 않은 독자에게는 주석서가 독이 될 수도 있다. 예를 들어 너무도 유명한 주희의《논어집주》의 경우 주희의 사상이 너무나 많이 개입되어 있어 공자가 말하고자 한 원의를 훼손한 경우도 적지 않으니 주석서를 읽을 때는 이런 점을 충분히 감안해야 한다.

이런 문제점을 피하기 위해 역자는《논어》를 천천히 읽으며 행간의 의미를 음미하면서 해석학적인 의미도 파악해보면 좋다고 본다. 그러나 의미 파악이 어렵다고 해서 주관적인 상상력을 마음껏 발휘하지는 말자. 역자는 번역을 하면서 이런 대목들을 각별하게 신경 썼으며, 원문에 나오지 않지만 자연스럽게 읽히도록 추가한 구절들을 모두 대괄호에 넣어 구분했다.

분명한 것은, 이《논어》라는 책은 공자라는 프리즘으로 공자가 살아간 춘추시대와 당대 인간의 본질을 꿰뚫어보고자 했다는 점이다. 공자는 냉엄한 잣대로 당대의 인물들을 재단하고 제자들의 일거수일투족도 서릿발같이 질타했다. 때로는 감성적이고 순진한 말로 허심탄회하게 인간 자체를 감싸기도 했다. 자신의 삶이 그토록 치열했기에 가능한 일이다. 공자가 고민했던 바로 그 문제들이 오늘 이 시점에서 고스란히 반복되고 있다는 점을 되새겨본다면《논어》가 얼마나 날카롭게 인간의 진면목을 꿰뚫은 책인가를 다시 한 번 확인할 수 있다.

세상이 어지러울수록 성공한 사람들은 좀 더 겸허해지고 그렇지 못한 사람들은 발분하여 통찰의 지혜를 터득해나가야 할 것이다.

가장 근본적으로는 인간과 인간의 관계를 회복해야 한다. 공자가 제시한 인仁은 결국 그의 말처럼 '사람을 사랑하는(愛人)' 것이고 이는 인간과 인간의 관계를 대단히 원활하게 하는 기본 축이다.《논어》를 인재경영론 시각에서 읽더라도 반드시 이러한 사실을 인식해야 한다.

제1편

학이學而

– 배움의 즐거움과 수신의 기본들

【해설】

《논어》의 첫머리인 〈학이〉 편은 16장으로 구성되어 있으며 《논어》 전체의 총서로서 공자가 말하고자 하는 인생론의 핵심이 오롯이 들어 있다고 해도 과언이 아니다. 물론 공자 이외에 유자有子, 증자曾子, 자하子夏 등 제자들의 발언도 적지 않다. 특히 학문과 수신을 논하는 대목이 많다.

이 편은 배움과 인간관계에 대한 기본, 교우관계, 입신의 근본이 되는 효도와 우애, 세 번 반성할 일, 교언영색, 나라를 다스리는 법 등 복잡하고 다양한 내용을 다루고 있다. 배움의 진정한 의미나, 허물을 고치지 않는 것이 진짜 잘못이란 가르침도 되새겨볼 만한 내용이다. 진정한 효도는 아버지가 돌아가시고 나서 3년간 부친의 도를 고치지 않는 것이라고 했다. 이 편에서 가장 논란이 된 말은 "자기만 못한 사람을 친구로 삼지 말라"는 구절이다.

우리는 이 편에서 공자가 말하는 '군자'란 덕망과 학식을 두루 갖춘 이상적인 인격의 상징적인 인물을 뜻한다는 것을 알 수 있다. 공자는 군자의 길을 말하면서 믿음과 의로움의 관계를 중시했고, 배움이란 벼슬을 위한 욕망이 아니라 수신하는 자세에 기반을 둔 행위임을 강조했다. 특히 자공과 문답하면서 가난 자체를 즐거움으로 삼아야 하고, 부유해도 충분히 예를 좋아할 수 있다고 강조한 것은 오늘날의 세태에 비추어 시사하는 바가 크다. 남들에게 자신의 존재감을 억지로 부각시켜 허명을 얻기만 하는 것을 경계하라는 맨 마지막 문장은 혼란한 시대의 모든 지식인에게 벼슬을 얻기 위해 동분서주하지 말고 스스로 역량을 키우라는 메시지다.

삶의 즐거움 1.1

공자께서 말씀하셨다.[1)]

"배우고 때때로[2)] 그것을 익히면[3)] 이 또한 기쁘지[4)] 않은가? 벗[5)]이 있어 먼 곳에서 찾아오면 이 또한 즐겁지 않은가? 남이 [나를] 알아주지 않아도 노여워[6)]하지 않으면 또한 군자[7)]가 아닌가?"

子曰: "學而時習之, 不亦說乎? 有朋自遠方來, 不亦樂乎? 人不知而不慍, 不亦君子乎?"

---

1) 원문의 "자왈子曰"을 번역한 것인데 여기에서 "자子"는 '공자孔子'의 약자로 스승이기 때문에 공자의 성姓을 생략하고 지칭한 것이다. 형병邢昺은 '스승을 일컬어 자子라고 한다(稱師曰子)'라고 했다. 그러므로 '자子'는 스승이라는 말의 미칭으로 이해하면 무방하다.

2) 원문의 "시時"를 번역한 "때때로"란 반복해서 익힌다는 의미다. '때에 맞추어'라고 번역하기도 하는데, 왕숙王肅의 《논어주論語注》가 그러하다. 《맹자孟子》 〈양혜왕 상梁惠王上〉의 "도끼를 때에 맞추어 산림에 들여놓으면(斧斤以時入山林)"에 나오는 '시時'와 같은 맥락으로 보았기 때문이다. 양보쥔도 《논어역주論語譯註》에서 "때에 맞추어"라고 옮겼는데, 그는 "시時"를 〈학이〉 1.5에 나오는 "이시以時"라는 말과 연관지어 번역했다. 일리가 없는 바는 아니지만, 문맥을 보면 다소 무리가 있는 해석이다.

3) 원문의 "습習"을 번역한 것이다. '새가 자주 날갯짓을 한다(鳥數飛)'는 의미로서, 배움을 멈추지 않는 것(學之不已)을 새의 날갯짓에 비유했다. 내면에 흡족하게 젖어들 정도까지 학습하는 것을 말한다.

4) 원문의 "열說"을 번역한 것인데, 《논어》에 나오는 이 글자는 기쁘다는 의미의 '열悅'로 보면 틀림없다. 이것은 내면적인 기쁨을 의미한다. 뒤에 나오는 "불역락호不亦樂乎"에서의 "락樂"은 외면적인 기쁨으로 '열悅'과 대비 현상을 보여준다. 따라서 '열悅'은 '수신修身'의 기쁨이고, "락樂"은 '다른 사람과 관계'의 즐거움이다.

5) 원문의 "붕朋"을 번역한 것으로 같은 길을 가는 친구들 무리로 주희는 《논어집주》에서 '같은 문하(同門)'라는 의미로 풀이했다. 한편 이 "유붕有朋"이 고본古本에는 '우붕友朋'이라고 되어 있는데, 《논어》에 한정해 풀자면 '학우學友'나 '제자弟子'라고 보아도 무리가 없을 것이다.

6) 원문의 "온慍"을 번역한 것으로, 노여움을 머금고 있다는 의미다.

입신의 근본 1.2

유자[8]가 말했다.

"그 사람됨이 효성스럽고 우애가 있으면서 윗사람을 범하는 자[9]는 드물다. 윗사람을 범하기를 좋아하지 않으면서 난을 일으키는 자는 드물다. 군자는 근본에 힘쓰며 근본이 서면 도가 생겨난다. 효도와 우애란 아마도 인仁[10]을 행하는 근본일 것인저!"

---

7) "군자君子"의 기본적인 의미는 '덕德'과 '지위(位)'가 있다는 것이며 특히 '덕을 이룬 자의 이름(成德之名)'의 의미다. 소인小人이란 말과 대비되며 공자 이래로 군자라는 말은 사회적 지위보다는 도덕적 품성이 높아 존경받는 사람을 가리킨다. 물론 후세에는 지위가 없더라도 덕이 있으면 군자라고 일컬었다(정약용 설). 소인은 이와 반대다. 한편, 청대 일부 지식인들에 의해 풍자와 조롱의 대상이 되기도 했다.

8) "유자有子"는 유약有若을 높여 부른 칭호로, 그의 이름은 약若이고 자는 유有이다. 공자보다 33세 연하인 유약은 성실하고 도덕적으로도 훌륭하여 공자가 늘 좋아했다. 공자가 죽은 뒤에 우상偶像이 없자 복상·언언·전손사 등이 유약을 시동尸童(산 사람이 분장하여 죽은 자 역할을 대신하는 것)으로 삼으려 했으나 당시 증삼曾參이 반대하였다고 한다. 모두 그를 공자 대신 추대하였고, 유약은 제자들의 참배를 받았다고 한다.

9) 원문의 "호범상자好犯上者"를 번역한 것으로 "범犯"이라는 것은 아랫사람과 윗사람의 질서를 어그러뜨리는 것을 말한다. 말하자면 '하극상下剋上'과 같이 아랫사람이 윗사람을 이기는 개념이다.

10) "인仁"은 공자의 사상에서 핵심 개념이다. 문자적 의미는 '사랑의 이치(愛之理), 마음의 덕(心之德)'의 의미로서 '어짊', '인자함'이다. 공자는 이 개념을 '사람을 사랑하는 것' 혹은 '사람을 사람답게 대하는 것'이라는 뜻으로 썼다. 청대의 학자 완원阮元은《논어》에 '인' 자가 105번 쓰였다고 밝혔으나 109번 나오는 것으로 확인된다. 공자는 "인"의 실천 방법으로 '효孝', '제悌', '충忠', '서書', '예禮', '악樂'을 제시했다. 전통적으로 이 글자를 번역하지 않고 '인仁하다'는 의미 그대로 풀이해왔으나 현재 국어사전에는 '인하다'라는 표제어가 없다. 다소 의미 차이가 있지만 '어짊' 혹은 '어질다'는 개념으로 이해하면 무난한데, 인仁이란 개념을 담을 수 있는 낱말이 없으므로 기존 관례에 따라 '인하다', '인한' 등의 용어를 그대로 사용한다.

有子曰: "其爲人也孝弟,[11] 而好犯上者, 鮮矣.

不好犯上, 而好作亂者, 未之有也. 君子務本, 本立而道生. 孝弟也者, 其爲仁之本與!"

교언영색 1.3

공자께서 말씀하셨다.

"말을 교묘하게 하고 얼굴빛을 꾸미는 자들에겐 드물구나 인仁이!"

子曰: "巧言令色,[12] 鮮矣仁!"

11) "효제孝弟"란 고대 가정 윤리의 핵심 개념으로 "효孝"는 자식이 부모를 섬기는 것이고, "제弟"는 '제悌'와 같으며 아우가 형을 섬기고 연장자에게 공순恭順하게 대하는 것이다. 그러므로 인의 근본이요 입신과 입국의 근본이고, 윗사람과 아랫사람 사이의 질서를 유지하는 데 관건이 되는 덕목이 "효제"라는 것이다.

12) 원문의 "교언영색巧言令色"이란 말을 듣기 좋게 하고 얼굴빛을 보기 좋게 하면서 남의 비위나 맞추려는 가식과 위선에 따른 행동을 말한다. 말하자면 약삭빠를 정도로 말재주가 뛰어난 사람은 그로 인해 복을 얻기보다 오히려 다른 사람의 미움을 받기 십상이라고 생각한 것이다. 남의 비위를 맞추는 말과 알랑거리는 태도로 사람을 대하는 이는 인간의 내면을 충실하게 하는 일을 경시하므로 이른바 문질빈빈文質彬彬한 군자가 될 수 없기 때문이다. 원문의 "교巧"는 '좋게 한다'는 의미이고, "영令"은 '선하게 하다'는 의미다. 한편 정이천程伊川은 "교언영색이 인仁이 아니라는 것을 안다면, 인을 아는 것이다(知巧言令色之非仁, 則知仁矣)"라고 부연했다.

세 가지 반성할 일 1.4

증자[13)]가 말했다.

"나는 날마다 세 가지[14)]로 나 자신을 반성한다. 다른 사람을 위해 [무언가를] 도모하는 데 충심[15)]을 다하지 않았는가? 벗들과 사귀면서 믿음이 없었는가?[16)] 전수받은 것을 익히지 않았는가?"[17)]

曾子曰: "吾日三省吾身. 爲人謀而不忠乎? 與朋友交而不信乎? 傳不習乎?"

---

13) "증자曾子"는 공문의 재전제자들이 증삼曾參을 높인 칭호이다. 증삼의 자字는 자여子輿로서 효성이 지극했다. 공문십철孔門十哲에는 증자가 들어가지 않지만, 송유宋儒가 도통을 세울 때 그를 지극히 높이 받들었다. 명대에는 증자를 복성復聖으로 봉하여 유약보다도 앞에 두었으며 그의 위상은 안회를 능가할 정도였다.

14) "세 가지"라는 번역은 주희의 견해에 입각한 것인데, 문법에 맞지 않으므로 '세 번'이라고 해석해야 한다는 견해도 일리가 있다. "삼三"이란 숫자를 '여러 번'으로 해석(양보쥔楊伯峻 설)하기도 하는데 여기에서는 타당하지 않은 견해다.

15) 원문의 "충忠"을 번역한 것으로 이 글자는 '중中', '충冲' 등의 글자와 관련이 있다. '중심中心이 충忠이다'라는 풀이가 있으니, 어떤 일을 꾀함에 있어서 진실하고 성실한 마음으로 임해야 하며 절대 다른 사람을 속여서는 안 된다는 뜻이다. 그래서 여기서는 '충심'이라고 번역했는데 '진심'이라고 번역해도 좋다.

16) 원문의 "여붕우교이불신호與朋友交而不信乎"를 번역한 것으로 "신信"은《설문해자說文解字》에서 설명한 육서六書 중에 회의會意자이다. 즉, '사람〔人〕의 말〔言〕에는 믿음이 있어야 한다'는 뜻인데, 다른 사람을 속이지 않는 것이 '신信'의 개념이다. 이 구절은 사람이 벗들과 사귀면서 "불신不信"의 상황이 늘 존재할 수 있는 개연성을 역설적으로 이야기한 것이다.

17) 문법적 맥락에서 보면, '익히지 않을 것을 전해주었는가'라는 해석이 더 타당할 수도 있는데, 황간皇侃(남북조시대 양梁나라의 학자)도 이런 시각에서 이렇게 말하고 있다. "무릇 남에게 전해주고자 하는 것이 있다면 먼저 익히고 나서야 전해줄 수 있는 법이다. 미리 익히지도 않고 망령되게 그것을 전해줄 수 있는가?" 그러나 역자는 주희의 견해에 따라 '스승께 전해 받은 것을 내가 익히지 않았는가'로 풀었다. 유보남劉寶楠(청대의 고증학자)의《논어정의論

나라를 다스리는 법 1.5

공자께서 말씀하셨다.

"천 대의 전차를 가진 나라를 이끌어가는 방법은 일을 경건하게 처리하고 믿으며,[18] 비용을 절약하고 사람을 사랑하며, 백성들을 부리되 때에 맞게[19] 하는 것이다."

子曰: "道千乘[20]之國, 敬事而信, 節用而愛人, 使民以時."

語正義》도 주희의 해석과 궤를 같이한다.

18) 원문의 "경사이신敬事而信"을 번역한 것으로 "사事"는 '업業'과 같은 뜻이다. 〈위령공〉 15.37에서 "임금을 섬기되 [먼저] 그 일을 경건하게 하고 녹봉은 뒤로해야 한다〔事君敬其事而後其食〕"라고 한 것과 연관하여 읽을 필요가 있다. 어떤 일을 할 때 공경과 충심으로 해야 함을 말한 것이다.

19) 원문의 "이시以時"를 번역한 것으로, 백성을 동원할 때는 봄과 가을의 농번기를 피해야 한다는 말이다. 맹자孟子도 "농사짓는 때를 어기지 말라〔不違農時〕"라고 하였다.

20) 원문의 "도道"는 '이끌어가다'는 의미의 '도導'와 같으며, '다스리다'라는 의미의 '치治'와도 같다. "승乘"은 전차를 세는 단위이다. 일승一乘에는 갑옷 입은 병사 세 명, 보병 일흔두 명, 거사車士 스물다섯 명이 딸린다. 주周나라 때 천자는 제도에 따라 사방 천 리를 영역으로 하며 전쟁 시에 전차 1만 승을 내놓았다. 그리고 세력이 큰 제후는 사방 1백 리를 소유하며 전쟁 시에 전차 1천 승을 내놓았다. 제후 아래의 대부는 전쟁 시에 수레 1백 대를 내놓았다. 다시 말해 만승지국은 천자의 나라를, 천승지국은 제후의 나라를, 백승지국은 대부의 영지를 일컫는다.

사람됨이 먼저다 1.6

공자께서 말씀하셨다.

"제자들[21]은 [집에] 들어오면 효도하고 [집을] 떠나서는 우애로우며, 삼가고 믿으며[22] 널리 뭇사람을 사랑하면서도 인한 사람을 가까이해야 한다.[23] [이것들을] 실행하고 남는 힘이 있으면 곧 글[24]을 배운다."

子曰: "弟子入則孝, 出則弟, 謹而信, 汎愛衆而親仁. 行有餘力, 則以學文."

21) 원문의 "제자弟子"를 번역한 것으로, "제자"라는 말보다는 '부형父兄'과 대비되는 말로 나이가 어린 사람을 두루 칭하는 '젊은이들'이라는 개념으로 보아야 한다고 해설하기도 한다(유보남 설). 그런데 이 문맥에서 "제자"를 너무 좁은 의미로 풀면 문하생이라는 개념이 강해 이 글자의 포괄적 의미를 퇴색시킬 위험성도 있다.

22) 원문의 "근이신謹而信"을 번역한 것인데, "근謹"은 '말을 적게 한다〔寡言〕'는 뜻이다. 공자는 "근謹"과 "신信"의 관계에 대해서 주목하고 있다. 삼가는 것이 믿음이 있게 하는 것이고, 삼가게 되면 믿음이 따르게 되는 것이며, 또는 삼감과 믿음이 같은 길로 향하는 의미 등으로 복합적인 의미를 지니고 있다.

23) 원문의 "범애중이친인汎愛衆而親仁"을 번역한 것으로 "중衆"은 '민民'과 같은 맥락으로 보면 된다. "범애중汎愛衆"은 '뭇사람을 사랑한다'는 개념으로 보면 무난하다. "친인親仁"은 '인仁한 사람을 가까이하라'는 뜻으로 〈옹야〉 6.24에서 "인한 사람은, 누군가 그에게 '우물에 인한 사람이 있다'고 알려주면〔仁者, 雖告之曰, 井有仁焉〕"과 같이 "인仁"은 인한 사람을 의미한다. 즉, 여기에서는 인한 사람을 가까이하여 자신이 스스로 체득할 수 있도록 노력해야 함을 말한다.

24) "글〔文〕"은 예악과 관련이 있는 인문 학술이라는 총체적인 개념이 강한데, 문헌으로 해석하면 편협해진다. 주희는 육예六藝(예禮, 악樂, 사射, 서書, 어御, 수數)로 보았는데, 이는 정현의 견해를 수용한 것으로 상당히 확장된 개념이다.

배움의 의미 1.7

자하[25]가 말했다. "현명한 사람을 현명하게 여기는 것[26]을 여색 좋아하는 것을 [거꾸로] 바꾸듯 하고,[27] 부모를 섬김에 그 힘을 다할 수 있고,[28] 임금을 섬김에 그 몸을 바칠 수 있으며,[29] 친구와 사귈 때는 말에 믿음이 있으면, 비록 배우지 못했다고 해도 나는 반드시 그를 배웠다고 말하겠다."

---

25) 복상卜商의 자이다. 공자보다 44세 어렸으며 문학에 뛰어났고 위나라 영공을 섬긴 인물로, 위나라 문후文侯·전자방田子方·단간목段干木·이극李克·오기吳起 등을 제자로 두었다. 그는 《시경》과 《춘추》에 해석〔傳〕을 붙여 경학經學을 전수하는 데 상당한 기여를 하기도 했다.

26) 원문의 "현현賢賢"을 번역한 것인데, "현賢"이란 글자는 '현명한', '지혜로운'이라는 의미로 '인仁' 자와는 어감이 다르다. 뒤의 글자가 명사이고 앞의 글자가 동사다. 전통적인 해석에 따랐는데 양보쥔은 "아내에 대해 인품과 덕망을 중히 여기고〔對妻子, 重品德〕"라는 백화문 번역을 붙여 가장 이색적인 해석을 내놓았다. 이렇게 번역한 근거는 부부 문제를 인륜의 시작으로 여기기 때문이라고 보충 설명을 하였는데, 지나친 해석이다.

27) 원문의 "역색易色"을 번역한 것인데 주희의 견해에 따른 것이다. 안사고顔師古는 '여색을 가볍게 여기다'라는 의미로 풀이하여 "이색易色"이라고 새겼으며, 왕인지王引之는 "역易" 자를 같을 '여如'로 보아 '색을 좋아하는 것처럼 어진 사람을 좋아하고'라는 식으로 풀이하기도 했다. 전목錢穆은 '아내를 취함에 있어 여색을 좋아하는 마음을 바꾸고'라는 의미로 풀었다. 물론 이 문장을 '여색 좋아하는 것을 바꾸어 어진 사람을 어질게 여기고'라고 번역하는 것도 무리는 없다. 이 구절은 〈자한〉 9.17의 "나는 덕을 좋아하는 것을 마치 색을 좋아하는 것처럼 하는 사람을 보지 못했다〔吾未見好德如好色者也〕"라고 한 말과 긴밀하게 연계된다. 이 구절은 〈위령공〉 15.12에도 나와 있다.

28) 원문의 "사부모능갈기력事父母能竭其力"을 번역한 것으로 "갈竭"은 '다한다'는 의미의 '진盡'과 같은 개념으로 온갖 힘을 다한다는 것이다.

29) 원문의 "치致"를 번역한 것으로, '버리다', '바치다'라는 의미다. '맡길 위委'와 같은 뜻이다. 즉, 충신忠臣은 군주를 위해서 자신의 몸을 바치는 수준에 이르러야 함을 의미한다.

子夏曰: "賢賢易色, 事父母能竭其力, 事君能致其身, 與朋友交言而有信, 雖曰未學, 吾必謂之學矣."

잘못된 것은 고쳐야지 1.8

공자께서 말씀하셨다.

"군자가 진중하지 않으면[30] 위엄이 없고, 배워도 견고하지[31] 못하다. 충심과 신의를 주로 하고, 자기보다 못한 자를 벗하지 말며[32] 허물이 있으면 고치는 것을 꺼리지 말아야 한다."

子曰: "君子不重則不威, 學則不固. 主忠信, 無友不如己者, 過則勿憚改."[33]

---

30) 원문의 "군자부중君子不重"을 번역한 것으로 군자가 처신을 하는 원칙을 말한 것이다. 〈자장〉 19.9의 "군자에게는 세 가지 변하는 것이 있으니, 그를 멀리서 보면 근엄한 모습이고, 그를 가까이서 보면 온화하며, 그의 말을 들으면 엄정하다〔君子有三變, 望之儼然, 卽之也溫, 聽其言也厲〕"와 연관하여 근엄함과 엄정함을 갖춘 모습이 "중重"이라고 할 수 있다.

31) 원문의 "고固"를 해석한 것으로, 황간과 하안何晏(삼국시대 위魏나라의 관료 겸 사상가)의 견해가 그렇고 주희의 견해도 일치한다. 한편 이 글자를 '고루하다'는 의미로 풀기도 하는데 초순焦循(청대의 학자)의 경우가 그러하니 "배워야만 고루하지 않게 된다"라고 해석했는데 여기서는 취하지 않는다.

32) 이 문장은 역대로 오해의 소지가 대단히 많았다. 원문의 "무우불여기자無友不如己者"를 번역한 것으로 '나보다 뒤처지는 사람을 벗하지 말라'는 의미인데, 한편으로는 편협한 교우관이라고 볼 수 있다. 이에 다음 문장을 비교해서 읽기 바란다. 《설원》〈잡언雜言〉 편을 보면 이런 말이 있다. "구丘(공자)가 세상을 떠난 후 상商(자하)은 날로 [학문이] 늘어났고 사賜(자공)는 나날이 [학문이] 줄어들었다. 상은 자기보다 현명한 사람과 어울리는 것을 좋아했고, 사는 자기보다 못한 사람을 좋아했기 때문이다〔丘死之後, 商也日益, 賜也日損. 商也好與賢己者處, 賜也好說不如己者〕". 또한 정이천程伊川은 "불여기不如己"는 앞의 "주충신主忠信"과 연관하여 '충신忠信'이 자기만 같지 못한 자로 특정하여 설명하였다.

죽음과 조상에 대한 마음 1.9

증자가 말했다.

"임종을 신중하게 모시고 먼 조상까지 추모하면[34] 백성의 덕이 두터운 데로 돌아갈 것이다.[35)]"

曾子曰: "愼終[36)]追遠, 民德歸厚矣."

33) 맨 마지막의 두 문구 "無友不如己者, 過則勿憚改"는 〈자한〉 9.24에도 보이는데, "무無" 자가 "무毋"로 되어 있고, "과즉過則"은 "과자過者"로 되어 있다는 점이 다르다. 물론, "무無"는 "무毋"의 개념이다.

34) 원문의 "추원追遠"을 번역한 것으로 "추追"는 '거슬러 올라가다'의 뜻인데 여기에서는 '추모하다'의 개념이다. "원遠"은 '제사', '[3대를 포함한] 먼 조상'의 뜻으로 보면 무방하다. 말하자면 제사에 공경하는 마음을 다하는 것이다. 《맹자》〈이루 하離婁下〉 편에 "養生者不足以當大事, 惟送死可以當大事"라는 문장이 나오는데 "삶을 봉양하는 것은 큰일에 해당되기에 부족하고 오직 죽음을 보내는 것이 큰일에 해당된다"는 말이다. 즉, 맹자의 발언은 '살아 있는 사람을 부양하고 죽은 사람을 잘 보내준다(養生送死)'로 축약되며 이 구절과 유사한 맥락이다.

35) 원문의 "민덕귀후의民德歸厚矣"를 번역한 것이다. "후厚"라는 것은 위정자가 신종추원愼終追遠 할 수 있는 제반 여건을 만들고, 백성들이 그러한 위정자의 덕德에 감화되면 사회 전반적인 민심 혹은 풍속이 관대함으로 돌아간다는 의미이다.

36) "신종愼終"이란 임종을 신중하게 치르는 것이다. 구체적으로는 부모님이 임종하여 상을 치를 때 정성을 다해 입관하고 매장하는 것으로, 추모의 마음을 다하는 것이다. 유보남劉寶楠의 《논어정의論語正義》〈단궁檀弓〉에 나오는 증자의 말이다.

질적인 차이 1.10

자금[37]이 자공[38]에게 물었다.[39]

"선생님께서 어떤 나라에 도착하면[40] 꼭 그 나라가 정치를 어떻게 하는지 들으셨는데,[41] 그것을 요구하신 것입니까? 아니면 [그들이] 선생님께 제공한 것입니까?"

자공이 대답했다.

"선생님께서는 따사로움·선량함·공경·절약·겸양[42]으로써 그것

---

37) 진항陳亢의 자이다. 그는 《논어》 〈계씨〉 16.13과 〈자장〉 19.25 등 세 군데에 나온다. 〈계씨〉 16.13에서는 공리孔鯉(공자의 아들)에게 묻고, 이 장과 〈자장〉 19.25에서는 자공에게 묻는다. 《사기》 〈중니제자열전〉에는 진항에 대한 간략한 전傳도 없고 이름 정도만 나열하듯 붙여놓아 그의 존재에 큰 의미를 부여하지 않았다. 자공의 제자로 보는 것이 타당하다.

38) "자공子貢"은 단목사端木賜이다. 자공의 "공貢"은 원래 '공贛'으로 썼는데 "공貢"은 간략화된 글자이다. 공자보다 31세 어린 그는 공문의 제2기 제자로 공문십철의 한 사람이고, 언어에 뛰어나 대외 협상을 비롯한 외교 업무에 능했다. 공자 사후 자공의 명망이 가장 높았으며, 공자의 이름이 천하에 알려지게 된 것도 그의 역할이 컸다(사마천 설). 탁월한 외교가 자공은 공자를 모시고 제후국을 주유했으며 공자의 마음을 잘 읽는 제자였다. 자공은 공자의 제자 중에서는 당대에 몇 손가락 안에 드는 거부가 되었는데, 사두마차를 타고 기마 행렬을 거느리며 비단을 폐백으로 들고 제후들을 찾아다녔으므로 가는 곳마다 왕들이 몸소 뜰까지 내려와 왕을 대하는 예로 맞이했다. 그런 자공도 스승에게는 말만 앞세운다는 핀잔을 자주 들었다.

39) 이 문장에서 원문의 "문問"에 주목할 필요가 있다. 제자(자금子禽)가 스승(자공子貢)에게 물어보는 상황인데, 여기서 '물었다〔問〕'는 것은 자금이 자공에게 가르침을 청한다는 개념으로 보아야 한다.

40) 원문의 "부자지어시방야夫子至於是邦也"를 번역한 것인데, "지至"는 '달達'과 같다. 즉, '도달하다·도착하다'의 의미이다. "시是"는 본래 '이(것)'를 의미하는데 여기에서는 '일一'의 개념으로 보아 '어떤 나라'로 풀이해야 한다.

41) 원문의 "필문기정必聞其政"을 번역한 것으로 "문聞"은 '문問'과 같다고 보면 된다. 말하자면 "당시 군주가 공경과 신의로 스스로 [공자에게] 정사政事를 나아가 물은 것〔時君敬信, 自以其政就而問之耳〕"(주희 설)을 의미한다.

을 얻은 것이니, 선생님이 그것을 구한 것은 아마도[43] 다른 사람이 그것을 구한 것과는 다를 것인저!"[44]

子禽問於子貢曰: "夫子至於是邦也, 必聞其政, 求之與? 抑與之與?"
子貢曰: "夫子溫良恭儉讓以得之. 夫子之求之也, 其諸異乎人之求之與!"

효의 의미 1.11

공자께서 말씀하셨다.
"아버지께서 살아 계실 때는 [자식된 자로서] 그분[45]의 뜻을 살피고, 아버지께서 돌아가신 뒤에도 그분의 행적을 살피며 3년 동안[46] 아버지의 도에서 고침이 없다면 효도라고 말할 수 있을 것이다."

---

42) 원문의 "온량공검양溫良恭儉讓"을 번역한 것이다. "온溫"은 '온화함과 후함(和厚)'을 의미하고, "량良"은 '평탄하고 곧음(易直)'이며, "공恭"은 '장엄하고 공경스러움(莊敬)', "검儉"은 '절제節制', "양讓"은 '겸손謙遜'이다.

43) 원문의 "기저其諸"를 번역한 것으로 자신의 주장을 확신할 수 없을 때 하는 말투이며 제나라와 노나라의 사투리로 보아야 한다는 견해가 있다. 양보쥔은 이에 대한 근거로 홍이선洪頤煊의 《독서총록讀書叢錄》에 나오는 사례, 즉 공양전 환공 6년조의 주석 '아마도 환공을 꾸짖는 것인저?(公羊桓六年傳, 其諸以病桓與)', 민공 원년조의 주석 '아마도 중손이 곧 우리의 중손일 것인저(閔元年傳, 其諸吾仲孫與)', 희공 24년조의 주석 '아마도 이 일을 말하는 것인저!(僖二十四年傳, 其諸此之謂與)' 등을 들었다. 일리 있는 분석이다.

44) 다른 나라의 행신幸臣이나 권신權臣에 빌붙어 군주를 만나 아첨하듯 구한 것과 차원이 다르다는 의미이다. 오히려 공자의 다섯 가지 덕이 군주에게도 알려져 자연스러운 정치 현상이라는 말을 함축하고 있다.

45) 원문의 "기其"를 번역한 것인데 뒤의 '기其'도 모두 '아버지'를 가리킨다고 보아야 한다. 양보쥔은 둘 다 '자식'을 가리킨다고 보았는데 일리가 없지 않으나 앞뒤 맥락상 설득력이 부족하다.

子曰: "父在, 觀其志. 父沒, 觀其行. 三年無改於父之道, 可謂孝矣."

예란 조화다 1.12

유자가 말했다. "예禮[47]는 그 운용에 있어서 조화[48]를 귀하게 여긴다. 선왕의 도[49]에서는 이것(조화)을 아름답게 여겼다. 큰일이든 작은 일이든 이것(도)에 따르게 했다. [때로] 그것만으로는 행해지지 못하기도 하는데, [이는] 조화를 알아 조화스러울 뿐이니[50] 예로써

46) 3년 동안은 자식이 마음대로 아버지의 방식을 고치지 않는다는 의미이다. 이는 합리와 불합리를 떠난 자식의 기본 도리라는 말로, 3년이란 절대적인 시간은 아니고 긴 시간을 의미한다고 볼 수도 있다. 여기서 삼년상이 나왔을 것으로 추정된다.

47) "예禮"란 절도에 들어맞는 것을 의미하며, 일반 귀족들의 행위를 규범화한 것이다. 타인과 나 사이에 존재하는 일정한 선을 넘지 않는 규범과 이에 따른 긴장감에서 나오는 것으로, '의儀'와 통하며, 주나라의 예를 말한다. 이 '예'는 '인'의 출발점이자 귀결점으로, 공자에게는 이상적인 지배 질서이자 한 나라의 근본 원리였다. 사마천은 《사기》 〈서〉 첫머리에서 "예禮란, 사람으로 말미암아 일어난다. 사람은 태어나면서부터 욕망이 있어, 하고자 하는 바를 이루지 못하면 원망이 없을 수 없으며, 원망하는 데도 절제가 없으면 다투게 되는데, 다투게 되면 혼란스럽게 된다. 선왕은 그처럼 어지러워지는 것을 싫어했으므로 예의를 제정하여 사람들의 욕망을 길러주고, 사람들의 욕구를 만족시켜, 욕구로 하여금 사물에 대하여 고갈됨이 없게 하고, 사물은 욕망에서 굴복됨이 없도록 하여, 두 가지가 서로 기대어 성장하는 것, 이것이 예가 일어난 바이다"라고 하여 그 의미를 정확히 부여했다.

48) 원문의 "화和"를 번역한 것으로 널리 알려져 있다시피, "희로애락이 겉으로 드러나지 않는 것을 '중中'이라고 하고, 드러났으나 모두 절도에 맞는 것을 '화'라고 한다〔喜怒哀樂之未發謂之中, 發而皆中節謂之和〕"(《예기禮記》 〈중용中庸〉). 양우부楊遇夫(양수달楊樹達)는 《논어소증論語疏證》에서 이에 반론을 제기하여 '화'에 대한 《설문해자說文解字》의 풀이, "화和란 조화로운 것이다〔調也〕"가 더 적합하다고 보았는데 일리가 있다.

49) "선왕의 도〔先王之道〕"는 주周나라의 요堯·순舜이 지켜온 원칙적인 도道를 말한다. 포괄적인 의미에서 대대로 내려오는 [선왕의] 삶의 방향과 지침이다.

그것을 절제하지 못하면, [이] 또한 행해질 수 없는 것이다."

有子曰: "禮之用, 和爲貴. 先王之道, 斯爲美. 小大由之. 有所不行, 知和而和, 不以禮節之, 亦不可行也."

군자의 길 1.13

유자가 말했다.

"믿음이 의로움에 가까우면[51], [그] 말은 실천할 수 있다.[52] 공손함이 예의에 가까우면, 치욕에서 멀어지게 된다. 친한 관계[53]라고 하더라도 그 친함을 잃지 않는다면 역시 으뜸으로 삼을 수 있다[54]."

有子曰: "信近於義, 言可復也. 恭近於禮, 遠恥辱也. 因不失其親, 亦可宗也."

50) 원문의 "지화이화知和而和"를 번역한 것인데, 〈자로〉 13.23의 "군자는 [사람들과] 조화를 이루지만 [부화]뇌동하지는 않고, 소인은 [부화]뇌동하지만 조화를 이루지는 못한다(君子和而不同, 小人同而不和)"와 연관하여 '화이부동和而不同'의 개념으로 보면 된다. 즉, 군자君子와 소인小人의 질적인 차이는 조화를 알아서 조화로울 수 있는 절제가 있느냐의 문제이다.

51) 원문의 "신근어의信近於義"를 번역한 것인데, "의義"는 '마땅함(宜)'의 뜻도 있으므로 '정의正義'의 뜻으로 한정하기보다는 '합리적'이라는 의미가 함께 들어 있는 것으로 보아야 한다.

52) 이 문장은 인간의 말이 대인관계에 있어서 매우 중요하다는 의미로, 자신이 한 말을 지키는 것이 믿음이고 이는 실천에 달렸다는 뜻이다. 그래서 공자는 "말에는 반드시 믿음이 있고, 행동에는 반드시 과단성이 있다(言必信, 必有果)"(〈자로〉 13.20), "군자는 올곧지만 믿음만을 고집하진 않는다(貞而不諒)"(〈위령공〉 15.36)라고 했으니 이들 문장과 비교해서 읽어보아야 한다.

53) 원문의 "인因"을 번역한 것인데, 공안국과 형병은 '친親' 자와 같은 개념으로 보아 '가까이하다'로 풀었는데, '그리하여'라는 접속사의 개념으로 보아야 한다는 견해나 '인척姻'의 의미로 풀어야 한다는 견해도 있다.

호학은 절제다 1.14

공자께서 말씀하셨다.

"군자는 먹음에 배부름을 추구하지 않고, 거처함에 편안함을 추구하지 않으며,[55] 일처리하는 데 민첩하고 말하는 데는 신중하며, 도가 있는 곳에 나아가 [스스로를] 바로잡는다면,[56] 배우기를 좋아한다고 말할 수 있을 뿐이다."

子曰: "君子食無求飽, 居無求安, 敏於事而愼於言, 就有道而正焉, 可謂好學也已."

가난함과 부유함 1.15

자공[57]이 물었다.[58]

---

54) 원문의 "역가종야亦可宗也"를 번역한 것으로 "종宗"은 여러 해석이 존재한다. '높이다'라는 개념으로 보아 '[주인으로 삼아] 높이다'라는 의미이다. 역자는 '종주宗主'의 개념으로 이해하고 '으뜸으로 삼을 수 있다'고 풀이했다. 주희는 '주主'와 같은 뜻으로 보아 '주인으로 삼을 수 있다'고 하였고, 양보쥔은 '믿음직하다'와 같은 맥락으로 보기도 하였다. 어떤 이는 '친척·혈연'의 관계로 해석한 경우도 있다.

55) 원문의 "거무구안居無求安"을 번역한 것으로 맥락상 공자가 말하는 '안빈낙도安貧樂道'의 '빈貧'이란 단어와 연관된다. 이 구절과 앞의 '식무구포食無求飽'는 '부富'의 문제다. 군자는 먹는 것(食)과 사는 것(住), 이 두 가지에 대하여 초연하고 절제해야 함을 말한 것이다.

56) 원문의 "정正"은 '광정匡正'의 의미로 보아야 한다. 즉, '옳고 그름을 바로잡는 것(正其是非)'과 '얻음과 잃음을 판별하는 것(判其得失)'의 개념이다.

57) 사마천의 《사기》〈화식열전貨殖列傳〉에 보면 "칠십 명의 제자의 무리 중에서 자공이 가장 풍요롭고 윤택했다(七十子之徒, 賜最為饒益)"라고 하여 자공을 설명한 내용이 이 장의 문답과 비교해서 생각할 만하다.

"가난하면서도 아첨하지 않고, 부유하면서도 교만하지 않으면[59] 어떻습니까?"

공자께서 말씀하셨다.

"괜찮겠지만,[60] 가난하면서도 [이를] 즐거움으로 삼고, 부유하면서도 예의를 좋아하는 것보다는 못하다."[61]

자공이 물었다.

"《시경》에서 '[칼로] 끊듯이, [줄로] 갈듯이, [정으로] 쪼듯이 [숫돌로] 윤을 내듯이'[62]라고 한 것은, 아마도 이것을 가리키는 것입니까?"

공자께서 말씀하셨다.

"사(자공의 자)야, 비로소 너와 더불어 《시경》을 이야기할 수 있겠다. 지나간 것을 알려주었더니 다가올 것을 아는구나."

58) 원문의 "왈曰"의 의미에 주목해야 한다. "왈曰" 앞에 '문왈問曰'이라고 해야 공자와의 문답이 성립되는데, "자공왈子貢曰"이라고 한 것은 자공 스스로 자신의 능함에 만족하고 자신의 견해에 확신이 차 있음을 엿볼 수 있는 대목이다. 역자는 이 말의 의미를 살려 "물었다"라고 번역했다.

59) 원문의 "첨諂"은 '비굴卑屈'의 뜻이고, "교驕"는 '자랑하고 방사함〔矜肆〕'을 말한다(주희 설).

60) 원문의 "가야可也"를 번역한 것이다. 주희는 이에 대하여 "가可라는 글자는 겨우 가하지만 다하지 못한 말이 있다〔可者, 僅可而有所未盡之辭也〕"라고 세밀하게 풀이하였다.

61) 공자는 정당한 방법으로 이득을 취해 부富를 쌓는 것에 반대하지는 않았다. 하지만 자신을 재물과 무관한 존재로 묘사하기를 좋아했는데, "나에게는 뜬구름만 같은 것이다"(〈술이〉 7.15)라고 한 것이 한 예다. 공자는 이 장에서 자신의 가장 부유했던 제자 자공과 부에 대해서 담론했다.

62) '절차탁마'란 고사성어가 나온 문장으로, "절切"은 뼈〔骨〕를 끊으면서 다듬는 것을 말하고, "차磋"는 뿔〔角〕을 다듬는 것, "탁琢"은 옥玉을 다듬는 것, "마磨"는 돌〔石〕을 다듬어 윤택하게 하는 것이다. 옥이나 돌을 다듬는 것처럼 사람도 끊임없는 수양 과정을 통해야만 비로소 완전한 인격체로 거듭날 수 있다는 뜻이다.

子貢曰: "貧而無諂, 富而無驕, 何如?" 子曰: "可也. 未若貧而樂, 富而好禮者也." 子貢曰: "詩云, 如切如磋, 如琢如磨, 其斯之謂與?" 子曰: "賜也, 始可與言詩已矣, 告諸往[63]而知來者."

허명을 경계하라 1.16

공자께서 말씀하셨다.

"남이 자기를 알아주지 않는 것을 근심하지 말고,[64] [자기가] 남을 알지 못하는 것을 근심하라.[65]"

子曰: "不患人之不己知, 患不知人也."

63) "왕往"은 첫 번째로 내딛는 걸음이니 지나간 것으로 이미 말해 준 빈부에 대처하는 도道를 지칭하고, 뒤에 나오는 "래來"는 두 번째로 내딛는 걸음이니 자공이 인용한 학문을 정밀히 추구하는 것을 의미한다.

64) 이 문장은 〈학이〉 1.1에 있는 "남이 [나를] 알아주지 않아도 노여워하지 않으면(不知而不慍)"이란 구절과 유사하다. 〈이인〉 4.14에 "자기를 알아주는 사람이 없음을 근심하지 말고, [남이] 알아줄 만하도록 되는 것을 추구하라(不患莫己知, 求為可知也)"는 말과 가장 비슷하며, 〈헌문〉 14.30, 〈위령공〉 15.18에도 비슷한 문장이 나온다.

65) 원문의 "환부지인야患不知人也"를 번역한 것으로, 여기에서 "부지不知"는 '옳고 그르고 사악함과 바름을 변별하지 못하는 것(是非邪正, 不能辨)'이라고 하였다(윤순尹焞 설). 말하자면 '지知'를 한다는 것은 다른 사람의 시비사정是非邪正을 변별할 능력을 말한다.

제2편

위정爲政

– 형과 벌보다 덕과 예로 다스려라

【해설】

제 1편 〈학이學而〉 다음에 〈위정爲政〉이 오는 것은 오늘 우리가 보기에 자연스럽지 않을지라도 공자의 시대에는 학문을 닦는 이유가 궁극적으로는 정치를 통해 뜻을 펼치기 위함이었다.

물론 〈위정〉 편에서 정치를 직접 언급한 대목은 그리 많지 않아 네 개의 장(2.1, 2.3, 2.18, 2.21)에 불과하다. 주로 제자들이 질문을 통해 정치를 하려는 공자의 의중을 여쭙거나 정치 참여가 논란이 되는 식이다. 후반부에는 효孝와 신信의 문제를 많이 거론한다. 이 두 개념 역시 '위정'이라는 제목과 어느 정도 연관이 있다. 공자가 강조한 것이 덕정德政이기 때문이다. 공자는 덕이 있는 자의 정치와 능력이 출중한 자의 정치 사이에서 무엇이 옳은가를 고민했지만 결국 덕정을 선택했다.

공자는 정치를 인품의 문제로 다루려 했고, 효치라는 말로써 나라를 다스리는 근본인 효를 강조했다. 효란 어긋남이 없다고 한 말이나, 부모에게 근심을 끼치지 않는 것이라는 말, 그리고 봉양이란 공경하는 마음이 전제되어야 한다는 효론을 통해 부모님 앞에서는 얼굴빛 하나까지 신경을 쓰는 세심한 배려가 필요하다고 할 정도였다. 그러나 이런 효제의 실천이 곧장 정치적 덕목으로 확장되기는 현실적으로 힘들었다. 패권주의가 난무한 와중에 이런 말에 귀 기울여주는 제후나 군주는 거의 없었기 때문이다.

"군자는 그릇이 아니다(君子不器)"라는 말이라든지, 스승의 자격을 '온고지신溫故知新'을 들어 설명한 말 등이 이 편의 명구들이다. 말보다는 실천이 중요하다는 대목 역시 시사하는 바가 많다.

정치는 덕으로 2.1

공자께서 말씀하셨다.

"정치를 덕으로 하는 것은,[1] 비유하면 마치 북극성[2]이 자리를 지키고 있고[3], 다른 모든 별이 함께 그를 떠받드는 것과 같다.[4]"

子曰: "爲政以德, 譬如北辰, 居其所而衆星共之."

《시》란 무엇인가 2.2

공자께서 말씀하셨다.

"《시경》 3백 편, 이를 한마디로 개괄하면[5] '생각에 사악함이 없다'는 것이다."[6]

---

1) 원문의 "위정爲政"에서 "정政"은 바로잡을 '정正' 자와 통하니, 위정자의 바르지 않음을 바로잡는다는 의미가 있다. "위爲"는 '따를 종從'과 유사한 개념이다. "덕德"은 '득得' 자로 보아 '마음을 얻다'라는 의미로 풀이하면 무방하다.

2) 원문의 "북신北辰"을 번역한 것으로 하늘의 천추天樞인 북극성을 가리킨다. 다산 정약용은 "신辰"을 하늘의 추축樞軸으로 보았고 꼭 북극성을 지칭하는 것으로 보지는 않았다.

3) 원문의 "거기소이居其所而"를 번역한 것인데, "소所"는 '처處'와 같다. 직역하자면 '그곳에 자리 잡고 [움직이지 않고] 있다'는 것을 의미한다.

4) 원문의 "중성공지衆星共之"를 번역한 것이다. "중성衆星"은 '[북극성을 제외한] 모든 별'을 의미하고, "공共"은 '[두 손으로] 받들 공(拱)' 자와 같다. 주희는 '향할 향(向)'으로 보았고, 이와 달리 정약용은 '같을 동(同)'이라고 하여, "다른 모든 별이 [북극성을] 따라 회전하여 북극성과 함께 운행한다(而衆星隨轉, 與北辰同運)"라는 개념으로 해석하였다. 말하자면 북극성이 뭇 별들을 인도하듯이 군주가 백성을 인도하면 백성들도 함께하는 것으로 이해하면 큰 무리가 없다.

5) 원문의 "일언이폐지一言以蔽之"에서 "폐蔽"는 '개괄하다, 뭉뚱그리다'의 뜻이다. 한편 '단斷' 자로 보아 '단정하면'으로 해석하는 경우도 있는데 가능한 주석이다.

子曰: "詩三百, 一言以蔽之, 曰: '思無邪'."

형벌보다는 덕과 예다 2.3

공자께서 말씀하셨다.

"정령政令으로 이끌고[7] 형벌로 다스리면[8], 백성들은 [법망을 교묘하게] 빠져나가고도 부끄러움을 모른다. 덕으로 이끌고 예로써 다스리면 [백성들은] 부끄러워할 줄도 알고 [잘못을] 바로잡게 된다."

子曰: "道之以政, 齊之以刑, 民免而無恥. 道之以德, 齊之以禮[9], 有恥且格[10]."

6) 원문의 "사무사思無邪"는 학자에 따라 해석이 다양한데, 인간의 사상과 감정의 순수성을 강조한 말로 이해하면 무난하다. 《시경》의 시들은 모두 민간에 유행하던 것을 채록했기 때문에 소탈한 정서가 많이 배어 있다. 공자는 시를 중요하게 생각했고, 깊이 알았기에 3천 여 편의 《시경》에서 3백 편을 추렸다는 설이 있다.

7) 원문의 "도지이정道之以政"을 번역한 것으로, "도道"는 '이끌다(導)'라는 뜻이다. "정政"은 '금령禁令'의 의미로 보아 정치적 명령으로 법적 구속력을 함축하고 있다.

8) 원문의 "제지이형齊之以刑"을 번역한 것이다. "제齊"는 《설문해자》에 보면 "벼와 보리가 이삭을 토해내면 위가 평평해진다(禾麥吐穗, 上平也)"라고 하였다. 정약용도 "위가 평평한 것이다(上平)"라고 보았다. 즉, 형벌로써 귀족이든 평민이든 차별 없이 공평하게 법 적용을 해야 함을 의미한다.

9) 원문에서 "덕德"은 자율성 보장이고, "예禮"는 타율적 관리라는 현대적 개념으로 이해해도 좋다. 즉 타율성을 갖추되 덕치德治의 수준을 넘어서지 말라는 의미다.

10) "격格"은 하안의 견해를 따라 '바르게 되다', '바로잡게 되다'로 해석했다. 뜻을 보충하자면 규정을 엄격하게 준수하는 것이며 일정한 법도와 규범을 두고 관리하는 것이다. 법망을 교묘하게 빠져나간다는 의미의 '면免'과는 상반되는 개념이다. 한편 주희는 "격"을 '지至'의 의미로 보아 "선함에 이르게 된다(至於善)"로 풀이하기도 했는데 하안의 해석과 크게 어긋나는 것은 아니다.

나이에 따라 살다 2.4

공자께서 말씀하셨다.

"나는 15세[11]에 배움에 뜻을 두었고, 30세가 되어서는 자립[12]했으며, 40세가 되어서는 미혹[13]되지 않았고, 50세가 되어서는 천명天命(하늘의 명)[14]을 알게 되었으며, 60세가 되어서는 귀가 순해졌고,[15] 70세가 되어서는 마음이 하고자 하는 대로 따라도 법도를 어기지 않았다."[16]

---

11) 소학을 마치고 대학大學에 들어갈 나이다. 원문의 "십유오十有五"에서의 "유有"는 '있다'는 뜻이 아니고, '또'라는 뜻이니 '우又'와 같은 의미다. 바로 번역문의 "배움"은 구체적으로 '대학지도大學之道'를 의미한다.

12) 이 말의 의미를 두고는 논의가 분분하다. 청대의 송상봉宋翔鳳은 "장성하여 가정을 갖는 것(壯而有室)"(《논어발미論語發微》)이라고 하였으나, 공자는 19세에 결혼했기 때문에 타당성이 부족하다. 여기서는 "립立"을 '자립하다'라고 번역했는데, 정신적으로는 세계관의 정립을 의미하고 물질적으로는 다른 사람의 도움 없이 스스로 생활을 꾸려나갈 수 있다는 것을 의미한다.

13) "미혹"이라는 표현을 쓴 것은 주희의 주석대로 '사물의 당연함(物之當然)'을 깨달았다는 의미로서 주변의 상황에 흔들림 없이 학문에 전념했음을 의미한다. 공자가 열국을 주유한 시기는 대략 35세부터 50세 사이일 것으로 추정되니, 이때는 바로 나이 40세에 해당한다. 〈자한〉과 〈헌문〉에 "지자불혹知者不惑"이란 말이 있으니 참고하여 읽어보아도 좋다.

14) "천명"이란 사물에 드러나는 자연스런 이치 혹은 하늘이 부여한 사명으로 해석한 주희의 설이 타당하다. 말하자면, 자기의 역량이 어느 정도 되는지, 도대체 무엇을 할 수 있는지, 운명에 따르면 무엇을 하게 되어 있는지 등을 아는 것이며 공자가 51세에 관직에 나아간 것과 관련되는 중요한 개념이기도 하다. 공자는 "천명을 알지 못하면 군자가 될 수 없다"(〈요왈〉 20.3)라고 말했다. 공자가 말하는 "지천명"은 《역》을 배운 것과 관련이 있다. 사마천은 "공자는 늘그막에 《역易》을 좋아하여 〈단彖〉, 〈계繫〉, 〈상象〉, 〈설괘說卦〉, 〈문언文言〉 편에 서문을 썼다. 그리고 《역》을 얼마나 많이 읽었는지 책을 묶은 가죽 끈이 세 번이나 끊어졌다(孔子晩而喜易, 序彖系象說卦文言. 讀易, 韋編三絶)"(《사기》 〈공자세가〉)라고 기록했다. 그렇다고 공자를 숙명론자로 보면 곤란하다. 오히려 후세의 주석가들이 이 문제를 너무 운명론적인 시각에서 접근하여 공자의 본의를 훼손한 측면도 있다.

子曰: "吾十有五而志于學, 三十而立, 四十而不惑, 五十而知天命, 六十而耳順, 七十而從[17]心所欲, 不踰矩."

효란 어긋남이 없는 것 2.5

맹의자[18]가 효에 대하여 물었다.
공자께서 말씀하셨다.
"어긋남이 없는 것입니다.[19]"

---

15) 정현에 의하면 어떤 말이든 귀로 그 뜻을 곡해하지 않고 제대로 알아듣는다는 의미다. 주희는 "소리가 들어오면 마음으로 통한다(聲入心通)"라는 의미로 풀었다. 정현도 "귀로 그 말을 듣고 그 은미한 뜻을 안 것이다(耳聞其言而知其微旨)"라고 보았다. 55세에서 68세까지 공자는 중국 북쪽의 나라들을 돌아다녔고 곤경과 좌절의 나날을 보내며 마음고생을 많이 했다. 그는 길에서 만난 초나라 광인 접여, 장저, 걸익 등이 빈정대고 풍자하는 말을 모두 귀담아 들었다. 심지어는 정나라에 이르렀을 때 성의 문지기가 공자의 외관을 보고 "상갓집 개와 같다"라고 한 말마저도 체념하듯 있는 그대로 받아들였다.

16) '정도正道를 벗어나지 않는다'는 말로 여기서 중요한 것은, 나이가 들어감에 따라 변화해가는 상태를 단계적으로 묘사하면서 자신의 체험을 말했을 뿐 타인에게 이러한 삶을 강요하지 않았다는 점이다. 우리는 이 문장을 통해 공자의 삶을 더욱 분명하게 이해할 수 있다.

17) "종從"이란 '수隨'와 같은 의미로 마음이 하고자 하는 대로 따르는 것이다. 역자는 이 글자를 긍정적인 의미로 해석했다. 반면 "종"을 '방종하다'는 의미의 '종縱'으로 보는 입장도 있는데 황간이 《의소義疏》에서 주장한 것이다. 말하자면, 마음을 대담하게 탁 풀어놓은 채 거침없이 말하고, 하고 싶은 대로 행하는 것이니 좋은 의미는 아니다.

18) 노나라의 대부로 "맹"은 성이고, "의"는 시호이며, "자"는 존칭이다. 이러한 칭호는 죽은 뒤에 부르는 방식이다. 맹씨는 곧 맹손씨이다. 맹손씨는 숙손씨, 계손씨와 더불어 노나라 삼환 가운데 하나이다. 맹손씨는 또 중손씨仲孫氏라고도 한다. 하기何忌는 맹의자의 이름이므로, 그를 중손하기仲孫何忌라고도 부른다. 공자 시대에 노나라는 줄곧 계손씨의 손아귀에 있었다.

19) 원문의 "무위無違"를 번역한 것으로 "위違"는 '순順'과 반대의 의미다. 즉, '이치에 어긋나지 않는 것(不背於理)'이라는 의미다(주희 설).

번지가 수레를 몰고 있었는데, 공자께서 그에게 이렇게 말씀하셨다.

“맹손[20]이 나에게 효를 물어 내가 어긋남이 없는[21] 것이라고 대답했다.”

번지[22]가 여쭈었다.

“무슨 뜻으로 하신 말씀입니까?”

공자께서 말씀하셨다.

“[부모가] 살아 계실 때는 예로써 섬기고, 돌아가신 다음에는 예로써 장사를 지내고, 예로써 제사를 모시는 것이다.”

孟懿子問孝. 子曰: “無違.” 樊遲御, 子告之曰: “孟孫問孝於我, 我對曰無違.” 樊遲曰: “何謂也?” 子曰: “生, 事之以禮. 死, 葬之以禮, 祭之以禮.”

---

20) 맹손씨를 말하는데 서출의 장자로서 백伯과는 다르다. 정실 소생의 장자는 관례에 따라 노나라의 제후가 된다. 맹손씨는 지위가 백의 아래였기 때문에 즉위할 수 없었고, 그저 숙손씨와 계손씨 등과 함께 경대부가 될 수 있을 뿐이었으며, 둘째 아들로서 중손씨라고도 불렸던 것이다.

21) 주희는 도리를 어기지 않는 것이라고 풀이했는데, 예를 어기지 않는다는 의미로도 풀이할 수 있다.

22) 번지는 곧 번수樊須이고, 자는 자지子遲인데, 자로써 부른 것이다. 농사일을 좋아하여 공자에게 욕을 먹은 적이 있다. 사마천의 기록에 따르면 번지는 공자보다 36세 연하였다. 반면 《공자가어孔子家語》에는 공자보다 46세 적다고 되어 있다. 한편, 리링李零은 《상가구喪家狗》라는 책에서 번지의 나이를 통해 추정하기를 이것이 공자 만년의 일이고, 당시에 맹의자의 부친이 이미 세상을 떠난 상황이었다고 말한다. 본문에서 번지의 질문에 대한 공자의 답변은 〈학이〉 1.9에 나온 “신종추원愼終追遠”의 의미와 비슷하다고 보면 된다.

부모의 마음 2.6

맹무백[23]이 효에 대하여 물었다.

공자께서 말씀하셨다.

"부모는 오로지 그 자식의 질병을 근심한다."[24]

孟武伯問孝. 子曰: "父母唯其疾之憂."[25]

공경하는 마음으로 봉양하라 2.7

자유[26]가 효에 대하여 여쭈었다.

공자께서 대답하셨다.

23) 맹의자의 아들이고, '맹'은 성씨이고, '무'는 시호이며, '백'은 항렬을 나타내는 글자이다. 그의 이름은 '체彘'였기 때문에 무백체武伯彘 혹은 중손체仲孫彘라고도 부른다.

24) 이 부분의 번역은 이설이 많은데, 원문의 "기其"를 어떻게 해석하느냐가 관건이다. 마융馬融은 효자가 부모의 근심을 끼쳐서는 안 된다는 취지에서 '자식'으로 보았고, 왕충王充은 자식이 부모를 모실 때 부모의 병듦을 어찌할 수 없기 때문에 '부모'로 보아야 한다고 하였는데, 이런 두 이설이 논쟁의 핵심이다. 기其를 앞 단어 '부모'를 지칭하는 대명사로 보면 "부모는 오직 자신의 질병을 근심한다"로 번역해야 하므로 어색하다. 역자는 '부모의 것'으로 보았다. 부모의 것은 바로 '자식'이니 자식으로 옮기면 문맥상 맞는다. "부모는 오로지 자식의 질병을 근심한다"라는 말은 부모로 하여금 자식 걱정을 하지 않도록 해야 효도라는 것이다. 부모를 위해 자기 몸을 잘 챙기는 것이 효의 출발이고 가장 큰 덕목이라는 것이다. 마융 또한 이 문장을, '언제나 부모 속을 썩이지 않아야 효자인데 병이 나게 되면 부모 속을 썩이게 된다'라고 풀이했다.

25) 이 문장은 《회남자淮南子》 〈설림說林〉에도 보이는데, "부모의 질병을 근심하는 자는 자식이다(憂父母之疾者子)"라고 하였다. 이 근거에 따라 리링은 "자식은 부모의 질병을 근심한다"로 해석하였다. 그러나 역자는 부모의 속을 썩이지 않는 것이 효孝의 출발이라고 보고, "자식의 질병을 근심한다"로 풀이했다.

"오늘날 효는 부모를 봉양하는 것을 말한다. 개나 말 따위도 모두 [서로를] 먹여주고 있으니, 공경하지 않는다면 무엇으로 구별하겠느냐?"

子游問孝. 子曰: "今之孝者, 是謂能養[27]. 至於犬馬, 皆能有養. 不敬, 何以別乎?"

밝은 얼굴 2.8

자하가 효에 대하여 여쭈었다.

공자께서 말씀하셨다.

"안색[을 밝게 하는 것]이 어렵다.[28] 일이 있을 때 자식이 그 수고로움을 다한다고 하여, [또] 술과 음식이 있어 윗사람[29]이 드시게 한

26) 언언言偃의 자로서 문학에 뛰어난 공자의 제자다. 오나라 사람이며 항상 자하와 쌍벽을 이루는 인물로 공자보다 45세 어린 제3기 제자다. 무성의 읍재를 지냈다.

27) "양養"의 대상은 노인老人으로 [노인을] 봉양한다는 의미인데, 《사기》〈주본기周本紀〉와 〈백이열전〉에도 연관된 내용이 나온다. 즉, 백이와 숙제가 서로 왕의 자리를 양보하다가 서백西伯을 찾아가는 장면으로 "서백이 노인을 잘 봉양한다는 것을 듣고, 어찌 가서 그에게 귀의하지 않겠는가(聞西伯善養老, 盍往歸之)"(〈주본기〉)라고 하였다.

28) 자식이 부모를 모실 때 항상 밝은 안색으로 대하기가 어렵다는 뜻으로 해석했다. 이는 《예기禮記》〈제의祭義〉에 나오는, "효자로서 깊은 사랑이 있는 자는 반드시 온화한 기색이 있어야 하고 온화한 기색이 있는 자는 반드시 기뻐하는 얼굴빛이 있어야 하며 기뻐하는 얼굴빛이 있는 자는 반드시 온순한 용모가 있어야 한다(孝子之有深愛者必有和氣, 有和氣者必有愉色, 有愉色者必有婉容)"에 근거한 것이다. 이와는 달리 '부모의 안색을 살피는 게 어렵다'는 식으로 해석하기도 한다.

29) 원문의 "선생先生"을 번역한 것인데 '어른'이라고 해도 좋다. 마융은 '부형父兄'으로 보았으나 정약용은 옳지 않다고 반박하기도 했다. "선생"은 '후생後生'이란 단어의 상대적 개념이다.

다고 하여, 결국[30] 이런 일만으로 효라고 할 수 있겠느냐?"

子夏問孝. 子曰: "色難. 有事, 弟子服其勞. 有酒食, 先生饌, 曾是以爲孝乎?"

어리석지 않은 안회 2.9

공자께서 말씀하셨다.

"내가 회(안회)[31]와 온종일 이야기를 나눴는데, 거스르는 말을 하지 않아[32] 마치 어리석은 것 같았다. 물러간 뒤 그가 홀로 지내는 것을 살펴보니[33] 또한 [내가 해준 말들을] 충분히 발휘하고 있었으니 회는 어리석지 않다."

子曰: "吾與回言終日, 不違, 如愚. 退而省其私, 亦足以發, 回也不愚."

30) 원문의 "증曾"을 번역한 것으로 주희는 '일찍이(嘗)'로 보아 "일찍이 이런 것을 효라고 할 수 있는가?"라고 풀이했다. 반면 '이에·곧(乃)'과 '결국(竟)'으로 해석하기도 한다. 역자는 후자의 견해를 따랐다.

31) 사마천은 "안회는 노나라 사람으로 자는 자연子淵이며 공자보다 30세가 적었다"라고 하고는 안연을 《사기》〈중니제자열전〉의 첫머리에 두었다. 안회는 29세에 머리가 하얗게 세더니 일찍 죽었다.

32) 원문의 "불위不違"를 번역한 것으로 말대꾸를 하거나 이견을 보이거나 문제를 제기하지 않는다는 의미다.

33) 원문의 "퇴이성기사退而省其私"를 번역한 것인데, "사私"에 대하여 주희는 "한가로이 지내면서 혼자 거처하는 것(燕居獨處)"이라고 하였고, 정약용은 "벗끼리 사사롭게 강습하는 것(朋友之私講也)"으로 해석하였다.

사람을 아는 세 가지 2.10

공자께서 말씀하셨다.

"그가 [지금] 하고 있는 일을 보고, 그가 어떤 이유로 그렇게 하는지 관찰하고, 그가 편안하게 여기는 것을 세밀히 살펴보라. 사람이 어찌 [자신을] 숨기겠는가? 사람이 어찌 [자신을] 숨기겠는가?[34)]"

子曰: "視其所以, 觀其所由, 察其所安. 人焉廋哉? 人焉廋哉?"[35)]

스승의 자격 2.11

공자께서 말씀하셨다.

"옛것을 익히고 새것을 알면[36)] 스승이라고 할 수 있다."[37)]

子曰: "溫故而知新, 可以爲師矣."

34) 원문의 "인언수재人焉廋哉"를 번역한 것으로 반복되어 쓰였다. "수廋"는 '은닉하다〔匿〕'의 뜻인데 '낭중지추囊中之錐(주머니 속의 송곳)'처럼 숨길 수 없음을 내포하고 있다.

35) 이 문장의 자구를 설명해보면, "시視"는 유의하지 않고 평범하게 보는 것이고, "관觀"은 '시'보다 자세히 살펴보는 것이고, "찰察"은 세밀하게 들여다보는 것이다. "소이所以"는 '하는 바'로 현재의 문제이고 "소유所由"는 '지금까지 해왔던 바'로 과거의 문제이며. "소안所安"은 '즐거워하는 바'로 장래의 문제라고 풀이할 수도 있겠다.

36) 원문의 "온고이지신溫故而知新"을 번역한 것이다. "온溫"은 '찾아서 탐색한다〔尋繹〕'이고, "고故"는 '옛날에 들은 바〔舊所聞〕'이다. "신新"은 '지금 얻은 바〔今所得〕'라고 하였는데(주희 설) 여기에서의 '지금〔今〕'은 미래의 의미를 함께 나타낸 것이다. 양보쥔은 "지신知新"을 〈자장〉 19.5의 "날마다 내가 가지고 있지 않은 것들을 알게 되며〔日知其所亡〕"와 통한다고 하였다. 또한, 이 문장은 〈술이〉 7.1의 "서술하되 짓지는 않고 믿어서 옛것을 좋아하니〔述而不作, 信而好古〕"라고 한 것과 유사한 개념으로 같이 읽으면 도움이 된다.

그릇 같다기보다는 2.12

공자께서 말씀하셨다.

"군자는 그릇이 아니다."[38)]

子曰: "君子不器."

말보다 실천 2.13

자공이 군자에 대하여 여쭈었다.

공자께서 말씀하셨다.

"그 말을 [앞세우기보다] 먼저 실천하고 나서 [말이] 행동을 따르도록 하라."[39)]

子貢問君子. 子曰: "先行其言而後從之."

---

37) 옛날에 들은 바를 찾아서 풀이하여 새로 발견하고 깨닫는다는 의미로서 이 문장은《예기》〈학기學記〉의 "암기와 질문을 위주로 한 배움으로는 다른 사람의 스승이 되기에는 부족하다(記問之學, 不足以爲人師)"와 함께 읽으면 좋다.

38) 본문의 "그릇(器)"은 제기祭器를 말한다. "기器"는 개가 밥그릇을 지키는 모양새로 주희는 "저마다 그 나름의 쓰임은 적당하나 서로 통하지 못하는 것(各適其用而不能相通)"이라고 하였다. 군자란 종묘의 제사를 지낼 때 쓰는 그릇처럼 일정한 모양과 크기를 갖춘 자가 아니라 세상의 온갖 이치를 두루 알 수 있는 회통하고 유연성을 갖춘 인물이라는 의미다. 말하자면, 한 분야에 하나의 재주나 기예에 치우치지 않고 전인적 완성을 목표로 하는 것이 중요하다는 의미를 담고 있다. 즉 자신의 독단만을 고집하는 자는 군자가 아니라 소인배이다. 덕을 닦은 군자가 터득한 도리는 모든 일에 통용될 수 있음을 밝힌 말이다.

39) 이 해석은 주희의 견해에 따른 것이다. 말하자면 먼저 실천한 후에 말을 한다는 의미다. 공안국의 경우는 "그의 말을 먼저 했으면, 행동이 말을 따라야 한

군자와 소인의 차이 2.14

공자께서 말씀하셨다.

"군자는 원만하지만 편을 가르지 않고,[40] 소인은 편을 가르지만 원만하지는 않다."[41]

子曰: "君子周而不比, 小人比而不周."

배움과 생각 2.15

공자께서 말씀하셨다.

"배우기만 하고 생각하지 않으면 미혹되고,[42] 생각하기만 하고 배우지 않으면 위태롭다.[43]"

다"라고 해석했는데 주희의 견해가 옳다고 본다. 한편 황간은 "먼저 말을 한 이후에 [사람들은] 군자의 말을 따른다"라고 해석하는데, 이는 너무 앞서 나간 것이다. 〈학이〉 1.14에도 "일처리하는 데 민첩하고 말하는 데는 신중하며"라는 구절이 보인다. 이 장은 언변이 뛰어났던 자공을 경계하려는 스승(공자)의 말씀이다.

40) 원문의 "주이불비周而不比"를 번역한 것으로 "주周"는 '두루'라는 의미로 '도의道義를 통해 사람을 모으는 것'인데, 뒤에 나오는 "비比"와는 서로 배치되는 개념이다. "비"는 '치우치다', '편을 가르다'라는 의미로 잠시 동안의 이익을 위해 결탁한 사람들이란 의미다. 송대의 구양수歐陽修는 〈붕당론朋黨論〉에서 다음과 같이 비판적인 말을 남겼다. "무릇 군자는 군자와 더불어 도를 같이하여 붕당을 일삼는다(大凡君子與君子, 以同道爲朋)".

41) 원문은 〈술이〉 7.30의 "군자는 편을 가르지 않는다", 〈위령공〉 15.21의 "무리를 이루지만 파벌을 만들지는 않는다"와 비교하면서 읽어야 한다.

42) 원문의 "사즉망思則罔"을 번역한 것으로 "사思"는 《중용》 19장의 "박학博學, 심문審問, 신사愼思, 명변明辨, 독행篤行" 중에 '밝게 분별해내는 것(明辨)'을 의미한다. "망罔"은 '무망誣罔'의 개념으로 성인의 도를 속인다는 말이다.

子曰: "學而不思則罔, 思而不學則殆."

이단 2.16

공자께서 말씀하셨다.

"이단[44]을 공격[45]하는 것, 이는 해로울 뿐[46]이다."

子曰: "攻乎異端, 斯害也已."

---

43) 원문의 "사이불학즉태思而不學則殆"를 번역한 것으로 "태殆"는 '경건함에 거하면서 이치를 궁구한다〔居敬窮理〕'와 연관하여 '궁리窮理'는 '옛날 선인들의 문헌을 고찰하지 않고 자기 생각을 믿어나가는 것'인데 이렇게 되면 기반이 없게 되어 결국 위태롭게 된다는 의미다.

44) 여기서 "이단異端"이란 '소도小道'로서 기이하고 극단적인 설이란 의미다. 즉 유가로 대변되는 성인의 도와 어긋나는 사상을 포괄적으로 가리키는 말인데, 구체적으로 양주楊朱와 묵가 학파를 지칭한다(주희 설)고 볼 수 있다. 주희는 기본적으로 황간皇侃과 범조우范祖禹의 견해를 받아들인 것인데, 그 대상은 양주와 묵자墨子의 학문을 의미한다고 보인다. 묵자는 유가 학설이 귀족들의 예禮, 상喪, 악樂, 장葬을 옹호하여 백성을 상하게 한다고 보고 유가의 반대편에 섰다. 묵자가 유가를 집중 공격한 것은 그들이 유가의 한 이단적 지파를 대표함을 염두에 두고 있다. 그런데 정약용은 주희의 설이 옳지 않다고 반박했다. 한편 양보쥔은 역자의 관점과 달리 이단을 '다른 학설' 혹은 학파로 보기는 어렵다고 하면서 '부정확한 의론議論'으로 번역해야 한다고 주장했으나 취하지 않는다.

45) 원문의 "공攻"을 '공격하다'라고 옮겼는데, 적지 않은 주석가가 이런 해석을 취했다(전대흔錢大昕이 대표적이고 양보쥔, 양수달도 그렇다.) 그러나 주희는 "공攻"을 '전적으로 다루다〔專治〕'라는 '치학治學'의 의미로 해석하기도 하는데, 그렇게 되면 '오로지 다루다'라는 식으로 번역된다.

46) 이렇게 번역하지 않고, '해로운 것이 없어질 것이다'라고 번역하는 학자도 있으니 양보쥔이 그러하다. 원문의 "이已"를 동사 그칠 지止의 의미로 보았기 때문이다. 한편, 원문의 "사斯"는 지시대사로 번역한다.

앎의 기본 2.17

공자께서 말씀하셨다.

"유[47]야, 너에게 안다는 것이 무엇인지 가르쳐줄까? 어떤 것을 알면 안다고 하고 알지 못하면 알지 못한다고 하는 것,[48] 이것이 [진정으로] 아는 것이다."

子曰: "由, 誨女知之乎? 知之爲知之, 不知爲不知, 是知也."

녹봉을 구하는 자세 2.18

자장[49]이 녹봉을 구하는[50] 방법을 배우고자 했다.

공자께서 말씀하셨다.

"많이 들으면서도 의심나는 것은 비워두고[51], 그 나머지를 신중

47) "유由"는 중유仲由로, '중'은 자로子路의 성이고 '유'는 이름이다. 공자보다 불과 9세 아래로 만년까지 공자의 곁을 떠나지 않은 몇 안 되는 제1기 제자다. 중유는 용맹하며 덤벙대고 큰소리치길 좋아해 평소 공자에게 꾸지람을 많이 들었으나, 공자는 그의 솔직담백하고 의로운 성격을 좋아했다.

48) 아는 것과 아는 척하는 것의 차이가 크다는 점을 강조한 것이다. 앎의 기본은 솔직함에서 나온다. 모르고도 안다고 하고 다른 사람의 눈을 속이며 아는 척하는 것은 기본적인 인성이 잘못된 어리석은 짓이며, 앎의 기회를 스스로 포기하는 것이다. 모르는 것은 솔직하게 모른다고 말하는 사람이 현명하다.

49) 전손사顓孫師의 자이며, 공자보다 48세나 적었다. 공자가 "내가 전손사를 얻고 나서부터 앞에도 빛이 있고 뒤에도 빛이 있었다"고 하면서 그를 안회·중유·단목사 등과 함께 공자사우孔子四友로 언급하였다고 한다. 공문십철에는 자장이 포함돼 있지 않다.

50) 원문의 "록祿"은 벼슬하는 자의 봉록, 녹봉의 의미이고, 원문의 "간干"은 구한다는 의미의 '구求'와 같다(정현 설).

하게 말하면 허물을 적게 할 것이다. 많이 보면서도 미혹된[52] 것을 비워두고 그 나머지를 신중하게 실행하면 후회를 적게 할 것이다. 말에 허물이 적고 행동에 후회가 적으면 녹봉은 그 안에 들어 있다."

子張學干祿. 子曰: "多聞闕疑, 愼言其餘, 則寡尤. 多見闕殆, 愼行其餘, 則寡悔. 言寡尤, 行寡悔, 祿在其中矣."

정직한 인재 2.19

[노나라] 애공哀公[53]이 물었다.

"어떻게 하면 백성들이 복종합니까?"

공자께서 대답하셨다.[54]

"정직한 사람을 천거하여 비뚤어진 사람들 위에 두면[55] 백성들은 복종하겠지만, 비뚤어진 사람을 뽑아 정직한 사람 위에 두면 백성들은 복종하지 않을 것입니다."[56]

---

51) 원문의 "다문궐의多聞闕疑"를 번역한 것으로 "궐闕"은 '빼다'를 뜻하는 한자이므로 역자는 '비워두고'로 풀이했다. 왜냐하면, 보통 의심나는 것을 빼놓으려고 하지 않고, 자신의 상상력과 주관을 가미하여 잘못된 의미를 부여하기 때문이다. 〈자로〉 13.3의 "군자는 자기가 모르는 것은 대체로 [의문으로] 남겨두는 법이다(君子於其所不知, 蓋闕如也)"와 같은 맥락이다.

52) 원문의 "태殆"를 번역한 것인데, 이 글자는 앞의 "의疑"와 호응하며, 같은 의미로 보아야 한다.

53) 노나라 애공은 성은 희姬, 이름은 장蔣으로 정공의 아들이다. 정공을 이어 기원전 494년에 즉위하여 27년간 재위했다. 공자가 노나라에 돌아온 시점은 바로 기원전 484년이다.

54) 공자는 신하였고 애공은 주군이었으므로 예를 갖추어 "대왈對曰", 즉 '대답하셨다'라고 한 것이다. '대왈'이란 표현은 여기에만 나온다.

哀公問曰: "何爲則民服?" 孔子對曰: "擧直錯諸枉, 則民服. 擧枉錯諸直, 則民不服."

백성을 대하는 법 2.20

계강자[57]가 물었다.

"백성들로 하여금 공경하고 충성하게 권면하려면 어떻게 하면 되겠습니까?"

공자께서 대답하셨다.

"백성들을 대할 때 [윗사람으로서] 장엄하면 [아랫사람이] 공경하게 되고, [부모님께] 효도하고 자애로우면 마음을 다할 것이며, 착한 사

55) 원문의 "거직조저왕擧直錯諸枉"을 번역한 것으로 "조錯"는 '두다(置)'와 같은 뜻인데, 포함包咸은 '버려두는 것(廢置)'이라고 하여 정반대 개념으로 해석하였다. 그러나 대체적으로 이야기하는 것은 '조치錯置하는 것'으로 보아 '임용한다'는 의미로 풀이하면 무방하다. "저諸"에 대하여 주희는 '무리'를 뜻하는 '중衆'으로 보고 많은 굽어 있는 사람들에게 둔다는 의미로 보았다. 역자는 '지어之於'의 축약형으로 보는 것이 해석에 무리가 없다고 본다. 주역동朱亦棟은 《논어찰기論語札記》에서 "굽어 있는 사람의 윗자리에 [정직한] 사람을 둔다(置之於枉人之上)"고 하였다.

56) 이 문장에서 공자는 인재를 등용하는 방법을 설명하고 있는데, 좋은 사람을 나쁜 사람 아래 두어서는 안 된다는 의미다. 그리고 이 문장과 유사한 문장이 〈안연〉 12.22에 나온다. "정직한 사람을 천거하여 비뚤어진 사람 위에 두어 비뚤어진 사람으로 하여금 바르게 될 수 있도록 하는 것이다"라는 문장이니 참조하면 좋다. 한편, 정약용도 "조"의 의미를 '들었던 것을 놓는다'라고 풀이했다는 점을 특기한다.

57) 노나라 애공 대의 계손비季孫肥이다. 공자가 살던 때 노나라의 귀족 중에서 삼환이 가장 위세를 떨치고 있었는데 삼환 가운데서도 계씨가 가장 세력이 컸다. 공자가 어렸을 때는 계평자가 정권을 잡고 있었고, 중년 때는 계환자가 정권을 잡고 있었으며, 만년에는 계강자가 정권을 잡고 있었다. 계강자는 기원전 492년에 정권을 잡은 것으로 추정된다. "강姜"은 시호이다.

람을 천거하여 능력 없는 사람을 가르치도록 하면 [백성이 스스로] 권면하게 될 것입니다."

季康子問, "使民敬忠以勸, 如之何?" 子曰: "臨之以莊[58]則敬. 孝慈則忠. 擧善而教不能則勸[59]."

효도가 정치의 근본이다 2.21

어떤 사람이 [관직에 있지 않은] 공자에게 말했다.

"선생께서는 어찌하여 정치를 하지 않으십니까?"

공자께서 말씀하셨다.

"《서경》에 이르기를 '효도하고 오직 효도하여 형제들에게 우애롭게 대하고 정치에 [이것을] 베풀어라'[60]라고 했으니, 이 또한 정치를 하는 것이니 어찌 [벼슬을] 해야만 [꼭] 정치를 하는 것이 되겠느냐?"

或謂孔子曰: "子奚不爲政?" 子曰: "書云, '孝乎惟孝, 友于兄弟, 施於有政.'[61] 是亦爲政, 奚其爲爲政?"

---

58) 원문의 "장莊"은 '용모가 단정하고 엄숙하다〔容貌端嚴〕'는 의미다(주희 설). 말하자면 흐트러짐 없는 면모를 내포하고 있다.

59) 원문의 "권勸"은 앞의 계강자가 물었을 때의 '권면하다〔勸〕'와 같은 개념인데, 형병은 '권면勸勉, 권장勸奬'의 의미라고 하였다. 한편, 정약용은 "백성들이 [마음에서 우러나] 스스로 흥하고 일어나 덕예德藝로 나아가는 것〔勸謂民自興起以進其德藝也〕"이라고 풀이했다.

60) 이 인용문은《서경書經》에 있는 문장으로 알려져 있으며, 오늘날에는 전하지 않는 일문逸文으로 원문은《위고문상서僞古文尙書》〈군진君陳〉에 나온다.

믿음 가는 사람이라야 2.22

공자께서 말씀하셨다.

"사람이면서 믿음이 없다면, 그것이 옳은지[62] 모르겠구나. [소가 끄는] 큰 수레에 예輗(수레채 마구리)가 없고, [말이 끄는] 작은 수레에 월軏(멍에막이)이 없다면[63], 그런 수레를 어찌 몰고 갈 수 있겠느냐?"

子曰: "人而無信, 不知其可也. 大車無輗, 小車無軏, 其何以行之哉?"

---

61) 원문의 "시어유정施於有政"을 직역하면 '정치가 있는 곳에 베풀어라'인데 어딘가 어색하다. "시施"는 '파급하다'의 뜻으로 보아야 한다는 설도 있다. 양보쥔은 "여기서의 유有는 명사 앞에 사용될 경우에 뜻이 없는 것이 고대 한문문법의 한 형태〔有字無義, 加於名詞之前, 這是古代構詞法的一種形態〕"라고 풀이했다. "정政"을 '정치를 하는 사람'이라고 하는 견해도 있다(양수달 설).

62) 옳거나 쓸모가 있는지 모르겠다는 말로 어디에서도 통하지 못한다는 의미다.

63) 원문의 "대거大車"와 "소거小車"에 관하여 주희는 '평지에서 짐을 싣는 수레〔平地任載之車〕'를 "대거"라고 하였다. 즉 '소가 끄는 수레'이고, "소거"는 '전거田車·병거兵車·승거乘車'라고 하여 '말이 끄는 수레'라고 보았다.

주나라 계승의 의미 2.23

자장이 여쭈었다.

"열 왕조[64] 이후의 일을 알 수 있겠습니까?"[65]

공자께서 말씀하셨다.

"은나라는 하나라의 예절을 이어받았는데, 거기에서 덜고 보탠 것을 알 수 있으며, 주나라는 은나라의 예를 따랐는데, 거기에서 덜고 보탠 것을 알 수 있다. 아마도 주나라를 계승한다면 비록 백 왕조 이후의 일이라 할지라도 알 수 있다."[66]

子張問, "十世可知也?" 子曰: "殷因於夏禮, 所損益可知也. 周因於殷禮, 所損益可知也. 其或繼周者, 雖百世, 可知也."

64) 본래 "세世"란 왕조의 성이 바뀌는 30년의 기간을 말하니 곧 아버지가 아들에게 제위를 넘겨 세대교체하는 시기를 의미한다. 여기서는 주희가 "성을 바꾸어 천명을 받는 것(易姓受命)"을 일세一世라고 보았으니 열개의 조대朝代를 의미한다.

65) 원문의 "야也"는 '야耶'와 같으며, 의문을 표할 때 쓰는 어기사다.

66) 공자가 이같이 답변한 것에 대하여 주목할 필요가 있다. 역사는 인과관계이며 계승관계이기 때문에 가장 이상적으로 생각했던 요순堯舜시대를 하夏·은殷·주周가 계속 이어받은 것처럼 그 인과관계 속에서 변함없는 제도·문물을 지니게 된다는 의미다.

제사의 대상 2.24

공자께서 말씀하셨다.

"자기 조상의 귀신[67]이 아닌데도 제사 지내는 것[68]은 아첨하는 것[69]이고, 의로운 일을 보고서도 하지 않는 것은 용기가 없는 것이다."

子曰: "非其鬼而祭之, 諂也. 見義不爲, 無勇也."

---

67) 원문의 "귀鬼"를 번역한 것이다. 당시에는 죽은 사람을 모두 '귀'라고 했으며, 정현의 풀이대로 인귀人鬼를 의미하니 일반적으로 돌아가신 조상을 포괄적으로 가리킨다. 정약용은 천신天神과 지기地祇 그리고 인귀人鬼의 개념을 총괄하여 가리킨다고 보아 범위를 확장하기도 했는데, 다소 무리한 풀이다.

68) 예를 들어 노나라가 정나라를 대신해서 태산泰山에 제사를 지내준 것이라든지, 정나라가 노나라를 대신해서 주공에게 제사를 지내준 것 등을 말한다. 리링 교수는 이 구절이 "민족들이 서로 동화되는 추세에 있던 시기에 유행했던 '체협禘祫'이라는 제례를 반영하고 있다"고 보았다. 이는 서로 다른 족속의 조상을 한꺼번에 제사지내는 것인데 공자는 이를 꼴사납게 보았다. 공자는 그런 일에 익숙하지 않았기 때문에 그것을 아첨하는 행위라고 생각했다.

69) 원문의 "첨諂"은 '원칙을 어기는 제사(淫祀)'를 지내는 것을 의미하며 음사淫祀를 경고한 것이다. 즉, 당시 삼가三家들이 천자의 예를 사용하여 제사를 지냈으니 명분과 실질의 행동이 걸맞지 않는다는 것이다.

제3편

팔일八佾

– 예와 악의 실현이 이상적인 정치다

【해설】

〈팔일〉 편은 〈위정〉 편과 긴밀한 연계성이 있으며, 다른 편과 달리 둘째 구절의 첫 단어 두 글자로 제목을 삼았는데, 주로 예악의 득실을 논하고 있다. 첫 장에서부터 공자는 당시 세도를 부린 계씨가 천자의 의식인 팔일무를 춘 것을 호되게 비판하면서 상하 질서가 무너진 세태를 강력히 비판하고 있다. 3장이 이 편의 핵심이며, 4장, 8장, 12장, 15장, 26장이 이 편의 흐름을 관통하고 있다. 하늘에 죄를 지으면 빌 곳이 없다는 말에서 우리는 공자가 천명을 매우 중시했음을 알 수 있다.

〈팔일〉 편의 1~3장은 유가의 예악禮樂 문제를 다룬다. 예가 인간의 성정을 융합하는 데 중점을 둔다면, 악은 엄숙한 종법과 등급에 중점을 둔다. 둘은 상보 관계로 상하의 관계를 조율하고 종법 사회를 유지하는 초석이다. 주나라에서 정점에 이른 예악은 제도와 맞물리면서 중대한 문화 권력으로 작용했다. 패권과 생존을 위해 투쟁했던 춘추시대에도 각 제후국은 서로 일정한 수준의 신의와 예절을 지켰다. 이런 상황에서 지식인으로 불리는 '사士' 계층은, 육예六藝를 깊이 수행하지 않으면 사회 활동이 불가능할 정도였다. 공자는 인이 예악의 핵심이고, 예악은 인의 외재적 표현일 뿐이므로 양자는 서로 표리를 이루고 있기 때문에 인이 없는 예악은 그저 허울일 뿐이라고 지적했다.

군신 간의 예의를 강조한 공자는 군주를 넘어선 사치를 부린 관중을 소인이라고 폄하하기도 했다. 공자는 예악을 인仁과 결부하는데, 예의 근본을 검소한 것에 두었고, 상례의 기본은 슬픔이라고 한 데서 이를 알 수 있다. 그리하여 지나친 형식 중심의 예악 제도를 비판하면서, 예악이 흐트러지면 나라가 위험에 빠질 수 있다고 본 것이다.

5장에 나오는 "화이지변華夷之辨"의 개념도 주목해야 할 부분이다. 이 문장에 대한 역대의 해석 논쟁에서 알 수 있듯이, 당시 이적夷狄(오랑캐)과 제하諸夏(중원)의 관계를 구체적으로 언급한 바를 엿볼 수 있는 중요한 단서다.

군자가 다투는 방식 역시 예를 벗어나지 말 것을 강조한 대목이며, 흰 바탕을 먼저 처리한 다음 그림을 그려야 한다는 "회사후소繪事後素"라는 가르침도 흥미롭다.

맨 마지막 문장에서 다시 강조하지만, 공자는 윗사람은 너그러워야 하고 예를 행할 때는 공경해야 하며, 상을 당해서는 슬퍼하는 마음가짐이 필요하다고 거듭 역설하고 있다.

참을 수 없는 의식 3.1

공자께서 계씨[1]에 대해 말씀하셨다.

"팔일무[2]를 뜰에서 추게 했으니, 이것을 차마 할 수[3] 있다면 무엇인들 차마 할 수 없을까?"

孔子謂季氏. "八佾舞於庭, 是可忍也, 孰不可忍也?"

제사를 돕다 3.2

[노나라의] 세 집안[4]에서 [천자의 제례 음악인] 〈옹雍〉을 부르며 제기를 거두었다.[5]

공자께서 말씀하셨다.

1) 여기서 말하는 계씨는 논의가 분분하지만 구체적으로는 계평자季平子를 가리키는 것으로 보이며 〈미자〉 18.3의 계씨와 같은 인물이다. 반면 〈자로〉 13.2의 '계씨'는 계환자를, 〈선진〉 11.16, 〈계씨〉 16.1의 '계씨'는 계강자를 가리킨다.

2) 팔일무란 옛날 종묘에서 쓰던 악무로서 가로와 세로 여덟 줄로 서서 예순네 명이 추는 춤으로, 천자에게만 허용되는 의식이다. 제후는 세로줄이 여섯 줄로 마흔 여덟 명, 대부는 네 줄로 서른 두 명, 사士는 두 줄로 열 여섯 명이 추게 할 수 있는데, 노나라의 임금은 주공周公의 후예이기에, 공자는 계씨가 팔일무를 추게 한 것을 제 분수를 모르는 일이자 사회질서를 어지럽히는 행위로 보았다.

3) 원문의 "인忍"을 풀이한 것이다. 이 글자를 마융馬融과 황간皇侃은 '용인容忍', 즉 '너그러운 마음으로 참는다'는 의미로 풀이했는데 뒷 글자 "숙孰"을 '누구'라고 물은 것과 관련된다. 이와 달리 주희는 '차마 하다' 즉, 감히 함부로 하다는 의미로 풀이했는데 "숙孰"을 '하사何事'로 보아 풀이한 것이다. 전자는 주체가 공자이고, 후자는 계씨이다. 여기서는 문맥상 주희의 견해가 더 타당하다.

4) 맹손씨(중손씨), 숙손씨, 계손씨를 말하며 당시 집정대신으로 환공의 후손들이므로 '삼환三桓'이라고 부른다.

"'[제사를] 돕는 사람[6]은 제후들이고, 천자께서는 [말없이] 엄숙하시네'라는 노래를 어찌 세 가문의 묘당廟堂에서 가져다 쓴다는 말인가?"

三家者以雍徹. 子曰: "相維辟公, 天子穆穆, 奚取於三家之堂."

인仁과 예禮의 선후 관계 3.3

공자께서 말씀하셨다.

"사람이면서 인仁하지 않으면 예 같은 것이 무슨 소용인가? 사람이면서 인하지 않으면 악 같은 것이 무슨 소용인가?"

子曰: "人而不仁[7], 如禮何? 人而不仁, 如樂何?"

---

5) 원문의 "옹雍"은 '옹雝'으로도 쓰며, 《시경》〈주송周頌〉의 편명으로 이 편을 부르며 제기와 제물을 거두어들이는 것이다. "철徹"은 '거두다'라는 뜻인데 주희는 "제사가 끝나서 그 제기를 거두어들이는 것[祭畢而收其俎]"이라고 하였다. 즉, 제사상을 거두어들이는 행위의 주체가 천자天子가 아닌 삼가三家라는 것이다. 참고로 천자天子의 권위를 도적질하는 죄를 '참절지죄僭竊之罪'라고 한다.

6) 원문의 "상相"을 번역한 것인데, 제사를 돕는 사람을 가리키며 명사로 쓰였다.

7) 이 장에서 "인仁"은 두 번 나온다. 정이천程伊川은 "인仁이라는 것은 천하의 바른 이치라서 [천하의] 바른 이치를 잃게 되면 질서가 없고 조화를 이루지 못한다[仁者, 天下之正理, 失正理則無序而不和]"라고 하였다.

검소하고 간소하게 3.4

임방林放[8]이 예의 근본에 대하여 여쭈었다.

공자께서 말씀하셨다.

"대단하구나, 질문이. 예는 사치스러운 것보다는 차라리 검소한 것이 낫고, 상례는 손에 익게 처리하는[9] 것보다는 차라리 슬퍼하는[10] 것이 낫다."[11]

林放問禮之本. 子曰: "大哉問. 禮, 與其奢也, 寧儉. 喪, 與其易也, 寧戚."

8) 정현에 따르면 노나라 사람으로 추정되며 혹자는 공자의 제자라고도 하는데, 공자의 제자 일흔일곱 명의 명부에 올라 있지 않은 것은 분명하다. 아마 이름은 그다지 알려져 있지 않은 자로 계씨를 위해 예를 집행하는 자일 것이라는 추측만 할 뿐이다.

9) 원문의 "이易"에 대한 번역이다. 제사의 형식이나 절차가 손에 익어 형식적으로 처리한다는 뜻이다. 말하자면 상례를 막힘없이 처리한다는 의미다. 역대로 이 글자를 둘러싼 논쟁이 많았다. 정현은 "이易"를 '간簡'으로 보고 '간소하다'라고 해석했다. 포함包咸은 '온화하고 평온함'이라고 해석하여 온화하고 평온하게 상을 치르는 것으로 보았는데 근거가 부족해 보인다. 한편 유보남은 이 글자를 '느슨하다', '나태하다'는 의미의 '이弛'로 보았는데 상을 치르는 동안 사람이 점차 느슨해지는 것을 경계한 말로 해석한 것으로 무리가 따르는 풀이다. 역자가 보기에 주희가 '다스리다'는 의미의 '치治'로 풀이한 것도 일리가 있다. 김학주는 '형식을 갖추는 것'으로 풀이했다.

10) 원문의 "척戚"을 번역한 것인데, '오직 슬퍼한다'는 의미가 강하고 형식이나 절차는 부족하다는 의미다. 이 〈팔일〉의 맨 마지막 26장을 〈자장〉 19.17과 함께 읽어보면 의미가 더 명백해진다.

11) 공자가 임방林放의 물음에 답하는 이 문장은 〈팔일〉 3.26의 "상을 당하여 슬퍼하지 않는다면[臨喪不哀]"과 같은 개념으로 원문의 "척戚"은 '애哀'와 의미가 통한다고 보면 된다.

화이지변 3.5

공자께서 말씀하셨다.

"오랑캐[12)]에게도 임금이 있으나, [이는] 중원[13)]에 [현명한 군주가] 없는 것보다 못하다."[14)]

子曰: "夷狄之有君, 不如諸夏之亡也."

12) 동쪽 오랑캐를 "이夷"라고 하고 북쪽 오랑캐를 "적狄"이라고 한다. 한 걸음 더 나아가 양보쥔은 초나라 장왕莊王이나 오왕 합려闔閭를 가리킨다고 보충하였다.

13) 원문의 "제하諸夏"를 번역한 것으로, "하夏"는 화하華夏, 중하中夏, 중원中原을 의미하니 중원의 여러 나라 혹은 중원이라고 번역하면 무난하다.

14) 이 문장은 해석상 논쟁의 여지가 있다. 문화 수준 면에서 중원이 오랑캐보다 못하다는 설과 오랑캐가 중원보다 못하다는 설이 맞선다. 역자는 오랑캐에게 현명한 임금이 있어도 중원에 군주가 없는 것과도 견줄 수 없다고 옮겼다. 야만적이고 예의가 없어 거론하기 어렵다는 의미다. 황간은 《논어집해의소》에서 이렇게 썼다. "이 장은 중국(중원)을 중시하고 오랑캐를 천시한 것이다. 제하諸夏는 중국이다. 무〔亡〕는 없다는 것이다. 즉 오랑캐에게 비록 군주가 있어도 중국(중원)에 군주가 없는 것에 미치지 못하는 것을 말한다〔此章重中國, 賤蠻夷也. 諸夏, 中國也. 亡, 無也. 言夷狄雖有君主, 而不及中國無君也〕". 이 문장에 대해 정약용은 다음처럼 해석했다. "군주가 있어 그가 오랑캐의 도를 따르는 것보다는, 군주가 없어도 제하諸夏〔중원〕의 도를 지키는 것이 더 낫다". 이는 충분히 검토해볼 만하다. 염두에 둘 것은 공자가 늘 분별을 중시했다는 점이다. 분별이란, 존귀함과 비천함, 연장자와 연하자, 잘살고 못삶, [신분의] 가벼움과 무거움을 구별하여 가른다는 뜻이다. 공자는 "하이夏夷"를 혈통이나 종족의 문제로 보려는 시각이 있다.

태산을 속일 수 있는가 3.6

계씨(계강자)가 태산에 제사 지내려[15] 하자 공자께서 염유[16]에게 물으셨다.

"너는 [저지하여] 구해낼 수 없었느냐?"

[염유가] 대답하여 아뢰었다.

"그럴 수 없었습니다."

공자께서 말씀하셨다.

"아아! 결국 태산의 신이 [예의 근본을 물은] 임방보다도 못하다는[17] 말인가?"

季氏旅於泰山. 子謂冉有曰: "女弗能救與?"

對曰: "不能." 子曰: "嗚呼. 曾謂泰山不如林放乎?"

15) 원문의 "려旅"는 산에 지내는 제사의 이름이다. 태산에 제사를 지내는 것은 중국의 제왕들이 대단히 중시한 것으로, 제사를 주관하는 자는 천자였다. 이는 곧 천명을 받는다는 의미로서 권력의 상징이며 통치 행위를 정당화한다는 의미로도 해석될 수 있다. 계씨처럼 천자의 자격을 갖추지 못한 자가 그런 무모한 일을 벌이는 상황이니 공자가 탄식하지 않을 수 없는 것이다.

16) 염구冉求이다. 자는 자유子有이며 염유라고도 한다. 정사에 재능이 있었던 염유가 계씨의 집안일을 총괄하는 재宰로 일한 때는 대략 기원전 492년에서 기원전 472년 사이로 추정되는데, 염옹을 대신하여 그렇게 한 것이다. 이 시기에 공자는 주유하는 중이었으며 이 말은 적어도 공자가 노나라로 돌아간 뒤에 한 말이다. 〈공야장〉 5.7에는 공자가 그의 정치적 역량을 평가한 부분이 있고, 〈옹야〉 6.3에도 나오는 인물이다.

17) 임방은 계씨 휘하의 제례담당 관리이다. 그리고 예를 모른다는 의미로, 태산의 신은 적어도 계씨의 제사는 받지 않을 것이라는 말이다.

활쏘기의 규칙 3.7

공자께서 말씀하셨다.

"군자는 다툴 일은 없으나, 꼭 [다투어야] 한다면 활쏘기일 것이다! 절하고 겸양하며 [활 쏘는 자리에] 오르고 내려와서는[18] [벌주를] 마시니 그런 다툼이야말로 군자의 모습이다."

子曰: "君子無所爭, 必也射乎![19] 揖讓而升下而飮,[20] 其爭也君子."

18) 원문의 "승하升下"를 번역한 것인데 "승升"은 '[대청으로] 오르는 것'이다. 말하자면 활을 쏠 때 대청 아래에서 '여러 사람(衆賓)'이 주변에 있고 당상 위에는 과녁이 있으니 그곳에 오르는 것이다.

19) 활쏘기는 상고 시대에 연회나 모임의 필수 의식이었으며 공자 역시 겸손과 양보의 미덕을 기를 수 있다고 보아 매우 중요시했다. 이 장은 3.16장과 함께 읽어야 한다. 그리고 이 문단에서 "필야必也"를 윗 구절에 붙여 "군자무소쟁필야君子無所爭必也"로 읽고 나머지를 하나의 구로 읽기도 하는데 역자는 아래 구절에 붙여 읽었다. 참고로《논어》에 "필야必也"는 다섯 군데에 예가 더 있다. 〈옹야〉 6.28, 〈술이〉 7.10, 〈안연〉 12.13, 〈자로〉 13.3, 13.21, 〈자장〉 19.17 등에서는 모두 필야必也를 구절의 앞에 두었다. 따라서 여기서도 끊어 읽어야 옳다.

20) 더러는 이 문장에서 "읍양이승揖讓而升"과 "하이음下而飮"을 분리하여 읽기도 하는데 논리적 타당성이 부족하다. 한편, "음飮"을 "마시게 할 임"으로 새기기도 한다.

그림은 흰 바탕 위에 3.8

자하가 여쭈었다.

"'고운 미소에 팬 보조개, 아름다운 눈에 또렷한 눈동자를 그리고, 흰 바탕에 여러 가지 색깔을 칠했구나'라는 말은 무슨 뜻입니까?"

공자께서 말씀하셨다.

"그림 그리는 일은 흰 바탕을 만든 이후의 일이다."[21)]

[자하가] 여쭈었다.

"예는 [인의] 다음에 온다는 것입니까?"

공자께서 말씀하셨다.

"나를 일깨우는[22)] 자는 상商이로구나. 비로소 [너와] 더불어 《시》를 이야기할 수 있게 되었구나."

子夏問: "'巧笑倩兮, 美目盼兮, 素以爲絢兮.'[23)] 何謂也." 子曰: "繪事後素." 曰: "禮後乎?" 子曰: "起予者商也. 始可與言詩已矣."

---

21) 원문의 "회사후소繪事後素"를 번역한 것인데, 흰 바탕을 만들고 나서 색을 칠한다는 말이니, 본질이 있고 나서 꾸밈이 있음을 뜻한다. 다시 말해 자하는 밖으로 드러난 형식적인 예보다는 예의 본질인 '인'을 갖춘 마음이 중요하므로 형식으로서의 예는 본질을 갖춘 다음에야 의미가 있는 것임을 알게 되었다. 정현은 "그림 그리는 일은 흰 바탕을 뒤로한다"고 풀이하여 정반대의 해석을 하기도 하였는데 앞의 것이 옳다.

22) 원문의 "기起"는 사람이 병으로 고생을 하다가 병을 떨쳐서 일어난다는 뜻으로 '기사회생起死回生'과 연관하여 이해하면 좋다. 역자는 일으켜 세운다는 의미에서 "일깨우는"으로 번역했다.

23) 이 문장의 앞 두 구절은《시경》〈위풍衛風〉'석인碩人' 편에 나오고, 끝 구절은《시경》에 실리지 않은 일시逸詩다. 원문의 "천倩"은 뺨(보조개)이 예쁘다는 뜻이고, "반盼"은 눈동자의 흑백이 분명하다는 뜻이며, "현絢"은 문채가 화려하고 아름답다는 뜻이다.

고증할 수 없거늘 3.9

공자께서 말씀하셨다.

"하夏나라의 예에 대해서는 내가 말할 수 있지만, [그 뒤를 잇는] 기杞나라의 예는 고증하기에 부족하고 은殷나라의 예에 대해서는 내가 말할 수 있지만, [그 뒤를 잇는] 송宋나라의 예는 고증하기에 부족하다. 문헌[24]이 부족하기 때문이니, 충족된다면 나는 고증할 수 있을 것이다."[25]

子曰: "夏禮吾能言之, 杞不足徵也. 殷禮吾能言之, 宋不足徵也. 文獻不足故也, 足則吾能徵之矣."

---

24) 원문의 "문헌文獻"인데 정현은 '문장文章'이라고 보고, 주희는 '전적典籍'이라고 보았다. 과거의 문서로 된 형식만을 지칭하는 것이 아니라 고고학적 성과 등 옛 문물을 증명해놓은 문헌 및 "헌獻" 자를 '현賢'으로 보아 현명한 사람 혹은 옛일을 잘 아는 사람 등을 두루 포괄하는 개념이다. 문헌에 대한 신뢰야말로 공자의 "온고지신溫故知新"(〈위정〉 2.11)이나 "술이부작述而不作"(〈술이〉 7.1)의 근거이기도 하다.

25) 이 장은 《예기》〈예운禮運〉의 "공자께서 말씀하셨다. 내가 하나라의 도를 보고자 하였기 때문에 기나라에 갔으나 징험이 부족했다. 나는 [그곳에서] 《하시夏時》를 얻었다. 내가 은나라의 도를 보려고 하였다. 이런 까닭으로 송나라에 갔으나 징험이 부족했다. 나는 [그곳에서] 《곤건坤乾》을 얻었다(孔子曰: 我欲觀夏道, 是故之杞, 而不足徵也, 吾得夏時焉. 我欲觀殷道, 是故之宋, 而不足徵也, 吾得坤乾焉)"는 것을 참고하여 읽을 필요가 있다.

제사가 변했다 3.10

공자께서 말씀하셨다.

"체禘 제사를 지낼 때 관례灌禮[26](술을 따르는 의식) 이후의 일은[27] 내가 보고 싶지 않다."[28]

子曰: "禘自旣灌而往者, 吾不欲觀之矣."

제사에 능통하면 다스린다 3.11

어떤 사람이 체 제사의 이론에 대해 물었다. 공자께서 말씀하셨다.

"[불만스러워하며] 알지 못하겠소.[29] 그 이론을 아는 자라면 천하를

26) 체禘 제사를 거행할 때 신神을 강림하게 하는 의식으로 맨 처음 천자가 태조太祖의 망령亡靈에게 울창주(鬱鬯酒, 향료를 배합하여 만든 술)를 뿌려 헌주獻酒하는 의식을 말한다. 즉, 강신례降神禮다. 그 당시 두서도 없고 엄정함도 사라져 공자가 한탄한 것이다.

27) 원문의 "왕往"은 '후後'와 같다. 즉, '체자기관이후자禘自旣灌而後者'라고 생각하여도 문제가 없다. 따라서 역자는 "이후의 일"로 번역했다.

28) 체 제사는 천자가 동성친족의 뿌리인 조상에게 지내는 봄 제사의 일종으로, 여기에서는 노魯나라의 조묘祖廟에서 거행한 체 제사를 가리킨다. 일찍이 주나라 성왕成王은 주공周公 단旦의 공로를 기리기 위하여 노나라의 군주가 주공을 제사 지낼 때 특별히 체 제사를 지낼 수 있도록 허용했다. 노나라 문공文公의 제사보다 더 중시했다. 강신하고 나서 분수에 어긋난 행위가 있어 군신君臣의 상하관계를 깨뜨리는 것으로 예에 어긋난다고 보았기 때문에 관灌의 의식 이후의 일은 보고 싶지가 않다고 말한 것이다.

29) 원문의 "부지야不知也"를 번역한 것이다. 제사를 중시했던 공자가 노나라 군주의 체 제사에 대한 참람된 행동이 못마땅했기에 이같이 답한 것이다. 이에 대하여 정약용은 "체禘라는 것은 제왕의 제사이다. 한 번 변하여 태묘의 체 제사가 되었고, 두 번 변하여 여러 제후의 체 제사가 되었으며, 사계절에 지내는 일반 제사 이름까지 되었다〔禘者, 帝祭也, 一變而爲太廟之禘, 再變而爲羣

다스리는 일이 마치 물건을 여기에서 보는 것과 같을 것이오." [그러고는] 자신의 손바닥을 가리키셨다.

或問禘之說. 子曰: "不知也. 知其說者之於天下也, 其如示諸斯乎." 指其掌.

경건한 마음 3.12

[공자께서는] 제사를 지낼 때 [조상이] 마치 [살아] 있는 듯이 하셨고, 신에게 제사 지낼 때는 마치 신이 거기에 계신 듯이 하셨다.[30)] 공자께서 말씀하셨다.

"내가 제사에 참여하지 않으면, 마치 제사를 지내지 않은 것과 같다."

祭如在, 祭神如神在. 子曰: "吾不與祭, 如不祭."

公之禘, 遂爲四時常祀之名)"라고 하여 그만큼 체 제사가 변질이 된 것으로 보고, 이어서 "노나라의 참람됨이 점점 심해졌다 하더라도 선생께서는 감히 말할 수 없는 처지였기 때문에 부지不知라고 답한 것이다(魯之僭也滋甚, 夫子之所不敢言, 故答曰不知)"라고 하였다.

30) 원문의 "제신여신재祭神如神在"를 번역한 것인데, 이 구절의 "신神"은 '외신外神'을 뜻하여 '공경하는 마음(敬)'이다. 앞의 "제여재祭如在"는 조상을 의미하여 '효孝'를 말한다(정이천 설). 즉, '효孝'와 '경敬'의 기본적인 맥락은 '성의誠意'이기 때문에 진실한 뜻을 갖고 조상과 외신을 모셔야 한다는 말이다.

하늘에 죄를 지으면 3.13

왕손가[31)]가 물었다.

"안방 신(奧[32)])에게 아첨하느니 차라리 부뚜막 신(竈)에게 아첨하는 것이 더 낫다[33)]는 말은 무슨 뜻입니까?"

공자께서 말씀하셨다.

"그렇지 않습니다.[34)] 하늘에 죄를 지으면 빌 곳이 없습니다."

王孫賈問曰: "與其媚於奧, 寧媚於竈, 何謂也?" 子曰: "不然. 獲罪於天, 無所禱也."

31) 위衛나라 영공의 대부로서 군사에 정통하여 대사마大司馬를 맡았다.

32) 원문의 "오奧"는 본래 방의 서남쪽 구석을 뜻하며, 주인이 거처하는 안방을 주재하는 신으로 "안방 신"으로 불린다.

33) 양보쥔은 이 문장이 당시 속어였을 것이라고 추론했다. 물론 이 문장은 높은 관리를 찾는 것보다 담당자를 찾는 것이 더 낫다는 뜻이다. 부연하면 고대에는 창문(戶), 부엌(竈), 문門, 길(行), 집의 신(中霤) 등의 오사五祀에 제사를 지냈다. 이들 제사에서는 모두 "오奧"의 자리에서 사자의 신령을 맞이했다. "오"는 집의 안방 신으로 가까운 신하를 비유하고 부뚜막 신인 "조竈"는 집정자인 왕손가를 가리킨다. 왕손가는 위나라 권신의 한 사람이었으므로 지체만 높은 안방 신과 실권을 쥐고 있는 부뚜막 신을 비유하는 말인데 공자를 압박해 자신에게 좀 잘 보이라고 옆구리를 찌른 것이다. 이를 눈치챈 공자는 그의 생각이 근본적으로 옳지 않다고 보았으며, 만약 사람이 정말로 하늘에 죄를 짓는다면 아무리 기도해도 소용이 없다는 신념을 보여준 것이다.

34) 원문의 "불연不然"을 번역한 것으로 왕손가가 물은 '안방 신에게 아첨(媚於奧)', '부뚜막 신에게 아첨(媚於竈)'하는 것에 대하여 둘 다 이치에 맞지 않기에 잘못되었다고 답한 것이다.

주나라를 따르는 이유 3.14

공자께서 말씀하셨다.

"주나라는 [하와 은] 두 왕조를 거울로 삼았으니[35], 찬란하구나, 그 문화[문물제도]여! 나는 주나라를 따르겠다."[36]

子曰: "周監於二代, 郁郁乎文哉. 吾從周."

태묘에서는 물어라 3.15

공자께서 태묘[37]에 들어가서는 매사를 물으셨다. 어떤 사람이 말했다.

"누가 추 땅 사람의 자식[38]이 예를 안다고 말했는가? 태묘에 들어

35) 원문의 "감監"은 '꼼꼼하게 살펴본다'라는 뜻으로 '시視'와 같다. 말하자면 하나라와 은나라의 예禮를 거울로 삼아서 그 손익損益을 다 함께 살펴본다는 의미로 이해하면 무방하다.

36) 공자는 꿈에서조차 주공을 뵐 정도로 주나라를 찬미하며 모든 것을 주나라의 방식대로 회복하려는 뜻을 품었다. 이 문장에 대하여 윤순尹焞은 "삼대三代의 예禮가 주周나라에 이르러서 크게 갖추어지니, 공자께서 그것을 찬미하여 따른 것이다〔三代之禮, 至周大備, 夫子美其文而從之〕"라고 하였는데 하夏·은殷(이대二代)과 더불어 순舜임금이 다스린 우虞나라를 가리켜 '삼대三代'라고 한 것으로 짐작된다.

37) 나라를 세운 임금을 태조太祖라고 하며, 태조의 사당을 태묘라고 하는데, 주공 단이 노나라에서 처음으로 봉토를 받은 임금이므로 여기서 태묘는 바로 주공의 묘를 말한다.

38) "추鄹"는 노나라 고을 이름으로 공자의 아버지 숙양흘이 이 고을의 대부였기에 당연히 "추인鄹人"이란 공자의 아버지를 지칭하며, 아들은 바로 공자를 가리킨다. 참고로 사마천은 《사기》〈공자세가〉에서 이렇게 기록했다. "공자는 노나라 창평향昌平鄉 추읍鄹邑에서 태어났다. 그의 조상은 송나라 사람으로

서는 매사를 묻더라."[39]

공자께서 그 말을 듣고 말씀하셨다.

"이것(매사를 묻는 것)이 예다.[40]"

子入太廟, 每事問. 或曰: "孰謂鄹人之子知禮乎? 入太廟, 每事問."

子聞之, 曰: "是禮也."

과녁만 쏘려 하지 마라 3.16

공자께서 말씀하셨다.

"활을 쏠 때 가죽 과녁 뚫는 것만을[41] 주된 목표로 삼지 않는 것은 [쏘는 사람마다] 힘을 쓰는 것이 같은 등급이 아니었기 때문이니, [이것

공방숙孔防叔이라고 한다. 방숙이 백하伯夏를 낳았고 백하는 숙양흘을 낳았다. 흘은 안씨顔氏 딸과 야합野合(정식 혼인 절차를 거치지 않고 남녀가 결합하는 것)하여 공자를 낳았으니, 이구尼丘에서 기도를 하여 공자를 얻은 것이다." 이 문장을 보더라도 분명히 추읍이 공자의 고향임을 알 수 있다.

39) 이는 스스로 지레짐작해 판단하는 것을 경계해야 한다는 뜻이다. 모든 일은 절차를 거쳐야 하고, 항상 물어본 뒤에 처신하는 '근신'과 '삼감'이 바로 군자의 미덕이라는 것을 보여준다.

40) 공자의 답변에 주목할 필요가 있다. 윤순尹焞은 "예禮라는 것은 공경이다〔禮者, 敬而已矣〕"라고 보았는데, 〈공야장〉 5.14의 "영민하지만 배우기를 좋아하고 아랫사람에게 묻는 것을 부끄러워하지 않았다〔敏而好學, 不恥下問〕"라고 한 것과 같은 맥락이다.

41) "주피主皮"에 대하여 주희는 "피皮는 가죽이니 과녁판〔侯〕을 베로 만들고 그 가운데에 가죽을 덧대고 표적으로 삼은 것이니 이른바 곡鵠이라고 한다〔布侯而棲革於其中以為的, 所謂鵠也〕"라고 하여 가죽 과녁을 꿰뚫는 의미로 보았는데, 정약용은 "가죽 과녁에 그 정곡을 맞추는 것이다〔以中鵠爲主也〕"라고 하여 "피皮"는 '정곡正鵠'을 의미한다고 하였다. 역자는 전자의 해석을 따랐다. 한편, "과녁"이라는 말은 '관혁貫革'에서 온 것으로 가죽을 꿰뚫는다는 목적을 내포하고 있다.

이] 옛날의 규칙이었다."

子曰: "射不主皮, 爲力不同科, 古之道也."

아껴야 할 대상 3.17

자공이 곡삭제告朔祭[42]에 쓰던 희생양[43]을 [더 이상] 쓰지 않으려 하자 공자께서 말씀하셨다.

"사야, 너는 그 양을 아까워하지만, 나는 그 예를 아까워한다."[44]

子貢欲去告朔之餼羊. 子曰: "賜也. 爾愛其羊, 我愛其禮."

42) 곡삭제는 '반곡삭頒告朔'이라고도 하는데, 주나라 천자는 매년 가을과 겨울의 교체기에 이듬해의 역서曆書를 제후들에게 나누어주고, 이 역서를 윤달이 없는 해의 매월 초하루에 조상의 사당에 간직해 둔다. 양을 죽여 사당에 제를 올리고 조정으로 돌아와 정사를 듣는 것이 바로 곡삭제다. 원문의 "곡告" 자는 '아뢰다'라는 의미로 읽어야 한다. 노나라는 문공文公 이후부터 이 곡삭제를 지내지 않아 양이 필요 없게 되었으나 여전히 양을 바치던 풍습이 있었다.

43) 원문의 "희양餼羊"을 번역한 것인데, 곡삭제를 행할 때 쓰는 아직 죽이지 않은 살아 있는 양을 가리킨다. 죽였으나 아직 삶지 않은 양이라는 설도 있다.

44) 자공이 부질없이 낭비하는 일이라고 생각하여 이런 제도를 없애려 하자 공자가 그런 것도 하나의 예라면서 제지한 것이다. 공자의 말에는 '네가 마음 아프게 생각하는 것은 양이지만, 내가 마음 아프게 생각하는 것은 예'라는 뜻이 담겨 있다. 제사도 안 지내는 상황에서 양을 바치는 것마저 없애버리면 예는 순식간에 사라져버릴 것이라는 우려가 배어 있다.

섬김과 아첨 3.18

공자께서 말씀하셨다.

"임금을 섬기는 일에 예를 다하는데[45] 남들은 아첨한다고 생각한다."[46]

子曰: "事君盡禮, 人以爲諂也."

부림과 섬김 3.19

정공이 물었다.[47]

"임금이 신하를 부리고 신하가 임금을 섬기는 일은 어떻게 해야만 합니까?"

공자께서 대답하셨다.

"임금은 신하를 예로써 부리고, 신하는 임금을 충심으로 섬깁니다.[48]"

---

45) 원문의 "사군진례事君盡禮"를 번역한 것으로 공자는 신하로서 예를 다했다는 의미이지만, 남들이 생각하는 것과는 일정부분 간극이 존재하는 것이다. 이 구절은 〈자한〉 9.3에서 "비록 대중의 경우와는 어긋나지만[雖違衆]"이란 구절과 연계하여 읽을 필요가 있다.

46) 공자가 노나라 정공·소공·애공 등에게 군신의 예법을 지킨 것을 두고 실권도 없는 군주에게 잘 보이려 한다고 비웃은 것이다. 공자의 경건한 몸가짐이 〈향당〉 10.2와 10.3에 세밀하게 그려지고 있다. 이 장은 〈팔일〉 3.13에서 왕손가에게 한마디 던진 문장과 긴밀하게 연계된다.

47) 노나라 군주인 정공은 양공의 아들로서 소공의 뒤를 이어 약 15년간 다스렸다. 문답은 정공 재위 시에 주고받은 것으로 기원전 500년에서 기원전 498년 사이, 즉 공자가 노나라 사공과 사구의 벼슬을 맡았을 때다.

定公問: "君使臣, 臣事君, 如之何?" 孔子對曰: "君使臣以禮, 臣事君以忠."

예란 절제다 3.20

공자께서 말씀하셨다.
"[《시경》] 〈관저〉[49] 편은 즐겁지만 [마음을] 상하게 하지 않고, 슬프지만 상심에 빠지게 하지 않는다."

子曰: "關雎, 樂而不淫, 哀而不傷."

해명, 따짐, 탓을 말라 3.21

애공이 재아에게 사社(토지를 관장하는 신을 제사 지내는 곳의 위패로 쓸 나무)에 대해서 물었다. 재아가 대답했다.
"하후씨는 소나무를 썼고, 은나라 사람들은 잣나무를 썼으며, 주나라 사람들은 밤나무를 썼으니 백성들로 하여금 벌벌 떨게 하려

48) 원문을 병렬 구조로 보고 번역한 것으로 주희와 정약용의 설을 따른 것이다. 한편 윤순尹焞은 인과관계로 보았는데, 그럴 경우 '임금이 신하를 예로써 부리면, 신하는 임금을 충성으로 섬깁니다'라고 해석된다. 물론 타당성이 없는 바 아니다.

49) 《시경詩經》 305편 가운데 〈국풍國風〉의 첫 편으로 문왕文王과 후비后妃의 덕을 말한 것으로 도학가들은 평했으나 실제 내용은 남녀의 애정을 다룬 편이다. 즉 남녀 간의 사랑을 물수리〔雎〕와 물풀의 흔들리는 모습에 비유한 만남·탐색·사귐·즐김의 연애 이야기인데, 공자는 방탕하거나 음란하거나 저속하지 않고 애틋하면서도 몸을 상하게 하지 않는다고 평가한 것이다.

는 뜻이라고 합니다."

공자께서 이 말을 듣고 [재아를 꾸짖으며] 말씀하셨다.

"이루어진 일은 해명하지 않고, 끝마친 일은 간언하지 않으며, 이미 지나간 일은 탓하지 않는다.[50)]"

哀公問社於宰我. 宰我對曰: "夏后氏以松, 殷人以柏, 周人以栗, 曰使民戰栗." 子聞之, 曰: "成事不說, 遂事不諫, 旣往不咎."

관중의 그릇 됨 3.22

공자께서 말씀하셨다.

"관중[51)]의 그릇은 작았구나!"

어떤 사람이 물었다.

"관중은 검소했습니까?"

[공자께서] 말씀하셨다.

"관씨(관중)는 세 명의 여자를 두었고,[52)] 관청의 일들을 겸직하지[53)]

50) 원문의 "성사불설成事不說, 수사불간遂事不諫, 기왕불구旣往不咎"를 번역한 것인데, 주희는 이에 대하여 "사社를 세운 본의에 대하여 [지나치게 따지지] 말아야 한다(非立社之本意)"고 하였다.

51) 관경중管敬中이라고도 불리는 관중은 40여 년 동안 재상 자리에 있으면서 정치, 경제, 군사 등 모든 방면에 대대적인 개혁을 단행하여 환공이 춘추시대의 첫 번째 패자가 되는 데 크게 기여하여 당대 최고의 군사軍師로 꼽힌다. 그래서 사마천도《사기》〈관안열전〉에서 "제나라 환공은 관중을 등용하여 천하의 우두머리가 되었다. 환공이 제후들을 여러 차례 모아 천하를 바르게 이끌었는데 이는 모두 관중의 정책에 따른 것이었다"고 하면서 높은 평가를 내렸다. 관중은 "창고에 물자가 풍부해야 예절을 알며, 먹고 입는 것이 풍족해야 명예와 치욕을 알게 된다"는 말을 늘 되새겼다.

않게 하였으니 어찌 검소하다고 할 수 있겠는가?"

[어떤 사람이 말했다.]

"그렇다면 관중은 예를 알았습니까?"

[공자께서] 말씀하셨다.

"나라의 군주라야 색문[54]을 세우는 법인데 관씨도 색문을 세웠다. 나라의 군주라야 두 나라 군주의 우호를 위해 반점[55]을 설치하는데 관씨도 반점을 설치했다. 관씨가 만일 예를 알았다고 한다면 누군들 예를 몰랐다고 하겠는가?"

子曰: "管仲之器小[56]哉!" 或曰: "管仲儉乎?" 曰: "管氏有三歸, 官事不攝, 焉得儉?" "然則管仲知禮乎?" 曰: "邦君樹塞門, 管氏亦樹塞門. 邦君爲兩君之好, 有反坫, 管氏亦有反坫. 管氏而[57]

---

52) 원문의 "삼귀三歸"는 포함包咸의 풀이대로, "성이 각기 다른 세 여자를 아내로 거느리는 것"이라고도 하고 주희는 누대 이름으로 보았다. 여기서는 사마천의 《사기》〈화식열전〉에서 "관중 또한 후候 신분으로 있으면서도 열국의 왕들보다 부유하여 삼귀三歸를 가질 정도였다. 이리하여 제나라의 부강함은 위왕威王과 선왕宣王 대에까지 이르렀다"라고 한 데 근거하여 세 성씨의 여자를 얻는 것으로 해석했다. 공자가 관중을 소인이라면서 폄하한 것은 관중이 왕과 비슷한 호사를 누려 분수를 어겼다고 보았기 때문이다. 그러나 분명한 사실은 공자의 이런 비판에도 불구하고 당시 제나라 사람들은 관중이 사치스럽다거나 무례하다고 생각하지 않았다는 점이다. 사마천은 《사기》〈관안열전〉에서 "관중이 세상을 떠난 뒤에도 제나라에서는 그의 정책을 따라 늘 다른 제후국보다 강했다. 관중이 죽은 뒤 백여 년이 지나 안영이 등장했다"고 기록했다.

53) 원문의 "섭攝"을 번역한 것이다. 관중도 임금처럼 자신의 집안일을 하는 가신을 두었다는 의미다.

54) 문 앞을 막는 담장 같은 병풍으로 칸막이의 일종이며 군주의 신변을 보호하기 위해 안과 밖을 격리하여 시선을 가리는 데 쓰였다.

55) 대청 앞 동서쪽에 각각 하나씩 두었으며, 모양은 흙더미와 비슷했으며 술잔을 주고받아 마시고 나서 술잔을 올려 두는 시설물이다.

知禮, 孰不知禮?"

음악을 논하다 3.23

공자께서 노나라 태사[58]에게 음악을 일러주어[59] 말씀하셨다.

"음악[60]이란 [그 연주과정을] 알 수 있는 것이니 [연주가] 시작될 때는 소리가 합해지고 그 소리를 풀어 놓으면 맑은 소리를 내는 듯하고, 음이 분명한 듯하며 끊어지지 않는 듯하면서 [연주 과정이] 완성되는 것이다."

---

56) 공자가 관중에 대하여 "그릇이 작다(器小)"고 하였는데, '그릇(器)'을 주목할 필요가 있다. '대기만성大器晩成'이란 말도 있듯이 소식蘇軾은 대기大器에 대하여 다음과 같이 말하였다. "스스로 자신을 닦아서 집안을 바로 세우고 그것이 나라에 미치면 그 근본이 깊고 그 미치는 것이 멀리 생각하게 되니, 이것을 대기大器라고 한다(自修身正家, 以及於國, 則其本深, 其及者遠, 是謂大器)". 이 문장에서의 그릇은 '그릇이 치우치고 얕고 그 규모가 낮고 협소하여 자신을 바르게 하고 덕을 닦아서 왕도 정치에 이르지 못하는 것(局量褊淺, 規模卑狹, 不能正身修德以致主於王道)'을 의미한다고 하였다(주희 설). 그러므로 공자가 관중이 성현의 도를 알지 못했다고 여겨 혹평한 말이다.

57) 여기서 "이而"는 가설을 나타내는 접속사로 '만일 ~한다면'이라고 해석한다.

58) "태사大師"는 〈태백〉 8.15와 〈미자〉 18.9에도 나오는데, 음악을 관장한 관리이며 이름은 '지摯'이다.

59) 원문의 "어語"는 '일러주다', 즉 상대편이 잘 모르는 것을 가르쳐서 알게 해준다는 의미다. 공자가 음악에 정통했으므로 가능한 것이었다. 춘추 시기에 가장 유명한 고전음악은 여섯 가지가 있었다. 리링에 따르면, 황제를 위한 음악인 운문雲門, 당요唐堯를 위한 음악인 함지咸池, 우순虞舜을 위한 음악인 대소大韶, 하우夏禹를 위한 음악인 대하大夏, 상탕商湯을 위한 음악인 대호大濩, 주 무왕을 위한 음악인 대무大武 등이다. 이중에서 대소와 대무가 가장 유명하여 늦게는 진한 및 위진 시기까지도 연주되었다고 한다. 이 소와 무는 〈위령공〉 15.10에도 나온다. 공자는 제나라에서 소를 듣고서는 석 달 동안 고기 맛을 알지 못했다(〈술이〉 7.13)고 한다.

60) 고대 음악의 개념은 성악, 기악뿐만 아니라 춤과 가사, 이른바 시까지 포함될 정도로 매우 폭이 넓다.

子語魯大師樂, 曰: "樂其可知也. 始作, 翕如也. 從之, 純如也, 皦如也, 繹如也[61]以成."

목탁으로 삼은 이유 3.24

의儀 고을의 봉인[62]이 [공자를] 뵙기를 청하면서[63] 말했다.

"군자가 이곳에 오면 제가 일찍이 뵙지 않은 적이 없었습니다."

[공자를] 따르던 자들이 [그로 하여금] 스승을 만나보도록 했다. [그는 뵙고] 나와서 말했다.

"여러분은 어찌 [관직을] 잃는 것을 걱정합니까? 천하에 도가 없어진 지 오래되었으므로 하늘은 선생님을 [세상의] 목탁[64]으로 삼으실 것입니다."

儀封人請見, 曰: "君子之至於斯也, 吾未嘗不得見也." 從者見之.

61) 이 문장의 핵심 단어의 음과 훈을 적어보면, '합할 흡翕', '분명할 교皦', '연달아 할 역繹'이다.

62) 변경의 봉수封樹를 관리하던 말단 관리로서, 봉수는 땅을 돋워 나무를 심어 경계를 표시하는 것이다. 혹자는 출입국 관리의 책임자로 풀이하기도 한다.

63) 원문의 "청현請見"이란 말과 바로 뒤 구절의 "현지見之"를 비교해볼 필요가 있다. "청현"이란 만나기를 청한다는 의미이고, "현지"란 공자가 그 사람을 만난다는 의미다. 하작何焯은 공자가 천하를 주유하면서 능동적이든 피동적이든 많은 사람과 만났는데 유독 유비孺悲란 자는 만나주지 않았다고《의문독서기義門讀書記》에서 지적하고 있다.

64) 쇠로 된 아가리 속에 나무로 만든 방울[舌] 달린 요령이 목탁木鐸인데, 고대에 문사文事 및 법령 등에 관한 교령敎令을 낼 때 관원들이 들고 길을 순행하면서 이 목탁을 치고 흔들었다. 따라서 목탁이란 말은 백성을 지도하거나 인도할 만한 사람을 비유하며, 어리석은 이들을 가르칠 만한 능력을 갖춘 사람을 가리킨다.

出曰: 二三子何患於喪乎? 天下之無道也久矣, 天將以夫子爲木鐸."

지극한 아름다움과 선함 3.25

공자께서 〈소韶〉(순임금 때의 악곡 이름)를 일러 말씀하셨다.
"지극히 아름답고, 또 지극히 선하구나."[65]
〈무武〉(주나라 무왕 때의 악곡 이름)에 대해 일러 말했다.
"지극히 아름답지만 지극히 선하지는 않다."[66]

子謂韶: "盡美矣, 又盡善也." 謂武: "盡美矣, 未盡善也."

65) 원문의 "미美"와 "선善"에 대한 설명이 필요하다. "미"는 소리의 성대함이고, "선"은 아름다움의 실제적 내용을 가리키는 말이다. 순임금이 천자 자리를 요임금에게 물려주었으므로 더할 나위 없이 훌륭하다고 한 것이다. 이에 반해 주나라 무왕의 천자 자리는 상나라의 주紂를 토벌하여 차지한 것으로 비록 정의를 내세웠다고는 하나 내용 면에서 어딘가 미흡한 점이 있다는 것이다.

66) 원문의 "미지선야未盡善也"를 번역한 것으로 이에 대하여 주희는 "무왕의 덕은 [이와] 정반대다. 또한, 정벌과 주살로써 천하를 얻었기 때문에 그 실제는 [진선盡善의 경지와는] 같지 않다(武王之德, 反之也, 又以征誅而得天下, 故其實有不同者)"라고 설명하였다. 즉, 무왕의 악곡 이름이 겉으로는 드러나는 것 같지만 도덕적 함의가 부족하다는 것을 평한 것이다.

윗사람의 체통 3.26

공자께서 말씀하셨다.

"윗자리에 있으면서 너그럽지 않고[67], 예를 행하면서 공경하지 않고, 상을 당하여[68] 슬퍼하지 않는다면, 내가 무엇으로써 그런 사람을 관찰할 수 있겠는가?"

子曰: "居上不寬, 爲禮不敬, 臨喪不哀, 吾何以觀之哉?"

67) 원문의 "불관不寬"을 번역한 것으로 "관寬"은 "사람을 사랑하는 데 주로 함에 너그러운 것으로써 근본으로 삼는다(主於愛人, 故以寬為本)"고 하였다(주희 설). 말하자면 윗자리에 있으면 아랫사람에게 너그럽기가 쉽지 않은 것인데, 그렇다 하여도 아랫사람을 편협하게 대하고 다그치면 반발을 일으키기 때문에 예禮로써 너그럽게 다스려야 한다는 것이다.

68) 원문의 "임상臨喪"을 번역한 것인데, '상가에 가서'라는 견해도 있으나 취하지 않는다.

제4편

이인里仁

– 인仁이 먼저이고, 예와 악이 나중이다

【해설】

〈이인〉 편은 모두 26장이며, 역시 제목 자체에서 드러나듯 인仁과 관련된 언급이 많은데 의義, 효孝, 덕德 등도 나온다. 공자는 좋아하거나 미워할 수 있는 자질도 바로 인자만이 갖출 수 있다고 보았고, 인한 사람들이 사는 곳을 가려서 살아야 한다는 1장의 표현이 인상적이다. 군자는 인仁의 유무에 따라 사람을 좋아할 수도 있고 미워할 수도 있다는 3장도 의미심장하다. 대체로 짤막한 문장으로 구성되어 있으며 도덕률에 관한 내용이 많다. 거의 모두 공자가 한 말이고, 증자와 자유의 말이 하나씩 있을 뿐이다.

인을 설명한 일곱 문장에 이어 도를 설명하는데, 아침에 도를 들으면 저녁에 죽어도 좋다고 한 말이 바로 여기에 나온다. 군자와 소인의 구분이라든지, 이익과 원한의 상관관계, 예의와 겸양의 문제, 충忠과 서恕의 문제, 의리지변義利之辨 등 다양한 문제를 다루고 있다. 부모님에 대한 효도 빠뜨리지 않았다. 덕을 갖출 것을 요구하고 다시 언행일치 문제도 강조했다. 17장의 "견현사제見賢思齊"란 말의 출처도 바로 이 편이다. 군주를 섬기거나 친구를 사귈 때 지나치게 간언하면 안 된다고 강조한 마지막 장도 공자의 처세관으로 눈여겨볼 부분이다.

인한 사람을 이웃으로 4.1

공자께서 말씀하셨다.

"마을이 인仁한 것은 아름다운 일이다. [마을을] 가려서[1] 인한 사람들이 사는 곳에 살지 않으면, 어찌 지혜를 얻었다고 하겠는가?"[2]

子曰: "里[3]仁爲美. 擇不處仁, 焉得知?"

인한 곳이 편안하다 4.2

공자께서 말씀하셨다.

"인仁하지 못한 사람은 오랫동안 곤궁한 데에[4] 머물지 못하고, 오랫동안 즐거움에 머물지도 못한다.[5] 인한 사람은 인 자체를 편안하

1) 원문의 "택擇"을 번역한 것인데 '집 택宅' 자로 쓰인 판본도 있어 그 글자로 교열해야 한다는 학자도 있다. 정현은 "살 곳을 구하되 인한 자의 마을을 구해 살지 않으면 지혜롭다고 할 수 없다〔求居而不處仁者之里, 不得爲有知〕"고 하였다. 공자는 자신의 고향인 곡부에 대한 자부심이 높았는데 그곳을 빗댄 것이라는 견해도 있다.

2) 주희는 "마을에 인후仁厚한 풍속이 있는 것이 아름다우니〔里有仁厚之俗為美〕, 마을을 가려서 여기(인仁)에 거하지 않는다면 이는 시비의 본심을 잃는 것이어서 지혜가 될 수 없다〔擇里而不居於是焉, 則失其是非之本心, 而不得為知矣〕"고 하였다.

3) 길이와 폭이 각각 3백 보가 되는 면적을 나타내는 말로서 비교적 작은 거주 단위다. 대략 25가구를 말한다. 《주례》〈지관地官〉에 다섯 가구를 1린隣, 5린隣이 1리里(25가구)를 말한다고 나온다. 한편, 이 글자를 '마을에 살다'라는 동사로 보아야 한다는 견해도 있다(정현 설).

4) 원문의 "약約"을 번역한 것으로, 역자는 주희의 설 '궁곤窮困'을 따랐으나 '단속하다, 약속하다'의 뜻으로 해석하기도 한다.

게 여기고, 지혜로운 사람은 인 자체를 이롭게[6] 여긴다."

子曰: "不仁者不可以久處約, 不可以長處樂. 仁者安仁, 知者利仁."

좋아하고 미워한다는 것 4.3

공자께서 말씀하셨다.

"오직 인仁한 사람만이 [사심이 없어] 남을 좋아할 수 있고, 남을 미워할 수도 있다."[7]

子曰: "唯仁者, 能好人, 能惡人."

인에 뜻을 둔다면 4.4

공자께서 말씀하셨다.

"진실로[8] 인仁에 뜻[9]을 두고 있으면 나쁜 짓을 하지 않는다.[10]"

---

5) 포함은 "오직 성품이 인仁한 사람이라야 자연히 이를 체득하게 됨으로 인仁에 편안해진다(惟性仁者, 自然體之, 故安仁)"라고 하였고, 주희는 "인하지 못한 사람은 오래 곤궁하면 반드시 넘치고, 오래 즐거움에 빠지면 반드시 음탕해진다(不仁之人, 久約必濫, 久樂必淫)"라고 하였다.

6) 주희는 "리利는 탐貪과 같으니, 깊이 알고 독실히 좋아하여 반드시 인仁을 얻고자 하는 것이다(利猶貪也, 蓋深知篤好而必欲得之也)"라고 하였다.

7) 이 말을 주희는 "사심私心이 없어야 좋아하고 미워함이 이치에 맞을 수 있다(蓋無私心, 然後好惡當於理)"라고 했으며, 정이천程伊川은 "그 공정함을 얻었다(得其公正)"라고 하기도 하였다.

8) 원문의 "구苟"를 번역한 것으로, 역자는 주희의 "구苟는 성誠이다(苟誠也)"를 따랐으나 '만일'의 뜻으로 해석하는 견해도 있다(양보쥔 설).

子曰: "苟志於仁矣, 無惡也."

군자는 인으로 드러난다 4.5

공자께서 말씀하셨다.

"부유함과 귀함은 사람들이 바라는 바이지만 그것이 정당하게(道) 얻은 것이 아니면 머물러서는 안 된다. 가난함과 천함은 사람들이 싫어하는 바이지만, 그것이 정당하지(道) 못한 상황일지라도 [애써] 벗어나려 해서는 안 된다.[11] 군자가 인을 버리고 어디에서[12] 명성을 얻겠는가? 군자는 한 끼 밥을 먹는 동안에도 인을 어기지 않고, 황망하고 다급할 때도 반드시 여기(인)에 근거하고, 넘어지고 자빠질 때도 반드시 여기에 근거한다."

9) 원문의 "지志"를 번역한 것으로, "지"는 '마음이 가는 것(心之所之)'이다. 즉, 행하기로 결심한 것을 말한다.

10) 원문의 "무악無惡"을 번역한 것으로, 주희는 "그 마음이 진실로 인仁에 있으면 반드시 악을 하는 일이 없을 것(無爲惡之事)"이라 하였다.

11) 원문의 "불이기도득지不以其道得之"에서 "불不"과 "득得", 두 글자 때문에 이 문장을 해석하는 데 논란이 적지 않았다. "불" 자가 잘못 들어간 글자이므로 빼버리고 해석해야 한다는 사람도 있으며, 정약용은 "득" 자를 획득이 아니고 빈천이란 말과 연관지어 '벗어남(去)'이라고 해석하여 적지 않은 공감을 얻었다. 일단 여기서는 주희의 설에 따라 정당하게 주어진 것이 아닐지라도 억지로 상황을 벗어나려 해서는 안 된다고 해석했다. 이 문장은 〈술이〉의 "의롭지 못하고 잘살고 귀하게 되는 것은 나에게는 뜬구름만 같은 것이다(不義而富且貴, 於我如浮雲)"와 비교해서 읽어야 한다.

12) 원문의 "오호惡乎"를 번역한 것으로 '어디에서'라는 의미다. '어떻게'라고 번역해도 괜찮다.

子曰: "富與貴是人之所欲也, 不以其道得之, 不處也.
貧與賤是人之所惡也, 不以其道得之, 不去也. 君子去仁, 惡乎成名?
君子無終食之間違仁, 造次必於是, 顚沛必於是."

인의 실천 4.6

공자께서 말씀하셨다.

"나는 아직 인仁을 좋아하는 사람과 인하지 못한 것을 미워하는 사람을 보지 못했다. 인을 좋아하는 사람은 더할 나위가 없지만[13], 인하지 못한 것을 미워하는 사람은 [스스로] 인을 실천함에 있어 인하지 못한 일이 그 몸에 이르지 못하도록 해야 한다. 단 하루라도 자신의 힘을 [온전히] 인에 쓸 사람이 있는가? 나는 아직 [그] 능력이 부족한 사람[14]은 보지 못했다. 아마도 그런 사람이 있겠지만, 나는 그런 사람을 아직 보지 못했다."

子曰: "我未見好仁者, 惡不仁者. 好仁者, 無以尙之. 惡不仁者,
其爲仁矣, 不使不仁者加乎其身. 有能一日用其力於仁矣乎?
我未見力不足者. 蓋有之矣, 我未之見也."

13) 원문의 "무이상지無以尙之"를 번역한 것으로, "상尙"은 '상上'과 같다(형병설).

14) 원문의 "역부족力不足"을 번역한 것으로, 〈옹야〉 6.10의 "능력이 부족한 사람이라면 중도에 그만둔다. 지금 너는 [미리] 선을 긋고 있다(力不足者, 中道而廢, 今女畫)"는 구절과 통한다. 인仁을 실천하는 데 있어 노력을 하지 않는 제자들을 향한 당부의 말이다. 안회도 석 달을 실천하기 어려웠다고 하니 인仁을 실천하는 일이 어려운 일인 것은 분명하다.

허물을 보면 안다 4.7

공자께서 말씀하셨다.

"사람의 허물은 저마다 그가 속한 무리를 따르게 된다.[15] 허물을 관찰해보면 곧 [어느 정도] 인仁한지를 알 수 있다."

子曰: "人之過也, 各於其黨. 觀過, 斯知仁矣."

아침에 들으면 4.8

공자께서 말씀하셨다.

"아침에 도를 들으면 저녁에 죽어도 좋다."[16]

子曰: "朝聞道, 夕死可矣."

15) 군자와 소인에 따라 다르다는 의미로 지혜로운 사람은 그 지智로 인하여 허물이 생기고, 의로운 사람은 그 의義 때문에 허물이 생기는 이치다. 이 문장은 이 편의 첫 장과 관련된다.

16) 원문의 "조문도朝聞道"의 "도道"를 주희는 사물의 당연한 이치〔事物當然之理〕로 보아 "진실로 그것을 들을 수 있다면, 살아서는 따르고〔順〕 죽어서는 편안하여 다시 남은 한이 없을 것이다〔苟得聞之, 則生順死安, 無復遺恨矣〕"라고 하였다. 반면 하안何晏은 형병邢昺의 설을 인용하여 "도道"를 '세상에 도가 있음'으로 보았으며, 형병은 말년에 이른 공자가 도가 행해지지 못하는 세태를 보고 이 세상에 도가 없음을 미워한 것〔疾世無道〕이라고 보았고, 정약용은 "공자는 세상 사람들이 [도에] 뜻을 두지 않는 것에 연민을 가졌기 때문에 이같이 말한 것이다〔孔子愍世人不以爲意, 言之如此〕"라고 하였다.

가난을 두려워해서야 4.9

공자께서 말씀하셨다.

"선비가 도에 뜻을 두면서, 허름한 옷과 나쁜 음식을 부끄러워한다면 [그와는] 더불어 논의할 만한 가치가 없다."[17]

子曰: "士[18]志於道, 而恥惡衣惡食者, 未足與議也."[19]

할 것과 해서는 안 될 것 4.10

공자께서 말씀하셨다.

"군자는 천하에 대하여 꼭 그래야만 하는 일도, 절대 해서는 안 되는 일도 없으며,[20] 의로움만을 더불어 따를[21] 뿐이다."

子曰: "君子之於天下也, 無適也, 無莫也, 義之與比."

17) 이 문장은 〈자한〉 9.26에 나오는 "해진 솜옷을 입은 [천한] 사람이나, 여우나 담비 가죽 옷을 입는 [귀한] 사람과 나란히 서 있어도 부끄러워하지 않을 사람은 아마도 유(자로)일 것이다"와 함께 읽어야 한다.

18) 단순히 선비라고 번역했는데 이 말은 "사군자士君子", 즉 군자라는 의미도 담겨 있다. 귀족 아래의 계층에 대한 일반적인 호칭이라고 보면 무난하다. 아직 관직에 오르지 않은 지식인이라고 이해해도 무방하다.

19) 주희는 "마음은 도를 구하고자 하나 구체口體의 봉양奉養이 남만 못한 것을 가지고 부끄러워한다면 그 지식과 취향의 비루함이 심한 것이니, 어찌 더불어 도를 의논할 수 있겠는가(心欲求道, 而以口體之奉不若人為恥, 其識趣之卑陋甚矣, 何足與議於道哉)"라고 하였다.

덕과 땅, 법도와 은혜 4.11

공자께서 말씀하셨다.

"군자는 덕을 생각하고,[22] 소인은 땅을 생각한다. 군자는 법도를 생각하고, 소인은 은혜를 생각한다."[23]

子曰: "君子懷德, 小人懷土[24]. 君子懷刑[25], 小人懷惠."

---

20) 원문의 "적適"과 "막莫"을 주희가 '전주專主'와 '불긍不肯'이라고 주석한 것에 의거하여 번역한 것인데, 이 두 글자에 대한 이설이 많다. 어떤 사람은 '가까움과 소원함(親疏)', '후함과 박함(厚薄)'으로 해석하고 또 '적대와 흠모(敵慕)'로 해석하기도 하나 역자는 모두 취하지 않는다. 다만, 상대적인 개념인 것은 분명하다. 그리고 이 구절의 기본 맥락은 이렇다. 공자는 절대적인 긍정을 취하지 않고 어떤 일을 꼭 해야 한다고 고집하지도 않고 시대의 추이를 봐가면서 임기응변하며 살아간다는 의지를 보여주었다. 물론 바로 뒤에서 말하듯이 하나의 원칙은 간직하고서 말이다.

21) 원문의 "비比"를 번역한 것으로, '따라(從)' 행한다는 의미로 주희의 설에 의거한 것이다. 한편 형병은 '가까이하다'는 '친親' 자로 보았다.

22) 원문의 "회懷"에 대한 해석이다. 이는 주희의 견해에 따른 것으로, 주희는 이를 '사념思念'으로 풀이하면서 마음속으로 무언가를 생각하는 것, 즉 타고난 선善을 마음속으로 생각하여 간직하는 것을 의미한다고 보충했다. 한편, 이 글자에 대해 공안국은 "편안히 여기는 바(所安)"라고 풀이하고 있는데 너무 앞서 나간 해석이다. 황간 역시 한걸음 더 나아가 '귀歸' 자로 풀어 '돌아가다' '귀의하다'라는 개념으로 확대해석했다.

23) 군자와 소인은 취향의 차이도 있고 기본적인 마음가짐이 다르다. 군자는 마음가짐이 늘 일정하기에 평정심을 유지할 수 있고 고요한 내면에서 깊은 사유가 우러나온다는 것이 이 문장의 핵심이다.

24) 원문의 "회토懷土"를 주희는 "그 처하는 곳의 편안함에 빠지는 것(溺其所處之安)"이라고 하였는데, "토土"를 고향으로 보기도 한다(양보쥔 설). 군자의 '덕德'이 형이상학적 영역이라면 "토"는 형이하학적, 현실적, 물질적 영역으로 보면 문제가 없다.

25) 원문의 "회형懷刑"을 주희는 "법을 두려워하는 것(畏法)"이라고 하였고, 공안국은 "형刑을 생각하는 것은 법에 편안한 것이다(安於法)"라고 풀이하였다.

이익과 원한 4.12

공자께서 말씀하셨다.
"이익에 의거하여[26] 행동하면 원망이 많아지게 된다.[27]"

子曰: "放於利而行, 多怨."

예의와 겸양 4.13

공자께서 말씀하셨다.
"예의와 겸양[28]으로 나라를 다스릴 수 있다면, 무슨 어려움이 있겠는가? 예의와 겸양으로 나라를 다스릴 수 없다면, [선왕의] 예는 있어 무엇하겠는가?[29]"

26) 원문의 "방放"을 공안국은 '의거하다〔依〕'라는 의미로, 주희는 '구하다〔求〕'라는 의미로 풀이하였다. 그리고 이 문장에서도 드러나듯 공자는 "이利"를 별로 언급하지 않았으며 늘 부정적으로 말했다. 이 문장은 다음 16장과도 연관되며, 〈자한〉 9.1의 "공자께서는 이익과 천명에 대해서는 거의 말씀하지 않으셨으나, 인仁과 함께 말씀하셨다〔子罕言利與命, 與仁〕"와 함께 읽어보면 더 쉽게 이해된다.

27) 원문의 "다원多怨"을 번역한 것으로, 정이천程伊川은 "자신에게 이롭고자 하면 반드시 남에게 해를 끼친다〔欲利於己, 必害於人〕"고 하였다. 《주자어류朱子語類》에 "이익을 구하다가 얻지 못하면 스스로 하늘을 원망하고 남을 탓함이 많은 것〔求利而不得, 則自多怨天尤人〕"이라고 하였다. 여기서 "다원多怨"의 주체를 자신으로 볼 것인가 남으로 볼 것인가에 따라 두 가지 해석이 가능하다. 주자는 공안국과 정이천의 설을 따라 남이 자신을 원망하는 것으로 해석하였고, 장식張栻은 자신이 남을 원망하는 것으로 보았는데, 이익만 추구하다 보면 이것을 얻지 못했을 때 남을 원망하게 되기 때문이라고 하였다.

28) 원문의 "예양禮讓"을 번역한 것으로, "예禮"는 형식이요, "양讓"은 내용으로 주희는 "양讓은 예禮의 실제〔讓者禮之實〕"라고 하였다.

子曰: "能以禮讓爲國[30]乎, 何有?[31] 不能以禮讓爲國, 如禮何?"

지위보다는 설 수 있는 능력이다 4.14

공자께서 말씀하셨다.

"지위[32]가 없음을 근심하지 말고, [그 자리에] 설 수 있는 까닭[33]을 근심하라. 자기를 알아주는 사람이 없음을 근심하지 말고, [남이] 알아줄 만하도록 되는 것을 추구하라."

子曰: "不患無位, 患所以立. 不患莫己知, 求爲可知也."

29) 정약용은 "국군國君이 찬탈을 자행하고 대부大夫가 참람한 짓을 하는 것은, 능히 예와 겸양으로써 나라를 다스리지 못하는 것이다(國君簒奪, 大夫僭越, 是不能以禮讓爲國也)"라고 하였다. 공자는 이러한 권력 남용을 경계하고 있는 것이다.

30) 원문의 "위爲"를 형병은 '다스릴 치(治)'와 같다고 하였고, 정약용은 "위국爲國은 위정爲政과 같은 말"이라고 하였다.

31) 원문의 "하유何有"는 춘추시대의 일상어로 '어떤 어려움이 있겠는가(何難之有)'라는 뜻이다(형병 설). 유보남도 《논어정의》에서 "어렵지 않다는 말(不難之詞)"이라고 풀이했다. 역자는 주희의 설에 따라 "무엇하겠는가"라고 풀이했다.

32) 원문의 "위位"를 번역한 것으로, 정약용은 "조정朝廷의 백관들이 서게 되는 바의 지위(朝廷百官所立之地)"라고 해석하였다. 《설문해자》에 "중정中庭의 좌우에 늘어서는 것을 위位라 한다(列中庭之左右曰位)"고 하였다.

33) 원문의 "소이립所以立"을 번역한 것으로 주희는 "그 자리에 설 수 있는 자격(所以立乎其位)"이라 하였는데 역자는 이 설에 따랐다. 그런데 정약용은 "임금을 바로잡고 백성을 기르는 방법(匡君牧民之術)"이라 하였고, 정이천程伊川은 "군자는 자신에게 있는 것을 구할 뿐(君子求其在己者而已矣)"이라고 하였는데 너무 앞서 나간 풀이다.

선생님의 도 4.15

공자께서 말씀하셨다.

"삼參(증삼)아, 나의 도는 하나로[34] 꿰뚫는다."

증자가 아뢰었다.

"맞습니다."[35]

공자께서 나가시자 문인들[36]이 물었다.

"무엇을 말씀하신 겁니까?"

증자가 말했다.

"선생님의 도는 충忠과 서恕[37]일 뿐이구나."

子曰: "參乎. 吾道一以貫之." 曾子曰: "唯." 子出, 門人問曰: "何謂也?" 曾子曰: "夫子之道, 忠恕而已矣."

34) 원문의 "일一"을 번역한 것으로, 그 하나를 '충서忠恕'로 보기도 하고, '서恕'로 보는 학자도 있다. 특히 정약용은 "서恕를 행하려 충忠으로써〔行恕以忠〕하였기 때문에 공자는 서만 말하였고, 증자는 충서忠恕를 이어 말하였다"고 하였다.

35) 원문의 "유唯"란 상대방의 말에 어떤 의심도 없이 긍정적으로 동의한다는 말이다.

36) 여기서는 공자의 제자들, 즉 문하생을 가리킨다. 어떤 사람은 이어지는 다음 문장과 연결지어 증자의 문하생이라고도 한다.

37) 마음의 중심中心이 "충忠"이니 마음속으로 남을 섬기는 것이고, 남의 마음처럼〔如心〕하는 것이 "서恕"다. 《광아廣雅》〈석고釋詁〉에서는 "서恕는 인仁이다"라고 했다. 옛날 사람들은 "서"와 "인"은 의미가 비슷하다고 말하기도 했는데 의미는 같지 않다. "서"를 '관서寬恕'라고 보기도 하는데 그렇다고 해서 너그러이 용서하는 마음이라고만 풀이할 수는 없다. 여하튼 의미가 복잡하게 얽혀 있는 단어다.

의리와 이익 4.16

공자께서 말씀하셨다.

"군자는 의로움에 밝고, 소인은 이익에 밝다.[38)]"

子曰: "君子喩於義, 小人喩於利."

나은 자에게서 배워라 4.17

공자께서 말씀하셨다.

"어진 이를 보면 그와 같아질까를 생각하며[39)], 어질지 못한 이를 보면 [그렇지 않은지] 속으로 스스로 반성한다.[40)]"

子曰: "見賢思齊焉, 見不賢而內自省也."

38) 주희는 "의義"와 "리利"에 대하여 "의義는 천리天理의 마땅함이고, 리利는 인정人情의 하고자 하는 바"라고 하였다. 육구연은 "의義에 뜻을 두면 익히는 것이 반드시 의義에 있게 되므로 여기 의義에 깨우치고, 리利에 뜻을 두면 익히는 것이 반드시 리利에 있게 되므로 여기 리利에 깨우친다"고 하였다.

39) 원문의 "견현사제見賢思齊"를 번역한 것으로, 태재순은 "사제思齊"를 "키가 작은 사람이 큰 사람과 나란히 섰을 때, 발꿈치를 치켜들어 큰 사람에 똑같이 미치려고 하는 것과 같다〔短人與長人並立, 欲跂而及之〕"는 흥미로운 비유를 하였다. 주희는 "자신도 이러한 선善이 있기를 바라는 것〔冀己亦有是善〕"이라고 하였다. 《맹자孟子》〈등문공 상滕文公上〉에 제자 안연이 "순임금은 어떤 분이었고 나는 사람이었던가? 훌륭한 일을 하는 사람은 또한 이와 같을 뿐이다〔舜何人也, 予何人也, 有爲者亦若是〕"라고 한 것과 통한다.

40) 원문의 "내자성內自省"을 번역한 것으로, "자신에게도 이러한 악惡이 있을까 두려워하는 것〔恐己亦有是惡〕"(주희 설)을 말하는데, 이는 반면교사反面教師로서의 의미이며, 〈술이〉 7.21의 "세 사람이 길을 가면, [그 가운데] 반드시 나의 스승이 있다〔三人行, 必有我師〕"는 구절과 상통한다.

부모를 섬기는 방식 4.18

공자께서 말씀하셨다.

"부모를 섬길 때는 완곡하게[41] 간언하고, [자신의] 생각을 [부모님이] 따라주지 않는다 하더라도 또한 공경하여 거스르지 않아야 하고, 힘들더라도 [부모님을] 원망해서는 안 된다."

子曰: "事父母幾諫, 見志不從, 又敬不違, 勞而不怨."

행선지는 꼭 남겨라 4.19

공자께서 말씀하셨다.

"부모님이 [살아] 계시면 멀리 놀러 가지 않고[42], 놀러 가면 반드시 [가는] 방향(곳)이 있어야만 한다.[43]"

---

41) 원문의 "기幾"를 번역한 것으로, 포함包咸은 '미微, 은미함'의 의미로 보았으니, '완곡하게', '슬며시'라는 뜻이다. 같은 맥락에서 주희도 "기운을 누르고 안색을 누그러뜨리고 부드러운 목소리로 간언한다〔下氣怡色柔聲以諫也〕"는 의미로 풀었다. 정약용은 "직접적으로 하지 않고 은근히 풍자해서 깨닫게 한다〔不敢直諫, 但以微意諷之使喩也〕"는 의미로 해석했는데 대체적으로 해석은 비슷하다.

42) 원문의 "유遊"는 유학游學, 유환游宦이라고 할 때의 '유游'의 뜻과 같은 것이다(정약용 설). 주희는 먼 데 놀면 혼정신성昏定晨省을 하지 못하게 되니 문안 인사를 올리는 것이 어렵게 되는 것을 의미한다고 하였다.

43) 형병은 "혹시 부모가 자기를 부르고자 할 때 그 처소를 알 수 있도록 하기 위해서〔欲使父母呼己得, 卽知其處〕"라고 하였고, 주희는 "이미 동쪽으로 간다고 아뢰었으면 감히 바꾸어 서쪽으로 가지 못함과 같은 것이니, 어버이가 반드시 자신의 소재를 알아서 근심함이 없고 자신을 부르면 반드시 도착하여 실수가 없고자 하는 것"이라 하였다. 범조우는 "자식이 능히 부모의 마음을 자신의 마음으로 삼는다면 효孝가 된다〔子能以父母之心, 則孝矣〕"고 하였다.

子曰: "父母在, 不遠遊, 遊必有方."

효도의 기본 4.20

공자께서 말씀하셨다.

"[돌아가신 후] 3년 동안 아버지의 도에서 고침이 없다면 효도라고 말할 수 있을 것이다.[44)]"

子曰: "三年無改於父之道, 可謂孝矣."

연세를 헤아려라 4.21

공자께서 말씀하셨다.

"부모의 나이는 알고 있지 않을 수 없다. 한편으로는 [오래 사시는 것에] 기쁘고, 한편으로는 [노쇠해지는 것에] 두렵기 때문이다.[45)]"

子曰: "父母之年, 不可不知也. 一則以喜, 一則以懼."

---

44) 이 구절은 〈학이〉 1.11의 "아버지께서 살아 계실 때는 [자식된 자로서] 그분의 뜻을 살피고, 아버지께서 돌아가신 뒤에도 그분의 행적을 살피며 3년 동안 아버지의 도에서 고침이 없다면 효도라고 말할 수 있을 것이다(子曰, 父在, 觀其志, 父沒, 觀其行, 三年無改於父之道, 可謂孝矣)"와 중복된다. 원문의 "부지도父之道"란 아버지가 살아계실 때의 행적과 행동, 가치관 등을 총칭한 말이다.

45) 이 구절은 "애일지성愛日之誠"이라는 말과 상통한다. "애愛"는 '아끼다'라는 뜻으로, 부모를 섬길 수 있는 날짜가 적음을 안타까워하여 하루라도 더 정성껏 봉양하려고 노력하는 효성을 이르며, 부모님의 거처에 '효일당孝日堂'이라고 써 두기도 하였다.

말보다는 실천 4.22

공자께서 말씀하셨다.

"옛날 사람들이 말을 [입 밖에] 내지 않은 것은 몸이 [말을] 따라갈 수 없을까 부끄러워했기 때문이다.[46)]"

子曰: "古者言之不出, 恥躬之不逮也."

단속의 필요성 4.23

공자께서 말씀하셨다.

"[스스로를] 단속하는데도[47)] 실수하는 자는 드물다."

子曰: "以約失之者鮮矣."

---

46) 이 구절은 〈헌문〉 14.20의 "자신의 말에 부끄러움을 느끼지 않는다면, 그 말을 실천하는 것도 어렵다(其言之不怍, 則為之也難)"는 구절과 상통한다. 범조우는 "군자는 말에 있어 부득이한 뒤에 내는 것이니, 말하기가 어려운 것이 아니고 행하기가 어려운 것(君子之於言也, 不得已而後出之, 非言之難, 而行之難也)"이라고 하여 말의 신중함과 행동의 어려움을 말하고 있다.

47) 원문의 "약約"을 번역한 것인데, 자신을 단단히 동여매듯 단속하여 제멋대로 굴지 않는다는 의미다. 공안국이 '검약儉約'의 뜻이라고 푼 것도 같은 맥락이다.

말과 행동 4.24

공자께서 말씀하셨다.

"군자는 말에는 어눌하고[48] 행동에는 민첩하려고 한다."[49]

子曰: "君子欲訥於言而敏於行.[50]"

외롭지 않으려면 4.25

공자께서 말씀하셨다.

"덕 있는 사람은 외롭지 않고, 반드시 이웃이 있다.[51]"

子曰: "德不孤, 必有鄰."

---

48) 원문의 "눌訥"을 포함은 '지둔遲鈍한 것'을 뜻한다고 하였고, 사량좌는 "함부로 말함은 쉽다. 그러므로 어눌하고자 하고, 힘써 행함은 어렵다. 그러므로 민첩하고자 하는 것이다(放言易, 故欲訥, 力行難, 故欲敏)"라고 하였다. 〈자로〉 13.27에 인仁에 가까운 네 가지 덕목 '강직함, 의연함, 질박함, 어눌함(剛毅木訥)' 중에도 '눌訥'이 중요한 덕목으로 포함되어 있음을 볼 수 있다.

49) 공자는 제자들에게 학문을 하는 목적은 선현들의 지식을 전수받는 것만이 아니며, 이론 못지않게 실천이 중요하다고 강조했다. 즉 배움의 길에서 이론과 행동이 병행될 때 좋은 성과를 기대할 수 있다는 말이다.

50) 원문의 "민敏"은 부인이 머리를 손질한 후 제사를 열심히 돕는 것을 뜻한다. 이 구절은 〈학이〉 1.14의 "일처리하는 데 민첩하고 말하는 데는 신중하며(敏於事而愼於言)"와 같은 맥락이다.

51) 주희는 "덕이 있는 자는 반드시 그 동류同類가 따름이 있으니, 거주하는 곳에 이웃이 있는 것(有德者必有其類從之, 如居之有鄰也)"과 같은 것이라고 하였다. 《역易》 건괘 〈문언전〉에, "같은 소리는 서로 응하고 같은 기운은 서로 구한다는 것(同聲相應, 同氣相求)"과 맥락이 같다.

간언의 법칙 4.26

자유가 말했다.

"군주를 섬기는 데 [간언을] 일삼으면 곧 모욕을 당하게 되고, 친구에게 [간언을] 일삼으면 곧 소원해질 것이다."[52)]

子游曰 "事君數, 斯辱矣. 朋友數, 斯疏矣."

52) 원문의 "삭數"은 '자주 삭'으로 읽어야 한다. 한편, 황간은 "삭"을 '수를 세다'라는 의미로 풀어야 한다고 보았으니, 군주나 친구의 잘못을 세는 것이다. 정약용도 '수'라고 읽어야 한다고 풀이하면서 '빈번하다, 빠르다, 촘촘하다(煩也, 促也, 密也)'의 뜻으로 "나아가 만나는 것이 때가 없거나, 말이 간결하지 못하거나, 싫어함이 없이 계속해서 요구하는 것(進見無時, 言語不簡, 求索無厭)"을 말한다고 하였다. 주희는 "번거롭게 자주 하다(煩數)"라고 풀이했으니, 임금을 섬기다가 너무 간언하다 보면 본의 아니게 역린을 건드리게 되어 자칫 벼슬을 빼앗기는 모욕을 당할 수 있으며, 벗과 사귈 때도 너무 자주 번거롭게 하면 벗과 소원해질 수 있다는 의미다. 적당한 거리를 두고 자신이 할 말과 안 할 말을 잘 가려서 현명하게 처신하라는 뜻이다. 호인胡寅은 "임금을 섬김에 간하는 말이 행해지지 않으면 마땅히 떠나야 하고, 벗을 인도함에 착한 말이 받아들여지지 않으면 마땅히 중지해야 하니, 번독煩瀆함에 이르면 말한 자는 가벼워지고 듣는 자는 싫어한다. 이 때문에 영화를 구하다가 도리어 욕을 당하고, 친하기를 구하다가 도리어 소원해지는 것(事君諫不行, 則當去, 導友善不納, 則當止, 至於煩瀆, 則言者輕, 聽者厭矣. 是以求榮而反辱, 求親而反疏也)"이라고 하였다.

제5편

공야장公冶長

–공자의 제자들과 역사 인물에 대한 평

【해설】

〈공야장〉 편은 인물 품평을 위주로 하면서 정명正名의 문제를 주요하게 다루고 있다. 공자가 평가한 24인 가운데 절반은 제자이고 나머지 절반가량은 제후국의 명망 있는 인물들이다. 각 장별로 살펴보면 4장, 7장, 18장에서는 주로 인仁의 문제를 다루고, 9장에서는 말과 신의의 관계를 다뤘다. 앞부분에 해당되는 1~14장에서는 주로 제자들을 평했는데, 거침없고 때로는 냉소적이다. 정직의 개념을 논한 부분은 적지 않은 논란거리가 되기도 했다.

이 편을 읽으면서 우리는 공자가 결코 범상한 인물이 아님을 거듭 알게 된다. 첫머리 1, 2장에서 공야장과 남용을 예로 들어 죄수임에도 불구하고 자신의 딸과 형의 딸을 시집보내는 대목이라든지, 말만 내세우는 자공을 "호련"이라고 거침없이 평가하는 것을 보면 삶에 대한 공자의 깊은 통찰이 전해진다. 때로는 긍정적인 부분도 있지만, 상당수 어미가 의문형이나 감탄형 혹은 부정형으로 끝나는데, 이것은 풀리지 않는 공자 자신의 삶과 야속한 현실에 대한 항변이 아닐까 하고 추측해보게 된다.

이런 점은 공자가 제자들을 깨우치는 방식에서도 쉽게 드러난다. 공자는 안회를 제외한 거의 모든 제자에게 상당히 비판적이었다. 가장 오랜 세월을 함께한 애제자들인 '공문십철'조차도 봐주지 않았다. 특히 자로를 들볶았으며 자공에게 하는 말에도 늘 비판이 스며 있었다. 재여가 낮잠을 자자, 썩은 나무로는 조각할 수 없다고 말하며 화를 내기도 했다.

15장부터는 정자산이나 안평중, 백이와 숙제 등 고금의 인물을 평가했는데 이 부분에서도 공자의 솔직담백함이 엿보인다. 특히 인仁의 유뮤에 따라 평가하는 방식이 인상적이다.

이 편의 끝에 공자는 사람이란 항상 자신의 잘못을 인정하고 스스로 비판해야 한다고 강조했다. 자신의 잘못은 공부를 하면서 계속 깨달아 나가는 수밖에 없다. 이런 점에서 공자가 이 편의 마지막에서 학문을 좋아하는 자신의 모습을 강조하는 것은 의미심장하다.

죄수를 사위 삼다, 남용을 조카사위로 삼다 5.1

공자께서 공야장[1]에 대해 말씀하셨다.

"[딸을] 시집보낼 만하다. 비록 검은 포승줄로 묶인 채 [감옥] 안에 있었으나 그의 죄가 아니었다."

그러고는 그(공자)의 딸을 아내로 주었다.

공자께서 남용[2]에 대해 말씀하셨다.

"나라에 도가 있으면 [그는] 버려지지 않을 것이며, 나라에 도가 없더라도 형벌을 면할 것이다."

그러고는 그(공자) 형의 딸을 아내로 주었다.

子謂公冶長, "可妻也. 雖在縲絏之中, 非其罪也." 以其子妻之.

子謂南容, "邦有道, 不廢: 邦无道, 免于刑戮." 以其兄之子妻之.

1) 공야장은 태어나고 죽은 해를 알 수 없다. '공야'는 복성이고 자는 '자장子長'으로 알려져 있다. 두 글자의 가족 이름으로서 엄밀히 말하면 사실은 씨氏이고 성姓이 아니며 아마도 철기나 동기를 주조하는 관직명을 씨로 삼은 것 같다고 고증했다(리링 설). 공문의 제자 가운데 복성을 가진 사람이 매우 많았다. 예를 들어 《논어》에서 언급하고 있는 칠조계漆雕啟(자는 자개子開), 공서적公西赤(자는 자화子華), 무마시巫馬施(자는 자기子期), 단목사端沐賜(자는 자공子貢), 담대멸명澹臺滅明(자는 자우子羽), 사마경司馬耕(자는 자우子牛), 남궁괄南宮适(자는 자용子容) 등이 모두 복성이었다. 《논어》의 대화 속에서 제자들이 스승과 같은 연배의 어른을 부를 때 자주 자를 불렀으니 남용, 자천, 자공, 자산 등이 그러하다. 다른 점은 공야장의 자 앞에는 자子를 붙이지 않고 복성만을 붙였다는 사실이다. 5장에 나오는 "칠조개漆雕開", "무마기巫馬期", "공서화公西華", "사마우司馬牛" 등도 모두 그렇게 불렀다.

2) 남궁괄南宮适(괄适을 괄括이라고도 함)이고, 자는 자용子容이며 남궁은 복성이다. 사는 곳이 궁실이었기 때문에 그로부터 유래한 이름으로 추정된다. 생몰년 또한 알 수 없다. 그런데 흥미로운 것은, 공자의 평에서도 알 수 있듯이 남용은 처세에 밝았던 자로 보이는데 공자가 그를 좋아했다는 점이다.

자천의 풍모 5.2

공자께서 자천[3]에 대해 말씀하셨다.

"군자로다, 이런 사람은! 노나라에 군자[4]가 없다면, 이 사람이 어디에서 이런 것(덕)을 갖게 되었겠는가?"

子謂子賤, "君子哉若人! 魯無君子者, 斯焉取斯?"

호련 같은 자공 5.3

자공이 여쭈었다.

"저는 어떻습니까?"

공자께서 말씀하셨다.

"너는 그릇[5]이다."

[자공이] 여쭈었다.

"어떤 그릇입니까?"

---

3) 복부제宓不齊로서 자가 자천이다. 노나라 사람으로 공자보다 30세 혹은 49세 적다. 일찍이 단보의 읍재로 있었다.

4) 자천에 빗대어 공자 스스로를 가리킨다는 설도 있다. 이 문장에도 공자 특유의 자부심이 배어 있다. 자신이 최고라는 의미로도 해석된다. 그러나 주희의 풀이대로 자천이 현명한 사람을 존중하고 벗하며, 덕을 이룬 것을 칭찬한 말로 보는 것이 무난하다.

5) 공자의 이 말엔 한 가지 기능만을 가진 그릇일 뿐, 도덕과 인의를 목표로 삼는 융통성 있는 인간이 아니라는 비판이 깔려 있다. 그런데 자공은 언어에 뛰어났고 외교 분야에서 역량을 발휘했으며 군사력 분야에도 해박했으며 늘 공자를 모시고 다닌 제자였다. 이러한 혹평은 당시 자공의 활동 역량을 고려해보면 사실과 부합하지 않는다.

[공자께서] 말씀하셨다.

"호련[6]이다."

子貢問曰: "賜也何如?" 子曰: "女, 器也." 曰: "何器也?" 曰: "瑚璉也."

평가 절하된 염옹 5.4

어떤 사람이 말했다.

"옹雍(염옹)은 인仁하지만 말주변이 없습니다."

공자께서 말씀하셨다.

"말주변을 어디에 쓰겠는가? 말주변만을 보고 사람을 대하면 자주 다른 사람에게 미움을 받게 된다. 그가 인한지 어떤지는 모르겠지만,[7] 말주변을 어디에 쓰겠는가?"

或曰: "雍也仁而不佞." 子曰: "焉用佞? 禦人以口給, 屢憎於人. 不知其仁, 焉用佞?"

6) 종묘 제사 때 기장을 담던 귀중한 제기로서 위아래가 딱 들어맞게 결합된 그릇으로 대나무로 만들고 옥으로 장식되어 있다. 하나라 때는 '호瑚'라 부르고 은나라 때는 '련璉'이라 불렀다(포함 설). 주희는 '자공은 군자께서 자천子賤을 군자라 허여하심을 보았다. 이 때문에 자기를 가지고 질문함에 공자께서 이것으로 답하셨으니, 그렇다면 자공이 비록 불기不器의 경지에는 이르지 못했으나 또한 그릇 중에 귀한 것일 것이다(子貢見孔子以君子許子賤, 故以己為問, 而孔子告之以此, 然則子貢雖未至於不器, 其亦器之貴者歟)'하였다.

7) 중궁(염옹)에게 불만이 있다는 말인데 그가 인仁의 경지에 도달하지 못했다는 아쉬움과 불만 섞인 투정이 깔려 있다.

겸손한 칠조개 5.5

공자께서 칠조개[8]에게 벼슬길에 나가 보라고 하자 [그는 겸손하게] 대답했다.

"제가 이런 일을 할 수 있는지 아직 확신할 수 없습니다.[9]"

공자께서 기뻐하셨다.

子使漆彫開仕. 對曰: "吾斯之未能信." 子說.

용기만 있는 자로 5.6

공자께서 말씀하셨다.

"도가 행해지지 않으니, 뗏목을 타고 바다로나 떠다니려 한다.[10] 나를 따라올 사람은 아마도 유由(자로)일 것이다!"[11]

자로가 그 말을 듣고 기뻐했다.

8) "칠조개漆彫開"는 "칠조漆彫"가 씨이고 이름은 "개開" 또는 '계启'이며 자는 '자개子開' 또는 '자약子若'이다. 공자보다 7세 어린 공문 제1기의 제자다. "조彫"는 '조雕'와 같이 칠기에 그림을 그리는 것을 가리킨다. 칠조개는 노나라 사람이고, 제자들 중에 성이 칠조인 사람으로 칠조치漆雕哆와 칠조도부漆雕徒父가 있었으니 대체로 칠기와 관련 있는 일을 한 것으로 추정된다.《묵자》〈비유 하非儒下〉에는 불구자이면서 죄인으로 묘사되어 있다.

9) 사량좌謝良佐는 "마음의 은미함에 이르러서는 털끝만큼이라도 스스로 얻지 못함이 있으면 자신할 수 없다고 말하는데 무방하니, 이것은 성인도 아시지 못하는 것인데, 칠조개가 스스로 안 것이다. 그 재질이 벼슬할 만한데도 그 그릇이 작은 성과에 안주하지 않았으니, 후일에 성취할 바를 어찌 헤아릴 수 있겠는가. 부자夫子(공자)께서 이 때문에 기뻐하신 것이다〔至於心術之微, 則一毫不自得, 不害其為未信. 此聖人所不能知, 而開自知之. 其材可以仕, 而其器不安於小成, 他日所就, 其可量乎, 夫子所以說之也〕"라고 하였다.

[그러자] 공자께서 말씀하셨다.

"유(자로)는 용기 있는 행동을 좋아하는 데 있어 나를 능가하지만, 재주[12]는 취할 것이 없구나."[13]

子曰: "道不行, 乘桴浮于海. 從我者, 其由與!" 子路聞之喜.

子曰: "由也好勇過我, 無所取材."

---

10) 원문의 "부桴"는 대나무를 묶어 놓은 뗏목인데, 큰 것을 '벌筏'이라 하고 작은 것을 "부桴"라 한다(마융 설). 공자는 세상에 도道를 펼치고자 했으나 뜻대로 안 되었다. 〈자한〉 9.13에 "공자께서 구이에 살고 싶어 하셨다〔子欲居九夷〕"는 내용을 보더라도 당시 중원의 심각한 사회상을 알 수 있으며 이 구절에 공자의 푸념이 잘 드러나 있다.

11) 사마천은 자로가 공자의 제자가 된 경위에 대해 이렇게 말하고 있다. "중유仲由는 자가 자로子路이고 노나라 변卞 지역 사람이다. 공자보다 9세 적다. 《논어》에 40번이나 언급되는 자로는 성격이 거칠고 용맹하며 뜻이 강하고 곧았다. 수탉의 깃으로 만든 관을 쓰고 수퇘지의 가죽으로 주머니를 만들어 허리에 차고 다녔다. 그는 한때 공자를 업신여기며 포악한 짓을 했다. 그러나 공자가 예의를 다해 조금씩 바른길로 이끌어주자, 나중에는 유자儒者의 옷을 입고 예물을 올리고 공자의 문인들을 통해 제자가 되고 싶다고 했다."(《사기》 〈중니제자열전〉). 공자의 이 발언은 넋두리인데 자로는 진의를 이해하지 못했기에 기뻐하는 반응이 나온 것이다.

12) 원문의 "재材"를 해석한 것인데, 정현은 '뗏목에 쓸 재목'이라고 보았으며, 주희는 '재裁'로 풀이하여 사리를 근거로 '재량하다'라는 의미로 보았으며 이에 대해 다산 정약용은 다소 진전시켜 사리의 옳고 그름을 재량하는 것을 바로 '취재取材'라고 풀이했다. 무엇보다도 중요한 것은 이 문장이 당시의 무도한 상황을 비판한 말인지, 자로를 질책하는 말인지를 따져볼 필요가 있다는 점이다. 물론 공자는 전자에 무게중심을 두었지만, 《논어》에서 대개 자로를 비판한 것으로 미루어 그를 직접 공격한 대목으로 볼 수도 있기 때문이다.

13) 《논어》 전체를 통해 자로만큼 혹평을 당한 제자는 없을 것이다. 그러나 다른 문헌을 보면, 공자가 자로에게 혹평만 한 것은 아님을 알 수 있다. 공자는 자로의 효성을 보고 "자로가 부모님을 섬기는 것을 보니, 살아 계실 때는 힘을 다해 섬기고, 돌아가신 뒤에는 그리움을 다하는구나"(《공자가어》 〈치사致思〉) 라고 평했다. 하루는 자로가 공자에게 이렇게 말했다. "무거운 물건을 지고 먼 곳으로 갈 때에는 땅이 좋은지 나쁜지를 가리지 않고 쉬게 되고, 집이 가난하여 부모님을 모실 때에는 봉록이 많은지 적은지를 가리지 않고 관리가 됩니

중유, 염구, 공서적을 평가한 기준 5.7

맹무백[14]이 물었다.[15]

"자로는 인仁합니까?"

공자께서 대답하셨다.

"모르겠습니다."

[같은 것을] 다시 물었다. 공자께서 대답하셨다.

"유由(자로)는 천 대의 수레를 낼 수 있는 나라(제후국)에서 군사[16] 일을 다스리게 할 수 있을 정도이나, 그가 인한지는 모르겠습니다."

"구求(염구)는 어떻습니까?"

공자께서 대답하셨다.

"구는 천 가구의 읍이나 백 대의 수레를 낼 수 있는 경대부 집안에서 우두머리 직책으로 삼을 수 있겠지만[17] 그가 인한지는 모르겠

다. 예전에 제가 두 부모님을 섬길 때는 늘 명아주 잎과 콩잎 같은 거친 음식으로 대접하며, 직접 쌀을 백 리 밖에서 져왔습니다. 부모님이 돌아가시고 나서 남쪽 초나라에서 관리가 되었을 때는 수레가 백 대나 되고 창고에 쌓아놓은 쌀이 만 종鍾(한 종은 6석 2말)이나 되며, 깔개를 포개놓고 앉아 솥을 늘어놓고 먹었는데, 명아주 잎과 콩잎을 먹고 직접 쌀을 지고 가기를 원했지만 할 수 없었습니다. 말린 물고기를 묶어놓는다고 해서 어찌 썩지 않겠습니까? 부모님 두 분의 수명은 흰 망아지가 달려 지나가는 것을 문틈으로 보는 것처럼 순간일 뿐입니다." 공자의 폄하와는 달리 자로는 정사 분야에 탁월한 능력을 가지고 있어 공자의 비판은 좀 지나친 데가 있다. 한편 주희는 공자의 폄하가 나름 일리가 있다고 분석했다.

14) 노나라 대부이며, 시호는 무武이고 맏아들이므로 백伯이란 글자가 붙었다.

15) 맹무백의 물음에 공자가 세 명의 제자를 평한 것이다. 사실 《논어》에서 이 세 제자를 언급한 대목이 더 있는데 〈선진〉 11.21과 11.25에 나온다.

16) 원문의 "부賦"를 번역한 것으로, 주희는 "옛날에는 토지의 세금에 따라 군사를 내었으므로 병兵을 일러 부賦라 하였다〔古者以田賦出兵, 故謂兵為賦〕"라고 하였다.

습니다."

"적赤(공서적公西赤)은 어떻습니까?"

공자께서 대답하셨다.

"적은 허리띠를 묶어 의관을 갖추고 조정에 세워 빈객을 접대하면서 이야기를 나누게 할 수 있을 정도이나 그가 인한지는 모르겠습니다."

孟武伯問. "子路仁乎?" 子曰: "不知也." 又問, 子曰: "由也, 千乘之國, 可使治其賦也, 不知其仁也." "求也何如?" 子曰: "求也, 千室之邑, 百乘之家, 可使爲之宰也, 不知其仁也." "赤也何如?" 子曰: "赤也, 束帶立於朝, 可使與賓客言也, 不知其仁也."

문일지십 5.8

공자께서 자공에게 말씀하셨다.

"너와 회(안회) 중에 누가 더 나으냐?"

[자공이] 대답했다.

"제가 어찌 감히 회를 바라보겠습니까? 회는 하나를 들으면 열을 알고,[18] 저는 하나를 들으면 둘을 아는 정도입니다."

공자께서 말씀하셨다.

"그보다 못하지. 나는 네가 [그만] 못함을 인정한다."[19]

---

17) 주희는 "천실千室은 대읍大邑이며, 백승百乘은 경대부卿大夫의 집안이다. 재宰는 읍장邑長과 가신家臣의 통칭이다(千室大邑, 百乘卿大夫之家, 宰邑長家臣之通號)"라고 하였다. 실제로 자로는 계환자의 가신家臣을 맡은 경험이 있다.

子謂子貢曰: "女與回也孰愈?" 對曰: "賜也何敢望回? 回也聞一以知十, 賜也聞一以知二." 子曰: "弗如也. 吾與女弗如也."

혹평받는 재여 5.9

재여가 [한낮에] 낮잠을 잤다.[20] 공자께서 말씀하셨다.

"썩은 나무로는 조각할 수 없고, 더러운 흙으로 쌓은 담장에는 흙손질을 할 수 없다. 내가 너를 보고 무엇을 탓하겠느냐?"[21]

---

18) 원문의 "문일지십聞一知十"을 번역한 것으로, "일一은 수의 시작이고, 십十은 수의 끝〔一數之始, 十數之終〕"이다. 주희에 따르면 안회는 시작에 나아가면 끝을 보아〔卽始而見終〕 상지上智의 자질로, 태어나면서부터 저절로 도리를 아는 '생이지지生而知之'의 경지요, 이에 비해 자공은 추측하여 알아서 이것을 인하여 저것을 알고〔推測而知, 因此而識彼〕, 지나간 것을 말해주니 말하지 않은 것을 아는〔告往知來〕 중지中智의 자질로, 배워서 도리를 아는 '학이지지學而知之'의 경지라고 하였다. 《중용》 28장에 "혹은 태어나면서 이것을 알고 혹은 배워서 이것을 알고 혹은 애를 써서 이것을 아는데, 그 앎에 미쳐서는 똑같다〔或生而知之, 或學而知之, 或困而知之, 及其知之, 一也〕"라고 한 구절을 곰곰이 생각해 볼 일이다.

19) 원문의 "여與"를 접속사로 보아 "나는 네가 [그만] 못함을 인정한다"라고 해석했다. 이는 주희도 "여與"를 '허許' 자로 풀이하였으므로 '허락하다'라는 의미로 보아야 한다는 견해가 일리가 있다. 특히 원문의 "오여여불여야吾與女弗如也"를 '오여여吾與女, 불여야弗如也'라고 구두점을 찍으면, '나와 너는 [그만] 못하다'로 해석된다. 포함包咸은 "[자공의 부끄러워하는 마음을] 공자가 위로하기 위해 말씀한 것〔蓋欲以慰子貢也〕"이라 하였다. 물론 여기서는 취하지 않는다. 한편 자공이 안회보다 자신을 낮추어 이야기했지만 공자는 그 정도로는 미흡하다고 본 듯하다. 또한 《논어》 전체에서 자공에 대한 공자의 평가가 대부분 부정적임을 볼 때 자공을 면전에 두고 그의 자만하는 태도를 더 분명한 의미로 단호하게 말했다고 볼 수 있다.

20) 원문의 "주침晝寢"을 번역한 것으로, "주晝"를 '화畫' 자로 보는 학자도 있고〔晝當爲畫〕(양 무제, 한유 설), 낮에 침소에 들었다고 보는 학자도 있다〔寢者寢室也〕(왕무 설).

21) 형병은 재여가 스승 앞에서 자신이 "학문에 부지런히 힘쓴다"고 말했으나 실제는 낮잠을 잤으므로 공자가 이렇게 말씀하신 것으로 해석하였다. 이는 "말

[그러고는] 공자께서 말씀하셨다.

"처음에 나는 사람을 대할 때 그의 말을 듣고 그의 행동을 믿게 되었는데, 지금 나는 사람을 대할 때 그 말을 듣고도 그 행동을 살피게 되었다. [재여에 대해서도] 이처럼 바뀌었다."

宰予晝寢. 子曰: "朽木不可雕也, 糞土之牆不可杇也, 於予與何誅?" 子曰: "始吾於人也, 聽其言而信其行. 今吾於人也, 聽其言而觀其行. 於予與改是."

욕심만 있던 신정 5.10

공자께서 말씀하셨다.

"나는 꿋꿋한[22] 자를 보지 못했다."

이 행실에 미치지 못했기 때문(能言而行不逮)"이라고 설명한 주희와 같은 맥락이라고 하겠다. 재여는 능력이 뛰어나 공자가 죽고 공자학파를 설립하는데 적지 않은 공헌을 했다. 하지만 스승의 생전에는 이런 혹평을 받았다. 한번은 재여가 고대 전설 속의 다섯 제왕인 오제五帝의 덕을 묻자 공자는 "너는 그것을 물을 자격이 없다"고 말했다고 사마천은 《사기》 〈중니제자열전〉에서 기록하고 있다. 사마천은 "재여가 제나라 도성 임치의 대부가 되었는데, 전상田常과 난을 일으켜 그의 일족이 모두 죽임을 당하게 되었으므로 공자는 매우 부끄러워했다"라고 적기도 했는데, 그는 이 일로 인해 공자가 재여를 비판하게 되었다고 보았다.

22) 원문의 "강剛"을 번역한 것으로, 여기서의 "강"은 〈양화〉 17.8의 "강한 것을 좋아하고 배우기를 좋아하지 않으면 병폐가 있으니(好剛不好學, 其蔽也)"에서의 의미와 달리 '내면이 단단한 것(外柔內剛)'을 뜻한다. 형병은 "강剛"을 바탕이 곧고 순리에 따르는 것(質直而理者)이라 하였고, 주희는 굳세고 강하여 굽히지 않는 뜻(堅强不屈之意)이라 하였으며, 이토 진사이는 "너그럽고 부드러우며 도의로써 자기를 이긴 뒤에 얻은 참다운 굳셈"이라고 하였다. 〈자로〉 13.27에 인仁에 가까운 네 가지 덕목 "강직함, 의연함, 질박함, 어눌함(剛毅木訥)" 중에도 "강"이 중요한 덕목으로 포함되어 있다.

어떤 사람이 대답했다.

"신정[23]이란 자가 있습니다."

공자께서 말씀하셨다.

"신정은 욕심만 있으니 어찌 꿋꿋하다고 할 수 있겠는가?"

子曰: "吾未見剛者." 或對曰: "申棖." 子曰: "棖也慾, 焉得剛?"

자공의 오판 5.11

자공이 아뢰었다.

"저는, 다른 사람이 저에게 하기를 바라지 않는 바를 저 또한 다른 사람에게 하지 않으려고 합니다.[24]"

공자께서 말씀하셨다.

"사야, [그런 일은] 네가 미칠 수 있는 것이 아니다."

子貢曰: "我不欲人之加諸我也, 吾亦欲無加諸人." 子曰: "賜也, 非爾所及也."

23) 공자의 제자로서 생몰년은 알 수 없다. 이 사람은《사기》〈중니제자열전〉에 나오는 "신당申黨"으로 추정된다. 한편 〈헌문〉 14.36의 "공백료公伯寮"로 추정하기도 한다.

24) 자공이 여기에서 말한 바는 '자신이 원하지 않는 일을 남에게 베풀지 말라(己所不欲, 勿施於人)'는 뜻으로 '서恕'와 같은 의미다. 도가 이루어지기 어려운 것은 이 '서恕'에 있는 것인데, 자공이 가끔 이를 쉽게 말했기 때문에 공자가 그를 제지한 것이다(道之難成在此, 子貢或易言之, 故夫子抑之)(정약용 설). 공안국은 "남이 나에게 의義가 아닌 것을 가加하지 못하도록 저지할 수 없음을 말한 것(言不能止人使不加非義於己)"이라고 하였고, 주희는 "인자仁者의 일로서 억지로 힘씀을 기다리지 않는다(仁者之事, 不待勉强)"고 하였으니 그 실천의 어려움을 말한 것이다.

공자께서 금기시한 말씀 5.12

자공이 말했다.

"선생님의 문장[25]은 얻어 들을 수 있었지만, 선생님께서 말씀하신 성性(본성)과 천도天道[26]는 얻어 들을 수 없다."[27]

子貢曰: "夫子之文章, 可得而聞也. 夫子之言性與天道, 不可得而聞也."

듣는 것보다 실행하기 5.13

자로는 어떤 내용을 들으면 [미처] 그것을 실행하지 못한 채로 오직 [또 다른 것을] 듣게 될까 두려워하기만 했다.[28]

25) 글자의 뜻으로 보면, 본래 청색과 적색을 배합한 것을 '문文'이라 하고, 적색과 백색을 배합한 것을 '장章'이라고 하여 이 둘을 합쳐 "문장文章"이라고 한다. 여기서는 이런 문양이 섞여 있는 무늬라는 뜻이다. 그렇다면 여기서 말하는 "문장"의 의미가 무엇인가? 이 역시 논란이 많다. 어떤 이는 '육적六籍', 즉 육예六藝라고 했다. 그러나 주희의 경우는 주석에서 "엄숙하고 장중한 모습과 문장〔威儀文辭〕"이라 하여 좀 더 포괄적으로 보았다.

26) "성"은 바로 '본성'으로 쉽게 바뀌지 않는 근본적인 마음이다. 그리고 이 문장에서 "천도"는 하늘의 도가 아니고 관리가 될 운세라는 개념이니 술수학의 차원에서 이해해야 한다는 논리를 펴는 학자도 있다(리링 설). 일리가 있는 말이기는 하나, 좀 더 점검해볼 여지가 있는 견해다. "천도"란 일반적으로 하늘의 이치를 말하는 것으로 인간의 도리인 '세도世道'와는 다른 개념이기 때문이다.

27) "얻어 들을 수 없다"는 말은 내용이 대단히 심오하여 스승인 공자 자신조차도 이에 대해 논의하거나 설명한 일이 드물었다는 뜻이다. 예를 들어《논어》에서 "성性"에 대해 언급하고 있는 곳은 이 대목 외에 "[타고난] 본성은 서로 비슷하지만, 습관 때문에 서로 멀어지게 된다〔性相近也, 習相遠也〕"(〈양화〉 17.2)라고 한 부분 정도다.

子路有聞, 未之能行, 唯恐有聞.

공문자의 시호 5.14

자공이 여쭈었다.

"공문자는 무엇 때문에 [시호에] '문文'이라고 일컬어지게 된 것입니까?"[29)]

공자께서 말씀하셨다.

"영민하지만 배우기를 좋아하고 아랫사람에게 묻는 것[30)]을 부끄러워하지 않았다.[31)] 이 때문에 그를 '문'이라고 부른 것이다."

28) 범조우范祖禹는 "자로는 좋은 말을 듣고 반드시 실행하는 데 용감하니, 문인門人들이 스스로 따라갈 수 없다고 여겼다(子路聞善, 勇於必行, 門人自以為弗及也)"고 하였고, 오규 소라이도 "자로의 현명함을 형용한 것(以形子路之賢)"이라고 하여 자로의 실행력을 칭찬하는 뜻으로 해석하였다. 그러나 자로는 성급하고 충동적이며, 말참견이나 말대꾸를 잘하는 편으로 '눌언민행訥言敏行'하는 안회와는 대비되는 인물로 평가된다.

29) 공문자는 위나라의 경으로 영공과 출공을 모셨고, 성은 길姞이고 씨는 공孔이며, 이름은 어圉이고, 문자文子는 시호다. 《춘추좌씨전》의 기록에 따르면 공자가 위나라에 있을 때, 어떤 경위를 통해서든 그와 만났는데 두 사람은 늘 우호적인 관계를 맺었으리라는 것이 정설이다. 공문자가 태숙질로 하여금 본부인을 쫓아내게 하고 자신의 딸 공길孔姞을 시집 보내고, 태숙질이 본부인의 여동생과 정을 통하여 공자에게 물으니, 공자는 대답하지 않고 떠나셨고 태숙질도 송나라로 떠나자 공문자는 태숙질의 아우 유遺에게 공길孔姞을 아내로 맞게 하였다. 공문자의 사람됨이 이와 같았는데 시호를 문文이라 하니 자공이 의심하여 물은 것이다. 공자께서 그의 선한 점을 없애지 않고 말씀하신 것이다(소철 설).

30) 공자는 사람 됨됨이가 호학다문好學多問하였는데 제사를 지낼 때에도 주변 사람들에게 시시때때로 물어보아, 어떤 사람이 공자가 예의를 알지 못한다고 비웃어도 전혀 개의치 않았다. "하문下問"이란 자신보다 지위가 낮거나 나이가 적은 사람에게 묻는 것을 말한다.

31) 이 구절은 제나라 환공이 관중과 고죽국 정벌에 나섰다가 길을 잃었을 때 관중이 '늙은 말의 지혜가 필요하다'고 한 말과 맥락이 통한다.

子貢問曰: "孔文子何以謂之文也?" 子曰: "敏而好學, 不恥下問, 是以謂之文也."

군자의 도를 갖춘 자산 5.15

공자께서 자산[32]에 대하여 말씀하셨다.

"[그는] 군자의 도 네 가지를 갖추고 있었으니, 행동할 때는 공손하고 윗사람을 섬김에 있어서는 공경하며, 백성을 봉양함에 있어 은혜롭고, 백성을 부림에 있어서는 의로웠다."[33]

子謂子產, "有君子之道四焉: 其行己也恭, 其事上也敬, 其養民也惠, 其使民也義."

안평중의 장점 5.16

공자께서 말씀하셨다.

"안평중[34]은 사람들과 잘 사귀어서, 오랜 시간이 지나도 [사람들은] 그를 공경한다.[35]"

子曰: "晏平仲善與人交, 久而敬之."

32) 자산은 공손교公孫僑의 자字다. 너그럽고도 엄격한 정치가로 정나라의 재상을 오래 지냈으며 공자가 평소 존경했다. 공자는 나이 60세에 이르러 정나라에 가보았지만 자산은 이미 세상에 없었다.

33) 원문에서 "기其" 자가 반복되어 나온다. 당연히 자산을 가리킨다. 여기서는 가독성을 위해 생략하고 번역했다.

지혜롭지 않은 장문중 5.17

공자께서 말씀하셨다.

"장문중[36]은 채蔡(점치는 거북을 모셔두는 집)를 지으면서 기둥 나무엔 산을 조각해 넣고, [대들보 위의] 작은 기둥에는 풀을 그려 넣었으니, 어찌 그가 지혜롭겠는가?[37]"

子曰: "臧文仲居蔡, 山節藻梲, 何如其知也?"

---

34) 공자가 존경한 인물로 손꼽히는 안평중은 안영晏嬰이며, 자가 평중이다. 춘추시대 제나라의 영공靈公, 장공莊公, 경공景公 등 3대에 걸쳐 재상을 지내며 50년 동안 집정하면서 제나라를 중흥시켜 제후들 사이에 이름을 떨쳤다. 그는 2인자로 귀감을 보여 결단력과 슬기와 해학이 넘쳤고, 제갈공명이 극찬할 만큼 내치에도 뛰어났다. 그는 평생 동안 단 한 번도 긴장을 풀지 않았다고 하며 30년간 단벌로 생활할 만큼 검소했고 밥상에 고기 반찬을 두 가지 이상 놓지 못하게 하고 첩에게는 비단옷을 입지 못하게 했다. 또 조정에 나아가서는 임금이 물으면 바르고 신중하게 대답하고, 묻지 않을 때에는 몸가짐을 조심했다. 그러면서도 직언을 서슴지 않은 명재상이었다.

35) 정이천程伊川은 "사람은 사귀기를 오래하면 공경이 쇠해지니, 오래되어도 공경함은 사귀기를 잘함이 되는 것(人交久則敬衰, 久而能敬, 所以為善)"이라고 하였다. 형병은 원문의 "구이경지久而敬之"에서 "지之"를 '다른 사람들'로 보아 "보통 사람들은 쉽게 사귀고 쉽게 끊어 버리는데, 안평중은 오래될수록 더욱 공경하였다(凡人輕交易絶, 平仲則久而愈敬)"라고 해석하였다.

36) 장손진臧孫辰이고, 노나라 경이었으며 공자보다 선배였다. 장공, 민공, 희공, 문공 등 네 명의 군주를 섬기면서 꽤 오래 살았다. 그는 이렇듯 천자나 하는 장식을 거리낌 없이 하였으니, 분수에 맞지 않게 사치하고 호화로운 것을 좋아하여 공자의 비판을 받았다.

37) 이 구절은 논란의 여지가 있다. 공안국은 원문의 "하여何如"는 '여지하如之何'와 같은 말로 "당시 사람들이 그를 일러 지혜롭다고 하는 것을 비판한 것(非時人謂之爲知)"이라 하였다. 주희도 "당시에 장문중을 지혜롭다고 하니, 공자가 사람의 도의道義에 힘쓰지 않고 귀신에게 아첨하고 친압함이 이와 같았음(當時以文仲為知, 孔子言其不務民義, 而諂瀆鬼神如此)"을 지혜롭지 못하다고 보았으나, 정약용은 "가家에 큰 보귀寶龜를 소장하고 있는 것은 참람한 짓이며, 사당에 천자가 하는 장식을 한 것도 또한 참람한 짓(家藏大寶龜, 僭也, 廟用天子之飾, 亦僭也)"이라 하였다.

영윤 자문과 진문자 5.18

자장이 여쭈었다.

“영윤(재상의 지위) 자문[38]은 세 번이나 벼슬에 나가 영윤이 되었는데도 기뻐하는 기색이 없었고, 세 번이나 벼슬을 그만두었으나 언짢아하는 기색이 없었습니다.[39] 옛 영윤의 일을 반드시 새 영윤에게 알려주었습니다. [그는] 어떻습니까?”

공자께서 말씀하셨다.

“충성스럽다.”

[자장이] 여쭈었다.

“인仁합니까?”

말씀하셨다.

“알지 못하겠다. 어찌 인을 얻었다고 하겠느냐?[40]”

“최자(제나라 대부 최저崔杼)가 제나라 군주를 시해하자, 진문자[41]는

38) 그는 초나라 성왕成王의 영윤으로 이름은 투곡어토鬪谷於菟이고 자문은 자다.《춘추좌씨전》에 따르면 자문은 노나라 장공莊公 30년에 영윤이 되어 희공僖公 23년에 자옥子玉에게 자리를 물려주기까지 28년 동안 여러 차례 면직과 임용을 경험했다.《국어國語》〈초어 하楚語下〉에도 “옛날에 자문이 세 번이나 영윤을 그만두었는데 하루 동안 먹을 식량도 쌓아두지 않았다(昔子文三舍令尹, 無一日之積)”고 할 만큼 청렴했다고 한다.

39) 주희는 “자문子文의 사람됨이 기쁨과 성냄을 나타내지 않았고 남과 내가 간격이 없어서 국가가 있음만 알고 자신이 있음을 알지 못하였으니, 그의 충성이 거룩하다(其為人也, 喜怒不形, 物我無間, 知有其國而不知有其身, 其忠盛矣)”고 하였다.

40) 주희는 “자문子文의 행동이 모두 천리天理에서 우러나와 인욕人慾의 사사로움이 없었는지는 알 수 없다. 이 때문에 부자夫子께서 다만 그의 충忠만을 허여하시고 그의 인仁은 허여하지 않으신 것이다(未知其皆出於天理而無人慾之私也, 是以夫子但許其忠, 而未許其仁也)”라고 하였다.

말 마흔 마리를 소유하고 있었지만 버리고 그곳을 떠나갔습니다. 다른 나라에 이르러 말하기를 '우리나라 대부 최자와 같다' 하고는 그곳을 떠났습니다. 또 다른 나라에 가서 또 말하기를 '우리나라 대부 최자와 같다' 하고는 그곳을 떠났습니다. [그는] 어떻습니까?"

공자께서 말씀하셨다.

"청렴하다."

[자장이] 여쭈었다.

"인합니까?"

말씀하셨다.

"알지 못하겠다. 어찌 인을 얻었겠느냐?[42)]"

子張問曰: "令尹子文三仕爲令尹, 無喜色. 三已之, 無慍色. 舊令尹之政, 必以告新令尹. 何如?" 子曰: "忠矣." 曰: "仁矣乎?" 曰: "未知. 焉得仁?" "崔子弑齊君, 陳文子有馬十乘, 棄而違之. 至於他邦, 則曰: '猶吾大夫崔子也.' 違之. 之一邦, 則又曰: '猶吾大夫崔子也.' 違之. 何如?" 子曰: "淸矣." 曰: "仁矣乎." 曰: "未知. 焉得仁."

41) 제나라 대부로 이름은 수무須無이고, 진나라 완중完曾의 손자이며 제나라 영공, 장공, 경공 등 세 임금을 섬겼고 공자와 같은 시기에 살았다.

42) 주희는 "문자文子가 자기 몸을 깨끗이 하고 어지러운 나라를 떠났으니, 깨끗하다고 이를 만하다. 그러나 그의 마음이 의리義理의 당연함을 보아서 얽매인 바가 없었는지, 사사로움에 부득이해서 원망과 후회를 면치 못했는지는 알 수 없다. 이 때문에 부자夫子께서 다만 그의 깨끗함만을 허여하시고 그의 인仁은 허여하지 않으신 것이다(文子潔身去亂, 可謂淸矣, 然未知其心果見義理之當然, 而能脫然無所累乎, 抑不得已於利害之私, 而猶未免於怨悔也, 故夫子特許其淸, 而不許其仁)"라고 하였다. 주희의 스승 연평延平 이동李侗도 "이치에 합당하고 사심私心이 없으면 인仁이다(當理而無私心, 則仁矣)"라고 하였으니 인仁이란 범인凡人이 따르기에 범접하기 어려운 경지인 것이다.

생각 많은 계문자 5.19

계문자[43]는 세 번 생각한 다음에 행동했다. 공자께서 이 말을 듣고 말씀하셨다.

"두 번이면 곧 괜찮다."[44]

季文子三思而後行. 子聞之, 曰: "再斯可矣."

이중적인 영무자 5.20

공자께서 말씀하셨다.

"영무자[45]는 나라에 도가 있으면 지혜로웠고, 나라에 도가 없으면 어리석었다.[46] 그의 지혜로움은 따라갈 수 있지만, 그의 어리석음은 따라갈 수 없다."

---

43) 계손행季孫行의 아버지이다. 문자의 아들이 무자숙武子宿(혹은 무자숙武子夙)이고, 무자武子의 아들이 도자의여悼子意如이며, 도자의 아들이 계평자季平子이고, 평자의 아들이 계환자季桓子이며, 환자의 아들이 계강자季康子이다.

44) 공자가 세 번이나 생각하고 행동한 계문자에 대해 두 번이면 족하다고 비판했는데, 이 점은 매우 중요하다. 사실 공자는 계문자가 이해관계에 너무 밝았기 때문에 이런 계산속을 줄여야 한다고 보았다. 세상 물정에 깊이 빠져들어 사욕을 채우려는 생각을 적게 해야 한다고 말한 것이다. 이를 정이천程伊川은 "생각을 세 번 하면 사사로운 뜻이 일어나 도리어 현혹된다(三則私意起而反惑矣)"고 한 것이다. 〈위령공〉 15.30의 "나는 온종일 먹지도 않고 밤새도록 잠자지 않고 생각해보았지만, 유익함이 없었으며, 배우는 것이 더 나았다(吾嘗終日不食, 終夜不寢, 以思無益, 不如學也)"라고 한 구절과 맥락이 통한다. 주희는 "군자는 궁리窮理를 힘쓰면서도 과단果斷함을 귀하게 여기고, 한갓 생각만 하는 것을 숭상하지 않는다(君子務窮理而貴果斷, 不徒多思之為尚)"라고 하였다.

45) 이름은 유俞이고, 그의 아버지는 영장자寧莊子(이름은 속速)이다. 공자보다 일찍 태어나 활동한 사람이다.

子曰: "甯武子, 邦有道, 則知. 邦無道, 則愚. 其知可及也, 其愚不可及也."

마을의 젊은이들 5.21

공자께서 진陳나라에 계실 때[47] 말씀하셨다.

"돌아가자꾸나! 돌아가자꾸나! 내 마을의 젊은이들은 뜻은 원대하나 하는 일은 소략하고[48] 찬란하게 빛나는 학문과 성품을 갖추었으나, 그것들을 재량하는 방법을 알지 못한다."

子在陳, 曰: "歸與! 歸與! 吾黨之小子狂簡, 斐然成章, 不知所以裁之."

46) 정이천은 "나라에 도道가 없을 때는 자신을 드러내지 않아(沈晦) 화禍를 면하였다(邦無道能沈晦以免患)"고 하였다. 이는 어둠 속에서 자신을 감추는 계책(韜晦之計)으로 처세의 방편이라 하겠다. 공자는 안회를 평가할 때 우불우愚不愚, 즉 어리석은 것 같으나 어리석지 않다고 본 것처럼 원문의 "우愚"의 의미도 긍정적으로 보고 있다. 그러나 정약용은 "자취를 감추고 몸을 온전히 하는 것을 지知라 하고, 자신의 몸을 잊고 어려움을 무릅쓰고 행하는 것을 우愚라 한다(斂跡全身曰知, 忘身冒難曰愚)"고 하였다.

47) 구체적으로는 진陳나라 민공湣公(재위 기원전 491~기원전 489) 때 한 말이다. 사마천은《사기》〈공자세가〉에서 이 단락을 두고 계강자가 염구를 초청하고, 염구가 막 떠난 해인 기원전 491년의 일이라고 말하고 있다.

48) 원문의 "광간狂簡"은 '뜻은 원대하나 일을 처리하는 데 너무 거칠고 소략하다(志大而略於事也)'는 의미다(주희 설). 공영달은 "간簡" 자를 '대大'의 의미로 보기도 했으나 무리가 따르는 풀이다. "광狂"이라는 단어는 〈태백〉 8.16과 〈양화〉 17.8에도 나오는데 고집스럽고 경박하다는 의미가 있다.

백이와 숙제[49] 5.22

공자께서 말씀하셨다.

"백이와 숙제는 옛 원한을 마음에 두지 않았다. [이들이 다른 이들을] 원망하는 일도 이 때문에 드물었다."[50]

子曰: "伯夷叔齊不念舊惡, 怨是用希."

미생고의 품행 5.23

공자께서 말씀하셨다.

"누가 미생고[51]가 정직하다고 말하는가?[52] 어떤 사람이 식초를 빌리러 갔더니, [자기 집에 없다고 하지 않고] 그 이웃집에서 빌려다가 그 사람에게 주었더라."

---

49) 사마천의 《사기》〈백이열전〉에 의하면, 백이와 숙제는 고죽국孤竹國 군주의 두 아들인데, 그들의 아버지는 아우인 숙제에게 뒤를 잇게 할 작정이었다. 그러나 아버지가 죽자 숙제는 왕위를 형 백이에게 양보하려고 했다. 그러자 백이는 아버지의 명령이라면서 나라 밖으로 달아나고 숙제도 왕위에 오르려 하지 않고 달아나 버렸다. 고죽국 사람들은 할 수 없이 중간의 아들(백이의 동생이며 숙제의 형)을 왕으로 세웠다. 백이와 숙제는 그 길로 함께 주나라를 찾아갔지만 은나라를 무력으로 침공하는 주 무왕을 목도했다. 두 사람은 도의가 지켜지지 않는 나라의 백성이 되는 것을 부끄러운 일이라 하며 주나라 곡식을 먹지 않고, 수양산首陽山으로 들어가 고사리만 뜯어 먹으며 살다가 결국 수양산에서 굶어 죽었다.

50) 역자는 황간의 해석에 따랐는데 형병은 남이 백이와 숙제를 원망하는 것이 드물었다고 하여 황간의 해석과 정반대의 의미로 파악했다. 주희는 형병의 설에 동조했다. 한편 사마천은 《사기》〈백이열전〉에서 공자의 이런 평가에 의문을 제기하면서 두 사람이 원망하는 마음을 품었을 것이라고 추단했다. 이 문장은 〈술이〉 7.15, 〈계씨〉 16.12, 〈미자〉 18.8을 참조해서 읽어보아야 한다.

子曰: "孰謂微生高直? 或乞醯焉, 乞諸其鄰而與之."

좌구명과 함께 부끄러워한 것 5.24

공자께서 말씀하셨다.

"말을 교묘하게 하고 얼굴빛을 꾸미고 공손함을 지나치게 하는 것은 좌구명[53]이 부끄러워하던 것이고 [나] 구丘(공자)도 부끄럽게 여기는 것이다.[54] 원망의 감정을 숨기고[55] 그 사람과 벗하는 것은 좌구명이 부끄러워했던 것이고, 나도 부끄럽게 여기는 것이다."

---

51) 여기에 나오는 "미생고微生高"는 미생고尾生高 혹은 미생尾生이라고 하며 우리에게 널리 알려진 '미생지신尾生之信'의 주인공이다. 즉 다리 밑에서 미생이 한 여인과 만나기로 약속했는데 시간이 되어도 오지 않는 여자를 기다리다가 비로 인해 불어난 강물에 떠내려갔다는 이야기다. "미微"와 '미尾'의 고음古音이 같아 서로 호용互用했다고 본다. 이 문장에서 공자가 미생고의 행위를 비판한 것은 진정한 의미의 정직(直)을 알지 못한 자라고 보았기 때문이다.

52) 주희는 "뜻을 굽혀 남의 비위를 맞추고 아름다움을 빼앗아 은혜를 팔았으니 정직하지 못하다(譏其曲意殉物, 掠美市恩, 不得為直也)"고 하였고, 정약용도 "이웃에 구하러 가서 한 말은 반드시 자기가 쓴다고 하였을 것이니, 그것은 곧지 못한 것(乞鄰之詞, 須云自用, 是其不直也)"이라 하였다. 그러나 "그 자체가 또한 일상적으로 있는 일이며, 따라서 이는 후한 풍속이니, 죄를 널리 알리고 성토한다는 것은 아마도 본의가 아닌 듯하다(自亦常事, 仍是厚風, 聲罪致討, 恐非本意)"고 하면서 유연한 태도를 보이고 있다.

53) 눈이 먼 상태에서 《국어》를 저술해 남겼다고 하며 공자의 제자인지 확실하지는 않다. 공자는 좌구명을 칭찬했으나 그의 생몰년은 전혀 확인되지 않고 있다. 참고로 사마천은 《사기》 〈태사공자서〉에서 "옛날 서백西伯(주나라 문왕)은 유리에 갇혀 있었으므로 《역》을 풀이했고, 공자는 진陳나라와 채나라에서 고난을 겪었기 때문에 《춘추》를 지었으며, 굴원은 쫓겨나는 신세가 되어 〈이소〉를 지었고, 좌구명左丘明은 눈이 멀어 《국어》를 남겼다"라고 했다.

54) 원문의 "구역치지丘亦恥之"를 번역한 것으로, 이는 '남몰래 나를 노팽에게 비교해본다(蓋竊比老彭之意)'라는 구절에서 보이는 바처럼 동조하는 뜻의 비슷한 표현이고, 사량좌는 "배우는 자들을 깊이 경계해서 이것을 살펴 정직正直함으로써 마음을 세우게 하신 것이다(深戒學者, 使察乎此而立心以直)"라고 하였다.

子曰: "巧言令色足恭, 左丘明恥之, 丘亦恥之. 匿怨而友其人, 左丘明恥之, 丘亦恥之."

안연과 자로의 포부 5.25

안연과 계로[56](자로)가 [스승을 서서] 모시고 있을 때 공자께서 말씀하셨다.

"각자 자신의 포부를 한 번 말해보지 않겠느냐?"

자로가 말씀드렸다.

"수레와 말과 옷과 가죽옷을 벗들과 함께 쓰다가 그것들을 망가지게 하더라도 섭섭해하지 않았으면 합니다."

안연이 말씀드렸다.

"[저 자신의] 잘한 점을 자랑하지 않고, [저 자신의] 공로를 늘어놓지 않기를 바랍니다."

자로가 말씀드렸다.

"선생님의 포부를 듣고자 합니다."

공자께서 말씀하셨다.

"노인을 편안하게 해주고, 벗들에게는 믿음을 주고, 젊은이들을 품어주고자 한다."[57]

55) 원문의 "익원匿怨"을 번역한 것으로, 공안국은 '마음속에 서로 원한을 품고 있으면서 겉으로는 거짓으로 친한 척하는 것이다(心內相怨而外詐親)'라고 하였다.

56) 공자의 제자 자로를 말한다. 그래서 바로 뒤의 문장에서는 "자로子路"라고 되어 있다. 한편 공자의 제자 안무요顔無繇의 자도 계로季路다. 그는 안회의 아버지로서 공자보다 6세 적었다. 공문 제자 중에서 나이가 진상 다음으로 많았다. 그의 자가 자로와 같다는 점이 흥미롭다. 이 장을 기재할 때는 안회가 이미 죽었다는 설도 있다.

顏淵季路侍. 子曰: "盍各言爾志?" 子路曰: "願車馬衣輕裘與朋友共, 敝之而無憾." 顏淵曰: "願無伐善, 無施勞." 子路曰: "願聞子之志." 子曰: "老者安之, 朋友信之, 少者懷之."

스스로 비판하는 자 5.26

공자께서 말씀하셨다.

"끝났구나![58] 나는 자신의 잘못을 보고도 마음속으로 스스로 꾸짖는[59] 사람을 보지 못했다."

子曰: "已矣乎! 吾未見能見其過而內自訟者也."

57) 정이천은 "공자는 인仁을 편안하게 행하신 것이요, 안연은 인仁을 떠나지 않은 것이요, 자로는 인仁을 구한 것이다(夫子安仁, 顏淵不違仁, 子路求仁)"라고 하였다.

58) 원문의 "이의호已矣乎"를 번역한 것으로, 주희는 "끝내 그러한 사람을 만나보지 못할까 두려워하여 탄식한 것이다(恐其終不得見而歎之也)"라고 하였다.

59) 원문의 "내자송內自訟"을 번역한 것으로, 주희는 "입으로 말하지 않고 마음으로 탓하는 것(口不言而心自咎也)"이라 하였고, 포함도 "송訟"을 '꾸짖는다(責)'로 해석하였다. 정약용은 "천명天命과 인욕人欲이 마음속에서 서로 싸울 때 자기의 인욕을 이기기를 마치 송사訟事를 이기는 것처럼 해야 한다(天命人欲, 交戰于內, 克己如克訟)"라고 하였다.

충심과 믿음, 호학 5.27

공자께서 말씀하셨다.

"열 가구밖에 안 되는 고을[60]에도 반드시 충심과 믿음이 [나] 구丘(공자)와 같은 자가 있겠지만,[61] [나] 구丘(공자)처럼 배우기를 좋아하는 사람은 없을 것이다."

子曰: "十室之邑, 必有忠信如丘者焉, 不如丘之好學也."

---

60) 원문의 "십실지읍十室之邑"을 번역한 것으로, 정약용은 "5가家가 린鄰이 되고, 2린鄰은 10실室이니, 작은 읍을 말한다〔五家爲鄰, 二鄰則十室, 言其小也〕"라고 하였다.

61) 이 문장은 논란거리가 있다. 원문의 "언焉"을 지금처럼 "必有忠信如丘者焉, 不如丘之好學也"로 끊어서 해석하는 것과, "必有忠信如丘者, 焉不如丘之好學也"로 끊어서 해석하는 것에 차이가 있기 때문이다. 전자는 황간과 주희의 견해로서 타당성이 있다고 본다. 후자는 형병의 주장인데 "언焉"을 의문사로 보면 '어찌 나처럼 배우기를 좋아하는 사람이 없겠는가?'라고 번역되니 의미가 완전히 달라진다.

제6편

옹야雍也

– 한결 부드러워진 공자의 인물평과 속내

【해설】

〈옹야〉 편은 공자가 제자들을 주로 품평한 것으로, 덕행에 관한 내용이 많으며 제자들과 자연스럽게 대화를 나누면서 공자 자신의 모습도 은연중에 드러내고 있다. 〈공야장〉 편에 이어 여전히 공자 특유의 비판적이고도 날카로운 시각이 돋보이지만, 여기서는 칭찬하는 논조가 많이 엿보인다는 점이 다른 점이다.

염옹에 대해서는 임금 노릇을 할 만하다며 극찬하고 자상백자는 너무 소탈해서 탈이라고 한다. 안회는 호학한다고 칭찬하고 자화에게는 너무 부유하여 도와줄 필요가 없다고 하였다. 출신이 미천한 중궁을 얼룩소의 새끼에 비유한 것이라든지 정치를 할 만한 네 명의 재목들을 평가한 대목을 통해 우리는 공자가 얼마나 제자들의 일거수일투족에 관심을 기울이고 있었는지 알 수 있다. 공자는 때로 나병에 걸린 제자를 방문했으며, 핑곗거리를 찾는 염구를 나무라기도 했다. 자하에겐 군자다운 선비의 상을 제시했으며, 험난한 세상을 살아가기 위해 말재간과 미모도 필요하다고 말하는 유연함을 보여주기도 했다.

문질빈빈을 강조한 대목이라든지, 아는 것, 좋아하는 것, 즐기는 것의 차이를 설명한 부분 역시 이 편에서 빼놓을 수 없는 읽을거리다. 대화 상대를 거론하면서 보통 이상의 사람과 말해야 한다는 부분은 논란을 촉발하기도 했다. 인자와 지자의 차이를 강조한 부분에서는 절로 고개가 끄덕여진다. 후반부에서 중용의 중요성이라든지, 인仁과 성聖을 구분하여 설명한 부분도 공자 사상을 이해하기 위하여 잘 읽어보아야 할 대목이다.

공자의 인물평 6.1

공자께서 말씀하셨다.

"옹雍(염옹)은 임금[1]을 시킬 만하다."

중궁이 자상백자[2]에 대해 여쭙자, 공자께서 말씀하셨다.

"괜찮은데 [지나치게] 소탈하지."[3]

중궁이 여쭈었다.

"사는 모습이 경건하고 행동은 소탈하게 하면서 백성들 앞에 나서는 것이 또한 괜찮지 않습니까? 사는 모습이 소탈하고 행동도 소탈하면 지나치게 소탈하지 않습니까?"

공자께서 말씀하셨다.

---

1) 원문의 "남면南面"을 번역한 것인데, "남면"이란 '군주가 듣고 다스리는 자리〔人君聽治之位〕'다. 고대의 군주는 궁실 정북쪽의 청사에서 남쪽을 바라보고 있어서 이런 명칭이 붙었다. 이와는 반대로 신하는 임금을 뵐 때 당 아래의 뜰에 서서 북쪽을 바라보고 있었다. 한편 양보쥔은 이 부분에서 '남면'이란 단어를 '한 부서나 지방의 장관' 정도로 번역해야 한다고 주장하는데, 공자가 군신관계를 대단히 중시했음을 고려하여 임금이란 과한 말을 입에 올리지 않았을 것이라고 본 듯하다. 유향은 "공자의 시대에는 위로는 명철한 천자가 없었으므로 옹은 남면하게 할 만하다고 한 것이며, 남면은 천자〔當孔子之時, 上無明天子也, 故言雍也司使南面, 南面者天子也〕"라고 하였고, 포함은 "제후를 맡겨 국정을 다스리게 할 만함을 말한다〔言任諸侯治〕"고 하였으며 후대의 유학자들은 경대부의 직무를 수행하는 정도로 해석하였다.

2) 자상백자는 자묵자子墨子의 경우처럼 자子를 존칭으로 썼는데, 청대 학자들은 《장자》 〈산목〉의 "자상호子桑雽", 〈대종사〉의 "상호桑戶", 《초사》 〈섭강涉江〉의 "상호桑扈" 등이 모두 동일인이라고 고증했다.

3) 원문의 "간簡"은 '자질구레한 일을 생략하는' 것을 뜻한다. 주희는 이 "간"을 해석하면서 "일은 번거롭게 하지 않으면서 백성들을 어지럽히지 않는 것〔事不煩而民不擾〕"이라고 긍정적인 의미로 풀었는데, 상당히 일리가 있다. 그러나 이 장의 전체적인 문맥에서 본다면 완전히 긍정적으로 평가했다 할 수 없으므로 취하지 않는다. 너무 소탈하여 예의를 잃고 공경하는 마음을 잃어버릴 정도에 이르렀음을 지적한 문장이라고 봐야 한다.

"옹의 말이 옳다."

子曰: "雍也可使南面." 仲弓問子桑伯子. 子曰: "可也簡." 仲弓曰: "居敬而行簡, 以臨其民, 不亦可乎. 居簡而行簡, 無乃大簡乎?" 子曰: "雍之言然."

배우기를 좋아한 안회 6.2

애공이 물었다.

"제자들 가운데 누가 배우기를 좋아합니까?"

공자가 대답하셨다.

"안회라는 자가 있어 배우기를 좋아하고, 노여움을 [남에게] 옮기지 않고, [똑같은] 잘못을 거듭하지 않았습니다. 불행하게도 목숨이 짧아[4] 죽었습니다. 지금은 [그런 자가] 없으니, 배우기를 좋아하는 사람을 듣지 못했습니다."[5]

哀公問, 弟子孰爲好學? 孔子對曰: "有顔回者好學, 不遷怒, 不貳過. 不幸短命死矣. 今也則亡, 未聞好學者也."

4) 안연은 공자가 죽기 몇 년 전에 죽었다. 그의 나이 겨우 41세였으며 노나라 애공 14년(기원전 481)의 일이다. 그런데 《공자가어》 등의 문헌에 보면 안회가 31세에 죽었다고 해 무려 10년의 편차가 있다. 모기령毛奇齡은 《논어계구편論語稽求篇》에서 《사기》에 "공자보다 서른 살 적다고 했는데 이는 원래 마흔살을 잘못 기록한 것(少孔子三十歲, 原是四十之誤)"이라고 지적하기도 했다. 옛날 사람들은 50세까지 살지 못하면 단명했다고 생각했다.

5) 이 문장에서도 입증되듯 공자는 안회의 "호학好學"이 도덕적으로 훌륭하다고 본다. 공자는 지식 습득보다는 도덕적인 면에서 타인을 배려하는 마음가짐 등을 호학의 기본 정신으로 보고 있다.

부자는 보태줄 필요가 없다 6.3

자화(외교에 능했던 공서적)가 제나라에 사신으로 가게 되자, 염자[6]가 그의 어머니에게 줄 곡식을 청했다. 공자께서 말씀하셨다.

"그에게 1부釜(여섯 말 넉 되)를 주어라."

더 달라고 청했다.

[공자께서] 말씀하셨다.

"1유庾(열여섯 말[7])를 주어라"

염자는 그에게 곡식 5병秉(여든 섬)을 주었다.

공자께서 말씀하셨다.

"적赤(자화)이 제나라에 갈 때 살진 말을 타고 가벼운 가죽옷을 입었더라. 내가 듣기로는 '군자는 다급한 사람을 도와주지만, 잘사는 사람에게 더 보태주지는 않는다'고 했다.[8]"

원사[9]가 [선생님(공자)의] 가신이 되어[10] 그에게 900의 곡식을 주었으나 사양했다.

공자께서 말씀하셨다.

---

6) 염구인데 재정에 능해 계강자의 가신을 지냈다. "자子"는 공자의 제자들이 높여 부른 칭호인데 증삼, 유약, 민자건 등과 더불어 "자子"가 붙여졌다.

7) 두 말 넉 되라는 설도 있는데, 여기서는 주희의 견해에 따라 열여섯 말로 보았다.

8) 원문의 "주周"는 '부족한 이를 도와주는 것〔補不足〕'이요, "급急"은 '곤궁함〔窮迫〕'이다. "계繼"는 '여유가 있는 이를 계속 대주는 것〔續有餘〕'이다.

9) 원헌原憲이고, 자는 자사子思이며, 노나라 사람이다. 공자가 노나라에서 사구직에 있을 때 공자의 가신이 되어 도왔다. 공문의 제3기 제자로서 자공과 곧잘 대비되는 인물이다.

10) 당시 공자는 노나라의 경대부였으므로 집에 가신을 둘 수 있었다.

"[사양하지] 마라. [그것을] 네 이웃 마을과 고을 사람들[11]에게 나눠 줄 것인저!"

子華使於齊, 冉子爲其母請粟. 子曰: "與之釜." 請益. 曰: "與之庾." 冉子與之粟五秉. 子曰: "赤之適齊也, 乘肥馬, 衣輕裘. 吾聞之也. '君子周急不繼富.'" 原思爲之宰, 與之粟九百, 辭. 子曰: "毋. 以與爾鄰里鄉黨乎."

얼룩소의 새끼라도 6.4

공자께서 중궁에 대해 말씀하셨다.[12]

"얼룩소[13]의 새끼가 붉은색이고 뿔이 가지런하다면,[14] 비록 [제물로] 쓰지 않으려 해도 산천의 신이 어찌[15] 그를 내버려두겠느냐?"

---

11) 원문의 '린리향당鄰里鄉黨'을 번역한 것인데, 양보쥔은 "다섯 집을 '린', 다섯 린을 '리', 1만 2천5백 가家를 '향', 5백 가를 '당'이라 한다〔五家爲鄰, 二十五家爲里, 萬二千五百家爲鄉, 五百家爲黨〕"라고 했으나 이 단위에 관한 논란은 적지 않다. 여기서는 포괄적으로 "이웃 마을과 고을 사람들"이라고 번역했다.

12) 이렇게 번역한 것은 공자가 미천한 출신의 중궁을 평가하는 말이란 의미이기 때문이다. 이는 원문에서 "왈曰"과 앞의 네 글자 "자위중궁子謂仲弓"을 붙여 읽지 않고 끊어 읽는 데 따른 것이다.

13) 원문의 "이우犁牛"를 번역한 것으로, 옛사람들은 이름과 자字가 이런 식으로 연관되어 있다. 예컨대 공자의 제자 염경冉耕은 자가 백우伯牛이고 사마경司馬耕은 자가 자우子牛이다. "이犁"는 '얼룩소 리'다. 정약용은 "검은 소〔黑牛〕"라고 해석하였다.

14) 원문의 "각角"을 번역한 것인데, 두 개의 뿔이 가지런하게 잘 자랐다는 의미다. 당시 사람들이 잘 사용하던 말이다.

15) 원문의 "기其"를 번역한 것으로, 여기서는 '기豈'와 같은 "어찌"라는 의미다. 바로 뒤의 "저諸"는 '지호之乎'의 합음자로서 '그를 ~하겠는가'라고 번역한다.

子謂仲弓, 曰: "犁牛之子騂且角, 雖欲勿用, 山川其舍諸?"

석 달 어기지 않다 6.5

공자께서 말씀하셨다.

"안회는 그 마음이 석 달 동안[16] 인仁을 어기지 않았고[17], 그 나머지 제자들은 하루나 한 달[18] [인에] 이를 뿐이다."

子曰: "回也, 其心三月不違仁, 其餘則日月至焉而已矣."

정치 재목들 6.6

계강자가 물었다.[19]

"중유(자로)는 정사에 종사하게 할 수 있습니까?[20]"

공자께서 대답하셨다.

---

16) 원문의 "삼월三月"을 번역한 것으로, 그 오래됨〔其久〕을 말한 것이다(주희 설). 정이천程伊川은 3개월은 "천도가 조금 변하는 절기이니 이것을 지나면 성인이다〔天道小變之節, 過此則聖人矣〕"라고 보았다.

17) 원문의 "불위인不違仁"을 번역한 것으로, 주희는 "마음이 인仁을 떠나지 않는다는 것은 사욕이 없어 그 덕을 간직한 것이다〔心不違仁者, 無私慾而有其德也〕"라고 하였다.

18) 원문의 "일월日月"을 번역한 것으로 '날마다 또는 달마다'라고 풀이하는 이도 있다.

19) 공자가 만년에 유세하다가 노나라로 돌아왔는데 당시 실권자가 바로 계강자였다. 기원전 492년으로 계강자가 정권을 잡은 뒤에도 염옹이 여전히 계강자의 가신으로 있었으나, 그 당시 공자는 천하를 주유중이었으므로 직접 물은 것이 아니라 누군가를 통해 물은 것이다(리링 설). 계강자는 공자의 다른 제자 중에서 누가 쓸 만한 인재들인지 궁금해서 이렇게 물어본 것이다.

“유(자로)는 과단성이 있으니, 정사에 종사하는 데 무엇이 어렵겠습니까?”

[또] 물었다.

“사(자공)는 정사에 종사하게 할 수 있습니까?”

대답하셨다.

“사는 사리에 밝습니다. 정사에 종사하는 데 무엇이 어렵겠습니까?”

[또] 물었다.

“구(염유)는 정사에 종사하게 할 수 있습니까?”

대답하셨다.

“구는 재능이 많으니, 정사에 종사하는 데 무엇이 어렵겠습니까?[21)]”

季康子問, “仲由可使從政也與?” 子曰: “由也果, 於從政乎何有?”

曰: “賜也可使從政也與?” 曰: “賜也達, 於從政乎何有?”

曰: “求也可使從政也與?” 曰: “求也藝, 於從政乎何有?”

20) 원문의 “종정從政”을 번역한 것으로, 정약용은 “벼슬하여 정사를 행하는 것〔仕而行政〕”이라 하였다.

21) 공자가 자로, 자공, 염유 세 사람이 각기 소장所長이 있다고 대답하셨으니, 정이천은 비단 세 사람 뿐만 아니라 “사람마다 각기 소장所長이 있으니, 그 장점을 취한다면 모두 쓸 수 있는 것〔各有所長, 非惟三子, 人各有所長, 能取其長, 皆可用也〕”이라고 하였다.

읍재를 거절한 민자건 6.7

계씨[22]가 민자건[23]을 비읍費邑의 읍재로 삼으려 했다. 민자건이 [계씨의 사신에게] 말했다.

"저는 사양하겠다는 뜻을 잘 전해주십시오. 만약 다시[24] 저를 찾아온다면 저는 분명히 [제나라와 노나라의 경계인] 문수汶水가로 달아나 있을 것입니다."

季氏使閔子騫爲費宰. 閔子騫曰: "善爲我辭焉. 如有復我者, 則吾必在汶上矣."

죽는 것은 운명이구나 6.8

백우가 병이 나자 공자께서 문병하여 창을 통해 그 손을 잡고[25] 말씀하셨다.

---

22) 원문의 "계씨季氏"는 계환자季桓子일 수도 있고 계강자季康子일 수도 있는데 누구로 단정하기는 곤란하다. 정약용은 "계씨가 비읍에 웅거해 있으면 국명國命을 집행하기 힘들고, 노나라에 있으면 비읍의 반란을 제지할 수 없으니 그 상황이 진퇴양난이었다〔季氏居費則不能執國命, 在國則不能制費畔, 其勢兩難〕"라고 하였다.

23) 이름은 민손閔損이고 자가 자건子騫이며 공자보다 15세 아래다. 덕행과 효행으로 이름난 공자의 제1기 제자다. 이 문장에 인용된 것처럼 옳지 못한 일을 한 군주의 봉록을 받지 않은 소신파였다.

24) "다시"는 주자의 설을 따라 원문의 "부復"를 번역한 것인데, '아뢰다〔告〕'는 의미의 '복復' 자로 읽어야 한다는 설도 있다(정약용 설).

25) 나병에 걸려 있었으므로 방에 직접 들어가지 못하고 창문을 통해 문병을 한 것이다. 정약용은 "나병이었다면 손을 잡지 않았을 것〔若是癩瘡, 無緣親執其手〕"이라고 추정하였다.

"죽는 것은 운명이구나. 이런 사람이 이런 병에 걸리다니.[26] 이런 사람이 이런 병에 걸리다니."

伯牛有疾, 子問之, 自牖執其手, 曰: "亡之[27]命矣夫.

斯人也而有斯疾也. 斯人也而有斯疾也."

안빈낙도 6.9

공자께서 말씀하셨다.

"어질구나 회(안회)여! 한 통의 대나무 밥과 한 표주박의 마실거리를 가지고 누추한 골목에 살면서도, 다른 이들은 그 근심을 견디지 못하는데[28] 회는 그 즐거움을 바꾸려 하지 않으니, 어질구나, 회여!"[29]

---

26) 정약용은 원문의 "사인斯人"을 "얻기 어려운 사람(難得之人)"이라고 하였고, "사질死疾"을 "반드시 죽을 병(必死之疾)"이라고 하였다.

27) 주희의 해석에 따라 "망지亡之"로 읽어 "죽는 것은"이라고 번역했다. 한편 리링 교수의 고증에 따르면 원문 "망지"가 죽간본에는 "말지末之"로 쓰여 있고, 당사본《논어정씨주論語鄭氏注》와《신서新序》에서《논어》를 인용한 부분에도 역시 "말지末之"로 쓰여 있다는 데 근거하여 '끝이로구나'라고 해석해야 한다고 했다. 그 근거로 이 책 〈헌문〉 14.39에 나오는 "말지난의末之難矣"라는 구절과《예기》의 〈단궁 상檀弓上〉에 나오는 "말지복야末之卜也"라는 구절을 예시하고 있는데 참조해볼 필요가 있는 분석이다.

28) 원문의 "인불감기우人不堪其憂"를 번역한 것으로, 형병은 "곁에 있는 사람이 와서 보고 대신 근심하는 것(旁人來見而代憂也)"이라 하였고, 장남헌은 "다른 사람으로서 입장을 바꾸어 그 처지에 놓인다면 견디지 못하는 것(他人易地則不堪也)"이라고 하였다.

29) 공자가 생각하기에 군자의 즐거움은 천명을 실천하는 데 있고, 소인의 즐거움은 욕망을 충족하는 데 있다. 그러므로 소인은 욕망을 충족시킬 수 있는 의식주의 문제에 매달리지만, 군자의 즐거움은 이런 형이하학적인 문제에 좌우되지 않는다는 것이다. 학문을 좋아하는 안회는 밥 한 그릇과 물 한 표주박을 먹으며 누추한 곳에 살아도 불평하는 기색이 전혀 없이 여전히 즐거워했으므로

子曰: "賢哉回也! 一簞食, 一瓢飮, 在陋巷, 人不堪其憂, 回也不改其樂. 賢哉回也!"

역부족의 의미 6.10

염구가 아뢰었다.

"선생님의 도를 기뻐하지 않는 것이 아니라 능력이 부족합니다."

공자께서 말씀하셨다.

"능력이 부족한 사람이라면[30] 중도에 그만둔다[31]. 지금 너는 [미리] 선을 긋고(한계를 짓고) 있다."[32]

冉求曰: "非不說子之道, 力不足也." 子曰: "力不足者, 中道而廢. 今女畫."

이런 평가를 내린 것이다.

30) 원문의 "역부족자力不足者"를 번역한 것으로, '나아가려고 해도 능하지 못한 것(欲進而不能)'을 말한다. "자者"는 잠시 어기語氣의 멈춤을 나타내며, 가설이라는 뜻도 있다.

31) 원문의 "중도이폐中道而廢"를 번역한 것으로, 요쌍봉饒雙峯은 "예를 들면 사람이 무거운 짐을 지고 먼길을 가는데, 걸음이 중도에 이르러 기운이 다하고 힘이 빠져서 더 이상 갈 수 없어, 거기에서 바야흐로 짐을 내려놓는 것과 같다(如人擔重擔行遠路, 行到中途, 氣匱力竭, 十分去不得, 方始放下)"고 하였다.

32) 공자의 제자 염구가 자신이 스승의 도를 늘 따르고 싶지만 끈기가 부족하다며 걱정하자 공자가 다그치면서 한 말이다. 능력의 부족이 아니고 의욕과 집념의 문제라는 것이다. 마무리를 잘하기 위해서는 반드시 성취하겠다는 근성이 있어야 한다는 것을 공자는 강조하고 있다. 〈이인〉 4.6과 참조해서 읽어야 한다.

군자다운 학자여야 6.11

공자께서 자하에게 말씀하셨다.

"너[33]는 군자다운 학자가 되어야지 소인 같은 학자는 되지 말아야 한다.[34]"

子謂子夏曰: "女爲君子儒, 無爲小人儒."

모범과 고지식 사이 6.12

자유가 무성(노나라의 작은 성읍)의 읍재가 되었는데, 공자께서 말씀하셨다.

"너는 사람을 얻었느냐?[35]"

"담대멸명[36]이라는 자가 있는데, 다닐 때엔 지름길로 다니지 않

---

33) 원문의 "여女"를 번역한 것으로, '여汝'와 바꾸어 쓸 수 있으며 《논어》의 다른 경우에도 마찬가지다. 그리고 "유儒"는 학자學者를 지칭한다(주희 설). 한편 "유儒"의 의미는 천한 직업의 하나로서 글을 가르치고 예를 도와주며 남의 잔칫일 따위도 관여하는 자라는 의미도 있다.

34) 공안국은 "군자다운 학자는 장차 도를 밝히려고 할 것이요, 소인 같은 학자는 그 이름을 자랑하려고 할 것〔君子爲儒, 將以明道, 小人爲儒, 則矜其名〕"이라고 하였다.

35) 원문의 "여득인언이호女得人焉爾乎"를 번역한 것으로, "언이호焉爾乎"는 글자가 모두 어조사다. 공안국은 "기록하는 자가 공자의 사기詞氣가 느린 것을 형용한 것〔記者形容夫子詞氣之緩〕"이라고 하였다.

36) 담대澹臺는 복성이고 자는 자우子羽인데, 고지식하고 용모가 못생겼다고 한다. 자유가 발굴한 인재로서 공자의 마지막 제자 가운데 하나였다. 나중에 초나라에 가서 세를 확산시켜 3백 명의 제자를 거느렸으며, 공자가 죽은 뒤 매우 유명해졌다.

고, 공적인 일이 아니면 저(자유)의 집에 온 적이 없습니다.[37]"

子游爲武城宰. 子曰: "女得人焉耳乎?" 曰: "有澹臺滅明者, 行不由徑, 非公事, 未嘗至於偃之室也."

겸손한 유머감각 6.13

공자께서 말씀하셨다.

"맹지반[38]은 [스스로] 우쭐거리지 않으니, [군대가] 도망갈 때는 [그가] 후방을 막고 있었는데, 성문을 들어올 무렵에는 자기 말을 채찍질하면서 '감히 뒤처지려 했던 것이 아니라 말이 나아가지 않았던 것이다'라고 말했다."

子曰: "孟之反不伐, 奔而殿, 將入門, 策其馬, 曰: '非敢後也, 馬不進也.[39]'"

---

37) 자유子游가 담대멸명澹臺滅明을 평가한 것은 모범적이고 고지식한 사람의 의미로 보이며, 채청에 의하면 자유는 담대멸명을 얻어 정사를 보필하지는 않았다(子游不是取滅明輔政)고 한다.

38) 노나라 대부로 이름은 측側이고 자는 자반子反이며, 맹자반孟子反이라고도 한다. 이 사람은《춘추좌씨전》〈애공〉 11년에 나오는 맹지측孟之側과 같은 인물이다.

39) 원문의 "벌伐"은 '공을 과시한다(誇功)'는 뜻이다. "분奔"은 '패하여 달아난다(敗走)'는 뜻이다. 군대의 후미를 "전殿"이라 하고, "책策"은 '채찍질하는 것(鞭)'이다. 주희는 "싸움에 패하여 돌아올 때 후미에 처져 뒤에 오는 것을 공으로 삼는데, 맹지반이 도망하면서 처져서 뒤에 왔고 겸손한 말로써 그 공을 가린 것(戰敗而還, 以後為功, 反奔而殿, 故以此言自揜其功也)"이라고 하였다. 정약용은 "달아날 때 맨 뒤에서 엄호하며 오는 것은 공과 죄가 반반인데 그를 어찌 칭찬할 수 있느냐(奔也殿也, 功罪半也, 何以稱也)"고 하였다.

난세엔 말재간과 미모 6.14

공자께서 말씀하셨다.

"만일 축타[40] 같은 말재간이 없거나, 송조[41] 같은 미모를 갖지 못했다면,[42] 오늘날 같은 세상에서 [재난을] 피하기 어렵겠구나."

子曰: "不有祝鮀之佞, 而有宋朝之美, 難乎免於今之世矣."

거쳐 가야 할 관문 6.15

공자께서 말씀하셨다.

---

40) 자는 자어子魚이며 위나라 영공의 태축太祝(종묘의 제사를 관장하는 관직)으로 공자는 이 사람을 별로 좋아하지 않았으나 능력은 인정했다. 《춘추좌씨전》 〈정공〉 4년에는 "축타祝佗"라고 쓰여 있다.

41) 송자조宋子朝라고도 부르는데, 매우 잘생겨서 남자南子와 사통했다고 전해진다. 리링에 따르면 기원전 496년 태자 괴외蒯聵가 송나라를 지나는데, 농사꾼들이 노래를 만들어 부르면서 남자와 송조의 관계를 풍자했다. 태자는 부끄럽게 생각하고 남자를 죽일 음모를 꾸몄지만, 성공하지 못하고 송나라로 쫓겨났다. 공자는 이듬해 위나라에 도착하여 위나라 영공 아래에서 3년 동안 벼슬을 했다. 이 말은 기원전 495년에서 기원전 493년 사이에 했을 것이다.

42) 이 문장에 대해 이설이 분분하다. 공안국은 "축타 같은 말재간이 없이, 송조 같은 미모를 갖지 못한 채"로 해석하고 있고 김학주도 이 해석을 따르고 있는데, 역자는 달리 해석한다. 역자는 황간의 해석에 따랐는데 황간은 "축타의 말재주가 없다면 반대로 송조의 미모라도 있어야 한다. 만일 이 두 가지가 모두 없다면 난을 면하기 어렵다"라고 풀이했으며 주희 역시 쇠락한 세상에서는 아첨과 미모가 모두 중요하다고 하여 황간과 같은 견해를 보였다. 왕인지도 "불유不有~이而"를 인과관계로 보면서 뒤의 "이而" 자를 '불유不有'의 의미로 보아 역자와 유사하게 해석하였다. 물론 공자는 외모보다는 말재주를 더 부정적으로 보았기에 공안국의 해석에도 일리가 없지는 않다. 공자는 실속 없는 미모에 위선적인 말재주까지 지녀야만 난세에 출세하는 풍토를 개탄하고 있기 때문이다.

"누가 문(도道를 비유함)[43]을 거치지 않고 나갈 수 있을까? 어찌 [내가 추구하는] 이 도를 따르지 않는가?"

子曰: "誰能出不由戶? 何莫由斯道也?"

문질빈빈 6.16

공자께서 말씀하셨다.

"바탕이 꾸밈을 이기면 촌스럽고, 꾸밈이 바탕을 이기면 번지르르하다. 꾸밈과 바탕이 고르게 조화를 이룬[44] 사람이라야 군자인 것이다."

子曰: "質勝文則野, 文勝質則史.[45] 文質彬彬, 然後君子."

43) 원문의 "호戶"를 "문"으로 번역하였다. 정약용은 "옛날에는 방의 구조가 서북은 모두 막고, 남쪽 창으로 밝은 햇빛을 받아들이며, 오직 동쪽에만 지게문이 있어 이를 통해 사람이 출입하였으니, 방에서 나오는 것은 오직 이 한 길뿐이다. 하늘이 명한 것을 성性이라 하고, 성을 따르는 것을 도道라 한다〔古者室制, 西北全塞, 南牖以納明, 惟東有戶, 以通出入, 自室而出者, 惟此一路而已, 天命之謂性, 率性之謂道〕"라고 하였다.

44) 원문의 "빈빈彬彬"은 "반반斑斑"이란 의미로 '잘 섞여 있는 모양'이니, 적당한 균형과 조화를 의미한다는 주희의 설을 따랐다.

45) 원문의 "야野"는 촌사람이니 비루하고 소략함〔鄙略〕을 말하고, "사史는 문서文書를 맡은 자이니 견문이 많고 일에 익숙하나 성실성誠實性이 혹 부족한 것〔史掌文書, 多聞習事, 而誠或不足〕"이다(주희 설). 정약용은 "사史의 직책은 다만 등사謄寫하고 전초傳鈔하는 것만 알기 때문에 그들에게는 항상 전혀 의리義理라는 것이 없으니 신분이 천해진 것〔史之爲職, 但知謄傳, 故常全無義理, 所以賤也〕"이라 하였다. "사史"는 여기서 '겉치레하다'는 뜻으로 쓰였다.

정직한 삶 6.17

공자께서 말씀하셨다.

"사람이 살아갈 수 있는 까닭은 정직 때문이니, 굽은 방법으로 살아가는 것[46]은 요행으로 [화를] 벗어나는 것이다."

子曰: "人之生也直, 罔之生也幸而免."

알고, 좋아하고, 즐기는 것 6.18

공자께서 말씀하셨다.

"무엇을 안다는 것은 그것을 좋아하는 것만 못하고, 무엇을 좋아하는 것은 그것을 즐기는 것만 못하다.[47]"

---

46) 이 구절을 '정직함이 없이 사는 것은'이라고 번역하는 학자(김학주)도 있는데, "망罔"을 '무無'로 보고 해석한 것이다. 역자는 이 글자를 '속이다'라는 의미의 '망諷'으로 보고 해석했다. 정약용도 "망罔"은 속인다는 뜻으로, '기欺'나 '무誣'와 같다고 하면서 "사람으로서 서로 바로잡아 주면서 살아가는 이유는 도道를 곧게 하기 위함이니, 그 가운데 혹 속이면서 살아가는 자는 요행히 화를 면하는 것〔人之所以胥匡以生者, 直道而已, 其或誣罔以得生者, 倖而免禍也〕"이라 하였다. 또 "《중용中庸》 20장에 말하기를 '군자는 평이함에 처하여 천명을 기다리고, 소인은 위험한 것을 행하여 요행을 바란다'라고 하였으니, 여기 평이함에 처한다는 것은 곧은 것이며, 위험한 것을 행한다는 것은 속이는 것〔中庸曰, 君子居易以俟命, 小人行險而徼幸, 居易者直也, 行險者罔也〕"이라 하였다. 마융은 "사람이 태어나서 스스로 그 삶을 제대로 마칠 수 있는 것은 정직하기 때문〔人所生於世而自終者以其正直〕"이라고 하였다. 군자와 소인의 차이는 "직直"이냐 "망罔"이냐에 달려 있다. 이 구절은 〈공야장〉 5.23의 미생고 이야기와 맥락이 같다.

47) 윤순은 "안다는 것은 도道가 있음을 아는 것〔知有此道〕이요, 좋아한다는 것은 좋아하되 아직 얻지 못한 것〔好而未得〕이요, 즐거워한다는 것은 얻음이 있어 즐거워하는 것〔有所得而樂之〕"이라고 하였다. 정약용은 "안다는 것은 듣고 그

子曰: "知之者不如好之者, 好之者不如樂之者."

대화의 수준차 6.19

공자께서 말씀하셨다.

"보통 이상의 사람[48]과는 상급 수준의 것을 말할 수 있지만, 보통 이하의 자들과는 상급 수준의 것을 말할 수 없다."

子曰: "中人以上, 可以語上也. 中人以下, 不可以語上也."

착함을 아는 것(聞而識其善)이고, 좋아한다는 것은 행하여 그 맛을 기뻐하는 것(行而悅其味)이며, 즐긴다는 것은 얻어서 그 만족함을 누리는 것(得而享其充)"이라 하였다. 장남헌張南軒은 "안다는 것은 그 먹을 만함을 아는 것(知其可食者)이고, 좋아한다는 것은 먹어서 즐기는 것(食而嗜之者)이며, 즐긴다는 것은 즐겨 먹고 배부른 것(嗜之而飽者)"이라 하였다.

48) 원문의 "중인이상中人以上"을 번역한 것으로, 왕숙王肅은 "상上은 상지의 사람이 알고 있는 바를 말한다. 두 번이나 중인을 든 것은 상등으로 향상할 수 있고 하등으로 격하할 수도 있기 때문(上謂上知之所知也 兩擧中人 以其可上可下)"이라고 하였다. 형병은 "사람의 재주와 식견은 9등급이 있는데 중인은 제5등급에 해당하는 중중 사람이며, 중인 이상은 상중·상하·중상 사람(中人謂第五中中之人也 以上 謂上中·上下·中上之人也)"이라고 하였다. 〈양화〉 17.3에서 "오직 지혜로운 사람과 가장 어리석은 사람만 변화시킬 수 없다(唯上知與下愚不移)"고 한 구절을 함께 생각해 볼 만하다. 요쌍봉饒雙峯은 "중인 이하에는 끝내 상급을 말해줄 수 있는 것이 아니다. 장차 그들로 하여금 절실하게 묻고 자기 자신에 가까운 것을 생각하여 하급으로부터 중급으로 향상하면 또한 점차 상급을 말해줄 수 있다(中人以下, 非是終不可以語上, 且使之切問近思, 由下以進於中, 則亦漸可以語上矣)"고 하였다. 공자가 하인下人을 멸시하는 태도로 보이는 구절이나 공자는 귀천을 가리지 않고 제자를 가르쳤으니 평등하게 교육의 기회를 제공한 것이다. 이 구절은 교육을 진작시키기 위한 공자의 어법으로 보면 되겠다.

번지가 지혜를 묻다 6.20

번지가 지혜에 대하여 여쭙자 공자께서 말씀하셨다.

"백성들이 [지켜야 할] 의로움에 힘쓰고, 귀신을 공경하되 멀리한다면[49] 지혜롭다고 할 수 있을 것이다."

인에 대하여 여쭙자 [공자께서] 말씀하셨다.

"인이라는 것은 어려운 일을 먼저하고 [이익을] 거두어들이는 것을 뒤로하는 것이니[50], [이렇게 하면] 인이라고 말할 수 있다."

樊遲問知. 子曰: "務民之義, 敬鬼神而遠之, 可謂知矣." 問仁. 曰: "仁者先難而後獲, 可謂仁矣."

지자와 인자 6.21

공자께서 말씀하셨다.

---

49) 사람이 죽어 "귀鬼"가 된다. 이와 달리 산천의 신은 "신神"이다. 공자가 상례나 제례의 중요성을 깊이 인지하면서도 귀신을 멀리하라고 한 말은 한번 되새겨 볼 만하다.

50) 원문의 "선난이후획先難而後獲"을 번역한 것으로, 인仁을 물었는데 공자가 이렇게 답한 이유를 주희는 "먼저 그 공효功效를 계산하고 이후에 그 일을 하면 그 일이 비록 공公이라도 그 뜻은 사私이니 공公을 이룸이 있더라도 인을 이롭게 여기는 일일 뿐이다. 인자仁者는 먼저 그 일을 하고 그 공효功效는 계산하지 않아서 오직 천리의 자연을 따를 뿐 리利를 바라는 욕심이 없다"고 하였다. 정이천은 결국 "어려운 일을 먼저 함은 극기의 일(先難克己也)"이라고 하였고 정약용은 "'난難'이란 어렵고 고된 것이요, '획獲'이란 소득이 되어 이로운 것이다. 어렵고 고된 일은 남보다 앞서서 하고, 소득이 되어 이로운 일은 남보다 뒤에 하면 이는 '서恕'(難者艱苦也, 獲者得利也, 艱苦之事先於人, 得利之事後於人則恕也)"라 하였다.

"지혜로운 사람은 물을 좋아하고, 인한 사람은 산을 좋아한다.[51] 지혜로운 사람은 동적이고, 인한 사람은 정적이다. 지혜로운 사람은 즐기고, 인한 사람은 오래 산다."

子曰: "知者樂水, 仁者樂山. 知者動, 仁者靜. 知者樂, 仁者壽."

변해야만 6.22

공자께서 말씀하셨다.

"제나라가 한 번 변하면 노나라 [수준]에 이르고,[52] 노나라가 한 번 변하면 도道에 이르게 될 것이다."

子曰: "齊一變, 至於魯. 魯一變, 至於道."

51) 원문의 "지자요수知者樂水 인자요산仁者樂山"을 번역한 것으로, 주희는 "지자智者는 사리事理에 통달하여 두루 유통하고 막힘이 없어서 물과 비슷하고, 인자仁者는 의리에 편안하여 중후하고 옮기지 않아서 산과 비슷하다(知者達於事理而周流無滯, 有似於水, 仁者安於義理而厚重不遷, 有似於山)"라고 하였다. 이 구절은 〈이인〉 4.2의 "인한 사람은 인 자체를 편안하게 여기고, 지혜로운 사람은 인 자체를 이롭게 여긴다(仁者安仁 知者利仁)"는 구절과 통한다.

52) 이 말은 실용과 개혁을 추구하여 주로 민생 정책을 추진한 제나라가 제도를 시행한 측면은 앞서지만, 비록 정치는 어지러워도 주공周公을 시초로 삼는 예禮의 나라로서 전통이 강한 노나라의 경지에 도달하기를 바라는 희망이 깃든 표현이다. 주희는 "공자 당시 제나라의 풍속은 공리功利를 우선으로 여기고 과장과 속임을 좋아했으니, 바로 패도정치의 습속이요, 노나라는 예교禮敎를 중히 여기고 신의信義를 숭상하여 아직도 선왕의 유풍이 남아 있었다(孔子之時, 齊俗急功利, 喜誇詐, 乃霸政之餘習, 魯則重禮教, 崇信義, 猶有先王之遺風焉)"라고 하였다.

본질 문제 6.23

공자께서 말씀하셨다.

"고가 고답지 않으니,[53] [모난 술잔인] 고이겠는가. 고이겠는가."[54]

子曰: "觚不觚, 觚哉, 觚哉."

53) 세상의 도가 퇴폐해져 군주가 군주답지 않음을 비유한 말이다. "고觚"는 '모난 그릇'이라는 뜻으로 술 마실 때 쓰는 술잔의 일종으로 본래 팔각형으로 각이 있었는데, 나중에 중간을 허리띠로 묶듯 가늘게 파고 위와 아래에 나팔 모양의 주둥이를 만든 술잔이 되었으니 마융도 이것을 이렇게 풀이했다. 그런데 주희는 술잔이란 의미 이외에 '목간木簡'의 의미도 있다고 보았으며, 유보남 역시 "'고'란 글을 배울 때 쓰는 나무 조각으로 여기에 사건을 기록하기도 한다. 나무를 깎아 만들며 죽간의 일종이다. 공자는 바로 이를 가리켜 한탄한 것이다"라고 하였다.

54) 이 말은 "고觚"를 용도에 맞지 않게 사용했다는 탄식으로, 고가 아니라는 의미를 담고 있는데 황간과 형병의 견해가 그러하다. 즉 정치도 마찬가지로 예의와 인의가 무너지면 아무것도 이루어질 수 없다고 비판한 것이다. 주희 역시 "고재觚哉, 고재觚哉"의 의미를 고가 될 수 없음을 말한 것이라고 풀이했다. 즉 "고"는 원래 방형인데 모양이 변하여 원래의 모양을 유지하지 못했으니 이를 어찌 고라고 할 수 있겠는가라는 것이다. 이는 '이름을 바로잡는다'는 공자의 정명론과도 연관되는 문제가 아닐까? 이 "고"의 의미를 '팔다'는 의미의 '고沽'의 가차자로 보는 학자(리링)도 있는데, 리링은 이 단락이 무슨 의미인지 도무지 알 수 없다고 푸념하고 나서 바로 "고재고재觚哉觚哉"란 말이 〈옹야〉 6.23에 나오므로 이를 "팔아야지! 팔아야지!"라고 풀고 있다. 말하자면 공자가 자신을 좋은 값에 적당한 가격을 받고 판다는 자조적 의미로 해석해야 한다는 것인데 이는 원문에서 너무 벗어난 해석이다.

우물에 인한 사람이 있다면 6.24

재아[55]가 여쭈었다.

"인한 사람은, 누군가 그에게 '우물에 인한 사람이 있다'고 알려주면 [구제하러] 그 우물 속으로 따라 들어가야 합니까?"

공자께서 말씀하셨다.

"어찌 그렇게 할 수 있겠느냐? 군자는 가버리게[56] 할 수는 있지만, [우물에 유인하여] 빠뜨리게 할 수는 없고, [선량함을 이용하여] 그를 속일 수는 있지만, 기망할 수는 없다."

宰我問曰: "仁者, 雖告之曰, '井有仁[57]'焉. 其從之也?" 子曰: "何爲其然也? 君子可逝也, 不可陷也. 可欺也, 不可罔也."[58]

55) 재여宰予이며 자는 자아子我다. 여기서는 자로 칭했다.

56) 원문의 "서逝"는 '한 번 가버리면 다시 돌아오지 않는다'는 의미가 있으므로 이를 살려 번역했다.

57) 한편 "인仁"을 '인人'의 가차자로 보아야 한다는 주희의 풀이도 어느 정도 설득력이 있다. 그렇게 보면 '우물 속에 사람이 있다'고 해석되는 것이다. 《논어》의 다른 편에서도 "인仁"과 "인人" 두 글자를 혼용하고 있다는 점을 들어 제기한 주장이다. 정약용은 "인仁"을 글자 그대로 해석하였고 역자도 이에 따랐다.

58) "기欺"와 "망罔"은 모두 속인다는 의미이지만 내포한 바는 서로 다르다. "기"는 옳은 방법으로 거짓말한다는 의미이고 "망"에는 부정한 방법으로 속인다는 의미가 배어 있다. 《맹자》 〈만장 상萬章上〉에 다음과 같은 이야기가 있다. 자산이 물고기를 얻자 연못 관리인에게 연못에 풀어놓아 키우라고 했다. 연못 관리인은 물고기를 풀어놓았다고 거짓말을 하고서는 삶아 먹어버렸다. 자산이 말했다. "유유히 가버렸어." 그러자 연못 관리인은 통쾌해지고 의기양양해져서 "누가 자산을 지혜롭다고 했던가"라고 말했는데, 맹자는 이것을 바로 "기欺"로 보면서 "군자에게 옳은 방법으로 거짓말을 할 수 있으나, 부정한 방법으로 그를 속일 수는 없다."고 했다.

글을 배우고 예로 단속하다 6.25

공자께서 말씀하셨다.

"군자가 글(넓은 의미의 학문)을 널리 배우고, 예로써 단속한다면[59], 또한 [도리에] 어긋나지 않을 수 있을 것이다."

子曰: "君子博學於文, 約之以禮, 亦可以弗畔矣夫."[60]

공자의 해명 6.26

공자께서 남자[61]를 만나시자,[62] 자로가 달가워하지 않았다. 공자께서 맹세를 하며 말씀하셨다.

"내가 [예에 어긋나는] 부당한 짓을 저질렀다면, 하늘이 나를 싫어할 것이다. 하늘이 나를 싫어할 것이다."

子見南子, 子路不說. 夫子矢之曰: "予所否者, 天厭之. 天厭之."

59) 원문의 "박학어문博學於文, 약지이례約之以禮"를 번역한 것으로, "박博"은 '크게 통한다(大通)'는 뜻이고, "약約"은 '묶어서 작게 한다(束而小之)'는 뜻이다. 정명도程明道는 "널리 문을 배우고 예로 요약하지 않으면 반드시 한만汗漫함에 이른다(博學於文而不約之以禮, 必至於汗漫)"라고 하였는데 '한만'함은 되는대로 내버려두고 등한한 것을 말한다.

60) 유가 교육의 핵심은 바로 이 구절일 것이다. 〈안연〉 12.15에도 같은 구절이 나온다. 학문을 통해 사고력과 판단력을 키우고 이것을 예라는 규범으로 적절히 규제한다는 가르침은 이 시대에도 여전히 유용하다.

61) 송나라 여자로서 성은 자子고 씨는 남南이며, 위나라 영공의 부인이었다. 남자는 매우 아름다웠으며, 미남인 송조宋朝와 간통하여 꽤 좋지 않은 소문이 났었다.

중용의 덕 6.27

공자께서 말씀하셨다.

"중용이 덕이 된 것[63]은 아마도 지극하구나! 사람들[64] 중에 [지닌 이가] 드문 지 오래되었다."

子曰: "中庸之爲德也, 其至矣乎! 民鮮久矣."

널리 베풀어 구제하라 6.28

자공이 여쭈었다.

62) 사마천은 이런 사실을 《사기》의 〈공자세가〉에 다음과 같이 기록했다. "위 영공에게는 남자南子라는 부인이 있었는데 그녀는 사람을 보내 공자에게 일러 말했다. '사방의 군자들 가운데 우리 임금과 형제를 맺고자 하는 사람은 반드시 군주의 부인을 만납니다. 우리 부인께서 당신을 뵙기를 원합니다.' 공자는 사양한다고 말하였으나 어쩔 수 없어 그녀를 만나게 되었다. 부인은 휘장 안에 있었다. 공자가 문을 들어가 북쪽을 향하여 절을 하자, 부인도 휘장으로부터 두 번 절하였는데 허리에 찬 구슬 장식이 맑고 아름다운 소리를 냈다. 공자가 [돌아와서] 말했다. '나는 본래 만나고 싶지 않았으나, 그녀를 만난 이상 예로써 대답한 것이다.' 자로는 기뻐하지 않았다. 공자는 그에게 지적하여 말했다. '나에게 잘못된 점이 있다면 하늘이 나를 버릴 것이다. 하늘이 나를 버릴 것이다!'" 이렇게 본다면 분명 공자는 남자를 만난 것이고 이에 대해 맨 마지막 말로 해명을 한 것이다. 기원전 495년의 일이다. 이 내용은 《사기》의 〈위세가衛世家〉에도 비슷하게 나온다.

63) "중용中庸"은 '공평하고 떳떳함'이란 뜻의 '평상平常'의 개념인데 그 내포적 의미는 어느 한쪽에 치우치거나 모자라지 않고 다소 어리석은 것 같으나 일정하여 변함이 없는 그런 경지를 가리킨다. 사서四書의 하나로 꼽히는 《중용》은 원래 《예기》의 한 편명으로 주희가 사서에 편입한 것이다.

64) 분명 《논어》 전체에서 "민民"이란 단어는 '인人'과 대비되어 백성들을 가리키는 경우가 많은데, 여기서는 오히려 앞뒤 문맥상 '인人'의 의미도 가미되어 있으므로 "사람들"이라고 번역한다. '모두'라고 번역해도 무난하다.

"만약 백성들에게 널리 은덕을 베풀어 많은 사람을 구제할 수[65] 있다면 어떻습니까? [그를] 인仁하다고 할 수 있습니까?"

공자께서 말씀하셨다.

"어찌 인한 데서 그칠 일이겠느냐, 반드시 성덕聖德일 것이다. 요임금이나 순임금조차도 [그렇게 하지 못함을] 부족한 것으로 여기셨다. 인이라는 것은 자기가 서고자 하면 남을 일으켜주고, 자신이 이루고자 하면 남을 이루게 해주는 것이다. 가까운 데서 구체적인 예를 찾을 수 있으면[66] 그것이 바로 인仁의 [실천] 방법이라고 할 수 있을 것이다."[67]

子貢曰: "如有博施於民而能濟衆, 何如? 可謂仁乎?"

子曰: "何事於仁. 必也聖乎. 堯舜其猶病諸. 夫仁者, 己欲立而立人, 己欲達而達人. 能近取譬, 可謂仁之方也已."

65) 여기서 나온 성어가 바로 '박시제중博施濟衆'이란 말로 공자가 말하고자 하는 덕치의 이상이다. 바로 다음 문장에서 "인仁"을 계속 언급하면서 정치와 연계하려 한 이유는 바로 '인정仁政'을 정치 이상으로 내세우고 있기 때문이다. 물론 공자가 말하는 인정의 기본 입장은 '서恕', 즉 배려가 전제되어야 한다.

66) 원문의 "능근취비能近取譬"를 번역한 것으로, 이는 '혈구絜矩'이다. 아랫사람에게서 비유를 취하여 윗사람을 섬기며, 왼쪽 사람에게서 비유를 취하여 오른쪽 사람을 사귀는 것이다. 공자는 "힘써서 서恕를 행하면 인仁을 구함이 이보다 가까운 것이 없다〔能近取譬者, 絜矩也, 取譬於下以事上, 取譬於左以交右也, 孔子曰強恕而行, 求仁莫近焉〕"고 하였다(정약용 설). 이는 〈헌문〉 14.42의 "자신을 수양하여 백성을 편안하게 해주어라〔修己以安百姓〕"라는 구절과 연계된다.

67) 〈옹야〉에서 이 장은 특히 중요하다. 유교의 핵심 덕목인 "인仁"과 "성聖"이 어떻게 다른지를 두고 공자가 자기 생각을 직접 드러낸 대목이기 때문이다. "인"은 자기보다 남이 바라는 바를 이루어주는 것인데, "성"은 여기서 더 나아가 모든 백성을 편안하게 해주는 것이기 때문에 공자는 "성"을 "인"보다 더 높은 가치로 보았다.

제7편

술이述而

–겸손하고 단아한 일상의 기록

【해설】

〈술이〉 편에는 공자의 지식욕과 교육관이 잘 나타나 있는데, 짧은 문장이 많은 편이고, 내용도 비교적 다양하다. 첫머리에서 복고復古 정신에 입각한 학문의 방향을 언급하고 있으며 학문과 교육에만 종사하고자 하는 포부도 분명하게 드러내고 있다. 꿈에서도 주공을 보고 싶어 하는 바람 역시 첫 문장인 호고好古의 정신과 접맥되어 있다. 공자는 자신의 네 가지 근심거리 가운데 첫째로 덕을 닦지 못한 것을 들 만큼 배움과 덕을 매우 중요시하고 있다.

스승을 찾아뵐 때의 예의를 논하며 구체적인 항목을 예시한 데서는 세속적인 삶을 살아가는 공자의 모습을 알 수 있다. 그의 교육 방법을 살펴보는 것도 흥미롭다. 발분하지 않는 자는 내친다는 점을 강조했다. 여전히 자로에 대한 불만 섞인 훈계를 볼 수 있다. 스승이 죽지도 않았는데 장례 준비를 서두른 모습을 보면서 공자는 어떤 마음이 들었을까?

또 현실과 이상 사이에서 갈등하는 지식인의 고뇌를 엿볼 수도 있다. 구해서 얻을 수만 있다면 하찮은 일을 해서라도 부라는 것을 얻어보겠다는 자조 섞인 말을 하는 한편, 동시에 자신이 좋아하는 바를 고수하겠다는 신념도 단호하게 내비친다. 백이와 숙제를 평한 말이라든지 부귀가 자신에게는 뜬구름 같다는 말이라든지, 자신에 대한 자부심을 드러낸 7.20의 문장은 일종의 '정신승리법'인 듯하여 안타까운 느낌도 든다.

요컨대, 주옥같은 구절들을 통해 우리는 공자의 학문 태도와 철학, 삶에 대한 진지한 성찰에 젖어들게 된다.

창작보다 중요한 것 7.1

공자께서 말씀하셨다.

"서술하되 짓지는 않고[1] 믿어서 옛것을 좋아하니,[2] 남몰래 나를 노팽[3]과 비교해본다."

子曰: "述而不作, 信而好古, 竊比於我老彭.[4]"

---

1) 원문의 "술이부작述而不作"을 번역한 것으로, 여기서 "작作"은 잘 알지 못하면서 지어낸다는 뜻이니 공자는 그렇게 하지 않는다는 말이다. 이 문장은 7.27의 "아마도 알지 못하면서도 창작하는 자가 있겠지만, 나는 그런 적이 없다〔蓋有不知而作之者, 我無是也〕"와 같은 의미다.

2) 스승의 역할을 강조한 유명한 구절이다. 스승은 미래에 펼쳐질 일을 정확히 파악하여 그것에 대처할 능력이 누구보다 뛰어나야 한다. 미래 사회는 과거에서 현재까지 이어지는 연장선에 있으므로 과거와 현재에 이르는 흐름의 변화를 파악한다면 앞으로 다가올 미지의 세계도 어렵지 않게 예측하여 대처 방안도 정확히 세울 수 있을 것이다. 이런 점에서 "신이호고信而好古"라는 말도 한 것이다.

3) 정현은 노팽을 노자老子와 팽조彭祖라고 주장하는데 타당성이 부족하다. 《대대례大戴禮》에 "옛날 상나라의 노팽 및 중훼〔昔商老彭及仲虺〕"라는 말이 나올 뿐 아니라 그 앞에 해당 시대를 표시하는 "상商" 자가 있어서 노자와는 관련이 없는 인물임을 알 수 있다. 은나라 초기의 현명한 대부 이름이라는 설도 있다. 팽조의 성은 전籛이고 이름은 갱鏗이며, 전욱顓頊의 손자이고 육종씨陸終氏의 가운데 아들로서 '축융팔성祝融八姓' 중 팽彭 성의 시조이기 때문에 팽조라고 부른다. 팽조는 예로부터 내려온 양생과 방중술 관련 기록을 집대성한 자로 일컬어진다. 공자가 팽조를 거론한 이유는 옛것을 좋아하는 그의 "신이호고" 정신 때문이다. 700~800년 동안 살았다고 전해지는 팽조의 삶에 주공부터 500여 년 동안 이어진 학문을 승계해 온 공자 자신도 충분히 비교할 만하다는 자부심이 엿보인다. 옛것을 좋아하고 익힌 바를 전술하기를 즐겨한 노팽을 정신적 지주로 삼아 그처럼 하고 싶다는 공자의 바람도 담겨 있다.

4) 원문의 "신信"은 '돈독히 믿는 것〔篤信〕'이고, "고古"는 '선왕지도先王之道'이다. 원문의 "절竊은" '남몰래'라는 의미로 겸양의 표현이기도 하다.

공자가 추구한 세 가지 기본 7.2

공자께서 말씀하셨다.

"묵묵히 그것을 [마음에] 새기고,[5] 배우는 데 싫증 내지 않고, 남을 가르치는 데 게을리하지 않는 것,[6] 내가 [이 세 가지를] 행하는 데 무슨 어려움이 있겠는가?"[7]

子曰: "默而識之, 學而不厭, 誨人不倦, 何有於我哉?"

5) 원문의 "지識"를 번역한 것으로 '기억하다'라는 의미다. '말하지 않으면서 마음에 새겨두는 것(不言而存諸心)'을 말한다. 이 편의 27장에 "많이 보고 그것을 [마음에] 새기면(多見而識之)"이라는 구절에 나오는 "지識"와 같은 용법이다. 원문의 "묵默"은 '안에 두고 밖으로 표출하지 않는 것(內而不出)'을 말한다. "묵이지지默而識之, 학이불염學而不厭, 회인불권誨人不倦" 이 세 가지는 눈높이에 맞춰 차등을 두지 않고 가르치려고 노력했다는 말로 공자의 교육관이 드러나 있다.

6) 공자는 항상 학문을 게을리하지 않았다. 또 제자들을 가르칠 때에는 최선을 다해 임하였다. 교육자의 참모습은 성실하게 자신이 알고 있는 지식을 잘 전달해 주는 것이어야 한다. 공자는 평등한 교육 기회도 중시했다. 귀족은 단 두 명밖에 받아들이지 않았고 대부분의 제자는 백성의 자제들이었다.

7) 이미 앞에서도 나왔듯이 《논어》에서 "하유何有"란 '무슨 어려움이 있겠는가'라는 의미로 상고 시대에 자주 쓰인 표현이다. "하유어아재何有於我哉"는 '어느 것이 나에게 있겠는가?(何者能有於我也)'라고 정반대로 해석해야 한다는 견해도 있고(주희 설), 원문의 "하何"를 '수誰'로 보아 '누가 나에게 있다고 하는가'라고 하여 겸양의 표현으로 보기도 한다(모기령 설).

네 가지 걱정거리 7.3

공자께서 말씀하셨다.

"덕을 닦지 못한 것, 배운 것을 강습하지 못한 것, 의로운 것을 듣고서도 옮겨 가지[8] 못한 것, 좋지 않은 것을 고치지 못한 것, 이것이 나의 걱정거리[9]다."

子曰: "德之不修, 學之不講, 聞義不能徙, 不善不能改, 是吾憂也."[10]

8) 원문의 "사徙"를 번역한 것이다. 〈안연〉 12.10에 "사의徙義"라는 말이 있는데 '의를 찾아간다'는 의미다.

9) 그 당시 대부분의 선비들이 '세상을 근심하고 백성을 근심〔憂世憂民〕'했지만 이는 위정자의 몫이고, 진정으로 근심할 것은 자신부터 다스릴 것을 강조하는 위의 네 가지라고 보았으며(정약용 설), 이를 '나날이 새로워지는 주요한 요소〔日新之要〕'로 보기도 하였다(주희 설). 또 윤순은 "덕을 반드시 닦고 난 이후에야 이루어지고 학學을 반드시 강습한 이후에야 명철해지고, 선善을 보면 능히 옮기고 잘못을 고치는 것에 인색하지 않은 것이 일신의 요체〔德必修而後成, 學必講而後明, 見善能徙, 改過不吝, 此四者日新之要也〕"라고 하였다.

10) 원문의 "덕德"은 '본마음의 정직함〔本心之正直〕'을 말한다. 원문의 "학學"은 '선왕의 도와 예를 배우는 것'이다(주희 설). 원문의 "강講"은 설문해자로 보면 '해解'와 같은 뜻으로 '익히다, 널리 강습하다'의 의미이다. 원문의 "불선不善"은 일상생활에서 정도에서 벗어나고 상식에 어긋난 것을 말한다. 공자는 "두 번 허물하지 말라〔不貳過〕"고 하였으니 허물을 고치라는 말이다. 원문의 "오吾"는 공자 자신을 말하기도 하고(주희 설), 반대로 당대의 '우리들'로 해석하기도 한다(오규 소라이 설).

한가로운 모습이지만 7.4

공자께서 [집에서] 한가로이 계실 때[11]는 [용모가] 편안하셨고[12] [걷는 모습은] 편안하셨다.

子之燕居, 申申如也, 夭夭如也.[13]

주공을 꿈꾸었건만 7.5

공자께서 [탄식하며] 말씀하셨다.

"심하구나, 나의 노쇠함이여! 오래되었구나, 내 더 이상 꿈에 주공[14]을 못 뵌 지가!"

子曰: "甚矣吾衰也! 久矣吾不復夢見周公!"

11) 원문의 "연燕"은 '한가로울 한閒, 편안할 안安, 편안할 연宴'과 통하는 말로 주희도 "연거燕居"를 "한가하여 하는 일이 없는 때(閒暇無事之時)"라고 풀이했다.

12) 원문의 "신신申申"은 주희의 풀이대로 "용모가 편안하다(容舒)"라는 의미다. 황간은 "마음이 조화로운 것(心和)"이라고 보았으며, 정약용은 "어투가 자상하다(言語之慈詳也)"라는 의미로 풀었다. 정약용은 "공자가 향당에 있을 때는 성실하여 말을 잘하지 못하는 것처럼 하였고 조정에 있을 때는 말을 잘하나 오직 삼갔다"라고 하였다. 마치 활시위를 당길 때 '한 번은 긴장하게 하고 한 번은 느슨하게 하는 것(一張一弛)'과 같이 공적인 영역과 사적인 영역의 엄격한 구분을 말하는 것이다.

13) 원문의 "여야如也"는 〈향당〉의 "신실한 듯하시다(恂恂如也), 강직한 듯하시다(侃侃如也), 부드러운 듯하시다(誾誾如也), 엄숙한 듯하시다(踧踖如也), 절도를 갖춘 듯하시다(與與如也), 안색이 바로잡혀 바뀐 듯하시다(色勃如也), 발걸음이 종종걸음치듯 하시다(足躩如也), 삼가고 공손한 듯하시다(鞠躬如也), 기쁘고 만족한 듯하시다(怡怡如也), 새가 날갯짓하듯 하시다(翼如也), 경쾌하고 즐거운 듯하시다(愉愉如也)" 등의 표현과 같은 것으로 '연然, 언焉'의 뜻이다.

도와 덕과 인과 예 7.6

공자께서 말씀하셨다.

"도에 뜻을 두고,[15] 덕에 근거하며, 인에 의거하고, 예藝[16]에 노닌다."[17]

子曰: "志於道, 據於德, 依於仁, 遊於藝."[18]

최소한의 예의 7.7

공자께서 말씀하셨다.

"스스로 말린 고기 열 묶음 이상을 [예물로] 가져오면,[19] 나는 일찍이 가르쳐주지 않은 적이 없다."

14) 주공은 희단姬旦으로 주나라 무왕의 동생이다. 무왕을 도와 상의 주왕紂王을 멸하는 데 큰 공을 세웠으며, 무왕이 죽은 후 즉위한 어린 성왕을 대신하여 섭정했다. 공자가 주공을 거론한 이유는 비록 공자가 노나라 출신이지만 노나라는 주공이 천자에게 받은 봉국이기 때문이다. 공자가 주공을 그리워한 것은 노나라를 위한 것이었다. 주공은 천하를 섭정하면서 모든 일의 나침반이 되었으나 정작 자신은 천자의 지위를 얻지 못한 상징적인 존재였다. 명예는 얻었으나 실질은 없다는 게 이런 것일까. 노나라에 돌아온 기원전 484년, 나이 68세가 된 공자도 그러했다.

15) 도를 추구하고 이루는 데 뜻을 둔다는 의미인데 도는 사람이 살아가면서 나날이 마땅히 지켜야 할 당위다.

16) 예禮(예절)·악樂(음악)·사射(활쏘기)·어御(수레 몰기)·서書(글씨 쓰기)·수數(셈하기) 등을 가리킨다.

17) 이 문장은 공자의 학문관이 전인교육에 있음을 알 수 있는 소중한 단서다.

18) 원문의 "거據"는 덕에 근본을 두어 "잡아 지킨다[執守]"는 의미로 도에 입각한 행위가 덕으로 나타난 것이다. "의依"는 "어기지 않는다[不違]"는 의미다. "유遊"는 "사물을 따라 노닐면서 감정이 가는 대로 따라간다[玩物適情]"는 의미다.

子曰: "自行束脩[20]以上, 吾未嘗無誨焉."

교육 방법 7.8

공자께서 말씀하셨다.

"[배울 때] 분발하지 않으면 열어주지 않고, 애태우지 않으면 발휘하도록 말해주지 않는다. 한 귀퉁이를 들어 보였을 때 [다른] 세 귀퉁이로써 반응하지 않으면 [더 이상] 반복해서 가르치지 않는다."[21]

子曰: "不憤不啓, 不悱不發. 擧一隅不以三隅反則不復也.[22]"

---

19) 원문의 "자행自行"을 번역한 것으로, '스스로 가져오다'라는 뜻이다. 즉 자발적이고 주도적인 학습 의지를 나타낸다.

20) "속수束脩"는 열 가닥의 육포肉脯를 묶은 것을 말하는데, 스승을 뵙는 데 쓰는 최소한의 예절에 해당할 뿐 결코 학비 개념이 아니었다. 형병은 "그 후한 것은 옥이나 비단의 무리에 있다(其厚則有玉帛之屬)"고 하였다. 공자의 학당은 한번 제자가 되면 학비는 물론 숙식까지도 무료로 제공되는 혜택이 주어졌다. "유교무류有教無類"(〈위령공〉 15.38)라고 했듯이, 공자는 제자를 받으면서 출신을 전혀 고려하지 않았고 다만 스승을 뵙는 데 필요한 예물을 가져왔는지만 따졌다. 또 "속수는 나이 15세 때 속대束帶한다는 뜻으로, 옛날의 예속은 지금과 같지 않아, 무릇 천속지친天屬之親이 아닐 경우에는 그들이 서로 처음 볼 때 반드시 폐백이 있어야 했고, 군신君臣과 부부夫婦와 붕우朋友, 이 셋 사이는 의義로써 결합된 것이니 폐백이 없으면 서로 보지 못하였다(年十五束帶之意…不知古之禮俗, 與今不同, 凡非天屬之親者, 其始與相見, 必有贄物, 君臣也夫婦也朋友也, 此三者, 以義而合者也, 以義而合者, 苟無贄物, 不與之相見)"라는 해석도 있다(정약용 설).

21) 일방적인 지식 전달에 관한 방침이라기보다 피교육자인 제자들이 자신의 부족함을 깨달아 적극적으로 배움에 참여하기를 바라는 뜻이 깃들어 있는 말로 오늘날의 자기주도 학습과 크게 다르지 않다. 즉 "거일반삼擧一反三"에는 하나를 배우면 다른 것까지도 유추해서 안다는 의미가 들어 있다. 〈공야장〉을 보면 공자의 제자 안회는 하나를 들으면 열을 안다고 해서 "문일지십聞一知十"이라는 칭송을 들었다. 그 반대는 '우이독경牛耳讀經'이다.

상례 7.9

공자께서는 상을 당한 사람 곁에서 식사를 하실 때는 일찍이 배부르신 적이 없었다.[23] 공자께서는 이날 곡을 하시면 노래를 부르지 않으셨다.[24]

子食於有喪者之側, 未嘗飽也. 子於是日哭則不歌.

용기와 만용 7.10

공자께서 안연에게 말씀하셨다.

"등용되면 나아가고 버려지면 숨는 것, 오직 나와 너만이 이같이

---

22) 원문의 "분憤"은 '화내다, 답답하다의 의미로 마음속에 눌러두는 것(心求通而未得之意)'을 말한다. 원문의 "계啓"는 '그 뜻을 열어줌(開其意)'을 말한다. 원문의 "비悱"는 '입안에서 말이 나올 듯하면서 나오지 않는 것(口欲言而未能之貌)'을 말한다. 정이천은 "분憤"과 "비悱"를 '성의가 안색과 말에 나타나는 것(誠意之見於色辭者也)'이라고 해석했다. 원문의 "발發"은 '그 말문을 열어줌(達其辭)'을 말한다. 원문의 "반反"은 '되돌려서 서로 증좌해 주는 것(還以相證之義)'을 말한다. 원문의 "복復"은 '다시 말해 주는 것(再告)'을 말한다.

23) 원문의 "유상자有喪者"란 '장례를 아직 치르지 않은 집의 상주喪主이다(補曰有喪者, 謂未葬者之主人也)'(정약용 설). 원문의 "미상포야未嘗飽也"는 '상喪에 임해 슬퍼하여 달게 먹을 수가 없어서이다(臨喪哀, 不能甘也)'(주희 설).

24) 원문의 "자어시일子於是日, 곡즉불가哭則不歌"에 대해 정약용은 "하루 동안에는 남은 슬픔이 잊혀지지 않아서 저절로 노래 부를 수 없는 것이다(吊哭, 日之內, 余哀未忘, 自不能歌也)". 원문의 "가歌"를 '말을 길게 하여 시를 읊조리는 것(長言而誦詩)'이라고 해석하면서 "슬픔과 즐거움을 같은 날에 하지 않는 것이 충忠(哀樂不同日者忠也)"이라고 하였다. 《예기禮記》 〈단궁檀弓〉에, "조문하는 사람은 이날에 즐거워하지 않았고, 조문하러 가는 날에는 술을 마시지 않았고 고기를 먹지 않았다(吊於人, 是日不樂, 行吊之日, 不飮酒食肉)"고 하는 것에서 슬픔을 함께한 마음을 읽을 수 있다.

할 수 있을 것이다."[25]

자로가 여쭈었다.

"선생님께서 3군三軍[26]을 거느리신다면 누구와 함께하시겠습니까?"

공자께서 말씀하셨다.

"맨손으로 호랑이를 잡으려 하고 맨몸으로 강물을 건너려다 죽어도 후회하지 않을 사람이라면, 나는 [그런 사람과] 함께하지 않을 것이다. [내가 함께할 자는] 반드시 일에 임해서는 두려워할 줄 알고 계획을 잘 세워 성공하는 [그런] 사람이다."[27]

子謂顏淵曰: "用之則行, 舍之則藏, 惟我與爾有是夫." 子路曰: "子行三軍, 則誰與?" 子曰: "暴虎馮河, 死而無悔者, 吾不與也. 必也臨事而懼, 好謀而成者也."[28]

---

25) 공자가 생각하는 군자는 마음에 어떠한 집착이나 고집도 없이 전체 상황에 맞추어 무심히 대처하는 인물이다. 자기를 알아주는 이에게 등용되면 도道를 행하는 데 정치적 역량을 발휘하고, 등용되지 못하면 때를 기다릴 뿐이다. 공자는 이처럼 살 수 있는 사람은 자신과 안연뿐이라고 생각했다.

26) 당시 1군一軍은 1만 2천5백 명으로 구성되어 있었는데, 천자는 6군六軍을 거느릴 수 있었고, 제후 이상은 3군을, 제후 아래의 지위에 있는 자는 1군이나 2군二軍을 거느릴 수 있었다고 한다.

27) 공자의 이 대답에는 제자들에 대한 깊은 배려가 있다. 먼저 자로의 단점을 지적하고 나서, 보충해야 할 방향을 제시하여 자로의 인격 형성에 도움을 주려 한 것이다. 지나치게 용감하고 우직했던 자로는 사실 자존심도 매우 강하여 나중에 전쟁에 연루되자 "군자는 죽을지언정 갓을 벗지 않는다〔君子死而冠不免〕"라는 말을 남기고 갓끈을 묶으며 죽었다고 사마천은 기록하고 있다.

28) 원문의 "사舍"는 '버리다〔捨〕'의 의미이다. 원문의 "여與"는 '함께〔共〕'의 의미다. 원문의 "포호暴虎"는 '맨손으로 짐승을 잡는 것〔徒手搏獸〕'을 말한다. 원문의 "빙하馮河"는 '한낱 배 없이 맨몸으로 건너는 것〔無舟渡水, 徒涉〕'을 말한다. 원문의 "구懼"는 '일을 공경한 것〔敬其事〕'이라고 해석하기도 하나(주희 설)

구할 수 없는 것이라면 7.11

공자께서 말씀하셨다.

"부富라는 것이 구할 수 있는 것이라면, 비록 채찍을 들고 길을 트는 자[29]라도 나는 또한 할 것이다.[30] 만일 구할 수 없는 것이라면, 나는 내가 좋아하는 일을 따르겠다."

子曰: "富而可求也, 雖執鞭之士, 吾亦爲之. 如不可求, 從吾所好."

삼가고 두려워하는 의미다. 원문의 "성成"은 '그 계책을 이룸'을 이른다〔成其謀〕. 자로가 아마도 이런 것들을 알지 못하는 것이어서 '그의 용맹을 누르는 가르침〔抑其勇〕'을 주는 장이다(주희 설).

29) 원문의 "집편지사執鞭之士"를 번역한 것인데, 대체로 채찍을 드는 천한 일을 하는 자 혹은 인사라는 번역이 무난하다. 사실 이 '집편지사'란 단어에는 두 가지 뜻이 있으니 하나는 천자나 제후가 출입할 때 가죽 채찍을 들고 길을 비키도록 하는 하급 관리를, 다른 하나는 가죽 채찍을 들고 시장의 질서를 유지하는 책임을 지고 있는 하급 관리를 일컫는다. 소식은 "성인이 일찍이 도를 구함에 마음을 두신 적이 없으니, 어찌 가능함과 불가능함을 따지겠는가? 이런 말씀을 하신 것은 다만 결코 구해서 될 수 없음을 밝히셨을 뿐이다〔聖人未嘗有意於求富也, 豈問其可不可哉? 為此語者, 特以明其決不可求爾〕"라 하고, 정현은 "[집편지사는 그냥 던진 말이고] 부귀를 구해서 얻을 수 없으니, 덕을 닦아서 그것을 얻는 데 뜻이 있다〔富貴不可求而得之, 當修德而得之〕"라고 한 것에 정약용은 반박하여 말하기를, "만약 벼슬할 만한 세상을 만난다면 미관말직이라도 해보겠지만 벼슬해서는 안 되는 세상을 만나면 삼공三公으로써 부르더라도 도를 닦으며 스스로 즐기는 것만 같지 못하다〔其言若曰若當可仕之世則雖卑官末職, 吾當仕焉, 若當不可仕之世, 則雖召我以三公, 不如修道而自樂也〕"라고 하였다.

30) 공자의 말은 마치 "치질을 핥아 수레를 얻다〔舐痔得車〕"(《장자》 〈열어구列禦寇〉)라는 말을 생각나게 한다. 이런 일화가 있다. "진나라 왕은 병이 나서 의사를 불러 종기를 터뜨려 고름을 뺀 자에게 수레 한 대를 주고, 치질을 핥아서 고치는 자에게는 수레 다섯 대를 준다더군. 치료하는 데가 더러운 곳으로 내려가면 내려갈수록 주는 수레가 많다는 거야. 그대도 그 치질을 고쳤는가? 수레가 정말 많군. 더러우니 당장 꺼져버리게!" 이 말처럼, 부자가 되는 과정은 더럽고 치사하여 욕되기도 하다. 장자의 말에 냉소가 배어 있듯 공자의 말에도 푸념이 배어 있다.

신중히 하신 세 가지 7.12

공자께서 신중하신 것은 재계[31]와 전쟁과 질병[32]이었다.

子之所愼, 齊戰疾.

석 달 동안 고기 맛을 모른 이유 7.13

공자께서 제나라에 계실 때 〈소韶〉(순임금의 음악)를 들으시고,[33] 석 달 동안 고기 맛을 알지 못하셨으며, 이렇게 말씀하셨다.

31) 제사 지내기 전에 몸과 마음을 가지런하게 하는 것으로, 원문의 "재齊"는 '재齋'와 같은 뜻이다. 〈향당〉 10.7에서 "재계할 때는 반드시 [평소에 드시던] 음식을 바꾸셨으며, 거처할 때에도 반드시 자리를 바꾸셨다〔齊必變食, 居必遷坐〕"라고 했는데, 바로 그런 의미다.

32) 주희는 "전쟁은 여러 사람의 사생과 국가의 존망이 달려 있다〔衆之死生, 國之存亡系焉〕"고 하였으며, "질병은 또 내 몸이 사느냐 죽느냐 보존되느냐 없어지느냐가 달려 있는 것이니 모두 조심하지 않을 수 없다〔疾又吾身之所以死生存亡者, 皆不可以不謹也〕"고 하였다.

33) 이 문장은《사기》의 〈공자세가〉에도 상당히 유사하게 실려 있다. 사마천에 따르면 당시 상황은 이러했다. "공자 나이 서른다섯 때의 일이다. 계평자는 후소백侯昭伯과 닭을 싸우게 하여 노나라 소공에게 죄를 지었다. 소공이 군대를 거느리고 평자를 공격하자 평자는 맹손씨, 숙손씨와 함께 세 가家의 힘을 합쳐 소공을 공격하니 소공의 군대는 패하여 제나라로 달아났고, 제나라는 소공을 간후乾侯에 살도록 했다. 그후 얼마 안 되어 노나라에 난이 발생했다. 공자가 제나라로 가 고소자高昭子의 가신이 되어 경공景公과 접촉하려고 했다. [공자는] 제나라 태사太師와 음악을 두고 얘기했는데 〈소韶〉 음악을 듣고는 그것을 배우느라〔學之〕 석 달 동안 고기 맛을 알지 못하셨다"고 했다. 여기에는 '학지學之'라는 두 글자가 더 있어 의미가 전혀 다르게 해석된다. 이 시기에 경공은 이계尼谿라는 밭을 주어 공자를 봉하려고 했으나, 공교롭게도 공자가 평소 존경했던 재상 안영이 반대하는 바람에 실현되지는 않았다.

"음악을 지은 것이 이런 경지까지 이를 줄은 생각지도 못했다."[34]

子在齊聞韶, 三月不知肉味, 曰: "不圖爲樂之至於斯也."

인을 추구하여 인을 얻은 백이와 숙제 7.14

염유가 말했다.

"선생님께서 위나라 임금[35]을 위해 [벼슬을] 하실까요?"

자공이 말했다.

"좋습니다, 내가 여쭤보도록 하지요."

그는 들어가서 여쭈었다.

"백이와 숙제는 어떤 사람입니까?"

[공자께서] 말씀하셨다.

"옛날의 현인이시다."

34) 이 문장에서 "위爲"는 '만들다'는 의미이고 "사斯"는 상당한 수준의 경지를 의미하는데 주희의 견해에 따른 것이다. 즉 내용과 형식이 완벽하게 잘 갖추어져 있다는 말이다. 한편 황간은 이 "사斯"를 '제나라'라고 해석하여 천자의 음악인 〈소韶〉가 제후의 나라인 제나라에서 연주되는 것을 공자가 슬퍼하였다고 하였다.

35) 출공出公을 가리키며 이름은 첩輒이다. 위나라 영공靈公의 손자이고 태자 괴외蒯聵의 아들이다. 태자 괴외가 영공의 부인인 남자南子에게 죄를 지어 진晉나라로 도망갔는데, 영공이 죽자 출공이 임금이 되었다. 진晉나라의 조간자趙簡子 또한 괴외를 돌려보내는 일을 빌미로 위나라를 침략했다. 위나라는 진나라 군대를 방어하기 위해 괴외의 귀국을 막게 된다. 결국 괴외와 첩이 부자관계인데도 왕위를 두고 싸우고 있으니 백이와 숙제가 왕위 자리를 포기하고 수양산에 들어간 상황과는 대조가 되는 것이다. 그러므로 자공은 공자의 관점이 어떤지 여쭈어본 것인데, 공자는 당연히 백이와 숙제를 찬미했으니 출공을 인정할 리 없었던 것이다.

"원망했습니까?"

[공자께서] 말씀하셨다.

"인을 추구하여 인을 얻었는데, 또 무엇을 원망했겠느냐?"

[자공이] 나와서 말했다.

"선생님께서는 [위나라 임금을 위해 벼슬]하지 않으실 겁니다."

冉有曰: "夫子爲衛君乎?" 子貢曰: "諾. 吾將問之." 入, 曰: "伯夷叔齊何人也?" 曰: "古之賢人也." 曰: "怨乎?" 曰: "求仁而得仁, 又何怨?" 出, 曰: "夫子不爲也."

뜬구름과 같은 것 7.15

공자께서 말씀하셨다.

"거친 밥[36]을 먹고 [차가운] 물을 마시며, 팔을 굽혀 그것을 베개로 삼으면 즐거움도 그 속에 있다. 의롭지 못하고 잘살고 귀하게 되는 것은 나에게는 뜬구름만 같은 것이다.[37]"

---

36) 원문의 "소사疏食"에는 '잡곡'이란 의미와 주희의 풀이처럼 '거친 밥(麤飯)'이란 두 가지 의미가 있는데, 역자는 후자를 택한다. 정이천은 "거친 밥을 먹고 물을 마심을 즐거워한 것이 아니라, 비록 거친 밥을 먹고 물을 마시더라도 그 즐거움을 고칠 수 없는 것이다(非樂疏食飲水也, 雖疏食飲水, 不能改其樂也)"라고 하였다.

37) 주희는 "성인의 마음은 천리에 합치되어 비록 지극히 곤궁함에 처하더라도 낙樂이 또한 있지 않음이 없다. 그 의롭지 못한 부귀 보기를 마치 뜬구름이 있고 없는 것처럼 여겨 막연해서 그 마음에 동요됨이 없는 것이다(聖人之心, 渾然天理, 雖處困極, 而樂亦無不在焉. 其視不義之富貴, 如浮雲之無有, 漠然無所動於其中也)"라고 해석하였다.

子曰: "飯疏食, 飲水, 曲肱而枕之, 樂亦在其中矣, 不義而富且貴, 於我如浮雲."

《역》을 배운다면 7.16

공자께서 말씀하셨다.

"나에게 몇 년을 더 보태주어 50세가 될 때까지 《역》[38]을 배우게 된다면 [천명을 알아] 큰 허물을 없게 할 것이다."

子曰: "加我數年, 五十以學易, 可以無大過矣."[39]

---

38) 원문에서 핵심 단어인 "역易"이 '역亦'으로 되어 있어 이 문장을 "50세가 될 때까지 공부한다면"으로 해석해야 한다는 완원阮元의 견해가 있었다. 역자는 여기서 주희의 해석에 따라 원문 그대로 해석했다. 김학주는 완원의 해석도 타당하다고 보았는데, 역자는 공자가 《역易》에 능했고 열심히 읽었다는 사실을 주목해야 할 필요가 있다고 본다. 공자가 나이 50세에 《역》을 배웠을 뿐만 아니라 천명을 알았다는 것은 결코 우연의 일치가 아니다. 《사기》의 〈중니제자열전〉에 나오는 다음과 같은 대목을 참고해보자. "상구商瞿는 노나라 사람으로 자는 자목子木이고 공자보다 스물아홉 살 아래이다. 공자는 《역》을 상구에게 전수하였고, 상구는 그것을 초나라 사람 한비자홍韓臂子弘에게 전수하였으며, 한비자홍은 강동江東 사람 교자용자矯子庸疵에게 전수하였고, 교자용자는 연나라 사람 주자가수周子家竪에게 전수하였으며, 주자가수는 순우淳于 사람 광자승우光子乘羽에게 전수하였고, 광자승우는 제나라 사람 전자장하田子莊何에게 전수하였으며, 전자장하는 동무東武 사람 왕자중동王子中同에게 전수하였고, 왕자중동은 치천菑川 사람 양하楊何에게 전수하였으며, 양하는 원삭元朔 연간에 《역》에 능통하다 하여 중대부中大夫에 임명되었다." 이렇게 본다면 이 문장에서 "역易" 자는 결코 빠뜨려서는 안 될 중요한 글자임을 알 수 있다.

39) 원문의 "가加"를 '가假'로 보아 "몇 년의 수명을 빌려주어 이와 같이 하면 내가 역에 빈빈할 것이다(假我數年, 若是我於易則彬彬矣)"라고 해석하기도 하고, 주희는 "오십五十"을 '졸卒'로 보아 '마침내'로 해석하기도 한다. 이 구절은 역을 배워 천명을 알고 진퇴의 고리를 터득하고 순리대로 살며 무리수를 두지 않으니 큰 허물이 없다는 것이다.

표준말을 쓴 공자 7.17

공자께서 표준말[40]로 삼으신 것은 《시경》과 《서경》이었다. 예를 집행하실 때는 모두 표준말을 쓰셨다.

子所雅言, 詩書. 執禮, 皆雅言也.

자로의 묵묵부답에 화를 내다 7.18

섭공[41]이 자로에게 공자에 대해 물었는데, 자로는 대답하지 않았다. [이 사실을 알고] 공자께서 말씀하셨다.

"너는 어찌하여 '그분은 사람됨이 분이 일어나면 먹는 것도 잊어버리고 [도를] 즐거워하며 근심을 잊어[42], 늙음이 장차 다가오는 것마저 알지 못한다'라고 말하지 않았느냐?"

葉公問孔子於子路, 子路不對. 子曰: "女奚不曰 '其爲人也, 發憤忘食, 樂以忘憂, 不知老之將至云爾?'"

40) 원문의 "아언雅言"을 번역한 것인데, '평소에 말씀하시는 것'이라고 번역하기도 한다(주희 설). 이렇게 되면 오히려 표준말이 아니고 방언의 의미로 해석되어 타당성이 떨어진다. 보충하면 여기서 "아언"은 '정언正言'의 의미로 바로 '하언夏言'이고 하언은 고대의 표준어다. 공자가 예를 집행할 때 쓰는 말은 모두 당시의 표준어였을 것이고, 《시》와 《서》를 낭송할 때도 표준어로 했을 것이다.

41) 초나라 대부로 자는 자고子高이고 이름은 심제량沈諸梁이다. 섭 땅에 봉해졌기 때문에 이렇게 불렸다. 그가 공자를 만난 시기는 공자 나이 60세가 좀 넘은 때로 보인다.

42) 원문의 "발분망식發憤忘食, 낙이망우樂以忘憂"를 번역한 것으로, '진리를 터득하지 못하면 분발하여 먹는 것도 잊는다〔未得, 則發憤而忘食〕'는 뜻이고, '이미 터득하면 즐거워하여 근심을 잊는다〔已得, 則樂之而忘憂〕'는 말이다(주희 설).

공자의 자부심 7.19

공자께서 말씀하셨다.

"나는 태어나면서부터 [세상의 이치를] 아는 사람이 아니라, 옛것을 좋아하고 부지런히 아는 것을 추구한 사람이다."

子曰: "我非生而知之者,[43] 好古敏以求之者也."[44]

입에 올리지 않은 네 가지 7.20

공자께서는 괴이한 일, 위세 부리는 일, 어지럽히는 일, 귀신에 관한 일에 대해서는 말씀하시지 않았다.[45]

子不語怪力亂神.

43) 주희는 이 말의 의미를 풀이하여 "기질이 맑고 밝으며 의리義理가 밝게 드러나 굳이 배우지 않아도 저절로 아는 것〔氣質淸明義理昭著不待學而知〕"이라고 했다. 한편, 이 문장은 한유의 "사람이 나면서 그것(도)을 알 수는 없는데, 어찌 미혹이 없겠는가?〔人非生而知之者, 孰能無惑?〕"(《한창려문집韓昌黎文集》〈사설師說〉)라는 글에도 나온다. 정약용은 "대개 어려서부터 장성할 때까지 그 몸을 닦고 행실을 단속하는 것이 하나하나가 모두 예법에 맞아 배우지 않아도 능한 자임을 말한다〔蓋謂自幼至長, 其修身飭行, 動中禮法, 不學而能者也〕"고 하였다.

44) 〈계씨〉 16.9와 비교해서 읽어보아야 한다. 사실 공자는 배우기 좋아하는 것과 배우기 좋아하지 않는 것을 기준으로 하여 사람의 지력을 네 가지 등급으로 나누었다. "나면서부터 아는 자〔生而知之者〕"가 상급이고, "배워서 아는 자〔學而知之者〕"가 중상급이고, "곤란을 겪고 나서 배우는 자〔困而學之者〕"가 중하급이고, "곤란을 겪고 나서도 배우지 않는 자〔困而不學者〕"가 하급이다. 공자는 자신이 상급이 아니라고 했으며, 다만 배우기를 좋아한다는 점을 인정했다.

45) 공자는 귀신과 같은 불가사의한 존재에 의지하기를 싫어했다. 현실 세계에서의 도덕적 성숙과 인간성을 갖추는 것을 중시했다. 공자는 평생 군신君臣, 부자父子, 부부夫婦 등을 중심으로 한 윤리 도덕을 역설했다.

누구나 스승이 될 수 있다 7.21

공자께서 말씀하셨다.

"세 사람이 길을 가면, [그 가운데] 반드시 나의 스승이 있다. 그 가운데 좋은 것을 가려서 그 점을 따르고 그 가운데 좋지 않은 점[46]을 [가려서] 그 점을 고친다."

子曰: "三人行, 必有我師焉. 擇其善者而從之, 其不善者而改之."

덕이 있기에 두렵지 않다 7.22

공자께서 말씀하셨다.

"하늘이 나에게 덕을 주었는데, 환퇴[47] 같은 자가 나를 어떻게 하겠느냐?"[48]

子曰: "天生德於予, 桓魋其如予何?"

---

46) 원문의 "선자善者"와 "불선자不善者"를 번역한 것으로, '장점과 단점'으로 보기도 하고, '좋은 일과 나쁜 일', '착한 사람과 악한 사람'으로 해석하기도 한다.

47) 송나라 사마司馬인 환퇴를 말한다. 사마환퇴가 못된 짓을 한 것은 기원전 492년 공자 나이 60세에 송나라를 지나갔을 때이다. 공자가 커다란 나무 아래서 강의하고 있을 때 사마환퇴가 사람을 보내 강의하고 있던 곳을 휘저어놓고 사람들에게 나무를 넘어뜨리도록 했다. 사마환퇴는 사마우의 형제였는데, 공교롭게도 사마우는 공자의 제자이기도 했다. 물론 사마우는 사마환퇴의 난(기원전 481)에 가담하지 않았으며 〈안연〉 12.5에서 자신만이 형제가 없다고 했는데 그런 맥락에서 나온 말이다.

숨기는 게 없다 7.23

공자께서 말씀하셨다.

"너희는 내가 숨기는 게 있다고 생각하느냐? 나는 너희에게 숨기는 게 없다. 나는 [어떤 일을] 행하면서 너희와 함께하지 않는 것이 없으니, 이것이 바로 나 구丘다.[49)]"

子曰: "二三子以我爲隱乎? 吾無隱乎爾. 吾無行而不與二三子者, 是丘也."

네 가지 가르침 7.24

선생님께서는 네 가지를 가르치셨으니 문헌, 덕행, 충심, 신의였다.[50)]

子以四教, 文行忠信.

48) 〈자한〉 9.5의 "공자께서 광 땅에서 두려움을 갖게 되자〔子畏於匡〕"와 맥락이 연관된다. 공자의 목숨을 노리는 자들이 많았는데, 본문에서처럼 강하게 자신을 어필하고 있는 것을 보면 공자 자신도 충격이 컸음을 알 수 있고, 공자의 자부심 또한 대단했음을 볼 수 있다.

49) 정약용은 "공자 스스로 자신을 실증하여 한 말이다. 자신의 이름을 말함으로써 자신이 한 일이 명백함을 나타낸 것이다〔自證自明之辭, 說其名, 以著己事之明白〕"라고 하였다.

50) 원문의 "문행충신文行忠信"을 번역한 것으로, "문文"은 선왕이 남긴 문헌이고, "행行"은 마음에 있으면 덕이 되어 시행하면 행동이 되는 것이고, "충忠"은 자신을 속이지 않는 것이며, "신信"은 사람의 말에 속임이 없는 것을 말한다.

한결같은 사람 7.25

공자께서 말씀하셨다.

"성인은, 내가 만나보지 못하는구나. 군자라도 만나볼 수 있다면, 그것만으로 좋겠다."

공자께서 말씀하셨다.

"선한 사람은 내가 만나보지 못하는구나. 한결같은 사람[51]을 만나볼 수 있다면, 그것으로 좋겠다. 없으면서 있는 척하고, 비었으면서도 가득 차 있는 척하며, 곤궁하면서도 부자인 척하니, 어렵구나, 한결같음을 지닌다는 것이!"

子曰: "聖人, 吾不得而見之矣. 得見君子者, 斯可矣." 子曰: "善人,[52] 吾不得而見之矣. 得見有恆者, 斯可矣. 亡而爲有, 虛而爲盈, 約而爲泰, 難乎有恆矣!"

---

51) 원문의 "유항자有恆者"를 번역한 것으로, 그 덕은 선인에 비해 떨어지지만 헛된 망상을 갖고 있지 않고, 교묘함이나 거짓이 없이 떳떳함을 지키고 변함없는 마음을 지닌 자를 말한다.

52) "선인善人"이란 단어는 《논어》에 다섯 번 나오니, 이곳 외에 〈선진〉 11.19, 〈자로〉 13.11, 〈자로〉 13.29, 〈요왈〉 20.1 등에서 찾아볼 수 있다. 모두 "선한 사람"으로 번역한다.

낚시와 사냥의 도 7.26

공자께서는 낚시질은 하셔도 그물질은 하지 않으셨고, 주살질은 하셔도 [둥지에] 잠든 새는 쏘아 맞추지 않으셨다.[53)]

子釣而不綱, 弋不射宿.

아는 것에 버금가는 것 7.27

공자께서 말씀하셨다.

"아마도 알지 못하면서도 창작하는 자가 있겠지만, 나는 그런 적이 없다. 많이 듣고 그 가운데 좋은 것을 선택하여 따르고, 많이 보고 그것을 [마음에] 새기면, [이것이] 아는 것에 버금가는 일이다."

子曰: "蓋有不知而作之者, 我無是也. 多聞, 擇其善者而從之. 多見而識之, 知之次也."

53) 형병은 "공자는 비록 주살로 쏘았으나, 다만 낮에만 쏘고 밤에 쏘지 않은 것은 잠자러 둥지로 돌아온 새들을 속여서 몰래 맞추고, 또 뭇새를 놀라게 하기 때문〔夫子雖爲弋射, 但晝日爲之, 不夜射栖鳥也, 爲其欺暗必中, 且驚衆也〕"이라 하였다. 미물微物을 대하는 것이 이와 같으니 공자의 인성을 알 수 있는 대목이다.

공자를 찾아온 아이 7.28

호향[54] 사람들은 더불어 말하기 어려웠는데, [그곳의] 어린아이가 [공자를] 뵈러 오자, 문하생들이 의아하게 생각했다.

공자께서 말씀하셨다.

"진보하려는 자와는 함께하고 퇴보하려는 자와는 함께하지 않는 것이 무엇이 지나친가![55] 사람이 자신을 깨끗이 하여 나아가면 [우리는] 그의 깨끗함과 함께하면 되지, 그의 지난 일을 물고 늘어질 수는 없다[56]."

互鄕難與言, 童子見, 門人惑. 子曰: "與其進也, 不與其退也, 唯何甚. 人潔己以進, 與其潔也, 不保其往也."

인은 가까운 데 있거늘 7.29

공자께서 말씀하셨다.

"인仁이 멀리 있는가? 내가 인을 행하려 하면 인은 바로 [나에게] 다가온다."[57]

---

54) "호향互鄕"은 마을 이름으로 이 마을의 분위기가 좋지 않았다고 한다.

55) 원문의 "유하심唯何甚"을 번역한 것으로, '내 행동이 무엇이 지나친 것인가' 또는 '내게 너희들이 무엇을 그리 심하게 따지는가' 의 두 가지 해석이 가능하다.

56) 원문의 "불보기왕야不保其往也"를 번역한 것으로, 어린아이의 지난 날이든 공자가 그 아이를 만난 일이든 그 자체에 집착하지 않는다는 뜻이다. 아이 스스로는 괴팍한 호향 사람들과의 관계를 끊고 공자의 가르침을 선택한 것이고, 공자는 출신 성분을 따지지 않고 제자를 받아들이는 너른 관용을 보여주는 구절이다.

子曰:"仁遠乎哉. 我欲仁, 斯仁至矣."

노나라 군주를 위하다 7.30

진陳나라의 사패(법을 관장하는 벼슬이라고 알려져 있다)가 물었다.

"[노나라 임금] 소공은 예를 아시는 분입니까?"

공자께서 말씀하셨다.

"예를 아시는 분입니다."

공자께서 물러나시자, 무마기[58]에게 예를 표하며 들어오게 하고는 말했다.

"나는 군자는 편을 가르지 않는다고 들었는데, 군자도 편을 가릅니까?[59] [노나라] 임금(소공)은 오吳씨를 아내로 맞이했는데[60] 성이 같기 때문에 그녀를 오맹자라고 하였습니다. 이런 임금이 예를 안다면 누가 예를 모르겠습니까?"

무마기가 그 말을 알려주자, 공자께서 말씀하셨다.

"나는 운이 있구나. 만약 [나에게] 허물이 있어도 남이 그러한 점을 반드시 알려준다."

---

57) 이 문장은 '인은 나에게 달려 있다(爲仁由己)'는 뜻으로, 공자의 자부심인 동시에 제자들에게 하는 당부이자 다짐의 말이기도 하다.

58) 공자보다 30세 연하의 제자이며 무의巫醫로 보인다.

59) 여기서 사패는 공자가 노군을 위해 주군의 치부를 숨겼다고 비판한 것이다. 그는 공자의 이런 태도가 '당동벌이黨同伐異'(같은 무리끼리 한패가 되어 다른 무리를 배척하는 것)라고 보았다. 자기 편 사람이면 비록 허물이 있어도 다 좋게 보는 패거리 문화의 악습이라고 생각한 것이다. 〈위령공〉 15.21의 "무리를 이루지만 파벌을 만들지는 않는다"는 문장과 같은 맥락이다. 하지만 공자는 허물을 무릅쓰고서라도 신하된 자로서 당연히 주군을 보호해야 한다고 생각했다.

陳司敗問: "昭公知禮乎?" 孔子曰: "知禮." 孔子退, 揖巫馬期而進之, 曰: "吾聞君子不黨, 君子亦黨乎? 君取於吳, 爲同姓, 謂之吳孟子. 君而知禮, 孰不知禮?" 巫馬期以告.

子曰: "丘也幸. 苟有過, 人必知之."

공자의 노래 부르기 7.31

공자께서는 다른 사람과 노래를 함께 하시다가 [그 사람이] 잘하면, 반드시 반복하도록 하시고 그런 다음에 따라 부르셨다.

子與人歌而善, 必使反之, 而後和之.[61]

60) 원문의 "취取"는 곧 '취娶'로서 '아내로 맞이하다'라는 뜻이다. 노나라는 주공의 후예가 세운 나라이고, 오나라는 태백의 후예가 세운 나라로서 그들이 모두 희씨성姬氏姓이었기 때문에 통혼해서는 안 되었다. 이런 금기가 춘추 시대에 들어서면서 다소 느슨해져 진晉나라에서는 융녀戎女를 아내로 맞이했고, 노나라에서는 오녀吳女를 아내로 맞이했다. 이런 일은 여전히 그렇게 영예로운 것이 아니었다. 그래서 노나라 소공은 자기 부인을 오희吳姬라고 부르기를 원치 않았기 때문에 오맹자吳孟子라고 불렀고 이에 대해 사패는 오나라에서 오희를 아내로 맞이한 것이 바로 예를 몰라도 한참 모르는 행위라고 한 것이다. 공자가 소공을 위해 이런 사실을 은폐한 것은 사리에 맞지 않는다고 생각하여 이렇게 말한 것이다.

61) 원문의 "반反"은 '반복하다, 복창하다'의 뜻이다. '잘한 부분을 다시 부르게 하여 잘한 점을 취한 것(欲得其詳而取其善也)'이다. 원문의 "화和"는 '그 자세한 것의 묘미를 터득하고자(喜得其詳而與其善也)' 하는 행동이다. 이는 공자가 상대방의 훌륭한 점을 인정했기에 가능한 것으로 공자의 마음 씀씀이와 공부에 대한 열정이 드러난 구절이다.

공자가 터득하지 못한 것 7.32

공자께서 말씀하셨다.

"문장은 나는 다른 사람과 같지는 않을 것이다.[62] [그러나] 몸소 군자의 도를 실천하는 것은 내가 아직 터득하지 못했다."

子曰: "文莫,[63] 吾猶人也. 躬行君子, 則吾未之有得."

성스러움과 인仁 7.33

공자께서 말씀하셨다.

"성스러움과 인 같은 것을 내가 어떻게 감당할 수 있겠느냐?[64] 하지만 그런 것들을 [추구]하는 데 싫증내지 않고, 다른 사람 가르치는 것을 게을리하지 않는다고 말할 수 있을 뿐이다."

공서화가 말씀드렸다.

"[그 점이] 바로 [저희] 제자들로서는 배울 수 없는 것입니다."[65]

---

62) 원문의 "문막文莫, 오유인야吾猶人也"를 번역한 것인데, 남보다 뛰어나지는 못해도 남들과 비슷한 수준은 되거나 남들보다 못하지는 않은 수준을 말한다.

63) "문막文莫"이란 단어 역시 다양한 해석이 있다. 하안은 "문장은 [남보다] 못하다"고 해석했고, 주희는 "막莫"을 의문사로 보아서 "문장은 [남과 같은 수준이] 안 되는가"라는 의미로 풀이했으며, 왕인지도 동의하여 "문장은 [남과] 같은 수준이다"라고 해석했다. 유보남은 "노력하는 것은 남과 같다"라고 해석하면서 독음도 "민막忞饃"으로 읽어야 한다고 했고 리링 역시 이 견해에 동의하고 있다. 역자는 주희 설에 동의한다. 한편 이을호는 "학문쯤이야 나도 왜 남만 못할까마는"이라고 번역하기도 했다.

64) 원문의 "성聖"과 "인仁"은 대인大人으로 변한 경지를 이른다. 북송의 조설지는 "사람들이 공자를 인자로 떠받드니 공자가 겸손하게 대답하는 말(當時有稱夫子聖且仁者, 以故夫子辭之)"이라고 하였다.

子曰: "若聖與仁, 則吾豈敢? 抑爲之不厭, 誨人不倦,[66) 則可謂云爾已矣." 公西華曰: "正唯弟子不能學也."

자로의 기도 7.34

공자께서 중병[67)이 나시자 자로가 기도할 것을 청했다.

공자께서 말씀하셨다.

"[그런 적이] 있느냐?"[68)

자로가 대답했다.

"있습니다. 추모하는 글에 '너를 위해 하늘과 땅의 신에게 기도하노라'[69)라고 했습니다."

65) 공서화는 언변이 뛰어난 공자의 제자이다. 여기서도 공자님의 경지를 제자로서 따라가 미칠 수 없으며 배울 엄두조차 낼 수 없다는 아부성 발언을 하고 있다. 그러나 공자의 이러한 실천력은 오늘날의 우리에게도 좋은 귀감이 되는 것은 분명하다.

66) 이 문장의 "위지불염爲之不厭, 회인불권誨人不倦" 두 구절은 이미 〈술이〉 7.2에서 "배우는 데 싫증 내지 않고, 남을 가르치는 데 게을리하지 않는 것(學而不厭, 誨人不倦)"이라는 문장으로 나온 바 있다. 비슷한 문장이 《맹자》〈공손추 상〉에도 나와 있으니 다음과 같다. "옛날에 자공이 공자에게 여쭈었다. '선생님께서는 성인이십니까?' 공자께서 말씀하셨다. '성인이란 내가 할 수 있는 것이 아니니, 나는 배우기를 싫어하지 않고 가르치기를 피곤해하지 않는다(昔者子貢問於孔子曰, 夫子聖矣乎. 孔子曰, 聖則吾不能, 我學不厭而教不倦也)'".

67) 원문의 "질병疾病"은 오늘날의 한자어와는 다르게 중병을 의미한다. 흔한 잔병을 '질疾'이라 하고, 중병을 '병病'이라 했으며 이 두 글자를 합하면 중병을 의미했다.

68) 원문의 "저諸"는 '지호之乎'의 약자로 "유저有諸"는 '그런 일이 있었는가'의 뜻으로, 공자는 병을 운명으로 생각하고 있으며 잘못한 일이 없으니, 굳이 기도하여 빌 것이 없다며 부정적인 반응을 보이고 있는 것이다.

69) 원문의 "뢰誄"는 사람이 죽고 나서 그의 공적을 열거한 문장이다. "상하신기上下神祇"는 '위의 하늘 신(神)과 아래 땅의 신(祇)'이라는 뜻이다.

공자께서 말씀하셨다.

"나도 [그런] 기도를 드린 지 오래되었구나."[70]

子疾病, 子路請禱. 子曰: "有諸?" 子路對曰: "有之. 誄曰 '禱爾于上下神祇.'" 子曰: "丘之禱久矣."

사치보다는 검소 7.35

공자께서 말씀하셨다.

"사치스러우면 불손해지고[71], 검소하게 되면 고루해진다. 불손하기보다는 차라리 고루하라."

子曰: "奢則不孫, 儉則固. 與其不孫也, 寧固."[72]

---

70) 이 문장은 〈팔일〉 3.13의 "하늘에 죄를 지으면 빌 곳이 없습니다[獲罪於天, 無所禱也]"라는 문장과 함께 읽으면 의미가 분명히 다가온다. 공자에게 하늘이란 절대적 가치를 지닌 신성불가침의 영역이었다. 주희는 "기도는 잘못을 뉘우치고 선善에 옮겨가[遷善] 신神의 도움을 받으려고 비는 것으로 평소의 행실이 진실로 이미 신명神明에 합한다면 기도를 일삼을 일이 없다[其素行, 固已合於神明]"고 하였다. 공자가 기도하지 않고 훌훌 털고 일어났다고는 하지만 스승을 걱정하는 자로의 마음에 공감해주는 공자의 인품이 느껴지며, 공자가 기도 대상을 찾고 있는 솔직한 심경으로도 보여진다.

71) 원문의 "불손不孫"은 '불손不遜'과 같은 의미로 겸손하지 않다는 말이다.

72) 원문의 "고固"는 '고루固陋하다'는 뜻으로 고집이 세고 새로운 것을 잘 받아들이지 않는 것을 말한다. 원문의 "여기與其~녕寧~"은 '~라기보다는 차라리~하다'라는 구문이다.

군자와 소인의 차이 7.36

공자께서 말씀하셨다.

"군자는 평탄하여 여유가 있고[73], 소인은 늘 걱정에 휩싸여 있다.[74]"

子曰: "君子坦蕩蕩, 小人長戚戚."

73) 원문의 "탄탕탕坦蕩蕩"을 번역한 것으로, "탄坦"은 '평탄하다'는 뜻으로 마음이 고요하고 편안하다는 것이다. "탕蕩"은 '넓다'는 뜻으로 여유롭고 관대한 모습이다. 군자는 스스로 천명을 거스르지 않고 이치를 따르므로 항상 편안하고 태평하며[君子循理, 故常舒泰] 매사에 열린 자세로 여유가 있다. 증자의 "마음이 넓고 몸이 너그러운 모양[心廣體伴]"과 통한다.

74) 원문의 "장척척長戚戚"을 번역한 것으로, "장長"은 '늘, 항상, 길게'의 뜻이다. "척척戚戚"은 근심과 두려움이 많은 모습이다. 소인은 사물에 의해 부림을 당하므로 항상 근심이 많다. 군자는 자신을 위해서 주체적으로 사는데 소인은 외부의 시선에 집중되어 있어 안타깝다는 것이다.

공자의 풍도 7.37

공자께서는 온화하면서도 엄숙하셨고[75], 위엄이 있으면서도 사납지 않으셨으며, 공손하면서도 편안하셨다.[76]

子溫而厲, 威而不猛, 恭而安.

75) 원문의 "려厲"는 사납다는 뜻으로 《역易》에서는 '위태롭다(危)'로 본다. 높고 험준한 것, 위엄 있고 엄준한 위상을 말한다. 〈자장〉 19.9에 군자의 세 모습을 "그를 멀리서 보면 근엄한 모습이고, 그를 가까이에서 보면 온화하며 그의 말을 들으면 엄정하다(望之儼然, 卽之也溫, 聽其言也厲)"고 한 것과 통한다. "온溫"은 안색이 온화한 것이고, "려厲"는 음성이 엄한 것이다.

76) 이처럼 공자는 여유가 있었다. 자신감이 있는 사람은 여유가 있다. 또한 외유내강해야 한다. 사람은 온화하면서도 엄격할 땐 엄격해야 하며 위엄이 있으되 지나치지 말아야 하며 항상 거만하지 말고 공손해야 한다는 뜻이며 이는 엄격한 자기관리를 통해 터득하는 것이다. 원문에서 "온溫, 려厲", "위威, 맹猛", "공恭, 안安"이라는 상반된 의미를 두어서 공자의 균형과 중용을 지향하는 풍도를 알 수 있으며, 그의 학문이 '위기지학爲己之學'임을 입증하고 있다. '널리 알 뿐만 아니라 깊게도 알고(博而精)' 세심하면서도 대범하며 이성적이면서 감성적인 것처럼 대립적 가치가 혼연일체하는 공자의 총체적 이미지를 볼 수 있다.

제8편

태백泰伯

–성현의 덕행과 공자의 정치관

【해설】

〈태백〉 편은 21장이며, 예악이나 효, 인, 덕행, 군자의 품격 등 성현의 덕행과 관련된 공자의 어록이 많다. 증자의 문인들이 기록했다는 설이 있을 정도로 증자와 관련된 언행도 상세히 기록되어 있다. 후반부에는 고대의 이상적 군주인 요·순·우 임금에 대한 공자의 정치적 평가가 여러 차례 나와, 공자가 추구하는 이상 정치의 지향점이 바로 주나라에 있음을 되새기게 된다.

첫머리부터 공자는 세 번이나 천하를 양보한 태백의 덕을 칭송하면서, 용감하든 정직하든 모든 것의 중심에 예가 있어야 한다는 점을 강조하고 있다. 3장의 "전전긍긍戰戰兢兢"도 증자에 의해 널리 알려진 말이다. 증자가 인정한 안회의 덕은 남들 앞에 나서지 않고 묵묵히 자신의 일을 하면서 어딘지 좀 모자라 보이는 매력이 있었기 때문이라는 사실을 강조하고 있다.

이 편에서 가장 주의해 볼 말은 9장에서 "백성은 [도리를] 따르게 할 수는 있지만, 그것(도리)을 [백성들로 하여금] 알게 할 수는 없다"는 구절로, 백성들의 참정권을 부정한 대목이다. 이는 당시의 상황을 고려해 본다면 크게 이상할 것도 없지만 공자 사상에 엘리트주의가 깃들어 있음을 나타낸다는 논의가 있다.

"그 직위에 있지 않으면 그 [해당되는] 정무를 논의하지 않는다"(14장)는 말도 한번 생각해볼 만한 명구다. 후반부의 요임금을 평가한 말이라든지, 순임금과 무왕의 존재 이유가 훌륭한 신하들 덕분이라는 언급은 오늘날 읽어보아도 새롭다.

세 번이나 양보한 태백 8.1

공자께서 말씀하셨다.

"태백[1]은 아마 지극한 덕을 지녔을 것이라고 할 만하다! 세 번이나 천하[2]를 [동생에게] 양보했는데[3], 백성들은 [그 덕을 무슨 말로] 칭송할 방법이 없었다."

子曰: "泰伯, 其可謂至德也已矣! 三以天下讓, 民無得而稱焉."[4]

---

1) 주나라 태왕太王의 맏아들로, 왕위를 셋째 아들에게 물려주려는 아버지의 뜻에 따르고 오나라로 갔기 때문에 '오태백吳泰伯(혹은 吳太伯)'이라고 부른다. 《사기》〈오태백세가〉에 이렇게 기록되어 있다. "오태백과 태백의 동생 중옹仲雍은 모두 주周나라 태왕太王의 아들이며, 주나라 왕 계력季歷의 형이다. 계력은 어질었으며 [그에게는] 성스러운 아들 창昌(주나라 문왕文王이 됨)이 있었다. 태왕이 계력과 창에게 임금의 자리를 물려주려 하자, 태백과 중옹 두 사람은 곧 형만荊蠻, 즉 오랑캐 땅으로 달아나 몸에 문신을 새기고 머리카락을 잘라 왕이 될 수 없음을 보여주면서 계력을 피했다. 결국 계력이 임금의 자리에 올랐으니 이 사람이 왕 계季이고, 창은 문왕文王이 된다. 태백은 형만으로 달아나 스스로 구오句吳라고 일컬었다. 형만 사람들은 그를 정의로운 사람으로 여겼고, 그를 좇아 귀의한 자가 1천여 가구나 되었으며 그를 임금으로 세워 오태백이라고 했다."

2) 원문의 "천하天下"를 번역한 것으로, 당시 주 왕실은 작은 부락 정도에 불과했으므로, 천하라는 말은 분명 과장된 표현이다. 물론 나중에 중원을 주周 왕실이 통일했으니 이를 염두에 둔 말이라고 볼 수 있다는 견해도 있다(양보쥔 설).

3) "양보했다[讓]"는 이유로 오태백은 사마천의 《사기세가》 첫머리에 등장하게 된다. "태백이 계력에게 양위한 것을 아름답게 여겨" 〈태사공자서〉를 지었다고 했듯 사마천은 '양보'라는 단어를 핵심으로 하여 오태백과 그가 창건한 오나라에 관해 이야기하고자 한 것이다. 태왕이 병들었을 때 태백은 병에 쓰려고 오·월에 약초를 캐러 가서 태왕이 죽어도 돌아오지 않아 계력季歷이 상주가 되었던 것이 그 첫 번째 사양이고, 계력은 부음訃音을 받고 달려왔는데 태백은 분상奔喪하지 않았던 것이 그 두 번째 사양이며, 면상免喪한 뒤에 드디어 머리를 자르고 몸에 문신한 것이 그 세 번째 사양이다(정현 설).

4) "민무득이칭언民無得而稱焉"이란 문장을 주의 깊게 살펴볼 필요가 있다. 《석문》에는 "득得"이 '덕德'이라고 적혀 있는데 옛날 책에서 '득'과 '덕'은 자주 가

예가 우선이다 8.2

공자께서 말씀하셨다.

"공손하면서도 예가 없으면 수고롭고, 신중하면서도 예가 없으면 [담력이 작아] 두려워하며, 용감하면서도 예가 없으면 문란해지고, 정직하면서도 예가 없으면 박절하게 된다.[5] 군자가 친족들에게 돈독한 감정을 가지면 백성들 사이에 인이 유행할 것이다. 옛 친구를 버리지 않으면, 백성들이 각박해지지 않을 것이다."

子曰: "恭而無禮則勞, 愼而無禮則葸, 勇而無禮則亂, 直而無禮則絞. 君子篤於親, 則民興於仁. 故舊不遺, 則民不偸."

전전긍긍, 여리박빙 8.3

증자가 병이 들어 문하의 제자를 불러 말했다.

"[이불을 걷고] 나의 발을 펴보거라, 나의 손을 펴보거라.[6] 《시경》에 '두려워하고 삼가기를, 깊은 연못가에 있는 것처럼, 살얼음 위를 건

차자로 통용되었다. 〈계씨〉 16.12에 나오는 "민무덕이칭언民無德而稱焉" 역시 '민무득이칭언'으로 읽어야 한다. 그러나 여기서는 말로 표현할 수 없을 만큼 좋은 것을 나타내고, 〈계씨〉에서는 말로 표현할 수 없을 만큼 나쁜 것을 나타낸다는 점이 다르다.

5) "예禮"는 남과 조화를 이룰 수 있는 객관적 기준이 된다. 상대방의 수고로움을 한없이 대신하게 할 수 없고, 하극상을 조장하지 않아야 하며, 억지스럽고 고집스러워 융통성이 없는 행위는 조화를 깨뜨리는 무례함이다.

6) 이 말은 효행으로 널리 알려진 증자가 자신의 수족에 손상이 없는지 살펴보라고 한 말이다. 옛날에는 효의 기본이 부모로부터 물려받은 몸을 잘 간수하는 것이었기 때문이다.

는 것처럼 하라'고 했는데, 지금부터는 내가 [죽음의 근심에서] 벗어나게 되었음을 알겠노라. 제자들아."

曾子有疾, 召門弟子曰: "啓予足. 啓予手. 詩云, '戰戰兢兢, 如臨深淵, 如履薄氷.' 而今而後, 吾知免夫. 小子."

죽으려 할 때 그 말이 착하다 8.4

증자가 병이 들어 맹경자(노나라 대부 중손첩仲孫捷)가 문병하러 갔다. 증자는 말했다.

"새가 죽으려 할 때는 그 울음소리가 구슬프고, 사람이 죽으려 할 때는 그 말이 착하다.[7] 군자는 도道에서 귀하게 여기는 것이 세 가지 있다. 몸을 움직일 때는 조급함과 게으름을 멀리하고, 얼굴빛을 바로잡을 때는 믿음에 가까이하도록 하며, 말을 내뱉을 때는 비속하거나 도리에 들어맞지 않는 것을 멀리한다. 제기를 다루는 일 따위의 소소한 일[8]은 유사(그 일을 주관하는 낮은 벼슬아치)가 맡으면 된다."

---

7) 사마천의 《사기》〈이사열전李斯列傳〉에서도 이사李斯가 죽으면서, "내 너와 함께 다시 한 번 누런 개를 이끌고 고향 상채 동문에 나가서 토끼사냥이나 했을 텐데 이제는 그렇게 할 수 없겠구나(吾欲與若復牽黃犬俱出上蔡東門逐狡兔, 豈可得乎)" 하고 탄식하는 장면이 나오는데 이 구절과 오버랩된다.

8) 원문의 "변두지사籩豆之事"를 번역한 것으로. "변籩"이란 대나무로 만든 그릇인데 긴 다리가 있고 사발처럼 생긴 제사용 그릇이다. "두豆"는 덮개가 있고 주로 국물이 있는 음식을 담는 그릇이다. 그러니 "변두지사"란 이런 제사용 그릇을 쓰는 일과 같은 자잘한 일을 가리킨다.

曾子有疾, 孟敬子問之. 曾子言曰: "鳥之將死, 其鳴也哀. 人之將死, 其言也善. 君子所貴乎道者三: 動容貌, 斯遠暴慢矣. 正顔色, 斯近信矣. 出辭氣, 斯遠鄙倍矣. 籩豆之事, 則有司存."

증자가 인정한 벗 8.5

증자가 말했다.

"능력이 있으면서도 능력 없는 사람에게 묻고, 많이 알고 있으면서도 적게 아는 사람에게 물으며, 있으면서도 없는 듯이 행동하고, 가득 차 있으면서도 빈 듯이 처신하고,[9] [다른 사람이] 나를 속일지라도 [잘잘못을] 따지지[10] 않았으니 예전에 나의 벗[11]이 일찍이 이렇게 실천했다."[12]

曾子曰: "以能問於不能, 以多問於寡, 有若無, 實若虛, 犯而不校, 昔者吾友嘗從事於斯矣."

---

9) 이 말은 〈술이〉 7.25의 "없으면서 있는 척하고, 비었으면서도 가득 차 있는 척하며, 곤궁하면서도 부자인 척하니(亡而爲有, 虛而爲盈, 約而爲泰)"라는 말과 비교해서 읽으면 의미가 분명히 전해질 것이다.

10) 원문의 "교校"는 '비교할 교較' 자와 통하며 따지거나 다툰다는 의미다. 주희도 '따져서 비교하다(計校)'라고 풀이했다.

11) 원문의 "오우吾友"에 대해 마융이나 주희는 모두 안회를 지칭한다고 보았으며, 역자 역시 이에 일리가 있다고 본다.

12) 《사기》〈회음후열전〉에서 한신에게 이좌거가 계책을 말하는 대목에, "제가 듣건대 지혜로운 사람도 천 번 생각하면 한 번 실수가 있고, 어리석은 사람도 천 번 생각하면 한 번은 얻는 경우가 있다고 합니다(臣聞智者千慮, 必有一失, 愚者千慮, 必有一得)" 하는 구절이 나온다. 모든 것을 갖춘 자는 없다. 누구든지 빈틈과 허점이 있으므로 겸허히 처신해야 하는 것이다.

군자다운 사람 8.6

증자가 말했다.

"키가 여섯 자인 어린 임금[13]을 맡길 수 있고, 백 리 정도 되는 작은 나라의 운명을 맡길 수 있으며, 나라의 중대한 일을 처리할 때는 그 뜻을 빼앗을 수 없다면[14], 군자다운 사람일 것인저! 군자다운 사람이다."

曾子曰: "可以託六尺之孤, 可以寄百里之命, 臨大節而不可奪也, 君子人與! 君子人也."

임무는 무겁고 길은 멀다 8.7

증자가 말했다.

"선비란 뜻이 크고 강인하지 않으면 안 되니[15], 임무는 무겁고 길은 멀기 때문이다. 인을 자기의 임무로 삼고 있으니 또한 [책임이] 무겁지 않은가? 죽고 나서야 그만둘 뿐이니 [갈 길이] 또한 멀지 않은가?"

13) 원문의 "고孤"를 '고아'라고 해석하는 이도 있는데(양보쥔), 앞뒤 문맥을 보더라도 여기서는 "임금"으로 해석해야 한다.

14) 원문의 "불가탈야不可奪也"를 번역한 것으로, 국가의 안위가 걸린 큰일을 처리할 때 군자가 설령 시련을 겪더라도 자신의 지조를 훼손해서는 안된다는 말이다.

15) 원문의 "사불가이불홍의士不可以不弘毅"를 번역한 것으로, 넓은 마음이 아니면 무거운 임무를 감당하지 못하고, 굳센 의지가 아니면 먼 곳에 이를 수 없다고 하였다(주희 설).

曾子曰: "士不可以不弘毅, 任重而道遠. 仁以爲己任, 不亦重乎? 死而後已, 不亦遠乎?"

시, 예, 악 8.8

공자께서 말씀하셨다.

"시[16]에서 [감흥을] 일으키고, 예에서 [행동의 근간을] 세우고, 악樂에서 [성정을] 완성한다."[17]

子曰: "興於詩, 立於禮, 成於樂."

따르게 할 수는 있어도 8.9

공자께서 말씀하셨다.

"백성은 [도리를] 따르게 할 수는 있지만, 그것(도리)을 [백성들로 하여금] 알게 할 수는 없다."[18]

子曰: "民可使由之, 不可使知之."

---

16) 주희는 "시는 성정에 근본하여 사邪도 있고 정正도 있어서, 그 말한 것이 이미 알기 쉽고 읊는 사이에 억양하고 반복하여 사람을 감동시킴이 또 들어가기 쉽다〔詩本性情, 有邪有正, 其為言既易知, 而吟詠之間, 抑揚反覆, 其感人又易入〕"고 하였다.

17) 이 문장의 핵심은 "예"와 "악"의 상호불가분성이다. 공자는 이 둘이 서로 떨어질 수 없다고 보았으니, 양자가 상호 보완 관계에 있음을 나타내는 '예악禮樂'이란 말이 나온 것도 이런 관점에서 볼 수 있다.

어지러움의 근본 8.10

공자께서 말씀하셨다.

"용맹을 좋아하고 가난을 싫어하면 난을 일으키게 된다.[19] 사람으로서 인仁하지 못한 것을 [사람들이] 너무 지나치게 미워해도 난을 일으키게 된다.[20]"

子曰: "好勇疾貧, 亂也. 人而不仁, 疾之已甚, 亂也."

교만하고 인색하다면 8.11

공자께서 말씀하셨다.

"만일 주공(단旦)과 같은 훌륭한 재주를 가졌다 하더라도, 만약 교만하고 인색하다면[21] 그 나머지는 볼 필요도 없다."

子曰: "如有周公之才之美, 使驕且吝, 其餘不足觀也已."

18) 이 해석을 두고도 많은 논란이 있는데, 백성을 어떤 시각에서 볼 것인가 하는 문제가 쟁점이었다. 즉 백성을 어리석다는 개념과 연관지어 해석할 경우, 이들이 이치를 이해하게 할 수는 없다는 의미다. 대체로 정현과 주희의 관점도 크게 벗어나지 않으니 백성들이 정책이나 도리를 따르게 할 수는 있어도 그런 원리를 이해하게 할 수는 없다는 식으로 풀면 무난하다. 하지만 유보남 같은 주석가는 백성을 '제자弟子'라고 해석하기도 한다.

19) 원문의 "호용질빈好勇疾貧, 란야亂也"를 번역한 것으로, 〈태백〉 8.2에 "용감하면서도 예가 없으면 문란해지고〔勇而無禮則亂〕"라는 문장과 〈양화〉 17.8에 "용기를 좋아하고 배우기를 좋아하지 않으면 병폐가 있으니 혼란하게 된다〔好勇不好學, 其蔽也亂〕"는 문장과 의미가 상통한다.

20) 주희는 "이 두 가지의 마음은 선악이 비록 다르나 난을 일으키는 것은 똑같다〔二者之心, 善惡雖殊, 然其生亂則一也〕"고 하였다.

배움과 관직 8.12

공자께서 말씀하셨다.

"3년 동안 배우고도 녹봉에 뜻을 두지 않는 사람은 쉽게 찾을 수 없다."

子曰: "三年學, 不至於穀[22], 不易得也."

그것은 부끄러운 일 8.13

공자께서 말씀하셨다.

"신념을 독실히 하고 배우기를 좋아하고 죽음으로써 선한 도道를 지킨다. 위태로운 나라에는 들어가지 않고, 어지러운 나라에는 살지 않는다.[23] 천하에 도가 있으면 나타나고, 도가 없으면 숨는다. 나

---

21) 원문의 "사교차인使驕且吝"을 번역한 것으로, "교驕"는 자신을 뽐내는 것으로 군자의 흠결이고, "인吝"은 비루하고 인색한 것으로 소인의 흠결을 뜻한다. 교만하면 군자가 오지 않고 인색하면 소인이 붙지 않는다(驕亢則君子不至, 吝嗇則小人不附)(태재순 설). 천하를 다스리려면 교만과 인색을 경계하여 민심을 획득하는 것이 중요하다 하겠다.

22) "곡穀"은 녹봉을 의미하는 '록祿'으로 풀이하는 것이 옳다. 주희는 원문의 "지至"를 '지志'로 교정하여 '뜻을 두다'라고 풀이해야 한다고 주장했는데 일리가 있다. 말하자면 관직에 나아가 녹봉을 얻으려는 것을 의미한다.

23) 원문에 나오는 "위危"와 "난亂"에 대한 설명이 필요한데, 후한의 경학가 포함包咸은 "신하가 임금을 시해하고 아들이 아버지를 시해하는 것이 '난'이고, 장차 난이 일어날 조짐이 '위'이다(臣弑君, 子弑父, 亂也, 危者, 將亂之兆也)"라고 주석을 달았다. 정약용은 "위危"란 장차 망하려고 하는 것이고, "난亂"이란 다스리지 못하는 것, "불입不入"은 처음에 들어가고 싶었던 곳이고, "불거不居"는 이제 떠나고 싶은 곳이라 하였다.

라에 도가 있는데도 가난하고 천한 것은 부끄러운 일이고, 나라에 도가 없는데도 부유하고 귀한 것은 부끄러운 일이다."[24]

子曰: "篤信好學, 守死善道. 危邦不入, 亂邦不居. 天下有道則見, 無道則隱. 邦有道, 貧且賤焉, 恥也. 邦無道, 富且貴焉, 恥也."

그 지위에서 논하라 8.14

공자께서 말씀하셨다.

"그 직위에 있지 않으면 그 [해당되는] 정무를 논의하지 않는다."[25]

子曰: "不在其位, 不謀其政."

음악을 말하다 8.15

공자께서 말씀하셨다.

"태사大師(고대 악관의 우두머리) 지摯가 처음 연주했던 〈관저〉의 마지막 악절 소리[26]는 아름다움이 넘쳐 귀에 가득 차는구나."[27]

子曰: "師摯之始, 關雎之亂, 洋洋乎盈耳哉."

---

24) 〈헌문〉 14.1의 "나라에 도가 있을 때에 [자리를 차지하며] 녹봉을 받는 것이니, 나라에 도가 없는데도 [물러나지 않고] 녹봉을 받는 것이 부끄러운 것이다(邦有道穀, 邦無道穀, 恥也)"와 맥락이 연관된다.

25) 정이천은 "그 지위에 있지 않음은 그 일을 맡지 않은 것이다. 만일 군주와 대부가 물으면 대답하는 경우는 있다(則不任其事也, 若君大夫問而告者則有矣)"라고 하였다.

상대하기 힘든 상대 8.16

공자께서 말씀하셨다.

"뜻이 크면서도 정직하지 못하고, 미련하면서도 삼가지 못하며, 무능한데도 신의가 없으면, 나는 그런 사람을 [어떻게 해야 할지] 모르겠다."

子曰: "狂而不直, 侗而不愿, 悾悾而不信[28], 吾不知之矣."

---

26) 리링의 고증에 의하면 고대에 음악은 대개 4악절로 이루어져 있었다. '승가삼종升歌三終'이 제1절이고, '생입삼종笙入三終'이 제2절이며, '간가삼종間歌三終'이 제3절이고, '합악삼종合樂三終'이 제4절이다. 공자가 말한 원문의 "시始"는 악곡의 제1절, 즉 시작을 말하고, "란亂"은 제4절, 즉 악곡의 종결을 말하며 여기서는 《시경》 주남周南의 〈관저關雎〉·〈갈담葛覃〉·〈권이卷耳〉, 소남召南의 〈작소鵲巢〉·〈채번采蘩〉·〈채평采苹〉 등을 뜻한다. 공자가 말한 〈관저〉는 《시경》에 들어 있는 시 여섯 편에 대한 약칭이다. 참고로 사辭나 부賦의 결미에 붙이는 말도 '란亂'이라고 불렀다.

27) 이와 비슷한 심리적 쾌감은 자공이 사을師乙(악관 이름)로부터 《시경》 각 부분의 음악적 특징을 듣고 난 뒤 토로한 바를 떠올리게 한다. "그러므로 노래라는 것은 [소리가] 위로 올라갈 때에는 솟는 것 같고, 아래로 내려갈 때에는 떨어지는 것 같고, 굽을 때에는 꺾이는 듯하며, 그칠 때에는 마른 나무 같고, 작게 감돌면 곱자에 들어맞고, 크게 감돌면 그림쇠에 맞으니, 끊임없이 이어져 마치 구슬을 꿴 것 같습니다. 그러므로 노래가 언어가 되려면 소리를 길게 늘여 빼야 하는 것입니다. [사람의 마음이] 기쁘게 되면 언어로 말하게 되고, 말로는 다 할 수가 없으면 [소리를] 길게 하여 말하게 되고, 길게 말해도 부족하면 읊조리게 되고, 읊조려서도 부족하면 손이 춤을 추고 발로 뛰는 것도 알지 못하게 되는 것입니다"(《사기》 〈악서樂書〉).

28) 원문의 "광狂"은 '뜻이 크다, 방자하다〔肆〕, 자유분방하다'는 다양한 뜻이다. "동侗"은 '알지 못하는 모양〔無知貌〕, 미련하고 멍청하다'는 뜻이다. "원愿"은 '삼감이 두텁다〔謹厚〕, 삼가다'는 뜻이다. "공공悾悾"은 '질박하여 꾸밈이 없는 것, 촌스럽다'는 뜻이다.

배움의 앞과 뒤 8.17

공자께서 말씀하셨다.

"배울 때는 미치지 못할 것처럼 하며[29], 그것을 잃어버릴까봐 두려워하듯이 한다.[30]"

子曰: "學如不及, 猶恐失之."

순임금과 우임금의 덕 8.18

공자께서 말씀하셨다.

"높고도 높구나! 순임금과 우임금께서는 천하를 가지고서도 [그것을] 누리지[31] 않으셨다."

子曰: "巍巍乎舜禹之有天下也, 而不與焉."

29) 원문의 "학여불급學如不及"을 번역한 것으로, 하안何晏은 "배움은 밖으로부터 들어오니, 지극히 익숙해져야만 오래갈 수 있다(學自外入, 至熟乃可長久)"고 하였다.

30) 원문의 "유공실지猶恐失之"를 번역한 것으로, 이미 얻은 것을 잃을까 걱정한다는 뜻이다. 정약용은 "도를 향해 갈 때 귀중한 보배가 앞에 있는데 다른 사람이 먼저 얻으면 어쩌나 하고 두려워하는 것과 같다(嚮道而行, 如有重寶在前, 爲他人所先獲)"고 하였다.

31) 원문의 "여與"로서 '참여하다', '관여하다'는 의미도 있으나 '누리다'라는 풀이가 더 적절하여 이것을 취한다. 형병은 '구求' 자와 같다고 보아 '구하다'는 의미로 풀었는데, 역자는 주희의 풀이대로 '상관하다'라는 의미를 좀더 확장하여 그 지위를 즐기지 않았다고 해석하여 이렇게 번역한 것이다.

높디높은 요임금의 덕 8.19

공자께서 말씀하셨다.

"위대하도다, 요의 군주 됨됨이여. 높고도 높도다! 오직 하늘이 위대한데, 요임금만이 그것을 본받았다.[32] 넓고 넓음이여![33] 백성들이 뭐라고 이름 붙일 수도 없었다.[34] 높고도 높도다! 그가 이룬 공적이여. 빛나는구나, 그 문장文章(예악과 전장법도典章法度를 포괄적으로 가리킴)이여."

子曰: "大哉, 堯之爲君也. 巍巍乎唯天爲大, 唯堯則之. 蕩蕩乎民無能名焉. 巍巍乎其有成功也. 煥乎, 其有文章."

32) 원문의 "유천위대唯天爲大, 유요칙지唯堯則之"를 번역한 것으로, "유唯"는 '오직(獨)'의 뜻으로 쓰였고 "칙則"은 '받들다(準), 본받는다(法)'는 뜻이다. 요임금이 하늘의 위대함을 본받았다는 것은 일월성신의 운행 법칙을 계산하여 역법을 만들고 시령을 사람들에게 알려주었기 때문이다. 원문의 "성공成功"은 '사업(事業)'의 뜻이고, 원문의 "문장文章"은 '예악禮樂과 법도法度'의 뜻으로 천도의 위대함을 본받아 천하를 다스렸다는 것이다.

33) 원문의 "탕탕호蕩蕩乎"를 번역한 것으로, '넓고도 넓은 모양(廣遠之稱)'을 뜻한다. 이 구절에는 이외에도 "대재大哉, 외외호巍巍乎, 환호煥乎" 등의 감탄사가 많은데 요임금의 덕을 칭송하는 것이다.

34) 원문의 "민무능명언民無能名焉"에서 "명名"은 '일컫다(稱), 형용하다'의 뜻으로 요임금의 덕을 어떤 말로 형용해도 부족하다는 뜻이다. 한유韓愈는 《논어필해論語筆解》에서 "요임금의 어짊은 하늘과 같아서 높고 먼 바를 형용할 말이 없다(不可名)"고 하였다.

신하들의 존재 이유 8.20

순임금은 신하 다섯 명[35]이 있었기에 천하를 다스렸다. 무왕은 "나에게는 다스리는[36] 신하 열 명이 있다"고 말했다. 공자께서 말씀하셨다.

"인재란 구하기가 어려운 것이니 아마도 그렇지 않은가? [요임금의] 당나라와 [순임금의] 우나라 시기에 인재가 풍성했다.[37] [그중에는] 부인이 한 명 있어, [신하는] 아홉 명이었을 뿐이다. 천하의 3분의 2를 차지하고 있으면서도 은나라를 섬겼으니, 주나라의 덕은 아마도 지극한 덕이라고 할 수 있을 것이다.[38]"

舜有臣五人而天下治. 武王曰: "予有亂臣十人."

孔子曰: "才難, 不其然乎? 唐虞之際, 於斯爲盛. 有婦人焉, 九人而已. 三分天下有其二, 以服事殷. 周之德, 其可謂至德也已矣."

35) 우禹(사공司工)·기棄(후직后稷)·설契(사도司徒)·고요皐陶(리李)·백익伯益(우虞)를 말한다.

36) 원문의 "란亂"을 번역한 것인데 마융의 풀이에 따라 '다스리다'라는 의미의 '치治'로 보았다. '유능하다'라는 의미를 함축하고 있다.

37) 앞 구절과의 연결이 매끄럽지 않다고 판단하여, 당우 시대보다 주나라 무왕 때 인재가 더 풍성했다는 의미로 해석하는 학자도 있다.

38) 주나라의 문왕이 9국의 제후를 규합하여 상商을 모시는 데 여섯 주를 얻었으니 천하의 3분의 2를 차지한 셈이다. 패권의 시기에 문왕은 강자이면서도 자신을 낮추고 다른 사람을 높이는 양보의 미덕을 갖추었으니 그 지극한 덕을 칭송한 것이다.

완전무결한 우임금 8.21

공자께서 말씀하셨다.

"우임금에 대해 나는 흠잡을[39] 것이 없다. [그는] 형편없는 식사를 하면서도 귀신에게 정성을 다했고, 나쁜 옷을 입으면서 예복禮服과 예관禮冠에 대해서는 지극한 아름다움을 취했으며, 허름한 집에 살면서도 물길을 트는 데는 힘을 다 쏟았다. 우임금에 대해 나는 흠잡을 것이 없다."

子曰: "禹, 吾無間然矣. 菲飮食而致孝乎鬼神, 惡衣服而致美乎黻冕, 卑宮室而盡力乎溝洫.[40] 禹, 吾無間然矣."

39) 원문의 "간間"은 '틈이나 흠(罅隙)을 잡는 것'을 뜻한다. 그 틈을 지적하여 비난하는 것이다. 우임금은 9년 동안 집 앞을 지나면서도 들어가지 못했고, 정강이 털이 남아 있지 않을 정도로 나랏일을 하였다고 한다. 선조와 성인과 백성을 공경하는 데에 이와 같이 정성을 다하여 흠잡을 바가 없다고 칭송하였다.

40) "구혁溝洫"은 전답 사이의 물길이니 경계를 바르게 하고 가뭄과 장마를 대비한 것이다. 특히 우임금은 치수사업에 성공하였기 때문에 그 덕을 칭송하는 것이다. 포함은 "사방 1리里가 정井이 되고, 정井과 정井 사이에 구溝가 있으며, 구溝의 너비와 깊이는 모두 4척尺이다. 10리里를 1성成이라 하는데, 1성成 사이에는 혁洫이 있으며, 혁洫의 너비와 깊이는 모두 8척尺이다"라고 하였다.

제9편

자한子罕

– 제자들이 공자의 덕행을 우러러 말하다

【해설】

〈자한〉 편은 주로 공자의 덕행에 관한 내용이 많은데 〈태백〉 편과 연계되는 내용도 적지 않다. 1장부터 이익과 천명 그리고 인仁의 문제가 거론된다. 이룬 것이 없다는 다른 사람의 냉소에 공자가 "수레 고삐라도 잡을 수 있다"고 답한 문장에는 풍자와 겸손이 함께 배어 있다.

공자가 하지 말아야 할 네 가지 일로 내세운 구절도 음미해볼 만하다. 하지만 "젊어서 비천했으므로 다방면에 걸쳐 비루한 일에 능하다"고 한 말은 겸손이 아니고 공자가 자신의 출신, 젊은 시절의 경험을 진솔하게 털어놓은 것으로 보아야 한다. 6장에서 "[관직에] 등용되지 않았으므로 다양한 재능이 있지"라고 한 말에는 '당대에 탄탄한 벼슬길을 가지 못했다', 또 '벼슬을 하지 않았기 때문에 다방면으로 능력을 길러 살아갈 수밖에 없었다'는 식의 자기 운명에 대한 냉소가 깃들어 있다. 아울러 자신을 위해 가신을 배치한 제자 자로의 행동에 과한 면이 있다고 비판하면서 "내가 길바닥에서 죽겠느냐?"라고 말한 대목(11장)에서도 역시 공자의 삶이 얼마나 팍팍했는지를 짐작할 수 있다. 그러면서도 공자는 자신의 처지를 결코 비관하지 않았다.

이 편에서도 안회를 끊임없이 칭찬하고 있는데(18장~21장), 후생가외後生可畏라는 말로 젊은이의 무한한 가능성을 언급한 점도 살펴볼 대목이다. 그러면서도 인생이란 40세나 50세 이전에 무엇인가 성취해야 한다고 강조했으며, 젊은이들 중에서도 싹이 보이는 이들을 키워야 한다는 소신을 피력했다. 27장에서 소나무와 잣나무의 진면목은 추운 겨울이 되고 난 이후에 알아본다는 말이라든지, 지자와 인자와 용자의 차이를 명쾌하게 요약한 28장의 대목도 오늘날까지 널리 인용되고 있다.

이익과 천명 9.1

공자께서는 이익과 천명에 대해서는 드물게 말씀하셨으나, 인仁과 더불어 하셨다.

子罕言利與命, 與仁.[1)]

수레 고삐라도 잡아야 하나 9.2

달항 고을의 사람이 말했다.

---

1) 이 문장은 역대로 해석이 분분했는데 크게 "한罕"과 "언言", "이利"와 "여與" 등에 대한 해석이 서로 다르며 이 문장의 구두점을 어디에 찍어야 하는가를 두고도 여러 논의가 있다. 즉 역자처럼 두 부분으로 나누는 방식과 통째로 한 문장으로 보는 경우, 그리고 "이利" 뒤에 쉼표를 찍어 "子罕言利, 與命與仁"으로 읽는 방식 등이다. 우선 "한罕"에 대해 어떤 학자는 '분명하게'라고 해석하기도 했으나 대체로 "드물게"라고 번역하는 데 동의하고 있다. "언言"은 '스스로 말하다'라는 식으로 풀이하고 있는 학자가 많은데 이는 큰 논란거리는 아니다. 《논어》 전체에서 "이利"를 말한 곳은 여섯 곳이다. '예리하다'는 의미로 쓰인 것과 '이구利口'라고 하여 말재주란 의미로 쓰인 경우를 포함하면 여덟 곳이다. "여與"의 경우 '~와'라고 풀기도 하며 '함께하다' '허락하다' 등으로 다양하게 해석한다. 분명한 점은 "이利"라는 글자와 비슷하게 "명命" 역시 일곱 곳에서 거론되고 있어 역자는 현재 띄어 쓴 것처럼 끊어서 읽어야 한다고 본다. 그런데, 양보쥔은 이런 해설에 반론을 제기하면서 《논어》에서 "인仁"을 언급한 곳이 많다고는 하나 다른 사람과 대화하는 가운데 언급한 것이며, 또 공자가 평생 한 말 중에서 이 글자가 차지하는 비중이 비교적 적다는 이유를 들어 기존 학자들의 상당수가 《논어》라는 책에 구애되어 공자의 취지를 왜곡했다고 주장했다. 그는 이 문장을 "공자께서는 [주도적으로] 매우 드물게 이익과 운명과 인덕을 말씀하셨다(孔子很少[主動]談到功·命運和仁德)"라고 해석했다. 하지만 《논어》라는 책에 의거하지 않은 양보쥔의 설은 설득력이 더 떨어진다. 리쩌허우는 "子罕言利, 與命, 與仁"이라고 끊어서 읽고 "공자는 이익을 드물게 말했다. 명을 인정하고 인을 인정했다"라고도 해석했다.

"위대하도다, 공자여! 널리 배웠으나 명성을 이룬 곳은 [어디에도] 없구나."

공자께서 들으시고 문하의 제자들에게 말씀하셨다.

"내가 무엇을 잡아야 하나? 말 고삐를 잡아야 할까, [아니면] 활을 잡을까, 나는 말 고삐를 잡을 것이다."[2)]

達巷黨[3)]人曰: "大哉, 孔子! 博學而無所成名." 子聞之, 謂門弟子曰: "吾何執? 執御乎, 執射乎, 吾執御矣."

검소한 것이 예다 9.3

공자께서 말씀하셨다.

"[검은] 삼베로 짠 예모禮帽를 사용하는 것이 [전통적인] 예법에 들어맞지만, 오늘날에는 검정 명주로 짠 예모를 쓰는 것이 검소하니[4)], 나는 대중의 방식을 따르겠다. [신하가 임금을 뵙는 데에는 당堂] 아래쪽에서 절하는 것이 [전통적인] 예법인데, 오늘날은 [당] 위에서 절을 하니 교만한 것이다. 비록 대중의 경우와는 어긋나지만[5)] 나는 [당]

---

2) 평생 별다른 벼슬을 하지 않은 공자를 비웃은 것에 대한 답으로 걸작이 아닌가? 이익과 명예에 초연했다는 점이 성인 공자의 마음일 것이다. 뒤(〈미자〉 18.6)에도 나오지만, 장저長沮와 걸익桀溺이라는 은자를 만날 때도 공자는 수레 고삐를 잡고 있었을 정도로 말과 행동이 늘 일치했다.

3) 《주례》 〈지관地官·대사도大司徒〉에는 5백 가구를 하나의 당黨이라 하였는데, 당은 주州나 향鄕보다는 아래고, 여閭나 리里보다는 위에 속하는 행정 단위다.

4) 원문의 "마면麻冕"을 번역한 것으로, 거친 검정삼으로 짠 예모〔치포관緇布冠〕다. 거친 삼을 조밀하고 부드럽게 짜기 위해서는 생삼도 많이 들고 노동력도 많이 들어 검소한 것이 아니라 사치스러운 것이다. "순純"은 검정 명주비단으로 짠 예모다. 공력을 들이지 않고도 저렴하게 만들고 쓸 수 있다.

아래에서 [절]하는 쪽을 따르겠다."

子曰: "麻冕, 禮也, 今也純儉, 吾從衆. 拜下, 禮也, 今拜乎上, 泰也. 雖違衆, 吾從下."

하지 않은 네 가지 9.4

공자께서는 네 가지를 절대 하지 않으셨다. [근거 없는] 억측을 하지 않으셨고, 반드시 하겠다는 게 없으셨으며, 고집을 부리지 않으셨고, 나만이 옳다고 하지도 않으셨다.

子絶四. 毋意, 毋必, 毋固, 毋我[6].

5) 신하가 임금을 뵙는 데에는 당 아래에서 절하는 것이 예법이니 대중을 따르지 않는다고 하였다. 앞에서 공자는 예모를 쓰는 일에서 검소하게 대중을 따랐다고 하였다. 이 두 구절에서 공자의 부화뇌동하지 않고 중용의 도(時中)를 지키는 소신 있는 태도가 돋보인다.

6) 원문의 "무毋"는 '없다(無)'는 뜻이다. "의意"는 '사사로운 뜻(私意)'으로 "무의毋意"는 추측하거나 상상하거나 근거 없는 것은 말하지 않고 공공성을 염두에 두는 자세이다. "필必"은 독단적이고 단호한 결론을 내리며 여지를 두지 않고 융통성이 없는 것을 말한다. "고固"는 고집부려 엉켜 있고(執滯) 타협하지 않으며 불가능한 일에 기를 쓰고 매달리는 것을 말한다. "아我"는 자신을 사사롭게 하는 것(私己)으로 아집과 주관적 편견을 말한다.

두려워하지 않은 이유 9.5

공자께서 광匡 땅에서 두려움을 품게 되자,[7] 말씀하셨다.

"문왕[8]께서 이미 돌아가셨지만, 문文(예악제도를 가리킴)이 이 몸(공자를 지칭)에 있지 않은가? 하늘이 앞으로 이 문을 없애려 했다면, 뒤에 죽을 사람(공자를 비유)은 이 문에 참여할 수 없었을 것이다. 하늘이 아직 이 문을 버리지 않았으니 광 지역 사람들이 나를 어떻게 하겠느냐?"

子畏於匡, 曰: "文王旣沒, 文不在玆乎? 天之將喪斯文[9]也, 後死者不得與於斯文也. 天之未喪斯文也, 匡人其如予何?"

7) 역자와 달리 주희의 풀이에 의하면 "경계하는 마음을 품고 있다(有戒心之)"라는 뜻도 있다. 당시 상황을 이렇게 해석하기도 한다. 공자의 얼굴이 일찍이 광이라는 곳에서 포악한 정치를 펼쳐 백성의 원성을 샀던 장군 양호陽虎와 비슷했다. 그래서 공자가 천하를 주유하며 광 지방을 지나갈 때 그곳 주민들이 양호로 오해하고 주변을 포위해 앞으로 나아갈 수가 없었다는 것이다. 〈선진〉 11.22에도 나온다.

8) 은殷나라 때의 제후로 서백西伯이라 불렸다. 은나라의 마지막 왕인 폭군 주왕紂王을 설득하여 유리羑里라는 곳에 감금되었다 풀려났다. 덕으로 정치를 하여 살아 있을 때 이미 천하의 3분의 2가 그에게 복종했다. 뒤에 은나라를 멸망시킨 무왕武王의 아버지로, 주周나라의 정신적인 시조로 존경받는 왕이다.

9) "사斯"는 절대, 보편, 유일의 의미를 가지며, "문文"은 공자가 문왕이 남긴 주나라의 문화, 문물, 제도를 따르겠다(吾從周)는 것이다. "사문斯文"은 문왕이 남긴 주나라의 정신과 문화를 후계자로서 이어가겠다는 절대선에 대한 믿음과 자부심을 드러낸다. 〈옹야〉 6.15 "어찌 [내가 추구하는] 이 도를 따르지 않는가(何莫由斯道也)"의 "사도斯道"와 상통된다.

너무 많은 재능은 9.6

태재[10]가 자공에게 물었다.

"선생님은 성인이신가? 어찌 그렇게 다방면에 재능이 있으신가?"

자공이 대답했다.

"진실로 하늘이 [한계를 두지 않은] 내려주신 거의 성인에 가까우시고 또 다방면에 재능이 있으십니다."

공자께서 그 말을 듣고 말씀하셨다.

"태재가 나를 알겠는가? 나는 젊어서 비천하였으므로 다방면의 비루한 일에 능한 것이다.[11] 군자는 [재능이] 많을 필요가 있겠는가? 많을 필요가 없다."

금뢰琴牢가 말했다.

"공자께서 이르시기를 '나는 [관직에] 등용되지[12] 않았으므로 다양한 재능이 있지'라고 하셨지."

---

10) 태재太宰란 관직 이름으로 훗날의 재상에 상당한다. 이 사람이 누구인지는 확실하지 않은데 혹자는 오나라의 백비伯嚭라고 한다(정현 설). 노나라 애공 7년에 자공이 노나라 사신의 자격으로 오나라에 간 적이 있다는 점을 근거로 드는데 일리가 있다. 사마천의 〈오태백세가〉에 따르면, 백비는 원래 초나라 사람이었으나 조부 백주리伯州犁가 주살되자 오나라로 도망쳐 태재가 되었다. 부차의 총애를 받았으나 영합에 뛰어난 인물이다. 나중에 오나라의 멸망과 함께 살해된다.

11) 원문의 "오소야천吾少也賤, 고다능비사故多能鄙事"를 번역한 것으로, "비사鄙事"는 일상생활에 도움이 되는 자질구레한 기술을 말한다. 공자의 겸손한 표현이기도 하지만 자신의 과거를 솔직하게 말하는 소탈하고 허세 없는 모습을 볼 수 있다.

12) 원문의 "시試"는 '용用'과 통하며 '[관직에] 나아가다, 등용되다'라는 뜻이다. 뒤에서 말하듯, 재야에 있으면서 여러 가지 경험을 하게 되어 다양한 재능을 갖게 되었다는 것이다.

太宰問於子貢曰: "夫子聖者與? 何其多能也?" 子貢曰: "固天縱之將聖, 又多能也." 子聞之, 曰: "太宰知我乎? 吾少也賤, 故多能鄙事. 君子多乎哉? 不多也." 牢曰: "子云, 吾不試, 故藝."

아는 것이 없지만 9.7

공자께서 말씀하셨다.

"내가 아는 것이 있는가? 아는 것이 없구나. 어떤 비천한 사람이 나에게 물어보면 [나는 머릿속이] 텅 빈 것 같다. [비록 그럴지라도] 나는 [내 지식의] 처음과 끝[13)]을 두드려 온 힘을 다하고자 한다.[14)]"

子曰: "吾有知乎哉? 無知也. 有鄙夫問於我, 空空如也. 我叩其兩端而竭焉."

13) 원문의 "양단兩端"이란 말은 양쪽 머리라는 말과 같으니 일의 처음과 끝, 근본과 말단, 위와 아래 등을 포괄하는 말이다. 이를 통해 문장을 해석하면 '어떤 문제의 처음과 끝 양쪽으로부터 캐물어 들어가서 의미의 본질을 알아내어 모든 것을 다 알려준다'는 말이다. 원문의 "비부鄙夫"는 선비나 지식인이 아닌 사안을 잘 모르는 사람이다. 모르는 사람에게 설명하는 것이 더 어려운 일이라 "공공空空"하다고 했을 수도 있다. 그가 모르는 내용과 그가 알 수 있는 내용을 다 알려줄 용의가 있는 것이 "양단兩端"이다.

14) 공자가 자신이 파악한 정보를 낱낱이 정성껏 가르쳐 주겠다는 의미다. 이 구절의 맨 앞에 "내가 아는 것이 있는가, 아는 것이 없다(吾有知乎哉, 無知也)"라고 한 것은 공자가 생각하는 지식이 백과전서식 지식이 아니라 논리적, 맥락적 지식이라는 점을 정확히 짚은 대목으로 자신은 사전적 지식보다 지식의 논리와 맥락을 제공하겠다는 것이다.

한탄 9.8

공자께서 말씀하셨다.

"봉황새는 오지 않고, 황하에서도 [상서로운] 그림이 나오지 않으니[15], 나는 끝났구나.[16]"

子曰: "鳳鳥不至, 河不出圖, 吾已矣夫."

공자의 예의범절 9.9

공자께서는 [베로 만든] 상복을 입은 사람이나 면류관과 저고리와 하의를 입은 사람과 장님 등을 만나게 되시면 비록 [그들이] 젊어도 반드시 [예를 표하려] 일어나셨고, 그들을 [스쳐] 지나가실 때에는 반드시 종종걸음을 하셨다.

子見齊衰者 冕衣裳者與瞽者, 見之, 雖少必作, 過之必趨.[17]

15) 봉황은 신령스러운 새로 순임금 때 나타나 춤을 추었으며, 문왕 때에는 기산岐山에서 울었다. 하도河圖는 복희씨 때 용마龍馬의 등에 그려진 그림으로 황하에서 나왔으며 이 모두가 성왕의 서단이 된다는 의미다.

16) 왕충은 "공자가 스스로 왕자王者가 될 수 없음을 슬퍼한 것이다"라고 하였고, 정약용은 이를 반박하여 《예기禮記》〈단궁檀弓〉을 인용하여 "밝은 임금이 나오지 않으니 천하에 그 누가 나를 높일 수 있겠는가(茗王不興, 天下其孰能宗予) 공자의 평소 뜻을 여기에서 볼 수 있다"고 하였다. 도를 세상에 구현하기 위해 천하를 주유하였으나 만족스러운 결과를 얻지 못한 한계를 탄식한 것으로 보인다. 공자는 현실을 여실히 목도한 후에 정치적 꿈을 접고 학문을 집대성하고 제자를 교육하는 일에 몰두하였다.

안연이 탄식한 이유 9.10

안연이 크게 탄식하면서 말했다.

"우러러볼수록 더욱 높으시고, 파고들어가 보려고 하면 더욱 견고하시구나. 바라보면 앞에 계시다가 어느새 뒤에 계신다. 선생님께서는 차근차근 사람들을 이끌어주시고, 문헌으로써 나를 넓혀주시고, 예禮로써 나를 단속해주시니 그만두고자 해도 그만둘 수가 없다. 이미 나의 재주를 다하면 [어떨 때는 이제] 자립할 수 있다는 생각도 들지만, [그럴 때마다 선생님의 가르침이] 우뚝 서 있으니, 비록 따르고 싶어도 어떻게 따라야 할지 모르겠구나."

顏淵喟然歎曰: "仰之彌高, 鑽之彌堅. 瞻之在前, 忽焉在後[18].

夫子循循然善誘人, 博我以文, 約我以禮,[19] 欲罷不能. 既竭吾才,

如有所立, 卓爾, 雖欲從之, 末由也已."

---

17) 원문의 "자최齊衰"는 상복이란 의미다. "의상衣裳"은 조회 때와 제사 때 입는 공복이다. "작作"은 '일어난다(起)'는 뜻이고, "추趨"는 '빨리 걸어간다(疾行)'는 뜻이다. 공자는 슬픔에 차 있는 자, 공직자, 긍휼히 여길 자를 특히 배려하였다는 것을 알 수 있다.

18) "위喟"는 '한숨으로 탄식한다'는 뜻이다. "첨지재전瞻之在前, 홀언재후忽焉在後"에서 '앞에 있다가 홀연히 뒤에 있다'는 것은 공자의 형상이 잡히지 않아 황홀한 것(在前在後, 恍惚不可為象)이다. 이는 안연이 부자夫子의 도가 무궁무진하고 또 방소와 형체가 없음을 깊이 알고 감탄한 것이다(深知夫子之道, 無窮盡無方體, 而歎之也).

19) 원문의 "순순循循"은 '차례를 있게 하는 모양(有次序貌)'을 뜻한다. "유誘"는 '앞으로 나아갈 수 있도록 도와주는 것(引進)'이다. "박博"은 '확 넓혀주는 것'이고 "약約"은 '묶는다'는 뜻이다.

제자의 손에서 죽겠다 9.11

공자께서 병이 나시자, 자로가 문하의 제자를 [장례를 치를] 가신[20]으로 삼았다.

병이 조금 차도가 있자,[21] [공자께서] 말씀하셨다.

"오래되었구나! 유(자로)가 거짓을 행한 지가. 가신이 없으면서도 가신이 있는 것처럼 하다니. 내가 누구를 속이겠느냐? 하늘을 속이겠느냐?[22] 또한 나는 가신의 손에서 죽는 것보다는 차라리[23] 너희 손에서 죽는 것[24]이 낫지 않겠느냐? 또 나의 장례를 성대하게 치르지 못하게 된다 하더라도 내가 길바닥에서야 죽겠느냐?"

---

20) 원문의 "위신爲臣"이란 사람이 죽었을 때 장례를 치르는 사람이 된다는 의미다. 가신은 아무나 둘 수 없었고 제후가 되어야만 '신臣'을 둘 수 있었는데, 공자가 살던 때에는 경대부만 되어도 분수를 지키지 않고 '가신'을 두었다. 제후들과 다른 점은 사람이 죽고 나서야 가신을 둔다는 것이다. 이는 죽을 때라도 한번 제후가 되어보겠다는 속내를 드러낸 것인데, 공자는 이런 허례의식이야말로 하늘을 속이는 짓이라고 보았다.

21) 원문의 "병간病間"을 번역한 것으로 병이 조금 차도가 있다는 뜻이다(주희 설).

22) 원문의 "오수기吾誰欺, 기천호欺天乎"를 번역한 것으로 이 말은 '왜 그런 부질없는 짓을 하느냐' 하고 자로를 꾸짖는 말이다.

23) 원문의 "무녕無寧"을 번역한 것으로, 여기서 "무無"는 발어사로서 아무런 의미가 없으며 "녕寧"에 의미가 담겨 있다.

24) 공자 자신의 말처럼 그는 제자의 품에서 죽음을 맞이했다. 그가 죽기 직전에 온 제자는 자공이었다. 자공에게 왜 늦게 왔느냐고 힐책한 뒤 공자는 "태산이 무너지는가! 들보와 기둥이 무너지는가! 철인哲人이 시드는가!"라고 한탄했다. 그러고는 자공에게 일러 말했다. "천하에 도가 없어진 지 오래되었다! 아무도 나의 주장을 믿지 않는다. 하나라 사람들은 장사를 치를 때 유해를 동쪽 계단에 모셨고, 주 왕실 사람들은 서쪽 계단에 모셨고, 은나라 사람들은 두 기둥 사이에 모셨다. 어젯밤에 나는 두 기둥 사이에 놓여 사람들의 제사를 받는 꿈을 꾸었다. 나의 조상은 원래 은나라 사람이었다." 그 뒤 이레 만에 세상을 떠났다. 때는 공자의 나이 73세로 노애공 16년 4월 기축일己丑日이다. 애공이

子疾病, 子路使門人爲臣. 病間, 曰: "久矣哉! 由之行詐也. 無臣而爲有臣. 吾誰欺? 欺天乎? 且予與其死於臣之手也, 無寧死於二三子之手乎? 且予縱不得大葬, 予死於道路乎?"

아름다운 옥은 팔아야 9.12

자공이 여쭈었다.

"여기에 아름다운 옥이 있다면 궤에 넣어 보관하시겠습니까? 좋은 상인[25)]을 구하여 파시겠습니까?"

공자께서 말씀하셨다.

"그것을 팔아야지! 그것을 팔아야지! 나는 [값을 쳐줄] 상인을 기다릴 것이다."

子貢曰: "有美玉於斯, 韞匵而藏諸? 求善賈而沽諸?"

子曰: "沽之哉! 沽之哉! 我待賈者也."

그를 애도하는 글을 지어 말했다. "하늘도 무심하여 이 한 노인을 남겨놓지도 아니하고, 나 한 사람만 자리에 남게 하여 버려두고 나를 근심 속에서 외롭게 하는구나! 아, 슬프구나! 니보尼父여, 스스로 규율에 얽매이지 말지니!"(《사기》〈공자세가〉)라고 했다.

25) 원문의 "고賈"를 번역한 것으로 '상인'이라는 의미다. 어떤 사람은 이 글자를 값을 뜻하는 '가價'로 보아 '선고善賈'를 '좋은 가격'이라고 해석하는데, 이럴 경우 공자가 곧 장사치가 되기 때문에 동의하기 힘든 설이다. 《맹자孟子》〈등문공 하滕文公下〉에 보면, "부모의 명령과 중매쟁이의 말을 기다리지 않고, 담에 구멍을 뚫어 서로 엿보고 담장으로 넘어가 서로 따르면 부모와 천하 사람들이 천하게 여긴다(不待父母之命 媒妁之言, 鑽穴隙相窺, 踰牆相從, 則父母國人皆賤之)"고 한 부분을 같이 볼 수 있다. 공자는 스스로 벼슬하지 않으려는 게 아니라, 자신의 도를 따르고 예우해 줄 명분을 기다리고 있는 것이다.

구이에서도 살 수 있다 9.13

공자께서 구이[26]에 살고 싶어 하셨다. 어떤 사람이 말했다.

"누추할 텐데[27] 어찌 사시겠습니까?"

공자께서 대답하셨다.

"군자가 사는데, 무슨 누추할 것이 있겠는가?"

子欲居九夷. 或曰: "陋如之何?" 子曰: "君子居之, 何陋之有?"

26) "구이九夷"는 본래 노나라가 차지했던 땅으로 주공周公 단旦이 무력으로 항복시킨 적이 있다. 《한비자》 〈설림 상說林上〉에 이런 내용이 있다. "주공 단은 은殷나라를 이기고 나서 곧 이어 상개商蓋를 공격하려고 했다. 이때 신공갑辛公甲이 말했다. '큰 나라는 공격하기 어렵지만 작은 나라는 복종시키기 쉽습니다. 그러므로 작은 나라를 많이 복종시켜 큰 나라를 겁주는 방법이 좋습니다.' 그래서 구이九夷를 공격하여 상개를 복종시켰다." 여기서 말하는 구이는 회이淮夷, 즉 회수淮水와 사수泗水 사이에 흩어져 있는 이족이다. 이들은 제나라, 노나라에 인접해서 살고 있었다. 구이를 초나라와 구분되는 이족夷族, 즉 초나라 주변 지역에 살던 이족을 가리킨다고도 보는 시각도 있다. 《사기》 〈이사열전李斯列傳〉에 나오는 "[장군 위장魏章이] 한중漢中을 공략하고 구이를 포섭하여 언鄢과 영潁을 제압하고, 동쪽으로 성고成皐의 험준한 땅을 발판으로…"라는 문장을 근거 삼은 주장이다. 종합하면 초나라와 제나라 사이의 이족이 바로 구이이다. 반고는 《후한서後漢書》 〈동이열전東夷列傳〉에서 공자가 가고 싶어 했던 '구이'가 "견이畎夷·우이于夷·방이方夷·황이黃夷·백이白夷·적이赤夷·현이玄夷·풍이風夷·양이陽夷" 등이라고 확대 해석하기도 했는데, 설득력이 부족하다.

27) 원문의 "누陋"를 번역한 것이다. 첸무錢穆는 "문화가 뒤떨어진 곳"이라고 해석했는데, '누추한'이란 말의 이면에는 기본적으로 문명화되지 못한 낙후 지역이란 의미가 배어 있다.

음악을 제자리에 놓다 9.14

공자께서 말씀하셨다.

"내가 위나라에서 노나라로 돌아오고 나서야 음악이 바르게 되었으며, 〈아〉와 〈송〉이 각각 제자리를 찾았다.[28)]"

子曰: "吾自衛反魯, 然後樂正, 雅頌各得其所."

스스로 다짐한 네 가지 9.15

공자께서 말씀하셨다.

"밖에 나가면 공경(벼슬이 높은 사람)을 섬기고, [집에] 들어오면 부형[29)]을 섬기며, 장례에 임해서는 감히 [정성을 다해] 힘써야만 하고, 술에 휘둘림이 없어야 한다.[30)] 내가 이런 일을 하는 데 무슨 어려움이 있겠는가?"

---

28) 노나라 애공 11년 겨울 공자가 위나라에서 노나라로 돌아오시니, 이때에 주나라의 예가 노나라에 남아 있었다. 그러나 시와 악이 많이 훼손되어 있었다. 공자가 사방의 나라를 주유하여 상고하고 바로잡아 그 내용을 알았는데 도를 끝내 행할 수가 없어서 노나라로 돌아와 음악을 바로잡으신 것이다(魯哀公十一年冬, 孔子自衛反魯, 是時周禮在魯, 然詩樂亦頗殘闕失次, 孔子周流四方, 參互考訂, 以知其說. 晩知道終不行, 故歸而正之). 공자가 펼치고자 했던 정치적 이상에 가는 곳마다 정치와 민심을 음악으로 파악하고 이를 구현하는 것을 차선책으로 하였다.

29) 양보쥔은 원문의 "부형父兄"이란 말을 두고 공자의 아버지는 이미 세상을 떠난 지 오래되었으며, 형 맹피孟皮가 살아 있어 이를 염두에 두고 한 말이라 하고는, "부형"에 아버지의 의미는 없고, 형의 의미만 있다고 보았다. 그러나 문맥으로 보아 연장자로 해석하는 것이 무방하다.

30) 원문의 "불이주곤不為酒困"을 번역한 것으로, "곤困"은 '과도하게 취해서 크게 어그러지는 것'을 말한다.

子曰: "出則事公卿, 入則事父兄, 喪事不敢不勉, 不爲酒困, 何有於我哉?"

세월은 강물처럼 9.16

공자께서 강가에서 말씀하셨다.
"흘러가는 것이 이와 같구나. 밤낮을 그치지 않는구나."[31)]

子在川上曰: "逝者如斯夫, 不舍晝夜."

덕을 여자처럼 9.17

공자께서 말씀하셨다.
"나는 덕을 좋아하는 것을 마치 색을 좋아하는 것처럼 하는 사람을 보지 못했다."[32)]

子曰: "吾未見好德如好色者也."

---

31) 공자가 단순히 푸념조로 이렇게 읊조린 것은 아닐진대, 여기엔 대자연의 변화 속에서 전통 회복을 주창한 통변通變 의식이 스며 있으리라 본다. 주희는 "천지의 조화가 가는 것은 지나가고 오는 것이 이어져서 한 순간의 그침이 없으니, 바로 도체道體의 본연이다(天地之化, 往者過, 來者續, 無一息之停, 乃道體之本然也)"라고 하였다. 정이천은 이를 본받아 학문에 정진하기를 면려하는 것이라고 보았다. 이 구절은《역易》의 건괘乾卦에 "자강불식自强不息"과도 통한다.

32) 공자가 이렇게 말한 이유가 있다.《사기》〈공자세가〉에 이렇게 기록되어 있다. "위衛나라에 머문 지 한 달 남짓 되었을 때, 영공은 부인과 함께 수레를 타고, 환관인 옹거雍渠를 참승으로 옆에 태워 궁문을 나섰다. 그때 공자는 뒤에

한 삼태기의 의미 9.18

공자께서 말씀하셨다.

"[학문하는 것은] 비유하자면 산을 쌓는 것과 같으니, 한 삼태기의 흙을 붓지 못하고 그만두어도 내가 그만둔 것이다. 비유하자면 땅을 고르는 것과 같으니, 한 삼태기의 흙을 부어서 나아갈지라도 내가 [나아]가는 것이다."[33]

子曰: "譬如爲山, 未成一簣, 止, 吾止也. 譬如平地, 雖覆一簣, 進, 吾往也."

수레를 타고 따라오게 하면서 거드름을 피우면서 저잣거리를 지나갔다." 그래서 이렇게 말한 것이다. 본문에 인용된 공자의 이 말은 〈위령공〉 15.12에도 보인다. 서분붕徐奮鵬은 원문의 "호덕好德"과 "호색好色"을 두고 "덕을 좋아하는 것도 도심道心이고, 여색을 좋아하는 것은 인심人心이다. 그런데 인심에는 도리어 진절眞切하고, 도심에는 도리어 냉담하다(好德者, 道心也, 好色者, 人心也, 人心反眞切, 道心反冷淡)"고 하였다.

33) 학문이란 사소한 방심으로도 쉽게 무너질 수 있음을 비유한 말이다. 아울러 공자는 남이 아니라 바로 자신을 위해서 하는 일이므로 학문을 하지 못함으로써 나타나는 고통도 자신의 몫이라고 강조하고 있다. 이 구절은《전국책戰國策》〈진삼秦三〉의 "백리를 가는 사람은 구십리를 반으로 여겨야 한다(行百里者, 半於九十)"는 말과 통한다. 진시황이 천하를 통일할 때 마지막 제나라를 두고 심기일전하는 일화도 마찬가지로 유종의 미를 강조하고 있는 것이다. 이 구절의 뒷부분은 반대로 일의 시작이 힘들 수도 있음을 말하고 있다.

게으르지 않은 안회 9.19

공자께서 말씀하셨다.

"일러주면 [그것을 실천하는 데] 게으르지 않는[34] 자는 아마도 안회일 것인저!"

子曰: "語之而不惰者, 其回也與."

멈추지 않았던 안회 9.20

공자께서 [죽은] 안연에 대하여 말씀하셨다.

"애석하구나. 나는 그가 나아가는 것은 보았어도, 그가 멈춘 것은 보지 못했다."

子謂顔淵曰: "惜乎. 吾見其進也, 未見其止也.[35]"

34) 원문의 "불타不惰"라는 말을 정약용은 "안자가 공자의 말을 들으면 기쁘고 부지런해져서 게을리하지 않는다(謂顔子聽夫子之言, 而欣勤不怠也)"라고 하였고, 범조우范祖禹는 "안자가 부자의 말씀을 듣고는 마음에 이해되고 힘써 행하여 경황 중이거나 위급한 상황이라도 일찍이 어긴 적이 없었다. 마치 만물이 단비를 만나 꽃을 피우고 자라는 것과 같으니, 어찌 태만함이 있겠는가(心解力行, 造次顚沛未嘗違之, 如萬物得時雨之潤, 發榮滋長, 何有於惰)"라고 하였다. 하안은 "안연은 공자의 말을 들으면 이해하기 때문에 말해 주면 게을리하지 않았으나, 나머지 제자들은 이해하지 못하기 때문에 말해 주는 것에 대해 게을리할 때가 있었다(顔淵解故語之而不惰, 餘人不解, 故有惰語之時)"라고 하는데, '문일지십聞一知十'하는 안연으로 볼 때 일리가 있다고 본다.

35) 원문의 "위謂"는 '논평하다(論)'라는 뜻이다. 이 장에 대해 형병은 "안회가 일찍 죽었으므로 공자가 훗날 그를 탄식한 것(顔回早死, 孔子於後歎惜之也)"이라 하였고 주희도 그 설에 따랐다.

싹, 이삭, 열매 9.21

공자께서 말씀하셨다.

"싹이 났어도 이삭을 피우지 못하는 것이 있구나! 이삭이 피어도 열매를 맺지 못하는 것이 있구나!"[36)]

子曰: "苗而不秀者有矣夫! 秀而不實者有矣夫!"

뒤에 태어난 자들이 두렵다 9.22

공자께서 말씀하셨다.

"뒤에 태어난 자들이 두렵다.[37)] [뒤따라]오는 자들이 지금 사람만

---

36) 이는 한나라와 당나라의 주석가들이 밝혔듯이 안회의 단명을 염두에 두고 한 말이다. 물론 더 넓게 보면 꼭 안회라기보다 바로 자신을 염두에 두고 한 말일 수도 있다. 원문의 "묘苗"는 '곡식이 처음 난 것(穀之始生)'이고, "수秀"는 '꽃을 피운 것(吐華)'이고, "실實"은 '곡식이 영근 것(成穀)'이다. 공안국은 "만물이 나기는 하여도 육성되지 못하는 것이 있는데, 이는 사람도 또한 그러하다는 것을 비유한 것(言萬物有生而不育成者, 喻人亦然)"이라 하였다. 형병은 "이 장도 앞 장과 마찬가지로 안회가 일찍 죽어 공자가 통석해 하는 것을 비유한 것"이라고 하였다. 이에 대해 정약용은 반박하여 말하기를, "안자는 비록 요절하였으나 그 덕은 성숙하였으니, 만약 이 장을 가지고 안자를 애석해 한 것으로 만들면 덕을 이룰 수 없었다는 혐의를 받게 되기 때문이다"라고 하면서 "공자가 여기에 말한 바는 천지 생물의 이치로써 말한 것(天地生物之理)"이라고 하였다.

37) 여기서 "두렵다(畏)"란 좋은 뜻으로 '주목할 만하다'는 말이다. 즉 후배들에 대한 무한한 기대가 내포되어 있고, 자신에 대한 다짐도 담겨 있다. 즉 스승과 제자는 한쪽은 가르치기만 하고 다른 한쪽은 배우기만 하는 상하관계가 아니라, 스승은 제자를 가르침으로써 성장하고 제자 역시 배움으로써 나아진다는 말이다. 물론 노력하는 제자는 스승이 두려워할 만큼 성장 가능성이 높다는 의미가 담겨 있다. 그러면서도 공자는 '이름이 알려지는 것(聞)'의 중요성을 언

못할 거라는 사실을 어찌 알겠는가? [그러나] 40세나 50세가 되어도 [이름이] 알려지지 않으면[38] 이 또한 두려워할 만한 사람이 못 된다."

子曰: "後生可畏, 焉知來者之不如今也? 四十五十而無聞焉, 斯亦不足畏也已."

엄정한 말과 공손한 말 9.23

공자께서 말씀하셨다.

"엄정한 말[39]을 따르지 않을 수 있겠는가? 그 말에 따라 고치는 것이 귀한 것이다. 공손하고 완곡한 말[40]을 기뻐하지 않을 수 있겠

급하면서 나이 40세까지 학문적 명성이 나야 한다고 강조했다. 그 나이가 넘어서도 이루지 못하면 아무래도 발전 가능성이 없다는 뜻이다. 형병은 "연소한 사람은 배움을 쌓아서 덕을 이룰 수 있으니, 진실로 두려워할 만하다〔年少之人, 足以積學成德, 誠可畏也〕"라고 하였고, 주희도 "후생은 나이가 젊고 힘이 강하여 충분히 학문을 쌓아 기대할 수 있으니, 그 세가 두려워할 만하다〔後生年富力強, 足以積學而有待, 其勢可畏〕"라고 하였다.

38) 주희는 "늙어도 알려짐이 없음에 이르면 〔至於老而無聞〕"이라고 하였다. 당시 평균 수명을 고려하여 늙었다고 해석한 것이므로 오늘날에는 60, 70세로 해석해도 무방하리라 본다. 원문의 "문聞"을 역자는 '알려지다, 소문이 들려오다'의 뜻으로 번역하였으나 왕양명은 "무문無聞은 도를 듣지 못함이지 명성이 알려짐이 없는 것이 아니다〔無聞, 是不聞道, 非無聲聞也〕"라고 하였는데 정약용은《대대례大戴禮》의 내용을 인용하며 반박하였다. "증자가 이르기를, 나이 삼사십 사이에 이르도록 학문적 재예가 없으면 영영 재예가 없을 것이며, 쉰이 되어도 명성이 알려지지 않으면 영영 명성이 알려지지 않을 것이며, 일흔이 되어도 도덕이 무너지지 않으면 비록 그 뒤에 허물이 있더라도 또한 면할 수 있을 것이다〔曾子曰年三十四十之間而無藝則無藝矣, 五十而不以善聞則不聞矣, 七十而未壞, 雖有後過, 亦可以免矣〕".

39) 원문의 "법어지언法語之言"을 번역한 것으로, '바르고 엄숙하며 원칙에 맞는 말'이라는 뜻이다. 주희도 "법어"를 '정언正言'의 개념으로 보았다.

40) 원문의 "손여지언巽與之言"을 번역한 것으로, '완곡하게 인도하는 말'이라는 뜻이다.

는가? [그 말에 따라] 자세히 살피는[41] 것이 귀한 것이다. 기뻐하기만 하고 자세히 살피지 않으며, 따르기만 하고 고치지 않는다면, 나는 [그런 사람에 대하여] 어쩔 도리가 없다."

子曰: "法語之言, 能無從乎? 改之爲貴. 巽與之言, 能無說乎? 繹之爲貴. 說而不繹, 從而不改, 吾末如之何也已矣."

사귐의 원칙 9.24

공자께서 말씀하셨다.

"충심과 신의를 주로 하고[42] 자기보다 못한 자를 벗하지 말며 잘못이 있으면 고치는 것을 꺼리지 말아야 한다."[43]

子曰: "主忠信, 毋友不如己者, 過者勿憚改."

---

41) 원문의 "역繹"을 번역한 것으로, '자세히 살핀다' 혹은 '실마리를 풀어낸다'는 의미다. 즉, '[누에고치의] 실마리를 찾는 것이고, 그 공을 이어나가는 것(繼其功也)'을 뜻한다. 원문의 "열이불역說而不繹"에서 기뻐하기만 하고 그 실마리를 자세히 찾지 않는다면 '은미한 뜻의 소재를 알 수 없는 것(不足以知其微意之所在也)'을 말한다.

42) 해석상 큰 문제는 없는 듯하나 원문의 "주충신主忠信"에서 '주主'를 어떻게 해석하는가의 문제가 제기된다. 정현은 '친한 사이로 여기다'라고 해석하면서 자기보다 뛰어난 사람과 친하게 지낸다는 의미로 확장했다. 역자는 주희의 견해에 따랐는데, '충과 신을 위주로 행동한다'라고 해석했다. 한편 '주인으로 삼으라'라고 해석하는 견해도 있다(유월兪樾 설).

43) 이 구절은 〈학이〉 1.8의 구절과 중복된다.

필부의 뜻을 빼앗을 수는 없다 9.25

공자께서 말씀하셨다.

"3군三軍에게서 장수를 빼앗을 수는 있지만, 필부에게서 그 뜻을 빼앗을 수는 없다.[44)]"

子曰: "三軍可奪帥也, 匹夫不可奪志也."

오랜만에 들은 반쪽 칭찬 9.26

공자께서 말씀하셨다.

"해진 솜옷을 입고서[45)] 여우나 담비 가죽 옷을 입은 사람과 나란히 서 있어도 부끄러워하지 않을 사람은 아마도 유(자로)일 것이다."

[그러나] '원망하지도 않고 탐을 내지도 않으니, 어찌 훌륭하지 않은가'란 시구를 자로가 죽을 때까지 외우고 다니자, 공자께서 말씀하셨다.

"그 정도의 도를 어찌 훌륭하다고까지 말할 수 있겠느냐?"

44) 후중량侯仲良은 "3군의 용맹은 남에게 달려 있고, 필부의 뜻은 자기에게 달려 있다(三軍之勇在人, 匹夫之志在己)"고 하였고, 정약용은 "불가탈지不可奪志는 아무리 부귀한 처지에 있어도 부귀가 그 마음을 방탕하게 하지 못하며, 아무리 빈천해도 빈천이 그 절개를 옮겨 놓지 못하며, 어떠한 위악스러운 상황도 그 뜻을 바꿔놓을 수는 없다(不可奪志, 謂富貴不能淫, 貧賤不能移, 威武不能屈)"고 하였다.

45) 원문의 "의폐온포衣敝縕袍"를 번역한 것으로, "폐敝"는 몽둥이로 수건에 묻은 먼지를 때리는 것을 형상한 글자로 '해지다'는 뜻이다. "온포縕袍"는 삼베솜을 넣은 옷으로 비교적 싼 값의 후대 면포를 가리킨다.

子曰: "衣敝縕袍, 與衣狐貉者立, 而不恥者, 其由也與." '不忮不求, 何用不臧.' 子路終身誦之. 子曰: "是道也, 何足以臧?"

소나무와 잣나무처럼 9.27

공자께서 말씀하셨다.

"한 해의 추위가 찾아온 다음에야 소나무와 잣나무가 늦게 시든다[46]는 것을 안다."[47]

子曰: "歲寒[48]然後知松柏之後彫也."

지자, 인자, 용자 9.28

공자께서 말씀하셨다.

---

46) 원문의 "새길 조彫"는 '시들 조凋'의 의미로 쓰였다.

47) 직접 경험하거나 대해보지 않은 채로 상대를 논하지 말라는 뜻이다. 함부로 남을 비평하지 말고 그 사람과 더불어 경험하고 세월을 보내야만 진면목을 알 수 있다는 말이다. 사람의 참모습이란 역경을 겪으면서 드러나게 되는 법이다.

48) "세한歲寒"은 24절기에서 가장 뒤에 속하는 두 절기, 즉 '소한'과 '대한'이고, 1년 중에서 날씨가 가장 추운 시기인데 여기서는 "한 해의 추위가 찾아온"이라고 번역했다. 하안은 "크게 추운 해에 보통 나무들은 모두 죽는다. 그렇게 된 뒤에라야 송백은 조금만 시들어 상한 것을 안다"고 하였다. 사량좌謝良佐는 "선비가 궁함에 절의를 볼 수 있고 세상이 어지러움에 충신을 알 수 있다(士窮見節義, 世亂識忠臣)"고 하였다. 범조우范祖禹는 "소인이 치세에 있어서는 혹 군자와 다름이 없고, 오직 이해利害를 당하고 사변事變을 만난 뒤에야 군자의 지킴을 볼 수 있는 것이다(小人之在治世, 或與君子無異. 惟臨利害遇事變, 然後君子之所守可見也)"라고 하였다.

"지혜로운 사람은 미혹되지 않고, 인한 사람은 근심하지 않으며 용기 있는 사람은 두려워하지 않는다."

子曰: "知者不惑, 仁者不憂, 勇者不懼."[49]

학습의 네 단계 9.29

공자께서 말씀하셨다.

"더불어 함께 배울 수는 있지만 함께 도에 나아갈 수 있는 것은 아니고,[50] 더불어 함께 도에 나아갈 수 있다고 해서 함께 지킬 수 있는 것은 아니고, 더불어 함께 지킬 수 있다고 해도 권도權道[51]를 행할 수 있는 것은 아니다."

子曰: "可與共學, 未可與適道. 可與適道, 未可與立. 可與立, 未可與權."

49) 원문의 "지자知者"는 '이치에 밝아 일머리가 분명한 사람(明足以燭理)'을 뜻한다. 원문의 "인자仁者"는 '자기 명을 알아 사사로움을 극복할 수 있는 사람(理足以勝私)'을 말하고, 원문의 "용자勇者"는 '도와 의를 짝하고 있는 사람(氣足以配道義)'을 말한다. 이를 학문의 순서라고 하였다(주희 설).

50) 비록 배웠더라도 혹 이단을 얻었다면 반드시 능히 도에 나아가지 못한다(하안 설).

51) 원문의 "권權"은 한대 유학자들의 주석대로 "경전을 거슬러 도에 합치되는(反經合道)" 것으로 권변權變과 권술權術의 논점을 의미한다고 보아야 한다. 좀 더 부연하면 상황에 따라 경중을 헤아린다는 의미를 담고 있다. 처리하기 어려운 일에 정도는 아니지만, 사리를 저울질하여 시의적절하게 처리하는 것을 말한다. 임기응변으로 상황을 판단하고 대처하는 일 등을 말한다.

그리워한다는 그 말 9.30

"산앵두나무 꽃이 나부끼다가 뒤집히고 있네. 어찌 그대를 그리워하지 않으리. 그대의 집이 멀 뿐이다."

공자께서 말씀하셨다.

"그리워하지 않는 것일 테지, 무엇이 멀리 있다는 것인가?"

"唐棣之華, 偏其反而. 豈不爾思. 室是遠而."

子曰: "未之思也, 夫何遠之有?"[52]

52) "미지사야, 부하원지유未之思也, 夫何遠之有"라는 원문은 두 가지 구두법이 있으니 "부夫"를 앞 구절의 "야也" 뒤에 붙여서 "미지사야부, 하원지유未之思也夫, 何遠之有"라고 끊어 읽기도 하지만, 앞의 것이 더 설득력이 있다. 정이천은 "성인은 일찍이 쉬움을 말씀하여 사람들의 마음을 교만하게 하지 않고, 또한 어려움을 말씀하여 사람들의 진보를 가로막지 않기 위해 이 말을 한 것〔聖人未嘗言易以驕人之志, 亦未嘗言難以阻人之進〕"이라고 하였다.

제10편

향당鄕黨

–공자의 예법과 일상의 모든 것

【해설】

체제가 상당히 독특한 〈향당〉 편은 17장이며, 어록집인 《논어》의 체제와 어울리지 않게 호흡이 긴 문장이 많고 문체도 서술형으로 이루어져 있다. 주로 향당·종묘·조정에서 공자의 언행이나 처신, 빈객 접대법이나 입궐의 예절 등을 다뤘는데 옷감과 차림새를 상세히 묘사한 대목도 있다.

다른 편에는 등장인물이 많은데, 여기서는 공자와 계강자를 제외하고는 어떤 인물도 나오지 않는다.

한편으로 공자의 식성도 묘사돼 있는데 "밥은 잘 찧은 쌀이라야 싫어하지 않으셨고, 회는 가늘게 썬 것이어야 싫어하지 않으셨다. (…) 사온 술과 저잣거리의 육포는 드시지 않았다"(8장)라는 구절이 그것이다. 호사롭다고 볼 수는 없지만 까다롭고 고급스러운 공자의 식생활은 서민적이라기보다는 귀족적이다. 이 때문에 후대의 학자들은 이 글들이 공자의 진면목을 그렸는지 의심하기에 이르렀고 어떤 이들은 이 편의 일부가 후대의 조작이라고 주장하기도 했다.

역자는 이런 일부의 주장에 동의하지 않는다. 단지 우리가 생각해볼 점은 공자가 식사를 할 때나 잠을 잘 때도 스스로 정해놓은 규범과 금기 사항들이 있었다는 점이다. 우리는 공자가 펼치는 이상국가론이 가장 기본적으로 '나 자신에서 비롯된다'는 수신의 문제와 직결된다는 점을 다시 한번 상기해야 할 것이다.

앞부분에 무미건조하고 난해한 부분이 많은데 뒤로 가면 좀 덜하지만, 전체적으로 보면 《논어》 전체에서 어려운 문장이 가장 많다. 다른 편들에 비해 어려운 한자어도 많고 개념상 이해하기 어려운 말이 적지 않기 때문이다. 그래서 자의적 의미를 좀 더 세밀하게 각주로 달아 독자들의 이해를 돕고자 했으니 천천히 곱씹어가며 읽기를 바란다.

화법도 장소에 따라 10.1

공자께서는 향당[1]에 계실 때는 신실信實한 듯[2]하신데 마치 말을 못하는 사람 같으셨다. [그러나] 종묘나 조정에 계실 때는 물 흐르듯 유창하게 말하셨으나 오로지 삼가실 뿐이었다.[3]

孔子於鄕黨, 恂恂如也, 似不能言者. 其在宗廟朝廷, 便便[4]言, 唯謹爾.

조정에서의 모습 10.2

조정에서 [임금이 오시지 않았을 때] 하대부들과 말씀하실 때는 강직한 듯[5]하셨고, 상대부들과 말씀하실 때는 부드러운 듯하면서도 엄

1) 고대에는 2백 가구를 당黨이라 했고, 2만 5천 가구를 향鄕이라 했다. 향당鄕黨은 주희에 의하면, "부형과 종족宗族이 있는 곳〔父兄宗族之所在〕"의 의미이기도 한데, 여기서는 보통 큰 고을을 뜻한다.

2) 원문의 "순순여恂恂如"를 번역한 것으로, 하안은 '온순하고 공손한 모양〔溫恭之貌〕'으로 풀이했다. 주희도 하안의 견해를 이어받아 '신실한 모양〔信實之貌〕'이라고 하였다. 반면 여기서 '순순恂恂'은 《사기》〈이장군열전〉에서의 "전전悛悛"과 연관하여 '시골 사람처럼 순진하여 말을 잘하지 못하는 모양'으로 볼 수도 있다. 즉, 신중하고 중후하면서도 말을 잘하지 못하는 모습을 두루 포괄하는 의미로 보면 된다.

3) 향당에는 어른이 많이 계셔서 공자는 조심하여 공손하게 이야기했다. 공자는 잘 아는 이들이 모인 곳에서는 자기 의견을 정확하고도 당당하게 말하였으나, 자신보다 식견과 연륜이 높은 어른들이 계실 때에는 조심하며 이야기했다. 공자는 말하는 방법을 알았다.

4) 이 문장에서 "변便"은 '말 잘할 변辯'과 같다. 《사기》〈공자세가〉에 '변변辯辯'으로 쓰여 있다. 정현은 '변辨'으로 보아 '분명하게 말하는 것'이라고 하였다.

5) 원문의 "간간여侃侃如"를 번역한 것으로, 역자는 주희의 설을 따랐으나 주희의 해석과 달리 《광아廣雅》〈석훈釋訓〉에는 "간간侃侃"의 "간侃"은 '화和'로 '부드럽게 화합하다'의 의미가 있다고 하였다.

숙한 듯하셨다. 임금님이 계실 때는 공경하면서 삼가는 듯하시면서도 절도를 갖추시고 있는 듯하셨다.

朝, 與下大夫言, 侃侃如也. 與上大夫言, 誾誾如也.[6] 君在, 踧踖如也, 與與如也.[7]

손님 접대법 10.3

[노나라] 임금이 불러 귀빈을 접대하실 때는 안색이 [긍지로] 금방 바로잡혀 바뀐 듯했고[8], 발걸음은 종종걸음 하는[9] 듯하셨다. 함께 서 있는 사람에게 읍하실 때는, [마주 잡은 손을] 왼쪽으로 돌리고 오른쪽 사람에게 인사할 때는 오른쪽을 돌리셨는데, [읍하실 때마다] 옷

6) 원문의 "하대부下大夫"는 관직 이름으로 경卿, 대부大夫, 사士로 구분되었으며 각 벼슬마다 세 등급으로 나뉘어 있었다. 공자는 노나라에서 사구와 사공 등을 역임한 적이 있으므로 하대부란 공자와 비슷한 직급의 관원으로 보면 된다. 그리고 "강직한"이라고 옮긴 "간간侃侃"은 주희의 주석에 나오는 '강직剛直'을 따른 것인데, 이 단어를 '화목하고 즐거운 모습〔和樂〕'으로 풀이하는 이도 있다(공안국 설). 하지만 전후 문맥에 들어맞지 않는다. "은은誾誾"이란 단어는 '부드럽고도 시비를 가리는 엄숙한 모습〔和悅易諍〕'을 가리킨다(주희 설).

7) "축踧"은 '조심하여 걷다'라는 의미이고 "적踖"도 '조심하여 걷다'라는 의미이니 원문의 "축적踧踖"은 공경하면서도 긴장하고 불안해하는 모습을, "여여與與"는 엄숙하고 장중하다는 의미로서 위의威儀가 해이하지 않아 절도에 맞는 것을 의미한다.

8) 원문의 "사빈使擯"은 주인된 나라의 군주가 신하(공자)로 하여금 나아가서 손님을 접대하게 하는 것이다. "색발여色勃如"의 "색色"은 안색이고, "발勃"은 안색이 변하는 모양〔變色貌〕이다(공영달 설).

9) 원문의 "확躩"을 번역한 것으로, 황간皇侃은 《의소義疏》에서 "한가롭게 걷지 않는 것을 '확'이라 하며 발걸음을 빠르게 움직이는 모양이다〔不暇閒步, 躩, 速貌也〕"라고 설명했다.

깃이 앞뒤로 펄럭이는 듯[10]하셨다. 종종걸음으로 달려 나가실 때는 [움직이는 손이 단정하여] 날개를 편 듯하셨다. 손님이 물러나면 반드시 "손님께서 뒤를 돌아보지 않으셨습니다"[11]라고 반복하여 보고하셨다.

君召使擯, 色勃如也, 足躩如也. 揖所與立, 左右手, 衣前後, 襜如也. 趨進, 翼如也. 賓退, 必復命曰: "賓不顧矣."

입궐의 예절 10.4

[공자께서는] 궁궐 문[12]에 들어가실 때는 삼가고 공손한 듯[13], 마치 [문이 자신을] 수용할 수 없을 것처럼 하셨다. 문 가운데 서시지 않았고, 다니실 때에는 문지방[14]을 밟지 않으셨다. [임금이 있는] 자리(대청 아래 뜰의 좌우측)를 지나가실[15] 때는 금방 표정을 바꾸셨고, 발걸음을 빨리 하셨고 말을 잘할 수 없는 것처럼 하셨다. 옷자락을 걷어

10) 원문의 "첨여襜如"를 번역한 것으로, "첨襜"은 '가지런하다'는 뜻이다. 무릎을 덮는 정도 길이의 앞치마가 가지런한 모습이다. "첨여襜如"란 이처럼 옷이 살랑살랑 펄럭이는 모양을 말한다.

11) 손님이 완전히 떠나버린 것을 의미한다. 손님을 잘 접대하였음을 알림으로써 손님을 맞이함에 있어 공경스런 태도를 내보였다는 의미이다.

12) 원문의 "공문公門"을 번역한 것으로, 궁궐의 가장 바깥에 있는 문을 말한다. 당시《예서禮書》에 제후의 공문公門을 고문庫門, 치문雉門, 노문路門으로 구분하였다. 즉, 임금이 머물고 있는 중요한 문을 말한다.

13) 원문의 "국궁여鞠躬如"를 번역한 것이다. "국궁鞠躬"은 '곡신曲身'과 같은 의미로 '몸을 굽힌다'는 뜻이다. 몸을 약간 앞쪽으로 기울이고 두 손을 위로 받쳐 올려서 상대편에게 예를 갖춰 고개를 숙이는 것이다.

14) 원문의 "역閾"을 번역한 것이다.

서[16] 당堂(대청)으로 오르실 때는 머리를 숙이고 허리를 굽힌 듯하셨고, 마치 숨소리를 죽여 숨을 쉬지 않는 것같이 하셨다. 나오셔서 한 계단을 내려오시고 나서 안색을 느슨하게 하셨으며 기쁘고 만족하신 모습이었다. 계단을 다 내려오시고 나서야 [존경하듯] 종종걸음으로 달려가시는데 새가 날갯짓하는 듯[17]하셨다. 원래 있던 자리로 돌아와서는 공손하면서도 조심스러워 하는 모습이셨다.

入公門, 鞠躬如也, 如不容. 立不中門, 行不履閾. 過位, 色勃如也, 足躩如也, 其言似不足者. 攝齊升堂, 鞠躬如也, 屛氣似不息者. 出, 降一等, 逞顔色, 怡怡如也. 沒階, 趨進, 翼如也. 復其位, 踧踖如也.

15) 원문의 "과위過位"는 '[군주가 있는] 자리를 지나간다'는 의미인데 군주가 직접 자리에 있는 것이 아닌 '허위虛位이니, 문과 병풍 사이를 말하는 것으로 군주가 우두커니 서 있는 곳〔君之虛位, 謂門屛之間, 人君宁立之處〕'이란 의미다. 그러니 이 말의 의미는 군주의 자리라고 생각하면서 마치 계신 것처럼 공경하여 행동하는 것이다.

16) 원문의 "섭자攝齊"는 '옷자락을 잡는다'는 뜻으로 "섭攝"은 '잡을 섭'이고, "자齊"는 '옷자락 자'로 읽는다. 즉, 의상의 앞자락을 추켜들고 계단을 따라서 대청으로 올라가는 것이다.

17) 원문의 "익여翼如"를 번역한 것으로, 공자가 달려가는 모습이 경쾌하고 아름다워 새가 날개를 펴는 듯했다는 뜻이다. 어떤 이는 "익여"라는 말이 공경하고 단정한 모습이라고 해석하며, 몸가짐에 흐트러짐이 없는 모습을 뜻한다고도 한다.

집규와 향례의 예법 10.5

홀[18]을 잡으실 때에는 몸을 숙이고 허리를 굽히시고, 마치 [그 무게를] 이기지 못하는 듯하셨다.[19] [홀을 잡는 법은] 위로는 읍을 하듯 [두 손을 마주잡는 듯] 하셨고, 아래로는 물건을 줄 때 [손을 내리는 듯] 하셨다. 안색은 두려워하는 듯한 표정으로 바꾸셨고, 발걸음은 좁게 떼면서 마치 [앞사람을] 따르는 듯하셨다.[20] 향례享禮[21] 때엔 부드러운 낯빛을 하셨으며 개인적으로 만나실[22] 때는 경쾌하고 즐거운 듯하셨다.

執圭, 鞠躬如也, 如不勝. 上如揖, 下如授. 勃如戰色, 足蹜蹜如有循. 享禮, 有容色. 私覿, 愉愉如也.

---

18) 원문의 "규圭"를 번역한 것이다. 임금이 사신으로 보내는 사람에게 주는 일종의 신임장으로 윗부분은 둥글거나 머리가 칼 모양 같기도 하고, 아랫부분은 방형이다. 장신용 옥으로 되어 있다.

19) 원문의 "여불승如不勝"을 번역한 것으로, 홀이 본래 무겁지는 않지만 사신들은 무거워 들지 못하는 척하면서 임금에 대한 존경을 표했다.

20) 원문의 "축축여蹜蹜如"는 발걸음을 좁게 떼는 모양이다. "순循"은 발뒤꿈치를 드는 것이다. 발뒤꿈치를 들고 종종걸음으로 따라가는 것을 말한다.

21) 다른 나라에 사신으로 가서 가져온 헌상품을 임금에게 올리는 일종의 방문 의식을 말한다.

22) 원문의 "적覿"은 '보다', '사사로운 예禮로 만나다'라는 의미다.

옷을 잘 입는 예법 10.6

군자[23]는 감색과 검붉은 천[24]으로 옷깃을 장식하지 않고, 붉은색과 자주색으로 평상복을 만드시지 않았다. 더운 여름에는 올이 가는 칡베와 거친 칡베로 만든 홑옷을 걸치고[25] 반드시 겉옷을 입어 감싸셨다.[26] 검은 옷에는 양 가죽으로 만든 갖옷을 입으셨고, 흰옷에는 어린 사슴 가죽으로 만든 갖옷을 입으셨으며, 누런 옷에는 여우 가죽으로 만든 갖옷을 입으셨다.[27] 평상시에 입는 갖옷은 길고, 오른쪽 소매는 짧게 하셨다.[28] 반드시 잠옷은 길이를 키의 한 배 반

---

23) 여기서 "군자君子"는 공자를 지칭하는 것으로 보는 것이 타당한데, 뒤편의 내용도 공자의 생활 예절에 관한 내용이다.

24) 좀 더 구체적으로 보면 감색은 깊은 청색에 붉은색이 감도는 색이고 추색은 감색보다 더 어두운 색이다. 주희는 진홍색으로 보았고, 정약용은 흑색이 다소 감도는 짙은 붉은색으로 풀이했다. 여하튼 옛날에 흑색은 정식 예복의 색이었으니 이 둘은 흑색에 가깝지만 정색正色이 아니므로 써서는 안 된다는 의미다.

25) 원문의 "진치격袗絺綌"을 번역한 것이다. "진"은 홑겹이란 뜻으로 동사로 쓰였으며, "치격"에서 "치絺"는 '가는 칡베'이고 "격綌"은 '거친 칡베'라는 뜻이다.

26) 원문의 "필표이출지必表而出之"를 번역한 것인데, 황간의 《의소》에는 "지之"자가 없어 적지 않은 해석의 여지가 남았다. 공안국은 이 구를 "웃옷을 더하는 것이다"라고 설명했는데, 베옷 위에 웃옷을 더 입는다는 뜻인지를 알 수 있는 명확한 주석은 붙이지 않았다. 주희는 "속옷을 입고 겉에 고운 베나 거친 베로 만든 옷을 입어 겉으로 드러나게 한다"는 식으로 풀이했고 양보쥔은 "그것으로 하여금 밖으로 드러나게 하다(使它露在外面)"는 백화 번역으로 주희의 견해를 지지했다. 역자도 이를 따르되 문맥에 맞게 약간의 의역을 했다. 그러나 "출지出之"란 단어를 유월은 '외출하여 나가다'라는 의미로 풀이하기도 했다.

27) 이 세 구절에서 말하고자 하는 바는 옷이란 겉옷과 속옷을 서로 잘 어울리게 입어야 한다는 것이다. "고구羔裘"는 검은색의 양털 갖옷이다. "예麑"는 어린 사슴이다.

28) 이 번역의 원문 "단우결短右袂" 역시 논란의 여지가 많은데, 공안국은 '오른쪽 소매를 짧게 하는 것'이라고 보았으며 주희의 견해도 동일하여 역자도 그들의 견해에 따른다.

으로 하셨다. [방에서는] 여우나 담비의 두터운 가죽을 깔고 앉으셨다. 탈상을 한 뒤에는 패물을 착용하시지 않은 적이 없으셨다.

유상帷裳[29]이 아니면 반드시 천을 줄이셨다.[30] 양 가죽으로 만든 갖옷을 입거나 검은 관을 쓰고서는 조문하시지 않았다. 길월吉月(음력 매월 초하루)에는 반드시 조복을 입고 조회하셨다.

君子不以紺緅飾, 紅紫不以爲褻服. 當暑, 袗絺綌, 必表而出之. 緇衣羔裘. 素衣麑裘. 黃衣狐裘. 褻裘長, 短右袂. 必有寢衣, 長一身有半. 狐貉之厚以居. 去喪, 無所不佩. 非帷裳, 必殺之. 羔裘玄冠不以弔. 吉月, 必朝服而朝.

재계할 때 10.7

재계할 때는 반드시 명의(목욕 후 입는 깨끗한 옷)를 입으셨는데, 삼베로 만든 것이었다. 재계할 때는 반드시 [평소에 드시던] 음식을 바꾸셨으며[31], 거처할 때에도 반드시 자리를 바꾸셨다.[32]

齊必有明衣, 布. 齊必變食, 居必遷坐.

---

29) 공안국의 풀이대로 조복朝服과 제복祭服을 가리키니, 예복의 일종으로 주로 조례 때 입었는데, 재단하지 않고 남는 부위를 주름치마처럼 접어서 입었다.

30) 원문의 "쇄殺"를 번역한 것으로, 주름 잡지 않고 남는 천을 마름질해서 줄여 입는다는 의미다.

31) 원문의 "변식變食"을 번역한 것으로, 평소에 드시던 음식을 바꾸셨다는 의미이다. 주희는 "술을 마시지 않고 마늘을 먹지 않는 것〔不飮酒, 不茹葷〕"이라고 하였다. 즉, 정신을 혼란하게 하는 술과 강하고 자극적인 마늘을 먹지 않는 것이 "변식"의 개념이다.

식사와 제육, 취침, 음식 대할 때 10.8

밥은 잘 찧은 쌀이라야 싫어하지 않으셨고, 회는 가늘게 썬 것이어야 싫어하지 않으셨다. 밥이 쉬어 냄새가 나거나 생선이 상한 것이나 고기가 부패하면 드시지 않았다. [음식의] 색깔이 나쁜 것은 드시지 않았다. 냄새가 고약한 것도 드시지 않았다. 제대로 익히지 않으면 드시지 않았다. [정해진] 때가 아니면 드시지 않았다. 자른 것이 바르지 않으면 드시지 않았다. 요리에 맞는 장(간)이 없어도 드시지 않았다. [상 위에] 고기가 비록 많더라도 주식主食[33]을 능가할 만큼 드시지는 않았다. 술만은 양을 한정하지 않으셨으나 [마음을] 어지럽힐 정도까지는 이르지 않으셨다. 사온 술과 저잣거리의 육포는 드시지 않았다. 생강은 [상에서] 물리치지 않고 드셨으나, 많이 드시지는 않았다.[34]

나라에서 제사 지내고 받은 고기는 밤을 넘기지 않고 [드셨다.][35] [다른] 제삿상에 올린 고기[36]는 사흘을 넘기지 않았으며 사흘을 넘기면 드시지 않았다.[37]

---

32) 원문의 "천좌遷坐"를 옮긴 것으로, 평상시에는 부인과 한 방을 썼으나 재계할 때에는 몸과 마음을 정결히 하기 위해 거처를 옮겼다는 의미다.

33) 원문에서 "사기食氣"란 주식을 말하는데, 고기와 야채가 부식이고 오곡이 주식이다. 부식이 많아도 이것을 주식보다 많이 먹지는 않았다는 의미다.

34) 이를 "칠불식七不食"이라고 하여 공자가 '먹지 않은 일곱 가지 음식'이다.

35) 원문의 "불숙육不宿肉"은 '제사 지낸 고기를 하룻밤을 재우지 않는 것'이다. 왜냐하면, 임금께서 제사를 거행하였는데 남은 제사 고기는 하룻밤을 넘기면 조정에 대한 예의가 아니고, 또한 고기는 하루가 지나면 맛이 변하기 때문이다.

36) 이 "제육祭肉"은 앞의 "육肉"과 다른 고기를 말하며, 공자 자신의 집에 있는 고기다.

식사하실 때는 말씀을 하시지 않았고, 주무실 때에는 말씀을 하시지 않았다. 비록 거친 밥과 나물국이라도 고수레[38]를 지냈으며, 반드시 엄숙하고 가지런한 태도로 임하셨다.

食不厭精, 膾不厭細. 食饐而餲, 魚餒而肉敗, 不食. 色惡不食. 臭惡不食. 失飪不食. 不時不食. 割不正, 不食. 不得其醬, 不食. 肉雖多, 不使勝食氣. 唯酒無量, 不及亂. 沽酒市脯不食. 不撤薑食, 不多食. 祭於公, 不宿肉. 祭肉不出三日. 出三日, 不食之矣. 食不語, 寢不言. 雖疏食菜羹, 瓜祭, 必齊如也.

자리에 앉는 원칙 10.9

자리가 바르지 않으면 앉지 않으셨다.[39]

席不正, 不坐.

37) 사흘을 넘기게 되면 고기가 부패하고, 그 당시의 유사가 사흘째 될 때 제사 고기를 받았기 때문이다.

38) 원문의 "과제瓜祭"를 번역한 것으로, 어떤 판본에는 "필제必祭"라고 적혀 있어 '과瓜'의 오기로 추정된다(양보쥔 설). 어쨌든 과제란 식사하기 전에 음식물을 조금씩 덜어내어 식기 사이에 놓고 음식을 발명한 사람에게 제사 지내는 것으로, 《춘추좌씨전》에서는 "범제氾祭"라고 했다.

39) 공자가 싫어한 것이 바르지 않은 자리이다. 각지거나 모난 자리에는 절대 앉지 않았다. 즉 명분이 중요하다는 의미로 볼 수 있는데 명분이란 정도이자 떳떳함을 의미한다. 정도를 걷는다는 것은 바른길로 간다는 뜻이고 이는 곧 명분이 있다는 것이다.

나례를 행할 때 10.10

마을 사람들이 주례酒禮를 거행할 때는[40], 지팡이를 짚은 어른[41]이 나가시면 그제야 나가셨다. 마을 사람들이 [잡귀를 쫓는] 굿[42]을 하면 조복을 입고 [주인 자리인] 동쪽 섬돌에 서 계셨다.

鄕人飮酒, 杖者出, 斯出矣. 鄕人儺, 朝服而立於阼階.

전송법 10.11

사람[43]을 다른 나라에 빙문聘問 보낼 때에는, [그에게] 두 번 절하고 나서 보내셨다. 강자(계강자)가 약을 보내오자, 절을 하고 그것을 받고는 말했다.

"제가 아직 알지 못해서 감히 맛보지[44] 못하겠습니다."

---

40) 원문의 "향인음주鄕人飮酒"를 번역한 것으로, 《의례》 〈향음주례〉에 보면 마을 사람들과 함께 예를 갖추면서 술을 마시는 것을 의미한다.

41) 원문의 "장자杖者"는 '노인'을 말한다. 옛날 고을에서 나이 60세가 되면 지팡이를 짚었다. 《예기》 〈왕제王制〉에 보면, "쉰 살에 집안에서 지팡이를 짚었고, 예순 살에는 향당에서 지팡이를 짚었으며, 칠십 살에는 나라에서 지팡이를 짚었고, 팔십 살 때는 조정에서 지팡이를 짚었다〔五十杖於家, 六十杖於鄕, 七十杖於國, 八十杖於朝〕"고 하였다.

42) 원문의 "나儺"를 번역한 것으로 역귀를 쫓는 의식, 즉 돌림병을 막기 위한 의식으로 보면 무난하다.

43) 원문의 "인人"을 번역한 것으로 다른 나라 제후에게 문안, 즉 빙문을 가는 사절을 의미하며, 일반 사람이 아니다.

44) 윗사람이 약(여기서는 보약)을 선물로 보내오면 예의상 즉시 맛보아야 하지만 공자는 이 약의 성질을 잘 알지 못하여 먹기가 다소 꺼림칙하여 이렇게 말한 것이다.

問人於他邦, 再拜而送之. 康子饋藥, 拜而受之. 曰: "丘未達, 不敢嘗."

사람이 중요하다 10.12

마구간[45]에 불이 났다.
공자께서 조정에서 물러나와 말씀하셨다.
"사람이 다쳤느냐?"
[그러고는] 말에 대해서는 묻지 않으셨다.[46]

廏焚. 子退朝, 曰: "傷人乎? 不問馬."

임금이 내려주신 음식, 문병 방식 10.13

임금이 음식을 내려주시면 반드시 자리를 바르게 하고[47] 먼저 맛을 보셨다. 임금이 날고기를 내려주시면 반드시 익혀서 조상에게 올리셨다. 임금이 살아 있는 짐승을 내려주시면 반드시 키우셨다.

45) 원문의 "구廏"는 마구간을 뜻하는데 조정 안의 공실인 '공구公廏'와 공자 집안의 '사구私廏'로 구분할 수 있다. 여기에서는 공자의 집에 있는 개인 마구간으로 보아야 한다.

46) 원문의 "상인호傷人乎, 불문마不問馬"를 번역한 것인데, 원문을 어떻게 끊어 읽는가에 따라 의미가 전혀 달라진다. 역자처럼 읽는 것이 전통적인 방식이나, "傷人乎不, 問馬"라든지 "傷人乎, 不, 問馬"처럼 읽기도 한다. 예를 들어 "傷人乎, 不, 問馬"로 끊어 읽으면 "사람은 다쳤는가. 아니구나. [그리고] 말에 대해 물어보셨다"라고 전혀 다른 의미로 번역된다. "사람을 중시하고 가축을 천시한 것이다(重人賤畜)"라는 정현의 설이 합리적이다.

47) 원문의 "정석正席"을 번역한 것으로, 임금을 대하는 자세를 말한 것이다. 즉, 임금께서 나에게 베풀어 주신 것을 공경하는 마음을 뜻한다.

임금을 모시고 식사를 하실 때는 임금이 제례를 올리면 먼저 [반찬은 드시지 않고] 밥을 드셨다.

[공자께서] 병이 들어 임금께서 방문하셨는데, 머리를 동쪽으로 하고[48] 누워 조복을 몸에 걸치고 띠를 펼쳐놓으셨다.

임금이 명령하여 부르시면 수레에 멍에를 얹는 것을 기다리지 않고 가셨다.

태묘에 들어가서는 매사를 물으셨다.[49]

君賜食, 必正席先嘗之. 君賜腥, 必熟而薦之. 君賜生, 必畜之.
侍食於君, 君祭, 先飯. 疾, 君視之, 東首, 加朝服, 拖紳. 君命召,
不俟駕行矣[50]. 入太廟, 每事問.

벗의 죽음, 벗의 선물 10.14

벗이 죽었을 때 돌아갈 곳이 없으면[51] 말씀하셨다. "내 집에 빈소를 차려라."[52]

벗이 주는 선물은 비록 수레나 말이라 하더라도, 제사 지낸 고기

---

48) 이 말은 공자는 병중이므로 침상에 누워 있고, 임금은 동쪽 계단을 통해 입실하여 군주를 맞이하러 걸어오기 때문에 공자는 동쪽을 향했다는 의미다. 황간 같은 학자는 동쪽의 양기를 받아들이기 위한 것이라고 했으나 이는 무리가 있는 풀이이다.

49) 〈팔일〉 3.15와 중복된다.

50) 〈팔일〉 3.18의 "임금을 섬기는 일에 예를 다하는데 사람들은 아첨한다고 생각한다[事君盡禮, 人以爲諂也]"와 맥락이 연관된다.

51) 원문의 "무소귀無所歸"를 번역한 것으로 '친가와 외가의 친지가 모두 없어서 주관할 수 있는 사람이 없는 경우에 시신이 방치되는 상황'을 의미한다(호인 설).

가 아니면 [받을 때] 절하지 않으셨다.

朋友死, 無所歸, 曰: "於我殯." 朋友之饋, 雖車馬, 非祭肉, 不拜.

잠잘 때와 거처할 때, 상황에 따른 낯빛 10.15

주무실 때는 시체처럼 보이지 않게 하셨고, [댁에] 계실 때는 엄숙한 표정[53]을 짓지 않으셨다.

상복을 입은 사람을 보시면 비록 아주 친밀한 사이라도 반드시 [동정하는 낯빛으로] 바꾸셨다.[54] 예모를 쓴 사람과 장님을 보면 비록 가깝게 지내는 사이라도 반드시 예의를 차리셨다. 상복을 입은 사람에게는 수레의 횡목에 손을 짚고 예를 표하셨다. 나라의 도판圖版을 짊어진 사람[55]에 대해서도 수레의 횡목에 손을 짚고 예를 표하셨다. 성찬을 받으시면 반드시 낯빛을 바꾸면서 일어나셨다.[56] 천둥이 치고 바람이 거세게 불면 반드시 [낯빛을] 바꾸셨다.

---

52) 물론 단순히 빈소만 차리고 손을 놓겠다는 말이 아니고, 공자가 빈소를 제공하고 장례를 치러주겠다는 말이다. 한편, 빈소의 위치는 하나라 때는 동쪽 계단이었고 은나라 때는 양쪽 기둥 사이였으며 주나라 때는 서쪽 계단이었다. 바로 앞의 "무소귀無所歸"가 의미하는 것처럼 돌봐줄 친척이 없어서 가여운 마음에 그렇게 했다는 의미다.

53) 원문의 "용容"을 번역한 것인데, 양보쥔은 이 글자가 '객客'의 오기라고 하면서 "손님과 같은 표정을 하지 않으셨다"로 옮기기도 했다. 그러나 여기서는 전통적인 판본에 따라 번역했다.

54) 얼굴빛을 바로잡아 상대에게 예를 표했다는 말이다.

55) 나라의 지도나 호적 등을 짊어지고 가는 사람으로 공무를 행하고 있는 사람을 일컫는다.

56) 이는 음식물이 풍성한 데 대한 감사가 아니라 주인에 대한 예를 표하는 행동이다.

寢不尸[57], 居不容. 見齊衰者, 雖狎必變. 見冕者與瞽者, 雖褻[58]必以貌. 凶服者式[59]之. 式負版者. 有盛饌, 必變色而作. 迅雷風烈必變.

수레 타기의 예법 10.16

수레에 오르면 반드시 바르게 서서 손잡이 끈을 잡으셨다. 수레 안에서는 내부를 돌아보지 않으셨고,[60] 말씀을 빠르게 하시지 않았으며, 직접 손가락질을 하시지 않았다.[61]

升車, 必正立, 執綏. 車中不內顧, 不疾言, 不親指.

---

57) "시尸"는 '손과 발을 쭉 펼쳐 놓아서 마치 죽은 사람처럼 하는 것〔布展手足, 似死人〕(포함 설)'을 말한다. 말하자면 "불시不尸"란 왼쪽이든 오른쪽이든 옆으로 누워 자야 한다는 의미로 보면 된다.

58) "설褻"은 '사석私席에서 만나는 것'을 뜻한다. 말하자면 의복을 갖춰 입지 않고 만난다는 의미이다. 앞 문장의 "압狎"과 같은 의미로 보면 무방하다.

59) "식式"은 '수레 앞에 가로로 된 나무〔車前橫木〕'를 말한다. 여기에서는 공경하는 자세를 뜻한다고 보면 된다.

60) 원문의 "불내고不內顧"를 번역한 것인데, 《노논어魯論語》에서는 '불不' 자가 빠져 있고 이를 옳다고 보는 학자들도 있다. 그렇게 된다면 그냥 '내부를 돌아보다'로 번역되니 이 번역과는 정반대다.

61) 원문의 "불친지不親指"를 번역한 것이다. 위험하므로 두 손으로 꽉 잡고 있어야 한다는 의미이다.

산에서 만난 까투리 10.17

[까투리들이] 사람의 기색을 살피다가 곧 날아올라 빙빙 돌다가 모여 앉았다. [공자께서] 말씀하셨다.

"산속 다리 위의 까투리여, 때를 만났구나, 때를 만났구나!"[62)]

자로가 그것들을 [잡아] 바치자, [공자는] 세 번 냄새를 맡더니[63)] 일어나셨다.

色斯擧矣, 翔而後集[64)]. 曰: "山梁雌雉, 時哉時哉!" 子路共之, 三嗅而作."

62) 공자의 이 탄식은 글자 그대로 때를 만났다는 말이 아니고 때를 만나지 못한 자신이 제 먹을거리를 구하는 까투리만도 못한 현실을 서글퍼한 것이다.

63) '냄새 맡다'라는 의미의 "후嗅"를 번역한 것인데 이 '후' 대신 '칠 격狊'으로 적혀 있는 판본도 있다. 김학주도 "자로가 이 암꿩을 잡아서 바치자 공자께서 세 번 냄새 맡으시고는 일어나셨다"라고 해석했는데 주희의 견해를 따른 것이다. 역자 역시 기본적으로 동의한다. 해석상 논란의 여지가 있는 부분이다. 양보쥔도 이 단락의 문장이 너무 어려워 만족할 만한 해석은 어렵다고 했는데, 이유는 오자 혹은 누락된 글자가 있다고 보았기 때문이다. 황간은 이 단락이 공자의 태도와 행동을 비유하는 것이라고 보았는데, 이 점에 대해서는 이견이 없다. 여하튼 주희도 "이 장은 빠진 부분이 있어 이해되지 않는 부분은 후학을 기다리겠다"고 할 만큼 논란의 여지가 많은 장이다.

64) 정약용은 "색色"을 "놀라는 모양으로 안색이 변하는 것〔色駭貌〕"으로 보고, "상翔"은 "[새가 놀라서] 날아 빙빙 돌아다니는 것〔翔者, 飛之盤廻也〕"이라고 하였다.

제11편

선진先進

– 제자들의 일상적 물음에 시비를 일깨워주다

【해설】

〈선진〉 편은 앞의 〈옹야〉의 자매편이라고 할 만하다. 주로 제자들의 인물평을 하고 있는데, 다른 편보다 유독 공자 자신이 제자들을 주로 평가하고 있다. 공자의 교육 지침이 포함된 앞쪽의 두 장은 일반적인 논의로서 개요와 같고, 제자들에 대한 인물평은 3장에서 시작하여 적지 않은 분량을 차지하고 있으며, 거의 모든 편이 짧은 문장으로 구성되어 있다.

안회를 비롯하여 효자 민자건, 삶을 성찰하면서 살아가는 남용南容 등이 앞자리를 차지한다. 호학하였으나 단명한 안회에 대한 공자의 한마디 절규는 사랑하는 제자에 대한 스승의 애절한 마음의 표출일 것이다.

11장에서 삶과 죽음, 그리고 귀신 섬기는 문제에 대한 계로의 물음에 대해 공자는 현재의 삶이 중요하다고 답한다. 13장에서는 자로에 대해 제명대로 살지 못할 거라고 했는데, 자로가 전쟁에 휘말려 자살했음을 생각하면 제자들의 성향에 대한 공자의 분석이 얼마나 예리한지를 잘 알 수 있다.

"과유불급過猶不及"이라는 말도 이 편에 등장한다. 가르침에 어긋나게 실권자에게 빌붙어 세금을 수탈한 염구에게는 제자도 아니라며 분노하고, 안회와 단목사를 비교하면서 안회를 높이 평가한 대목도 촌철살인의 묘미가 있다. 염유와 자로의 상반된 성품을 날카롭게 짚어내는 공자의 안목도 눈여겨볼 대목이다.

맨 마지막 장은 편폭이 꽤 긴 편인데, 네 명의 제자가 공자를 모시고 앉아 각자의 포부를 말하자 공자가 의표를 찌르는 답을 내놓는다. 아무리 제후국을 돌아다니며 유세를 했다 하더라도 공자는 역시 천생 교육자라는 생각이 든다. 몇 번 벼슬에 나아가기는 했지만, 이렇게 제자들과 담소하면서 세상사와 자신의 문제를 두고 담화할 때가 가장 행복했을지도 모른다.

촌스러운 사람이냐 군자냐 11.1

공자께서 말씀하셨다.

"먼저 예악에 나아간 이[1]는 촌스러운 사람[2]이고, 나중에 예악에 나아가는 자들은 군자[3]다. 만약 [나에게] 이들을 등용하라고[4] 하면 나는 먼저 [예악에] 나아간 자들을 쓰겠다."

子曰: "先進於禮樂, 野人也. 後進於禮樂, 君子也. 如用之, 則吾從先進."

1) 논란의 소지가 많은 첫 문장이다. 원문의 "선진先進"을 번역한 것인데 뒤의 "후진後進"이란 말의 상대어로 쓴 것이다. 주희는 '선배'와 '후배'라고 보았는데, 황간은 오제五帝 이전을 선진이라고 보고 삼왕三王 이후를 후진으로 보았다. 한편 공안국은 벼슬을 함에 있어서 선후의 차원으로 보았다. 이 해석에 따르면 먼저 예악을 학습하고 나서 나중에 벼슬에 나아간다는 뜻이다.

2) 원문의 "야인野人"을 번역한 것으로, 벼슬한 적이 없는 일반 지식인, 즉 '선비士'를 가리킨다. 이는 바로 뒤 구절의 군자란 말과 상대되는데, 군자라는 말은 넓은 의미에서 보면 경대부 자제에 대한 총칭으로 일반적인 군자의 개념과는 다르다. 물론 이 문장에서 알 수 있듯이 공자는 이런 유형의 군자들, 즉 경대부의 자제들이 부모의 비호를 받으며 벼슬하는 것을 좋지 않게 보아 이렇게 말한 것이다.

3) 원문의 "군자君子"에 대하여 주희는 '어진 사대부(賢士大夫)'라고 하였다. 이 문장에서는 〈옹야〉 6.16의 "문질빈빈文質彬彬"과 연관하여 야인野人은 '질이 문을 이기는 사람(質勝文者)'이고, 군자君子는 '꾸미는 것(문文)이 질박한 것(질質)을 이기는 사람(文勝質者)'을 말한다.

4) 원문의 "용用" 자를 번역한 것이다. 황간은 이를 제자 교육에 사용한다는 개념이라고 보았으며 주희는 예악 자체를 사용한다는 개념으로 보아 "예악을 쓴다면"이라고 해석했다. 역자는 유보남의 견해에 따라 인재를 등용한다는 개념으로 해석하였는데, 뒷 구절의 "종從"도 같은 맥락에서 풀이한 것이다.

덕행, 언어, 정사, 문학 11.2

공자께서 말씀하셨다.

"진나라와 채나라에서 [재난을 당했을 때][5] 나를 따랐던 자는 모두 문하에 남아 있지 않다."[6]

덕행[7]에는 안연·민자건·염백우[8]·중궁이고,[9] 언어[10]에는 재아와

---

5) 공자가 진陳나라와 채蔡나라 사이에 있었을 때 이야기가 《사기》 〈공자세가〉에 자세히 기록되어 있다. 공자가 진나라에 있을 때 "오나라가 진나라를 쳤다. 이때 초나라가 진나라를 구하기 위해서 군사를 일으켰다. 초나라 소왕이 공자가 진채陳蔡 사이에 있다는 것을 듣고 공자를 초빙하려고 했으나 진나라와 채나라 대부들이 [공자를 가지 못하게] 계획을 세워 말하였다 (…) 이에 공자를 들에 포위하여 [일주일 동안 갇혀서] 식량도 떨어지고 곁에 문하들이 병이 들어 따르지를 못하였다(吳伐陳, 楚救陳, 軍于城父, 聞孔子在陳蔡之閒, 楚使人聘孔子, 孔子將往拜禮, 陳蔡大夫謀曰 (…) 於是乃相與發徒役圍孔子於野, 不得行, 絕糧, 從者病, 莫能興)".

6) 원문의 "불급문不及門"을 번역한 것으로, 공자의 곁을 다 떠났다는 의미로서 주희의 견해에 따른다(양보쥔도 주희의 설이 타당하다고 보았다). 한편 정현은 "벼슬에 나아가는 문(士進之門)에 이르지 못했다"고 번역했으며 유보남은 "공자의 제자들이 진나라와 채나라에서 벼슬한 자가 없다"는 식의 해석을 했는데, 다소 무리가 따르는 이러한 풀이도 일리가 없는 바는 아니다. 공자가 이 두 나라에서 고통을 당했을 때 도와줄 제자들이 없었다는 의미도 담겨 있다. 이 서글픈 탄식은 기원전 484년, 즉 공자가 68세가 되던 해에 한 말이거나, 안회와 자로가 죽은 공자 최후의 2년, 즉 기원전 480년 혹은 기원전 479년에 한 말로 추정된다.

7) "덕행德行"에서의 "덕德"은 윤리와 도덕적 개념과 함께 공자가 생각하는 이상적인 군자상과 연관이 되어 있다. 최상의 인격을 갖추고 있는 것을 말한다.

8) 염백우는 곧 염경冉耕이다. 공자보다 7세 적었다. 나병(문둥병)에 걸려 죽은 인물로서 공자가 문병을 가서 탄식한 이야기가 〈옹야〉 6.8에 나온다.

9) 이들은 모두 가난한 집안 출신으로 실은 염백우의 나이가 가장 많았고(공자보다 7세 아래), 민자건이 다음으로 많았고(공자보다 15세 아래), 중궁이 그다음으로 많았으며(공자보다 29세 아래), 공자보다 30세 아래인 안연이 가장 어리다. 그런데 안연은 공자가 가장 아꼈으므로 첫째에 두었다.

자공[11]이며, 정사[12]에는 염유와 계로[13]이고, 문학[14]에는 자유와 자하[15]였다.[16]

子曰: "從我於陳蔡者, 皆不及門也." 德行: 顔淵, 閔子騫, 冉伯牛, 仲弓. 言語: 宰我, 子貢. 政事: 冉有, 季路. 文學: 子游, 子夏.

---

10) 언어 구사와 화법뿐만 아니라 주빈主賓이 상대방과 주고 받는 외교적 언사를 가리키니, 외교 활동도 포괄하는 개념으로 봐야 한다(황간, 정약용 설).

11) 재아(재여)는 안연보다 1세 더 많았고, 자공(단목사)은 안연보다 1세 적었다.

12) "정사政事"는 〈태백〉 8.14의 "그 자리에 있지 않으면 그 정사를 도모하지 말라〔不在其位, 不謀其政〕"의 "정政"과 같다. 정치와 행정적 실무가 모두 포함되는 의미다.

13) 염유(염구)는 계씨의 가신을 지내면서 재산 불리기에 통달했고, 계로(중유, 즉 자로)는 계씨의 가신을 지냈고 위나라에서 포읍蒲邑의 대부(읍재)를 지냈는데, 치국과 용병에 능했다. 계로의 나이는 비교적 많았고(공자보다 9세 아래), 염유는 재아와 동갑이었다.

14) 황간은 문학을 고대 문헌을 포괄적으로 가리키는 것으로 보았는데, 한편으로는 공자가 전수한 《시》, 《서》, 《역》 등을 가리킨다고도 할 수 있다.

15) 자유(언언)와 자하(복상)는 공자 문하에서 나이가 가장 어렸고(자유는 공자보다 45세 아래, 자하는 공자보다 44세 아래) 유가 경전을 전수하는 데 큰 공을 세웠다.

16) "덕행德行·언어言語·정사政事·문학文學"은 '공문사과孔門四科'이며, 이 문장에 등장하는 10명의 제자는 '공문십철孔門十哲'로 핵심 문하라고 할 수 있다. 한편 이 장은 앞의 "자왈子曰: 종아어진채자從我於陳蔡者, 개불급문야皆不及門也"와 뒷부분의 문장이 괴리가 있기 때문에 공자가 한 말인지 아닌지를 두고 적지 않은 논쟁이 있었다. 《사기》 〈중니제자열전〉과 《신서新序》 〈잡사雜事〉 및 《후한서》 〈문원전文苑傳〉 등은 모두 이 장이 공자가 저술한 것이라고 말하고 있어 한나라 때부터 이 문장에 대한 쟁론이 있었음을 짐작할 수 있다. 성호 이익李瀷은 《논어질서論語疾書》에서 이 장의 공문십철에 관한 이야기는 공자가 한 말이 아닐 것으로 추측하였다.

안회에 대한 공자의 속내 11.3

공자께서 말씀하셨다.

"안회는 나를 돕는 자가 아니다. 내가 한 말에 대해 기뻐하지 않는 바[17]가 없구나.[18]"

子曰: "回也非助[19]我者也, 於吾言無所不說."

효자 민자건 11.4

공자께서 말씀하셨다.

"효성스럽구나, 민자건[20]이여![21] 그의 부모나 형제들의 이런 말

17) 공자의 가르침에 이의를 제기하거나 의문을 품지 않고 그대로 받아들여 자기 것으로 만들었다는 뜻이다. 성인의 겸손한 덕으로 깊이 안회를 칭찬한 것으로 보인다.

18) 주희는 이에 대하여 "성인의 말씀에 대하여 말없이 마음을 통하여서 의문 생기는 바가 없다(聖人之言, 默言心通, 無所疑問)"라고 하였다. 즉, 공자와 안회 사이는 '이심전심以心傳心'과도 같다. 원문의 "회야비조아자야回也非助我者也"에서 공자는 안회에게 유감을 표한 것은 분명하다. 그러나 깊이 기뻐한 것이다(深喜). 반면 공안국은 "안회는 말을 들으면 이해하는데, 나를 일으키거나 도움을 주는 제자는 아니다(孔曰回聞言卽解, 無發起增益於己)"라고 보았다. 이에 대하여 정약용은 "군주와 신하 사이는 간쟁諫諍하는 것을 귀하게 여기는데(君臣之際貴諫爭), 여기에서의 공자와 안회는 군신과의 관계가 아니므로 [그 관계가] 다르다는 관점이고, 안회가 공자의 말에 순종하고 어김이 없는 것은 바로 공자의 말씀이 귀에 들어가자마자 마음으로 통하는 것이다(顔子於孔子之言, 有順無違, 則聲入而心通)"라고 하여 공안국의 설을 반박하였다.

19) "조助"는 〈팔일〉 3.8의 "나를 일깨우는 자는 상商이로구나. 비로소 [너와] 더불어 《시》를 이야기할 수 있게 되었구나(起予者商也, 始可與言詩已矣)"에서 '일깨워주는 것(起)'과 같은 의미이고, '돕다'는 뜻의 '익益'으로 풀이하면 무방하다.

에 트집 잡는[22] 이가 없구나."

子曰: "孝哉閔子騫! 人不間於其父母昆弟之言."

성찰하는 남용 11.5

남용[23]이 백규(희고 맑은 옥)라는 시구[24]를 [매일] 세 번이나 반복하자,[25] 공자는 자기 형의 딸을 아내로 주었다.[26]

南容三復白圭, 孔子以其兄之子妻之.

---

20) 민자건은 효자였다. 어려서 어머니를 잃고 계모의 학대를 받았다고 한다. 엄동설한에 계모의 아이들은 따뜻한 옷을 입었지만, 그는 솜 대신 갈대꽃을 넣은 옷을 입고 있었는데, 이를 본 아버지가 계모를 친정으로 쫓아버리려고 하자 민자건은 그렇게 해서는 안 된다고 말렸다. 계모를 친정으로 쫓아버린다면 나뿐만 아니라 계모가 데려온 두 동생도 한겨울에 떨 것이라고 말했다. 그의 아버지는 무척 감동하였고, 계모도 이때부터 뉘우쳐 자애로운 어머니로 바뀌었다고 한다. 〈공야〉 편 6.7장에 보면 민자건의 소신을 보여주는 대목이 있다. 주희는 "부자께서 감탄하여 그를 찬미한 것이다(夫子嘆之美之)"라고 하였다.

21) 민자건에 대한 칭찬으로 다른 사람이 한 말인데, 공자가 이를 되풀이해서 인용했다.

22) 원문의 "간間"을 번역한 것으로 "간"은 달이 문틈으로 들어오는 것을 형상화한 글자다. "간"에는 '트집 잡다'는 의미 외에 '참소하다', '이간질하다', '비난하다', '중상하다'라는 의미가 두루 깃들어 있는데 뜻은 비슷하다.

23) 공자가 자기 형의 딸을 남용에게 시집보냈다는 것은 이미 〈공야장〉 5.1에서도 나왔다. 《논어》에서 남용은 오직 세 번 등장하는데 또 한 번은 〈헌문〉 14.5에 나온다.

24) 원문 "삼복백규三復白圭"는 '삼복백규지점三復白圭之玷'으로 적혀 있는 판본도 있다. 이 장의 출전은 바로 《시경》 〈대아·억抑〉의 맨 마지막 부분인데 여기 옮겨 적으면 "백규 위에 있는 흰 점은 오히려 갈아 없애버릴 수 있지만, 말의 점은 바로잡을 수 없다(白圭之玷, 尙可磨也. 斯言之玷, 不可爲也)"이다. 본래 〈억〉이라는 시는 위衛나라 무공武公이 주나라 여왕厲王을 풍자하고, 스스로 경계하기 위해 지은 것이다. 남용이 세심하고 조심스런 사람임을 알 수 있다.

호학단명한 안회 11.6

계강자가 물었다.

"제자들 중에서 누가 배우기를 좋아합니까?"[27]

공자께서 대답하셨다.

"안회라는 자가 있어 배우기를 좋아했으나 불행히도 명이 짧아 죽어, 지금은 [그런 사람이] 없습니다."

季康子問: "弟子孰爲好學?" 孔子對曰: "有顔回者好學, 不幸短命死矣, 今也則亡."

덧관을 마련하지 않다 11.7

안연이 죽자 안로(안연의 아버지로 공자의 제자였고 이름은 무요無繇)[28]가 선생님의 수레를 팔아 그에게 덧관[29]을 마련하자고 청했다. 공자께

---

25) 신중하게 말한다는 뜻이다. 삼복사언三復斯言, 사언삼복斯言三復이라고도 한다. 삼사이행三思而行과도 비슷한 말이다.

26) 남용이 가장 중시했던 것은 '언행言行'일 것이다. 언言이라는 것은 행동의 겉이고, 행行이라는 것은 말의 실질이다〔言者, 行之表, 行者, 言之實〕(범조우 설). 말하자면 말이라는 것은 행동의 표면이 드러나는 것이고 행동이라는 것은 말의 실체이다. 특히 남용이 말에 대해서 조심했던 것은 그의 사람됨을 잘 보여준다.

27) 노나라의 어리석은 군주 애공이 이렇게 물은 적이 있는데, 〈옹야〉 6.2에 "노여움을 [남에게] 옮기지 않고, [똑같은] 잘못을 거듭하지 않았습니다〔不遷怒, 不貳過〕"라고 한 구절이 나온다.

28) 안연의 아버지 안로는 공자보다 6세 적었다. 이 장은 뒤에 나오는 10장과 자매 편이라고 할 수 있는데, 공자는 안연을 자기 아들처럼 여겼다.

29) 고대의 대관들은 관을 두 가지 만들어 사용했으니 안쪽의 관을 관棺이라 하고 바깥쪽의 덧관을 곽槨이라 했다. 따라서 '관'과 '덧관'으로 구분한다.

서 말씀하셨다.

"재주가 있든 없든[30] 역시 저마다 자기 자식을 [염려하는] 말을 하게 마련이다. 이鯉(공자의 아들로 공자 나이 49세에 죽음)가 죽었을 때 관만 있었고 덧관은 없었다. 내가 걸어 다니고 그를 위해 덧관을 만들어주면 될 터인데 그러지 않은 것은, 나도 대부의 뒤를 따르는 사람[31]이어서 걸어서 다닐 수는 없었기 때문이다."

顔淵死, 顔路請子之車以爲之槨. 子曰: "才不才, 亦各言其子也. 鯉也死, 有棺而無槨. 吾不徒行以爲之槨. 以吾從大夫之後, 不可徒行也."

하늘이시여 11.8

안연이 죽자, 공자께서 말씀하셨다.

"아! 하늘이 나를 버리시는구나. 하늘이 나를 버리시는구나."[32]

顔淵死. 子曰: "噫![33] 天喪予. 天喪予."

---

30) 원문의 "재부재才不才"를 번역한 것으로 재주가 있는 것은 안연을 가리킨 것이고, 재주가 없는 것은 공자의 아들 리鯉를 말한 것이다.

31) 공자는 노나라에서 사구 벼슬을 지낸 적이 있었는데, 여기서 대부는 사구를 말한다. 현재 사직한 상황이므로 "내가 일찍이 대부를 지낸 적은 있지만"이란 식의 겸사로 쓴 말이다.

32) 이 말은 하늘이 내 목숨을 빼앗으려 한다는 의미다. 즉 안회는 공자에게 목숨과도 같은 제자였다. 주희는 "도가 전해지지 못하여 마치 하늘이 자신을 버린 것처럼 한 것을 애도한 것이다(悼道無傳, 若天喪己也)"라고 하였다.

33) "희噫"는 슬픔을 나타내는 감탄사이다. '상심하여 애통해하는 소리(傷痛聲)'이다.

통곡하다 11.9

안연이 죽자 공자께서 곡을 하며 비통해[34] 하셨다. 모시고 있던 사람이 말했다.

"선생님께서 비통해 하시는군요!"

[공자께서] 말씀하셨다.

"비통해 한다고? 이 사람으로 인해 비통해 하지 않으면 누구로 인해 그렇게 하겠느냐?"

顔淵死, 子哭之慟. 從者曰: "子慟矣!" 曰: "有慟乎?[35]
非夫人[36]之爲慟而誰爲?"

안회를 장사 지내다 11.10

안연이 죽자 제자들이 그를 성대하게 장사 지내려고[37] 했다. 공

---

34) 원문의 "통慟"은 '통곡하다'는 말로 옮기는 경우가 많았는데, 마융의 해설을 따라 '슬픔이 지나치다〔哀過〕'로 해석하였다. 그런데 〈팔일〉 3.20의 "슬퍼하되 마음을 상하게 하지 않는다〔哀而不傷〕"를 뛰어넘는 슬픔〔慟〕이다. 즉 '비통해 하다'라는 의미로 옮기는 게 더 좋다. 〈자한〉 9.5에서 공자는 자신의 존재를 높이 평가하고 존재감을 과시하였는데, 이 장에서는 자신의 제자임에도 "천상여天喪予, 천상여天喪予"라고 하여 명민했던 안회의 위상을 보여준다.

35) "유통호有慟乎"는 직역하자면 '비통해 하는 것이 있었다고?'와 같다. 즉, 공자가 곡을 심하게 하여 자신이 상심에 빠진 것을 자각하지 못한 것이다. 이에 대하여 주희는 "슬퍼서 상심하는 것이 지극하여 스스로 [그 상황을] 알지 못하였다〔哀傷之至, 不自知也〕"고 하였다.

36) "부인夫人"은 '저 사람'으로 풀이하며 안연을 가리킨다. 주희는 "그의 죽음이 가히 애석하여 곡함이 마땅히 비통하니 다른 사람과 비교할 것이 아니다〔其死可惜, 哭之宜慟, 非他人之比也〕"라고 하였다.

자께서 말씀하셨다.

"옳지 않다.[38)]"

제자들이 그를 성대하게 장사 지내자[39)], 공자께서 말씀하셨다.

"회는 나를 아버지처럼 대했지만, 나는 아들처럼 대하지 못했다.[40)] [이는] 내 탓이 아니라, 저 몇몇 제자 탓이다."[41)]

顔淵死, 門人欲厚葬之. 子曰: "不可." 門人厚葬之.

子曰: "回也視予猶父也, 予不得視猶子也. 非我也, 夫二三子也."

---

37) 원문의 "후장厚葬"을 번역한 것인데, 안연의 집 사정 등을 고려하면 당연히 머리와 발과 몸을 씻어 즉시 장사 지내면 되는데 제자들이 이런 기본 지침을 무시하고 후하게 장사 지낸 것이다. 즉 가난한 집안 사정을 고려하지 않고 장례를 치른 제자들을 공자가 비판한 것이다.《예기》〈단궁檀弓〉에 기록된 공자의 말에도 이런 내용이 나온다. "집의 [재산] 유무에 맞게 하는 것이다. 있더라도 예에 지나치게 하여서는 안 될 것이며, 진정 없다면 머리와 발과 형체를 염하여 즉시 장사 지내되 손으로 들어 내려 묻은들 남이 어찌 비난할 수 있겠는가?〔稱家之有亡, 有, 毋過禮. 苟亡矣, 斂首足形, 還葬, 縣棺而封, 人豈有非之者哉〕".

38) 원문의 "불가不可"를 번역한 것이다.《예기》〈단궁檀弓〉에도 "자유가 공자에게 상구喪具에 관하여 묻자 집안의 경제 상황에 맞게 하라〔子游問喪具, 夫子曰, 稱家之有亡〕"는 기록이 있다. 이 당시의 집안 형편에 따라 가난한데도 후장厚葬하는 것은 이치를 따르지 않는 것이기 때문이다.

39) 공자가 "불가不可"라고 답하였는데도, 안회의 장사를 후하게 치른 것에 대하여 앞의 7장에서 안회의 아버지 안로가 공자에게 수레를 팔아 장례를 치르기를 요구했었던 것으로 보아 제자들이 성대하게 장사지내자는 의견에 동의하여 안로가 이처럼 안회의 장사를 주도했을 것으로 추측하였다(주희 설).

40) 이 말의 의미를 잘 새겨보아야 한다. 공자는 아들 공리孔鯉의 장례를 치를 때 간소하게 치렀으며 안회의 장례도 간소하게 치르려고 했는데 문하생들은 생각이 달랐다. 그래서 공자의 푸념이 이어진다.

41) 이 문장을 이와는 달리 '나를 비난하겠구나, 두세 사람이'라는 식으로 해석하기도 한다. 오규 소라이는 원문의 "이삼자二三子"를 '문인 중에 다른 나라에 있는 사람'을 가리킨다고 해석한다.

삶과 죽음 11.11

계로(자로이며 '계'는 서열을 뜻함)가 귀신 섬기는 것에 대하여 여쭈었다.[42] 공자께서 말씀하셨다.

"사람을 섬기지도 못하면서, 어떻게 귀신을 섬길 수 있겠는가?"

[계로가] 여쭈었다.

"감히[43] 죽음에 대해 묻겠습니다."

[공자께서] 말씀하셨다.

"삶을 알지 못하는데, 어찌 죽음을 알겠느냐?"

季路問事鬼神. 子曰: "未能事人, 焉能事鬼?" 曰: "敢問死."

曰: "未知生, 焉知死?"

42) 원문의 "문사귀신問事鬼神"을 번역한 것으로 주희는 "제사를 받드는 것(奉祭祀)"이라고 하였다. 즉 자로가 공자에게 제사 지내는 것에 대해 묻는 상황이다. 〈술이〉 7.20에 "공자께서는 괴이한 일, 위세 부리는 일, 어지럽히는 일, 귀신에 관한 일에 대해서는 말씀하시지 않았다(子不語怪力亂神)"라고 하여 "귀신神"에 대해 언급한 적이 있다. 또한 〈술이〉 7.34에서 공자의 질병을 낫게 하려고 귀신에게 빌고자 했던 적이 있다. 즉, 자로는 평소에 귀신을 공경하던 자이다. 이에 공자는 "나도 [그런] 기도를 드린 지 오래되었구나(丘之禱久矣)"라고 답하였다.

43) 원문의 "감敢"을 번역한 것으로, 스승에 대한 존경의 표시다. 좀 더 자세히 음미하자면, 잘 알지도 못하는 제자가 스승에게 어떤 문제를 묻고자 할 때 쓰는 상투어로 보면 된다.

민자건, 염유, 자공을 비교하다 11.12

민자건[44]이 곁에서 [선생님을] 모실 때는 바르고 반듯했고,[45] 자로는 굳세고 강했으며, 염유와 자공은 자유롭고 편안했다.[46] 공자께서는 즐거워하셨다. [그러고는 말씀하셨다.]

"유(자로)와 같은 자는 제명대로 살지 못할 것[47]이다."

閔子侍側, 誾誾如也. 子路, 行行[48]如也. 冉有子貢, 侃侃如也. 子樂.

"若由也, 不得其死然."

44) 원문에 분명히 "민자閔子"라고 되어 있는데 고본古本에는 "자子" 뒤에 "건騫"을 붙여 쓴 경우가 많다. 《논어》 전체에서 공자와 유자와 증자를 제외한 제자들에 대해 선생님이라는 뜻의 존칭어인 '자'를 붙이지 않았으니 여기서도 고본에 의거해서 '건'을 덧붙여야 한다.

45) 원문의 "은은誾誾"의 번역인데 '중정中正한 모습'이라는 형병의 풀이에서 알 수 있듯이 바르고 반듯한 모습을 표현한 것이다. 주희는 "온화하고 기뻐하는 모습〔和悅而諍〕"이라고 하였다.

46) 원문의 "간간여侃侃如"에서 "간侃"은 '굳세다·강직하다'의 뜻이 있지만(주희 설), 외교와 언변에 뛰어난 자공의 특징을 설명할 때에는 "자유롭고 편안했다"고 하여야 큰 무리가 없다.

47) 글자 그대로 자로가 '천수를 다하지 못할까 걱정된다'는 의미다. 자로에 대한 공자의 악담은 사실 그의 성격 때문인 듯하다. 자로는 결국 위衛나라에서 비참하게 죽었다. 그가 죽었을 때 공자는 저민 고기를 내다버리고 먹지 않았다고 한다.

48) 이 글자들은 '굳세고 강한 모양'이란 뜻으로 "항항行行"이라고 읽어야 한다(정현 설).

옛것을 따르는 것이 좋다 11.13

노나라의 사람[49]이 장부長府[50]를 [고쳐] 지었다. 민자건이 말했다.

"옛것을 그대로 따르는 것이 어떻겠는가? 어찌하여 반드시 고쳐 지어야 하는가?"

공자께서 말씀하셨다.

"그 사람은 [평소] 말이 없지만, 말을 하면 반드시 사리에 맞는 말을 한다.[51]"

魯人爲[52]長府[53]. 閔子騫曰: "仍舊貫, 如之何? 何必改作?"

子曰: "夫人不言, 言必有中."

---

49) 그냥 노나라의 일반 백성이 아니라 집정대신을 가리키는 말로 봐야 다음 문장의 맥락에 맞는다.

50) 이궁離宮의 별관 혹은 노나라 재물을 저장하는 관부의 창고이다. 소공 25년에 계씨가 난을 일으켰을 때 소공이 장부를 근거로 삼아 대항했기 때문에, 그곳을 개축해 방어력을 없앴다는 기록이 《춘추좌씨전》에 나와 있는데 이런 맥락에서 보면 정확히 이해된다.

51) 원문의 "부인불언夫人不言, 언필유중言必有中"을 번역한 것이다. 이에 주희는 "망발하지 않고, 말을 하면 이치에 맞아서 오직 군자가 할 수 있는 말만 한다〔言不妄發, 發必當理, 惟有德者能之〕"고 하였다. 민자건의 특징을 분명하게 드러낸 부분이다.

52) 주희는 "위爲"를 '고쳐 짓다〔改作〕'라고 하였다. 뒤에 나오는 "하필개작何必改作"에서의 "개작改作"과 통한다.

53) 정약용은 "장부長府"를 재물을 저장하는 창고가 아닌 화폐이름〔錢名〕으로 보고, 옛날의 화폐가 있는데 화폐 개혁을 하려고 하는가를 묻는 상황으로 해석하였다. 정약용은 이 장을 "노나라 사람이 화폐를 새로 바꾸려고 하였다. 민자건이 말하였다. 옛날 화폐로 하는 것이 어떻겠습니까? 어찌하여 화폐를 바꾸려고 하십니까?"라고 번역하였는데 여기서는 취하지 않는다.

승당이냐 입실이냐 11.14

공자께서 말씀하셨다.

"유(자로)가 거문고를 어찌하여 내 집 문 앞에서 타느냐?"[54)]

[그 뒤로] 문인들이 자로를 공경하지 않았다. 공자께서 말씀하셨다.

"유는 당堂(대청)까지는 올라섰지만, 실室(방 안)까지는 들어오지 못했다."[55)]

子曰: "由之瑟奚爲於丘之門?" 門人不敬子路. 子曰: "由也升堂矣, 未入於室也.[56)]"

과유불급 11.15

자공이 여쭈었다.

"사(자장)와 상(자하) 중에서 누가 더 현명합니까?"

공자께서 말씀하셨다.

---

54) 성격이 거친 자로의 거문고 연주를 공자는 듣기조차 싫어했는데, 이유인즉 북쪽 변방의 살벌한 소리가 스며들어 있기 때문이라 한다(마융 설).

55) 학문을 하는 단계를 말한 것으로, 먼저 문으로 들어가 대청에 오르고 나서 방 안으로 들어가는 법이다. 그러니 '입실入室'이란 말은 학문의 최고 단계를 말한다.

56) "승당升堂"과 "입실入室"의 문제를 음악에 비유하였지만 실제로는 도道에 들어가는 단계를 말하고자 한 것으로, 승당의 경지는 '바르고 크며 높고 밝은 것〔正大高明〕'으로 보고, 입실의 단계는 '정밀하고 미묘한 오묘함〔精微之奧〕'이다. 말하자면 거친 정도의 승당에서 정밀한 경지로 들어가는 것이 입실이다.

"사는 지나치고[57], 상은 미치지 못한다.[58]"

[자공이] 여쭈었다.

"그렇다면 사가 더 낫습니까?"

공자께서 말씀하셨다.

"지나친 것은 미치지 못하는 것과 같다."[59]

子貢問: "師與商也孰賢." 子曰: "師也過, 商也不及."

曰: "然則師愈與." 子曰: "過猶不及."

염구는 제자도 아니다 11.16

계씨(계강자로 추정됨)가 주공[60]보다 부유한데도 구(염구)는 그를 위

57) 원문의 "사야과師也過"를 번역한 것으로, 주희는 "과過"에 대하여 "재주는 높고 뜻은 넓으나 구차스럽게 어려움에 처하게 하는 것을 좋아한다〔才高意廣而好爲苟難〕"라고 하였다. 즉, 자장은 재질은 있으나 두려움을 알지 못한다는 것을 의미한다.

58) 원문의 "상야불급商也不及"을 번역한 것으로, 주희는 "불급不及"을 "독실하게 믿고 삼가 지키지만 규모가 좁고 좁다〔篤信謹守而規模狹隘〕"라고 하였다. 말하자면 "과過"는 중도를 넘어서는 것이고 "불급"은 중도 안에 들어가 있는 것이다.

59) 자장과 자하에 대한 공자의 평가는, 유가에서 중시하는 이른바 중용中庸의 도道를 잃었다는 점에 집중된다. 흔히 자장처럼 매사에 지나칠 만큼 뛰어날 경우 우수하다고 평가하기 쉬운데, 공자는 지나침보다는 미치지 못함을 더 높이 평가한 것이다.

60) 원문의 "주공周公"은 주나라의 설립자인 주공 단旦을 가리킨다는 것이 일반적인 설이지만 주공 단은 그 당시 청렴했던 인물로 부유하지 않았다. 정약용은 '주나라 번성기에서 왕공王公 대신들을 의미하는 것'이라고 하였다. 즉, 주나라 공실의 지위를 갖추고 있는 총재로 해석하였다.

해 [수탈하듯] 세금을 거두어 [그의 부를] 더욱 늘려주었다.[61] [이를 보고] 공자께서 [화가 나서] 말씀하셨다.

"나의 무리(제자란 뜻)가 아니다. 너희들은 북을 울려 그를 성토해도 괜찮다."

季氏富於周公, 而求也爲之聚斂而附益之. 子曰[62]: "非吾徒也. 小子鳴鼓而攻之, 可也."

네 제자에 대한 단평 11.17

시(고시高柴, 자고子羔)는 어리석고,[63] 삼(증삼)은 노둔하고,[64] 사(자장)

61) 애공 11년과 12년 사이에 있었던 사건에서 비롯된 일인데, 이 말은 이후의 일을 가리킨 것으로 추정된다. 당시 계씨는 세금을 늘리기 위해 전부田賦 제도를 시행했으며 염구를 통해 공자에게 자문을 구했다. 물론 공자는 반대 입장을 분명히 했으나 염구는 계씨의 명에 따라 시행하였다. 그러자 공자는 염구가 백성들을 착취한다며 문하도 아니라고 혹평한 것이다.

62) 어법상 이 "자왈子曰"이란 단어가 여기에 배치된 것은 어딘지 어색하다.

63) 원문의 "우愚"를 번역한 것이다. '어리석다'는 것은 '우직하다·강직하다'의 의미를 내포하고 있다. 주희는 "지혜는 부족하고 후덕함이 남아 있는 것〔知不足而厚有餘〕"이라고 하였다. 사마천에 따르면 그는 "공자보다 서른 살 아래이다. 자고는 키가 다섯 자도 채 못 되었다. 공자에게 가르침을 받을 때 공자는 그를 어리석고 강직한 사람이라고 생각하였다"(《사기》〈중니제자열전〉). 이 기록은《논어》의 문장 맥락과 크게 어긋나지 않는다. 또《공자가어孔子家語》에 자고를 평하기를 "그는 발로 남의 그림자도 밟지 않았고 봄이 되어 땅속에서 벌레가 나오면 그것을 죽이지 않았으며 피어나는 새싹을 꺾지 않았고, 부모의 상을 집행할 때는 3년 동안 피눈물 흘리며 밖에 나가 이를 드러내며 웃지 않고, 전쟁이 일어나면 지름길로 도망하지 않고 구멍을 통해서도 가지 않았다"고 하였다. 한편 이 장의 "시야우柴也愚" 앞에 '자왈子曰'이 빠져 있다. 주희는 이것을 착간錯簡으로 보고 뒤의 18장 원문의 "자왈子曰"이 17장 문장 앞에 나와야 한다고 하였다.

는 치우치고,[65] 유(중유)는 거칠다.[66]

柴也愚, 參也魯, 師也辟, 由也喭.

안회와 자공을 비교하다 11.18

공자께서 말씀하셨다.

"회(안회)는 거의 도를 터득했지만,[67] 자주 [쌀통이] 빌 정도였고, 사(자공)[68]는 운명을 받아들이지 않고[69] 재물을 불려나갔는데,[70] [그

---

64) 원문의 "로魯"를 번역한 것이다. 정명도程明道는 "노둔함으로써 도를 얻었다〔魯得之〕"고 하였다. 증자는 효성으로 지극한 인물인데 공자의 문하생 중에서 특히 질박하고 노둔했다〔質魯之人〕.

65) 원문의 "벽辟"을 번역한 것으로 '한쪽으로 치우치다'는 뜻이다. 주희는 "용모에만 신경을 쓰고 성실함은 부족했다〔習於容止, 少誠實也〕"라고 하였다. 즉 자장은 외모에만 치중하는 편벽함을 드러냈고 성실성이 부족함을 비판한 것이다.

66) 원문의 "언喭"을 번역한 것이다. 주희는 "거칠고 저속하다〔粗俗〕"로 풀이하였다. 말하자면 투박하고 속된 논의를 펼쳤다는 의미다.

67) 원문의 "기서호其庶乎"를 번역한 것이다. 직역하자면 '거의〔庶〕 [도道에] 가까웠지만'인데 주희는 "도에 가깝다〔近道〕"고 하였다.

68) 원래는 노나라의 상인이었다. 언어를 잘하기로 유명했으며, 공자보다 31세 어리다. 공자가 열국을 주유할 때도 늘 모시고 다녔으며 공자가 좌절을 거듭하고 나서 노나라로 돌아왔을 때 자공은 노나라에서 벼슬을 하며 외교 일에 종사하고 있었다. 공자가 사망한 후에는 문하의 책임자가 되었고 공자 말년의 핵심 인물이었으며 의리가 있었다. 그는《논어》에서 서른여덟 번이나 출현하는 인물이다.《논어》에 가장 많이 나오는 이는 중유(자로)다.

69) 원문의 "불수명不受命"을 번역한 것인데, 핵심은 "명命" 자를 어떻게 볼 것인가에 집약된다. 어떤 이는 '가르침'의 의미로 보아 '가르침을 따르지 않다'라고 해석하는데 이는 오류다. 왕필은 이를 '벼슬'로 보아 '벼슬을 하지 않다'라고 해석했는데 이 역시 자공에게는 맞지 않는 말이다. 왜냐하면 그는 노나라와 위나라에서 재상을 지낸 적이 있었기 때문이다.

가 시세를] 예측하면 자주 적중했다.[71)]"

子曰: "回也其庶乎屢空. 賜不受命而貨殖焉, 億則屢中."

선한 사람의 도 11.19

자장이 선한 사람의 도에 대해 여쭈었다. 공자께서 말씀하셨다. "[옛 성인의] 자취를 밟지 않으면,[72)] 역시 [성인의] 방 안(높은 경지를 비유한 말)에 들어갈 수 없다."

子張問善人之道. 子曰: "不踐迹, 亦不入於室."[73)]

70) 원문의 "화식언貨殖焉"을 번역한 것이다. "화貨"는 돈을 불리는 것이고, "식殖"은 동물이나 식물을 길러서 재산을 불리는 것을 말한다. 안회는 천명을 받아들였기 때문에 도를 터득하여 "누공屢空"에 대하여 상심하거나 비난하지 않았다. 그러나 자공은 끊임없이 재물을 불려갔다.

71) 원문의 "억億"은 '억측하다'의 뜻이다. 주희는 "뜻으로 헤아리는 것〔意度〕, 능히 일을 헤아리는 것〔能料事〕"이라고 하였다. 말하자면 사물을 판단하는 데 있어서 기민하게 작용하는 것을 말한다. 정약용은 이 문장에 대하여 사실은 "자공의 흠〔瑕疵〕"이라고 하였다. 즉, 자공은 화식貨殖의 행위와 예측을 잘하여 적중했지만 완전한 칭찬은 아니라고 한 것이다.

72) 원문의 "불천적不踐迹"을 번역한 것이다. "천踐"은 '길을 따라가는 것〔循途〕'이고, "적迹"은 '수레바퀴를 따라가는 것〔守轍〕'을 의미한다(주희 설). 말하자면 성인의 도를 따르고, 그 발자취를 좇는 것을 뜻한다. 정약용은 "자장은 상당히 호방한 사람이라서 그가 스스로 수양해 나가는데 기존의 법도를 따라서 밟아 나가지 않은 것을 공자가 지적한 것이다"라고 풀이하였다. 즉 공자가 "천적踐迹"이라고 말한 것은 자장의 성품을 빗댄 것이다.

73) 이 문장은 자세히 검토할 필요가 있다. 원문의 "선인善人"이란 《논어》 전체에서 〈술이〉 7.25와 〈자로〉 13.11에도 나오는데 주희는 "자질은 아름답지만 배움이 없는 자다〔質美而未學者〕"라고 풀었다. 선한 사람이 옛 성인의 자취를 밟지 않을 경우 악한 짓을 하지 않는 수준에 머물러 있을 뿐이어서 성인의 방 안에 들어가는 경지에 이르기에는 근본적인 한계가 있다는 말이다.

말만으로는 안 된다 11.20

공자께서 말씀하셨다.

"미덥게 말하는 이를 인정한다면,[74] [살펴라] 군자다운 사람인지, 표정만 장중한 사람인지.[75]"

子曰: "論篤是與, 君子者乎. 色莊者乎."

다른 교수법 11.21

자로가 여쭈었다.

"정당한 일을 들은 것을 바로 실행해야 합니까?"

공자께서 말씀하셨다.

"부형이 계시면 어떻게 듣는 대로 곧바로 실행할 수 있겠느냐?[76]"

염유가 여쭈었다.

74) 원문의 "논독시여論篤是與"를 번역한 것인데, 이는 '여논독與論篤'을 도치시킨 구절로 "시是"는 특별한 의미 없이 도치를 돕는 글자다. "여與"는 '칭찬하다' 혹은 '인정하다'라는 의미다. 주희는 "여如" 자와 같은 뜻으로 풀었으니 동일한 맥락이다.

75) 원문의 "색장자호色莊者乎"를 번역한 것이다. '엄숙할 장莊'은 '사나울 려厲'와 뜻이 통하는데 〈양화〉 17.12에서 "얼굴빛은 엄하지만 마음이 나약한 것〔色厲而內荏〕"을 염두에 두어 해석해야 한다. 이 장에서는 아마도 재여宰予를 빗대어 말한 것으로 추측된다(〈공야장〉 5.9 참조).

76) 이 문장에서 자로의 질문에 주목할 필요가 있다. 〈공야장〉 5.13에서 "자로는 어떤 내용을 들으면 그것을 실행하지 못한 채로 [또 다른 것을] 듣게 될까 두려워했다〔子路有聞, 未之能行, 唯恐有聞〕"라고 하여 자로는 어떤 것을 들으면 바로 행동으로 옮기는 실천가였다. 그러므로 공자는 실행력이 탁월한 자로에게 곧바로 실행하는 것을 경계하도록 답변한 것이다.

"들은 것을 바로 실행해야 합니까?"

공자께서 말씀하셨다.

"들으면 바로 실행해야 한다."

공서화가 여쭈었다.

"유(자로)가 '들은 것을 바로 실행해야 합니까?'라고 여쭈었을 때는 선생님께서 말씀하시길 '부형이 계신다면'이라고 하셨고, 구(염유)가 '들은 것을 바로 실행해야 합니까?'라고 여쭈었을 때는 '들으면 바로 실행해야 한다'라고 말씀하셨습니다. 저는 의아하여 감히 여쭙습니다."

공자께서 말씀하셨다.

"구는 물러나므로(소극적이라는 뜻) [적극적으로] 나아가게 한 것이고, 유는 다른 사람을 이기려[77] 하므로 물러서도록 한 것이다."

子路問, 聞斯行諸? 子曰: "有父兄在, 如之何其聞斯行之?" 冉有問, "聞斯行諸?" 子曰: "聞斯行之." 公西華曰: "'由也問聞斯行諸?' 子曰: '有父兄在' '求也問聞斯行諸?' 子曰: '聞斯行之.' 赤也惑, 敢問." 子曰: "求也退, 故進之. 由也兼人, 故退之."

---

77) 원문 "겸인兼人"을 번역한 것으로, 공안국과 주희도 '남을 이기다(勝人)'라는 의미로 풀이했다. 반면 양보쥔은 자로가 용감하기는 했지만 다른 사람보다 능력이 나았던 것은 아니라고 하면서 "두 사람을 합한 것과 같은 용기를 겸하고 있다"라고 풀었는데, 역자는 전자가 낫다고 본다.

안회의 충심 11.22

공자께서 광匡 땅에서 두려움을 품었을 때[78] 안연이 나중에 뒤에 처졌다.[79] 공자께서 말씀하셨다.

"나는 네가 죽은 줄 알고 있었다."

[안연이] 말씀드렸다.

"선생님께서 살아 계신데, 제가 어찌 감히 죽겠습니까?"

子畏於匡, 顏淵後. 子曰: "吾以女爲死矣." 曰: "子在, 回何敢死[80]?"

두 제자의 자질 11.23

계자연[81]이 물었다.[82]

"중유와 염구는 대신大臣이라고 할 수 있습니까?"

공자께서 대답하셨다.

---

78) 원문의 "자외어광子畏於匡"을 번역한 것인데 〈자한〉 9.5에 나온 문장이다. 공자가 천하를 주유하다가 광匡 땅으로 갔을 때, 양화陽貨와 외모가 비슷하여 오해를 받고 죽을 뻔한 위기에 처한 때를 말한다.

79) 원문의 "안연후顏淵後"를 번역한 것이다. 주희는 "[안연은 공자에게 있어서] 은혜와 의로움이 모두 극진하여 다른 사람의 사제 관계와는 다르다(恩義兼盡, 又非他人之爲師弟子者而已)"라는 호인胡寅의 설을 인용하였다.

80) 한유는 "사死"를 '선先'의 오기로 보고 "선생님께서 살아 계시는데, 저 회回가 어찌 먼저 가겠습니까?"라는 독특한 해석을 내놓았다. 즉, 안연이 공자보다 뒤처져서 따르니까 안연의 입장에서는 스승보다 앞서갈 수 없는 경우를 의미한 것이다. 그러나 정약용은 이 설에 대하여 한유가 잘못 본 것이라고 지적하였고, 여불위의 《여씨춘추呂氏春秋》 〈권학勸學〉 편에도 같은 내용이 나오는데, 이점을 유의하면 "사死"로 풀이해야 한다고 본다.

"나는 그대가 뭔가 특별한 질문[83]을 할 줄 알았는데, 결국 자로와 염유에 대해 물었군요. 이른바 대신이란 도道로써 임금을 섬기다가 안 되면 그만두는 것이니, 지금 유와 구는 자리만 채우는 신하[84]라고 할 만합니다."

[계자연이] 물었다.

"그렇다면 [계씨의 명에] 따르기만 하는 자들입니까?"

공자께서 대답하셨다.

"아버지와 임금을 시해하는 것과 같은 일은 [그들] 또한 따르지 않을 것입니다."

季子然問, 仲由冉求可謂大臣與? 子曰: "吾以子爲異之問, 曾由與求之問. 所謂大臣者, 以道事君, 不可則止. 今由與求也, 可謂具臣矣." 曰: "然則從之者與." 子曰: "弑父與君, 亦不從也."

81) 계자연은 계씨의 동족인 듯하고 계강자가 공자를 찾아가게 한 인물로서 중유와 염구를 조사하게 한 자이다. 사마천은 그를 '계씨'라고 했고(〈공자세가〉) 계손씨라고 하기도 했다(〈중니제자열전〉). 당시 계강자는 세력이 가장 커서 공자도 여러 차례 마음이 흔들릴 정도였다. 물론 공자가 이들에게 불만을 품지 않은 것은 결코 아니었다.

82) 다음 문장의 물음은 이미 〈옹야〉 6.6에 나와 있으니, 서로 비교해가며 읽으면 도움이 된다.

83) 원문 "위이지문爲異之問"을 번역한 것인데, "이異"를 '다른 일, 다른 사람, 특별한 것'으로 해석하기도 한다. 역자는 맨 마지막 것이 옳다고 본다.

84) 원문의 "구신具臣"을 번역한 것으로 앞 문장의 "대신大臣"과 상반되는 의미이다. 주희는 "신하의 숫자만 채우는 것(備臣數)"이라고 하였다. 말하자면 조정의 여러 신하 중에 숫자에 불과한 자들이라고 비판한 것이다.

자로, 욕을 먹다 11.24

[계씨의 가신이 된] 자로가 자고를 비읍의 수령으로 삼으려 하자[85], 공자께서 말씀하셨다.

"남의 집 자식을 해치려 하는구나!"

자로가 [말대꾸하듯] 말씀드렸다.

"백성들이 있고 사직도 있는데, 어찌하여 꼭 책을 읽은 뒤라야 배웠다고 하겠습니까?"

공자께서 말씀하셨다.

"이 때문에 말재주 있는 사람을 미워하는 것이다."

子路使子羔爲費宰. 子曰: "賊夫人之子!" 子路曰: "有民人焉, 有社稷焉, 何必讀書, 然後爲學?" 子曰: "是故惡夫佞者."

제자들과의 담소 11.25

자로·증석[86]·염유·공서화가 [공자를] 모시고 앉았다. 공자께서 말씀하셨다.

"내가 너희보다 나이가 조금 더 많지만 나를 그렇게 생각하지 말

---

85) 이때의 자로는 계씨의 가신이 되어 자고를 추천하려고 하는 상황이다. 공자는 앞의 17장에서 "자고는 어리석다(柴也愚)"고 하였는데, "우愚"는 세상 물정 모르는 우직함을 뜻한다. 이러한 자고를 노나라의 전략적 요충지인 비읍費邑의 책임자로 삼으려고 하였으므로 공자가 염려하는 내용이다.

86) 공자의 제자이자 증삼의 아버지로 이름은 점點이다. 나이가 확실하지는 않으나 자로보다는 젊고 공자보다 10세가량 적었다.

거라.[87] [흔히들] 평소에 '나를 알아주지 않는다'고 말하는데, 만약 누군가 너희를 알아주는 사람이 있다면 어떻게 하겠느냐?"

자로가 경솔하게 나서서 대답했다.

"천승의 나라(제후국)가 대국들 사이에 끼어 있어서 군대의 침략을 당하고 연이어 기근이 들더라도 제가 그 나라를 다스리면 3년이 될 무렵이면 [백성들이] 용감해지게 하고 또 [살아갈] 방법을 알도록 하겠습니다."

공자께서 비웃었다.[88]

"구(염유)야, 너는 어찌하겠느냐?"

[염유가] 대답했다.

"사방 60~70리 혹은 50~60리 되는 땅을 제가 다스린다면 3년이 될 무렵이면 백성들을 풍족하게 할 수 있습니다. 하지만 그곳의 예법이나 음악과 같은 것에 관해서는 손을 쓰지 않고 군자를 기다리겠습니다."

"적(공서화)아, 너는 어찌하겠느냐?"

[공서화가] 대답했다.

"[제가] 할 수 있다고는 말할 수 없습니다만, 배우기를 원합니다. 종묘의 일과 [제후들의] 회맹과 같은 일에 임할 때는 단장보[89]를 쓰고 소상小相[90]이 될 수 있기를 원합니다."

87) 제자들과 대화를 하면서 스스럼없이 이야기하려고 하는 공자의 모습이 드러나 있다.

88) 원문의 "신哂"에는 '미소 짓다'와 '조소하다'라는 뜻이 있는데, 역자는 전자를 택했다. 후자를 적용해 '기가 차서 웃으셨다'라 옮겨도 나름의 맛이 있다.

89) "단端"은 고대 예복의 이름이고 "장보章甫"는 고대 예모의 이름인데 합쳐서 "단장보端章甫"란 명사처럼 쓰였다.

"점(증석)아 너는 어찌하겠느냐?"

거문고 소리가 점차 잦아들더니 쿵 소리가[91] 나게 거문고를 밀어 놓고 일어나 대답했다.

"세 사람의 이야기와는 다릅니다."

공자께서 말씀하셨다.

"[그게] 무슨 상관이 있겠느냐? 또한 각자 자신의 뜻을 말한 것이다."

[증석이] 말했다.

"늦봄에 봄옷이 완성되고 나면, 관을 쓴 사람(어른을 가리킴) 대여섯 명과 동자(어린이를 가리킴) 예닐곱과 함께 기수에서 목욕하고, 무우舞雩[92]에서 바람을 쐬며, [노랫가락을] 읊조리다가 돌아오는 것입니다."

공자께서는 아! 하고 감탄하며 말씀하셨다.

"나는 점과 함께하겠다."

세 사람[93]이 나가고 나자 증석이 뒤에 남았다. 증석이 여쭈었다.

---

90) 임금이 제사를 지낼 때나 제후를 맞이할 때 의식을 진행하는 사람으로 공서화가 겸허한 마음을 담아 말한 것이다. 〈공야장〉 5.7에서 공자가 적(공서화)에 대하여 언급하였으니, 비교하여 읽으면 좋다.

91) 원문의 "고슬희鼓瑟希"에서 "희希"는 거문고 소리가 간헐적으로 들려왔다는 말이다. "갱鏗"은 쇳소리가 나는 것인데, 두 가지 설이 있다. 첫째는 거문고 소리가 잦아들다가 옆으로 밀어 넣으려고 하여 쿵 소리가 난다는 의미가 있고, 둘째는 연주를 마무리하면서 거문고의 줄을 훑어서 챙 소리가 난다는 것이다. 역자는 전자의 설을 따랐으나 어쨌든 연주를 마무리하는 단계로 보면 무방하다.

92) "무우舞雩"를 《수경주水經注》에서 "기수 북쪽에 직문稷門을 마주하고 있고, 일명 고문高門이라고도 하며 우문雩門이라고도 한다. 남쪽 강물을 사이에 두고 우단雩壇이 있는데 단의 높이가 3장丈으로 증점이 바람을 쐬려 한 곳이다"라고 하였으니 바로 정확하게 들어맞는다.

"저 세 사람의 말은 어떻습니까?"

공자께서 말씀하셨다.

"또한 각자 자신의 뜻을 말할 뿐이다."

[증석이] 여쭈었다.

"선생님께서는 어찌하여 자로의 말에 비웃으셨는지요?"

[공자께서] 말씀하셨다.

"나라를 다스리는 것은 예로써 해야 하는데, 그의 말이 겸손하지 않아서 비웃은 것이다."

"구(염유)가 말한 것은 나라를 다스리는 것이 아닙니까?"

"사방 60~70리 또는 50~60리라고 해서 어찌 나라가 아니겠느냐?"[94]

"적(공서화)이 말한 것은 나라 다스리는 것이 아닙니까?"

"종묘의 일과 회동이 제후의 일[95] 아니면 무엇이겠느냐? 적(공서화)이 하는 일이 작다 하면 누가 하는 무슨 일이 큰일이라고 하겠느냐?"[96]

子路曾晳冉有公西華侍坐.

子曰: "以吾一日長乎爾, 毋吾以也. 居則曰: '不吾知也.' 如或知爾,

93) 자로와 염유, 공서화를 말한다.

94) 핵심은 나라의 크기가 아니라 작든 크든 나라를 예로써 다스리는가, 그렇지 않은가에 있다는 말이다.

95) 나라를 다스리는 일을 말하는 것이다.

96) 공자는 자로가 나라를 다스릴 수 있느냐 없느냐 하는 문제를 두고 웃은 게 아니라, 그의 말에 겸허함이 부족하여 웃었고, 예의를 잘 아는 공서적은 그저 의식을 집행할 때 곁에서 돕는 정도의 사람이 되겠다고 하여 이렇게 말한 것이니, 자로를 비판하고 공서적을 칭찬한 것이다.

則何以哉?" 子路率爾而對曰: "千乘之國, 攝乎大國之間, 加之以師旅, 因之以饑饉. 由也爲之, 比及三年, 可使有勇, 且知方也." 夫子哂之. "求. 爾何如?" 對曰: "方六七十, 如五六十, 求也爲之, 比及三年, 可使足民. 如其禮樂, 以俟君子." "赤. 爾何如?" 對曰: "非曰能之, 願學焉. 宗廟之事, 如會同, 端章甫, 願爲小相焉." "點. 爾何如?" 鼓瑟希, 鏗爾, 舍瑟而作, 對曰: "異乎三子者之撰."
子曰: "何傷乎? 亦各言其志也." 曰: "暮春者, 春服既成, 冠者五六人, 童子六七人, 浴乎沂, 風乎舞雩, 詠而歸." 夫子喟然歎曰: "吾與點也." 三子者出, 曾皙後. 曾皙曰: "夫三子者之言何如?" 子曰: "亦各言其志也已矣." 曰: "夫子何哂由也?" 曰: "爲國以禮, 其言不讓, 是故哂之." "唯求則非邦也與?" "安見方六七十如五六十而非邦也者?" "唯赤則非邦也與?" "宗廟會同, 非諸侯而何? 赤也爲之小, 孰能爲之大?"

제12편

안연顏淵

– 제자들의 일상적 고뇌에 대한 현명한 답변들

【해설】

〈안연〉 편은 모두 24장이며, 공자가 주로 제자들의 질문에 답을 하고, 다른 사람들이 가르침을 청한 삶의 문제에 해답을 내놓기도 한다.

공자 사상의 핵심인 '인仁'에 관한 내용이 많고 정치적인 문제도 적지 않게 거론되는 것이 이 편의 특징이다. 공자는 인간이 인간답게 사는 가장 구체적인 세목이 무엇인지를 하나하나 거론하면서 인을 인간관계론으로 확장하고 있다. 1장은 "자기를 이겨내고 예로 돌아가는 것이 인이다〔克己復禮爲仁〕"로 시작된다. 2장에서도 자신이 하고자 하지 않는 바를 남에게 요구하지 않는 것이 바로 인임을 강조하고 있다. 4장에서의 "군자는 근심하지도 않고, 두려워하지도 않는다"며 사마우에게 하는 말이라든지, 정치는 무엇보다도 백성의 신뢰가 중요하다는 말(7장), 그리고 바탕과 꾸밈이 모두 중요하다는 문질론文質論(8장)도 중요하게 살펴봐야 할 대목이고, "임금은 임금답고 신하는 신하다워야 한다〔君君, 臣臣〕"(11장)로 이어지는 유명한 문장에서는 당시에도 신분에 걸맞지 않게 자리만 차지한 자가 많음을 유추할 수 있다. 법이 해결해주길 바라는 송사 자체가 없어야 한다는 말(13장)에서는 유가가 내세우는 덕치의 기본 틀이 원만한 인간관계임을 다시금 깨닫게 된다.

"군자의 덕은 바람, 소인의 덕은 풀"(19장)이라는 대목에서는 상당한 사색에 빠져들게 된다. 통달과 소문의 차이에 대한 공자의 답변(20장)에는 허명 따위는 도외시했을 법한 공자도 이로부터 완전히 자유로울 수 없었던 역설적인 모습이 배어 있다. 공자 역시 한 사람의 인간이라는 생각이 든다. 그러나 공자는 늘 제자리로 돌아왔다. "글을 통해 벗을 모으〔以文會友〕"(24장)라는 말로 마무리되는데, 다시 인의 쓰임이 강조되고 있으며, 여기서 벗을 좋아하고 글을 좋아하는 백면서생 공자의 참모습을 거듭 볼 수 있다.

극기복례와 금기 사항 12.1

안연이 인仁에 대해 여쭈었다.

공자께서 말씀하셨다.

"자기를 이겨내고[1] 예로 돌아가는 것이 인이다. 하루라도 자기를 이겨내고 예로 돌아가면, 천하가 인에 돌아갈[2] 것이다. 인을 행하는 방법은 자기로부터 말미암는 것이다. [어찌] 다른 사람으로부터 말미암는 것이겠는가?"

안연이 [다시] 말했다.

"그 항목을 여쭙겠습니다."

공자께서 말씀하셨다.

"예가 아니면 보지 말고, 예가 아니면 듣지 말며, 예가 아니면 말하지 말고, 예가 아니면 움직이지 말거라.[3]"

안연이 말했다.

"제가 비록 영민하지는 못하지만, 청컨대 이 말씀을 받들겠습니다.[4]"

---

1) 원문의 "극기克己"를 번역한 것이다. 자신을 단속한다는 말로 욕망을 억제하는 철저한 자기관리를 말한다. 주희는 "기己"를 "자신의 사사로운 욕심〔身之私慾〕"이라고 풀이했으니, 이와 반대편에 있는 "인仁"을 '본심의 온전한 덕〔全德〕'으로, 사욕을 억제하기 위한 '천리天理의 공정함〔公〕'으로 보았다.

2) 원문의 "귀歸"를 번역한 것으로, 양보쥔은 '칭찬하다'는 의미로 풀었고 '인정하기를 허락하다'는 주희의 설이 맞다고도 했는데 역자는 글자 그대로 '돌아가다, 귀착하다'는 의미로 해석하는 것이 옳다고 본다.

3) 공자가 말한 이 네 가지 조목을 '사물잠四勿箴'이라고 한다. "예가 아니〔非禮〕"라는 것은 사욕과 같은 개념이다. 즉, 사욕을 좇는 일이라면 보지도, 듣지도, 말하지도, 행동하지도 말아야 하는 것이다. 사물잠의 비례부동에 대해서는 《중용》 19장에도 나오는데 "예가 아니면 움직이지 않는 것이 수신의 이유다〔非禮不動, 所以修身也〕"라고 하였다. 결국은 공자가 말하고자 하는 수신의 핵심은 예를 따르는 것이다.

顏淵問仁. 子曰: "克己復禮爲仁. 一日克己復禮[5], 天下歸仁焉. 爲仁由己, 而由人乎哉?" 顏淵曰: "請問其目." 子曰: "非禮勿視, 非禮勿聽, 非禮勿言, 非禮勿動." 顏淵曰: "回雖不敏, 請事斯語矣."

자기가 하고자 하지 않는 바는 12.2

중궁[6]이 인仁에 대해 여쭈었다. 공자께서 말씀하셨다.

"문을 나서면 귀중한 손님을 뵙듯이 하고, 백성을 부릴 때는 큰 제사를 받들듯이 [신중히] 하여라. 자기가 하고자 하지 않는 바를 다른 사람에게 베풀지 말아야[7] 한다. [이렇게 하면] 제후의 나라에서 원망하는 사람이 없고, [경대부들의] 집[8]에서도 원망하는 사람이 없을

4) 안연이 대답한 이 부분은 〈자한〉 9.10과 비교하여 읽을 필요가 있다. 안연이 공자의 인품에 대하여 감탄하며 한 말인 "우러러볼수록 더욱 높으시고, 파고 들어가 보려고 하면 더욱 견고하시구나. 바라보면 앞에 계시다가 어느새 뒤에 계신다. 선생님께서는 차근차근 사람들을 이끌어주시고, 문헌으로써 나를 넓혀주시고, 예로써 나를 단속해주시니 그만두고자 해도 그만둘 수가 없다(仰之彌高, 鑽之彌堅, 瞻之在前, 忽焉在後. 夫子循循然善誘人, 博我以文, 約我以禮, 欲罷不能)"라고 한 것은 스승에 대한 존경심이 압축된 것이다.

5) "일일극기복례一日克己復禮"에서 "일일一日"은 강조의 의미로 쓰였다. 말하자면 단 하루라도 사욕私慾에서 벗어나서 극기복례하기가 어렵다는 뜻이다. 공자의 관점은 유가儒家의 핵심을 인정仁政과 인치仁治라고 보며, 인치의 기본적인 것은 극기의 시발점이 된다.

6) 공자가 생각할 때 중궁은 임금(天子)의 직무를 시행할 만한 역량이 있다고 한 인물이다. 중궁(염옹)에 대해서는 〈옹야〉 6.1에 나오는데 "옹雍(염옹)은 임금을 시킬 만하다(雍也可使南面)"라고 하였다.

7) 원문의 "기소불욕己所不欲, 물시어인勿施於人"을 번역한 것인데, 〈위령공〉 15.23에도 같은 구절이 나온다. 중궁의 물음에 공자는 "서恕"라는 개념으로 답하는데, 인仁과 서恕는 거의 같은 개념으로 보면 된다. 즉 둘 다 '추기급인推己及人'에서 비롯하니, 남을 배려해주고 존중해주는 것으로 남의 입장에서 생각하는 데서 출발한다.

것이다."

중궁이 말했다.

"제가 비록 영민하지는 못하지만, 청컨대 이 말씀을 받들겠습니다."

仲弓問仁. 子曰: "出門如見大賓, 使民如承大祭. 己所不欲, 勿施於人. 在邦無怨, 在家無怨." 仲弓曰: "雍雖不敏, 請事斯語矣."

말을 어려운 듯이 하면 12.3

사마우[9]가 인仁에 대해 여쭈었다. 공자께서 말씀하셨다.

"인한 사람은 자신의 말을 어렵게 여겨야 한다."

[사마우가] 말했다.

"자신의 말하기를 어렵게 여긴다면,[10] 이 사람을 곧 인하다고 할

8) 원문의 "재가在家"를 번역한 것인데, '가家'는 대부를 가리키니, "재가"란 경대부의 집에서 벼슬하는 것이다. 양보쥔은 '직위에 있다'라는 식으로 의역했는데 너무 앞서 나간 번역이다.

9) 이름은 경耕이고 자는 자우子牛인데 성격이 다소 급하고 말이 많은 게 흠이었다. 송나라의 귀족으로 공자를 살해하려고 했던 사마환퇴의 동생이라고 하는 설이 지배적이다(이 설은 공안국이 처음 제기하였다). 사마우는 형과 달리 공자를 좋아했다. 기원전 481년에 사마환퇴가 난을 일으키자 사마우는 도망쳐서 제나라와 오나라로 갔다가 송나라로 돌아갔고, 마지막에는 노나라에서 죽었는데, 그의 곁에는 스승 공자가 있었다. 참고로 사마천은《사기》〈중니제자열전〉에서 사마우를 "말이 많고 조급했다(多言而躁)"라고 평가하였으나 송나라 사람이라고 말하고 있지 않아 이 설의 신빙성 역시 확실하지 않다. 사마천은 사마환퇴와 사마우를 형제로 보지 않고 동명이인으로 보았다.

10) 원문의 "인訒"은 '참을 인忍'과 같다. 즉, '말을 참고 어려워한다'는 의미이고, '어눌하다(訥)'와도 연관이 있다. '어렵게 여기다(難)'라는 의미와 '어둔하다'는 의미도 있으니, 말을 참고 함부로 경솔하게 하지 않는다는 뜻이다. '조심성 있다'로 해석하기도 하는데 크게 어긋나는 것은 아니다. 양보쥔은 '어눌하다'라고 해석했는데, 이는 좀 다른 의미다.

수 있습니까?"

공자께서 말씀하셨다.

"그렇게 하는 것이 어렵다. [그러나] 말을 하면서 어렵게 여기지 않을 수 있겠느냐?[11)]"

司馬牛問仁. 子曰: "仁者, 其言也訒." 曰: "其言也訒, 斯謂之仁已乎?" 子曰: "爲之難, 言之得無訒乎?"

근심하지도 두려워하지도 12.4

사마우가 군자에 대해 여쭈었다. 공자께서 말씀하셨다.

"군자는 근심하지 않고, 두려워하지도 않는다.[12)]"

[사마우가] 여쭈었다.

"근심하지 않고 두려워하지 않으면, 이 사람을 군자라고 할 수 있습니까?"

11) 원문의 "언지득무인호言之得無訒乎"를 번역한 것이다. 말로써 인仁에 대해 묻는 사마우에게 그 말 자체도 어렵게 생각하고 말을 해야 함을 알려주는 공자의 답변이다. 이에 대하여 주희는 "공자가 봤을 때 사마우는 말이 많고 조급했기 때문에 이 말을 함으로써 그에게 알려준 것이다(夫子以牛多言而躁, 故告之以此)"라고 하였고, 황간은 "옛사람들이 말을 쉽게 내뱉지 않은 것은 실행이 말에 미치지 못할까 두려워서이다. 그래서 인한 사람은 바로 말을 함부로 내놓지 말아야 한다(侃曰古者言之不出, 恐行之不逮, 故仁者必不易出言)"라고 하였다.

12) 원문의 "군자불우불구君子不憂不懼"를 번역한 것으로 〈자한〉 9.28에 "지혜로운 사람은 미혹되지 않고, 인한 사람은 근심하지 않으며 용기 있는 사람은 두려워하지 않는다(知者不惑, 仁者不憂, 勇者不懼)"라고 하였는데 "불우不憂"는 인仁자의 자질이고, "불구不懼"는 용勇자의 자질을 말하는 것이다. 즉, 이 두 가지를 겸비하여야 군자라고 할 수 있는 것이다.

공자께서 말씀하셨다.

"안으로 반성하여 꺼림칙하지 않다면[13] 무엇을 근심하고 무엇을 두려워하겠느냐?"

司馬牛問君子. 子曰: "君子不憂不懼." 曰: "不憂不懼, 斯謂之君子矣乎?" 子曰: "內省不疚, 夫何憂何懼?"

마음먹기에 달렸다 12.5

사마우가 근심하면서 말했다.

"남들은 모두 형제가 있는데, 저만 홀로 없습니다."[14]

자하가 말했다.

"내가 듣건대 '죽고 사는 것은 운명에 달려 있고, 잘살고 귀하게 되는 것은 하늘에 달려 있다'고 합니다. 군자가 공경하는 마음을 가지고 실수가 없으며[15], 다른 사람을 공손하게 대하면서 예를 갖춘

13) 원문의 "내성불구內省不疚"를 번역한 것으로 "구疚"는 '병病'과 같다. 말하자면 문제의 원인을 스스로 안(內)에서 찾고 병통으로 여기지 않는다는 의미이다. 〈위령공〉 15.20에서 "군자는 [원인을] 자기에게서 찾고, 소인은 [원인을] 남에게서 찾는다(君子求諸己, 小人求諸人)"고 하였는데 이것은 "내성불구"의 원인이 된다.

14) 《춘추좌씨전》〈애공〉 14년에 보면, 자기만 형제가 없다고 했지만, 사실은 소巢, 퇴魋(사마환퇴), 자기子頎, 자거子車 등 네 형제가 있었다. 그럼에도 불구하고 이렇게 말한 것은 사마환퇴가 일으킨 난에 다른 형제들이 모두 가담했고 사마우는 가담하지 않아 그들을 형제로 여기지 않았기 때문이다.

15) 원문의 "군자경이무실君子敬而無失"을 번역한 것이다. 〈학이〉 1.5에서 "일을 경건하게 처리하고 믿으며(敬事而信)"를 연관하여 읽어야 한다. 이 부분은 일처리의 자세를 의미한다.

다면[16], 사해 안이 다 형제입니다. 군자가 어찌 형제 없음을 근심하겠습니까?"

司馬牛憂曰: "人皆有兄弟, 我獨亡." 子夏曰: "商聞之矣. '死生有命, 富貴在天.'[17] 君子敬而無失, 與人恭而有禮. 四海之內, 皆兄弟也. 君子何患乎無兄弟也."

총명함의 의미 12.6

자장이 총명함[18]에 대해 여쭈었다. 공자께서 말씀하셨다.

"서서히 스며드는 참소와 피부에 와 닿는 하소연이 [너에게] 행해지지 않는다면 총명하다고 할 수 있을 것이다. 서서히 스며드는 참소와 피부에 와 닿는 하소연이 [너에게] 행해지지 않는다면 멀리 보는 것이라고 할 수 있을 것이다."[19]

---

16) 원문의 "여인공이유례與人恭而有禮"를 번역한 것으로 인간관계에 있어서 예의를 갖추는 것을 말한다. 〈태백〉 8.2의 "공손하면서도 예가 없으면 수고롭고〔恭而無禮則勞〕"와 반대의 개념이다. 말하자면 공손하면서 예가 있으면 수고롭지 않다는 것과 같다.

17) 자하가 들은 내용이 이 두 구절 여덟 글자가 아니고 아래에 이어지는 문장과 "개형제야皆兄弟也"까지를 가리킨다는 설(전대흔錢大昕)도 있는데, 그럴 가능성도 있다고 판단된다.

18) 원문의 "명明"을 번역한 것인데 '투명성', '공명성'과 같은 맥락으로 보면 된다.

19) 참소는 당하는 사람이 느끼지 못하게 천천히 옥죄는 덫과 같은 것이고, 무고는 그야말로 없는 죄를 지어내서 사람을 옴짝달싹 못하게 옭아매는 것이다. 참소와 무고는 소인이 사용하는 전형적인 무기이며 보통 군자를 겨냥하기 십상이다. 군자라면 마땅히 이를 예비하고 대응해야 한다는 의미로도 읽힌다. 권좌에 오른 자가 참소나 무고를 이겨내고 현명한 군주가 되기란 이토록 어렵다는 말이기도 하다.

子張問明. 子曰: "浸潤之譖, 膚受之愬, 不行焉, 可謂明也已矣.

浸潤之譖, 膚受之愬, 不行焉, 可謂遠也已矣."

정치는 백성의 신뢰다 12.7

자공이 정치에 대해 여쭈었다. 공자께서 말씀하셨다.

"식량을 충족시키는 것, 병기를 충분하게 하는 것[20], 백성들이 [군주를] 믿게 하는 것이다.[21]"

자공이 여쭈었다.

"반드시[22] 부득이하여 버려야 한다면, 이 세 가지 중에서 어떤 것을 먼저 버려야 하겠습니까?"

[공자께서] 말씀하셨다.

"병기를 버려야 한다."

자공이 여쭈었다.

"반드시 부득이하여 버려야 한다면, 이 두 가지 중에서 어떤 것을 먼저 버려야 하겠습니까?"

[공자께서] 말씀하셨다.

"식량을 버려야 한다. 옛날부터 [사람은] 누구나 죽게 되지만, 백성이 믿어주지 않으면 [나라는] 존립할 수 없다."

20) 원문의 "족병足兵"을 번역한 것인데, "병兵"은 《논어》뿐만 아니라 《맹자》에도 나오며, "병기兵器"로 해석하면 무난하다. 물론 좀더 확장하여 '군비軍備'로 해석해도 무난하다.

21) "식량을 충족시키는 것(足食)"은 '경제', "병기를 충분하게 하는 것(足兵)"은 '안보', "백성들이 믿게 하는 것(民信)"은 '신뢰'를 의미한다.

22) 원문의 "필必"은 '과果'와 같은 의미로서 '만일'이란 의미로 해석하는 학자도 있다. "반드시"라는 번역이 다소 어색하지만 문맥상 큰 무리가 없다.

子貢問政. 子曰: "足食足兵, 民信之矣." 子貢曰: "必不得已而去, 於斯三者何先?" 曰: "去兵." 子貢曰: "必不得已而去, 於斯二者何先?" 曰: "去食. 自古皆有死, 民無信不立."

꾸밈도 중요하다 12.8

극자성[23]이 말했다.

"군자는 바탕만 갖추고 있으면 그만이지 무엇 때문에 꾸밉니까?"

자공이 말했다.

"애석하구려! 선생[24]께서 군자에 대해 하시는 말씀은 네 마리의 말이 끄는 수레도 [선생의] 혀를 따라가지 못하겠군요. 꾸밈이 바로 바탕이고, 바탕이 바로 꾸밈입니다. 호랑이와 표범의 털 없는 가죽은, 개와 양의 털 없는 가죽과 같습니다."[25]

棘子成曰: "君子質而已矣, 何以文爲?"

子貢曰: "惜乎! 夫子之說君子也, 駟不及舌[26]. 文猶質也, 質猶文也. 虎豹之鞟猶犬羊之鞟."

---

23) 위나라 대부인데, 《논어》 전체에서 이곳에 딱 한 번 나온다. 주희는 이에 대하여 "그 당시 사람들이 꾸밈〔文〕을 지나치게 하는 것을 싫어하여 이 말을 한 것이다〔疾時人文勝, 故爲此言〕"라고 하였다.

24) 원문의 "부자夫子"를 번역한 것으로 여기서는 극자성을 지칭한 것이다. 즉, 대부를 높여 부자라고 한 것이다.

25) 상당히 난해한 이 말은 극자성의 의견에 동조하는 것이 아니다. 바탕과 꾸밈이 같다면 호랑이나 표범을 개나 양과 구별할 수 없다는 뜻으로 한 말이다. 극자성의 말대로라면 예禮라는 것조차 필요 없게 되니, 자공은 찬동하는 척하면서 풍자를 섞어 사물을 세심하게 구분해달라고 요청한 것이다.

백성이 풍족을 공유하다 12.9

애공이 유약[27]에게 물었다.

"[어떤] 해에 기근이 들어 쓸 것(재정)이 부족하면 어떻게 하겠소?"

유약이 대답했다.

"어찌 철법徹法[28]을 하시지 않습니까?"

[애공이] 물었다.

"10분의 2로도 나는 오히려 부족한데, 어떻게 철법을 쓰라는 것이오?"

[유약이] 대답했다.

"백성이 풍족하다면 임금께서 누구와 더불어 풍족하지 않겠습니까? 백성이 부족하다면 임금께서 누구와 더불어 풍족하시겠습니까?"[29]

---

26) 역자는 이 "부자지설군자야夫子之說君子也"와 "사불급설駟不及舌"을, 쉼표를 사이에 두고 이어진 문장으로 보고 해석했다. 양보쥔은 이를 두 문장으로 보아 완전히 끊어서 해석했다. 만일 양보쥔의 설대로 한다면, "애석하구려! 선생께서 군자에 대해 하시는 말씀이여! 네 마리의 말이 끄는 수레는 [선생의] 혀를 따라가지 못하는구려"라고 번역된다. 물론 양보쥔의 번역도 일리가 없는 것은 아니다.

27) 유약은 공자의 마음을 상당히 잘 이해한 제자로서 생김새도 공자와 많이 닮았다고 한다. 공자를 성인으로 추대하는 등 사문을 빛내는 데 공을 세운 인물로 증자보다 더 추앙받았다.

28) 원문의 "철徹"은 '통通'으로서 '통한다'는 뜻이며 주희는 '균등하다'는 의미라고 풀이했다. 부연하면 주나라의 세금 제도로 농지 수확량의 10분의 1을 과세하는 것을 말한다.

29) 유약은 군주와 백성의 군민일체君民一體를 강조하여 세금을 많이 거두려는 것을 만류한 것이다.

哀公問於有若曰: "年饑, 用不足, 如之何?" 有若對曰: "盍[30]徹乎?" 曰: "二, 吾猶不足, 如之何其徹也?" 對曰: "百姓足, 君孰與不足. 百姓不足, 君孰與足?"

덕을 숭상하고 미혹을 분별하다 12.10

자장[31]이 덕을 숭상하고 미혹됨을 분별하는 것[32]에 대해 여쭈었다. 공자께서 말씀하셨다.

"충심과 믿음을 주로 하고, 의로움을 실천하며 살아가는 것[33]이 덕을 숭상하는 것이다. 사랑하면 상대방이 살기를 바라며 미워하면 상대방이 죽기를 바란다. 이미 그가 살기를 바라면서도 또 그가 죽기를 바라는 것이 바로 미혹된 것이다. 진실로 부유하게도 하지 못하고 또한 단지 기이한 것을 취할 뿐이다.[34]"

30) "합盍"은 반어적 의문을 나타내며, '어찌 ~하지 않습니까'라는 의미다.

31) 공자의 제자로서 바로 앞에 나온 유약에 대해 늘 불만을 품었다. 자장은 심지어 유약과 함께 거론되는 것조차 부끄러워했을 정도였다. 물론 공자는 유약에게 높은 점수를 주었다.

32) 원문의 "숭덕변혹崇德辨惑"을 번역한 것으로 〈위정〉 2.4에서 "40세가 되어서는 미혹되지 않았고〔四十而不惑〕"와 연관하여 "혹惑"은 사람이 미혹되어 자기의 주관대로 하지 못하고 흔들린다는 개념이다.

33) 원문의 "숭덕崇德"에 대해 답변한 것이다. "충심과 믿음을 주로 하고〔主忠信〕"는 〈학이〉 1.8에서도 나오는데 '근본을 세운다〔本立〕'를 기본으로 한다. "사의徙義"는 《대학》의 "일일신우일신日日新又日新"에서 "일신日新"하는 작업이라고 할 수 있다. 말하자면 "주충신主忠信"은 내면적인 측면에서 바탕인 근본에 충실한 것이고, "사의"는 외향적인 측면의 실천을 의미하는 것이다.

34) 원문의 "성불이부誠不以富, 역지이이亦祇以異"를 번역한 것인데, 문맥에 난해한 부분이 있다. 《시경》 〈소아〉의 〈아행기야我行其野〉라는 시에 나오는 시구로, 주희는 이 문장이 〈계씨〉 16.12의 "제경공유마천사齊景公有馬千駟" 앞에 나와야 한다고 주장하였다.

子張問崇德辨惑. 子曰: "主忠信, 徙義, 崇德也. 愛之欲其生, 惡之欲其死. 旣欲其生, 又欲其死, 是惑也. 誠不以富, 亦祇以異."

임금은 임금다워야 12.11

제나라 경공[35]이 공자에게 정치에 대해 물었다.[36] 공자께서 대답하셨다.

"임금은 임금다워야 하고, 신하는 신하다워야 하며, 아버지는 아버지다워야 하고, 아들은 아들다워야 합니다."[37]

경공이 말했다.

"좋은 말씀이오. 진실로 만일 임금이 임금답지 못하고, 신하가

---

35) 제나라 임금으로 이름은 저구杵臼이며 43년간이나 재위했다.

36) 공자와 경공은 이미 만난 적이 있었다. 《사기》 〈공자세가〉에는 이렇게 기록되어 있다. "노나라 소공昭公 20년, 공자의 나이는 아마 서른 살이었을 것이다. 제나라 경공이 안영과 함께 노나라에 와 공자에게 물었다. '옛날에 진秦나라 목공은 나라도 작고 사는 지역도 외졌지만 그가 천하의 우두머리가 된 것은 무슨 이유입니까?' [공자가] 대답했다. '진나라는 나라는 작아도 뜻은 원대했고, 처한 곳이 외졌다 하더라도 정치하는 것이 정도에 맞았습니다. [목공은] 몸소 백리해百里奚를 등용하여 대부大夫라는 작위를 주며 오랏줄에 묶여 갇힌 몸을 풀어주고는 더불어 사흘 동안 이야기를 나누고서 그에게 정사를 맡겼습니다. 이로써 천하를 다스릴 수 있게 되었고 설령 천하의 왕 노릇 하는 것이 가능했을 텐데, 천하의 우두머리가 된 것은 자그마한 일입니다.' 경공이 기뻐했다." 이렇게 본다면 두 사람의 관계는 좋다고 할 수 있을 것이다.

37) 모든 사람이나 사물이 명분대로 움직이고 명분에 맞게 존재하면 모든 일이 제대로 된다고 하였다. 공자는 정치의 근본도 명분을 바로 세우는 '정명正名'에서 이루어진다고 보았다. 진 문공은 3군을 통솔할 때 반드시 시서예악에 능통한 덕망 있는 사람을 선발했고, '송양지인宋襄之仁'이란 고사성어에서 알 수 있듯이 송 양공은 전쟁터에서 예법과 군자의 도를 따졌다. 송 양공은 죽느냐 사느냐 하는 상황에서도 명분을 중시한 것이었다. 비록 대다수는 아닐지라도 당시 제후들 사이에서 어느 정도의 도덕률은 존재했다고 봐야 한다.

신하답지 못하며, 아버지가 아버지답지 못하고, 아들이 아들답지 못하다면, 비록 곡식이 있은들 내가 [어찌] 그것을 얻어먹을 수 있겠소!"[38)]

齊景公問政於孔子. 孔子對曰: "君君, 臣臣, 父父, 子子." 公曰: "善哉. 信如君不君, 臣不臣, 父不父, 子不子, 雖有粟, 吾得而食諸!"

한쪽 말만 듣고 판결한다면 12.12

공자께서 말씀하셨다.
"한쪽의 말[39)]만 듣고 옥사를 판결 내릴 수 있는 사람[40)]은 아마도

38) 이 말을 하고 나서 다른 날에 공자에게 정치를 묻자 공자가 말했다. "정치의 관건은 재물을 절약하는 데 있습니다." 경공은 기뻐하며 장차 이계尼谿라는 밭을 주어 공자를 봉하려고 했다. 그런데 안영이 진언하여 "무릇 유학자는 해학으로 말재주를 부리지만 법으로 그를 규제할 수는 없습니다. 거만하고 스스로 멋대로 해도 그를 아랫사람(신하)으로 삼을 수 없으며, 상례를 숭상하고 슬픔을 다한다면 가업을 탕진하면서까지 장례를 후하게 치르니 그들의 예법을 습속으로 삼기 어렵고, 유세 다니며 관직을 구하고 녹봉을 취하니 그에게 나라를 다스리게 할 수도 없습니다. 옛날의 어진 사람이 사라진 이래 주周 왕실이 쇠미해졌고 예악禮樂이 무너진 지 오래되었습니다. 지금 공자는 용모와 복식을 추존하고 번잡스런 예절만을 따지고 세세한 절차만을 따르고 있으나 아마 몇 세대가 지나도 이를 다 배울 수 없으며 평생 그 예법을 다 마칠 수 없습니다. 군주께서 그를 채용하여 제나라 풍속을 바꾸려고 하신다면 이것은 백성들을 먼저 인도하기에는 적합하지 않은 것입니다"(《사기》〈공자세가〉)라고 헐뜯었다. 결국 경공은 이후 공자를 만나면 예를 묻지 않았다. 물론 공자를 등용하지도 않았다.

39) 고대에 소송을 걸 때 원고와 피고를 '양조兩造'라고 불렀는데, 소송을 처리할 때는 반드시 이 양조의 말을 들어보아야 했다. 반면 한쪽의 일방적인 말을 "편언片言" 혹은 '단사單辭'라고 했다. 공자가 노나라의 대사구를 지냈음을 감안하면, 소송 사건 등을 맡은 일과 관련이 있는 말로 보인다.

유(자로)일 것이다! 자로는 미리 승낙한 것을 [하룻밤] 묵혀두는 일[41]이 없다."[42]

子曰: "片言可以折獄者, 其由也與! 子路無宿諾."

송사 없는 세상 12.13

공자께서 말씀하셨다.

"송사를 듣고 판결을 내리는 것[43]은 나도 다른 사람과 마찬가지지만, [나는 어떻게든] 반드시 송사가 없도록 할 것이다!"

子曰: "聽訟, 吾猶人也. 必也使無訟乎!"

40) 원문의 "절옥자折獄者"를 번역한 것으로 "절折"은 '결단하다(斷)'의 의미와 같다. 주희는 "충심과 믿음으로 명쾌하게 결단 내리는 것(忠信明決)"이라고 하여 자로의 성격을 빗대어 표현했다.

41) 원문의 "숙낙宿諾"을 번역한 것이다. 주희는 "말을 실천하는 데 급급하여, 그 승낙한 것을 머무르게 하지 않는다(急於踐言, 不留其諾也)"고 하였다.

42) 이 문장은 바로 앞 문장과 어떤 논리적 관계도 성립되지 않는다. 주석가 중에 육덕명陸德明은 '아마 다른 장에서 나눈 것으로 보인다'라면서 이 문장이 여기에 놓이게 된 것 자체에 의문을 표하였다.

43) 원문의 "청송聽訟"을 번역한 것으로 범조우는 "지엽적인 것을 다스려서 그 흐름(폐단)을 막는 것이다(治其末, 塞其流)"라고 하였다. 즉, 송사는 지엽적이지만 이로 인하여 문제를 발생할 소지가 있으므로 공자는 근본을 추적해 나아가 송사 없는 세상을 만들고자 한 것이다.

정치는 진심의 문제다 12.14

자장이 정치에 대해 여쭈었다. 공자께서 말씀하셨다.

"[관직에] 마음 두고 있을 때는 게으르지 않고[44], [정사를] 행할 때는 충심으로써 한다."

子張問政. 子曰: "居之無倦, 行之以忠."

배우고 단속하다 12.15

공자께서 말씀하셨다.

"글(넓은 의미의 문헌)을 널리 배우고, 예로써 단속한다면[45], 또한 [도리에] 어긋나지 않을 수 있을 것이다."

子曰: "博學於文, 約之以禮, 亦可以弗畔矣夫."[46]

44) 원문의 "거지무권居之無倦"을 번역한 것인데 "거居"는 '마음속에 담아두는 것(存諸心)'을 말한다. 주희는 "게으름이 없다는 것은 처음과 끝이 같은 것이다(無倦則始終如一)"라고 하였으며 정이천은 "자장의 단점은 인이 부족하고, 성실한 마음과 백성을 사랑함이 없으니 반드시 게으르고 마음을 다하지 않는다(少仁, 無誠心愛民, 則必倦而不盡心)"라고 하였다.

45) 원문의 "약지이례約之以禮"를 번역한 것이다. 여기서 "약約"은 '묶는다, 단속하다'의 뜻으로 주희는 '요약하다(要)'로 보았다. 즉, 하나의 규범으로 묶는다는 것이다. 역자도 이 견해를 따라 '단속하다'로 풀이했다. "지之"는 앞의 "문文"을 가리킨다.

46) 이 장의 내용은 〈옹야〉 6.25와 똑같다.

다른 이의 좋은 점을 이루어준다 12.16

공자께서 말씀하셨다.

"군자는 다른 사람의 좋은 점을 [북돋아] 이루게 하고[47], 다른 사람의 나쁜 점을 이루게 하지는 않는다. 소인은 이와 반대이다."

子曰: "君子成人之美, 不成人之惡. 小人反是."

정치란 바로잡는 것 12.17

계강자가 공자에게 정치에 대해 물었다. 공자가 대답했다.

"정치라는 것은 바로잡는다는 뜻입니다. 선생께서 올바르게 이끈다면 누가 감히 바르지 않겠습니까?[48]"

季康子問政於孔子. 孔子對曰: "政者, 正也. 子帥以正, 孰敢不正?"

47) 원문의 "군자성인지미君子成人之美"에서 "성成"은 '이룬다'는 뜻이다. 주희는 이에 대하여 "달래고 부축해서 권장해주어 그 일을 이루는 것이다(誘掖獎勸, 以成其事也)"라고 하였다. 형병은 "선한 사람을 아름답게 여기고 무능한 사람을 가엽게 여기며 인애仁愛하고 관용한다(嘉善而矜不能, 又復仁恕)"고 하였다.

48) 원문의 "숙감부정孰敢不正"을 번역한 것이다. 범조우는 "자신은 바르지 않으면서 다른 사람을 바르게 할 수 있는 사람은 없다(未有己不正而能正人者)"고 하였다. 〈계씨〉 16.3에 "작록에 대한 권한이 공실을 떠난 지 5대가 되었고, 정권이 대부의 손에 넘어간 지 4대가 되었다(祿之去公室五世矣, 政逮於大夫四世矣)"라는 구절을 염두에 두고 읽을 필요가 있다.

도둑퇴치법 12.18

계강자가 도둑[49]을 걱정하면서 공자에게 [대책을] 물었다. 공자께서 대답하셨다.

"만약 선생께서 욕심을 부리지 않는다면, 비록 상을 주면서 하라고 해도 [백성들은] 도둑질하지 않을 것입니다."

季康子患盜, 問於孔子. 孔子對曰: "苟子之不欲, 雖賞之不竊."

바람과 풀 12.19

계강자가 공자에게 정치에 대해 물었다.

"만약 도리가 없는 사람을 죽여서, 도리가 있는 데로 나간다면 어떻겠습니까?"

공자께서 대답했다.

"선생께서는 정치를 하는 데 어찌 살인이라는 방법을 쓰십니까? 선생께서 선해지려 한다면 백성들도 선해질 것입니다. [윗자리에 있는] 군자의 덕은 바람이고 소인(백성을 비유)의 덕은 풀입니다. 풀은 위로 바람이 불어오면 반드시 눕습니다.[50]"

49) 당시의 세금이 과중하여 도둑이 늘어나는 추세였다. 원문의 "도盜"는 남의 재산만 훔치고 상해 입히지 않는 것을 의미한다. 참고로 '적賊'이란 남의 신체에 해를 입히면서 빼앗는 것을 말한다.

50) 이 문장에서 말하는 핵심은 〈위정〉 2.3에서 "정령으로 이끌고 형벌로 다스리면 백성들은 빠져나가고도 부끄러움을 모른다. 덕으로 이끌고 예로써 다스리면 부끄러워할 줄도 알고 바로잡게 된다[道之以政, 齊之以刑, 民免而無恥. 道之以德, 齊之以禮, 有恥且格]"라는 것과 연관하여 계강자가 언급한 "살殺"의 개념

季康子問政於孔子曰: "如殺無道, 以就有道, 何如?" 孔子對曰: "子爲政, 焉用殺? 子欲善而民善矣. 君子之德風, 小人之德草. 草上之風, 必偃."

통달과 소문 12.20

자장이 여쭈었다.

"선비는 어떻게 해야 통달했다고 할 수 있습니까?"

공자께서 말씀하셨다.

"무엇이냐? 네가 말하는 통달이라는 것이![51]"

자장이 아뢰었다.

"나라 안에서 반드시 소문이 나고, 가문 안에서도 반드시 소문이 나는 것입니다."

공자께서 말씀하셨다.

"이것은 소문이지 통달이 아니다.[52] 통달이라는 것은 본바탕이

은 '형刑'과 같다고 볼 수 있다. 즉, 강압적인 방법으로 백성을 부리면 효험이 없을 것이라고 알려주는 대목이다. 특히 이 부분은 《맹자》〈등문공 상〉의 내용과 연결되기 때문에 참조하여 읽으면 좋다.

51) 원문의 "하재何哉, 이소위달자爾所謂達者"를 번역한 것이다. 자장의 물음에 관하여 공자가 반문한 것인데, 이에 대하여 주희는 "자장은 바깥일에 힘쓰다 보니 공자께서 다시 캐물어 꾸짖은 것이다〔子張務外, 反詰之〕"라고 하였다.

52) "통달〔達〕"은 도가 세상에 행해지는 것이고, 소문이란 세상에 이름이 나는 것이다. 공자는 이미 나이 17세에 당시 노나라 대부 맹희자孟釐子가 죽으면서 아들 의자懿子에게 한 유언에서 "통달"한 인재로 언급하여 널리 알려져 있었다. "'내가 듣기로는 성인의 후예는 비록 당대는 아닐지라도 반드시 통달한 인재가 나올 것이다. 지금 공구는 나이는 어려도 예를 좋아하니 이 사람이 아마도 통달한 자인 것인저? 내가 곧 죽게 되면 너는 반드시 그를 스승으로 모셔라.' 희자가 죽자, 의자는 노나라 사람 남궁경숙南宮敬叔과 함께 공자에게 가서 예를 배웠다."(《사기》〈공자세가〉).

바르고 의로움을 좋아하며, [다른 사람의] 말을 살피고 [다른 사람의] 안색을 관찰하며, 다른 사람에게 자신을 낮추는 것이다. 나라 안에서도 반드시 통달하고 가문 안에서도 반드시 통달하는 것이다. 소문이 있다는 것은 겉으로는 인仁을 취하면서도 행동은 [인에] 어긋나는 것인데도, 스스로는 인하다고 믿어 의심하지 않는 것이다. [그런 사람은] 나라 안에서 반드시 소문이 나고 가문에서도 반드시 소문이 나는 것이다."

子張問: "士何如斯可謂之達矣?" 子曰: "何哉, 爾所謂達者!"
子張對曰: "在邦必聞, 在家必聞." 子曰: "是聞也, 非達也.
夫達也者, 質直而好義, 察言而觀色, 慮以下人. 在邦必達, 在家必達.
夫聞也者, 色取仁而行違, 居之不疑. 在邦必聞, 在家必聞."

번지의 훌륭한 질문 세 가지 12.21

번지[53]가 무우 아래에서 [공자를] 따라서 노닐다가 여쭈었다.

"감히 덕을 숭상하는 것, 사특한 생각을 [고쳐 마음을] 다스리는 것, 미혹됨을 분별하는 것에 대하여 여쭙고자 합니다."

공자께서 말씀하셨다.

"훌륭한 질문이구나! 일을 먼저 하고 얻는 것은 나중에 생각한다면,[54] [그것이] 덕을 숭상하는 것이 아니겠느냐? 자신의 나쁜 점을 공격하고 다른 사람의 나쁜 점을 공격하지 않는 것이, 사특한 생각

---

53) 번지樊遲는 공자의 제자로 지식욕이 강하고 실천력이 뛰어나며, 용맹스러웠다. 그러나 지나치게 외향적이며 조급하고 인내심이 부족했다고 한다.

을 다스리는 것이 아니겠느냐? 한순간의 분노로 제 자신을 잊고 자신의 부모님에게까지 [화가] 미치게 된다면 그것이 바로 미혹됨이 아니겠느냐?"

樊遲從遊於舞雩之下, 曰: "敢問崇德修慝辨惑." 子曰: "善哉問!
先事後得, 非崇德與? 攻其惡, 無攻人之惡, 非修慝與.
一朝之忿, 忘其身以及其親, 非惑與?"

정직한 사람을 천거하여 비뚤어진 사람 대신 앉혀라 12.22

번지가 인仁에 대해 여쭈었다. 공자께서 말씀하셨다.
"사람을 사랑하는 것이다."
[번지가] 지혜로움에 대해 여쭈었다. 공자께서 말씀하셨다.
"사람을 아는 것이다."
번지가 깨닫지 못했다. 공자께서 말씀하셨다.
"정직한 사람을 천거하여 비뚤어진 사람 위에 두어 비뚤어진 사람으로 하여금 바르게 될 수 있도록 하는 것이다."
번지가 물러나와 자하를 만나자 말했다.
"아까 제가 선생님을 뵙고 앎에 대해 여쭈었는데, 선생님께서는 '정직한 사람을 천거하여 비뚤어진 사람 자리에 두어 비뚤어진 사람으로 하여금 바르게 될 수 있도록 하는 것이다'라고 말씀하시던

54) 원문의 "선사후득先事後得"을 번역한 것으로 "숭덕崇德"에 대하여 답한 것이다. 범조우는 "의로움을 위에 두고 이로움을 아래 두는 것(上義而下利)"이라고 하였다. 여기에서의 "숭덕"의 개념은 '사양하고 양보하는 마음(辭讓之心)'과도 같은 것이다.

데, 무슨 뜻일까요?"

자하가 말했다.

"풍부하구나, 그 말씀이! 순임금이 천하를 차지하고 나서 여러 사람 중에서 뽑아 고요를 등용하니, 인仁하지 않은 자들이 멀어졌던 것이다. 탕임금이 천하를 차지하고 나서 여러 사람 중에 뽑아 이윤[55]을 등용하니, 인하지 않은 자들이 멀어졌던 것이다."

樊遲問仁. 子曰: "愛人." 問知. 子曰: "知人." 樊遲未達.
子曰: "擧直錯諸枉, 能使枉者直." 樊遲退, 見子夏曰:
"鄕也吾見於夫子而問知, 子曰: '擧直錯諸枉, 能使枉者直' 何謂也?"
子夏曰: "富哉言乎! 舜有天下, 選於衆, 擧皐陶, 不仁者遠矣.
湯有天下, 選於衆, 擧伊尹, 不仁者遠矣."

교우의 도리 12.23

자공이 교우의 도리에 대해 여쭈었다. 공자께서 말씀하셨다.

"충심으로 말하여[56] 잘 이끌어주고, 그것을 할 수 없다면 그만두

---

55) 이윤伊尹은 은나라의 유명한 재상으로 탕임금을 도와 어진 정치를 펼쳤으며 하나라의 걸왕을 멸망시켰다. 탕임금의 손자인 태갑이 포악한 정치를 하자 이를 말리다가 귀양까지 가게 되었으나 다시 돌아와 훌륭한 정치를 했다. 이윤은 본래 요리사 출신으로, 솥을 지고 가서 음식을 만들어 탕임금에게 바치고는 그에게 신임을 얻기를 바랐다는 전설이 있다.

56) 원문의 "충고忠告"를 번역한 것인데 포함包咸은 "옳고 그름으로써 그(벗)에게 알려주는 것이다(以是非告之)"라고 하였고, 정약용은 "벗에게 허물이 있으면, 곧 중심(충심)이 되는 말로써 그에게 알려주어야 한다(友有過, 則以中心之言告之)"고 하였다.

어야지, 스스로 욕됨을 없게 해야 한다.[57]"

子貢問友. 子曰: "忠告而善道之, 不可則止, 毋自辱焉."

글로써 벗을 모으다 12.24

증자가 말했다.

"군자는 글(학문)을 통해 벗을 모으고,[58] 벗을 통해 인仁을 돕는다."

曾子曰: "君子以文會友, 以友輔仁."

57) 원문의 "무자욕언毋自辱焉"을 번역한 것이다. 이 구절은 〈이인〉 4.26의 "친구에게 [간언을] 일삼으면 곧 소원해질 것이다(朋友數, 斯疏矣)"와 연관지을 수 있다. '소원하다(疏)'와 '욕됨(辱)'을 같은 맥락으로 읽을 필요가 있다.

58) 원문의 "이문회우以文會友"를 번역한 것으로, 공안국은 이에 대하여 "문과 덕으로써 서로 합치된 것이다(友以文德合)"라고 하였으며 덧붙여 "벗은 서로 간에 다듬어주고 격려하는 도리가 있으니, 그러한 관계로써 자신의 인仁을 이루도록 도와준다(友相切磋之道, 所以輔成己之仁)"고 하였다. 인仁의 기점은 시詩·서書·예禮·악樂이라고 하는 문文이 없으면 안 된다는 것이다.

제13편

자로子路

– 나라를 위하는 정치의 기본들

【해설】

〈자로〉 편에서는 대부분 정치를 논하고 있으며 교육에 관한 내용도 많다. 따라서 〈위정〉 편과 연관성이 높다. 첫 장에서 공자는 정치를 할 때 솔선수범하는 성실한 자세가 필요하다는 점을 강조하고 있다.

공자가 말하는 정치의 기본은 세 가지이다. 담당 관리를 세우고, 작은 허물은 용서하고, 현명한 인재를 등용하는 것이다. 그리고 자로에게 '정치란 명분을 바로잡는 것'이라는 유명한 말을 남겼다. 번지와의 대화에서는 윗사람이 예를 좋아해야 백성들이 공경한다고 했다. 물론 공자는 자신을 바르게 가다듬고 나서 정치를 하라는 충고도 빼놓지 않았다. 무엇보다도 백성들에게는 '선부후교先富後敎', 즉 먼저 잘살게 하고 가르쳐야 한다는 원칙도 피력하고 있다. 말하자면 의식주가 먼저라는 논지다. 그리고 은근한 자기 자랑도 빼놓지 않는다. 자신이 다스릴 경우 3년이면 성과가 있을 것이라는 확신을 드러내고 있다. 특히 섭공과의 대화에서는 정치란 기쁨을 주는 것이라고 말한다.

이 편의 18장에 나오는 정직의 개념 문제에서 공자는 '양을 훔친 아버지를 아들이 고발하는 것이 바로 정직'이라는 섭공의 말을 정면으로 반박했다. 이를 통해 우리는 유가에서 말하는 정직의 개념이 공사 구분이 불분명한 인정주의에서 출발하고 있다는 논쟁의 소지가 적지 않다는 점을 어느 정도 깨달을 수 있다.

솔선수범과 성실 13.1

자로가 정치에 대해 여쭈었다. 공자께서 말씀하셨다.

"그들(백성)보다 먼저 앞장서고 나서 그들(백성)을 수고롭게 하라."[1)]

[자로가] 좀 더 [말씀해주시기를] 요청하자, 말씀하셨다.

"게으름이 없어야 한다."[2)]

子路問政. 子曰: "先之勞之." 請益. 曰: "無倦."

인재 등용 13.2

중궁(염옹)이 [자로를 대신하여] 계씨의 가신[3)]이 되어 정치에 대해 여쭈었다.

공자께서 말씀하셨다.

"유사 담당 관리를 솔선수범하게 하고,[4)] 작은 허물을 용서해주며, 현명한 인재를 등용하여라."

1) 덕으로 인도하여 백성들의 신임을 얻고 나서 백성들로 하여금 힘써 일하게 하라는 의미가 담겨 있다(공안국 설). 주희도 이 구절을 "자신이 먼저 앞장서(以身先之)"라는 의미로 보았다.

2) 자로는 성미가 급해 힘들면 바로 그만둬버릴까 염려하여 맡은 일을 지속하라고 조언한 말이다. 공안국은 "선지노지先之勞之"를 '일을 게을리하지 않는 것'이라 하였다.

3) 공자의 제자 중에서 세 명이 계씨의 가신이 되었으니, 자로가 기원전 498년경에 1년 정도 지냈고 이어 중궁이 약 6년간 가신 노릇을 했고, 맨 마지막으로 염유가 기원전 492년 이후에 가신이 되었으며 상당 기간 재임했다.

[중궁이] 여쭈었다.

"어떻게 현명한 인재를 알아서 그를 등용합니까?"

공자께서 말씀하셨다.

"네가 아는 사람을 등용하면, 네가 알지 못하는 사람을 다른 사람이 [추천하지 않고] 내버려두겠느냐?"

仲弓爲季氏宰, 問政. 子曰: "先有司, 赦小過, 擧賢才." 曰: "焉知賢才而擧之?" 子曰: "擧爾所知, 爾所不知, 人其舍諸?"

정치란 명분 13.3

자로가 여쭈었다.

"위나라 임금이 선생님을 우대하여 정치를 맡기시면,[5] 선생님께서는 무엇을 먼저 하시겠습니까?"

공자께서 말씀하셨다.

"반드시 명분을 바로잡아야할 것인저."

자로가 여쭈었다.

"그런 일이 [언제] 있었습니까? 선생님의 생각은 [현실과] 너무 동떨어져 있습니다. 무엇을 바로잡는다는 말씀이십니까?"

---

4) 이 대목의 해석은 세 가지로 요약된다. 바로 '유사를 선임하다', '유사가 솔선수범하게 하고 성과를 평가하다', '유사를 맡은 사람이 솔선수범하다'인데, 세 번째 설이 가장 타당하다.

5) 공자는 두 번에 걸쳐 위나라에서 벼슬했다. 첫 번째로 기원전 495년에서 기원전 493년까지로 위나라 영공을 모셨다. 두 번째로는 기원전 488년에서 기원전 485년까지로 위나라 출공出公을 모셨다. 여기서 위나라 임금은 출공으로 추정된다.

공자께서 말씀하셨다.

"거칠구나, 유(자로)여. 군자는 자기가 모르는 것은 대체로 [의문으로] 남겨두는 법이거늘 명분이 바르지 않으면 말이 순조롭지 못하다. 말이 순조롭지 못하면, 일이 이루어지지 않는다. 일이 이루어지지 않으면 예악이 일어날 수 없다. 예악이 일어나지 않으면 형벌이 들어맞지 않게 된다. 형벌이 들어맞지 않으면 백성들은 팔다리를 둘 데가 없다. 그러므로 군자는 명분을 세울 때는 반드시 말할 수 있어야 하고, 말을 할 때는 반드시 실천할 수 있어야 한다. 군자는 자신의 말에 대해 대충 행하는 것이 없도록 할 뿐이다."

子路曰: "衛君待子而爲政, 子將奚先?" 子曰: "必也正名乎!" 子路曰: "有是哉? 子之迂也. 奚其正?" 子曰: "野哉, 由也! 君子於其所不知, 蓋闕如也. 名不正, 則言不順. 言不順, 則事不成. 事不成, 則禮樂不興. 禮樂不興, 則刑罰不中. 刑罰不中, 則民無所措手足. 故君子名之必可言也, 言之必可行也. 君子於其言, 無所苟已矣."

나는 농사꾼보다 못하다 13.4

번지가 농사짓는 법을 배우기를 청했다.[6]

공자께서 말씀하셨다.

"나는 늙은 농사꾼보다 못하다."

---

6) 〈자로〉 13.3에서 자로가 정치에 대해 물은 것과 같은 맥락으로 백성을 잘살게 하는데 정치가 허황되고 비현실적이므로 농사짓는 것으로 백성을 잘살게 하는 것이 낫지 않느냐는 뜻에서 물은 것이다.

채소 기르는 법[7]을 청해 묻자 [공자께서] 말씀하셨다.

"나는 채소를 심는 늙은이만 못하다."

번지가 나갔다. [공자께서] 말씀하셨다.

"소인[8]이로다, 번수(번지)여! 윗사람이 예를 좋아하면 백성들은 감히 공경하지 않을 수 없고, 윗사람이 의로움을 좋아하면 백성들이 감히 복종하지 않을 수 없으며, 윗사람이 신의를 좋아하면 백성들이 감히 진정으로 행하지 않을 수 없을 것이다. 이렇게만 한다면 사방의 백성들이 그들의 자식을 포대기로 싸서 업고 찾아오게 될 텐데[9] 농사짓는 법을 어디에 쓰겠느냐?"

樊遲請學稼. 子曰: "吾不如老農." 請學爲圃. 曰: "吾不如老圃."

樊遲出. 子曰: "小人哉, 樊須也. 上好禮, 則民莫敢不敬.

上好義, 則民莫敢不服. 上好信, 則民莫敢不用情. 夫如是,

則四方之民襁負其子而至矣, 焉用稼?"

7) 원문의 "포圃"의 의미는 '채소를 심는다'이다.

8) "소인小人"은 '대인大人'과 반대되는 개념으로 '대인'은 '마음을 쓰는 자'로 다른 사람을 다스리며, "소인"은 '힘을 쓰는 자'로 다른 사람에게 다스림을 당하는 자이다. 이는《맹자孟子》〈등문공 상滕文公上〉에 나온다.

9) 〈자로〉 13.16의 "원자래遠者來"와 같은 의미이다.

무용지물 13.5

공자께서 말씀하셨다.

"《시》(《시경》)[10] 3백 편을 외우고 있다고 해도 정치를 맡겼을 때 통달하지 못하고, 외국에 사신으로 보냈을 때 독자적으로 대응하지 못한다면[11] 아무리 많이 외운들 또 무슨 소용이 있겠느냐?"

子曰: "誦詩三百, 授之以政, 不達. 使於四方, 不能專對. 雖多, 亦奚以爲?"

자신이 바른 것이 먼저 13.6

공자께서 말씀하셨다.

"그 자신이 바르면 [군주가] 명령하지 않아도 행하고, 그 자신이 바르지 못하면 비록 명령해도 따르지 않을 것이다.[12]"

子曰: "其身正, 不令而行. 其身不正, 雖令不從."

---

10) 《시경》은 "사람의 감정을 근본으로 하고 사물의 이치를 알게 해준다(本人情, 該物理)"라고 하였으며, 더 나아가 주희는 "풍속의 성쇠를 경험할 수 있고 정치의 득실을 볼 수 있다(可以驗風俗之盛衰, 見政治之得失)"고 하였다.

11) 원문의 "불능전대不能專對"를 번역한 것으로, 임금의 명을 받아야 하는 신하가 외교적으로 대응하거나 때로는 담판을 벌이는 등의 포괄적 외교 행위를 할 수 없다는 의미다.

12) 〈자로〉 13.13과 같은 맥락이다.

형제 국가 13.7

공자께서 말씀하셨다.

"노나라와 위나라의 정치는 형제뻘[13]이다."

子曰: "魯衛之政, 兄弟也."

재산 불리기에 능한 자 13.8

공자께서 위나라 공자 형[14]을 이렇게 평가했다.

"[그는] 재산을 쌓아놓으며 잘 지냈다.[15] 처음에 [재산을] 모을 때에는 '그런대로[16] 모아졌다'고 말했고, 다소 모아지고 나서는 '대체로 완비되었다'고 말했으며, 풍부하게 모으고 나서는 '대체로 호사스

13) 노나라와 위나라 군주의 성은 희성姬姓이다. 노나라는 주공 단의 후예이고, 위나라는 위 강숙衛康叔의 후예인데, 주공 단과 위 강숙은 형제 관계다. 그런데 서로 이해관계가 얽히면서 사회의 분위기가 혼란스럽게 되었음을 탄식한 것이다. 정약용의 견해는 "군신과 부자의 윤리가 상실되었으니 이 당시 정치가 형제처럼 되었다(君臣父子之倫皆亡矣, 其政如兄弟然)"고 하므로 형제의 이중적 의미를 볼 수 있다.

14) 오나라 계찰季札에 의해 위나라의 여섯 군자의 하나라는 평가를 받은 자로, 위나라 헌공의 아들이고 자는 남초南楚이며 당시 대부였다. 리링에 따르면, 이름 앞에 "위衛"라는 글자를 붙인 이유는 노나라 애공의 아들, 즉 노나라의 공자 형荊과 구별하기 위한 것이다. 이 문장에서 드러나듯 그는 재물에 대한 욕심도 거의 없고 소박한 삶을 추구한 인물로서 안분지족했다.

15) 원문의 "선거실善居室"을 번역한 것으로, 재산을 모으며 집에서 잘 지낸다는 의미이며, '살림 잘하는 사람'의 의미도 있다.

16) 원문의 "구苟"를 번역한 것으로, 황간은 '구차苟且'와 같은 것으로 보았는데 주희는 '그런대로 또한 조략하게(聊且粗略)'라는 의미로 풀이하여 역자는 주희의 견해에 따랐다.

럽다'고 말했다."

子謂衛公子荊: "善居室. 始有, 曰: '苟合矣.' 少有, 曰: '苟完矣.' 富有, 曰: '苟美矣.'"

잘살게 하고 나서 가르쳐라 13.9

공자께서 위나라에 가실 때 염유가 수레를 몰았다.

공자께서 말씀하셨다.

"[백성이] 많구나!"

염유가 여쭈었다.

"이미 많아졌는데 또 무엇을 더 해야 합니까?"

[공자께서] 말씀하셨다.

"잘살게 해줘야 한다."[17)]

[염유가] 여쭈었다.

"이미 잘살게 됐는데 또 무엇을 더 해야 합니까?"

---

17) 〈선진〉 11.25와 연관지어 볼 수 있다. 공자의 이 말은, 그가 비록 이중 잣대를 들이대긴 했어도, 사마천의 《사기》에 있는 말을 떠올리게 한다. "창고의 물자가 풍부해야 예절을 알며, 먹고 입는 것이 풍족해야 명예와 치욕을 알게 된다. 임금이 법도를 실천하면 아버지, 어머니, 형, 동생, 아내, 자식이 굳게 뭉치고, 나라를 다스리는 네 가지 강령, 즉 예의(禮)·정의(義)·깨끗함(廉)·부끄러움(恥)이 펼쳐지지 못하면 나라는 멸망한다. 수원水源에서 물이 흘러가듯이 명령을 내리면 그 명령은 민심에 순응하게 된다."(〈관안열전〉) 공자가 강조한 부의 중요성, 말하자면 잘사는 것을 언급한 대목을 보면 의식주가 얼마나 중요한 정치적 화두인가를 알 수 있다. 관중이 지은 《관자》 〈목민牧民〉에도 "국가에 비옥한 토지가 있지만 백성이 배불리 먹지 못하는 것은 생산 도구가 좋지 못하기 때문이고, 산림과 바다에서 각종 물품이 생산되지만 백성의 생활이 풍요롭지 못한 것은 상공업이 발달하지 못해서이다"라는 구절이 나온다.

[공자께서] 말씀하셨다.
"가르쳐야 한다."[18]

子適衛, 冉有僕. 子曰: "庶矣哉!" 冉有曰: "既庶矣, 又何加焉?" 曰: "富之." 曰: "既富矣, 又何加焉?" 曰: "教之."

공자의 정치 광고 13.10

공자께서 말씀하셨다.
"만일 나를 등용해주는 자가 있다면 1년[19]이면 웬만큼 괜찮아질 것이고 3년이면 성과가 있을 것이다."

子曰: "苟有用我者, 期月而已可也, 三年有成."

선한 사람의 다스림 13.11

공자께서 말씀하셨다.
"'선한 사람[20]이 나라를 1백 년 동안 다스리면, 또한 잔혹한 사람을

---

18) 공자는 먼저 잘살게 하고 가르치라고 말하고 있으니, 제아무리 중요한 예의나 염치라도 생계 문제가 해결되지 못하면 제대로 지켜질 리 만무하다고 인식했다. 이러한 생각은 공자를 계승한 맹자나 순자에게도 그대로 이어졌으며, 유명한 관중의 경제 우선 정책도 공자의 가르침과 맥을 함께하고 있다.

19) 원문의 "기월期月"을 번역한 것인데, 주희는 "1년의 12개월을 일주하는 것(周一歲之月也)"이라고 했으므로 1년이라고 번역했다.

20) 원문의 "선인善人"을 번역한 것으로 〈술이〉 7.25에 나오며 덕이 있고 정사를 잘하는 사람을 이른다.

교화시키고 사형할 일이 없어진다'고 하니, 진실되구나, 이 말이여!"

子曰: "'善人爲邦百年, 亦可以勝殘去殺矣.' 誠哉是言也!"

왕도를 행한다고 해도 13.12

공자께서 말씀하셨다.

"만약 왕도를 행하는 사람이 있더라도 반드시 한 세대가 지난 이후에야 [백성들이] 인仁[21)]하게 될 것이다."

子曰: "如有王者, 必世而後仁."

자신을 바르게 하는 것 13.13

공자께서 말씀하셨다.

"진실로 그 자신을 바르게 하면 정치에 종사하는 데 무슨 어려움이 있겠느냐? 그 자신을 바르게 하지 못한다면 다른 사람을 어떻게 바로잡을 수 있겠느냐?"[22)]

子曰: "苟正其身矣, 於從政乎何有? 不能正其身, 如正人何?"

---

21) 주희는 "인仁"을 "교화가 흠뻑 적셔진다(敎化浹也)"라고 하였다. 맹자孟子의 '인정仁政'과 맥락을 같이하고 있다고 보아 사람들이 어버이를 친하게 여기고 어른을 윗사람으로 여기면 천하가 편해지는데 이것을 '인仁'이라고 하였다.

22) 이 문장과 유사한 문장이 앞의 6장에 나왔다. 〈안연〉 12.7에도 비슷한 문장이 나온다.

에둘러 비판받은 염자 13.14

염자가 조정에서 물러나왔다.

공자께서 말씀하셨다.

"무슨 일로 늦었느냐?"[23]

[염자가] 대답했다.

"정사가 있었습니다."

공자께서 말씀하셨다.

"그 [계씨 집안의 사사로운] 일이었을 것이다.[24] 만일 [나라에] 정사가 있었다면, 비록 내가 등용되지 않았더라도, 나는 아마도 참여하여 그것을 들었을 것이다."

冉子退朝. 子曰: "何晏也?" 對曰: "有政." 子曰: "其事也. 如有政, 雖不吾以, 吾其與聞之."

23) 원문의 "안晏"을 번역한 것으로, 정해진 시간보다 늦었다는 의미다.

24) 원문의 "사事"란 대부의 일로서 군주의 일인 '정政'과 다르며, 정과 상대되는 개념으로 봐야 한다. 말하자면 신하의 일에 해당되는 것이 '사事'다. 당시 공자는 관례에 따라 조정의 관리가 된 제자들에게 수시로 보고를 받았는데, 이날 염유는 공적인 일이 아니라 계씨의 집안 일로 바빴다는 점을 공자가 에둘러 말한 것이다. 염유는 자신이 공적인 일, 즉 나라의 일로 바빴다고 했지만 공자는 의심을 품고 이렇게 말했다.

한마디의 힘 13.15

정공(공자에게 3년 정도 벼슬을 준 인물)이 물었다.

"말 한마디로 나라를 흥하게 할 수 있다고 하는데, 그런 일이 있습니까?"

공자께서 대답하셨다.

"그런 말이란 그런 식으로 기약할[25] 수는 없는 법입니다. 사람들의 말에 '임금 노릇 하는 것은 어렵고, 신하 노릇 하는 것도 쉽지 않다'는 것이 있습니다. 만약 임금 노릇 하는 것이 어렵다는 것을 알 정도라면, 한마디 말로 거의 나라를 흥하게 할 수 있지 않겠습니까?"

[정공이] 말했다.

"말 한마디로 나라를 망하게 할 수 있다고 하는데, 그런 일이 있습니까?"

공자께서 대답하셨다.

"그런 말이란 그런 식으로 기약할 수는 없는 법입니다. 사람들의 말에 '나는 임금 노릇 하는 것이 즐거운 것이 아니라, 오직 내가 하는 말에 아무도 감히 거스르지 못한다는 것을 즐거워한다'는 것이 있습니다. 만일 그 말이 선하여 아무도 그것을 거스르지 않는다면 또한 선하지 않겠습니까? 만일 선하지 않은데 아무도 거스르지 못한다면, 거의 한마디 말로 나라를 망하게 할 수 있지 않겠습니까?"

25) 원문의 "기幾"를 번역한 것이다. '기'는 '기약하다', '기대하다'는 의미로서 "반드시 기약한다(必期)"로 해석한 주희의 설에 따른 것이다. 한편 하안은 "기幾"를 '근近" 자와 동의어로 보아 '가까운'으로 해석했는데, 일리가 없는 바는 아니다. 뒤에 나오는 문장의 "기호幾乎"는 '거의'라는 의미의 허사虛辭로서 전혀 다른 의미로 사용된 단어다.

定公問, 一言而可以興邦, 有諸? 孔子對曰: “言不可以若是其幾也. 人之言曰: ‘爲君難, 爲臣不易.’ 如知爲君之難也, 不幾乎一言而興邦乎?” 曰: “一言而喪邦, 有諸?” 孔子對曰: “言不可以若是其幾也, 人之言曰 ‘予無樂乎爲君, 唯其言而莫予違也.’ 如其善而莫之違也, 不亦善乎? 如不善而莫之違也, 不幾乎一言而喪邦乎?”

기쁨을 주는 것 13.16

섭공[26)]이 정치에 대해 물었다.

공자께서 말씀하셨다.

“가까이 있는 사람은 기뻐하고, 멀리 있는 사람은 찾아오는 것입니다.”[27)]

葉公問政. 子曰: “近者悅, 遠者來.”

---

26) “섭공葉公”이란 인물은《논어》에서 세 번 나온다. 〈술이〉 7.18에 나오고 두 번은 이 편에 나오는데, 뒤에서 정직의 개념(〈자로〉 13.18)을 가지고 논쟁하는 장면이 흥미롭게 펼쳐진다.

27) 이 말은《사기》〈공자세가〉에는 이렇게 되어 있다. “섭공葉公이 공자에게 정치를 물으니 공자가 말했다. ‘정치란 먼 데 있는 어진 사람을 오게 하고, 가까이 있는 사람의 마음을 얻는 데 있습니다.’” 사마천은 공자의 말에 깃든 속뜻을 풀어서 기록한 것으로 보인다. 또한, 주희는 “근자열近者悅, 원자래遠者來”를 “[군주의] 은택을 입어서 기뻐하는 것이고, [멀리 사는 이웃 나라 사람들이] 그 풍속을 듣고 국경을 넘어올 수 있는 것〔被其澤則悅, 聞其風則來〕”이라고 하였다.

서두르면 도달하지 못한다 13.17

자하가 거보의 읍재邑宰가 되어 정치에 대해 여쭈었다.

공자께서 말씀하셨다.

"서두르지 말고, 작은 이익을 보려고 하지 말아라. 서두르면 도달하지[28] 못하고, 작은 이익을 보려고 하면 큰일을 이루지 못한다."

子夏爲莒父宰, 問政. 子曰: "無欲速, 無見小利. 欲速則不達. 見小利則大事不成."

정직에 대한 온도차 13.18

섭공이 공자에게 말했다.

"우리 마을에 몸가짐이 바른[29] 자가 있으니, 그 아버지가 양을 훔

28) 원문의 "달達"을 번역한 것으로, 하안은 사리에 통달한다는 의미로 풀었는데 과한 해석이다. 역자는 '도달하다'라는 해석을 취했는데 이는 정약용이 이 글자를 '도달하다'라는 의미의 '수遂'로 풀이한 것과 맥을 같이한다.

29) 원문의 "직궁直躬"을 번역한 것이다. 이와는 달리 《여씨춘추呂氏春秋》 〈당무當務〉에 보면 직궁을 사람 이름으로 보고 이렇게 풀이하고 있다. "초나라에 직궁直躬이라는 사람이 있었는데, 그의 아비가 양을 훔치자 이를 벼슬아치 영윤에게 일러 바쳤더니, 영윤이 그 아비를 잡아다 바야흐로 처형하고자 했다. 직궁이 그의 아비 대신 처형되기를 청했으므로, 그를 바야흐로 처형하려 했더니 그가 옥리에게 말하기를 '아비가 양을 훔쳤는데 이를 일러바친 것은 또한 미쁜 일이 아닙니까? 아비가 처형되려 하는데 이를 대신한 것은 또한 효성스런 일이 아닙니까? 미쁘고 또한 효성스러운데도 이를 처형한다면 이 나라에 앞으로 처형당하지 않을 자가 있겠습니까?'라고 했다. 초나라 임금이 이 말을 듣고는 처형하지 않았다. 공자가 이 일을 듣고 '이상하도다, 직궁이 미쁜 일을 행한 것은 아비는 하나로 하면서 그로부터 이름은 두 번 취하였구나'라고 했다. 그러므로 직궁의 미쁨은 차라리 미쁨이 없는 것만 못하다."(여불위 지음, 《여씨춘추呂氏春秋》, 김근 옮김, 민음사, 1995)

치자 아들이 그것을 고발[30]했습니다."

공자께서 말씀하셨다.

"우리 마을의 정직한 사람은 그와 다릅니다. 아버지는 아들을 위해 숨기고, 아들은 아버지를 위해 숨겨주지만 정직은 그 가운데 있습니다."[31]

葉公語孔子曰: "吾黨有直躬者, 其父攘羊, 而子證之." 孔子曰: "吾黨之直者異於是. 父爲子隱, 子爲父隱, 直在其中矣."

오랑캐 땅에 가더라도 13.19

번지가 인仁에 대해 여쭈었다.

공자께서 말씀하셨다.

"거처할 때에는 공손하며, 일을 집행할 때는 공경하며, 사람과 만날 때는 진실해야 한다. 비록 오랑캐 땅에 가더라도 [이것들을] 버려서는 안 된다."

30) 원문의 "증證"을 번역한 것인데, 이 글자는 '고발하다'라는 뜻이다.

31) 이 문장은 주희가 "아버지와 아들이 서로 숨겨주는 것은 천리와 인정의 지극함이다. 따라서 정직을 구하지 않아도 정직은 그 안에 있는 것이다"라고 풀이한 이래 상당한 오해를 불러일으켰다. 공사를 구분하지 못하고 인정주의에 함몰되었다는 비판을 받은 것이다. 공자는 분명 가족 중심의 정에 가장 높은 가치를 두었기 때문에 심각한 논리적 모순이 있다고 여겨질 수 있다. 아버지와 아들이, 스승과 제자가, 같은 조직의 동료가 서로의 잘못을 은폐해줘도 된다는 위험한 생각으로 발전할 수도 있기 때문이다. 물론 부자간의 소소한 잘못을 가차 없이 고발하라는 의미는 아니지만 이 해석의 원문에 있는 "은隱"이란 단어가 상징하듯, 이 문장은 잘못을 은폐하여 합리화하는 논리로 활용될 수 있다.

樊遲問仁. 子曰: "居處恭, 執事敬, 與人忠. 雖之夷狄, 不可棄也."

선비의 조건 13.20

자공이 여쭈었다.

"어떻게 하면 선비[32]라고 할 수 있습니까?"

공자께서 말씀하셨다.

"자기의 행실을 부끄러워할 줄 알고, 사방에 사신으로 가서도 임금의 명을 욕되게 하지 않는다면 선비라고 할 수 있다."

[자공이] 여쭈었다.

"감히 그다음 가는 것을 여쭙겠습니다."

[공자께서] 말씀하셨다.

"일가친척들이 효성스럽다고 칭찬하고 마을 사람들이 우애가 있다고 칭찬하는 것이다."

[자공이] 여쭈었다.

"감히 그다음 가는 것을 여쭙겠습니다."

[공자께서] 말씀하셨다.

"말에는 반드시 믿음이 있고, 행동에는 반드시 과단성이 있다면, 꽉 막힌[33] 소인일지라도 또한 그다음 가는 것이 될 수 있다고 할 수 있을 것이다."

---

32) 〈안연〉 12.20의 자장의 질문인 '달사達士'와 연관이 있다.

33) "갱硜"은 '돌 부딪히는 소리 갱' 자인데, 원문의 "갱갱硜硜"은 '쨍그렁 쨍그렁' 하는 소리로 자기 고집만 부리고 융통성이 없는 소인배의 모습을 비유한 말이다.

[자공이] 여쭈었다.

"오늘날 정치에 종사하는 사람들은 어떻습니까?"

공자께서 말씀하셨다.

"아! 한 말 두 되 정도의 그릇[34)]에 불과한 사람들이니 어찌 헤아릴 가치가 있겠느냐?"

子貢問曰: "何如斯可謂之士矣?" 子曰: "行己有恥, 使於四方, 不辱君命, 可謂士矣." 曰: "敢問其次." 曰: "宗族稱孝焉, 鄉黨稱弟焉." 曰: "敢問其次." 曰: "言必信, 行必果, 硜硜然小人哉, 抑亦可以爲次矣." 曰: "今之從政者何如?" 子曰: "噫. 斗筲之人, 何足算也?"

중용의 도와 그 실천 13.21

공자께서 말씀하셨다.

"중도中道(중용의 도)를 행하는 사람을 얻어서 함께할 수 없다면, 반드시 뜻이 큰 사람[35)]이나 고집스런 사람과 함께할 것이다. 뜻이 큰 사람은 진취적이고, 고집스런[36)] 사람은 하지 않는 바가 있다."

---

34) 원문의 "두소斗筲"를 풀이한 것이다. "두斗"는 국자 모양으로 되어 있으며 양을 재는 도구로서 열 되를 담는 그릇이고, "소筲"는 통 모양의 대나무 그릇인데 두서너 되를 담는다. 원문의 "두소지인斗筲之人"이 사자성어로 사용되면 그릇이 작고 쩨쩨한 사람을 가리킨다.

35) 원문의 "광狂"을 번역한 것으로, '선한 도道에 나아가는 사람'으로 풀이하는 포함의 견해를 취한 것이다. 한편 형병은 "나아갈 줄만 알고 물러날 줄 모른다"로 풀이했고, 주희의 경우에는 "뜻이 지극히 고고하여 행동이 거리낌이 없는(志極高而行不掩)"으로 풀이했다.

36) 원문의 "견狷"을 번역한 것인데, 고집만 부린다는 의미가 아니라, 절도를 지키면서 자신의 길을 꿋꿋이 간다는 의미가 있다. 그래서 주희는 "지식은 미치지

子曰: "不得中行而與之, 必也狂狷乎. 狂者進取, 狷者有所不爲也."

한결같은 덕을 지녀라 13.22

공자께서 말씀하셨다.

"남쪽 사람들[37]의 말에 '사람으로서 한결같은 마음(恒心)이 없다면, 무당이나 의원 노릇도 할 수 없다'고 하였는데 좋은 말이구나. '그 덕을 한결같이 하지 않으면 더러는 수치스런 일을 겪을 수 있다'[38]고 하였다."

공자께서 말씀하셨다.

"점을 치지 않을 뿐이다."[39]

子曰: "南人有言曰: '人而無恒, 不可以作巫醫.' 善夫. '不恒其德, 或承之羞.'" 子曰: "不占而已矣."

못하나 굳게 소신껏 지킨다(知未及而守有餘)"라는 의미라고 하였다.

37) 노나라의 서남쪽에 있던 송나라를 가리킨다.

38) 이 구절은 《역易》 항괘恒卦 구삼九三의 효사爻辭에 나온다. 여기서 "혹或"은 '더러는'이란 뜻이다.

39) 원문의 "불점이이의不占而已矣"는 공자가 앞에서 말한 것처럼 한결같은 마음이 없는 사람은 점을 칠 필요도 없다는 말인데, 바로 이 구절 앞에 "자왈子曰"이 있어 앞의 공자의 말과 이 구절의 관계가 이상하게 엮여 주희의 경우에도 이 말의 의미가 분명하지 않다고 지적했고 양보쥔도 동의했다.

군자와 소인의 차이 13.23

공자께서 말씀하셨다.

"군자는 [사람들과] 조화를 이루지만 [부화]뇌동하지는 않고, 소인은 [부화]뇌동하지만 조화를 이루지는 못한다."[40)]

子曰: "君子和而不同, 小人同而不和."

여론에 너무 민감하면 13.24

자공이 여쭈었다.

"마을 사람이 모두 그를 좋아하면 어떻습니까?"

공자께서 말씀하셨다.

"[그 정도로는] 안 된다."

"마을 사람이 모두 그를 미워하면 어떻습니까?"

공자께서 말씀하셨다.

"[그 정도로는] 안 된다. 마을 사람 가운데 선한 사람이 그를 좋아하고, 선하지 않은 사람이 그를 미워하는 것만 못하다."[41)]

---

40) 군자는 남을 자기처럼 생각하기 때문에 남과 조화를 이루지만, 각자 주어진 역할을 열심히 수행하므로 부화뇌동하지 않는다. 그러나 소인은 이익을 좇는 사람이기 때문에 이익을 같이하는 사람들끼리 행동하지만 남과 조화를 이루지 못한다는 뜻이다. 공명정대한 명분이나 사리 판단보다는 이해관계에 따라 생각하기 때문이다.

41) 〈위령공〉 15.27에서 말한 "모두가 그를 미워하더라도 반드시 살펴보아야 하고, 모두가 그를 좋아하더라도 반드시 살펴보아야 한다〔衆惡之, 必察焉, 衆好之, 必察焉〕"는 문장과 일맥 상통하며, 〈이인〉 4.3의 "오직 인仁한 사람만이 남

子貢問曰: "鄕人皆好之, 何如?" 子曰: "未可也." "鄕人皆惡之, 何如?" 子曰: "未可也. 不如鄕人之善者好之, 其不善者惡之."

군자와 소인 13.25

공자께서 말씀하셨다.

"군자는 섬기기는 쉬워도 기쁘게 하기는 어렵다.[42] 그를 기쁘게 할 때 도리로써 하지 않으면 기뻐하지 않는다. [그러나] 군자가 사람을 부릴 때는 그 사람의 그릇에 따른다. 소인은 섬기기는 어려워도 기쁘게 하기는 쉽다. 그를 기쁘게 할 때 도리로써 하지 않아도 기뻐한다. [그러나] 그(소인)가 사람을 부릴 때는 온갖 것을 갖추어 해주기를 요구한다."

子曰: "君子易事而難說也. 說之不以道, 不說也. 及其使人也, 器之. 小人難事而易說也. 說之雖不以道, 說也. 及其使人也, 求備焉."

을 좋아할 수 있고, 남을 미워할 수도 있다(唯仁者, 能好人, 能惡人)"는 문장을 이해하여야 한다.

42) 원문의 "이사이난열易事而難說"을 번역한 것인데, 앞의 "이사"를 '쉽게 일한다', 혹은 '일하기가 쉽다'고 번역하는 학자(양보쥔)도 있다. 뒤의 "열"을 설득한다는 뜻의 '세'로 읽어야 한다는 학자(모기령)도 있다. 어쨌든 이 구절 역시 다양한 번역이 있다.

교만과 편안 13.26

공자께서 말씀하셨다.

"군자는 편안하되 교만하지는 않고 소인은 교만하되 편안하지는 않다."[43)]

子曰: "君子泰而不驕, 小人驕而不泰."

인에 가까운 네 가지 13.27

공자께서 말씀하셨다.

"강직함, 의연함, 질박함, 어눌함은 인에 가깝다."[44)]

子曰: "剛毅木訥, 近仁."

---

43) 이 문장에서 핵심 용어는 "태泰", "교驕"이다. "교"는 부정적인 개념이 강한 글자인데, "태"는 태연자약하면서도 자신의 처지를 편안하게 받아들이는 긍정적인 개념이 강한 글자이다. 군자는 자존심이 강하면서도 타인에게 오만한 기색이 없고, 소인은 이와 정반대라는 의미로 보면 무난하다.

44) 〈학이〉 1.3에 나온 "교언영색巧言令色"과는 상반되는 개념이다. 공자가 생각하는 "인仁"의 개념에는 이처럼 굳셈과 소탈함이 있고 둔하고 어눌하며 투박한 면모가 있다.

선비의 자질 13.28

자로가 여쭈었다.

“어떻게 하면 선비라고 할 수 있습니까?”[45]

공자께서 말씀하셨다.

“서로 간절하게 화합하며 즐겁게 지내면 선비라고 할 수 있을 것이다. 벗 사이에는 간절하게 독려하고 노력하며, 형제 사이에는 화합하며 즐겁게 지낸다.”

子路問曰: “何如斯可謂之士矣?” 子曰: “切切偲偲, 怡怡如也, 可謂士矣. 朋友切切偲偲, 兄弟怡怡.”

정치 역량 13.29

공자께서 말씀하셨다.

“선한 사람[46]이 백성을 7년 동안 가르치면 또한 전쟁에 나아가게 할 수 있을 것이다.”

子曰: “善人教民七年, 亦可以卽戎矣.”

45) 이 질문은 앞에서 자공이 여쭌 것(〈자로〉 13.20)과 동일하다.

46) 원문의 “선인善人”을 번역한 것인데, 주석가들은 여기서도 군자, 현인, 혹은 일을 잘하는 자 등의 여러 의미가 있다고 지적하고 있다(순서대로 형병, 황간, 정약용 설).

백성을 버리는 일 13.30

공자께서 말씀하셨다.

"가르치지 않은 백성으로 하여금 전쟁하게 두면, 이것은 그들을 버리는 행위라고 할 수 있을 것이다."

子曰: "以不敎民戰, 是謂棄之."

제14편

헌문憲問

– 벼슬하기 이전에 먼저 사람이 되어라

【해설】

〈헌문〉 편에서도 다른 편과 마찬가지로 인물평 위주의 대화가 이어진다. 공자는 제자들과 자유롭게 토론하면서 자신의 의견을 피력하고 있다. 공자는 추호의 망설임도 없이 냉철한 상황 분석을 바탕으로 특유의 평을 쏟아내고 있다. 대체로 동시대 사람이 많은데 어떤 사람은 공자보다 앞선 시대의 인물들이다.

난세의 처세법을 비롯하여 선비의 기본 자격, 덕德·언言·인仁·용勇의 상호관계, 군자와 소인의 차이, 애愛와 충忠의 상호관계, 관중과 자산에 대한 평가 등도 접할 수 있다. 빈자와 부자의 마음가짐의 차이점을 말한 대목이나 공자가 평가한 네 명의 완성된 사람들도 주목해볼 만하다. 진 문공보다는 제 환공이 더 낫다고 했는데 이런 평은 바름과 속임의 차이에 기인한다. 관중에 대한 평가는 다소 엇갈리는데 관중이 아니었다면 노나라 사람들이 오랑캐가 되었을 것이라는 말은 찬사일 것이다. 그러면서도 관중의 그릇이 작다고 평가했는데 이는 관중의 능력을 인정하면서도 인격 도야의 수준은 낮게 봄으로써 업적과 인격의 영역을 엄격히 구분했던 것이다.

이 편에서도 군자와 소인의 근본적인 차이가 등장하고, 배움이란 결국 자기 수양이지 남의 인정을 받으려는 행위가 아니라는 점도 빠뜨리지 않는다. 물론 자기 수양은 곧 백성을 편안하게 하는 정책의 전제라는 대목 역시 공자가 꿈꾸는 이상적인 정치인 상을 떠올리게 한다. 다른 사람과 쓸데없이 비교하지 말라는 충고도 이런 맥락에서 공자의 일관성을 보여주는 말이고, "나를 알아주는 이는 하늘뿐"이라는 독백에 이르면 우리는 어느덧 당세를 험난하게 살다 간 지식인의 고뇌를 절감하게 된다.

부끄러움과 인 14.1

원헌[1]이 부끄러움에 대해 여쭈었다.

공자께서 말씀하셨다.

"나라에 도가 있을 때에 [자리를 차지하며] 녹봉[2]을 받는 것이니, 나라에 도가 없는데도 [물러나지 않고] 녹봉을 받는 것이 부끄러운 것이다."[3]

"[남을] 이기려 하는 것, [자신을] 자랑하는 것, [남을] 원망하는 것, 탐욕스러운 것, [이런 것들을] 하지 않으면 인仁합니까?"

---

1) 원문의 "헌憲"은 '원헌原憲'을 가리키는데, 자는 자사子思로서 〈옹야〉 6.3의 "원사原思"가 바로 이 사람이다.

2) 원문의 "곡穀"은 '녹祿'의 개념으로 공안국의 풀이대로 관리에게 곡물로 급여를 주었으므로 오늘날로 따지면 급여이다. "3년 동안 배우고도 녹봉에 뜻을 두지 않은 사람은 쉽게 찾아볼 수 없다〔三年學, 不至於穀, 不易得也〕"(〈태백〉 8.12)의 "곡"도 이런 뜻이다. 공자는 제나라 경공에게 "계씨와 맹씨의 중간〔季孟之間〕"으로 예우를 받아 상경上卿과 하경下卿 사이의 벼슬을 제안받았으나 거절했다. 공자가 맡았던 노나라 대사구라는 벼슬은 대부 1급이었는데 사마천은 〈공자세가〉에서 "봉속육만奉粟六萬"이라는 기록을 남겨 그가 6만 말의 좁쌀을 받았을 것이라고 했다. 관련 내용은 이렇다. "공자가 드디어 위衛나라에 이르러 자로의 처형 안탁추顔濁鄒의 집에 거주했다. 위 영공靈公이 공자에게 물었다. '노나라에 있을 때 봉록을 얼마나 받았소?' 공자가 대답했다. '조粟 6만 두斗를 받았습니다.' 위나라 사람 또한 조 6만 두를 주었다." 공자는 물론 벼슬하지 않았을 때가 훨씬 많았는데 그때는 제자들이 가져오는 '속수束修', 즉 말린 육포 등을 받아 생활했을 것으로 보인다.

3) 이 문장의 해석은 주희의 견해를 따른 것인데, 황간의 경우에는 앞의 구절을 "나라에 도가 있으면 녹봉을 받고"라고 해석하여 긍정적인 의미를 부여했다. 사실 공자는 직업을 구하기 위해 동분서주했다. 《한서漢書》 〈유림전儒林傳〉에는 공자가 "일흔두 명 이상의 군주를 만나 관직을 구했다"고 기록돼 있으니 그가 얼마나 애를 썼는지 알 수 있다. 노나라를 제외하고는 주나라·제나라·송나라·위衛나라·조曹나라·정나라·진陳나라·채나라·초나라에 갔으며, 벼슬을 한 나라는 노나라·제나라·위나라·진나라 등 일부에 한정되었다.

공자께서 말씀하셨다.

"하기 어려운 일이라고 할 수 있겠지만, 인한지는 나도 알지 못하겠다."

憲問恥. 子曰: "邦有道, 穀, 邦無道, 穀, 恥也."[4] "克伐怨欲不行焉, 可以爲仁矣?" 子曰: "可以爲難矣, 仁則吾不知也."

선비의 자격 14.2

공자께서 말씀하셨다.

"선비이면서 [편안하게] 사는 것을 그리워하고 있으면, 선비가 되기에는 부족하다."[5]

子曰: "士而懷居, 不足以爲士矣."

난세에 처하여 14.3

공자께서 말씀하셨다.

"나라에 도가 있으면 말을 곧게[6] 하고 행동도 곧게 해야 하고, 나라에 도가 없으면 행동을 곧게 하되 공손하게 말해야 한다."

---

4) 이 문장과 비슷한 것이 "나라에 도가 있는데도 가난하고 천한 것은 부끄러운 일이고, 나라에 도가 없는데도 부유하고 귀한 것은 부끄러운 일이다〔邦有道, 貧且賤焉, 恥也, 邦無道, 富且貴焉, 恥也〕"(〈태백〉 8.13)라고 하였으니, 서로 비교해 가며 읽어보면 도움이 된다.

5) 거듭 강조되는 공자의 선비 상은 '천명을 실천하고 기본적인 삶의 욕구에 좌우되지 말아야 한다'는 것이다. 마치 안회처럼 말이다.

子曰: "邦有道, 危言危行, 邦無道, 危行言孫."

덕과 말, 인과 용기 14.4

공자께서 말씀하셨다.

"덕이 있는 사람은 반드시 [바른] 말[7]을 하지만, 말을 하는 사람이라고 해서 반드시 덕이 있는 것은 아니다. 인仁한 사람은 반드시 용기가 있지만, 용기가 있는 사람이라고 해서 반드시 인한 것은 아니다.[8]"

子曰: "有德者, 必有言, 有言者, 不必有德. 仁者, 必有勇, 勇者, 不必有仁."

6) 원문 "위危"를 번역한 것으로, '곧게', '정직하게'라는 의미다. 《광아廣雅》〈석고釋詁〉에서도 "위危"를 '단端', '직直', '공公', '정正' 등의 글자와 같은 종류로 분류하고 "올바른 것이다(正也)"라고 풀이했다. 왕염손의 《광아소증廣雅疏證》 1권에서는 이것을 인용하면서 '바르다'라고 풀이했다. 리링은 이들의 해석에 의거하여 "위危"를 '곧다(直)'는 의미로 보았는데 상당한 근거가 있다. 리링은 〈위령공〉 15.7에서 "나라에 도가 있으면 화살처럼 곧고, 나라에 도가 없어도 화살처럼 곧구나(邦有道如矢, 邦無道如矢)"라고 말했는데, 여기서 "화살(矢)"로 '곧음(直)'을 비유했다는 점을 근거로 들었다. 한편 주희는 "높다(高峻)"는 의미로 보았으며 포함은 엄하다는 의미의 '여厲' 자로 보았는데 이 설을 취하는 학자도 있다(《논어》, 동양고전연구회, 민음사, 2016).

7) 원문의 "유언有言"을 번역한 것으로, "유有"를 주희는 "능能"으로, 정약용은 "말을 세워 후세에 드리우는 것(立言垂後)"으로 풀이하였다.

8) 주희는 "인자仁者는 마음에 사사롭게 얽매인 것이 없어서 의를 보면 반드시 행하거니와, 용기가 있는 자는 간혹 혈기의 강함 뿐이다(仁者心無私累, 見義必爲, 勇者或血氣之强而已)"라고 하였다. 〈안연〉 12.3에 사마우가 인仁에 대해 여쭈었는데 "인한 사람은 자신의 말을 어렵게 여겨야 한다(仁者, 其言也訒)"라고 하였다.

덕을 숭상한 남궁괄 14.5

남궁괄[9]이 공자께 여쭈었다.

"예羿는 활쏘기에 뛰어났고, 오奡는 배를 끌고 다닐 만큼 힘이 있었지만 모두 제명대로 살지 못하고 죽었습니다. 우임금과 직은 몸소 농사를 지었는데도 천하를 소유했습니다."

선생(공자)께서는 대답하지 않으셨다.[10] 남궁괄이 나가자 공자께서 말씀하셨다.

"군자로구나, 이 사람이여! 덕을 숭상하는구나, 이 사람이여!"[11]

南宮适問於孔子曰: "羿善射, 奡盪舟, 俱不得其死然. 禹稷躬稼而有天下." 夫子不答. 南宮适出, 子曰: "君子哉若人! 尙德哉若人!"

소인은 인할 수 없다 14.6

공자께서 말씀하셨다.

"군자이면서 인仁하지 못한 사람은 있으나, 소인이면서 인仁한 사람은 없다."[12]

子曰: "君子而不仁者有矣夫, 未有小人而仁者也."

---

9) 노나라 대부인 남궁경숙南宮敬叔으로 자는 자용子容이고, 공자의 제자인 남궁도南宮縚가 이 사람이다.

10) 주희는 "남궁괄이 예羿와 오奡를 당시의 권력가에게 비유하고, 우왕禹王과 직稷을 공자에 비유하여 공자께서 쑥스러워 대답하지 않으셨다"라고 보았다.

11) 여기서 "덕"이란 덕이 있는 사람을 지칭한다. 공자는 남궁괄을 칭찬하여 거듭 이렇게 말한 것이다.

아낌과 수고로움 14.7

공자께서 말씀하셨다.

“아낀다고 해서 수고롭게 하지 않을 수 있겠는가? 충심으로 대한다고 해서, 깨우치게 하지 않을 수 있겠는가?”[13]

子曰: “愛之, 能勿勞乎? 忠焉, 能勿誨乎?”

명命을 만든 인재들 14.8

공자께서 말씀하셨다.

“[나라의] 명命(외교문서)[14]을 만들 때 비심[15]이 초안을 만들었고, 세숙[16]이 검토하여 논박했으며,[17] 행인行人(사신에 관한 일을 관장하는 벼

---

12) 주희는 사량좌의 말을 인용하여 “군자는 인에 뜻을 둔다. 그러나 잠깐 사이라도 마음이 인仁에 있지 않으면 불인不仁을 면치 못하게 된다〔君子志於仁矣, 然毫忽之間, 心不在焉, 則未免爲不仁也〕”라고 하여 군자君子와 불인不仁의 관계를 설명하였다. 이 문장에서 군자와 소인이란 말이 내포하는 의미를 모르겠다고 하는 이도 있으니, 양보쥔이 대표적이다. 그는 여기서 군자가 ‘지위가 있는 사람’을, 소인은 ‘일반 백성’을 가리킨다고 보았는데, 너무 앞서 나간 해석이다. 〈이인〉 4.3, 4.4, 4.5에 공자의 ‘인仁’에 대한 생각이 보인다.

13) 《맹자》 〈공손추 상公孫丑上〉에 “먹이기만 하고 아끼지 않으면 돼지로 기르는 것이며 아끼기만 하고 공경하지 않는 것은 짐승으로 기르는 것이다〔食而弗愛, 豕交之也. 愛而不敬, 獸畜之〕”와 같은 맥락이다.

14) 외교 문서로는 두 가지가 있는데, “명命”은 외교 사신이 다른 나라에 빙례를 갖출 때 자국의 군주로부터 받아 가져간 글이고, ‘사辭’는 사신이 남의 나라를 방문하여 응대하는 외교문서이다.

15) 정鄭나라 대부였으며 비조裨竈라고도 불렸다. “심諶”은 그의 자로 추정된다.

16) 자태숙子太叔이라고 하며 이름은 유길游吉이다.

슬로 오늘날의 외교관) 자우가 그것을 다듬었고, 동리(지명)의 자산[18]이 매끄럽게 다듬었다."[19]

子曰: "爲命, 裨諶草創之, 世叔討論之, 行人子羽修飾之, 東里子産潤色之."

공자가 평한 세 인물 14.9

어떤 사람이 자산에 대하여 묻자, 공자께서 말씀하셨다. "은혜로운 사람이다."[20]

17) 원문의 "토론討論"을 번역한 것인데, 이 말은 오늘날의 토론과는 개념이 다르다. 이 정령에 문제가 없는지 잘잘못을 따지고, 검토하여 논박한다는 의미가 함축되어 있다.

18) 자산은 정나라의 재상으로, 이름이 공손교公孫僑이고 간공·정공·헌공에 걸쳐 국정을 맡았다. 그에 관한 기록이 《춘추좌씨전》〈양공〉 8년(기원전 565)에 처음 나타난다. 기원전 554년에 자전子展이 국정을 맡게 되자 자산은 소정少政에 임명되어 비로소 경卿이 되었다. 기원전 544년 자피子皮가 국정을 맡았는데 바로 이듬해 자피에게 정권을 물려받아 상당히 오랜 기간인 20여 년을 다스렸다. 기원전 522년에 죽었는데, 이때 공자 나이는 30세였다.

19) 《춘추좌씨전》〈양공〉 31년조에 이 내용이 보이는데, "정나라에 제후와 관련된 일이 생기면 자산은 각 나라의 상황에 대해서는 자우에게 묻고, 다수 그에게 문서를 쓰게 했다. 비심과는 함께 수레를 타고 들판에 가서 일을 진행할지의 가부를 계획하게 했다. 그리고 그것을 풍간자에게 보고하고 결단을 내리게 했다. 일이 갖추어지면 자대숙子大叔에게 주어 실행하게 하고 빈객을 응대하게 했다. 그래서 실행하는 일이 적었다"라고 하였다.

20) 이 말은 자산이 정치를 잘하여 백성들이 잘 따랐다는 뜻으로 해석해야 할 것이다. '은혜롭다는 공자의 말은 결코 자산의 성품이 인정 많고 은혜롭다는 의미가 아니다. 왜냐하면 자산은 임종하면서 뒷일을 유길游吉(세숙世叔)에게 부탁하면서 반드시 매서움을 간직한 채 너그러운 모습을 보이라고 충고했기 때문이다. 유길은 자산의 유언대로 하지 못하고 너그럽기만 한 정치를 펼쳤다가 도적들이 들끓는 심각한 위기를 초래했다.

자서[21]에 대하여 묻자 [공자께서] 말씀하셨다.

"[그저] 그런 사람이지! [그저] 그런 사람이지!"[22]

관중에 대하여 묻자 [공자께서] 말씀하셨다.

"인물[23]이지. 백씨(제나라 대부로 이름은 언偃이라도 함)의 병읍(제나라 지명) 3백 호를 빼앗았는데, [백씨는] 거친 밥을 먹으면서도 죽을 때[24]까지 원망하는 말을 하지 않았다."

或問子產. 子曰: "惠人也." 問子西. 曰: "彼哉彼哉!" 問管仲. 曰: "人也. 奪伯氏駢邑三百, 飯疏食, 沒齒無怨言."

---

21) "자서子西"가 누구인가를 두고 논란이 일었다. 마융은 정나라 대부 자서, 즉 공손하公孫夏라고 풀이했다. 그러나 주희는 초나라 자서, 즉 공자 신申이라고 풀이했다. 또 다른 견해는 자산子產의 집안 형제라는 설이다. 여하튼 자서는 자산과 관중보다 늦게 태어난 사람인데, 공자를 싫어했다. 초나라 소왕이 공자를 부르려 했으나 자서가 반대했고 공자도 이를 알고 있었다. 《사기》〈공자세가〉에 나온 자서는 오나라 군대가 초나라로 쳐들어온 뒤 소왕을 보좌하여 나라를 되찾은 공신으로 두 번에 걸쳐 정권을 양보했지만, 섭공의 권고를 듣지 않고 백공의 난을 부추겼고 고통 속에서 죽었다. 공자는 그런 처세를 비판하여 이렇게 말한 것이다.

22) 이 말은 상대를 무시할 때 상투적으로 쓰는 말로 원문의 "피재피재彼哉彼哉"를 번역한 것이다. 주희는 "그를 외면하는 말씀[外之之詞]"이라고 하였다.

23) 원문의 "인人"을 번역한 것인데, 사실상 청대의 주빈朱彬은 이 글자를 "인仁"으로 해석해야 한다고 주장하기도 한다(《경전고증經傳考證》). 자로가 관중의 사람됨에 대해 물었는데, 공자가 "어질다[仁也]"라고 대답한 기록(《가어家語》〈교사教思〉)이 있으니 이런 해석도 나름의 역사적 근거는 있다. 그러나 문제는 공자가 관중에 대해 부정적으로 말한 적이 있다는 점이다. 앞에서도 말했지만 공자는 관중의 인격과 업적을 엄격히 구분해서 평가했다. 따라서 최고의 인격에 부여되는 '인仁'을 공자가 관중에게 사용했을 가능성은 희박하다. 또한, 원문의 "인야人也"라는 어조가 관중을 낮게 평가하는 부분임을 드러낸 것이다. 〈팔일〉 3.22에서의 관중에 대한 평가를 참고하면 긍정적인 부분과 부정적인 부분을 이해할 수 있다.

24) 원문의 "몰치沒齒"를 번역한 것으로, 이가 없어질 때를 나타내므로 곧 죽을 때를 말한다.

빈자와 부자의 마음 14.10

공자께서 말씀하셨다.

"가난하면서 원망하지 않는 것은 어렵지만, 부유하면서 교만하지 않는 것은 쉽다."[25)]

子曰: "貧而無怨難, 富而無驕易."

맹공작을 저평가하다 14.11

공자께서 말씀하셨다.

"맹공작[26)]은 조씨나 위씨의 가로(가신)가 되기에 남음이 있지만, [작은 나라인] 등나라나 설나라의 대부가 될 수는 없다."

子曰: "孟公綽爲趙魏老則優, 不可以爲滕薛大夫."

25) 〈헌문〉 14.9와 관련하여 관중에 대한 백씨의 무원無怨과 연관하여 해석하는 학자도 있다. 황간皇侃의 소疏에는 "가난한 자는 잘 원망하고 많이 원망하며 부유한 자는 잘 교만하나 둘 가운데 가난한 자에게는 사람이 원망하지 않게 하기가 어렵다(貧者善怨富怨, 富者善轎, 二者之中 貧者人難使不怨)"고 하였다.

26) 노나라 대부로 《사기》 〈중니제자열전〉에 따르면 "공자가 엄숙하게 섬기던 (…) 노나라 맹공작(孔子之所嚴事, (…) 於魯, 孟公綽)"이었으며, 그의 특징이 '무욕無欲'이었으므로 공자는 이런 맹공작의 욕심 없고 여유로운 성품을 찬미하였다. 그러나 이 본문에서는 맹공작이 행정적인 급한 일들은 잘 처리했으나 사람됨이 번잡하여 경대부의 인물감은 못 되니 등滕과 설薛나라를 지휘하는 대부로는 적합하지 않다고 그를 낮추어 말한 것이다.

완성된 네 사람 14.12

자로가 [인격이] 완성된 사람에 대해 여쭈었다. 공자께서 말씀하셨다.

"장무중[27]의 지혜와 공작(맹공작)의 무욕과 변장자[28]의 용기와 염구[29]의 재주를 예악으로 꾸민다면 또한 완성된 사람이라고 할 수 있을 것이다."

[이어서] 말씀하셨다.[30]

"[그렇지만] 오늘날의 완성된 사람이란 어찌 꼭 그래야만 하겠는가? 이익을 보면 의로움을 생각하고, 위험을 보면 목숨을 바치며[31],

27) 노나라 대부 장손흘臧孫紇을 말하는데 여기서 "무武"는 시호이고, "중仲"은 항렬을 나타내며, '흘紇'은 이름이다. 〈헌문〉 14.14에도 나오는 인물로서 후계자 선정 문제로 아버지 장선숙臧宣叔과 갈등을 빚어 결국 노나라를 떠나 제나라로 도망가게 되는데, 상당히 소신이 있었던 인물로 평가된다.

28) 변장자卞莊子는 변읍卞邑의 대부이다. 변장자는 '변장자호卞莊刺虎'에 나오는 인물인데 이 이야기는《사기》〈장의열전〉에 보인다. "변장자가 호랑이를 찌르려고 하자, 묵고 있던 여관의 심부름하는 아이가 말리면서 '호랑이 두 마리가 소를 잡아먹으려고 합니다. 먹어봐서 맛이 좋으면 분명히 다툴 것입니다. 다투게 되면 반드시 싸울 것이고, 서로 싸우게 되면 큰 놈은 상처를 입고 작은 놈은 죽을 것입니다. 상처 입은 놈을 찔러 죽이면 한꺼번에 호랑이 두 마리를 잡았다는 명성을 얻을 것입니다'라고 했습니다. 변장자도 그럴 것이라고 생각하고 서서 기다렸습니다. 조금 있으니 정말로 호랑이 두 마리가 싸워서 큰 놈은 상처를 입고 작은 놈은 죽었습니다. 변장자가 상처 입은 놈을 찔러 죽이니, 한 번에 호랑이 두 마리를 잡는 공을 세웠다고 합니다." 이 이야기에서 변장자의 용맹함을 알 수 있다.

29) 이 세 사람의 나이를 비교해보면, 장무중과 맹공작은 공자보다 연상이고 변장자 역시 그렇다. 염구는 공자보다 29세나 적다.

30) 이 부분 원문의 "왈曰"이 과연 공자가 이어서 한 말인가, 아니면 자로가 다시 이어서 말한 것인가를 두고 논란이 있는데, 여기서는 공자가 한 말로 본다.

31) 〈자장〉 19.1과 참조하여 선비의 자세를 볼 수 있다.

오랜 제약[32]이 있더라도 평소의 말을 잊지 않는다면 또한 완성된 사람이라고 할 수 있을 것이다."

子路問成人. 子曰: "若臧武仲之知, 公綽之不欲, 卞莊子之勇, 冉求之藝, 文之以禮樂, 亦可以爲成人矣." 曰: "今之成人者何必然. 見利思義, 見危授命, 久要不忘平生之言, 亦可以爲成人矣."

공숙문자 14.13

공자께서 공명가[33]에게 공숙문자[34]에 대해 물으셨다.

"정말 선생께서는 말씀도 하지 않고 웃지도 않으며 [재물을] 받지도 않습니까?"

공명가가 대답했다.

"[선생님(공자)께] 아뢴 자가 지나쳤습니다. 선생(공숙문자)은 때에 맞은 뒤에야 말씀하시는데 사람들이 그분의 말씀을 싫어하지 않고, 즐거운 뒤에야 웃으시는데 사람들은 그의 웃음을 싫어하지 않으며, 의로움에 부합해야만 [재물을] 취하므로[35] 사람들은 그분이 받는 것

32) 원문의 "구요久要"를 번역한 것으로, "요要"는 묶고 구속한다는 '약約'과 같은 뜻이다. 그러니 오랜 시간 어려운 지경에 빠진다는 의미가 된다.

33) 위나라의 신하로 출생 연도는 미상이며, "공명公明"은 씨氏이고 "가賈"는 이름이다.

34) 출헌공出獻公의 아들 성자당成子當이다. 오吳나라 계찰季札이 여섯 군자 중 하나로 꼽은 공숙발公叔發이 바로 이 사람이다. 공숙公叔은 씨이고 문文은 시호이며 발發이 이름이다. 공자는 그의 됨됨이를 높이 평가했다.

35) "즐거운 뒤에 웃으시고〔樂然後笑〕", "의로운 뒤에 [재물을] 취한다〔義然後取〕"고 하였으니 공문숙자가 덕치를 행함을 알 수 있다.

을 싫어하지 않습니다."

공자께서 말씀하셨다.

"그렇습니까?[36] 어떻게 그럴 수 있습니까?"

子問公叔文子於公明賈曰: "信乎夫子不言不笑不取乎?" 公明賈對曰: "以告者過也. 夫子時然後言, 人不厭其言. 樂然後笑, 人不厭其笑. 義然後取, 人不厭其取." 子曰: "其然? 豈其然乎?"

장무중을 혹평하다 14.14

공자께서 말씀하셨다.

"장무중은 방읍防邑[37]을 근거지로 삼아 노나라에서 [그의 자식을] 후계자로 삼도록 요구했으니 비록 임금을 협박한[38] 것은 아니라고 하지만 나는 [그것을] 믿지 않는다."

子曰: "臧武仲以防求爲後於魯, 雖曰不要君, 吾不信也."

36) 그렇게 행할 수 있다는 점을 칭찬하는 말이다. 바로 뒤에 오는 문장의 "기기연호豈其然乎"는 칭찬의 논조를 띠면서도 일정 부분 의구심을 드러내는 말로 믿기 어렵다는 의미도 내포하고 있다.

37) 장무중의 사읍私邑으로 제나라 변경과 가까웠다.

38) 원문의 "요要"는 '요협要脅'과 같은 말로 세력을 이용하여 상대에게 협박을 가하는 것이다.

진 문공보다는 제 환공 14.15

공자께서 말씀하셨다.

"진나라 문공은 속이면서[39] 바르지 않았으며, 제나라 환공은 바르면서 속이지 않았다."

子曰: "晉文公譎而不正, 齊桓公正而不譎."

관중을 칭송하다 14.16

자로가 여쭈었다.

"환공이 공자 규를 죽이자 소홀은 [따라] 죽었지만, 관중은 죽지 않았습니다."[40]

39) 원문의 "휼譎"은 '속이다, 권모술수를 부리다'라는 뜻이므로 '간사하다'는 뜻으로 풀이해도 무방하다.

40) 환공의 이름은 소백小白이며 제나라 희공僖公의 아들이다. 희공에 이어 즉위한 형 양공襄公이 정치를 문란하게 하고 자기 마음에 들지 않는 사람을 죽이자, 소백과 규를 비롯한 양공의 동생들은 두려움에 떨며 다른 나라로 도망쳤다. 소백의 형인 규는 노나라로 가고 소백은 고高로 달아났다. 얼마 뒤 양공이 다른 사람에게 피살되었다는 소식을 듣고 소백이 먼저 돌아와 임금 자리에 올라 환공이 되었으며, 자신에게 맞섰던 공자 규도 죽여버렸다. 그런 틈바구니 속에서 소홀은 자살을 택했지만 관중은 여전히 살아남아 환공의 재상이 되었다는 말이다. 사마천은 《사기》 〈노주공세가〉에서 이렇게 적고 있다. "[장공] 9년, 노나라가 공자 규를 제나라에 돌려보내려 했으나, [제나라] 환공보다 늦어져 환공이 군대를 일으켜 노나라를 공격하자, 노나라는 다급하여 공자 규를 죽였다. 그러자 소홀이 자살했다. 제나라가 노나라에게 관중을 살려 보내 달라고 알리자, 노나라 사람 시백施伯이 말했다. '제나라가 관중을 얻고자 하는 것은 그를 죽이려는 것이 아니고, 앞으로 그를 등용하려는 것인데, 그를 등용하게 되면 노나라의 우환이 됩니다. 그를 죽여서 시체를 [제나라에게] 주는 것이 낫습니다.' 장공은 듣지 않고 결국 관중을 옥에 가두어 제나라에 보

[또] 여쭈었다.

"[관중이] 인仁하지 않은 것입니까?"

공자께서 말씀하셨다.

"환공은 아홉 번[41]이나 제후들을 규합하면서도, 군사력을 쓰지 않았는데 이는 관중의 힘이었다. [이와] 같으니 그는 인하다고 할 수 있겠지! [이와] 같으니 그는 인하다고 할 수 있겠지!"[42]

子路曰: "桓公殺公子糾, 召忽死之, 管仲不死." 曰: "未仁乎?"

子曰: "桓公九合諸侯, 不以兵車, 管仲之力也. 如其仁! 如其仁!"

관중이 아니었다면 14.17

자공이 여쭈었다.

"관중은 인仁하지 않습니까? 환공이 공자 규를 죽였는데도 [스스로] 죽지 못하고 또 그를 도와주었습니다."

공자께서 말씀하셨다.

"관중이 환공을 도와 제후들의 우두머리로 만들고 단숨에 천하를 바로잡았으며, 백성들은 오늘날까지 그의 은혜를 입고 있다. 관

내주었다. 제나라 사람은 관중을 재상으로 삼았다." 이런 내용은 《춘추좌씨전》 〈장공〉 8년과 9년 조에도 보인다.

41) 실제로는 열한 번이다. 그러니 여기서 아홉이라는 숫자는 실수가 아니라 많다는 의미의 허수다.

42) 공자는 《논어》 전체에서 사람을 평할 때 "인仁하다"는 표현을 거의 쓰지 않았는데, 때로는 소인이라고까지 폄하한 관중을 이렇게 두 번씩이나 "인仁" 자를 써서 평한 것은 상당히 의외다.

중이 아니었다면 우리는 아마도 머리를 풀어헤치고 옷깃을 왼쪽으로 여미었을 것이다. 어찌 보통의 남자와 여자가 작은 신의를 지키기 위해 스스로 도랑에서 목을 매어 죽어,[43] 아무도 알아주는 사람이 없게 되는 일을 만들겠는가?[44]"

子貢曰: "管仲非仁者與? 桓公殺公子糾, 不能死, 又相之."
子曰: "管仲相桓公, 霸諸侯, 一匡天下, 民到于今受其賜. 微管仲, 吾其被髮左衽矣. 豈若匹夫匹婦之爲諒也, 自經於溝瀆而莫之知也?"

'문文'이라는 시호 14.18

공숙문자의 가신인 대부 선이 문자(공숙문자)[45]와 함께 공경의 자리에 올랐다. 공자께서 그 소식을 듣고서 말씀하셨다.
"[시호를] '문文'이라고 할 만하다."

公叔文子之臣大夫僎, 與文子同升諸公. 子聞之, 曰: "可以爲文矣."

43) 갖은 난관을 이겨내고 제 환공이 천하 패권을 장악하도록 도운 이 위대한 인물이 결국 도랑에서 목을 매어 죽었다고 평한다. 아무런 명분도 없이, 필부 같은 하찮은 죽음을 택한 것을 비판하고 있다.

44) 원문의 "막지지야莫之知也"를 번역한 것으로, 평서문이 아니고 의문문으로 번역해야 한다.

45) 공숙문자는 앞의 14.13에도 나오는데, 대부 선은 문자의 추천으로 대신이 된 인물로서 그의 자세한 행적은 알려져 있지 않다.

영공을 도운 세 현인들 14.19

공자께서 위나라 영공의 무도함[46]에 대해 말씀하시자 강자(계강자)가 말했다.

"이와 같이 하는데도 어찌하여 [나라를] 잃지 않습니까?"[47]

공자께서 말씀하셨다.

"중숙어[48]가 빈객을 접대하고, 축타가 종묘를 담당하고, 왕손가가 군대를 다스리고 있습니다. 이와 같이 하는데, 어찌 그가 [나라를] 잃겠습니까?"

子言衛靈公之無道也, 康子曰: "夫如是, 奚而不喪?"

孔子曰: "仲叔圉治賓客, 祝鮀治宗廟, 王孫賈治軍旅. 夫如是, 奚其喪?"

---

46) 위나라 양공襄公의 서자였던 영공은 재위 기간이 42년(기원전 534~493)이나 되는데, 아둔한 임금이었다. 위나라에 갔을 때 공자는 신분이 높은 자와 낮은 자의 예법이 없음을 느꼈다. 《사기》 〈공자세가〉에 보면, 공자는 위나라 영공을 네 차례나 만나러 갔으니, 기원전 497년부터 기원전 493년 사이인데, 갈 때마다 공자는 당시의 상황이 마음에 들지 않아 위나라를 떠났다. 심지어 위나라 출공 부자가 나라를 놓고 다투어, 공자의 제자들이 위나라에서 여러 차례 벼슬을 했고 공자 또한 다섯 번째로 위나라에 갔으나 명분에 맞지 않는다 여겨 다시 위나라를 떠났다. 여기서 예법에 들어맞지 않는다는 말은 영공이 여색과 전쟁을 좋아하여 공자와 안 맞는다는 의미다. 그렇다고 해서 공자가 위나라 영공 밑에서 벼슬을 하지 않은 것은 아니다. 영공의 마지막 재위 기간 3년 동안 벼슬을 했으니 말이다. 《논어》에 영공은 겨우 두 번 등장한다. 이곳과 〈위령공〉 첫머리인데, 마찬가지로 평가가 좋지 않다.

47) 원문의 "불상不喪"에 대한 해석은 두 가지인데, '자리를 잃는다'고 해석하기도 한다.

48) 〈공야장〉 5.14에 나오는 공문자孔文子이다.

부끄러워야 실천한다 14.20

공자께서 말씀하셨다.

"자신의 말에 부끄러움을 느끼지 않는다면, 그 말을 실천하는 것도 어렵다."

子曰: "其言之不怍, 則爲之也難."

간공을 토벌하십시오 14.21

진성자가 [제나라] 간공을 시해했다.[49] 공자께서는 목욕을 하고 입조하시어 애공에게 아뢰었다.

"진항이 그의 군주를 시해했으니, 그를 토벌하십시오."[50]

애공이 말했다.

"저 세 사람에게 가서 말하시오."

공자께서 말씀하셨다.

---

49) 진성자陳成子는 항恒을 가리킨다. 제나라 귀족 진희陳僖의 아들이며, 기원전 482년에 간공을 시해했다. 이 사실은《춘추좌씨전》〈애공〉14년 항목에 기록돼 있다. 간공은 군주의 자리에 있을 때 형벌을 무겁고도 엄하게 했으며 세금을 지나치게 부과하고 백성들을 살해했으므로 평이 좋지 않았다. 그리하여 진성자가 그를 시해한 뒤 평공平公을 내세우고 자신이 재상이 되어 국정을 장악하고 봉읍도 넓혔다.

50) 원문의 "청토지請討之"를 번역한 것이다.《맹자孟子》에 "천자는 토벌하고 정벌하지 않으며, 제후는 정벌하고 토벌하지 않는다(天子討而不伐, 諸侯伐而不討)"라고 하여 "토討"는 천자만이 할 수 있는데 그 당시 주천자周天子의 위상이 없으므로 애공이 토벌하고 고告하면 천자가 토벌한 것이 된다는 의미로 쓴 것으로 본다. 그러나 애공에게 "토"라고 한 것은 격에 맞지 않는 것이다.

"제가 대부의 뒤를 쫓아다니는 사람이라서 말씀드리지 않을 수 없습니다. [그런데] 임금께서는 '저 세 사람(맹의자, 숙손무숙, 계강자로 추정됨)에게 가서 말하시오'라고 말씀하시는군요."

그 세 사람들에게 가서 말했더니 안 된다고 했다. 공자께서 말씀하셨다.

"제가 대부의 뒤를 쫓아다니는 사람[51]이라서 감히 말씀드리지 않을 수 없었다."

陳成子弑簡公. 孔子沐浴而朝, 告於哀公曰: "陳恆弑其君, 請討之." 公曰: "告夫三子." 孔子曰: "以吾從大夫之後, 不敢不告也. 君曰告夫三子者." 之三子告, 不可. 孔子曰: "以吾從大夫之後, 不敢不告也."

임금 섬기는 요령 14.22

자로가 임금을 섬기는 것에 대해 여쭈었다. 공자께서 말씀하셨다.

"속이려 하지 말고, 대놓고 [간언하도록] 해라."[52]

---

51) 〈선진〉 11.7에 보이는데, 공자가 자신의 신분이 예전에 대부였다는 의미로 한 말이다.

52) 《예기禮記》〈단궁 상檀弓上〉에 "어버이를 섬길 때는 숨김이 있으면서도 범하지 않고, 임금을 섬길 때는 범하면서 숨김이 없다(事親, 有隱而無犯, 事君, 有犯而無隱)"고 나온다. 군주와 신하는 사회적 관계이므로 신하가 조정에서 백성을 위해 군주의 잘못을 간하는 것이 당연하고, 부모와 자식의 사이는 혈연관계이므로 숨겨줄 수 있다는 것이다. 자로의 성격이 거칠고 유협의 기질이 있으므로 자로의 성격대로 간언하는 것이 어려운 것이 아니라고 말씀하신 것이다. 〈이인〉 4.26에는 "군주를 섬기는 데 간언을 일삼으면 곧 모욕을 당하게 된다(事君數, 斯辱矣)"는 말이 있듯이 간언을 하고 받아들여지는 것이 쉬운 일은 아니다.

子路問事君. 子曰: "勿欺也, 而犯之."

군자는 위로, 소인은 아래로 14.23

공자께서 말씀하셨다.

"군자는 위(고상한 곳 혹은 천리天理)로 통하고, 소인은 아래(천박한 곳 혹은 욕심)로 통한다."

子曰: "君子上達, 小人下達."[53)]

나를 위해 배운다 14.24

공자께서 말씀하셨다.

"옛날에 배우는 자들은 자신의 수양을 위해서 배웠는데, 오늘날 배우는 자들은 남의 인정을 받으려고 배운다."

子曰: "古之學者爲己, 今之學者爲人."[54)]

---

53) "상달上達"은 '천리를 따르고 날로 높고 밝은 곳으로 나아간다〔循天理故, 日進乎高明〕'라는 것이고, "하달下達"은 '인간의 욕심을 따르므로 날로 오염된 곳에 이르는 것이다〔循人欲故, 日究乎汚下〕'라는 것이므로 지향하는 바가 다름을 볼 수 있다(주희 설). 〈이인〉 4.11에서는 "군자는 덕을 생각하고, 소인은 땅을 생각한다. 군자는 법도를 생각하고, 소인은 은혜를 생각한다〔君子懷德, 小人懷土. 君子懷刑, 小人懷惠〕"고 하였고, 〈이인〉 4.16에서는 "군자는 의리에 밝고, 소인은 이익에 밝다〔君子喩於義, 小人喩於利〕"고 하였으며, 〈자로〉 13.23에는 "군자는 조화를 이루지만 뇌동하지 않고, 소인은 뇌동하지만 조화를 이루지는 못한다〔君子和而不同, 小人同而不和〕"라고 하여 군자와 소인의 차이를 설명한 부분이 있다.

사자를 칭찬하다 14.25

거백옥[55]이 공자에게 사람을 보냈다. 공자께서는 그와 함께 앉아 물으셨다.

"선생(거백옥)께서는 무엇을 하며 지내시는가?"

[그 사람이] 대답했다.

"선생(거백옥)께서는 자신의 허물을 줄이려고 하지만 아직 그러지 못하십니다.[56]"

사자가 나가자 공자께서 말씀하셨다.

"[훌륭한] 사자이구나, [훌륭한] 사자이구나!"

蘧伯玉使人於孔子. 孔子與之坐而問焉, 曰: "夫子何爲?"

對曰: "夫子欲寡其過而未能也." 使者出, 子曰: "使乎使乎!"

---

54) 정이천은 "위기爲己"는 "도를 자기 몸에 얻으려고 하는 것(欲得之於己)이며, 위인爲人은 남에게 인정을 받고자 하는 것(欲見知於人)"이라 하였다. 군자는 자기 수양을 먼저 하여 남에게 전이시키는 것이고 소인은 남이 알아주기만을 추구하므로 겉은 화려하나 자신을 상실시키는 것으로 보았다. 〈위령공〉 15.20에 "군자는 자기에게서 찾고, 소인은 남에게서 찾는다(君子求諸己, 小人求諸人)"라고 하여 본문의 명확한 뜻이 보인다.

55) 거원蘧瑗의 자이며, 오吳나라 계찰季札이 거론한 거원蘧瑗·사구史狗·사추史鰌·공자형公子荊·공숙발公叔發·공자조公子朝 등 여섯 군자 중 한 사람으로 공자가 스승처럼 받든 인물이다. 공자가 위나라에 갔을 때 그의 집에 찾아갈 정도로 가깝게 지냈다(《사기》 〈공자세가〉). 이 문장에서도 알 수 있듯 스스로 반성하기를 꺼리지 않아 공자와는 통하는 점이 많았다.

56) 《장자莊子》 〈칙양則陽〉에 "거백옥은 나이 육십에 육십 번 변화했다. 처음에는 옳다고 했던 일도 나중에는 잘못이라고 물리쳤다. 따라서 육십세인 지금 옳다고 생각하는 일도 지난 오십구 년 동안에 잘못이라 했던 일인지 모른다(蘧伯玉行年六十而六十化, 未嘗不始於是之而卒詘之以非也, 未知今之所謂是之非五十九年非也)"라는 구절이 나온다. 거백옥은 평생을 "욕과기과欲寡其過"하려 노력하였으며, 공자가 평생 가장 강조하였던 것이 "과즉물탄개過則勿憚改"였으므로 사자使者가 거백옥의 행동을 겸손하게 말한 것이다.

지위에 맞는 정사 14.26

공자께서 말씀하셨다.
"그 지위에 있지 않으면 그 정사를 꾀하지 않는다."
증자가 말했다.
"군자는 그 지위를 벗어나서 생각하지 않는다."[57)]

子曰: "不在其位, 不謀其政." 曾子曰: "君子思不出其位."

말이 행동을 넘어서면 14.27

공자께서 말씀하셨다.
"군자는 자신의 말이 그의 행동을 넘어서는 것을 부끄러워한다.[58)]"

子曰: "君子恥其言而[59)]過其行."

---

57) 《논어집주論語集註》에서는 이 장을 두 장章으로 나누었다. 역자는 두 문장이 뜻이 통하므로 하나로 통합하였다. 주희는 범조우范祖禹의 말을 빌려 "사물이 각자 자리에 있으면 천하의 이치가 올바르게 된다(物各止其所, 天下之理得矣)"고 하였다. 《주역周易》 〈간괘艮卦〉 '대상전大象傳'에 나오는 말이다. 공자는 각자의 자리에서 자신의 역할을 다하여야 한다는 정명론을 말한 것으로 〈태백〉 8.14의 "그 직위에 있지 않으면 그 [해당되는] 정무를 논의하지 않는다(不在其位, 不謨其政)"와 맥락을 같이한다.

58) 《예기禮記》 〈잡기 하雜記下〉에 "말이 있고 실천이 없으면 군자는 이를 부끄러워한다(有其言而無其行, 君子恥之)"라고 나온다. 또한 〈헌문〉 14.20의 "자신의 말에 부끄러움을 느끼지 않는다면, 그 말을 실천하는 것도 어렵다(其言之不怍, 則爲之也難)"라고 하였으니 공자는 행실보다 말이 앞서는 것을 경계한 것이다.

59) 원문의 "이而"는 어조사 '지之'와 같으니 독특하게도 주격으로 쓰였다. 황간의 《의소》에도 '지' 자를 이런 의미로 풀이했다. 한편 '말 이을 이而' 자의 의미를 그대로 살려 순접의 접속사로 보아 해석해도 큰 무리는 없다.

군자의 도 14.28

공자께서 말씀하셨다.

"군자의 도[60]에는 세 가지가 있는데 나는 할 수 있는 것이 없다. 인仁한 사람은 근심하지 않고, 지혜로운 사람은 미혹되지 않으며, 용감한 사람은 두려워하지 않는다.[61]"

자공이 말했다.

"선생님께서는 자신에 관한 말씀을 하신 것[62]이다."

子曰: "君子道者三, 我無能焉. 仁者不憂, 知者不惑, 勇者不懼."

子貢曰: "夫子自道也."

비교는 하지 말라 14.29

자공이 [자신보다 나은] 다른 사람과 비교[63]하자, 공자께서 말씀하셨다.

---

60) 정약용은 "도道"를 "사람이 행해야 하는 바이다(人所行也)"라고 보았다.

61) 〈자한〉 9.28에 순서만 바뀌어서 반복되어 있다.

62) 원문의 "부자자도夫子自道"를 번역한 것으로 여기의 도道는 '말하다(言)'의 뜻이다. 형병은 "공자가 스스로 겸양하여 말한 것(夫子自道說)"이라고 하였다.

63) 원문의 "방方"을 번역한 것으로 주희의 '비교하다(比)'라는 의미를 취하였다. 그러나 정현은 '비방하다(謗)'로 보았으며, 정약용은 《의례儀禮》〈대사례大射禮〉를 인용하여 "방方은 왼쪽과 오른쪽을 서로 비교하는 것이니 방인方人은 고금의 인물을 취하여 두 사람씩 서로 비교하며 장점과 단점을 의논하는 것(方, 左右相比也, 方人者, 取古今人兩兩相比, 議其長短也)"이라고 하였다. 《설문해자說文解字》에는 배가 나란히 있어 길고 짧은 것을 견주는 것이 "방方"이라고 하였다.

"사(자공)는 현명한가보구나,[64] 나에게는 그럴 틈이 없다."

子貢方人. 子曰: "賜也賢乎哉.[65] 夫我則不暇."

자신을 걱정하라 14.30

공자께서 말씀하셨다.

"남이 자기를 알아주지 않는 것을 근심하지 말고, 자신이 능력 없음을 걱정하라."[66]

子曰: "不患人之不己知, 患其不能也."

먼저 깨달아야 속지 않는다 14.31

공자께서 말씀하셨다.

"[남이 나를] 속일 것이라고 예단하지 말고, [남이 나를] 믿지 않을까

---

64) 원문의 "현호재賢乎哉"를 번역한 것으로 자공의 행동이 잘못되었다고 여겨져서 칭찬하는 말처럼 하면서 비꼬는 것이다. 〈공야장〉 5.27에서 "[나] 구처럼 배우기를 좋아하는 사람은 없을 것이다(不如丘之好學也)"라 하여 호학好學하는 공자의 모습을 말하였다. 공자는 위기지학爲己之學을 하려 하므로 항상 위인지학爲人之學하려는 자공을 꾸짖은 것이다.

65) 원문의 어조사 "재哉"가 황간의 본에는 "아我"로 되어 있다.

66) 이와 비슷한 표현이 《논어》에 여러 군데 있다. 〈학이〉 1.1의 "남이 [나를] 알아주지 않아도 노여워하지 않으면 또한 군자답지 않은가?"라는 말이나 1.16의 "남이 자기를 알아주지 않는 것을 근심하지 말고, [자기가] 남을 알지 못하는 것을 근심하라"라는 말을 들 수 있다. 〈위령공〉 15.18의 "군자는 능력이 없는 것을 병으로 여기며 다른 사람이 자신을 알아주지 않는 것을 병으로 여기지 않는다"라는 말도 그렇다. 공자는 스스로 이러한 덕목을 잘 지킬 수 없다고 생각한 탓인지, 유난히 이러한 말을 많이 남겼다.

억측하지 말라.[67] 도리어 또한 먼저 알아차리는 사람[68]이 현명한 사람이구나!"

子曰: "不逆詐, 不億不信, 抑亦先覺者, 是賢乎!"

공자의 허둥댐 14.32

미생무[69]가 공자께 말했다.

"구, 그대는 어찌하여 허둥거리는가?[70] 아마도 말재주를 부리려고 하는 것이겠지?"

공자께서 대답하셨다.

---

67) 원문의 "역逆"은 '미리 헤아리다', "억億"은 '억측하다(臆)'의 뜻으로 보아 주희는 "역은 아직 이르지 않은 것을 미리 짐작하는 것이요, 억은 아직 보이지 않는 것을 억측하는 것이다(逆未至而迎之也, 億未見而意之也)"라고 하였다.

68) 원문의 "선각자先覺者"를 번역한 것으로 태재순은 "역逆과 억億은 뜻이 있으나 마치 소진蘇秦이 남의 속을 들추어내는 것처럼 각覺은 마음이 없으니, 기미를 아는 것에 속하는 것이다. 그러므로 현명하다(逆億, 皆有意, 如蘇秦揣摩是已, 覺則無心, 知幾之屬也, 故曰是賢乎)"라고 하였다.

69) "미생"이 성이고 "무"가 이름으로 생졸년은 미상이다. 공자의 이름을 부르는 태도와 어투가 교만한 것을 보니 공자보다 나이도 많은 은자인 듯하다(주희 설). 《한서》〈고금인표古今人表〉에 "미생회尾生晦"가 나오고, 《통지通志》〈씨족략氏族略〉에는 "노나라 무성武城 사람"이라고 되어 있다. 이 미생무는 아마도 미생고尾生高라는 인물로 보이지만, '미생지신尾生之信'으로 유명한 미생고는 본문의 내용을 보더라도 다른 사람으로 판단된다.

70) 원문의 "서서栖栖"를 번역한 것으로 "서栖"는 '편치 않다'는 뜻이 있다. 역자는 형병의 뜻을 따랐는데 '황황皇皇'과 같은 뜻으로 보아 '허둥지둥대는 모양'으로 풀이하였다. 미생무가 보기에 공자는 항상 벼슬을 찾아 편치않게 돌아다닌다고 생각하여 오만하게 말한 것이다.

"감히 말재주[71]를 부리려는 것이 아니라, 완고함[72]을 미워하는 것입니다."

微生畝謂孔子曰: "丘何爲是栖栖者與? 無乃爲佞乎?" 孔子曰: "非敢爲佞也, 疾固也."

천리마인 까닭 14.33

공자께서 말씀하셨다.

"천리마는 그 힘을 일컫는 것이 아니라 그 덕[73]을 일컫는 것이다.[74]"

子曰: "驥不稱其力, 稱其德也."

71) 원문의 "녕佞"을 번역한 것으로 "교언영색巧言令色"의 "교언巧言"과 같은 의미다. 항상 말보다 행동을 중시하는 공자에게 이런 이야기를 하므로 공자가 반박한 것이다.

72) 원문의 "고固"란 자신의 주장을 굽히지 않는 완고함 혹은 아집을 의미한다.

73) 여기서 "덕德"이란 야생의 말이 잘 길들여져 성질이 순해짐을 가리킨다(주희 설).

74) 이 장은 당시 힘으로 승리를 쟁취하는 것만 숭상하고 덕을 무겁게 여기지 않던 것을 미워한 것이다(此章疾時尙力取勝而不重德)(형병 설). 〈헌문〉 14.5에 예羿나 오奡는 힘을 칭송하나 제명대로 살지 못했고, 우임금과 직은 천하를 소유했다는 이야기가 나오는데 같은 맥락에서 해석할 수 있다.

은덕으로 원한을 갚다 14.34

어떤 사람이 말했다.

"은덕으로 원한을 갚으면[75] 어떻습니까?"

공자께서 말씀하셨다.

"무엇으로 은덕을 갚겠는가? 곧은 마음으로 원한을 갚고[76] 은덕으로 은덕을 갚는다."

或曰: "以德報怨, 何如?" 子曰: "何以報德? 以直報怨, 以德報德."

알아주는 건 하늘뿐 14.35

공자께서 말씀하셨다.

"아무도 나를 알아주는 사람이 없구나!"

자공이 아뢰었다.

"어찌 아무도 선생님을 알아주지 않는다고 하십니까?"

공자께서 말씀하셨다.

"하늘을 원망하지 않고, 사람을 탓하지 않고, 아래로 [소소한 것들을] 배우고 위로는 [심오한 이치에] 통달했는데,[77] 나를 알아주는 자는 아마도 하늘일 것이다."

75) 《노자 도덕경》 제63장에도 "원한을 덕으로 갚는다(報怨以德)"라는 말이 나온다.

76) 원문 "이직보원以直報怨"을 번역한 것인데, 주희는 "지극히 공정하고 사심이 없는(至公而无私)"이라고 주를 달았다. 역자도 이 견해를 따른다.

子曰: "莫我知也夫." 子貢曰: "何爲其莫知子也?"

子曰: "不怨天, 不尤人, 下學而上達. 知我者其天乎."

공백료가 어찌 천명을 14.36

공백료[78]가 계손씨(계환자이거나 계강자로 추정됨)[79]에게 자로를 헐뜯었다. 자복경백[80]이 그 사실을 [공자에게] 말씀드렸다.

"저 사람(계손씨)은 진실로 공백료에게 미혹되었습니다. 나의 능력이면 오히려 공백료를 죽여 그 시체를 저잣거리나 조정에 내걸 수 있습니다."

공자께서 말씀하셨다.

"도가 장차 행해지는 것도 천명이고 도가 장차 없어지는 것도 천명이다. 공백료 그자가 천명과 같은 것을 어찌하겠는가?"

77) 본문의 "하학이상달下學而上達"을 번역한 것으로 정약용은 "하학下學은 도道를 배우는 것을 이르니, 이는 인사人事로부터 시작하는 것이고, 상달上達은 공부를 쌓아 올리는 것을 이르니, 이는 천덕天德에 이르러 그친다. 하학下學은 남이 알 수 있는 것이고, 상달上達은 남이 알 수 있는 바가 아니다〔下學, 謂學道, 自人事而始, 上達, 謂積功, 至天德而止, 下學, 人所知, 上達, 非人之所知〕"라고 보충하였다.

78) 노나라 사람으로 자는 자주子周이고 《사기》〈중니제자열전〉에 보인다. 그러나 《공자가어》〈칠십이제자해七十二弟子解〉에는 그의 이름이 보이지 않는다.

79) 공자는 "너희는 가혹한 정치가 호랑이보다 사납다는 것을 명심하라〔小子識之, 苛政猛於虎也〕"(《예기》〈단궁 하〉)라고 하면서 노나라에서 혹독한 세금을 거두는 계손씨를 비판한 바 있으며 그에 대해서는 늘 비우호적이었다.

80) 노나라 귀족으로 자복子服은 씨고, 경景은 시호이며, 백伯은 항렬이고 이름은 하何이다. 자복씨는 중손씨의 한 갈래다. 이 인물은 다음 문장에서 알 수 있듯 공자의 문하와 사이가 매우 좋았다. 늘 공자 문하의 입장에서 생각한 인물이다. 《사기》〈중니제자열전〉에는 그의 이름이 보이지 않는다.

公伯寮愬子路於季孫. 子服景伯以告, 曰: "夫子固有惑志, 於公伯寮, 吾力猶能肆諸市朝." 子曰: "道之將行也與, 命也. 道之將廢也與, 命也. 公伯寮其如命何?"

피해야 할 네 가지 14.37

공자께서 말씀하셨다.

"현명한 사람은 [혼란한] 세상을 피하고, 그다음 부류는 [어지러운] 지역을 피하며, 그다음 부류는 표정이 좋지 않은 사람을 피하고, 그다음 부류는 [나쁜] 말을 피한다."

공자께서 말씀하셨다.

"[이렇게] 실천한 사람은 일곱 명이다."[81)]

子曰: "賢者辟世, 其次辟地, 其次辟色, 其次辟言."

子曰: "作者七人矣."

81) 여기 나오는 일곱 사람이 누구인가를 두고, 포함은 장저長沮·걸익桀溺·장인丈人·석문石門·하괴荷蕢·의봉인儀封人·접여接輿라고 했으며 왕필은 이와 달리 백이·숙제·우중虞仲·이일夷逸·주장朱張·유하혜柳下惠·소련少連 등이라고 했다. 한편 주희는 이렇게 이름을 적시하는 시각으로는 결코 공자의 본뜻에 가까이 갈 수 없다고 비판했다. 분명한 사실은 이러한 기인들의 행적에 대해 공자는 우호적인 평가를 내렸다는 점이다.

문지기가 평한 한마디 14.38

자로가 석문(노나라 성의 외문外門)에서 묵었다. 문을 지키는 사람이 물었다.

"어디에서 왔습니까?"

자로가 대답했다.

"공씨 문하에서 왔습니다."

[문지기가] 말했다.

"그 일이 불가능하다는 것을 알면서도 하려고 하는 그 사람(공자) 말입니까?"

子路宿於石門. 晨門曰: "奚自." 子路曰: "自孔氏."

曰: "是知其不可而爲之者與?"

경쇠 치는 소리에도 근심이 14.39

공자께서 위나라에서 석경을 두드리고 계셨다. 삼태기를 메고 공씨(공자)의 문을 지나가던 사람[82]이 말했다.

"근심하는구나, 경쇠를 치는 소리여!"

그러고는 얼마 있다가 말했다.

"비루하구나, 쩡쩡거리는 소리여! 자기를 알아주지 않으면 그만둘 따름이니, 물이 깊으면 [아래옷을] 벗고 건너고, 물이 얕으면 [옷

82) 삼태기를 멘 노인이 누구인지 분명하지는 않지만 당시 초야에 묻혀 살던 선비임은 틀림없다. 그는 공자의 유세를 못마땅하게 여긴 자다.

을] 걷어 올리고 건너야 한다."

공자께서 말씀하셨다.

"그러하구나! 어려움이 없겠구나."[83)]

子擊磬於衛, 有荷蕢而過孔氏之門者, 曰: "有心哉, 擊磬乎!" 旣而曰: "鄙哉, 硜硜乎! 莫己知也, 斯己而已矣. 深則厲, 淺則揭." 子曰: "果哉! 末之難矣."

삼년상 14.40

자장이 여쭈었다.

"《서》(《서경》)에 이르기를 '고종[84)]께서 상중에 있었을 때[85)] 3년 동안 말을 하지 않으셨다'라고 했는데 무슨 뜻인지요?"

83) 이 문장에 대한 해석도 다양하다. '그를 설득시킬 방법이 없구나', '중요할 것이 없구나' 혹은 '논박할 것이 없구나'라고도 해석한다.

84) 은나라 무정武丁을 가리키는데 무정이 세상을 떠나고 아들 조경祖庚이 제위에 올라 무정의 종묘를 세우고는 고종이라고 한 것이다. 무정은 본래 정치를 잘하지 못했는데 그에게 조기祖己라는 신하가 이런 말을 했다. "하늘은 백성을 감찰하면서 그들의 도의로써 기준을 삼는데, 내려준 수명에 길고 짧음은 있어도 하늘이 백성을 요절시키거나 중도에서 목숨을 끊는 경우는 없습니다. 백성이 덕을 따르지 않고 죄를 인정하지 않을 때에는 하늘이 경고를 내려 덕으로 바로잡으려고 합니다. 그때야 비로소 사람들은 '이를 어찌해야 하나?'라고 말합니다. 아! 임금의 직분은 백성을 공경하여 하늘의 뜻을 잇는 것이며, 정해져 내려온 제사에 따르시되 버려야 할 도를 신봉하진 마십시오."(《사기》〈오제본기〉)

85) 원문의 "량음諒陰"을 해석한 것으로 공안국은 "량諒"은 '진실로(信)'의 뜻이고, "음陰"은 '묵묵히 말하지 않음(默)'의 뜻과 같다고 하였다. 주희는 "량음諒陰"은 천자가 부모의 상喪을 입었을 때의 명칭이라고 하였다. 역자는 주희의 설을 따라 "상중에 있었을 때"로 풀이하였다.

공자께서 말씀하셨다.

"어찌 고종뿐이겠는가? 옛날 사람들이 모두 그러했다. 임금이 돌아가시면, 모든 관리는 3년 동안 자신의 일을 한데 묶어서 총재(재상)에게서 [정무를] 들었던 것이다."[86)]

子張曰: "書云, '高宗諒陰, 三年不言.' 何謂也?" 子曰: "何必高宗, 古之人皆然. 君薨, 百官總己以聽於冢宰三年."

예를 좋아하면 14.41

공자께서 말씀하셨다.

"윗사람이 예를 좋아하면 백성들은 쉽게 부릴 수 있게 된다."[87)]

子曰: "上好禮, 則民易使也."

86) 이 문장은 임금이 죽어 3년 상을 치르게 되면 3년 동안 정무를 보지 않고, 이 경우 모든 일을 총재가 주관한다는 말이다.

87) 이 문장과 비슷한 내용이 〈자로〉 13.4에도 나온다. "윗사람이 예를 좋아하면 백성들은 감히 공경하지 않을 수 없고, 윗사람이 의로움을 좋아하면 백성들이 감히 복종하지 않을 수 없고, 윗사람이 신의를 좋아하면 백성들이 감히 진정으로 행하지 않을 수 없을 것이다."

수양하고 나서 백성을 편안하게 하라 14.42

자로가 군자에 대해 여쭈었다. 공자께서 말씀하셨다.

"자신을 수양하여 공경하는 마음을 품어야 한다."

[자로가] 여쭈었다.

"그렇게 하면 끝입니까?"

[공자께서] 말씀하셨다.

"자신을 수양하여 다른 사람을 편안하게 해주어라."

[자로가] 여쭈었다.

"그렇게 하면 끝입니까?"

[공자께서] 말씀하셨다.

"자신을 수양하여 백성을 편안하게 해주어라. 자신을 수양하여 백성을 편안하게 해주는 것은 요임금이나 순임금도 아마도 오히려 어려워했던 일이었다."[88]

子路問君子. 子曰: "修己以敬." 曰: "如斯而已乎?" 曰: "修己以安人." 曰: "如斯而已乎?" 曰: "修己以安百姓. 修己以安百姓, 堯舜其猶病諸."

88) 이 말은 〈옹야〉 6.28의 구절과 비교해서 읽어보면 의미를 좀 더 정확히 알 수 있다. "자공이 여쭈었다. '만약 백성들에게 널리 은덕을 베풀어 많은 사람을 구제할 수 있다면 어떻습니까? [그를] 인仁하다고 할 수 있습니까?' 공자께서 말씀하셨다. '어찌 인한 데서 그칠 일이겠느냐, 반드시 성덕聖德일 것이다. 요임금이나 순임금조차도 [그렇게 하지 못함을] 부족한 것으로 여기셨다. 인이라는 것은 자기가 서고자 하면 남을 일으켜주고, 자신이 이루고자 하면 남을 이루게 해주는 것이다. 가까운 데서 구체적인 예를 찾을 수 있으면 그것이 바로 인의 [실천] 방법이라고 할 수 있을 것이다.'"

정강이를 치다 14.43

원양[89]이 다리를 벌리고 앉아 기다리고 있었다. 공자께서 말씀하셨다.

"어려서는 불손하고 우애가 없었고, 자라서는 이렇다 하게 거론할 만한 것도 없었으며, 늙어서는 죽지 않고 있으니 이는 [덕을] 해치는 것이다."

그러고는 지팡이로 그의 정강이를 두드리듯 치셨다.

原壤夷俟. 子曰: "幼而不孫弟, 長而無述焉, 老而不死, 是爲賊."

以杖叩其脛.

89) 그의 생졸년은 미상인데, 공자와는 오랜 친구 사이로 알려져 있다. 노나라에 원씨가 있는데, 이 사람은 원헌原憲과 씨氏가 같다. 《예기》 〈단궁 하檀弓下〉에 공자와 원양에 관한 일화가 있다. 어머니가 세상을 떠났을 때 원양은 관 위에서 노래를 불러 공자의 마음을 언짢게 했으나 공자는 그의 행동을 이해하려고 했다. 곁에 있는 사람들이 오히려 공자의 태도를 이해하지 못하자 공자는 개의치 않았다고 한다. 그런데 원양이 다시 나이 들어 공자를 만났는데 예를 갖추지 않고 제멋대로 다리를 펴고 있어서 공자가 그의 정강이를 내리치며 경각심을 일깨워주었던 것이다.

마음만 앞선 궐당의 동자 14.44

궐당(공자의 고향 마을 이름)의 동자가 [공자의] 명을 전달하는 심부름을 하고 있었는데, 어떤 사람이 그에 대해 물었다.

"[배움에] 진전이 있는 아이입니까?"

공자께서 말씀하셨다.

"내가 보니, 그 아이는 자리에 앉아 있고, 그가 선배들과 나란히 걸어가는 것을 보니, 진전이 있는 아이가 아니라 빨리 이루고자 하는 아이입니다.[90]"

闕黨童子將命. 或問之曰: "益者與?" 子曰: "吾見其居於位也, 見其與先生並行也, 非求益者也, 欲速成者也."

90) 정약용은 "앉을 때 빨리 그 자리를 차지하려 하고, 걸어갈 때 빨리 그 걸음을 재촉해 나아가려 하는 사람이 있다. 이런 것을 볼 때 그 사람은 학업도 또한 반드시 빨리 이루려고 구할 것이니, 겸손히 낮추어 진전시킬 리가 없다(居則欲速據其位, 行則欲速進其步. 以此觀之, 其學業亦必將速求其成, 無謙卑求益之理)"고 하여 공자의 사람 보는 법을 기록한 것이라고 부연하였다.

제15편

위령공衛靈公

–수신과 올바른 처신의 방법을 말하다

【해설】

〈위령공〉 편은 자신을 알아주는 군주를 만나지 못해 등용되지 못한 공자의 짧은 생각들이 정리되어 있다. 지사志士와 인인仁人에 의해 제대로 다스려지지 않는 세태에 대한 공자의 안타까움도 엿볼 수 있으며, 은자가 공자의 마음을 거스르게 하거나, 공자가 좋지 않은 일을 당했을 때의 마음 등을 엿볼 수 있는 편이다.

이 편에서 공자는 영공이 진법을 묻자 잘 모른다고 했고, 군자와 소인이 곤궁할 때 대응하는 방식이 다르다거나, 학문은 일관성이 중요하다, 덕을 아는 자가 드물다, 순임금은 무위의 정치를 했다는 등의 다양한 화제를 풀어나가고 있다. "살신성인殺身成仁"이란 말이나 '장인은 먼저 연장을 날카롭게 한다는 말'도 이 편에서 볼 수 있다.

'호덕好德하는 사람보다는 호색好色하는 사람이 많다'면서 현실을 인정하는가 하면, "군자는 죽고 나서 이름이 일컬어지지 않는 것을 싫어한다"는 말에서 자신에게 말을 건네는 공자의 모습을 볼 수 있다. 군자와 소인의 차이점이 또 거론되고 '군자는 파벌을 만들어서는 안 된다'는 언급도 여기에 나온다. '잘못하고서도 고치지 않는 것이 잘못'이라는 말을 통해 군자는 끝까지 도를 지향해야 한다는 점도 강조했다. 그러면서 "가르칠 때는 차별이 없어야 한다(有教無類)"는 말을 남겼으니 이는 존경받을 명구로 각인되었다.

진법은 모른다 15.1

위나라 영공이 공자에게 [군대의] 진법陳法에 대하여 물었다. 공자께서 대답하셨다.

"제사에 관한 일[1]은 일찍이 들어본 적이 있으나, 군대에 관한 일은 아직 배운 적이 없습니다."

[그러고는] 이튿날 드디어 떠나셨다.[2]

[공자가] 진나라에 이르러 양식이 떨어지고,[3] 따르는 자들은 병이 나서 아무도 일어날 수조차 없었다. 자로가 화가 나서 뵙고 여쭈었다.

"군자도 곤궁해질 때가 있습니까?"

공자께서 말씀하셨다.

"군자는 곤궁함을 굳게 지키지만, 소인은 곤궁해지면 아무 짓이나 한다."

1) 원문의 "조두俎豆"는 제사에 쓰는 예기禮器이며, "조俎"는 도마처럼 굽이 낮고 평평한 그릇이며, "두豆"는 '조'보다 굽이 높고 뚜껑이 있는 나무그릇이다. 〈태백〉 8.4의 "변두지사籩豆之事"라는 단어와 유사어이다. 이 "조두지사俎豆之事"와 관련하여 다음의 기록을 참고할 수 있다. "공자가 어린 시절 장난할 때, 늘 조두俎豆를 늘어놓고 예의와 자태를 갖추었다"(《사기》 〈공자세가〉).

2) 공자의 진법에 대한 관점이 영공과 달랐을 뿐이다. 〈자로〉 13.29의 "선한 사람이 백성을 7년 동안 가르치면 또한 전쟁에 나아가게 할 수 있을 것이다〔善人教民七年, 亦可以卽戎矣〕"라고 한 것을 보면 공자는 정치가 조급함의 문제가 아니라는 "욕속부달欲速不達"(〈자로〉 13.17)의 관점을 가지고 있었다.

3) 이때의 상황은 공자가 위衛나라를 떠나 진陳나라에 머물 때, 초楚나라에서 공자를 청하는 예물을 보내왔는데, 초나라의 속국인 채蔡나라에서 공자가 가는 길목을 막고 일주일 동안 감금한 사건을 말한다. 이와 연관한 내용이 〈자한〉 9.5에도 나와 있다.

衛靈公問陳於孔子. 孔子對曰: "俎豆之事, 則嘗聞之矣. 軍旅之事, 未之學也." 明日遂行. 在陳絶糧, 從者病, 莫能興. 子路慍見曰: "君子亦有窮乎?" 子曰: "君子固窮, 小人窮斯濫[4]矣."

학식보다는 일관성 15.2

공자께서 말씀하셨다.

"사(자공)야, 너는 내가 많이 배워서 그것들을 기억하고[5] 있는 사람이라고 생각하느냐?"

[자공이] 대답했다.

"그렇습니다. [그렇지] 않습니까?"

[공자께서] 말씀하셨다.

"아니다. 나는 배운 것들을 하나로 꿰뚫고 있다."[6]

子曰: "賜也, 女以予爲多學而識之者與?" 對曰: "然, 非與?"

曰: "非也, 予一以貫之."

4) 역자는 "아무 짓이나 한다"로 번역하였는데, 주희는 "방종하고 넘쳐서 그릇된 일을 한다(放濫爲非)"고 풀이하였다. 즉, 함부로 행동하는 것을 말한다. 군자와 소인의 근본적인 차이가 드러나는 대목이다. 군자는 곤궁해도 자신의 소신을 지키고 '화이부동和而不同'하지만, 소인은 '부화뇌동附和雷同'하여 자신을 망가뜨린다는 개념이다.

5) 원문의 "다학多學"은 공자의 지식에 대한 폄하의 개념이 아니며, "박문博聞"의 의미다. "지識"는 '기억하다'는 의미로서 '지'로 읽는다.

6) 이 문장은 〈이인〉 4.15에 이미 나온 "선생님의 도는 충忠(성심성의를 다하는 마음)과 서恕(남을 배려하는 마음)일 뿐이구나"와 같은 맥락에 놓인다.

드물구나 15.3

공자께서 말씀하셨다.

"유(자로)야, 덕을 아는 자가 드물구나.[7]"

子曰: "由, 知德者鮮矣."

순임금의 무위정치 15.4

공자께서 말씀하셨다.

"아무것도 하지 않고도 다스린[8] 이는 아마도 순임금이구나! 무엇을 했었는가? 몸을 공손히 하고 바르게 임금의 자리[9]를 지키고 있었을 뿐이다."

7) 이러한 공자의 언급에 대하여 주희는 〈위령공〉 15.1의 "자로가 화가 나서 뵙고 여쭈었다〔子路慍見曰〕"에 대한 공자의 답변과 연계되는 부분이라고 보았다. 반면 정약용은 공자가 자로와 함께 천하를 주유하는데 자신(공자)을 알아주는 사람이 없어서 감개하여 말한 것이라고 하였고, "드물구나〔鮮矣〕"라고 한 것은 그 당시 세상 사람들을 개탄한 것이라고 하였으며, 자로가 덕을 알지 못해서 이와 같이 답하였다면 자로를 용서하는 것이지 꾸짖는 것이 아니라고 하여 주희의 설과 달리 해석하였다.

8) 억지로 법석을 떨지 않아도 백성이 저절로 감화된다는 말이다. 《대대례大戴禮》 〈주언主言〉에 "옛날 순임금에게는 왼쪽에 우가 있고 오른쪽에는 고요가 있어 자리에서 내려오지도 않고 천하가 다스려졌다〔昔者舜左禹而右皐陶, 不下席而天下治〕"라는 말이 있으니 직접 나서지 않고 능력 있는 신하에게 맡겼다는 의미다. 공자의 이 말은 공교롭게도 《노자 도덕경》 57장에 나오는 이야기와 기본적으로 같은 맥락에 있다. "내가 하는 일을 없애니 백성이 저절로 교화되고, (…) 내가 욕심을 없애니 백성이 저절로 순박해진다". 위정자가 덕이 있으면 하는 게 없어도 백성은 덕에 교화된다는 말이다. 이런 견해는 공자나 노자나 마찬가지였다.

子曰: "無爲而治者其舜也與! 夫何爲哉? 恭己正南面而已矣."

큰 허리띠에 적은 말씀 15.5

자장이 [어떻게 세상에서] 처신[10]할 수 있는지 여쭈었다. 공자께서 말씀하셨다.

"말은 충실하고 미더우며, 행동은 독실하고 공경스러우면[11] 비록 오랑캐의 나라일지라도 통용될 것이다. 말에 충심과 믿음이 없고, 행동에 독실함과 공손함이 없다면 비록 자기가 태어난 마을이라 하더라도 통용되겠는가? 서 있을 때는 그러한 말이 눈앞에서 보이는 듯하고, 수레를 탈 때도 그러한 말들을 멍에에 기대어 [새겨놓고] 보아야 할 것이니, 그렇게 된 이후에 통용될 것이다."

자장은 [이 말을] 큰 허리띠에 적어두었다.

子張問行. 子曰: "言忠信, 行篤敬, 雖蠻貊之邦行矣.
言不忠信, 行不篤敬, 雖州里行乎哉. 立, 則見其參於前也, 在輿,
則見其倚於衡也, 夫然後行." 子張書諸紳.

---

9) 원문의 "남면南面"이란 군주를 북극성에 비유하여 남쪽을 향해 앉는 자리에서 나온 말로 공자가 중궁仲弓을 지칭하여 〈옹야〉 6.1에서 "임금을 시킬 만하다〔可使南面〕"라고 하였다.

10) 원문의 "행行"은 '달達'의 의미로 세상을 살아가는 처세의 원칙과 도덕이다.

11) 원문의 "행독경行篤敬"을 번역한 것으로, 정약용은 "독경篤敬"을 "공경함에 실상이 있는 것이다〔敬以實也〕"라고 하였는데, "독篤"은 '성실하다'의 개념으로 이해하면 무방하다.

강직한 사어와 군자다운 거백옥 15.6

공자께서 말씀하셨다.

"강직하구나, 사어[12]여! 나라에 도가 있으면 화살처럼 곧고, 나라에 도가 없어도 화살처럼 곧구나. 군자로구나, 거백옥이여! 나라에 도가 있으면 벼슬길에 나아가고, 나라에 도가 없으면 [재능을] 접고 [은둔하여] 그것을 품고 있었구나.[13]"

子曰: "直哉史魚! 邦有道如矢. 邦無道如矢. 君子哉蘧伯玉! 邦有道則仕. 邦無道則可卷而懷之."

잃지 않는 두 가지 15.7

공자께서 말씀하셨다.

"더불어 말할 만해도 더불어 말을 하지 않는다면 인재를 잃게 되고, 더불어 말을 하지 못할 만한데도 더불어 말을 한다면 말을

---

12) 다른 이름은 사추史鰌이고, 자는 자어子魚인데, 위나라의 명신으로 헌공獻公·상공殤公·양공襄公·영공靈公 등을 잘 보필했다. 죽을 때 자기 아들이 정당正堂 안에서 장례를 치르지 못하게 막았는데, 그리하여 위나라 영공은 거백옥을 등용하고 미자하를 파면했다. 옛사람들은 그의 이런 충성을 높게 보아 '시신이 간한다〔屍諫〕'라고 했다. 이런 이야기가《한시외전韓詩外傳》권7에 있다. 그의 이름은《논어》에서는 이곳에만 나온다.

13) 원문의 "방무도즉가권이회지邦無道則可卷而懷之"를 번역한 것으로 "가권이회지可卷而懷之"를 주목할 필요가 있다. "권卷"은 '[재능을] 거두어 들이다'라는 뜻이고, "회懷"는 '[은둔하여] 마음속에만 담고 있다'라는 의미다. 주희는 "그 당시 손림보孫林父와 영식寧殖이 군주를 추방하고 시해하려는 모의에 거백옥이 대답하지 않고 나간 것이 예禮다〔孫林父寧殖放弑之謀, 不對而出, 亦其事也〕"라고 하였다.

잃게 된다. 지혜로운 사람은 인재를 잃지 않고, 또 말을 잃지도 않는다.[14)]"

子曰: "可與言而不與之言, 失人, 不可與言而與之言, 失言. 知者不失人, 亦不失言."

살신성인 15.8

공자께서 말씀하셨다.
"뜻 있는 선비와 인仁한 사람은[15)] 삶에 연연하여 인을 해치지 않고, 제 몸을 희생해서라도 인을 이루는 경우가 있다."

子曰: "志士仁人, 無求生以害仁, 有殺身以成仁."

---

14) '사람을 아는 것(知人)'에 대하여 설명한 장이다. 즉, 다른 사람과 더불어 말할 만한 사람인지 말할 수 없는 사람인지 구분하는 안목이 있어야 한다는 것이다. 〈이인〉 4.3의 "오직 인仁한 사람만이 남을 좋아할 수 있고, 남을 미워할 수도 있다(唯仁者, 能好人, 能惡人)"라고 한 것과 연관하여 읽으면 좋다.

15) 원문의 "지사인인志士仁人"을 번역한 것으로 주희는 "지사志士"를 '뜻이 있는 선비(有志之士)'라고 하였고, "인인仁人"은 '덕을 이룬 사람(成德之人)'이라고 하였다. 말하자면 지사志士는 뜻을 위해서 자신의 몸을 던질 준비가 되어 있는 사람이고, 인인仁人은 타인을 위해 배려하고 사양하는 마음이 체화된 사람이다. 정약용은 채청蔡淸을 인용하여 "지사는 인을 이롭게 여기는 사람이고, 인한 사람은 인을 편안하게 여기는 사람이다(志士, 利仁者也. 仁人, 安仁者也)"라고 하였다.

먼저 연장을 날카롭게 15.9

자공이 인을 행하는 방법을 여쭈었다. 공자께서 말씀하셨다.

"장인이 자기가 맡은 일을 잘하려면 반드시 먼저 그의 연장을 날카롭게 해놓아야 한다.[16] [마찬가지로] 어느 나라에 살게 되면 그 나라의 대부들 중에 어진 사람을 섬기고, 그 나라 선비들 중에서 인仁한 자를 벗해야 한다."

子貢問爲仁. 子曰: "工欲善其事, 必先利其器. 居是邦也, 事其大夫之賢者, 友其士[17]之仁者."

나라를 다스리는 법 15.10

안연이 나라를 다스리는 방법을 여쭈었다. 공자께서 말씀하셨다.

"하나라의 역법[18]을 쓰고, 은나라의 수레[19]를 타며, 주나라의 면

16) 장인이 그 연장을 날카롭게 하여 미리 갖추어 놓는 행동을 넘어서 내포된 뜻을 파악해야 한다. 《중용》 19장에서 "아랫자리에 있으면서 윗사람에게 신임을 받지 못하면 백성들을 얻어서 다스릴 수가 없다(在下位不獲乎上, 民不可得而治矣)"라고 한 것을 참고하자면 벼슬하는 사람은 사람을 다스리려고 할 때, 윗사람(군주)의 신임을 받아야 한다는 것이다. 등용되고 나서도 윗사람의 신임 여부에 따라 정치력을 행사하는 가능성이 발휘된다는 것을 염두에 두어야 한다.

17) 원문의 "사士"는 앞 구절의 "대부大夫"와 함께 칭해진다. 여기서는 이미 벼슬을 했거나 대부 밑에 있는 자로서 일정한 지위를 갖고 사회적 역할을 수행하는 사람을 의미한다.

18) 하나라는 역법으로 자연력自然曆을 사용했으며 인월寅月 즉, 1월을 매년 정월로 삼았는데 춘하추동의 네 계절과 잘 맞아 주나라 때에도 가장 널리 통용되었다.

류관[20]을 쓰고, 음악은〈소〉와 〈무〉[21]를 쓰도록 하라. 정나라의 음악을 내버리고, 아첨하는 사람을 멀리해야 한다. 정나라의 음악[22]은 음란하고 아첨하는 사람은 위태롭다."

顏淵問爲邦. 子曰: "行夏之時, 乘殷之輅, 服周之冕, 樂則韶舞. 放鄭聲, 遠佞人. 鄭聲淫, 佞人殆."

생각과 근심 15.11

공자께서 말씀하셨다.

"사람이 멀리 내다보며 생각하지 않으면 반드시 가까운 곳에 근심이 있다."

子曰: "人無遠慮, 必有近憂."[23]

19) 원문의 "로輅"는 '큰 수레'를 지칭하며, 나무로 만든 질박한 수레다. 은나라의 수레는 금과 옥으로 장식했던 주나라 수레보다 소박하여 절약 정신이 엿보이므로 공자가 한 말이다.

20) 주나라의 예모는 사실은 화려했는데, 공자는 예모에 대해서는 화려한 것을 반대하지 않았다.

21) 〈소〉와 〈무〉에 관해서 〈팔일〉 편 30.25장에 나온다. 순임금 때의 음악이 〈소〉이고 무왕 때의 음악이 〈무〉다. "무舞"는 '무武'와 같다.

22) 원문의 "정성鄭聲"을 번역한 말인데, 정나라는 진溱과 유洧라는 물가 주변에서 남녀가 희롱하며 연애의 감정을 읊었기 때문에 음란한 음악의 상징처럼 되었다.

23) 원문에서 "원려遠慮"는 '멀리까지 바라보는 안목'을 의미하는데 '멀리 계획하고 깊이 생각하는 것〔遠謀深慮〕'의 약자이다. "원遠"이라는 것은 미래의 영구永久이며, 뒷 구절의 "근近"은 이미 도래한 급박한 상태를 의미한다. 이에 대하여 왕숙은 "군자는 마땅히 환난을 생각하여 그것을 예방해야 한다〔君子當

호덕과 호색 15.12

공자께서 말씀하셨다.

"끝났구나! 나는 덕을 좋아하는 것을 마치 여색을 좋아하는 것처럼 하는 사람을 보지 못했다.[24)]"

子曰: "已矣乎![25)] 吾未見好德如好色者也."

직위를 훔친 자 15.13

공자께서 말씀하셨다.

"장문중[26)]은 아마도 직위를 훔친[27)] 자일 것이다! [그는] 유하혜[28)]가 현명하다는 것을 알고 있으면서도 [그와] 더불어 [조정에] 서지 않았다."

思患而豫防之]"라고 하였고, 소식은 "사람이 밟는 땅은 발이 닿는 부분만 땅이고, 나머지 땅은 쓸모없는 땅이다. 그렇지만 그 나머지 땅을 버리면 안 된다. 그러므로 생각이 천 리 밖까지 가지 않으면 근심은 앉아있는 자리 아래 있다〔人之所履者, 容足之外, 皆為無用之地, 而不可廢也. 故慮不在千里之外, 則患在几席之下矣〕"고 하였다.

24) 이 문장은 〈자한〉 9.17에 나와 있다.

25) 이 "이의호已矣乎"란 단어는 '스스로 반성하며 한탄한다'는 의미로서 〈공야장〉 5.26에서도 나왔다.

26) 직책이 사구였으며, 장손진臧孫辰으로 무려 장공·민공·희공·문공 등 네 왕을 모셨던 자다. 〈공야장〉 5.17에도 나온다. 장문중은 공자에게 비판받은 인물이기도 하다.

27) 원문의 "절위竊位"를 번역한 것인데, 주희는 "그 지위에 걸맞지 않음에도 마음에 부끄러움이 있어 도둑질하여 몰래 차지한 것〔其位而有愧於心, 如盜得而陰據之也〕"이라고 하였다.

子曰: "臧文仲其竊位者與! 知柳下惠之賢而不與立也."

자신에게 엄격하라 15.14

공자께서 말씀하셨다.

"자신에 대해서는 엄중하고[29] 다른 사람에 대해서는 가볍게 책망하면 원망을 멀리할 수 있을 것이다.[30]"

子曰: "躬自厚而薄責於人, 則遠怨矣."

---

28) 노나라 현인 전금展禽이다. 아마도 버드나무 아래 살았기 때문에 "유하柳下"란 호가 붙은 것으로 보이며, 식읍 명이라는 설도 있다. "혜惠"는 시호다. 그의 관직은 사사士師였는데 이는 귀족의 소송 사건을 담당하는 관직이다.

29) 양보쥔은 원문의 "궁자후躬自厚" 글자 다음에 책망하다는 의미의 '책責' 자가 있어야 한다고 보는데, 일리가 있다. 역자는 원전에 의거하여 그대로 번역한다.

30) 이 구절은 〈위령공〉15.20의 "군자는 자기에게서 찾고, 소인은 남에게서 찾는다"라는 구절과 맥락이 통한다. 결국은 군자와 소인를 판가름하는 덕목으로 책임의 소재를 나에게서 찾는 것이 중요하다는 말이다. 정약용은 "자신을 책하기를 두텁게 하면 내가 남을 원망하지 않고, 남을 책망하기를 엷게 하면 남이 나를 원망하지 않는다(君子求諸己, 小人求諸人, 責己厚, 則我不怨人, 責人薄, 則人不怨我)"고 하였다. 채청은 "자신을 책하기를 두텁게 하면 몸이 더욱 닦여서 원망할 수 없고, 남을 책하기를 엷게 하면 사람이 쉬이 따르게 되어 원망을 불러오지 않는다(責己厚, 則身益修而無可怨, 責人薄, 則人易從而不招怨)"고 하였다.

걱정만 하는 사람 15.15

공자께서 말씀하셨다.

"'어떻게 하면 좋을까, 어떻게 하면 좋을까'라고 말하지 않는 사람에 대해 나는 어떻게 해야 할지를 모르겠구나.[31)]"

子曰: "'不曰如之何, 如之何者', 吾末如之何也已矣."

곤란한 사람이란 15.16

공자께서 말씀하셨다.

"여럿이 온종일 [함께] 지내면서 말은 의로운 일을 언급하지 않고, 사소한 지혜를 자랑하는 것만을 좋아한다면 [이런 자들은] 곤란하구나![32)]"

子曰: "羣居終日, 言不及義, 好行小慧, 難矣哉!"

31) 이 문장은 곰곰이 생각하고 심사숙고하여 대처하는 자세를 강조한 말이다. 원문의 "여지하如之何"는 〈안연〉 12.9에도 나온다.

32) 원문의 "난의재難矣哉"를 번역한 것인데, 공자가 제자들 중에서 이런 유형이 있다고 가정하여 '곤란한 사람이구나'라는 식으로 번역해도 된다. '끝내 아무것도 이루는 것이 없음〔終無成〕'이라는 주석도 타당성이 있다. 주희는 "덕이 들어갈 수가 없어서 장차 환해患害가 있음을 말한 것〔言其無以入德, 而將有患害也〕"이라 하였다. 〈양화〉 17.22에도 나오니, "종일 배부르게 먹고 마음 쓰는 데가 아무것도 없다면 곤란하구나〔飽食終日, 無所用心, 難矣哉〕"라는 문장이 그것이다.

군자의 네 가지 덕목 15.17

공자께서 말씀하셨다.

"군자는 의로움을 바탕으로 삼고 예로써 그것을 실행하며, 겸손하게 그것을 드러내고, 믿음으로써 그것을 이룬다.[33] [이런 사람이] 군자로다."

子曰: "君子義以爲質, 禮以行之, 孫以出之, 信以成之. 君子哉."

무능력을 근심하라 15.18

공자께서 말씀하셨다.

"군자는 능력이 없는 것을 병으로 여기며 다른 사람이 자신을 알아주지 않는 것을 병으로 여기지 않는다.[34]"

子曰: "君子病無能焉, 不病人之不己知也."

33) 원문의 "의義"는 일을 제재하는 근본이므로 근간으로 삼는 것이다. "손孫"은 겸손하다는 의미의 '손遜'과 같은 뜻이다. "출지出之"란 언어로 표현하는 것〔出言語〕이고, "신信"이란 언행을 총괄한 것이다. 정약용은 "의義와 신信은 머리와 꼬리가 되고, 언행은 그 두 날개다〔信者言行之總括也, 義與信, 作頭作尾, 言行其兩翼也〕"라고 하였다.

34) 이 구절은 〈학이〉 1.1의 "남이 알아주지 않아도 노여워하지 않으면 또한 군자가 아닌가〔人不知而不, 不亦君子乎〕"와 〈학이〉 1.16의 "남이 자기를 알아주지 않는 것을 근심하지 말고, 남을 알지 못하는 것을 근심하라〔不患人之不己知, 患不知人也〕"는 구절과 뜻이 통한다. 공부는 결국 자기의 소양을 넓히는 일〔爲己之學〕임을 다시 한번 강조하고 있는 말이다.

이름을 남겨야 15.19

공자께서 말씀하셨다.

"군자는 죽고 나서 이름이 일컬어지지 않는 것을 싫어한다.[35)]"

子曰: "君子疾沒世而名不稱焉."

내 탓, 남 탓 15.20

공자께서 말씀하셨다.

"군자는 [원인을] 자기에게서 찾고, 소인은 [원인을] 남에게서 찾는다.[36)]"

子曰: "君子求諸己, 小人求諸人."

35) 〈자한〉 9.22의 "뒤에 태어난 자들이 두렵다. 오는 자들이 지금 사람만 못할 거라는 사실을 어찌 알겠는가? [그러나] 40세나 50세가 되어도 [이름이] 알려지지 않으면 이 또한 두려워할 만한 사람이 못 된다(後生可畏, 焉知來者之不如今也, 四十, 五十而無聞焉, 斯亦不足畏也已)"라는 구절과 〈헌문〉 14.17을 보더라도 공자는 현세에도 이름이 나는 일을 중요시하였다. 그러나 천하에 도가 없어 공자를 알아주는 이가 없었기 때문에 〈헌문〉 14.35에서처럼 "나를 알아주는 자는 아마도 하늘일 것이다(知我者其天乎)"라고 탄식하였다.

36) 원문의 "구求"를 포함은 '책망하다'로 보아 "군자는 자신을 책망하고, 소인은 남을 책망한다(君子責己, 小人責人)"라고 해석하였다. 사량좌는 "군자는 자기 몸에 돌이켜 찾지 않음이 없고 소인은 이와 반대이니, 이는 군자와 소인이 분별되는 이유라 하였다(君子無不反求諸己, 小人反是, 此君子小人所以分也)"라고 하였고, 정약용은 "구한다는 것은 인을 구하는 것(求謂求仁)"이라 하였다.

파벌 15.21

공자께서 말씀하셨다.

"군자는 긍지를 갖되 다투지 않고[37], 무리를 이루지만 파벌을 만들지는 않는다.[38]"

子曰: "君子矜而不爭, 羣而不黨."

말만으로 등용하지 말라 15.22

공자께서 말씀하셨다.

"군자는 말만 듣고서 사람을 등용하지 않고, [그] 사람만 보고서 말까지 버리지는 않는다."[39]

37) 원문의 "긍矜"은 '씩씩함으로 자기 몸을 지키는 것(莊以持己)'을 뜻한다. 주희는 "사리에 어그러져 온당하지 않은 마음이 없으므로 다투지 않는 것(無乖戾之心 故不爭)"이라고 하였다. 〈팔일〉 3.7의 "군자는 다툴 일이 없으나, 꼭 [다투어야] 한다면 활쏘기일 것이다! 절하고 겸양하며 [활 쏘는 자리에] 오르고 내려와서는 [벌주를] 마시니 그런 다툼이야말로 군자의 모습이다(君子無所爭, 必也射乎, 揖讓而升, 下而飮, 其爭也君子)"라고 한 부분을 보면 이 구절을 이해하는 데 도움이 된다.

38) 원문의 "군이부당羣而不黨"을 번역한 것으로, "화이부동和而不同"(〈자로〉 13.23)이나 "군자부당君子不黨"(〈술이〉 7.31)과 연결지어 생각해 볼 개념이다. 〈이인〉 4.7의 "사람의 허물은 저마다 그가 속한 무리를 따르게 된다. 허물을 관찰해 보면 곧 [어느 정도] 인仁한지를 알 수 있다(人之過也, 各於其黨觀過, 斯知仁矣)"고 한 구절과도 같은 맥락이다.

39) 이 문장은 낮잠 자는 재여宰予를 꾸짖으며 "지금 나는 사람을 대할 때 그 말을 듣고도 행동을 살피게 되었다(今吾於人也, 聽其言而信其行)"(〈공야장〉 5.9)라는 문장과 긴밀하게 연계된다. 또 다른 의미로 뒤 구절의 의미는 외양이 초라해 보이거나 비천해 보인다고 해서 그의 좋은 말을 배척해서는 안 된다는

子曰: "君子不以言擧人, 不以人廢言."

평생 실천할 것 15.23

자공이 여쭈었다.

"한마디 말[40]로 평생 동안 실천할 만한 것이 있습니까?"

공자께서 말씀하셨다.

"아마도 서恕일 것이다.[41] 자기가 하고자 하지 않는 바를 남에게 하라고 하지 않는다.[42]"

子貢問曰: "有一言而可以終身行之者乎?" 子曰: "其恕乎. 己所不欲, 勿施於人."

것이다. 말을 잘하는 자가 반드시 덕이 있지는 않기 때문에 말로써 사람을 등용할 수 없고, 덕이 없다고 해서 착한 말까지 버릴 수는 없다는 것이다.

40) 원문의 "일언一言"을 번역한 것으로, 정약용은 "일자一字"라고 하였다. 육무관은 부연하여 "《시경詩經》의 시 300편을 한마디 말로 단정할 수 있으니, 그것은 생각에 사특함이 없다는 것이라 한 것은 성문의 3자字명이다〔詩三百, 一言以蔽之曰思無邪. 此聖門三字銘也〕"라고 하였다.

41) 이 구절은 〈이인〉 4.15의 "충서忠恕"와 연계해서 볼 수 있다. 《맹자孟子》〈진심장盡心章〉에 "서恕를 힘써 행하면 인을 구함이 이보다 가까울 수 없다〔强恕而行, 求仁莫近焉〕"는 구절과도 통한다.

42) 이 문장은 〈안연〉 12.2에도 나온다. 적생쌍송荻生雙松은 "공자가 자공에게 답한 것은 다만 앞의 한 구〔기서호其恕乎〕이고, 그 뒤의 두 구는 《논어》를 전하는 자가 앞 편의 공자의 말을 여기에다 덧붙여 기록한 것"이라 하였다.

곧은 도 15.24

공자께서 말씀하셨다.

"내가 남에 대하여 누구를 헐뜯고 누구를 칭찬하겠느냐. 만일 칭찬하는 자가 있다면 그것은 [이미] 시험해본 것이다.[43] 이 백성들은 삼대(하·은·주) 때부터 곧은 도로써 다스려온 자들인 것이다."

子曰: "吾之於人也, 誰毁誰譽. 如有所譽者, 其有所試矣. 斯民也, 三代之所以直道而行也."

의심스런 글 15.25

공자께서 말씀하셨다.

"나는 아직도 사관이 [의심스러운] 글을 빼놓고[44] 말(馬)을 가진 사람이 [말馬이 없는] 다른 사람에게 빌려주어 그것을 타도록 한 것을 볼 수 있었는데[45], 지금은 [그것도] 없어졌구나."

---

43) 원문의 "수훼수예誰毁誰譽"에서 "훼毁"는 '남의 나쁜 점을 말하면서 그 진실을 덜어내는 것(稱人之惡而損其真)'이고, "예譽"는 '남의 좋은 점을 찬양하면서 실제보다 지나치게 하는 것(揚人之善而過其實)'을 말한다. "기유소시의其有所試矣"에서 "시試"는 '증험한다(驗)'는 뜻이다. 무릇 공자가 칭찬하는 사람은 모두 일찍이 증험한 바가 있다는 뜻이다(정약용 설).

44) 원문의 "사지궐문史之闕文"을 번역한 것으로, 문장 가운데 빠진 글자나 글귀 또는 글자나 글귀가 빠진 문장으로 해석할 수도 있으나, 여기서는 사관이 의심스런 부분이 생기면 해당 부분을 비워둔다는 의미로 쓰였다.

45) 〈공야장〉 5.25에 "수레와 말과 옷과 가죽옷을 벗들과 함께 쓰다가 그것들을 망가지게 하더라도 섭섭해하지 않았으면 합니다(願車馬, 衣輕裘, 與朋友共, 敝之而無憾)"라는 구절과 연계해서 보면 좋을 듯하다.

子曰: "吾猶及史之闕文也, 有馬者, 借人乘之, 今亡矣夫."

작은 일을 참아내야 15.26

공자께서 말씀하셨다.

"교묘한 말은 덕을 어지럽힌다. 사소한 일을 참지 못하면 원대한 계책을 그르치게 된다.[46)]"

子曰: "巧言亂德. 小不忍則亂大謀."

여론에 휘둘리지 말자 15.27

공자께서 말씀하셨다.

"모두가 그를 미워하더라도 반드시 살펴보아야 하고, 모두가 그를 좋아하더라도 반드시 살펴보아야 한다."[47)]

子曰: "衆惡之, 必察焉. 衆好之, 必察焉."

46) 원문의 "교언巧言"에 관해 주희는 "옳고 그름을 변란시키니, 이것을 들으면 사람으로 하여금 지킬 바를 상실하게 한다(變亂是非, 聽之使人喪其所守)"고 하였고, 정약용은 "사소한 일을 참지 못하면 원대한 계책을 그르치게 된다(小不忍, 則宣洩機密, 故必敗壞大謀)"고 하였다. 〈위령공〉 15.11의 "사람이 멀리 내다보며 생각하지 않으면 반드시 가까운 곳에 근심이 있다"라고 한 구절과 비교해서 읽어 보기 바란다.

47) 이 문장과 함께 읽어보아야 할 장면이 〈자로〉 13.24에 나온다. 〈이인〉 4.3에 "오직 인한 사람만이 남을 좋아할 수 있고, 남을 미워할 수도 있다"고 한 구절도 함께 보아야 한다.

사람과 도 15.28

공자께서 말씀하셨다.

"사람이 도를 넓힐 수 있는 것이지, 도가 사람을 넓힐 수 있는 것은 아니다."

子曰: "人能弘道[48], 非道弘人."

잘못이란 15.29

공자께서 말씀하셨다.

"잘못하고서도 고치지 않는 것[49], 이것을 [바로] 잘못이라고 한다."

子曰: "過而不改, 是謂過矣."

---

48) 원문의 "도道"는 선왕先王의 도道를 가리킨다는 설(오규 소라이)도 있는데, 이는 공자의 참뜻이 어디에 있는지 파악하기 어려운 문장이다. 일반적으로는 도덕적인 자각과 능동적인 실천의 중요성을 동시에 강조한 글로 풀이한다. 물론 뒤의 네 글자인 "비도홍인非道弘人"이 논란의 소지가 있기는 하다. '도道는 본성의 길인데 사람이 욕심으로 대해서는 안 된다'는 의미로서 사람이 추구하는 목표가 바로 도이지, 사람이 이름을 내는 데 도와주는 것이 아니라는 의미로 이해하면 무난하다.

49) 〈옹야〉 6.2에 공자가 안연을 칭찬하면서 "잘못을 거듭하지 않았다〔不貳過〕"라고 하였으며, 주희도 "허물이 있으나 능히 고치면 허물이 없는 데로 돌아올 수 있다〔過而能改, 則復於無過〕"고 하였다.

배움이 생각보다 우선 15.30

공자께서 말씀하셨다.

"나는 일찍이 온종일 먹지도 않고 밤새도록 잠자지 않고 생각해 보았지만, 유익함이 없었으며, 배우는 것이 더 나았다."[50]

子曰: "吾嘗終日不食, 終夜不寢, 以思無益, 不如學也."

군자가 도모해야 할 것 15.31

공자께서 말씀하셨다.

"군자는 도를 도모하지, 먹을 것을 도모하지 않는다. 밭을 갈아도 굶주림이 그 속에 있지만, 배우면 녹봉은 그 속에 있다. 군자는 도를 걱정하지 가난을 걱정하지는 않는다.[51]"

子曰: "君子謀道不謀食. 耕也, 餒在其中矣. 學也, 祿在其中矣. 君子憂道不憂貧."

50) 이 문장은 〈위정〉 2.15의 문장과 비교해서 읽어보아야 한다. "배우기만 하고 생각하지 않으면 미혹되고, 생각하기만 하고 배우지 않으면 위태롭다〔學而不思則罔, 思而不學則殆〕"라고 하였으니, 생각만 하지 말고 하나라도 더 배우라는 충고다. 《순자荀子》 〈권학勸學〉 편에도 "나는 일찍이 온종일 생각했으나 잠깐 동안 배운 바가 더 나았다〔吾嘗終日思矣, 不如須臾之所學〕"라고 하였다.

51) 주희는 "도道란 대체大體(心)가 따르는 것이고, 식食이란 소체小體가 누리는 것이다. 그러므로 군자가 도모하는 것은 대체에 있고 소체에 있지 않다. 즉 학문을 함에는 도를 얻지 못함을 걱정할 뿐이요, 가난을 걱정하는 이유 때문에 학문을 하여 녹을 얻고자 하는 것은 아니다"라고 하였다.

지혜와 인, 엄정함과 예 15.32

공자께서 말씀하셨다.

"지혜가 그것(직책)에 미치더라도 인仁으로써 그것을 지킬 수 없으면 비록 그것을 얻는다 하더라도 반드시 그것을 잃게 될 것이다.[52] 지혜가 그것에 미치며 인으로써 그것을 지킬 수 있더라도, 엄정하게 그것에 임하지 않으면 백성은 공경하지 않는다. 지혜가 그것에 미치고 인仁으로써 그것을 지킬 수 있으며, 엄정하게 임하더라도 백성들을 움직일 때 예로써 하지 않으면 훌륭한 것은 아니다."

子曰: "知及之, 仁不能守之. 雖得之, 必失之. 知及之, 仁能守之. 不莊以涖之, 則民不敬. 知及之, 仁能守之, 莊以涖之, 動之不以禮, 未善也.[53]"

52) 주희는 "지혜가 충분히 이 이치를 알 수 있으나 사욕이 여기에 끼어들면 그것을 자기 몸에 소유할 수 없는 것"이라고 하였다. 《역易》에 "무엇으로 그 지위를 지키는가 하면, 이는 인仁이다"라고 한 것과 맹자가 "천자가 인仁하지 못하면 사해를 보존하지 못하고 제후가 인하지 못하면 사직을 보존하지 못한다"고 한 것은 모두 이런 뜻이다(노동원盧東元 설).

53) 원문의 "득지得之"와 "실지失之"는 지위로써 한 말이다. "장莊"은 단정하고 위엄이 있는 것이고, "이涖"는 임하다〔臨〕의 뜻이다. "장이리지莊以涖之"는 위의威儀의 나태함이 없으며 정령政令에 희롱하고 경시함이 없는 것이다(정약용 설).

작은 일과 큰일 15.33

공자께서 말씀하셨다.

"군자는 작은 일로써 알 수 없지만 큰일을 맡아 할 수 있고, 소인은 큰일을 맡을 수 없지만 작은 일로 알아볼 수는 있다.[54)]"

子曰: "君子不可小知而可大受也, 小人不可大受而可小知也."

인에 뛰어들어라 15.34

공자께서 말씀하셨다.

"백성들이 인仁에 대해서는 물이나 불보다 더 심하다.[55)] 물이나 불이라면, 나는 빠지거나 타서[56)] 죽은 사람은 보았지만, 인을 실천하다 죽은 자는 보지 못했다."

子曰: "民之於仁也, 甚於水火. 水火吾見蹈而死者矣,
未見蹈仁而死者也."

---

54) 정약용은 "큰 재목이 작게 쓰이면 그 지혜를 두루 넓게 쓰지 못하는 바가 있어 그 직책을 잘 해내지 못하고, 작은 그릇이 크게 쓰이면 힘이 감당하지 못하는 바가 있어 반드시 그 일을 실패하게 된다〔大才小用, 則知有所不周, 而不善其職, 小器大用, 則力有所不勝, 而必敗乃事〕"라고 하였다.

55) 이 문장의 의미는 두 가지로 해석되는데 원문의 "민民"은 '인人'과 같은 의미인데 물과 불을 꼭 필요로 하는 것이라는 설(마융)과 물과 불을 위험하게 여겨 피한다는 설(주희)이 있다.

56) 원문의 "도蹈"는 '밟다', '실천하다'의 의미인데 이렇게 의역한 것이다. 뒷부분에 나오는 "도蹈"는 원의를 살려 "실천하다"로 번역한다.

스승에게도 양보하지 않는 것 15.35

공자께서 말씀하셨다. "인을 행하는 데 있어서는 스승에게도 양보하지 않는다."

子曰: "當仁, 不讓於師."

곧음과 고집은 다르다 15.36

공자께서 말씀하셨다.
"군자는 올곧지만[57] [작은] 믿음만을 고집하진 않는다."

子曰: "君子貞而不諒."

57) 원문의 "정貞"을 번역한 것으로, 이 글자는 바르다는 의미의 '정正'과 견고하다는 의미의 '고固'의 뜻을 겸하고 있다. 바로 뒤의 "양諒"과 비슷한 의미다. 단지 다른 점이 있다면, "정"은 융통성은 있되 원칙에 근거한 믿음이고, "양"은 옳고 그름을 따지지 않고 자신의 신념을 꺾지 못하는 꽉 막힌 믿음으로 정약용은 "미덥고 견고하다(信而堅)"로 풀이하였는데, '미생지신尾生之信'의 성어를 생각하면 된다. 즉 정도를 따르되 작은 신의에 얽매이지 않는다는 뜻이다.

녹봉은 뒤로 15.37

공자께서 말씀하셨다.

"임금을 섬기되 [먼저] 그 일을 경건하게 하고[58] 녹봉은 뒤로해야 한다.[59)]"

子曰: "事君, 敬其事而後其食."

가르침의 원칙 15.38

공자께서 말씀하셨다.

"가르칠 때는 차별이 없어야 한다."[60)]

子曰: "有教無類."

58) 원문 "경기사敬其事"를 번역한 것인데, 맡은 직책에 마땅히 충심을 다하고, 자신의 직무를 엄격히 수행한다는 의미다. 〈옹야〉 6.20의 "인이라는 것은 어려운 일을 먼저하고 [이익을] 거두어들이는 것을 뒤로하는 것"이라고 한 구절과 통한다.

59) 원문의 "식食"이란 일에 대한 보답이다. 그러나 이를 마음에 두면 또한 먹는 것을 꾀하는 데에 돌아가고 만다. 그 일을 공경히 하는 것은 녹祿 때문이 아니다(정약용 설).

60) 이 문장의 경우 정반대의 해석이 있으니, '가르침이 있으면 차별이 없어진다'는 해석으로 가르침을 통해 신분이나 계층의 차별을 없앨 수 있다는 말로, 두 가지 해석이 가능하다. 그러나 공자는 〈술이〉 7.7에서 "스스로 말린 고기 열 묶음 이상을 가져오면 나는 일찍이 가르쳐주지 않은 적이 없다"고 했듯이 기본적으로 빈부나 귀천, 출신, 나이 등에 어떠한 차등도 두지 않았고 귀족 출신 제자가 거의 없었다는 점을 염두에 둘 필요가 있다.

길이 다르면 15.39

공자께서 말씀하셨다.
"길이 다르면[61], 서로 도모하지 않는다."

子曰: "道不同, 不相爲謀."

말은 전달력 15.40

공자께서 말씀하셨다.
"말[62]은 [꾸밈없이] 전달하면 그뿐이다."

子曰: "辭達而已矣."

61) 원문의 "도道"를 정약용은 "바라보고 그것을 말미암는 것(望而由之)"이라고 하였는데, '자기가 추구하는 방향' 정도로 해석하면 되겠다. 원문의 "부동不同"을 주희는 "선과 악, 사악함과 바름의 다른 것과 같다(如善惡邪正之異)"고 하였다.

62) 원문의 "사辭"는 단순히 '말'이 아니고 외교 사절이 쓰는 외교 사령辭令의 의미다. 한편 정약용은 "축관祝官과 사관史官의 말"이라고 단언했으나, 과도한 풀이이다. 공안국은 "무릇 일은 실상보다 지나치지 말아야 한다. 사辭는 뜻만 전달되면 충분하니, 꾸미는 사辭로 번거롭게 하지 않는다(凡事莫過於實, 辭達則足矣, 不煩文艶之辭)"라고 하였다.

악사를 돕는 이치 15.41

사면[63]이 [공자를] 뵈었는데, 섬돌에 이르자, 공자께서 말씀하셨다.

"섬돌이오."

자리에 이르렀을 때 공자께서 말씀하셨다.

"자리요."

모두 앉자 공자께서 그에게 일러주셨다.

"아무개는 여기에 있고, 아무개는 여기에 있소."

사면이 나갔다. 자장이 여쭈었다.

"악사와 [그렇게 하는 것이] 말하는 이치입니까?"

공자께서 말씀하셨다.

"그렇다. 진실로 악사를 돕는 이치이다."

師冕見, 及階, 子曰: "階也." 及席, 子曰: "席也." 皆坐, 子告之曰: "某在斯, 某在斯." 師冕出, 子張問曰: "與師言之道與?" 子曰: "然, 固相師之道也."

63) 원문의 "사師"는 악사樂師란 의미이고 "면冕"은 그의 이름이다. 고대의 악사는 대부분 소경이었다.

제16편

계씨季氏

—쇠미한 세상에서 살아가기 위한 실천적 방법

【해설】

〈계씨〉 편은 체재가 산만해 보인다. 〈옹야〉 편과 서로 관계가 있다고 할 만큼 정치 문제에 집중하고 있다. 쇠미해진 세상에 대한 안타까운 심정 등 공자의 정치철학에 관한 내용이 주를 이루며 현실문제에 대한 해법 제시도 많다.

대화체 문장이 길게 이어지며 1장과 13장은 특히 길다. 1장에서는 명분에 어긋난 전쟁을 반대하는 공자의 논리가 일품이다. 특히 세 차례에 걸쳐 염유를 나무라는 점층 화법도 눈여겨볼 만하다. 3장에서는 "말씀하셨다(曰)"라고 서술하지만 12장과 14장은 화자를 드러내지 않았다. 여기에서도 공자는 전쟁보다는 예의를 앞세워야 함을 밝히면서 유익한 벗의 첫째 조건을 정직에 두었다. 아울러 군자를 모실 때의 세 가지 잘못이나, 군자가 경계해야 할 세 가지 일, 군자가 두려워해야 할 세 가지 일에 대한 논의도 흥미롭다.

군자가 생각해야 할 아홉 가지는 지금 읽어봐도 옛 성현들이 얼마나 용의주도하게 자기관리에 임했는지를 알 수 있는 글이다. 특히 '자식과도 일정한 거리를 둔다'는 대목은 평생 예禮로 살아온 공자의 가치관을 보여주기에 부족함이 없다.

주목할 점은, 다른 편에서는 거의 "자왈子曰"로 공자의 말씀을 제자들이 전하는 방식으로 서술하는데, 여기서는 대부분 공자의 이름을 직접 거론하여 "공자왈孔子曰"이라고 하는 점이다. 따라서 적지 않은 사람들은 이 편이 제자들이 아니라 후대의 누군가가 지었을 것이라며 위작 개연성을 거론하기도 하지만 위작이라는 것은 아니다.

공자의 우려 16.1

계씨(계강자)가 전유顓臾를 정벌하려고[1] 했다. [계씨의 가신들인] 염유와 계로가 공자를 뵙고 여쭈었다.

"계씨가 장차 전유와 일(전쟁)을 벌이려 하는 일이 있을 것입니다."

공자께서 말씀하셨다.

"구(염구)야, 아마도 이것이 너의 잘못이 아니겠느냐? 전유는 옛날 선왕께서 동몽(몽산蒙山으로 비현의 경계에 있음)의 제사를 주관하도록 하셨고, 또한 이미 이 나라(노나라)의 강역 안에 있으니, 이는 사직의 신하인데, 어떻게 정벌한다는 것이냐?"

염유가 말했다.

"선생(계강자)이 그렇게 하려는 것이지, 저희 두 신하는 모두 원하

1) 전유는 노나라의 속국이지만 실제로는 부용국으로 사방 50리 정도의 작은 나라다. 다른 문헌에는 없고《논어》의 이곳에만 기록돼 있다. 이 당시 시대적 상황에 대해 주희는 "《춘추좌씨전》과《사기》에 의거하여 두 사람이 계씨에게 벼슬한 것이 같은 시기가 아닌데, 여기에서 이렇게 말한 것은 아마도 자로가 일찍이 공자를 따라 위나라에서 노나라로 돌아와 다시 계씨에게 벼슬하다가 오래지 않아 다시 위나라로 가서 벼슬한 듯하다"라고 지적하였다.《춘추좌씨전》에 의하면, 자로는 정공 12년에 계씨의 읍재가 되어 삼환三桓의 도성을 무너뜨리려 하였고, 염유는 애공 11년에 계씨의 읍재가 되어 제나라와의 전쟁에서 공을 세웠다는 기록이 있다. 조순손趙順孫은 자로가 애공 11년에 공자를 따라 노나라로 돌아왔고, 애공 14년에 소주역小邾射이 노나라로 망명해 와서 자로와 약속하려고 한 때까지 노나라에 있었으며, 이 해에 다시 위나라로 가서 다음 해(애공 15년) 공회孔悝의 난리에 죽었을 것이라고 추정하기도 하였다. 염유가 계씨의 읍재가 된 것은 기원전 492년, 즉 계강자가 집정한 이후의 일인데 자로는 중궁과 염유보다 앞선 시기에 읍재가 되었으니 대체로 기원전 498년이었다. 하지만 자로는 곧 일을 그만두고 공자를 따라 천하를 주유했다. 그가 공자를 따라 노나라로 돌아온 것은 기원전 484년이었고, 다시 계강자를 모신 것은 이듬해였다. 리링은 이런 점에 주목하여 계씨가 전유를 치려고 계획을 꾸민 것은 기원전 484년에서 기원전 480년 사이여야 한다고 추정했는데 합리적이다.

지 않습니다."

공자께서 [의심하며] 말씀하셨다.

"구야, 주임周任[2)]이 하는 말에, '온힘을 다하여 자리에 나아가되, 잘할 수 없으면 그만둔다'고 했다. 위험에 처했는데도 도와주지 않고, 넘어지려 하는데도 붙잡아주지 않는다면, 장차 어찌 그런 신하들을 쓰겠느냐? 그러니 네가 하는 말은 잘못되었다. 호랑이나 외뿔소(들소라고도 함)가 우리에서 뛰쳐나오고, 점치는 거북과 귀한 옥이 궤 안에서 깨졌다면, 이는 누구의 잘못이겠느냐?"

염유가 말했다.

"지금 전유는 [성곽이] 견고하고 비읍에 가깝기 때문에, 지금 빼앗지 않으면 후세에 분명히 자손들의 근심거리가 될 것입니다."

공자께서 말씀하셨다.

"구야, 군자는 자기가 하고자 한다는 사실을 외면하고 구실을 찾아 말하는 것을 싫어한다.[3)] 내가 듣건대 국가를 소유하고 있는 자는 [재화가] 적은 것을 근심하지 않고 고르지 못한 것을 근심하며, 가난을 근심하지 않고 안정되지 못함을 근심한다. 대개 [분배가] 고르면 가난한 사람이 없고, 조화로우면 적다고 느끼지 않을 것이며, 안정되면 [나라가] 기울어질 일이 없다.[4)] 이와 같으므로 먼 곳에 있

---

2) 옛날의 훌륭한 사관史官이라는 설과 주 왕실의 대부라는 두 가지 설이 있는데 사관으로 보는 것이 좀더 합리적이다.

3) 염구에 대해 의심하고 반문하고 단정하는 방식의 질책을 염두에 두고 읽어야 한다. 즉, 호산壺山은 "모두 세 번 염유를 부름에 책망하심이 점점 간절해졌으니, 무내無乃는 의심하는 말이고, 언용焉用은 반문하는 말이고 질부疾夫는 단정하는 말이다(凡三呼求, 而責之漸入切, 曰無乃, 疑辭, 曰焉用, 反辭, 曰疾夫, 決辭.)"라고 하였는데 일리가 있다.

4) 원문의 "과寡", "빈貧", "균均", "안安"에 대해 풀이하면 이렇다. 과寡는 백성이 적

는 사람들이 복종하지 않으면 문덕文德을 닦아 그들을 오게 한다. 이미 그들을 오게 했으면, 그들을 편안하게 해주어야 한다. 지금 유(자로)와 구(염구)가 선생(계씨)을 돕고 있는데, 먼 곳에 있는 사람들을 복종시키지 못하고 그들을 오게 할 수 없고, 나라가 산산이 무너지고 떨어져 나가는데도 지키지 못하면서 나라 안에서 전쟁[5]을 일으키려 꾀하는구나. 내가 걱정하는 것은 계손씨의 근심거리가 전유에 있는 것이 아니라 노나라 임금의 담장 안[6]에 있다는 것이다."

음을 이르고, 빈貧은 재물이 궁핍함을 이른다. 균均은 저마다 분수를 얻음을 이르고, 안安은 군주와 신하가 서로 편안함을 이른다. 계씨가 전유국顓臾國을 취하려고 함은 (백성이) 적음과 가난함을 근심해서이다. 그러나 이때 계씨가 나라를 차지하고 노나라 임금은 백성이 없었으니 고르지 못한 것이요. 군주는 약하고 신하는 강하여 서로 혐의와 틈이 생겼으니 편안하지 못한 것이다. 고르면 가난함을 근심하지 않아 화和하고, 화하면 (백성이) 적음을 근심하지 않아 편안하고, 편안하면 서로 의심하거나 시기하지 않아 나라가 기울고 전복될 근심이 없게 된다.

5) 원문의 "간과干戈"를 번역한 것인데 '무력을 사용하다'는 식으로 번역해도 무방하다.

6) 원문의 "소장蕭墻"이란 노나라 임금이 사용하던 병풍으로 신하들이 이 병풍 앞에 이르면 마음이 경건해지기 때문에 엄숙한 담장이라는 의미다. 천자는 외병外屛을 두르며, 제후는 내병內屛, 대부는 주렴珠簾, 사士는 휘장을 사용한다(황간 설). 따라서 "소장지내蕭墻之內"란 노나라 임금을 가리킨다고 보면 된다. 공자가 이 말을 한 것은 노나라의 왕위를 차지하고 싶은 계손씨의 참월에 대한 속내를 드러낸 말이라고 해도 과언이 아니다. 그런데 정약용은 주희의 기존 설과 다른 풀이를 내놓았다. 정약용은 《예기》 〈교특생郊特牲〉에 "쑥에 서직黍稷을 합하여 태워서 냄새가 올라가 담장과 지붕에 도달하게 한다〔蕭合黍稷, 臭陽達於牆屋〕"라고 한 것을 인용하여 "소장"은 '집의 담장〔家之垣〕'이라고 하였고, "소장의 근심은 자로와 염유 두 사람을 가리킨다"라고 하였다. 이러한 관점은 주희가 "소장지내蕭牆之內의 근심이란 애공이나 조나라를 지칭하는 것"이라고 한 것과 대비되니, 정약용은 소장의 근심이라고 할 수 없다고 하였다. 한편, 성백효는 "소장은 병풍이든 집의 담장이든 모두 노나라의 내란을 가리켰음은 의심할 것이 없다. 다만 자로와 염유를 가리켰다는 정약용의 설은 무리라고 생각된다"고 하면서 주희 설에 힘을 실었다.

季氏將伐顓臾. 冉有季路見於孔子曰: "季氏將有事於顓臾." 孔子曰: "求, 無乃爾是過與? 夫顓臾, 昔者先王以爲東蒙主, 且在邦域之中矣, 是社稷之臣也. 何以伐爲?" 冉有曰: "夫子欲之, 吾二臣者皆不欲也." 孔子曰: "求, 周任有言曰 '陳力就列, 不能者止.' 危而不持, 顚而不扶, 則將焉用彼相矣? 且爾言過矣, 虎兕出於柙, 龜玉毁於櫝中, 是誰之過與?" 冉有曰: "今夫顓臾, 固而近於費. 今不取, 後世必爲子孫憂." 孔子曰: "求, 君子疾夫舍曰欲之而必爲之辭. 丘也聞有國有家者, 不患寡而患不均, 不患貧而患不安. 蓋均無貧, 和無寡, 安無傾.[7] 夫如是, 故遠人不服, 則修文德以來之. 旣來之, 則安之. 今由與求也, 相夫子, 遠人不服, 而不能來也. 邦分崩離析, 而不能守也. 而謀動干戈於邦內. 吾恐季孫之憂, 不在顓臾, 而在蕭墻之內也."

천하에 도가 있으면 16.2

공자께서 말씀하셨다.

"천하에 도가 있으면 예악과 정벌은 천자로부터 나오고, 천하에 도가 없으면 예악과 정벌이 제후로부터 나온다. 제후로부터 나오면 대개 10대[8] 안에 [자리를] 잃어버리지 않는 경우가 드물고, 대부

7) 문맥으로 보아 이 "안무경安無傾"이란 세 글자가 다음 구절의 "기래지즉안지旣來之則安之" 다음에 나와야 한다고 주장하는 이도 있다.

8) 원문의 "10세十世"는 평왕이 동쪽으로 천도한 이래 공자가 죽을 때까지 재위했던 왕 열 명을 포괄하는 용어다. 여기서 예악과 정벌이 제후에게서 나왔다는 말의 주인공은 바로 제나라 환공이다. 주목할 만한 점은 제나라 환공에서부터 공자가 죽을 때까지 재위한 왕의 계보를 보면 희왕僖王·혜왕惠王·양왕襄王·

로부터 나오면 5대[9] 안에 [자리를] 잃어버리지 않는 경우가 드물며, 대부의 가신이 나라의 [자리를] 잡으면 3대 안에 [자리를] 잃어버리지 않는 경우가 드물다.[10] 천하에 도가 있으면 정권은 대부에게 있지 않으며, 천하에 도가 있으면 일반 백성들이 [정치 문제를] 논의하지 않는다."

孔子曰: "天下有道, 則禮樂征伐自天子出. 天下無道, 則禮樂征伐自諸侯出. 自諸侯出, 蓋十世希不失矣. 自大夫出, 五世希不失矣. 陪臣執國命, 三世希不失矣. 天下有道, 則政不在大夫. 天下有道, 則庶人不議."

도가 없으면 16.3

공자께서 말씀하셨다.

"작록에 대한 권한(정권을 비유함)이 공실(노나라 조정)을 떠난 지 5대가 되었고, 정권이 대부의 손에 넘어간 지 4대가 되었다.[11] 따라서 저 삼환[12]의 자손들도 쇠미해진 것이다."

경왕頃王·광왕匡王·정왕定王·간왕簡王·영왕靈王·경왕景王·경왕敬王 등 열 명이므로 공자가 바로 "10세"라고 한 것이다.

9) 여기서 "5세五世"란 노나라의 계씨들인 문자文子·무자武子·평자平子·환자桓子·강자康子를 말한다.

10) 공자는 이처럼 구체적인 숫자를 들어 흥망을 논했는데, 역사를 보는 안목이 예사롭지 않음을 알 수 있다. 춘추시대에 들어서면서 요·순·우·탕으로 대변되는 천자의 시대가 종말을 고하고 패권을 추구하는 제후들이 나라를 다스리는 세태를 우려한 것이니, 이는 곧 추구하는 대상이 추구하는 자를 망치는 일을 경계한 것이다.

孔子曰: "祿之去公室五世矣, 政逮於大夫四世矣. 故夫三桓之子孫微矣."

유익한 벗과 해로운 벗 16.4

공자께서 말씀하셨다.

"유익한 벗이 세 가지이고, 손해가 되는 벗이 세 가지이다. 정직한 사람을 벗하고[13], 미더운 사람을 벗하며, 견문이 많은 사람을 벗하면 이롭다. 아첨을 잘하는 사람을 벗하고, 선하고 유순한 듯하면서 [겉과 속이] 다른 사람을 벗하며, 말을 교묘히 둘러대는 사람을 벗하면 손해다."

孔子曰: "益者三友, 損者三友. 友直, 友諒, 友多聞, 益矣. 友便辟[14], 友善柔, 友便佞[15], 損矣."

11) 정현의 주석에 따르면 이때는 노나라 정공定公의 초기로 정사의 권한이 대부의 손에 달려 있었고, 작록도 군주의 손에서 나오지 않았다. "5세五世"는 노나라의 선공宣公·성공成公·양공襄公·소공昭公·정공定公 등 다섯 임금이고, "4세四世"는 계씨의 무자武子·평자平子·환자桓子·강자康子 등이다. 그러므로 이는 노나라 임금이 정치권력을 잃은 시기부터 공자가 이 말을 한 시기까지 왕가의 계보이다.

12) 노나라의 삼경三卿이다. 즉 중손(계손)·숙손·맹손이 모두 노나라 환공桓公의 후손이었으므로 "삼환三桓"이란 호칭을 붙인 것이다.

13) 관본언해와 율곡언해본의 "우友" 자 번역이 다르다. 관본언해에는 "우友"를 동사로 보아 "정직한 이를 벗삼으며 성실한 이를 벗삼으며 문견이 많은 이를 벗삼는다"로 해석하였으며 "우변벽友便辟" 이하도 이와 같다. 역자는 율곡언해에 따르지 않고 관본언해를 따랐다.

14) 마융에 따르면 "변便은 '재빠르게〔捷〕'의 뜻이다. "변벽便辟"은 "남이 싫어하는 것을 교묘히 피해 그 마음에 쏙 들려고 하는 사람〔巧避人之所忌, 以求容媚者〕"이라고 하였다.

좋아하는 것의 두 종류 16.5

공자께서 말씀하셨다.

"유익한 것 세 가지를 좋아하고, 해로운 것 세 가지를 좋아한다. 예악으로 절제하는 것을 좋아하는 것, 다른 사람의 장점 말하기를[16] 좋아하는 것, 현명한 친구를 많이 사귀기를 좋아하는 것은 유익하다. 교만을 즐기는 것을 좋아하고, 방탕하게 노는 것을 좋아하며, 향락에 빠져 먹고 마시는 것을 좋아하면 해롭다."[17]

孔子曰: "益者三樂, 損者三樂. 樂節禮樂, 樂道人之善, 樂多賢友, 益矣. 樂驕樂, 樂佚遊, 樂宴樂, 損矣."

잘못 모시는 허물 세 가지 16.6

공자께서 말씀하셨다.

"군자를 모실 때 세 가지 [저지르기 쉬운] 허물이 있으니, 말할 때가 되지 않았는데 말하는 것을 조급함이라고 한다. 말할 때가 되었는

---

15) "변녕便佞"에 대하여 정현은 "변便은 말을 잘하다(辯)이고, 변녕便佞은 말을 잘해서 남의 비위를 잘 맞추는 사람이다"라고 하였고, 황간은 변녕을 "말을 잘해서 교묘히 둘러대는 사람(辯而巧)"이라고 하였다.

16) 원문의 "도道"를 번역한 것으로, '이끌다'라는 의미의 '도導'로 해석하기도 하지만 설득력은 미흡하다.

17) 사람에게 가장 가치 있고 중요한 것은 인仁을 터득하는 일이다. 예악을 실천하고 다른 사람을 자신처럼 사랑하여 좋은 점을 말하고 아울러 어진 친구를 많이 사귀는 것이다. 반대로 육체적 욕망에 사로잡혀 방탕한 생활을 하는 행위는 인으로부터 멀어지는 해로운 것이다. 원문의 "일유佚遊"란 의미에 대해 왕숙은 "들고 나는 것에 절도가 없다(出入不節)"고 하였다.

데도 말하지 않는 것을 숨김이라고 한다. 얼굴빛을 보지도 않고 말하는 것을 눈멂이라고 한다."

孔子曰: "侍於君子有三愆. 言未及之而言謂之躁, 言及之而不言謂之隱, 未見顔色而言謂之瞽."

군자가 경계해야 할 세 가지 16.7

공자께서 말씀하셨다.

"군자에게는 세 가지 경계해야 하는 것이 있다. 젊어서는[18] 혈기가 안정되지 않았으므로 여색에 빠지는 것을 경계해야 하고, 장년이 되어서는 혈기가 막 왕성해지므로 싸움에 휘말리는 것을 경계해야 하며, 늙어서는 혈기가 이미 사그라졌으므로 탐욕에 빠지는 것을 경계해야 한다."[19]

孔子曰: "君子有三戒. 少之時, 血氣未定, 戒之在色. 及其壯也, 血氣方剛, 戒之在鬪. 及其老也, 血氣旣衰, 戒之在得."

---

18) 《황소皇疏》에서 말하길 "젊어서"는 20세 이하이고, "장년이 되어서"는 30세 이상이고, "늙어서"는 50세 이상이다. 맨 마지막의 늙음의 나이는 규정하기 어려운데 혹자는 70세까지 확장하기도 한다. 공자는 〈위정〉 2.4의 "15세에 배움에 뜻을 두었고, 30세가 되어서는 자립하였다"에서 보듯이 나이에 따라서 삶의 이정표를 잘 정해놓았다.

19) 마음을 다스리기가 쉽지 않다는 것을 강조하고 있는 문장이다. "젊어서는 색色을 생각하고 장년에는 싸움을 생각하니, 이는 꽉 차서 새어나가기를 생각하는 것이다. 노년에는 혈血이 허虛하고 기氣가 모자라 항상 보충하기를 생각하기 때문에, 그 심정은 음식을 좋아하고 재물에 애착을 가지는 것이니, 이는 두려워할 만한 기틀이다"(정약용 설). 핵심은 평정심을 잃지 않는 일이다.

군자가 두려워해야 할 세 가지 16.8

공자께서 말씀하셨다.

"군자에게는 세 가지 두려워하는 것이 있다. 천명을 두려워하고, 대인(높은 자리에 있는 자)을 두려워하며, 성인(도덕을 갖춘 자)의 말씀을 두려워해야 한다.[20] 소인은 천명을 알지 못하므로 두려워하지 않고 대인[21]을 함부로 대하며 성인의 말을 업신여긴다."

孔子曰: "君子有三畏. 畏天命, 畏大人, 畏聖人之言.
小人不知天命而不畏也, 狎大人, 侮聖人之言."

아는 사람의 네 가지 등급 16.9

공자께서 말씀하셨다.

"태어나면서부터 아는 사람은 상급이고, 배워서 아는 사람은 그 다음 등급이며, 곤란을 겪고 나서 배우는 사람은 또 그다음이며, 곤란을 겪고 나서도 배우지 않는 사람은 백성들이 [바로] 그런 자들인데 이들은 하급이다.[22]"

---

20) "삼외三畏" 이외에 군자가 두려워해야 할 세 가지가 《예기》 〈잡기 하雜記下〉 편에 나와 있다. "첫째, 들은 것이 없을 때는 듣지 못했음을 두려워해야 한다. 둘째, 들었다면 이를 익히지 못함을 두려워해야 한다. 셋째, 익혔다면 이를 실천하지 못함을 두려워해야 한다." 여기서 "외畏"의 개념은 사실상 기피 대상이 아니라 경건하거나 경탄하는 의미를 갖는다.

21) 지위가 있고 연륜이 있고 덕이 있는 자를 말한다(주희 설). 덕德·재才·지智를 갖춘 사람이라고 본 맹자는 《맹자》 〈진심 하盡心下〉에 "대인에게 진언할 때는 가볍게 대해야 한다(說大人, 則藐之)"는 말을 했다.

孔子曰: "生而知之者上也, 學而知之者次也, 困而學之[23], 又其次也, 困而不學, 民斯爲下矣."

군자가 생각해야 할 아홉 가지 16.10

공자께서 말씀하셨다.

"군자에게는 아홉 가지 생각할 것이 있으니, 볼 때는 분명한가를 생각하고, 들을 때는 똑똑한가를 생각하고, 안색은 온화한가를 생각하며, 용모는 공손한지를 생각하고, 말은 충실한지를 생각하고, 일을 처리할 때는 경건한가를 생각하고, 의문이 들 때는 물어보아야 할 것을 생각하고, 화가 치밀면 어떤 후환이 생길까를 생각하고, 재물을 보면 의로운 것인가를 생각한다."

孔子曰: "君子有九思. 視思明, 聽思聰, 色思溫, 貌思恭, 言思忠, 事思敬, 疑思問, 忿思難, 見得思義."

---

22) 이 문장은 〈술이〉 7.19, 7.33과 긴밀한 연관이 있으니, 모두 공자의 호학好學 정신을 다룬 장들이다.

23) "곤이학지困而學之"에 대하여 주희는 "곤困은 갇혀서 통하지 못하는 바가 있는 것(有所不通)"이라고 하였다. 이치에 통하지 않는 것, 일을 하다가 곤란한 지경에 빠지는 것 등이 '곤'이며, 또한 사람들마다 각각의 경우에 다양한 형태의 '곤'이 있다고 볼 수 있다. '곤'은 배움의 필요성이나 그 동기가 되는 중요한 기회이다.

은자를 염원하다 16.11

공자께서 말씀하셨다.

"선한 사람을 보거든 미치지 못할 듯이 하고, 선하지 못한 사람을 보거든 끓는 물에 손을 대는 듯이 한다. 나는 그런 사람을 보았고, 나는 그런 말도 들었다.[24] 숨어 살면서 자신의 뜻을 추구하고, 의로움을 실천함으로써 자신의 도를 달성한다고 하는데, 나는 그런 말을 들었지만 그런 사람은 아직 보지 못했다."

孔子曰: "見善如不及, 見不善如探湯. 吾見其人矣, 吾聞其語矣. 隱居以求其志, 行義以達其道, 吾聞其語矣, 未見其人也."

경공과 백이 숙제 16.12

제나라 경공은 말 4천 필을 갖고 있었는데, 그가 죽던 날 백성들이 그의 덕에 대해 칭송하는 자가 없었다. 백이와 숙제는 수양산 아래서 굶어죽었지만, 백성들은 오늘에 이르기까지 그들을 칭송하고 있다.[25] 아마도 이것을 두고 하는 말인가?

齊景公有馬千駟, 死之日, 民無德而稱焉. 伯夷叔齊餓于首陽之下, 民到于今稱之. 其斯之謂與?

---

24) 공안국은 "끓는 물에 손을 댄다는 말은 악한 것을 버리기를 빨리하는 것에다 비유한 것"이라고 하였다. 뒤의 두 구절, 즉 "오견기인의吾見其人矣, 오문기어의吾聞其語矣"라는 문장의 순서가 반대로 되어야 한다고 보는 이도 있는데 문맥상 그렇게 생각할 수도 있다.

군자는 자식과도 거리를 둔다 16.13

진항(진자금)이 백어[26]에게 물었다.

"당신께서는 또한 [아버지로부터] 특별한 말을 들었습니까?"

[백어가] 대답했다.

"없었습니다. 일찍이 홀로 서 계시는데 제가 종종걸음으로 뜰을 지나가자, 말씀하시기를 '시를 배웠느냐?'라고 하셔서 '아직 배우지 못했습니다'라고 대답했습니다. [그랬더니] '시를 배우지 않으면 말

---

25) 백이와 숙제, 경공과의 대비 때문에 주희는 12장이 〈안연〉 12.10의 맨 끝 두 문장인 "성불이부誠不以富, 역지이이亦祗以異" 뒤에 와야 한다고 주장했으나 정약용은 주희의 견해가 합리적이지 않다고 하는 등 서지학적 논란이 있는 장이다. 한편, 이런 공자와 다른 시각을 보여주는 이가 바로 사마천이다. 사마천은《사기》〈백이열전〉에서 백이와 숙제가 "원망한 것인가 아닌가(怨邪非邪)"라고 단도직입적으로 질문하면서, 그들이 지었다는 〈채미가〉의 내용을 인용하고 있다. "폭력으로 폭력을 바꾸었건만/그 잘못을 모르는구나/신농神農, 우, 하나라 때는 홀연히 지나갔으니/우리는 앞으로 어디로 돌아가야 하나?/아아! 이제는 죽음뿐/우리 운명도 다했구나!"라고 말이다. 사마천이 볼 때 백이와 숙제는 천하의 대의명분을 지키려고 고고하게 살다가 죽었지만 내심 원망하는 마음이 가득했다고 여긴 것이다. 백이와 숙제의 삶에서 진한 원망의 감정을 공감한 사마천은 뒤이어 큰 물음을 던진다. "착한 사람이 곤경에 빠지는 것이 하늘의 도인가, 아닌가?" 공자의 제자 70여 명 중에 안연顔淵만이 학문을 좋아한다고 말했으나, 그런 안연은 늘 가난해서 술지게미도 배불리 못 먹었고 젊은 나이에 죽고 말았다. 이 두 사례를 곰곰이 생각해볼 일이다.

26) 진항은 〈학이〉 1.10에서도 자공에게 공자에 대해 묻는다. 이 편에서는 공자께서 아들인 백어에게 뭔가 특별한 가르침을 준 것이 있는지 궁금해하는 대목이다. 시와 예를 배웠느냐는 부자간의 대화가 예사롭지는 않다. 백어伯魚는 진항과 나이 차이가 스무 살 이상 나므로 경어체가 옳다. 사마천에 따르면 백어는 공자의 아들인데,《사기》〈공자세가〉에서 공자의 후손을 상세히 밝히고 있다. "공자는 이鯉를 낳았는데, 자가 백어伯魚이다. 백어는 나이 쉰 살에 공자보다 먼저 세상을 떠났다. 백어가 급伋을 낳았으니, 자가 자사子思이고, 향년 예순둘이었다. 자사는 일찍이 송宋나라에서 곤욕을 치렀다. 자사가《중용中庸》을 지었다."

을 할 수 없다'라고 하셨습니다. 저는 물러나 시를 배웠습니다. 다른 날 또 홀로 서 계시는데 제가 종종걸음으로 뜰을 지나가자 말씀하시기를 '예를 배웠느냐'라고 물으셔서 '아직 배우지 못했습니다'라고 대답했습니다. [그랬더니] '예를 배우지 않으면 [남 앞에] 설 수가 없다'라고 하셨습니다. 저는 물러나서 예를 배웠습니다. 이 두 가지를 들었습니다."

진항은 물러나 기뻐하면서 말했다.

"하나를 물어서 셋을 얻었으니 시를 들었고, 예를 들었으며, 또 군자가 그의 자식을 멀리한다는 것을 들었다."

陳亢問於伯魚曰: "子亦有異聞乎?" 對曰: "未也. 嘗獨立, 鯉趨而過庭. 曰, '學詩乎?' 對曰: '未也.' '不學詩, 無以言.' 鯉退而學詩. 他日, 又獨立, 鯉趨而過庭. 曰, '學禮乎?' 對曰: '未也.' '不學禮, 無以立.' 鯉退而學禮. 聞斯二者." 陳亢退而喜曰: "問一得三, 聞詩, 聞禮, 又聞君子之遠其子也."

호칭의 방식 16.14

나라 임금의 아내를 임금이 부를 때는[27] '부인夫人'이라 하고, 부인이 스스로를 부를 때는 '소동小童'이라 하며, 그 나라 사람들이 부인을 부를 때는 '군부인君夫人'이라 하고, 다른 나라 사람에게 부인을 부를 때는 '과소군寡小君'이라고 한다. 다른 나라 사람이 부를 때도 '군부인'이라고 한다.[28]

邦君之妻, 君稱之曰夫人, 夫人自稱曰小童. 邦人稱之曰君夫人, 稱諸異邦曰寡小君. 異邦人稱之亦曰君夫人.

---

27) 이 당시 제후들이 적첩嫡妾에 대해 분명하게 호칭하지 않고 문란하게 사용하였으므로 정명正名 사상이 강한 공자가 예에 근거하여 바로잡고자 한 것이라는 공안국의 설이 타당하다.

28) 이 문장의 원문 맨 앞에 '자왈子曰'이 누락되었을 것으로 추론한다. 양보쥔의 말처럼 아마도 8촌에 불과한 죽간의 형편상 너무 자수가 많아 두 글자를 누락한 것이 아닌가 짐작된다. 그런데 주희는《논어집주》에서 오역吳棫의 말을 인용한다. "무릇《논어》에 기재된 내용 중에 이런 종류의 것이 무엇을 말하는지 알 수 없다. 혹 옛날에도 있었는지 혹은 부자夫子께서 일찍이 말씀하신 것인지 상고할 수 없다"라고 하였다. 덧붙여 말하면 "부인夫人"은 제후의 아내를 말하고, 천자의 비妃는 "후后"라고 한다. "소동小童"은《예기》〈곡례〉편에 "무지하기가 어린아이 같다"는 뜻이라고 하였다. "과소군寡小君"도 "과인寡人"의 경우와 더불어 모두 자신을 낮추는 겸양의 호칭이다.

제17편

양화陽貨

–타락한 사회에 홀로 서 있는 공자의 외침

【해설】

《논어》 전체 20편 가운데 17편부터 20편까지는 결론부에 해당되는데, 특히 〈양화〉 편은 〈술이〉 편과 긴밀한 관계가 있다. 이 편의 내용 역시 정치적인 담화뿐 아니라 공자의 처세 방식에 관련된 이야기들이 많이 수록되어 있다. 공자의 실제 모습이 가장 잘 담겨 있는 이 편에는 공자를 벼슬길로 나오도록 부추기는 권력자 양화陽貨, 반란자 필힐佛肹 등이 등장한다. 공자는 필힐 밑으로 가서 벼슬하려는 자신에게 제자 자로가 핀잔하며 말리자 변명조의 말을 하기도 했다. 공자는 정명과 구세의 뜻을 펼치고자 50세 이후부터는 직접 이 나라 저 나라를 주유하면서 현실정치에 참여할 방안을 찾았으나 이렇다 할 결과를 얻지 못했다. 이런 상황, 말하자면 현실과 이상 사이에서의 좌절과 갈등은 이 편의 앞 부분에서 중점적으로 드러나고 있다.

하지만 여기서도 공자는 스승 특유의 교육자다운 모습을 보여주고 있다. 공자는 자로에게 여섯 가지 말과 여섯 가지 폐단을 말하면서 마치 이런 폐단이 자로에게만 있는 것처럼 몰아세운다. 그러면서 비루한 자는 관직에 연연하면서 근심에 휩싸인다며 "교언영색"이란 말을 다시 강조하고 있다.

전반부에는 공자가 평소 싫어했던 유형의 인간들로 인해 흔들리는 공자의 모습이 생동감 있게 묘사되어 있다. 후반부에서는 공자의 분노와 시대를 향한 외침이 많이 들려온다. 의롭지 않은 것을 보고도 못 본 체하는 비겁한 행동을 철저히 거부하는 것이다.

공자는 평소 정치적 올바름을 강조했고 이를 지키는 데서 오는 자부심도 강했지만, 이 편을 보면 권력의 유혹에 넘어갈 뻔하는 나약한 지식인의 모습을 보여주기도 한다. 이러한 균열은 뜻을 펼치길 갈망하면서도 쓰이지 못하는 처지에 놓인 모든 지식인의 서글픈 자화상인지도 모른다.

이외에 삼년상을 두고 제자와 펼친 논쟁도 흥미로운 대목이고, 여자와 소인은 돌보기 어렵다는 구절은 유가 사상의 남성우월주의 및 엘리트주의와 관련하여 논란의 빌미를 제공한 대목들이다.

공자를 뒤흔든 양화 17.1

양화[1]가 공자를 만나고자 했으나, 공자께서 만나려 하지 않자,[2] [없는 틈에] 공자께 [삶은] 돼지[3]를 [선물로] 보냈다. 공자께서는 그가 없을 때를 기다렸다가 그에게 사례하러 갔는데[4] [돌아오는] 길에서 우연히 만났다. [양화가 지나치는] 공자께 말했다.

"[이리] 오십시오. 제가 당신과 할 말이 있습니다."

[양화가] 말했다.

"그 보배를 품고서도 자신의 나라를 혼미하게 한다면[5] 인仁하다

---

1) "양화陽貨"에 대해서는 양호陽虎라는 자와 동일 인물이라는 설(공안국)이 가장 설득력이 있는데, '호虎'와 '화貨' 가운데 무엇이 이름이고 무엇이 자인지는 분명하게 정리되지 않았다. 유보남은 '화'가 이름이고 '호'가 자라고 풀이했다. 여하튼 양화는《논어》에서는 오직 이곳에만 나온다. 계씨의 가신이었고, 계평자·계환자 등을 모셨으며, 마지막에 삼환을 제거하려다가 실패하여 진晉나라로 달아났다. 당시 그다지 평이 좋지 않았는데 공자에 대해서는 대단한 호의를 보였다. 그가 공자로 하여금 벼슬에 나오도록 부추겼고 공자는 마음이 흔들릴 수밖에 없었다. 공자는 어찌되었든 벼슬을 하려고 했으니 말이다.

2) 《사기》〈공자세가〉에 이런 이야기가 전한다. 젊은 시절 공자가 계씨의 연회석에 참석하려 했다. 그때 양화가 공자를 들어오지 못하게 막았다. 그러면서 "계씨가 사인들에게 연회를 베푼 것이지 감히 그대에게 연회를 베푸는 것은 아니오"라고 말했다. 공자는 이 말을 듣고 물러나올 수밖에 없었다. 과거에 이런 일도 있었기에 공자가 양화와의 만남을 거부한 듯하다. 양화 또한 공자가 집에 없는 틈을 타서 선물을 보냈다.

3) 원문의 "돈豚"은 삶은 돼지를 의미하며 선물로 보낸 시기는 공자가 대부가 되기 이전인 정공 6년이나 7년경으로 추정한다(정약용 설).

4) 이 내용은《맹자孟子》〈등문공 하滕文公下〉에 보인다. 양화는 공자께서 자신을 만나러 오게 하고 싶었지만, 예를 갖추지 않았다는 비난을 듣기 싫었다. 당시에는 "대부가 사士에게 선물을 보낼 경우 자기 집에서 직접 받지 못하면 대부의 집에 가서 절을 하는 것〔大夫有賜於士, 不得受於其家, 則往拜其門〕"이 예의였다. 양화는 공자가 집에 없는 틈을 엿보아 공자에게 삶은 작은 돼지를 보냈는데 공자도 또한 그가 집에 없는 것을 엿보아 가서 예를 표한 것이다.

고 할 수 있겠습니까?"

[공자께서] 말씀하셨다.

"그렇다고 할 수 없습니다."

"[정사에] 종사하는 것을 좋아하면서 자주 때를 놓치면 지혜롭다고 할 수 있겠습니까?"

[공자께서] 말씀하셨다.

"그렇다고 할 수 없습니다."

[양화가 말했다.]

"해와 달이 가버리듯 세월은 나와 함께하지 않습니다."

공자께서 말씀하셨다.

"알겠습니다. 나는 장차 벼슬할 것입니다."[6)]

陽貨欲見孔子, 孔子不見, 歸[7)]孔子豚. 孔子時其亡也, 而往拜之, 遇諸塗. 謂孔子曰: "來. 予與爾言." 曰: "懷其寶而迷其邦, 可謂仁乎?" 曰: "不可." "好從事而亟失時, 可謂知乎?" 曰: "不可." "日月逝矣, 歲不我與." 孔子曰: "諾. 吾將仕矣."

---

5) 마융은 공자가 벼슬을 하지 않음이 곧 보배를 품은 것이고, 나라가 다스려지지 않은 것을 알면서도 정사를 하지 않음이 곧 나라를 혼미하게 하는 것이라 하였다.

6) 공자가 바로 벼슬에 나아간 것은 아니다. 이 말을 듣고 3~4년 지난 기원전 501년 공자는 양화가 진晉나라로 도망간 뒤에야 나와서 벼슬을 했으니 말이다. 그러니 양화의 행동거지를 공자 역시 그다지 신뢰하지 않았을 것으로 추정된다. 보다 자세한 내용이《춘추좌씨전》〈정공〉 8~9년조에 보인다.

7) 원문의 "귀歸"는 '궤饋'와 같은 뜻으로 '선물을 보내다'라는 의미다.

본성보다는 습관이다 17.2

공자께서 말씀하셨다.

"[타고난] 본성은 서로 비슷하지만, 습관은 서로 멀어지게 된다."

子曰: "性相近也, 習相遠也."

변화시킬 수 없는 두 부류 17.3

공자께서 말씀하셨다.

"오직 가장 지혜로운 사람과 가장 어리석은 사람은 바뀌지 않는다."

子曰: "唯上知與下愚不移."[8)]

8) 원문의 "상지上知"와 "하우下愚"의 개념에 이설이 존재한다. 《한서》〈고금인표古今人表〉에는 "가히 더불어 선을 하고 가히 더불어 악을 하지 않는 것을 일컬어 상지라고 하고, 가히 더불어 악을 하고 가히 더불어 선을 하지 않는 것을 일컬어 하우라고 한다(可與爲善, 不可與爲惡, 是謂上智. 可與爲惡, 不可與爲善, 是謂下愚)"라고 했으나, 손성연孫星衍의 《문자당집問字堂集》에는 "상지는 태어나면서 아는 것을 일컫는 것이고, 하우는 곤궁한데도 배우지 않는 것을 일컫는 것이다(上知謂生而知之, 下愚謂困而不學)"라고 하였다. 물론 문맥상 손성연의 설이 합당하다. 공자는 이미 〈계씨〉 16.9에서 "태어나면서 아는 사람은 상급이다(生而知之者上也)"라는 말을 했다. 물론 공자는 스스로 "생이지지자生而知之者"임을 부인했다(〈술이〉 7.19).

닭 잡는 데 소 잡는 칼 17.4

공자께서 무성(노나라 도성인 곡부의 작은 읍으로 자유子游가 당시 현령이었음)에 가셔서 현악기 소리에 따라 부르는 노래 소리를 들으셨다.[9] 선생님께서는 빙그레 웃으시면서 말씀하셨다.

"닭을 잡는 데 어찌하여 소 잡는 칼을 쓰느냐?"[10]

자유가 대답했다.

"예전에 저는 선생님께서 '군자가 도를 배우면 남을 사랑하고, 소인이 도(여기서는 예악을 지칭)를 배우면 [소인을] 부리기 쉽다'고 하신 말씀을 들었습니다."

공자께서 말씀하셨다.

"제자들아, 언(자유)의 말이 맞다. 아까 한 말은 농담이었을 뿐이다."

子之武城, 聞弦歌之聲. 夫子莞爾而笑, 曰: "割雞焉用牛刀?"

子游對曰: "昔者偃也聞諸夫子 曰: '君子學道則愛人,

小人學道則易使也.'"

子曰: "二三者. 偃之言是也. 前言戲之耳."

9) 현령인 자유子游의 교화로 무성 사람들이 모두 공자에게 배운 예악을 익혀 생활 속에서 사용함을 들으신 것이다.

10) 자유가 나라를 다스릴 만한 인재인데도 이런 작은 읍에서 성실하게 일하는 것이 보기 좋다는 설이 있고, 무성과 같이 작은 읍을 다스림에 있어서 어찌 나라를 다스리는 데 필요한 예악을 쓰느냐는 설도 있다. 필자는 문맥상 후자가 타당하다고 본다.

공산불요로 인해 흔들리다 17.5

공산불요[11)]가 [노나라의] 비읍을 근거지로 해서 반란을 일으키고 나서 [공자를] 부르자,[12)] 공자께서 가시려고 했다. 자로가 언짢아하며 말했다.

"가실 곳이 없으면 그만둘 일이지, 어찌하여 꼭 공산씨에게 가시려고 합니까?"[13)]

공자께서 말씀하셨다.

"그자가 어찌 헛되이 [나를] 불렀겠느냐? 만약 나를 써주는 사람만 있다만 나는 그곳(노나라의 비읍)을 동쪽의 주나라로 만들 것이다!"

---

11) 공산불요公山弗擾는 계씨의 가신으로 비읍費邑의 수장首長이면서 계씨에게 반발을 일으키고 공자를 부른 것이다. 공자의 기준에 비추어 이 사람은 난신적자이기에 원래는 탐탁지 않은 인물이다. 황간은 "공산불요公山不擾"라고 했으나 양보쥔은《춘추좌씨전》〈정공〉 5년과 8년, 12년 및 애공哀公 8년조에 나오는 공산불뉴公山不狃가 아닌지 의심스럽다고 주장하고 있다.《춘추좌씨전》에는 여기 나오는 이야기가 없다는 점이다. 즉 공산불뉴가 반란을 도모했을 당시 공자는 가지도 않았다는 것이 정설이며 그 당시 사구 벼슬을 하고 있었으므로 사람을 시켜 그를 무찌르도록 했다는 것이 양보쥔의 보충설명이다. 사마천의《사기》〈공자세가〉에도 "공산불뉴公山不狃"라고 되어 있기는 한데 동일인물로 봐야 한다는 설도 일리가 있다.

12) 부름의 주체에 대해 이설이 있다. 즉 문맥에 따르면 공산불요가 부른 것인데, 계씨가 불렀다고 해석하는 이들도 있다.

13) 이 당시의 상황에 대해 사마천은 이렇게 기록하고 있다. "[계씨의 가신인] 공산불요는 비읍費邑에서 계씨에게 반기를 들고, 다른 사람을 보내어 공자를 초청했다. 공자는 [나라를 다스리는] 도를 따른 지 아주 오래되어, 시험해볼 곳이 없음을 답답해하였으나 자신을 등용하려는 사람은 아무도 없었다. 이에 말했다. '주나라의 문왕과 무왕은 풍灃과 호鎬 땅에서 일어나 왕 노릇을 하였는데, 지금 비읍이 비록 작지만 아마도 치국의 도를 실현할 수는 있겠지!'"(《사기》〈공자세가〉). 여기서 말하는 공산불뉴가 곧 공산불요다. 그러자 자로가 반대한 것이다.

公山弗擾以費畔, 召子欲往. 子路不說, 曰: "末之也已, 何必公山氏之之[14]也?" 子曰: "夫召我者, 而豈徒哉? 如有用我者, 吾其爲東周乎!"

공恭 · 관寬 · 신信 · 민敏 · 혜惠 17.6

자장이 공자께 인仁에 대해 여쭈었다. 공자께서 말씀하셨다. "다섯 가지를 천하에 실행할 수 있으면 인을 구현했다고 할 수 있다."

[자장이] 그 내용을 청해 여쭈었다.

[공자께서] 말씀하셨다.

"공손함, 너그러움, 믿음, 영민함, 은혜이다. 공손하면 모욕을 받지 않고, 너그러움을 베풀면 많은 사람의 마음을 얻으며, 믿으면 사람들이 신임하고, 영민하면 공을 세우게 되며, 은혜로우면 사람을 충분히 부릴 수 있다."

子張問仁於孔子. 孔子曰: "能行五者於天下爲仁矣." 請問之. 曰: "恭寬信敏惠. 恭則不侮, 寬則得衆, 信則人任焉, 敏則有功, 惠則足以使人."

14) 이 "지지之之"에서 앞 글자는 단지 도치를 돕기 위한 어조사이고, 뒤 글자가 동사 '가다'의 뜻으로 쓰였다.

가려는 공자와 말리는 자로 17.7

필힐[15]이 부르자 공자께서 가시려고 했다. 자로가 말씀드렸다.

"예전에 저는 선생님께 이런 말씀을 들었습니다. '그 자신에게 몸소 나쁜 짓을 한 자에게는 군자는 다가서지 않는다'고 말입니다. [하물며] 필힐은 중모에서 반란을 일으켰는데 선생님은 가려 하시니, 어찌된 일입니까?"

공자께서 말씀하셨다.

"그래. 그런 말을 한 적이 있었지. 그런데 견고하다고 하지 않았더냐? 갈아도 닳지 않는다고 말이다. 희다고 하지 않았더냐? 검게 물들여도 검어지지 않는다고 말이다. 내가 무슨 조롱박[16]이더냐? 어찌 매달아놓기만 하고 먹을 수도 없단 말이냐?[17]"

---

15) "필힐佛肸"은 《한서》〈고금인표古今人表〉에는 "불힐茀肸"이라고 되어 있고, 《사기》〈공자세가〉에는 "필힐佛肸"이라고 나온다. 〈공자세가〉에는 진나라 조간자趙簡子의 가신인 중모땅 읍재邑宰 필힐이 진나라 정공定公 18년에 자신이 다스리던 중모를 중심으로 조간자에게 반란을 일으켰다고 적고 있다. 리링은 이 반란이 기원전 490년의 일로 《춘추좌씨전》〈애공〉 5년에 조앙이 중모를 포위한 사건이라고 고증했다.

16) "조롱박[포과匏瓜]"은 단 것과 쓴 것 두 종류가 있다. 쓴 박은 물보다 가벼워 허리에 차고 물을 건네는 데에 사용할 수 있지만 먹을 수는 없다. 《국어國語》〈노어魯語〉에 "쓴 박은 재료가 아니니 사람이 함께 건너는 데 쓸 뿐이다[苦匏不材, 於人共濟而已]"라는 구절이 있다. 특이한 경우로 "포과匏瓜"를 별 이름으로 보는 학자도 있다.

17) 공자가 워낙 견고하여 갈아도 닳지 않고 검은 물을 들여도 검어지지 않음을 말한 것이니, 이는 군자가 비록 혼탁하고 어지러운 곳에 있어도 그 혼탁하고 어지러운 것이 군자를 더럽힐 수 없음을 비유한 것(공안국 설)이라 하여 공자의 자신감과 의지를 피력한 것이다. 〈양화〉 17.5와 같은 맥락이다.

佛肸召, 子欲往. 子路曰: "昔者由也聞諸夫子, 曰: '親於其身爲不善者, 君子不入也.' 佛肸以中牟畔, 子之往也, 如之何?" 子曰: "然, 有是言也. 不曰堅乎, 磨而不磷. 不曰白乎, 涅而不緇. 吾豈匏瓜也哉. 焉能繫而不食?"

여섯 덕목과 여섯 병폐 17.8

공자께서 말씀하셨다.

"유(자로)야, 너는 여섯 가지 덕목(六言)과 [그것들의] 여섯 가지 병폐(六蔽)에 대해 들어보았느냐?"

[자로가] 대답했다.

"아직 [들어보지] 못했습니다."

"앉거라, 내 너에게 들려주마. 인을 좋아하고 배우기를 좋아하지 않으면 병폐가 있으니[18] 어리석게 된다. 지혜를 좋아하고 배우기를 좋아하지 않으면 병폐가 있으니 방탕하게 된다. 신의를 좋아하고 배우기를 좋아하지 않으면 병폐가 있으니 [남을] 해치게 된다. 곧은 것을 좋아하고 배우기를 좋아하지 않으면 병폐가 있으니 박절하게 된다. 용기를 좋아하고 배우기를 좋아하지 않으면 병폐가 있으니 혼란하게 된다. 강한 것을 좋아하고 배우기를 좋아하지 않으면 병폐가 있으니 경솔하게 된다.[19]"

18) 주희는 "폐는 가려지는 것이다(蔽遮掩也)"라고 하였고, 형병은 "가려져서 막히면 스스로 그 허물을 보지 못한다(蔽塞不自見其過)"고 하였다.

子曰: "由也. 女聞六言六蔽矣乎?"

對曰: "未也." "居. 吾語女. 好仁不好學, 其蔽也愚. 好知不好學, 其蔽也蕩. 好信不好學, 其蔽也賊. 好直不好學, 其蔽也絞. 好勇不好學, 其蔽也亂. 好剛不好學, 其蔽也狂."

시를 배워야 하는 이유 17.9

공자께서 말씀하셨다.

"너희는 어찌하여 아무도 시詩(《시경》을 가리킴)를 배우지 않느냐? 시는 [감흥을] 불러일으킬 수 있고, [사회를] 관찰할 수 있고, [사람들을] 모을 수 있고, [사회의 병폐를] 원망할 수 있다. 가까이로는 부모를 섬길 수 있고, 멀리로는 임금을 모실 수 있으며, 새와 짐승과 풀과 나무의 이름을 많이 알게 된다."

子曰: "小子何莫學夫詩? 詩可以興, 可以觀, 可以羣, 可以怨. 邇之事父, 遠之事君. 多識於鳥獸草木之名."

19) 주희는 "한갓 좋아하기만 하고 배움으로써 그 이치를 밝히지 않으면, 저마다 가려지는 바가 있다(徒好之而不學以明其理, 則各有所蔽)"고 하면서 "우愚는 함정에 빠뜨릴 수 있고 속일 수 있는 종류와 같은 것(愚若可陷可罔之類)"이라고 풀이했는데 타당하다. 주희는 "탕蕩"은 높은 것을 다하고 넓은 것을 다하여 그치는 곳이 없는 것, "적賊"은 스스로를 해치는 것, "용勇"은 '강剛'이 겉으로 드러난 것, "강剛"은 '용勇'의 몸체이고, "광狂"은 조급하고 경솔한 것이라고 풀이하였다.

시를 배우지 않으면 17.10

공자께서 백어에게 말씀하셨다.

"너는 〈주남周南〉과 〈소남召南〉을 배웠느냐?[20] 사람이 〈주남〉과 〈소남〉을 배우지 않으면[21], 아마도 마치 벽을 마주하고 서 있는 것과 같도다!"

子謂伯魚曰: "女爲周南召南矣乎? 人而不爲周南召南, 其猶正牆面而立也與!"

예와 악 17.11

공자께서 말씀하셨다.

"예를 말하고 예를 말한다고 해서 [그것이] 옥이나 비단[22]을 말하는 것이겠는가? 악을 말하고 악을 말한다고 해서 [그것이] 종이나 북을 말하는 것이겠는가?"[23]

---

20) 〈주남周南〉과 〈소남召南〉은 "이남二南"이라고 하며 15개 국가의 가요로 구성된 《시경》 〈국풍國風〉 첫머리에 놓여 있다. 원문의 "위爲"는 '배울 학學'의 의미다(주희 설). 〈계씨〉 16.13에도 비슷한 내용이 나온다.

21) 공자가 이렇게 말한 내막을 살펴볼 필요가 있다. 이 두 편은 〈국풍國風〉에 남아 있는 편명으로 시·악·무를 함께 익힐 수 있다. 이는 시만 암송하라는 의미가 아니며 음악, 춤도 배워야 하고, 내용으로는 수신修身·제가齊家와 관련되어 있으니 《시경》 대목에서 중요한 역할을 하고 있음을 알 수 있다.

22) 원문의 "옥백玉帛"을 번역한 것으로 옥과 비단은 옛날에 중국의 제후가 천자를 만날 때 가지고 가던 예물로 가장 귀한 것의 상징이며 허례허식의 대명사가 될 수 있다.

子曰: "禮云禮云, 玉帛云乎哉? 樂云樂云, 鐘鼓云乎哉?"

겉모습만 엄하면 17.12

공자께서 말씀하셨다.

"얼굴빛은 엄하지만 마음속이 유약한 것은, 소인으로 비유하자면, 아마도 마치 벽에 구멍을 뚫고 담장을 넘는 좀도둑과 같도다!"

子曰: "色厲而內荏, 譬諸小人, 其猶穿窬[24]之盜也與!"

위선자 17.13

공자께서 말씀하셨다.

"향원鄕原은 덕을 해치는 자다."[25]

子曰: "鄕原, 德之賊也."

---

23) 예와 악의 정신적 면모를 중시한 것이니, 옥이나 비단, 혹은 종이나 북 같은 물질적 형식보다 내용이 더 가치 있다는 뜻이다. 정이천은 "예는 다만 하나의 차례일 뿐이며, 악은 다만 하나의 조화일 뿐이다(禮只是一個序, 樂只是一個和)"라고 하였다. 이 문장은 〈팔일〉 3.3, 3.4와 함께 읽어보면 좋다.

24) 공안국에 의하면 "천穿"은 '벽을 뚫는 것'이고, "유窬"는 '담장을 넘는 것'이라고 하였다.

25) "향원鄕原"이란 시비를 온전히 가리지 못하고 시세에 영합하면서도 순박한 듯이 행동하는 위선자를 말한다. "향원"의 개념을 가장 정확히 설명한 이는 맹자다. 맹자는 《맹자孟子》 〈진심 하盡心下〉 편에서 이렇게 말하고 있다. "어찌하여 뜻이 높고 큰가? 말은 행동을 돌아볼 수 없고 행동도 말을 돌아볼 수 없으면서 곧 '옛날 사람이여 옛날 사람이여'라고 하면서 행동은 어찌하여 이렇게 고독하고 어울리지 못하는가? 이 세상에 태어났으면 이 세상을 위해 일하

도청도설 17.14

공자께서 말씀하셨다.

"길에서 듣고 나서 [그것들을] 길에서 말하는 것[26]은 덕을 해치는 것이다."

子曰: "道聽而塗說, 德之棄也."

고 그저 살아가면 그만이다'라고 하며 세상에 아첨하며 잘 보이는 자가 바로 향원이다(何以是嘐嘐也? 言不顧行, 行不顧言, 則曰, 古之人, 古之人, 行何爲踽踽涼涼? 生斯世也, 爲斯世也, 善斯可矣. 閹然媚於世也者, 是鄕原也)". 향원은 고을에서 점잖다고 일컬어지지만 학문에는 전혀 뜻이 없고, 점잖고 훌륭한 사람으로 위장하는 데 능하고 빈틈이 없으므로 겉으로는 훌륭한 사람으로 보여서 사회적인 영향력도 갖게 된다. 《맹자》〈진심 하〉에 따르면 제자 만장萬章이 맹자에게 이렇게 물었다. "한 마을 사람이 모두 진실한 사람이라고 칭찬한다면 어느 곳을 가더라도 진실한 사람이 되지 않을 리가 없을 텐데, 공자께서 덕을 해친다고 한 것은 무슨 까닭입니까?" 맹자가 말했다. "비난하려 해도 특별히 지적할 게 없고, 꼬집으려 해도 꼬집을 만한 게 없으며, 일반 세속과 함께하며, 깨끗하지 못한 세상에 합세하여 평소에 충성하고 신의 있는 듯이 보이며, 행동은 청렴하고 결백한 것 같아서 모든 사람이 다 그를 좋아하고 자기 스스로도 옳다고 여기지만 요와 순 같은 성인의 도에 함께 들어갈 수 없기 때문에 덕을 해친다고 한 것이다. 공자께서는 '비슷하지만 다른 것을 싫어하나니 독보리를 싫어하는 이유는 곡식을 더럽힐까 두렵기 때문이고, 말재주 부리는 사람을 싫어하는 이유는 신의를 어지럽힐까 두렵기 때문이며, 정나라의 음란한 음악을 싫어하는 이유는 정악正樂을 어지럽힐까 두려워서이고, 자줏빛을 싫어하는 이유는 그것이 붉은빛을 어지럽힐까 두려워하기 때문이요, 향원鄕原을 싫어하는 이유는 덕을 어지럽힐까 두려워해서이다'라고 하셨다. 군자는 바른길로 돌아올 뿐이니 떳떳한 길이 바로잡히면 일반 백성이 일어나고, 일반 백성이 일어나면 사특한 것과 나쁜 것이 없어질 것이다." 이 문장은 다음 14장과 연계된다.

26) 어떤 사람에게 들은 말을 반드시 잘 이해하여 섭취할 만한 것은 마음 깊이 새기고 반성할 것은 반성하여 자아를 발전시키는 데 도움이 되도록 하면 이는 자기 덕을 밝히는 자료가 되지만, 건성으로 듣고 다른 사람에게 생각 없이 말해버리면 덕을 버리게 된다는 말이다.

비루한 자의 심리 17.15

공자께서 말씀하셨다.

"비루한 자와 함께 임금을 섬길 수 있을까? 그런 사람은 [관직을] 얻기 전에는 그것을 얻으려고 근심하고, 이미 얻고 나서는 그것을 잃을까 근심한다. 만약 그것을 잃을까 근심하게 되면 저지르지 못할 일이 없다."[27]

子曰: "鄙夫可與事君也與哉? 其未得之也, 患得之, 既得之, 患失之. 苟患失之, 無所不至矣."

세 가지 병폐 17.16

공자께서 말씀하셨다.

"옛날 사람들에게는 세 가지 고질병이 있었는데, 지금은 아마도 그런 것도 없는 듯하다. 옛날의 광인狂人은 거침없이 살았지만, 오늘날의 광인은 방탕하다.[28] 옛날의 자긍심을 가진 사람은 정중했지만,

---

27) 주자는 "비부鄙夫"를 "용렬·악·비루·졸렬함(庸惡陋劣)"이라 하였고, 이를 〈자로〉 13.20에서는 "한 말 두 되 정도 그릇의 사람(斗筲之人)"의 개념으로 이해하면 된다. "환득지患得之"는 문맥상 "환부득지患不得之"라는 설이 있는데 타당하다. 얻으면 [잃을까] 근심하여(患得之) 집착함을 보여준다. "무소부지無所不至"는 무슨 짓이든 할 수 있다는 뜻인데 주희는 "작게는 등창을 빨고 치질을 핥는 것이고 크게는 임금과 아버지를 시해할 수 있다(小則吮癰舐痔, 大則弑父與君)"라고 하였다.

28) 원문의 "사肆"는 작은 예절에 얽매이지 않는 것이고, "탕蕩"은 큰 법도를 벗어나는 것을 이른다(주희 설).

오늘날의 자긍심을 가진 사람은 화를 낸다. 옛날의 어리석은 사람은 정직했지만 오늘날의 어리석은 사람은 속이기만 할 뿐이다.[29)]"

子曰: "古者民有三疾, 今也或是之亡也. 古之狂也肆, 今之狂也蕩. 古之矜也廉, 今之矜也忿戾. 古之愚也直, 今之愚也詐而已矣."

교언영색 17.17

공자께서 말씀하셨다.

"말을 교묘하게 하고 얼굴빛을 꾸미는 사람에게는 인이 드물다."[30)]

子曰: "巧言令色, 鮮矣仁."

미워한 세 가지 17.18

공자께서 말씀하셨다.

"자주색이 붉은색을 빼앗는 것을 미워하고,[31)] 정나라 음악이 아악을 어지럽히는 것을 미워하며, 입만 놀리는 사람이 나라를 뒤엎는 것을 미워한다."

---

29) 옛날보다 못한 당시의 도덕 수준을 개탄한 말이다. 이 장은 〈자로〉 13.21과 〈양화〉 17.18과 함께 읽어볼 만하다.

30) 〈학이〉 1.3에 이미 나온 말이다.

31) 제 환공과 노 환공이 자주색을 좋아하여 자주색 옷값이 터무니없이 비싼 세태를 빗댄 것이다. 공자는 붉은색이 정색이라고 보았으므로 그런 유행을 미워했다.

子曰: "惡紫之奪朱也, 惡鄭聲之亂雅樂也, 惡利口之覆邦家者."

무언의 이유 17.19

공자께서 말씀하셨다.

"나는 말을 하지 않으려 한다."

자공이 말했다.

"선생님께서 말씀을 안 하시면, 저희가 어떻게 기록하겠습니까?"

공자께서 말씀하셨다.

"하늘이 무슨 말을 하더란 말이냐? 그래도 네 계절이 운행되고 만물이 생겨나지만, 하늘이 무슨 말을 하더란 말이냐?[32]"

子曰: "予欲無言." 子貢曰: "子如不言, 則小子何述焉?"

子曰: "天何言哉. 四時行焉, 百物生焉, 天何言哉?"

32) 형병은 "사시四時가 차례로 운행되면 모든 사물이 모두 사시에 따라 생성해 나가는데, 하늘이 어찌 일찍이 말이 있어 가르치고 명령하겠는가? 이 때문에 사람도 만약 말이 없고 다만 행동만 있으면 또한 좋지 않겠느냐(四時之令遞行焉, 百物皆依時而生焉, 天何嘗有言語教命哉? 以諭人若無言, 但有其行, 不亦可乎)"라고 비유한 것이다. 〈헌문〉 14.35의 "하늘을 원망하지 않고, 사람을 탓하지 않고, 아래로 [소소한 것들을] 배우고 위로는 [심오한 이치에] 통달했는데, 나를 알아주는 자는 아마도 하늘일 것이다(不怨天, 不尤人. 下學而上達. 知我者其天乎)"라고 한 자로와의 대화와 접목해볼 만하다.

공자의 뒤끝 17.20

유비[33]가 공자를 만나뵈려 했으나 공자께서는 병을 핑계로 거절하셨다. 명을 전하는 사람이 지게문을 나서자 비파를 가져와 노래를 불러 그(유비) 로 하여금 그 소리를 듣도록 했다.[34]

孺悲欲見孔子, 孔子辭以疾. 將命者出戶, 取瑟而歌, 使之聞之.

제자 재아와 삼년상을 논하다 17.21

재아가 여쭈었다.

"삼년상은 기간이 너무 깁니다. 군자가 3년 동안 예를 닦지 않는다면 예는 반드시 무너질 것입니다. 3년 동안 악을 팽개친다면 악도 반드시 무너질 것입니다. 묵은 곡식이 없어지면 새 곡식이 올라오며, 불씨 얻을 나무도 다시 바꾸니,[35] 1년[36]이면 충분합니다."

---

33) 유비孺悲의 생몰년은 알 수 없는데 노나라 사람으로 공자의 제자였다고 한다. 애공이 공자에게 보내 선비의 상례(士喪禮)를 배우게 했는데, 공자는 병을 핑계로 만나지 않으려 했다.

34) 자신이 집 안에 있으면서도 의도적으로 피한다는 인상을 분명히 드러낸 것이다.

35) 원문의 "개화改火"를 번역한 것으로, 불피우기 좋은 나무를 선정하여 불을 피우는 것이다. 《주서周書》〈월령月令〉 편에 '불을 바꾸다(更火)'라는 글이 있다. "봄에는 느릅나무와 버드나무의 불을 취하고, 여름에는 대추나무와 은행나무의 불을 취하고, 늦여름에는 뽕나무와 산뽕나무의 불을 취하고, 가을에는 떡갈나무와 졸참나무의 불을 취하고, 겨울에는 느티나무와 박달나무의 불을 취하는데, 1년 동안 불을 번갈아 다른 나무에서 취한다(春取楡柳之火, 夏取棗杏之火, 季夏取桑柘之火, 秋取柞楢之火, 冬取槐檀之火, 一年之中, 鑽火各異木)"(마융 설).

공자께서 말씀하셨다.

"쌀밥을 먹고 비단옷을 입는 것이 너에게 편안하겠느냐?"

"편안합니다."[37)]

"네가 편안하면 그렇게 하거라. 군자는 상을 치르는 기간에 기름진 것을 먹어도 맛을 모르고 음악을 들어도 즐거움을 모르며, 집에 있어도 편안하지 않다. 그래서 그렇게 하지 않는 것이다. 지금 너는 편안하다고 하니 그렇게 하거라."

재아가 나가자 공자께서 말씀하셨다.

"여(재여)는 인仁하지 못하구나. 자식은 태어나서 3년이 지나야만 부모의 품을 벗어난다. [그러니] 삼년상은 천하에서 통용되는 상례[38)]인 것이다. 여(재여)도 그의 부모로부터 3년 동안 사랑을 받았을까?"

---

36) 원문 "기期"를 번역한 것으로, 어떤 달부터 내년의 어떤 달까지 꽉 찬 1년을 의미한다.

37) 주희는 "재아가 인仁하지 못하기 때문에 어버이를 사랑하는 데 박함이 이와 같다(由其不仁, 故愛親之薄如此也)"고 하였고, 정약용은 "재아가 편하다고 대답한 것은 그 마음이 진실로 편안해서가 아니라, 다만 직면하여 굽히거나 꺾으려 하지 않아 억지로 자기 의견을 세워서 문득 편안하다고 대답한 것이다(宰我對曰安, 非其心眞安, 直是當面不肯屈折, 強立己見, 遽對曰安)"라고 하였다. 재아의 뜻은 3년의 상례喪禮는 형식만 있고 실행이 없어 유명무실하니 차라리 기년朞年으로 단축하여 따라 행하기 쉽도록 하는 것이 낫다고 여긴 것이다. 당시 군자란 천자·제후·대부인데 삼년상을 하지 않았으므로 본래 명분에 따라 이에 맞게 실상을 구하려는 데에서 나온 것으로 보았다.

38) 공자의 이 말은 공자가 죽었을 때 제자들의 행동에서 입증되었다. 길지만 인용해보자. "공자는 노나라 도성 북쪽의 사수泗水 부근에 매장되었다. 제자들은 모두 3년간 상복을 입었다. 그들은 3년 동안 마음에서 우러나는 슬픔을 나누고 서로 이별을 고하고 헤어졌는데, 헤어지면서 통곡하고는 각자 다시 슬픔에 잠겼으며, 어떤 제자는 다시 머무르기도 했다. 오직 자공만은 무덤 옆에 여막廬幕을 짓고 모두 6년 동안 있다가 떠났다. 공자의 제자들과 노나라 사람들이, 무덤가에 와서 집을 짓고 산 사람들이 1백여 가구나 되었으며, 이로 인

宰我問: "三年之喪, 期已久矣. 君子三年不爲禮, 禮必壞. 三年不爲樂, 樂必崩. 舊穀旣沒, 新穀旣升, 鑽燧改火, 期可已矣." 子曰: "食夫稻, 衣夫錦, 於女安乎?" 曰: "安." "女安, 則爲之. 夫君子之居喪, 食旨不甘, 聞樂不樂, 居處不安, 故不爲也. 今女安, 則爲之." 宰我出. 子曰: "予之不仁也. 子生三年, 然後免於父母之懷. 夫三年之喪, 天下之通喪也, 予也有三年之愛於其父母乎?"

장기라도 두어라 17.22

공자께서 말씀하셨다.

"온종일 배부르게 먹고 마음 쓰는 데가 아무것도 없다면 곤란하구나. 육박(장기의 일종)과 바둑이라도 있지 않은가? 그런 것이라도 하는 것이 오히려 그만두는 것보다 낫다."

子曰: "飽食終日, 無所用心, 難矣哉. 不有博奕者乎? 爲之, 猶賢[39]乎已."

하여 이곳을 '공리孔里(공자 마을)'라고 이름 지었다. 노나라에서는 대대로 서로 전하여 새해를 맞을 때마다 공자의 무덤에서 제사를 받들었으며, 많은 유생들도 공자의 무덤에 모여서 예의를 논하고 향음례鄕飮禮를 행하고 활쏘기를 했다. 공자의 무덤은 크기가 1경頃이나 되었다. 공자가 살던 집과 제자들이 쓰던 내실은 훗날 공자의 묘廟로 만들어져, 공자가 사용하던 의관과 거문고, 수레, 책 등이 소장되었는데, 그것은 한漢나라에 이르기까지 2백여 년 동안이나 끊기지 않았다"(《사기》〈공자세가〉).

39) "현賢"은 '승勝'의 뜻으로 "낫다"로 번역하였다. 이 문장은 나태함에 대한 비판이 담겨 있다.

의와 용이 다 중요하다 17.23

자로가 여쭈었다.

"군자는 용기를 숭상합니까?"[40)]

공자께서 말씀하셨다.

"군자는 의義를 최상으로 여긴다. 군자에게 용기만 있고 의가 없다면 난을 일으키게 되고, 소인에게 용기만 있고 의가 없다면 도적이 될 것이다."

子路曰: "君子尙勇乎?" 子曰: "君子義以爲上. 君子有勇而無義爲亂, 小人有勇而無義爲盜."

공자와 자공이 미워한 것들 17.24

자공이 여쭈었다.

"군자도 미워하는 것이 있습니까?"

공자께서 말씀하셨다.

"미워하는 게 있다. 다른 사람의 나쁜 점을 말하는 것을 미워하고, 낮은 지위에 있으면서 윗사람을 비방하는 것을 미워하고, 용감하기만 하고 예의가 없는 사람을 미워하며, 과감하면서 융통성 없는 사람을 미워한다."

40) 자로는 용맹으로 출중한 자인데 군자로 인정받고 싶은 마음을 담아 질문을 한 것이다. 〈위령공〉 15.1에서는 군자의 곤궁함에 대해 물었으며, 〈술이〉 7.10에서는 3군三軍을 거느릴 때 함께할 사람이 누구냐고 물었던 자로의 발언을 염두에 두고 읽어야 한다.

"사야, 너도 미워하는 것이 있느냐?"

"[남을] 엿보아 훔쳐 [자기가] 아는 것처럼 하는 사람을 미워하고, 겸손하지 못한 것을 용감한 것처럼 하는 사람을 미워하며, [남의] 비밀을 까발리는 것을 솔직한 것처럼 하는 사람을 미워합니다."

子貢曰: "君子亦有惡乎?" 子曰: "有惡. 惡稱人之惡者, 惡居下流而訕上者, 惡勇而無禮者, 惡果敢而窒者." 曰: "賜也亦有惡乎?" "惡徼以爲知者, 惡不孫以爲勇者, 惡訐以爲直者."

여자와 소인 대하는 법 17.25

공자께서 말씀하셨다.

"오직 여자와 소인은 다루기[41] 어렵다. 그들은 가까이하면 불손해지고, 멀리하면 원망한다."

子曰: "唯女子與小人爲難養也, 近之則不孫, 遠之則怨."

41) 원문의 "양養"은 공영달의 풀이대로, '다루다', '상대하다'라는 뜻으로 보았다. 원문의 "여자女子"는 첩실의 개념으로 보기도 하며, "소인小人"은 '마부나 노예, 하인(僕隷下人)'으로 보아야 한다는 견해(주희 설)도 있다.

나이 마흔에 미움 받으면 17.26

공자께서 말씀하셨다.

"나이 마흔이 되어서도 미움을 받는다면 그야말로 끝이다."[42)]

子曰: "年四十而見惡焉, 其終也已."

42) 원문의 "기종야이其終也已"를 번역한 것으로 그 나이에 남의 미움을 받는다면 선행을 기대하는 것이 무리라는 뜻으로 인생 자체가 별로 희망이 없다는 의미다. 〈자한〉 9.22에 "40세나 50세가 되어도 [이름이] 알려지지 않으면 이 또한 두려워할 만한 사람이 못 된다(四十五十而無聞焉, 斯亦不足畏也已)"라는 구절을 함께 볼 수 있다. 공자는 이름이 들리지 않는 것과 미움을 받는 것의 기준을 모두 마흔으로써 단정 지었는데, 주희는 마흔을 "덕이 이루어지는 시기(成德之時)"로 보았으며, 정약용은 대개 나이 마흔에 이르면 혈기가 쇠퇴해서 개과천선할 가망이 없다고 하였다. 한편 양보쥔은 여기서 "이已"는 동사로 쓰인 것이라고 하면서 그 용법상 "말지야이末之也已"(〈양화〉 17.4), "사해야이斯害也已"(〈위정〉 2.16)의 "이已" 자와 같은 용법이라고 하였으나 역자는 취하지 않는다.

제18편

미자 微子

– 현자는 무도한 군주 곁에 머물지 않아야 하는가

【해설】

〈미자〉 편은 제목에 암시되어 있듯이 관직을 버리고 재야에 은둔해 사는 은사隱士와 일민逸民 들과 관련된 내용이 대부분이다. 〈태백〉 편과 연계되는 내용도 많으며 앞의 편들과는 다루는 내용이나 문체가 많이 다르다. 벼슬에 대한 공자의 미련이 드러나 있으며 벼슬길을 열망하는 공자에 대한 은자들의 조롱과 비판, 무시가 거리낌 없이 펼쳐지고 그들의 말에 때로는 위축되어 말도 제대로 못하는 공자의 약한 모습도 복합적으로 드러난다.

1장에서는 은나라의 세 인자들을 거론하는데, 그들의 삶이 결코 순탄하지 않았으나 그들에 대한 공자의 평가는 절대적이다. 3장에는 제나라 경공의 거절로 상처 입고 떠나는 공자의 모습과 노나라를 벗어나게 된 경위 등이 간략하게 그려지고 있다. 5장에서 공자는 초나라 미치광이 접여가 만남을 거부하고 떠나가버려 허탕을 치기도 했다. 8장을 보면 공자는 자신이 평가한 일곱 명의 은자들 중에서 백이와 숙제를 높게 보았으며, 다른 다섯 사람은 이들보다 낮게 보았음을 알 수 있다.

이 편에서 눈여겨볼 대목은 장저와 걸익이 공자를 냉소적으로 풍자하는 6장에 있다. 공자는 그들의 말을 자로에게 전해 듣고 마치 아무렇지도 않다는 듯이 받아들이면서도 천하에 도가 없으므로 자신의 길을 멈출 수 없다고 다짐한다. 어찌 보면 사회에 냉정한 비판의 잣대를 들이댈 것 같지만 실상은 그렇지 못하고 오히려 타협점을 모색해나가려는 공자의 모습이 애처롭게 그려지고 있다.

은나라의 세 사람 18.1

미자[1)]는 떠나갔고, 기자[2)]는 노비가 되었으며, 비간은 간언하다가 죽었다.[3)]

공자께서 말씀하셨다.

"은나라에는 세 명의 인仁한 사람이 있었다."

微子去之, 箕子爲之奴, 比干諫而死. 孔子曰: "殷有三仁焉."

1) 주왕紂王의 서형庶兄으로, 그가 태어났을 때 그의 어머니는 제을帝乙의 첩이었다. 나중에 정실이 된 후 주를 낳았다. 제을이 죽자 주가 임금 자리를 이어받았다(양보쥔 설). 《여씨춘추呂氏春秋》〈중동기仲冬紀〉에 관련된 내용이 있는데, 《맹자孟子》〈고자告子〉 편에는 주의 숙부로 되어 있다.

2) 은나라 주왕紂王의 숙부로 이름은 서여敍余 또는 수유須臾이다. 기국箕國에 봉해져 기자로 불렸다. 자子는 작위다. 은나라 주왕이 음란한 행위를 그치지 않자 기자는 힘껏 간언했다. 그러나 주왕은 받아들이지 않고 오히려 그를 붙들어 노비로 삼았다. 주나라 무왕이 은나라를 멸망시킨 후에 기자는 자유로운 몸이 되었다.

3) 비간은 은나라 주왕의 숙부이다. 사마천은 이렇게 기록하고 있다. "주紂가 더욱 음란해져 그칠 줄 몰랐다. 미자微子가 여러 번 간언했지만 듣지 않자, 태사太師 및 소사少師와 상의한 후 마침내 떠나버렸다. 그러나 비간은 '신하 된 자는 목숨을 바쳐 간언하지 않을 수 없다'면서 강하게 간언했다. 주가 화를 내면서 말했다. '나는 성인의 심장에는 일곱 개의 구멍이 있다고 들었다'. 그러고는 비간의 배를 갈라 그 심장을 꺼내 보았다. 기자箕子는 두려워서 미친 척하여 노비가 되었지만 주왕이 다시 그를 가두었다. 이에 은나라의 태사와 소사가 은나라의 제기와 악기를 들고 주나라로 달아났다"(《사기》〈은본기〉).

떠나지 않는 유하혜 18.2

유하혜가 사사士師[4] 벼슬에서 세 번이나 쫓겨나자[5], [어떤] 사람이 말했다.

"당신은 [이런 나라를] 아직 떠날 수 없습니까?"

[유하혜가] 말했다.

"도를 곧게 지키며 남을 섬기려고 한다면, 어디에 가더라도 세 번은 쫓겨나지 않겠소?[6] 도를 굽혀 남을 섬기려고 한다면 어찌하여 부모의 나라를 떠날 필요가 있겠습니까?"

柳下惠爲士師, 三黜. 人曰: "子未可以去乎?" 曰: "直道而事人, 焉往而不三黜? 枉道而事人, 何必去父母之邦?"

---

4) "사사士師"를 정현은 "사士는 살핀다는 뜻이니, 감옥의 소송 일을 맡아 살피는 자이다(士察也, 主察獄訟之事者)"라고 하였다. 즉, 소송을 관장하는 법관을 뜻한다.

5) 주희는 "유하혜가 세 번 내침을 당하고도 떠나가지 않고 말의 기운이 온화하고 여유로움이 이와 같아 '화和'하다고 이를 만하다(柳下惠三黜不去, 而其辭氣雍容, 如此, 可謂和矣)"라고 하였는데, 이는《맹자孟子》〈만장 하萬章下〉에 "백이는 성인 중 맑은 자이고, 이윤은 성인 중 스스로 책임을 다한 자이며, 유하혜는 성인 중 화합하는 자이다. 공자는 성인 중 때에 맞는 자이시다(伯夷聖之淸者也, 伊尹聖之任者也, 柳下惠聖之和者也, 孔子聖之時者也)"라는 구절을 보아도 알 수 있다.

6) 공자가 유하혜를 이와 비슷한 구절로 평가한 문장이 〈미자〉 18.8에 나온다.

공자를 거부한 경공 18.3

제나라 경공이 공자를 우대하는 문제를 말했다.

"나는 계씨처럼 대우해줄 수는 없고, 계씨와 맹씨의 중간으로 대우하겠소.[7)]"

[그러고는 경공이 다시] 말했다.

"나도 늙었나 봅니다. 등용할 수 없소."[8)]

[이 말을 듣고] 공자는 [제나라를] 떠나셨다.[9)]

齊景公待孔子曰: "若季氏則吾不能, 以季孟之間待之." 曰: "吾老矣, 不能用也." 孔子行.

7) 원문의 "대지待之"를 번역한 것으로, 정약용은 "대待는 희뢰餼牢로써 예우하여 접대하는 것을 이른다. 뢰예牢禮는 그 명수命數와 같게 한다. 계씨는 노나라 경이니 삼뢰에 지나지 않지만, 그가 국정을 마음대로 하였기 때문에 때로는 오뢰를 쓰기도 하고, 맹씨는 권력이 없어 그대로 삼뢰를 썼던 것이다(待謂以餼牢遇接之. 牢禮如其命數. 季氏魯卿不過三牢, 而其專政, 或用五牢, 孟氏無權 仍用三牢)"라고 하였다. 희뢰餼牢는 희생犧牲이다. 국빈을 대우함에는 음식이 첫 번째인 것은 맞지만, 여기의 "대지待之"는 음식과 의복은 물론이고 모든 예우로 넓게 보아야 한다.

8) 원문의 "불능용야不能用也"를 '아무런 역할을 할 수 없다'로 번역하기도 하는데 설득력은 좀 부족하다. 그리고 앞의 문장 "오로의吾老矣"라는 말에서 짐작하는 바 경공의 당시 나이는 60세쯤으로 보이는데 경공 33년 즈음이다.

9) 경공이 공자 면전에서 한 말이 아니며, 공자는 제3자를 통해 전해 들었다고 보아야 할 것이다. 경공의 말은 모두 핑계일 뿐이었다. 공자가 중용되지 않은 이유는 여러 번 밝혀두었듯이 안영晏嬰의 배척 때문이었다. 경공과 공자의 대화는 〈안연〉 12.11에도 나오는데, 경공이 공자에게 정치에 대해 묻자, "임금은 임금다워야 하고, 신하는 신하다워야 하며, 아버지는 아버지다워야 하고, 아들은 아들다워야 한다"고 답하였다.

노나라를 떠난 이유 18.4

제나라 사람이 여악女樂(춤추고 노래하는 기녀들 혹은 가무단)을 보내왔다. 계환자[10)]가 그것을 받아들여 사흘 동안이나 조회를 열지 않자,[11)] 공자께서는 [노나라를] 떠나셨다.[12)]

齊人歸女樂, 季桓子受之, 三日不朝, 孔子行.

---

10) 계환자가 공자를 매우 좋아했다는 설이 있는데, 사마천은《사기》〈공자세가〉에서 이렇게 말하고 있다. "그가 병이 심해져, 마차에 올라 노나라의 도성을 바라보고 한탄하며 말했다. '옛날에 이 나라는 거의 흥성할 수가 있었는데 내가 공자에게 죄를 지어 그렇게 되지 못했다.' 그러고는 다시 회고하면서 그의 계승자인 강자康子에게 일러 말했다. '내가 죽으면 너는 반드시 노나라의 상국이 될 것이다. 노나라의 상국이 되면 반드시 공자를 불러들여라.' 그 뒤 며칠 지나서 계환자가 죽자 강자가 대신 자리에 올랐다. 장례가 끝난 뒤 강자는 공자를 부르려고 했다." 그러나 아이러니하게도 공자가 노나라를 떠난 것은 계환자 때문이었다.

11) 사마천은 〈공자세가〉에서 이렇게 기록하고 있다. "이에 제나라 여자 중에서 여든 명의 미인을 뽑아 모두 아름다운 옷을 입혀 강락무康樂舞를 추게 하고 무늬 있는 말 120필과 함께 노나라 군주에게 보냈다. 여악女樂들과 아름다운 마차들을 노나라의 도성 남쪽의 높은 문밖에 늘어놓았다. 계환자는 평상복 차림으로 살며시 몇 차례 가서 살펴보고는 받아들이기로 했다. 이에 노나라 군주와 각 지역을 순시한다는 말을 하고, 실제로는 그곳으로 가서 온종일 관람하고, 정무는 게을리했다."

12) 떠난 시기는 노나라 정공 44년으로 기원전 497년, 즉 공자 나이 55세 때였다. 이 일에 사마천은 상당히 중요한 의미를 부여했는데 공자가 노나라와 제나라 사이에서 상당한 정치적 갈등을 했으리라고 보았다.

공자를 피한 미치광이 접여 18.5

초나라 미치광이 접여[13]가 노래를 부르며 공자가 있는 곳을 지나가다가 말했다.

"봉황이여, 봉황이여! 어찌 그토록 [당신의] 덕이 쇠락했는가? 지나간 것은 [도리어] 간언할 수 없고, 오는 것은 오히려 좇아갈 수 있네.[14] 그만두시게, 그만두시게![15] 지금 정치를 따르는 자들은 위태롭다네."

공자께서 [수레에서] 내려 그와 말씀을 해보려고 하셨다. [그러나] 종종걸음으로 공자를 피했으므로[16] 그와 말씀하시지 못했다.[17]

楚狂接輿歌而過孔子, 曰: "鳳兮鳳兮! 何德之衰? 往者不可諫, 來者猶可追. 已而已而! 今之從政者殆而!" 孔子下, 欲與之言. 趨而辟之, 不得與之言.

13) '접여'란 글자 그대로 '수레를 타고 가다가 스쳐지나가다'라는 뜻을 지닌 일종의 별칭이다. 초나라 시골에 숨어 살던 선비로 성은 육陸이고 이름은 통通이다. 초나라 소왕昭王 때, 정치가 혼란스러워지자 몸에 옻칠을 하여 문둥병자로 꾸미고 머리를 풀어헤쳐 미치광이처럼 보이게 했다고 한다. 당시 사람들은 그를 초광楚狂이라고 했다.

14) 이 문장은《장자》〈인간세〉에도 원문의 순서와 글자가 일부 바뀌어 비슷하게 나온다. "봉황이여, 봉황이여, 어찌 그토록 [당신의] 덕이 쇠락했는가. 오는 것은 오히려 기다릴 수 없고 지나간 것은 오히려 좇아갈 수 없네(鳳兮鳳兮, 何如德之衰也. 來世不可待, 往世不可追也)."

15) 벼슬길에 나아갈 시기가 이미 지났으니 무리수를 던져 나아가지 말라는 의미다.

16) 이 부분에 관해서는 주희의 다음과 같은 말을 염두에 두어야 한다. "공자가 수레에서 내려 그에게 출처의 뜻을 알려주려고 하는데, 접여는 스스로 옳다고 여겼다. 그러므로 들으려고 하지 않고 피한 것이다(孔子下車, 蓋欲告之以出處之意, 接輿自以爲是. 故不欲聞而辟之也)."

17) 그래서 공자는 초나라에서 위衛나라로 돌아왔다. 공자의 나이는 63세였고, 때는 노 애공 6년이었다.

피인지사와 피세지사 18.6

장저와 걸익이 밭을 갈고[18] 있었는데, 공자께서 그곳을 지나가다가 자로로 하여금 [그들에게] 나루터를 물어보게 하셨다. 장저가 말했다.

"저기 수레 고삐를 잡고 있는[19] 사람은 누구신가?"

자로가 말했다.

"공구이십니다."

[장저가] 말했다.

"노나라의 공구이신가?"

[자로가] 말했다

"그렇습니다."

[장저가] 말했다.

"그 사람은 나루터를 알고 있을 것이오."

[자로는] 걸익에게 물었다. 걸익이 말했다.

"그대는 누구시오?"

[자로가] 말했다.

"중유(자로)입니다."

[걸익이] 말했다.

---

18) 원문의 "우耦"를 번역한 것으로 씨를 뿌리고 흙을 덮어주는 것이란 설과 흙덩이를 부수어 고르게 하는 것이란 설이 있다. 주희는 '나란히 밭을 가는 것(並耕)'이라고 하였으니, 두 사람이 쟁기를 잡고 양쪽에 서서 밭을 가는 모습이다.

19) 원문의 "집여執輿"를 번역한 것이다. 주희는 "집여는 고삐줄을 잡고 수레에 있는 것이다. 아마도 본래 자로가 수레를 몰아 고삐를 잡았는데, 지금 [수레에서] 내려와 나루터를 물었기 때문에 선생님께서 대신 잡고 있다는 의미다. '나루터를 안다'는 것은 여러 차례 두루 흘러 다녔으므로 스스로 나루터의 처소를 알았음을 말한 것이다(執輿, 執轡在車也. 蓋本子路御而執轡, 今下問津, 故夫子代之也. 知津, 言數周流, 自知津處)"라고 하였다.

"노나라 공구의 제자인가?"

[자로가] 대답했다.

"그렇습니다."

[걸익이] 말했다.

"도도[20]하게 흐르는 물처럼 천하는 모두 이렇게 흘러가는 법인데, 누가 그것을 바꾸겠소?[21] 그대 또한 사람을 피해 다니는 선비를 따르는 것이, 어찌 세상을 피해 다니는 선비를 따르는 것만 같겠소?"

[그러고는] 밭가는 일을 그만두지 않았다. 자로는 가서 금방 있었던 일을 말씀드렸다. 선생님께서는 실망스러운 듯 말씀하셨다.

"새나 짐승 들과 함께 무리를 이룰 수는 없다. 내가 이 [세상] 사람들[22]과 함께 살지 않고 누구와 더불어 산다는 말인가? 천하에 도가

20) 원문의 "도도滔滔"를 주희는 "흘러가서 돌아오지 않는 뜻(流而不反之意)"이라 하여 어지러운 천하의 형세를 비유적으로 나타낸 말로 보았는데, 정약용은 큰 물의 모양(大水之貌)이라고 하여 걸익의 대답은 "천하가 모두 이러한 물이니, 어찌 도를 행하겠는가?(天下皆此水也, 何以行道)"라는 뜻으로 보았다.

21) 원문의 "이수이역지而誰以易之"를 번역한 것인데, 학자들마다 의견이 분분하다. 공안국은 "지금 천하가 하나같이 혼란한데 공연히 이 나라를 버리고 저 나라로 가기 때문에 '수이역지誰以易之'라고 한 것이다(言當今天下治亂同, 空舍此適彼, 故曰誰以易之)"라고 하였고, 형병은 "지금 천하가 모두 도道가 없는데 공연히 이 나라를 버리고 저 나라로 가니, 누가 [그것을] 바꾸어 도道가 있게 할 수 있겠는가(今天下皆是無道也, 空舍此適彼, 誰以易之爲有道者也)"라고 하였다. 이들의 의견을 두루 참고하여 주희는 "천하가 모두 어지러우니 장차 누구와 함께 변화시키겠는가(天下皆亂將誰與變易之)"라고 요약 정리하였다.

22) 원문의 "사인지도斯人之徒"를 번역한 것인데, 공안국과 주희는 모두 '세상 사람들'의 의미로 보아, 공자의 이 말씀을 '장저와 걸익처럼 세상을 끊고 사람을 피할 수 없다'는 의미로 해석하였다. 그러나 정약용은 주희의 견해를 반박하면서 공자가 장저와 걸익을 배척하는 말씀을 한 것으로 보았는데, 그 이유를 "세상에 숨어서도 번민하지 않는 것은 본래 또한 성인의 한 의리다. (…) [공자가] 그들을 그리워하여 따르고자 하는 마음이 있었으니, [이들을] 배척하는 말로 만들어서는 안 된다(遯世無悶, 本亦聖人之一義, (…) 有所懷伊人欲往從之之意, 不可作排斥語也)"라고 하였다.

있다면 나는 바꾸는 일에 참여하지 않을 것이다."

長沮桀溺耦而耕, 孔子過之, 使子路問津焉. 長沮曰: "夫執輿者爲誰?" 子路曰: "爲孔丘." 曰: "是魯孔丘與?" 曰: "是也." 曰: "是知津矣." 問於桀溺. 桀溺曰: "子爲誰?" 曰: "爲仲由." 曰: "是魯孔丘之徒與?" 對曰: "然." 曰: "滔滔者天下皆是也, 而誰以易之? 且而與其從辟人之士也, 豈若從辟世之士哉?" 耰而不輟. 子路行以告. 夫子憮然曰: "鳥獸不可與同羣, 吾非斯人之徒與而誰與? 天下有道, 丘不與易也."

자로가 마주친 은자 이야기 18.7

자로가 [공자를] 따르다가 뒤처졌는데 한 노인과 마주쳤다. [그 노인은] 김매는 도구를 지팡이에 걸어 메고 있었다. 자로가 물었다.

"어르신, [저희] 선생님을 보셨습니까?"

노인이 말했다.

"사지를 부지런히 움직이지도 않고, 오곡도 분간하지 못하거늘, 누가 선생이란 말인가?"

[그러고는] 지팡이를 꽂아놓고 김을 맸다. 자로는 두 손을 맞잡고 서 있었다. 그는 자로를 붙잡아 [하룻밤] 자고 가라고 하고는 닭을 잡고 기장밥[23]을 해서 먹였으며, 자신의 두 아들을 만나게 했다. 이

23) 원문의 "서黍"를 번역한 것이다. 양보쥔은 "서黍는 당시 주요 식량이었던 직稷보다 수확량이 적었기 때문에 일반인들에게도 비교적 귀한 주식으로 여겨졌다"라고 하였다. 이와 달리 정약용은 "위서爲黍"의 "서黍"를 기장밥으로 보지 않고 '각서角黍'로 보고 설명하기를 "위서爲黍는 기장밥이 아닌 듯하다. (…) 서黍라고만 말하는 것은 꼭 밥을 의미하지는 않는다〔爲黍, 恐非黍飯 (…) 單言

틀날 자로는 [공자에게] 가서 [이런 일이 있음을] 말씀드렸다. 공자께서 말씀하셨다.

"은자로구나."

[그러고는] 자로로 하여금 돌아가 그를 뵙도록 했다. [자로가] 도착했을 때는 [그들이] 떠난 뒤였다. 자로가 말했다.

"벼슬을 하지 않는 것은 의로운 것이 아니다. 어른과 아이의 예절을 없앨 수 없는데, 군신의 도의를 어찌 없앨 수 있겠는가? 자신의 몸을 깨끗이 하고자 하여 큰 인륜을 어지럽히는 것이다. 군자가 벼슬하는 것은 그러한 도의를 실행하는 것이니, 도가 행해지지 않고 있다는 것은 이미 알고 계시다."[24)]

子路從而後, 遇丈人, 以杖荷蓧. 子路問曰: "子見夫子乎?"

丈人曰: "四體不勤, 五穀不分, 孰爲夫子?" 植其杖而芸. 子路拱而立.

止子路宿, 殺雞爲黍而食之, 見其二子焉. 明日, 子路行以告. 子曰: "隱者也." 使子路反見之. 至, 則行矣.

子路曰: "不仕無義. 長幼之節, 不可廢也. 君臣之義, 如之何其廢之? 欲潔其身, 而亂大倫. 君子之仕也, 行其義也, 道之不行, 已知之矣."

黍, 未必飯也)"라고 하였다.

24) 송대 초기의 복주각본福州刻本에는 "자로가 돌아와 공자가 말하기를(子路反, 子曰)"이라 쓰여 있는데 이는 자로의 말이 공자의 심정을 잘 대변해주고 은자의 생리를 잘 파악하였기 때문으로 본다. 필자는 주희본을 따랐다. 자로의 정치적 감각과 공자의 정치에 대한 인륜적 목적을 엿볼 수 있다.

일곱 은자들 18.8

일민[25]은 백이, 숙제, 우중(오중옹吳仲雍의 후손으로 처음으로 우虞나라의 군주로 봉해짐), 이일(누구인지 분명하지 않음), 주장(공자와 비견되는 인물로 자는 자궁子弓), 유하혜, 소련(상을 잘 치른 동이의 아들로 추정됨)이다. 공자께서 말씀하셨다.

"자기의 뜻을 굽히지 않고 자기의 몸을 욕되게 하지 않은 사람은 백이와 숙제일 것이다."

유하혜[26]와 소련에 대해서 [이렇게] 말씀하셨다.

"뜻을 굽히고 몸을 욕되게 했으나, 말은 도리에 들어맞았고, 행동은 사리에 들어맞았으니, 그들은 그것뿐이었다."

우중[27]과 이일에 대해서는 [이렇게] 말씀하셨다.

"숨어 살면서 말을 자유롭게 하였으나, 자기 몸은 청렴에 들어맞

---

25) "일민逸民"은 학문과 덕행이 있으면서도 산림에 숨어 살면서 관리가 되는 것을 달가워하지 않는 사람을 말한다. 즉 정치 세계를 떠나 자연에 은둔해 있는 사람이다.

26) 《맹자孟子》〈공손추 상公孫丑上〉 첫 장에 "유하혜는 더러운 군주를 [섬김을] 부끄러워하지 않으며, 작은 벼슬을 사양하지 않으며, 나아가면 어짊을 숨기지 아니하여 반드시 그 도리대로 하며, 벼슬길에서 버림을 받아도 원망하지 않고 곤궁을 당해도 걱정하지 않으며, 향인鄕人들과 더불어 거하되 여유롭게 차마 떠나지 못해서 말하기를 '너는 너이고 나는 나이니, [네가] 비록 내 옆에서 옷을 걷고 벗는다 한들 네가 어찌 나를 더럽히겠는가?'〔柳下惠, 不羞汙君, 不卑小官. 進不隱賢, 必以其道. 遺佚而不怨, 阨窮而不憫. 故曰, 爾爲爾, 我爲我, 雖袒裼裸裎於我側, 爾焉能浼我哉〕"라고 하였는데, 정약용은 "이것이 바로 이른바 '항지욕신降志辱身'이다"라고 하였으며, 장문중臧文仲이 원거爰居라는 해조海鳥에 제사 지낸 것과 민공과 희공의 두 묘의 위치를 바꾸어 제사하는 것을 유하혜가 비판한 일이 《국어國語》〈노어魯語〉에 이른바 "언중론言中論"이라고 언급된다. 유하혜의 '어짊〔賢〕'에 관한 공자의 말씀이 〈위령공〉 15.13에 있으며, 〈미자微子〉 18.2에서도 사사士師 벼슬에서 세 번 내침을 당한 유하혜가 거명되었으니 참조하여 읽으면 좋다.

왔고, 관직을 버린 것도 권도權道에 들어맞았다. 나는 이들과 달라, 꼭 해야 할 것도 없고 해서는 안 될 것도 없다."

逸民, 伯夷叔齊虞仲夷逸朱張柳下惠少連. 子曰: "不降其志, 不辱其身, 伯夷叔齊與." 謂柳下惠少連, "降志辱身矣, 言中倫, 行中慮, 其斯而已矣." 謂虞仲夷逸, "隱居放言, 身中淸, 廢中權. 我則異於是, 無可無不可."

흩어진 악관들 18.9

[노나라] 태사大師(악사의 우두머리)였던 지摯는 제나라로 갔고, 아반[28]이었던 간干은 초나라로 갔으며, 삼반이었던 료繚는 채나라로 갔고, 사반이었던 결缺은 진나라로 갔으며, 고(북)를 치던 방숙은 황하로 들어갔고, 도(손으로 흔드는 작은 북)[29]를 연주하던 무武는 한수로 들어갔고, 소사였던 양陽과 경을 연주하던 양襄은 바다로 갔다.

27) 《사기》〈오태백세가吳太伯世家〉에 우중과 관련된 내용이 있다. "주장의 동생 우중虞仲에게는 주나라의 북쪽에 있던 옛 하夏나라 도읍터를 봉해 주었고, 이렇게 우중은 제후의 반열에 올랐다〔乃封周章弟虞仲於周之北故夏虛, 是為虞仲, 列為諸侯〕".

28) 고대에 천자와 제후는 식사를 할 때 악단이 연주를 했다. 특히 일반 백성들은 두 끼만 먹었는데 천자는 네 끼를 먹어 매번 식사의 흥을 돋울 악단이 필요했다. 여기에서 "아반亞飯", "삼반三飯", "사반四飯"은 모두 식사의 종류이자 담당 악관 이름이다.

29) 원문의 "파도播鼗"를 번역한 것이다. "파播"는 흔드는 것이고 "도鼗"는 소고이니, 양옆에 귀가 달려 있어 자루를 잡고 흔들면 곁의 귀가 다시 스스로 제 몸을 치게 된다(주희 설).

大師摯適齊, 亞飯干適楚, 三飯繚適蔡, 四飯缺適秦, 鼓方叔入於河, 播鼗武入於漢, 少師陽 擊磬襄入於海.

주공의 훈계 18.10

주공이 노공[30]에게 말했다.

"군자는 자신의 친족을 소홀히 하지 않고, 대신들이 부려지지 않는다고 원망을 품게 해서는 안 되며[31], 이전 옛사람들도 큰 문제[32]가 없으면 버리지 않아야 하며, 한 사람에게 [모든 것을] 갖출 것을 요구[33]해서도 안 된다."

周公謂魯公曰: "君子不施其親, 不使大臣怨乎不以. 故舊無大故, 則不棄也. 無求備於一人."

30) 노공은 주공의 아들 백금伯禽이다.

31) 대신은 그 사람이 적임자가 아니면 버려야 하고, 그 자리를 맡고 있다면 그의 역량을 적극적으로 헤아려 쓰지 않을 수 없다는 의미를 담고 있다.

32) 원문의 "대고大故"를 번역한 것으로 패륜이나 반역 등의 죄악인 악역惡逆을 이르는 의미다.

33) 원문의 "구求"를 번역한 것으로 '책責'의 뜻으로 쓰여 '요구한다'로 풀이하였다. 형병은 "사람에게 일을 맡기되 마땅히 그 재능에 따라 해야 하고, 한 사람에게 재능이 다 갖추어지기를 요구할 수는 없다(任人當隨其才, 無得責備於一人也)"라고 보충 설명하였다. 〈자로〉 13.25의 "그(소인)가 사람을 부릴 때는 온갖 것을 갖추어 해주기를 요구한다"라고 한 구절과 통한다.

주나라의 여덟 선비 18.11

주나라에는 여덟 명의 선비가 있으니 백달, 백괄, 중돌, 중홀, 숙야, 숙하, 계수, 계와[34]가 그들이다.

周有八士, 伯達伯适仲突仲忽叔夜叔夏季隨季騧.

34) 이 여덟 선비들은 주나라 때 한 어머니가 네 번 임신해 각기 쌍둥이를 낳아서 여덟 명의 인재가 나왔다는 설이 있다(포함·항간·형병 설). 그 가운데 '백伯' 자, '중仲' 자, '숙叔' 자, '계季' 자를 쓰는 사람이 각각 두 명이다.

제19편

자장 子張

– 제자들의 자유로운 학문적 논쟁들

【해설】

〈자장〉 편은 모두 25장으로 제자들이 기억을 되살려 공자의 말을 기록한 것이다. 공자의 말보다는 자하子夏의 말이 열 군데로 가장 많고 자공子貢의 말이 여섯 군데로 두 번째다. 그리고 증자의 말이 네 군데, 자장과 자유의 말이 세 군데 나온다. 제자들끼리의 문답 혹은 설전 등이 주요 내용인데, 전반부의 〈자한〉 편과 유사한 점이 있다. 〈자한〉 편에는 공자의 학문이나 언행 등이 기록되어 있는데, 이 편에서는 제자와 문인 들이 공자의 사상을 어떻게 학문에 접목했는가를 살필 수 있다. 말하자면 응용편이다.

흥미로운 점은 공자의 말이 듣는 자에 따라 달리 전해지기도 한다는 점이다. 이는 공자의 교육법에서 비롯된 매우 재미있는 현상인데, 이 때문에 공자의 원래 생각이 그대로 전해질 수 없다는 한계가 있다. 공자는 제자들의 개성에 맞추어 사안을 설명하거나 교육했지만 이 과정에서 저마다 들은 바가 달라졌다. 그러니 "내가 들은 바와는 다르다"는 식의 다툼이 적지 않게 보인다.

내용을 살펴보면, 백성의 신뢰가 먼저라거나, 큰 덕과 작은 덕의 차이, 상을 당해서는 슬픔을 다하는 것, 벼슬과 배움의 관계 등 대부분 앞에서 거론된 내용들이다. 오히려 공자를 존경하는 제자들이 스승을 사모하며 남긴 어록들이 눈에 띈다. 해와 달 같아서 넘어설 수 없다는 자공의 말은 제자들 사이에서 공자는 언제나 성인이었음을 알려준다. 요컨대, 자장과 자하 학파 사이의 상호 논쟁과 비판 등은 공자가 세상을 떠난 뒤 그의 제자들이 얼마나 공자를 추종했는지 보여주는 것이다.

선비의 자세 19.1

자장이 말했다.

"선비가 위험을 보면 목숨을 바치고, 이득을 보면 의로움을 생각하며, 제사를 지낼 때는 공경함을 마음에 품고, 상을 당해서는 슬픔을 생각한다면, 거의 [선비로서] 괜찮다고 할 수 있다."

子張曰: "士見危致命, 見得思義, 祭思敬, 喪思哀, 其可已矣[1)]."

덕을 고집해봐야 19.2

자장이 말했다.

"덕을 고집하면서도 넓히지 못하고 도를 믿어도 독실하지 못하면, 어찌 있다고 할 수 있으며, 어찌 없다고 할 수 있겠는가?"[2)]

子張曰: "執德不弘, 信道不篤, 焉能爲有, 焉能爲亡?"

---

1) "기가이의其可已矣"를 주희는 "거의 괜찮다(庶乎其可)"라고 주석하였으며, "이已"를 형병의 설에 따라 조사로 보아 '괜찮다', '겨우 가하다(僅可)'라는 뜻으로 풀이하였다. 주희는 "이已"를 '지止'로 보는 것은 "자장의 뜻이 아니다(非子張之意)"라고 하여 일부러 본뜻과 다르게 주석한 것이 아니라, 그 말의 의미를 '서호기가庶乎其可'라는 의미로 본 것이다. 그러나 이와 달리 정약용은 "살펴보건대 가可는 적합適合의 뜻이고, 이已는 어조사이다. 면재(황간)는 '이已'를 '지止'의 뜻으로 읽었기 때문에 이와 같이 말한 것이다(案可者適可之意, 已者語辭. 勉齋讀已爲止, 故其言如此)"라고 하였다(성백효 설).

2) 덕과 도는 실천의 문제이므로 덕과 도가 있는지 없는지의 문제는 논할 가치가 없다는 뜻이다. 말하자면 경중輕重을 따질 문제가 아니라는 것이다(공안국 설). 원문에서 맨 마지막 두 구절의 의미는 '있어도 그만이고 없어도 그만'이니 그 경중輕重을 논할 필요가 없다는 의미다.

벗을 사귄다는 것 19.3

자하의 문인이 자장에게 [벗을] 사귀는 것에 대해 묻자 자장이 말했다.

"자하는 무엇이라고 말씀하시던가?"

[문인이] 대답했다.

"자하께서는 '괜찮은 사람은 사귀고, 괜찮지 않은 사람은 거절하라'고 하셨습니다."

자장이 말했다.

"내가 들은 것과는 다르다. 군자는 현명한 사람을 존경하고 뭇사람을 포용하며, 선한 사람을 좋게 여기고, 능력 없는 사람을 불쌍히 여긴다. 내가 크게 현명하다면 다른 사람에 대해 무엇인들 포용하지 못하겠는가? 내가 현명한 사람이 아니라면 사람들이 나를 거절할 것이니 [내가] 어떻게 남을 거절할 수 있겠는가?[3)]"

子夏之門人問交於子張. 子張曰: "子夏云何?" 對曰: "子夏曰: '可者與之, 其不可者拒之.'" 子張曰: "異乎吾所聞. 君子尊賢而容衆,

嘉善而矜不能. 我之大賢與, 於人何所不容? 我之不賢與, 人將拒我,

3) 자장이 자하를 낮추어 보려는 경향이 두드러진 이 장은 〈자장〉 19.24 문장과 관련된 주희의 풀이를 참고할 필요가 있다. "자하子夏의 말이 너무 박절하고 좁으니, 자장이 나무라는 것이 옳다. 다만 [자장이] 말한 것도 지나치게 높은 폐단이 있다. 크게 현명하면 비록 포용하지 않음이 없으나 큰 잘못은 또한 마땅히 끊어야 하고, 어질지 못한 이는 진실로 남을 거절할 수 없으나 손해 되는 벗은 또한 마땅히 멀리해야 하니, 배우는 자가 살피지 않으면 안 된다(子夏之言迫狹, 子張譏之是也. 但其所言亦有過高之病. 蓋大賢雖無所不容, 然大故亦所當絕 不賢固不可以拒人, 然損友亦所當遠, 學者不可不察)"라고 하였다. 요컨대, 꼬장꼬장한 성격의 자하와 담대하고 거침없는 자장의 교우관이 잘 드러난다 하겠다.

如之何其拒人也?”

군자가 하지 않아야 할 것 19.4

자하가 말했다.

“비록 작은 재주[4]라도 반드시 볼 만한 것이 있다. 멀리 가면서 통하지 않을까 두려워 이 때문에 군자는 하지 않는 것이다.”

子夏曰: “雖小道, 必有可觀者焉, 致遠恐泥[5], 是以君子不爲也.”

4) 원문의 “소도小道”를 번역한 것으로 군사, 농사와 원예, 의술과 점복과 같은 것들이다(주희 설). 정약용도 기본적으로 주희의 설과 같다. 어떤 이는 이단으로 해석하기도 하는데 그런 의미는 아니다. 리링은 단어의 속뜻을 풀지 않고 “비록 작은 길이라도 분명히 볼 만한 것이 있겠지만, 멀리 가려면 흙이 묻을까 염려된다. 그래서 군자는 그렇게 하지 않는다”라고 직역했는데, 이렇게 해도 뜻은 잘 통한다. 〈자로〉 13.4에서 번지가 농사짓는 법을 물은 장면이 떠오르는 단어다.

5) “니泥”는 ‘통하지 않다〔不通〕’라는 의미로 보았다. 황간은 ‘어렵다〔難〕’는 의미로 보았으며 끈끈하면서도 찐득찐득하여 잘 통하지 않는다는 의미도 있다(정약용 설). 이 구절은 도를 추구하는 멀고 험한 여정에서 이런 기예와 재주는 장애가 될 뿐이라는 말이다.

호학의 조건 19.5

자하가 말했다.

"날마다 모르는 것들을 알게 되며, 달마다 잘하는 것을 잊지 않는다면[6] 배움을 좋아한다고 말할 수 있다."

子夏曰: "日知其所亡, 月無忘其所能, 可謂好學也已矣."

인이 존재하는 곳 19.6

자하가 말했다.

"널리 배우고 뜻을 돈독히 하며, 절실한 것을 묻고 가까운 것부터 생각하면, 인仁은 그 가운데 있다.[7]"

子夏曰: "博學而篤志, 切問而近思, 仁在其中矣."

---

6) 주희는 이 장이 "온고지신溫故知新"과 같지 않다고 하였다. "온고지신溫故知新"은 "온고溫故" 가운데서 새로운 도道를 얻는 것이고, "지신知新"으로 인하여 '온고'를 따라 얻는 것이라 하였다. 그러나 정약용은 얻는 바의 선후先後로는 '온고'가 먼저이고 '지신'이 뒤이며, 그 공부하는 완급緩急으로는 '지신'이 다급하므로 '일日'이고 '온고'는 느슨하므로 '월月'이라 하였다. 그러므로 그 실재는 선先이 되기도 하고 후後가 되기도 하니 나눌 수 없다는 것이다. 만약 주희처럼 "지켜서 잃지 않는 것(守而不失)"이라고 말한다면 아는 바가 많지 않아 이미 알고 있는 것을 통해 새로운 앎을 축적해 앎이 점점 많아지는 '온고지신溫故知新'과 다름이 있는 것이다(성백효 설). 정약용은 일취월장의 의미로 결론내렸다.

7) 주희는 "네 가지는 모두 배우고 묻고 생각하고 분별하는 일이니, 힘써 행해서 인仁을 하는 데에는 미치지 못한다. 그러나 여기에 종사하면 마음이 밖으로 달리지 않아 보존하고 있는 것이 저절로 익숙해진다. 그러므로 인이 이 가운데 있다고 말씀한 것이다(四者皆學問思辨之事耳, 未及乎力行而為仁也. 然從事於此,

장인의 길과 군자의 길 19.7

자하가 말했다.

"모든 장인은 공방에 머물면서[8] 자신의 일을 이루고, 군자는 배움으로써 그 도에 이른다."

子夏曰: "百工居肆以成其事, 君子學以致其道."

소인은 꾸며댄다 19.8

자하가 말했다.

"소인은 잘못을 저지르면 반드시 꾸며댄다.[9]"

則心不外馳, 而所存自熟, 故曰仁在其中矣)"라고 하였고, 정이천은 "배우기를 널리 하고 뜻을 독실히 하며, 절실하게 묻고 가까이 생각하는 것을 어찌하여 인仁이 이 가운데 있다고 말하였는가? 배우는 자들은 이것을 생각하여야만 하니 이것을 깨달으면 곧 위로 통하고 아래로 통하는 방도이다(博學而篤志, 切問而近思 何以言仁在其中矣. 學者要思得之, 了此, 便是徹上徹下之道)"라고 하였다.

8) 원문의 "거사居肆"를 번역한 것으로《국어國語》〈제어齊語〉에 상세히 설명되어 있다. 요약하면, 장인을 모여 살게 하고, 재료의 성질을 살펴보게 하며 비교 선택하여 용도에 조화시켰으며, 아침부터 저녁까지 제자들에게 일에 관한 기술·제품을 공유하였다. 어릴 때부터 학습하여 마음이 안정되어 다른 직종을 보아도 마음이 변치 않게 되었다고 하였는데, 정약용도 이 뜻을 따랐다. 주희는 "사肆는 관청의 물건을 만드는 곳을 이른다. 장인이 공장에 있지 않으면 다른 일에 [마음이] 옮겨가 일이 정밀하지 못하다(肆謂官府造作之處, 工不居肆則遷於異物而業不精)"라고 하였다. 왜냐하면 장인의 역할과 할 일은 '사'에서 이루어지기 때문이다.

9) 주희는 "소인小人은 잘못을 고치는 것을 꺼리고 스스로 속이는 것을 꺼리지 않는다. 그러므로 반드시 꾸며서 그 잘못을 가중하는 것이다(小人憚於改過, 而不憚於自欺, 故必文以重其過)"라고 하였다.

子夏曰: "小人之過也必文."

군자의 세 모습 19.9

자하가 말했다.

"군자에게는 세 가지 변하는 것이 있으니, 그를 멀리서 보면 근엄하고, 그를 가까이에서 보면 온화하며, 그의 말을 들으면 엄정하다."

子夏曰: "君子有三變. 望之儼然, 卽之也溫, 聽其言也厲."[10)]

신뢰를 얻고 간언하라 19.10

자하가 말했다.

"군자는 신뢰를 얻은 다음에 그의 백성들을 수고롭게 하는 것이니, 신뢰받지 못하면 자신들을 괴롭힌다고 생각한다. [군자는] 신뢰를 얻은 다음에 간언하는 것이니 신뢰받지 못하면 자신을 비방한다고 생각한다."

子夏曰: "君子信而後勞其民. 未信, 則以爲厲己也. 信而後諫. 未信則以爲謗己也."

---

10) 원문의 "엄연儼然", "온溫", "려厲"를 풀이하면 "엄연儼然"은 용모가 장엄한 것이고, "온溫"은 얼굴빛이 온화한 것이며, "려厲"는 말이 확실하다는 뜻이다. 〈술이〉 7.37의 "온이려溫而厲"란 구절을 염두에 두어야 한다.

큰 덕과 작은 덕 19.11

자하가 말했다.

"큰 덕[11)]에서 울타리를 넘지 않는다면, 작은 덕에서는 넘나들더라도 괜찮다."

子夏曰: "大德不踰閑, 小德出入可也."[12)]

자유와 자하의 다툼 19.12

자유가 말했다.

"자하의 문인과 제자들은 물을 뿌리고, 비질하는 일이나, [손님을] 응대하며 나아가고 물러나는 예절은 괜찮다. 그러나 [그러한 것들은] 말단인 것이고 근본이 없으니 어쩌겠는가?"

자하가 그 말을 듣고서 말했다.

11) 원문의 "대덕大德"을 풀이한 것으로, 살아가면서 꼭 지켜야 할 중요한 규범이나 넘지 말아야 할 선으로 삼강오륜의 인륜을 의미한다. 양보쥔은 사람이 입신하는 데 필요한 절개 따위를 가리킨다고 보았다. 정약용은 주희의 설에 따라 "대덕"의 의미를 '대절大節'로 보고 "소덕小德"의 의미를 '소절小節'로 보아 큰 절목과 작은 세목이라고 풀이했는데 타당하다.

12) 원문의 "한閑"은 "란欄"의 의미이고 "출입出入"은 넘나든다는 뜻이니, 주희는 "사람이 먼저 큰 것을 세우면 작은 일은 비록 혹 이치에 부합하지 않더라도 또한 해가 없음을 말한다(言人能先立乎其大者, 則小節雖或未盡合理, 亦無害也)"라고 했고, 정약용은 공안국과 형병의 설을 취하여 "대덕大德은 성인을 말하고, 소덕小德은 배우는 이를 말한다. 한閑은 예를 막는 것이고 출입出入은 머지 않아 되돌아오는 것을 이른다(大德謂聖人, 小德謂學者, 閑禮防也. 出入謂不遠而復)"라고 하였다. 한편, 성백효는 일이 모두 예법에 맞지 못하고 들쑥날쑥함을 이른다고 하였다.

"아, 언유(자유)가 지나치구나! 군자의 도에서 어느 것을 먼저 전수해야 하는가? 어느 것을 나중으로 게을리하겠는가? 풀이나 나무에 비유하면 [종류에 따라] 구별이 있는 것과 같다. 군자의 도를 어찌 속일 수 있겠는가?[13] 처음이 있고 끝이 있는 것은 아마도 오직 성인일 것이다![14]"

子游曰: "子夏之門人小子, 當灑掃應對進退, 則可矣, 抑末也. 本之則無, 如之何?" 子夏聞之, 曰: "噫! 言游過矣! 君子之道, 孰先傳焉? 孰後倦[15]焉? 譬諸草木, 區以別矣. 君子之道, 焉可誣也? 有始有卒者, 其惟聖人乎!"

---

13) 원문의 "군자지도君子之道 언가무야焉可誣也"를 번역한 것으로 주희는 "군자君子의 도道가 어찌 이처럼 속이겠는가"로 풀이하였으나, 정약용은 "군자의 사람을 가르치는 법은 본래 이러한데 내가 어찌 속일 수 있겠는가〔君子教人之法, 本自如此, 我何可誣也〕"라고 풀이하였다. 역자도 정약용의 설이 타당하다고 본다.

14) 자하는 군자의 도를 쇄소응대灑掃應對하는 소학 수준의 작은 일에서 근본이 된다고 생각하였으며, 자유는 충忠과 서恕의 일관된 대학 수준이 군자의 도라 하여 근본적인 차이를 보이고 있다. 자유의 비판에 자하는 배움이란 "나무에 비유하면 구별이 있는 것과 같다〔譬諸草木, 區以別矣〕"라 하여 본말이 있을 수 없으며 '유시유졸有始有卒'은 '중도이폐中道而廢'할 수 없는 생이지지자生而知之者인 성인만이 할 수 있는 것이라 하여 자유의 말에 수긍할 수 없음을 보인 것이다.

15) "권倦"은 〈술이〉 7.2 "남을 가르치는 데 게을리하지 않는 것〔誨人不倦之倦〕"에서의 "권倦"과 의미가 같다.

벼슬과 배움의 양면 19.13

자하가 말했다.

"벼슬을 하면서 여유가 있으면 배우고, 배우면서 여유가 있으면 벼슬한다."

子夏曰: "仕而優則學, 學而優則仕.[16)]"

최상의 상례 19.14

자유가 말했다.

"상례에서는 슬픔을 다하는 데서 그쳐야 한다."

子游曰: "喪致乎哀而止."

능하지만 인하지 않은 자장 19.15

자유가 말했다.

"나의 벗 자장은 어려운 일을 하는 데 능하다. 그러나 아직 인仁하지는 않다."

16) 정약용은 "배우면 벼슬하는 까닭이고 벼슬함은 배움에서 도움받는다. 그러므로 서로 관여하는 것이다(學所以仕, 仕資於學, 故得相間)"라고 하였다. 정윤부程允夫에게 답한 편지에서 주희는 "예전에 일찍이 두 구句의 순서가 뒤바뀌었다고 의심하였다(舊亦嘗疑兩句次序顚倒)"라고 했다가 "학學"과 "사士"의 상관관계의 가변성에 주목하면서 이 문장의 선후 관계를 그대로 두어야 한다는 의견을 표했다.

子游曰: “吾友張也, 爲難能也. 然而未仁.”

당당한 자장이건만 19.16

증자가 말했다.
“당당한 자장이지만, 그와 더불어 인仁을 행하기는 어렵다.[17]”

曾子曰: “堂堂乎張也, 難與並爲仁矣.”

어버이의 상 19.17

증자가 말했다.
“내가 선생님께 들으니 ‘사람은 스스로 [마음을] 다하는 사람은 없지만, 반드시 어버이의 상에서는 [마음을] 다할 것이다’라고 하셨다.[18]”

曾子曰: “吾聞諸夫子. ‘人未有自致者也, 必也親喪乎.’”

---

17) 인仁의 핵심은 〈자로〉 13.27의 “강직함, 의연함, 질박함, 어눌함은 인에 가깝다(剛毅木訥, 近仁)”라고 한 것과 같다. 그러나 자장은 이러한 강의목눌의 내면보다 외양을 중시하였으므로 증자가 이렇게 말한 것이다.

18) 원문의 “치致”는 “그 극진함을 다한다盡其極”(주희 설)는 뜻이다. 같은 맥락에서 마융도 “사람이 비록 다른 일에는 스스로 [마음을] 다할 수 없어도 친상親喪에 이르러서는 반드시 스스로 [마음을] 다함을 말한 것이다(言人雖未能自致盡於他事, 至於親喪, 必自致盡)”라고 하였는데, 정약용도 마융의 설을 취했다. 《맹자孟子》 〈등문공 상滕文公上〉 편에서 “친상은 진실로 스스로 [마음을] 다해야 하는 바이다(親喪, 固所自盡也)”라고 하였다.

능하기 어려운 효 19.18

증자가 말했다.

"내가 선생님께 들으니 '맹장자의 효 가운데 다른 것들은 할 수 있지만, 아버지의 신하와 아버지의 정치를 고치지 않는 것, 이것은 능하기 어렵다'고 하셨다."[19)]

曾子曰: "吾聞諸夫子, '孟莊子之孝也, 其他可能也.
其不改父之臣與父之政, 是難能也.'"

윗사람이 도를 잃으면 19.19

맹씨(맹경자孟敬子인데 증자의 일곱 제자 중 하나)가 양부(증자의 제자)를 사사(소송을 담당하는 관직)로 삼자, [양부가] 증자에게 가르침을 청했다. 증자가 말했다.

"윗사람이 자신의 도를 잃어 백성들이 흩어진 지 오래되었다. 만일 그러한 정황[20)]을 안다면 슬퍼하고 불쌍히 여겨야지 기뻐해서는

19) 맹장자는 노나라 대부 맹헌자孟獻子의 아들로서 이름이 중손속仲孫速이다. 노나라 양공을 섬겼고 공자의 선배였는데, 효성으로 유명했다. 이 문장의 맥락을 살펴보면, 노나라 양공 19년에 아버지가 죽었고, 본인 역시 4년 뒤인 양공 23년에 죽었는데, 아버지의 원칙에 따라 정치체계 등을 바꾸지 않고 그대로 유지하려 했다고 하여 이렇게 말한 것이다. 이 장은 〈학이〉 1.11에 나오는 "3년 동안 아버지의 도에서 고침이 없다면 효도라고 할 수 있을 것이다(三年無改於父之道, 可謂孝矣)"와 연결해서 읽으면 의미가 분명히 드러난다.

20) 원문의 "기정其情"의 의미로서 증자의 말은 윗사람들이 도를 잃어서 민심이 이반했으므로 설령 백성들에게서 범죄 혐의를 발견한다고 해도 그들을 감싸 주어야 한다는 의미다.

안 될 것이다."

孟氏使陽膚爲士師, 問於曾子. 曾子曰: "上失其道, 民散久矣.
如得其情, 則哀矜而勿喜."

하류를 피해야 하는 이유 19.20

자공이 말했다.
"주紂[21]의 선하지 않음이 그토록 심한 것은 아니었다. 그러므로 군자는 하류[22]에 머무는 것을 싫어하니 천하의 악이 모두 그곳으로 돌아가기 때문이다."

子貢曰: "紂之不善, 不如是之甚也. 是以君子惡居下流,
天下之惡皆歸焉."

21) 은殷 왕조 마지막 군주로 이름은 수受이고 호는 제재帝宰다. 성격이 포악하기 이를 데 없었으며, 하 왕조의 걸桀과 더불어 폭군으로 유명하다. 중원의 문화를 회하, 장강 유역에 전파했으나 폭정으로 민심을 잃게 되어 주 무왕에게 토벌되어 스스로 목숨을 끊었다. 《사기》 〈은본기〉에 그의 행적에 대한 상세한 내용이 전한다.

22) 주희의 풀이대로 지형이 낮은 곳으로 모든 물이 흘러들어오는 것을 의미하니, "사람의 몸이 더럽고 천한 실질이 있으면 또한 악명이 모이는 곳을 비유한 것이다(喻人身有汚賤之實, 亦惡名之所聚也)"라 하였다. 여기서는 한 왕조가 망할 때의 군주가 되거나, 이미 효용을 다해 실행할 가치가 없는 일을 맡는 것을 가리킨다.

일식이나 월식 같은 허물 19.21

자공이 말했다.

"군자의 허물은 마치 일식, 월식과 같다. 허물이 있으면 사람들이 모두 그것을 보고, 고쳤을 때에는 사람들이 모두 그것을 우러러본다."

子貢曰: "君子之過也, 如日月之食焉. 過也人皆見之, 更也人皆仰之."

스승이 없었다 19.22

위나라 공손조[23]가 자공에게 물었다.

"중니(공자)는 어떻게 배웠습니까?"

자공이 [공자를 변호하여] 말했다.

"문왕과 무왕의 도가 땅에서 떨어지지 않고 사람들에게 남아 있습니다. 현명한 자는 그중에서 큰 것을 기억하고, 현명하지 못한 사람은 그중에서 작은 것을 기억하고 있으니 문왕과 무왕의 도가 없는 곳이 없습니다. 선생님께서 어찌 배우지 않았겠습니까? 또한 어찌 일정한 스승이 있어야 했겠습니까?"

---

23) 원문의 "위공손조衛公孫朝"를 양보쥔은 적호翟灝의 《사서고이四書考異》라는 책의 구절을 인용해서 "춘추시대 노나라에는 성成 땅의 대부 공손조公孫朝가 있었는데 〈소공昭公〉 26년 전傳에 보이며, 초나라에도 무성武城의 윤尹[수령] 공손조가 있었는데 〈애공哀公〉 17년 전傳에 보이고, 정자산鄭子産에게 공손조라는 동생이 있었으니 《열자列子》에 보인다. 기록하는 사람이 그런 연유로 '위衛' 자를 따로 두고 있다〔春秋時魯有成大夫公孫朝, 見昭二十六年傳, 楚有武城尹公孫朝, 見哀公十七年傳, 鄭子産有弟曰公孫朝, 見列子. 記者故系衛以別之〕"라고 했다. 그러니 동명이인인 3명의 공손조가 있었던 셈이다.

衛公孫朝問於子貢曰: “仲尼焉學?” 子貢曰: “文武之道, 未墜於地, 在人. 賢者識其大者, 不賢者識其小者. 莫不有文武之道焉? 夫子焉不學, 而亦何常師之有?”

깊이의 차이 19.23

숙손무숙[24]이 조정에서 대부들에게 말했다.

“자공은 중니(공자)보다 현명합니다.”

자복경백[25]이 [그 말을] 자공에게 알려주자, 자공이 말했다.

“궁궐의 담장에 비유한다면 나의 담장은 어깨에 미치므로 집안의 좋은 것을 엿볼 수 있지만 선생님의 담장은 몇 길이므로 그 문을 찾아 들어가지 못하면 종묘의 아름다움과 백관의 풍성함을 보지 못합니다. 그 문을 찾은 자도 적으니 선생(숙손무숙)께서 그렇게 말씀하시는 것도 당연하지 않겠습니까?”

叔孫武叔語大夫於朝曰: “子貢賢於仲尼.” 子服景伯以告子貢. 子貢曰: “譬之宮牆, 賜之牆也及肩, 窺見室家之好. 夫子之牆數仞, 不得其門而入, 不見宗廟之美, 百官之富. 得其門者或寡矣. 夫子之云, 不亦宜乎?”

---

24) 숙손씨의 사람으로 시호는 무武이고 항렬은 숙叔이며 이름은 주구州仇이며, 무숙의자武叔懿子라고도 한다. 정공과 애공 두 임금을 섬기고 공자의 사후에 그를 강력하게 비방한 인물이다.

25) 노나라 대부로 자복하子服何이다. 자복경백은 자공의 현명함이 공자를 능가한다는 분위기를 자공에게 전할 정도로 자공과 사이가 좋았다.

헐뜯지 말라 19.24

숙손무숙이 중니를 헐뜯었다. 자공이 말했다.

"그러지 마십시오. 선생님을 험담할 수 없습니다. 다른 사람의 현명함은 구릉과 같아서 오히려 넘을 수 있지만, 선생님은 해와 달과 같아서 넘어설 수 없습니다. 사람들이 비록 스스로 [해와 달을] 끊으려 해도 어찌 해와 달에 손상이 갈 수 있겠습니까? 다만 자신이 분수를 알지 못하는 것을 드러낼 뿐입니다!"

叔孫武叔毁仲尼. 子貢曰: "無以爲也. 仲尼不可毁也. 他人之賢者, 丘陵也, 猶可踰也. 仲尼, 日月也, 無得而踰焉. 人雖欲自絕, 其何傷於日月乎? 多見其不知量也."

살아 계시든 돌아가시든 19.25

진자금[26]이 자공에게 말했다.

"그대가 공손한 것이지, 중니가 어찌 그대보다 현명하겠소?"

자공이 말했다.

"군자는 한마디 말로 지혜롭게 여겨지기도 하고, 한마디 말로 지혜롭지 않다고 여겨지기도 하니, 말을 하는 데 신중하지 않을 수 없습니다. 선생님에게 미칠 수 없는 것은 마치 하늘에 사다리를 놓고

---

26) 사마천은《사기》〈중니제자열전〉에서 공손조가 아니라 진자금陳子禽이란 자가 물었다고 기록하고 있다. 이름은 진항陳亢으로,〈자장〉을 보면 공자의 제자가 아닌 것 같기도 하다.

올라갈 수 없는 것과 같습니다.[27] 선생님께서 나라를 얻었다면 이른바 백성들을 세우면 이에 세워지고, 백성들을 이끌어주면 이에 행하여졌을 것이며, 그들을 편안하게 해주면 그들이 다가왔을 것이고, 백성들을 동원하려고 했다면 그들이 화합했을 것입니다. 그분은 살아서는 영광스러웠고, 그분이 죽어서는 슬퍼했으니, 어떻게 그분에게 미칠 수 있겠습니까?"

陳子禽謂子貢曰: "子爲恭也, 仲尼豈賢於子乎?" 子貢曰: "君子一言以爲知, 一言以爲不知, 言不可不愼也. 夫子之不可及也, 猶天之不可階而升也. 夫子之得邦家者, 所謂立之斯立, 道之斯行, 綏之斯來, 動之斯和. 其生也榮, 其死也哀, 如之何其可及也?"

27) 정약용은 원문의 "계階"에 대하여 "계階는 낮은 데서 높은 데로 올라가기 위한 것이다〔階, 所以自卑升高〕"라고 하였다. 즉 사다리를 말한다. 이 글자는 '제梯' 자와 같으며 '사다리를 놓다'는 의미의 동사로 쓰였다.

제20편

요왈 堯曰

–성현이 전하고자 하는 말씀들

【해설】

〈요왈〉 편도 앞 편과 마찬가지로 공자가 세상을 뜬 후에 지은 것으로 유학의 정통성을 부연하려는 의도와도 연결된다고 볼 수 있다. 단 세 개의 장으로 구성되었고, 앞의 두 장은 매우 길어 다른 편들과는 전혀 다른 양상을 보인다.

글의 내용도 대부분 요임금과 순임금, 그리고 우임금의 선양에 대해 말하고 있다. 1장은 전반부와 후반부로 나뉘는데 전반부는 《상서》의 〈우서禹書〉 '대우모大禹謨' 편의 문장을 전재하여 능력의 중요성과 군주의 책임을 강조하고 있다. 후반부가 바로 공자의 말로 보이는데 나라와 백성들을 다스리는 방법을 설명하고 있다. "윤집기중允執其中"이란 단어에서 보이듯 중용의 정신을 강조하고 있으며 엄격한 법의 집행을 강조하며 너그러움, 신의, 부지런함, 공정성 등이 지도자의 덕목임을 강조한다. 2장은 자장이 공자에게 정치에 종사하는 문제를 두고 가르침을 청한 것인데 공자가 답한 다섯 가지 미덕과 네 가지 악에 주목해서 읽어야 한다. 3장은 매우 짧은데, 공자의 몇 마디 말로 이루어져 있을 뿐이고, 군자의 수양과 관련이 있는 글이다.

이 편은 매우 난삽하고 내용도 딱딱하고 문장의 구성 등이 이전의 대화체와 너무도 달라 후인의 가탁이 아닌가 의구심이 들 정도다. 혹자는 이 편을 《논어》 전체의 후서後序 혹은 보유補遺라고 보기도 하지만 아직도 《논어》 20편의 맨 마지막 편이라는 사실을 뒤집을 만한 반론은 나오지 않고 있다.

주희는 마지막 편을 요堯·순舜이 불러서 명한 말씀과 탕湯·무武가 군사들에게 맹세한 뜻 및 정사에 시행한 것들을 자세히 적어 성현이 전하고자 하는 말씀이 한결같음을 밝히고 있다고 보았다.

치국과 치민 20.1

요임금께서 말씀하셨다.

"아! 그대 순이여! 하늘의 역수[1]가 그대의 몸에 있으니, 진실로 그 중심을 잡도록 하라. 천하가 곤궁해지면 하늘이 내려주신 녹위祿位도 영원히 끊어질 것이다."

순임금도 우임금에게 이와 같이 명하셨다.[2]

[탕임금이] 말씀하셨다.

"저 소자 리履는 삼가 검은 수소를 [제물로] 바치면서 감히 빛나고 빛나신 하느님께 분명하게 아뢰니다. 죄 있는 사람을 감히 용서하지 않겠으며, 하느님의 신하를 숨기지 않겠으며, 간택은 하느님의 마음에 달려 있습니다. 제 몸에 죄가 있다면 그것은 온 세상 사람들 때문이 아니고, 온 세상 사람들에게 죄가 있다면 그 죄는 저 자신에게 있습니다."

[은나라 정벌 후] 주나라에서 크게 은혜가 베풀어져, 착한 사람들이 부자가 되었다.[3]

---

1) 고대 제왕들은 천하를 다스리면서 율력律曆을 우선으로 했다. 율력은 음률과 역수의 줄임말인데, 율자를 따로 떼어 풀이하면 법률法律로 해석할 수도 있다. "역수曆數"는 제왕들이 서로 계승하는 차례이니, 세시와 절기의 선후와 같은 것이다. 공안국은 "역수는 천도天道를 말한다"고 하고, 하안은 "제위 서열의 차례〔列次〕"라고 하니 뜻은 다 통한다.

2) 이 장은 앞뒤 연결상 문제가 있다. 그래서 송대의 소식蘇軾 이래 문장이 누락되지 않았을까 하는 의구심을 품었는데 일리가 있다. 여하튼 우임금이 자리를 물려준 과정을 간단히 요약하면 이러하다. 요堯임금은 순舜임금에게 군주 자리를 물려주었고, 순임금은 우禹에게 군주 자리를 물려주었다. 순임금 때 사악四嶽(요순 때 사방 제후들의 우두머리와 열두 주의 목牧, 각 주의 행정 장관)이 모두 함께 우를 추천하였으므로 시험 삼아 벼슬을 주고 수십 년을 맡겨 공적을 확인한 연후에 군주 자리를 넘겨주었다.

[무왕이 말했다.]

"비록 주나라의 친척이었다 해도 인仁한 사람이 있는 것만은 못했습니다.[4] 백성에게 허물이 있다면 [그 책임은] 저 한 사람에게 있습니다."

도량형을 신중히 정하고, 법도를 심사했으며, 폐지[5]되었던 관직을 정비하니 사방의 정사가 행해졌다. 멸망한 나라를 일으키고, 끊어진 세대를 이어주고, 일민을 등용하자 천하 백성들의 마음이 돌아오게 되었다.

중시한 것은 백성·양식·상례·제사였다.

너그러우면 많은 사람을 얻게 되고, 신의가 있으면 백성이 따르게 되며, 부지런하면 공을 세우게 되고, 공정하면 [백성들이] 기뻐할 것이다.

3) 이 부분에 대해서는 서지학적인 문제가 제기된다. 주희는 "선인시부善人是富" 이하를 모두 무왕의 일을 서술한 것으로 보았으나, 양보쥔은 이하 두 절節(주유대뢰周有大賚, 선인시부善人是富)은 무왕이 제후를 봉하는 고체誥體로 보고 아래 "근권량謹權量" 이하만 공자의 말씀으로 보았다.

4) 공안국에 따르면 "지친至親이더라도 어질지 못하고 충성스럽지 못하면 이들을 베니, 관숙管叔, 채숙蔡叔이 바로 이에 해당하고, 인인仁人은 기자箕子·미자微子를 이르니, 그들이 오자 이들을 기용하였다(親而不賢不忠則誅之, 管蔡是也. 仁人, 謂箕子微子, 來則用之)"라고 하였고, 정약용은 "주친周親"을 '주실周室의 형제들'로 보아 "무왕은 미처 수레에서 내리지도 않고 황제黃帝와 요堯·순舜의 후예를 봉하고, 겨우 수레에서 내리자 하夏·은殷의 후예를 봉하고 비간比干의 묘에 봉분을 하였으니 미자·기자를 봉한 것도 모두 이 시기였는데, 노魯·위衛·모毛·담聃·관管·채蔡·조曹·등滕 등은 이 시기에 아직 한 치의 땅도 封함을 받지 못하였던 것이다. '비록 주친周親이 있어도 인인仁人만 같이 못하다'고 한 것은 이를 두고 한 것이다"라고 하였다.

5) 원문의 "폐廢"를 번역한 것으로 양보쥔은 조우趙佑의 《사서온고록四書溫故錄》에 "직무는 있는데 그 관직이 없거나, 관직은 있는데 그 일을 하지 않는 경우를 모두 '폐廢'라 한다(或有職而無其官, 或有官而不擧其職皆曰廢)"고 하여 "수폐관修廢官"을 '폐지되었던 관직을 정비하다'로 번역하였다.

堯曰: "咨! 爾舜! 天之曆數在爾躬, 允執其中. 四海困窮, 天祿永終." 舜亦以命禹. 曰: "予小子履, 敢用玄牡, 敢昭告于皇皇后帝. 罪不敢赦. 帝臣不蔽, 簡在帝心. 朕躬有罪, 無以萬方. 萬方有罪, 罪在朕躬." 周有大賚, 善人是富. "雖有周親, 不如仁人. 百姓有過, 在予一人[6]." 謹權量, 審法度, 修廢官, 四方之政行焉. 興滅國, 繼絶世, 擧逸民, 天下之民歸心焉. 所重民食喪祭. 寬則得重, 信則民任焉, 敏則有功, 公則說.

군자의 다섯 가지 미덕과 네 가지 악 20.2

자장이 공자께 여쭈었다.[7]

"어떻게 해야 정사에 종사할 수 있습니까?"

공자께서 말씀하셨다.

"다섯 가지 미덕을 존중하고 네 가지 악을 물리치면 곧 정사에 종사할 수 있을 것이다."

자장이 여쭈었다.

"무엇을 다섯 가지 미덕이라고 합니까?"

공자께서 말씀하셨다.

"군자가 은혜를 베풀면서도 낭비하지 않고, 수고롭더라도 원망

6) 원문의 "여일인予一人"은 "여소자予小子"라고 한 부분과 함께 모두 상고上古 때 제왕들이 스스로를 칭할 때 쓰는 말이다. 《사기史記》 〈은본기殷本記〉에 보면 탕湯의 이름이 천을天乙이라는 것을 알 수 있으며, 갑골 복사卜辭에서는 '태을大乙'로 썼다. 또 전하는 바에 의하면 탕의 이름은 '리履'라고도 했다(양보쥔 설). 이 원문은 연고주의를 배격하고 군주의 절대적 책임을 강조한다.

7) 원문의 "자장문어공자子張問於孔子"를 번역한 것인데, 황간은 여기서 "문問" 자 뒤에 '정政' 자가 누락되지 않았나 하는 의구심을 품었다.

하지 않으며[8], 욕망은 있어도 탐욕은 없고, 느긋하면서도 교만하지 않고, 위엄이 있으면서도 사납지 않은 것이다."

자장이 여쭈었다.

"무엇이 은혜를 베풀면서도 낭비하지 않는 것입니까?"

공자께서 말씀하셨다.

"백성들이 이롭게 여기는 바에 따라서 백성들을 이롭게 하면, 이것이 또한 은혜를 베풀면서도 낭비하지 않는 것이 아니겠느냐? 수고롭게 할 만한 일을 가려서 수고롭게 한다면 또한 누가 원망하겠느냐? 인하고자 하여[9] 인을 이룬다면 또 어찌 탐욕스럽겠느냐? 군자는 많고 적음을 상관하지 않고, 작거나 큰 것을 상관하지 않으며, 함부로 오만하게 하지 않으니 이 또한 바로 넉넉하면서도 교만하지 않는 것이 아니겠느냐? 군자가 그의 의관을 바르게 하고 그 바라보는 시선을 존엄히 함으로써 근엄한 모습을 보여 사람들로 하여금 우러러 두렵게 한다면 이 또한 위엄이 있으면서도 사납지 않은 것이 아니겠느냐?"[10]

---

8) 원문의 "노이불원勞而不怨"을 번역한 것으로 〈이인〉 4.18에 "부모를 섬길 때는 완곡하게 간언하고, [자신의] 생각을 [부모님이] 따라주지 않는다 하더라도 또한 공경하여 거스르지 않아야 하고, 힘들더라도 [부모님을] 원망해서는 안 된다(事父母幾諫, 見志不從, 又敬不違, 勞而不怨)"라고 언급하는데, 성백효에 의하면 여기에서는 위정자의 미덕을 말하는 것으로 '백성을 수고롭게 하나 백성이 원망하지 않는다'의 의미가 되어 〈이인〉 4.18과는 다른 뜻으로 보았다.

9) 원문의 "욕인欲仁"을 번역한 것으로 정약용은 "백성을 편안하게 하고자 하는 것(欲安民)"이라 하였다.

10) 원문의 "존기첨시尊其瞻視"에 대하여 정약용은 "백성들이 바라보는 바에 있어서 위의威儀가 존엄함을 이른다(謂民之所瞻視, 威儀尊嚴)"라고 하였고, 양보쥔은 "눈으로 비뚤어지게 보지 않는다(目不邪視)"라고 보았다. 이 구절은 자장이 공자께서 말씀하신 다섯 가지 미덕 중에서 첫 번째로, '은혜를 베풀면서도 낭비하지 않는 것'을 물었는데, 공자가 다섯 가지 미덕을 다 설명하고 있다.

자장이 여쭈었다.

"무엇을 네 가지 악한 것이라고 합니까?"

공자께서 말씀하셨다.

"가르쳐주지도 않고 죽이는 것을 잔인하다 하고, 경계하지도 않고 성과를 보려는 것을 포악하다 하며, 명령은 태만히 하고 기한 안에 이루려는 것을 해치는 것이라 하고, 사람들에게 고루 나누어 주어야 하는데도 출납을 인색하게 하는 것[11]을 옹졸한 벼슬아치라고 한다."[12]

子張問於孔子曰: "何如斯可以從政矣?" 子曰: "尊五美, 屛四惡, 斯可以從政矣." 子張曰: "何謂五美?" 子曰: "君子惠而不費, 勞而不怨, 欲而不貪, 泰而不驕, 威而不猛." 子張曰: "何謂惠而不費?" 子曰: "因民之所利而利之, 斯不亦惠而不費乎? 擇可勞而勞之, 又誰怨. 欲仁而得仁, 又焉貪? 君子無衆寡, 無小大, 無敢慢, 斯不亦泰而不驕乎? 君子正其衣冠, 尊其瞻視, 儼然人望而畏之, 斯不亦威而不猛乎?" 子張曰: "何謂四惡?" 子曰: "不敎而殺謂之虐. 不戒視成謂之暴. 慢令致期謂之賊. 猶之與人也, 出納之吝謂之有司."

11) 양보쥔에 따르면 "출납出納"에서 '내어준다'는 의미의 "출出"과 '들인다'는 뜻의 "납納"은 서로 상반되는 단어인데, 비록 연용해서 사용되었지만 오히려 "출出"의 뜻으로 사용되었으며, "납納"의 뜻은 없다고 하였다. 재물은 함께 마땅히 사람들에게 나누어주어야 하는데, 출납에 인색해서 이를 어렵게 여기는 것이다(공안국 설).

12) 이 구절의 의미는 의義로써 백성을 가르치고 형벌을 사용하고, 미리 경계할 것을 점차 해나가며, 목적이나 결과만 갑작스럽게 책망하지 말며, 명령을 태만히 늦추다가 기한에 재촉하면 피해가 많다는 뜻이다. 〈요왈〉 20.1이 큰 틀에서 치국에 대한 집대성이라면 이 편은 정사로 백성을 다스리는 요체의 집대성이라 하겠다.

알아야 할 세 가지 20.3

공자께서 말씀하셨다.

"천명을 알지 못하면 군자가 될 수 없다. 예를 알지 못하면 자립할 수 없다. 말을 알지 못하면 다른 사람을 알 수 없다."[13)]

孔子曰: "不知命, 無以爲君子也. 不知禮, 無以立也. 不知言, 無以知人也."

13) 《논어》의 마지막 문장에서 공자는 군자가 갖추어야 할 중요한 덕목으로 "명命", "예禮", "언言" 세 가지를 알아야만 군자가 될 수 있고 스스로 설 수 있으며 사람을 이해할 수 있다고 강조하고 있다. 특히 "립立" 자는 자신의 세계관을 구체적 상황 속에서 처결해나갈 수 있는 자립적 상황이나 능력을 의미한다. 또한 세 차례나 "지知"를 사용한 데서 알 수 있듯이 이 마지막《논어》문장은《논어》의 첫 문장인 "학이시습지學而時習之"의 '학學', '습習', 그리고 첫 편 "인부지人不知"에서의 '지知'란 단어 등과 연관지어 생각해볼 수 있다.

맹자 孟子

해제

맹자를 탄생시킨 자는 누구인가

'맹모삼천지교孟母三遷之敎'로 널리 알려진 맹자는 어머니의 헌신적인 교육열로 성인 공자에 이어 아성으로 회자하는 인물이다. 맹자가 시장 근처에서 살 때의 일이다. 사람들이 돼지를 잡으려 하니 돼지가 비명을 질렀다. 맹자가 어머니에게 사람들이 왜 돼지를 죽이려 하느냐고 묻자, 네게 고기를 주려는 모양이라고 답하고 나서 어머니는 자신의 말을 지키기 위해 어려운 형편을 무릅쓰고 그에게 고기를 사주었다는 일화가 《한시외전韓詩外傳》에 나온다. 이렇듯 말과 행동의 실천을 늘 교육 방식으로 삼았던 어머니는 학업을 마치기도 전에 집에 돌아온 맹자에게 짜던 베를 잘라버리면서 중도에 학업을 포기하는 것은 베를 자르는 것과 같다며 밥도 먹이지 않고 돌려보냈다는 일화도 있다. 사실 맹자가 제13편 〈진심 상〉 29장에서 "일을 하는 사람을 비유하면 우물을 파는 것과 같다. 우물을 아홉 길이나 팠더라도 샘에 미치지 못하면, 오히려 버려야 되는 우물인 것이다"라고 한 말도 따지고 보면 중도에서 그만두는 것보다는 차라리 하지 않는 것이 더 낫다는 어머니의 교육관을 이어받은 것으로 보이는 대목이다.

맹자가 결혼하고 나서 버릇없는 아내를 친정으로 내쫓으려 했을 때 오히려 맹자에게 스스로 예를 갖추고 나서 아내를 대하라는 어머니의 충고를 듣고는 그렇게 하지 않았다는 일화도 있다. 이렇듯 그의 어머니는 맹자의 삶에 영향을 끼친 절대적인 존재였다. 맹자도 어머니에게 극진했다. 맹자가 제齊나라 선왕宣王에게 유세했으나 받아들여지지 않자 다시 송宋나라로 가려고 했는데, 마침 어머니가 연로하여 주저하던 차에 맹자의 어머니는 자신을 걱정하지 말라고 하면서 맹자에게 힘을 실어준다. 맹자가 다시 제나라로 갔을 때 어머니가 세상을 떠나자 맹자는 노魯나라로 어머니 시신을 옮겨서 성대한 장례를 치른다.

그렇다면 맹자가 편모슬하에서 자랐을까? 사실 맹자는 아버지도 살아 있었으나 아버지에 관한 내용은 거의 나오지 않는다. 다만 제2편 〈양혜왕 하〉 16장을 보면 이와 관련된 내용이 나온다.

노나라 평공平公이 맹자를 만나러 나가려는데 장창이란 자가 평공에게 묻는다.

"다른 날 군주께서 외출하시면 꼭 담당 관리에게 가실 곳을 명하시더니, 지금은 수레에 이미 말 멍에를 해두고 준비했으나 담당 관리가 갈 곳을 알지 못하니, 감히 [가실 곳을] 여쭙습니다."

공이 말했다.

"맹자를 만나보려고 하노라."

[장창이] 말했다.

"…… 맹자는 뒤 초상을 앞 초상보다 더 성대하게 했으니, 군주께서는 [그를] 만나지 마십시오!"

이 말을 들은 평공이 맹자를 만나지 않겠다고 했는데, 악정자樂正子가 평공을 만나 그 이유를 물어보자 평공은 장창이 자신에게 한 말을 그 근거로 들었다.

여기서 뒤 초상은 어머니의 장례를 말하고 앞 초상은 아버지의 장례를 말하는데, 어머니의 장례를 화려하게 치른 것이 예법에 어긋나 그를 만나지 않겠다는 내용이다. 맹자가 어머니의 장례에 관곽의 두께를 두껍게 하여 성대하게 치러준 것이 그 주된 이유였다. 그런데 맹자의 생각은 달랐다. 자신이 지금의 자리에 오른 것은 어머니의 헌신 덕분이었고 집안도 넉넉해졌으니 그렇게 하는 것이 진정한 효도라고 생각했던 것이다.

패권을 거부하고 왕도를 실행하려 한 맹자의 정치적 궤적

전국시대 중기에 활동한 맹자의 모국은 작은 추鄒나라인데, 당시 노나라의 속국이나 다를 바 없었기에 맹자는 노나라를 모국으로 생각하기도 했다. 맹자의 생졸년에 관해서는 대략 기원전 385년에 태어나 기원전 304년에 세상을 떠났다는 설, 기원전 384년부터 기원전 303년까지라는 설, 기원전 372년부터 기원전 289년까지 살았다는 설 등이 공존하는데, 여하튼 공자가 기원전 479년에 세상을 떠났으니 100여 년 이상의 시간 차이가 존재한다.

사마천司馬遷의 기록에 의하면 맹자는 자사子思의 교육을 받은 인물이며, 공자가 구현하고자 하는 유학에 정통한 인물이다. 나이 마흔부터 천하를 주유하던 맹자는 예순이 되던 시기에는 주로 제나라에 머물렀다.《맹자》에 제나라 관련 내용이 많이 나오는 것도 그런 이유 때문이다. 그렇다고 해서 맹자가 정치적 이상을 구현할 수 있었던 것도 아니다. 맹자는 당시 위정자들이 부국강병을 추구하고 전쟁을 통해 영토를 넓히려는 관점을 비판하면서 인정仁政, 즉 왕도정치의 핵심에 근거하여 다스려야 한다고 주장했다. 통치자는 도덕적 인격체라는 전제하에 덕정德政과 인정으로 돌아가 정치해야 한다는 것이 그 주요 골자다. 맹자가 생각했던 정치적 이상은 공자가 탄식했던 상황과 비슷하게 대부분의 제후에게 선택되지 않았고, 맹자도 공자처럼 노나라로 돌아와 후학 양성에 힘쓰며 책을 저술했다. 그때 저술한 책이《맹자》다.

맹자의 삶은 자신의 왕도정치 실천을 위해 그야말로 모국을 중심으로 유세하는 일정이 대부분이었다. 그가 처음 찾아간 제나라 위왕威王에게 실망하여 위왕이 보낸 황금 100일鎰을 그대로 두고 떠난 내용도 기록되어 있다(제4편 〈공손추 하〉 3장). 맹자는 송나라에 가서 군주가 정치를 잘하기 위해서는 인재 초빙이 중요하다고 대불승戴不勝이란 자에게 조언하기도 했으나 송나라 군주가 자신의 말을 듣지 않자 결국 그의 곁을 떠나 추나라 목공穆公을 찾아가 군주가 정치를 잘하면 백성은 군주에게 충성을 다해 죽음도 마다하지 않을 것이라고 했다. 등滕나라 문공文公에게는 왕도정치의 기본은 공평한 세금 징수에 있다고 하면서 정전제를 실시해야 한다고 주장했고(제5편 〈등문공 상〉 3장), 농가農家인 허행許行의 설에 미혹되었던 진상陳相이란 자와 쟁론을 벌인 것도 이 시기의 일이다.

그런데 맹자의 유세는 고행의 연속이었다. 등나라에서도 자신의 정치 이상을 실현할 가망성이 없다고 생각한 그는 일흔이 거의 될 무렵에 양梁나라 혜왕惠王을 만나게 된다. 그 내용이 바로 《맹자》 첫 편 첫 장에 나오는 혜왕과 맹자의 대화에 고스란히 담겨 있다. 그러나 안타깝게도 그 당시 왕들의 관심거리는 오직 '이익[利]' 한 단어에 있었다. 물론 맹자는 제나라에서 객경客卿이란 벼슬을 하기도 했는데(제3편 〈공손추 상〉 1장), 맹자의 사상은 전혀 받아들여지지 않았고 늘 전쟁만 하는 약육강식의 시대에 머물렀다. 스스로 객경의 자리를 내놓으려 했을 때 제나라 선왕이 만류하기도 했으나 맹자의 실망감은 극에 달했고 그때 이미 일흔이 넘은 나이로 고국으로 돌아와 제자인 만장萬章, 공손추公孫丑 등과 함께 《맹자》를 완성하게 된 것이다.

《맹자》는 어떤 책인가

《맹자》는 총 일곱 편이다. 양나라 혜왕, 공손추, 등나라 문공 등 각 편의 첫머리에 나오는 인물들로 제목을 삼았으니, 이 점은 《논어》와 그 방법이 같다. 그렇다면 이 책을 맹자가 지었을까? 그의 제자로 알려진 만장이나 공손추를 비롯한 제자들이 맹자의 말을 편집하여 낸 책이 바로 《맹자》다. 맹자가 이 책을 다 써서 완성본으로 출간한 것은 아니라는 견해가 일반적이다.

그런데 후한의 조기趙岐나 남송의 주희朱熹, 청대의 초순焦循 등 《맹자》 주석의 대가들은 한결같이 맹자가 이 책을 지었다고 주장하는데, 그 이유로 일관된 문체를 들고 있다. 그런데 고문운동을 한 한유韓愈는 맹자의 제자인 만장과 공손추가 집필했다고 주장한다. 이 책에 옥려자屋廬子, 악정자, 공도자公都子 같은 맹자의 제자들의 이름에 '자' 자가 붙여진 것과 맹자 당시 생존했던 제후들의 시호도 등장하는 것을 보면 맹자 사후에 지어진 책이라는 것이다. 또한 《맹자》에는 만장과 공손추의 이름이 가장 많이 등장하고, 이 두 사람에 대해서는 존칭이 없는 이유가 이 두 사람이 지은이라는 증거라고 주장한다. 그런데 사마천의 지적대로 맹자가 만장과 공손추 등의 무리와 이 책을 지었다는 설이 가장 설득력이 있다고 보인다. 맹자가 제자들과 충분한 문답을 하면서 두 명이 기록했고, 그것을 맹자 사후에 출간했을 것이다. 그러니 이 책의 저작권자는 엄연히 맹자이고, 제자들은 단지 도움을 준 역할에 불과하다는 것이 가장 정확한 분석으로 보인다.

일곱 편이었던 《맹자》라는 책을 분류하여 상하 열네 편으로 장구를 나눈 이가 바로 조기다. 《한서漢書》 〈예문지藝文志〉의 기록에는 열한 편이라고 하니, 분명 우리가 현재 보는 형태와는 달랐음을 보여주는 증빙 자료다.

한漢나라를 세운 고조高祖 유방劉邦은 유학을 통치 이념으로 정립했고, 전한의 문제文帝 때는 《맹자》를 《논어》·《효경》·《이아》 등과 함께 중시했다. 특히 당나라에서도 과거시험의 주요 과목에 들어갔으며, 송宋대의 신유학이 등장하면서 《맹자》는 주요한 위상을 점유했고, 남송 주희에 이르러 사서 중 하나로서 필독서의 대열에 합류했다.

《맹자》의 대표적인 주석은 조기의 《맹자장구孟子章句》와 주희의 《맹자집주孟子集注》, 초순의 《맹자정의孟子精義》 등이 가장 알려져 있고, 조기가 《맹자》의 주석에 '아성亞聖'이란 칭호를 덧붙이면서 맹자는 공맹孔孟이라 불리며 유학의 양대 핵심으로 등장하게 되는데, 이 세 권의 책은 지금까지 독보적인 위상을 차지하고 있는 주석서들이다. 물론 다른 주석서도 수십 권 존재하며 조선시대뿐만 아니라 우리나라의 가장 독창적인 해석으로 평가받는 책은 다산 정약용의 《맹자요의孟子要義》다. 1814년 다산초당에서 저술한 것으로 알려져 있으며, 《맹자》의 주요 내용을 뽑아 후한 조기의 주석과 남송 주희의 주석을 비교하면서 자신의 견해를 객관적으로 밝힌 것이 적지 않은데, 그 수준이 상당하다. 물론 정약용 외에 율곡 이이와 퇴계 이황 등 성리학자의 입장에서 쓴 주석서가 있다.

물론 우리나라의《맹자》수용은 그 역사가 오래되었다. 이미 삼국시대 이전에 들어와 조선시대까지 유학자들의 필독서였으며, 다양한 형태로 간행되어 보급되었다. 세종 대에 사서대전四書大全이 유입되면서 이를 저본으로 하여 활발한 간행 작업이 이루어졌으며, 선조 대에는《맹자언해孟子諺解》가 처음으로 간행된 것을 시작으로 조선시대 내내 중앙 및 지방에서 각종 활자본 및 목판본으로 지속적인 간행이 이루어졌다.[1] 특히 이이가 선조의 명을 받아 1576년에 간행한 사서언해 중에《맹자언해》도 당연히 들어 있으니, 그 당시 적지 않은 독자층이 존재했음을 알려준다.

오늘날 주석서로 널리 알려진 것 중 하나가 어법학자인 양보쥔의《맹자역주》다. 초판은 1962년인데 상세한 각주와 고증 및 창의적인 번역으로 꽤 많이 보는 책 가운데 하나다. 국내에는 성백효의

1) 이를테면《맹자대문孟子大文》,《맹자정문孟子正文》,《맹자혹문孟子或問》,《맹자집주대전孟子集註大全》,《맹자강경孟子講經》,《맹자규벽孟子奎璧》,《맹자혹문정의통고孟子或問精義通攷》,《맹자언해孟子諺解》,《맹자율곡언해孟子栗谷諺解》,《맹자석의孟子釋義》,《맹자정음孟子正音》등 제목만 봐도 얼마나 다양한 형태로 발행되었는지 알 수 있다.

《맹자집주》(3권)가 뛰어난 업적으로 손꼽힌다.

차마 하지 못하는 마음에 입각한 정치사상과 교육관

제1편 〈양혜왕 상〉에서 맹자는 '불인지심不忍之心', 즉 '차마 하지 못하는 마음'이라는 개념을 꺼낸다. 우물에 빠지려는 어린아이를 구해주려는 인간의 마음을 비유하면서, 인간이라면 누구든 측은지심을 지니고 있다는 성선설性善說을 기본 틀로 하고 '사단四端'의 형태로 인간의 네 가지 마음을 설명하는 대목이다. 제13편 〈진심 상〉 24장에 이런 내용이 있다.

"공자께서는 [노나라] 동산에 올라가서는 노나라를 작다고 여기셨고, 태산에 올라가서는 천하를 작다고 여기셨다. 그러므로 바다를 구경한 자는 [다른] 물로 끌어들이기가 어렵고, 성인의 문하에서 학문을 익힌 자는 [다른] 논의로 끌어들이기가 어려운 것이다."

맹자는 공자의 위대한 면모를 되새기면서 자신이 성인 공자의 문하로서 학문을 익힌 것에 상당한 자부심을 지니고 있었다. 성인의 문하에 들어가 학문의 큰 세계를 보았으니, 본인의 시야 확장은 공자의 공이라고 생각한 것이다. 맹자의 사상은 공자의 사상을 사숙했고, 스스로 계승자로서 자부한 것은 사마천의 지적대로 공자의 손자인 자사에게 배워 도통道統을 이었다는 것이겠지만, 여기에는 차별되는 지점이 분명히 있다. 즉 맹자는 공자의 인성론과 교육관을 재해석하면서 천명과 역사에 대한 자신의 사상 체계를 확장했다. 공자가 요임금과 순임금과 탕왕과 무왕을 성인의 반열에 두었다면, 맹자는 백이伯夷와 유하혜柳下惠, 이윤伊尹 등도 충분히 성인의 반열에 둘 수 있다고 생각했다. 제14편 〈진심 하〉 15장에서 맹자는 이렇게 말한다.

"성인은 백 세대의 스승이니, 백이와 유하혜가 이와 같은 분이다. 그러므로 백이의 풍도를 들은 자들이라면, 지각 없는 자는 청렴해지고 나약한 자는 지조를 갖게 되며, 유하혜의 풍도를 들은 자들이라면 경박한 자는 돈후하게 되고 속이 좁은 사람은 너그러워진다. 백 세대 위에서 분발하거든 백 세대의 아래에서 [풍도를] 들은 자 중에서 분발하여 일어나지 않는 자가 없으니, 성인이 아니고서야 이와 같을 수 있겠는가? 하물며 그들을 가까이하여 친히 교화된 자에 있음에랴."

제3편 〈공손추 상〉 2장에는 맹자에게 정치에 참여하다 보면 자칫 현실에 타협하여 이상적인 정치가 무너지지 않겠느냐는 제자의 질문이 있다. 그런 제자에게 맹자는 단호하게 '부동심不動心'이라는 말로 내면이 강한 사람은 외부 조건에 흔들리지 않는다고 말하면서, 오히려 스스로 정당함을 근거로 내세워 떳떳한 자세인 '호연지기浩然之氣'를 잘 기른다고 말한다. '부동심'과 '호연지기'는 가치관이 혼란된 전국시대의 혼돈을 바로잡으려 했던 지성인 맹자의 이성적이고 합리적인 단면을 잘 보여준다. 시비와 선악을 구별하여 올바른

가치관을 제시한 맹자는 사람의 기본적인 도리로서 효도를 강조했고, 포악을 경계하면서 현실에 입각한 정치 이상을 구현하고자 노력했던 인물이다.

맹자는 인간이 금수와 다른 점은 교육을 통해 오륜을 정립해가는 점에 있다고 했다. 사회는 오륜의 바탕 위에서 안정되어야 한다고 믿었던 것이다. 그렇다면 맹자는 자신의 교육관을 펼치는데 어떤 방식을 취했을까? 맹자는 공자의 '유교무류有教無類'(《논어》〈위령공衛靈公〉)의 교육관을 이어받아 가르침에 차별을 두지 않았다. 맹자는 "가는 자를 쫓아가지 않고 오는 자를 막지 않는다(往者不追, 來者不拒)"(제14편 〈진심 하〉 30장)는 열린 교육관을 가지고 누구든 수업을 받고자 찾아왔을 때 거절하지 않는 원칙을 지닌 것이다. 이것은 맹자 사상에서 중요한 지행합일知行合一의 실천과 맞닿아 있다. 지식과 행동이 일치되어야 한다는 관점을 견지한 맹자는 '신교身教', 즉 '몸소 가르친다'는 개념을 지니고 있었으니, 제14편 〈진심 하〉 9장에서 한 말을 보자.

"자신이 도를 실행하지 않으면 [그 도가] 아내와 자식에게도 실행되지 않고, 남을 부리는 데 도로써 하지 않으면 아내와 자식에게도 실행되지 않는다."

유가의 기본 원칙으로 자리 잡은 이 지행합일은 우리가 맹자의 사상을 볼 때 매우 눈여겨보아야 할 사안이다. 성인 백이와 유하혜를 흠모한 맹자는 그들을 통해 인격을 수양하고 성인의 행적을 통해 늘 분발해야 한다고 강조했다. 맹자가 늘 이야기한 '상우尙友', 즉 '벗을 숭상하다'는 개념도 여기서 비롯된다. 자신보다 훌륭한 성인을 벗 삼아 스스로 나아간다는 개념이다.

그렇다면 맹자의 학문적 기반은 어디에 있는가?《맹자》에는《시경》과《서경》을 언급한 부분이 무려 60군데나 나온다. 이는 맹자가 이 두 권의 절대적인 영향을 받았음을 의미한다. 맹자의 해박한 역사와 문학적 안목이 그의 논점을 밑받침해주었다. 그런데 당시 사람들은 맹자가 말만 잘하는 자라고 혹평하는 경우도 적지 않았으며, 맹자도 그런 사실을 잘 알고 있었다. 제6편 〈등문공 하〉 9장에서 이런 내용이 나온다. 공도자가 이렇게 묻는다.

"바깥 사람들이 모두 선생께서 변론을 좋아한다고 말합니다. 감히 여쭙겠는데 무엇 때문입니까?"

맹자께서 말씀하셨다.

"내가 무엇 때문에 변론을 좋아하겠는가? 나는 어쩔 수 없어서 그런 것이다. 천하에 [사람이] 살아온 지가 오래되었는데, [대개] 한 번 다스려지면 한 번은 어지러웠다. 요임금 때는 물이 거꾸로 흘러 중원에 범람하여 뱀과 용이 살았으니, 사람들이 정착할 곳이 없어서 낮은 곳에 사는 자들은 둥지를 만들었고, 높은 곳에 사는 자들은 굴을 만들어서 살았다.《서경》에 말하기를 '큰물이 나를 경계하게 만들었다'라고 했으니, 큰물이란 홍수洪水다."

꽤 긴 담론으로 이어지는 이 문장에서 맹자 특유의 해박함으로 우임금의 치세 이야기가 나온다. 맹자는 길게 고대의 역사적 사실을 인용하면서 맨 마지막 단락에서 내린 결론은 "우임금과 주공, 공자 세 분 성인의 일을 계승하기 위함"이라고 하여 결국 성인의 도를 따르려는 자임을 분명히 드러내고 있다.

제14편 〈진심 하〉 38장에도 나오듯이 맹자는 유가의 도를 계승하고자 하는 간절한 바람을 지니고 있었다. 양주와 묵적의 설이 횡행하는 현실을 보면서 공자의 뒤를 잇겠다는 맹자의 다짐이 유학을 한나라의 통치 이념으로 자리 잡게 만들고 있으며, 청나라 대에 이르기까지 유가가 주류로서 자리를 늘 굳건하게 지킨 원동력이 되었다.

왜 《맹자》를 읽어야 하는가

가장 전쟁이 치열하던 전국시대 중기를 살다간 맹자는 그 당시 천하가 통일로 귀결될 것으로 확신했다(제1편 〈양혜왕 상〉 6장). 패권 지향의 왕들에게 민심을 얻는 왕도정치를 제시하면서 도덕적인 왕, 경제적인 안정을 주는 왕, 적당한 세금을 부과하는 왕, 능력 있는 인재를 채용하는 왕 등 합리적인 면을 제시한다. 맹자는 인정의 방법 중 하나로서 일정한 생업과 일정한 법에 근거한 세금 징수 및 정전제의 회복을 통한 조세법 추진과 정전제의 확립을 통해 일정한 생업의 중요성을 강조하고(제5편 〈등문공 상〉 3장), 학교 교육의 제도적 활성화를 통한 인륜의 확립 등도 강조한다. 제7편 〈이루 상〉에도 우리에게 널리 알려진 '임기응변의 도'의 개념인 "권도權道", '자식을 바꾸어 가르친다'는 "역자교지易子敎之", 형수가 물에 빠지면 손을 잡아 구해주어야 한다는 현실논법 등 춘추시대의 공자와 차별되는 주장을 적지 않게 하고 있다.

정치적 안목과 탁월한 식견에도 불구하고 패권이 대세였던 당시에 맹자의 정치사상이 제후들에게 받아들여질 리 만무했고, 제대로 주목을 받지 못했다. 전쟁에 여념이 없었던 제후들에게 맹자의 이러한 생각은 아주 머나먼 이야기나 다를 바 없었다. 맹자가 등용되지 못해 이 나라 저 나라 떠돌아다닌 이유에는 다른 것도 있다. 제2편 〈양혜왕 하〉 8장에 나오듯이 신하가 군주를 시해하는 것이 옳은 일이냐는 제나라 선왕의 질문에 맹자는 제아무리 군주라 해도 패악한 일을 저지른 군주는 인과 의를 해친다면 그저 사내 한 명에 불과하므로 얼마든지 제거할 수 있다는 대목은 역성혁명을 옹호하는 내용이어서 왕들을 대단히 당혹스럽게 했고, 그러한 혁신적인 사유가 맹자를 곁에 두지 못하게 만든 원인 가운데 하나였을 것이다.

그러나 그의 정치사상에서 왕도정치의 기본인 '여민동락與民同樂'은 지금 읽어봐도 상당히 파격적인 생각이었으며, 항산恒産과 항심恒心의 논리는 기본생계 보장정책이 선행되어야 한다는 논점을 견지하여 당시 패권 전쟁을 일삼던 왕들의 사유를 뒤흔들어놓았다.

호연지기의 기상이 강한 맹자는 다양한 제자백가, 이를테면 종횡가인 공손연公孫衍과 장의張儀, 농가인 허행, 양주나 묵적 등 유가와 다른 학설을 물리치는 것을 사명으로 여기고, 논리적으로 상대방을 설득하며 공자의 가르침을 굳건히 전수하고자 했던 사상가이자 정치가였다. '마음을 쓰는〔勞心〕' 정신노동자와 '힘을 쓰는〔勞力〕' 육체노동자로 구분되는 역할 분담론은 오늘날에도 유효한 개념이다.

우리는 《맹자》를 읽으며 맹자의 사상이 추상적이거나 근엄한 내용의 뜬구름 잡는 식의 논의가 아니라는 점을 알 수 있을 것이다. 인간과 역사와 사회를 아우르는 맹자의 탁견을 보면서 자신의 삶을 살아가는 현대인들이 스스로 생계를 꾸려나가야 한다는 생각을 지니고, 위정자들은 맹자의 말대로 백성이 일정한 생업을 유지할 수 있는 경제 정책을 펼쳐야 하며, 그 어떤 이념적인 문제도 결국 경제력 앞에서는 무용지물이 된다는 현실을 직시해야 한다.

이렇듯 맹자의 냉철한 현실 인식과 문제 해결 방식은 늘 현재와 접맥되어 있는데, 사회적·도덕적·경제적 위기라고 할 수 있는 시대적 영향 탓이 크다. 약육강식의 생존 논리가 난무하는 전국시대의 사상은 혼돈의 21세기를 살아가는 우리가 배워야 할 내용이 여전히 많다.

제1편

양혜왕 상

梁惠王上

【해설】

이 편은 총 7장으로, 맹자와 당시 패권을 지향하는 양나라 혜왕惠王과 양왕襄王, 제나라 선왕宣王과의 정치적 담론이 대화체로 구성되어 있다. 당시 위정자들이 부국강병을 추구하고 전쟁을 통해 영토를 넓히려는 관점인 반면, 맹자는 왕도정치에 근거하여 다스려야 한다고 주장한다. 통치자는 도덕적 인격체라는 전제하에 덕정德政과 인정仁政으로 돌아가 모든 것을 해나가야 한다고 단호한 어조로 설파하고 있다.

현실적인 이익을 내세우는 양나라 혜왕의 관심 밖에 있었던 유가의 핵심 사상을 맹자가 탁월한 비유를 통해 전달하려고 노력한 이유는 무엇이었을까? 맹자는 전쟁이란 결국 모두가 패배자가 되는 길이라고 인식했기 때문이다. 맹자가 천 리를 멀다 하지 않고 각 나라의 군주들과 독대하면서 군주 혼자만의 세상이 아닌 '여민동락', 즉 백성과 즐거움을 함께하는 것의 중요성과 군주의 '불인지심不忍之心', '인자무적仁者無敵'을 통해 세상을 어진 마음으로 다스리라고 조언하기 위해서이다.

'오십보백보五十步百步'라는 고사성어가 들어 있는 것도 왕이 별것도 아닌 치적을 내세우자 맹자가 일침을 가한 사례이고, 소를 양으로 바꾸어 흔종釁鐘 의식을 거행하라는 왕의 어쭙잖은 연민을 왜 백성에게 적용하지 않느냐고 따져 묻는 맹자의 비판 역시 신랄하다. 특히 농업을 장려하는 것과 '항산恒産', 즉 일정한 생업이 있어야 '항심恒心'이 생긴다는 맹자의 탁견이 돋보이는 장이며, 맨 마지막 문장에서 다시 한번 쉰 살 된 노인과 일흔 살 된 노인이 비단옷과 고기를 먹을 수 있는 중산층 정도의 생활 기준에 맞춘 치국 정책을 수립하라는 취지에 독자들은 공감할 것이다. 이는 기본적인 생계유지도 안 되는 백성을 끌어다 전쟁하도록 하는 야만적인 행위야말로 정치가라면 해서는 안 된다는 점을 보여주고 있다.

이러한 맹자의 논증은 민생 문제 해결이야말로 정치의 기본이라는 인식으로, 오늘날 위정자들도 반드시 새겨야 하는 내용이 아닐 수 없다. 맹자는 참다운 군자가 윗자리에 머물러 백성이 감화되는 문왕과 같은 정치를 해야 한다는 점을 앞부분에 핵심적으로 거론하면서 결국 백성이 감동하는 정치를 행하라고 강조한다.

특히 맹자는 전쟁이라는 폭압성을 벗어나 백성을 맨 위에 두고 정치하는 자세가 필요하다는 관점을 구체적인 비유와 유추의 기법을 통해 설득하고 있어, 독자들은 이 편을 읽으면서 자연스럽게 맹자식 사유의 길목으로 접어들게 된다.

하필이면 이익을 말씀하십니까 1.1

맹자께서 양 혜왕[1]을 뵈었다.

왕이 말씀하였다.

"노인장[2]께서 천 리를 멀다 하지 않고 오셨으니, 또한 우리 나라를 이롭게[3] 해주실 수 있겠습니까?"

맹자께서 대답하셨다.

"왕께서는 하필이면 이익을 말씀하십니까? 다만 인仁[4]과 의義가 있을 뿐입니다.[5] 왕께서 말씀하시기를 '어떻게 하면 우리 나라를

---

1) 위魏나라 무후武侯를 계승하여 즉위(기원전 370년)한 혜왕惠王(기원전 400년~기원전 319년 재위)을 가리키는데, 이름은 앵罃이고 시호가 혜惠이다. 기원전 362년으로 추정되는데 수도를 안읍安邑에서 대량大梁으로 옮기고 왕이라고 참칭했기 때문에 양 혜왕으로도 불린다. 《사기史記》〈위세가魏世家〉에 그에 관한 내용이 있다. "[혜왕 35년] 혜왕이 전쟁에서 여러 번 실패하니 겸손한 예절과 많은 예물로써 어진 자들을 초빙했다. [이때] 추연·순우곤·맹가가 모두 대량(양)으로 왔다〔惠王數被於軍旅, 卑禮厚幣以招賢者. 鄒衍, 淳于髡, 孟軻皆至梁〕"라는 기록과 함께 위 본문도 상세히 실려 있다.

2) 원문의 "수叟"를 번역한 것으로, 주희는 "나이 많은 노인의 칭호〔長老之稱〕"라고 보았다.

3) 원문의 "리利"를 번역한 것으로, 주희의 풀이대로 "나라를 부유하게 하고 군대를 강하게 하는 것〔富國彊兵〕"이다.

4) "인仁"은 맹자의 사상에서 핵심 개념이다. '인하다'는 의미 그대로 풀이해왔으나 현재 국어사전에는 '인하다'라는 표제어가 없다. 다소 의미 차이가 있지만 '어짊' 또는 '인자함' 등의 개념으로 이해하면 무난한데, '인'이란 개념을 담을 수 있는 낱말이 없으므로 역자도 기존 관례에 따라 '인하다', '어질다' 등의 용어를 그대로 사용하기로 한다.

5) 혜왕과 맹자의 대화에는 이견이 있는데 이는 사마천이 《사기》〈맹자순경열전孟子荀卿列傳〉에서 "양 혜왕도 [맹가의 주장을] 입으로만 찬성하고 실제로는 받아들이지 않았는데, 그의 주장이 현실과 너무 동떨어져서 실제 상황에 들어맞지 않는다고 생각했기 때문이다. …… 맹가는 요임금과 순임금과 [하·은·주] 삼대 성왕들의 덕치만 부르짖으므로 가는 곳마다 받아들여지지 않았다"라는 발언을 떠올리게 한다.

이롭게 할까?' 하시면 대부들은 말하기를 '어떻게 하면 우리 집안(봉토)[6]을 이롭게 할까?' 하고, 선비와 일반 백성은 말하기를 '어떻게 하면 내 몸을 이롭게 할까?' 하며, 윗사람과 아랫사람이 서로 이익만을 취한다면[7] 나라가 위태로워질 것입니다. 만 대의 수레를 가진 나라의 군주를 시해하는[8] 자는 반드시 천 대의 수레를 가진 [제후의] 집안이고, 천 대의 수레를 가진 나라의 군주를 시해하는 자는 반드시 백 대의 수레를 가진 [대부의] 집안입니다. [대부가] 만 대[의 수레를 가진 나라]에서 천 대를 취하고, 천 대[의 수레를 가진 나라]에서 백 대를 취하는 것이 적은 것은 아닙니다만 만일 의로움을 뒤로하고 이익만을 앞에 둔다면 [모두] 빼앗지 않고는 만족하지[9] 않을 것입니다. 인仁하고서 그 어버이를 버린 자는 없고, 의로우면서 그 군주를 뒤로했던 자는 없습니다. 왕께서는 다만 인과 의를 말씀하실 뿐이지 하필이면 이익을 말씀하십니까?"[10]

孟子見梁惠王. 王曰: "叟不遠千里而來, 亦將有以利吾國乎?" 孟子對

---

6) 원문의 "가家"를 번역한 것으로, 원래는 제후(왕)가 대부에게 나누어준 토지를 뜻하지만, 여기서는 편의상 '집안'이라고 번역했다.

7) 원문의 "교정交征"을 번역한 것이다. "정征"은 '취하다〔取〕'라는 뜻이고, '교정'은 서로 빼앗는 것이다. 주희는 "윗사람은 아랫사람에게서 취하고, 아랫사람은 윗사람에게서 취하기 때문에 '교정'이라고 말한다〔上取乎下, 下取乎上. 故曰交征〕"라고 했다.

8) 원문의 "시弑"를 번역한 것으로, 양보쥔은 "아랫사람이 윗사람을 죽이고, 비천한 사람이 높은 사람을 죽이고, 신하가 군주를 죽이는 것을 '시'라고 한다〔下殺上, 卑殺尊, 臣殺君叫弑〕"라고 했다.

9) 원문의 "염饜"을 번역한 것으로, '만족하다〔足〕'라는 뜻이다. 주희는 "만약 또 의義를 뒤로하고 리利를 먼저 한다면, 그 군주를 시해하여 다 빼앗지 않고는 그 마음이 기꺼이 만족하지 않을 것이다〔若又以義爲後而以利爲先, 則不弑其君而盡奪之, 其心未肯以爲足也〕"라고 했다.

曰: "王何必曰利? 亦有仁義而已矣. 王曰: '何以利吾國?' 大夫曰: '何以利吾家?' 士庶人曰: '何以利吾身?' 上下交征利而國危矣. 萬乘之國, 弑其君者, 必千乘之家, 千乘之國, 弑其君者, 必百乘之家. 萬取千焉, 千取百焉, 不爲不多矣. 苟爲後義而先利, 不奪不饜. 未有仁而遺其親者也, 未有義而後其君者也. 王亦曰仁義而已矣, 何必曰利?"

백성과 즐거움을 함께한 이유 1.2

맹자께서 양 혜왕을 뵈었다.

왕이 연못가[11]에 있다가 큰 기러기와 작은 기러기와 큰 사슴과 작은 사슴[12]을 돌아보면서 말씀하였다.

"현능한[13] 자도 이런 것을 즐깁니까?"

맹자께서 대답하셨다.

"현능한 자가 된 뒤에야 이런 것을 즐길 수 있으니, 현능하지 못

10) 이 장에 대해 주희는《사기》〈맹자순경열전〉에서의 태사공 찬贊을 인용했다. "태사공은 말한다. '나는《맹자》라는 책을 읽다가 양 혜왕이 [맹자께]「어떻게 하면 우리 나라를 이롭게 하겠습니까?」라고 묻는 구절에 이르러 일찍이 책 읽기를 멈추고 말하기를「아, 이익이란 진실로 혼란의 시작이로구나」라고 탄식하지 않은 적이 없었다'〔太史公曰: 余讀孟子書, 至梁惠王問何以利吾國, 未嘗不廢書而歎也. 曰嗟乎, 利誠亂之始也〕." 이 말은《논어》〈이인里仁〉 4.16에서 공자가 "군자는 의로움에 밝고, 소인은 이익에 밝다〔君子喩於義, 小人喩於利〕"라고 한 구절을 염두에 두고 읽을 만하다.

11) 원문의 "소상沼上"을 번역한 것으로, '소沼'는 '연못〔池〕'이다.

12) 원문의 "홍안미록鴻鴈麋鹿"을 번역한 것으로, 주희는 "'홍鴻'은 기러기 중에 큰 것이고, '미麋'는 사슴 중에 큰 것이다〔鴻, 雁之大者, 麋, 鹿之大者〕"라고 풀이했다.

13) 원문의 "현賢" 자를 번역한 것인데, '현능한'이라는 말의 이면에 '어진'의 뜻이 내포되어 있다. '어진'이라고 번역할 수도 있으나, '인仁' 자와 뜻이 중복되어 여기서는 그대로 '현능한'이라고 번역했다. '현자'라고 번역하는 것도 꽤 의미가 있다.

한 자는 비록 이런 것을 가지고 있어도 즐기지 못합니다. 《시경詩經》[14]에 이르기를 '영대靈臺를 짓기 시작하여 헤아리고 측량하시니, 뭇 백성이 와서 힘껏 일하므로[15] 하루가 채 못 되어[16] 완성되었네. 짓는 것을 급히[17] 하지 말라고 하셨으나, 뭇 백성은 자식처럼 오네.[18] 왕이 영유靈囿[19]에 계시니, 암사슴과 사슴은 그곳에 가만히 엎드려 있구나.[20] 암사슴과 사슴은 살져 윤기가 흐르고[21] 백조는 깨

14) 《시경詩經》〈대아大雅·영대靈臺〉의 전체 4장 중에서 앞의 2장이다. 이 구절들은 문왕이 영지와 새와 짐승을 소유한 것에 대해 백성이 즐거워한 것을 노래했다. 영대는 문왕이 지은 것으로, "영靈"이라고 한 것은 백성이 힘든 줄도 모르고 기쁜 마음으로 일하여 짧은 시일에 지어졌으므로 신령神靈이 만든 것과 같다는 의미이다.

15) 원문의 "공攻"을 번역한 것으로, 주희는 '다스리다〔治〕'라고 했는데, 양보쥔은 '건축하다〔建造〕'라는 의미를 가리킨다고 했다.

16) 원문의 "불일不日"을 번역한 것으로, 주희는 "하루를 마치지 않은 것이다〔不終日也〕"라고 했고, 양보쥔은 "며칠 되지 않은 것〔不幾天〕"으로 풀이했다. 조기趙岐와 정약용丁若鏞은 '서로 기한을 정한 바도 없이〔不與之相期日限〕'라고 보았는데, 이 역시 일리가 있는 풀이다.

17) 원문의 "극亟"을 번역한 것으로, '빠르다〔速〕', '급하다〔急〕'와 같은 뜻이다.

18) 원문의 "서민자래庶民子來"를 번역한 것이다. '자래子來'는 "자식이 아버지의 일에 달려오듯 하는 것이다〔子來趨父事也〕"라고 한 주희의 해석을 참조하면 백성이 모두 문왕의 영대를 짓는 일에 기쁜 마음으로 힘썼다는 의미다.

19) "영유靈囿"는 고대 제왕이 짐승을 기르던 동산을 말한다.

20) 원문의 "우록유복麀鹿攸伏"을 번역한 것이다. '우麀'는 '암사슴〔牝鹿〕'이고, '유攸'는 '소所'와 같다. 주희는 문왕이 영유에서 기르는 금수가 "그곳에서 편안하여 놀라거나 움직이지 않는 것이다〔安其所, 不驚動也〕"라고 했고, 조기는 "암사슴이 새끼를 배어 그곳을 편안히 여기고 엎드리고 있어 놀라 움직이지 않는 것이다〔麀鹿懷妊, 安其所而伏不驚動也〕"라고 했다. 정약용은 "'부伏'는 거성去聲으로 읽어야 한다. 새가 알을 품은 것을 '부伏'라고 하고, 짐승이 새끼를 밴 것도 '부'라고 한다〔伏當去聲讀, 鳥抱卵曰伏, 獸懷妊亦曰伏〕"라고 하여 새끼를 배었다는 조기의 의견에 동조했다.

21) 원문의 "탁탁濯濯"을 번역한 것으로, 주희는 "살지고 윤택한 모양〔肥澤貌〕"이라고 했고, 양보쥔은 "살져서 반들반들 윤기 나는 모양〔肥胖而光滑的樣子〕"이라고 구체적으로 부연했다.

끗하고 희구나.[22] 왕이 영소靈沼에 계시니, 아아![23] [연못에] 가득히[24] 물고기들이 뛰는구나'라고 했다. 문왕文王이 백성의 힘으로 누대와 연못을 만들었으나, 백성이 그것을 즐거워하여 그 누대를 '영대'라고 하고, 그 연못을 '영소'라고 하며, 그곳에 큰 사슴과 작은 사슴과 물고기와 자라가 있는 것을 즐거워했으니, 옛사람들은 백성과 함께 즐거워했으므로 [참으로] 즐길 수 있었습니다. 〈탕서湯誓〉[25]에 말하기를 '이 태양은 언제 없어질까.[26] 내 너와 함께 망하겠다'고 [탄식] 했으니, 백성이 그(군주)와 함께 망하고자 한다면 비록 누대와 연못,

---

22) 원문의 "학학鶴鶴"을 번역한 것으로, 《시경》에는 '학학翯翯'으로 쓰여 있다. 새의 깃이 '깨끗하고 하얀〔潔白〕' 모양을 말한다. 조기는 "짐승이 살지고 배가 부르면 '탁탁濯濯'하게 되고, 새가 살지고 배가 부르면 '학학'하게 되니 윤택함이 훌륭한 것이다〔獸肥飽則濯濯, 鳥肥飽則鶴鶴而澤好而已〕"라고 했다.

23) 원문의 "오於"를 번역한 것으로, '오'로 읽으며, 감탄사로서 특별한 뜻은 없다.

24) 원문의 "인牣"을 번역한 것으로, '가득 차다〔滿〕'의 뜻이다. 주희는 "물고기가 가득 뛰논다는 것은 많으면서도 그 살 곳을 얻었음을 말한다〔魚滿而躍, 言多而得其所也〕"라고 했다. 덧붙여 《사기》 〈은본기殷本紀〉에는 "더욱이 개와 말과 기이한 물건을 거둬들여 궁실을 가득 메웠다〔益收狗馬奇物, 充仞宮室〕"라고 하여 '인仞'으로 쓰기도 한다.

25) 《상서商書》 편명의 하나로, 상나라 탕왕湯王이 폭군 걸왕桀王을 정벌하기 전에 박亳 땅에서 전군을 모아두고 훈시한 내용을 적어놓았다. 본문은 〈탕서〉 내용 중에서 탕왕이 정벌의 정당성을 말하고자 하夏나라 백성의 원성을 인용하는 대목이다. 《사기》 〈은본기〉에 "탕의 덕망이 지극하여 새와 짐승에게까지 미쳤도다〔湯德至矣, 及禽獸〕"라는 구절도 그의 덕을 유추할 수 있는 주요한 대목이다.

26) 원문의 "시일갈상時日害喪"을 번역한 것으로, '시時'는 '이〔是〕'를 말한다. '일日'은 하나라 걸왕을 가리킨다(주희 설). 걸왕이 "내가 천하를 보유함은 마치 하늘에 해가 빛나는 것 같으니, 해가 없던 적이 있는가? 해가 없어지면 나 또한 망한다〔吾有天下, 猶天之有日也, 日有亡乎? 日亡吾亦亡〕"(《한시외전韓詩外傳》)라고 한 말에 백성이 답하는 노래다. 양보쥔은 "'갈害'은 '어찌〔何〕'라는 뜻이며, 여기서는 '어느 때, 언제〔何時〕'라는 의미로 쓰였다"라고 했다. 또한 '갈' 자를 '갈曷'과 같다고 보았으며, '합盍' 또는 '하불何不'과 같이 '어찌 ~하지 않겠는가?'로 번역해야 한다는 견해를 유지했다.

[그리고] 새와 짐승을 가지고 있다고 해도 어찌 홀로 즐길 수 있겠습니까?"

孟子見梁惠王. 王立於沼上, 顧鴻鴈麋鹿, 曰: "賢者亦樂此乎?" 孟子對曰: "賢者而後樂此, 不賢者雖有此, 不樂也. 詩云, '經始靈臺, 經之營之, 庶民攻之, 不日成之. 經始勿亟, 庶民子來. 王在靈囿, 麀鹿攸伏, 麀鹿濯濯, 白鳥鶴鶴. 王在靈沼, 於牣魚躍.' 文王以民力爲臺爲沼, 而民歡樂之, 謂其臺曰靈臺, 謂其沼曰靈沼, 樂其有麋鹿魚鼈. 古之人與民偕樂, 故能樂也. 湯誓曰: '時日害喪, 予及女偕亡.' 民欲與之偕亡, 雖有臺池鳥獸, 豈能獨樂哉?"

오십보백보 1.3

양 혜왕이 말씀하였다.

"과인[27]은 [우리] 나라에 대하여 마음을 다하고 있을 뿐입니다. 황하 북쪽 지방에 흉년이 들면 그 백성을 황하 동쪽 지방[28]으로 옮기고 그곳의 곡식을 황하 북쪽 지방으로 옮겼으며, 황하 동쪽 지방에 흉년이 들어도 또한 그렇게 하고 있습니다. 이웃 나라의 정치를 살펴보면, 과인처럼 마음을 쓰는 자가 없습니다. [그런데도] 이웃 나라의 백성이 더 적어지지 않고, 과인의 백성이 더 많아지지 않는 것은 무엇 때문입니까?"

27) 원문의 "과인寡人"이란 제후가 스스로를 겸손하게 일컫는 것으로, 주희는 "덕이 적은 사람(寡德之人)"이라고 풀이했다.

28) 원문의 "하내河內"는 황하의 북쪽 지방을 말하며, 원문의 "하동河東"은 황하의 동쪽 지방을 말한다. 둘 다 위나라 땅이다.

맹자께서 대답하셨다.

"왕께서 전쟁을 좋아하시니, 전쟁으로 비유하겠습니다. 둥둥둥 북을 쳐서[29] 병기와 칼날이 이미 맞붙었는데, [병사들은] 갑옷을 버리고 병기를 끌면서 달아났습니다.[30] 어떤 이는 100걸음을 달아난 뒤에 멈추었고, 어떤 이는 50걸음을 달아난 뒤에 멈추었는데, 50걸음을 달아난 자가 100걸음을 달아난 자를 비웃으면 어떻겠습니까?"

[왕이] 말씀하였다.

"옳지 않으니, 단지 100걸음을 달아나지 않았을 뿐이지 이 또한 달아난 것입니다."

[맹자께서] 말씀하셨다.

"왕께서 만일 이것을 아신다면 백성이 이웃 나라보다 많아지기를 바라지 마십시오. 농사짓는 때를 어기지 않으면 곡식을 다 먹을 수 없고, 촘촘한 그물[31]을 웅덩이와 연못[32]에 넣지 않으면 물고기

29) 원문의 "전연고지塡然鼓之"를 번역한 것으로, 《손자병법孫子兵法》에 "《군정軍政》에서 말한다. '말을 하여도 서로 들리지 않으므로 징과 북을 만들었고, 보려고 하여도 서로 보이지 않으므로 깃발을 만들었다.' 징과 북과 깃발은 병사들의 눈과 귀를 하나로 만드는 도구다〔軍政曰: 言不相聞, 故爲金鼓. 視不相見, 故爲旌旗. 夫金鼓旌旗者, 所以一民之耳目也〕"라고 했다. 북은 당시 군대의 진퇴를 지휘할 때 쓰던 도구로, 북을 울려 병사를 나아가게 하고, 징을 울려 병사를 거두어들였다.

30) 원문의 "주走"를 번역한 것인데, 우재호는 "고대에는 천천히 걷는 것을 '보步'라고 하고, 종종걸음으로 걷는 것을 '추趨'라고 하며, '추'보다 빠르고 달리는 것에 가까운 것을 '주'라고 했다. 여기서는 '도망가다'라는 뜻이다"라고 풀이했다.

31) 원문의 "촉고數罟"를 번역한 것으로, '촉數'은 '촘촘하다〔密〕'라는 뜻이고, '고罟'는 '[고기 잡는] 그물〔網〕'이다. 조기는 "촘촘한 그물로 작은 물고기를 잡는 것이므로 [어류 보호를 위해] 사용을 금했다〔密細之網所以捕小魚鱉也, 故禁之不得用〕"라고 했다. 오늘날에도 촘촘한 그물로 어획하는 일은 치어와 환경을 보호하기 위해 금지하고 있다. 한편 '촉고'를 그물을 자주 던지는 것으로 해석하기도 하는데, 역자는 취하지 않는다.

와 자라를 다 먹을 수 없으며, 도끼를 제때 산림에 들어가게 하면 목재를 다 쓸 수 없을 것입니다. 곡식과 물고기와 자라를 다 먹을 수 없고 목재를 다 쓸 수 없으면, 이는 곧 백성이 산 사람을 봉양하고 죽은 사람을 장례 지내는 데에 유감이 없도록 하는 것입니다. 산 사람을 봉양하고 죽은 사람을 장례 지내는 데에 유감이 없게 하는 것이 왕도王道의 시작입니다.

다섯 이랑[33]의 집 둘레에 뽕나무를 심으면 쉰 살이 된 자가 비단옷을 입을 수 있습니다. 닭과 돼지와 개와 큰 돼지를 기르는데 그 [번식할] 때를 잃지 않으면 일흔 살이 된 자가 고기를 먹을 수 있습니다. 100이랑의 땅에 그 [농사지을] 때를 빼앗지 않으면 여러 식구의 집안이 굶주리지 않을 것입니다. 학교의 가르침을 엄격하게 하여 효도와 우애의 의리로써 거듭하여 가르친다면 [머리가] 희끗희끗한 자가 길에서 짐을 등에 짊어지거나 머리에 이지 않을 것입니다. 일흔 살이 된 자가 비단옷을 입고 고기를 먹으며, 일반 백성이 굶주리지 않고 추위에 떨지 않게 하고서도 왕 노릇 하지 못하는 자는 없습니다. 개와 돼지가 사람이 먹을 양식을 먹는데도 단속[34]할 줄 모르고, 길에 굶어 죽은 시체[35]가 있어도 [창고를] 열 줄 모르면서,[36] 사람이 죽으면 말하기를 '내가 그렇게 한 것이 아니고 흉년 때문이다'라고 한다면 이는 사람을 찔러 죽이고도 말하기를 '내가 그렇게

---

32) 원문의 "오지洿池"를 번역한 것으로, 주희는 "푹 파여 낮은 땅이니, 물이 모이는 곳이다(窊下之地, 水所聚也)"라고 했다. 《광아廣雅》〈석고釋詁〉에 "'오洿'는 '깊다'라는 뜻이다(洿, 深也)"라고 풀이된 것도 맥락은 같다. 여기서는 주희 설을 따랐다.

33) 원문의 "무畝"를 번역한 것으로 '무'라는 용어가 다소 낯설어 '이랑'으로 번역했다.

한 것이 아니고 무기 때문이다'라고 하는 것과 무엇이 다르겠습니까. 왕께서 흉년[37]에 죄를 돌리지 않으시면 천하의 백성이 [이 나라로] 이르게 될 것입니다."

梁惠王曰: "寡人之於國也. 盡心焉耳矣. 河內凶, 則移其民於河東, 移其粟於河內. 河東凶亦然. 察鄰國之政, 無如寡人之用心者. 鄰國之民不加少, 寡人之民不加多, 何也?" 孟子對曰: "王好戰, 請以戰喩. 塡然鼓之, 兵刃既接, 棄甲曳兵而走. 或百步而後止, 或五十步而後止, 以五十步笑百步, 則何如?" 曰: "不可, 直不百步耳, 是亦走也." 曰: "王如知此, 則無望民之多於鄰國也. 不違農時, 穀不可勝食也, 數罟不入洿池, 漁鼈不可勝食也, 斧斤以時入山林, 材木不可勝用也. 穀與漁鼈不可勝食, 材木不可勝用, 是使民養生喪死無憾也. 養生喪死無憾, 王道之始也. 五畝之宅, 樹之以桑, 五十者可以衣帛矣. 雞豚狗彘之畜, 無失其時, 七十者可以食肉矣. 百畝之田, 勿奪其時, 數口之家可以無

34) 원문의 "검檢"을 번역한 것으로, 주희는 "제지하다〔制〕"라고 풀이했다. 조기는 "군주가 다만 개와 돼지만 길러 사람이 먹는 것을 먹이고, 법도로 단속하여 거두어들이는 것을 알지 못함을 말한다〔言人君但養犬彘, 使食人食, 不知以法度檢斂也〕"라고 했는데, 다음과 같은 정약용의 견해도 참조할 만하다. 그는 "개와 돼지가 사람이 먹는 것을 먹는 것은 풍년이고, 길에 굶어 죽은 시체가 있는 것은 흉년이다. …… 구설(조기의 설)에 '검'을 '렴斂'으로 여긴 것은 옳으나 군주가 개와 돼지를 길렀다는 것은 잘못된 것이다〔狗彘食人食, 豐年也. 塗有餓莩, 凶年也. …… 舊說以檢爲斂, 此則是矣. 但云人君養狗彘非矣〕"라고 했다. 한편 양보쥔은 '검'을 '렴'으로 보는 해석에 대해 이회李悝가 풍년에 저장해놓은 곡식을 흉년에 대비하는 '평적平糴'과 같다고 했다는 보충 설명을 내놓았다.

35) 원문의 "표莩"를 번역한 것으로, '굶어 죽은 사람〔餓死人〕'을 말한다.

36) 원문의 "부지발不知發"을 번역한 것이다. '발發'에 대해 주희는 "창고를 열어서 곡식을 대여해주는 것이다〔發倉廩以賑貸也〕"라고 했다.

37) 원문의 "세歲"를 번역한 것이다. 주희는 "한 해의 풍년과 흉년을 말한다〔謂歲之豐凶也〕"라고 했는데, 역자는 문맥상 '흉년'으로 번역했다.

飢矣. 謹庠序之敎, 申之以孝悌之義, 頒白者不負戴於道路矣. 七十者衣帛食肉, 黎民不飢不寒, 然而不王者, 未之有也. 狗彘食人食而不知檢, 塗有餓莩而不知發, 人死則曰: '非我也, 勢也.' 是何異於刺人而殺之, 曰: '非我也, 兵也.' 王無罪歲, 斯天下之民至焉."

몽둥이든 정치든 사람을 죽이는 것은 마찬가지다 1.4

양 혜왕께서 말씀하였다.

"과인이 [이제] 편안히 가르침을 받들고 싶습니다."

맹자께서 대답하셨다.

"사람을 죽이는 데 몽둥이로 하는 것과 칼날로 하는 것이 다른 점이 있습니까?"

[왕이] 말씀하였다.

"다른 점이 없습니다."

[맹자께서 말씀하셨다.]

"[사람을 죽이는 데] 칼날로 하는 것과 정치로 하는 것이 다른 점이 있습니까?"

[왕이] 말씀하였다.

"다른 점이 없습니다."

[맹자께서] 말씀하셨다.

"[왕의] 푸줏간에는 살진 고기가 있고 마구간에는 살진 말이 있는데도 백성은 굶주린 기색이 있고 들에는 굶어 죽은 시체가 있다면 이것은 짐승을 몰아다가 사람을 잡아먹게 하는 형국입니다. 짐승들이 서로 잡아먹는 것도 사람들은 그것을 미워하는데, 백성의 부모가 되어 정치를 하면서 짐승을 몰아서 사람을 잡아먹게 하는 형국을 면하게 하지 못한다면 어찌 백성의 부모 노릇을 한다고 할 수 있습니까?[38] 공자께서 말씀하시기를 '처음으로 나무 인형[39]을 만든 자는 아마도 후손이 없을 것일진저!'라고 하셨는데,[40] 이는 사람의 형상을 장례에 사용했기 때문입니다. [그렇다면] 이 백성을 굶주려 죽게 한 것은 어찌해야 합니까?"

梁惠王曰: "寡人願安承敎." 孟子對曰: "殺人以梃與刃, 有以異乎?" 曰: "無以異也." "以刃與政, 有以異乎?" 曰: "無以異也." 曰: "庖有肥肉, 廐有肥馬, 民有飢色, 野有餓莩, 此率獸而食人也. 獸相食, 且人惡之, 爲民父母, 行政, 不免於率獸而食人, 惡在其爲民父母也? 仲尼曰: '始作俑者, 其無後乎!' 爲其象人而用之也. 如之何其使斯民飢而死也?"

---

38) 원문의 "오재기위민부모야惡在其爲民父母也"를 번역한 것이다. 주희는 "'오재惡在'란 '어디 있겠는가(何在)'라는 말과 같다"고 했다.

39) 원문의 "용俑"을 번역한 것으로, 주희는 비교적 상세하게 설명하여 "'용'은 장례에 사용하는 나무로 만든 사람 인형이다. 옛날에 장사 지내는 자들은 풀을 묶어 사람 형상으로 만들고 이것으로 호위하게 하고는 '추령芻靈'이라 일컬었으니, 대략 인형과 같을 뿐이다. 중고시대에는 나무 인형으로 바꾸니, 얼굴과 눈, 움직임이 있어서 사람과 너무도 비슷했다(俑從葬木偶人也. 古之葬者, 束草爲人, 以爲從衛, 謂之芻靈, 略似人形而已, 中古易之以俑, 則有面目機發, 而太似人矣)"라고 했다.

40) 《논어》〈향당鄕黨〉 10.12의 "마구간에 불이 났다. 공자께서 조정에서 물러나 말씀하셨다. '사람이 다쳤느냐?' [그러고는] 말에 대해서는 묻지 않으셨다(廐焚. 子退朝曰: 傷人乎? 不問馬)"라는 구절과 함께 읽으면 공자가 사람을 얼마나 아꼈는지 분명히 알 수 있다.

인한 자는 대적할 사람이 없다 1.5

양 혜왕이 말씀하였다.

"진晉나라[41]가 천하에 막강했던 것은 노인장께서도 아시는 바입니다. [그런데] 과인의 몸에 이르러서는 동쪽으로 제齊나라에 패하여 맏아들이 죽었고,[42] 서쪽으로는 진秦나라에 땅을 700리나 잃었으며, 남쪽으로는 초楚나라에 치욕을 당했습니다.[43] 과인이 이것을 수치스럽게 여겨 전사한 자를 위해서[44] 한번[45] 설욕하고[46] 싶은데, 어떻게 하면 좋겠습니까?"

맹자께서 대답하셨다.

---

41) 여기서 진晉나라는 위魏나라를 가리킨다. 주희는 구체적으로 "위魏나라는 본래 진晉나라 대부인 위사가 한韓씨·조趙씨와 함께 진나라 땅을 나누고 삼진三晉이라 이름했기 때문에 혜왕이 여전히 스스로를 진나라라고 이르는 것이다(魏, 本晉大夫魏斯, 與韓氏趙氏, 共分晉地, 號曰三晉. 故惠王, 猶自謂晉國)"라고 그 역사적 맥락을 덧붙였다.

42) 기원전 341년에 위나라와 제나라가 마릉馬陵에서 전투를 했는데, 위나라 군사들은 제나라 장군 전기田忌와 손빈孫臏의 계책에 의해 패하고 방연龐涓은 죽임을 당했으며 태자 신申도 포획되었다. 이 기록이 《사기》〈손자오기열전孫子吳起列傳〉에 자세하게 나와 있다.

43) 《사기》〈초세가楚世家〉에 "[회왕] 6년(기원전 324년), 초나라는 주국 소양으로 하여금 군대를 거느리고 위나라를 공격하게 하여, 그들을 양릉에서 쳐부수고 여덟 개의 읍을 얻었다(六年, 楚使柱國昭陽將兵而攻魏, 破之於襄陵, 得八邑)"라는 기록을 참조할 만하다. 주희는 간단히 '그 일곱 개의 읍을 잃었다(亡其七邑)'라고 했다.

44) 원문의 "비比"를 번역한 것으로, '위하다(爲)'와 같으며, '대신하다(替)'의 뜻으로 보기도 한다.

45) 원문의 "일壹"을 번역한 것으로, 어떤 판본에 '일一'로 쓰여 있기도 하다. 양보쥔의 풀이대로 '한번(一)', '전부(全)', '모두(都)'라는 뜻으로 보면 무방하다.

46) 원문의 "세洒"를 번역한 것으로, 어떤 판본에 '쇄灑'로 쓰여 있다. '씻다(洗刷)'라는 뜻의 '세洗' 자와 같은데, 이와 달리 《설문해자說文解字》에서는 '세洒'와 '세洗'를 구분하여 풀이했다는 점도 눈여겨볼 대목이다.

"땅이 사방 100리[인 작은 나라]여도 왕 노릇 할 수 있습니다. 왕께서 만일 어진 정치를 백성에게 베풀어 형벌을 줄이고[47] 세금을 적게 거두신다면,[48] [백성이] 깊이 밭 갈고 김매기를 부지런히 하며,[49] 건장한 자들이 한가한 날에는 효도하고 우애로우며 충성하고 신의를 닦아서 [집에] 들어가서는 부모와 형을 섬기고 나가서는 어른과 윗사람을 섬길 것이니, [이들로 하여금] 몽둥이를 만들어 [그것만으로도] 진秦나라와 초나라의 견고한 갑옷과 예리한 병기를 치게 할 수 있습니다. 저들(진왕과 초왕)이 그 백성의 [농사짓는] 때를 빼앗아 밭 갈고 김매어 부모를 봉양하지 못하게 하여 부모는 얼고 굶주리며 형제와 아내와 자식은 흩어지게 된 것입니다. 저들이 그 백성을 함정에 빠뜨린 것이니 왕께서 가서 그들을 정벌하신다면 누가 왕께 대적하겠습니까?[50] 그러므로 말하기를 '인仁한 자는 대적할 사람이

47) 원문의 "생省"을 번역한 것으로, 조선시대 간재艮齋 전우田愚는 '살피다'의 뜻으로 '성'으로 읽어야 한다고 했다. 그러나 언해본諺解本에는 음音이 '생'으로 표기되어 있으며, 주희는 '덜다〔減〕'의 뜻으로 설명했다. 비슷한 맥락에서 성백효는 '형벌을 줄이다'로 해석하고, 박문호가 "읽는 이들이 '생'을 '살피다〔察〕'의 뜻으로 잘못 읽을까 염려되어 이 때문에 [주희가] 유독 음을 나타낸 것이다〔省恐讀者作察義故特著音〕"라고 풀이한 것을 부연했다. 역자도 '덜다', '줄이다'의 뜻이 타당하다고 본다.

48) 이 말의 의미에 대해서는 《예기禮記》〈왕제王制〉에 "백성의 노동력을 쓰되 1년에 사흘을 넘지 않는다"라는 구절이나, 《주례周禮》〈균인직均人職〉에 "무릇 노동력을 균등하게 동원하되 풍년과 흉년에 따라 조절한다. 풍년에는 공사公事에 사흘씩 균등하게 동원하고, 평년에는 공사에 이틀씩 균등하게 동원하고, 흉년에는 공사에 하루씩 균등하게 동원한다"라는 문장을 함께 읽어보면 도움이 된다.

49) 원문의 "이누易耨"를 번역한 것으로, 주희는 '이易'는 '다스리다〔治也〕'이고 '누耨'는 '김매다〔耘〕'라고 했다. 한편 양보쥔은 '이'를 '빠르다'의 의미를 지닌 '질疾', '속速', '쾌快' 자 등과 같다고 확대 해석했다. 역자는 주희의 설을 따라 번역했다.

없다'고 하는 것이니, 왕께서는 [제 말을] 의심하지 마십시오."

梁惠王曰: "晉國, 天下莫强焉, 叟之所知也. 及寡人之身, 東敗於齊, 長子死焉, 西喪地於秦七百里, 南辱於楚. 寡人恥之, 願比死者壹洒之, 如之何則可?" 孟子對曰: "地方百里而可以王. 王如施仁政於民, 省刑罰, 薄稅斂, 深耕易耨, 壯者以暇日修其孝悌忠信, 入以事其父兄, 出以事其長上, 可使制梃以撻秦楚之堅甲利兵矣. 彼奪其民時, 使不得耕耨以養其父母. 父母凍餓, 兄弟妻子離散. 彼陷溺其民, 王往而征之, 夫誰與王敵? 故曰: '仁者無敵.' 王請勿疑!"

사람 죽이기를 좋아하지 않는 자가 천하를 통일한다 1.6

맹자께서 양梁 양왕襄王[51]을 만나뵙고 나와서 사람들에게 말씀하셨다.

"그를 [먼 곳에서] 바라보아도 군주 같지 않고, 그에게 다가가도 두려워할 만한 바를 볼 수 없었다. [그가] 갑자기[52] 묻기를 '천하(대세)가 어떻게 정해지겠습니까?'[라고 하기에] 나는 대답하기를 '하나로

50) 이 문장에 대해서는 조기의 주석이 유용하다. "'피彼'는 제齊, 진秦, 초楚를 말한다. 저들이 자신의 백성을 곤궁하게 했을 때 혜왕이 가서 정벌하기를 바란 것이다. 저들이 민심을 잃어 백성이 제대로 쓰이지 않으면 도대체 누가 [저들과] 함께 왕의 군대를 막아서 왕을 위하여 대적하겠는가?〔彼謂齊秦楚也, 彼困其民, 願王往征之也, 彼失民心, 民不爲用, 夫誰與共禦王之師而爲王之敵乎?〕"라고 했다.

51) 혜왕의 아들로 이름은 '사嗣'이며, '혁赫'이라고도 한다. 기원전 318년에서 기원전 296년까지 재위했다.

52) 원문의 "졸연卒然"을 번역한 것으로, '갑자기〔突然〕'라는 뜻이다. '졸卒'은 '졸猝' 자와 같다. 주희도 "급하고 갑작스러운 모양〔急遽之貌〕"이라고 했다.

정해질 것입니다'라고 했다. '누가 하나로 하겠습니까?'[라고 하기에] 대답하기를 '사람 죽이기를 좋아하지 않는 자가 하나로 할 것입니다'라고 했다. '누가 그를 따르겠습니까?' [하고 묻기에] 대답하기를 '천하에 따르지 않는 이가 없을 것입니다. 왕은 벼 싹을 아십니까? 7월과 8월[53] 사이에 가물면 벼 싹이 마릅니다. 하늘이 뭉게뭉게[54] 구름을 일으켜 쏴 하고[55] 비를 내리면 벼 싹이 우뚝[56] 일어납니다. 이와 같으면 누가 이것을 막겠습니까? 지금 천하의 군주[57] 가운데 사람 죽이기를 좋아하지 않는 자가 없습니다. 만일 사람 죽이기를 좋아하지 않는 자가 있으면 천하의 백성이 모두 목을 길게 빼고 그를 우러러볼 것입니다. 진실로 이와 같다면 백성이 그에게 귀의하는 것이 물이 아래로 내려가는 것과 같을 것이니, 쏴 하고 흘러가는 것을 누가 막겠습니까?'라고 했다."

孟子見梁襄王, 出語人曰: "望之不似人君, 就之而不見所畏焉. 卒然問曰: '天下惡乎定?' 吾對曰: '定於一.' '孰能一之?' 對曰: '不嗜殺人者能一之.' '孰能與之?' 對曰: '天下莫不與也. 王知夫苗乎? 七八月之間

---

53) 원문의 "칠팔월七八月"이란 주周나라의 역법曆法을 사용한 것이다. 주나라의 7, 8월은 하나라의 5, 6월에 해당한다. 그러므로 하나라와 주나라의 정월은 두 달의 간격이 있다.

54) 원문의 "유연油然"을 번역한 것으로, 주희는 "구름이 무성한 모양〔雲盛貌〕"이라고 풀이했다.

55) 원문의 "패연沛然"을 번역한 것으로, 주희는 "비가 세차게 내리는 모양〔雨盛貌〕"이라고 풀이했다.

56) 원문의 "발연浡然"을 번역한 것으로, 주희는 "싹이 솟아나는 모양〔興起貌〕"이라고 풀이했다.

57) 원문의 "인목人牧"을 번역한 것으로, '목牧'은 사람이나 가축 따위를 기른다는 뜻이다. 인목은 '백성을 기르는 군주〔牧民之君〕'를 가리킨다.

旱, 則苗槁矣. 天油然作雲, 沛然下雨, 則苗浡然興之矣. 其如是, 孰能禦之? 今夫天下之人牧, 未有不嗜殺人者也. 如有不嗜殺人者, 則天下之民皆引領而望之矣. 誠如是也, 民歸之, 由水之就下, 沛然孰能禦之?'"

측은지심과 크게 하고자 하는 바 1.7

제 선왕[58]이 물었다.

"제齊 환공桓公과 진晉 문공文公의 일을 들을 수 있겠습니까?"

맹자께서 대답하셨다.

"공자의 문하는 제 환공과 진 문공의 일을 말한 자가 없어 후세에 전해지지 않아 신이 아직 듣지 못했습니다. [이야기를] 그치지 말라고 하신다면[59] 왕 노릇 하는 것에 대해 말씀드리겠습니다."

[왕이] 말씀하였다.

"덕이 어떠해야 왕 노릇 할 수 있습니까?"

[맹자께서] 말씀하셨다.

"백성을 보호하면서 왕 노릇 하면 아무도 막을 수 없을 것입니다."

[왕이] 말씀하였다.

"과인 같은 사람도 백성을 보호할 수 있습니까?"

[맹자께서] 말씀하셨다.

"할 수 있습니다."

58) 제齊나라 선왕宣王은 위왕威王의 아들이자 민왕湣王의 아버지다. 성은 전田이고 이름은 벽강辟疆이다. 제후로서 왕을 참칭하여 제 선왕이라고 불린다. 약 기원전 319년에서 기원전 301년까지 재위했다.

59) 원문의 "무이無以"를 번역한 것으로, '이以'는 '그치다'는 의미의 '이已'와 통용되며, '그칠 수 없다'라는 뜻이다.

[왕이] 말씀하였다.

"무슨 이유로 내가 할 수 있다는 것을 아십니까?"

[맹자께서] 말씀하셨다.

"신이 호흘胡齕에게서 들은 것을 말씀드리자면 '왕께서 대청 위에 앉아 계실 때, 소를 끌고 대청 아래로 지나가는 자가 있었는데, 왕께서 그를 보고 물으시기를 「소가 어디로 가는가?」라고 하시자, 대답하기를 「종의 틈에 피를 바르는 의식[60]에 쓰려고 합니다」라고 하니 왕께서 말씀하기를 「그것을 놓아주어라. 나는 소가 두려워 벌벌 떨며 죄 없이 죽을 곳으로 나아가는 것을 차마 볼 수가 없구나」라고 하시자 대답하기를 「그렇다면 종의 틈에 피를 바르는 의식을 없앨까요?」라고 하니, [왕께서] 말씀하기를 「어찌 없앨 수 있겠는가? 양으로 그것을 바꾸어 쓰라!」'라고 하셨다는데 알지 못하겠습니다만, 이런 일이 있었습니까?"

[왕이] 말씀하였다.

"그런 일이 있었습니다."

[맹자께서] 말씀하셨다.

"이런 마음이면 충분히 왕 노릇을 하실 수 있습니다. 백성은 모두 왕께서 [소를] 아꼈다고 하지만, 신은 진실로 왕의 차마 하지 못하는 마음을 알고 있습니다."

---

60) 원문의 "흔종釁鐘"에 대해 보충하면, 청대淸代 왕부지王夫之의 《맹자패소孟子稗疏》에 "'흔釁'은 제사 이름으로 [북이나 종에] 희생의 피를 바르고 제사 지내는 것으로, 무릇 낙성식에 제사 지내는 것을 '흔'이라고 한다〔釁, 祭名, 血祭也. 凡落成之祭曰釁〕"고 했다. 《예기》 〈월령月令〉에 "이달에는 태사에게 명하여 [점칠 때 사용하는] 귀갑龜甲과 시초蓍草에 피를 바른다〔是月也, 命太史釁龜筴〕"라는 기록을 보면 그 대상이 다양했다는 것을 알 수 있다.

왕이 말씀하였다.

"그렇습니다. 진실로 [비난하는] 백성이 있을 것입니다. 제齊나라가 비록 좁고 작아도 내가 어찌 소 한 마리를 아끼겠습니까? 다만 벌벌 떨면서[61] 죄 없이 죽을 곳으로 나아가는 것을 차마 볼 수 없어서 양으로 그것을 바꾸게 한 것입니다."

[맹자께서] 말씀하셨다.

"왕께서는 백성이 왕께서 [소를] 아꼈다고 말하는 것을 이상하게 생각하지 마십시오.[62] [백성이 본 것은] 작은 양을 가지고 큰 소와 바꾼 것이니, 저들이 어찌 왕의 뜻을 알겠습니까? [다만] 왕께서 만일 소가 죄 없이 죽을 곳으로 나아가는 것을 가엾게 여기셨다면[63] 소와 양은 어찌 구별[64]하신 것입니까?"

왕이 웃으며 말씀하였다.

"이것이 진실로 무슨 마음이었겠습니까? 내가 재물을 아껴 소를 양으로 바꾸게 한 것은 아닙니다. [그러나 말씀을 듣고 보니] 백성이 나더러 [재물을] 아꼈다고 말하는 것이 당연하겠습니다."

[맹자께서] 말씀하셨다.

"마음 상할 것이 없습니다. 이것이 바로 인仁을 하는 방법이니, 소는 보았고 양은 아직 보지 못하셨기 때문입니다. 군자[65]는 짐승에

---

61) 원문의 "곡속觳觫"을 번역한 것으로, 주희는 "두려워하는 모양〔恐懼貌〕"이라고 했고, 양신楊愼의 《단연총록丹鉛總錄》에는 "소가 장차 도살장으로 끌려가는데 몸을 움츠리고 두려워하는 것을 말한다〔言牛將就屠而體縮恐懼也〕"라고 했다.

62) 원문의 "무이無異"를 번역한 것으로, '이異'는 '이상하다〔怪〕'라는 뜻이다.

63) 원문의 "은隱"을 번역한 것으로, '애통하다〔痛〕'라는 뜻이다.

64) 원문의 "택擇"을 번역한 것으로, '구분하다, 분별하다〔分〕'라는 뜻이다.

대해 살아 있는 것을 보고서 차마 그 죽어가는 것을 보지 못하고, 그 [죽어가며 울부짖는] 소리를 듣고는 그 고기를 차마 먹지 못합니다. 이 때문에 군자는 푸줏간을 멀리하는 것입니다."

왕이 기뻐하며 말씀하였다.

"《시경》[66]에 이르기를 '다른 사람의 마음을 내가 [미루어] 헤아리네'라고 했으니, 선생을 두고 말한 것 같습니다. 내가 행동하고 돌이켜 생각해봤으나 내 마음을 알지 못했는데, 선생께서 말씀해주시니 내 마음에 확실한 감동[67]이 있습니다. 이 마음이 왕 노릇 하는 것과 들어맞는 이유는 무엇입니까?"

[맹자께서] 말씀하셨다.

"왕께 아뢰는 자가 있어 말하기를 '제 힘이 충분히 3,000근을 들 수 있지만 깃털 하나를 들기에는 부족하고, [제] 시력이 가을철 [가늘어진] 짐승의 털끝[68]마저 볼 수 있지만 수레에 실은 땔감은 볼 수 없습니다'라고 한다면 왕께서 이것을 인정[69]하시겠습니까?"

---

65) "군자君子"의 기본적인 의미는 '덕德'과 '지위〔位〕'가 있다는 것이며, 특히 '덕을 이룬 자의 이름〔成德之名〕'이다. 소인小人이란 말과 대비되며, 공자 이래 군자라는 말은 사회적 지위보다는 도덕적 품성이 높아 존경받는 사람을 가리킨다.

66) 《시경》〈소아小雅·교언巧言〉 편이다. 이 시의 '타인유심他人有心, 여촌탁지予忖度之'라는 대목에서 주희는 "빛나는 침묘를 군자가 만들었으며, 질서 있는 큰 도를 성인이 정함으로써 타인이 간직한 마음을 일으켜서 나는 그 마음을 터득하여 헤아리고 재었다〔奕奕寢廟則君子作之, 秩秩大猷則聖人莫之, 以興他人有心, 則予得而忖度之〕"라고 주석하여 군자가 소인의 마음을 꿰뚫고 있음을 나타내고 있다.

67) 원문의 "척척戚戚"을 번역한 것이다. 주희는 "마음이 감동하는 모양〔心動貌〕으로, 왕이 맹자의 말씀으로 인하여 전날의 마음이 다시 싹터서 마침내 이 마음이 바깥에서 얻을 수 있는 것이 아님을 안 것이다"라고 했다.

68) 원문의 "추호지말秋毫之末"을 번역한 것으로, 맹자의 취지는 가을철 가늘어진 짐승의 털끝처럼 아주 미세한 것일지라도 자칫 큰일로 커진다는 의미를 담고 있다.

왕이 말씀하였다.

"인정하지 않을 겁니다."

[맹자께서 말씀하셨다.]

"지금 은혜가 충분히 짐승에게 미쳤으나 공덕이 백성에게 이르지 않은 것은 유독 무슨 이유입니까? 그렇다면 깃털 하나를 들지 못하는 것은 힘을 쓰지 않았기 때문이고, 수레에 실은 땔감을 볼 수 없는 것은 보려고 하지 않았기 때문이며, 백성이 보호를 받지 못하는 것은 은혜를 베풀지 않았기 때문입니다. 그러므로 왕께서 왕 노릇 하지 못하는 것은 하지 않는 것이지 할 수 없는 것이 아닙니다."

[왕이] 말씀하였다.

"하지 않는 것과 할 수 없는 것의 형상이 어떻게 다릅니까?"

[맹자께서] 말씀하셨다.

"태산太山을 겨드랑이에 끼고 북해北海를 뛰어넘는 것[70]을 사람들에게 말하기를 '나는 할 수 없다'고 한다면 이것은 진실로 할 수 없는 것입니다. 어른을 위해 나뭇가지를 꺾는 것[71]을 사람들에게 말하기를 '나는 할 수 없다'고 한다면 이것은 하지 않는 것이지 할 수 없는 것은 아닙니다. 그러므로 왕께서 왕도를 행하지 않는 것은 태

---

69) 원문의 "허許"를 번역한 것으로, 조기는 '믿다〔信〕'라는 의미로 보았고, 주희는 '가능하다〔可〕'와 같다고 풀이했다. 역자는 주희의 해석을 취하여 '가능하다', '인정하다'라는 의미로 번역했다.

70) 원문의 "협태산挾太山, 이초북해以超北海"를 번역한 것이다. 주희의 풀이를 참조하면 '협'은 "겨드랑이에 물건을 지니는 것이다〔以腋持物也〕"라고 했고, '초'는 "뛰어 넘어가는 것이다〔躍而過也〕"라고 했다.

71) 원문의 "위장자절지爲長者折枝"를 번역한 것으로, 조기는 '절지'를 안마하는 것으로 보아 "절지는 안마이니 손마디를 주무르거나 피곤한 사지를 풀어주는 것이다〔折枝, 案摩折手節解罷枝也〕"라고 색다르게 풀이했고, 주희는 나뭇가지를 꺾는 것으로 해석했다. 역자는 주희의 해석을 취하여 번역했다.

산을 겨드랑이에 끼고 북해를 뛰어넘는 종류가 아니고, 왕께서 왕도를 행하지 않는 것은 나뭇가지를 꺾는 종류의 것입니다.

자신의 집 노인을 노인 대우하여 남의 노인에게까지 미치고,[72] 내 아이를 아이로 사랑해서 남의 아이에게까지 미친다면 천하를 손바닥에 놓고 움직일 수 있습니다.[73] 《시경》[74]에 이르기를 '아내에게 법도대로 하여 형제에게도 이르고 봉토와 나라를 다스리네'라고 했으니, 이는 이 마음을 들어다가 저기에 [널리] 더할 뿐인 것을 말한 것입니다. 그러므로 은혜를 베풀면 충분히 사해四海를 보호할 수 있고, 은혜를 베풀지 않으면 아내와 자식도 보호할 수 없는 것입니다. 옛 성현들이 보통 사람보다 크게 뛰어난 까닭은 다른 게 아니라 그 하는 바를 잘 펼쳐나갔을 뿐입니다. 지금 은혜가 충분히 짐승에게 미쳤으나 공덕이 백성에게 이르지 않은 것은 유독 무슨 이유입니까? 저울질을 해본 뒤에 가볍고 무거운 것을 알고, 재어본 뒤에 길고 짧은 것을 알 수 있습니다. 사물이 다 그렇지만 [그중에도]

---

72) 원문의 "노오로老吾老, 이급인지로以及人之老"를 번역한 것으로, 주희는 "'노老'는 늙은이를 섬기는 것이니, '오로吾老'는 나의 부형을 이르고 '인지로人之老'는 남의 부형을 이른다〔老以老事之也, 吾老謂我之父兄, 人之老謂人之父兄〕"라고 했다.

73) 이 문장의 의미에 대해 조기는 "'노老'는 '경敬'과 같다. '유幼'는 '애愛'와 같다. '우리 집 노인을 공경해야만 다른 집의 노인도 공경하며, 우리 집 어린아이를 사랑해야만 다른 집의 어린아이도 사랑하는 것이다. 이 마음을 미루어 백성에게 혜택을 베풀면 천하를 손바닥 위에서 굴릴 수 있다'라고 했으니 그만큼 쉽다는 말이다〔老猶敬也. 幼猶愛也. 敬我之老, 亦敬人之老, 愛我之幼, 亦愛人之幼, 推此心以惠民, 天下可轉之掌上, 言其易也〕"라고 했다.

74) 《시경》〈대아·사제思齊〉 편이다. "형우과처刑于寡妻, 지우형제至于兄弟, 이어우가방以御于家邦"의 구절은 가까운 이에게 모범을 보여 다스리는 마음이 다른 사람에게 영향을 미치는 것을 말한다. 주희는 '형刑'은 '모범〔法〕'이고 '과처寡妻'는 '과덕지처寡德之妻(덕이 적은 자의 아내)'이니 겸사謙辭라고 했다.

마음이 유독 심하니, 왕께서는 이것을 헤아려[75] 보십시오. 왕께서는 전쟁을 일으키며 군사와 신하들을 위태롭게 해서 제후들과 원한을 맺은 뒤에야 마음이 통쾌하시겠습니까?"

왕이 말씀하였다.

"아닙니다. 내가 어찌 그런 것을 통쾌하게 여기겠습니까? 내가 크게 하고자 하는 것을 추구해서입니다."

[맹자께서] 말씀하셨다.

"왕께서 크게 하고자 하는 것을 들을 수 있겠습니까?"

왕이 웃으면서 말씀하지 않자, [맹자께서] 말씀하셨다.

"살지고 단 음식이 입에 부족해서입니까? 가볍고 따뜻한 옷이 몸에 부족해서입니까? 아니면 아름다운 채색이 눈으로 보기에 부족해서입니까? 아름다운 음악이 귀로 듣기에 부족해서입니까? 가까이 두고 총애하는 사람들[76]을 앞에서 부리기에 부족해서입니까? 왕의 신하들이 이것을 모두 넉넉하게 바칠 것이니, 왕이 어찌 이런 것들 때문이겠습니까?"

[왕이] 말씀하였다.

"아닙니다. 나는 그런 것들 때문이 아닙니다."

---

75) 원문의 "권權"을 '저울질'로, "탁度"을 '재어보다'로 번역했다. 주희는 "'권'은 저울추다. '탁度'은 길[丈]과 자[尺]다. '탁지度之'는 저울로 재는 것을 말한다. 물건의 무게와 길이는 사람들이 똑같이 맞추기 어려우니, 반드시 저울과 자를 가지고 헤아린 뒤에 알 수 있는 것이다. 만약 마음이 사물에 응하면 그 무게와 길이를 똑같게 하기 어려워서 본연의 권도로써 헤아리지 않을 수 없는 것이 또 물건보다 심함이 있다(權, 稱錘也. 度, 丈尺也. 度之, 謂稱量之也. 言物之輕重長短, 人所難齊. 必以權度度之而後可見, 若心之應物, 則其輕重長短之難齊, 而不可不度以本然之權度, 又有甚於物者)"라고 했다.

76) 원문의 "편폐便嬖"를 번역한 것으로, '편폐'는 '군주의 가까이에서 총애하는 신하(近習嬖幸之人)'를 말한다.

[맹자께서] 말씀하셨다.

"그렇다면 왕께서는 크게 하고자 하는 것을 알 수 있겠습니다. 영토를 넓히고[77] 진秦나라와 초나라에게 조회를 받아[78] 중원에 군림하여[79] 사방의 오랑캐[80]들을 어루만지고자 하는 것입니다. [그러나] 이와 같은 것으로써 하고자 하는 것을 추구하신다면 나무에 올라가서 물고기를 구하는 것과 같습니다."

왕이 말씀하였다.

"그것이 이 정도로 심합니까?"

[맹자께서] 말씀하셨다.

"아마도 이보다 더 심한 것이 있으니, 나무에 올라가서 물고기를 구하는 것은 비록 물고기를 얻지 못해도 뒤따르는 재앙은 없습니다만, 이와 같은 것으로써 하고자 하는 것을 추구하신다면 마음과 힘을 다해도 뒤에 반드시 재앙이 있을 것입니다."

[왕이] 말씀하였다.

"[더] 들을 수 있겠습니까?"

[맹자께서] 말씀하셨다.

"추鄒나라 사람과 초나라 사람이 싸운다면 왕께서는 누가 이길

77) 원문의 "벽辟"은 '벽闢'으로도 쓴다. '열어 넓히다(開廣)'라는 뜻이다.

78) 원문의 "조朝"에 대해 주희는 "와서 조회하게 하는 것이다(致其來朝也)"라고 했다.

79) 원문의 "리중국莅中國"을 번역한 것으로, 조기는 "'리莅'는 '리蒞'라고도 쓰며, '임하다(臨)'라는 뜻이다"라고 했다. 주희와 양보쥔도 이와 같이 풀이했다.

80) 원문의 "사이四夷"를 번역한 것인데, 왕도정치를 말할 때 나라의 중심은 '중원中原'이라고 하고, 그 주변에 천자의 영향이 미치지 않는 범위를 '사이'라고 한다. 중원에서 멀어지고 사이에 가까워질수록 왕도가 미치지 못한다. 이를 방지하기 위해 백성을 중원으로 모은다는 의미가 내포되어 있다.

것이라고 생각하십니까?"

[왕께서] 말씀하였다.

"초나라 사람이 이길 것입니다."

[맹자께서] 말씀하셨다.

"그렇다면 작은 나라는 본래 큰 나라를 대적할 수 없고, 인구가 적은 나라는 본래 인구가 많은 나라를 대적할 수 없으며, 약한 자는 본래 강한 자를 대적할 수 없다는 것입니다. 천하의 땅이 사방 1,000리 되는 나라가 아홉인데, 제나라가 그 가운데 하나를 차지하고 있어도 하나를 가지고 여덟을 굴복시키는 것이 어찌 추나라가 초나라를 대적하는 것과 다르겠습니까? 무엇 때문에 또한 그 근본으로 돌이키지 않으십니까! 지금 왕께서 [훌륭한] 정치를 펴고 인仁을 베풀어서 천하에 벼슬아치들이 모두 왕의 조정에서 벼슬하고자 하게 하고, 밭 가는 자들이 모두 왕의 들에서 밭 갈고자 하게 하며, 장사꾼[81)]들이 모두 왕의 시장에 물건을 쌓고자 하게 하며, 여행자들이 모두 왕의 길에 다니고자 하게 한다면, 천하에 그 군주를 미워하는 자들이 모두 왕께 달려와 하소연하고자 할 것이니, 이와 같으면 누가 이것을 막겠습니까?"

왕이 말씀하였다.

"나는 [사리에] 어두워 그런 경지에 나아갈 수 없으니, 선생께서 나의 뜻을 도와서 밝게 나를 가르쳐주시기 바랍니다. 내 비록 영민하지 못하나 이것을 시험해보겠습니다."

81) 원문의 "상고商賈"를 번역한 것으로, 주희는 "재물을 가지고 다니면서 파는 것을 '상商'이라고 하고, 재물을 [한곳에] 놓고 파는 것을 '고賈'라고 한다〔行貨曰商, 居貨曰賈〕"고 했다. 결국 점포를 갖고 있느냐 없느냐의 문제다.

[맹자께서] 말씀하셨다.

"일정한 생업이 없으면서도 일정한 마음[82]을 가지고 있는 것은 오직 선비만이 할 수 있습니다. 일반 백성으로 말하면 일정한 생업이 없으면 일정한 마음이 없어집니다. 만일 일정한 마음이 없어진다면 방탕하고 편벽되며 사악하고 사치스럽지 않은 것이 없을 것이니, [이들이] 죄에 빠지고 난 뒤에 쫓아가 이들을 벌한다면 이는 백성을 그물질하는 격입니다. 어찌 어진 사람이 자리에 있으면서 백성을 그물질할 수 있겠습니까?

그러므로 현명한 군주는 백성의 생업을 마련해주는데 반드시 위로는 충분히 부모를 섬길 수 있고 아래로는 충분히 아내와 자식을 기를 수 있으며, 풍년에는 온종일 배부르고[83] 흉년에는 죽음을 면하게 한 뒤에 [백성을] 이끌어서 선한 길로 가게 해야만 백성이 따르기가 쉬운 것[84]입니다. 지금은 백성의 생업을 마련해주지만 위로는 충분히 부모를 섬길 수 없고 아래로는 충분히 아내와 자식을 기

---

82) 원문의 "항산恒産"과 "항심恒心"에 대해 주희는 "'항'은 일정함이고, '산'은 생업이다. '항산'은 일정하게 살 수 있는 생업이고, '항심'은 사람이 일정하게 가지고 있는 선한 마음이다〔恒, 常也. 産, 生業也. 恒産, 可常生之業也. 恒心, 人所常有之善心也〕"라고 했다.

83) 원문의 "낙세종신포樂歲終身飽"을 번역한 것이다. 이 구절에 대해 조기와 주희의 언급은 없으나, 우리나라 선현의 설을 소개하면 다음과 같다. 《경서변의經書辨疑》에서 퇴계 이황은 "'낙세樂歲'란 단지 1년이 아니다. 백성이 살아가는 일생 가운데 무릇 낙세를 만나면 모두 배부르고 즐거우니 이것이 '종신포終身飽'다〔樂歲, 非止一年也. 民生一世之中, 凡遇樂歲皆樂飽, 樂是終身飽也〕"라고 했고, 사계沙溪 김장생金長生은 '종終'은 '극極'과 같다. '종신포'와 '종신고'는 그 몸과 마음의 괴로움과 즐거움이 지극하여 남음이 없는 의미이다〔終, 極也. 終身而飽苦者, 極其身心之苦樂而無餘之意也〕"라고 했다. 정약용은 '종신'을 "항상 그러하다〔恒然〕"라고 풀이했다.

84) 원문의 "경輕"은 '쉽다〔易〕'라는 뜻과 같다.

를 수 없으며, 풍년에도 죽도록 고생하고 흉년에는 죽음을 면치 못합니다. 이것은 오직 죽음에서 구제하기에도 부족할까[85] 두려우니, 어느 겨를에 예의를 닦겠습니까? 왕께서 어진 정치를 시행하고자 하신다면 무엇 때문에 그 근본으로 돌이키지 않으십니까!

다섯 이랑의 집 둘레에 뽕나무를 심으면 쉰 살 된 자가 비단옷을 입을 수 있고, 닭과 돼지와 개와 큰 돼지를 기르는 데 그 [번식할] 때를 잃지 않으면 일흔 살 된 자가 고기를 먹을 수 있으며, 100이랑의 땅에 그 [농사지을] 때를 빼앗지 않는다면 여덟 식구의 집안[86]이 굶주리지 않을 것입니다. 학교의 가르침을 엄격하게 하여 효도와 우애의 의리로써 거듭하여 가르친다면 [머리가] 희끗희끗한 자가 길에서 짐을 등에 짊어지거나 머리에 이지 않을 것입니다. 나이 든 자가 비단옷을 입고 고기를 먹으며, 일반 백성이 굶주리지 않고 추위에 떨지 않게 하고서도 왕 노릇 하지 못하는 자는 없습니다."

齊宣王問曰: "齊桓晉文之事可得聞乎?" 孟子對曰: "仲尼之徒無道桓文之事者, 是以後世無傳焉, 臣未之聞也. 無以, 則王乎." 曰: "德何如則可以王矣?" 曰: "保民而王, 莫之能禦也." 曰: "若寡人者, 可以保民乎哉?" 曰: "可." 曰: "何由知吾可也?" 曰: "臣聞之胡齕, 曰: 王坐於堂上, 有牽牛而過堂下者, 王見之, 曰: '牛何之?' 對曰: '將以釁鐘.' 王曰: '舍之! 吾不忍其觳觫, 若無罪而就死地.' 對曰: '然則廢釁鐘與?'

85) 원문의 "불섬不贍"을 번역한 것으로, '섬贍'은 '넉넉하다[足]'라는 뜻이다.

86) 원문의 "팔구지가八口之家"를 번역한 것으로, 조기는 '차상농부次上農夫'라고 했다. 제10편 〈만장 하〉 2장의 "상농부사구인上農夫食九人"을 참조하면, 한 집안의 식구가 아홉이면 '상농부上農夫'라고 한다.

曰:‘何可廢也? 以羊易之!’不識有諸?”曰:“有之.”曰:“是心足以王矣. 百姓皆以王爲愛也, 臣固知王之不忍也.”王曰:“然, 誠有百姓者. 齊國雖褊小, 吾何愛一牛? 卽不忍其觳觫, 若無罪而就死地, 故以羊易之也.”曰:“王無異於百姓之以王爲愛也. 以小易大, 彼惡知之? 王若隱其無罪而就死地, 則牛羊何擇焉?”王笑曰:“是誠何心哉? 我非愛其財而易之以羊也. 宜乎百姓之謂我愛也.”曰:“無傷也, 是乃仁術也, 見牛未見羊也. 君子之於禽獸也, 見其生, 不忍見其死, 聞其聲, 不忍食其肉. 是以君子遠庖廚也.”王說曰:“詩云,‘他人有心, 予忖度之.’夫子之謂也. 夫我乃行之, 反而求之, 不得吾心. 夫子言之, 於我心有戚戚焉. 此心之所以合於王者, 何也?”曰:“有復於王者曰:‘吾力足以擧百鈞, 而不足以擧一羽, 明足以察秋毫之末, 而不見輿薪’, 則王許之乎?”曰:“否.”“今恩足以及禽獸, 而功不至於百姓者, 獨何與? 然則一羽之不擧, 爲不用力焉, 輿薪之不見, 爲不用明焉, 百姓之不見保, 爲不用恩焉. 故王之不王, 不爲也, 非不能也.”曰:“不爲者與不能者之形何以異?”曰:“挾太山以超北海, 語人曰:‘我不能.’是誠不能也. 爲長者折枝, 語人曰:‘我不能.’是不爲也, 非不能也. 故王之不王, 非挾太山以超北海之類也, 王之不王, 是折枝之類也. 老吾老, 以及人之老, 幼吾幼, 以及人之幼. 天下可運於掌. 詩云,‘刑于寡妻, 至于兄弟, 以御于家邦.’言擧斯心加諸彼而已. 故推恩足以保四海, 不推恩無以保妻子. 古之人所以大過人者, 無他焉, 善推其所爲而已矣. 今恩足以及禽獸, 而功不至於百姓者, 獨何與? 權, 然後知輕重, 度, 然後知長短.

物皆然, 心爲甚. 王請度之! 抑王興甲兵, 危士臣, 構怨於諸侯, 然後快於心與?" 王曰: "否, 吾何快於是? 將以求吾所大欲也." 曰: "王之所大欲可得聞與?" 王笑而不言. 曰: "爲肥甘不足於口與? 輕煖不足於體與? 抑爲采色不足視於目與? 聲音不足聽於耳與? 便嬖不足使令於前與? 王之諸臣皆足以供之, 而王豈爲是哉?" 曰: "否, 吾不爲是也." 曰: "然則王之所大欲可知已,[87] 欲辟土地, 朝秦楚, 莅中國而撫四夷也. 以若所爲求若所欲, 猶緣木而求魚也." 王曰: "若是其甚與?" 曰: "殆有甚焉. 緣木求魚, 雖不得魚, 無後災. 以若所爲求若所欲, 盡心力而爲之, 後必有災." 曰: "可得聞與?" 曰: "鄒人與楚人戰, 則王以爲孰勝?" 曰: "楚人勝." 曰: "然則小固不可以敵大, 寡固不可以敵衆, 弱固不可以敵強. 海內之地方千里者九, 齊集有其一. 以一服八, 何以異於鄒敵楚哉? 蓋亦反其本矣? 今王發政施仁, 使天下仕者皆欲立於王之朝, 耕者皆欲耕於王之野, 商賈皆欲藏於王之市, 行旅皆欲出於王之塗, 天下之欲疾其君者皆欲赴愬於王. 其[88]若是, 孰能禦之?" 王曰: "吾惛, 不能進於是矣. 願夫子輔吾志, 明以教我. 我雖不敏, 請嘗試之." 曰: "無恒產而有恒心者, 惟士爲能. 若民, 則無恒產, 因無恒心. 苟無恒心, 放辟邪侈, 無不爲已. 及陷於罪, 然後從而刑之, 是罔民也. 焉有仁人在位罔民而可爲也? 是故明君制民之產, 必使仰足以事父母, 俯足以畜妻子, 樂歲終身飽, 凶年免於死亡, 然後驅而之善, 故民之從之也輕. 今也制民之產, 仰不足以事父母, 俯不足以畜妻子, 樂歲終身苦, 凶年不免於

87) "이已"는 여기서 어조사로 쓰였다.

88) 여기서의 "기其"란 '장차〔將〕'라는 뜻으로 쓰였다. 《서경書經》〈미자微子〉에 "지금 은나라가 함락되려 하는 것이〔今殷其淪喪〕"에서의 '기' 자와 쓰임이 같다(동양고전연구회 설).

死亡. 此惟救死而恐不贍, 奚暇治禮義哉? 王欲行之, 則盍反其本矣? 五畝之宅, 樹之以桑, 吾十者可以衣帛矣. 雞豚狗彘之畜, 無失其時, 七十者可以食肉矣. 百畝田, 勿奪其時, 八口之家可以無飢矣. 謹庠序之教, 申之以孝悌之義, 頒白者不負戴於道路矣. 老者衣帛食肉, 黎民不飢不寒, 然而不王者, 未之有也."

제2편

양혜왕 하

梁惠王下

【해설】

이 편은 모두 16장으로 구성되어 있으며 기본적인 단락의 구분과 구성 방식은 앞의 편과 차이가 없다. 이 편에는 제 선왕과 추 목공과 등 문공 등과의 대화를 중심으로 인정에 관한 다양한 담론이 담겨 있다. 맹자는 첫 장에서 혼자 즐기는 것과 남들과 같이 즐기는 것 가운데 어느 것이 즐거운지 왕의 답변을 자연스럽게 유도하면서 이미 상편에서 주창하는 '여민동락'의 기본적인 인식이 통치자의 중요한 정치 동기가 되어야 한다고 설파한다. 이러한 여민동락의 강조는 사냥을 하거나 순수巡狩를 하더라도 군주의 욕망을 늘 백성과 공유하라는 의미인 동시에 왕과 백성을 동일시하라는 중요한 경고다.

이 편의 앞부분과 뒷부분에는 맹자의 외교관이 드러나는데, 작은 나라는 큰 나라와 전쟁하기보다는 큰 나라를 섬기는 현실적인 타협이 중요하다고 강조한다. 맹자는 사소한 만용에 휩싸여 전쟁을 일으키는 제 선왕의 행태를 비판하면서 백성이 편안하게 여기는 것이 무엇인지를 살피지 않는 것에 대해 일갈한다. 별궁에 있는 제 선왕이 자신의 주제를 파악하지 못하고 자신을 '현능한 자'로 자평하는 것에 대해 왜 백성이 빠져 있느냐고 비판하면서, 순수를 하는 정치 행위도 백성의 입장을 헤아려야 하고 군주의 욕망에 가로막혀서는 안 된다는 점을 분명히 한다.

이 편의 8장에 신하가 군주를 시해하는 것이 옳은 일이냐는 제 선왕의 질문에 맹자가 제아무리 군주라고 해도 패악한 일을 저지른 군주는 필부 한 명에 불과하므로 얼마든지 제거할 수 있다고 대답하는 대목이 있어 읽는 이로 하여금 당혹스럽지만 정당하게 만든다. 탕왕이나 무왕은 유가에서 받드는 성군인데, 결국 신하로서 하극상한 것이 아니냐는 제 선왕의 논지에 맹자가 짧지만 간결한 메시지를 보낸 것이다.

13장부터 15장까지에는 등 문공이 작은 나라로서 느끼는 외교적 위축감이 드러난다. 맹자는 무도한 제후국을 정벌하는 방법과 약소국 중의 약소국인 등나라의 외교 정책을 적절한 비유를 통해 설명하면서 왕들의 각성을 촉구하고 있다.

백성과 함께 즐겨라[與民同樂] 2.1

장포가 맹자를 뵙고 말했다.

"[저] 장포가 왕을 뵈니,[1] 왕께서 제게 음악[2]을 좋아한다고 말씀하셨는데 저는 대답하지 못했습니다."

[이어서] 말하기를 "음악을 좋아하는 것은 어떠합니까?"

맹자께서 말씀하셨다.

"왕께서 음악을 대단히 좋아하신다면 제나라는 아마도 잘 다스려질 것인저!"

다른 날[3] [맹자께서] 왕을 만나 뵙고 말씀하셨다.

"왕께서 일찍이 장자(장포)에게 음악을 좋아한다고 말씀하셨다는데, 그런 일이 있었습니까?"

왕이 얼굴빛이 변하면서 말씀하였다.

"과인은 선왕의 음악을 좋아하는 것이 아니고 단지 세속의 음악

1) 원문의 "현어왕見於王"을 번역한 것으로, 양보쥔은 여기서의 '현見'은 제나라 신하인 장포가 임금을 뵙는 것이므로 '현'이라고 발음해야 한다는 견해를 보인다. 또 양보쥔은 원문의 "현어왕見於王"과 "견맹자見孟子"에 대해 그 차이를 보충 설명하며, '현어왕'은 '왕에게 접견을 받다〔被王接見〕'라는 뜻이고, '견맹자'는 '맹자를 찾아와서 본다〔來看孟子〕'라는 뜻으로 풀이했는데 일리가 있다.

2) 원문의 "악樂"을 번역한 것으로, 양보쥔은 '음악'으로 풀이하는 경우가 일반적인데, 송나라 진선陳善의 《문슬신어捫蝨新語》에서는 '즐기다'로 해석했다. 뒤에 나오는 문장에서 '사냥〔田獵〕'에 대해 이야기한 것과 음악은 직접적인 연관이 없다고 보았기 때문이라고 했다. 그러나 '독락악獨樂樂', '인락악人樂樂' 등은 전렵田獵을 비유한 것으로 보아야 무리가 없다.

3) 원문의 "타일他日"을 번역한 것으로, 제2편 〈양혜왕 하〉 16장의 "타일군출他日君出"과 같은 경우로 해석된다. 직역하면 '다른 날'이라는 말이고, 시간적으로는 '(이전의) 지난날'을 의미한다. 여기서는 '(이후의) 지난날'을 의미하기 때문에 우재호는 '며칠 후'로 번역해야 한다고 주장했다.

을 좋아할 뿐입니다."

[맹자께서] 말씀하셨다.

"왕께서 음악을 대단히 좋아하신다니 제나라는 아마도 잘 다스려질 것입니다! 지금 음악은 옛 음악에서 말미암은 것입니다."

[왕이] 말씀하였다.

"[더] 들을 수 있겠습니까?"

[맹자께서] 말씀하셨다.

"혼자 음악을 즐기시는 것과 다른 사람과 음악을 즐기시는 것 중에 어느 것이 [더] 즐겁습니까?"

[왕이] 말씀하였다.

"다른 사람과 함께 즐기는 것만 못합니다."

[맹자께서] 말씀하셨다.

"적은 사람과 음악을 즐기시는 것[4]과 많은 사람과 음악을 즐기시는 것 중에 어느 것이 [더] 즐겁습니까?"

[왕이] 말씀하였다.

"많은 사람과 함께 즐기는 것만 못합니다."

[맹자께서 말씀하셨다.]

"청하건대 신이 왕을 위해 음악에 대해 말씀드리겠습니다. [만일] 지금 왕께서 여기서 음악을 연주하시는데,[5] 백성이 왕의 종소리와 북소리, 피리 소리를 듣고는 모두 골치 아파하고 이마를 찌푸리

4) 원문의 "락악樂樂"을 번역한 것으로, 주희는 "'악락樂樂'에서 뒤의 글자는 음이 '락'이다〔樂樂, 下字音洛〕"라고 했는데, 문법상 '락악'으로 읽는 것이 옳다.

5) 원문의 "고악鼓樂"을 번역한 것으로, 대개 '종鍾'은 중지하는 것으로 체體를 삼고, '북〔鼓〕'은 연주하는 것으로 용用을 삼는다. 그러므로 연주하는 것을 말한다.

며 서로 말하기를 '우리 왕께서 음악을 연주하기 좋아하시는데 어찌하여 우리는 이렇게 곤궁하게 하셨는가? 아버지와 아들이 서로 만나지 못하게 하고, 형제와 아내와 자식이 흩어지게 하는가?'라고 하고, 지금 왕께서 여기서 사냥을 하시는데, 백성이 왕의 수레와 말의 소리를 들으며 깃발의 아름다움을 보고는 모두 골치 아파하고 이마를 찌푸리며 서로 말하기를 '우리 왕께서 사냥을 좋아하시는데 어찌하여 우리는 이렇게 곤궁하게 하셨는가? 아버지와 아들이 서로 만나지 못하게 하고, 형제와 아내와 자식이 흩어지게 하는가?'라고 한다면, 이것은 다른 이유가 아니고 [왕께서] 백성과 함께 즐기지 않으셨기 때문입니다.

지금 왕께서 여기서 음악을 연주하시는데, 백성이 왕의 종소리와 북소리, 피리 소리를 듣고는 모두 흔쾌히 기쁜 얼굴빛으로 서로 말하기를 '우리 왕께서 아마도 병이 없으시겠지. 어찌 이렇게 음악을 잘 연주하시는가?'라고 하고, 지금 왕께서 여기서 사냥을 하시는데, 백성이 왕의 수레와 말의 소리를 들으며 깃발의 아름다움을 보고는 모두 흔쾌히 기쁜 얼굴빛으로 서로 말하기를 '우리 왕께서 아마도 병이 없으시겠지. 어찌 이렇게 사냥을 잘하시는가?'라고 한다면, 이것은 다른 이유가 아니고 백성과 함께 즐기시기 때문입니다. 지금 왕께서 백성과 함께 즐기신다면 [훌륭히] 왕 노릇 하실 것입니다."

莊暴見孟子曰: "暴見於王, 王語暴以好樂, 暴未有以對也." 曰: "好樂何如?" 孟子曰: "王之好樂甚, 則齊國其庶幾乎!" 他日, 見於王曰: "王嘗語莊子以好樂, 有諸?" 王變乎色曰: "寡人非能好先王之樂也, 直好世俗之樂耳." 曰: "王之好樂甚, 則齊其庶幾乎! 今之樂由古之樂也." 曰: "可得聞與?" 曰: "獨樂樂, 與人樂樂, 孰樂?" 曰: "不若與人." 曰: "與少樂樂, 與衆樂樂, 孰樂?" 曰: "不若與衆." "臣請爲王言樂. 今王鼓樂於此, 百姓聞王鐘鼓之聲, 管籥之音, 擧疾首蹙頞而相告曰: '吾王之好鼓樂, 夫何使我至於此極也? 父子不相見, 兄弟妻子離散?' 今王田獵於此, 百姓聞王車馬之音, 見羽旄之美, 擧疾首蹙頞而相告曰: '吾王之好田獵, 夫何使我至於此極也? 父子不相見, 兄弟妻子離散?' 此無他, 不與民同樂也. 今王鼓樂於此, 百姓聞王鐘鼓之聲, 管籥之音, 擧欣欣然有喜色而相告曰: '吾王庶幾無疾病與, 何以能鼓樂也?' 今王田獵於此, 百姓聞王車馬之音, 見羽旄之美, 擧欣欣然有喜色而相告曰: '吾王庶幾無疾病與, 何以能田獵也?' 此無他, 與民同樂也. 今王與百姓同樂, 則王矣."

문왕의 동산을 작다고 여기는 이유 2.2

제 선왕이 물었다.
"문왕의 동산이 사방 70리라는데[6] 그런 일이 있습니까?"

---

6) 원문의 "문왕지유방칠십리文王之囿方七十里"를 번역한 것이다. 《주례주소周禮註疏》에서 당나라 가공언賈公彦은 "문왕의 동산은 [넓이가] 70리에 꼴 베고 땔나무하는 자들이 들어간다(文王之囿方七十里, 芻蕘者往焉)"라는 문장의 '유囿'는 '사냥터(田獵之處)'를 의미한다고 풀이했다. 부연하면, 《맹자정의孟子精義》에 "'유'는 구역을 만들어 짐승을 기르는 곳이니, 천자는 100리고 제후는 40리다(囿, 所以域養禽獸也. 天子百里, 諸侯四十里)"라고 했다.

맹자께서 대답하셨다.

"전해오는 문헌에 그러한 기록이 있습니다."

[왕이] 말씀하였다.

"이처럼 그것이 큽니까?"

[맹자께서] 말씀하셨다.

"백성은 오히려 작다고 생각했습니다."

[왕께서] 말씀하였다.

"과인의 동산은 사방 40리인데 백성은 오히려 크다고 생각하니 무엇 때문입니까?"

[맹자께서] 말씀하셨다.

"문왕의 동산은 사방 70리였지만 꼴 베고 땔나무하는 자들이 들어갔고, 꿩과 토끼를 잡는 자들도 들어갔으니 백성과 함께하신 것입니다. 백성이 작다고 생각한 것 또한 당연하지 않겠습니까? 신이 처음 국경에 도착했을 때 제나라에서 엄하게 금지하는 법을 물어본 뒤에야 겨우 들어왔습니다. 신이 들으니, 교외와 국경의 관문 사이에 동산이 사방 40리인데, 동산에 있는 사슴을 죽이는 자는 사람을 죽인 죄와 똑같이 다스린다고 합니다. 이는 사방 40리로 나라 안에 함정을 만든 격입니다. 백성이 크다고 생각하는 것 또한 당연하지 않겠습니까?"

齊宣王問曰: "文王之囿方七十里, 有諸?" 孟子對曰: "於傳有之." 曰:

"若是其大乎?" 曰: "民猶以爲小也." 曰: "寡人之囿方四十里, 民猶以爲大, 何也?" 曰: "文王之囿方七十里, 芻蕘者往焉, 雉兎者往焉, 與民同之. 民以爲小, 不亦宜乎? 臣始至於境, 問國之大禁, 然後敢入. 臣聞郊關之內有囿方四十里, 殺其麋鹿者如殺人之罪. 則是方四十里爲阱於國中. 民以爲大, 不亦宜乎?"

용맹을 좋아하는 제 선왕에게 한 말 2.3

제 선왕이 물었다.

"이웃 나라와의 교류에 방도가 있습니까?"

맹자께서 대답하셨다.

"있습니다. 오직 인한 자만이 큰 나라로 작은 나라를 섬길 수 있습니다. 그러므로 탕왕이 갈葛나라를 섬기고,[7] 문왕이 곤이昆夷를 섬긴 것입니다. 오직 지혜로운 자만이 작은 나라로 큰 나라를 섬길 수 있습니다. 그러므로 태왕이 훈육獯鬻을 섬기고,[8] 구천句踐이 오吳나라를 섬긴 것입니다.[9] 큰 나라로 작은 나라를 섬기는 자는 하늘의 뜻을 즐겨 따르는 자이고, 작은 나라로 큰 나라를 섬기는 자는 하늘의 뜻을 삼가 두려워하는 자입니다. 하늘의 뜻을 즐겨 따르는

7) 원문의 "탕사갈湯事葛"을 번역한 것인데, 제6편 〈등문공 하〉 5장에 유사한 내용이 있다. 조기의 주석에도 탕湯이 박읍亳邑에 거주할 때 이웃인 갈葛나라가 제사를 지내지 않으므로 희생을 보내 제사를 지내게 하고, 또 박읍의 백성을 보내 농사를 지어주게 했던 일을 가리킨다고 했다.

8) 원문의 "태왕사훈육太王事獯鬻"을 번역한 것으로, 태왕은 주나라 문왕의 조부인 고공단보古公亶父를 말한다. '훈육'은 '험윤獫狁'이라고도 불린다. 당시 북방의 소수민족이었다. 이 편 15장에 "옛날에 태왕이 빈 땅에 사실 때 오랑캐가 쳐들어왔습니다〔昔者大王居邠, 狄人侵之〕"라고 한 문장에서 '적인狄人'을 가리킨다.

자는 온 천하를 보전하고, 하늘의 뜻을 삼가 두려워하는 자는 자기 나라를 보전합니다. 《시경》에 이르기를 '하늘의 위엄을 두려워하여 이에 보전하네'라고 했습니다."

왕이 말씀하였다.

"훌륭합니다, [선생의] 말씀이여! [그런데] 과인이 병통이 있으니, 과인은 용맹을 좋아합니다."

[맹자께서] 대답하셨다.

"왕께서는 사소한 용맹을 좋아하지 마십시오. 칼을 거머쥐고 상대방을 노려보며[10] 말하기를 '네가 어찌 감히 나를 감당하겠는가!'라고 하는 것은 평범한 사내의 용맹으로 한 사람을 상대할 뿐이니, 왕께서는 용맹을 크게 가지십시오! 《시경》에 이르기를 '왕께서 발끈 노여워하시자 이에 그 군대를 정비하여 거莒나라를 치러 가는 무리를 막아 주周나라의 복을 두텁게 하여 천하에 보답했네'라고 했으니, 이것은 문왕의 용맹입니다. 문왕께서는 한 번 노여워하여 천하의 백성을 편안하게 하셨습니다. 《서경書經》[11]에 이르기를 '하

---

9) 원문의 "구천사오句踐事吳"를 번역한 것으로, 《사기》 〈월왕구천세가越王句踐世家〉에 월왕 구천이 오왕 부차에게 대패하고 회계산에 도주하게 되자, 자신을 낮추고 선물을 후하게 바쳐서 치욕적인 화친을 오나라에 요청하고 자신은 오왕이 타는 말 앞에서 길을 인도했다. 구천은 뒤에 국력을 길러 오나라를 멸망시켰다는 내용을 사마천은 상세히 기술하고 있다.

10) 원문의 "질시疾視"를 번역한 것으로, 주희는 "성난 눈으로 보는 것이다〔怒目而視也〕"라고 했다.

11) 《서경》은 〈우서虞書〉, 〈하서夏書〉, 〈상서商書〉, 〈주서周書〉로 나뉘며, 우虞·하夏·상商·주周나라의 역사서다. 본래는 '서書'로 불렸는데 한漢나라 때 '상서尙書'라는 명칭을 사용했다. 《사기》 〈공자세가孔子世家〉에 따르면 공자가 《상서》의 서序를 지어 《서전》을 편찬했다고 하지만, 후대의 사람이 지었다는 설도 있다. 《서경》을 누가 지었는지는 정확히 알 수 없다. 이하의 구절은 《서경》 〈주서·태서 상〉에 나오는 부분이다.

늘이 백성을 내시고 그 군주를 일어나게 하고 스승을 마련해준 것은 오직 말하기를 「하느님을 도와 [백성을] 사랑하도록 했기 때문이다」라고 하셨으니, 사방에 죄가 있고 죄가 없는 것이 나에게 [책임이] 있으니[12] 천하에 어찌 감히 그 뜻을 거스르는 자가 있겠는가?'라고 했습니다. [주왕紂王] 한 사람이 천하에 멋대로 돌아다녀 무왕이 이것을 부끄러워하신 것이니, 이것은 무왕의 용맹으로 무왕께서는 한 번 노여워하여 천하의 백성을 편안하게 하셨습니다. 지금 왕께서도 한 번 노여워하여 천하의 백성을 편안하게 하신다면, 백성은 오히려 왕께서 용맹을 좋아하지 않을까 두려워할 것입니다."

齊宣王問曰: "交鄰國有道乎?" 孟子對曰: "有. 惟仁者爲能以大事小, 是故湯事葛, 文王事昆夷. 惟智者爲能以小事大, 故太王事獯鬻, 句踐事吳. 以大事小者, 樂天者也, 以小事大者, 畏天者也. 樂天者保天下, 畏天者保其國. 詩云, '畏天之威, 于時保之.'" 王曰: "大哉言矣! 寡人有疾, 寡人好勇." 對曰: "王請無好小勇. 夫撫劍疾視曰: '彼惡敢當我哉!' 此匹夫之勇, 敵一人者也. 王請大之! 詩云, '王赫斯怒, 爰整其旅, 以遏徂莒, 以篤周祜, 以對于天下.' 此文王之勇也. 文王一怒而安天下

12) 원문의 "유왈기조상제총지惟曰其助上帝寵之. 사방유죄무죄유아재四方有罪無罪惟我在"를 번역한 것으로, 이 문장은 구두점에 관한 논란이 있다. 주희는 "惟曰其助上帝. 寵之四方, 有罪無罪, 惟我在"로 보았다. 그렇다면 '오직 하느님을 돕기 때문에 사방에서 그를 총애하는 것이다. 죄가 있든 죄가 없든 내가 있으니'라고 번역된다. 그러나 조기는 "惟曰其助上帝寵之. 四方有罪無罪, 惟我在"라고 보아 '오직 그가 하느님을 도와 백성을 총애하라는 것이다. 사방의 사람에게 죄가 있고 죄가 없는 것이 오직 나에게 달려 있으니'라고 번역된다. 양보쥔 또한 조기의 해석 방식을 취하여 군주와 스승의 임무는 하느님을 도와 백성을 아끼고 편안하게 하는 것의 의미로 보아야 한다고 주장했다. 역자는 조기의 구두점이 타당하다고 판단되어 원문을 교감하여 번역했다.

之民. 書曰: '天降下民, 作之君, 作之師, 惟曰其助上帝寵之. 四方有罪無罪, 惟我在, 天下曷敢有越厥志?' 一人衡行於天下, 武王恥之, 此武王之勇也. 而武王亦一怒而安天下之民. 今王亦一怒而安天下之民, 民惟恐王之好不勇也."

즐거움과 근심도 온 천하와 함께하라 2.4

제 선왕이 맹자를 설궁雪宮[13]에서 만나뵈었는데, 왕이 말씀하였다.

"어진 자도 이런 즐거움이 있습니까?"

맹자께서 대답하셨다.

"있습니다. [그러나] 사람들은 이런 즐거움을 얻지 못하면 그 윗사람을 비난합니다. [이런 즐거움을] 얻지 못했다고 윗사람을 비난하는 자도 잘못이고, 백성의 윗사람이 되어 백성과 함께 즐거워하지 못한 자도 잘못입니다. 백성의 즐거움을 [자신의 즐거움으로] 즐거워하는 자는 백성도 그 [왕의] 즐거움을 즐거워하고, 백성의 근심을 근심하는 자는 백성도 그 [왕의] 근심을 근심합니다. 즐거워하기를 천하와 함께하고 근심하기를 천하와 함께하고도 왕 노릇 하지 못하는 자는 없습니다.

옛날에 제齊 경공景公이 안자晏子에게 묻기를 '내가 전부산과 조무산을 두루 보고 바닷가에서 남쪽으로 낭야까지 가고자 하는데 내

13) 설궁雪宮은 제 선왕의 이궁離宮을 말한다. 고대의 제왕이 정궁正宮 이외의 임시로 거처하는 궁실을 말하는데, 지금의 별장과 같다. 양보쥔은 이 문장에 대해 두 가지 견해를 제시했다. 첫째는 선왕이 설궁에서 맹자를 접견했다는 것이고, 둘째는 선왕이 설궁으로 맹자를 초대하여 자신이 맹자를 보러 갔다는 것이다.

가 무엇을 갖추어야 선왕이 두루 본 것에 견줄 수 있겠는가?'라고 했습니다. 안자가 대답하기를 '좋은 질문입니다. 천자가 제후에게 가는 것을 순수巡狩라고 하니, '순수'는 [제후가] 지키는 국경 안을 순행巡行한다는 뜻입니다. 제후가 천자에게 조회 가는 것을 술직述職이라고 하니, '술직'은 자기가 맡은 직무를 [펼치듯] 아뢴다는 뜻입니다. [순수와 술직 모두가] 일 아닌 것이 없습니다. 봄이면 밭 가는 것을 살펴 부족한 것을 도와주고, 가을이면 수확하는 것을 살펴 부족한 것을 도와줍니다. 하夏나라 속담에 「우리 왕이 유람하시지 않으면 우리가 어찌 쉴 수 있겠는가? 우리 왕이 즐기시지 않으면[14] 우리가 어찌 도움을 받겠는가? 한 번 유람하시고 한 번 즐기시니 제후들의 본보기가 된다」[15]고 했습니다. [그러나] 지금은 그렇지 않아 [왕이] 군대를 행군하면서 양식을 먹기에 배고픈 자가 먹지 못하고 피곤한 자가 쉬지 못해서 눈을 흘기며 서로 헐뜯어서 백성이 사특하게 되었는데도, [하늘의] 명을 거역하고[16] 백성을 학대해서 음식 먹는 것을 물 흐르듯이 하여 류流·연連·황荒·망亡 하는 것이 제후들의 근심이 됩니다. [뱃놀이에] 물길 따라 내려가서 돌아오는 것을

14) 원문의 "불예不豫"를 번역한 것으로, 주희는 '즐기다(樂)'라고 했고, 양보쥔은 '노닐다(遊)'의 뜻과 같다고 보았다. 《안자춘추晏子春秋》〈내편內篇·문하問下〉에 "봄에는 밭 가는 일을 살펴 부족한 것을 보충함을 '유遊'라고 하고, 가을에는 곡식이나 열매가 잘 익었는지 살펴 부족한 것을 도와줌을 일러 '예豫'라고 한다(春省耕而補不足者謂之遊, 秋省實而助不給者謂之豫)"라고 했다.

15) 속담의 내용을 "~우리가 어떻게 도움을 받겠는가?"까지 보는 학자도 있다.

16) 원문의 "방명方命"을 번역한 것으로, 조기는 "'방'은 거역함과 같다(方, 猶逆也)"라고 했고, 주희는 "'방'은 거역함이요, '명'은 왕명이다(方, 逆也, 命, 王命也)"라고 했으며, 양보쥔은 "'방'은 위반한다는 뜻이고, '명'은 하느님의 뜻을 가리킨다(方, 違反之意. 命指上帝意旨)"라고 풀이를 했는데, 모두 일맥상통한다.

잇는 것을 '류'라고 하고, 물길 따라 올라가서 돌아오는 것을 잇는 것을 '연'이라고 하고, 짐승을 쫓는 것에 싫증 내지 않는 것을 '황'이라고 하고, 술을 즐겨 싫증 내지 않는 것을 '망'이라고 합니다. 선왕은 '류·연'의 즐거움과 '황·망'의 행실이 없으셨으니, 오직 군주께서 행동하실 바입니다'라고 했습니다.

경공은 기뻐하여 나라 안에 대대적으로 명을 내리고는[17] 교외로 나가 베풀면서[18] 이에 비로소 창고를 열어[19] 부족한 백성을 도와주고, [음악을 관장하는] 태사太師[20]를 불러 말하기를 '나를 위해 군신[21]이 서로 기뻐하는 음악을 만들도록 하라!'고 했으니, 치소徵招와 각소角招라는 음악이 바로 그것입니다. 그 가사에 말하기를 '군주의 욕심을 막는 것이 무슨 잘못인가?'라고 했으니, 군주의 욕심을 막는 것이 군주를 사랑하는 것입니다."

齊宣王見孟子於雪宮. 王曰: "賢者亦有此樂乎[22]?" 孟子對曰: "有. 人不得, 則非其上矣. 不得而非其上者, 非也, 爲民上而不與民同樂者, 亦非也. 樂民之樂者, 民亦樂其樂, 憂民之憂者, 民亦憂其憂. 樂以天

17) 원문의 "계戒"를 번역한 것으로, 조기는 '비備'와 같다고 했다. 주희는 "명을 알리다〔告命〕"로 풀이했다. 양보쥔은 "충분한 준비〔充分的准備〕"라고 하여 '경계하다'의 뜻이 아닌 《시경》 〈소아·대전大田〉의 "큰 밭에 심을 것이 많으니, 종자를 고르고 연장을 준비하여 갖추어 일한다〔大田多稼, 旣種旣戒, 旣備乃事〕"에서 '계戒'의 뜻과 같이 보아야 한다고 주장했다.

18) 원문의 "출사出舍"를 번역한 것으로, 그 함의는 주희가 "스스로 책임지고 백성을 살피는 것이다〔自責以省民也〕"라고 한 말을 염두에 둘 필요가 있다.

19) 원문의 "흥발興發"을 번역한 것이다. 주희는 "창고를 여는 것이다〔發倉廩也〕"라고 했다.

20) 원문의 "대사大師"는 태사太師로, 즉 악사樂師 또는 악관樂官을 말한다.

21) 원문의 "군신君臣"은 자신과 안자를 지칭한 것이다.

下, 憂以天下, 然而不王者, 未之有也. 昔者齊景公問於晏子曰: '吾欲觀於轉附朝儛, 遵海而南, 放於琅邪, 吾何脩而可以比於先王觀也?' 晏子對曰: '善哉問也! 天子適諸侯曰巡狩. 巡狩者, 巡所守也. 諸侯朝於天子曰述職. 述職者, 述所職也. 無非事者. 春省耕而補不足, 秋省斂而助不給. 夏諺曰:「吾王不遊, 吾何以休? 吾王不豫, 吾何以助? 一遊一豫, 爲諸侯度」. 今也不然, 師行而糧食, 飢者弗食, 勞者弗息. 睊睊胥讒, 民乃作慝. 方命虐民, 飮食若流. 流連荒亡, 爲諸侯憂. 從流下而忘反謂之流, 從流上而忘反謂之連, 從獸無厭謂之荒, 樂酒無厭謂之亡. 先王無流連之樂, 荒亡之行, 惟君所行也.' 景公悅, 大戒於國, 出舍於郊. 於是始興發補不足. 召大師曰: '爲我作君臣相說之樂!' 蓋徵招角招是也. 其詩曰: '畜君何尤?' 畜君者, 好君也."

재물과 여색을 좋아하는 것도 백성과 함께한다면 2.5

제 선왕이 물었다.

"사람들이 모두 나에게 명당[23]을 헐어버리라고 하는데, 헐어버려야 합니까? 그만두어야 합니까?"

맹자께서 대답하셨다.

"명당은 왕 노릇 하는 자의 전당이니, 왕께서 왕도정치를 행하고자 하신다면 그것을 헐어버리지 마십시오."

왕이 말씀하였다.

---

22) 원문의 "호乎"에 대하여 손석은 소疏에서 "맹자가 [이러한 것을] 즐기는지 즐기지 않는지 알 수 없어서 '호' 자를 써서 그것을 궁금해하는 표현을 한 것이다〔未知孟子可否若何? 所以云乎而疑之之辭也〕"라고 했다.

“왕도정치에 대해 들을 수 있겠습니까?”

[맹자께서] 대답하셨다.

“옛날에 문왕이 기岐라는 지역을 다스릴 때, 밭 가는 자들은 9분의 1만 세금을 냈고,[24] 벼슬하는 자들은 대대로 녹봉을 받았으며, 세관과 시장은 감시[25]하기만 하고 세금을 거두어들이지 않았고, 물고기 잡는 보를 세우는 것을 금지하지 않았으며, 죄인을 처벌하는데 아내와 자식까지 처벌하지 않았습니다. 늙어서 아내가 없는 자를 ‘환鰥(홀아비)’이라고 하고, 늙어서 남편이 없는 자를 ‘과寡(과부)’

---

23) 원문의 “명당明堂”에 대해 조기는 “태산에 있는 명당을 일컬은 것이니, 본래 주나라 천자가 동쪽 지방을 순수하면서 제후들의 조회를 받던 곳이다〔謂泰山下明堂, 本周天子東巡狩朝諸侯之處也〕”라고 했는데, 이에 주희는 “한漢나라 때까지 옛터가 남아 있었다. 사람들이 그것을 헐어버리려고 한 것은 천자가 다시 순수하지 않고, 제후도 또한 거처할 수 없기 때문에 왕이 ‘마땅히 헐어버려야 합니까, 그만두어야 합니까?’라고 물은 것〔漢時遺址尙在, 人欲毁之者, 蓋以天子不復巡守, 諸侯又不當居之也. 王問當毁之乎, 且止乎〕”이라고 풀이했다. 양보쥔은《주례》와《예기》의 소疏에 인용된 여러 문헌에 의거하여 이에 대한 주장이 크게 두 가지 있음을 소개했다. 하나는 천자가 제후들의 조회를 받기 위해 설치했다는 것이고, 다른 하나는 천자의 종묘라고 한 것이다.

24) 원문의 “경자구일耕者九一”을 번역한 것으로, ‘구일九一’이란 ‘정전법〔井田之制〕’을 말한다. 농경지를 우물〔井〕 모양으로 그어 한 정井마다 900이랑〔畝〕을 만들고, 여덟 가구가 100이랑씩 사전私田으로 삼고, 가운데 한 곳의 100이랑은 공동으로 경작했으니 이를 공전公田이라 한다. 맹자의 이상적 토지제도인 정전제는 제5편 〈등문공 상〉 3장에 “사방 1리가 정井이고 정은 900이랑이며, 그 가운데가 공전公田이다. 여덟 집에서 모두 100이랑씩을 사전私田으로 받고, 공동으로 공전을 경작하는데, 공전의 일을 마친 뒤에야 사전의 일을 하니, 이는 [군자와] 야인을 구별한 것이다. 이것이 정전의 대략이니, 이것을 [실정에 맞도록] 윤택하게 하는 것으로 말하면 군주와 그대에게 달려 있다〔方里而井, 井九百畝, 其中爲公田. 八家皆私百畝, 同養公田, 公事畢, 然後敢治私事, 所以別野人也. 此其大略也, 若夫潤澤之, 則在君與子矣〕”라고 하여 정전법에 대해 상세히 풀이하고 있으니 해당 구절과 함께 읽어봐야 한다.

25) 원문의 “기譏”를 번역한 것으로, ‘찰察’과 같다. 부연하면《예기》〈왕제〉 편에 “관문을 지키는 관리는 금령을 집행하여 살핀다〔關執禁以譏〕”라고 했는데, 소疏에 “‘기’는 [길을 비키라고] 소리 지르며 살피는 것〔譏, 呵察〕”이라고 했다.

라고 하고, 늙어서 자식이 없는 자를 '독獨(무의탁자)'이라고 하고, 어려서 부모가 없는 자를 '고孤(고아)'라고 하니, 이 넷은 천하의 고달픈 백성으로 하소연할 곳이 없는 자들입니다. 문왕은 선정을 펴고 인한 정치를 베푸시되 반드시 이 네 부류를 우선 배려하셨습니다. 《시경》에 이르기를 '부유한 자들은 괜찮겠지만 애처롭구나, 시름에 겨운 이들이여!'라고 했습니다."

왕이 말씀하였다.

"좋습니다, 선생의 말씀이여!"

[맹자께서] 말씀하셨다.

"왕께서 만일 [이를] 좋게 여기신다면 어찌하여 실행하지 않습니까?"

왕이 말씀하였다.

"과인은 병통이 있으니, 과인은 재물을 좋아합니다."

[맹자께서] 대답하셨다.

"옛날에 공유公劉라는 자가 재물을 좋아했습니다. [그런데] 《시경》에 이르기를 '노적가리와 창고에 곡식을 쌓아두고 마른 양식을 전대와 자루에 넣고서 백성을 편안히 하고, 이로써 나라를 빛낼 것을 생각하여 활과 화살을 준비하며 창과 방패와 도끼를 가지고 이에 비로소 길을 떠났네'라고 했습니다. 그러므로 집에서 사는 자들은 노적가리와 창고가 있고, 길을 떠나는 자들은 양식을 싼 [자루가 준비된] 다음에야 비로소 행군할 수 있는 것입니다. 왕께서 만일 재물을 좋아하더라도 백성과 함께하신다면 왕 노릇 하시는 데 무슨 어려움이 있겠습니까?[26)]"

왕이 말씀하였다.

"과인은 [또 다른] 병통이 있으니, 과인은 여색을 좋아합니다."

[맹자께서] 대답하셨다.

"옛날에 태왕이 여색을 좋아하여 그 후비를 사랑했습니다. 《시경》에 이르기를 '고공단보古公亶父(태왕)가 아침에 말을 달려와 서쪽 물가를 따라 기산岐山 아래에 이르러 이에 강씨 부인과 함께 와서 집터를 보았네'라고 했으니, [태왕이 다스리던] 이때에는 안으로는 [홀로] 원망하는 여자가 없었고 밖으로는 홀아비가 없었으니, 왕께서 만일 여색을 좋아하더라도 백성과 함께하신다면 왕 노릇 하시는 데 무슨 어려움이 있겠습니까?"

齊宣王問曰: "人皆謂我毁明堂, 毁諸? 已乎?" 孟子對曰: "夫明堂者, 王者之堂也. 王欲行王政, 則勿毁之矣." 王曰: "王政可得聞與?" 對曰: "昔者文王之治岐也, 耕者九一, 仕者世祿, 關市譏而不征, 澤梁無禁, 罪人不孥. 老而無妻曰鰥, 老而無夫曰寡, 老而無子曰獨, 幼而無父曰孤. 此四者, 天下之窮民而無告者. 文王發政施仁, 必先斯四者. 詩云, '哿矣富人, 哀此煢獨!'" 王曰: "善哉言乎!" 曰: "王如善之, 則何爲不

---

26) 원문의 "하유何有"를 번역한 것으로, 춘추시대의 일상어로 "하난지유何難之有"를 줄여 말한 것이다(주희 설). 주희는 "'하유'는 어렵지 않음을 말한 것이다〔何有, 言不難也〕"라고 했고, 조기는 "어찌 불가함이 있겠는가?〔何有不可也?〕"로 풀이했으며, 유보남도 《논어정의》에서 "어렵지 않다는 말〔不難之詞〕"이라고 풀이했다. 역자는 주희나 유보남의 설에 따라 '어렵지 않다〔不難〕'라는 뜻으로 풀이했다.

行?" 王曰: "寡人有疾, 寡人好貨." 對曰: "昔者公劉好貨, 詩云, '乃積乃倉, 乃裹餱糧, 于橐于囊. 思戢用光. 弓矢斯張, 干戈戚揚, 爰方啓行.' 故居者有積倉, 行者有裹囊也, 然後可以爰方啓行. 王如好貨, 與百姓同之, 於王何有?" 王曰: "寡人有疾, 寡人好色." 對曰: "昔者太王好色, 愛厥妃. 詩云, '古公亶父, 來朝走馬, 率西水滸, 至于岐下, 爰及姜女, 聿來胥宇.' 當是時也, 內無怨女, 外無曠夫. 王如好色, 與百姓同之, 於王何有?"

나라를 다스리지 못하면 군주가 책임져라 2.6

맹자께서 제 선왕에게 말씀하셨다.

"왕의 신하 가운데 그 아내와 자식을 친구에게 맡기고 초나라에 가서 유람하던 자가 있었는데, 돌아와 보니 그의 아내와 자식을 얼리고 굶주리게 했다면 어떻게 하시겠습니까?"

왕이 말씀하였다.

"[친구를] 버릴 것입니다."

[맹자께서] 말씀하셨다.

"사사士師(법을 집행하는 벼슬아치)가 선비를 다스리지 못하면 어떻게 하시겠습니까?"

왕이 말씀하였다.

"그를 그만두게 하겠습니다."

[맹자께서] 말씀하셨다.

"사방의 국경 안이 다스려지지 않으면 어떻게 하시겠습니까?"

왕이 좌우를 돌아보고는 딴 말씀을 하였다.

孟子謂齊宣王曰: "王之臣有託其妻子於其友而之楚遊者, 比其反也, 則凍餒其妻子, 則如之何?" 王曰: "棄之." 曰: "士師不能治士, 則如之何?" 王曰: "已之." 曰: "四境之內不治, 則如之何?" 王顧左右而言他.

백성의 부모가 될 자격 2.7

맹자께서 제 선왕을 뵙고 말씀하셨다.

"이른바 오래된 나라(故國)란 크나큰 나무가 있는 것을 말하는 것이 아니고, 대를 이어서 [벼슬하며] 내려오는 신하가 있는 것을 말합니다. [그런데] 왕께는 친밀한 신하조차 없으십니다. 예전에 등용한 사람이 지금은 떠나간 것도 알지 못하십니다."

왕이 말씀하였다.

"내가 어떻게 [미리] 그들의 재능이 없다는 것을 알아서 그만두게 할 수 있겠습니까?"

[맹자께서] 말씀하셨다.

"나라의 군주란 어진 이를 등용하기를 부득이한 것처럼 해야 합니다. [등용은] 지위가 낮은 자가 높은 자를 뛰어넘게 하고, [사이가]

소원한 자가 친한 자를 뛰어넘게 하는 것이니, 신중하지 않을 수 있겠습니까? 주변의 신하들이 모두 [그를] 현명하다고 말해도 받아들이지 말고, 대부들이 모두 현명하다고 말해도 받아들이지 말며, 나라 사람들이 모두 현명하다고 말한 뒤에 살펴보아서 현명한 점을 알아낸 뒤에 등용해야 합니다. 주변의 신하들이 모두 [그를] 안 된다고 말해도 듣지 말고, 대부들이 모두 안 된다고 말해도 듣지 말며, 나라 사람들이 모두 안 된다고 말한 뒤에 살펴보아서 안 되는 점을 알아낸 뒤에 그만두게 해야 합니다.

주변의 신하들이 모두 죽일 수 있다고 말해도 듣지 말고, 대부들이 모두 죽일 수 있다고 말해도 듣지 말며, 나라 사람들이 모두 죽일 수 있다고 말한 뒤에 살펴보아서 죽일 만한 점을 알아낸 뒤에 죽여야 합니다. 그래야 나라 사람들이 죽였다고 말하는 것입니다. 이처럼 하고 난 뒤라야 백성의 부모가 될 수 있습니다."

孟子見齊宣王曰: "所謂故國者, 非謂有喬木之謂也, 有世臣之謂也. 王無親臣矣, 昔者所進, 今日不知其亡也." 王曰: "吾何以識其不才而舍之?" 曰: "國君進賢, 如不得已, 將使卑踰尊, 疏踰戚, 可不愼與? 左右皆曰賢, 未可也, 諸大夫皆曰賢, 未可也, 國人皆曰賢, 然後察之, 見賢焉, 然後用之. 左右皆曰不可, 勿聽, 諸大夫皆曰不可, 勿聽, 國人皆曰不可, 然後察之, 見不可焉, 然後去之. 左右皆曰可殺, 勿聽, 諸大夫皆曰可殺, 勿聽, 國人皆曰可殺, 然後察之, 見可殺焉, 然後殺之. 故曰:

國人殺之也. 如此, 然後可以爲民父母."

왕이 한 사내에 불과하다면 시해해도 괜찮다 2.8

제 선왕이 물었다.

"탕왕이 걸왕을 추방했고 무왕이 주왕을 정벌했다고 하는데, 그런 일이 있습니까?"

맹자께서 대답하셨다.

"전해오는 문헌에 그러한 기록이 있습니다."

[왕께서] 말씀하였다.

"신하가 그 군주를 시해했는데 [이것이] 옳습니까?"

[맹자께서] 말씀하셨다.

"인仁을 해치는 자를 '적賊'이라고 하고, 의로움을 해치는 자를 '잔殘'이라고 하며, 잔적殘賊[27]한 사람을 '한 사내'라고 하니, 한 사내인 주를 주살했다는 말은 들었지, 군주를 시해했다는 말은 듣지 못했습니다."

齊宣王問曰: "湯放桀, 武王伐紂, 有諸?" 孟子對曰: "於傳有之." 曰: "臣弑其君, 可乎?" 曰: "賊仁者謂之賊, 賊義者謂之殘. 殘賊之人謂之一夫. 聞誅一夫紂矣, 未聞弑君也."

27) 원문의 "잔적殘賊"에 대해 주희는 "'적'은 해치는 것이고, '잔'은 상하는 것이다(賊, 害也, 殘, 傷也)"라고 풀이했다.

옥은 옥을 다듬는 장인에게 2.9

맹자께서 제 선왕을 뵙고 말씀하셨다.

"큰 궁실[28]을 지으려면 반드시 공사工師(도목수)를 시켜 큰 나무를 구하게 하실 것이니, 공사가 큰 나무를 얻으면 왕께서는 기뻐하여 그 임무를 감당할 수 있다고 하실 것입니다. 장인匠人[29]들이 [큰 나무를] 깎아서 작게 만들어버리면 왕께서는 노여워하여 [저 장인은] 그 임무를 감당할 수 없다고 하실 것입니다. 사람이 어려서 배우는 것은 장성해서 그것을 활용하고자 하는 것이니, 왕께서 말씀하기를 '우선 네가 배운 것을 버리고 나를 따르라'고 하신다면 어떻겠습니까? 지금 여기에 다듬지 않은 옥돌이 있으면 비록 만일萬鎰[30]이 들더라도 반드시 옥을 다듬는 장인에게 새기고 쪼게 하실 것입니다. [그런데] 나라를 다스리는 일에 있어서는 말씀하기를 '우선 네가 배운 것을 버리고 나를 따르라'고 하신다면, 어찌 옥을 다듬는 장인에게 옥을 새기고 쪼게 하는 것과 다르게 하시는 것입니까?"

孟子見齊宣王曰: "爲巨室, 則必使工師求大木. 工師得大木, 則王喜,

28) 원문의 "거실巨室"을 번역한 것으로, 《여씨춘추呂氏春秋》에도 "제나라 선왕이 큰 궁실을 짓는데, 그 크기는 100이랑이 넘었고, 당상堂上에 300개의 문을 설치했다. 제나라 같은 대국도 그것을 갖추는 데 3년이 지나도 완공하지 못했다〔齊宣王爲大室, 大益百畝, 堂上三百戶. 以齊之大, 具之三年而未能成〕"라고 했다.

29) 원문의 "공사工師"와 "장인匠人"에 대해 주희는 "공사는 장인의 우두머리이고, 장인은 뭇 공인이다〔工師, 匠人之長, 匠人, 衆工人也〕"라고 풀이했다.

30) 원문의 "만일萬鎰"에 대해 조기는 "20량은 일鎰이 된다〔二十兩爲鎰〕"라고 했으니 20만 냥에 해당한다. 한편 24량이라는 설도 있다. 양보쥔은 조기의 설을 취하여 '만일'은 그 값이 귀중하거나 많음을 뜻한다고도 풀이했는데 역자는 취하지 않았다.

以爲能勝其任也. 匠人斲而小之, 則王怒, 以爲不勝其任矣. 夫人幼而學之, 壯而欲行之, 王曰: '姑舍女所學而從我', 則何如? 今有璞玉於此, 雖萬鎰, 必使玉人彫琢之. 至於治國家, 則曰: '姑舍女所學而從我', 則何以異於敎玉人彫琢玉哉?"

백성이 기뻐한다면 공격하여 탈취하십시오 2.10

제나라가 연나라를 정벌하여 이겼다.

선왕이 물었다.

"어떤 사람은 과인에게 [연나라를] 탈취하지 말라고 하고, 어떤 사람은 과인에게 탈취하라고 합니다. 만 승의 나라로 만 승의 나라(연나라를 지칭)를 공격하여 50일이 되어 완전히 함락했으니, 사람의 능력으로는 이 정도에 이르지 못합니다. 탈취하지 않는다면 반드시 하늘의 재앙이 있을 것이니,[31] 탈취하는 것이 어떻겠습니까?"

맹자께서 대답하셨다.

31) 원문의 "불취필유천앙不取必有天殃"에 대해 양보쥔은 보충 설명하여 "제나라 선왕은 연나라를 너무 순조롭게 공격했기 때문에 '사람의 능력으로는 이런 지경에 이르지 못합니다'라는 것은 하늘의 뜻이다. 그러므로 만약 그들을 점령하지 않으면 하늘의 뜻을 거역한 것이고, 반드시 재앙이 있을 것이라고 한 것은 당시 사람들에게 유행하던 관념이다[因齊宣王認爲他攻打燕國太順利, 人力不至於此, 是天意. 所以, 如果不占領它就是違背天意, 必有災殃. 它是當時人流行的觀念]"라고 했다.《국어國語》〈조어趙語〉에 "때를 얻으면 게을리하지 말아야 하니, 때는 두 번 찾아오지 않는다. 하늘이 주는 것을 받지 않으면, 도리어 재앙이 된다[得時無怠, 時不再來, 天予不取, 反爲之災]"라고 한 것과《춘추좌씨전春秋左氏傳》희공僖公 33년에 "하늘이 기회를 준 것입니다. 기회를 잃을 수 없고, 적을 놓아줄 수도 없습니다. 적을 놓아주면 환난이 생기고, 하늘의 뜻을 어기면 상서롭지 못합니다[天奉我也, 奉不可失, 敵不可縱, 縱敵患生, 違天不祥]"라고 기록된 것을 보면, 그 역사적·문맥적 의미를 구체적으로 알 수 있다.

"탈취해서 연나라 백성이 기뻐한다면 탈취하십시오. 옛사람 가운데 이것을 행하신 분이 있으니, 무왕이 바로 그렇습니다. 탈취해서 연나라 백성이 기뻐하지 않는다면 탈취하지 마십시오. 옛사람 가운데 이것을 행하신 분이 있으니, 문왕이 바로 그렇습니다.

만 승의 나라로 만 승의 나라를 탈취했는데, 대바구니에 담은 밥과 병에 담은 장을 가지고[32] 왕의 군대를 환대했으니 어찌 다른 이유가 있겠습니까? 물과 불 같은 재난을 피하려는 것입니다. 만일 물이 더욱 깊어지고 불이 더욱 뜨거워진다면 또한 [백성은 다른 곳으로] 옮겨가려고 할 것입니다."

齊人伐燕勝之. 宣王問曰: "或謂寡人勿取, 或謂寡人取之. 以萬乘之國伐萬乘之國, 五旬而擧之, 人力不至於此. 不取, 必有天殃. 取之, 何如?" 孟子對曰: "取之而燕民悅, 則取之. 古之人有行之者, 武王是也. 取之而燕民不悅, 則勿取. 古之人有行之者, 文王是也. 以萬乘之國伐萬乘之國, 簞食壺漿以迎王師, 豈有他哉? 避水火也. 如水益深, 如火益熱, 亦運而已矣."

제나라 선왕을 정벌하려는 자들을 대응하는 법 2.11

제나라가 연나라를 정벌하여 탈취하자, 제후들이 연나라를 구원할 것을 도모했다. 선왕이 말씀하였다.

---

32) 원문의 "단사호장簞食壺漿"을 번역한 것으로, 양보쥔은 "'단簞'은 '밥을 담는 대나무 바구니(盛飯的竹筐)'이고, '사食'는 '밥(飯)'이라는 뜻이다"라고 하고, '장漿'을 "쌀로 담근 술(米酒)"이라고 독특하게 풀이했는데, 역자는 취하지 않았다.

"제후들 중에 과인을 정벌할 것을 모의하는 자가 많으니, 어떻게 이들에게 대응해야 합니까?"

맹자께서 대답하셨다.

"신은 [사방] 70리로 천하에 정치를 했다는 자를 들었으니, 탕왕이 바로 그렇습니다. 1,000리나 되는데 남을 두려워했다는 자는 듣지 못했습니다. 《서경》에 말하기를 '탕왕이 첫 정벌을 갈나라부터 시작했다'[33]라고 했습니다. 천하가 [그를] 믿었기에 동쪽을 향해 정벌하면 서쪽 오랑캐가 원망했고, 남쪽을 향해 정벌하면 북쪽 오랑캐가 원망하여 말하기를 '어찌하여 우리를 나중에 [정벌]하시는가?'라고 했습니다. 백성이 [탕왕이] 정벌해주기를 바라는 것이 마치 큰 가뭄에 구름과 무지개[34]를 바라듯 했습니다. 시장에 돌아가는 자들이 그치지를 않았고 밭 가는 자들이 변함이 없었습니다. [탕왕이] 그 군주를 주살하여 벌하고 백성을 위문하시자, [때맞춰] 단비가 내린 듯이 백성이 크게 기뻐했습니다. 《서경》에 말하기를 '우리 임금님을 기다리니,[35] 임금님이 오시면 아마도 되살아나겠지'라고 했습니다.

지금 연나라가 백성에게 포학하게 굴었으므로 왕께서 가서 정벌

33) 원문의 "탕일정湯一征, 자갈시自葛始"를 번역한 것으로, 제6편 〈등문공 하〉 5장에도 나오는데, '탕시정湯始征, 자갈재自葛載'라고 되어 있다. 여기서 '일一'은 '시작하다(始)'라는 뜻으로 보면 무방하다. 주희는 이 장에 두 번 인용된 《서경》이 모두 〈상서·중훼지고仲虺之誥〉라고 했는데, 지금 전해지는 《서경》의 내용과는 약간 다르다.

34) 원문의 "운예雲霓"를 번역한 것으로, 양보쥔은 "무지개가 맑은 새벽에 서쪽에서 나오는 것은 비가 올 징조다(虹霓在清晨, 出現於西方是下雨的徵兆)"라고 풀이하기도 했으나 역자는 자의적 의미만 살려 번역했다.

35) 원문의 "혜傒"를 번역한 것으로, '기다리다(待)'라는 뜻이다.

하시니, 연나라 백성은 자신들을 물과 불에서 구원해줄 것이라고 생각하여 대바구니에 담은 밥과 병에 담은 장을 가지고 왕의 군대를 환영한 것입니다. [그런데] 만일 그 부모 형제를 죽이고 자제들을 붙들어 두고 종묘를 부수고 중요한 기물들을 옮겨간다면 어찌 옳다고 하겠습니까? 천하는 정녕 제나라의 강함을 두려워하고 있는데, 지금 또다시 땅을 배로 넓히고 어진 정치를 베풀지 않는다면, 이는 천하의 군대를 움직이게 하는 것입니다. 왕께서 빨리 명령을 내리셔서 노약자들을 돌려보내시고, 중요한 기물들을 [옮기는 것을] 그만두게 하시고 연나라 백성과 의논해서 군주를 세워준 뒤에 떠나오신다면 오히려 [천하의 군대가 움직이는 것을] 그만두게 할 수 있을 것입니다."

齊人伐燕, 取之. 諸侯將謀救燕. 宣王曰: "諸侯多謀伐寡人者, 何以待之?" 孟子對曰: "臣聞七十里爲政於天下者, 湯是也. 未聞以千里畏人者也. 書曰: '湯一征, 自葛始.' 天下信之, 東面而征, 西夷怨, 南面而征, 北狄怨, 曰: '奚爲後我?' 民望之, 若大旱之望雲霓也. 歸市者不止, 耕者不變, 誅其君而弔其民, 若時雨降. 民大悅. 書曰: '徯我后, 后來其蘇.' 今燕虐其民, 王往而征之, 民以爲將拯己於水火之中也, 簞食壺漿以迎王師. 若殺其父兄, 係累其子弟, 毁其宗廟, 遷其重器, 如之何其可也? 天下固畏齊之强也, 今又倍地而不行仁政, 是動天下之兵也. 王速出令, 反其旄倪, 止其重器, 謀於燕衆, 置君而後去之, 則猶可及止也."

어진 정치를 해야 백성은 친하게 여긴다 2.12

추나라가 노나라와 싸우자, [추나라] 목공[36]이 물었다.

"우리 담당 관리(장교)로 죽은 자가 서른세 명이나 되는데, 백성 가운데 [그들을 위해] 죽은 자는 없습니다. 이들을 주살하자니 다 주살할 수 없고, 주살하지 않자니 윗사람들이 죽는 것을 보고만 있으면서도 구하지 않았으니 어떻게 하면 좋겠습니까?"

맹자께서 대답하셨다.

"흉년과 굶주리는 해에 군주의 백성 중에 노약자들은 [죽어서 시신이] 도랑과 골짜기에 뒹굴고,[37] 장성한 자들은 사방으로 흩어진 자가 몇천 명이나 됩니다. 그런데 군주의 곡식 창고는 꽉 차 있었으며 재물 창고에는 [재화가] 가득 차 있었으나, 담당 관리 가운데 [이것을] 보고한 자가 없었으니, 이것은 윗사람들이 게을러 아랫사람을 잔인하게 해친 것입니다. 증자[38]께서 말씀하기를 '경계하고 경계하라! 네게서 나온 것은 네게로 돌아간다'고 하셨습니다. 무릇 백성이 이제서야 되갚은 것이니, 군주께서는 [그들을] 탓하지 마십시오! 군주

---

36) 추鄒나라 목공穆公을 말한다. 양보쥔은 맹자가 추나라 사람이기 때문에 목공이 그에게 물은 것이라고 부연했다.

37) 원문의 "전호구학轉乎溝壑"을 번역한 것으로, 여기서 '전轉'에 대하여 양보쥔은 "시체를 버린다는 뜻(棄屍的意思)"이라고 했다. 《회남자淮南子》〈주술훈主術訓〉에 "이 때문에 산 사람은 [일상생활에서] 사용하는 것에 부족함이 없고, 죽은 사람도 시체가 버려지는 일이 없다(是故生無乏用, 死無轉屍)"라고 했으며, 고유高誘의 주에 "'전'은 버리는 것이다(轉, 棄也)"라고 했다. 《한서漢書》〈고혜고후문공신표高惠高后文功臣表〉에 "썩은 유골이 묘에서 외롭고, 후손은 길에서 유랑하네. 살아서는 노예가 되었고 죽어서는 버려진 시신이 되었다(朽骨孤於墓, 苗裔流於道, 生爲湣隸, 死爲轉屍)"라고 했는데, 안사고顔師古가 응소應劭의 주를 인용하여 "죽어 장사 지낼 수 없으므로 시체가 도랑에 떠다니며 버려진 것이다(死不能葬, 故屍流轉在溝壑之中)"라고 했다.

께서 인한 정치를 실행하시면 이런 백성이 그 윗사람을 친하게 여기고 어른을 위해 죽을 것입니다."

鄒與魯鬨. 穆公問曰: "吾有司死者三十三人, 而民莫之死也. 誅之, 則不可勝誅, 不誅, 則疾視其長上之死而不救, 如之何則可也?" 孟子對曰: "凶年饑歲, 君之民老弱轉乎溝壑, 壯者散而之四方者, 幾千人矣, 而君之倉廩實, 府庫充, 有司莫以告, 是上慢而殘下也. 曾子曰: '戒之戒之! 出乎爾者, 反乎爾者也.' 夫民今而後得反之也. 君無尤焉! 君行仁政, 斯民親其上, 死其長矣."

제나라를 섬겨야 하나, 초나라를 섬겨야 하나 2.13

등 문공이 물었다.

"등나라는 작은 나라로 제나라와 초나라 사이에 있는데, 제나라를 섬겨야 합니까? 초나라를 섬겨야 합니까?"

맹자께서 대답하셨다.

"이런 계책은 제가 언급할 수 있는 것이 아닙니다. [말하기를] 그만두지 말라고 하신다면 한 가지 방법이 있으니, 연못을 파고 성을 높이 쌓아 백성과 함께 지켜서 목숨을 바치더라도 백성이 떠나가지 않는다면, 이런 것은 해볼 만합니다."

---

38) "증자曾子"는 공자 문하의 재전제자들이 증삼曾參을 높인 칭호이다. 증삼의 자字는 '자여子輿'로, 효성이 지극했다. 공문십철孔門十哲에는 포함되고 송유宋儒가 도통을 세울 때 그를 지극히 높이 받들었다. 명대에는 증자를 복성復聖으로 봉하여 유약보다도 앞에 두었으며, 그의 위상은 안회를 능가할 정도였다.

滕文公問曰: "滕, 小國也, 間於齊楚. 事齊乎? 事楚乎?" 孟子對曰: "是謀非吾所能及也. 無已, 則有一焉, 鑿斯池也, 築斯城也, 與民守之, 效死而民弗去, 則是可爲也."

왕 노릇의 기본은 선을 행할 뿐 2.14

등 문공이 물었다.

"제나라 사람이 설薛 땅에 성을 쌓으려고 해서 나는 매우 두려운데, 어떻게 하면 좋겠습니까?"

맹자께서 대답하셨다.

"옛날에 태왕이 빈邠 땅에 사실 때, 오랑캐가 쳐들어오자 그곳을 떠나 기산 기슭에 가서 사셨습니다. [이것은] 선택하여 취한 것이 아니라 어쩔 수 없어서 그런 것입니다. 만일 선을 실행한다면 후세의 자손 중에 반드시 왕 노릇 하는 자가 있을 것입니다. 군자는 업적을 창조하고 전통을 드리워서 이어나갈 수 있게 하면 됩니다. 공을 이루는 것으로 말하면 하늘의 뜻이니, 군주께서 저들에게 어찌하시겠습니까? 힘써 선을 실행할 뿐입니다."

滕文公問曰: "齊人將築薛, 吾甚恐, 如之何則可?" 孟子對曰: "昔者大王居邠, 狄人侵之, 去之岐山之下居焉. 非擇而取之, 不得已也. 苟爲善, 後世子孫必有王者矣. 君子創業垂統, 爲可繼也. 若夫[39]成功, 則天也. 君如彼何哉? 強爲善而已矣."

---

39) 원문의 "약부若夫"란 접속사로서 화제를 전환하여 '~으로 말하면', '~에 이르러'라고 번역해야 한다.

작은 나라 등나라의 비애 2.15

등 문공이 물었다.

"[우리] 등나라는 작은 나라이므로 힘을 다해 큰 나라를 섬겨도 재앙을 피할 수 없으니, 어떻게 하면 좋겠습니까?"

맹자께서 대답하셨다.

"옛날에 태왕이 빈 땅에 사실 때 오랑캐가 쳐들어왔습니다. 가죽옷과 비단으로 그들을 섬겨도 재앙을 피하지 못했고, 개와 말로 그들을 섬겨도 재앙을 피하지 못했으며, 진주와 보옥으로 그들을 섬겨도 재앙을 피하지 못했습니다.

이에 [태왕께서] 육칠십대[노인]들[40]을 모아놓고 말씀하기를 '오랑캐가 원하는 것은 우리의 땅이다. 내가 들으니 군자는 사람을 기르는 것 때문에 사람을 해치지 않는다고 하니, 여러분들은 어찌 군주가 없는 것을 걱정하겠소? 내가 이곳을 떠나겠소'라고 하고는 빈 땅을 버리고 양산을 넘어서 기산 아래에 도읍을 만들어 거주하셨습니다. 빈 땅 사람들이 말하기를 '인한 사람이니 놓쳐서는 안 된다'라고 하고는 그를 따르는 자가 시장 사람 [모이듯] 돌아가듯 했습니다. 어떤 사람은 말하기를 '[토지는] 대대로 지켜오는 곳이니 저 자신의 마음대로 할 수 있는 것이 아닙니다. 목숨을 바치더라도 떠나지 마십시오'라고 했으니, 청컨대 군주께서는 이 둘 중에서 선택하십시오."

40) 원문의 "기로耆老"를 번역한 것으로, 《예기》 〈곡례曲禮〉에 "60세를 '기耆'라고 한다〔六十曰耆〕"고 했고, 《설문해자》에는 "70세를 '로老'라고 한다〔七十曰老〕"고 했다. 이 두 개념을 합친 것이다.

滕文公問曰: "滕, 小國也, 竭力以事大國, 則不得免焉, 如之何則可?" 孟子對曰: "昔者大王居邠, 狄人侵之. 事之以皮幣, 不得免焉, 事之以犬馬, 不得免焉, 事之以珠玉, 不得免焉. 乃屬其耆老而告之曰: '狄人之所欲者, 吾土地也. 吾聞之也, 君子不以其所以養人者害人. 二三子何患乎無君? 我將去之.' 去邠, 踰梁山, 邑于岐山之下居焉. 邠人曰: '仁人也, 不可失也.' 從之者如歸市. 或曰: '世守也, 非身之所能爲也. 效死勿去.' 君請擇於斯二者."

노나라 평공이 맹자를 만나지 않은 이유 2.16

노 평공[41]이 외출하려 할 때 총애하는 장창이란 자가 물었다.

"다른 날 군주께서 외출하시면 꼭 담당 관리에게 가실 곳을 명하시더니, 지금은 수레에 이미 말 멍에를 해두고 준비했으나 담당 관리가 갈 곳을 알지 못하니, 감히 [가실 곳을] 여쭙겠습니다."

공이 말했다.

"맹자를 만나보려고 한다."

[장창이] 말했다.

"무엇 때문입니까? 군주께서 [존귀한] 신분을 가볍게 여기면서 보통 사람에게 먼저 찾아가는 것은 [그가] 어질다고 여겨서입니까? 예의는 어진 사람으로 말미암아 나오는데, 맹자는 뒤 초상(어머니의 장례)을 앞 초상(아버지의 장례)보다 더 성대하게 했으니, 군주께서는

41) 노나라 평공平公은 《사기》 〈노주공세가魯周公世家〉에 "경공이 [자리에 오른 지] 29년 만에 죽자 아들 숙이 자리에 오르니, 이 사람이 평공이다. 이때 여섯 나라가 모두 왕이라고 부르기 시작했다(景公二十九年卒, 子叔立, 是爲平公. 是時六國皆稱王)"라는 문장에 보이는 평공이다.

[그를] 만나지 마십시오!"

공이 말했다.

"알겠다."

악정자가 들어가 [평공을] 뵙고 말했다.

"군주께서는 어찌하여 맹가孟軻(맹자)를 만나지 않으셨습니까?"

[공이] 말했다.

"어떤 사람이 과인에게 말하기를 '맹자는 뒤에 치른 초상을 앞에 치른 초상보다 더 성대하게 했다'고 하므로 이 때문에 가서 만나지 않았다."

[악정자가] 말했다.

"무슨 말씀입니까? 군주께서 말씀하신 더 성대하다는 것은 앞 초상은 선비의 예로써 하고 뒤 초상은 대부의 예로써 하며, 앞 초상에는 세 발 솥을, 뒤 초상에는 다섯 발 솥[42]을 쓴 것을 말씀하십니까?"

"아니다. 관곽棺槨과 수의[43]가 화려했던 것을 말한 것이다."

[악정자가] 말했다.

"아닙니다. 이것은 더 성대하다고 말할 것이 아니라 [이전과 이후

---

42) 원문의 "삼정三鼎"과 "오정五鼎"을 말하는 것으로, 양보쥔의 고증을 참조하면 《주례》 〈장객掌客〉의 정현鄭玄의 주注에 "'정鼎'은 희생을 담는 그릇이다(鼎, 牲器也)"라고 했다. 고대의 제사에는 '정'을 사용하여 고기류를 담았다. 《예기》 〈교특생郊特牲〉에 공영달孔穎達이 '삼정'에 대해 "희생은 정일鼎一에 담고, 생선은 정이鼎二에 담고, 사냥하여 얻은 고기는 정삼鼎三에 담았다(三鼎: 牲鼎一, 魚鼎二, 臘鼎三)"라고 했고, '오정'은 "양고기는 첫 번째, 돼지고기는 두 번째, 제례용 고기는 세 번째, 생선은 네 번째, 사냥하여 얻은 고기는 다섯 번째 정에 담았다(陳五鼎: 羊一, 豕二, 膚三, 魚四, 臘五)"라고 했다.

43) 원문의 "관곽의금棺槨衣衾"을 번역한 것으로, 고대의 대관들은 관을 두 가지로 만들어 사용했으니, 안쪽의 관을 '관棺'이라고 하고 바깥쪽의 덧관을 '곽槨'이라고 했다. 맹자는 어머니의 장사를 후하게 지냈는데, 제4편 〈공손추 하〉 7장에 해당 내용이 나온다.

의] 빈부가 같지 않았기 때문입니다."

악정자가 맹자를 뵙고 말했다.

"제가 군주께 아뢰니, 군주께서 와서 뵈려고 하셨는데, 총애를 받는 장창이란 자가 군주를 막았기에 군주께서 이 때문에 끝내 오지 않으신 것입니다."

[맹자께서] 말씀하셨다.

"[인을] 행하는 것은 어떤 것이 그를 하게 하는 것이고, [어진 정치를] 멈추는 것은 어떤 것이 그를 막고[44] 있는 것이다. 행하고 멈추는 것은 다른 사람이 할 수 있는 것이 아니다. 내가 노나라 군주를 만나지 못한 것은 하늘의 뜻이니, 장씨 아들이 어떻게 나를 만나지 못하게 할 수 있겠는가?"

魯平公將出, 嬖人臧倉者請曰: "他日君出, 則必命有司所之. 今乘輿已駕矣, 有司未知所之, 敢請." 公曰: "將見孟子." 曰: "何哉? 君所謂輕身以先於匹夫者, 以爲賢乎? 禮義由賢者出, 而孟子之後喪踰前喪. 君無見焉!" 公曰: "諾." 樂正子入見曰: "君奚爲不見孟軻也?" 曰: "或告寡人曰: '孟子之後喪踰前喪', 是以不往見也." 曰: "何哉? 君所謂踰者, 前以士, 後以大夫, 前以三鼎, 而後以五鼎與?" 曰: "否, 謂棺槨衣衾之美也." 曰: "非所謂踰也, 貧富不同也." 樂正子見孟子曰: "克告於君, 君爲來見也. 嬖人有臧倉者沮君, 君是以不果來也." 曰: "行或使之, 止或尼之. 行止, 非人所能也. 吾之不遇魯侯, 天也. 臧氏之子焉能使予不遇哉?"

44) 원문의 "닐尼"을 번역한 것으로, '막다(沮)'와 같으며 '그치게 하는 뜻(止之之意)'을 말한다. 《정자통正字通》에는 "끌어당겨 멈추게 하는 것과 같다(猶曳止之也)"라고 했다.

제3편

공손추 상

公孫丑上

【해설】

이 편은 9장으로 구성되어 있으며, 제1편 〈양혜왕 상〉, 제2편 〈양혜왕 하〉와 달리 제자 공손추가 스승 맹자에게 질문하고 맹자의 답변을 듣는 방식이다. 이 편에서는 왕도정치를 설명하고 있는데, 왕도를 패도覇道와 분리하고 무력에 의한 정치보다는 마음을 얻는 정치를 하라는 시각을 유지하고 있다.

2장에서는 제나라 재상 정도의 직위를 맡아 정치를 해나간다면 스승이 평소 강조하던 덕정이 무너지지 않겠느냐는 공손추의 현실적 질문에 맹자는 단호하게 '부동심不動心'이라는 단어로 내면이 강한 사람은 외부 조건에 흔들리지 않는다고 말한다. 오히려 자신은 '호연지기浩然之氣를 잘 기른다'는 문구가 나오는데, 왕이 스스로 반성하는 마음이 부동심의 전제조건이라면, 정당함을 근거한 떳떳한 자세가 바로 호연지기라는 설명이다.

공손추가 공자의 제자인 재아宰我와 자공子貢은 언어에 특출나고, 염유冉有와 민자閔子, 안연顏淵 등이 선한 말씨와 덕행에 뛰어나다면서 맹자는 성인의 경지에 이르렀다고 아부하는 발언을 하자, 맹자는 단호하게 성인의 경지를 어찌 넘볼 수 있겠느냐면서 본인은 공자를 따르는 데 족할 뿐이라고 겸손해하며 오히려 공손추를 핀잔한다.

특히 맨 마지막에 '지언知言', 즉 말을 아는 대목도 눈여겨볼 부분이다. 그 사람이 하는 말에서 됨됨이를 유추할 수 있다는 대목으로, 맹자가 사람을 평가하는 기준을 알 수 있다.

3장에는 왕자와 패자의 차이에 대한 개념이 등장하고, 6장에서는 제1편 〈양혜왕 상〉에 나온 '불인지심不忍之心'이 우물에 빠지는 어린아이의 비유를 통해 다시 강조된다. 인간이라면 누구든 측은지심을 지니고 있다는 성선설의 기본 인식인데, 바로 이 장에서 '사단四端'의 형태로 인간의 네 가지 마음을 설명한다. 이런 비유를 통해 맹자가 내세우는 성선설의 기본적인 축이 인간이 지닌 선한 마음에 있다는 점을 강조한다.

맹자에게 요직이 주어진다면 3.1

공손추가 여쭈었다.

"선생님께서 [만일] 제나라에서 요직을 맡게[1] 된다면 관중管仲과 안자의 공적[2]을 다시 펼칠[3] 수 있으시겠습니까?"

맹자께서 말씀하셨다.

"그대는 참으로 제나라 사람이어서 관중과 안자만 알 뿐이구나. 어떤 사람이 [증자의 손자인] 증서曾西[4]에게 묻기를 '그대와 자로 중에 누가 더 현명한가?'라고 하니, 증서가 불안해하며[5] 말하기를 '[자로는] 내 돌아가신 아버지께서도[6] 존경하신 분이오'라고 했네. [또] 말

1) 원문의 "당로當路"를 번역한 것으로, 조기와 초순焦循은 "벼슬을 하는 것(當仕路)"으로 풀이했고, 주희는 "요직에 있는 것(居要地)"으로 풀이했으며, 양보쥔은 "권력을 잡다(當權)", "정사를 맡다(當政)"라고 풀이했다.

2) 원문의 "관중안자지공管仲晏子之功"을 풀이한 것으로, 관중管仲과 안영晏嬰은 춘추시대 제나라의 명재상으로 이름을 떨쳤으며 《사기》〈관안열전管晏列傳〉에 두 사람의 전기가 실려 있다. 시대적으로 100여 년이나 차이가 나는 두 사람을 한 열전에 실은 것은 이들이 세운 공적 때문이다. 관중은 환공桓公을 모시고 40여 년 동안 재상 자리에 있으면서 정치·경제·군사 등 모든 방면에 대대적인 개혁을 단행했고, 환공이 춘추시대의 첫 번째 패자가 되는 데 크게 기여하여 춘추시대 최고의 군사軍師로 꼽힌다. 안영은 영공靈公·장공莊公·경공景公 등 3대에 걸쳐 30여 년 동안 재상을 지내면서 제나라를 중흥시켰다.

3) 원문의 "허許"를 번역한 것으로, 조기는 "'허'는 허여하다와 같다(許, 猶與也)"라고 했다. 초순은 "일으키다(興)"로 풀이했고, 주희는 "기대하다(期)"로 풀이했다.

4) 증서曾西에 대해 당나라 육덕명陸德明은 《경전석문經典釋文》에서 "증신의 자는 자서이고, 노나라 사람이며, 증삼의 아들이다(曾申字子西, 魯人, 曾參之子)"라고 했다.

5) 원문의 "축연蹴然"을 번역한 것으로, 조기는 "삼가다(蹴踖)"의 의미로 풀이했고, 주희는 "불안한 모습(不安然)"으로 풀이했다.

6) 원문의 "선자先子"를 번역한 것으로, 옛사람들은 '세상을 떠난 연장자'를 일컬었고, 후대에는 '돌아가신 부친'을 일컬었다. 여기서는 '증자'를 가리킨다.

하기를 '그렇다면 그대와 관중 중에 누가 더 현명한가?'라고 하니, 증서가 불쾌해하며[7] 말하기를 '그대는 어찌하여 나를 관중과 비교하는가? 관중은 군주의 신임을 그처럼 전적으로 얻었고, 국정을 그처럼 오래 맡았는데도 공적이 그처럼 보잘것없었는데, 그대는 어찌하여 나를 그런 사람과 비교한단 말인가?'라고 했네."

[잠시 후 맹자께서] 말씀하셨다.[8]

"관중은 증서조차도 비교되려 하지 않았는데, 그대는 내가 [그와] 비교되기를 원한다는 말인가?"

[공손추가] 말했다.

"관중은 그의 군주를 천하의 패왕霸王이 되게 했고, 안자는 그의 군주의 이름을 빛나게 했는데, 관중과 안자를 본받기에 오히려 부족하다는 것입니까?"

[맹자께서] 말씀하셨다.

"제나라로 왕 노릇 하는 것은 손바닥을 뒤집는 것처럼 쉽다."

[공손추가] 말했다.

"이와 같다면 제 의혹은 더 심해집니다. 또 문왕은 덕망으로 [베풀다가] 백 살이 지난 뒤에 붕어하셨는데도[9] 오히려 천하에 교화가 미

7) 원문의 "발연艴然"을 번역한 것으로, '艴'의 음은 '불弗' 또는 '발勃'이다. 조기는 "화가 나서 노여워하는 기색이다〔慍怒色也〕"라고 했다.

8) 이 부분에 대해 양보쥔의 고증을 참조하면, 유월兪樾은 《고서의의거례古書疑義擧例·일인지사이가왈자예一人之辭而加曰字例》에서 "또한 스스로 묻고 대답하는 말이 아니지만, 중간에 또 '왈' 자를 사용하여 단락을 바꾸는 말과 구별하기도 한다〔亦有非自問自答之辭, 而中間又用曰字以別更段之語者〕"라고 했다.

9) 원문의 "백년이후붕百年而後崩"을 번역한 것으로, 《사기》 〈주본기周本紀〉에는 서광徐廣의 "문왕은 97세에 붕어했다〔文王九十七乃崩〕"라는 말을 인용했으며, 이로 인하여 문왕의 수명을 유추해볼 수 있다.

치지 못했고, 무왕과 주공이 계승하고 난 뒤에 [교화가] 크게 행해졌습니다. 지금 왕 노릇 하는 것을 쉬운 것처럼 말씀하시니, 그렇다면 문왕도 본받기에 부족하다는 것입니까?"

[맹자께서] 말씀하셨다.

"문왕을 어찌 감당할 수 있겠는가?[10] 탕왕으로부터 무정武丁에 이르기까지 어질고 성스러운 군주가 예닐곱 명이 나와서[11] 천하가 은나라로 돌아간 지가 오래되었다. 오래되면 변하기 어렵다. 무정이 제후의 조회를 받고 천하를 소유하기를 손바닥에 놓고 움직이듯이 했으니, 주왕의 시대는 무정과 그 거리가 오래되지 않았기에[12] 그 옛 가문과 좋은 풍속과 선대의 유풍과 선정이 여전히 남아 있었고, 또 미자微子와 미중微仲, 왕자 비간比干과 기자箕子와 교격膠鬲이 있었는데, [그들은] 모두 어진 사람이었다. [이들이] 함께 주왕을 보필했으므로 오랜 뒤에 나라를 잃게 된 것이니, [그 당시에는] 한 자의 땅도 그(주왕)의 소유가 아닌 것이 없었고 한 사람의 백성도

---

10) 원문의 "문왕하가당야文王何可當也"를 풀이한 것으로, 조기는 "문왕의 시대에는 공을 세우기 어려웠다. 그러므로 '어찌 감당할 수 있겠는가'라고 말씀하셨다(文王之時難爲功, 故言何可當也)"라고 하니, 문왕이 은殷나라를 감당할 수 없었다는 뜻으로 본 것이다. 정약용의 견해를 소개하면 "은나라의 덕이 저와 같고 문왕은 사방 100리에서 일어나셨으니, 이것이 문왕이 감당하기 어려운 것이다(殷德如彼, 文王由方百里起, 是文王難當也)"라고 하여 해석상 약간의 차이가 있으니 비교하여 읽어야 한다.

11) 《사기》 〈은본기〉에는 탕湯에서 무정武丁에 이르기까지 탕, 태갑太甲, 태무太戊, 조을祖乙, 반경盤庚, 무정 등 여섯 명만이 어진 임금으로 나온다. 《맹자》에서 예닐곱 명이라고 말한 것은 정확하지 않다는 의미를 내포하고 있다(우재호 설)는 설도 참조할 만하다.

12) 《사기》 〈은본기〉에는 무정에서 주에 이르기까지 조경祖庚, 조갑祖甲, 늠신廩辛, 경정庚丁, 무을武乙, 태정太丁, 을제乙帝의 일곱 왕을 거친다고 했는데, 재위 기간들이 매우 짧았다.

그의 신하가 아닌 자가 없었다. 그러나 문왕이 오히려 사방 100리 [의 나라]로 일어나셨으니, 이 때문에 어려웠던 것이다.

제나라 사람의 속담에 말하기를 '비록 [뛰어난] 지혜가 있어도 형세를 타는 것만 못하고, 비록 [좋은] 농기구가 있어도 때를 기다리는 것만 못하다'고 했으니, 지금의 때가 [왕도를] 행하기 쉽다. 하후夏后와 은·주가 번성한 때에도 땅이 사방 1,000리를 넘은 적이 없는데 제나라는 그 정도의 땅이 있고, 닭 우는 소리와 개 짖는 소리가 서로 들려서 사방의 국경에 닿으며, 제나라는 그 정도의 백성도 있으니, 땅을 더 개척하지 않아도 되고 백성을 더 모으지 않아도 인한 정치를 실행하여 왕 노릇 한다면[13] 그것을 막을 자가 없을 것이다. 또 왕 노릇 하는 자가 일어나지 않은 것이 [지금] 이보다 드물었던 때가 없었고, 백성이 가혹한 정사에 초췌하게 된 것이 [지금] 이보다 더 심했던 때가 없었으니, 굶주린 자에게 밥을 먹이기가 쉽고 목마른 자에게 물을 마시게 하기가 쉬운 것이다.

공자께서 말씀하시기를 '덕이 흘러 나아가는 것은 역참[14]으로 명령을 전달하는 것보다 빠르다'고 하셨으니, 지금의 때에 만 승의 나라가 인한 정치를 실행한다면 백성이 기뻐하는 것이 거꾸로 매달렸다가 풀려난 것과 같을 것이다. 그러므로 사업은 옛사람의 절반이지만, [그] 공적은 반드시 옛사람의 배가 되니 오직 [지금] 이때만이 그럴 것이다."

---

13) 원문의 "왕王"을 번역한 것으로, 여기에서는 '왕 노릇 하다'라는 의미인데, '왕도'로 보기도 한다.

14) 원문의 "치우置郵"를 번역한 것으로, '치우'는 양보쥔의 설명이 적절하다. "'치'와 '우'는 모두 명사이니, 후대의 역참에 해당한다(置和郵都是名詞, 相當於後代的驛站)." 그러므로 고대의 역참을 '치' 또는 '우'라고 했다.

公孫丑問曰: “夫子當路於齊, 管仲晏子之功, 可復許乎?” 孟子曰: “子誠齊人也. 知管仲晏子而已矣. 或問乎曾西曰: ‘吾子與子路孰賢?’ 曾西蹴然曰: ‘吾先子之所畏也.’ 曰: ‘然則吾子與管仲孰賢?’ 曾西艴然不悅, 曰: ‘爾何曾比予於管仲? 管仲得君如彼其專也, 行乎國政如彼其久也, 功烈如彼其卑也, 爾何曾比予於是?’” 曰: “管仲, 曾西之所不爲也, 而子爲我願之乎?” 曰: “管仲以其君覇, 晏子以其君顯. 管仲晏子猶不足爲與?” 曰: “以齊王, 由反手也.” 曰: “若是則弟子之惑滋甚. 且[15]以文王之德, 百年而後崩, 猶未洽於天下, 武王周公繼之, 然後大行. 今言王若易然, 則文王不足法與?” 曰: “文王何可當也? 由湯至於武丁, 賢聖之君六七作, 天下歸殷久矣, 久則難變也. 武丁朝諸侯, 有天下, 猶運之掌也. 紂之去武丁未久也, 其故家遺俗, 流風善政, 猶有存者, 又有微子微仲王子比干箕子膠鬲, 皆賢人也. 相與輔相之, 故久而後失之也. 尺地, 莫非其有也, 一民, 莫非其臣也, 然而文王猶方百里起, 是以難也. 齊人有言曰: ‘雖有智慧, 不如乘勢, 雖有鎡基, 不如待時.’ 今時則易然也. 夏后殷周之盛, 地未有過千里者也, 而齊有其地矣, 雞鳴狗吠相聞, 而達乎四境, 而齊有其民矣. 地不改辟矣, 民不改聚矣, 行仁政而王, 莫之能禦也. 且王者之不作, 未有疏於此時者也, 民之憔悴於虐政, 未有甚於此時者也. 飢者易爲食, 渴者易爲飮. 孔子曰: ‘德之流行, 速於置郵而傳命.’ 當今之時, 萬乘之國行仁政, 民之悅之, 猶解倒懸也. 故事半古之人, 功必倍之, 惟此時爲然.”

15) “차且”에 대한 양보쥔의 해석을 참조하면, 이 구절은 위 단락의 “관중은 환공을 보좌하여 [천하의] 패권을 장악하게 했고, 안자는 경공을 보좌하여 [제후들 사이에] 명성을 떨치게 했다(管仲以其君霸, 晏子以其君顯)”라는 구절에 호응하기 때문에 ‘차’를 사용했다고 했는데, 일리가 있다.

흔들리지 않는 마음과 호연지기를 기르는 법 3.2

공손추가 여쭈었다.

"선생님께서 제나라 공경公卿과 재상에 계시면서[16] 도를 시행할 수 있게 되신다면 설령 그것으로 말미암아 패왕이나 왕 노릇 하는 자가 되더라도 이상할 것이 없습니다. 이와 같이 된다면 마음이 흔들리지[17] 않으시겠습니까?"

맹자께서 말씀하셨다.

"아니다. 나는 마흔 살부터 마음이 [그 무엇에도] 흔들리지 않았다.[18]"

[공손추가] 말했다.

"이와 같다면 선생님께서는 맹분孟賁[19]을 훨씬 능가하십니다."

맹자께서 말씀하셨다.

16) 원문의 "가加"를 번역한 것으로, 조기는 "가(可)는 '거하다(居)'와 같다"라고 했다. 양보쥔은 "'가'와 '거'는 옛날에는 음이 같으므로 서로 통용되었을 것이다"라고 했다.

17) 원문의 "동심動心"을 번역한 것으로, 그 내포된 의미에 대해 주희는 "임무가 크고 책임이 중함이 이와 같다면 또한 두려워하고 의혹하는 바가 있으니 그 마음이 흔들리시겠습니까?(任大責重如此, 亦有所恐懼疑惑而動其心乎)"라고 해석했는데, 타당하다.

18) 원문의 "부동심不動心"을 번역한 것으로, 조기와 주희 모두 《예기》〈곡례〉에 "마흔을 '강하다'라고 말하는데, 벼슬해야 한다(四十曰强, 而仕)"라는 내용을 인용하여, 조기는 '지志'와 '기氣'가 모두 확정되었다고 풀었고, 주희는 "군자의 도가 밝혀지고 덕이 세워지는 시기(君子道明德立之時)"이며 "공자는 마흔이 되어 미혹되지 않았으며 또한 마음이 흔들리지 않았다(孔子四十而不惑, 亦不動心)"라고 설명했다. 이들의 설명은 모두 공영달의 《예기정의禮記正義》에 근거한다. 공영달에 따르면 서른아홉 이전에 모두 건장하다고 말하는데, 건장함이 오래되면 강하게 된다. 강함에는 불혹처럼 지혜와 사려가 강함이 있고, 기력이 강함도 있다(동양고전연구회 역주, 《맹자》, 민음사, 94쪽).

"이것은 어렵지 않으니, 고자[20]가 나보다도 먼저 마음이 흔들리지 않았다."

공손추가 말했다.

"마음이 흔들리지 않는데 방법이 있습니까?"

맹자께서 말씀하셨다.

"있다. 북궁유北宮黝[21]는 용기를 기르는 것에 있어 [칼에 찔려도] 피부가 움츠러들지 않았고 눈동자도 깜빡이지 않았다. 털끝만큼이라도 남에게 모욕을 받으면 마치 저자에서 종아리를 맞은 듯이 여겼다. 비천한 사람[22]에게도 [모욕을] 받지 않았고 또한 만 승의 군주에게도 [모욕을] 받지 않아, 만 승의 군주를 찌르는 것 보기를 마치 비천한 사내를 찌르듯이 여겼다. 제후들을 두려워하지 않았으며 나쁜

---

19) 맹분孟賁은 주나라의 유명한 용사라고 하는데, 전국 시대 진秦나라 사람이라는 설과 위衛나라 사람이라는 설, 제나라 사람이라는 설 등 이설이 분분하다. 《사기》〈범저채택열전范雎蔡澤列傳〉의 〈집해集解〉에서는 허신許愼의 주석을 재인용하여 "맹분은 위나라 사람이다〔孟賁, 衛人〕"라는 말을 인용했으나, 〈제왕세기帝王世紀〉에는 제나라 사람으로 되어 있고, 맹설孟說이 맹분이라고 했다.

20) 원문의 "고자告子"는 이름이 '불해不害'이고 묵자의 가르침을 받은 적도 있다. 《맹자》의 편명으로도 등장하는데, 즉, 제11편 〈고자 상〉, 제12편 〈고자 하〉를 보면 '인성人性'과 관련하여 맹자와 토론한 내용이 많이 실려 있다.

21) 북궁유北宮黝에 대해 양보쥔은 인명을 고증하기 어렵다고 했으며, 《회남자》〈주술훈〉에서 "칼날을 손에 쥐고 칼을 거꾸로 한 채로 적과 싸운다면 비록 북궁자와 사마괴괴[같은 용사]라고 하더라도 적과 싸우기 어려울 것이다. 하지만 칼자루를 손에 잡고 칼날을 적에게 겨냥한다면, 설사 보통 사람이라고 하더라도 적과 싸워 이길 수 있을 것이다〔握劍鋒以離, 雖北宮子司馬蒯蕢, 不使應敵, 操其觚招其末, 則庸人能以制勝〕"라고 한 부분에 달린 고유의 주에 "북궁자는 제나라 사람으로 맹자가 말하는 북궁유다〔北宮子, 齊人, 孟子所謂北宮黝也〕"라는 주석이 있을 뿐이다.

22) 원문의 "갈관박褐寬博"을 번역한 것으로, '갈褐'은 '갈曷'로 읽는다. 주희는 "'갈褐'은 모포고 '관박寬博'은 헐렁하게 큰 옷이니, 비천한 사람의 의복이다〔褐, 毛布. 寬博, 寬大之衣, 賤者之服也〕"라고 했다.

소문이 들려오면 반드시 그것을 보복했다.

맹시사孟施舍[23)]가 용기를 기르는 것에 대해 말하기를 '이길 수 없어 보여도 [오히려] 이길 수 있다고 여긴다. 적을 헤아린 뒤에 나아가고 승리를 이리저리 헤아린 뒤에 싸운다면 이것은 삼군三軍[의 많은 적]을 두려워하는 자다. 내가 어떻게 기필코 이기기만 할 수 있겠는가? 다만 두려워하지 않을 뿐이다'라고 했다.

맹시사는 증자와 비슷하고 북궁유는 자하子夏[24)]와 비슷하니, 이 두 사람의 용기 중에 그 누가 뛰어난지 모르겠으나 맹시사는 [두려워하지 않는] 핵심을 [파악하여] 지켰다.

옛날에 증자가 자양에게 말하기를 '자네는 용기를 좋아하는가? 내가 일찍이 위대한 용기에 대해 선생님(공자)께 들었는데, 「스스로 돌이켜보아 올곧지[25)] 못하다면 비록 비천한 사람일지라도 내가 두렵지 않겠는가?[26)] [그러나] 스스로 돌이켜보아 올곧다면 비록 천군만마라도 나는 나아가 대적하겠노라」고 하셨다'라고 했다. 맹시사

---

23) 맹시사孟施舍에 대해 조기가 "'맹'은 성씨고, '사'는 이름이며, '시'는 발어사다. '시사'가 스스로 그 이름을 말하는 것이라면, 다만 '사'라고 말하는 것이다〔孟姓, 舍名, 施, 發音也. 施舍自言其名, 則但曰舍〕"라고 주석했는데 타당하다.

24) 복상卜商의 자다. 공자보다 44세 어렸으며 문학에 뛰어났고 위나라 영공을 섬긴 인물로, 위나라 문후文侯·전자방田子方·단간목段干木·이극李克·오기吳起 등을 제자로 두었다. 그는 《시경》과 《춘추》에 해석〔傳〕을 붙여 경학經學을 전수하는 데 상당히 기여하기도 했다.

25) 원문의 "축縮"을 번역한 것으로, 조기는 "'축'은 옳음이다〔縮, 義也〕"라고 주석했고, 주희는 "곧음〔直〕"이라고 했다.

26) 원문의 "오불췌언吾不惴焉"을 번역한 것으로, 성백효의 고증에 의하면 '내가 그들을 두렵게 할 수 없다'와 '내가 그들을 두려워하지 않겠는가'의 두 가지 해석이 가능하다. 주희는 "'췌惴'는 두렵게 하는 것이다〔惴, 恐懼之也〕"라고 하여 '상대방을 두렵게 하다'로 해석했으므로 《율곡언해》에는 '오불췌언吾不惴焉이어니와'로 현토하여 '내가 상대방을 두렵게 할 수 없거니와'로 해석했다.

가 기氣를 지키는 것은 또한 증자가 핵심을 [파악하여] 지키는 것보다 못한 것이다."

[공손추가] 말했다.

"감히 여쭙겠습니다. 선생님의 마음이 흔들리지 않는 것〔不動心〕과 고자의 마음이 흔들리지 않는 것을 들을 수 있겠습니까?"

[맹자께서 말씀하셨다.]

"고자가 말하기를 '말에서 터득하지 못하면 마음에서 구하지 말고,[27] 마음에서 터득하지 못하면 기에서 구하지 말라'[28]고 했다. 마음에서 터득하지 못하면 기에서 구하지 말라는 것은 괜찮지만, 말에서 터득하지 못하면 마음에서 구하지 말라는 것은 옳지 못하다. 의지는 기의 통솔자이고 기는 몸을 가득 채우는 것이니, 그 의지가 [먼저] 이르고 기가 다음[29]이다. 그러므로 말하기를 '그 의지를 굳게 잡고서 그 기를 포악하게 하지 말라'고 한 것이다."

27) 원문의 "물구어심勿求於心"을 번역한 것으로, 주희는 "반드시 그 이치를 마음에서 돌이켜서 구할 필요가 없다〔不必反求其理於心〕"라고 했으니, 마음에서 원인을 찾지 말라는 것을 말한다.

28) 원문의 "물구어기勿求於氣"을 번역한 것으로, 정약용은 '물구어기'의 '기氣'에 대하여 상세한 설명을 붙였는데, "'기'라는 것은 엄격하지 않을 수 없으니 만약 후세 이기설理氣說의 '기'를 혼동해서 그것을 말하면 크게 잘못된 것이다. 우리 인간이 낳고 기르고 움직이고 지각하는 근원을 궁구해보면 오직 혈血과 기氣, 두 가지가 있다. 그 형질을 논하면 혈은 거칠고 기는 정미하며, 혈은 무디고 기는 예리하다. 무릇 기쁘고 성내고 슬프고 두려움이 발하는 것은 모두 마음이 발해서 지志가 되고, 지는 기를 움직이고 기는 혈을 움직이니, 이에 얼굴에 나타나고 사지에 도달한다. 지는 기의 장수요, 기는 혈을 거느리는 것이다〔氣之爲物, 不可不嚴, 若以後世理氣之說, 渾合言之, 則大不可也. 原夫吾人之所以生養動覺, 惟有血氣二物. 論其形質, 血粗而氣精, 血鈍而氣銳. 凡喜怒哀懼之發, 皆心發爲志, 志乃驅氣, 氣乃驅血, 於是見於顏色, 達於四體. 志者, 氣之帥也, 氣者. 血之領也〕"라고 했다. 양보쥔은 '물구어기'는 조기의 주석에서 "곧바로 노함〔直怒之〕"으로 '구어기求於氣'를 해석하여 '기' 자를 일시적이고 주관적인 감정〔感情意氣〕으로 보았다.

[공손추가 말했다.]

"이미 말씀하시기를 '의지가 [먼저] 이르고 기가 다음'이라고 하셨고, 또 '그 의지를 굳게 잡고서 그 기를 포악하게 하지 말라'고 하신 것은 무슨 말씀입니까?"

[맹자께서] 말씀하셨다.

"의지가 [오로지] 하나로 하면[30] 기를 움직이지만 [간혹] 기가 하나로 해도 의지를 움직이기도 하니, 지금 넘어지는 자와 달리는 자는 기로 하는 것이지만, 도리어 그것이 마음을 움직이게 한다."

[공손추가 말했다.]

"감히 여쭙겠습니다. 선생님께서는 무엇에 뛰어나십니까?"

[맹자께서] 말씀하셨다.

"나는 [남의] 말을 알며(知言),[31] 나는 나의 호연지기浩然之氣를 잘 기른다."

[공손추가 말했다.]

"감히 여쭙겠습니다. 무엇을 호연지기라고 합니까?"

---

29) 원문의 "지至"와 "차次"를 번역한 것으로, "지"를 조기와 주희는 모두 "지극하다(至極)"로 풀이했고, "차"는 '그다음'으로 풀이했다. 그러나 초순은 "지는 '來至'의 '지'다. 뜻이 이른 곳에 기가 그것을 좇아 멈춘다"라고 해석했다.(동양고전연구회 역주, 《맹자》, 민음사, 98쪽)

30) 원문의 "일壹"을 번역한 것으로, 주희는 "'일'은 오로지 하나로 한다는 뜻이다. …… 맹자께서 말씀하시기를 의지가 지향하는 바가 오로지 하나로 한다면, 기는 진실로 그 의지를 따른다(壹, 專一也 …… 孟子言志之所向專一 則氣固從之)"라고 했다.

31) 원문의 "지언知言"을 번역한 것으로, 《주자가례朱子語類》는 "지언은 다만 이치를 아는 것이다(知言, 只是知理)"라고 했고, 우암 송시열은 《송자대전宋子大全》〈잡저雜著·호연장질의浩然章質疑〉에서 "지언은 격물格物·치지致知의 일이고, 양기養氣는 성의誠意·정심正心의 일이다(知言, 是格致之事, 養氣, 是誠正之事)"라고 했는데, 이것은 맹자가 고자와 다른 점을 설명한 것이다.

[맹자께서] 말씀하셨다.

"말로 하기 어렵다. 그 기는 지극히 크고 지극히 강한데, 곧게 길러서 해치는 것이 없으면 천지 사이에 가득 차게 될 것이다. 그 기는 정당함과 도리에 들어맞아야 하니, 이렇지 않으면 [호연지기가] 위축된다.

이(호연지기)는 정당함이 모여서 생겨나는 것이지, 정당함이 몰래 습격한다고 해서[32] 취해지는 것이 아니다. 행하고서 마음에 흡족하지 않은 것이 있으면 [호연지기가] 위축된다. 내가 그리하여 말하기를 '고자가 일찍이 정당함〔義〕을 알지 못한다'고 한 것이니, [그는] 정당함을 밖에 있는 것으로 여기기 때문이다. 반드시 [호연지기를 기르는] 일에 있어 [결과를 미리] 기약하지[33] 말고 마음이 잊지 말아야 하며, 자라는 것을 억지로 도와주지도 말아서 송나라 사람처럼 해서는 안 된다. 송나라 사람 중에 벼 싹이 자라지 않는 것을 근심하여 [싹을] 뽑아 올린 자가 있었다. [그는] 매우 피곤해하며[34] 돌아와서 집안사람들에게 말하기를 '오늘은 [매우] 피곤하구나![35] 나는 벼 싹이 자라는 것을 도와주었다!'라고 하여 그의 아들이 달려가 보았

---

32) 원문의 "습襲"을 번역한 것으로, 소리를 내지 않고 은밀하게 적을 치는 것으로《좌전》장공 29년에서 "군대에 종과 북이 있는 것은 '정벌〔伐〕'이고 없으면 '침략〔侵〕'이며, 가벼우면 '습격〔襲〕'이다"라고 했다. 또《춘추공양전春秋公羊傳》희공 33년 주석(《춘추공양전주소》)에서는 "가볍게 다니고 재빨리 이르러 경계하지 않을 때 쳐들어가는 것을 '습'이라고 한다〔輕行疾至, 不戒以入曰襲〕"라고 했다.

33) 원문의 "정正"을 번역한 것으로, 주희는《공양전》희공 26년의 "전쟁은 승리를 미리 기약할 수 없다〔戰不正勝〕"라는 구절을 인용하여 "'정'은 미리 기약하다〔正, 預期也〕"라는 뜻이라고 했다.

34) 원문의 "망망연芒芒然"을 번역한 것으로, 조기는 "망망은 피곤한 모양〔芒芒, 罷倦之貌〕"이라고 했다.

더니, 벼 싹이 말라 있었다. 천하에 벼 싹이 자라는 것을 억지로 돕지 않는 자가 적다. [호연지기를] 행하는 것에 유익함이 없다고 해서 버려두는 자는 벼 싹을 김매지[36] 않는 자이다. [반대로] 억지로 그(호연지기)를 돕는 자는 벼 싹을 뽑아 올린 자이니, 이는 다만 유익함이 없을 뿐만 아니라 또한 그것을 해치는 것이다."

[공손추가 말했다.]

"무엇을 [남의] 말을 안다고 합니까?"

[맹자께서] 말씀하셨다.

"편벽된 말에서 그 가려진 것을 알며, 음란한 말에서 그 빠져 있는 것을 알며, 사특한 말에서 그 벗어난 것을 알며,[37] 회피하는 말

35) 원문의 "병의病矣"를 번역한 것으로, 이것은 어리석은 사람의 모습을 잘 형상한 것이다. 박문호는 "벼 싹이 말랐다〔苗則槁矣〕"라는 표현은 제8편 〈이루 하〉 33장의 "이것이 술과 고기를 배불리 얻어먹는 방법이었다〔此其爲饜足之道也〕"와 말뜻이 대략 같다고 했다.

36) 원문의 "운耘"을 번역한 것으로, 《설문해자》에는 '운䅵'으로 되어 있고, "모 사이의 잡초를 제거하다〔除苗間穢〕"라고 했다. 《시경》〈소아·보전甫田〉에 "어떤 이는 김을 매고 어떤 이는 북돋우네〔或耘或耔〕"의 《모전毛傳》에는 "'운'은 잡초를 제거하는 것이다〔耘, 除草也〕"라고 했는데 '운芸'으로 쓰기도 한다(양보쥔 설).

37) 원문의 "피사詖辭", "음사淫辭", "사사邪辭"에 대한 주석가들의 설명을 소개하면 이렇다. 정약용은 "'피사', '음사', '사사'는 [그] 말에 잘못이 있는 것이니, 이른바 '말에서 얻지 못한다'라는 것이다. 즉 말이 편벽된 것에 나아가 그 마음에 가리는 바가 있는 것을 알며, 말이 음란한 것에 나아가 그 마음에 빠져 있는 바가 있는 것을 알고, 말이 간사한 것에 나아가 그 마음과 분리된 바가 있는 것을 아니, 이른바 '말에서 얻지 못하면 반드시 마음에서 구한다'는 것이다〔詖淫邪者, 言之有失者, 所謂不得於言也, 卽言之詖而知其心之有所蔽, 卽言之淫而知其心之有所陷, 卽言之邪而知其心之有所離, 所謂不得於言, 必求於心也〕"라고 했다. '피사'를 조기는 '아첨하는〔佞諂〕 말', 주희는 '치우친〔偏詖〕 말'로 풀었으며, '음사'를 조기는 '믿기지 않는 교묘한〔巧言不信〕 말', 주희는 '방탕〔放蕩〕한 말'로 풀었다. '사사'는 조기와 주희 모두 '간사하게 치우치는〔邪僻〕 말'이라는 의미로 풀이했다.

에서 그 궁색한 것을 아는 것이니, [이러한 말들이] 마음에 생겨나면 정치를 해칠 것이고, 정치에 드러나면 [나라의] 사업을 해치게 되니, 성인이 다시 일어나도 반드시 나의 말을 따를 것이다."

[공손추가 말했다.]

"재아와 자공은 말을 잘했고, 염우·민자·안연은 선한 말씨와 덕행을 지녔으며,[38] 공자께서는 이것들을 겸비하셨으나 말씀하시기를 '나는 외교사절로서 하는 언사(辭命)에 있어서는 능하지 못하다'고 하셨으니, 그렇다면 선생님께서는 이미 성인이 아니십니까?"

[맹자께서] 말씀하셨다.

"아아![39] 이게 무슨 말인가? 옛날에 자공이 공자께 여쭙기를 '선생님께서는 이미 성인이십니까?'라고 하자, 공자께서 말씀하시기를 '성인이라면 나라고는 할 수 없다. [다만] 나는 배우기를 싫어하지 않고 가르치기를 게을리하지 않는다'고 하시니, 자공이 말하기를 '배우기를 싫어하지 않는 것이 지혜(智)이고, 가르치기를 게을리하지 않는 것이 인仁이니, 인하고 또 지혜로우시니 선생님께서는 이미 성인이십니다'라고 했다. 성인은 공자께서도 자처하지 않으셨는데, 이게 무슨 말인가?"

[공손추가 말했다.]

"옛날에 외람되이 들으니, '자하·자유·자장은 모두 성인의 한 부

38) 《논어》〈선진先進〉 11.2에 "덕행에는 안연·민자건·염백우·중궁이고, 언어에는 재아와 자공이며, 정사에는 염유와 계로이고, 문학에는 자유와 자하였다(德行, 顏淵閔子騫冉伯牛仲弓. 言語, 宰我子貢. 政事, 冉有季路. 文學, 子游子夏)"라고 기록된 것을 염두에 두고 읽어야 한다.

39) 원문의 "오惡"를 번역한 것으로, 조기처럼 "불안할 때의 감탄사(不安事之歎辭)"로 보느냐, 주희처럼 "놀라는 감탄사(驚歎辭)"로 보느냐의 문제인데, 역자는 주희의 설을 따랐다.

분을 가졌고, 염우·민자·안연은 대체로 갖추었으나 미약했다'고 했습니다. 감히 여쭙건대 선생님께서는 어느 쪽이십니까?"

[맹자께서] 말씀하셨다.

"잠시 이것은 [언급하지 말고] 내버려두지."

[공손추가] 말했다.

"백이伯夷[40]와 이윤伊尹[41]은 어떻습니까?"

[맹자께서] 말씀하셨다.

"[가는] 길이 같지 않았다. 섬길 만한 군주가 아니면 섬기지 않았고 부릴 만한 백성이 아니면 부리지 않았으며, 다스려지면 나아가고 혼란해지면 물러난 자가 백이였다. 어느 분을 섬긴들 내 군주가 아니겠고, 어느 사람을 부린들 내 백성이 아니겠는가 했으며, 다스

40) 《사기》〈백이열전伯夷列傳〉에서 백이伯夷와 숙제叔齊는 "원망한 것인가 아닌가〔怨邪非邪〕"라고 단도직입적으로 질문하면서 〈채미가采薇歌〉의 내용을 인용했다. 사마천의 관점에서는 천하의 대의명분을 지키려고 고고하게 살다가 죽었지만 내심 원망하는 마음이 있었다고 보인다.

41) 이윤伊尹은 은나라의 유명한 재상으로 탕왕을 도와 어진 정치를 펼쳤으며 하나라의 걸왕을 멸망시켰다. 탕왕의 손자인 태갑이 포악한 정치를 하자 이를 말리다가 귀양까지 가게 되었으나 다시 돌아와 훌륭한 정치를 했다. 이윤은 본래 요리사 출신으로, 솥을 지고 가서 음식을 만들어 탕왕에게 바치고는 그에게 신임을 얻기를 바랐다는 전설이 있다. 《사기》〈은본기〉에서 사마천은 "이윤은 이름이 아형阿衡이다. 아형은 탕을 만나려 했으나 방법이 없자, 유신씨有莘氏(부족 이름)의 잉신媵臣(귀족 집안의 여자가 시집갈 때 딸려가는 남자 노복)이 되어 솥과 도마를 지고 탕에게 음식 맛을 예로 들어 설득함으로써 왕이 바른 다스림을 행하게 했다. 혹자는 '이윤은 벼슬하지 않는 선비였는데, 탕이 사람으로 하여금 맞아들이고자 했으나, 다섯 번이나 거절한 뒤에야 탕에게 가서 따르며 옛 제왕과 아홉 유형의 군주의 일을 이야기했다'라고 말한다. 탕은 이윤을 등용하여 나라의 정사를 맡게 했다. 이윤은 탕을 떠나 하나라로 갔는데, 이미 하나라가 정사에 있어 추악함을 행하니 다시 박亳으로 돌아왔다〔伊尹名阿衡. 阿衡欲奸湯而無由, 乃爲有莘氏媵臣, 負鼎俎, 以滋味說湯, 致于王道. 或曰: 伊尹處士, 湯使人聘迎之, 五反然後肯往從湯, 言素王及九主之事. 湯擧任以國政. 伊尹去湯適夏. 旣醜有夏, 復歸于亳〕"고 맹자와는 다른 견해를 보였다.

려져도 나아가고 혼란해져도 나아간 자는 이윤이었다. 벼슬할 수 있으면 벼슬하고 그만둘 수 있으면 그만두었으며 오래 머무를 수 있으면 오래 머물렀고 빨리 떠날 수 있으면 빨리 떠나신 분이 공자셨다. [이들은] 모두 옛 성인으로 나는 행하는 것을 [그렇게] 하지 못했으나 원하는 것은 공자를 배우는 것이다."

[공손추가 말했다.]

"백이와 이윤이 공자와 이렇듯 대등합니까?"

[맹자께서] 말씀하셨다.

"아니다. 인류가 생긴 이래 공자 같은 분은 계시지 않았다."

[공손추가] 말했다.

"그렇다면 [이분들에게] 공통점이 있습니까?"

[맹자께서] 말씀하셨다.

"있다. 사방 100리가 되는 땅을 얻어 군주 노릇을 하면 모두 제후들에게 조회를 받고 천하를 소유할 수 있겠지만, 한 가지라도 의롭지 않을 일을 행하여 한 사람이라도 죄 없는 자를 죽이고 천하를 얻는다고 하면, [그들은] 모두 하지 않으실 것이니, 이것이 공통점이다."

[공손추가] 말했다.

"감히 그 다른 점을 여쭙겠습니다."

[맹자께서] 말씀하셨다.

"재아와 자공과 유약은 지혜로워 성인을 알 만한데, [그들이 지혜가] 낮다 해도 좋아하는 사람에게 아부하는 데에 이르지는 않았다. 재아가 말하기를 '내가 선생님을 살펴보니 요순보다 훨씬 현명하시다'고 했다. 자공이 말하기를 '예禮를 보면 그 나라의 정치를 알 수 있고, 음악을 들으면 그 [군주의] 덕을 알 수 있으니, 백 세대 이후에 백 세대의 왕들을 등급 매겨보더라도 이런 기준을 피할 자가 없으니, 인류가 생긴 이래 선생님 같은 분은 계시지 않았다'고 했다. 유약이 말하기를 '어찌 오직 사람뿐이겠는가? 달리는 짐승 중에서 기린이, 날아다니는 새 중에서 봉황새가, 언덕과 흙더미 중에서 태산이, 흐르다 고인 물 중에서[42] 큰 강물과 바다가 있는 것이 같은 부류이고, 일반 백성 중에서 성인도 또한 같은 부류이다. [하지만] 그 부류 가운데 특출나며, 그 무리 가운데 드높으나 인류가 생긴 이래 공자보다 더 훌륭한 분은 없었다'고 했다."

公孫丑問曰: "夫子加齊之卿相, 得行道焉, 雖由此霸王, 不異矣. 如此, 則動心否乎?" 孟子曰: "否, 我四十不動心." 曰: "若是, 則夫子過孟賁遠矣." 曰: "是不難, 告子先我不動心." 曰: "不動心有道乎?" 曰: "有. 北宮黝之養勇也, 不膚橈, 不目逃, 思以一毫挫於人, 若撻之於市朝, 不受於褐寬博, 亦不受於萬乘之君, 視刺萬乘之君, 若刺褐夫, 無嚴諸侯, 惡聲至, 必反之. 孟施舍之所養勇也, 曰: '視不勝猶勝也, 量敵而後進, 慮勝而後會, 是畏三軍者也. 舍豈能爲必勝哉? 能無懼而已矣.' 孟施舍似曾子, 北宮黝似子夏. 夫二子之勇, 未知其孰賢, 然而孟施舍

---

42) 원문의 "행료行潦"를 번역한 것으로, 《설문해자》에서 "'료'는 빗물이다(潦, 雨水也)"라고 했고, 《시경》〈대아·형작泂酌〉의 《모전》에 "'행료'는 땅바닥에 흐르다가 고인 물이다(行潦, 流潦也)"라고 했다.

守約也. 昔者曾子謂子襄曰: '子好勇乎? 吾嘗聞大勇於夫子矣, 「自反而不縮, 雖褐寬博, 吾不惴焉, 自反而縮, 雖千萬人, 吾往矣.」' 孟施舍之守氣, 又不如曾子之守約也." 曰: "敢問夫子之不動心與告子之不動心, 可得聞與?" "告子曰: '不得於言, 勿求於心, 不得於心, 勿求於氣.' 不得於心, 勿求於氣, 可, 不得於言, 勿求於心, 不可. 夫志, 氣之帥也, 氣, 體之充也. 夫志至焉, 氣次焉, 故曰: '持其志, 無暴其氣.'" "旣曰: '志至焉, 氣次焉.' 又曰: '持其志, 無暴其氣.' 何也?" 曰: "志壹, 則動氣, 氣壹, 則動志也, 今夫蹶者趨者, 是氣也, 而反動其心." "敢問夫子惡乎長?" 曰: "我知言, 我善養吾浩然之氣." "敢問何謂浩然之氣?" 曰: "難言也. 其爲氣也, 至大至剛, 以直養而無害, 則塞於天地之間. 其爲氣也, 配義與道, 無是, 餒也. 是集義所生者, 非義襲而取之也. 行有不慊於心, 則餒矣. 我故曰: 告子未嘗知義, 以其外之也. 必有事焉, 而勿正, 心勿忘, 勿助長也. 無若宋人然, 宋人有閔其苗之不長而揠之者, 芒芒然歸, 謂其人曰: '今日病矣! 予助苗長矣!' 其子趨而往視之, 苗則槁矣. 天下之不助苗長者寡矣. 以爲無益而舍之者, 不耘苗者也, 助之長者, 揠苗者也. 非徒無益, 而又害之." "何謂知言?" 曰: "詖辭知其所蔽, 淫辭知其所陷, 邪辭知其所離, 遁辭知其所窮. 生於其心, 害於其政, 發於其政, 害於其事. 聖人復起, 必從吾言矣." "宰我子貢, 善爲說辭, 冉牛閔子顔淵善言德行. 孔子兼之, 曰: '我於辭命, 則不能也.' 然則夫子旣聖矣乎?" 曰: "惡! 是何言也? 昔者子貢問於孔子曰: '夫子聖矣乎?' 孔子曰: '聖則吾不能, 我學不厭而敎不倦也.' 子貢曰: '學不厭, 智也, 敎不倦, 仁也. 仁且智, 夫子旣聖矣.' 夫聖, 孔子不居. 是何言也?" "昔者竊[43]聞之, '子夏子游子張皆有聖人之一體, 冉牛閔子顏淵則具體而微.' 敢問所安?" 曰: "姑舍是." 曰: "伯夷伊尹何如?" 曰: "不同道. 非其君不事, 非其民不使, 治則進, 亂則退, 伯夷也. 何事非君, 何使非民, 治亦進, 亂亦進, 伊尹也. 可以仕則仕, 可以止則止,[44] 可以久則久, 可以速則速, 孔子也. 皆古聖人也, 吾未能有行焉, 乃所願, 則學孔子也." "伯夷伊尹於孔子, 若是班乎?" 曰: "否, 自有生民而來, 未有孔子也." 曰: "然則有同與?" 曰: "有. 得百里之地而君之, 皆能以朝諸侯, 有天下, 行一不義, 殺一不辜, 而得天下, 皆不爲也. 是則同." 曰: "敢問其所以異." 曰: "宰我子貢有若, 智足以知聖人, 汙不至阿其所好.[45] 宰我曰: '以予觀於夫子, 賢於堯舜遠矣.' 子貢曰: '見其禮而知其政, 聞其樂而知其德, 由百世之後, 等百世之王, 莫之能違也. 自生民以來, 未有夫子也.' 有若曰: '豈惟民哉? 麒麟之於走獸, 鳳凰之於飛鳥, 太山之於邱垤, 河海之於行潦, 類也. 聖人之於民, 亦類也. 出於其類, 拔乎其萃, 自生民以來, 未有盛於孔子也.'"

43) "절竊"은 부사로서 겸손을 나타내고 별다른 뜻은 없다. 화자의 생각이나 행동이 반드시 옳다고 단정하지 못할 때 주로 사용된다. '외람되이', '조용히'라는 식으로 해석하거나 해석하지 않는다.

44) "지止"는 '사仕'와 상대적으로 말한 것이다. 제10편 〈만장 하〉 1장에 "숨어 지낼 만하면 숨어 지내고可以處則處"라는 구절과 함께 읽어볼 만하며, 그 의미는 양보쥔의 해석대로 "물러나 거처하다〔退處〕"가 되어야 한다.

45) 구두점에 있어서 조기와 주희는 모두 '우汙'를 다음 구절에 붙여 읽고, '아래〔下〕'의 뜻으로 해석했다. 이러한 주장은 일리 있는 분석이다.

마음속으로 복종하게 만드는 것이 왕 노릇 하는 자의 자세 3.3

맹자께서 말씀하셨다.

"힘으로 인仁을 가장하는 자는 패왕 노릇 하는 자[霸者]이니 패왕 노릇 하는 자는 반드시 큰 나라를 소유해야 하나, 덕으로 인을 행하는 자는 왕 노릇 하는 자[王者]이니 왕 노릇 하는 자는 [반드시] 큰 것(나라)을 기다리지는 않는다. 탕왕은 사방 70리로 [그 일을] 하셨고, 문왕은 100리로 하셨다. 힘으로 남을 복종시키는 자는 [남이] 진심으로 복종하는 것이 아니라 힘이 부족하기 때문이다. 덕으로 남을 복종시키는 자는 [남이] 마음속으로 기뻐하여 진실로 복종하는 것이니, 일흔 명 제자[46]가 공자에게 복종하는 것과 같은 것이다. 《시경》에 이르기를 '서쪽에서 동쪽에서 남쪽에서 북쪽에서 마음속으로 복종하지 않는 이가 없네'라고 했으니 이것을 말하는 것이다."

孟子曰: "以力假仁者霸, 霸必有大國, 以德行仁者王, 王不待大. 湯以七十里, 文王以百里. 以力服人者, 非心服也, 力不贍也. 以德服人者, 中心悅而誠服也, 如七十子之服孔子也. 詩云, '自西自東, 自南自北, 無思[47]不服.' 此之謂也.'"

46) 원문의 "칠십자七十子"는 70명의 제자로, 《사기》 〈공자세가〉에 "[공자의 문하에] 몸소 육예六藝를 통달한 자가 72명이었다[身通六藝者, 七十有二人]"라고 했는데 이들을 말한다.

47) "사思"는 조사로서 별다른 뜻이 없다. 《시경》 〈주남周南·관저關雎〉의 "자나 깨나 그리워하네[寤寐思服]"와 〈소아·상호桑扈〉의 "맛있는 술은 마음을 녹이네[旨酒思柔]"의 '사'와 쓰임이 같다.

하늘이 지은 재앙, 스스로 지은 재앙 3.4

맹자께서 말씀하셨다.

"인하면 영화로울 것이고 인하지 않으면 모욕을 받을 것이니, 이제 모욕을 싫어하면서도 인하지 않은 것에 있는 것은, 마치 축축한 것을 싫어하면서도 낮은 곳에 있는 것과 같은 이치다. 만일 모욕을 싫어한다면, 덕을 귀하게 여기고 선비를 높이는 것만 한 것이 없다. 어진 자가 자리에 있으며 능력 있는 자가 직무를 담당하고 있어서 나라가 태평하게 되고, 이때에 이르러 그 정사와 형벌[48]을 분명히 한다면 비록 강대국이라도 반드시 그를 두려워할 것이다.

《시경》에 이르기를 '하늘이 비를 아직 내리지 않을 때에 이르러 저 뽕나무 뿌리의 껍질을 벗겨내 거두어서 창문과 문을 감는다면, 지금 이 아래에 있는 사람 중에 어떤 사람이 감히 나를 업신여기겠는가?'라고 했다. 공자께서 말씀하시기를 '이 시를 지은 자는 아마도 도를 알 것이니, 자신의 나라를 잘 다스린다면 누가 감히 모욕하겠는가?'라고 했다.

지금 나라가 태평한데, 이때에 이르러 크게 즐기고[49] 게으르며 오만한 짓을 한다. 이것은 스스로 재앙을 구하는 것이니, 재앙과 복은 자기 스스로 구하지 않는 것이 없다.《시경》에 이르기를 '영원히 천명[50]에 어울릴 것을 생각하는 것이, 스스로 많은 복을 구하는 것

---

48) 원문의 "형刑"을 번역한 것으로,《이아爾雅》〈석고釋詁〉에서 "'형'은 항상이다〔刑, 常也〕"라고 했고, 또 "'형'은 법도이다〔刑, 法也〕"라고 했다.

49) 원문의 "반락般樂"을 번역한 것으로, 조기는 "크게 즐기는 것"이라고 하고, 주희는 "욕심대로만 하는 것〔縱欲〕"이라고 했다. 역자는 조기의 설이 타당하다고 본다.

이네'라고 했으며, [《서경》] 〈태갑太甲〉에 말하기를 '하늘이 지은 재앙은 오히려 피할 수 있으나, 스스로 지은 재앙은 살길이 없다'고 했으니, 이것을 두고 말한 것이다."

孟子曰: "仁則榮, 不仁則辱, 今惡辱而居不仁, 是猶惡濕而居下也. 如惡之, 莫如貴德而尊士. 賢者在位, 能者在職, 國家閒暇, 及是時, 明其政刑, 雖大國, 必畏之矣. 詩云. '迨天之未陰雨, 徹彼桑土, 綢繆牖戶. 今此下民, 或敢侮予?' 孔子曰: '爲此詩者, 其知道乎, 能治其國家, 誰敢侮之?' 今國家閒暇, 及是時, 般樂怠敖, 是自求禍也, 禍福無不自己求之者. 詩云. '永言[51]配命, 自求多福.' 太甲曰: '天作孽, 猶可違, 自作孽, 不可活.' 此之謂也."

다섯 유형의 세금 문제 해결이 왕 노릇의 시발점 3.5

맹자께서 말씀하셨다.

"어진 자를 높이고 능력 있는 자를 부려서 준걸들이 자리에 있으면 천하의 선비가 모두 기뻐서 그 조정에 [벼슬하려고] 서는 것을 원할 것이다. 저자에서 [점포의] 자릿세만 받고 세금을 거두어들이지

---

50) 원문의 "천명天命"을 번역하지 않고 그대로 놔두었는데, 이 개념은 사물에 드러나는 자연스러운 이치 또는 하늘이 부여한 사명으로 보아도 무방하다. 정현은 이 개념에 대해 "천명은 하늘이 명한 바로 사람을 낳은 것이니, 이것을 일컬어 성명性命이라고 한다〔天命, 謂天所命生人者也, 是謂性命〕"고 했다. 그리고 "명命"은 '령令' 자와 호용된다는 점을 부기한다.

51) 원문의 "언言"을 조기는 '나〔我〕', 즉 주나라를 가리킨다고 했고, 주희는 '염두에 둔다〔念〕'는 의미로 풀었다. 양보쥔은 "문장 가운데 쓰이는 어조사로 의미가 없는 것〔言爲語中助詞, 無義〕"이라고 해석하기도 했다.

않으며,[52] 법대로 하면서 자릿세도 받지 않으면[53] 천하의 장사꾼이 모두 기뻐하여 물품을 그 저자에 쌓아두기를 원할 것이다. 관문에서 [인적 사항을] 검문하기만 하고 통행세를 거두어들이지 않으면 천하의 여행자가 모두 기뻐하며 그 길로 다니기를 원할 것이다.[54] 농사짓는 데 공전을 도와서 경작하게만 하고 세금을 거두어들이지 않으면[55] 천하의 농부가 모두 기뻐하며 그 들녘에서 농사짓기를 원할 것이다. [사람들이] 사는 곳[56]에 각종 잡세[57]를 없애면 천하의 백성이

---

52) 원문의 "시전이부정市廛而不征"을 번역한 것으로, 《주자어류朱子語類》에서는 "'시전이부정市廛而不征'은 시장의 가게에 거주하는 자에게 각각 점포의 세금을 약간씩 내게 하는 것으로, 지금 사람들이 가게를 임대하는 것과 비슷하니, 쌓아둔 재화에는 세금을 징수하지 않는 것"이라고 했다.

53) 원문의 "법이부전法而不廛"을 번역한 것으로, 《주례주소》에 "어떤 물건이 오랫동안 점포에 쌓여 있으면서도 팔리지 않는 것은 관청에서 법으로 그 물건을 사들였으므로 '법이부전'이라고 했다〔其有貨物久滯於廛而不售者, 官以法爲居取之, 故曰: 法而不廛〕"라고 풀이했다.

54) 제14편 〈진심 하〉 8장의 "옛날에 [국경의] 관문을 만든 이유는 난폭한 자를 막고자 함이었는데, 오늘날 관문을 만든 이유는 난폭한 짓을 하기 위함이다〔古之爲關也, 將以禦暴, 今之爲關也, 將以爲暴〕"라고 한 구절을 함께 읽어보면 의미를 더 확연히 알 수 있다.

55) 원문의 "조이부세助而不稅"를 번역한 것으로, 조기는 "'조助'는 정전井田의 10분의 1로, 공가公家를 도와 공전公田을 다스리는 것이고, 함부로 세금을 거두지 않는 것〔助者, 井田什一, 助佐公家治公田, 不橫稅賦〕"이라고 했다. 정약용은 "'조이부세'는 춘추시대 노나라 사람이 처음 이랑〔畝〕에 세금을 내게 했는데, 그 후 마침내 여러 나라에 통용되는 제도가 되었기 때문에 맹자가 이것을 말씀한 것이니, 조기의 주석이 없으면 안 된다〔助而不稅者, 春秋魯人初稅畝, 其後遂爲列國之通制, 故孟子言之, 趙註不可沒〕"라고 했다.

56) 원문의 "전廛"을 번역한 것으로, 《주례》 〈지관사도地官司徒·전인廛人〉의 주석에 '전'은 시장 안에 점포를 가지고 있지 않으면서 재물을 저장할 수 있는 것을 이른다〔廛, 謂市中之地未有肆而可居以畜藏貨物者也〕라고 했는데, 여기에서 '전'은 물건을 쌓아두는 것에 대한 의미이나, 지금의 '점포' 개념으로 보아도 무방하다. 역자는 뒤에 나오는 "부리夫里"의 의미를 새겨 '거주하다'라는 의미를 포함하여 번역했다.

모두 기뻐하며 그의 백성[58]이 되기를 원할 것이다.

진실로 이 다섯 가지를 잘 시행한다면 이웃 나라 백성이 군주를 우러러보기를 부모처럼 할 것이고, 그 [이웃의] 자제들을 이끌고 와서 그 부모[같은 우리]를 공격하는 일은 인류가 생긴 이래 성공한 자가 없으니, 이와 같이 한다면 천하에 대적할 자가 없을 것이다. 천하에 대적할 자가 없으면 하늘이 낸 벼슬아치〔天吏〕[59]이니, 그런데도 왕 노릇 하지 못한 자는 없었다."

孟子曰: "尊賢使能, 俊傑在位, 則天下之士皆悅, 而願立於其朝矣. 市, 廛而不征, 法而不廛, 則天下之商皆悅, 而願藏於其市矣. 關, 譏而不征, 則天下之旅皆悅, 而願出於其路矣. 耕者, 助而不稅, 則天下之農皆悅, 而願耕於其野矣. 廛, 無夫里之布, 則天下之民皆悅, 而願爲之氓矣. 信能行此五者, 則鄰國之民仰之若父母矣, 率其子弟, 攻其父母,

---

57) 원문의 "부리지포夫里之布"를 번역한 것으로, '포布'는 돈이다. '부포'는 《주례》〈지관·여사閭師〉에 나오는데, '무릇 직업이 없는 자는 부포를 내게 했다〔凡無職者, 出夫布〕'라는 것은 일정한 직업도 없이 다른 사람에게 고용되어 노동력을 파는 사람은 매년 사흘 동안 부역해야 하는 공순(公旬: 옛날의 백성이 통치자를 위해서 무상으로 제공하는 강제 노동)에 갈 수 없는데, 그러한 사람에게는 장정 한 명의 노동력에 상당하는 돈을 내도록 했다는 말이다(양보쥔 설).

58) 원문의 "맹氓"을 번역한 것으로, 양보쥔의 해석을 참조하면 이렇다. 초순은 《맹자정의》에서 "조기는 '맹은 백성을 일컫는 것이다'라고 주석했다. 이것을 살펴보면 '맹'과 '민'은 약간의 차이가 있는데, 대개 다른 지역에서 스스로 온 백성은 '맹'이라고 불렸다. 그러므로 '맹' 글자는 '민(백성, 民)'과 '망(망명하다, 亡)'을 따랐다〔趙註, 氓者, 謂其民也, 按此, 則氓與民小別, 蓋自他歸往之民則謂之氓, 故字從民亡〕"라고 했다. 단옥재段玉裁도 《설문해자주說文解字注》에서 비슷한 해설을 했다.

59) 원문의 "천리天吏"는 '천명을 행하는 벼슬아치'라는 뜻으로, 조기는 "정치하는 것은 마땅히 하늘이 부리는 것〔爲政當爲天所使〕"으로 풀었고, 주희는 여대림呂大臨의 말을 인용하여 "천명을 받들어 행하는〔奉行天命〕" 것으로 풀이했다.

自生民以來未有能濟者也, 如此, 則無敵於天下. 無敵於天下者, 天吏也, 然而不王者, 未之有也."

사단四端이 인정의 기본이다 3.6

맹자께서 말씀하셨다.

"사람들은 모두 남에게 차마 하지 못하는 마음을 가지고 있다. 옛 왕들은 남에게 차마 하지 못하는 마음을 가지고 있어서 남에게 차마 하지 못하는 정치를 시행했으니, 남에게 차마 하지 못하는 마음으로 남에게 차마 하지 못하는 정치를 시행한다면, 천하를 다스리는 것은 손바닥 위에 놓고 움직이듯 [쉽게] 할 수 있을 것이다.

사람들이 모두 남에게 차마 하지 못하는 마음을 가지고 있다고 말하는 까닭은, 지금 사람들이 느닷없이 어린아이가 우물로 들어가려는 것을 보고는 모두 깜짝 놀라 측은해하는 마음을 가지는 것이니, 이는 어린아이의 부모와 교분을 맺기 위한 것도 아니고, 향당[60]이나 친구들에게서 명예를 얻기 위한 것도 아니며, 그 [남이 비난하는] 소리 듣는 것을 싫어해서 그러는 것도 아니다. 이로 말미암아 본다면 측은해하는 마음이 없으면 사람이 아니며, 부끄러워하고 미워하는 마음이 없으면 사람이 아니며, 사양하는 마음이 없으면 사람이 아니며, 옳고 그름을 따지는 마음이 없으면 사람이 아니다.

측은해하는 마음은 인仁의 단서[61]요, 부끄러워하고 미워하는 마

60) 고대에는 200가구를 당黨이라고 했고, 2만 5,000가구를 향鄕이라고 했다. 향당은 주희에 의하면, "부형과 종족이 있는 곳〔父兄宗族之所在〕"이라고 하는데, 보통 큰 마을을 말한다.

음은 의로움(義)의 단서요, 사양하는 마음은 예禮의 단서요, 옳고 그름을 따지는 마음은 지혜(智)의 단서다. 사람이 이 네 가지 단서(四端)를 가지고 있음은 사지를 가지고 있는 것과 같다. 이 네 가지 단서를 가지고 있으면서 스스로 [인과 의를] 행할 수 없다고 말하는 자는 자신을 해치는 자이고, 자신의 군주가 [인과 의를] 행할 수 없다고 말하는 자는 군주를 해치는 자다. 무릇 이 네 단서가 나에게 있는 것을 모두 넓혀 채울 줄을 알면 마치 불이 막 타오르거나 샘물이 막 솟아나는 것과 같을 것이니, 만일 이것을 채워나간다면 충분히 천하를 보호할 수 있고, 만일 이것을 채워나가지 못한다면 부모조차 섬길 수 없을 것이다."

孟子曰: "人皆有不忍人之心. 先王有不忍人之心, 斯有不忍人之政矣. 以不忍人之心, 行不忍人之政, 治天下可運於掌上. 所以謂人皆有不忍人之心者, 今人乍見孺子將入於井, 皆有怵惕惻隱之心. 非所以內交於孺子之父母也, 非所以要譽於鄕黨朋友也, 非惡其聲而然也.[62] 由是觀之, 無惻隱之心, 非人也, 無羞惡之心, 非人也, 無辭讓之心, 非人也, 無是非之心, 非人也. 惻隱之心, 仁之端也, 羞惡之心, 義之端也, 辭

61) "단端"은 본래 '단耑'으로 되어 있다. 《설문해자》에서 "'단'은 식물이 처음 막 나오는 앞부분이다. [글자의] 윗부분은 자라나는 모양을 형상한 것이고, 아랫부분은 그 뿌리를 형상한 것이다(耑, 物初生之題也, 上象生形, 下象其根也)"라고 하며, 조기는 "'단'은 첫머리다. 사람은 모두 인仁·의義·예禮·지智의 첫머리가 있어 끌어내어 사용할 수 있는 것이다(端者, 首也, 人皆有仁義禮智之首, 可引用之)"라고 했다. 성백효는 남송南宋 대의 진식陳埴의 설을 고증하여 '단端' 자의 자의적 의미를 풀었다. "'단'이란 단서이니, 사물의 실마리이다. 누에고치의 실에 비유하면, 밖에 한 가닥의 실마리가 있으면 곧 안에 한 덩어리의 실이 있음을 알 수 있으니, 만약 안에 실이 없다면 실마리가 어떻게 밖에 보일 수 있겠는가(端者, 端倪也. 物之緖也, 譬之繭絲, 外有一條緖, 便知得內有一團絲, 若其無絲在內, 則緖何由而見於外)."

讓之心, 禮之端也, 是非之心, 智之端也. 人之有是四端也, 猶其有四體也. 有是四端而自謂不能者, 自賊者也, 謂其君不能者, 賊其君者也. 凡有四端於我者, 知皆擴而充之矣, 若火之始然, 泉之始達. 苟能充之, 足以保四海, 苟不充之, 不足以事父母."

화살 만드는 자와 갑옷 만드는 자는 마음가짐이 다르다 3.7

맹자께서 말씀하셨다.

"화살 만드는 사람이 어째서 갑옷 만드는 사람[63]보다 인하지 못하겠는가? 화살 만드는 사람은 오직 사람을 상하게 하지 못할까 걱정하고, 갑옷 만드는 사람은 오직 사람을 상하게 할까 걱정하니, [병을 고치는] 무당과 [관을 만드는] 목수도 또한 이와 같다. 따라서 기술은 [선택에] 신중하지 않을 수 없는 것이다. 공자께서 말씀하시기를 '마을에 인한 풍속이 있는 것은 아름다우니, 택하여 인한 곳에 있지 않는다면[64] 어떻게 지혜로울 수 있겠는가'라고 하셨으니, 인仁이란 하늘의 존귀한 벼슬이고 사람의 편안한 집이다. 이것을 막는 이가 없는

62) '측은지심'에 대한 주희의 자구 해설이 가장 명쾌하다. "'사乍'는 '홀忽'과 같다. '출척怵惕'은 놀라 움직이는 모양이다. '측惻'은 상심함이 간절한 것(乍, 猶忽也. 怵惕, 驚動貌. 惻, 傷之切)이고 '은隱'은 깊이 아파하는 것(隱, 痛之深)이니, 이것이 곧 이른바 '사람이 차마 해치지 못하는 마음(不忍人之心)'이란 것이다. '내內'는 맺는 것(結)이고 '요要'는 구하는 것이다. '성聲'은 이름(名)이다. 갑자기 이것을 보았을 때 곧 이 마음이 보는 것에 따라 나오는 것이다. 이 세 가지로 말미암아 그러한 것이 아님을 말씀한 것이다." 정자程子(명도明道)는 "몸에 가득한 것이 측은지심이다(滿腔子, 是惻隱之心)"라고 했다.

63) 원문의 "함인函人"을 번역한 것으로, 《주례》 〈고공기考工記〉에서는 "연나라에는 갑옷이 없다(燕無函)"라고 했는데, 정현은 "'함'은 갑옷이다(函, 鎧也)"라고 주석했다.

데도 인하지 못하니, 이는 지혜롭지 못한 것이다. 인하지 못하고 지혜롭지 못하며 예의가 없고 의로움이 없으면 다른 사람의 노역자이다. 다른 사람의 노역자가 되어 노역하는 것을 부끄러워하는 것은 마치 활 만드는 사람이 활 만드는 것을 부끄러워하고 화살 만드는 사람이 화살 만드는 것을 부끄러워하는 것과 같은 것이다. 만일 노역하는 것을 부끄러워한다면 인을 행하는 것만 못하다.[65] 인한 자는 활쏘기와 같으니, 활을 쏘는 자는 자신을 바로잡은 뒤에 쏜다. 쏜 것이 맞지 않더라도 자신을 이긴 자를 원망하지 않고 자신에게서 돌이켜 찾을 뿐이다."

孟子曰: "矢人豈不仁於函人哉? 矢人惟恐不傷人, 函人惟恐傷人. 巫匠亦然. 故術不可不愼也. 孔子曰: '里仁爲美. 擇不處仁, 焉得智?' 夫仁, 天之尊爵也, 人之安宅也. 莫之禦而不仁, 是不智也. 不仁不智, 無禮無義, 人役也. 人役而恥爲役, 由弓人而恥爲弓, 矢人而恥爲矢也. 如恥之, 莫如爲仁, 仁者如射, 射者正己而後發, 發而不中, 不怨勝己者, 反求諸己而已矣."

---

64) 주희는 "택불처인擇不處仁"에 대해 《논어집주》에서는 "마을을 가려서 이곳에 살지 않는다(擇里而不居於是焉)"라고 하여 '택'을 '택리擇里'로 보아 '마을을 가리다'의 의미로 해석하고, 여기에서는 공자의 말씀을 인용하여 "사람이 스스로 처할 곳을 선택하되 인에 의해 하지 않으면 어찌 지혜로울 수 있겠는가(人擇所以自處, 而不於仁, 安得爲智乎)"라고 주석했다.

65) 정약용은 이 문장의 의미에 대해 "'막여위인莫如爲仁'에서 '위'는 '작作'과 같다. '위'란 일을 행하는 것이니, 주자가 인仁으로 천지에 만물을 생성하는 마음과 본심의 전체의 덕이라고 하여, '위인' 두 글자를 해석할 수 없었으므로 '위인'을 '지어인志於仁'으로 해석했다(莫如爲仁, 爲猶作也, 爲者行事也, 朱子以仁爲天地生物之心, 本心全體之德, 則爲仁二字不可解, 故解之曰志於仁)"라고 했는데 맹자의 발언 의도를 잘 파악한 것으로 보인다.

우임금과 순임금이 위대한 이유 3.8

맹자께서 말씀하셨다.

"자로는 남이 그에게 허물이 있다고 알려주면 기뻐했다. 우임금은 선한 말을 들으면 절을 하셨다. 위대한 순임금은 더 훌륭하셨으니, 선을 실천하기를 남과 함께했고, 자신[의 허물]을 버리고 남[의 장점]을 따르시며 남에게서 [훌륭한 점을] 취하여 선을 행하는 것을 좋아하셨다. 밭 갈고 곡식을 심으며 질그릇 굽고 물고기 잡을 때부터[66] 황제가 되었을 때에 이르기까지 남[의 장점]을 취하지 않은 것이 없으셨다. 남에게서 취하여 선을 행하는 것은 남이 선을 행하도록 도와주는 것이다. 그러므로 군자는 남이 선을 행하도록 도와주는 것보다 더 위대한 것이 없다."

孟子曰: "子路, 人告之以有過, 則喜. 禹聞善言, 則拜. 大舜有大焉, 善與人同, 捨己從人, 樂取於人以爲善. 自耕稼陶漁以至爲帝, 無非取於人者. 取諸人以爲善, 是與人爲善者也. 故君子莫大乎與人爲善."

---

66) 원문의 "경가도어耕稼陶漁"를 해석한 것으로, 《사기》 〈오제본기五帝本紀〉에는 "순이 역산에서 농사를 지었는데 역산의 사람들은 모두 밭의 경계를 양보했고, 뇌택에서 물고기를 잡자 뇌택 사람들은 모두 거주지를 양보했으며, 하수의 물가에서 질그릇을 빚자 하수의 물가에서 생산되는 기물들도 모두 조악한 도자기가 아니었다. 1년이 지나자 사는 곳에 촌락이 이루어졌고, 2년이 지나자 읍이 이루어졌으며, 3년이 지나자 도시가 이루어졌다(舜耕歷山, 歷山之人皆讓畔, 漁雷澤, 雷澤上人皆讓居, 陶河濱, 河濱器皆不苦窳, 一年而所居成聚, 二年成邑, 三年成都)"라고 했다.

처신이 상반된 백이와 유하혜의 사례 3.9

맹자께서 말씀하셨다.

"백이는 [스스로 생각해서] 군주답지 않으면 섬기지 않았고, 그의 벗으로 삼을 만한 사람이 아니면 벗하지 않았다. 악한 사람의 조정에 서지 않았고, 악한 사람과는 말하지도 않았다. 악한 사람의 조정에 서고 악한 사람과 말하는 것을 마치 조복朝服을 입고 조관朝冠을 쓰고서 진흙과 숯 구덩이에 앉아 있는 것처럼 여겼으며, 악을 미워하는 마음을 미루어서 생각하기를 마을 사람과 함께 서 있을 때, 마을 사람의 갓이 바르지 않으면 언짢은 마음으로 떠나며 마치 자신을 더럽힌 듯이 여겼다. 이 때문에 제후들 가운데 비록 그 사명辭命(임금의 명을 받아 외교사절로 하는 말)을 잘하여 찾아오는 자가 있더라도 받아주지 않았으니, 받아주지 않은 이유는 이 또한 나아가는 것을 달갑게 여기지 않았기 때문이다.

유하혜는 더러운 군주 섬기는 것을 부끄러워하지 않았고 하찮은 벼슬을 낮게 여기지도 않았으며, 조정에 나아가서는 현명함을 숨기지 않아, 반드시 자신의 원칙을 다했고, 임용되지 못해도 원망하지 않고 곤궁과 액을 당해도 근심하지 않았다. 그러므로 [그는] 말하기를 '너는 너이고 나는 나이니, [네가] 비록 내 곁에서 옷을 걷고 알몸을 드러낸다고 해서[67] 네가 어찌 나를 더럽힐 수 있겠는가?'라고 했

67) 원문의 "단석나정袒裼裸裎"을 번역한 것으로, '단袒'은 《설문해자》에 '단但'으로 되어 있고, "'단'은 [웃옷을] 벗다이다(但, 裼也)"라는 주석이 덧붙여 있다. 《이아》〈석훈釋訓〉과 주희의 《시경》〈정풍鄭風·대숙우전大叔于田〉에는 모두 "'단석'은 웃옷을 벗어 어깨를 드러내는 것이다(袒裼, 肉袒也)"라고 주석하고 있다.

다. 그러므로 즐거운 모습[68]으로 그들과 함께 있으면서도 스스로를 잃지 않았으므로, [떠나려는 그를] 잡아당겨 머무르게 하면 머물렀다. 잡아당겨 머무르게 하면 머문 까닭은 이 또한 떠나가는 것을 달갑게 여기지 않았기 때문이다."

맹자께서 말씀하셨다.

"백이는 도량이 좁고, 유하혜[69]는 공손하지 못하니, 도량이 좁고 공손하지 못한 것을 군자는 따르지 않는다."

孟子曰: "伯夷, 非其君, 不事, 非其友, 不友. 不立於惡仁之朝, 不與惡人言. 立於惡人之朝, 與惡人言, 如以朝衣朝冠坐於塗炭, 推惡惡之心, 思與鄕人立, 其冠不正, 望望然去之, 若將浼焉. 是故諸侯雖有善其辭命而至者, 不受也. 不受也者, 是亦不屑就已. 柳下惠不羞汙君, 不卑小官, 進不隱賢, 必以其道, 遺佚而不怨, 阨窮而不憫. 故曰: '爾爲爾, 我爲我, 雖袒裼裸裎於我側, 爾焉能浼我哉?' 故由由然與之偕而不自失焉, 援而止之而止. 援而止之而止者, 是亦不屑去已."

孟子曰: "伯夷隘, 柳下惠不恭. 隘與不恭, 君子不由也."

68) 원문의 "유유연由由然"을 번역한 것으로, 세 가지 설이 있다. 조기는 "드넓은 모양〔浩浩之貌〕"으로 풀이했고, 주희는 "자득하는 모습〔自得之貌〕"이라고 했다. 양보권은 《한시외전》에 근거하여 "즐거워하는 모습〔高興之貌〕"으로 풀이했는데, 역자는 양보권을 따랐다.

69) 《회남자》〈설림훈說林訓〉의 고유의 주석에는 "유하혜는 노나라 대부 전무해의 아들로, 이름은 획獲이고 자는 금禽이다. 집에는 큰 버드나무가 있고 [몸에는] 은혜와 덕망이 있어 유하혜라고 불리게 되었다〔柳下惠, 魯大夫展無駭之子, 名獲, 字禽, 家有大柳樹, 惠德, 因號柳下惠〕"라고 했다. 그 밖에 자가 계季라는 주장을 살펴보면, 공영달이 《좌전정의左傳正義》 희공 26년에서 "계는 50세 때의 자이고, 금은 20세 때의 자다〔季是五十字, 禽是二十字〕"라고 주석한 것이 있다.

제4편

공손추 하

公孫丑下

【해설】

이 편은 14장으로 구성되어 있는데, 앞 편과 달리 공손추가 전면에 등장하지 않고 맹자가 하는 말로 구성되어 있는데도 제목에 '공손추'라는 글자가 들어가는 이유는 한 대의 주석가 조기가 편 장을 상하로 나누었기 때문에 그대로 따랐다는 분석이 설득력이 있다.

맹자는 이 편에서도 자신의 정치관을 언급하고 있다. 1장에서 '인화'가 '천시'와 '지리'보다 중요하다는 점을 거론하면서 어진 정치의 근본이 화합임을 강조하고 있다. 2장에서는 감기에 걸려 맹자를 만나지 못하겠다는 제나라 왕에게 굳이 자신이 만날 필요가 없다는 점을 분명히 하면서 군주라고 해서 신하를 오라 가라 해서는 안 된다는 자존심을 보여주고 있다. 3장에서는 선물과 뇌물의 개념 차이를 설명하고 있고, 4장에서는 정치를 목축에 비유하고 있다. 5장에서는 직책을 맡은 자, 즉 관료의 책임의식을 강조하며, 6장에서는 자신을 수행한 인물과 공무에 관하여 한 마디의 대화도 안 한 이유를 설명한다. 7장에서는 어버이의 장례를 후하게 치르는 것이 효의 기본임을 밝히고 있다.

8장의 천명을 얻는 자만이 정벌 자격이 있다는 단락은 영토를 확장하려는 욕심에 사로잡혀 침략전쟁을 정당화하는 왕의 행태를 보지 못하겠다는 맹자의 의식이 깔려 있다. 맹자가 제나라 대부 심동沈同에게 연나라를 공격해도 된다고 말하여 침략전쟁을 정당화시켰다는 오해를 받자 무도한 연나라를 무도한 제나라가 친 것이므로 자신은 책임이 없다는 식으로 자기 변론을 한 것인데, 이 부분에서 맹자의 논지에 반론을 제기할 소지가 있다. 그런데 맹자는 폭정에 시달리는 백성을 구제하는 왕도로서의 정벌을 일관되게 강조한 것이다.

정치에 관심 있는 맹자가 제나라 군주를 찾아간 대목이 10장부터 세 장에 걸쳐 나오는데, 맹자를 만류하는 왕에게 맹자가 기꺼이 왕의 곁에 남아 왕의 정치를 돕겠다고 했으나 서로 간의 오해로 인해 무산된 장(10장)에서 그 유명한 '농단壟斷'이란 성어가 나온다. 군주가 현자를 대하는 태도를 말하는 11장과 맹자가 지체하지 않고 제나라를 떠난 이유를 설명하는 내용이 12장에 있고, 자기 생각을 실현할 수 없어 객경의 지위를 반납하고 떠난 이유를 충우라는 자에게 설명하는 내용이 13장에 나온다. 맨 마지막에 벼슬하면 반드시 녹을 받아야 한다는 맹자의 경제 안목도 흥미로운 읽을거리다.

천시, 지리, 인화에서 인화가 최우선 4.1

맹자께서 말씀하셨다.

"하늘의 때[1]가 땅의 유리함[2]만 못하고, 땅의 유리함이 사람의 화목만 못하다. 3리의 [작은] 성城과 7리의 [작은] 성곽[3]을 에워싸고 공격해도 이기지 못하는 경우가 있다. 에워싸고 공격하면 반드시 하늘의 때를 얻을 것이나, 이기지 못하는 것은 하늘의 때가 땅의 유리

---

1) 원문의 "천시天時"를 번역한 것으로, 양보쥔은 조기의 설과 비교하여 풀이하였다. 즉, 조기가 "'천시'란 때와 날을 천간과 지지에 사용하여 오행의 왕상과 고허법의 등속으로 길흉화복을 점치는 것을 말한다(天時謂時日支幹五行旺相孤虛之屬也)"라고 한 것과 관련하여 역대 주석가들이 음양오행가의 해석을 취한 것은 맹자의 본의가 아닐 것으로 보아, 《맹자》에서 말하는 천시는 "흐리고, 맑고, 춥고, 더운 날씨가 전쟁에 적합한지 아닌지를 가리킨다(可能是指陰晴寒暑之宜於攻戰與否)"라고 주장했다. 부연하자면 《순자荀子》〈왕패王霸〉에서는 "농부가 농사에만 힘쓰고 다른 할 일이 적어지면 위로는 하늘의 때를 잃지 않고, 아래로는 땅의 이로움을 잃지 않으며, 가운데로는 사람의 화목함을 얻어서 모든 일이 어긋나지 않는다(農夫朴力而寡能, 則上不失天時, 下不失地利, 中得人和, 而百事不廢)"라고 하여 각각의 내용을 수록했다. 《순자》에서 '천시'는 '농사철(農時)'을 말하고, '지리'는 '땅의 힘(土力)'을 말하며, '인화'는 '일을 분담하는 것(分工)'을 말한다. 그러나 《맹자》에서 '천시'는 전투하기에 적당한 날씨의 여부를 말하고, '지리'는 높은 성과 깊은 못, 험준한 산천을 말하며, '인화'는 사람들의 화합을 말한다고 했다.

2) 원문의 "리利"를 번역한 것으로, 이 구절을 《손자병법》의 다음 대목과 함께 볼 만하다. "[전쟁이란] 다섯 가지에 따라 경영되어야 하고, 항목을 비교해 그 정황을 탐색해야 한다. 첫째를 '도'라고 하고, 둘째를 '천'이라고 하며, 셋째를 '지'라고 하고, 넷째를 '장'이라고 하며, 다섯째를 '법'이라고 한다. …… '천'이란 음양, 추위와 더위, 사계절의 변화를 가리킨다. '지'란 멀고 가까움, 험준함과 평탄함, 넓음과 좁음, 살 곳과 죽을 곳을 가리킨다. '장'이란 지혜, 믿음, 어짊, 용기, 엄격함을 가리킨다(經之以五, 校之以計, 而索其情. 一曰道, 二曰天, 三曰地, 四曰將, 五曰法. …… 天者, 陰陽寒暑時制也. 地者, 遠近險易廣狹死生也. 將者, 智信仁勇嚴也)."

3) 원문의 "삼리지성三里之城, 칠리지곽七里之郭"을 번역한 것으로, 《전국책戰國策》〈제책齊策〉에 나온다. 이것은 모두 즉묵卽墨 지역을 가리키고, 성곽의 크기가 작은 것을 말한다.

함만 못한 것이다.

성이 높지 않은 것이 아니고, 연못이 깊지 않은 것이 아니며, 병기와 갑옷이 견고하고 날카롭지 않은 것이 아니며, 쌀과 좁쌀이 많지 않은 것이 아니지만, [그런데] 버리고[4] 달아나니, 이는 땅의 유리함이 사람의 화목만 못한 것이다.

따라서 [옛말에] 말하기를 '백성을 한정하는[5] 데는 국경으로 경계를 삼지 않고, 나라를 견고히 하는 데는 산과 강의 험난함으로 하지 않으며, 천하를 두렵게 하는 데는 병기의 예리함으로 하지 않는다'고 한 것이다. 도道를 얻은 사람은 도와주는 사람이 많고, 도道를 잃은 사람은 도와주는 사람이 적다. 도와주는 사람이 지극히 적어지면 친척이 배반하고, 도와주는 사람이 지극히 많아지면 천하가 그에게 순종하는 것이다.

천하 사람들이 따르는 것으로써 친척조차 배반하는 것[6]을 공격한다. 그러므로 군자는 싸우지 않을지언정 싸우면 반드시 이기게 된다."

---

4) 원문의 "위委"를 번역한 것으로, 주희는 '버리다〔棄〕'로 풀이했다.

5) 원문의 "역민域民"을 번역한 것으로, 조기는 "주민〔居民〕"이라고 풀이했으나 주희는 '역域'을 "경계와 한정〔界限〕"이라고 풀이했다.

6) 원문의 "친척지소반親戚之所畔"을 번역한 것으로, 양보쥔은 고대에 '친척'이란 말은《열자》〈탕문〉,《사기》〈오제본기〉,《예기》〈곡례〉에서 그 의미를 찾아볼 수 있다고 해석했고, 이 중에서《맹자》에서 말하는 '친척'이란《사기》와《예기》에 나온 개념으로 이해하는 것이 옳다고 보았다. 즉《사기정의史記正義》에서 "친척은 아버지인 고수, 계모와 남동생 상, 여동생 과수 등을 말한다〔親戚, 謂父瞽叟, 後母弟象, 妹顆手等也〕"라고 한 것과《예기정의》에서 "'친'은 친가의 친척을 가리키고, '척'은 외가의 친척을 가리킨다〔親指族內, 戚指族外〕"라고 주석한 것을 보면 도움이 된다.

孟子曰: "天時不如地利, 地利不如人和. 三里之城, 七里之郭, 環而攻之而不勝. 夫環而攻之, 必有得天時者矣, 然而不勝者, 是天時不如地利也. 城非不高也. 池非不深也, 兵革非不堅利也, 米粟非不多也, 委而去之, 是地利不如人和也. 故曰: '域民不以封疆之界, 固國不以山谿之險, 威天下不以兵革之利.' 得道者多助, 失道者寡助. 寡助之至, 親戚畔之, 多助之至, 天下順之. 以天下之所順, 攻親戚之所畔, 故君子有不戰, 戰必勝矣."

맹자가 왕을 피한 이유 4.2

맹자께서 [제나라] 왕을 알현하고자 하셨는데, 왕이 사람을 보내 와서 말했다.

"과인이 마땅히 와서 뵈려고 했는데, 감기에 걸려 바람을 맞을 수 없습니다. 아침에 조회에서 볼 수 있을 것 같은데, 알지 못하겠습니다만, 과인이 뵐 수 있겠습니까?"

[맹자께서] 대답하셨다.

"불행히 [저도] 병이 나서 조회에 나갈 수 없습니다."

다음 날 밖으로 나가 동곽씨東郭氏[7]에게 조문하려고 하시니, 공손추가 말했다.

"어제 병으로 [왕명을] 사양하셨는데 오늘 조문하시는 것은 아마도 옳지 않겠지요?"

---

7) 강姜씨 성에서 나왔으며, 제나라 공족公族의 후손이다. 춘추시대에 제나라 환공의 자손이 임치의 동쪽 지방에 살았는데, 이를 동곽대부東郭大夫라고 불렀다. 그 후대의 자손들은 거주지를 성姓으로 이름하여 동곽씨라 일컬었다는 설이 있다.

[맹자께서] 말씀하셨다.

"어제는 병이 들었으나 오늘은 나았으니, 어찌 조문하지 않겠는가?"

왕이 사람을 보내 병을 물으시고 의원을 오게 하자, 맹중자孟仲子[8]가 대답하여 말했다.

"어제는 왕명이 있었으나 가벼운 병이 나서 조회에 나가지 못하시더니, 오늘은 병이 조금 나으셔서 조정에 달려 나가셨습니다. 제가 알지 못하겠습니다만, 도착하지 않으셨는지요?"

[그러고는] 몇 사람에게 길목에서 지키고 있다가 말하게 했다.

"꼭 [집으로] 돌아오지 마시고 조정으로 나가십시오!"

[맹자께서] 어쩔 수 없어서 경추씨景丑氏에게 가서 묵으셨는데, 경자景子가 말했다.

"안으로는 부자父子 간이, 밖으로는 군신君臣 간이 사람의 큰 윤리입니다. 부자 간에는 은혜가 중요하고 군신 간에는 공경이 중요한데, 저는 왕께서 선생을 공경하는 것을 보았으나, 선생께서 왕을 공경하는 것은 아직 보지 못했습니다."

[맹자께서] 말씀하셨다.

"아! 이게 무슨 말인가! 제나라 사람이 왕과 [함께] 인과 의를 가지고 말하는 자가 없는데 어찌 인과 의를 좋지 않다고 여기기 때문이겠는가? 그 마음으로 말하기를 '어찌 [왕과] 함께 인과 의를 말하기에 충분하겠는가?'라고 하고 있을 것이니, 그렇다면 불경함이 이

8) 원문의 "맹중자孟仲子"에 대하여 양보쥔은 조기가 "맹중자는 맹자의 사촌 형제이며, 맹자에게 배웠다〔孟仲子, 孟子之從昆弟, 學於孟子者也〕"라고 주석했다.

보다 더 큰 것이 없다. 나는 요순의 도가 아니면 감히 왕 앞에서 말씀드리지 않으니, 그러므로 제나라 사람 중에는 내가 왕을 공경하듯이 하는 사람이 없을 것이다."

경자가 말했다.

"아닙니다. 그것을 말하는 것이 아닙니다. 《예기》에 말하기를 '아버지가 부르시면 느리게 대답하지 않고, 군주가 명령하여 부르시면 말에 멍에 얹는 것을 기다리지 않는다'[9]고 했습니다. 본래 [선생은] 조회 드시려다가 왕명을 듣고는 도리어 가지[10] 않으셨으니, 이 《예기》[11]의 가르침과는 아마도[12] 서로 들어맞지 않는 듯합니다."

[맹자께서] 말씀하셨다.

"어찌 그것을 말하려는 것이겠는가? 증자가 말씀하기를 '진晉나라와 초나라의 부유함을 따라갈 수 없거니와, 저들이 자신의 부유함을 가지고 나를 상대하면 나는 나의 인仁을 가지고 상대하며, 저

9) 원문의 "군명소君命召, 불사가不俟駕"를 번역한 것으로, 《논어》〈향당〉 10.13에는 "군주가 명령하여 부르시면 수레에 멍에를 얹는 것을 기다리지 않고 가셨다〔君命召, 不俟駕行矣〕"라고 했다.

10) 원문의 "과果"를 번역한 것으로, 조기는 "할 수 있다〔能〕"의 의미로 풀었으나 양보쥔은 "일이 미리 예견하는 대로 되는 것〔事之合於豫期者〕"의 의미로 풀었다.

11) 아버지와 군주가 부를 때의 행동으로, 이 내용은 《예기》〈옥조玉藻〉에 "아버지가 명하여 부르시면 빨리 대답하고 느리게 대답하지 않으며, 손에 일을 잡고 있으면 던진다〔父命呼, 唯而不諾, 手執業則投之〕"라고 했고, 또 "무릇 군주가 부를 적에는 3절로써 하니, 2절을 가지고 [부를 때는] 달려가고, 1절을 가지고 [부를 때는] 바쁜 걸음으로 가며, 관청에 있을 때 [군주가 부르면] 신발을 신기를 기다리지 않고, 밖에 있을 때 [군주가 부르면] 수레에 멍에 얹기를 기다리지 않는다〔凡君召以三節, 二節以走, 一節以趨, 在官不俟屨, 在外不俟車〕"라고 했다. 여기서 '절'은 군주의 소명을 받을 때의 예절로, 군주가 부절符節을 내려서 부르는 세 가지 양식을 말한다.

12) 원문의 "의宜"를 번역한 것으로, 왕인지王引之의 《경전석사經傳釋詞》의 기록에서 왕염손王念孫은 "'의'는 '아마도'와 같다〔宜, 猶殆也〕"라고 했다.

들이 그들의 작위를 가지고 나를 상대하면 나는 나의 의로움을 가지고 상대할 것이니, 내가 어째서 부족하겠는가'[13]라고 하셨으니, 이 어찌 의롭지 않은 것을 증자께서 말씀하셨겠는가? 이것도 아마 한 방법일 것이다. 천하에 영달하고 존귀한 것이 세 가지가 있으니, 작위가 하나요, 나이가 하나요, 덕이 하나이다. 조정에는 작위만 한 것이 없고, 마을에는 나이만 한 것이 없고, 세상을 돕고 백성을 자라게 하는 데는 덕만 한 것이 없으니, 어찌 그 [작위] 하나를 갖고서 [나이와 덕] 둘을 가진 사람을 소홀히 할 수 있겠는가?

그러므로 큰 일을 할 수 있는 군주는 반드시 [함부로] 부를 수 없는 신하가 있다. [그리하여] 도모하고자 하는 일이 있으면 그에게 찾아갔으니, 덕을 높이고 도道를 즐거워하는 것이 이와 같지 않으면 함께 [큰 일을] 할 수 없는 것이다. 그러므로 탕왕은 이윤에게 배우고 난 뒤에 그를 신하로 삼아서 힘도 들이지 않고 왕 노릇을 하셨고, 환공은 관중에게 배우고 난 뒤에 그를 신하로 삼아서 힘도 들이지 않고 [천하의] 패자霸者가 된 것이다.

오늘날 천하의 [제후들이] 영토가 엇비슷하고[14] 덕도 엇비슷해서 서로 능가하지 못하는 것은 다른 이유가 아니라 자기가 가르칠 만한 사람을 신하로 삼는 것을 좋아하고, 자기가 가르침을 받을 만한 사람을 신하로 삼는 것을 좋아하지 않기 때문이다. 탕왕이 이윤을 대할 때와 환공이 관중을 대할 때 감히 부르지 못했다. 관중도 오히려 부를 수 없었는데, 하물며 관중처럼 하지 않는 [나 같은] 자임에랴."

13) 원문의 "겸慊"을 번역한 것으로, 조기는 "'겸'은 '적다'이다(慊, 少也)"라고 했다.

14) 원문의 "추醜"를 번역한 것으로, 《방언方言》에는 "'추'는 '같다(同)'이다. 동쪽 제나라 사람들은 '추'라고 말한다(醜, 同也, 東齊曰醜)"고 했다. 역자도 "유사하다(類)"의 의미로 보았다.

孟子將朝王, 王使人來曰: "寡人如就見者也, 有寒疾, 不可以風. 朝, 將視朝, 不識可使寡人得見乎?" 對曰: "不幸而有疾, 不能造朝." 明日, 出弔於東郭氏. 公孫丑曰: "昔者辭以病, 今日弔, 或者不可乎?" 曰: "昔者疾, 今日愈, 如之何不弔?" 王使人問疾, 醫來. 孟仲子對曰: "昔者有王命, 有采薪之憂, 不能造朝. 今病小愈, 趨造於朝. 我不識能至否乎?" 使數人要於路, 曰: "請必無歸, 而造於朝!" 不得已而之景丑氏宿焉. 景子曰: "內則父子, 外則君臣, 人之大倫也. 父子主恩, 君臣主敬. 丑見王之敬子也, 未見所以敬王也." 曰: "惡! 是何言也! 齊人無以仁義與王言者, 豈以仁義爲不美也? 其心曰: '是何足與言仁義也?' 云爾, 則不敬莫大乎是. 我非堯舜之道, 不敢以陳於王前, 故齊人莫如我敬王也." 景子曰: "否, 非此之謂也. 禮曰: '父召, 無諾, 君命召, 不俟駕.' 固將朝也. 聞王命而遂不果, 宜與夫禮若不相似然." 曰: "豈謂是與? 曾子曰: '晉楚之富, 不可及也, 彼以其富, 我以吾仁, 彼以其爵, 我以吾義, 吾何慊乎哉?' 夫豈不義而曾子言之? 是或一道也. 天下有達尊三, 爵一, 齒一, 德一. 朝廷莫如爵, 鄕黨莫如齒, 輔世長民莫如德, 惡得有其一以慢其二哉? 故將大有爲之君, 必有所不召之臣. 欲有謀焉, 則就之, 其尊德樂道, 不如是, 不足與有爲也. 故湯之於伊尹, 學焉而後臣之, 故不勞而王, 桓公之於管仲, 學焉而後臣之, 故不勞而霸. 今天下地醜德齊, 莫能相尙, 無他, 好臣其所敎, 而不好臣其所受敎. 湯之於伊尹, 桓公之於管仲, 則不敢召. 管仲且猶不可召, 而況不爲管仲者乎?"

맹자가 돈을 받을 때와 그러지 않을 때 4.3

진진陳臻[15]이 여쭈었다.

"지난번에 제나라에서 왕께서 품질 좋은 금[16] 100일鎰을 주셨는데 받지 않으셨으나, 송나라에서는 70일을 주셨는데 받으셨고, 설薛나라에서 50일을 주셨는데 받으셨으니, 지난번에 받지 않으신 것이 옳다면 오늘날 받으신 것이 잘못이고, 오늘날 받으신 것이 옳다면 지난번에 받지 않으신 것이 잘못이니, 선생님께서는 반드시 여기에서 하나에 놓인 것입니다."

맹자께서 말씀하셨다.

"모두 맞다. 송나라에 있을 때 나는 먼 길을 가게 되었는데, 멀리 가는 자에게는 반드시 노잣돈을 주기 마련이다. [노잣돈을 주면서] 말하기를 '노잣돈을 드립니다'[17]라고 했으니, 내가 어찌 받지 않을 수 있었겠는가? 설나라에 있을 때 나는 경계하는 마음을 품고 있었는데,[18] [군주가] 말하기를 '[선생께서] 경계하고 계시다는 말씀을 들었

15) 맹자의 제자 가운데 한 사람이라고 하나, 자세한 것은 알 수 없다.

16) 원문의 "겸금兼金"을 번역한 것으로, 조기는 "'겸금'은 좋은 금이다. 그 값이 일반 금보다 두 배나 비싸다. 그러므로 '겸금'이라고 불렀다〔兼金, 好金也, 其價兼倍於常者, 故謂之兼金〕"고 했다.

17) 원문의 "신贐"을 번역한 것으로, 조기는 "떠나는 자에게 재물을 주는 것이 예의다. 당시 사람들은 그것을 '신'이라 이른다〔送行者贈賄之禮也, 時人謂之贐〕"고 했다. 이에 대해 양보쥔은 이 글자는 본래 '신賮'으로도 쓰이는데, 《설문해자》에서 "'신'은 회합할 때의 예의이다〔賮, 會禮也〕"라고 하여 각종 예물을 가리킨다고 풀이했다. 또 '신賮'이 '진進' 자로 쓰이기도 하는 용례를 《한서》〈고제기〉 등에서 인용하여 자의적 의미 해석을 상세히 기록했다.

18) 원문의 "계심戒心"을 번역한 것으로, 조기는 "뜻밖의 일에 대비하려는 마음이 있었다. 당시에 나쁜 사람들이 맹자를 해치려고 하여 맹자가 경계하고 대비했던 것이다〔有戒備不虞之心也, 時有惡人欲害孟子, 孟子戒備〕"라고 했다.

기 때문에 병기 마련을 위해 드립니다'라고 했으니, 내가 어찌 받지 않을 수 있었겠는가? 제나라에 있을 때는 [돈을 받을 상황에] 처해 있지 않았다. 처한 일이 없는데 돈을 준다면 이는 재물로 매수하는 것이니, 어찌 군자로서 재물에 농락당할 수가 있겠는가?"

陳臻問曰: "前日於齊, 王餽兼金一百, 而不受, 於宋, 餽七十鎰而受, 於薛, 餽五十鎰而受. 前日之不受是, 則今日之受非也, 今日之受是, 則前日之不受非也. 夫子必居一於此矣." 孟子曰: "皆是也. 當在宋也, 予將有遠行, 行者必以贐, 辭曰: '餽贐.' 予何爲不受? 當在薛也, 予有戒心, 辭曰: '聞戒, 故爲兵餽之.' 予何爲不受? 若於齊, 則未有處也. 無處而餽之, 是貨之也. 焉有君子而可以貨取乎?"

누구의 죄인가 4.4

맹자께서 평륙 읍에 가서 그 대부(공거심을 지칭)에게 말씀하셨다.

"창을 잡고 있는 당신의 전사가 하루에 세 번이나 대오를 벗어나면[19] 그를 죽이겠는가, 죽이지 않겠는가?"

[대부가] 말했다.

"세 번을 기다리지 않을 것입니다."

[맹자께서 말씀하셨다.]

"그렇다면 당신이 대오를 벗어난 일 또한 많다. 흉년이 들어 굶주

---

19) 원문의 "실오失伍"를 번역한 것으로, 조기는 "그 대오를 벗어나다(失其行伍)"라고 했다. 《사서석지四書釋地》 〈평륙平陸〉에서 명나라 학경郝敬은 "'오'는 군대의 대열이다. 대오를 벗어났다는 것은 대열에 있지 않다는 것이다(伍, 班次也, 失伍, 不在班也)"라는 말을 인용했다.

리는 해에 당신의 백성 중에 늙고 허약한 자들[의 시신]이 도랑과 구덩이에서 나뒹굴고[20] 건장한 자들이 흩어져 사방으로 가는 자가 몇 천 명이나 된다."

[대부가] 말했다.

"그것은 제가 마음대로 할 수 있는 바가 아닙니다."

[맹자께서] 말씀하셨다.

"지금 다른 사람의 소와 양을 받아서 그들을 위해 그것들을 길러주는 자가 있으면, 반드시 그것들을 위해 목장과 꼴을 구할 것이다. [그런데] 목장과 꼴을 구하려다 얻지 못하면 그들에게 돌려주어야 하겠는가? 아니면 또한 선 채로 그것들이 죽는 것을 보고만 있어야 하겠는가?"

[대부가] 말했다.

"이는 저의 죄입니다."

다른 날 [맹자께서] 왕을 뵙고 말씀하셨다.

"왕의 도읍을 다스리는 사람 중에 신이 다섯 사람을 알고 있는데, 그 [자신의] 죄를 아는 사람은 오직 [대부] 공거심孔距心뿐입니다."

왕을 위해 그 일을 외워 진술하자 왕이 말씀하였다.

"이것은 과인의 죄입니다."

孟子之平陸, 謂其大夫曰: "子之持戟之士, 一日而三失伍, 則去之否乎?" 曰: "不待三." "然則子之失伍也亦多矣. 凶年饑歲, 子之民, 老羸

20) 원문의 "전轉"을 번역한 것으로, 조기는 "'전'은 시체가 도랑과 구덩이로 굴려진 것이다. 이것은 곧 자식이 대오를 잃은 것이다(轉, 轉屍於溝壑也. 此則子之失伍也)"라고 했다.

轉於溝壑, 壯者散而之四方者, 幾千人矣." 曰: "此非距心之所得爲也." 曰: "今有受人之牛羊而爲之牧之者, 則必爲之求牧與芻矣. 求牧與芻而不得, 則反諸其人乎? 抑亦立而視其死與?" 曰: "此則距心之罪也." 他日, 見於王曰: "王之爲都者, 臣知五人焉. 知其罪者, 惟孔距心." 爲王誦之. 王曰: "此則寡人之罪也."

자리를 떠나야 하는 이유 4.5

맹자께서 지와蚳鼃[21]에게 말씀하셨다.

"그대가 영구(현)[의 현령]를 마다하고 사사士師가 되기를 요청한 이유는 아마도 [사사가] 간언을 할 수 있기 때문일 것이다. [하지만 어찌하여] 지금 이미 몇 개월이 지났는데도 아직 간언을 하지 않은 것인가?"

지와가 왕에게 간언했는데 받아들여지지 않자 관직을 내려놓고 떠나가니, 제나라 사람들이 말했다.

"[맹자가] 지와를 위해 한 것으로는 잘한 것이나 [맹자] 자신을 위해 한 것으로는 내가 알 수 없다."[22]

공도자公都子[23]가 [이것을] 알려주자, [맹자께서] 말씀하셨다.

"내가 듣기로는, '관직을 맡은 자가 그 직책을 수행할 수 없으면 떠나야 하고, 간언의 책임을 지고 있는 자가 그 간언을 할 수 없으

---

21) 지와蚳鼃는 제나라 대부다. '지蚳'는 '개미알 지', '와鼃'는 '개구리 와' 자다.

22) 이 말은 '지와'와 마찬가지로 맹자 역시 간언하지 않은 것과 도가 행해지지 않는데 제나라를 떠나지 않는 것을 비꼬는 말투지, 결코 우호적인 말이 아니다.

23) 공도자公都子에 대해 조기는 간단히 "맹자의 제자다〔孟子弟子也〕"라고 풀이했다.

면 떠난다'고 했다. 나는 관직도 없고 나는 간언의 책임도 없으니, 그렇다면 내가 나아가고 물러남에 어찌 넉넉하게 여유가 있지 않겠는가?[24)]"

孟子謂蚳鼃曰: "子之辭靈丘而請士師, 似也, 爲其可以言也. 今旣數月矣, 未可以言與?" 蚳鼃諫於王而不用, 致爲臣而去. 齊人曰: "所以爲蚳鼃則善矣, 所以自爲, 則吾不知也." 公都子以告曰: "吾聞之也, '有官守者, 不得其職則去, 有言責者, 不得其言則去.' 我無官守, 我無言責也, 則吾進退, 豈不綽綽然有餘裕哉?"

맹자가 말을 하지 않은 이유 4.6

맹자께서 제나라에서 경卿(객경)이 되어 등나라에 가서 조문하게 되었을 때, 왕이 개蓋 땅의 대부 왕환에게 사행을 보필하게 했다. 왕환이 아침저녁으로 [맹자를] 뵈었으나, [맹자께서는] 제나라와 등나라의 길을 다녀오는 동안 일찍이 그와 함께 사행에 관한 일을 이야기하지 않으셨다.

공손추가 말했다.

"제나라 경의 지위가 작지 않고, 제나라와 등나라의 길이 가깝다고 할 수 없는데, 다녀오는 동안 일찍이 [그와] 함께 사행의 일을 이야기하지 않으신 것은 어찌 된 일입니까?"

24) 원문의 "작작연유여유綽綽然有餘裕"를 번역한 것으로, 조기가 '작綽'과 '유裕' 모두 "넓다〔寬〕"는 의미로 풀이한 것에 비해 주희는 '작작綽綽'을 "넓은 모습〔寬貌〕"으로, '유'를 "여유 있는 마음〔寬意〕"으로 풀이했다.

[맹자께서] 말씀하셨다.

“어떤 사람이 이미 그 일을 처리했으니, 내가 무엇을 말하겠는가?”

孟子爲卿於齊, 出弔於滕, 王使蓋大夫王驩爲輔行. 王驩朝暮見, 反齊滕之路, 未嘗與之言行事也. 公孫丑曰: “齊卿之位, 不爲小矣, 齊滕之路, 不爲近矣, 反之而未嘗與言行事, 何也?” 曰: “夫旣或治之, 予何言哉?”

장례를 치르는 데에 인색하지 말라 4.7

맹자께서 제나라에서 노나라로 가셔서 장사를 치르고[25] 제나라로 돌아오시는데 영嬴 땅에 머무셨다. 충우가 청하여 말했다.

“이전에 저의 어리석음을 알지 못하고 제게 관을 만드는 일[26]을 맡기셨는데, [그때는] 다급하여 제가 감히 여쭙지 못했습니다. 지금에야 삼가 여쭙겠습니다. [그때] 관에 쓴 나무가 [지나치게] 아름다운 것 같았습니다.”

---

25) 원문의 “자제장어노自齊葬於魯”를 번역한 것으로, 조기는 “맹자가 제나라에서 벼슬할 때 어머니 초상을 당하여 노나라로 돌아가 장사를 치렀다〔孟子仕於齊, 喪母, 歸葬於魯〕”라고 이 단락의 맥락을 부연하여 설명했다.

26) 원문의 “돈장敦匠”을 번역한 것으로, 조기는 ‘돈장’을 한 구절로 하고 ‘사事’를 다음 문장에 귀속시켜 “‘돈장’은 두텁게 관을 만드는 것이다〔敦匠, 厚作棺也〕”라고 했고, 주희는 충우에 대한 주석으로 “관을 만드는 일을 감독하는 자이다〔董治作棺之事者也〕”라고 풀이했다. 이에 대해 정약용은 “‘돈敦’은 ‘두텁다〔厚〕’의 뜻이고 또 ‘가깝다〔迫〕’라는 뜻이니, 그렇게 되면 음이 ‘돈’이다. 또 ‘돈’은 ‘다스리다〔治〕’라는 뜻이니, 그렇게 되면 음이 ‘퇴’다. 조기의 설을 따르면 음을 마땅히 ‘돈’으로 읽어야 하고 《집주集註》를 따르면 ‘돈’인 것도 같고 ‘퇴’인 것도 같으니 정할 수 없다〔敦厚也. 又敦迫也, 然則音墩. 又敦治也然則音堆. 從舊說則讀當音墩, 而從集註則似墩似堆, 未可定也〕”라고 했다.

[맹자께서] 말씀하셨다.

"옛날에는 관곽棺槨(내관과 외관)이 [치수] 제한이 없었는데,[27] 중고中古 시대에는 관은 [두께가] 일곱 치이고 곽도 그에 맞추어 천자로부터 일반 백성에까지 이르렀으니, 이는 단지 [겉으로] 아름답게 보이기 위해서만이 아니라 그렇게 하고 나서 사람의 마음에 [정성을] 다한 것이기 때문이다. [법도에 따라 좋은 목재를] 쓸 수 없으면 마음에 흡족할 수 없고, 재물이 없어도 [쓸 수 없어] 흡족할 수가 없을 것이다. [법도에 따라 좋은 목재를] 쓸 수 있고 또 재물이 있으면 옛사람들이 모두 썼는데, 내가 어찌하여 홀로 그렇게 하지 않겠는가? 하물며 죽은 자를 위해 흙이 [시신의] 피부에 가까이 닿지 않게 한다면 사람의 마음에 어찌 만족[28]이 되지 않겠는가? 내가 듣기로는 '군자는 [어떠한 경우라도] 천하 때문에 그 어버이에게 검소하게 하지 않는다'고 했다."

孟子自齊葬於魯, 反於齊, 止於嬴. 充虞請曰: "前日不知虞之不肖, 使虞敦匠事, 嚴, 虞不敢請. 今願竊有請也, 木若以美然." 曰: "古者棺槨無度, 中古棺七寸, 槨稱之. 自天子達於庶人, 非直爲觀美也, 然後盡於人心. 不得, 不可以爲悅, 無財, 不可以爲悅. 得之爲有財, 古之人皆用之, 吾何爲獨不然? 且比化者無使土親膚, 於人心獨無恔乎? 吾聞之也, '君子不以天下儉其親.'"

27) 원문의 "고자관곽무도古者棺槨無度"를 번역한 것으로, 조기는 "옛날에는 관곽의 두께가 얇거나 두꺼운 정도와 치수의 한도가 없었음을 말하는 것이다〔言古者棺槨薄厚無尺寸之度〕"라고 풀이했다.

28) 원문의 "교恔"를 번역한 것으로, 조기와 주희는 모두 "만족하다〔快〕"라고 풀이했다.

누가 정벌하는가가 중요하다 4.8

심동沈同[29]이 사사로이 물었다.

"연나라를 정벌할 수 있습니까?"

맹자께서 말씀하셨다.

"가능하다. [연나라 왕] 자쾌子噲도 연나라를 남에게 줄 수 없고, [연나라 재상] 자지子之도 연나라를 자쾌에게 받을 수 없는 것이다. 여기에 벼슬하려는 사람이 있는데, 자네가 그를 달가워하여 왕에게 알리지 않고 그대의 녹봉과 작위를 그에게 개인적으로 주고, 그 선비도 왕의 임명도 없이 개인적으로 그대에게서 받는다면 옳겠는가? 무엇이 이것과 다르겠는가?"

제나라 사람이 연나라를 정벌하자, 어떤 사람이 물었다.

"제나라에게 연나라를 정벌하게 권하셨다고 하는데, 그런 적이 있으십니까?"

[맹자께서] 말씀하셨다.

"아니다. 심동이 '연나라를 정벌할 수 있습니까?'라고 물어서 내가 '가능하다'라고 응수하여 말했더니 저들이 연나라를 정벌한 것이다. [그러나] 그 사람이 만일 '누가 그들을 정벌할 수 있겠습니까?'라고 물었다면 [나는] 응수하여 말하기를 '하늘이 낸 벼슬아치(天吏)라야 정벌할 수 있다'라고 했을 것이다. 지금 사람을 죽인 자가 있는데, 어떤 사람이 '그자를 죽일 수 있습니까?'라고 물으면 [나는]

---

29) 심동沈同의 질문에 대해 조기의 해석을 참조하면 이렇다. "심동은 제나라 대신으로, 자신이 사적인 감정이 있어 물은 것으로 왕명이 아니기에 그러므로 '사'라고 한 것이다(沈同, 齊大臣. 自以私情問, 非王命也, 故曰私)."

응수하여 말하기를 '가능하다'라고 할 것이다. [그러나] 그 사람이 만일 '누가 그자를 죽일 수 있겠습니까?'라고 물으면 [나는] 응수하여 말하기를 '사사士師라면 죽일 수 있다'라고 대답할 것이다. 지금 연나라[의 형세와 같은 제나라]로 연나라를 정벌한 격이니, 내가 무엇 때문에 그렇게 하도록 권했겠는가?"[30)]

沈同以其私問曰: "燕可伐與?" 孟子曰: "可. 子噲不得與人燕, 子之不得受燕於子噲. 有仕於此, 而子悅之, 不告於王而私與之吾子之祿爵, 夫士也, 亦無王命而私受之於子, 則可乎? 何以異於是?" 齊人伐燕. 或問曰: "勸齊伐燕, 有諸?" 曰: "未也, 沈同問, '燕可伐與?', 吾應之曰: '可', 彼然而伐之也. 彼如曰: '孰可以伐之?' 則將應之曰: '爲天吏, 則可以伐之.' 今有殺人者, 或問之曰: '人可殺與?' 則將應之曰: '可.' 彼如曰: '孰可以殺之?' 則將應之曰: '爲士師, 則可以殺之.' 今以燕伐燕, 何爲勸之哉?"

제 선왕이 맹자에게 부끄럽다고 한 이유에 대한 맹자의 답변 4.9

연나라 사람들이 [제나라를] 배반[31)]하자 [제나라] 왕이 말씀하였다.

---

30) 주희는《주자어류朱子語類》에서 이 말의 맥락을 부연하여 설명했으니, "맹자가 연나라를 정벌할 것을 말씀하신 곳이 네 곳이 있으니, 합해서 보아야 한다. 연나라의 부자와 군신이 이와 같았으니, 진실로 정벌할 만한 이치가 있었다. 그러나 맹자가 일찍이 제나라에게 정벌하지 말라고 가르치지도 않으셨고, 또한 일찍이 제나라에게 반드시 정벌하라고 가르치지도 않으셨다. 다만 '하늘이 낸 벼슬아치라야 정벌할 수 있다'라고 말씀하셨다〔孟子言伐燕處有四, 須合而觀之, 燕之父子君臣如此, 固有可伐之理, 然孟子不曾教齊不伐亦不曾教齊必伐, 但曰爲天使則可以伐之〕"고 했다.

"나는 맹자에게 대단히 부끄럽다."

[제나라 대부] 진가陳賈가 말했다.

"왕께서는 걱정하지 마십시오. 왕께서는 스스로 주공과 누가 더 인하고 지혜롭다고 생각하십니까?"

왕이 말씀하였다.

"아아! 이는 무슨 말인가!"

[진가가] 말했다.

"주공이 관숙에게 은나라를 관리하게 했는데,[32] 관숙이 은나라로써 배반했으니,[33] [주공이] 이것을 알고 하도록 했다면 이는 인하지 못한 것이고, 알지 못하고 하도록 했다면 이는 지혜롭지 못한 것입니다. 인과 지혜는 주공도 다하지 못한 것인데, 하물며 왕은 어떻겠

31) 원문의 "연인반燕人畔"을 번역한 것으로, 제나라가 연나라를 쳐서 연나라 왕자쾌는 죽고 재상 자지는 도망갔다. 조나라는 한韓나라에 있던 연나라의 공자 직職을 불러와 왕으로 세웠는데 이 사람이 연나라 소왕昭王이다. 제나라 선왕은 연나라를 취하는 데 목적이 있었으나, 제후와 연나라 백성이 힘을 합쳐 따로 왕을 세우므로 제나라에서는 배반으로 여겼다. 《사기》〈연소공세가燕召公世家〉에는 "연나라 자지가 죽은 지 2년(기원전 312년)에 연나라 사람들이 함께 태자 평을 세우니, 이 자가 연燕 소왕昭王이다〔燕子之亡二年, 而燕人共立太子平, 是爲燕昭王〕"라고 했고, 《사기》〈조세가趙世家〉에는 "[조나라 무영왕] 11년(기원전 315년)에 한韓나라에서 공자 직職을 불러 연왕燕王으로 삼으려고 악지樂池로 하여금 그를 전송하게 했다〔十一年, 王召公子職於韓, 立以爲燕王, 使樂池送之〕"라고 했다.

32) 원문의 "주공사관숙감은周公使管叔監殷"에 대하여 《사기》〈관채세가管蔡世家〉에 관숙이 형이고 주공이 동생으로 되어 있는 것은 《맹자》의 아래 단락의 내용과 일치한다. 《사기》〈노주공세가〉에는 "먼저 주왕을 주살한 후, 주공은 큰 도끼를 들고 소공은 작은 도끼를 들고 무왕의 곁에서 힘을 합해 그 희생의 피로 토지 신에게 제사를 지내고 하늘에 주의 죄를 고하여 은나라 백성에게 미치게 되었다. 또한 갇혀 있던 기자를 풀어주었다. [무왕은] 주왕의 아들 무경 록보를 [제후로] 봉하고 관숙과 채숙으로 그의 스승이 되게 했으며, 은나라의 제사를 이어받았다〔已殺紂, 周公把大鉞, 召公把小鉞, 以夾武王, 釁社, 告紂之罪于天, 及殷民. 釋箕子之囚. 封紂子武庚祿父, 使管叔蔡叔傅之, 以續殷祀〕"라고 했다.

습니까? 청컨대 제가 맹자를 뵙고 이해시켜드리겠습니다."

[진가가] 맹자를 뵙고 물었다.

"주공은 어떤 분입니까?"

[맹자께서] 말씀하셨다.

"옛날의 성인이시다."

[진가가] 말했다.

"관숙에게 은나라를 관리하게 했는데, 관숙이 은나라로써 배반했다고 하니, 그런 일이 있었습니까?"

[맹자께서] 말씀하셨다.

"옳다."

[진가가] 말했다.

"주공은 배반할 것을 알고서 하도록 했습니까?"

[맹자께서] 말씀하셨다.

"모르셨다."

[진가가 말했다.]

"그렇다면 성인도 또한 허물이 있는 것입니까?"

33) 원문의 "관숙이은반管叔以殷畔"을 번역한 것으로, 《사기》〈관채세가〉에는 "무왕이 죽고 나서 성왕의 나이가 어렸으므로 주공 단이 왕실을 좌지우지했다. 관숙과 채숙은 주공의 행위가 성왕에게 불리하게 될까 의심하여 즉시 무경을 끼고 반란을 일으켰다. 주공 단은 성왕의 명을 이어받아 무경을 쳐서 주살하고 관숙도 죽였으며, 채숙을 쫓아내어 그를 옮겨 살게 하면서 전차 열 대와 종 일흔 명을 주었다〔武王既崩, 成王少, 周公旦專王室. 管叔蔡叔疑周公之爲不利於成王, 乃挾武庚以作亂. 周公旦承成王命伐誅武庚, 殺管叔, 而放蔡叔, 遷之, 與車十乘, 徒七十人從〕"라고 했다. 《사기》〈주본기〉에서도 "성왕과 강왕의 시대에는 천하가 안정되어 형벌이 40여 년 동안이나 쓰이지 않았다〔成康之際, 天下安寧, 刑錯四十餘年不用〕"라고 하여 성왕과 강왕의 성덕을 언급한 부분을 참조할 만하다.

[맹자께서] 말씀하셨다.

"주공은 동생이고 관숙은 형이다. 주공의 허물은 또한 마땅하지 않은가? 게다가 옛날의 군자는 허물이 있으면 고쳤는데, 지금의 군자는 허물이 있으면 그것을 따른다.[34] 옛날의 군자는 그 허물이 마치 일식이나 월식과 같아 백성이 모두 보았고 그것을 고치게 되면 백성이 다 우러러보았는데, 지금의 군자[35]는 다만 허물을 따를 뿐만 아니라 게다가 그것을 위해 핑계까지 댄다."

燕人畔. 王曰: "吾甚慙於孟子." 陳賈曰: "王無患焉. 王自以爲與周公孰仁且智?" 王曰: "惡! 是何言也!" 曰: "周公使管叔監殷, 管叔以殷畔, 知而使之, 是不仁也, 不知而使之, 是不智也. 仁智, 周公未之盡也, 而況於王乎? 賈請見而解之." 見孟子, 問曰: "周公何人也?" 曰: "古聖人也." 曰: "使管叔監殷, 管叔以殷畔也, 有諸?" 曰: "然." 曰: "周公知其將畔而使之與?" 曰: "不知也." "然則聖人且有過與?" 曰: "周公, 弟也, 管叔, 兄也. 周公之過, 不亦宜乎? 且古之君子, 過則改之, 今之君子, 過則順之. 古之君子, 其過也, 如日月之食, 民皆見之, 及其更也, 民皆仰之. 今之君子, 豈徒順之, 又從而爲之辭."

---

34) 원문의 "순지順之"를 번역한 것으로, 조기에 따르면 "과오를 따라 옳지 못함을 꾸미고 그것을 위해 핑곗거리를 찾는 것〔順過飾非就爲之辭〕"이다. 주희는 순順을 '수遂' 자와 같다고 하여 "따르다"라는 의미로 해석했다.

35) 양보쥔의 설명이 다소 이색적인데, 여기의 '군자'와 제2편 〈양혜왕 하〉 14장의 "군자는 업적을 창조하고 전통을 드리워서 이어나갈 수 있게 하면 됩니다〔君子創業垂統, 爲可繼也〕"의 '군자'는 의미가 서로 비슷하다고 했다. 이러한 양보쥔의 입장은 단지 지위에 있는 자를 가리킬 뿐 아니라 군주를 가리켜 말한 것이다.

농단하려는 자는 누구인가 4.10

맹자께서 신하의 자리를 내려놓고 돌아가려고 하자, 왕이 맹자를 만나 말씀하였다.

"지난날부터 뵙기를 바랐으나 뵐 수 없었다가, [나중에] 조정에서 함께 모시게 되어서는 매우 기뻤습니다. 이제 다시 과인을 버리고 돌아가신다고 하니, 알지 못하겠습니다만, 이후로 이어서 뵐 수 있습니까?

[맹자께서] 대답하셨다.

"감히 청하지 못했지만 진정 바라는 것입니다."

다른 날 왕이 시자時子에게 말씀하였다.

"나는 나라 한가운데에 맹자에게 집을 주고 제자들을 만종萬鍾[의 녹봉]으로 길러 대부들과 나라 사람들에게 모두 공경[36]하고 본받도록 하고자 하는데, 자네는 무엇 때문에 나를 위해 그에게 말하지 않는가!"

시자가 진자陳子를 통하여 맹자께 알리게 하자, 진자가 시자의 말을 맹자께 알렸다.

맹자께서 말씀하셨다.

"그러한가. 시자가 어찌 그것이 안 되는 일임을 알겠는가? 만일 내가 부유해지고 싶었다면 10만 종을 마다하고 1만 종을 받는 것, 이런 것이 부유해지고자 하는 것이겠는가? 계손씨가 말하기를 '이

36) 원문의 "긍矜"을 번역한 것으로, 조기와 주희는 모두 '공경하다(敬)'라는 뜻으로 해석했다.

상하다, 자숙의子叔疑[37]여! 자신에게 정치를 하게 했으나, [더 이상] 등용되지 않으면 그만두어야 하는데, 또 그 자제들로 경卿이 되게 하는구나. 사람들 또한 누구라도 부유하고 귀하고자 하지 않겠는가만 유독 부유하고 귀한 가운데에서도 농단[38]을 사사로이 차지하려는 자가 있다'고 했다. 옛날에 저잣거리에서 교역하는 자들이 [자신이] 갖고 있는 물건을 없는 물건과 바꾸면 유사有司(담당 관리)는 [다툼을] 관리할 뿐이었다. [그런데] 비천한 사내 한 사람이 있어 반드시 농단을 찾아 올라가서 주위를 바라보면서 시장의 이익을 모두 거두어 가버리자 사람들이 모두 천하게 여겼다. 그러므로 그에게 세금을 거두어들였으니, 장사꾼에게 세금을 거두어들인 것은 이 비천한 사내로부터 시작된 것이다."

孟子致爲臣而歸, 王就見孟子曰: "前日願見而不可得, 得侍同朝, 甚喜. 今又棄寡人而歸, 不識可以繼此而得見乎?" 對曰: "不敢請耳, 固所願也." 他日, 王謂時子曰: "我欲中國而授孟子室, 養弟子以萬鍾, 使諸大夫國人皆有所矜式. 子盍爲我言之!" 時子因陳子而以告孟子, 陳子以時子之言告孟子. 孟子曰: "然. 夫時子惡知其不可也? 如使予欲富, 辭十萬而受萬, 是爲欲富乎? 季孫曰: '異哉子叔疑! 使己爲政, 不用, 則亦已矣, 又使其子弟爲卿. 人亦孰不欲富貴, 而獨於富貴之中有

---

37) 자숙의子叔疑에 대해 주희는 "어느 시대 사람인지 알 수 없다〔不知何時人〕"라고 했다.

38) 원문의 "용단龍斷"을 말하는 것으로, '용'은 곧 언덕을 뜻하는 '농壟'이다. 조기는 "흙더미가 끊어져 높은 곳〔堁斷而高者〕"이라 풀었고, 주희는 "비탈진 언덕이 끊겨서 높다〔岡壟之斷而高〕"로 해석했다. 높은 곳에 올라가면 사방이 잘 보여서 값싼 물건을 많이 취하여 독차지한 것이다. 이 구절에서 이익이나 권리를 독차지한다는 뜻의 '농단'이 유래했다.

私龍斷焉.' 古之爲市也, 以其所有易其所無者, 有司者治之耳. 有賤丈夫焉, 必求龍斷而登之, 以左右望, 而罔市利, 人皆以爲賤. 故從而征之, 征商自此賤丈夫始矣."

맹자가 안석에 누운 까닭 4.11

맹자께서 제나라를 떠나실 때 주晝 땅에 묵으셨는데, 왕을 위해 떠나는 것을 붙들고자 하는 자가 있었다. [조심스럽게] 앉아 말했으나, [맹자께서는] 대답하지도 않고 안석에 기대 누우셨다.

손님이 불쾌해하며 말했다.

"제가 밤새 재계하고 난 다음에 감히 [어렵게] 말씀드렸으나 선생님께서 누워서 듣지도 않으시니, 다시는 감히 뵙지 말 것을 청합니다."

[맹자께서] 말씀하셨다.

"앉으시오! 내가 그대에게 분명히 말하겠소. 옛날에 노나라 목공繆公은 자사의 곁에 [마음을 전할] 사람이 없으면 자사를 편안하게 해드리지 못했다고 여겼고, 설류泄柳와 신상申詳은 목공의 곁에 [보좌할 만한] 사람이 없으면 그 자신들을 편안하게 여기지 않았소. 그대가 연장자인 나[39]를 위해 생각해주었으나 자사에게는 미치지 못하니, 그대가 나를 거절한 것이오? 내가 그대를 거절한 것이오?"

孟子去齊, 宿於晝. 有欲爲王留行者, 坐而言. 不應, 隱几而臥. 客不悅

39) 조기는 "맹자가 연로했기 때문에 스스로 '장자'라 일컬었다[孟子年老, 故自稱長者]"라고 했는데 일리가 있다.

曰: "弟子齊宿而後敢言, 夫子臥而不聽, 請勿復敢見矣." 曰: "坐! 我明語子. 昔者魯繆公無人乎子思之側, 則不能安子思, 泄柳申詳無人乎繆公之側, 則不能安其身. 子爲長者慮, 而不及子思, 子絶長者乎, 長者絶子乎?"

맹자가 제나라를 떠나려 했던 속내 4.12

맹자께서 제나라를 떠나가실 때 윤사尹士[40]가 사람들에게 말했다. "왕께서 탕왕이나 무왕이 될 수 없다는 것을 [맹자가] 알지 못했다면 이는 현명하지 못한 것이고, 불가능한 것을 알면서도 왔다면 이것은 녹봉을 요구한[41] 것이네. 천 리를 와서 왕을 뵙고 뜻이 맞지 않아서 떠나가면서도 사흘을 머문 뒤에 주晝 땅을 나섰으니, 어찌 이리도 오랫동안 머문단 말인가? 나 윤사는 이 점을 달가워하지 않는다."

고자高子[42]가 [맹자에게 이 말을] 아뢰었다.

[맹자께서] 말씀하셨다.

"저 윤사가 어찌 나를 알겠는가? 천 리를 와서 왕을 뵌 것, 이것은 내가 원해서 한 것이나, 뜻이 맞지 않아서 떠나는 것이 어찌 내가 바라는 것이겠는가? 나는 어쩔 수 없어서였다. 내가 사흘 동안 머문 뒤에 주 땅을 나섰으나, 내 마음에는 오히려 [사흘을 머문 것이] 빠르다고 여기니, [나는] 왕께서 행여나 [생각을] 바꾸시기를[43] 바랐

---

40) 제나라 대부로 추정되는 인물이다.

41) 원문의 "간택干澤"을 번역한 것으로, 조기는 "'간'은 '구하다'이고, '택'은 '녹봉'이다(干, 求也, 澤, 祿也)"라고 했다.

42) 제나라 사람으로 맹자에게 배웠으나 유가가 아닌 다른 학문을 배운 자이다.

다. 왕께서 만일 바꾸신다면 반드시 나를 돌아오게 하셨을 것이다. 주 땅을 나섰는데도 왕께서 나를 쫓아오지 않으셨으니 나는 그러고 난 다음에야 거침없이 돌아갈 뜻을 품게 된 것이다. 내가 비록 그렇다 하더라도 어찌 왕을 버려두겠는가! 왕께서는 충분히 선정을 펼치실 수 있을 것이니, 왕께서 만일 나를 등용한다면 어찌 단지 제나라 백성만 편안하겠는가? 천하의 백성이 모두 편안할 것이니, 왕께서 행여나 [생각을] 고치시기를 나는 날마다 바란다. 내가 어찌 이 하찮은 사내 같겠는가? 군주에게 간언하다가 받아주지 않으면 성내어 얼굴빛에 노여운 표정[44]을 나타내고 떠나면서는 온종일 힘을 다해서 간 뒤에 머물겠는가?"

윤사가 이 말을 듣고 말했다.

"나는 진실로 소인이구나."

孟子去齊, 尹士語人曰: "不識王之不可以爲湯武, 則是不明也, 識其不可, 然且至, 則是干澤也. 千里而見王, 不遇故去, 三宿而後出晝, 是何濡滯也? 士則玆不悅." 高子以告. 曰: "夫尹士惡知予哉? 千里而見王, 是予所欲也, 不遇故去, 豈予所欲哉? 予不得已也. 予三宿而出晝, 於

43) 원문의 "개改"를 번역한 것이다. 조기는 '반복反復'으로 풀이했으며 주희는 '바꾸다'라는 뜻으로 풀이하면서 "고친다는 것은 반드시 특정한 일을 가리키는 말이다. 그러나 이제 [그것이 무엇인지] 상고할 수 없다(所改, 必指一事而言, 然今不可考矣)"라고 했다. 역자는 주희와 같이 고친다는 뜻으로 풀었다.

44) 원문의 "행행연悻悻然"을 번역한 것으로, 조기는 "《논어》의 '꽉 막힌 소인일 것이다'라는 말이 내 뜻이다(論曰悻悻然小人哉言己志)"라고 했다. 《논어》 〈자로子路〉 13.20의 구절은 '갱갱연소인재硜硜然小人哉'인데 "행행연소인재悻悻然見於其面"로 바꾸어 인용함으로써 《맹자》의 '행행연'을 풀이했다. 참고로 '갱硜'은 '돌 부딪히는 소리 갱' 자로, '갱갱'은 쨍그랑거리는 소리다. 자기 고집만 부리는 융통성 없는 소인배의 모습을 비유한 말이다.

予心猶以爲速, 王庶幾改之. 王如改諸, 則必反予. 夫出晝, 而王不予追也, 予然後浩然有歸志. 予雖然, 豈舍王哉! 王由足用爲善, 王如用予, 則豈徒齊民安? 天下之民擧安, 王庶幾改之, 予日望之. 予豈若是小丈夫然哉? 諫於其君而不受, 則怒, 悻悻然見於其面, 去則窮日之力而後宿哉?" 尹士聞之曰: "士誠小人也."

천하를 다스림에 나 말고 누가 있겠는가 4.13

맹자께서 제나라를 떠나실 때 충우가 길에서 여쭈었다.

"선생님께서 달갑지 않은 안색인 듯합니다. 지난날 제가 선생님께 듣기로는 '군자는 하늘을 원망하지 않고 사람을 탓하지 않는다'[45]고 하셨습니다."

[맹자께서] 말씀하셨다.

"그때는 그때이고 이때는 이때이다. 500년마다 반드시 왕 노릇 하는 자가 나타나니, 그사이에 반드시 세상에 이름난 자가 있다. 주나라 이래로 700여 년이 되었으니, 햇수로는 [이미] 지났지만 시기를 살펴본다면 [지금이] 가능하다. 하늘이 아직 천하를 평안히 다스리고자 하지 않은 것 같으니, 만일 천하를 평안하게 다스리고자 한다면 지금 세상에서 나를 제외하고 그 누가 있겠는가? 내가 어찌

---

45) 원문의 "불원천不怨天, 불우인不尤人"을 번역한 것으로, 《논어》 〈헌문憲問〉 14.35에 "공자께서 말씀하셨다. '아무도 나를 알아주는 사람이 없구나!' 자공이 아뢰었다. '어찌 아무도 선생님을 알아주지 않는다고 하십니까?' 공자께서 말씀하셨다. '하늘을 원망하지 않고, 사람을 탓하지 않고, 아래로 배우고 위로는 통달했는데, 나를 알아주는 자는 아마도 하늘일 것이다〔子曰: 莫我知也夫! 子貢曰: 何爲其莫知子也? 子曰: 不怨天, 不尤人. 下學而上達. 知我者其天乎!〕"라는 말과 함께 읽어보아야 한다. 맹자는 그의 제자에게 공자의 말을 전달한 것이다.

달갑지 않은 것이겠느냐?"

孟子去齊, 充虞路問曰: "夫子若有不豫色然. 前日虞聞諸夫子曰: '君子不怨天, 不尤人.'" 曰: "彼一時, 此一時也. 五百年必有王者興, 其間必有名世者. 由周而來, 七百有餘世矣. 以其數, 則過矣, 以其時考之, 則可矣. 夫天未欲平治天下也, 如欲平治天下, 當今之世, 舍我其誰也? 吾何爲不豫哉?"

제나라에 머문 것은 내 의지가 아니다 4.14

맹자께서 제나라를 떠나 휴休 땅에 머무시니, 공손추가 여쭈었다.
"벼슬하면서도 녹봉을 받지 않는 것이 옛날의 도리입니까?"
[맹자께서] 말씀하셨다.
"틀렸다. 숭崇 땅에서 내가 왕을 뵙고도 물러나 떠나려는 마음을 품었으니, [내 마음을] 변치 말고자 했으므로[46) [녹봉을] 받지 않았다. 계속해서 전쟁이 일어나 [떠날 것을] 요청할 수 없었으니, 제나라에 오래 머문 것은 내 의지가 아니었다."

孟子去齊, 居休, 公孫丑問曰: "仕而不受祿, 古之道乎?" 曰: "非也. 於崇, 吾得見王, 退而有去志, 不欲變, 故不受也. 繼而有師命, 不可以請. 久於齊, 非我志也."

---

46) 조기는 보충하여 "물러나 [제나라를] 떠나고자 뜻을 두었다. 그러나 바로 떠나지 않은 것은 만약 갑자기 변하는 태도를 보인다면 [사람들의] 극심한 비난을 당하게 된다. 그래서 당분간 [제나라에] 머물렀던 것이다(退出, 志欲去矣, 不欲卽去, 若爲變詭, 見非太甚, 故且宿留)"라고 했다.

제5편

등문공 상

滕文公上

【해설】

《맹자》 전체 중에서 가장 짧은 편으로 총 5장으로 구성되어 있는데, 등나라 문공과 관련된 내용이다. 맹자는 문공이 그나마 인정仁政을 행하고 있다면서 1장에서 문공이 세자일 때의 일화를 예시로 들어 인간의 본성이 선하다는 점을 강조하면서 성인의 마음은 보통 사람과 같다는 시각을 보여주고 있다. 2장에서도 남을 탓하지 말고 자신이 할 일을 하라는 유가의 가르침을 그대로 받아들일 것을 요구한다.

아울러 맹자는 3장에서 인정의 방법 중 하나로서 일정한 생업과 일정한 법에 근거한 세금 징수 및 정전제의 회복을 통한 조세법 추진과 정전제의 확립을 통해 일정한 생업의 중요성을 강조하고, 학교교육의 제도적 활성화를 통한 인륜의 확립 등을 거론하고 있다.

특히 맹자는 4장에서 신농씨神農氏의 설을 지지하는 농가인 허행의 겉과 속이 다른 면을 비판하면서 그가 말만 앞세우는 자임을 드러내고 있다. 맨 마지막 5장에서는 묵가의 학설을 신봉하는 이지夷之라는 자의 견해를 비판하면서 자신의 주장을 결국 인정하게 하는 설득술을 보여주고 있다.

맹자를 의심하는 세자에게 한 말 5.1

등 문공이 세자[1]였을 때, 초나라로 가는 길에 송나라를 지나다가 맹자를 만났다. 맹자께서 본성의 선함[2]을 말씀하시면서[3] 말씀마다 요임금과 순임금을 꼭 거론하셨다.

세자가 초나라에서 돌아와서 다시 맹자를 만났는데 맹자께서 말씀하셨다.

"세자께서는 제 말을 의심하십니까? 무릇 도는 하나일 뿐입니다. 성간成覸[4]이 제나라 경공에게 말하기를 '그[성인]도 사내이고 나도 사내인데, 내 어찌 그를 두려워하겠는가?'라고 했고, 안연이 말하기를 '순임금은 어떤 사람이고 나는 어떤 사람인가? [훌륭한 일을] 하고자 하는 자도 순임금과 같다[5]'라고 했으며, 공명의公明義[6]가 말하기

---

1) 원문의 "세자世子"는 태자太子를 말한다. 양보권은 "'세世'와 '태太'는 옛날에 음이 서로 같아서 옛 책에서는 항상 통했다"라고 했다. 《공양전》 장공 32년 조에 "군주가 생존해 있으면 세자라고 일컫는다(君存稱世子)"라고 한 말을 특기한다.

2) 원문의 "성선性善"을 번역한 것으로, 주희는 "'성性'이란 사람이 하늘로부터 품부 받고 생겨난 리理이니, 혼연히 지극히 선하여 일찍이 악함이 있지 않다(性者, 人所稟於天以生之理, 渾然至善, 未嘗有惡)"라고 풀이했다.

3) 원문의 "도道"를 번역한 것으로, '말하다(言)'의 뜻으로 쓰였다.

4) 성간成覸은 제나라의 용사勇士다. 《회남자》 〈제속훈齊俗訓〉에는 '성형成荊', 《전국책》 〈조책趙策〉과 《한서》 〈광천왕전廣川王傳〉에는 '성경成慶'으로 나온다. 왕부지가 《맹자패소》에서 "그의 말은 '내가 어찌 저 사람을 두려워하겠는가?'라고 했는데, 이로써 힘을 다투는 것을 말했을 뿐이나, 맹자께서는 이를 빌려 사람이 스스로 강해짐을 비유했다(其言吾何畏彼者, 以角力言耳, 孟子借引以喩人之自强)"라고 말한 것을 참조할 만하다.

5) 원문의 "유위자역약시有爲者亦若是"를 번역한 것으로, 주희는 "사람이 능히 할 수 있으면 모두 순임금과 같음을 말한 것이다(言人能有爲, 則皆如舜也)"라고 하여 훌륭한 일을 하고자 노력하는 사람이라면 순임금의 경지와 같아진다고 본 것이다.

를 '[주공이] 「문왕은 나의 스승이다」[7]라고 하셨는데, 주공께서 어찌 나를 속였겠는가?'라고 했습니다. 지금 등나라 땅의 긴 곳을 잘라 짧은 곳에 보태어도[8] 거의 50리 정도지만 오히려 좋은 나라가 될 수 있습니다.《서경》에서 말하기를 '만일 약이 멍멍하고 어지럽지[9] 않으면 그 병이 낫지 않을 것이다'라고 했습니다."

滕文公爲世子, 將之楚, 過宋而見孟子. 孟子道性善, 言必稱堯舜. 世子自楚反, 復見孟子, 孟子曰: "世子疑吾言乎? 夫道一而已矣. 成覸謂齊景公曰: '彼, 丈夫也, 我, 丈夫也, 吾何畏彼哉?' 顔淵曰: '舜, 何人也? 予, 何人也? 有爲者亦若是.' 公明儀曰: '「文王, 我師也」, 周公豈

---

6) '공명公明'은 성이고 '의義'는 이름으로, 제나라 현인이다.《예기》〈단궁檀弓〉과 〈제의祭儀〉에 이름이 보이며, 정현의 〈제의〉 주에 "공명의는 증자의 제자〔公明義, 曾子弟子〕"라고 되어 있다.

7) 원문의 "문왕아사야文王我師也"를 번역한 것으로, 이에 대해서는 논란거리가 있다. 주희가 주공의 말로 본 것과 달리 조기는 공명의의 말로 보아 "문왕을 스승으로 삼고, 주공을 신뢰함은 그 모범이 되는 바를 알았음을 말한 것이다〔師文王, 信周公, 言其知所法則也〕"라고 풀이했다. 이에 대해 정약용은 조기와 주희의 설 중에 판단을 유보하여 "[공자의 아들인] 백어가 '공자는 나의 스승이다'라고 하고 [증자의 아들인] 증신이 '증자는 나의 스승이다'라고 한 것은 아마도 이치에 맞지 않는 것이다〔伯魚曰孔子我師也, 曾申曰曾子我師也, 恐無此理〕"라고 하여 조기의 설에 좀 더 비중을 두었다.

8) 원문의 "절장보단絶長補短"을 번역한 것이다. 긴 쪽을 잘라 짧은 쪽에 보탠다는 뜻인데, 토지 면적을 계산하는 방식을 말한다. "절絶"은 '자르다'의 의미로, '절截' 자와 같다.

9) 원문의 "명현瞑眩"을 번역한 것으로, '명현'은 '면현'으로 읽어야 한다는 설도 있다. 주희의《주자대전朱子大全》〈답이숙문答李叔文〉의 기록을 참조할 만하다. "마치 명현의 약을 복용하여 깊은 고질의 병을 제거하듯 하고, 다만 느긋하게 해서는 안 될 뿐이다〔如服瞑眩之藥, 以除深錮之病, 直是不可悠悠耳〕." 보충하면 이 구절은《위고문상서僞古文尙書》〈설명說命〉 편에 있는 것으로, 약을 먹을 때 독하더라도 현기증이 날 정도로 제대로 먹어야 한다는 의미를 담고 있으니, 등나라가 약소국이라서 안 된다고 하지 말고 근본적인 인정을 베풀라는 비유로 보아야 한다.

欺我哉?’ 今滕, 絶長補短, 將五十里也, 猶可以爲善國. 書曰: ‘若藥不瞑眩, 厥疾不瘳.’”

어버이의 상에 효성을 다해야 하는 이유 5.2

등나라 정공[10]이 죽자, 세자가 [스승] 연우에게 말했다.

“예전에 맹자께서 일찍이 나와 함께 송나라에서 이야기를 나누셨는데, 마음에서 끝내 잊히지 않습니다. 이제 불행하게도 큰 변고[11]를 당하게 되니 나는 스승님으로 하여금 맹자께 여쭙게 한 후에 장례 의식을 행하고자 합니다.”

연우가 추나라 땅에 가서 맹자께 여쭙자, 맹자께서 말씀하셨다.

“훌륭하지 않습니까![12] 어버이의 상은 참으로 스스로 [효성을] 다해야 하는 것입니다. 증자께서 말씀하시기를 ‘살아 계실 때는 섬기기를 예로써 하고, 돌아가셨을 때는 장례 치르기를 예로써 하며, 제사 지내기를 예로써 하면 효라고 할 수 있다’고 하셨습니다. 제후의 예는 내가 아직 배우지 않았는데, 비록 그러하나 내가 일찍이 듣기로는, 삼년상에 거친 상복[13]을 입고 미음과 죽[14]을 먹는 것은 천자

10) 원문의 “등정공滕定公”을 번역한 것으로, 등 문공의 아버지를 말한다.

11) 원문의 “대고大故”를 번역한 것으로, 아버지 정공의 죽음을 뜻하며, 조기는 ‘큰 초상〔大喪〕’이라고 풀이했다. 이와 달리 《논어》〈미자微子〉 18.10에 보면 “이전 옛사람들도 큰 문제가 없으면 버리지 않아야 한다〔故舊無大故, 則不棄也〕”라고 했는데, 여기에서 ‘대고’란 패륜이나 반역 등의 죄악인 악역惡逆을 이르는 의미로 쓰인 예도 참고할 수 있다.

12) “당시 제후 중에 옛 상례를 행하는 자가 없었는데, 문공이 유독 이것을 질문한 것이다. 그러므로 맹자께서 훌륭하다고 여긴 것이다〔當時諸侯, 莫能行古喪禮, 而文公, 獨能以此爲問, 故孟子善之〕”라는 주희의 발언을 염두에 두고 읽어야 한다.

로부터 일반 백성에 이르기까지 [하·은·주] 삼대가 그것을 한가지로 한 것입니다."

연우가 돌아와 보고하여, [세자는] 삼년상을 치르기로 결정했는데, 부형[15]들과 백관이 모두 원하지 않으면서 말했다.

"우리 종주국[16]인 노나라 선대 군주께서도 그것(삼년상)을 치르지 않으셨고, 우리 선대 군주께서도 또한 그것(삼년상)을 치르지 않으셨는데, 그대의 대에 이르러 이것을 바꾸는 것은 옳지 않습니다. 또한 [옛] 기록에 말하기를 '상례와 제례는 조상의 법도를 따른다'고 했고, [어떤 이는] 말하기를 '우리가 그렇게 전해 받은 것이 있다[17]'라고 했습니다."

[세자가] 연우에게 말했다.

---

13) 원문의 "자소齊疏"를 번역한 것으로, 언해본에서는 '재소'라고 읽었다. 주희에 따르면 '소疏'는 "거칠다〔麤〕"는 뜻이다. 양보쥔에 따르면 '자齊'는 "옷의 가장자리를 꿰맨 것〔衣服縫邊〕"을 말한다. 《의례儀禮》〈상복喪服〉에는 "거친 천으로 만든 꿰맨 상복의 상의와 하의〔疏衰裳齊〕"라고 했다.

14) 원문의 "전죽飦粥"을 번역한 것으로, '전飦'에 대하여 조기는 '미죽糜粥'이라고 했고, 주희는 '미糜'라고 했으며, 양보쥔은 '된 죽〔稠粥〕'이라고 풀이했는데, 모두 걸쭉하게 끓인 죽을 의미한다고 보면 무방하다. 부연하자면 《예기》〈단궁〉에서 공영달은 "진한 것은 전飦이고, 옅은 것은 죽粥이다〔厚曰飦, 稀曰粥〕"라고 했다. 그러므로 '전죽'이란 미음과 죽을 말한다. 부모님이 돌아가신 지 사흘이 지난 후에 죽을 먹고, 장례를 치르고 난 뒤에 거친 밥을 먹었다.

15) 원문의 "부형父兄"에 대해 주희가 "성이 같은 나이 든 신하〔同姓老臣〕"라고 한 것을 염두에 두어야 한다.

16) 원문의 "종국宗國"을 번역한 것으로, 조기는 "등나라와 노나라는 성이 같으므로 모두 문왕으로부터 [그 뿌리가] 나온 것이다. 노나라는 주공의 후손이고 등나라는 숙수叔繡의 후손이다〔滕魯同姓, 俱出文王. 魯周公之後, 滕叔繡之後〕"라고 했다. 주희는 역사적 의미를 추적하여 "등나라와 노나라는 모두 문왕의 후손인데, 노나라의 조상인 주공이 첫째가 되니, 형제간에 그를 종주로 삼은 것이다. 그러므로 등나라가 노나라를 일러 종주국이라 이른 것이다〔滕與魯, 俱文王之後而魯祖周公, 爲長, 兄弟宗之. 故滕謂魯爲宗國也〕"라고 풀이했다.

"나는 지난날 일찍이 학문을 하지 않고, 말달리기와 칼 시험하기를 좋아했습니다. 지금 부형들과 백관이 나를 만족스럽게 생각하지 않아서 부친상에서 [예를] 다하지 못할까 걱정하는 것 같으니,[18] 그대는 나를 위해 맹자께 [다시] 여쭈어주시오!"

연우가 다시 추나라 땅에 가서 맹자께 여쭈니, 맹자께서 말씀하셨다.

"그렇겠습니다. 다른 데서 찾을 것 없습니다.[19] 공자께서 말씀하시기를 '군주가 죽으면 [세자는] 총재(재상)에게 [모든 정사를] 듣도록 한다. 죽을 먹으며[20] [슬픔으로] 얼굴이 짙은 검은색이 되어[21] 자리에 나아가 곡을 하게 되면, 백관과 담당 관리들이 아무도 감히 슬퍼

17) 원문의 "오유소수지야吾有所受之也"를 번역한 것으로, 양보쥔의 풀이에 따라 부형과 관리가 하는 말로 번역했다. 그러나 이 구절을 따로 떼어 세자가 하는 말로 보아 "나는 그렇게 전수한 바가 있습니다"라고 번역하기도 하는데 여기서는 취하지 않았다.

18) 원문의 "공기불능진어대사恐其不能盡於大事"를 번역한 것으로, 이 구절의 주어를 부형과 백관으로 보았다. 그러나 이 구절의 주어를 세자로 볼 경우, "[부친상이라는] 대사를 [맹자께 배운 대로] 극진히 다하지 못할까 염려스럽다"는 의미로 해석할 수도 있다.

19) 세자가 자신을 반성하는 것에 대하여 맹자가 공감하여 대안을 제시하는 대목으로, 제7편 〈이루 상〉 4장의 "행했는데도 얻지 못하는 것이 있으면 모두 자신에게 돌이켜 구해야 한다(行有不得者皆反求諸己)"라는 구절을 보면 맹자의 반응을 이해하는 데 도움이 된다. 맹자의 말씀인 "연然, 불가이타구자야不可以他求者也"에 대해 조기는 "다른 일로써 구할 필요가 없으니, 상례는 슬퍼함을 높이기 때문에 오직 마땅히 슬퍼함으로써 감동하게 할 뿐이다(不可用他事求也. 喪尚哀, 惟當以哀戚感之耳)"라고 했다. 주희는 "마땅히 자기에게서 책임을 구해야 하는 것이다(當責之於己)"라고 했다.

20) 원문의 "철죽歠粥"을 번역한 것으로, '철歠'은 《설문해자》에 '마시다(飮)'의 뜻이라고 했는데, 역자는 편의상 '먹다'로 번역했다.

21) 원문의 "면심묵面深墨"을 번역한 것으로, '심묵深墨'에 대해 조기는 "'심'은 '심하다'이고, '묵'은 '검다'이다(深, 甚也. 墨, 黑也)"라고 했다.

하지 않는 자가 없으니, 이는 앞서 했기 때문이다. 위에서 좋아하는 것이 있으면 아래에서는 반드시 [그것에 대해 좋아하기를] 심하게 하는 것이 있다. 군자의 덕은 바람이고, 소인의 덕은 풀이[라고 비유되]니, 풀 위에 바람이 불면 반드시 [그 부는 쪽으로] 눕는다[22]'고 했습니다. 이것은 세자에게 달려 있는 것입니다."

연우가 돌아와 보고하자, 세자가 말했다.

"그렇습니다. 이것은 정녕 나에게 달려 있습니다."

[그러고는] 다섯 달 동안 여막에 살면서[23] [정사의] 명령과 금하는 명을 내리지 않았다. [이에] 백관과 친족이 다 옳다고 여겨 말하기를 '[세자가 예를] 안다'고 했으며, 장례를 치를 때에 이르러 사방에서 와서 그것을 참관했는데, 얼굴빛은 수척했고 곡하며 우는 것은 애처로워 조문하는 자들이 매우 달가워했다.

---

22) 《논어》〈안연顔淵〉 12.19에 공자와 계강자가 정치에 관해 이야기하는 장면이 있다. "계강자가 공자에게 정치에 대해 물었다. '만약 도리가 없는 사람을 죽여서, 도리가 있는 데로 나간다면 어떻겠습니까?' 공자께서 대답했다. '선생께서는 정치를 하는 데 어찌 살인이라는 방법을 쓰십니까? 선생께서 선해지려 한다면 백성도 선해질 것입니다. [윗자리에 있는] 군자의 덕은 바람이고 소인(백성)의 덕은 풀입니다. 풀은 위로 바람이 불어오면 반드시 눕습니다'〔季康子問政於孔子曰: 如殺無道, 以就有道, 何如? 孔子對曰: 子爲政,焉用殺? 子欲善而民善矣. 君子之德風, 小人之德草. 草上之風, 必偃〕." 이 문장으로 미루어볼 때 원문에서 공자의 말씀을 인용하는 부분이 "선지야先之也"까지로 표시되어 있는데 역자는 "필언必偃"까지를 공자의 말씀으로 보는 것이 타당하다고 본다. 이렇듯 《맹자》에는 인용문의 종결이 어디에 있는가에 따라 그 해석이 달라지는 부분이 종종 있다.

23) 원문의 "오월거려五月居廬"를 번역한 것이다. 《좌전》 은공隱公 원년 조에 "천자는 일곱 달 뒤에 장사 지내니 수레바퀴를 나란히 하여 모두 이르고, 제후는 다섯 달 뒤에 장사 지내니 동맹을 맺은 나라에서 찾아오고, 대부는 석 달 뒤에 장사 지내니 같은 지위에 있는 자들이 오고, 사士는 한 달 뒤에 장사 지내니 외척과 친척이 모여든다〔天子七月而葬, 同軌畢至, 諸侯五月, 同盟至, 大夫三月, 同位至, 士踰月, 外姻至〕"라고 했다.

滕定公薨, 世子謂然友曰: "昔者孟子嘗與我言於宋, 於心終不忘. 今也不幸至於大故, 吾欲使子問於孟子, 然後行事." 然友之鄒問於孟子. 孟子曰: "不亦善乎! 親喪, 固所自盡也. 曾子曰: '生事之以禮, 死葬之以禮, 祭之以禮, 可謂孝矣.' 諸侯之禮, 吾未之學也, 雖然, 吾嘗聞之矣. 三年之喪, 齊疏之服, 飦粥之食, 自天子達於庶人, 三代共之." 然友反命, 定爲三年之喪. 父兄百官皆不欲曰: "吾宗國魯先君莫之行, 吾先君亦莫之行也. 至於子之身而反之, 不可. 且志曰: '喪祭從先祖.' 曰: '吾有所受之也.'" 謂然友曰: "吾他日未嘗學問, 好馳馬試劍. 今也父兄百官不我足也, 恐其不能盡於大事, 子爲我問孟子!" 然友復之鄒問孟子. 孟子曰: "然. 不可以他求者也. 孔子曰: '君薨, 聽於冢宰. 歠粥, 面深墨, 卽位而哭, 百官有司莫敢不哀, 先之也.' 上有好者, 下必有甚焉者矣. 君子之德, 風也, 小人之德, 草也. 草上之風, 必偃. 是在世子." 然友反命. 世子曰: "然. 是誠在我." 五月居廬, 未有命戒. 百官族人可, 謂曰知.[24] 及至葬, 四方來觀之, 顏色之戚, 哭泣之哀, 弔者大悅.

세금으로 백성을 그물질하지 말라 5.3

등 문공이 나랏일 하는 것을 물으니, 맹자께서 말씀하셨다.

---

24) 원문의 "백관족인가百官族人可, 위왈지謂曰知"는 본래 주희의 《집주》에는 "백관족인百官族人, 가위왈지可謂曰知"로 되어 있다. 이에 대해 양보쥔은 "백관족인가百官族人可, 위왈지謂曰知"로 구분하고, "관리와 동족이 모두 찬성하여 [세자가] 예를 안다고 인정한 것이다"라고 해석하며, 주희가 이 구절을 "'가위왈지'라고 한 것은 아마도 궐문이거나 오자일 것이다〔可謂曰知, 疑有闕誤〕"라고 한 것과 조기 역시 "백관과 친족이 [예를] 안다고 말한 것이다〔百官族人可謂曰知〕"라고 주석하여 명확한 설명이 없음을 적시했다. 역자도 양보쥔의 설을 취하여 원문을 교감하여 번역했다.

"백성의 일[25]은 늦출 수가 없으니, 《시경》에 이르기를 '낮에는 가서 띠풀을 취해 오고, 밤에는 새끼를 꼬아[26] 빨리 그 지붕에 올라 [엮어]야 비로소 온갖 곡식의 씨를 뿌릴 수 있다네'라고 했습니다. 백성이 도리로 삼는 것은 일정한 생업이 있는 자는 일정한 마음을 갖게 되지만, 일정한 생업이 없으면 일정한 마음이 없어진다는 것입니다. 만일 일정한 마음이 없어진다면 방탕하고 편벽되며 사악하고 사치스럽지 않은 것이 없을 것이니, [그들이] 죄에 빠지고 난 뒤에 쫓아가 이들을 벌한다면 이는 백성을 그물질하는 격입니다. 어찌 인한 사람이 자리에 있으면서 백성을 그물질할 수 있겠습니까? 그러므로 현명한 군주는 반드시 공손하고 검소하며 아랫사람을 예우하고, 백성에게 거두는 것에 법제가 있는 것입니다.

양호陽虎[27]가 말하기를 '부자가 되려면 인하지 못하고, 인하려면 부자가 못 된다'고 했습니다. 하나라 사람은 50이랑마다 공법貢法을 썼고, 은나라 사람은 70이랑마다 조법助法을 썼으며, 주나라 사

25) 원문의 "민사民事"를 번역한 것으로, 주희는 "농사를 말한다〔謂農事〕"라고 했는데, 오히려 농사에 한정되지 않고 더 포괄적인 일로 보아야 한다는 시각에서 원문대로 '백성의 일'로 번역했다.

26) 원문의 "삭도索綯"를 번역한 것으로, '삭索'은 '[새끼줄을] 꼬다'라는 의미의 동사로 쓰였으며, '교絞'와 같다. 두서너 줄을 비벼 꼬아 하나의 줄로 만드는 동작을 말한다.

27) "양호陽虎"에 대해서는 제6편 〈등문공 하〉 7장에도 나오고, 《논어》 〈양화陽貨〉 17.1에도 그에 대한 기록이 보인다. 양화陽貨라는 자와 동일 인물이라는 설(공안국)이 가장 설득력이 있는데, '호虎'와 '화貨' 중에 무엇이 이름이고 자인지 불분명하다. 계씨의 가신이었고, 계평자·계환자 등을 모셨으며, 마지막에 삼환을 제거하려다가 실패하여 진晉나라로 달아났다. 당시 그에 대한 평이 좋지 않았는데 공자에 대해서는 대단한 호의를 보였다. 공자가 양호를 싫어하여 만나지 않으려 했고, 양호는 끊임없이 공자에게 혼미한 세상을 구제하기 위해서는 정치를 해야 한다면서 공자를 정치의 세계로 끌어들였다. 이런 상황과 대비시켜보면 맹자가 그의 말을 인용한 이유를 알 수 있다.

람은 100이랑마다 철법徹法을 썼는데,[28] 그 실제 세금은 모두 10분의 1이었습니다. 철徹[29]은 통한다는 것이고, 조助는 빌린다[30]는 것입니다. 용자가 말하기를 '토지를 다스리는 것은 조(법)보다 [더] 좋은 것이 없고, 공(법)보다 [더] 나쁜 것이 없다'고 했으니, 공(법)은 몇 해 동안의 중간값을 비교하여[31] 일정액으로 하는 것입니다. 풍년에

---

28) 공법貢法과 조법助法과 철법徹法은 하·은·주 때의 토지제도다. 주희는 다음과 같이 상세히 고증했다. "하나라 때는 한 장정이 50이랑를 받고 장정마다 5이랑의 수입을 계산하여 바치게 했었는데, 은나라 사람이 처음으로 정전의 제도를 만들어 630이랑의 땅을 가지고 나누어 아홉 구역으로 만들었으니, 한 구당 70이랑이었다. 한가운데는 공전公田이 되고 그 바깥은 여덟 집에 각 한 구역을 주어, 단지 그 힘을 빌려 공전을 도와 경작하게 하고 다시 그 사전에 세를 부과하지 않았다. 주나라 때는 한 농부가 땅 100이랑을 받는데, 향수에는 공법을 써서 10부夫에 구가 있었고, 도비에는 조법을 써서 여덟 집이 정井을 함께하여 경작하게 되며 노력을 통하여 일하고 수확하면 이랑 수를 계산하여 분배했다. 그러므로 철이라고 이른 것이다. 그 실제는 모두 10분의 1이라는 것은 공법은 진실로 10분의 1을 떳떳한 수로 삼았고, 오직 조법은 바로 9분의 1의 세법이나 은나라 제도는 헤아릴 수 없으며, 주나라 제도는 공전 100이랑에 가운데 20이랑을 여사로 만들어서 한 농부가 경작하는 공전을 실제로 계산하면 10이랑이다. 사전 100이랑을 통틀어 보면 11분의 1을 취하게 되니, 이는 또한 10분의 1보다 가벼운 것이다〔夏時, 一夫受田五十畝, 而每夫計其五畝之入以爲貢, 商人, 始爲井田之制, 以六百三十畝之地, 畫爲九區, 區七十畝, 中爲公田, 其外, 八家各授一區, 但借其力, 以助耕公田, 而不復稅其私田, 周時, 一夫受田百畝, 鄕遂, 用貢法, 十夫有溝, 都鄙, 用助法, 八家同井, 耕則通力而作, 收則計畝而分. 故謂之徹. 其實皆什一者, 貢法, 固以十分之一, 爲常數, 惟助法, 乃是九一, 而商制, 不可攷, 周制則公田百畝, 中以二十畝, 爲廬舍, 一夫所耕公田, 實計十畝, 通私田百畝, 爲十一分而取其一, 蓋又輕於十一矣〕."

29) 원문의 "철徹"은 《논어》 〈안연〉 12.9에서 유약이 애공哀公에게 "어찌 철법徹法을 하시지 않습니까〔盍徹乎〕?"라고 한 것에 주희는 '통하다〔通〕', '균등하다〔均〕'라는 뜻으로 보았다. 정현은 "주나라 법에 10분의 1을 과세하는 것을 '철'이라고 한다. 철은 통한다는 뜻이니, 천하의 통용되는 법으로 삼는 것이다〔周法什一而稅謂之徹, 徹, 通也, 爲天下之通法〕"라고 주석을 덧붙였다.

30) 원문의 "자藉"를 번역한 것으로, 조기가 "'자'는 '빌리다〔借〕'라는 뜻이다. 사람들이 서로 힘을 빌려 돕는 것과 같다〔藉者, 借也, 猶人相借力助之也〕"라고 한 주석에 따른 번역이다.

는 [어디든] 곡식이 넘쳐나[32] [세금으로] 많이 취해 가도 포악하다고 하지 않는데 적게 취해 가고, 흉년에는 그 토지를 [비옥하게] 돋아주기에도[33] 부족한데 반드시 채워서[34] 취하니, 백성의 부모가 되어서 백성을 한스럽게 하여[35] 일 년 내내 부지런히 일해도 자신의 부모를 봉양할 수 없게 하고, 또 빚을 내서라도 세금에 보태니 늙은이와 어린아이[의 시체]를 도랑과 골짜기에서 굴러다니게 한다면 백성의 부모라고 하는 뜻은 어디에 있습니까? 무릇 대대로 받는 녹봉은 등나라도 본래부터 그것을 시행하고 있습니다. 《시경》에 이르기를 '우리 공전公田에 비를 내리고 드디어 우리 사전私田에도 내린다'고 했으니, 오직 조(법)에 공전이 있다고 한 것입니다. 이로 말미암아 본다면 주나라도 조법을 썼던 것입니다.

상庠·서序·학學·교校[36]를 설치하여 그들을 가르쳤으니, 상庠은 기른다는 것이고, 교校는 가르친다는 것이며, 서序는 활을 쏜다는 것입니다. 하나라는 교校라고 했고, 은나라는 서序라고 했으며, 주나라는 상庠이라고 했는데, 학學은 [하·은·주] 삼대가 공동으로 그렇게

31) 원문의 "교挍"를 번역한 것으로, '비교하다'라는 뜻이다. '교校' 자로도 쓰는데, 옛 책에서는 두 글자가 통용되었기 때문이다.

32) 원문의 "입미낭려粒米狼戾"를 번역한 것으로, '낭려狼戾'에 대해 주희는 "'낭자함'과 같으니 많음을 말한 것이다(猶狼藉, 言多也)"라고 풀이했다. 조기는 "'낭자함'과 같으니 넉넉하게 많아 낭자하여 땅에 버린다(猶狼藉也, 饒多狼藉, 棄捐於地)"라고 했다. 미묘한 차이는 있으나 모두 설득력 있는 주석이다.

33) 원문의 "분糞"을 번역한 것으로, 주희는 '옹壅'과 같다고 풀이했다. 흙으로 돋아준다는 의미로 보면 무방하다.

34) 원문의 "영盈"을 번역한 것으로, 주희는 '가득 채우다(滿)'와 같다고 했다.

35) 원문의 "혜혜연盻盻然"을 번역한 것으로, 조기는 "부지런하고 고통스러워 쉬지 못하는 모양(勤苦不休息之貌)"이라고 했다. 주희는 "혜盻"를 "한스럽게 보는 것(恨視)"으로 보았다.

불렀으니, 모두 인륜을 밝히기 위한 것이었습니다. 인륜이 위에서 밝아지면 소소한 백성이 아래에서 친해집니다. 왕 노릇 하는 자가 나오면 반드시 와서 본보기로 취할 것이니, 이는 왕 노릇 하는 자의 스승이 되는 것입니다. 《시경》에 이르기를 '주나라가 비록 오래된 나라이지만 그 천명은 새롭구나'[37]라고 했으니, 문왕을 [두고] 말한 것입니다. 왕[38]께서도 힘써 실행하신다면 또한 왕의 나라를 새롭게 하실 것입니다!"

[등 문공이] 필전畢戰을 보내 정전법을 여쭙게 하자, 맹자께서 대답하셨다.

"그대의 군주가 어진 정치를 실행하려고 그대를 뽑아 보내셨으니, 그대는 반드시 힘써야 할 것이다! 무릇 어진 정치는 반드시 [토지의] 경계를 다스리는 것에서 시작되니, 경계가 바르지 않으면 정

36) "상서학교庠序學校"는 모두 교육기관의 이름이다. 이에 대해 주희는 "'상庠'은 노인을 봉양함으로써 의義로 삼았고, '교校'는 백성을 가르침으로써 의로 삼았으며, '서序'는 활쏘기를 익힘으로써 의로 삼았으니, 모두 향학이다. '학學'은 국학國學(태학太學)이다. 공지共之는 다른 명칭이 없다는 것이다. '윤倫'은 차례이니, 부자간에는 친함이 있고 군신 간에는 의가 있고 부부간에는 분별이 있고 장유長幼 간에는 질서가 있고 친구 간에는 믿음이 있는 것이니, 이는 사람의 큰 인륜이다. '상·서·학·교'는 모두 이것을 밝히려 했을 뿐이다〔庠以養老爲義, 校以教民爲義, 序以習射爲義, 皆鄕學也. 學國學也. 共之無異名也. 倫序也. 父子有親, 君臣有義, 夫婦有別, 長幼有序, 朋友有信, 此人之大倫也. 庠序學校, 皆以明此而已〕"라고 했다.

37) 이 시는 《시경》〈대아·문왕〉에 나온다. 주희의 주석에 의하면 "주나라가 비록 오래되었으나, 문왕에 이르러 능히 그 덕을 새롭게 함으로써 백성에게 미쳐서 처음으로 하늘의 명을 받은 것을 말한다〔言周國雖舊, 至於文王, 能新其德以及於民而始受天命也〕"라는 의미를 함축하고 있다. 이 시의 구절에서 "유신維新"은 통치자와 백성이 함께 인간 생존 환경의 발전을 추구하는 '새로움'이다.

38) 원문의 "자子"를 번역한 것으로, '문공'을 말한다. '자'에 대해 주희는 "제후로서 즉위한 지 1년을 넘지 않은 자의 칭호이다〔諸侯未踰年之稱也〕"라고 했다.

전의 토지가 고르지 않고 녹봉[39]도 공평하지 않게 된다. 이 때문에 사나운 군주와 나쁜 벼슬아치들은 꼭 그 경계를 게을리한다. 경계가 정확하게 되면 토지를 나누어주고 녹봉을 제정하는 것을 가만히 앉아서도 확정할 수 있다.

등나라는 영토가 협소하지만 [그중에는] 군자가 될 사람이 있고 야인이 될 사람도 있게 마련이다. 군자가 없으면 야인을 다스리지 못하고, 야인이 없으면 군자를 먹여 살릴 수 없다. 청하건대 교외[의 토지]에는 9분의 1 세율로 조법을 쓰고, 수도에는 10분의 1 세율로 스스로 내게 하라. 경卿 이하의 관리는 반드시 [제사를 받들 수 있는] 규전圭田[40]이 있어야 하고, 규전은 [가구당] 50이랑이고, [나머지 사람] 여부餘夫는 25이랑이다.[41] [그리하면] 죽거나 이사해도 고향을 떠나지 않을 것이다. 마을의 정전을 함께 일구고[42] 나가고 들어올 때 서

39) 원문의 "곡록穀祿"을 번역한 것으로, 곡식으로 나누어주는 녹봉이다. 옛사람들은 녹봉을 곡식으로 주었기 때문에 '곡穀'에는 녹봉이라는 의미가 있다.

40) 원문의 "규전圭田"에 대해서 주희는 '규圭'는 "깨끗하다(潔)"의 뜻으로, "제사를 받드는 바이다(所以奉祭祀也)"라고 했고, 조기는 "옛날에는 경卿 이하 사士까지 모두 규전 50이랑을 받아서 제사에 이바지했다(古者卿以下至於士, 皆受圭田五十畝, 所以供祭祀也)"라고 했다. 한편 공영달은 "선비는 결백함으로써 받들기 때문에 규전으로 [제사를] 올리도록 한다(士以潔白而升, 則與以圭田)"라고 했다.

41) 원문의 "여부이십오무餘夫二十五畝"를 번역한 것으로, 조기는 "한 집안에서 한 사람이 (규)전을 받고, 나머지 노인과 어린 사람 중에 여력이 되는 사람은 규전의 절반인 25이랑을 받는데, 이를 여부라고 한다(一家一人受田, 其餘老小尚有餘力者, 受二十五畝, 半於圭田, 謂之餘夫也)"고 했다. 한편 정약용은 "다섯 사람 미만이면 정지井地를 받을 수 없고, 여부에 귀속시킨다(不滿五人者, 不能受井地, 歸之於餘夫也)"라고 했다.

42) 원문의 "향전동정鄉田同井"을 번역한 것이다. 조기는 "마을의 정전을 함께 가꾸는 집이 각자 서로 경작하는 것이다(同鄉之田, 共井之家, 各相營勞也)"라고 했다. 주희는 "동정同井이란 여덟 집이다(同井者, 八家也)"라고 했다.

로 벗하며, [도둑으로부터 마을을] 지키고 망볼 때 서로 도우며, 병에 걸렸을 때도 서로 부축하고 잡아준다면 백성이 사이좋게 될 것이다.

사방 1리가 정井이고 정은 900이랑이며, 그 가운데가 공전公田이다. 여덟 집에서 모두 100이랑씩을 사전私田으로 받고 공동으로 공전을 경작하는데, 공전의 일을 마친 뒤에야 감히 사전의 일을 하니, 이는 [군자와] 야인을 구별하기 때문이다. 이것은 정전법의 대략이니, 무릇 이것을 [실정에 맞도록] 윤택하게 하는 것은 군주와 그대에게 달려 있다."

滕文公問爲國, 孟子曰: "民事不可緩也. 詩云, '晝爾于茅, 宵爾索綯, 亟其乘屋, 其始播百穀.' 民之爲道也, 有恒産者有恒心, 無恒産者無恒心, 苟無恒心, 放辟邪侈, 無不爲已. 及陷乎罪, 然後從而刑之, 是罔民也, 焉有仁人在位罔民而可爲也? 是故賢君必恭儉禮下, 取於民有制. 陽虎曰: '爲富不仁也, 爲仁不富矣.' 夏后氏五十而貢, 殷人七十而助, 周人百畝而徹, 其實皆什一也. 徹者, 徹也, 助者, 藉也. 龍子曰: '治地莫善於助, 莫不善於貢.' 貢者, 挍數歲之中以爲常. 樂歲, 粒米狼戾, 多取之而不爲虐, 則寡取之, 凶年, 糞其田而不足, 則必取盈焉. 爲民父母, 使民盻盻然, 將終歲勤動, 不得以養其父母, 又稱貸而益之, 使老稚轉乎溝壑, 惡在其爲民父母也? 夫世祿, 滕固行之矣. 詩云, '雨我公田, 遂及我私.' 惟助爲有公田. 由此觀之, 雖周亦助也. 設爲庠序學校以敎之, 庠者, 養也, 校者, 敎也, 序者, 射也. 夏曰校, 殷曰序, 周曰庠, 學則三代共之, 皆所以明人倫也. 人倫明於上, 小民親於下. 有王者起, 必來取法, 是爲王者師也. 詩云, '周雖舊邦, 其命維新.' 文王之謂也. 子力行之, 亦以新子之國!" 使畢戰問井地, 孟子曰: "子之君將行仁政, 選擇而使子, 子必勉之! 夫仁政, 必自經界始. 經界不正, 井地不均, 穀祿不平. 是故暴君汙吏必慢其經界, 經界旣正, 分田制祿可坐而定也. 夫滕, 壤地褊小, 將爲君子焉, 將爲野人焉. 無君子, 莫治野人, 無野人, 莫養君子. 請野九一而助, 國中什一使自賦. 卿以下必有圭田, 圭田五十畝, 餘夫二十五畝. 死徙無出鄕, 鄕田同井, 出入相友, 守望相助, 疾病相扶持, 則百姓親睦. 方里而井, 井九百畝, 其中爲公田. 八家皆私百畝, 同養公田, 公事畢, 然後敢治私事, 所以別野人也. 此其大略也, 若夫潤澤之, 則在君與子矣."

맹자가 허행을 비판한 이유 5.4

신농씨神農氏[43]의 말을 실천하는 허행이 초나라에서 등나라로 가서 궁궐 문에 이르러 문공에게 아뢰었다.

"먼 곳의 사람이 군주께서 인한 정치를 실행하신다는 말을 듣고는 살 집[44]을 받아 백성[45]이 되기를 원합니다."

---

43) 신농씨神農氏는 중국 고대 전설상의 제왕으로, 삼황三皇의 하나다. 전설에 따르면 신농씨는 오장이 훤하게 들여다보이는 특이한 생김새였으며 병을 치료할 수 있는 약을 발명했다고 한다. 한편 '신농'이란 말이 부족 이름이라는 설도 있다.

44) 원문의 "전廛"을 번역한 것으로, 조기는 '거주하는(居)' 개념으로 보았고, 주희는 "백성이 거주하는 곳이다(民所居也)"라고 좀 더 구체적으로 풀이했다.

45) 원문의 "맹氓"을 번역한 것으로, 제3편 〈공손추 상〉 5장의 각주 58을 참고하기 바란다.

문공이 그에게 머무를 집을 주자, 그를 따르는 무리 수십 명이 모두 갈옷을 입고 짚신을 두드리고 치며 [만들고] 자리를 짜서 [이것을 팔아] 먹고살았다.

[당시] 진량의 문하인 진상이 그의 동생 신辛과 함께 보습과 쟁기를 지고 송나라에서 등나라로 가서 말했다.

"군주께서 성인의 정사를 실행하신다는 말을 들었는데, 이러한 분이 또한 성인이십니다. 성인의 백성이 되기를 원합니다."

[얼마 지나서] 진상이 허행을 만나보고는 매우 기뻐하며 자기가 배운 것을 다 버리고 [그에게] 배웠다. 진상이 맹자를 뵙고서 허행의 말을 이렇게 전했다.

"등나라 군주는 진실로 현명한 군주지만 아직도 도를 깨치지는 못했습니다. 현명한 자는 백성과 함께 밭을 갈아서 먹고, 밥을 지으면서[46] 다스립니다. 지금도 등나라는 곡식 창고와 재물 창고가 있습니다. 그렇다면 이는 백성을 병들게 하고서[47] 스스로를 봉양하는 것이니, 어찌 현명하다고 할 수 있겠습니까?"

맹자께서 물으셨다.

"허자(허행)는 반드시 곡식을 심은 뒤에 먹는가?"

[진상이] 대답했다.

"그렇습니다."

46) 원문의 "옹손饔飧"을 번역한 것으로, 조기는 "익혀 먹는 밥이다. 아침에 먹는 것을 '옹'이라고 하고, 저녁에 먹는 것을 '손'이라고 한다〔熟食也. 朝曰饔, 夕曰飧〕"라고 구분하여 설명했다. 주희는 조기의 설을 따라 "마땅히 스스로 불을 때서 밥을 지어 먹는 것을 말한다〔言當自炊爨以爲食〕"라고 풀이했다.

47) 원문의 "려厲"를 번역한 것으로, 주희가 '병들다〔病〕'라는 뜻으로 풀이한 것에 따랐다.

[맹자께서 물으셨다.]

"허자는 반드시 베를 짠 뒤에 입는가?"

[진상이] 대답했다.

"아닙니다. 허자는 갈옷을 입습니다."

[맹자께서 물으셨다.]

"허자는 관을 쓰는가?"

[진상이] 대답했다.

"관을 씁니다."

[맹자께서] 물으셨다.

"무슨 관인가?"

[진상이] 대답했다.

"흰 비단으로 만든 관입니다."

[맹자께서] 물으셨다.

"스스로 그것을 짜는가?"

[진상이] 대답했다.

"아닙니다. 곡식으로 그것과 바꿉니다."

[맹자께서] 물으셨다.

"허자는 어째서 스스로 짜지 않는가?"

[진상이] 대답했다.

"밭을 가는 데 방해되기 때문입니다."

[맹자께서] 물으셨다.

"허자는 가마솥과 시루로 밥을 짓고, 쇠붙이(농기구)로 밭을 가는가?"

[진상이] 대답했다.

"그렇습니다."

[맹자께서 물으셨다.]

"스스로 그것을 만드는가?"

[진상이] 대답했다.

"아닙니다. 곡식으로 그것과 바꿉니다."

[맹자께서 말씀하셨다.]

"곡식으로 그릇과 기구를 바꾸는 것이 도공과 대장장이에게 손해를 끼치는 것이 아니니, 도공과 대장장이 또한 그릇과 기구로 곡식과 바꾸는 것이 어찌 농부에게 손해를 끼치는 것이 되겠는가? 또 허자는 어찌하여 [손수] 도공과 대장장이의 일을 해서 다만[48] 모두 그 집안에서 취하여 쓰지 않는가? 어찌하여 분주하게 여러 직공과 교역하는가? 어찌 허자는 번거로운 일을 꺼리지 않는가?"

[진상이] 대답했다.

"여러 직공의 일은 본래 밭을 갈면서 할 수는 없는 것입니다."

[맹자께서 말씀하셨다.]

"그렇다면 천하를 다스리는 일이 유독 밭 갈면서 할 수 있다는 것인가? 대인[49]의 일이 있고 소인의 일이 있다. 또 한 사람의 몸에

48) 원문의 "사舍"를 번역한 것으로, '사'에 대한 해석에는 여러 견해가 있다. 주희는 "'사'는 '다만〔止〕'과 같다. 혹자는 위 구와 이어 붙여서 읽으니, '사'는 도공과 대장장이가 일하는 곳을 말한다고 했다〔舍, 止也. 或讀屬上句, 舍謂作陶冶之處也〕"고 했다. 양보쥔은 '사'를 의문사로 보아 '무엇〔啥〕', '어떤 물건〔何物〕'의 뜻으로 풀이했다. 한편 '사'를 '장소'로 보아야 한다는 설도 있다.

는 여러 직공이 만든 것이 다 필요한데 만일 반드시 자신이 만든 뒤에 그것들을 쓴다면, 이는 천하 사람들을 [수고롭게] 길바닥으로 이끄는 것이다. 그러므로 말하기를 '어떤 사람은 마음을 수고롭게 하고, 어떤 사람은 몸을 수고롭게 하니, 마음을 수고롭게 하는 자는 남을 다스리고, 몸을 수고롭게 하는 자[50]는 남에게 다스려진다'고 했으니, 남에게 다스려지는 자는 남을 먹여주고, 남을 다스리는 자는 남에게 얻어먹는 것이 천하에 통용되는 이치다.

요임금의 때에는 천하가 아직 평안하지 못해 홍수가 거세게 흘러 천하에 넘치고 초목이 울창하고 무성하여 금수가 번식했다. 오곡이 여물지 못하고 금수가 사람을 핍박하여 들짐승의 발자국과 새 발자국이 나라 안에 어지러웠다. 요임금이 홀로 이 점을 걱정하여 순임금을 기용하여 다스림을 펴게[51] 하셨다. 순임금은 익益에게 불을 관장하게 했는데, 익이 산과 늪에 불을 질러 태우자 금수가 달아나 숨었다. 우임금은 아홉 개의 물길[52]을 통하게 하여 제수와 탑수[53]를

49) 원문의 "대인大人"에 대해 양보쥔은 지위가 있는 사람을 가리키며, '소인小人'과는 상대된다고 했다. 즉 여기서 대인이란 덕이 있는 자로, '군자'라는 뜻으로 보면 무리가 없다.

50) 원문의 "노심자勞心者"를 번역한 것으로, 조기는 "'마음을 수고롭게 하는 자'는 군주이고, '힘쓰는 자'는 백성이다(勞心, 君也. 勞力, 民也)"라고 했는데, 일리가 있는 주석이다.

51) 원문의 "부敷"를 번역한 것으로, 《시경》 〈주송周頌·뢰賚〉의 "이때 두루 생각의 실마리를 펼쳐서(敷時繹思)"라는 구절에서 주희는 '부'를 '펴다(布)'라고 했는데, 여기서도 이러한 풀이를 취하여 번역했다.

52) 원문의 "구하九河"을 번역한 것으로, 주희는 "도해, 태사, 마협, 복부, 호소, 간, 결, 구반, 격진을 말한다(曰徒駭, 曰太史, 曰馬頰, 曰覆釜, 曰胡蘇, 曰簡, 曰潔, 曰鉤盤, 曰鬲津)"라고 구체적으로 명시했다.

53) 원문의 "탑漯"을 번역한 것이다. '루'로 읽기도 하는데, 여기서는 '탑'으로 읽어야 한다.

치수하여 바다로 흘러가게 했고, 여수와 한수의 물길을 트고 회수와 사수를 통하게 하여 강으로 흘러가게 하시고 난 뒤에야 온 나라가 먹고살 수 있었다. 이때에 우임금이 8년 동안 밖에서 세 번이나 자기 집 문 앞을 지나면서도 들어가지 못하셨으니, 비록 [손수] 밭을 갈려고 해도 할 수 있었겠는가?

후직后稷이 백성에게 심고 거두는 법을 가르쳐서 오곡을 심고 기르게 하자 오곡이 여물어 백성이 잘 길러졌다. 사람에게는 도리가 있는데 배불리 먹고 따뜻하게 입으며 편안히 살기만 하고 가르침이 없으면 금수에 가깝게 된다. 성인이 이를 근심하는 마음이 있어 설契로 하여금 사도司徒(교육을 담당하는 관리)로 삼아 인륜을 가르치게 하셨으니, 아버지와 아들 사이에는 친함이 있고, 군주와 신하 사이에는 의리가 있으며, 남편과 아내 사이에는 구별이 있고, 어른과 아이 사이에는 차례가 있으며, 친구 사이에는 믿음이 있어야 한다는 것이다.

방훈放勳(요임금)이 말씀하시기를 '[백성을] 위로하고 오도록 하며,[54] 바로잡아주고 곧게 펴주며, 도와주고 거들어 스스로 [선한 본성을] 깨닫게 하고, 이에 따라 북돋워주고 덕을 베풀어주어라'라고 하셨다. 성인이 백성을 걱정하는 것이 이와 같거늘, 밭을 갈 겨를이 있겠는가? 요임금은 순임금[같은 사람]을 얻지 못한 것을 자신의 걱정거리로 삼으셨고, 순임금은 우임금과 고요皐陶[55][같은 사람]를 얻

54) 원문의 "노지래지勞之來之"를 번역한 것으로, 이에 대한 김장생의 관점이 흥미롭다. "노勞와 래來는 인륜을 이어 말한 것이니, 인륜을 부지런히 하고 배반하지 않는 자는 노래勞來를 하는 것이다. 더러는 《한사漢史》의 '왕성이 노래하기를 게을리하지 않는다'의 뜻으로 보기도 하는데, 옳지 않다〔勞來, 承人倫而言, 勤於人倫而不畔者, 勞來之. 或以漢史王成勞來, 不怠之意看, 非是〕."

지 못한 것을 자신의 걱정거리로 삼으셨으니, 100이랑이 다스려지지[56] 못한 것을 자신의 걱정거리로 삼는 사람은 농부인 것이다.

남에게 재물로써 나누어주는 것을 '혜惠'라 하고, 남에게 선善으로써 가르쳐주는 것을 '충忠'이라 하며, 천하 사람을 위해 인재를 얻는 것을 '인仁'이라 한다. 그러므로 천하를 남에게 주기는 쉽고, 천하 사람을 위해 인재를 얻기는 어려운 것이다. 공자께서 말씀하시기를 '위대하다, 요임금의 임금됨이여! 오직 하늘이 위대한데 오직 요임금이 그것을 본받으셨으니, 아득히 넓어서 백성이 이름 지을 수가 없도다! 임금답다, 순임금이여! 높고 크셔서 천하를 소유하고도 관여하지 않도다!'[57]라고 하셨으니, 요임금과 순임금이 천하를 다스림에 어

55) 원문의 "고요皐陶"는 '구요咎陶', '구요咎繇', '고요皋繇'로도 쓰인다. 《서경》 〈순전舜典〉에 "고요 너에게 사士의 일을 맡게 하겠다〔皐陶, 汝作士〕"라고 했는데, 순임금 때 고요는 사법관이었다.

56) 원문의 "이易"를 번역한 것으로, 주희는 '다스림〔治〕'으로 풀이하고는 좀 더 보충하여 "요임금과 순임금이 백성을 걱정한 것은 일마다 걱정한 것이 아니며 먼저 할 일을 급히 했을 뿐이다. 백성을 걱정한 것이 그 큼이 이와 같다면 밭을 갈 겨를이 없을 뿐만 아니라 또한 꼭 밭을 갈 필요가 없는 것이다〔堯舜之憂民, 非事事而憂之也, 急先務而已, 所以憂民者, 其大如此, 則不惟不暇耕, 而亦不必耕矣〕"라고 했다. 깊이 있고 군더더기 없는 주석이다.

57) 이 구절과 관련 있는 《논어》의 구절을 살펴보면, 《논어》 〈태백泰伯〉 8.18의 "높고도 높구나! 순임금과 우임금께서는 천하를 가지고서도 그것을 누리지 않으셨다〔巍巍乎, 舜禹之有天下也, 而不與焉〕"라는 구절과 《논어》 〈태백〉 8.19의 "위대하도다, 요의 군주 됨됨이여. 높고도 높도다! 오직 하늘이 위대한데, 요임금만이 그것을 본받았다. 넓고 넓음이여! 백성이 뭐라고 이름 붙일 수도 없었다. 높고도 높도다! 그가 이룬 공적이여. 빛나는구나, 그 문장이여〔大哉堯之爲君也. 巍巍乎唯天爲大, 唯堯則之. 蕩蕩乎民無能名焉〕"라는 구절을 들 수 있다. 한편 주희는 원문의 "칙則"에 대해 '본받다〔法〕'라고 했고, "탕탕蕩蕩"은 '넓고 큰 모양〔廣大之貌〕'이라고 했으며, "군재君哉"는 "군주의 도리를 다하는 것을 말한다〔言盡君道也〕"라고 했다. "외외巍巍"는 '높고 큰 모양〔高大之貌〕'이고, "불여不與"는 "'관여하지 않는다'라는 말과 같으니, 지위를 즐거움으로 여기지 않음을 말한 것이다〔猶言不相關, 言其不以位爲樂也〕"라고 했다.

찌 그 마음을 쓰는 바가 없으셨겠는가? 다만 밭을 가는 데에 쓰지 않으셨을 뿐이다.

나는 중화의 가르침을 써서 오랑캐를 변화시켰다는 말은 들었어도, 오랑캐로 변했다는 말은 듣지 못했다. 진량은 초나라 태생이나, 주공과 공자[58]의 도를 좋아하여 북쪽의 중원에서 [그들의 학문을] 배웠는데, 북방의 학자가 더러는 그를 앞서지 못했으니, 그는 호걸다운 선비라 할 만하다. 그대 형제가 그를 수십 년 섬기다가 스승이 죽자 마침내 그를 배반한 것이다.

옛날에 공자께서 돌아가시고 3년이 지나 문인들이 짐을 꾸려 [고향으로] 돌아갈 때 들어가서 자공에게 읍하고 서로를 향해 통곡하여 모두 목이 쉰 뒤에 돌아갔다. 자공은 다시 돌아와 묘 마당에 집을 짓고서 홀로 3년을 [더] 머문 뒤에 돌아갔다. 훗날 자하·자장·자유가 유약이 공자와 닮았다고 하여 공자를 섬기던 예로써 그를 섬기고자 해서 증자에게 강요하자, 증자께서 말씀하시기를 '그럴 수는 없다. [선생님의 덕과 학문은] 강수와 한수로 씻고 가을볕으로 쪼인 것과 같이 환하고 깨끗하여 더할 나위 없다'라고 하셨다.

지금 남쪽 오랑캐로 왜가리 소리하는 사람(허행)[59]이 선왕의 도가

58) 주공周公과 공자(仲尼)를 언급한 것에 대해 박문호는 "옛날에는 주공을 '선성先聖'으로 삼았고, 공자를 '선사先師'로 삼았기 때문에 여기에 주공과 공자를 나열하여 말한 것이다(古以周公爲先聖, 孔子爲先師, 故此列言周公仲尼)"라고 했다.

59) 원문의 "격설지인鴃舌之人"을 번역한 것으로, 남쪽 출신인 허행의 사투리를 비하하는 말이다. 양보쥔은 '격鴃'을 '때까치(鶪鳥)'라고 했다. 조기는 "허행이 남쪽 초나라 남만 오랑캐로 그 혀에서 나오는 악한 소리가 마치 격조와 같다. 격은 때까치다(許行, 乃南楚蠻夷, 其舌之惡如鴃鳥耳, 鴃, 博勞也)"라고 했고, 주희는 "악한 소리를 내는 새로, 남만의 소리가 이와 비슷하니 허행을 가리킨다(惡聲之鳥, 南蠻之聲, 似之, 指許行也)"라고 구체적으로 적시했다.

잘못되었다고 하는데, 그대가 그대의 스승을 배반하고 그것을 배우고 있으니, 이는 증자[의 경우]와는 다르구나. 나는 그윽한 골짜기에서 나와 높은 나무로 옮겨간다는 말은 들었어도, 높은 나무에서 내려와 그윽한 골짜기로 들어간다는 말은 듣지 못했다. [《시경》] 〈노송魯頌〉에 말하기를 '융·적을 치고, 형(초)·서를 응징했네'[60]라고 했다. 주공도 바야흐로 그들을 응징하셨는데 그대는 이러한 것을 배우니 또한 잘못 변하는 것이다."

[진상이 말했다.]

"허자의 도를 따르면 시장의 물건값이 [공평하여] 둘이 아니어서 온 나라 안에 거짓이 없어져, 비록 5척의 어린아이를 시장에 가게 해도 혹여라도 그 아이를 속일 수 없을 것입니다. 베와 비단의 길이가 같으면 값이 서로 같고, 굵은 베와 가는 베, 비단실과 무명실의 무게가 같으면 값이 서로 같으며, 오곡의 수량이 같으면 값이 서로 같고, 신발의 크기가 같으면 값이 서로 같을 것입니다."

[맹자께서] 말씀하셨다.

"무릇 물건[값]이 같지 않은 것은 물건의 실정이니, [값이] 어떤 것은 서로 배가 되고 다섯 배가 되며, 어떤 것은 서로 열 배가 되고 백 배가 되며, 어떤 것은 서로 천 배가 되고 만 배가 되거늘, 그대가 이것(물건값의 실질적인 차이)을 엇비슷하게 하여 같게 하니, 이는 천하를 어지럽히는 것이다. 거칠게 만든 신발과 정교하게 만든 신발이 같은 값이면 사람들이 어찌 공들여 정교한 신발을 만들겠는가? 허

60) 《시경》〈노송·비궁閟宮〉의 일부분으로, 희공이 제나라 환공을 따라 초나라 정벌을 한 것을 찬미하고 축원한 시인데, 맹자는 '주공'이라고 단장취의했다.

자의 도를 따른다는 것은 서로 이끌어 거짓된 행위를 하는 것이니, 어찌 나라를 다스릴 수 있겠는가?"

有爲神農之言者許行, 自楚之滕, 踵門而告文公曰: "遠方之人聞君行仁政, 願受一廛而爲氓." 文公與之處, 其徒數十人, 皆衣褐, 捆屨, 織席以爲食. 陳良之徒陳相與其弟辛負耒耜而自宋之滕, 曰: "聞君行聖人之政, 是亦聖人也. 願爲聖人氓." 陳相見許行而大悅, 盡棄其學而學焉. 陳相見孟子, 道許行之言曰: "滕君則誠賢君也, 雖然, 未聞道也. 賢者與民竝耕而食, 饔飧而治. 今也滕有倉廩府庫. 則是厲民而以自養也, 惡得賢?" 孟子曰: "許子必種粟而後食乎?" 曰: "然." "許子必織布而後衣乎?" 曰: "否. 許子衣褐." "許子冠乎?" 曰: "冠." 曰: "奚冠?" 曰: "冠素." 曰: "自織之與?" 曰: "否. 以粟易之." 曰: "許子奚爲不自織?" 曰: "害於耕." 曰: "許子以釜甑爨, 以鐵耕乎?" 曰: "然." "自爲之與?" 曰: "否. 以粟易之." "以粟易械器者, 不爲厲陶冶, 陶冶亦以其械器易粟者, 豈爲厲農夫哉? 且許子何不爲陶冶, 舍皆取諸其宮中而用之? 何爲紛紛然與百工交易? 何許子之不憚煩?" 曰: "百工之事固不可耕且爲也." "然則治天下獨可耕且爲與? 有大人之事, 有小人之事. 且一人之身, 而百工之所爲備, 如必自爲而後用之, 是率天下而路也. 故曰: '或勞心, 或勞力, 勞心者治人, 勞力者治於人.' 治於人者食人, 治人者食於人, 天下之通義也. 當堯之時, 天下猶未平, 洪水橫流, 氾濫於天下, 草木暢茂, 禽獸繁殖. 五穀不登, 禽獸偪人, 獸蹄鳥跡之道交於中國. 堯獨憂之, 擧舜而敷治焉. 舜使益掌火, 益烈山澤而焚之, 禽獸逃匿. 禹疏九河, 瀹濟漯而注諸海, 決汝漢, 排淮泗而注之江, 然後中國可得而食也. 當是時也, 禹八年於外, 三過其門而不入, 雖欲耕, 得乎? 后稷教民稼穡, 樹藝五穀, 五穀熟而民人育. 人之有道也, 飽食煖衣逸居而無教, 則近於禽獸. 聖人有憂之, 使契爲司徒, 教以人倫, 父子有親, 君臣有義, 夫婦有別, 長幼有序, 朋友有信. 放勳曰: '勞之來之, 匡之直之, 輔之翼之, 使自得之, 又從而振德之.' 聖人之憂民如此而暇耕乎? 堯以不得舜爲己憂, 舜以不得禹皐陶爲己憂. 夫以百畝之不易爲己憂者, 農夫也. 分人以財謂之惠, 教人以善謂之忠, 爲天下得人者謂之仁. 是故以天下與人易, 爲天下得人難. 孔子曰: '大哉堯之爲君! 惟天爲大, 惟堯則之, 蕩蕩乎民無能名焉! 君哉舜也! 巍巍乎有天下而不與焉!' 堯舜之治天下, 豈無所用心哉? 亦不用於耕耳. 吾聞用夏變夷者, 未聞變於夷者也. 陳良, 楚產也, 悅周公仲尼之道, 北學於中國, 北方之學者, 未能或之先也, 彼所謂豪傑之士也. 子之兄弟事之數十年, 師死而遂倍之! 昔者孔子沒, 三年之外, 門人治任將歸, 入揖於子貢, 相嚮而哭, 皆失聲, 然後歸. 子貢反, 築室於場, 獨居三年, 然後歸. 他日, 子夏子張子游以有若似聖人, 欲以所事孔子事之, 强曾子, 曾子曰: '不可, 江漢以濯之, 秋陽以暴之, 皜皜乎不可尙已.' 今也南蠻鴃舌之人, 非先王之道, 子倍子之師而學之, 亦異於曾子矣. 吾聞出於幽谷遷於喬木者, 未聞下喬木而入於幽谷者. 魯頌曰: '戎狄是膺, 荊舒是懲.' 周公方且膺之, 子是之學, 亦爲不善變矣." "從許子之道, 則市賈不貳, 國中無僞, 雖使五尺之童適市, 莫之或欺. 布帛長短同, 則賈相若, 麻縷絲絮輕重同, 則賈相若, 五穀多寡同, 則賈相若, 屨大小同, 則賈相若." 曰: "夫物之不齊, 物之情也, 或相倍蓰, 或相什百, 或相千萬. 子比而同之, 是亂天下也. 巨屨小屨同賈, 人豈爲之哉? 從許子之道, 相率而爲僞者也, 惡能治國家?"

맹자가 병이 낫거든 만나자는 이유 5.5

묵자墨者(묵가)인 이지夷之[61]가 서벽徐辟을 통해 맹자를 뵙기를 청하자[62] 맹자께서 말씀하셨다.

"내가 본래 만나보고 싶었으나 지금은 내가 아직 병중이니, 병이 낫거든 내가 가서 만나볼 것이다. 이자(이지)는 오지 말라고 해라.[63]"

다른 날 또 맹자를 뵙기를 청하자, 맹자께서 말씀하셨다.

"내가 지금은 [그를] 만나볼 수 있으나 [내 뜻을] 직설적으로 말하지 않으면 도道가 드러나지 않으니, 나는 또한 직설적으로 말하겠다. 내가 듣기로는 이자가 묵자[의 문하]라고 하는데, 묵자는 장례를

---

61) 주희는 '이夷'가 성이고, '지之'는 이름이라고 했다. 조기는 "묵가의 도를 배운 사람〔治墨家之道者〕"이라고 했다.

62) 원문의 "구求"를 번역한 것으로, '요구하다'라고 번역해야 하나 문맥을 고려하여 '청하다'라고 번역한다. 이하 이 구절의 '구'도 마찬가지다.

63) 원문의 "이자불래夷子不來"를 번역한 것으로, 조기는 "이날 이자가 맹자에게 병이 든 것을 들었기 때문에 오지 않은 것이다〔是日夷子聞孟子病, 故不來〕"라고 풀이했는데, 이에 대하여 정약용은 "주희의 《집주》에 '이자불래'를 윗절에 이어 썼기 때문에 우리나라 언해본에서는 '불래'를 '오지 말라〔勿來〕'와 같이 읽었는데, 아마도 조기의 주가 순탄한 듯하다〔集註夷子不來屬上節, 吾東諺解, 不來讀之如勿來, 恐趙注平順〕"라고 하여 주희의 설을 따른 우리나라 언해본과 조기의 설을 비교 분석하면서 조기의 설을 지지했다.

치르는 데에 검소한 것을 도리로 삼는다. 이자가 이[도리]로써 온 천하의 풍속을 바꿀 것을 생각하니, 어찌 이것을 옳다고 하지 않겠으며 귀하다고 여기지 않겠는가? 그런데도 이자는 그 어버이의 장례는 성대하게 했으니, 이는 천하게 여기는 것으로써 어버이를 섬긴 것이다."

서자(서벽)가 이 말을 이자에게 알리자 이자가 말했다.

"유자儒者의 도에 '옛사람이 [《서경》에 이르기를] 어린아이를 보호하듯이 한다'고 했으니, 이 말은 무슨 말이겠는가? 내가 생각하기에 사랑에는 차등이 없고, [사랑을] 베푸는 것이 어버이에게서 시작한다는 뜻이다."

서자가 이 말을 맹자에게 아뢰자 맹자께서 말씀하셨다.

"이자는 정녕 사람들이 그 형의 아들을 사랑하는 것이 그 이웃 어린아이를 사랑하는 것과 같다고 생각하는 것인가? 《서경》은 [다른 뜻을] 취하고 있을 뿐이다. 어린아이가 엉금엉금 기어서 우물로 빠지려 하는 것은 어린아이의 죄가 아니다. 또 하늘이 만물을 낼 때 하나의 근본으로 했는데, 이자는 근본을 둘로 여기기 때문[에 이자가 잘못 이해한 것]이다.

대체로 상고시대에 일찍이 그 어버이를 장례 지내지 않은 자가 있었는데, 그 어버이가 죽자 [시신을] 들어서 골짜기에 내버렸다. 다른 날 그곳을 지나다가 여우와 살쾡이가 파먹고 파리와 등에가 빨아먹자 그자의 이마가 땀에 흥건히 젖어서는[64] 곁눈질할 뿐 [차마]

64) 원문의 "차泚"를 번역한 것으로, 조기는 "땀이 흥건하게 젖은 모습이다(汗出泚泚然也)"라고 했다.

쳐다볼 수 없었으니, 무릇 땀이 흥건한 것은 남들이 보기 때문에 젖은 것이 아니라 속마음이 얼굴에 드러난 것이다. [집으로] 돌아와서 삼태기와 들것에 흙을 가져와서 시신을 덮어 가렸으니, 시신을 덮는 것이 정녕 옳다면 효자와 어진 사람이 그 어버이의 시신을 덮는 것이 또한 반드시 도리가 있는 것이다."

서자가 이 말을 이자에게 알리니, 이자가 멍하니 한참 있다가 말하기를 "나에게 가르침을 주셨다[65]"라고 했다.

墨者夷之因徐辟而求見孟子, 孟子曰: "吾固願見, 今吾尙病, 病愈, 我且往見. 夷子不來." 他日, 又求見孟子, 孟子曰: "吾今則可以見矣. 不直, 則道不見, 我且直之. 吾聞夷子墨者, 墨之治喪也, 以薄爲其道也. 夷子思以易天下, 豈以爲非是而不貴也? 然而夷子葬其親厚, 則是以所賤事親也." 徐子以告夷子, 夷子曰: "儒者之道, '古之人若保赤子.' 此言何謂也? 之則以爲愛無差等, 施由親始." 徐以告孟子, 孟子曰: "夫夷子信以爲人之親其兄之子爲若親其隣之赤子乎? 彼有取爾也. 赤子匍匐將入井, 非赤子之罪也. 且天之生物也, 使之一本, 而夷子二本故也. 蓋上世嘗有不葬其親者, 其親死, 則擧而委之於壑. 他日過之, 狐狸食之, 蠅蚋姑嘬之, 其顙有泚, 睨而不視, 夫泚也, 非爲人泚, 中心達於面目. 蓋歸反虆梩而掩之, 掩之誠是也, 則孝子仁人之掩其親, 亦必有道矣." 徐子以告夷子, 夷子憮然爲間曰: "命之矣."

65) 원문의 "명지의命之矣"를 번역한 것으로, 주희는 "'명命'은 '가르치다(敎)'와 같으니, 맹자가 이미 나를 가르쳤다고 말한 것이다(命, 猶敎也, 言孟子已敎我矣)"라는 주석에 유의하여 번역했다.

제6편

등문공 하

滕文公下

【해설】

이 편은 10장으로 구성되어 있는데, 앞의 〈등문공 상〉 편과 달리 문공과 관련된 내용이라기보다는 맹자가 생각하는 삶의 방식이 일정한 주제 없이 수록되어 있다. 첫 장은 함부로 제후를 만나지 않는다는 맹자의 지조를 제자가 칭송하는 부분으로 시작하는데, 맹자는 합당한 부름이면 언제든 갈 자세가 되어 있다고 강조한다.

2장은 종횡가에 속하는 공손연公孫衍과 장의張儀가 대장부인지 묻는 대화로 이루어져 있는데 맹자는 물론 이들의 견해에 부정적이다. 3장에서 선비라면 응당 직위를 갖는 벼슬살이를 해야 한다는 맹자의 시각이 이어지고 있고, 4장은 선비의 역할이 무엇인지 알려주고 있으며, 제나라와 초나라라는 강대국 사이에서 왕도정치를 하려는 소국 송나라의 고민이 5장에 나와 있다.

교육에 있어 스승보다는 언어 환경, 즉 지리적 환경이 중요하다고 강조한 6장은 맹자의 교육관을 일부 드러내고 있고, 7장에는 맹자가 제후를 만나지 않으려는 근본 이유가 공손추와의 대화에서 잘 드러난다. 특히 9장에서 맹자가 다른 사람과 논쟁을 즐기는 것을 많은 사람이 인지하고 있었지만, 맹자는 부득이해서 그런 것이지 논쟁 그 자체를 좋아하는 것은 아니라고 강변한다. 고대의 역사적 사실을 길게 인용하면서 맨 마지막 단락에서 내린 결론은 "우임금과 주공, 공자 세 분 성인의 일을 계승하기 위함"이라는 대목에서 결국 맹자는 성인의 도를 따르려는 자임을 분명히 드러내고 있다.

왜 제후를 만나지 않으십니까 6.1

진대가 말했다.

"제후를 만나지 않는 것은 사소한 것에 연연하는 것 같습니다. 지금 한 번 만나시면 크게는 왕 노릇 하게 하고, 작게는 패왕 노릇 하게 할 것입니다. 또한 기록에 말하기를 '한 자(尺)를 굽혀 한 길(尋)(여덟 자)을 곧게 편다'[1]고 했으니, 마땅히 해볼 만한 일인 듯합니다."

맹자께서 말씀하셨다.

"옛날에 제나라 경공이 사냥할 때 사냥터 관리인(虞人)을 [새 깃털이 장식된] 깃발로 불렀는데, 오지 않아서 그를 죽이려고 했었다. [공자께서] '뜻있는 선비는 도랑이나 골짜기에 버려질 수 있다는 것을 잊지 않고, 용감한 선비는 자신의 머리가 베어질 수 있다는 것을 잊지 않는다'고 하셨으니, 공자께서 어떤 점을 취하셨는가? 자신을 부르는 방법이 아니면 가지 않은 것을 취하신 것이니, 만약 부르는 것조차 기다리지 않고 간다면 어떻겠는가? 또한 '한 자를 굽혀 한 길을 곧게 편다'는 말은 이익으로 말한 것이니, 만일 이익으로 따져 보자면 한 길을 굽혀 한 자를 펴는 이익이 있더라도 또한 [그리] 하겠는가?

옛날에 조간자趙簡子가 왕량王良[2]에게 총애하는 신하 해奚와 함께

---

1) 원문의 "왕척이직심枉尺而直尋"을 번역한 것으로 주희의 설은 이렇다. "자기 몸을 굽혀 한 번 제후를 만나보면 왕 노릇 하는 자와 패자霸者를 이룰 수 있는 것과 같으니, 굽힌 것이 작고 편 것이 큰 것이다(猶屈己一見諸侯而可以致王霸, 所屈者小, 所伸者大也)." 한 자를 굽혀 여덟 자를 곧게 편다는 것은 큰 이익을 얻기 위해서 합당하지 않은 방법을 사용할 수 있다는 의미다(동양고전연구회 역주설).

수레를 몰[고 사냥하]게 했는데, 온종일 짐승 한 마리도 잡지 못했다. [신하] 해가 돌아와 보고하여 말하기를 '천하에 형편없는 말몰이꾼이었습니다'라고 했다. 어떤 사람이 [이 말을] 왕량에게 전하자 왕량이 말하기를 '다시 하게 해주십시오'라고 하면서 간청한 뒤에 [겨우] 승낙을 받았다. [이번에는] 하루 아침나절 만에 열 마리의 짐승을 잡았다. 해가 돌아와 보고하여 말하기를 '천하에 훌륭한 말몰이꾼이었습니다'라고 하니, 간자가 말하기를 '내가 그에게 너만을 위해 수레를 몰게 하겠다'라고 하고는 왕량에게 [이 말을] 전했다. 왕량이 거절하면서 말하기를 '제가 그를 위해서 저만의 말 모는 법도대로 했더니[3] 온종일 한 마리도 잡지 못했고, 그를 위해서 [제가 익힌 법도와] 어긋나게 짐승을 만나게 했더니 아침나절 만에 열 마리의 짐승을 잡았습니다.《시경》에 이르기를「말 모는 법도를 잃지 않으면 화살을 쏘아 깨뜨리는 것과 같이 명중하네」라고 했습니다. 저는 소인과 함

2) 왕량王良은 춘추시대 진晉나라 조양자趙襄子의 수레를 몰던 왕오기王於期를 말한다. 수레를 잘 몰기로 이름난 인물로,《한비자韓非子》에 그에 대한 기록들이 있다. 예를 들면 〈비내備內〉 편에 "왕량이 말을 사랑하고 월나라 구천이 사람을 아꼈던 것은 전쟁에 출전시키고 전쟁에서 잘 타고 달리기 위해서였다〔王良愛馬, 越王勾踐愛人, 爲戰與馳〕", 〈외저설外儲說 우상右上〉 편에 "왕량이 고삐를 잡도록 한다면, 몸은 수고롭게 하지 않으면서도 빠른 짐승을 쉽게 잡을 수 있다〔使王良佐轡, 則身不勞而易及輕獸矣〕", 〈외저설 우하右下〉 편에 "왕량과 조보는 천하의 훌륭한 수레몰이꾼이다〔故王良造父, 天下之善御者也〕", 〈난세難勢〉 편에 "무릇 좋은 말과 견고한 수레를 노예로 하여금 그것들을 부리도록 한다면 다른 사람의 웃음거리가 되지만, 왕량이 그것들을 부리면 하루에도 1,000리를 달릴 수 있게 될 것이다〔夫良馬固車, 使臧獲御之則爲人笑, 王良御之而日取千里〕"와 같은 기록을 참조하여 읽어보아도 좋다.

3) 원문의 "범아치구範我馳驅"를 번역한 것으로, 양보쥔은 '범範'은 동사〔作動詞〕로 쓰였다고 했다.《공양전》 소공 8년 기록에 따르면, 사냥하는 수레를 몰 때는 수레가 달리며 먼지가 날려도 뒤의 수레가 앞 수레의 궤적을 벗어나서는 안 되고, 수레를 모는 말발굽의 보폭과 절주도 마땅히 박자에 맞아야 했다.

께 수레 모는 것을 익히지 않았으니, 사양하겠습니다'라고 했다. 말몰이꾼도 활 쏘는 자에게 아부하는 것을[4] 수치스러워해서 아부하는 방법으로는 금수 잡는 것을 비록 언덕과 같이 많이 하더라도[5] 하지 않았는데, 만약 도를 굽혀 그(제후)를 따른다면 어찌하겠는가? 또 네가 잘못 생각했다. 자기[지조]를 굽힌 자가 남을 곧게 할 수 없다."

陳代曰: "不見諸侯, 宜若小然. 今一見之, 大則以王, 小則以覇. 且志曰: '枉尺而直尋.' 宜若可爲也." 孟子曰: "昔齊景公田, 招虞人以旌, 不至, 將殺之. '志士不忘在溝壑, 勇士不忘喪其元.' 孔子奚取焉? 取非其招不往也, 如不待其招而往, 何哉? 且夫'枉尺而直尋'者, 以利言也, 如以利, 則枉尋直尺而利, 亦可爲與? 昔者趙簡子使王良與嬖奚乘, 終日而不獲一禽. 嬖奚反命曰: '天下之賤工也.' 或以告王良. 良曰: '請復之.' 强而後可. 一朝而獲十禽. 嬖奚反命曰: '天下之良工也.' 簡子曰: '我使掌與女乘.' 謂王良. 良不可, 曰: '吾爲之範我馳驅, 終日不獲一, 爲之詭遇, 一朝而獲十. 詩云, 「不失其馳, 舍矢如破.」 我不貫與小人乘, 請辭.' 御者且羞與射者比, 比而得禽獸, 雖若丘陵, 弗爲也, 如枉道而從彼, 何也? 且子過矣. 枉己者, 未有能直人者也."

---

4) 원문의 "비比"를 번역한 것으로, 본래 자원字源이 '숟가락〔匕〕'을 나란히 한 모양에서 '나란히 함께하다'라는 의미를 지니고 있다. 《설문해자》에서는 '밀접하다〔密〕'라는 뜻으로 풀이했다. 양보쥔은 《한서》〈유흠전劉歆傳〉의 "'친밀하다〔比〕'라는 뜻은 '력力' 자와 같다〔比, 意同力〕"라고 한 문장에서 안사고가 "'비'는 '합하다'라는 뜻이다〔比, 合也〕"라고 주석한 내용을 고증하여 제5편 〈등문공 상〉 4장에 "그대가 이것(물건값의 실질적인 차이)을 엇비슷하게 하여 같게 하니〔子比而同之〕"에서의 '비'와 같은 의미로 보았다. 주희는 "무리 지어 아부함〔阿黨〕"이라고 했는데, 역자는 주희 설을 취하여 '아부함'으로 번역했다.

5) 원문의 "약구릉若丘陵"을 번역한 것으로, 주희는 "'언덕과 같다'는 것은 '많음'을 말한 것이다〔若丘陵, 言多也〕"라고 풀이했다.

누가 진정 대장부인가 6.2

경춘景春[6]이 말했다.

"공손연公孫衍[7]과 장의張儀[8]는 어찌 정녕 대장부가 아니겠습니까? 한번 노여워하면 제후들이 두려움에 떨고, 편안히 있으면 천하가 [다] 조용합니다."

맹자께서 말씀하셨다.

"이들이 어찌 대장부라고 할 수 있겠는가? 그대는 예를 배우지 않았던가? 사내가 관례[9]를 치를 때에는 아버지가 도리를 가르치고, 여자가 시집갈 때에는 어머니가 도리를 가르치니, 시집가는 딸을 문간에서 배웅하면서도 타이르며 말하기를 '네 시집에 가서 반드시 [시부모님을] 공경하고 반드시 삼가며 남편의 뜻을 어기지 말라!'[10]라고 하니, 순종하는 것을 올바른 것으로 여기는 것은 아녀자

6) 경춘景春에 대하여 조기는 "맹자 때의 사람으로 종횡가의 술수를 행한 사람이다(孟子時人, 爲縱橫之術者)"라고 간단한 주를 덧붙였다.

7) 공손연公孫衍에 대하여 양보쥔은 "위魏나라 사람 서수犀首로, 저명한 유세객이었다(魏國人犀首, 著名的說客)"라고 설명했다. 위나라 양왕 원년에 진秦나라에 대항해 연합하자는 합종책을 올려 장의의 연횡책에 맞섰다.

8) 《사기》〈장의열전張儀列傳〉에 "장의는 위魏나라 사람으로 처음에는 일찍이 소진과 함께 귀곡 선생을 스승으로 모시고 종횡술을 배웠는데, 소진은 스스로 장의에 미치지 못한다고 생각했다. 장의는 학업을 마치자 유세하러 제후들을 찾아갔다(張儀者, 魏人也. 始嘗與蘇秦俱事鬼谷先生學術, 蘇秦自以不及張儀. 張儀已學游說諸侯)"라는 기록이 보인다. 장의는 유세를 하다가 의심을 받고 수백 번 매질을 당하기도 했는데, 걱정스러워하는 아내에게 "내 혀가 아직 붙어 있는지 아닌지 보시오(視吾舌尚在不)"라고 한 일화가 전해지며, 권모술수와 임기응변에 능했던 장의를 사마천은 "나라를 기울게 하는 위험한 선비이구나(眞傾危之士哉)"라고 평가절하했다.

9) 원문의 "관冠"은 관례를 치르는 것으로, 주희는 "머리에 관을 더하는 것을 '관'이라고 한다(加冠於首曰冠)"라고 풀이했다.

의 도리다.[11]

천하의 넓은 집〔仁〕에 살고 천하의 바른 자리〔禮〕에 서서 천하의 큰 도道[12]를 행하여, 뜻을 얻으면 백성과 함께 도를 따르고 뜻을 얻지 못하면 혼자라도 그 도를 실행하는 것이다. 부유하고 귀해도 [이 마음을] 어지럽힐 수 없고, 가난하고 비천해도 바꿀 수 없으며, 위세와 무력에도 굽힐 수 없는 것, 이런 자를 일컬어 대장부라고 한다."

景春曰: "公孫衍張儀豈不誠大丈夫哉? 一怒而諸侯懼, 安居而天下熄." 孟子曰: "是焉得爲大丈夫乎? 子未學禮乎? 丈夫之冠也, 父命之, 女子之嫁也, 母命之, 往送之門, 戒之曰: '往之女家, 必敬必戒, 無違夫子!' 以順爲正者, 妾婦之道也. 居天下之廣居, 立天下之正位, 行天下之大道, 得志, 與民由之, 不得志, 獨行其道. 富貴不能淫, 貧賤不能移, 威武不能屈, 此之謂大丈夫."

---

10) 원문의 "무위부자無違夫子"를 번역한 것으로, 주희는 "'부자夫子'는 남편이다. 여자는 남을 따르니, 순종함을 정도로 삼는 것이다〔夫子, 夫也. 女子從人, 以順爲正道也〕"라고 했다. 《의례》 〈사혼례士婚禮〉에 "아버지가 딸을 시집보내는데 훈계하여 말하기를 '경계하고 공경하여 이른 새벽부터 밤늦게까지 명命을 어기지 말라'〔父送女, 命之曰: 戒之敬之, 夙夜無違命〕"라고 했는데, 이에 대해 정현은 "'명'은 시부모님의 가르침의 명〔命, 舅姑之敎命〕"이라고 했다.

11) 이 문장에 대해 주희가 "아마도 공손연과 장의 두 사람은 아첨하고 구차히 용납하여 권세를 취했으니, 이는 곧 아녀자의 순종하는 도리일 뿐이고 대장부의 일이 아니라고 말씀한 것이다〔蓋言二子阿諛苟容, 竊取權勢, 乃妾婦順從之道耳, 非丈夫之事也〕"라고 한 말처럼 이 말의 맥락을 따져보아야 한다.

12) 원문의 "광거廣居", "정위正位", "대도大道"의 의미에 대해 주희는 "'광거'는 '인仁'이고, '정위'는 '예禮'이며, '대도'는 '의義'를 가리킨다"라고 했다.

벼슬살이와 벼슬하기를 어렵게 여기는 이유 6.3

주소周霄[13)]가 물었다.

"옛날의 군자도 벼슬을 했습니까?"

맹자께서 말씀하셨다.

"벼슬을 했다. 전하는 기록에 말하기를 '공자는 석 달 동안 [섬길] 군주가 없으면 [안타까워] 머뭇거리며[14)] 국경을 나갈 때 반드시 예물[15)]을 싣고 갔다'라고 했고, 공명의가 말하기를 '옛사람은 석 달 동안 [섬길] 군주가 없으면 위문했다'라고 했다."

[주소가 말했다.]

"석 달 동안 [섬길] 군주가 없다고 해서 위문하는 것은 너무[16)] 성급하지 않습니까?"

[맹자께서] 말씀하셨다.

"선비가 지위를 잃는 것은 제후가 나라를 잃는 것과 같다.《예기》에 말하기를 '제후가 밭을 갈면 [백성이] 도와서[17)] 제사에 쓸 곡식을 바치고, 부인이 누에를 치고 실을 뽑아 의복을 만든다. [제사에 쓸] 희생이 살지지 못하고[18)] 제사에 쓸 곡식이 깨끗하지 못하며, 의복

---

13) "주소周霄"에 대해 조기는 "위魏나라 사람이다〔魏人也〕"라고 했다. 주소는《전국책》〈위책魏策〉에도 기록이 있는데, 양나라 혜왕과 양왕 때의 사람이라고 한다.

14) 원문의 "황황여皇皇如"를 번역한 것이다. 주희는 "'황황皇皇'은 구함이 있으나 얻지 못하는 것처럼 하는 뜻이다〔皇皇, 如有求而弗得之意〕"라고 했다.

15) 원문의 "지質"를 번역한 것으로, 고대에는 처음 만났을 때의 예우로 반드시 예물을 주었는데, 이 예물을 '지'라고 했다. 선비들은 예물로 꿩을 주었다.

16) 원문의 "이以"에 대해 주희는 '이已' 자와 통하니, '너무〔太〕'라는 뜻이라고 한 것을 염두에 두어야 한다고 했다.

이 준비되지 못하면 감히 제사를 지내지도 못하고, 선비가 [제사용] 전답[19]이 없어도 제사를 지내지 못한다'라고 했다. 희생과 제기와 의복이 준비되지 못하여 감히 제사 지내지 못하면 감히 잔치도 못할 것이니 또한 위문하기에 충분하지 않겠는가?"

[주소가 말했다.]

"국경을 나갈 때 반드시 예물을 싣는 것은 어째서입니까?"

[맹자께서] 말씀하셨다.

"선비가 벼슬하는 것은 농부가 밭 가는 것과 같으니, 농부가 어찌 국경을 나가면서 쟁기와 보습을 버리겠는가?"

[주소가] 말했다.

"진晉(위)나라 또한 벼슬할 만한 나라지만 벼슬하는 것을 이처럼 성급하게 했다는 말은 일찍이 들어보지 못했습니다. 벼슬하는 것을 이처럼 성급하게 해야 한다면 군자가 벼슬하는 것을 어렵게 여기

---

17) 원문의 "경조耕助"를 번역한 것으로, 제5편 〈등문공 상〉 3장에 "'조助'는 '빌린다'는 것이다(助者, 藉也)"라고 한 것을 참조해보면 이 문장에서도 '조'는 '빌리다(藉)'의 의미로 해석될 수 있다. 《좌전》 소공 18년에 "우인이 벼농사를 지었다(鄅人藉稻)"라고 한 문장에 대해 "'자藉'는 밭 가는 것이다(藉, 耕也)"라고 하여 《정의》에 복건服虔의 주를 인용하여 풀이했다. 여기서는 문맥상 '돕다'라는 의미로 보는 것이 더 설득력이 있다.

18) 원문의 "희생불성犧牲不成"을 번역한 것이다. 희생은 제사 때 쓰는 소(牛)·양羊·돼지(豬) 등의 제물을 말하는데, '생살牲殺'이라고도 한다. 왕부지가 《맹자패소》에서 "가축을 기른 것을 생牲이라고 하고, 고기잡이한 것을 살殺이라고 한다. 대부는 고라니를 쓰고, 선비는 토끼를 쓰는데, 모두 물고기 사냥으로 잡은 것이므로 살이라 한다(畜牧曰牲, 漁獵曰殺. 大夫用麋, 士用兔, 皆漁獵所獲, 所謂殺也)"라는 발언을 유념할 필요가 있다. 《석명釋名》 〈석언어釋言語〉에 "'성'은 가득 담겨 있는 것이다(成, 盛也)"라고 했다. 조기는 "'불성'이란 [희생이] 살지지 않은 것이다(不成, 不實肥腯也)"라고 하면서 그 대상을 구체적으로 적시했다.

19) 원문의 "전田"을 번역한 것으로, 제사에 쓸 제수를 마련할 전답을 말한다.

는 것[20]은 무엇 때문입니까?

[맹자께서] 말씀하셨다.

"사내가 태어나면 그를 위해 아내가 있기를 바라고, 여자가 태어나면 그를 위해 시집가기를 바라는 것은 부모의 마음이라 모든 사람이 가지고 있지만, [이러한] 부모의 명령과 중매쟁이의 말을 기다리지 않고 구멍을 뚫고 틈으로 서로 엿보면서 담을 넘어가고 서로 어울리면 부모와 나라 사람들이 모두 그들을 천하게 여긴다. 옛날 사람들이 일찍이 벼슬을 원하지 않은 것이 아니고, 또한 그 정도를 따르지 않는 것을 싫어한 것이니, 그 정도를 따르지 않고 [벼슬하러] 찾아가는 것은 구멍을 뚫고 틈을 엿보는 부류와 같은 것이다."

周霄問曰: "古之君子仕乎?" 孟子曰: "仕. 傳曰: '孔子三月無君, 則皇皇如也, 出疆必載質.' 公明儀曰: '古之人三月無君, 則弔.'" "三月無君則弔, 不以急乎?" 曰: "士之失位也, 猶諸侯之失國家也. 禮曰: '諸侯耕助以供粢盛, 夫人蠶繅, 以爲衣服. 犧牲不成, 粢盛不潔, 衣服不備, 不敢以祭, 惟士無田, 則亦不祭.' 牲殺器皿衣服不備, 不敢以祭, 則不敢以宴, 亦不足弔乎?" "出疆必載質, 何也." 曰: "士之仕也, 猶農夫之耕也, 農夫豈爲出疆舍其耒耜哉?" 曰: "晉國亦仕國也, 未嘗聞仕如此其急. 仕如此其急也, 君子之難仕, 何也?" 曰: "丈夫生而願爲之有室, 女子生而願爲之有家, 父母之心, 人皆有之. 不待父母之命媒妁之言,

---

20) 원문의 "군자지난사君子之難仕"를 번역한 것인데, 성백효는 "군자는 일반적으로 훌륭한 사람을 가리키지만 '군자지난사'의 '군자'는 맹자를 빗대어 말한 것이다. 앞의 '진晉(위)나라가 또한 벼슬할 만한 나라'라고 한 것 역시 맹자가 일찍이 삼진三晉의 하나인 위魏나라에 있었기 때문에 말한 것이다"라고 그 맥락을 덧붙였다.

鑽穴隙相窺, 踰牆相從, 則父母國人皆賤之. 古之人未嘗不欲仕也, 又惡不由其道, 不由其道而往者, 與鑽穴隙之類也."

밥을 얻어먹으려는 선비라면 6.4

팽경彭更이 물었다.

"뒤따르는 수레가 수십 대이고 따르는 자가 수백 명인데 제후들에게 여기저기서 밥을 얻어먹는 것은 너무 지나치지[21] 않습니까?"

맹자께서 말씀하셨다.

"그것이 도리에 맞지 않는다면 한 그릇의 밥이라도 남에게 받을 수 없지. [그러나] 만일 그것이 도리에 맞는다면 순임금이 요임금의 천하를 받은 것도 지나치다고 하지 않으니 그대는 [우리가] 지나치다고 생각하는가?"

[팽경이] 말했다.

"아닙니다. 선비가 하는 일 없이 밥을 축내는 것이 옳지 않다는 것입니다."

[맹자께서] 말씀하셨다.

"그대가 [남들이 세운] 공功을 [서로] 통하게 일거리를 바꾸어 남는 것으로써 부족한 것을 보충해주지 않는다면 농사꾼에게는 남아도는 곡식이 있고, 여자들에게도 남아도는 삼베가 있을 것이네. [그러나] 그대가 만일 이를 통하게 한다면 목수와 수레를 만드는 사람 모

21) 원문의 "불이태호不以泰乎"를 번역한 것으로, 주희는 "태泰"는 '지나치다〔侈〕'라는 뜻이라고 했다. '분수에 넘치다'는 뜻이다.

두 그대에게 밥을 얻어먹을 것이네. 여기에 어떤 사람이 있는데, 들어오면 효도하고 나가면 [어른을] 공경하여 선왕의 도를 지켜 후세의 학자를 기다리는데도 그대 [같은 자]에게 밥을 얻어먹지 못한다면, 그대는 어찌하여 목수와 수레를 만드는 사람은 존중하면서 인과 의를 행하는 선비는 가볍게 여기는 것인가?"

[팽경이] 말했다.

"목수와 수레를 만드는 사람은 그 뜻이 밥을 구하려는 것이지만, 군자가 도를 행하는 것도 그 뜻이 또한 밥을 구하려는 것입니까?"

[맹자께서] 말씀하셨다.

"자네는 어찌하여 그런 뜻을 가지고 [말]하는가? 자네에게 공이 있어 밥을 먹일 만하면 밥을 먹이는 것이네. 또 자네는 뜻을 따져서 밥을 먹이는가? 공을 따져서 밥을 먹이는가?"

[팽경이] 말했다.

"뜻을 따져서 밥을 먹입니다."

[맹자께서] 말씀하셨다.

"여기에 사람이 있는데, 기와를 부수고 꾸며놓은 담장을 함부로 그어놓고도 그 뜻이 밥을 구하려고 해서라면 자네는 그에게 밥을 먹이겠는가?"

[팽경이] 말했다.

"아닙니다."

[맹자께서] 말씀하셨다.

"그렇다면 그대는 뜻을 따져서 밥을 먹이는 것이 아니라 공을 따져서 밥을 먹이는 것이네."

彭更問曰: "後車數十乘, 從者數百人, 以傳食於諸侯, 不以泰乎?" 孟子曰: "非其道, 則一簞食不可受於人. 如其道, 則舜受堯之天下, 不以爲泰, 子以爲泰乎?" 曰: "否. 士無事而食, 不可也." 曰: "子不通功易事, 以羨補不足, 則農有餘粟, 女有餘布. 子如通之, 則梓匠輪輿皆得食於子. 於此有人焉, 入則孝, 出則悌, 守先王之道, 以待後之學者, 而不得食於子, 子何尊梓匠輪輿而輕爲仁義者哉?" 曰: "梓匠輪輿, 其志將以求食也, 君子之爲道也, 其志亦將以求食與?" 曰: "子何以其志爲哉? 其有功於子, 可食而食之矣. 且子食志乎? 食功乎?" 曰: "食志." 曰: "有人於此, 毁瓦畫墁, 其志將以求食也, 則子食之乎?" 曰: "否." 曰: "然則子非食志也, 食功也."

작은 나라에서 왕도정치를 하게 된다면 6.5

만장萬章[22)]이 여쭈었다.

"송나라는 작은 나라입니다. 이제 왕도정치를 시행하려고 하는데 제나라와 초나라가 미워하여 송나라를 정벌하면 어찌합니까?"

맹자께서 말씀하셨다.

---

22) 조기는 "만장은 만이 성이고, 장은 이름이며, 맹자의 제자다(萬章者, 萬姓, 章名. 孟子弟子也)"라고 했는데, 맹자의 뛰어난 제자로 추정된다. 어려운 질문을 가장 많이 했다. 《사기》〈맹자순경열전〉에 "[맹자는] 물러나 만장의 무리와 《시》, 《서》를 순서대로 정리하고 공자의 사상을 서술하여 《맹자》 일곱 편을 썼다(退而與萬章之徒序詩書, 述仲尼之意, 作孟子七篇)"라고 한 것을 보면 알 수 있다.

"탕왕이 박읍에 사실 때 갈나라와 이웃했는데, 갈백이 방탕하여 제사를 지내지 않자 탕왕이 사람을 보내서 그(연유)를 묻기를 '어찌하여 제사를 지내지 않는가?' 하니, [갈백이] 대답하기를 '희생을 바칠 것이 없기 때문입니다'라고 했다. 탕왕이 소와 양을 보내주게 하셨는데 갈백이 이것을 먹어버리고 또 제사를 지내지 않았다. 탕왕이 다시 사람을 보내서 그(연유)를 묻기를 '어찌하여 제사를 지내지 않는가?' 하니, [갈백이] 대답하기를 '제사에 바칠 곡식이 없기 때문입니다'라고 했다. 탕왕이 박읍의 백성[23]에게 [갈나라에] 가서 밭을 갈아주게 하고 노약자들은 밥을 내다 먹이게 했다. 갈백이 그의 백성을 거느리고 가서 술과 밥과 기장과 쌀을 내오는 자들을 가로막고 빼앗았는데 주지 않는 자는 죽였다.

어떤 동자가 기장과 고기를 가지고 와서 밥을 먹이는데, [그를] 죽이고 음식을 빼앗았다. 《서경》에 말하기를 '갈백이 밥을 먹이는 자를 원수로 여겼다'라고 했으니, 이것을 두고 말한 것이다. 이 동자를 죽였기 때문에 [탕왕이] 갈나라를 정벌하셨는데, 천하 사람이 모두 말하기를 '천하를 욕심내서가 아니라 평범한 사내와 평범한 아낙을 위해 복수해주시는 것이다'라고 했다.

탕왕이 처음 정벌을 갈나라부터 시작하여 열한 번 정벌하셨는데 천하에 대적한 이가 없었으니, 동쪽을 향하여 정벌하면 서쪽의 오랑캐가 원망하고, 남쪽을 향하여 정벌하면 북쪽의 오랑캐가 원망하여 말하기를 '어찌하여 우리를 뒤에 [정벌]하시는가?'라고 하여, 백

---

23) 원문의 "박중亳衆"을 번역한 것으로, 주희는 "탕왕의 백성[湯之民]"으로 '박亳읍에 사는 사람들'을 말한다고 했다.

성이 [탕왕이] 정벌해주기를 바라는 것이 큰 가뭄에 비를 바라듯이 했다. 시장으로 돌아가는 자들이 그치지를 않았고 밭 가는 자도 동요하지 않았다. [탕왕이] 그 군주를 주살하여 벌하고 백성을 위문하시자, 때 맞춰 비가 내린듯이 백성이 크게 기뻐했다.《서경》에 말하기를 '우리 임금님을 기다리니, 임금님이 오시면 아마도 형벌이 없으시겠지!'라고 했다.[24] [또] '신하가 되지 않는 자가 있어[25] 동쪽을 정벌하여 그 [곳의] 남녀를 편안하게 하시자, [그들이] 검은 비단과 황색 비단을 광주리에 담아 와서 우리 주왕을 섬겨 아름다움을 받아서 큰 도읍인 주나라에 신하로 복종한다'라고 했다. 군자들은 검은 비단과 황색 비단을 광주리에 담아 와서 군자를 맞이하고, 소인들은 대그릇의 밥과 병에 담은 음료로 소인들을 맞이했으니, 이는 백성을 물과 불 가운데에서 구원하여 잔학한 자를 제거했기 때문이다. 〈태서太誓〉에 말하기를 '우리의 [무왕이] 무력을 떨쳐 그들의 국경을 침략하여 그 잔학한 자를 취해 주살하여 정벌하는 공이 베풀어지니, 탕왕보다 더욱 빛나네'라고 했다.

왕도정치를 시행하지 않은 것이지, 만일 왕도정치를 시행한다면 천하가 모두 머리를 들고 바라보면서 [자신의] 군주로 삼고자 할 것이니, 제나라와 초나라가 비록 크더라도 무엇이 두렵겠는가?"

---

24) 원문의 "탕시정湯始征, 자갈재自葛載 …… 기무벌其無罰"을 번역한 것으로, 제2편 〈양혜왕 하〉 11장에 같은 내용이 보인다. 다만 인용된《서경》의 문구는 〈상서·태갑太甲 중中〉에 보인다.

25) 원문의 "유유불유신有攸不維臣"을 번역한 것으로, '유攸'에 대해 조기는 '소所'와 같다고 했는데, 양보쥔은 나라 명칭으로 보아 '유攸나라'로 풀이하기도 했다. 한편 '유維'에 대해 주희의《집주》에는 '유維(惟)' 자가 '위爲'로 되어 있는데, 이에 동의한 양보쥔은 '유惟'와 '위爲'는 같다고 하여《서경》〈익직益稷〉에 "여러 나라의 현명한 백성이 모두 황제의 신하가 될 것이다〔萬邦黎獻, 共惟帝臣〕"라는 구절의 '유惟' 자와 용법이 같은 것으로 보았다.

萬章問曰: "宋, 小國也. 今將行王政, 齊楚惡而伐之, 則如之何?" 孟子曰: "湯居亳, 與葛爲鄰, 葛伯放而不祀, 湯使人問之曰: '何爲不祀?' 曰: '無以供犧牲也.' 湯使遺之牛羊, 葛伯食之, 又不以祀. 湯又使人問之曰: '何爲不祀?' 曰: '無以供粢盛也.' 湯使亳衆往爲之耕, 老弱饋食. 葛伯率其民, 要其有酒食黍稻者奪之, 不授者殺之. 有童子以黍肉餉, 殺而奪之. 書曰: '葛伯仇餉.' 此之謂也. 爲其殺是童子而征之, 四海之內皆曰: '非富天下也, 爲匹夫匹婦復讎也.' 湯始征, 自葛載, 十一征而無敵於天下, 東面而征, 西夷怨, 南面而征, 北狄怨, 曰: '奚爲後我?' 民之望之, 若大旱之望雨也. 歸市者弗止, 芸者不變. 誅其君, 弔其民, 如時雨降, 民大悅. 書曰: '徯我后, 后來其無罰!' '有攸不維臣, 東征, 綏厥士女, 篚厥玄黃, 紹我周王見休, 惟臣附于大邑周.' 其君子實玄黃于篚以迎其君子, 其小人簞食壺漿以迎其小人, 救民於水火之中, 取其殘而已矣. 太誓曰: '我武惟揚, 侵于之疆, 則取于殘, 殺伐用張, 于湯有光.' 不行王政云爾, 苟行王政, 四海之內皆擧首而望之, 欲以爲君, 齊楚雖大, 何畏焉?"

제나라 말을 잘 가르치는 법 6.6

맹자께서 대불승戴不勝[26]에게 말씀하셨다.

"그대는 그대의 왕이 선해지기를 바라는가? 내가 그대에게 분명히 알려주겠다. 여기에 초나라 대부가 있는데, 그의 아들이 제나

26) 조기는 대불승戴不勝을 간단히 "송나라의 신하〔宋臣〕"라고 했다.

라 말을 하기를 원한다면 제나라 사람에게 그를 가르치게[27] 하겠는가? 초나라 사람에게 그를 가르치게 하겠는가?"

[대불승이] 대답했다.

"제나라 사람에게 그를 가르치게 할 것입니다."

[맹자께서] 말씀하셨다.

"제나라 사람 한 명이 그를 가르치려는데 초나라 사람 여러 명이 [초나라 말로] 떠들어댄다면[28] 비록 날마다 종아리를 때리면서 제나라 말[29]을 하기를 요구하더라도 할 수 없을 것이다. [그러나] 그를 데려다 장악莊嶽(제나라의 산악)의 사이에 여러 해 동안 둔다면 비록 날마다 종아리를 때리면서 초나라 말을 하기를 요구하더라도 또한 할 수 없을 것이다. 그대가 설거주薛居州를 선한 선비라고 하여 그를 왕의 처소에 거처하게 했는데, 왕의 처소에 있는 자가 어른이든지 아이든지 지위가 낮든지 높든지, 모두 설거주와 같은 [선한] 사람이라면 왕이 누구와 함께 선하지 않은 일을 할 것이며, 왕의 처소에 있는 자가 어른이든지 아이든지 지위가 낮든지 높든지, 모두 설거주와 같은 [선한] 사람이 아니라면 왕이 누구와 함께 선한 일을 하겠는가? 한 명의 설거주가 홀로[30] 송왕에게 어찌하겠는가?"

孟子謂戴不勝曰: "子欲子之王之善與? 我明告子. 有楚大夫於此, 欲

---

27) 원문의 "부傅"를 주희는 '가르치다(敎)'의 뜻이라고 풀이했다.

28) 원문의 "휴咻"를 번역한 것으로, 조기는 '시끄럽다(讙)'라는 뜻으로 풀었다.

29) 원문의 "제齊"에 대해 주희는 곧 '제나라 말(齊語)'을 가리킨다고 하여 주희의 설에 따라 번역했다.

30) 원문의 "독獨"를 번역한 것으로, 왕인지는 《경전석사》에서 "'독'은 '장차'라는 뜻과 같다(獨, 猶將也)"라고 풀었으나, 여기서는 '홀로', '단독'의 의미다.

其子之齊語也, 則使齊人傳諸? 使楚人傳諸?" 曰: "使齊人傳之." 曰: "一齊人傳之. 衆楚人咻之, 雖日撻而求其齊也, 不可得矣, 引而置之莊嶽之間數年, 雖日撻而求其楚, 亦不可得矣. 子謂薛居州, 善士也, 使之居於王所. 在於王所者, 長幼卑尊皆薛居州也, 王誰與爲不善? 在王所者, 長幼卑尊皆非薛居州也, 王誰與爲善? 一薛居州, 獨如宋王何?"

제후를 만나보지 않는 이유 6.7

공손추가 여쭈었다.

"제후를 만나지 않는 것은 무슨 도의(義)입니까?"

맹자께서 말씀하셨다.

"옛날에 신하가 되지 않았으면 [그 군주를] 만나지 않았다. 단간목段干木[31]은 담장을 넘어 피했고, 설류泄柳는 문을 닫고 들이지 않았으니, 이는 모두 너무 심한 경우이고 [만나보려는 뜻이] 간절하다면 만나볼 수 있는 것이다. 양화는 공자를 [불러] 찾아뵙게 하려고 했으나[32] 무례하다는 비난을 [듣기] 싫어하여, 대부가 선비에게[33] 물건을 하사할 때 자기 집에서 그 물건을 [직접] 받지 못했으면 대부의 문에 가서 절하는 예가 있으므로, 양화가 [이것을 기회로 삼아] 공자께서 집에 없을 때를 엿보아 공자께 삶은 돼지고기를 보내주자, 공자께서

31) 단간목段干木은 성이 '단'이고 이름은 '간목'이다. 《고사전高士傳》에 "단간목은 진晉나라 사람이다. 어릴 때 가난하고 비천하여 마음에 둔 뜻을 이루지 못하여 이에 청렴한 절개를 다스리고, 서하 지방에 유학하며 복자하와 전자방을 스승으로 모셨다. 이극과 적황과 오기 등이 위나라에 있을 때 모두 장군이 되었으나 오직 단간목만 도를 지켜 출사하지 않았다(段幹木者, 晉人也. 少貧且賤, 心志不遂, 乃治淸節, 遊西河, 師事蔔子夏與田子方, 李克翟璜吳起等居於魏, 皆爲將, 唯幹木守道不仕)"라고 했다.

도 그가 집에 없을 때를 엿보아 찾아가서 그곳[대부의 문]에 절하셨다. 이때 양화가 먼저 예를 베풀었다면 [공자께서] 어찌 만나보지 않으셨겠는가?

증자가 말씀하시기를 '어깨를 움츠리고 아첨하여 웃는 것[34]이 여름에 밭일하는 것보다 [더] 힘들다[35]'라고 하셨고, 자로가 말하기를 '[뜻이] 같지 않은데 [억지로] 말하는 그 얼굴빛을 보면 무안하여 붉어지는데, 이는 내가 알 바가 아니다'라고 했으니, 이로 말미암아 본다면 군자가 수양해야 할 바를 알 수 있다."

---

32) 원문의 "양화욕현공자陽貨欲見孔子"를 번역한 것으로, 《논어》의 기록과 비교해볼 필요가 있다. 〈양화〉 17.1에 "양화가 공자를 만나고자 했으나 공자께서 만나려 하지 않자, [없는 틈에] 공자께 삶은 돼지를 선물로 보냈다. 공자께서는 그가 없을 때를 기다렸다가 그에게 사례하러 갔는데 [돌아오는] 길에서 우연히 만났다. [양화가 지나치는] 공자께 말했다. '[이리] 오십시오! 제가 당신과 할 말이 있습니다.' [양화가] 말했다. '그 보배를 품고서도 자신의 나라를 혼미하게 한다면 인하다고 할 수 있겠습니까?' [공자께서] 말씀하셨다. '그렇다고 할 수 없습니다.' '[정사에] 종사하는 것을 좋아하면서 자주 때를 놓치면 지혜롭다고 할 수 있겠습니까?' [공자께서] 말씀하셨다. '그렇다고 할 수 없습니다.' [양화가 말했다.] '해와 달이 가버리듯 세월은 나와 함께하지 않습니다.' 공자께서 말씀하셨다. '알겠습니다. 나는 장차 벼슬할 것입니다(陽貨欲見孔子, 孔子不見, 歸孔子豚. 孔子時其亡也, 而往拜之. 遇諸塗. 謂孔子曰: "來! 予與爾言." 曰: "懷其寶而迷其邦, 可謂仁乎?" 曰: "不可." "好從事而亟失時, 可謂知乎?" 曰: "不可." "日月逝矣, 歲不我與." 孔子曰: "諾, 吾將仕矣)"라고 했다.

33) 양화는 비록 노나라의 정경正卿은 아니었으나 정경이었던 계씨의 재상이었기 때문에 '대부'라고 칭하고, 그 당시 공자는 재야에 있었기 때문에 '선비'라고 일컬었다고 했다(양보쥔 설).

34) 원문의 "협견첨소脅肩諂笑"를 번역한 것으로, 주희는 "'협견脅肩'은 몸을 움츠리는 것이고, '첨소諂笑'는 억지로 웃는 것이니, 모두 소인들이 간사한 마음으로 아첨하는 태도다(脅肩, 竦體, 諂笑, 彊笑, 皆小人側媚之態也)"라고 했고, 양보쥔은 '협견'에 대해 "어깨를 으쓱하여 일부러 공경하는 척하는 모양이다(聳起肩頭, 故作恭敬的樣子)"라고 했다.

35) 원문의 "병우하휴病于夏畦"를 번역한 것으로, 주희는 "'병病'은 '수고롭다(勞)'의 뜻이고, '하휴夏畦'는 여름철에 밭일하는 사람이다(夏月治畦之人也)"라고 했다.

公孫丑問曰: "不見諸侯何義?" 孟子曰: "古者不爲臣不見. 段干木踰垣而辟之, 泄柳閉門而不納, 是皆已甚, 迫, 斯可以見矣. 陽貨欲見孔子而惡無禮, 大夫有賜於士, 不得受於其家, 則往拜其門, 陽貨矙孔子之亡也, 而饋孔子蒸豚, 孔子亦矙其亡也, 而往拜之. 當是時, 陽貨先, 豈得不見? 曾子曰: '脅肩諂笑, 病于夏畦.' 子路曰: '未同而言, 觀其色赧赧然, 非由之所知也.' 由是觀之, 則君子之所養, 可知已矣."

세금 내는 방식 6.8

대영지戴盈之가 말했다.

"10분의 1의 세금을 걷고, 관문과 시장의 세금을 없애는 것을 금년에는 할 수 없고, [대신] 세금을 경감하여 이듬해를 기다리고 난 다음에 폐지하려고 합니다. 어떻습니까?"

맹자께서 말씀하셨다.

"지금 어떤 사람이 날마다 이웃집 닭을 훔치는[36] 경우가 있었는데 어떤 사람이 그에게 충고하며 말하기를 '그것은 군자의 도의가 아니다'라고 하자, 대답하기를 '그 [훔치는] 수를 줄여서[37] 달마다 닭 한 마리를 훔치다가 이듬해를 기다리고 난 다음에 그만두겠다'라

---

36) 원문의 "양攘"를 번역한 것으로, 《상서》 〈여형呂刑〉에서 정현은 "어떤 원인이 있어서 도적질하는 것을 '양'이라고 한다〔有因而盜曰攘〕"고 했고, 양보쥔은 《회남자》 〈범론훈氾論訓〉에 "그의 아버지가 양을 훔치다〔其父攘羊〕"라고 한 말에 대해 고유가 "가축들이 자기에게 오는 것을 취하는 것을 '양'이라고 한다〔凡六畜自來而取之曰攘〕"고 한 것을 보면 '양'은 '훔치다〔盜〕'의 뜻과는 구별된다고 보았다. 이와 같은 맥락에서 주희는 "물건이 자기에게 온 것을 취하는 것이다〔物自來而取之也〕"라고 풀이했다. 그러나 이웃집 닭이 매일 저절로 와서 취했다고 보면 다소 무리가 있는 해석으로, 도적질하는 것으로 이해해야 한다는 설(동양고전연구회 설)도 참조할 만하다.

고 했다. 만일 도의가 아닌 것을 안다면 빨리 그만두어야지, 어찌 이듬해까지 기다리겠는가?"

戴盈之曰: "什一, 去關市之征, 今玆未能, 請輕之, 以待來年, 然後已, 何如?" 孟子曰: "今有人日攘其鄰之雞者, 或告之曰: '是非君子之道.' 曰: '請損之, 月攘一雞, 以待來年, 然後已.' 如知其非義, 斯速已矣, 何待來年?"

나는 변론을 좋아하는 자가 아니다 6.9

공도자가 여쭈었다.

"바깥 사람들이 모두 선생께서 변론을 좋아한다고 말합니다. 감히 여쭙겠는데 무엇 때문입니까?"

맹자께서 말씀하셨다.

"내가 무엇 때문에 변론을 좋아하겠는가? 나는 어쩔 수 없어서 그런 것이다. 천하에 [사람이] 살아온 지가 오래되었는데, [대개] 한 번 다스려지면 한 번은 어지러웠다. 요임금 때는 물이 거꾸로 흘러[38] 중원에 범람하여 뱀과 용이 살았으니, 사람들이 정착할 곳이 없어서 낮은 곳에 사는 자들은 둥지를 만들었고, 높은 곳에 사는 자들은

37) 원문의 "손損"을 번역한 것으로, 주희가 '덜어내다(減)'의 뜻으로 본 것을 따라 번역한 것이다.

38) 원문의 "수역행水逆行"을 번역한 것으로, 주희는 "하류가 막혔기 때문에 물이 거꾸로 흘러 옆으로 넘친 것이다(下流壅塞, 故水倒流而旁溢也)"라고 부연했는데, 뒤에 나오는 '하下'는 낮은 지역(下地)을 말하고, '상上'은 높은 지역(高地)을 말한다.

굴을 만들어서 살았다. 《서경》에 말하기를 '큰물이 나를 경계하게 만들었다'라고 했으니, 큰물이란 홍수洪水다. 우임금에게 홍수를 다스리게 하시니, 우임금은 땅을 파서 바다로 흘러가게 하고 뱀과 용을 몰아내어 물풀이 우거진 곳으로 내쫓으셨다. 물이 줄기를 따라 흐르게 하니 강수江水·회수淮水·하수河水·한수漢水가 그것이다. 위험하게 막히는 일이 이미 사라지고, 사람을 해치는 새와 짐승이 없어진 뒤에야 사람들이 평지를 얻어서 살게 되었다.

요임금과 순임금이 이미 세상을 떠나고 성인의 도가 사그라지니 폭군[39]들이 대대로 일어나 백성의 집[40]을 무너뜨리고 연못을 만드니 백성은 편안히 쉴 곳이 없었고, 농지를 망가뜨려 동산을 만드니 백성이 입고 먹지 못했다. 그릇된 학설과 포학한 행동이 또다시 일어나 정원과 연못과 늪[41]이 많아지니 새와 짐승이 모여들었다. 주왕의 때에 이르러 천하가 다시 크게 어지러워졌다. 주공이 무왕을 도와 주왕을 주살하고, 엄奄나라를 정벌하고 3년 만에 그 군주를 토벌하셨으며, 비렴飛廉을 바닷가로 몰아내어 죽이시니 나라를 멸망시킨 것이 50개국이었고, 호랑이와 표범, 코뿔소와 코끼리를 몰아내어 멀리 쫓으시니 천하가 매우 기뻐했다. 《서경》에 말하기를 '크게 드러나셨다, 문왕의 계책이여! 크게 계승하셨다, 무왕의 빛나

39) 주희는 "폭군은 하나라의 태강太康·공갑孔甲·이계履癸와 상商(殷)나라의 무을武乙 같은 부류를 말한다〔暴君謂夏太康孔甲履癸, 商武乙之類也〕"라고 하여 그 대상을 적시했다.

40) 원문의 "궁실宮室"을 번역한 것으로, 자의적 의미에 대해 주희는 '백성의 집〔民居〕'이라고 했다.

41) 원문의 "패택沛澤"을 번역한 것으로, 주희는 "'패沛'는 초목이 자라나는 곳이요, '택澤'은 물이 모이는 곳이다〔沛, 草木之所生也. 澤, 水所鍾也〕"라고 했다.

는 공적이여! 우리 후세 사람들을 도와 이끌어 지도해주시니, 모두 올바른 도로써 하고 결함이 없게 하셨다'라고 했다.

세상이 쇠퇴하고 올바른 도가 미약해져서 그릇된 학설과 포학한 행동이 [또다시] 일어나 신하로서 그 군주를 시해하는 자가 있었고, 자식으로서 그 아버지를 죽이는 자도 있었다.[42] 공자께서 [이를] 두려워하여《춘추》를 지으셨으나,《춘추》와 같은 역사서 저술은 천자가 하는 일이기 때문에 공자께서 말씀하시기를 '나를 알게 하는 것도 오직《춘추》이고, 나를 벌주게 하는 것도 오직《춘추》이다!'라고 하신 것이다.

성스러운 왕이 나오지 않고 제후가 방자하며, 재야의 선비들이 멋대로 논의에 부쳐 양주·묵적의 말이 천하에 가득해서 천하의 주장이 양주에게 돌아가지 않으면 묵적에게 돌아갔다. 양씨는 자신만을 위한다는 것이니 이것은 군주가 없다는 것이고, 묵씨는 똑같이 사랑한다는 것이니 이는 아버지가 없다는 것이다. 아버지가 없다고 하고 군주가 없다고 하면 이는 금수와 같다. 공명의가 말하기를[43] '푸줏간에 살진 고기가 있고, 마구간에 살진 말이 있는데도 백성이 굶주린 기색이 있고 들에 굶어 죽은 시체가 있다면 이는 짐승을 몰

42) 이 문장에 대해 주희는 "주나라 왕실이 동쪽으로 옮긴 뒤다(周室東遷之後)"라고 했는데, 성백효는 "동천은 동쪽 낙읍洛邑으로 천도함을 이른다. 주나라는 원래 호경鎬京에 도읍했으나 유왕幽王이 덕을 잃고 견융犬戎에게 시해당하며 아들 평왕平王 의구宜臼가 즉위하여 낙읍으로 수도를 옮겼다"라고 부연했다.

43) 공명의의 말을 인용한 구절에 대해 주희는 "맹자께서 공명의의 말을 인용하여 양주·묵적의 도道가 행해지면 사람들은 모두 아버지가 없고 군주가 없어서 금수에 빠져 큰 난리가 장차 일어날 것이니, 이는 또한 짐승을 몰아 사람을 잡아먹게 하고, 사람이 또 서로 잡아먹는 것임을 밝힌 것이다. 이는 또 한 번 어지러워진 것이다(孟子引儀之言, 以明楊墨道行, 則人皆無父無君, 以陷於禽獸而大亂將起, 是亦率獸食人而人又相食也. 此又一亂也)"라고 풀이했다.

아서 사람을 잡아먹게 하는 형국이다'라고 했다. 양주·묵적의 도가 없어지지 않으면 공자의 도가 드러나지 못할 것이니, 이는 그릇된 학설이 백성을 속여 인과 의로 가는 길을 막는 것이다. 인과 의의 길이 막혀 짐승을 몰아서 사람을 잡아먹게 하다가는 [결국] 사람들이 서로 잡아먹게 될 것이다.

내가 이것을 두려워하여 옛 성인의 도를 지켜내서[44] 양주와 묵적의 말을 막고 잘못된 말을 내쳐서 그릇된 학설을 일삼는 자가 나오지 못하게 하는 것이다. [그릇된 학설은] 그 마음에서 일어나면 그 일에 해를 끼치고 일에서 일어나면 정사에 해를 끼치게 된다. 성인이 다시 살아나도 내 말을 바꾸지 않으실 것이다.

옛날에 우임금이 홍수를 다스리자[45] 천하가 태평해졌고, 주공이 오랑캐를 정벌하고[46] 맹수를 몰아내자 백성이 편안해졌으며, 공자께서 《춘추》를 완성하시자 인륜을 어지럽힌 신하와 자식이[47] 두려워했다. 《시경》에 이르기를 '서쪽 오랑캐와 북쪽 오랑캐를 정벌하고, [남쪽의] 초(형)나라와 서舒나라를 응징하면 나에게 감히 대적할

44) 원문의 "한閑"을 번역한 것으로, 《설문해자》를 참조해보면, "'한'은 '가로막다(闌)'이다. 문 가운데 나무가 있는 형상을 따른 것이다(閑, 闌也. 從門中有木)"라고 했다. 주희는 '지키다(衛)'의 뜻으로 풀이했다. 한편 조기는 "'한'은 '익히다'이다(閑, 習也)"라고 했는데, 역자는 취하지 않았다.

45) 원문의 "억抑"을 번역한 것으로, 조기는 '다스리다(治)'로 풀이했고, 주희는 '그치다(止)'로 보았다. 역자는 조기의 설을 취했다.

46) 원문의 "겸兼"을 번역한 것으로, 주희는 "그들을 겸병하는 것이다(幷之也)"라고 했고, 조기는 "주공이 오랑캐 나라의 사람들을 두루 사랑하고, 사람을 해치는 사나운 짐승들을 몰아냈다(周公兼懷夷狄之人, 驅害人之猛獸也)"고 풀이했다.

47) 원문의 "난신적자亂臣賊子"를 번역한 것으로, 《관본언해官本諺解》와 《율곡언해栗谷諺解》에는 '난신'과 '적자'로 구분했다. 한편 성백효는 "일반적으로 난신적자는 군주와 아버지를 배반하는 신하를 가리킨다"라고 덧붙였다.

자가 없네'라고 했으니, 아버지가 없다 하고 군주가 없다 하는 것을 주공도 응징하신 것이다. 나 또한 사람의 마음을 바르게 하고자 하여 그릇된 학설을 없어지게 하고 비뚤어진 행동을 막으며 잘못된 말을 내쳐서 세 성인을 계승하려는 것이지, 어찌 변론을 좋아서 하는 것이겠는가? 나는 어쩔 수 없어서 한 것이다. 양주와 묵적을 막는 것을 말하는 자는 성인의 무리다."

公都子曰: "外人皆稱夫子好辯, 敢問何也?" 孟子曰: "予豈好辯哉? 予不得已也. 天下之生久矣, 一治一亂. 當堯之時, 水逆行, 氾濫於中國, 蛇龍居之, 民無所定, 下者爲巢, 上者爲營窟. 書曰: '洚水警余.' 洚水者, 洪水也. 使禹治之, 禹掘地而注之海, 驅蛇龍而放之菹. 水由地中行, 江淮河漢是也. 險阻旣遠, 鳥獸之害人者消, 然後人得平土而居之. 堯舜旣沒, 聖人之道衰, 暴君代作, 壞宮室以爲汙池, 民無所安息, 棄田以爲園囿, 使民不得衣食. 邪說暴行又作, 園囿汙池沛澤多而禽獸至. 及紂之身, 天下又大亂. 周公相武王誅紂, 伐奄三年討其君, 驅飛廉於海隅而戮之, 滅國者五十, 驅虎豹犀象而遠之, 天下大悅. 書曰: '丕顯哉, 文王謨! 丕承者, 武王烈! 佑啓我後人, 咸以正無缺.' 世衰道微, 邪說暴行有作, 臣弑其君者有之, 子弑其父者有之. 孔子懼, 作春秋, 春秋, 天子之事也. 是故孔子曰: '知我者其惟春秋乎, 罪我者其惟春秋乎!' 聖王不作, 諸侯放恣, 處士橫議, 楊朱墨翟之言盈天下, 天下之言不歸楊, 則歸墨. 楊氏爲我, 是無君也, 墨氏兼愛, 是無父也. 無父無君, 是禽獸也. 公明儀曰: '庖有肥肉, 廏有肥馬, 民有飢色, 野有餓莩, 此率獸而食人也.' 楊墨之道不息, 孔子之道不著, 是邪說誣民, 充塞仁義也. 仁義充塞, 則率獸食人, 人將相食. 吾爲此懼, 閑先聖之道, 距楊墨, 放淫辭, 邪說者不得作. 作於其心, 害於其事, 作於其事, 害於其政. 聖人復起, 不易吾言矣. 昔者禹抑洪水而天下平, 周公兼夷狄, 驅猛獸而百姓寧, 孔子成春秋而亂臣賊子懼. 詩云, '戎狄是膺, 荊舒是懲, 則莫我敢承.' 無父無君, 是周公所膺也. 我亦欲正人心, 息邪說, 距詖行, 放淫辭, 以承三聖者, 豈好辯哉? 予不得已也. 能言距楊墨者, 聖人之徒也."

청렴한 선비의 자질 6.10

광장匡章[48]이 말했다.

"진중자陳仲子[49]는 어찌 진실로 청렴한[50] 선비가 아니겠습니까? 오릉에 있을 때 사흘이나 먹지 못해서 귀에 들리는 것이 없고 눈에 보이는 것이 없었다고 합니다. 우물가에 오얏나무가 있는데, 벌레[51]가 반도 넘게 파먹은 것을 [보고] 기어가서[52] 주워 먹고 세 번 삼킨

---

48) 광장匡章은 제나라 명장名將이다. 제나라 위왕의 장수로, 진秦나라와 싸워 크게 승리했다. 선왕 때는 다섯 도읍의 정예 병사를 이끌고 연燕나라를 정벌했다. 주희는 간단히 제나라 사람이라고만 했는데, 그의 언행에 대해《전국책》〈제책〉, 〈연책燕策〉과《여씨춘추》의 〈불굴不屈〉, 〈애류愛類〉 등에서 볼 수 있다. 광장은 맹자의 제자라고도 하며, 친구지간이라는 설도 존재한다.

49) 제나라 사람으로, 맹자의 제자라고 한다. 그의 이름은《전국책》〈제책〉, 〈연책〉이나《여씨춘추》등에 보인다.

50) 원문의 "렴廉"을 번역한 것으로, 주희는 "분별함이 있어 구차하게 취하지 않는 것이다[有分辨, 不苟取也]"라고 했다.

51) 원문의 "조螬"를 번역한 것으로, 주희는 '굼벵이 벌레[蠐螬蟲]'라고 풀이했다.

뒤에야 귀에 들리는 것이 있고 눈에 보이는 것이 있었다고 합니다."

맹자께서 말씀하셨다.

"제나라 선비 가운데 나는 반드시 중자를 엄지손가락[53]으로 꼽는다. 비록 그렇지만 중자가 어찌 청렴하다고 하겠는가? 중자의 지조를 충족하려면 지렁이가 된 뒤에나 가능할 것이다. 지렁이는 [땅] 위에서는 마른 흙을 먹고 [땅] 아래에서는 누런 샘물을 마신다. 중자가 사는 집은 백이 같은 사람이 지은 것인가 아니면 도척 같은 사람이 지은 것인가? 그가 먹는 곡식은 백이 같은 사람이 심은 것인가 아니면 도척 같은 사람이 심은 것인가? 이것은 알 수가 없다."

[광장이] 말했다.

"이것이 무슨 문제입니까? 그는 손수 신발을 짜고 아내가 마를 단련하여 길쌈하며[54] 곡식과 바꾸어 먹습니다."

[맹자께서] 말씀하셨다.

"중자는 제나라에서 대대로 벼슬해온 집안의 사람이다. 형 대戴가 개蓋 땅에서 받는 녹봉이 만종이었는데, 형의 녹봉이 의롭지 못한 녹봉이라고 여겨 [그것을] 먹지 않고, 형의 집이 의롭지 못한 집이라고 여겨 [그곳에] 살지 않았다. [그리하여] 형을 피하고 어머니를 떠나 오릉에서 살았다. 어느 날 집에 돌아왔는데, 그 형에게 거위

52) 원문의 "포복匍匐"을 번역한 것으로, 주희는 "힘이 없어서 걸어갈 수 없음을 말한 것이다〔言無力, 不能行也〕"라고 했다.

53) 원문의 "거벽巨擘"을 번역한 것이다. 조기는 '엄지손가락〔大指〕'이라고 했는데, '대벽大擘'이라고 풀이하기도 한다. 양보쥔은 "어떤 한 분야에 걸출한 사람 또는 사물〔某一方面傑出的人或事物〕"이라고 했다.

54) 원문의 "벽로辟纑"를 번역한 것으로, 조기는 "마麻를 길쌈질 하는 것을 '벽辟'이라고 하고, 마를 단련하는 것을 '로纑'라고 한다〔緝績其麻曰辟, 練其麻曰纑〕"라고 했다.

를 선물로 보내온 사람이 있었다. [그는] 제 이맛살을 찌푸리며[55] 말하기를 '이 꽥꽥거리는 것을 어디에 씁니까?'라고 했다. 다른 날 그의 어머니가 이 거위를 잡아서 그에게 주자 그것을 먹었는데, 그 형이 밖에서 돌아와서 말하기를 '이것이 꽥꽥거리는 거위 고기다'라고 하자, 밖으로 나가 그것을 토했다. 어머니가 주는 것은 먹지 않고 아내가 주는 것은 먹고, 형의 집에는 살지 않고 오릉에서는 살았으니, 이런 것이 어찌 그 부류를 충족했다고 할 수 있는가? 중자 같은 사람은 지렁이가 된 뒤에나 그 지조를 충족할 것이다."

匡章曰: "陳仲子豈不誠廉士哉? 居於陵, 三日不食, 耳無聞, 目無見也. 井上有李, 螬食實者過半矣, 匍匐往, 將食之, 三咽, 然後耳有聞, 目有見." 孟子曰: "於齊國之士, 吾必以仲子爲巨擘焉. 雖然仲子惡能廉? 充仲子之操, 則蚓而後可者也. 夫蚓, 上食槁壤, 下飮黃泉. 仲子所居之室, 伯夷之所築與, 抑亦盜跖之所築與, 所食之粟, 伯夷之所樹與, 抑亦盜跖之所樹與, 是未可知也." 曰: "是何傷哉? 彼身織屨, 妻辟纑, 以易之也." 曰: "仲子, 齊之世家也. 兄戴, 蓋祿萬鍾, 以兄之祿爲不義之祿而不食也, 以兄之室爲不義之室而不居也. 辟兄離母, 處於於陵. 他日歸, 則有饋其兄生鵝者. 己頻顣曰: '惡用是鶃鶃者爲哉?' 他日, 其母殺是鵝也, 與之食之, 其兄自外至曰: '是鶃鶃之肉也.' 出而哇之. 以母則不食, 以妻則食之, 以兄之室則弗居, 以於陵則居之, 是尙爲能充其類也乎? 若仲子者, 蚓而後充其操者也."

55) 원문의 "빈축頻顣"을 번역한 것이다. 양보쥔은 얼굴을 찡그려 불쾌함을 드러내는 것이라고 했고, 주희는 이마를 찌푸리고 말한 것에 대해 "그 형이 선물을 받은 것을 의롭지 못하다고 여겼기 때문이다(以其兄受饋爲不義也)"라고 했다.

제7편

이루 상

離婁上

【해설】

모두 28장으로 구성되어 있는 이 편의 이름은 황제黃帝 때 눈이 밝기로 유명한 전설상의 인물인 이루離婁의 이름을 딴 것이다. 단편적인 내용이 많은데, 이 편에서도 어진 정치의 중요성과 군주에게 간언하는 신하가 어떤 방식으로 무엇을 진언해야 하는지 설파하고 있다.

5장에는 왕도정치의 출발점이 군주 한 사람의 역량과 인성에 달려 있음을 주장하는 문장이 있고, 6장에는 특이하게 맹자가 힘 있는 가문의 영향력을 중시할 수밖에 없다는 정치적 현실과의 타협을 주장하는 부분이 있는데, 이 부분은 맹자의 평소 소신과 거리가 멀어서 독자들을 당혹케 하기에 충분하다. 9장에서는 천하를 얻는 방법은 바로 백성을 얻는 것이라며 백성의 존재 의미, 즉 민심의 향방이 군주의 존재 이유가 됨을 분명히 말하고 있다.

《시경》과 《서경》을 인용하는 장이 많으며, 우리에게 널리 알려진 "권도權道", "역자교지易子教之", "삼불효三不孝" 등의 성어가 나오는 부분도 흥미로운 독서 거리다. 형수가 물에 빠지면 손을 잡아 구해주어야 한다는 현실론이 17장에 있고, 18장에는 군자가 자식을 직접 가르치지 않고 남과 바꿔서 가르치는 이유를 설명하고 있다. 19장에서는 어버이를 섬기는 방법을 말하고 있는데, 육체의 봉양과 그분의 뜻을 봉양하는 두 가지를 모두 잘해야 한다고 강조한다.

24장과 25장에는 악정자라는 인물이 나오는데, 권력자 주변에 기웃거리며 이익을 탐하는 자를 비판하고 있다. 맨 마지막 장에서 맹자는 순임금이 아버지 고수를 극진히 모신 효도 이야기로 이 편을 마무리하고 있다.

아무리 뛰어난 자라도 기준을 모범으로 삼아야 한다 7.1

맹자께서 말씀하셨다.

"이루離婁[1)]의 밝은 눈과 공수자公輸子[2)]의 기교를 갖고도 그림쇠와 곱자[3)]를 사용하지 않으면 네모와 원을 그리지 못하고, 사광師曠[4)]의 밝은 귀로도 육률[5)]을 사용하지 않으면 오음[6)]을 바로잡지 못하며, 요순의 도로도 인한 정치로써 하지 않으면 천하를 태평하게 다스리지 못한다. 이제 인한 마음과 인하다는 명성[7)]이 있으나 백성이 그 은택을 받지 못하여 후세에 모범이 될 수 없는 것은 선왕의 도를

---

1) 이루離婁는 《장자莊子》〈천하天下〉 편과 〈변무騈拇〉 편에는 '이주離朱'라고 되어 있으며, 황제黃帝 때 사람으로 시력이 매우 좋아서 100보 밖에 있는 '가을철[가늘어진] 짐승의 털끝〔秋毫之末〕'마저 볼 수 있었다고 한다.

2) 공수자公輸子는 이름이 반班(반般 또는 반盤으로도 씀)이고, 노나라 사람이라 노반이라고도 한다. 노나라 정공定公 또는 애공 때의 저명한 장인으로, 나이는 공자보다 적었다.

3) 원문의 "규구規矩"를 번역한 것으로, "규規"는 원을 그릴 때 쓰는 도구이고, "구矩"는 네모 모양을 그릴 때 쓰는 도구이다.

4) 춘추시대 진晉나라 평공平公의 악사로, 자는 자야子野이며, 고대에 매우 유명한 음악가였다. 태어나면서부터 앞을 보지 못했으나 귀가 밝아 귀신의 소리까지 들었다고 하며, 소리를 잘 가려들어 길흉까지 점쳤다고 한다. 평공 때는 자문 역할을 겸했으며 예언이나 비평을 잘했다. 그의 행적이 《좌전》, 《예기》, 《국어》 등에 나오는데, 여기서는 《한비자》에 나오는 기록을 소개한다. "[사광이] 한 번 연주하자 검은 구름이 서북쪽에서 일어났고, 거듭 연주하자 큰바람이 불고 큰비가 쏟아져 휘장을 찢고 제사 그릇을 깨뜨리며 회랑의 기와를 떨어뜨리자 앉아 있던 사람들이 혼비백산해 달아났으며 평공도 두려워 궁정의 내실로 가서 숨었다〔一奏而有玄雲從西北方起, 再奏之, 大風至, 大雨隨之, 裂帷幕, 破俎豆, 隳廊瓦. 坐者散走, 平公恐懼於廊室之間〕."

5) 중국 고대 음률은 양률과 음률로 양분되고, 각각 6종의 율이 있다. 원문의 육률은 양률을 말하며, 태주太蔟·고선姑洗·유빈蕤賓·이칙夷則·무역無射·황종黃鍾을 말한다.

6) 중국 고대 음계의 명칭으로, 궁宮(도)·상商(레)·각角(미)·치徵(솔)·우羽(라)의 다섯 음을 말한다.

실행하지 않기 때문이다. 그러므로 말하기를 '한갓 선한 마음만으로는 정치를 하기에 부족하고, 한갓 법도만으로는 저절로 실행될 수 없다'[8]고 한 것이다. 《시경》에 이르기를 '잘못하지도 않고 잊어버리지도 않으며 옛 법도를 따르네'[9]라고 했으니, 선왕의 법도를 따르고서 잘못되는 자는 없다. 성인은 이미 시력을 다하고도 그림쇠와 곱자, 수평자와 먹줄[10]로써 이어주니 네모와 원, 평평하고 곧은 것을 만듦에 다 쓸 수 없고, 이미 청력을 다하고도 육률로써 이어주니 오음을 바로잡음에 다 쓸 수 없으며, 이미 마음과 생각을 다하고도 남에게 차마 하지 못하는 정치로써 이어주니 인덕이 세상에 입혀졌다.[11] 그러므로 말하기를 '높은 것을 만들려면 반드시 언덕을 따르고, 낮은 것을 만들려면 반드시 하천과 연못을 따르라'고 했으니, 정치를 하면서 선왕의 도를 따르지 않는다면 지혜롭다고 말할 수 있겠는가? 이 때문에 오직 인한 자만이 마땅히 높은 자리에 있어야

7) 원문의 "인심인문仁心仁聞"을 번역한 것으로, 주희는 "'인심仁心'은 사람을 사랑하는 마음이요, '인문仁聞'은 사람을 사랑한다는 명성이 사람들에게 들려진 것이다. 선왕의 도는 인정仁政이 이것이다〔仁心, 愛人之心也. 仁聞者, 有愛人之聲, 聞於人也. 先王之道, 仁政是也〕"라고 했다.

8) 원문의 "도선부족이위정徒善不足以爲政, 도법불능이자행徒法不能以自行"을 번역한 것으로, "'도徒'는 빈 것과 같다. 선한 마음만 있고 선한 정치가 없는 것을 '도선徒善'이라고 하고, 선한 정치만 있고 선한 마음이 없는 것을 '도법徒法'이라고 한다〔徒, 猶空也. 有其心, 無其政, 是謂徒善. 有其政, 無其心, 是謂徒法〕"라는 주희의 발언이 인상적이다.

9) 시는 《시경》 〈대아·가락〉 편이다. 주희는 원문의 "건愆"과 "솔率", "장章"에 대하여 "'건'은 잘못〔愆, 過〕"이고, "'솔'은 따름〔率, 循〕"이며, "'장'은 법전〔章, 典法〕"이라고 했다.

10) 원문의 "준승準繩"에 대해 주희는 "'준準'은 평평하게 하는 것이고, '승繩'은 곧게 하는 것을 만드는 것이다〔準所以爲平, 繩所以爲直〕"라고 했다.

11) 원문의 "부覆"를 번역한 것으로, 주희가 "'부'는 입히는 것이다〔覆, 被也〕"라고 한 주석을 따랐다.

하니, 인하지 못하면서 높은 자리에 있으면 이는 그 악을 많은 사람에게 끼치는 것이다. 윗사람이 도로써 헤아리지 않고 아랫사람이 법을 지키지 않으며, 조정에서는 도를 믿지 않고 장인들은 척도를 믿지 않으며, 군자가 의로움에서 어긋나고 소인이 형벌을 거스르면서 나라가 보존되는 것은 요행일 뿐이다. 그러므로 말하기를 '성곽이 견고하지 못하고[12] 병사와 무기가 많지 못한 것이 나라의 재앙이 아니며, 밭과 들이 개간되지 못하고 재화가 모이지 않는 것이 나라의 해로움이 아니다.

윗사람이 예가 없고 아랫사람이 배우지 않으면 [나라를] 해치는 백성이 일어나 며칠도 못 가 멸망하게 된다'고 한 것이다. 《시경》에 말하기를 '하늘이 이제 막 무너뜨리려 하니, 그렇게 말을 많이 하지 말라'[13]고 했으니, 말이 많다는 것은 수다스럽다는 것과 같다. 군주를 섬기는 데 의로움이 없고, 나아가고 물러남에 예의가 없으며, 말에는 선왕의 도를 헐뜯는[14] 것이 [쓸데없이] 말을 많이 하는 것과 같

12) 원문의 "성곽불완城郭不完"을 번역한 것으로, 양보쥔은《주례》〈고공기·윤인輪人〉에 "윤인이 수레바퀴를 만드는데 세 목재를 베어 반드시 그 때에 맞게 한다. 세 목재가 이미 갖추어지면 기교로 이것을 조화롭게 한다. 수레의 바퀴통은 구르는 데 유리한 것으로써 하고, 바큇살은 곧게 가리키는 것으로써 하며, 바퀴의 테는 견고하게 모아주는 것으로써 한다. 수레가 낡아도 세 목재는 제 역할을 잃지 않는 것을 완이라고 한다〔輪人爲輪, 斬三材必以其時, 三材旣具, 巧者和之. 轂也者, 以爲利轉也, 輻也者, 以爲直指也, 牙也者, 以爲固抱也. 輪敝, 三材不失職, 謂之完〕"고 했는데, '완'은 견고하다는 뜻이며, 여기에서의 '완'의 의미도 이와 같다.

13) 시는《시경》〈대아·판板〉편이다. 주희는 "'설설泄泄'은 게으르고 느슨하며 기뻐하여 따르는 모양이다. 하늘이 주나라 왕실을 전복시키려 하니, 신하들은 설설하여 급히 바로잡지 않을 수 없음을 말한 것이다〔泄泄, 怠緩悅從之貌. 言天欲顚覆周室, 群臣無得泄泄然不急救正之〕"라고 했고 "답답沓沓"은 "'설설'의 뜻이니, 맹자 당시 사람들의 말이 이와 같았다〔泄泄之意, 蓋孟子時人語如此〕"라고 했다. 그러나 역자는 취하지 않았다.

다는 것이다. 그러므로 말하기를 '어려운 일을 군주에게 실행하도록 책하고 권고하는 것을 '공恭'이라 하고, 선한 것을 말하고 사악한 것을 막는 것을 '경敬'이라 하고, 우리 군주는 할 수 없다고 하는 것을 '적賊'이라 한다고 한 것이다.'"

孟子曰: "離婁之明, 公輸子之巧, 不以規矩, 不能成方圓, 師曠之聰, 不以六律, 不能正五音, 堯舜之道, 不以仁政, 不能平治天下. 今有仁心仁聞而民不被其澤, 不可法於後世者, 不行先王之道也. 故曰: '徒善不足以爲政, 徒法不能以自行.' 詩云, '不愆不忘, 率由舊章.' 遵先王之法而過者, 未之有也. 聖人既竭目力焉, 繼之以規矩準繩, 以爲方員平直, 不可勝用也, 既竭耳力焉, 繼之以六律正五音, 不可勝用也, 既竭心思焉, 繼之以不忍人之政, 而仁覆天下矣. 故曰: '爲高必因丘陵, 爲下必因川澤.' 爲政不因先王之道, 可謂智乎? 是以惟仁者宜在高位, 不仁而在高位, 是播其惡於衆也. 上無道揆也, 下無法守也, 朝不信道, 工不信度, 君子犯義, 小人犯刑, 國之所存者幸也. 故曰: '城郭不完, 兵甲不多, 非國之災也, 田野不辟, 貨財不聚, 非國之害也. 上無禮, 下無學, 賊民興, 喪無日矣.' 詩曰: '天之方蹶, 無然泄泄.' 泄泄猶沓沓也. 事君無義, 進退無禮, 言則非先王之道者, 猶沓沓也. 故曰: '責難於君謂之恭, 陳善閉邪謂之敬, 吾君不能謂之賊.'"

---

14) 원문의 "비非"를 번역한 것으로, 주희가 "헐뜯는 것이다〔非詆毁也〕"라고 한 주석을 따랐다.

군주를 공경하는 자, 백성을 해치는 자 7.2

맹자께서 말씀하셨다.

"그림쇠와 곱자는 네모와 원의 지극한 기준이고, 성인은 인륜의 지극한 기준이다. 군주가 되고자 한다면 군주의 도를 다해야 하고, 신하가 되고자 한다면 신하의 도를 다해야 하니, 두 가지는 모두 요순을 본받을 뿐이다. 순임금이 요임금을 섬기던 방식으로써 군주를 섬기지 않는다면 그 군주를 공경하지 않는 자이고, 요임금이 백성을 다스리던 방식으로써 백성을 다스리지 않는다면, 그 백성을 해치는 자이다.

공자께서 말씀하시기를 '방법은 두 가지이니, 인仁과 인하지 않음이 있을 뿐이다'라고 하셨다. 백성에게 포학하게 구는 것이 심하면 자신은 시해당하고 나라는 멸망하며, 심하지 않더라도 자신은 위태롭고 영토는 줄어든다. 그래서 유왕과 여왕[15]이라 시호를 하면 비록 효도하는 자식과 자애로운 손자가 나오더라도 백 세대가 지나도록 [오명을] 고치지 못한다. 《시경》에 이르기를 '은나라의 본보기가 멀리 있지 않고 하후의 시대에 있네'[16]라고 했으니, 이것을 두고

15) 원문의 "유여幽厲"를 번역한 것으로, 《일주서逸周書》〈시법해謚法解〉에 "어리고 고아가 되거나 병을 앓은 채 재위하는 것을 '유'라고 하고, 막히고 은폐되어 통하지 않는 것을 '유'라고 하며, 제사를 발동하여 일상을 어지럽히는 것을 '유'라고 한다. …… 무고한 자를 살육하는 것을 '여'라고 한다〔蚤孤鋪位曰幽, 壅遏不通曰幽, 動祭亂常曰幽, …… 殺戮無辜曰厲〕"고 했다. 유왕은 포사褒姒를 총애하고 괵석보虢石父를 등용하여 신후申侯와 견융에게 죽임을 당했다. 자세한 내용이 《사기》〈주본기〉에 있다. "유왕이 괵석보를 경으로 삼아 정치를 맡기자 나라 안 사람이 모두 원망했다. 석보는 사람됨이 간사하고 아첨을 잘하며 이익을 탐했는데도 유왕이 그를 중용했기 때문이다〔幽王以虢石父爲卿, 用事, 國人皆怨. 石父爲人佞巧善諛好利, 王用之〕."

말한 것이다."

孟子曰: "規矩, 方員之至也, 聖人, 人倫之至也. 欲爲君, 盡君道, 欲爲臣, 盡臣道, 二者皆法堯舜而已矣. 不以舜之所以事堯事君, 不敬其君者也, 不以堯之所以治民治民, 賊其民者也. 孔子曰: '道二, 仁與不仁而已矣.' 暴其民甚, 則身弑國亡, 不甚, 則身危國削. 名之曰幽厲, 雖孝子慈孫, 百世不能改之. 詩云, '殷鑒不遠, 在夏后之世.' 此之謂也."

인함이 천하를 얻는 원천이다 7.3

맹자께서 말씀하셨다.

"[하·은·주] 삼대가 천하를 얻은 것은 인했기 때문이고, 그 천하를 잃은 것은 인하지 못했기 때문이다. [제후의] 나라가 폐하거나 흥하고 존재하거나 멸망하는 이치도 그러하다. 천자가 인하지 못하면 천하를 보전하지 못하고, 제후가 인하지 못하면 사직을 보전하지 못하며, 경대부가 인하지 못하면 종묘를 보전하지 못하고, 선비와 일반 백성이 인하지 못하면 사지를 보전하지 못한다. 지금 죽고 멸망하는 것을 싫어하면서 인하지 못한 것을 좋아하니, 이는 술 취하기를 싫어하면서 술을 억지로 마시는 것과 같다."

孟子曰: "三代之得天下也以仁, 其失天下也以不仁. 國之所以廢興存亡

16) 《시경》〈대아·탕蕩〉에 나오는 구절이다. 고대의 거울은 구리로 주조하여 '감鑒'이라고 했고, 은나라의 거울이 하나라에 있다는 것은 군주가 먼저 불의하여 하늘을 저버린 것이니 문왕이 주왕을 탄식하는 말이다.

者亦然. 天子不仁, 不保四海, 諸侯不仁, 不保社稷, 卿大夫不仁, 不保宗廟, 士庶人不仁, 不保四體. 今惡死亡而樂不仁, 是猶惡醉而强酒."

자신에게서 모든 것을 구하라 7.4

맹자께서 말씀하셨다.

"남을 사랑하더라도 [남이] 친하게 여기지 않으면 그 [자신의] 인함을 돌이켜보고, 남을 다스려도 [남이] 다스려지지 않으면 그 [자신의] 지혜를 돌이켜보고, 남에게 예로 대해도 답례하지 않으면 그 [자신의] 공경하는 마음을 돌이켜보아야 한다. 행했는데도 얻지 못하는[17] 것이 있으면 모두 자신에게 돌이켜 구해야[18] 하니, 그 자신이 바르게 되면 천하가 귀의하게 되는 것이다. 《시경》에 이르기를 '영원히 천명에 들어맞아 스스로 많은 복을 구하네'라고 했다."

孟子曰: "愛人不親, 反其仁, 治人不治, 反其智, 禮人不答, 反其敬. 行有

17) 원문의 "부득不得"을 번역한 것으로, 주희는 "'부득'은 자기의 하고자 하는 바를 얻지 못하는 것을 이르니, 마치 친하지 못하거나 다스리지 못하거나 대답하지 못하는 것이 이것이다(不得, 謂不得其所欲, 如不親不治不答是也)"라고 설명했다.

18) 원문의 "행유부득자行有不得者, 개반구저기皆反求諸己"를 번역한 것으로, 유가에서 말하는 군자의 상은 모든 것을 자기에게서 구하고 살필 것이며, 남에게서 말미암는 것이 없다. 《중용中庸》 14.5에서는 "활쏘기는 군자와 비슷한 것이 있으니, 정곡을 잃으면 돌이켜서 그 자신에게서 구한다(射有似乎君子. 失諸正鵠, 反求諸其身)"라고 했고, 《대학大學》 전9.4에서는 "군자는 자기에게 있고 난 뒤에 남에게 구한다(君子有諸己, 而後求諸人)"라고 했으며, 《논어》 〈위령공衛靈公〉 15.20에서는 "군자는 [원인을] 자기에게서 찾고, 소인은 [원인을] 남에게서 찾는다(君子求諸己, 小人求諸人)"라고 했으니 본문과 비슷한 함의를 지닌 구절들이다.

不得者皆反求諸己, 其身正而天下歸之. 詩云, '永言配命, 自求多福.'"

일심동체 7.5

맹자께서 말씀하셨다.

"사람들이 늘 하는 말이 있는데, 모두 말하기를 '천하와 나라와 집안'이라고 하니, 천하의 근본은 나라에 있고, 나라의 근본은 집안에 있으며, 집안의 근본은 자신에게 있는 것이다."

孟子曰: "人有恒言, 皆曰: '天下國家.' 天下之本在國, 國之本在家, 家之本在身."

정치하는 법 7.6

맹자께서 말씀하셨다.

"정치를 하는 것은 어렵지 않으니, 경대부의 집안에 죄를 짓지 않아야 한다.[19] 경대부가 흠모하는 것을 온 나라가 흠모하고, 온 나라가 흠모하는 것을 천하 사람들이 흠모한다. 그러므로 덕의 교화가

19) 원문의 "거실巨室"을 번역한 것으로, 주희는 "'거실'은 세신世臣과 대가大家이다. 원문의 '득죄得罪'는 몸이 바르지 못하여 원망과 노여움을 취하는 것이다. 맥구읍麥丘邑 사람이 제나라 환공에게 축원하기를 '주군께서는 뭇 신하와 백성에게 죄를 얻지 마소서'라고 했으니, 그 뜻이 아마도 이와 같은 것이다(巨室, 世臣大家也. 得罪, 謂身不正而取怨怒也. 麥丘邑人, 祝齊桓公曰: 願主君, 無得罪於群臣百姓, 意蓋如此)"라고 했다. 한편 조기는 '거실'을 '대가大家'라고 하며, 현명한 경대부의 집안은 사람들 모두 본받으려고 하는 것이라고 보았다. 두 사람의 설이 다 일리가 있다.

온 천하에 콸콸 넘치게 되는 것이다."

孟子曰: "爲政不難, 不得罪於巨室. 巨室之所慕, 一國慕之, 一國之所慕, 天下慕之. 故沛然德教溢乎四海."

천하에 도가 있을 때와 없을 때 7.7

맹자께서 말씀하셨다.

"천하에 도가 있으면 작은 덕이 큰 덕에 부림당하고[20] 작은 현명함이 큰 현명함에 부림당하며, 천하에 도가 없으면 덩치 작은 자가 큰 자에게 부림당하고 약자가 강자에게 부림당한다. 이 두 가지는 하늘의 이치이니, 하늘에 순종하는 자는 살고 하늘을 거스르는 자는 망한다.

제나라 경공이 말하기를 '이미 [나라의 여건상] 명령을 내리지도 못하고 또 명령을 받지도 않는다면, 이는 남과 관계를 끊는 것이다'[21] 라고 하고는 눈물을 흘리면서 오나라로 딸을 시집보냈다.[22]

오늘날 소국은 대국을 스승으로 삼으면서 [대국에게] 명령받는 것

---

20) 원문의 "소덕역대덕小德役大德"을 번역한 것으로, '작은 덕은 큰 덕에 의해 부림을 당한다[小德役於大德]'라는 뜻이다. 조기는 큰 덕과 큰 현명함에 기꺼이 부림을 당하고자 하니 그 덕과 재능에 따르는 것이라고 했고, 주희는 세상에 도가 있을 때는 사람들이 모두 덕을 닦아서 지위가 반드시 덕의 대소에 걸맞게 된다고 했다. '어於'가 생략되었으며, 피동태이다. 이하 "소현역대현小賢役大賢", "소역대小役大"도 같은 유형이다.

21) 원문의 "기불능령旣不能令, 우불수명又不受命, 시절물야是絶物也"를 번역한 것으로, 주희는 "'영令'은 명령을 내어 남을 부리는 것이요, '수명受命'은 남에게 명령을 받는 것이다. '물物'은 남과 같다[令, 出令以使人也. 受命, 聽命於人也. 物, 猶人也]"라고 했다.

을 수치스럽게 여기니, 이는 마치 제자가 스승[23]에게 명령받는 것을 수치스러워하는 것과 같은 이치다. 만일 이것을 수치스러워한다면 문왕을 스승 삼는 것만 한 것이 없으니, 문왕을 스승 삼으면 큰 나라는 5년, 작은 나라는 7년이면 반드시 천하에 정치를 펼치게 될 것이다.

《시경》에 이르기를 '은나라의 자손이 그 숫자가 10만[24]에 그치겠는가? 하느님께서 이미 [문왕에게] 명하셔서 주나라에 복속되었네. 주나라에 복속되니, 천명은 일정하지 않다네. 은나라 선비로서 아름답고 영민한 자들이 수도에서 강신주를 부으며 [제사를] 돕네'라

---

22) 《설원說苑》〈권모權謀〉에 "제나라 경공이 그 자신의 딸을 합려에게 시집보내며 교외에서 전송했다. 울며 말하기를 '내가 죽을 때까지 너를 볼 수가 없겠구나'라고 했다. 고몽자가 말하기를 '제나라는 바다를 등지고 산으로 둘러 있으니, 비록 온 천하를 거둘 수는 없을지라도 누가 우리를 간섭하겠습니까? 군주께서 아끼신다면 가지 말라고 하십시오'라고 하니, 경공이 말하기를 '내가 제나라의 견고함이 있어도 제후에게 명령할 수 없고 또 듣게 할 수도 없으니 이는 혼란이 생기는 것이다. 과인이 들으니, 명령할 수 없으면 따르는 것만 못하다고 했다'고 하며 이에 딸을 보냈다(齊景公以其子妻闔廬, 送諸郊. 泣曰: '餘死不汝見矣.' 高夢子曰: '齊負海而縣山, 縱不能全收天下? 誰幹我君, 愛則勿行.' 公曰: '餘有齊國之固, 不能以令諸侯, 又不能聽, 是生亂也. 寡人聞之, 不能令則莫若從.' 遂遣之)"라는 기록이 있다. 주희는 원문의 "여女"에 대해 "딸을 남에게 주는 것이다(以女與人也)"라고 풀이했다.

23) 원문의 "선사先師"를 번역한 것으로, 이 개념에 대해 정약용은 "선사는 이미 죽은 자의 호칭이 아니다. 후세의 이른바 '선사와 선왕에게 석존을 올린다는 것'은 모두 이미 죽은 자의 호칭이다. [여기서는] 이른바 선생, 선배의 '선'이므로 친히 그 가르침을 받을 수 있는 것이다(先師不是已亡之稱. 後世所謂釋奠於先師先聖者則皆是已亡者之稱. 所謂先生先輩之先, 故得親受其命)"라고 보충하여 그 심층적 의미를 확장했다.

24) 원문의 "억億"을 번역한 것으로, 《설문통훈정성說文通訓定聲》에 "〈초어〉의 주에 '10만을 억이라고 한다'고 했는데, 이는 옛날의 숫자이다. 지금 사람들은 만의 만 배로써 억으로 삼는다(楚語註'十萬曰億', 此古數也. 今人乃以萬萬爲億)"라고 했다. 김득신이 〈백이열전〉을 1억 2만 8천 번을 읽었다는 것도 이러한 맥락에서 봐야 한다.

고 했다. 공자께서 말씀하시기를 '인한 자에게는 많은 사람이라도 당해낼 수 없으니, 무릇 나라의 군주가 인을 좋아하면 천하에 적이 없다'고 하셨다.

지금은 천하에 적이 없기를 바라면서 인한 정치를 실행하지 않으니, 이는 뜨거운 것을 잡고서도 [찬물에] 씻지 않는 것과 같다.《시경》에 이르기를 '누가 뜨거운 것을 잡고서도 씻지 않을 수 있으리오'라고 했다."

孟子曰: "天下有道, 小德役大德, 小賢役大賢, 天下無道, 小役大, 弱役强. 斯二者, 天也. 順天者存, 逆天者亡. 齊景公曰: '旣不能令, 又不受命, 是絶物也.' 涕出而女於吳. 今也小國師大國而恥受命焉, 是猶弟子而恥受命於先師也. 如恥之, 莫若師文王. 師文王, 大國五年, 小國七年, 必爲政於天下矣. 詩云, '商之孫子, 其麗不億? 上帝旣命, 侯于周服. 侯服于周, 天命靡常. 殷士膚敏, 祼將于京.' 孔子曰: '仁不可爲衆也, 夫國君好仁, 天下無敵.' 今也欲無敵於天下而不以仁, 是猶執熱而不以濯也. 詩云, '誰能執熱, 逝不以濯?'"

인하지 못한 자의 결과 7.8

맹자께서 말씀하셨다.

"인하지 못한 자와 함께 말할 수 있겠는가? 그 위태로움을 편안하게 여기고 그 재앙을 이롭게 여겨 망치는 짓을 즐기는 자이다. 인하지 못한데 함께 말할 수 있다면 어찌 나라를 멸망하게 하고 집안을 패망하게 하는 일이 있겠는가?

어떤 어린아이가 있어 노래하기를 '창랑의 물이 맑으면 내 갓끈을 빨 것이요, 창랑의 물이 흐리면 내 발을 씻겠네'[25]라고 했다. 공자께서 말씀하시기를 '너희는 들어보아라! 물이 맑으면 갓끈을 빨고 물이 흐리면 발을 씻는 것이니, 이는 물이 스스로 가려낸 것이다'라고 하셨다.

무릇 사람은 반드시 스스로를 업신여기고[26] 난 뒤에 남이 그를 업신여기며, 집안은 반드시 스스로를 허물어버리고 난 뒤에 남이 그 집안을 허물어뜨리며, 나라는 반드시 스스로를 공격하고 난 뒤에 남이 그 나라를 공격하는 것이다. 〈태갑〉에 말하기를 '하늘이 지은 재앙은 오히려 피할 수 있으나 스스로 지은 재앙은 [피해] 살아갈 수 없네'라고 했으니, 이것을 [두고] 말한 것이다."

孟子曰: "不仁者可與言哉? 安其危而利其菑, 樂其所以亡者. 不仁而

---

25) 《사기》〈굴원가생열전屈原賈生列傳〉의 한 대목이 연상된다. "내가 듣건대 새로 머리를 감은 사람은 반드시 관의 먼지를 털어서 쓰고, 새로 목욕을 한 사람은 반드시 옷의 티끌을 털어서 입는다고 했소. 사람이라면 또 누가 자신의 깨끗한 몸에 더러운 때를 묻히려 하겠소? 차라리 강물에 몸을 던져 물고기 배 속에서 장사를 지내는 게 낫지. 또 어찌 희디흰 깨끗한 몸으로 속세의 더러운 티끌을 뒤집어쓰겠소!〔吾聞之, 新沐者必彈冠, 新浴者必振衣. 人又誰能以身之察察, 受物之汶汶者乎? 寧赴常流, 而葬乎江魚腹中耳. 又安能以皓皓之白而蒙世俗之溫蠖乎!〕"

26) 원문의 "자모自侮"를 번역한 것으로, 성백효는 자신이 남들로부터 업신여김을 당할 만한 행위를 하는 것이며, 뒤의 "자훼自毁", "자벌自伐" 역시 스스로 자기 집안을 훼손하고 자기 나라를 망하게 할 만한 행위를 하는 것을 말한다고 그 내포적 의미를 보충했다.

可與言, 則何亡國敗家之有? 有孺子歌曰: '滄浪之水淸兮, 可以濯我纓, 滄浪之水濁兮, 可以濯我足.' 孔子曰: '小子聽之! 淸斯濁纓, 濯斯濯足矣, 自取之也.' 夫人必自侮, 然後人侮之, 家必自毁, 而後人毁之, 國必自伐, 而後人伐之. 太甲曰: '天作孽, 猶可違, 自作孽, 不可活.' 此之謂也."

백성을 얻는 자가 천하를 얻는다 7.9

맹자께서 말씀하셨다.

"걸왕과 주왕이 천하를 잃은 것은 자신의 백성을 잃었기 때문이니, 자신의 백성을 잃었다는 것은 그들의 마음을 잃은 것이다. 천하를 얻는 데는 방법이 있으니, 백성을 얻으면 천하를 얻을 것이다. 백성을 얻는 데는 방법이 있으니, 그 마음을 얻으면 백성을 얻을 것이다. 마음을 얻는 데는 방법이 있으니, [백성이] 바라는 것을 모아서 주고[27] 싫어하는 것을 베풀지 말아야 한다. 백성이 인仁에 돌아오는 것은 물이 아래로 내려가고, 짐승이 넓은 들판[28]으로 달려가는 것과 같은 이치다. 그러므로 연못을 위해 물고기를 몰아주는 것은 수달이고, 숲을 위해 참새를 몰아주는 것은 새매이며, 탕왕과 무왕을 위해 백성을 몰아준 자는 걸왕과 주왕이다.

---

27) 원문의 "소욕여지취지所欲與之聚之"를 번역한 것으로, 조기는 "민심이 바라는 것을 모아서 주는 것(欲得民心, 聚其所欲而與之)"이라고 했고, 이와 달리 주희는 "백성이 원하는 바를 모두 세금을 거두듯이 하는 것(民之所欲, 皆爲致之, 如聚斂然)"으로 보았다. 역자는 조기의 설을 따랐다.

28) 원문의 "광壙"을 번역한 것으로, 주희는 "광廣은 넓은 들판이다. 백성이 이곳에 돌아가는 까닭은 원하는 바가 이곳에 있기 때문임을 말씀한 것이다(廣, 野也. 言民之所以歸乎此, 以其所欲之在乎此也)"라고 했다.

지금 천하의 군주 가운데 인을 좋아하는 자가 있으면 제후들이 모두 그를 위해 [백성을] 몰아줄 것이니, 비록 왕 노릇을 하지 않으려고 해도 할 수밖에 없을 것이다. 지금의 왕 노릇 하고자 하는 자는 7년 묵은 병에 3년 된 약쑥[29]을 구하는 것과 같으니, 만일 [약쑥을] 쌓아놓지 않으면 죽을 때까지 얻지 못할 것이다. 만일 인한 정치에 뜻을 두지 않으면 죽을 때까지 걱정하고 치욕스러워져서 죽음에 빠지게 될 것이다. 《시경》에 이르기를 '어떻게 잘될 수 있으리오. 서로 함께 빠질 뿐이네'[30]라고 했으니, 이것을 말한 것이다."

孟子曰: "桀紂之失天下也, 失其民也, 失其民者, 失其心也. 得天下有道, 得其民, 斯得天下矣. 得其民有道, 得其心, 斯得民矣. 得其心有道, 所欲與之聚之, 所惡勿施, 爾也. 民之歸仁也, 猶水之就下, 獸之走壙也. 故爲淵敺魚者, 獺也, 爲叢敺爵者, 鸇也, 爲湯武敺民者, 桀與紂也. 今天下之君有好仁者, 則諸侯皆爲之敺矣. 雖欲無王, 不可得已. 今之

29) 원문의 "애艾"를 번역한 것으로, 조기는 "쑥은 사람의 병에 뜸 뜰 수 있는 것으로, 오랫동안 건조하면 더욱 좋으므로 비유한 것이다(艾可以爲灸人病, 乾久益善, 故以爲喩)"라고 했다. 주희는 이를 부연하여 "'애'는 풀이름이니 뜸을 뜨는 것으로, 말린 지 오래되면 약효가 더 좋다. 병이 깊었는데, 말린 지가 오래된 약쑥을 구하려고 하면 갑자기 장만하기가 어렵다. 그러나 지금부터라도 쌓아두면 미쳐 고칠 수 있거니와, 그러지 않으면 병이 날로 더욱 깊어지고 죽음이 날로 더욱 임박하여도 쑥을 끝내 얻지 못할 것이다(艾, 草名, 所以灸者, 乾久益善. 夫病已深而欲求乾久之艾, 固難卒辦. 然自今畜之, 則猶或可及, 不然則病日益深, 死日益迫, 而艾終不可得矣)"라고 했는데 주희의 주석이 꽤 설득력이 있다.

30) 《시경》〈대아·상유桑柔〉에 나온다. 이 구절의 의미에 대해 주희는 "지금의 하는 바가 그 어찌 선할 수 있겠는가. 곧 서로 이끌어 혼란스러워지고 망하는 것에 빠질 뿐임을 말한다(言今之所爲, 其何能善, 則相引以陷於亂亡而已)"라고 했다. 소식蘇軾은 "왕이 어찌 도모하고 또한 신중하지 않겠는가마는, 그러나 그 도리를 얻지 못하니 마침내 혼란을 조장하기 때문에 스스로 깎일 뿐이다(王豈不謀且愼哉, 然而不得其道, 適所以長亂而自削耳)"라고 부연했다.

欲王者, 猶七年之病求三年之艾也. 苟爲不畜, 終身不得. 苟不志於仁, 終身憂辱, 以陷於死亡. 詩云, '其何能淑, 載胥及溺.' 此之謂也."

자포자기의 의미 7.10

맹자께서 말씀하셨다.

"스스로를 해치는 자와는 함께 말할 수 없고, 스스로를 버리는 자와는 함께 일할 수 없으니, 말로써 예의를 헐뜯는 것을 '스스로를 포기한다(自暴)'라고 하고, 나 자신은 인仁에 머물거나 의義를 따를 수 없다고 하는 것을 '스스로를 버린다(自棄)'라고 한다.[31] 인仁이란 사람의 편안한 집이고, 의義란 사람의 올바른 길이다. 편안한 집을 비우고 머물지 않으며 올바른 길을 버리고 따라가지 않으니, 슬프구나!"

孟子曰: "自暴者, 不可與有言也, 自棄者, 不可與有爲也. 言非禮義, 謂之自暴也, 吾身不能居仁由義, 謂之自棄也. 仁, 人之安宅也, 義, 人之安路也. 曠安宅而弗居, 舍正路而不由, 哀哉!"

31) 주희는 "자포自暴"와 "자기自棄"를 이렇게 설명하고 있다. "포暴는 해침(害)과 같고, 비非는 비방(毁)과 같다. 스스로 그 자신을 해치는 자는 예의가 아름답게 되는 것을 알지 못하여 헐뜯으니 비록 그와 함께 말해도 반드시 믿어주지 않을 것이요, 스스로 그 자신을 버리는 자는 오히려 인의가 아름답게 된다는 것을 알지만 단지 게으름에 빠져 스스로 반드시 실행할 수 없다고 말할 것이니 그와 함께하는 것이 있어도 반드시 힘써 하지 못할 것이다(暴猶害也, 非猶毁也, 自害其身者, 不知禮義之爲美而非毁之, 雖與之言, 必不見信也. 自棄其身者, 猶知仁義之爲美, 但溺於怠惰, 自謂必不能行, 與之有爲, 必不能勉也)."

먼 곳에서 찾지 말라 7.11

맹자께서 말씀하셨다.

"도는 가까운 곳에 있는데 먼 곳에서 찾고, 일은 쉬운 곳에 있는데 어려운 곳에서 찾는다. 사람들이 저마다 그 어버이를 어버이로 여기고 그 어른을 어른으로 대하면 천하가 태평해질 것이다."

孟子曰: "道在爾[32]而求諸遠, 事在易而求諸難. 人人親其親, 長其長而天下平."

신임을 얻어야 백성을 다스릴 수 있다 7.12

맹자께서 말씀하셨다.

"낮은 자리에 있으면서 윗사람에게 [신뢰를] 얻지 못하면 백성을 얻어서 다스릴 수 없을 것이다. 윗사람에게 [신뢰를] 얻는 데는 방법이 있으니, 친구의 신임을 얻지 못하면 윗사람에게 신임을 얻지 못할 것이다. 친구에게 신뢰를 얻는 데는 방법이 있으니, 어버이를 섬겨 기쁘게 하지 못하면 친구에게 신뢰를 얻지 못할 것이다. 어버이를 기쁘게 하는 데는 방법이 있으니, 자신을 돌이켜보아 성실하지 못하면 어버이를 기쁘게 하지 못할 것이다. 자신을 성실히 하는 데는 방법이 있으니, 선에 대해 밝게 알지 못하면 그 자신을

32) "이爾"는 '가깝다'는 뜻으로 "이邇" 자와 통용하여 쓴다.

성실히 하지 못할 것이다. 그러므로 성실이란 하늘의 도이고, 성실해지려는 생각은 사람의 도이다.[33] 지극히 성실한데 감동하게 하지 못하는 자가 없고, 성실하지 못한데 감동하게 할 자가 없다."

孟子曰: "居下位而不獲於上, 民不可得而治也. 獲於上有道, 不信於友, 弗獲於上矣. 信於友有道, 事親弗悅, 弗信於友矣. 悅親有道, 反身不誠, 不悅於親矣. 誠身有道, 不明乎善, 不誠其身矣. 是故誠者, 天之道也, 思誠者, 人之道也. 至誠而不動者, 未之有也, 不誠, 未有能動者也."

백이와 태공이 문왕에게 귀의한 효과 7.13

맹자께서 말씀하셨다.

"백이가 주왕을 피해 북해의 물가에 살다가 문왕이 [떨쳐] 일어났다[34]는 말을 듣고 고무되어 말하기를 '어찌 돌아가지 않겠는가. 나는 서백[35]이 노인을 잘 받들어 모신다[36]고 들었다'라고 했고, 태공이 주왕을 피해 동해의 물가에 살다가 문왕이 [떨쳐] 일어났다는 말을 듣고 고무되어 말하기를 '어찌 돌아가지 않겠는가. 나는 서백

---

33) 《중용》 20.18을 인용한 것으로, "성실함은 하늘의 도요, 그것을 성실히 하려는 것은 사람의 도이다(誠者, 天之道也, 誠之者, 人之道也)"라는 구절에서는 '사성자思誠者'를 '성지자誠之者'라고 했다. 아직 성자誠者가 되지 못하여 그렇게 되려고 노력한다는 의미에서 통한다고 볼 수 있다.

34) 원문의 "문왕작흥文王作興"을 번역한 것으로, 조기는 문왕이 일어나 왕도를 실행한 것으로 보았고, 주희는 "'작'과 '흥'은 모두 일어나다(作興皆起也)"라는 뜻으로 풀이했다.

35) 주희는 "서백은 바로 문왕이니, 주왕이 명령하여 문왕을 서쪽에 있는 제후의 우두머리로 삼아 정벌을 마음대로 할 수 있게 했다. 이 때문에 서백이라 일컬은 것이다(西伯卽文王也, 紂命爲西方諸侯之長, 得專征伐. 故稱西伯)"라고 했다.

이 노인을 잘 받들어 모신다고 들었다'라고 했다. 두 노인은 천하의 큰 노인인데 문왕에게 귀의했으니, 이는 천하의 아버지가 문왕에게 귀의한 것이다. 천하의 아버지가 문왕에게 귀의했으니, 그 자식들이 어디로 가겠는가? 제후 가운데 문왕의 정치를 행하는 자가 있으면 7년[37] 안에 반드시 천하에 정치를 펼치게 될 것이다."

孟子曰: "伯夷辟紂, 居北海之濱, 聞文王作, 興曰: '盍歸乎來![38] 吾聞西伯善養老者.' 太公辟紂, 居東海之濱, 聞文王作, 興曰: '盍歸乎來! 吾聞西伯善養老者.' 二老者, 天下之大老也, 而歸之, 是天下之父歸之也. 天下之父歸之, 其子焉往? 諸侯有行文王之政者, 七年之內, 必爲政於天下矣."

36) 《사기》〈백이열전〉에 내용이 자세하게 기록되어 있다. "백이와 숙제는 고죽국 군주의 두 아들인데, 그들의 아버지는 아우인 숙제에게 뒤를 잇게 할 작정이었다. [그러나] 아버지가 죽자 숙제는 왕위를 형 백이에게 양보하려고 했다. [그러자] 백이는 '아버지의 명령이다'라면서 달아나버렸고, 숙제도 [왕위에] 오르려 하지 않고 달아나버렸다. 고죽국 사람들은 [할 수 없이] 중간의 아들을 왕으로 세웠다. 이때 백이와 숙제는 서백 창이 노인을 잘 모신다는 소문을 듣고 그를 찾아가서 몸을 의탁하려고 했다. [그런데 그들이 주나라에] 이르렀을 때 서백 창은 죽었고, 무왕은 나무로 만든 아버지의 위패를 수레에 싣고 [선왕의] 시호를 문왕이라고 했으며, 동쪽으로 주왕을 치려고 했다. 백이와 숙제는 무왕의 말고삐를 붙잡고 간언했다(伯夷叔齊, 孤竹君之二子也. 父欲立叔齊, 及父卒. 叔齊讓伯夷. 伯夷曰: '父命也.' 遂逃去, 叔齊亦不肯立而逃之. 國人立其中子. 於是伯夷叔齊聞西伯昌善養老, 盍往歸焉. 及至, 西伯卒, 武王載木主, 號爲文王, 東伐紂. 伯夷叔齊叩馬而諫)."

37) 앞쪽의 7장에서 "문왕을 스승으로 삼으면 큰 나라는 5년, 작은 나라는 7년이면 반드시 천하에 정사를 펼치게 될 것이다(師文王, 大國五年, 小國七年, 必爲政於天下矣)"라고 한 것을 보았을 때 여기서의 7년은 작은 나라를 말하는 것이 된다.

전쟁을 잘하는 자가 극형을 받아야 한다 7.14

맹자께서 말씀하셨다.

"염구가 계씨의 읍재가 되어 그의 덕(행실)을 고치지도 않고 [세금으로] 곡식을 부과한 것이 다른 때보다 배나 되니, 공자께서 말씀하시기를 '염구는 나의 무리가 아니니, 너희는 북을 울려 그를 성토해도 괜찮다'[39]라고 하셨다. 이것으로 본다면 군주가 인한 정치를 실행하지 않는데, 그 군주를 부유하게 하면 모두 공자에게 버림받는 자인 것이다. 하물며 그 군주를 위해 억지로 전쟁을 하여 토지를 차지하려고 싸우느라 사람을 죽여 시체가 들에 가득 차고, 성을 빼앗으려고 싸우느라 사람을 죽여 주검이 성 안에 가득하니, 이는 이른바 토지를 좇아 사람고기를 먹는 격으로, 죽을죄에 처해도 죄를 다 용서할 수 없을 것이다. 그러므로 전쟁을 잘하는 자는 극형을 받아야 하고, 제후들과 연횡하는 자는 그다음의 형벌을 받아야 하며, 풀밭과 쑥밭(황무지)을 개간하여[40] 토지를 맡게 하는 자는 그다음의 형벌을 받아야 한다."

孟子曰: "求也爲季氏宰, 無能改於其德, 而賦粟倍他日. 孔子曰: '求非我徒也, 小子鳴鼓而攻之可也.' 由此觀之, 君不行仁政而富之, 皆棄於

38) 왕인지의 《경전석사》의 주석대로, "'래來'는 문장 말미에 쓰이는 어조사다. 《맹자》의 '어찌 돌아가지 않겠는가'와 《장자》 〈인간세人間世〉 편의 '일찍이 나에게 말했다', 또 '그대는 나에게 말할 것이 있는가'에서 '來' 자는 모두 어조사다(來語末助詞也. 孟子盍歸乎來, 莊子人間世篇嘗以語我來, 又子其有以語我來, 來字皆語助)"라고 정리할 수 있고, 도연명의 "돌아가자! 전원이 장차 황폐해지려 하는데, 어찌 돌아가지 않겠는가(歸去來兮, 田園將蕪, 胡不歸)", 이백의 "가는 길이 험난하니, 돌아가자(行路難, 歸去來)"라고 하는 구절도 추가할 수 있다.

孔子者也. 況於爲之强戰, 爭地以戰, 殺人盈野, 爭城以戰, 殺人盈城, 此所謂率土地而食人肉, 罪不容於死. 故善戰者服上刑, 連諸侯者次之, 辟草萊任土地者次之."

---

39) 《논어》〈선진〉 11.16에 있는 구절이다. "계씨가 주나라 공신들보다 부유한데도 염구는 그를 위해 세금을 거두어 [그의 부를] 더욱 늘려주었다. [이를 보고] 공자께서 [화가 나서] 말씀하셨다. '나의 무리가 아니다. 너희는 북을 울려 그를 성토해도 괜찮다(季氏富於周公, 而求也爲之聚斂而附益之. 子曰: '非吾徒也. 小子鳴鼓而攻之可也')." 《좌전》 애공 11년에도 다음과 같은 기록이 보인다. "계손이 밭이랑에 따라 세금을 징수하고자 하여 염유를 보내 공자에게 의견을 묻자, 공자는 '모르겠다'고 했다. [계손이 연달아 염유를] 세 차례 보내어 물었으나 [대답하지 않고 염유를] 마지막으로 보내어 말하기를 '그대는 나라의 원로라서 그대의 대답을 기다려 일을 처리하려고 하는데, 어찌하여 그대는 말을 하지 않는가?'라고 했다. 중니는 대답하지 않고 염유에게 사사로이 말하기를 '군자가 일을 처리함에 예를 헤아려 [은혜를 베푸는 것은] 후한 쪽을 취하고, 일은 적중하게 행하고, 세금 징수는 박한 쪽을 따라야 한다. 이와 같이 하면 구부의 세금만으로도 충분하지만, 만약 예를 헤아리지 않고 탐욕하여 만족할 줄 모른다면 비록 밭이랑에 따라 세금을 거두더라도 도리어 부족할 것이다. 장차 자네의 계손씨가 만일 일 처리를 법에 맞게 하고자 한다면 주공의 법이 있으니 [참조하고] 만약 구차하게 일을 처리하고자 한다면 또 남의 의견을 물을 게 무엇이 있겠는가?'라고 했다. [계손은 공자의 말을] 듣지 않았다(季孫欲以田賦, 使冉有訪諸仲尼, 仲尼曰: '丘不識也.' 三發, 卒曰: '子爲國老, 待子而行, 若之何子之不言也.' 仲尼不對, 而私於冉有曰: '君子之行也, 度於禮, 施取其厚, 事擧其中, 斂從其薄. 如是則以丘亦足矣, 若不度於禮, 而貪冒無厭, 則雖以田賦, 將又不足. 且子季孫若欲行而法, 則周公之典在, 若欲苟而行, 又何訪焉, 弗聽')." 당시 계씨는 세금을 늘리기 위해 전부田賦제도를 시행했으며 염구를 통해 공자에게 자문했다. 물론 공자는 반대 입장을 분명히 했으나 염구는 계씨의 명에 따라 시행했다. 그러자 공자는 염구가 백성을 착취한다며 문하도 아니라고 혹평한 것이다.

40) 주희는 "벽辟은 개간하는 것이다. '임토지任土地'는 땅을 나누어 백성에게 주어서 밭 갈고 농사짓는 책임을 맡게 하는 것이니, 이괴가 지력을 다하고 상앙이 천맥을 개간한 것과 같은 부류다(辟開墾也, 任土地謂分土授民, 使任耕稼之責, 如李悝盡地力, 商鞅開阡陌之類也)"라고 했다. 황무지 개간은 얼핏 보면 좋은 일이지만 맹자가 이를 반대한 것은 제후들이 백성을 위해서 개간한다기보다 자신들의 이익을 위해서 개간하려고 했기 때문이다.

눈동자를 보고 사람을 살펴라 7.15

맹자께서 말씀하셨다.

"사람을 살피는 것[41] 중에서 눈동자보다 더 좋은 것이 없으니, 눈동자는 그의 악한 생각을 감추지 못한다. 가슴속이 바르면 눈동자가 밝고,[42] 가슴속이 바르지 못하면 눈동자가 흐리다.[43] 그의 말을 듣고 그의 눈동자를 살펴본다면 사람이 어찌 [마음을] 숨길 수 있으리오?"

孟子曰: "存乎人者, 莫良於眸子, 眸子不能掩其惡. 胸中正, 則眸子瞭焉, 胸中不正, 則眸子眊焉. 聽其言也, 觀其眸子, 人焉廋哉?"

공손한 자와 검소한 자 7.16

맹자께서 말씀하셨다.

"공손한 사람은 남을 업신여기지 않고, 검소한 사람은 남의 것을 빼앗지 않는다. 남을 업신여기고 빼앗는 군주는 오로지 순종하지

---

41) 원문의 "존存"을 번역한 것으로, 《이아》 〈석고〉에 "'존'은 살피다(存, 察也)"라고 했고, 양보쥔도 이에 동조했다. 한편 원문의 "존호인자存乎人者"를 직역하여 "사람이 가진 것 중에"라고 번역하기도 하는데 역자는 취하지 않았다.

42) 원문의 "모자료언眸子瞭焉"을 번역한 것으로, "모자眸子"는 눈동자(目瞳子)를 말한다. 《논어》 〈팔일〉 3.8의 "고운 미소에 팬 보조개, 아름다운 눈에 또렷한 눈동자를 그리고, 흰 바탕에 여러 가지 색깔을 칠했구나(巧笑倩兮, 美目盼兮, 素以爲絢兮)"라는 구절에서는 밝고 또렷한 눈동자를 '반혜盼兮'로 표현했다.

43) 원문의 "모眊"를 번역한 것으로, 주희가 "몽몽하게 눈이 밝지 못한 모양(蒙蒙目不明之貌)"이라고 한 주석을 염두고 두고 번역했다. 조기는 "'모'는 흐리멍덩하여 눈이 밝지 않은 모양(眊者, 蒙蒙目不明之貌)"이라고 했다.

않을까 두려워하니, 어찌 공손하고 검소할 수 있겠는가? 공손하고 검소한 것을 어찌 음성이나 웃는 모습으로써 할 수 있겠는가?"

孟子曰: "恭者不侮人, 儉者不奪人. 侮奪人之君, 惟恐不順焉, 惡得爲恭儉? 恭儉豈可以聲音笑貌爲哉?"

형수가 물에 빠졌다면 손으로 구하라 7.17

순우곤淳于髡[44]이 말했다.

"남녀 사이에는 [물건을] 주고받는 것을 직접 하지 않는 것이 예입니까?"

맹자께서 대답하셨다.

"예이오."

[순우곤이] 물었다.

"형수가 물에 빠지면 [직접] 손으로 구해야 합니까?"

[맹자께서] 대답하셨다.

44) 《사기》〈맹자순경열전〉에 "순우곤은 제나라 사람으로 견문이 넓고 기억력이 뛰어나며 배움이 [어느 한 학설에] 국한하지 않았다. 그 [군주에게] 간언하고 설득하는 면에서는 안영의 사람됨을 흠모하면서도 군주의 뜻에 따르고 그 얼굴빛을 살피기에 급급했다(淳于髡, 齊人也. 博聞彊記, 學無所主. 其諫說, 慕晏嬰之爲人也, 然而承意觀色爲務)"라는 기록이 있고, 《사기》〈골계열전滑稽列傳〉에 "순우곤은 제나라 사람의 데릴사위로 키가 일곱 자도 못 되지만, 익살스럽고 변설에 뛰어나 자주 제후들에게 사신으로 갔으나 굴욕을 당한 일은 아직 없었다(淳于髡者, 齊之贅婿也. 長不滿七尺, 滑稽多辯, 數使諸侯, 未嘗屈辱)"라고 기록되어 있다. 그는 제나라 위왕에게 수수께끼를 내기도 하고, 고니를 가지고 사신으로 간 일로도 유명한데, 사마천은 "순우곤이 하늘을 우러러보고 크게 웃자 제나라 위왕이 패권을 차지했다(淳于髡仰天大笑, 齊威王橫行)"라고 했다.

"형수가 물에 빠졌는데도 구하지 않는다면 이는 승냥이와 같소. 남녀 사이에 주고받는 것을 직접적으로 하지 않는 것은 예이고, 형수가 물에 빠졌는데 손으로써 구하는 것은 임시변통의 방법(권도)이오."

[순우곤이] 말했다.

"지금 천하가 물에 빠졌는데, 선생님께서 구하지 않는 것은 어째서입니까?"

[맹자께서] 말씀하셨다.

"천하가 물에 빠지면 도로써 구하고, 형수가 물에 빠지면 손으로 구하는 것이니, 그대는 손으로 천하를 구하고자 하려는 것이오?"[45)]

淳于髡曰: "男女授受不親, 禮與?" 孟子曰: "禮也." 曰: "嫂溺, 則援之以手乎?" 曰: "嫂溺不援, 是豺狼也. 男女授受不親, 禮也, 嫂溺, 援之以手者, 權也." 曰: "今天下溺矣, 夫子之不援, 何也?" 曰: "天下溺, 援之以道, 嫂溺, 援之以手, 子欲手援天下乎?"

군자가 자식을 직접 가르치지 않은 이유 7.18

공손추가 말했다.

"군자가 자식을 [손수] 가르치지 않는 것은 어째서입니까?"

맹자께서 말씀하셨다.

45) 이 문장은 순우곤이 맹자께 권도權道로 천하를 구원해달라는 것에 대해 맹자가 반문하는 것으로, 천하를 구원하는 일은 권도가 아닌 정도로 해야 한다는 것을 말하고 있다.

"형세상 [그렇게] 할 수 없기 때문이다. 가르치는 자는 반드시 올바른 도로써 해야 하는데, 올바른 도로써 가르쳐 실행되지 않으면 그것에 매여서 노여워지고, 그것에 매여서 노여워지면 도리어 마음 상하게 된다. '아버지께서 나를 올바른 도로써 가르치신다고 하지만, 아버지[의 뒤따르는 행동]도 올바른 도에서 나온 것이 아니다'라고 생각한다면 이는 부자간에 서로 마음 상하는 것이니, 부자간에 서로 마음 상하게 하는 것은 나쁜 것이다. [그래서] 옛날에는 자식을 바꾸어 가르쳤다. 부자 사이에는 잘하라고 꾸짖지 않으니, 잘하라고 꾸짖으면[46] 멀어진다. 멀어지면 더 큰 불상사는 아무것도 없다."

公孫丑曰: "君子之不教子, 何也?" 孟子曰: "勢不行也. 教者必以正, 以正不行, 繼之以怒. 繼之以怒, 則反夷矣. '夫子教我以正, 夫子未出於正也.' 則是父子相夷也. 父子相夷, 則惡矣. 古者易子而教之. 父子之間不責善, 責善則離. 離則不祥[47]莫大焉."

어버이를 섬기는 일이 가장 큰일이다 7.19

맹자께서 말씀하셨다.

"누구를 섬기는 것이 가장 큰일인가? 어버이를 섬기는 것이 가장 큰일이 된다. 지키는 일 중에서 무엇이 가장 큰일인가? 자신을 지

---

46) 원문의 "책선責善"을 번역한 것으로, 옳은 일을 하도록 강하게 권한다는 뜻이다. 제8편 〈이루 하〉 30장을 보면 책선은 친구 간의 도리로 통한다.

47) 원문의 "상祥"에 대하여 《설문해자》에 "'상'은 복이다(祥, 福也)"라고 했고, 《이아》 〈석고〉에는 "'상'은 선하다(祥, 善也)"라고 했다.

키는 것[48]이 큰일이 된다. 자신을 잃지 않고서 그 어버이를 잘 섬겼다는 말은 내가 들었지만, 자신을 잃고서 그 어버이를 잘 섬겼다는 말은 내가 듣지 못했다. [섬기는 일은] 누구든 섬기지 않겠는가마는 어버이를 섬기는 것이 섬기는 것의 근본이고, [지키는 일은] 무엇이든 지키지 않겠는가마는 자신을 지키는 것이 지키는 것의 근본이다.

증자가 증석을 받들어 모실 때 술과 고기가 꼭 있었는데, 상을 치우려 할 때 [증자는] 반드시 '[남은 음식을] 누구에게 주시겠습니까?'라고 여쭈었으며,[49] [증석이] '남아 있는 것이 있느냐?' 하고 물으시면 반드시 '있습니다'라고 대답하셨다. 증석이 죽고 증원이 증자를 받들어 모셨는데, 술과 고기가 꼭 있었다. [그러나] 상을 치울 때 [증원은] '누구에게 주시겠습니까?'라고 여쭙지 않았으며, [증자가] '남아 있는 것이 있느냐?' 하고 물으시면 '없습니다'라고 대답했으니, 이는 [남은 음식을] 다시 올리고자 했기 때문이다. 이것은 입과 몸만 받들어 모신다고 말하는 것이고, 증자와 같이 하면 [어버이의] 뜻을 받들어 모신다고 말할 만하다. 어버이 섬기는 것은 증자가 한 것처럼 하는 것이 옳다."

孟子曰: "事, 孰爲大? 事親爲大. 守, 孰爲大? 守身爲大. 不失其身而能事其親者, 吾聞之矣, 失其身而能事其親者, 吾未之聞也. 孰不爲事,

---

48) 원문의 "수신守身"을 번역한 것으로, 주희는 "수신은 그 몸을 지켜 [스스로] 불의에 빠지지 않게 하는 것이다(守身, 持守其身, 使不陷於不義也)"라고 했다.

49) 원문의 "청請"을 번역한 것으로, '요청하다'는 뜻이 문맥의 의미와는 거리가 있어 '여쭈었다'로 번역했다. 아래 구절에 보이는 "청" 자도 마찬가지로 "여쭈었다"로 번역했다.

事親, 事之本也, 孰不爲守, 守身, 守之本也. 曾子養曾晳, 必有酒肉, 將徹, 必請所與, 問有餘, 必曰: '有.' 曾晳死, 曾元養曾子, 必有酒肉. 將徹, 不請所與, 問有餘, 曰: '亡矣.' 將以復進也. 此所謂養口體者也. 若曾子, 則可謂養志也. 事親若曾子者, 可也."

군주가 바르면 나라도 안정된다 7.20

맹자께서 말씀하셨다.

"[등용된] 사람들은 [군주와] 함께 지적할 수 없고, 정사를 흠잡을 수 없다.[50] 오직 대인만이 군주 마음의 그른 점을 바로잡을 수 있으니, 군주가 인하면 인하지 않은 것이 없고, 군주가 의로우면 의롭지 않은 것이 없으며, 군주가 바르면 바르지 않은 것이 없으니, 일단 바른 마음의 군주가 있고서 나라는 안정된다."

孟子曰: "人不足與適也, 政不足間也. 唯大人爲能格君心之非, 君仁, 莫不仁, 君義, 莫不義, 君正, 莫不正. 一正君而國正矣."

---

50) 원문의 "인부족여적야人不足與適也, 정부족간야政不足間也"를 번역한 것으로, 이 두 구절의 해석이 나뉜다. 조기는 "'적適'은 잘못을 지적하는 것이고, '간間'은 비난하는 것이며, '격格'은 바로잡는다는 것〔適過也, 間非也, 格正也〕"이라고 했다. 주희는 "군주가 인물을 잘못 등용한 것을 허물할 수 없고, 행정의 잘못을 흠잡을 수 없다〔人君用人之非, 不足過讁, 行政之失, 不足非間〕"라고 풀이했다. 여기서는 주희의 설을 따른다.

칭찬과 비방 7.21

맹자께서 말씀하셨다.

"생각하지도 않은 칭찬이 있으며, 온전하기를 추구한 데서 오는 비방이 있다."

孟子曰: "有不虞之譽, 有求全之毁."

말을 쉽게 하는 이유 7.22

맹자께서 말씀하셨다.

"사람이 그 말을 쉽게 하는 것은 꾸짖음이 없기 때문이다."[51)]

孟子曰: "人之易其言也, 無責耳矣."

사람의 우환 7.23

맹자께서 말씀하셨다.

"사람들의 우환은 남의 스승이 되는 것을 좋아하는 데에 있다."

51) 이 구절에 대하여 조기는 "실언의 꾸짖음을 받지 못했기 때문이다[不得失言之咎責也]"라고 했고, 주희도 이에 동조했으나, 정약용은 "사람이 말을 쉽게 하면 이는 버려진 물건이니, 그에게 어찌 꾸짖을 것이 있겠는가[人之易其言也, 此是棄物, 於女何誅]"라고 했고, 양보쥔 역시 "꾸짖을 것이 못 된다[無責耳矣]"라고 했으며, 유월兪樾도 《맹자평의孟子平義》에서 "꾸짖기에는 부족한 것을 말한다"라고 했다. 한편 이을호는 '무책임하다'라고 풀이했는데, 나름 타당한 해석이라고 본다.

孟子曰: "人之患在好爲人師."

면담의 조건 7.24

악정자가 자오(왕환의 자字)를 따라 제나라에 갔다.

악정자가 맹자를 뵈었는데, 맹자께서 말씀하셨다.

"그대도 나를 만나보러 왔는가?"

[악정자가] 물었다.

"선생님께서 어찌 이런 말씀을 하십니까?"

[맹자께서] 말씀하셨다.

"그대가 [이곳에] 온 지가 며칠이나 되었는가?"

[악정자가] 말했다.

"어제입니다."

[맹자께서] 말씀하셨다.

"어제라면 내가 이러한 말을 하는 것이 또한 마땅하지 않은가?"

[악정자가] 말했다.

"여관을 정하지 못해서였습니다."

[맹자께서] 말씀하셨다.

"그대는 그렇게 들었는가, 여관을 정한 뒤에 어른을 찾아뵙는다던가?"

[악정자가] 말했다.

"제가 잘못했습니다.[52]"

樂正子從於子敖之齊. 樂正子見[53]孟子. 孟子曰: "子亦來見我乎?" 曰: "先生何爲出此言也?" 曰: "子來幾日矣?" 曰: "昔者." 曰: "昔者, 則我出此言也, 不亦宜乎?" 曰: "舍館未定." 曰: "子聞之也, 舍館定, 然後求見長者乎?" 曰: "克有罪."

악정자가 제나라에 온 이유 7.25

맹자께서 악정자에게 말씀하셨다.

"그대가 자오를 따라 [이곳에] 온 것은 한갓 먹고 마시려는 것이군. 나는 그대가 옛날의 도를 배워서 먹고 마시는 것에 쓸 줄은 생각지도 못했네."

孟子謂樂正子曰: "子之從於子敖來, 徒餔啜也. 我不意子學古之道而以餔啜也."

순임금이 장가가는 것을 부모에게 알리지 않은 이유 7.26

맹자께서 말씀하셨다.

52) 원문의 "유죄有罪"를 번역한 것으로, '죄를 지었습니다'로 번역하면 지금의 번역과 어감 차이가 있어 '잘못했습니다'라고 번역한다.

53) 원문의 "현見"에 대한 독음을 살펴볼 필요가 있다. 《관본언해》와 《율곡언해》에서는 '현'으로 읽었고, 제2편 〈양혜왕 하〉 16장의 '樂正子見孟子' 언해에서는 '견'으로 읽었다. 역자는 언해본을 따라 번역했다.

"불효에는 세 가지 있는데,[54] 후손이 없는 것이 가장 크다. 순임금이 [부모에게] 알리지 않고 장가든 것은 후손이 없을까 하셨기 때문이니, 군자는 [순임금이] 알린 것과 같다고 여겼다."

孟子曰: "不孝有三, 無後爲大. 舜不告而娶, 爲無後也, 君子以爲猶告也."

춤추는 이유 7.27

맹자께서 말씀하셨다.

"인仁의 실질은 어버이를 섬기는 것이 이것이고, 의義의 실질은 형을 따르는 것이 이것이다. 지智의 실질은 이 두 가지를 알아서 버리지 않는 것이고, 예禮의 실질은 이 두 가지를 절도에 맞게 꾸미는 것이며, 즐거움〔樂〕의 실질은 이 두 가지를 즐거워하는 것이다. 즐거움이 생기면[55] [이러한 마음을] 그치게 할 수 없을 것이니, 그치게 할 수 없으면 자신도 모르게 발이 뛰고 손은 춤추게 될 것이다."

孟子曰: "仁之實,[56] 事親是也, 義之實, 從兄是也. 智之實, 知斯二者弗去是也, 禮之實, 節文斯二者是也, 樂之實, 樂斯二者. 樂則生矣, 生則惡可已也, 惡可已, 則不知足之蹈之手之舞之."

54) 조기는 "예에서 불효하는 것이 세 가지가 있으니, 뜻에 아첨하고 굽혀 따르며 어버이를 의롭지 못한 것에 빠뜨리는 것이 첫 번째 불효요, 집이 가난하고 어버이가 연로하신데도 녹봉을 받는 벼슬을 하지 않는 것이 두 번째 불효요, 장가들지 않아 자식이 없어 선조의 제사가 끊어지게 하는 것이 세 번째 불효다〔於禮有不孝者三者, 謂阿意曲從, 陷親不義, 一不孝也, 家貧親老, 不爲祿仕, 二不孝也, 不娶無子, 絶先祖祀, 三不孝也〕"라고 했다.

부모님 기쁘게 하는 것이 큰 효도다 7.28

맹자께서 말씀하셨다.

“천하 사람들이 대단히 기뻐하면서 자신에게 귀의하려 했으나 천하 사람들이 기뻐하면서 자신에게 귀의하는 것 보기를 지푸라기처럼 여기신 분은 오직 순임금이 그러하셨다. 어버이에게 [마음을] 얻지 못하면 사람이 될 수 없고, 어버이에게 순종하게 하지 못하면 자식이 될 수 없다고 여기셨다. 순임금이 어버이 섬기는 도리를 극진히 하여 [아버지] 고수[57]를 기쁘게 했으니, 고수가 기뻐하여 천하가 교화되었으며, 고수가 기뻐하여 천하의 아버지와 자식 된 자들

---

55) 원문의 “낙즉생의樂則生矣”를 번역한 것으로, 여기서 “생生”의 주어가 누구인지 논란이 있어 소개한다. 주희는 “어버이를 섬기고, 형에게 순종하는 마음〔事親從兄之意〕”으로 보았고, 조기는 “이 어버이를 섬기고, 형에게 순종하는 즐거움이 마음 가운데 나오면 즐거움이 이 가운데서 생긴다〔樂此事親從兄, 出於中心, 則樂生其中矣〕”고 하여 ‘락樂’을 주어로 보았으며, 정약용은《예기》〈제의〉의 “여러 사람을 가르치는 근본을 효라고 한다. …… 즐거움은 이것을 순하게 하는 것으로부터 생겨난다〔衆之本教曰孝. …… 樂自順此生〕”라는 말을 인용하면서 조기의 설을 지지했다. 양보쥔은 “‘락’의 실질은 이 두 가지 즐거움을 얻어서 즐거움이 생겨나는 것이다”라고 하여 ‘생’의 주어가 ‘락’이며, 이 문장 전체를 포함하는 것으로 보았다.

56) 원문의 “실實” 자를 두고 정조와 정약용의 문답을 참조하여 읽을 필요가 있다. 정조가 “‘실’ 자를 꽃에 상대되는 열매로 해석한 것은 리理에 상대되는 실로 해석하는 것만 못한 듯하다. 인의는 단지 리이니, 일이 있는 것이 아니고 사실로 말하면 어버이를 섬기고 형에게 순종하는 것이 이것이다〔御問曰以實字作對華之實, 恐不如作對理之實. 蓋仁義只是理耳, 非有事在, 而以事實言之, 則事親從兄是也〕”라고 했다. 정약용은 “저는 이 장에서 말한 것은 모두 명실名實의 실인 듯합니다. 전국시대에는 인의를 가장하고 예악을 꾸며 오로지 거짓된 지혜만 숭상했습니다. …… 효제의 도가 거의 없어져 맹자께서 요순의 도를 근본적으로 추론하여 효제를 인의지예악의 실로 삼은 것입니다. 실은 허의 반대이고 명의 상대입니다〔臣恐此章所言, 皆名實之實. 蓋戰國之時, 假仁義飾禮樂, 專尙詐智. …… 而孝弟之道, 幾乎熄矣, 於是孟子推本堯舜之道, 以孝弟二者, 爲五者之實. 實者虛之反. 名之對也〕”라고 했다.

이 안정되었으니, 이것을 큰 효도라고 하는 것이다."

孟子曰: "天下大悅而將歸己, 視天下悅而歸己, 猶草芥也, 惟舜爲然. 不得乎親, 不可以爲人, 不順乎親, 不可以爲子. 舜盡事親之道而瞽瞍厎豫, 瞽瞍厎豫而天下化, 瞽瞍厎豫而天下之爲父子者定, 此之謂大孝."

57) 고수瞽瞍에 대해 사마천은《사기》〈오제본기〉에서 이렇게 평하고 있다. "순의 아버지 고수는 맹인이었다. 순의 어머니가 죽자 고수는 다시 아내를 얻어 상象을 낳았는데, 상은 오만했다. 고수는 후처의 자식을 편애하여 항상 순을 죽이려고 했으므로 순은 피해 도망을 다녔다. 어쩌다가 작은 잘못이라도 저지르면 그 즉시 벌을 받았다. [그러나] 순은 아버지와 계모와 동생을 순종하며 섬겼고, 날마다 독실하고 성실하게 살았으며, 게으름을 피우지 않았다(舜父瞽叟盲. 而舜母死, 瞽叟更娶妻而生象, 象傲. 瞽叟愛後妻子, 常欲殺舜, 舜避逃: 及有小過, 則受罪. 順事父及後母與弟, 日以篤謹, 匪有解)."

제8편

이루 하

離婁下

【해설】

이 편은 33개의 장으로 이루어져 있는데, 상편과 마찬가지로 일관된 주제보다 단편 위주의 내용이 많다. 대인大人이라는 개념이 등장하고 그에 관한 언급이 많이 나오는데, 기본적인 의미는 도덕적 인격을 갖춘 자이다. 맹자는 대인도 갓난아이의 마음을 잃지 않은 선한 마음을 갖고 있어야 한다고 강조하고 있다. 또한 2장에서는 정치 잘하기로 유명한 자산子産을 비판적인 시각에서 폄하하는데, 그가 근본적인 해결책을 제시하기보다는 임기응변적인 정치를 했다고 보았기 때문이다.

옛 군주를 위해 상복을 입는 이유를 논하는 장면이 있고(3장), 중용의 덕을 가진 사람이 그렇지 못한 자를 이끌어주는 역할을 해야 한다는 장도 있으며(7장), 대인이라면 "적자지심赤子之心"을 갖고 있어야 한다는 논의도 있다(12장). 13장에서 후한 장례 의식이 묵가의 박한 장례보다 중요함을 설파한 장면도 논쟁거리가 되는 부분이며, 학문을 하는 방법으로 자득自得의 중요성을 언급한 14장의 내용이나, 18장에서 물을 늘 찬미한 공자의 의도를 설명하는 맹자의 발언도 흥미롭다.

공자에 관한 이야기가 후반부에 여러 군데 보이는데, 24장에서는 재주와 덕의 상관관계를 언급하고 있고, 28장에서 군자의 걱정거리와 근심거리가 무엇인지 설명하는 부분도 눈여겨볼 곳이다. 맨 마지막 장인 33장에서는 맹자가 처와 첩의 대화 장면을 통해 부귀를 구하기 위해 남의 제사를 기웃거리는 남자의 모습을 풍자하면서 이 남자와 마찬가지로 부귀를 추구하는 지식인들도 속물근성으로 가득한 세속적 인물임을 에둘러 비판하고 있다.

순임금과 문왕이 헤아리는 것은 같다 8.1

맹자께서 말씀하셨다.

"순임금은 제풍에서 태어나 부하로 옮겨와 사시다가 명조[1]에서 돌아가셨으니, 동쪽 오랑캐 사람이다. 문왕은 기주에서 태어나 필영에서 돌아가셨으니, 서쪽 오랑캐 사람이다. 지역이 서로 떨어진 거리가 천여 리이고, 세대가 서로 떨어진 것이 천여 년이었지만, 뜻을 얻어 중원에서 실행한 것은 부절[2]을 합한 듯 들어맞았으니, 옛날의 성인과 훗날의 성인은 그 헤아리는 것이 매한가지다.[3]"

孟子曰: "舜生於諸馮, 遷於負夏, 卒於鳴條, 東夷之人也. 文王生於岐周, 卒於畢郢, 西夷之人也. 地之相去也, 千有餘里, 世之相後也, 千有餘歲. 得志行乎中國, 若合符節, 先聖後聖, 其揆一也."

---

1) 순임금은 전설상의 인물이며 "제풍諸馮", "부하負夏", "명조鳴條" 세 지명을 확실히 고증할 수 없다. 양보쥔의 고증대로 '명조'는 "드디어 걸과 명조의 들판에서 싸웠다〔遂與桀戰於鳴條之野〕"라고 할 때의 '명조'는 아니다. 조기에 따르면 이 세 지명은 동방 이복夷服의 땅이라고 했다. 주희도 이 설을 따랐다.

2) "부절符節"은 중국 고대에 관원이 권한을 받거나 천자의 직권을 대행하는 상징물이다. 재료는 옥·뿔·대나무 등이고, 양식은 호랑이·용·사람 등 용도에 따라 달랐다. 그중에서도 병부兵符는 병사를 모으거나 명령을 하달하는 증표로, 호랑이를 닮아 호부虎符라고도 불렸으며, 두 개로 나누어 한쪽은 군주가 나머지 한쪽은 담당관에게 주어 서로 합치하면 믿을 수 있는 것으로 했다.

3) 원문의 "규일揆一"을 번역한 것으로, 주희는 '규揆'를 '헤아리다〔度〕'와 같다고 보았고, "헤아려보아 그 도道가 같지 않음이 없음을 말한 것이다〔言度之而其道無不同也〕"라고 했다.

정치하는 법을 모른다고 비판받은 자산 8.2

자산子産[4]이 정나라의 정치를 맡았을 때 자신이 타는 수레로 사람들을 진수와 유수[5]에서 건너게 해주었다.

맹자께서 말씀하셨다.

"은혜롭기는[6] 했으나 정치[7]를 할 줄을 모른다. 11월에 사람이 건널 수 있는 외나무다리〔徒杠〕[8]를 완성하고, 12월에는 수레가 다닐 수 있는 다리〔輿梁〕를 완성했다면 백성은 건너는 것을 걱정하지 않

4) 자산子產(기원전 580년~기원전 522년 추정)은 공손교公孫僑의 자이고, 정나라 목공穆公의 손자이며 춘추시대 정나라의 어진 재상이다. 그는 공자와 동시대 사람으로, 공자가 매우 존경한 인물 중 한 명이다. 내정을 쇄신하고 형벌을 정비했으며, 도덕의 교화를 추진했다. 《사기》〈순리열전循吏列傳〉에 자산에 대한 자세한 대목이 있어 소개한다. "[자산이] 재상이 된 지 1년이 지나자 소인배의 경박한 놀이가 없어지고, 반백의 늙은이들은 무거운 짐을 나르지 않고, 어린아이들은 밭을 갈지 않게 되었다. 2년이 지나자 시장에서 값을 에누리하지 않았고, 3년이 되자 밤에 문을 잠그는 일이 없어지고 길에서 떨어진 물건을 줍는 사람이 없었다. 4년이 지나자 밭갈이하는 농기구를 집으로 가지고 돌아가지 않아도 되었고, 5년이 지나자 군령의 기록이 쓸모없게 되었고, 상복을 입는 기간은 명령을 내리지 않아도 잘 지켜졌다. 자산이 정나라를 다스린 지 26년 만에 죽으니, 장정들은 소리 내어 울고 노인들은 어린아이처럼 울면서 말했다. '자산이 우리를 버리고 죽다니, 백성은 장차 어디로 돌아간단 말인가'〔爲相一年, 豎子不戲狎, 斑白不提挈, 僮子不犁畔. 二年, 市不豫賈. 三年, 門不夜關, 道不拾遺. 四年, 田器不歸. 五年, 士無尺籍, 喪期不令而治. 治鄭二十六年而死, 丁壯號哭, 老人兒啼曰: '子產去我死乎. 民將安歸'〕(김원중 역, 《사기열전》, 민음사, 565~566쪽)"라고 했다.

5) 원문의 "진유溱洧"를 번역한 것으로, 이에 대해 조기는 "진유는 물의 이름〔溱洧, 水名〕"이라고 했고, 정약용은 "《시경》〈정풍·진유〉에 '진수와 유수가 봄물이 막 성하다'라고 한 것을 보면 두 물이 분명하다〔鄭風云, 溱與洧, 方渙渙兮, 其爲二水則明矣〕"라고 했으며, 또 "자산이 사람들을 건네준 것은 아마도 진수와 유수가 합쳐 흐르는 곳일 것이다. 그러므로 조기의 주에서 두 개의 물길이라고 말하지 않은 것이다〔子產濟人. 蓋在溱洧合流之處. 故趙注不言二水〕"라고 했다. 이는 자산이 우연히 물가를 지나다가 수레로 건네준 것이지, 두 물에서 일부러 사람을 건네준 것이 아니라는 말도 일리가 있다.

왔을 것이다. 군자가 정치를 공평하게 한다면 출행할 때 [징을 울리는 것으로] 길을 여는[9] 것도 가능한데, 어떻게 사람마다 건너게 해줄 수 있었겠는가? 그러므로 정치하는 자가 사람들마다 그 마음을 기쁘게 해주려면 날마다 하더라도 충분하지 못할 것이다."

子産聽鄭國之政, 以其乘輿濟人於溱洧. 孟子曰: "惠而不知爲政. 歲十一月, 徒杠成, 十二月, 輿梁成, 民未病涉也. 君子平其政, 行辟人可也, 焉得人人而濟之? 故爲政者, 每人而悅之, 日亦不足矣."

신하가 군주를 위해 상복을 입는 경우 8.3

맹자께서 제나라 선왕에게 말씀하셨다.

"군주가 신하 보기를 마치 [자신의] 손발처럼 여기면 신하는 군주

6) 원문의 "혜惠"를 번역한 것으로, 공자가 자산을 평가한 단어이다. 즉 공자는《논어》〈헌문〉 14.9에서 "어떤 사람이 자산에 대하여 묻자 공자께서 말씀하셨다. '은혜로운 사람이다'(或問子產. 子曰: '惠人也')"라고 했고,《논어》〈공야장公冶長〉 5.15에서 "[자산은] 군자의 도 네 가지를 갖추고 있었으니, 행동할 때는 공손하고, 윗사람을 섬김에 있어서는 공경하며, 백성을 봉양함에 있어 은혜롭고, 백성을 부림에 있어서는 의로웠다(有君子之道四焉, 其行己也恭, 其事上也敬, 其養民也惠, 其使民也義)(김원중 역,《논어》, 휴머니스트, 143쪽)"라고 했다.

7) 원문의 "혜惠"와 "정政"에 대한 자의적 개념에 대한 주희의 설명은 이러하다. "'혜'는 사적인 은혜와 작은 이익을 말하고, '정'은 공평하고 바르고 큰 체통과 기강과 법도의 베풂이 있는 것이다(惠謂私恩小利, 政則有公平正大之體, 綱紀法度之施焉)."

8) 원문의 "강杠"에 대한 설명은 이렇다.《설문해자》의 '교橋'에 "무릇 외나무로 만든 것을 '강'이라고 하고, 나무를 나란히 늘어놓은 것을 '교'라고 한다(凡獨木者曰杠, 駢木者曰橋)"고 했다.

9) 원문의 "행피行辟"를 번역한 것으로, 지위가 높은 사람이 외출할 때 채찍을 들거나 징을 울려서 앞길을 열었다.

보기를 마치 [자신의] 배와 심장처럼 여기고, 군주가 신하 보기를 마치 개와 말처럼 여기면 신하는 군주 보기를 마치 길가의 사람처럼 여기게 되며, 군주가 신하 보기를 마치 흙이나 지푸라기처럼 여기면 신하는 군주 보기를 마치 원수처럼 여기게 되는 것입니다."

왕이 말씀하였다.

"예법에 옛 군주를 위해 상복이 있다고 했는데, [군주가 신하에게] 어떻게 해야 [군주를 위해] 이 상복을 입을 수 있습니까?"

[맹자께서] 말씀하셨다.

"간언이 실행되고 말[10]은 경청하여 은택이 백성에게 내려지며, 어떤 사정이 생겨 떠나게 되면 군주가 사람을 시켜 그를 이끌어 국경을 넘게 하고, 또 그가 가는 곳에 먼저 기별하며,[11] 떠나고 나서 3년이 되어도 돌아오지 않은 뒤에 그의 땅과 집을 거두니, 이것을 일컬어 세 번 예가 있다 하는 것입니다. 이와 같이 하면 [군주를 위해] 상복을 입을 것입니다. 오늘날에는 신하가 되어 간언해도 실행되지 않고, 말해도 경청하지 않고, 은택이 백성에게 내려지지 않고, 어떤 사정이 생겨 떠나게 되면 군주가 그를 옭아매며, 또 그가 가는 곳에서 곤궁하게 하고,[12] 떠나는 날로 즉시 그의 땅과 집을 거두니, 이것을 일컬어 원수라고 하는 것입니다. 원수를 위해 어찌 상복을 입

---

10) 원문의 "간諫"과 "언言"의 차이에 대해 쌍봉요씨雙峯饒氏는 "'간'은 간사한 것을 막는 것이고, '언'은 선한 말을 아뢰는 것이다〔諫是閉邪, 言是陳善〕"라고 했다.

11) 원문의 "선先"을 번역한 것으로, "선"에 대해 《예기》〈단궁〉에 "옛날에 선생님께서 노나라 사구 관직을 실직하고 초나라로 가려고 하실 때 자하에게 먼저 가게 하고, 또다시 염유에게 가게 했는데, 이것으로 빠르게 가난해지지 않으려는 것을 알았다〔昔者夫子失魯司寇, 將之荊, 蓋先之以子夏, 又申之以冉有, 以斯知不欲速貧也〕"라고 했는데, 이에 양보쥔은 '사람으로 하여금 먼저 가서 주선하게 한다'라는 의미라고 했다.

을 수 있겠습니까?"

孟子告齊宣王曰: "君之視臣如手足, 則臣視君如腹心, 君之視臣如犬馬, 則臣視君如國人, 君之視臣如土芥, 則臣視君如寇讎." 王曰: "禮, 爲舊君有服, 何如斯可爲服矣?" 曰: "諫行言聽, 膏澤下於民, 有故而去, 則君使人導之出疆, 又先於其所往, 去三年不反, 然後收其田里, 此之謂三有禮焉. 如此, 則爲之服矣. 今也爲臣, 諫則不行, 言則不聽, 膏澤不下於民, 有故而去, 則君搏執之, 又極之於其所往, 去之日, 遂收其田里, 此之謂寇讎. 寇讎, 何服之有?"

죄 없이 단죄하지 말라 8.4

맹자께서 말씀하셨다.

"죄를 짓지 않았는데도 선비를 죽이면 대부가 [그 나라를] 떠나게 될 것이고, 죄를 짓지 않았는데도 백성을 죽이면 선비가 [다른 곳으로] 옮겨가게 될 것이다."

孟子曰: "無罪而殺士, 則大夫可以去, 無罪而戮民, 則士可以徙."

---

12) 원문의 "극極"을 번역한 것으로, 《설문해자》에 "궁窮은 극極이다〔窮, 極也〕"라고 했고, 《논어》 〈요왈堯曰〉 20.1의 "천하가 곤궁해지다〔四海困窮〕"라는 구절에 대한 포함包咸의 주에 "곤困은 극極이다"라고 되어 있어 '극'은 '곤궁'과 의미가 통한다. 주희는 "극은 궁함이다. 그가 가는 바의 나라에서 궁하게 하는 것이니, 예컨대 진나라가 난영을 금고한 것과 같은 것이다〔極, 窮也. 窮之於其所往之國, 如晉錮欒盈也〕"라고 했다.

군주의 자질 두 가지 8.5

맹자께서 말씀하셨다.

"군주가 인하면 아무도 인하지 않은 사람이 없고, 군주가 의로우면 아무도 의롭지 않은 사람이 없다."

孟子曰: "君仁, 莫不仁, 君義, 莫不義."

대인의 자질 8.6

맹자께서 말씀하셨다.

"[예인 듯하나] 예가 아닌 예와 [의인 듯하나] 의가 아닌 의를 대인이라면 하지 않는다."

孟子曰: "非禮之禮, 非義之義, 大人弗爲."

현명한 사람과 어리석은 사람의 거리 8.7

맹자께서 말씀하셨다.

"중용의 덕이 있는 자는 [아직] 중용의 덕을 갖추지 못한 자를 길러주고, 재능 있는 자는 [아직] 재능을 갖추지 못한 자를 길러주므로[13] 사람들이 현명한 부형이 있는 것을 좋아한다. 만일 중용의 덕이 있는 자가 중용의 덕을 갖추지 못한 자를 버리고, 재능 있는 자가 재능을 갖추지 못한 자를 버린다면 현명한 사람과 어리석은 사람의 거리는 그 간격이 한 치가 안 될 것이다."

孟子曰: "中也養不中, 才也養不才, 故人樂有賢父兄也. 如中也棄不中, 才也棄不才, 則賢不肖之相去, 其間不能以寸."

할 일과 안 할 일 8.8

맹자께서 말씀하셨다.

"사람이란 하지 않는 일이 있고 난 다음에야 [제대로] 하는 일이 있게 된다."

孟子曰: "人有不爲也, 而後可以有爲."

13) 원문의 "중야양부중中也養不中, 재야양부재才也養不才"를 번역한 것으로, "중中"과 "양養"과 "재才"의 개념에 대해 주희는 "지나침과 미치지 못하는 것이 없는 것을 '중'이라고 하고, 족히 할 수 있는 것을 '재'라고 하며, '양'은 받아들여 기르고 훈육하여 스스로 변화하기를 기다리는 것을 이른다〔無過不及之謂中, 足以有爲之謂才, 養謂涵育薰陶, 俟其自化也〕"라고 명쾌하게 해석했는데, 참조할 만하다. 같은 맥락에서 조기는 "'중'이란 중화의 기에 의해 타고난 것을 실천에 옮기는 것으로, 이를 현명하다고 일컫는다고 했고, '재'란 사람 중에 뛰어난 재기가 있는 자를 일컫는다〔中者, 履中和之氣所生, 謂之賢. 才者, 是謂人之有俊才者〕"라고 하여 본문의 "'현'은 도에 맞고 재기가 있는 자를 말한다〔賢, 謂中而才者也〕"라고 했다.

남을 비판 말라 8.9

맹자께서 말씀하셨다.

"다른 사람의 선하지 않은 것을 말한다면, 나중에 닥칠 우환을 어떻게 감당하려는가?"

孟子曰: "言人之不善, 當如後患何?"

중도를 지킨 공자 8.10

맹자께서 말씀하셨다.

"중니(공자)께서는 너무 지나친 것을 하지 않으셨다."[14]

14) 이 문장의 의미에 대해 주희는 "양시楊時가 말했다. '성인이 하시는 바는 본분 밖에 털끝만큼도 더하지 않음을 말씀한 것이니, 맹자가 공자를 진실로 아는 것이 아니라면 이 말로써 일컬을 수 없다'(楊氏曰: '言聖人所爲, 本分之外, 不加毫末, 非孟子眞知孔子, 不能以是稱之')"라고 했고, 조기는 "중니는 삿된 것을 꺼려 바로잡음으로써 바르게 되면 된다고 여기셨다. 그러므로 너무 심하고 크게 지나친 것을 하지 않으신 것이다(仲尼彈邪以正, 正斯可矣. 故不欲爲已甚泰過也)"라고 했는데, 정약용은 다음과 같이 조기의 설을 취하고 주희의 설을 비판했다. "양시의 설은 아마도 오류인 듯하다. 성인의 지극한 선에 머무르려는 것이 어찌 너무 심한 것은 하지 않는다고 할 수 있겠는가? '이심已甚'은 폄하하는 말이다. 맹자가 직접 말씀하시기를 '단간목과 세류는 모두 너무 심하다'라고 하여 조기의 주가 근거가 있어 고칠 수 없다. 호향의 어린아이를 보고 문하생들이 의아해하자 공자께서 말씀하시기를 '진보하려는 자와는 함께하고, 퇴보하려는 자와는 함께하지 않는 것이 무엇이 지나친가!'라고 하셨고, 공자께서 '사람으로서 인하지 못한 것을 너무 지나치게 미워해도 난을 일으키게 된다'(楊說恐謬. 聖人之止於至善, 豈可曰不爲已甚乎? 已甚者, 貶辭. 孟子親口自言曰: '段干木泄柳是皆已甚'. 趙注有據, 未可改也. 互鄕童子見, 門人惑, 子曰: '與其進也, 不與其退也, 惟何甚?' 子曰: '人而不仁, 疾之已甚, 亂也')라고 하셨으며, 《역》에 이르기를 '악인을 만나보면 허물이 없다'고 했으니, 성인의 의는 진실로 이와 같다(易曰: '見惡人无咎.' 聖人之義, 固如是也)." 성백효는 정약용의 고증이 확실하다고 보았는데, 일리가 있다.

孟子曰: "仲尼不爲已甚者."

대인의 언행 8.11

맹자께서 말씀하셨다.

"대인은 말에 있어서 꼭[15] 믿어주기를 바라지 않고, 행실에 있어서 꼭 과단성 있기를[16] 바라지 않으며, 오직 의로움이 있는 것으로 한다."

孟子曰: "大人者, 言不必信, 行不必果, 惟義所在."

갓난아이의 마음을 잃지 말라 8.12

맹자께서 말씀하셨다.

"대인은 그 갓난아이의 마음을 잃지 않은 자[17]이다."

---

15) 원문의 "필必"을 번역한 것으로, 주희는 "'필'은 기약한다는 뜻과 같다. '대인'은 말과 행동이 먼저 믿음과 과단성을 기약하지 않고 단지 의로움이 있는 바이면 반드시 그것을 따르니, 마침내 또한 일찍이 믿음과 과단성이 있게 하는 것이 아니다[必, 猶期也. 大人言行, 不先期於信果, 但義之所在, 則必從之, 卒亦未嘗不信果也]"라고 했다.

16) 원문의 "과果"를 번역한 것으로, 조기는 "'과'는 '능하다'는 뜻이다. 대인은 의로움에 의지하는데, 의로움은 반드시 그 말을 믿어주지 못할 수가 있으니, 아들이 아버지를 위해 숨기는 것 같은 경우다. 하고자 하는 바를 과단성 있게 행하지 못할 수가 있으니, 부모가 계시면 벗을 위해 자신을 내어주지 못하는 것과 같다. 의가 믿음보다 더 중요할 수 있으므로 오직 의로움이 있는 바대로 할 뿐이라고 말한 것이다[果, 能也. 大人杖義, 義有不得必信其言, 子爲父隱也. 有不能得果行其所欲行者, 若親在不得, 以其身許友也. 義或重於信, 故曰惟義所在]"라고 부연했다.

孟子曰: "大人者, 不失其赤子之心者也."

장사 지내는 것이 큰일 8.13

맹자께서 말씀하셨다.

"살아계시는 부모를 [받들어] 모시는 것은 큰일에 해당되기에는 부족하고, 오직 돌아가신 부모를 장사 지내는 것이라야[18] 큰일에 해당될 수 있다."

孟子曰: "養生者不足以當大事, 惟送死可以當大事."

스스로 체득하라 8.14

맹자께서 말씀하셨다.

"군자가 깊이 탐구해 나아가기를 도로써 하는 것[19]은 스스로 체득하고자 하는 것이니, 스스로 [도를] 체득하면 머무는 데에 편안하

---

17) 조기는 "대인은 군주를 말하는데, 나라의 군주는 백성 보기를 어린아이 보는 것처럼 하여 그 백성의 마음을 잃지 않아야 한다는 말이다. 일설에 적자는 영아라고 말한다. 어리고 작을 때의 마음은 오로지 한결같고 아직 변화가 없으니, 사람이 그 어린아이 때의 마음을 잃지 않는다면 곧고 바른 대인이라 할 수 있다(大人謂君, 國君視民當如赤子, 不失其民心之謂也. 一說曰: '赤子嬰兒也.' 少小之心, 專一未變化, 人能不失其赤子時心, 則爲貞正大人也)"고 했는데 취할 만하다.

18) 원문의 "양생養生"과 "송사送死"에 대한 개념은《논어》〈학이學而〉 1.9의 "임종을 신중하게 모시고 먼 조상까지 추모하면 백성의 덕이 두터운 데로 돌아갈 것이다(愼終追遠, 民德歸厚矣)"라는 증자의 발언과 함께 읽어볼 만하며,《논어》〈위정爲政〉 2.5의 "[부모가] 살아 계실 때는 예로써 섬기고, 돌아가신 다음에는 예로써 장사를 지내고, 예로써 제사를 모시는 것이다(生事之以禮, 死葬之以禮, 祭之以禮)"라는 구절과도 통한다(김원중 역,《논어》, 휴머니스트, 69쪽).

고, 머무는 데에 편안하면 쌓이는[20] 것이 깊고, 쌓이는 것이 깊으면 좌우에서 취하여 써도 그 근원을 만나게 된다. 그러므로 군자는 스스로 체득하고자 하는 것이다."

孟子曰: "君子深造之以道, 欲其自得之也. 自得之, 則居之安, 居之安, 則資之深, 資之深, 則取之左右逢其原. 故君子欲其自得之也."

널리 배우고 설명하는 이유 8.15

맹자께서 말씀하셨다.

"널리 배우고 상세히 설명하는 것은 장차 요점[21]을 말하려는 것으로 돌아가려는 것이다."

19) 원문의 "군자심조지이도君子深造之以道"를 번역한 것으로, "조造"에 대하여 조기는 '다하다[致]'라고 풀이했고, 주희는 "'조'는 나아감이다. 깊이 나아간다는 것은 나아가는데 멈추지 않는다는 뜻이다[造, 詣也. 深造之者, 進而不已之意]"라고 했으며, "'도道'는 그 나아가는 방법이다[道, 則其進爲之方也]"라고 했다.

20) 원문의 "자資"를 번역한 것으로, 《설문해자》에 "'자'는 재화이다[資, 貨也]"라는 풀이와 단옥재의 주에 "'자'는 쌓는 것이다. 가뭄에는 배를 쌓고, 홍수에는 수레를 쌓으며, 여름에는 가죽을 쌓고, 겨울에는 칡베를 쌓는데, 모두 쌓아둔다는 의미다[資者積也. 旱則資舟, 水則資車, 夏則資皮, 冬則資絺綌, 皆居積之謂]"라고 했는데 본문의 의미는 이보다 더 내포적이다.

21) 원문의 "박博"과 "약約"에 대한 번역으로, 이 구절의 핵심어다. 이에 대하여 정이천程伊川은 "'박'과 '약'은 정반대로, 성인이 사람들에게 가르치는 것은 다만 이 두 글자다. '박'은 널리 배우는 것이니 많이 알고 많이 보고 많이 듣는 것을 말하고, '약'은 다만 사람들에게 요점을 알게 하는 것이다[博與約正相對, 聖人教人, 只此兩字, 博是博學, 多識多見多聞之謂, 約只是使人知要也]"라고 했다. 《논어》〈옹야雍也〉 6.25에 "[군자가] 글을 널리 배우고, 예로써 단속한다면 또한 [도리에] 어긋나지 않을 수 있을 것이다[博學於文, 約之以禮, 亦可以弗畔矣夫!]"라고 한 구절과도 통한다.

孟子曰: "博學而詳說之, 將以反說約也."

선함으로 남을 길러라 8.16

맹자께서 말씀하셨다.

"선善으로 남을 복종시키려 하는 자 가운데 남을 [제대로] 복종시킬 수 있는 자가 없으니, 선으로 남을 길러준 뒤에 천하를 복종시킬 수 있다. 천하가 마음으로 복종하지 않는데도 왕 노릇 하는 자는 없다."

孟子曰: "以善服人者, 未有能服人者也, 以善養人, 然後能服天下. 天下不心服而王者, 未之有也."

말은 실질이 있어야 8.17

맹자께서 말씀하셨다.

"말에는 실제가 상서롭지 못한 경우가 없으니, 상서롭지 못한 실제는 어진 이를 가리는 것이 이에 해당한다."[22]

孟子曰: "言無實不祥. 不祥之實, 蔽賢者當之."

---

22) 《대학》 전10.16에 "현명한 사람을 보고도 등용할 수 없고, 등용했더라도 우선시하지 않았다면 천명이다. 선하지 못한 사람을 보고도 물러나게 할 수 없고, 물러나게 하더라도 멀리할 수 없다면 허물이다〔見賢而不能擧, 擧而不能先, 命也. 見不善而不能退, 退而不能遠, 過也〕"라는 구절과 함께 보면 좋다.

공자가 물을 칭송한 이유 8.18

서자가 말했다.

"공자께서는 자주[23] 물을 칭송하여 '물이여! 물이여!'라고 하셨는데,[24] 물에서 어떤 점을 받아들인 겁니까?"

맹자께서 말씀하셨다.

"근원이 좋은 샘물은 콸콸 솟아서[25] 밤낮을 그치지 않고 흘러가 웅덩이를 가득 채운 뒤에 나아가서 사해에 흘러드니, 근원이 있는 것이 이와 같아서 이것을 받아들인 것이다. 만일 근원이 없다면 7, 8월 사이에 빗물이 모여서 도랑을 모두 가득 채우지만, 그것이 마르는 것은 서서 기다릴 정도이니, 명성이 실제보다 지나친 것을 군자는 부끄럽게 여긴다.[26]"

徐子曰: "仲尼亟稱於水, 曰: '水哉, 水哉!' 何取於水也?" 孟子曰: "原泉混混, 不舍晝夜, 盈科而後進, 放乎四海. 有本者如是, 是之取爾. 苟爲無本, 七八月之間雨集, 溝澮皆盈, 其涸也, 可立而待也. 故聲聞過情, 君子恥之."

---

23) 원문의 "극亟"을 번역한 것으로, 주희는 '자주(數)'의 뜻이라고 풀이했다.

24) 공자가 물을 칭송하는 것은 《논어》 〈자한子罕〉 9.16에서 "공자께서 강가에서 말씀하셨다. '흘러가는 것이 이와 같구나. 밤낮을 그치지 않는구나'(子在川上曰: '逝者如斯夫, 不舍晝夜')"라고 한 문맥적 의미를 고려할 필요가 있다.

25) 원문의 "혼혼混混"을 번역한 것으로, 《설문해자》에 "'혼'은 풍부하게 흐르는 것이다(混, 豊流也)"라고 했고, 단옥재의 주에 "풍성하게 가득 흐르는 것이다(盛滿之流也)"라고 했다.

사람이 금수와 다른 점 8.19

맹자께서 말씀하셨다.

"사람이 금수와 다른 점은 거의 없는데[27] 뭇사람은 그것을 버리고 군자는 그것을 보존한다. 순임금은 여러 사물의 이치에 밝으며 인륜을 잘 살폈으니, 인仁과 의義를 따라 행동하신 것이고, 인과 의를 [억지로] 실행하시려고 한 것이 아니었다.[28]"

孟子曰: "人之所以異於禽獸者幾希, 庶民去之, 君子存之. 舜明於庶

---

26) 공자께서 소문〔聞〕과 통달〔達〕에 대하여 자장과 나눈 대화가 《논어》 〈안연〉 12.20에 보인다. "자장이 여쭈었다. '선비는 어떻게 해야 통달했다고 할 수 있습니까?' 공자께서 말씀하셨다. '무엇이냐, 네가 말하는 통달이라는 것이?' 자장이 아뢰었다. '나라 안에서 반드시 소문이 나고, 가문 안에서도 반드시 소문이 나는 것입니다.' 공자께서 말씀하셨다. '이것은 소문이지 통달이 아니다. 통달이라는 것은 본바탕이 바르고 의로움을 좋아하며, [다른 사람의] 말을 살피고 [다른 사람의] 안색을 관찰하며, 깊이 생각하고 다른 사람에게 자신을 낮추는 것이다. 나라 안에서도 반드시 통달하고 가문 안에서도 반드시 통달하는 것이다. 소문이 있다는 것은 겉으로는 인을 취하면서도 행동은 [인에] 어긋나는 것인데도 스스로는 인하다고 믿어 의심하지 않는 것이다. [그런 사람은] 나라 안에서 반드시 소문이 나고 가문에서도 반드시 소문이 나는 것이다'〔子張問, '士何如斯可謂之達矣?' 子曰: '何哉, 爾所謂達者?' 子張對曰: '在邦必聞, 在家必聞.' 子曰: '是聞也, 非達也. 夫達也者, 質直而好義, 察言而觀色, 慮以下人. 在邦必達, 在家必達. 夫聞也者, 色取仁而行違, 居之不疑. 在邦必聞, 在家必聞'〕."

27) 원문의 "기희幾希"를 번역한 것으로, 주희는 '적다〔少〕'는 뜻으로, 정약용은 '미미하다〔微〕'라는 뜻으로 풀이했다. 주희가 "사람과 금수가 태어날 때 똑같이 천지의 이치를 얻어 본성을 삼았고, 똑같이 천지의 기를 얻어 형체를 삼았으니, 그 같지 않은 것은 오직 사람만이 그사이에 형기形氣의 올바름을 얻어 그 성性을 온전히 보존할 수 있는 것이 사소한 다름이 될 뿐이다〔人物之生, 同得天地之理, 以爲性, 同得天地之氣, 以爲形, 其不同者, 獨人於其間, 得形氣之正, 而能有以全其性, 爲少異耳〕"라고 한 것에 대하여 정약용은 "[사람과 금수가] 다른 것은 오직 하나의 도심이니, 도심의 물건 됨은 형체가 없고 바탕도 없으며 지극히 미미하고 지극히 황홀하다〔所異者惟是一箇道心, 而道心爲物, 無形無質, 至微至忽〕"라고 했다.

物, 察於人倫, 由仁義行, 非行仁義也."

주공이 앉은 채 밤새워 기다린 것은 8.20

맹자께서 말씀하셨다.

"우임금은 맛있는 술을 싫어하고,[29] 선한 말을 좋아하셨다.[30] 탕왕은 중용의 도를 잡고서, 어진 이를 등용하되 [출신] 지역을 따지지 않으셨다. 문왕은 백성 보기를 상처 입은 듯이 했고,[31] 도를 바라보고도 아직 보지 못한 듯이 하셨다. 무왕은 가까운 곳에 있는 자들을 함부로 대하지[32] 않았고, 먼 곳에 있는 자들도 잊지 않으셨다. 주공

---

28) 원문의 "유인의행由仁義行, 비행인의야非行仁義也"를 번역한 것으로, 조기는 "인의는 안에서 생기는 것이므로 그 중심을 따라서 행하는 것이지, 억지로 인의를 행하는 것은 아니다〔仁義生於內, 由其中而行, 非強力行仁義也〕"라고 보았다. 주희는 "인의가 이미 마음에 뿌리내려서 행하는 바가 모두 이로부터 나온 것이고, 인의를 아름답게 여긴 뒤에 힘써 억지로 행한 것이 아니니, 이른바 '안이행지安而行之'라는 것이다. 이는 성인의 일이니 보존하기를 기다리지 않아도 보존되지 않음이 없는 것이다〔仁義已根於心, 而所行, 皆從此出, 非以仁義爲美而後, 勉强行之, 所謂安而行之也. 此則聖人之事, 不待存之而無不存矣〕"라고 했다.

29) 원문의 "우오지주禹惡旨酒"를 번역한 것으로, 《전국책》〈위책〉에 "의적이 술을 만들었는데, 우임금은 그 술을 마셔보고 맛있게 여기며 말씀하시기를 '후세에 반드시 술로써 그 나라를 망칠 자가 있을 것이다'라고 하시고는 마침내 의적을 멀리하고는 맛있는 술을 끊으셨다〔儀狄作酒, 禹飮而甘之曰: '後世必有以酒亡其國者.' 遂疏儀狄而絶旨酒〕"라는 기록이 있다.

30) 원문의 "호선언好善言"에 대해 《서경》〈우서虞書·대우모大禹謨〉에 "우임금은 합당한 말에 절했다〔禹拜昌言〕"라는 기록이 있다. 맹자는 원문의 '창昌' 대신 '선善'으로 썼다.

31) 원문의 "시민여상視民如傷"을 번역한 것으로, 조기는 "온화하여 어지럽게 움직이지 않는 것〔雍容不動擾〕"이라고 했고, 정약용은 노자의 말을 인용하여 조기의 설을 지지했다. "조기의 주가 의미가 있다. …… 《노자》에 '백성을 다스리는 것은 작은 생선을 찌듯이 한다'라고 했다〔趙注有味. …… 老子曰治民如烹小鮮〕."(이지형 역, 《맹자요의》, 현대실학사, 1994.)

은 [우임금, 탕왕, 문·무왕 등] 세 왕의 덕을 겸비하여 [그들의] 네 가지 일을 실천할 것을 생각하셨고, 들어맞지 않는 것이 있으면 우러러 생각하여 밤으로써 날을 이어 다행히 터득하면 [그대로] 앉은 채 아침을 기다리셨다."

孟子曰: "禹惡旨酒而好善言. 湯執中, 立賢無方. 文王視民如傷, 望道而未之見. 武王不泄邇, 不忘遠. 周公思兼三王, 以施四事, 其有不合者, 仰而思之, 夜以繼日, 幸而得之, 坐以待旦."

공자가 말하는 《춘추》 8.21

맹자께서 말씀하셨다.

"왕 노릇 하는 자의 자취[33]가 사라지면서 시(《시경》)가 없어졌으니,[34] 시가 없어지고 나서 《춘추》가 지어졌다. 진晉나라의 《승》과 초나라의 《도올》과 노나라의 《춘추》가 매한가지다. 《춘추》의 그 일은 제나라 환공과 진나라 문공의 일이고, 그 문체는 사관의 것이다. 공자께서 말씀하시기를 '그 의義는 내가 외람되이 취했다'고 하셨다."

孟子曰: "王者之迹熄而詩亡, 詩亡然後春秋作. 晉之乘, 楚之檮杌, 魯之

32) 원문의 "설泄"을 번역한 것으로, 조기의 "'설'은 함부로 대하고 가까이하는 것이다. 가까이 있는 현명한 자를 함부로 대하지 않고, 멀리 있는 선한 자를 잊어버리지 않는다는 말이다. 가까운 자는 조정의 신하를 이르고, 멀리 있는 자는 제후를 이른다(泄, 狎邇近也. 不泄狎近賢, 不遺忘遠善, 近謂朝臣, 遠謂諸侯也)"라는 해석이 정확하다. 주희도 "'설'은 함부로 대하는 것이다. 가까운 자는 사람이 함부로 대하기 쉬운 바인데도 함부로 대하지 않으셨고, 먼 자는 사람이 잊기 쉬운 바인데도 잊지 않으셨으니, 덕이 성대하고 인仁이 지극한 것이다(泄, 狎也. 邇者, 人所易狎而不泄, 遠者, 人所易忘而不忘, 德之盛, 仁之至也)"라고 했다.

春秋, 一也, 其事則齊桓晉文, 其文則史. 孔子曰: '其義則丘竊取之矣.'"

공자의 문하가 되지는 못했으나 8.22

맹자께서 말씀하셨다.

"군자의 [남긴] 은택도 다섯 세대면 끊기게 되고, 소인의 [남긴] 은택도 다섯 세대면 끊기게 된다. 나는 공자의 문하가 되지는 못했지만 나는 남에게서 사사로이 [공자의 선한 도를] 배웠노라.[35]"

孟子曰: "君子之澤五世而斬, 小人之澤五世而斬. 予未得爲孔子徒也, 予私淑諸人也."

33) 원문의 "적迹"을 번역한 것으로, 《설문해자》 기丌 부에 "'적'은 옛날의 '주인遒人'이라는 사람으로, 목탁으로 시와 말을 전했다(迹, 古之遒人, 以木鐸記詩言)"라고 했고, 《설문통훈정성》에 "《맹자》의 '맹자왕자지적식이시망孟子王者之迹熄而詩亡'에서 '적迹'은 '적近'의 오류다(孟子王者之迹熄而詩亡, 迹卽近之誤)"라고 했다. 《예기》 〈왕제〉에 "태사에게 명하여 시를 바치게 함으로써 백성의 풍습을 관찰했다(命太師陳詩以觀民風)"라고 했고, 《공양전》 하안何晏의 주에 "오곡이 다 들어오고 백성이 모두 집에 거처하면 시월부터 정월이 다 끝날 때까지 남녀가 서로 따르며 노래하는데, 배고픈 자는 그 먹을 것을 노래하고, 수고로운 자는 그 일을 노래했다. 남자 나이 예순 살과 여자 나이 쉰 살에 자식이 없는 자는 관이 옷과 먹을 것을 주고 그들에게 민간의 시를 구해오게 했다. 마을에서 고을로 가져가고, 고을은 나라로 가져가고, 나라에서는 천자가 듣도록 했다. 그러므로 왕 노릇 하는 자는 문밖을 나가지 않아도 천하를 다 알았다(五穀畢入, 民皆居宅, 從十月盡正月止, 男女相從而歌. 饑者歌其食, 勞者歌其事. 男年六十女年五十無子者, 官衣食之, 使之民間求詩. 鄕移於邑, 邑移於國, 國以聞於天子. 故王者不出戶牖, 盡知天下)"라고 했다.

34) 원문의 "시망詩亡"을 번역한 것으로, 주희는 "평왕이 동쪽으로 옮겨 정치적 교화와 호령이 천하에 미치지 못한 것을 일컫는다. 시망이란 〈서리〉가 강등되어 국풍이 되어 '아雅'가 없어진 것을 말한다(謂平王東遷, 而政敎號令, 不及於天下也. 詩亡, 謂黍離降爲國風而雅亡也)"고 하여 '아'가 되어야 하는 왕풍이 강등된 것을 '시망'으로 보았다.

청렴·은혜·용맹을 해쳐서는 안 될 일 8.23

맹자께서 말씀하셨다.

"취할 수도 있고 취하지 않을 수도 있는데 취하면 청렴을 해치게 되고, 줄 수도 있고 주지 않을 수도 있는데 주면 은혜를 해치게 되며, 죽을 수도 있고 죽지 않을 수도 있는데 죽게 되면 용맹을 해치게 된다."[36]

孟子曰: "可以取, 可以無取, 取傷廉, 可以與, 可以無與, 與傷惠, 可以死, 可以無死, 死傷勇."

35) 원문의 "사숙私淑"을 번역한 것으로, 직접 가르침을 받지는 않았지만 마음속으로 본받아서 도나 학문을 닦는 것을 뜻한다. 맹자는 공자의 손자인 자사의 제자에게서 배웠다. 공자로부터 다섯 세대가 지나 직접 배우지는 못했지만, 공자 문하의 제자에게서라도 배운 경위가 나타난다. '숙淑'에 대하여 주희는 "선함〔善〕"이라고 했고, '숙淑'은 가차되어 '숙叔'과 같으므로《설문해자》에는 "숙叔은 취한다는 것이다〔叔, 取也〕"라고 했다.

36) 이 문장에 대해 주희의 주석을 참조하면 임지기林之奇는 "공서화가 다섯 병의 곡식을 받은 것은 청렴을 상하게 한 것이고, 염자가 그에게 준 것은 은혜를 상하게 한 것이며, 자로가 위나라에서 죽은 것은 용맹을 상하게 한 것이다〔公西華受五秉之粟, 是傷廉也, 冉子與之, 是傷惠也, 子路之死於衛, 是傷勇也〕"라고 했는데, 공서화에 대한 자세한 기록이《논어》〈옹야〉6.3에 보인다. "자화(공서화)가 제나라에 사신으로 가게 되자, 염자(염구)가 그의 어머니에게 줄 곡식을 청했다. 공자께서 말씀하셨다. '그에게 1부(여섯 말 넉 되)를 주어라.' 더 달라고 청했다. [공자께서] 말씀하셨다. '1유(열여섯 말)를 주어라.' 염자는 그의 어머니에게 곡식 5병(여든 섬)을 주었다. 공자께서 말씀하셨다. '적(공서화)이 제나라에 갈 때 살진 말을 타고 가벼운 가죽옷을 입었더라. 내가 듣기로는「군자는 다급한 사람을 도와주지만, 잘사는 사람에게 더 보태주지는 않는다」고 했다'〔子華使於齊, 冉子爲其母請粟. 子曰: '與之釜.' 請益. 曰: '與之庾.' 冉子與之粟五秉. 子曰: '赤之適齊也, 乘肥馬, 衣輕裘. 吾聞之也,「君子周急不繼富」'〕."

제자를 잘 둔 덕에 목숨을 건진 자 8.24

방몽逢蒙이 활 쏘는 법을 예羿에게서 배웠는데, 예의 기술을 다 익히고 나서 '천하에 오직 예만이 나보다 낫다'고 생각하고는 이에 예를 죽였다.

맹자께서 말씀하셨다.

"이는 또한 예에게도 잘못이 있다."

공명의[37]가 말했다.

"마땅히 잘못이 없는 듯합니다."

[맹자께서] 말씀하셨다.

"[잘못이] 크지 않을 뿐 어찌 잘못이 없다고 하겠는가? 정나라 사람이 자탁유자에게 위衛나라를 침략하도록 했는데, 위나라에서는 유공庾公 사斯를 시켜 그를 뒤쫓게 했다. 자탁유자가 말하기를 '오늘 나는 병이 나서 활을 잡을 수 없으니, 나는 죽게 되었구나!'라고 하고, 그 마부에게 묻기를 '나를 뒤쫓아오는 자가 누구인가?'라고 하자, 그 마부가 대답하기를 '유공 사입니다'라고 했다. [자탁유자가] 말하기를 '나는 [이제] 살았구나'라고 하니, 그 마부가 말하기를 '유공 사는 위나라에서 활쏘기를 잘하는 자인데, 선생님께서 말씀하기를

37) 《맹자》 전체에서 공명의는 이곳과 제5편 〈등문공 상〉 1장의 "공명의가 말하기를 '[주공이] 문왕은 나의 스승이다'라고 했다(公明儀曰: '文王, 我師也')", 제6편 〈등문공 하〉 3장의 "공명의가 말하기를 '옛사람은 석 달 동안 [섬길] 군주가 없으면 위문했다'라고 했다(公明儀曰: '古之人三月無君, 則弔')", 제6편 〈등문공 하〉 9장의 "공명의가 말하기를 '푸줏간에 살진 고기가 있고, 마구간에 살진 말이 있는데도 백성이 굶주린 기색이 있고 들에 굶어 죽은 시체가 있다면 이는 짐승을 몰아서 사람을 잡아먹게 하는 형국이다'라고 했다(公明儀曰: '庖有肥肉, 廐有肥馬, 民有飢色, 野有餓莩, 此率獸而食人也')" 이렇게 네 곳에 보인다.

「나는 살았구나」라고 하신 것은 무슨 말씀입니까?'라고 하자, [그가] 대답하기를 '유공 사는 활쏘기를 윤공尹公 타他라는 자에게서 배웠고, 윤공 타는 활쏘기를 나에게서 배웠다. 무릇 윤공 타는 단정한 사람[38]이라서 벗을 사귀는 데도 반드시 단정할 것이다'라고 했다. 유공 사가 도착하여 묻기를 '선생께서는 어찌하여 활을 잡지 않습니까?'라고 하자, [자탁유자가] 대답하기를 '오늘 나는 병이 나서 활을 잡을 수가 없네'라고 했다. [유공 사가] 말하기를 '소인은 활쏘기를 윤공 타에게서 배웠고, 윤공 타는 활쏘기를 선생에게서 배웠으니, 저는 차마 선생의 기술로써 도리어 선생을 해칠 수가 없습니다. 비록 그러하나 오늘의 일은 군주[가 명령한] 일이니, 제가 감히 하지 않을 수는 없습니다'라고 하고는 화살을 뽑아 수레바퀴에 두들겨 화살촉을 떼어버리고는 화살 네 개를 쏘고 나서 돌아갔다."[39]

逢蒙學射於羿, 盡羿之道, 思天下惟羿爲愈己, 於是殺羿. 孟子曰: "是亦羿有罪焉." 公明儀曰: "宜若無罪焉." 曰: "薄乎云爾, 惡得無罪? 鄭人使子濯孺子侵衛, 衛使庾公之斯追之. 子濯孺子曰: '今日我疾作,

---

38) 원문의 "단인端人"을 번역한 것으로, 조기는 "마음 씀씀이가 사악하거나 편벽되지 않는 것(用心不邪僻)"이라고 설명했다.

39) 《좌전》 양공 14년에 같은 사건을 두고 달리 서술한 대목이 보인다. "윤공 타는 유공 차에게서 활쏘기를 배우고, 유공 차는 공손 정에게서 활쏘기를 배웠다. 두 사람이 헌공을 추격할 때 공손 정은 헌공의 수레를 몰았다. 유공 차(자어)가 말하기를 '활을 쏘는 것은 스승을 배반하는 것이 되고, 쏘지 않으면 도륙되니, 쏘는 것이 예가 될 것이다'라고 하고 두 말의 멍에를 쏘고 돌아갔다. 윤공 타가 말하기를 '그대에게 스승이 되지만, 나와는 소원합니다' 하고는 수레를 돌렸다. 공손 정이 고삐를 헌공에게 주고 그를 쏘아 팔을 맞추었다(尹公佗學射於庾公差, 庾公差學射於公孫丁. 二子追公, 公孫丁御公. 子魚曰: '射爲背師, 不射爲戮, 射爲禮乎.' 射兩軥而還. 尹公佗曰: '子爲師, 我則遠矣.' 乃反之. 公孫丁授公轡而射之, 貫臂)."

不可以執弓, 吾死矣夫!' 問其僕曰: '追我者誰也?' 其僕曰: '庾公之斯也.' 曰: '吾生矣.' 其僕曰: '庾公之斯, 衛之善射者也, 夫子曰:「吾生」. 何謂也?' 曰: '庾公之斯學射於尹公之他, 尹公之他學射於我. 夫尹公之他, 端人也, 其取友必端矣.' 庾公之斯至, 曰: '夫子何爲不執弓?' 曰: '今日我疾作, 不可以執弓.' 曰: '小人學射於尹公之他, 尹公之他學射於夫子. 我不忍以夫子之道反害夫子. 雖然, 今日之事, 君事也, 我不敢廢.' 抽矢, 扣輪, 去其金, 發乘矢而後反."

못생긴 자가 하느님에게 제사 지낼 수 있는 이유 8.25

맹자께서 말씀하셨다.

"[천하의 미인] 서시[40]라도 깨끗하지 않은 것을 뒤집어쓰고 있으면 사람들이 모두 코를 막고 그를 지나갈 것이다. 비록 못생긴 사람이 있더라도 재계하고 머리를 감고 몸을 씻으면 하느님에게 제사 지낼 수 있을 것이다."[41]

孟子曰: "西子蒙不潔, 則人皆掩鼻而過之. 雖有惡人, 齊戒沐浴, 則可以祀上帝."

40) 원문의 "서자西子"를 번역한 것으로, 조기는 "서자는 옛날의 미녀 서시다(西子, 古之好女西施也)"라고 했다. 《장자》〈천운天運〉편에 "서시가 가슴병을 앓아 찌푸리니 그 마을의 추녀가 보고서 그것을 아름답다고 여겨 돌아가서 역시 가슴에 손을 얹고 찌푸렸다(西施病心而矉, 其里之醜人見而美之, 歸亦捧心而矉)"라는 내용이 있다. 한편 주희는 "서자는 아름다운 부인이다(西子, 美婦人)"라고 했다.

순리를 따르는 지혜 8.26

맹자께서 말씀하셨다.

"천하 사람들이 본성이라고 말하는 것은 이미 나타난 흔적을 추구하는 것일 뿐이니, 이미 나타난 흔적을 추구하는 것은 순리를 따르는 것[42]을 근본으로 삼는다. 지혜로운 자를 미워하는 이유는 천착함에 빠지기 때문이니, 만일 지혜로운 자가 우임금이 물을 다스리는 것처럼 한다면 지혜[로운 자]를 미워할 이유가 없을 것이다. 우임금이 물을 다스린 것은 [억지로] 일삼아 행하지 않은 것이니, 만일 지혜로운 자가 또한 [억지로] 일삼아 행하지 않는다면 지혜 역시 클 것이다. 하늘은 높고 별들은 멀지만, 만일 그 이미 나타난 흔적을 추구한다면, 천 년 동안의 동짓날도 앉아서 미루어 알 수가 있다."

孟子曰: "天下之言性也, 則故而已矣. 故者以利爲本. 所惡於智者, 爲其鑿也. 如智者若禹之行水也, 則無惡於智矣. 禹之行水也, 行其所無

---

41) 이 장에서 원문의 미인인 "서자西子"와 못생긴 사람 "악인惡人"에 대하여 정약용은 "문장과 학식이 순수하고 아름다운 사람이라도 한 번 추하고 더러운 행동을 범하면 사람들이 모두 천하게 여기고 그를 싫어하는데, 서자를 이것에 비유한 까닭이다. …… 악인은 용모가 추악한 자이다. 죽이고 도적질하고 음란하고 망령된 행동을 하지 않은 바가 없다가 잘못을 뉘우쳐 스스로 새로워지면 하늘을 섬길 수 있다. 못생긴 용모를 추악한 행동에 비유한 것이다〔文章學識純美之人, 一犯醜穢之行, 人皆賤惡之, 西子所以喻是也. …… 惡人者, 惡貌者也. 殺盜淫妄, 無所不爲, 而悔過自新, 則可以事天. 惡貌所以比醜行也〕"라고 했다(이지형 역,《맹자요의》).

42) 원문의 "리利"를 번역한 것으로, 주희는 "'리'는 '순順'과 같으니 그 자연스러운 형세를 말한다〔利, 猶順也, 語其自然之勢也〕"라고 했고, 초순은 "잘 인도한다〔利導〕"라는 의미로 풀이했다.

事也. 如智者亦行其所無事也, 則智亦大矣. 天之高也, 星辰之遠也, 苟求其故, 千歲之日至, 可坐而致也."

맹자가 말하는 예법의 기준 8.27

공행자公行子가 아들 상喪을 당했는데[43] 우사(왕환王驩)가 조문하러 갔다. [우사가] 문으로 들어오자, 나아가 우사와 말하는 자가 있었고, [우사가 자리에 앉자] 우사의 자리로 나아가서 우사와 말하는 자도 있었다.

맹자께서 우사와 말씀을 나누지 않으니, 우사가 언짢아하며 말했다.

"여러 군자는 모두 나와 말하는데, 맹자만 유독 나와 말하지 않으니, 이는 나를 소홀히 여기는[44] 것이다."

맹자께서 이 말을 듣고 말씀하셨다.

"예법에 조정에서는 [자기] 자리를 넘어서 서로 말하지 않고, 위계(자리)를 넘어서 서로 읍(인사)하지 않는다고 했다. 내가 [이] 예를 행하고자 하는데, 자오(왕환)가 나더러 소홀히 여긴다고 말하니, 또한 이상하지 않은가?"

43) 조기는 "공행자는 제나라의 대부이다(公行子, 齊大夫也)"라고 했다. 《예기》에 근거하면 아버지는 맏아들을 위해 참최斬衰 3년을 한다고 했는데, 공행자의 아들이 죽자 제나라의 여러 대신이 모두 가서 조문했다. 그의 맏아들이 죽은 것으로 추정된다는 것이 일반론이다.

44) 원문의 "간簡"을 번역한 것으로, '간략하다(略)'의 뜻이다. 역자는 문맥상 '소홀히 하다'로 의역했다.

公行子有子之喪, 右師往弔. 入門, 有進而與右師言者, 有就右師之位而與右師言者. 孟子不與右師言, 右師不悅曰: "諸君子皆與驩言, 孟子獨不與驩言, 是簡驩也." 孟子聞之曰: "禮, 朝廷不歷位而相與言, 不踰階而相揖也. 我欲行禮, 子敖以我爲簡, 不亦異乎?"

군자가 보통 사람과 다른 점은 8.28

맹자께서 말씀하셨다.

"군자가 보통 사람과 다른 점은 [자신의] 마음에 간직하고 있는 것[45] 때문이니, 군자는 인仁을 마음에 간직하고 예를 마음에 간직한다. 인한 자는 남을 사랑하고, 예가 있는 자는 남을 공경한다. 남을 사랑하는 자는 남이 늘 그를 사랑하고, 남을 공경하는 자는 남이 늘 그를 공경한다.

여기에 어떤 사람이 있는데 자신을 도리에 어긋나게[46] 대하면 군자는 반드시 스스로 돌이켜보아 '내가 반드시 인하지 못하고, 반드시 예가 없었나 보다. 이런 일이 어찌 이르게 되었는가?'라고 한다.

---

45) 원문의 "존심存心"을 번역한 것으로, 이에 대하여 정약용은 "존심은 옛날과 지금의 차이가 있다. 옛날의 존심이라고 이르는 것은 없어지려고 해서 그것을 보존하는 것이고, 지금의 존심이라고 이르는 것은 마음이 공부한 것이 있어 잊지 않는다는 것을 말한다. 상편에 '사람이 짐승과 다른 점은 거의 없는데 군자는 그것을 보존하고 소인들은 그것을 버린다'고 했는데, 무릇 이른바 존심이라는 것은 모두 거의 없는 것을 보존하는 것을 말한다〔存心, 有古今之異. 古之所謂存心者, 將亡而保之也, 今之所謂存心者, 心有工而不忘也. 上篇也, '人之所以異於禽獸者幾希, 君子存之, 小人去之.' 凡所謂存心者, 皆存幾希之謂也〕"라고 했다(이지형 역,《맹자요의》).

46) 원문의 "횡역橫逆"을 번역한 것으로, 주희가 "횡역은 강압적이고 난폭하여 이치에 순응하지 않는 것을 이른다〔橫逆謂强暴不順理也〕"고 한 말을 염두에 두고 읽어야 한다.

스스로 돌이켜보아 인했고 스스로 돌이켜보아 예가 있었는데도 그가 도리에 거스르는 것이 이전과 같으면 군자는 반드시 스스로 돌이켜 '내가 반드시 충실하지 못한가 보다'라고 한다. [그러나] 스스로 돌이켜보아 충실했으나 그 도리에 거스르는 것이 이전과 같으면 군자가 말하기를 '이자 역시 몹쓸 사람일 뿐이다. 이와 같다면 짐승과 무엇으로 가려내겠는가? 짐승에게 또 무엇을 꾸짖겠는가?' 라고 한다.

이 때문에 군자는 죽을 때까지 하는 근심은 있어도 하루아침의 걱정은 없다. 근심하는 것으로 말하면 이러한 것이 있으니, 순임금도 사람이고 나도 또한 사람인데, 순임금은 천하에 모범이 되어 후세에 전할 만한데 나는 아직도 마을 사람[47]의 평범함을 면치 못하고 있으니, 이는 근심할 만한 것이다. 근심하면 어찌하겠는가? 순임금처럼 해야 할 뿐이다. 군자가 걱정하지 않는 것으로 말하면, 인仁이 아니면 [걱정]하지 않으며 예가 아니면 행동하지 않는다. 만일 하루아침의 걱정거리가 있다 하더라도 군자는 걱정하지 않는다."

孟子曰: "君子所以異於人者, 以其存心也. 君子以仁存心, 以禮存心. 仁者愛人, 有禮者敬人. 愛人者, 人恒愛之, 敬人者, 人恒敬之. 有人於此, 其待我以橫逆, 則君子必自反也, '我必不仁也, 必無禮也. 此物奚宜至哉?' 其自反而仁矣, 自反而有禮矣, 其橫逆由是也, 君子必自反也, '我必不忠.' 自反而忠矣, 其橫逆由是也, 君子曰: '此亦妄人也已

47) 원문의 "향인鄕人"을 번역한 것으로, 주희는 "향인은 고을과 마을의 일반 사람이다〔鄕人, 鄕里之常人也〕"라고 했다.

矣. 如此, 則與禽獸奚擇哉? 於禽獸又何難焉?' 是故君子有終身之憂, 無一朝之患也. 乃若所憂則有之, 舜人也, 我亦人也. 舜爲法於天下, 可傳於後世, 我由未免爲鄕人也, 是則可憂也. 憂之如何? 如舜而已矣. 若夫君子所患則亡矣, 非仁無爲也, 非禮無行也. 如有一朝之患, 則君子不患矣."

우임금과 후직과 안회의 공통분모 8.29

우임금과 후직이 태평성대의 때에 자기 집 문 앞을 세 차례나 지나면서도 들어가지 않자, 공자는 그들을 현능하다고 여기셨다. 안자('안회'를 높여 이르는 말)가 난세를 만나 누추한 골목에 살면서 한 그릇의 밥과 한 표주박의 마실 것으로 사는 것을, 사람들은 그 우환을 감당하지 못하는데 안자는 그 즐거움을 고치지 않으니, 공자께서 그를 현능하다고 여기셨다.[48]

맹자께서 말씀하셨다.

"우임금과 후직과 안회의 도가 같다. 우임금이 생각하시기를 천하에 물에 빠진 자가 있으면 마치 자신이 그를 빠뜨린 것과 같이 하시며, 후직이 생각하기를 천하에 굶주리는 자가 있으면 마치 자신이 그를 굶주리게 한 것처럼 하셨으니, 이 때문에 [백성 구하는 일

48) 《논어》〈옹야〉 6.9의 "공자께서 말씀하셨다. '어질구나, 회여! 한 그릇의 밥과 한 표주박의 마실 것을 가지고 누추한 골목에 살면서도, 다른 이들은 그 근심을 견디지 못하는데 회는 그 즐거움을 바꾸려 하지 않으니, 어질구나, 회여! 〔子曰: '賢哉回也! 一簞食, 一瓢飮, 在陋巷, 人不堪其憂, 回也不改其樂. 賢哉, 回也!'〕"라는 구절과 함께 읽으면 좋다. 여기서 즐거움은 현실적인 처지에서의 욕망을 말하는 것이 아니라 소위 군자의 즐거움으로, 천명을 실천하는 형이상학적인 차원의 일이다.

을] 이와 같이 다급하게 하신 것이다. 우임금과 후직과 안자가 처지를 바꾸더라도 모두 그러했을 것이다.

이제 같은 방에 있는 사람이 다투는 자가 있어 그들을 말리는데 머리를 그대로 풀어 헤치고 갓끈만 매고 가서 그들을 말리더라도 괜찮으나, [우리] 마을과 이웃에 싸우는 자가 있어 [말리는데] 머리를 풀어 헤치고 갓끈만 매고 가서 그들을 말린다면 의혹스러운 것이니, 비록 문을 닫고 있어도 괜찮다."

禹稷當平世, 三過其門而不入, 孔子賢之. 顔子當難世, 居於陋巷, 一簞食, 一瓢飮, 人不堪其憂, 顔子不改其樂, 孔子賢之. 孟子曰: "禹稷顔回同道. 禹思天下有溺者, 由己溺之也, 稷思天下有飢者, 由己飢之也, 是以如是其急也. 禹稷顔子易地則皆然. 今有同室之人鬪者, 救之, 雖被髮纓冠而救之, 可也, 鄕鄰有鬪者, 被髮纓冠而往救之, 則惑也, 雖閉戶可也."

세속에서 말하는 불효 다섯 가지 8.30

공도자가 말했다.

"광장이란 자에 대해 온 나라 사람이 모두 불효한다고 일컫는데 선생님께서 그와 교유하시고 게다가 그를 예우까지 하시니, 감히 여쭙겠습니다만 무엇 때문입니까?"

맹자께서 말씀하셨다.

"세속에서 말하는 불효한다는 것은 다섯 가지이다. 사지를 게을리하여 부모를 받들어 모시지 않는 것이 첫 번째 불효이고, 장기를 두며 술 마시기를 좋아하여 부모를 받들어 모시지 않는 것이 두 번째 불효이고, 재물을 좋아하고 아내와 자식만 사사로이 하여 부모를 받들어 모시지 않는 것이 세 번째 불효이고, 귀와 눈이 하고자 하는 대로 따라 부모를 치욕스럽게[49] 하는 것이 네 번째 불효이고, 용맹을 좋아하여 사납게 싸워서[50] 부모를 위태롭게 하는 것이 다섯 번째 불효이니, 장자章子(광장)가 이 가운데 한 가지라도 [해당되는 것이] 있는가?

장자는 부자父子간에 잘하라고 꾸짖다가[51] [부자간에 뜻이] 서로 맞지 않은 것이다. 잘하라고 꾸짖는 것은 친구 간의 도리이니, 부자간에 잘하라고 꾸짖는 것은 은혜를 해치는 것이 큰 것이다. 장자가 어찌 부부나 모자母子의 가족이 있기를 원하지 않겠는가마는 아버지에게 죄를 지어 가까이할 수조차 없었다. [이 때문에] 아내를 내보내고 자식들도 물리쳐서[52] 평생 [아내와 자식의] 봉양을 받지 않으려고

49) 원문의 "륙戮"을 번역한 것으로, 주희가 "'륙'은 부끄럽고 욕된 것이다(戮, 羞辱也)"라고 한 해석은 매우 정확하다.

50) 원문의 "한很"을 번역한 것으로, '랑狼'과 통용되었다. 주희는 "'랑'은 분하고 어그러진 것이다(狠, 忿戾也)"라고 했다. 성백효는 '랑' 자로 교열했다.

51) 원문의 "책선責善"을 번역한 것으로, 부연 설명이 필요하다. 《전국책》〈제책〉에 "장자의 어머니 계啓가 장자의 아버지에게 죄를 짓자, 아버지가 죽여서 마구간 밑에 매장하고는 이장을 허락하지 않았다"라고 했다. 전조망全祖望의 《경사문답經史問答》에 "그렇다면 '책선'이라고 이른 것은 반드시 그 아버지에게 너무 심하게 하지 말라고 권유한 것을 말한 것이나, 아버지가 듣지 않아 결국 가까울 수 없었다(然則所云責善, 蓋必勸其父以弗爲已甚, 而父不聽, 遂不得近)"라고 했다.

했으니 그 부끄러운 마음에 [생각하기를] '이렇게 하지 않으면 죄가 크다'라고 한 것이니, 이것이 바로 장자의 사람됨이다."

公都子曰: "匡章, 通國皆稱不孝焉, 夫子與之遊, 又從而禮貌之, 敢問何也?" 孟子曰: "世俗所謂不孝者五, 惰其四支, 不顧父母之養, 一不孝也, 博奕好飮酒, 不顧父母之養, 二不孝也, 好貨財, 私妻子, 不顧父母之養, 三不孝也, 從耳目之欲, 以爲父母戮, 四不孝也, 好勇鬪很, 以危父母, 五不孝也. 章子有一於是乎? 夫章子, 子父責善而不相遇也. 責善, 朋友之道也, 父子責善, 賊恩之大者. 夫章子, 豈不欲有夫妻子母之屬哉, 爲得罪於父, 不得近. 出妻屛子, 終身不養焉. 其設心以爲不若是, 是則罪之大者, 是則章子已矣."

쳐들어온 도적을 피하지 않은 증자 8.31

증자께서 무성에 사실 때 월나라 도적이 쳐들어오자[53] 어떤 사람이 말했다.

"도적이 쳐들어왔는데, 어찌하여 떠나지 않습니까?"

[증자께서] 말씀하셨다.

---

52) 원문의 "병屛"을 번역한 것으로, 《예기》 〈곡례〉의 정현의 주에 "물리치다〔退也〕"라고 했고, 《예기》 〈왕제〉의 정현의 주에 "쫓아 보내는 것과 같다〔猶放去也〕"라고 했다.

53) 《한서》 〈지리지地理志〉에 의하면 월왕 구천 25년에 일찍이 낭야琅琊에 도읍을 두고 관청과 누대를 지었다고 했다. 《좌전》에는 애공 21년 이후에 오吳와 노魯, 월越과 노魯나라의 관계에 대한 기록이 있는데, 비현 동남 일대의 땅은 월나라가 오나라를 멸망시킨 후에 국경이 서로 맞물린 형국이어서 월나라 도적들이 쳐들어오기 쉬웠다고 한다.

"내 집에 다른 사람이 들어와 땔나무를 훼손시키지 못하도록 하라."

도적들이 물러갔다고 하자 말씀하셨다.

"나의 담장과 지붕을 수리해놓아라. 나는 돌아갈 것이다."

도적이 물러간 다음에 증자께서 돌아오시자, 좌우에 있는 자들이 말했다.

"[무성의 대부가] 선생을 대하기를 이처럼 충성스럽게 하고 또 공경했는데, 도적이 이르자 먼저 떠나가셔서 백성이 [좋지 않은 것을] 바라보게 하시고, 도적이 물러가자 돌아오시니 옳지 못한 듯합니다."

심유행沈猶行이 말했다.

"이는 너희가 알 수 있는 것이 아니다. 옛날에 우리 심유씨 가문에 부추負芻라는 자의 환란이 있었는데, 선생을 따르는 자 일흔 명 중에 한 사람도 참여하지 않았다."

자사[54]께서 위衛나라에 계실 때 제나라 도적이 쳐들어오자, 어떤 사람이 말했다.

"도적이 쳐들어왔는데 어찌하여 떠나지 않습니까?"

자사께서 말씀하셨다.

"만일 내가 떠나가면 군주께서 누구와 지키시겠는가?"

맹자께서 말씀하셨다.

"증자와 자사가 도가 같으니, 증자는 스승이며 부형이었고, 자사

54) 《사기》〈공자세가〉에 "공자는 이를 낳았는데, 자가 백어다. 백어는 나이 쉰 살에 공자보다 먼저 세상을 떠났다. 백어가 급을 낳았으니, 자가 자사이고, 향년 예순둘이었다. 자사는 일찍이 송나라에서 곤욕을 치렀다. 자사가 《중용》을 지었다(孔子生鯉, 字伯魚. 伯魚年五十, 先孔子死. 伯魚生伋, 字子思, 年六十二. 嘗困於宋. 子思作中庸)"라는 기록이 있다.

는 신하이며 낮은 위치에[55] 있었다. 증자와 자사가 입장을 바꾸더라도 모두 그러했을 것이다."

曾子居武城, 有越寇. 或曰: "寇至, 盍去諸?" 曰: "無寓人於我室, 毁傷其薪木." 寇退則曰: "修我牆屋, 我將反." 寇退,[56] 曾子反. 左右曰: "待先生如此其忠且敬也, 寇至, 則先去以爲民望, 寇退則反, 殆於不可." 沈猶行曰: "是非汝所知也. 昔沈猶有負芻之禍, 從先生者七十人, 未有與焉." 子思居於衛, 有齊寇. 或曰: "寇至, 盍去諸?" 子思曰: "如伋去, 君誰與守?" 孟子曰: "曾子子思同道. 曾子, 師也, 父兄也, 子思, 臣也, 微也. 曾子子思易地則皆然."

요순도 다 똑같은 사람 8.32

[제나라 재상] 저자儲子[57]가 물었다.

"왕께서 사람을 시켜서 선생을 엿보게[58] 하셨는데, 과연 남과 다

---

55) 원문의 "미微"를 번역한 것으로, 주희는 "'미'는 미천한 것과 같다〔微, 猶賤也〕"라고 했다.

56) 원문의 "구퇴寇退"는 이 장에서 두 번 나온다. "구퇴"에 대한 송시열의 해석이 참조할 만한 가치가 있다. "위의 '구퇴'는 증자가 돌아오려고 하는 것을 말하고, 아래의 '구퇴'는 증자가 이미 돌아온 것을 말하니, 글이 비록 중복되어 나오나, 의미는 곧 저마다 다르다〔上寇退, 以曾子將返而言, 下寇退, 以曾子旣返而言, 文雖疊出, 而意則各異也〕(《송자대전》〈답홍우경答洪虞卿〉)."

57) 조기는 "제나라 사람이다〔齊人也〕"라고 했는데, 《전국책》〈연책〉에 나오는 인물이다. "장군 시피와 태자 평이 모의하여 자지를 공격하려 했다. 저자가 제나라 민선왕에게 이로 인하여 그들을 치면 연나라를 반드시 격파할 수 있다고 했다〔將軍市被太子平謀, 將攻子之. 諸子謂齊閔宣王因而仆之, 破燕必矣〕"고 했으니, 같은 인물로 추정된다.

른 점이 있습니까?"

맹자께서 말씀하셨다.

"어찌하여 남과 다르겠습니까? 요순도 남과 같으실 뿐입니다."

儲子曰: "王使人瞯夫子, 果有以異於人乎?" 孟子曰: "何以異於人哉! 堯舜與人同耳."

남편의 뒤를 캐려는 아내의 속내 8.33

제나라 사람 중에서 아내 한 명과 첩 한 명을 집에 두고 사는 자가 있었다. 그 남편[59]이 나가면 반드시 술과 고기를 배불리 먹은 뒤에 돌아오곤 했다. 그 아내가 [남편에게] 누구와 함께 음식을 먹었는가를 물어보면, 모두 부귀한 사람이었다고 했다. 그의 아내가 첩에게 말했다.

"남편이 나가면 반드시 술과 고기를 배불리 먹은 뒤에 돌아오기에 그에게 누구와 함께 음식을 먹었는가를 물어보니, 모두 부귀한 사람이었다고 한다. 그런데도 일찍이 이름이 나고 통달한 자가 찾아오는 일이 없으니, 나는 장차 남편이 가는 곳을 엿보겠다."

---

58) 원문의 "간瞯"을 번역한 것으로, 주희는 "'간'은 훔쳐보는 것이다(瞯, 竊視也)"라고 했다.

59) 원문의 "양인良人"을 번역한 것으로, 《의례》 〈사혼례〉의 "시첩은 남편의 자리를 동쪽에 편다(媵衽良席在東)"라고 한 구절의 정현의 주에 "부인이 남편을 일컬어 양이라 한다(婦人稱夫曰良)"고 했다. 육조 때는 이러한 호칭이 있었다. 왕염손의 《광아》 〈소증疏證〉에는 "양과 낭은 음이 매우 비슷하여 고대에 아내가 자기 남편을 양이라 일컬었는데 지금은 낭이라고 이른다(良與郎聲之侈弇耳, 猶古者婦稱夫曰良, 而今謂之郎也)"고 하는데 타당하다.

그러고는 아침 일찍 일어나 남편이 가는 곳을 미행하여[60] 따라갔는데 온 나라 안을 두루 다녔으나 함께 서서 말하는 사람이 없었다. [남편은] 마침내 동쪽 성곽의 무덤 사이의 제사하는 자에게 가서 남은 음식을 빌어먹고, 부족하면 또 돌아보고 딴 곳으로 가 구걸하니, 이것이 술과 고기를 배불리 얻어먹는 방법이었다. 그 아내가 돌아와서 첩에게 알리며 말했다.

"남편은 [우리가] 우러러 바라보면서 평생을 마쳐야 할 사람인데, 지금 이 모양이다!"

그러고는 첩과 함께 남편을 원망하며 뜰 가운데서 서로 울고 있었는데, 남편은 그것도 모르고 의기양양하게 밖에서 와서 아내와 첩에게 교만하게 굴었다. 군자의 처지에서 본다면, 사람이 부귀와 이익과 영달을 구하는 사람들 중에서 그 아내와 첩이 [본다면] 부끄러워하지 않고 서로 울지 않을 자가 아마도 드물 것이다.

齊人有一妻一妾而處室者. 其良人出, 則必饜酒肉而後反. 其妻問所與飮食者, 則盡富貴也. 其妻告其妾曰: "良人出, 則必饜酒肉而後反, 問其與飮食者, 盡富貴也. 而未嘗有顯者來, 吾將瞯良人之所之也." 蚤起, 施從良人之所之, 徧國中無與立談者. 卒之東郭墦間, 之祭者, 乞其餘, 不足, 又顧而之他, 此其爲饜足之道也. 其妻歸, 告其妾曰: "良人者, 所仰望而終身也. 今若此!" 與其妾訕其良人, 而相泣於中庭, 而

60) 원문의 "이施"를 번역한 것으로, 주희는 "'이'는 비스듬하게 가서 남편으로 하여금 알지 못하게 한 것이다(施, 邪施而行, 不使良人知也)"라고 했다. 주희는 이 글자의 음을 '이迤' 또는 '이異'라고 했는데, 여기서는 '비스듬하다(迤)'라는 의미로 쓰였다(동양고전연구회, 앞의 책, 300쪽). 역자는 '미행하다'로 의역했다.

良人未之知也, 施施從外來, 驕其妻妾. 由君子觀之, 則人之所以求富貴利達者, 其妻妾不羞也, 而不相泣者, 幾希矣.

제9편

만장 상

萬章上

【해설】

모두 9장으로 이루어져 있으며, 맹자의 제자들 가운데 가장 뛰어나 그 수하에 제자들도 두었던 만장과의 대화를 주축으로 기록한 편이다. 이 편은 1장에서 만장이 순임금의 지극한 효성을 여쭈어보는 것으로 시작되는데, 4장까지 순임금의 효성스러움과 어진 마음이 정치적 자산임을 말하고 있다. 순임금이 자신의 아버지와 이복동생의 악행에 대해 죄를 묻지 않고 용서하고 예우한 일화를 문답식으로 다루고 있다. 그리고 관련 내용은 사마천이 《사기》의 〈오제본기五帝本紀〉 편에서 상당 부분 상세히 다루고 있는 기록과 같거나 다른 시각을 보인다. 유가의 선양에 대한 내용을 다루면서 모든 것이 덕의 유무에 따른다는 견해를 보여준다.

5장은 천하는 하늘이 주는 것이며, 천명의 수수는 덕을 세운 사람만이 가능하다는 맹자의 왕도정치의 기본 맥락을 살펴볼 수 있다. 순임금이 천하를 물려받았던 것도 그가 지닌 덕으로 인해 백성의 신임을 얻어 하늘의 명을 계승했다는 논점을 보여준다.

7장에서는 군주의 수양이 정치의 기본임을 강조하고 있으며, 이윤과 관련된 이야기의 사실관계를 규명하면서 이윤이 요리로 탕왕에게 벼슬을 구했다는 논점을 반박하는 내용으로 이루어져 있다. 8장에서는 여러 나라를 주유하면서 정치를 펼친 사안과 이어지는 9장도 백리해百里奚의 처신을 중점적으로 다루면서 백리해와 관련된 호사가들의 논의에 맹점이 있음을 지적하는 방향으로 이루어져 있다.

부모의 사랑을 얻지 못한 순임금 9.1

만장이 여쭈었다.

"순임금이 밭에 가서 하늘[1)]을 향해 소리치며 우셨다는데, 무엇 때문에 소리치며 우신 것입니까?"

맹자께서 말씀하셨다.

"[부모를] 원망하면서도 그리워하신 것이다."

만장이 말했다.

"'부모가 자식을 사랑하면 기뻐하면서 [그 사랑을] 잊지 않으려 하고, 부모가 미워하면 [더욱] 노력하면서[2)] 원망하지 않도록 한다'라고 하는데, 그렇다면 순임금은 원망하신 것입니까?"

[맹자께서] 말씀하셨다.

"장식長息이 공명고公明高에게 묻기를 '순임금이 밭에 간 일에 대해서는 제가 이미 가르침을 들었지만, 하늘을 향해 소리치며 울고 부모에게도 그렇게 한 것은 제가 이해하지 못하겠습니다'라고 하자, 공명고가 말하기를 '이것은 네가 이해할 수 있는 일이 아니다'라고 했다. 저 공명고는 '효자의 마음은 이처럼 무덤덤하게[3)] 할 수는 없으니, 나는 온 힘을 다해 농사지으며 자식으로서의 직분을 다

---

1) 원문의 "민천旻天"을 번역한 것인데, 주희는 "인함으로 덮어주고 아랫사람들을 가엾게 여기는 것(仁覆閔下)"이라고 풀이하며, 이 부분의 출전이 《서경》 〈우서·대우모〉라고 밝혔다.

2) 원문의 "노勞"를 번역한 것인데, 《회남자》 〈정신훈精神訓〉에서는 고유의 주에 따라 "노"를 '근심하다(憂)'의 뜻으로 보았으나 역자는 취하지 않았다.

3) 원문의 "괄恝"을 번역한 것으로, 《설문해자》에는 '개忦'라고 쓰고 '소홀히 하다(忽也)'라고 했다. 주희는 "'괄'은 근심이 없는 모양(恝, 無愁之貌)"이라고 풀이했다.

할 뿐이다. [설령] 부모께서 나를 사랑하지 않는다고 하더라도 나에게 무슨 죄가 있어서인가?'[4]라고 여기신 것이다.[5]

요임금[6]이 그의 자식 9남 2녀에게 백관과 소와 양과 창고를 갖추어 순임금을 밭 한가운데에서 섬기게 하시자, 천하의 선비들 대부분이 찾아왔다. [그러자] 요임금이 장차 천하를 모두[7] 그에게 물려주려 했으나, [순임금은] 부모에게 사랑을 얻지 못했으므로 마치 곤궁

---

4) 원문의 "어아하재於我何哉"를 번역한 것으로, 주희는 "자기에게 무슨 죄가 있어서인지 알지 못하겠다고 자책한 것일 뿐이니, 부모를 원망한 것은 아니다〔自責不知己有何罪耳, 非怨父母也〕"라고 했는데, 그렇다면 '나에게 무슨 죄가 있어서인가?'로 해석해야 한다. 한편 정약용은 "자식이 부모에게 '만일 나는 단지 나의 [자식 된] 도리를 다하는 데 있을 뿐인데, 저 부모께서 사랑하지 않는 것이 나에게 어찌 일이라 말하겠는가?'라고 한다면 어찌 큰 불효가 아니겠는가? 자식이 부모에 대해서 차라리 원망할지언정 무덤덤할 수는 없으니, 이것이 순이 원망하면서도 그리워한 까닭이다. 아, 지극하도다!〔子之於父母, '若云我但盡在我之道而已, 彼之不慈干我甚事云爾?' 則豈非大不孝乎? 子之於父母, 寧怨無恝, 此舜之所以怨慕也. 嗚呼, 至矣!〕"라고 하여 부모에 대한 순임금의 원망과 그리워한 이유를 밝혔다.

5) 이 문장의 번역에서 핵심을 부연하면 앞 단락에서 맹자가 '부모를 원망했다'고 한 것에 대한 논증으로 정약용의 말처럼 "['아갈력我竭力'] 이하 22자는 '괄恝'자의 주석이다〔以下二十二字, 乃恝字之注脚〕"라고 하여 "효자의 마음은 '나는 온 힘을 다해 농사지으며 자식으로서의 직분을 다할 따름이라, [설령] 부모께서 나를 사랑하지 않는다고 하더라도 나에게 무슨 죄가 있어서인가'라고 이처럼 무덤덤하게 할 수는 없다고 한 것이다"라고 번역하면 주희의 '부모를 원망한 것이 아니다'라는 해석과 반대가 된다. 초순도《맹자정의》에서 비슷한 의견을 보이는데, 역자는 주희가 '괄'의 무덤덤하게 하는 것을 이 구절과 별개로 하여, 사랑받지 못한 슬픈 마음이 부모를 원망하면서도 그리워한 것을 나타낸 것이라고 보았다.

6) 원문의 "제帝"는 요임금을 말한다. 이 내용은《사기》〈오제본기〉에도 나온다. "요임금은 두 딸을 순에게 시집보내어 집 안에서의 행동을 살폈고, 아홉 아들을 시켜 함께 생활하게 하여 [순의] 집 밖에서의 행동을 관찰했다〔堯乃以二女妻舜以觀其內, 使九男與處以觀其外〕"고 했다.

7) 원문의 "서胥"를 번역한 것으로, 주희는 "서로 본다〔相視也〕"라는 뜻으로 풀이했는데, 조기는 이와 달리 '돕다〔須〕'라는 의미로 해석했다. 한편《이아·석고》에 "'서'는 모두이다〔胥, 皆也〕"라고 했다.

한 사람이 돌아갈 곳이 없는 듯하셨다.

천하의 선비가 자신을 좋아하는 것은 사람들이 원하는 바이지만, [순임금의] 근심을 풀어주기에 충분하지 못했고, 아름다운 여색은 사람들이 원하는 바이지만, [순임금은] 요임금의 두 딸을 아내로 삼으셨으나 그의 근심을 풀어주기에 충분하지 못했으며, 부유함은 사람들이 원하는 바이고 [순임금은] 부유함으로 천하를 소유하셨으나 그의 근심을 풀어주기에 충분하지 못했으며, 존귀함은 사람들이 원하는 바이고 존귀함으로 천자가 되셨으나 그의 근심을 풀어주기에 충분하지 못했으니, 사람들이 좋아하는 아름다운 여색과 부유함과 존귀함으로 근심을 풀기에 충분한 것이 없었고, 오직 부모에게 사랑을 받아야만 근심을 풀 수 있었다.

사람들이 어렸을 때는 부모를 그리워하다가 여색을 좋아하게 되면 젊고 예쁜 여자를 그리워하고, 아내와 자식을 두면 아내와 자식을 그리워하고, 벼슬하면 군주를 그리워하고, 군주에게 [신임을] 얻지 못하면 마음속으로 병이 나게 된다. 위대한 효도란 죽도록 부모를 그리워하는 것인데, 쉰 살이 되어서도 [부모를] 그리워한 자를 나는 위대한 순임금에게서 본 것이다."

萬章問曰: "舜往于田, 號泣于旻天, 何爲其號泣也?" 孟子曰: "怨慕也." 萬章曰: "'父母愛之, 喜而不忘, 父母惡之, 勞而不怨.' 然則舜怨乎?" 曰: "長息問於公明高曰: '舜往于田, 則吾旣得聞命矣, 號泣于旻天, 于父母, 則吾不知也.' 公明高曰: '是非爾所知也.' 夫公明高以'孝子之心, 爲不若是恝, 我竭力耕田, 共爲子職而已矣, 父母之不我愛, 於我何哉?' 帝使其子九男二女, 百官牛羊倉廩備, 以事舜於畎畝之中, 天下之士多就之者. 帝將胥天下而遷之焉. 爲不順於父母, 如窮人無所歸. 天下之士悅之, 人之所欲也, 而不足以解憂, 好色, 人之所欲, 妻帝之二女, 而不足以解憂, 富, 人之所欲, 富有天下, 而不足以解憂, 貴, 人之所欲, 貴爲天子, 而不足以解憂. 人悅之好色富貴, 無足以解憂者, 惟順於父母可以解憂. 人少, 則慕父母, 知好色, 則慕少艾, 有妻子, 則慕妻子, 仕則慕君, 不得於君則熱中. 大孝終身慕父母. 五十而慕者, 予於大舜見之矣."

순임금의 배포와 아량 9.2

만장이 여쭈었다.

"《시경》에 이르기를 '아내를 맞이하려면 어떻게 해야 하는가? 반드시 부모에게 알려야 한다'라고 했으니, 이 말을 믿는다면 마땅히 순임금과 같아서는 안 될 듯합니다. 순임금이 [부모에게] 알리지 않고 아내를 맞이한 것은 무엇 때문입니까?"

맹자께서 말씀하셨다.

"[부모에게] 알렸다면 아내를 맞이할 수가 없었기 때문이다. 남녀가 가정을 이루는 일은 인간의 큰 윤리이니, 만일 [부모에게] 알렸다면 인간의 큰 윤리를 버리게 되어 부모를 원망[8]했을 것이다. 이 때문에 알리지 않은 것이다."

만장이 말했다.

"순임금이 알리지 않고 아내를 맞이한 것은 제가 이미 가르침을 들었지만, 요임금이 순임금에게 딸을 시집보내면서도[9] [그 부모에게] 알리지 않은 것은 무엇 때문입니까?"

[맹자께서] 말씀하셨다.

"요임금 또한 알리면 [딸을] 시집보낼 수 없다는 것을 알고 있었기 때문이다."[10]

만장이 말했다.

"[순임금의] 부모가 순임금에게 창고를 고치게 하고 [지붕 위에 올라가니] 사다리[11]를 치운 다음 [아버지] 고수는 창고에 불을 질렀으며, 우물을 파게 하고는 [순임금이] 나오려 하자[12] 따라가서 흙을 덮어버

---

8) 원문의 "대懟"를 번역한 것으로, 주희는 "'대'는 원수로 여기고 원망하는 것이다(懟, 讎怨也)"라고 했다.

9) 원문의 "처妻"를 번역한 것으로, 주희는 "딸을 [시집보내] 남의 아내가 되게 하는 것(以女爲人妻)"이라고 했다.

10) 이 장의 내용에 대해 정약용은 "순을 처음 천거할 때 이미 이르기를 '능히 효로 화목하게 하여 점차 잘 다스려 간악함에 이르지 않았습니다'라고 했으니, 고수가 즐거워한 것은 이미 두 딸을 순에게 시집보내기 전에 있었다(舜之初薦也, 已云, '克諧以孝, 烝烝乂不格姦.' 則瞽瞍底豫, 已在二女釐降之前矣)"라면서 《서경》〈요전〉을 토대로 《맹자》의 글을 신빙하지 않았다. 정약용은 《맹자요의》 서문에서 "[《맹자》] 7편이 어찌 모두 [맹자의] 친필이겠는가? 《사기》에도 일찍이 맹자가 혼자서 지은 것이라고 분명하게 말한 적이 없다(七篇豈皆親筆乎? 史記亦未嘗明云孟子獨作)"라고 했는데, 이 해설에서 이러한 주장을 뒷받침하고 있다.

11) 원문의 "계階"를 번역한 것으로, 정현의 주에 "'계'는 디디고서 집 위로 올라가는 것이다(階, 所乘以升屋者)"라고 했다. 《설문해자》에 "'제梯'는 나무로 만든 사다리다(梯, 木階)"라고 한 것과 맥락이 같다.

렸습니다.[13] [동생] 상이 말하기를 '꾀를 내어 도군[14]을 매장하려 한 것은[15] 모두 나의 공적이니, 소와 양은 부모의 것이고 창고도 부모의 것이지만, 창과 방패는 나의 것이고 거문고도 나의 것이고, 활[16]도 나의 것이고 두 형수도 나의 아내로 삼겠다'라고 말했습니다. 상이 순임금의 궁궐에 들어갔는데, 순임금이 평상에서 거문고를 타고 계셨습니다. 상이 말하기를 '갑갑한 마음으로[17] 도군을 그리워했습니

12) 원문의 "출出"을 번역한 것으로, 이 해석에 대한 이견이 분분하다. 조기는 "순에게 우물을 파도록 하자 순은 들어갔다가 곧바로 나왔으나, 고수는 그가 이미 나온 것을 알지 못하고 따라가서 그 우물을 덮어버렸다〔使舜浚井, 舜入而卽出, 瞽瞍不知其已出, 從而蓋其井〕"고 했으므로 여기서는 "순이 나왔다"라고 번역한 것이다. 다른 설은 "고수 등이 나와서 흙을 덮어버렸다"고 했다. 역자는 둘 다 취하지 않고 현재 진행형으로 번역했다.

13) 원문의 "엄揜"을 번역한 것으로, 지금은 '엄掩'과 통용되지만, 《설문해자》에 "'엄揜'은 덮는다〔揜, 覆也〕" 또 "'엄掩'은 거두어들인다〔掩, 斂也〕"라고 구분하여 풀이했다. 고수의 악행에 대해 사마천은 《사기》 〈오제본기〉에서 이렇게 묘사했다. "그 뒤 고수는 또 순에게 우물을 파게 했는데, 순은 우물을 파면서 남몰래 옆으로 빠져나올 수 있는 구멍을 팠다. 순이 이윽고 우물을 깊이 파 들어가자 고수와 상은 함께 흙을 내려 우물을 메웠다. 그러나 순은 몰래 파놓은 구멍을 통해 밖으로 나와서 도망갔다. 고수와 상은 기뻐하며 순이 이미 죽었을 거라고 생각했다〔後瞽叟又使舜穿井, 舜穿井爲匿空旁出. 舜既入深, 瞽叟與象共下土實井. 舜從匿空出, 去. 瞽叟象喜, 以舜爲已死〕."

14) 원문의 한자를 풀이하면 '도성의 군주〔都君〕'라는 개념으로, 순임금이 3년 만에 도읍을 이루었다는 의미로 쓰인다. 《사기》 〈오제본기〉에 관련 내용이 나와 있어 인용하면 다음과 같다. "순이 역산에서 농사를 짓자 역산 사람들은 모두 밭의 경계를 양보했고, 뇌택에서 물고기를 잡자 뇌택 사람들은 모두 거주지를 양보했으며, 하수의 물가에서 질그릇을 빚자 하수의 물가에서 생산되는 기물들도 전부 조악하지 않았다. 1년이 지나자 사는 곳에 촌락이 이루어졌고, 2년이 지나자 읍이 되었으며, 3년이 지나자 도시가 이루어졌다〔舜耕歷山, 歷山之人皆讓畔, 漁雷澤, 雷澤上人皆讓居, 陶河濱, 河濱器皆不苦窳. 一年而所居成聚, 二年成邑, 三年成都〕."

15) 원문의 "개蓋"를 번역한 것이다. 주희는 "우물을 덮는 것이다〔蓋井也〕"라고 했으므로 역자의 번역과 의미가 서로 통한다.

16) 원문의 "저弤"를 번역한 것으로, 《광운廣韻》에서 "'저'는 순임금의 활 이름이다〔弤, 舜弓名〕"라고 한 훈고학적 풀이를 염두에 둘 만하다.

다'라고 하며 부끄러워했습니다. [그러자] 순임금이 말씀하시기를 '너는 나를 도와서[18] 이[19] 여러 신하를 다스려라'라고 하셨다고 하니, 알지 못하겠습니다만, 순임금께서는 상이 장차 자신을 죽이려고 한 것을 모르셨습니까?"

[맹자께서] 말씀하셨다.

"어찌 알지 못하셨겠는가? 상이 근심하면 또한 근심하시고 상이 기뻐하면 또한 기뻐하신 것이다."

[만장이] 말했다.

"그렇다면 순임금은 거짓으로 기뻐하신 분입니까?"

[맹자께서] 말씀하셨다.

"아니다. 옛날에 정나라 자산에게 살아 있는 물고기를 선물한 자가 있었는데, 자산이 연못 관리인[20]에게 그것을 연못에서 기르게 했으나, 연못 관리인은 그것을 삶아 먹고 돌아와 아뢰기를 '처음에 물고기를 놓아주니 비실비실하다가 조금 있으니 노닐면서[21] 유유히[22] 가버렸습니다'라고 하자 자산이 말하기를 '제자리를 얻었구나, 제자리를 얻었구나!'라고 했다. 연못 관리인이 밖에 나와 말하기를 '누가 자산을 지혜롭다고 말하는가? 내가 이미 물고기를 삶아

17) 원문의 "울도鬱陶"를 번역한 것으로, 《초사楚辭》〈구변九辯〉에 "어찌 갑갑한 마음으로 그대를 그리워하지 않으리오〔豈不鬱陶而思君兮〕"라고 했다.

18) 원문의 "우于"는 왕인지의 《경전석사》에 "'우'는 '위爲' 자와 같고, 위는 돕는다는 뜻이다〔于, 爲也, 爲, 助也〕"라고 했다. 일리 있는 해석이다.

19) 원문의 "유惟"를 번역한 것으로, 《설문해자》에 "'유'는 범사이다〔惟, 凡思也〕"라고 했으며, 단옥재는 "범사는 이런저런 생각을 말한다〔凡思, 謂浮泛之思〕"라고 주석을 달아 보충했다.

20) 원문의 "교인校人"을 번역한 것으로, 주희는 "못과 소택을 주관하는 낮은 벼슬아치다〔主池沼小吏也〕"라고 했고, 조기는 "못과 소택을 관리하는 낮은 벼슬아치다〔生池沼小吏也〕"라고 했는데, 그 의미는 일맥상통한다.

먹었는데, 자산은 「제자리를 얻었구나, 제자리를 얻었구나!」라고 했으니'라고 했다. 그러므로 군자는 도리로써 속일 수는 있지만, 도리가 아닌 것으로 속이기는 어려운 것이다.[23] 저 상이 [겉으로는] 형을 사랑하는 도리로써 왔으므로 순이 진실로 믿고 기뻐하신 것이니, 어찌 거짓으로 그러했겠는가?"

萬章問曰: "詩云, '娶妻如之何? 必告父母.' 信斯言也, 宜莫如舜. 舜之不告而娶, 何也?" 孟子曰: "告則不得娶. 男女居室, 人之大倫也. 如告, 則廢人之大倫, 以懟父母. 是以不告也." 萬章曰: "舜之不告而娶, 則吾既得聞命矣, 帝之妻舜而不告, 何也?" 曰: "帝亦知告焉則不得妻也." 萬章曰: "父母使舜完廩, 捐階, 瞽瞍焚廩. 使浚井, 出, 從而揜之. 象曰: '謨蓋都君咸我績, 牛羊父母, 倉廩父母, 干戈朕, 琴朕, 弤朕, 二嫂使治朕棲.' 象往入舜宮, 舜在牀琴. 象曰: '鬱陶思君爾.' 忸怩. 舜曰: '惟茲臣庶, 汝其于予治.' 不識舜不知象之將殺己與?" 曰: "奚而不知也, 象

---

21) 원문의 "어어圉圉"와 "양양洋洋"을 번역한 것으로, 주희는 "'어어'는 피곤하여 펴지 못하는 모양〔圉圉, 困而未紓之貌〕"이라고 풀이했는데, 조기가 "물고기가 물에서 지쳐 힘없는 모양〔魚在水中羸弱之貌〕"라고 주석한 것을 승계한 것이다. '양양'에 대해 주희는 "조금 느슨한 것이다〔稍縱矣〕"라고 풀이했고, 조기는 "편안하게 꼬리를 흔드는 모양〔舒緩搖尾之貌〕"이라고 번역하여 둘의 의미가 다르지만 여기서는 서서히 기운을 차리는 모습으로 보면 무방하다.

22) 원문의 "유연攸然"을 번역한 것으로, 조기의 주에 "신속히 깊은 물로 나아가는 것이다〔迅走趨水深處〕"라고 했는데, 양보쥔은 이를 취하여 "신속한 모양〔迅速的樣子〕"이라고 풀이했다. 역자는 주희가 "스스로 터득하여 멀리 간 것〔自得而遠去〕"이라고 풀이한 해석을 취하여 '유유히'로 번역했다.

23) 이 문장은 《논어》〈옹야〉 6.24에 "군자는 가버리게 할 수는 있지만, [우물에 유인하여] 빠뜨리게 할 수는 없고, [선량함을 이용하여] 그를 속일 수는 있지만, 기망할 수는 없다〔君子可逝也, 不可陷也. 可欺也, 不可罔也〕"라는 내용과 연관해볼 수 있는 구절이다.

憂亦憂, 象喜亦喜.” 曰: “然則舜僞喜者與?” 曰: “否. 昔者有饋生魚於鄭子産, 子産使校人畜之池. 校人烹之, 反命曰: ‘始舍之, 圉圉焉, 少則洋洋焉, 攸然而逝.’ 子産曰: ‘得其所哉, 得其所哉!’ 校人出, 曰: ‘孰謂子産智? 予旣烹而食之, 曰: 「得其所哉, 得其所哉!」’ 故君子可欺以其方, 難罔以非其道. 彼以愛兄之道來, 故誠信而喜之, 奚僞焉?”

순임금은 상을 추방한 것인가, 아닌가 9.3

만장이 여쭈었다.

“상이 날마다 순임금을 죽이려고 하는 것을 일거리로 삼았는데, [순임금이] 자리에 올라 천자가 되셔서 그를 추방한 것은 어찌 된 일입니까?”

맹자께서 말씀하셨다.

“그를 [제후에] 봉해주셨는데도 누군가가 ‘추방했다’고 말한 것이다.”

만장이 말했다.

“순임금이 공공[24]을 유주에 유배시키고[25] 환두를 숭산으로 추방했으며 삼묘의 군주를 삼위[26]에서 죽이고 곤을 우산에서 죽였으니,[27] 이 네 사람을 벌하자, 천하 사람들이 다 복종한 것은 인하지 않은 자를 주살했기 때문입니다. 상이 지극히 인하지 않은데도 그

24) 원문의 “공공共工”은 《사기집해史記集解》에서 정현의 말을 인용하면 “물을 관리하던 관직 이름〔水官名〕”으로 세습직이기도 하다. 이 관직을 맡은 자와 환두가 한통속이 되었으므로 순임금이 유배라는 조처를 내린 것이다.

25) 원문의 “류流”를 번역한 것으로, 역자는 주희와 같은 의미인 “귀양 보내는 것이다〔徙也〕”라고 풀이했다.

를 유비[28] 땅에 봉하셨으니, 유비의 백성은 무슨 죄가 있습니까? 인한 사람이 진실로 이렇게 할 수 있단 말입니까? 다른 사람은 죽이고 동생은 봉해주는 것입니까?"

[맹자께서] 말씀하셨다.

"인한 사람은 동생에게 노여움을 감춰두지 않고, 원망을 묵혀두지 않으며, [오직] 친애할 뿐이다. 그를 친근하게 여긴다면 그가 존귀해지는 것을 바랄 것이고 그를 사랑한다면 그가 부유해지기를 바랄 것이니, 그를 유비 땅에 봉한 것은 그를 부유하고 존귀하게 하고자 한 것이다. 자신은 천자가 되고 동생이 평범한 사내가 된다면 친근하게 여기고 사랑했다고 말할 수 있겠는가?"

---

26) 마융馬融은 '삼묘三苗'는 나라 이름이고, '삼위三危'는 서쪽 변방이라고 했다. 《후한서後漢書》의 주에 "삼위산은 지금의 사주 돈황현 동남쪽에 있으며, 산에 세 봉우리가 있어 삼위라고 한다〔三危山在今沙州敦煌縣東南, 山有三峯, 曰三危也〕"고 했다.

27) 원문의 "극殛"을 번역한 것으로, '극極' 자로도 되어 있다. '추방하다'로 풀이하여 위 문장의 '류流', '방放', '찬竄'과 같은 의미로 쓰이거나 '주살하다'는 의미로 해석하기도 한다. 초순은 '추방하다〔放〕'의 의미로 보았고, 주희는 '죽이다〔誅〕'로 보았는데, 역자는 주희를 따랐다.

28) 원문의 "유비有庳"에 대하여 정약용은 "유비는 백월의 황량한 땅이다. 순이 이미 동생을 사랑하는 뜻으로 상을 봉했다면 어찌 이런 땅에 봉하겠는가? 이 땅은 기주에서 거리가 만 리가 넘는데 또 어찌 항상 그를 만나보고자 하여 끊임없이 오게 할 수 있었겠는가? 모두 이해할 수 없다〔有庳者, 百越蓁荒之地也. 舜旣以愛弟之意封象, 何乃封於此地? 此地距冀州不下萬里, 又何得常常欲見, 使之源源而來乎? 總不可曉〕"고 했다. 양보쥔은 "모두 유비는 지금의 호남성 도현 북쪽에 있다고 여겼다. 그러나 순의 도읍은 포판이고 상은 도현에 봉해졌으니, 육로로는 태항산이 가로막고 뱃길로는 동정호의 물결이 막고 있으며 거리가 3,000리인데 어찌 항상 볼 수 있고 끊임없이 오게 할 수 있겠는가? 이 때문에 염약거閻若璩의 《사서석지속四書釋地續》에서 이를 매우 의심한 것이다〔都以爲庳在今湖南道縣北. 但舜都蒲阪, 象封道縣, 陸路有太行山之阻, 水程有洞庭波之隔, 相距三千里, 何能常常而見源源而來耶? 故閻若璩四書釋地續深以爲疑〕"라고 하여, 두 사람의 지리학적 고증이 다르지만, 의문을 품은 점은 같다.

[만장이 말했다.]

"감히 여쭙겠습니다. 누군가가 '추방했다'고 말하는 것은 무엇을 말하는 것입니까?"

[맹자께서] 말씀하셨다.

"상이 그 나라에서 다스리지 못하므로, 천자는 관리에게 그 나라를 다스리게 했고 그 세금을 [상에게] 바치게 했다. 그러므로 '추방했다'고 말하는 것이니, 어찌 저 백성에게 포악한 짓을 할 수 있었겠는가? 그러나 항상 그를 만나보고자 하여 계속해서 [상이 조공하러] 오게 하셨으니, '조공할 때가 되지 않았는데도 나랏일로 유비에서 [군주를] 만나보았다'라고 한 것은 이것을 말한 것이다."

萬章問曰: "象日以殺舜爲事, 立爲天子則放之, 何也?" 孟子曰: "封之也, 或曰, 放焉." 萬章曰: "舜流共工于幽州, 放驩兜于崇山, 殺三苗于三危, 殛鯀于羽山, 四罪而天下咸服, 誅不仁也. 象至不仁, 封之有庳. 有庳之人奚罪焉? 仁人固如是乎? 在他人則誅之, 在弟則封之?" 曰: "仁人之於弟也, 不藏怒焉, 不宿怨焉, 親愛之而已矣. 親之, 欲其貴也, 愛之, 欲其富也. 封之有庳, 富貴之也. 身爲天子, 弟爲匹夫, 可謂親愛之乎?" "敢問或曰放者, 何謂也?" 曰: "象不得有爲於其國, 天子使吏治其國而納其貢稅焉. 故謂之放, 豈得暴彼民哉? 雖然, 欲常常而見之, 故源源而來, '不及貢, 以政接于有庳.' 此之謂也."

아버지가 자식을 마음대로 할 수 없다는 말 9.4

함구몽咸丘蒙[29]이 물었다.

"옛말[30]에 이르기를 '훌륭한 덕을 갖춘 선비는 군주라도 신하로 삼을 수 없고, 아버지라도 자식을 마음대로 할 수 없다'라고 합니다. 순임금이 남쪽을 향하여 서 계시자 요임금이 제후를 거느리고 북쪽을 향하여 조회하셨으며, [아버지] 고수 또한 북쪽을 향하여 조회하자 순임금이 고수를 보시고는 그 얼굴에는 불안한 기색[31]이 있었다고 했습니다. 공자께서 말씀하시기를 '이때는 천하가 대단히 위태로웠다![32]'라고 하셨다고 하니, 알지 못하겠습니다만 이 말이 정말입니까?"

맹자께서 말씀하셨다.

"아니다. 이것은 군자의 말이 아니고, 제나라 동쪽 시골 사람들의 말이다. 요임금이 늙어 순임금이 섭정하신 것이다. 〈요전〉[33]에 이르기를 '[순임금이 섭정한 지] 28년 만에[34] 방훈(堯)이 마침내 세상을 떠

---

29) 함구몽咸丘蒙은 양보쥔이 지적한 대로 "함구는 본래 지명(원래 노나라에 있었다)으로, 이 지명을 성씨로 삼은 것이다〔咸丘本是地名(原在魯國), 此以地名爲姓氏〕". 조기는 "함구몽은 맹자의 제자이다〔咸丘蒙, 孟子弟子〕"라고 했고 주희도 동조했다.

30) 원문의 "어語"를 번역한 것으로, 주희가 "옛말〔古語〕"이라고 한 주석을 따른 것이다.

31) 원문의 "축蹙"을 번역한 것으로, 순임금이 본인의 아버지를 신하로 삼은 데서 오는 곤란한 상황의 의미가 들어 있다. 주희는 "눈을 찌푸리고 얼굴을 찡그리며 스스로 편안하지 못한 것이다〔顰蹙不自安也〕"라고 풀이했다.

32) 원문의 "급급岌岌"을 번역한 것으로, 주희는 "불안한 모양〔不安之貌〕"으로 풀이했다.

33) 양보쥔은 "[〈요전〉의] 이하 여러 구는 《금문상서今文尙書》 〈순전〉의 문장〔以下數句實爲今文尙書舜典文〕"이라고 했다.

나시니,[35] 백성은 부모[36]를 잃은 듯 3년 동안 슬퍼했고 천하 사람들은 음악 연주하는 것을 그만두었다'라고 했으며, 공자께서 말씀하시기를 '하늘에는 두 개의 태양이 없고 백성에게는 두 분의 왕이 없다'라고 하셨으니, 순임금이 이미 천자가 되시고 또 천하의 제후들을 거느리고서 요임금을 위해 삼년상을 치렀다면 이것은 천자가 두 분인 셈이다."

함구몽이 말했다.

"순임금이 요임금을 신하로 삼지 않으셨다는 것은 제가 이미 가르침을 들었습니다만 《시경》에 이르기를[37] '온 하늘 아래에 왕의 땅이 아닌 것이 없으며, 온 땅 안에 왕의 신하가 아닌 사람이 없네'라고 했는데, 순임금이 이미 천자가 되셨습니다. 감히 여쭙겠습니

---

34) 원문의 "이십유팔재二十有八載"를 번역한 것으로, 《사기》 〈오제본기〉에 "요는 제위에 오른 지 70년 만에 순을 얻었고, [순을 만나고 섭정한 지] 20년이 지나서 연로하자 순에게 천자의 정사를 대신 맡아 행하도록 하고, 하늘에 순을 추천했다. 요는 제위를 물려준 지 모두 28년 만에 세상을 떠났다〔堯立七十年得舜, 二十年而老, 令舜攝行天子之政, 薦之於天. 堯辟位凡二十八年而崩〕"고 했다.

35) 원문의 "조락徂落"을 번역한 것으로, 《이아》 〈석고〉에 "'조락'은 죽는 것이다〔徂落, 死也〕"라고 했다.

36) 원문의 "고비考妣"를 번역한 것으로, 부모님을 가리킨다. 이와 달리 《금문총고金文叢考·전통사상고傳統思想考》와 《갑골문자연구甲骨文字硏究·석조비釋祖妣》에서 궈모뤄郭沫若는 "주나라의 제사 그릇 가운데 아버지의 엄嚴(죽은 후에 그 영혼이 멸하지 않는 것을 엄 또는 귀鬼라고 한다)을 고考라고 하고, 배위를 모母라고 하며, 아버지 윗대를 조祖라고 하고, 그의 배위를 비妣라고 한다. 〈요전〉에 '고비의 상과 같이한다'는 말은 바로 위탁이다〔周彝器中父之嚴(死後其靈不滅曰嚴, 亦曰鬼)曰考, 其配曰母, 父以上曰祖, 其配曰妣, 堯典有如喪考妣之語, 乃僞託也〕"라고 했다.

37) 원문의 "시운詩云" 이하의 여러 구는 《시경》 〈소아·북산北山〉에 보인다. 〈시서詩序〉에 "〈북산〉 시는 대부가 유왕을 풍자한 것이다. 사역하는 일이 고르지 못하여 자기만 수고롭게 일을 함으로써 그 부모를 끝까지 봉양할 수 없었다〔北山, 大夫刺幽王也. 役使不均, 己勞於從事, 而不得終養其父母焉〕"라고 했다.

다. 고수를 신하로 삼지 않은 것은 어찌 된 일입니까?"

[맹자께서] 말씀하셨다.

"이 시는 그런 뜻으로 말한 것이 아니다. 나랏일에 수고로워 부모를 받들어 모실 수 없어서 '이것은 나랏일 아닌 것이 없는데, 나만 홀로 현명하여 수고롭게[38] 한단 말인가'라고 말한 것이다. 그러므로 시를 해설하는 자는 글자로써 말의 의미를 해치지 말고, 말로써 본래의 뜻을 해치지 말며, [읽는 이의] 뜻으로써 [지은이의] 뜻에 맞추어야[39] 시를 알 수 있는 것이다. 만일 말대로 본다면 〈운한〉 편에 '주나라의 남은 백성[40]이 단 한 명도 없네'[41]라고 말했으니, 진실로 이 말대로라면 이 의미는 주나라에 남은 백성이 없다는 것이다.

효자의 지극한 도리는 어버이를 높이는 것보다 더 큰 것이 없고, 어버이를 높이는 것의 지극한 도리는 천하로써 받들어 모시는 것

38) 원문의 "현로賢勞"를 번역한 것으로, 《모전》에 "'현'은 수고한다는 뜻이다. '현로'는 수고라는 말과 같다〔賢, 勞也. 賢勞, 猶言劬勞〕"고 했다. 그러나 역자는 취하지 않았다.

39) 원문의 "역逆"을 번역한 것으로, "헤아려 추측하다"라는 뜻이다. 《주역》〈설괘전說卦傳〉에 있는 "미래를 아는 것은 헤아려본다는 것이니, 이러한 까닭에 역은 헤아려 셈하는 것이다〔知來者逆, 是故易, 逆數也〕"라고 했을 때의 '역' 자도 이와 같은 의미로 보는 것이 타당하다.

40) 원문의 "백성百姓"에 대하여 염약거는 《사서석지우속四書釋地又續》에서 "백성의 뜻은 두 가지가 있으니, 백관을 가리켜 말한 것으로 《서경》에 '백성百姓'과 '여민黎民'이 상대되고, 《예기》〈대전〉에 '백성百姓'과 '서민庶民'이 상대되는 것이 그것이다. 평민을 가리켜 말한 것으로 [《서경》에] '백성이 친목하지 않으며, 오상이 바르지 않다'는 것이 그것이다. 사서에서 백성은 모두 25번 보인다〔百姓義二, 有指百官言者, 書百姓與黎民對, 禮大傳百姓與庶民對是也. 有指小民言者, 百姓不親, 五品不遜是也. 四書中百姓凡二十五見〕"고 했다.

41) 원문의 "주여여민周餘黎民, 미유혈유靡有孑遺"를 번역한 것으로, 《시경》〈대아·운한雲漢〉에 보인다. 《방언》에서는 "'혈'은 남다는 뜻이다. 주 지역과 정 지역 사이를 간혹 혈이라고 말하고, 청 지역과 서 지역과 초 지역 사이를 혈이라고 한다〔孑, 餘也. 周鄭之間或曰孑, 青徐楚之間曰孑〕"고 했다.

보다 더 큰 것이 없다. [고수는] 천자의 아버지가 되었으니 존귀함이 지극함에 이른 것이고, [순임금은] 천하로써 받들어 모셨으니, 받들어 모심이 지극함에 이른 것이다.《시경》[42]에 말하기를 '영원히 효도하고 그리워하니 효도하고 그리워하는 것이 준칙이 되네'라고 했으니, 이것을 두고 하는 말이다.《서경》에 말하기를 '[순임금이] 공경하며 고수를 뵈면서 그 모습이 삼가며 두려워하시자 고수도 [순임금을] 믿고 따랐다'라고 했으니, 이것이 아버지가 [자식을] 자식으로 여길 수 없는 것이다."

咸丘蒙問曰: "語云, '盛德之士, 君不得而臣, 父不得而子.' 舜南面而立, 堯帥諸侯北面而朝之, 瞽瞍亦北面而朝之. 舜見瞽瞍, 其容有蹙. 孔子曰: '於斯時也, 天下殆哉, 岌岌乎!' 不識此語誠然乎哉?" 孟子曰: "否. 此非君子之言, 齊東野人之語也. 堯老而舜攝也. 堯典曰: '二十有八載, 放勳乃徂落, 百姓如喪考妣, 三年, 四海遏密八音.' 孔子曰: '天無二日, 民無二王.' 舜旣爲天子矣, 又帥天下諸侯以爲堯三年喪, 是二天子矣." 咸丘蒙曰: "舜之不臣堯, 則吾旣得聞命矣. 詩云, '普天之下, 莫非王土, 率土之濱, 莫非王臣.' 而舜旣爲天子矣, 敢問瞽瞍之非臣, 如何?" 曰: "是詩也, 非是之謂也. 勞於王事而不得養父母也. 曰: '此莫非王事, 我獨賢勞也.' 故說詩者, 不以文害辭, 不以辭害志. 以意逆志, 是爲得之. 如以辭而已矣, 雲漢之詩曰: '周餘黎民, 靡有孑遺.' 信斯言也, 是周無遺民也. 孝子之至, 莫大乎尊親, 尊親之至, 莫大乎以

42) 시는《시경》〈대아·하무下武〉이니, 주희는 "사람이 능히 길이 효도하고 그리워하여 잊지 않으면 천하의 준칙이 될 수 있음을 말씀한 것이다(言人能長言孝思而不忘, 則可以爲天下法則也)"라고 보충하여 설명했다.

天下養. 爲天子父, 尊之至也, 以天下養, 養之至也. 詩曰: '永言孝思, 孝思維則.' 此之謂也. 書曰: '祇載見瞽瞍, 夔夔齊栗, 瞽瞍亦允若.' 是爲父不得而子也."

천자라고 해도 천하를 남에게 줄 수는 없다 9.5

만장이 말했다.

"요임금이 천하를 순임금에게 주셨다고[43] 하는데, 그런 일이 있었습니까?"

맹자께서 말씀하셨다.

"아니다. 천자라도 천하를 남에게 줄 수는 없다."

[만장이 말했다.]

"그렇다면 순임금이 천하를 차지한 것은 누가 그에게 준 것입니까?"

[맹자께서] 말씀하셨다.

"하늘이 그에게 준 것이다."

[만장이 말했다.]

"하늘이 그에게 주었다는 것은 분명하게[44] 명령한 것입니까?"

[맹자께서] 말씀하셨다.

43) 원문의 "여與"를 번역한 것으로, '여'의 개념에 대한 박문호의 설명이 참조할 만하다. "'여'는 사적으로 주는 것을 이르니, 사적으로 주는 것은 자쾌와 같은 부류가 이것이다(與, 謂私與也, 私與如子噲之類是也)."

44) 원문의 "순순諄諄"을 번역한 것으로, 《설문해자》에 "'순'은 일러서 익숙하게 알도록 하는 것이다(諄, 告曉之孰也)"라고 했고, 《광운》에 "'순'은 친절하게 알려주는 것(諄, 告之丁寧)"이라고 했다. 주희는 "상세히 말하는 모습(詳語之貌)"이라고 했는데, 역자는 조기의 뜻을 따라 "분명하게"라고 번역했다.

"아니다. 하늘은 말하지 않고, 행실과 사업으로[45] 보여줄 뿐이다."

[만장이] 말했다.

"행실과 사업으로 보여준다는 것은 어떻게 하는 것입니까?"

[맹자께서] 말씀하셨다.

"천자가 사람을 하늘에 천거할 수는 있지만, 하늘로 하여금 그에게 천하를 주게 할 수 없고, 제후가 사람을 천자에게 천거할 수는 있지만, 천자로 하여금 그에게 제후를 주게 할 수 없으며, 대부가 사람을 제후에게 천거할 수는 있지만, 제후로 하여금 그에게 대부를 주게 할 수 없다. 옛날 요임금이 순임금을 하늘에 천거하자 하늘이 받아주시고, 백성에게 드러내자[46] 백성이 받아주었다. 그러므로 '하늘은 말하지 않고, 행실과 사업으로 보여줄 뿐이다'라고 한 것이다."

[만장이] 말했다.

"감히 여쭙겠는데, 하늘에 천거하면 하늘이 받아주시고 백성에게 드러내면 백성이 받아주었다는 것은 어찌 된 일입니까?"

[맹자께서] 말씀하셨다.

"순임금에게 제사를 주관하게 하자 온갖 신이 흠향했으니[47] 이는

45) 원문의 "이행여사以行與事"를 번역한 것으로, '행行'과 '사事'의 개념에 대해 주희가 "자신에게 행함을 '행'이라 이르고, 천하에 베풂을 '사'라고 이른다〔行之於身謂之行, 措諸天下謂之事〕"라고 풀이한 것을 염두에 두고 번역했다.

46) 원문의 "폭暴"을 번역한 것으로, 주희는 "'폭'은 드러내는 것이다. 아랫사람이 윗사람에게 사람을 천거할 수는 있지만 윗사람에게 꼭 등용되게 할 수는 없음을 말씀한 것이다〔暴, 顯也. 言下能薦人於上, 不能令上必用之〕"라면서 비교적 자세하게 의미를 보충 설명했다.

47) 원문의 "백신향지百神享之"를 번역한 것으로, 주희는 《주자어류》에서 "음과 양이 조화롭고 바람과 비가 때에 맞는 것이 온갖 신이 흠향한 것이다〔陰陽和, 風雨時便是百神享之〕"라고 했다.

하늘이 받아주신 것이고, 사업을 주관하게 하자 사업이 잘 다스려져 백성이 편안했으니, 이는 백성이 받아준 것이다. 하늘이 천하를 주고 백성이 천하를 준 것이다. 이 때문에 '천자라도 천하를 남에게 줄 수 없다'라고 말한 것이다. 순임금은 요임금을 28년이나 도왔으니, 이는 사람의 능력만으로 할 수 있는 것이 아니고, 하늘의 뜻이다. 요임금이 세상을 떠나시자 삼년상을 마치고 순임금이 요임금의 아들을 피해 남하南河의 남쪽으로 가셨는데, 천하의 제후로서 조회하는[48] 자들이 요임금의 아들에게 가지 않고 순임금에게 갔고, 송사하는[49] 사람들이 요임금의 아들에게 가지 않고 순임금에게 갔으며, [덕을] 노래하는 자들이 요임금의 아들을 노래하지 않고 순임금을 노래했으므로 '하늘의 뜻'이라고 말한 것이다. 그러고 난 다음에야 수도에 가서 천자의 자리에 올랐으니, 만일[50] 요임금의 궁궐에 살면서 요임금의 아들을 핍박했다면 이는 찬탈이지, 하늘이 주신 것이 아니다. 〈태서〉에 말하기를 '하늘은 우리 백성이 보는 것을 통해 보고, 하늘은 우리 백성이 듣는 것을 통해 듣는다'라고 한 것이 바로 이것을 말한 것이다."

萬章曰: "堯以天下與舜, 有諸?" 孟子曰: "否. 天子不能以天下與人." "然則舜有天下也, 孰之?" 曰: "天與之." "天與之者, 諄諄然命之乎?"

48) 원문의 "조근朝覲"을 번역한 것인데, 제후들이 1년에 한 차례 천자를 뵙고 정사를 보고하는 것이다. 이는 봉건제 아래 제후의 당연한 의무였다.

49) 원문의 "송옥訟獄"을 번역한 것으로, '옥송獄訟'이라고 되어 있는 판본도 있는데, 《주례》〈주관·대사도大司徒〉에서 "무릇 백성이 가르침을 받아들이지 않아 형벌에 관한 송사가 있었다(凡民之不服教而有獄訟者)"라고 되어 있는 것이 그 예다.

50) 원문의 "이而"를 번역한 것으로, '여如' 자와 같다.

曰:“否. 天不言. 以行與事示之而已矣.” 曰:“以行與事示之者, 如之何?” 曰:“天子能薦人於天, 不能使天與之天下, 諸侯能薦人於天子, 不能使天子與之諸侯, 大夫能薦人於諸侯, 不能使諸侯與之大夫. 昔者, 堯薦舜於天, 而天受之, 暴之於民, 而民受之. 故曰: ‘天不言, 以行與事示之而已矣.’” 曰:“敢問薦之於天, 而天受之, 暴之於民, 而民受之, 如何?” 曰:“使之主祭, 而百神享之, 是天受之, 使之主事, 而事治, 百姓安之, 是民受之也. 天與之, 人與之. 故曰: ‘天子不能以天下與人.’ 舜相堯二十有八載, 非人之所能爲也, 天也. 堯崩, 三年之喪畢, 舜避堯之子於南河之南, 天下諸侯朝覲者, 不之堯之子而之舜, 訟獄者, 不之堯之子而之舜, 謳歌者, 不謳歌堯之子而謳歌舜, 故曰: ‘天也.’ 夫然後之中國, 踐天子位焉. 而居堯之宮, 逼堯之子, 是篡也, 非天與也. 太誓曰: ‘天視自我民視, 天聽自我民聽.’ 此之謂也.”

우임금이 천하를 어진 자가 아닌 자식에게 물려준 이유 9.6

만장이 여쭈었다.

“사람들이 말하기를 ‘우임금에 이르러 덕이 쇠락하여 어진 자에게 자리를 전해주지 않고 자식에게 전해주었다’라고 하는데, 그런 일이 있습니까?”

맹자께서 말씀하셨다.

“아니다. 그렇지 않다. 하늘이 어진 자에게 주고자 하면 어진 자에게 주고, 하늘이 자식에게 주고자 하면 자식에게 주는 것이다. 옛날에 순임금이 우임금을 하늘에 천거하고 나서 17년이 되어 순임금이 세상을 떠나시자, 삼년상을 끝내고 우임금이 순임금의 아들을 피해 양성으로 가셨는데, 천하의 백성이 따라오는 것이 마치 요임금이 세상을 떠난 뒤에 요임금의 아들을 따르지 않고 순임금을 따른 것처럼 했다. 우임금이 익益을 하늘에 천거하고 나서 7년이 되어 우임금이 세상을 떠나시자, 삼년상을 끝내고 익이 우임금의 아들을 피해 기산 북쪽[51]으로 갔는데, 조회하고 송사하는 자들이 익에게 가지 않고 [우임금의 아들인] 계啓[52]에게 가면서 말하기를 '우리 임금님의 아들이로다'라고 했으며, 노래하는 자들이 익을 노래하지 않고 계를 노래하며 말하기를 '우리 임금님의 아들이로다'라고 했다.

[요임금의 아들인] 단주가 어리석었고 순임금의 아들도 어리석었으며, 순임금이 요임금을 도운 것과 우임금이 순임금을 도운 것은 그 지나온 햇수가 많아 백성에게 은택을 베푼 지가 오래되었다. 계는 어질어 능히 우임금의 도를 공손하게 이어받았으며, 익이 우임금을 도운 것은 그 지나온 햇수가 적어 백성에게 은택을 베푼 지가 오래지 못했으니, 순임금, 우임금, 익 사이의 [임금을 도운] 거리가 오래되고 멀리 떨어졌고 그 아들의 어질거나 어리석음이 다 하늘의 뜻에 달려 있으니, 사람의 힘으로 할 수 있는 것이 아니다. 그렇게 하려

51) 원문의 "기산지음箕山之陰"을 번역한 것으로, 《사기》 〈하본기夏本紀〉에는 "기산의 남쪽〔箕山之陽〕"으로 되어 있는데, 본래는 산의 북쪽을 음이라 한다는 양보쥔의 해석을 참조하여 번역했다.

52) 우임금의 아들로, 고서에는 '개開'라고도 했다.

고 하지 않는데도 그렇게 되는 것이 하늘의 뜻이고, 도달하게 하려고 하지 않았는데도 이르게 된 것이 천명이다. 평범한 사내로서 천하를 소유하는 자는 덕이 반드시 순임금과 우임금 같아야 하고, 또 천자가 천거해주어야 한다. 그러므로 공자가 천하를 소유하지 못하신 것이다. 대를 이어 천하를 소유하다가 하늘이 버리는 것은 반드시 걸·주와 같은 자들이다. 그러므로 익과 이윤과 주공이 천하를 소유하지 못한 것이다.

이윤이 탕왕을 도움으로써 천하에 왕 노릇을 하게 했으나, 탕왕이 세상을 떠나시자, [태자인] 태정은 옹립되지 못하고 [죽었으며, 동생인] 외병은 2년 동안 재위했으며, [다른 동생] 중임은 4년 동안 재위했다. [태정의 아들] 태갑이 탕왕의 떳떳한 법도를 전복시키자 이윤이 그를 동桐 땅에 3년 동안 추방했는데, 태갑이 잘못을 뉘우쳐 스스로를 원망하고 스스로를 다스려 동 땅에서 인仁에 처하고 의義를 실천했다. 3년 동안 이윤이 자신에게 훈계한 것을 모두 따랐으며 다시 박읍으로 돌아왔다.

주공이 천하를 소유하지 못한 것은 하나라에서의 익과 은나라에서의 이윤과 같은 이치다. 공자께서 '당(요임금)과 우(순임금)는 선양했고 하나라와 은나라, 주나라는 계승했으니, 그 의로움이 매한가지다'라고 말씀하셨다."

萬章問曰: "人有言, '至於禹而德衰, 不傳於賢, 而傳於子.' 有諸?" 孟子曰: "否, 不然也. 天與賢, 則與賢, 天與子, 則與子. 昔者, 舜薦禹於天, 十有七年, 舜崩, 三年之喪畢, 禹避舜之子於陽城, 天下之民從之, 若堯崩之後不從堯之子而從舜也. 禹薦益於天, 七年, 禹崩, 三年之喪畢, 益避禹之子於箕山之陰. 朝覲訟獄者不之益而之啓, 曰: '吾君之子也.' 謳歌者不謳歌益而謳歌啓, 曰: '吾君之子也.' 丹朱之不肖, 舜之子亦不肖. 舜之相堯, 禹之相舜也, 歷年多, 施澤於民久. 啓賢, 能敬承繼禹之道. 益之相禹也, 歷年少, 施澤於民未久. 舜禹益相去久遠, 其子之賢不肖, 皆天也, 非人之所能爲也. 莫之爲而爲者, 天也, 莫之致而至者, 命也. 匹夫而有天下者, 德必若舜禹, 而又有天子薦之者. 故仲尼不有天下. 繼世以有天下, 天之所廢, 必若桀紂者也. 故益伊尹周公不有天下. 伊尹相湯以王於天下, 湯崩, 太丁未立, 外丙二年, 仲壬四年. 太甲顚覆湯之典刑, 伊尹放之於桐, 三年, 太甲悔過, 自怨自艾, 於桐處仁遷義. 三年, 以聽伊尹之訓己也, 復歸于亳. 周公之不有天下, 猶益之於夏, 伊尹之於殷也. 孔子曰: '唐虞禪, 夏后殷周繼, 其義一也.'"

이윤이 요리하여 탕왕에게 등용되기를 구했는가 9.7

만장이 여쭈었다.

"사람들이 말하길 '이윤[53]이 고기를 썰고 요리하는 것으로 탕왕

53) 제3편 〈공손추 상〉 2장에서 이윤에 대한 《사기》의 기록을 소개했는데 좀 더 보충하면, 어떤 사람은 아형을 이윤의 관호官號라고도 한다. 이윤은 옛 책에 '보형保衡'이라고 되어 있기도 하다. 그리고 '아阿'와 '보保' 자 모두 보육한다는 의미가 있으니 '형衡'이 이윤의 이름일 수 있고, '아'와 '보' 자가 관호일 수도 있다. 《묵자》에는 이윤의 이름이 '지摯'라고 되어 있다. 이윤이 탕왕을 요리로 유세한 내용은 사마천의 기록을 볼 때 사실로 확인된다.

에게 등용되기를 구했다'[54]고 하는데, 그런 일이 있었습니까?"

맹자께서 말씀하셨다.

"아니다. 그렇지는 않다. 이윤이 유신[55]의 들에서 밭을 갈면서[56] 요순의 도를 좋아했는데, 그 의로움이 아니고 그 도가 아니면 녹봉으로 천하를 주더라도 거들떠보지 않았고, 말 4,000필을 매어놓아도 돌아보지 않았으며, 그 의로움이 아니고 그 도리가 아니면 풀 한 포기라도[57] 남에게 주지 않았으며 풀 한 포기도 남에게서 취하지 않았다.

탕왕이 사람을 시켜 예물[58]로써 이윤을 부르시자, 초연하게[59] 말하기를 '내가 탕왕의 예물로써 무엇을 하겠는가? 내가 어찌 밭이랑

---

54) 원문의 "인유언人有言, 이윤이할팽요탕伊尹以割烹要湯"을 번역한 것이다. 《묵자》〈상현尙賢〉에 "옛날에 이윤은 유신씨의 딸이 탕왕에게 시집갈 때 종신으로 따라가 친히 요리사가 되어 [탕왕을 섬기더니] 탕왕이 [그의 어짊을] 알아보고 그를 천거했다〔昔伊尹爲莘氏女師僕, 親爲庖人, 湯得而擧之〕"라는 기록이 보인다. 여기서 "요要"는 역자도 주희와 같이 "구하다〔求也〕"라는 뜻으로 풀이했다.

55) 조기의 주에 따라 역자는 '유신'을 나라 이름으로 보았다. 한편 주희는 "'신'은 나라 이름〔莘, 國名〕"이라고 다른 해석을 내놓았다.

56) 이윤이 은둔하면서 농사일로 소일한 근본적인 이유는 걸왕의 폭정에 기인한다. 이 문제는 사마천의 《사기》〈은본기〉에도 나오는데, 그 맥락은 맹자의 발언과 달리 상당 부분 그런 사실을 인정했다. 이에 대한 일화는 제3편 〈공손추 상〉 2장의 각주 41을 참고하라.

57) 원문의 "일개一介"를 번역한 것으로, 조기가 "풀 한 포기〔一介草〕"로 주석한 것을 취하여 번역했다.

58) 원문의 "폐幣"를 번역한 것으로, 양보쥔의 고증을 참조하면 이렇다. 《설문해자》에 "폐는 비단이다〔幣, 帛也〕"라고 하니 '폐'의 본의는 비단이었다. 고대에는 비단을 묶어 수고한 빈객에게 주거나 빙례의 예물로 바쳤기 때문에 정현의 〈빙례기聘禮記〉 주에 "폐는 속백을 말한다〔幣, 謂束帛也〕"라고 했다.

59) 원문의 "효효囂囂"를 번역한 것으로, "스스로 터득하여 욕심이 없는 모양〔自得無欲之貌〕"이라는 주희의 해석이 참조할 만하다.

가운데에 살면서 요순의 도를 좋아하는 것만 하겠는가?'라고 했다. 탕왕이 세 번이나 사람을 보내어 부르시자, 마침내 태도와 마음을 바꿔 말하기를 '내가 밭이랑 가운데에 살면서 이것으로써 요순의 도를 좋아하는 것이 내가 어찌 이런 군주로 하여금 요순과 같은 군주로 만드는 것만 하겠는가? 내가 어찌 이런 백성으로 하여금 요순의 백성이 되게 하는 것만 하겠으며, 내가 어찌 나 자신이 직접 이것을 보는 것만 하겠는가? 하늘이 이 백성(사람)을 낸 것은 먼저 안 사람이 늦게 아는 사람을 깨우치게 하기 위함이고, 먼저 깨달은 사람이 늦게 깨닫는 자를 깨우치게 하기 위함인 것이다. 나는 하늘이 낸 백성 중에서 먼저 깨달은 자이니, 내가 장차 이 도로써 백성을 깨우쳐야 할 것이다. 내가 이들을 깨우치지 않으면 누가 할 수 있겠는가?'라고 했다.

[이윤이] 천하의 백성 중에 평범한 사내와 평범한 아낙일지라도 요순의 은택을 입지 못하는 자가 있으면 자신이 [그를] 밀어 도랑 가운데로 들어가게 한 것처럼 생각했으니, 그가 천하의 무거운 짐을 스스로 짊어지려 한 것이 이와 같았다. 따라서 탕왕에게 나아가 설득하여 하나라를 정벌해서 백성을 구하게 한 것이다.

나는 자신을 굽히면서 남을 바로잡았다는 자를 들어보지 못했는데 하물며 자신을 욕되게 하면서 천하를 바로잡으려 하겠는가? 성인의 행실은 똑같지 않으니, 어떤 이는 [군주를] 멀리하고 어떤 이는 가까이에서 군주를 모시며, 어떤 이는 떠나가고 어떤 이는 떠나가지 않았으나 [결국 모두] 돌아가는 바는 그 자신을 깨끗이 하는 것일 뿐이다. 나는 [이윤이] 요순의 도로써 탕왕에게 [등용되기를] 구했다는 말은 들어보았어도 고기를 썰고 요리한 일을 가지고 [등용되기를 구했다는 말은] 들어보지 못했다.[60] 〈이훈伊訓〉에 말하기를 '하늘의 주벌은 목궁에서부터 공격을 시작한 것인데, 다만 나는 [은나라 수도인] 박읍에서부터 시작한 것이다'라고 했다."

萬章問曰: "人有言, '伊尹以割烹要湯,' 有諸?" 孟子曰: "否, 不然. 伊尹耕於有莘之野, 而樂堯舜之道焉. 非其義也. 非其道也, 祿之以天下, 弗顧也, 繫馬千駟, 弗視也. 非其義也, 非其道也, 一介不以與人, 一介不以取諸人. 湯使人以幣聘之, 囂囂然曰: '我何以湯之聘幣爲哉? 我豈若處畎畝之中, 由是以樂堯舜之道哉?' 湯三使往聘之, 旣而幡然改曰: '與[61]我處畎畝之中, 由是以樂堯舜之道, 吾豈若使是君爲堯舜之君哉? 吾豈若使是民爲堯舜之民哉? 吾豈若於吾身親見之哉? 天之生此民也, 使先知覺後知, 使先覺覺後覺也. 予天民之先覺者也, 予將以斯道覺斯民也. 非予覺之, 而誰也?' 思天下之民匹夫匹婦有不被堯舜之澤者, 若已推而內之溝中. 其自任以天下之重如此. 故就湯而說之以伐夏救民. 吾未聞枉己而正人者也, 況辱己以正天下者乎. 聖人之行不同也, 或遠, 或近, 或去, 或不去, 歸潔其身而已矣. 吾聞其以堯舜之道要湯, 未聞以割烹也. 伊訓曰: '天誅造攻自牧宮, 朕載自亳.'"

60) 이 대목은《논어》〈안연〉 12.22에 나온다. "탕임금이 천하를 차지하고 나서 여러 사람 중에 뽑아 이윤을 등용하니, 인하지 않은 자들이 멀어졌던 것이다(湯有天下, 選於衆, 擧伊尹, 不仁者遠矣)."

61) 원문의 "여與"는 '~하기보다는(與其)'의 뜻으로 쓰였다.

공자께서 머무신 곳 9.8

만장이 여쭈었다.

"어떤 사람이 말하기를 '공자께서 위나라에서는 [종기 짜는 의사] 옹저의 집에 머무셨고,[62] 제나라에서는 내시[63] 척환[64]의 집에 머무셨다'라고 하는데, 그런 일이 있었습니까?"

맹자께서 말씀하셨다.

"아니다. 그렇지 않다. 일 꾸미기 좋아하는 자들이 지어낸 말이다. 위나라에 계실 때에 안수유顏讎由[65]의 집에 머무셨는데, 미자[66]의 아내는 자로의 아내와 자매간이었다. 미자가 자로에게 '공자께서 우리 집에 머무신다면 위나라의 경卿 자리를 얻을 수 있다'라고 하자, 자로가 이 말을 아뢰니 공자께서 '천명에 달려 있다'라고 말씀하셨다. 공자께서는 [벼슬에] 나아가실 때에 예로써 하시고 물러나실 때에는 의로써 하시며 얻고자 했으나 얻지 못하셨을 경우에 말씀하시기를 '천명에 달려 있다'라고 하셨으니, 옹저와 내시 척환의 집에 머무셨다면 이는 의로움도 없고 천명도 없는 것이다.

공자께서 노나라와 위나라에서 [머무시는 것을] 달가워하지 않으셨고, 송나라 환사마가 장차 [공자를] 막고 죽이려 하자,[67] 평상복의 차

---

62) 원문의 "주옹저主癰疽"를 번역한 것으로, '옹저'는 《사기》〈공자세가〉에 '옹거雝渠'라고 했고, 《한비자》에서는 '옹저雍鉏'라고 했다.

63) 원문의 "시인侍人"을 번역한 것으로, 주희는 "시인은 내시다〔侍人, 奄人也〕"라고 풀이했다.

64) "척환瘠環"의 '척'은 성이고 '환'은 이름이다.

65) 안수유顏讎由에 대하여 주희는 "위나라의 어진 대부이니, 《사기》에는 안탁추顏濁鄒로 되어 있다〔衛之賢大夫也, 史記作顏濁鄒〕"라고 했다.

66) 미자彌子는 위나라 영공이 총애하는 신하인 미자하이다.

림으로 [변복하고] 송나라를 지나가셨다. 이때 공자께서 곤궁함을 당하셨어도 진후陳侯 주周의 신하가 된 사성[68]정자의 집에 머무셨다.

내가 듣건대 '조정에 있는 신하[69]를 관찰할 때는 그 머물게 한 바(사람)로써 살펴보고, 먼 곳에서 온 신하[70]를 관찰할 때는 그 머문 곳으로써 한다'라고 했는데, 만일 공자께서 옹저와 내시 척환의 집에 머무셨다면 어떻게 공자라고 생각할 수 있겠는가?"

萬章問曰: "或謂'孔子於衛主癰疽, 於齊主侍人瘠環.' 有諸乎?" 孟子曰: "否, 不然也. 好事者爲之也. 於衛主顔讎由, 彌子之妻與子路之妻,

67) 이에 관한 내용이 《사기》 〈송미자세가宋微子世家〉에 "[경공] 25년, 공자가 송나라를 지나가는데 송나라 사마 환퇴가 그를 미워하여 공자를 죽이려 하니 공자는 평상복을 입고 떠났다(二十五年, 孔子過宋, 宋司馬桓魋惡之, 欲殺孔子, 孔子微服去)"라고 되어 있으며, 《사기》 〈공자세가〉에도 "공자가 조나라를 떠나 송나라로 가는데 제자들에게 큰 나무 아래에서 예의를 강의했다. 송나라 사마 환퇴가 공자를 죽이려고 하면서 그 나무를 뽑아버렸다. 공자는 [어쩔 수 없이] 떠났다. 제자가 말했다. '빨리 떠나야 할 것 같습니다.' 공자가 말했다. '하늘이 나에게 덕을 주었는데 환퇴 같은 자가 나를 어떻게 하겠는가!'(孔子去曹適宋, 與弟子習禮大樹下. 宋司馬桓魋欲殺孔子, 拔其樹. 孔子去. 弟子曰: '可以速矣.' 孔子曰: '天生德於予, 桓魋其如予何!')"라는 내용이 나온다.

68) 원문에서 "사성司城"은 성문을 관리하는 벼슬이다. 이에 관한 내용의 전후 관계에 대해 《사기》 〈공자세가〉에 있는 "공자는 드디어 진陳나라에 가서 사성 정자의 집에 머물렀다. 1년 남짓 되었을 때 오나라 왕 부차가 진陳나라를 정벌하여 세 성읍을 빼앗고는 떠났다. 진晉나라의 조앙은 조가朝歌를 공격했다. 초나라가 채蔡나라를 포위하자, 채나라는 오나라로 옮겨 갔다. 오나라는 월나라 왕 구천을 회계산에서 패배시켰다(孔子遂至陳, 主於司城貞子家. 歲餘, 吳王夫差伐陳, 取三邑而去. 趙鞅伐朝歌. 楚圍蔡, 蔡遷于吳. 吳敗越王句踐會稽)"라는 기록을 염두에 두고 읽어볼 필요가 있다.

69) 원문의 "근신近臣"을 번역한 것으로, 주희가 "'근신'은 조정에 있는 신하(近臣, 在朝之臣)"라고 풀이한 주석을 취하여 번역했다.

70) 원문의 "원신遠臣"을 번역한 것으로, 주희는 "'원신'은 먼 지방에서 와서 벼슬하는 자(遠臣, 遠方來仕者)"라고 했다.

兄弟也. 彌子謂子路曰: '孔子主我, 衛卿可得也.' 子路以告. 孔子曰: '有命.' 孔子進以禮, 退以義, 得之不得曰: '有命.' 而主癰疽與侍人瘠環, 是無義無命也. 孔子不悅於魯衛, 遭宋桓司馬將要而殺之, 微服而過宋. 是時孔子當阨, 主司城貞子, 爲陳侯周臣. 吾聞'觀近臣, 以其所爲主, 觀遠臣, 以其所主.' 若孔子主癰疽與侍人瘠環, 何以爲孔子?"

다섯 마리 양가죽값에 불과한 백리해를 둘러싼 이야기 9.9

만장이 여쭈었다.

"어떤 사람이 말하기를 '백리해百里奚[71]는 진秦나라의 희생(통째로 제사에 쓰이는 소)을 기르는 사람에게 [불과] 다섯 마리의 양가죽을 받고 스스로 팔려 가 소를 길러가며 진秦나라 목공에게 등용되기를 구했다'[72]라고 하니, 믿을 만한 일입니까?"

맹자께서 말씀하셨다.

"아니다. 그렇지 않다. 일 꾸미기 좋아하는 자들이 지어낸 말이다. 백리해는 우虞나라 사람으로, 진晉나라 사람이 수극垂棘 땅에서

71) 백리해百里奚가 중용된 사례는《사기》〈진본기秦本紀〉에 상세하게 나온다. 목공이 백리해의 몸값으로 검정 숫양 가죽 다섯 장값을 쳐주었을 때 백리해의 나이가 일흔 살이 넘었다고 했는데, 그 당시 백리해의 겸손한 말과 목공의 문답이 인상적이다. "'신은 망한 나라의 신하인데 어찌 자문할 수 있겠습니까!' 목공이 말했다. '우나라 군주가 그대를 등용하지 않아서 망했으니 그대 죄가 아니오.' 그러고는 묻기를 고집하여 사흘 동안 이야기했다. 목공은 매우 기뻐하며 그에게 나랏일을 맡기면서 오고대부五羖大夫라고 불렀다('臣亡國之臣, 何足問!' 繆公曰: '虞君不用子, 故亡, 非子罪也.' 固問, 語三日, 繆公大說, 授之國政, 號曰五羖大夫)(김원중 역,《사기본기》, 민음사, 176쪽)." 그러나 백리해는 자신이 친구 건숙蹇叔에 미치지 못한다면서 그를 등용하기를 추천하자 목공은 건숙도 등용하여 상대부上大夫로 삼았다는 것이 사마천의 이어진 기록이다.

나는 [아름다운] 옥과 굴屈 땅에서 나는 좋은 말을 가지고 와, 우나라에 길을 빌려 괵나라를 정벌하려고 하자, 궁지기宮之奇는 [길을 빌려주지 말라고] 간언했고[73] 백리해는 간언하지 않았다.

[그는] 우공에게 간언할 수 없다는 것을 알고 떠나서 진秦나라로 갔는데, 나이가 이미 일흔 살이었다. 결국[74] 소를 길러 진나라 목공

---

72) 이 내용에 관해서는《사기》〈공자세가〉에 "진秦나라는 나라는 비록 작아도 그 뜻은 원대했고, 처한 곳은 비록 외져도 정치하는 것이 정도에 맞았습니다. [목공은] 몸소 오고五羖 백리해를 등용하여 그에게 대부大夫라는 작위를 주고 오랏줄로 갇힌 몸을 풀어주고는 그와 함께 사흘 동안 이야기를 나누고서 그에게 정사를 맡겼습니다. 이로써 천하를 다스릴 수 있게 되었으니 [천하의] 왕 노릇 하는 것이 가능했을진대 패자가 된 것은 자그마한 일입니다(秦, 國雖小, 其志大; 處雖辟, 行中正. 身擧五羖, 爵之大夫, 起纍紲之中, 與語三日, 授之以政. 以此取之, 雖王可也, 其霸小矣)"(김원중 역,《사기세가》, 643~644쪽)라는 단락에서 확인할 수 있는데, 공자가 나이 서른 살쯤에 제나라 경공에게 한 말 중에 나오는 것으로, 신빙성이 있어 보인다. 이 부분은《사기》〈상군열전商君列傳〉에도 나온다. "오고대부는 형(초) 땅의 보잘것없는 사람이었습니다. [그는] 진나라 목공이 현명하다는 소문을 듣고 만나보고 싶었지만 찾아갈 여비가 없자 자신을 진나라로 가는 식객에게 팔아 남루한 홑옷을 입고 소를 치며 따라갔습니다. 그로부터 1년이 지나서야 목공은 그를 알아보고 소의 여물이나 먹이던 미천한 그를 천거하여 백성의 윗자리에 두었는데, 진나라에서는 [이 일에] 감히 원망하는 자가 아무도 없었습니다(夫五羖大夫, 荊之鄙人也. 聞秦繆公之賢而願望見, 行而無資, 自粥於秦客, 被褐食牛. 期年, 繆公知之, 擧之牛口之下, 而加之百姓之上, 秦國莫敢望焉)."

73) 궁지기宮之奇가 간언한 내용이《사기》〈진세가晉世家〉에 나온다. 궁지기는 우공의 안일한 태도를 날카롭게 지적하면서 "태백과 우중은 태왕의 아들로서, 태백이 달아나버려 이 때문에 임금의 자리를 잇지 못했습니다. 괵중과 괵숙은 왕계의 아들로서 문왕의 경사卿士가 되었는데, 그들은 공적을 왕실 문서에 기록하고 맹부盟府(맹약의 서류를 보존하는 창고)에 보관했습니다. 장차 괵나라를 멸망시킨다면 어찌 우나라를 애석해하겠습니까? 하물며 우나라가 환숙과 장백의 족속보다 더 친합니까? 환숙과 장백의 족속은 무슨 죄가 있어 모두 멸망시킨 것입니까! 우나라와 괵나라의 관계는 마치 입술과 이와 같아서 입술이 없으면 이가 시리게 되는 것입니다." 우공은 듣지 않고 진나라에 길을 빌리는 것을 허락해주었다. 궁지기는 그의 가족을 데리고 우나라를 떠났다. 이해 겨울 진나라는 괵나라를 멸망시켰고 괵공 추醜는 주나라로 달아났다.(김원중 역,《사기세가》, 282쪽)

에게 [등용되기를 구하는 것이] 더러운 일임을 몰랐다면, [그를] 지혜롭다고 말할 수 있겠는가? 간언할 수 없기에 간언하지 않았으니, 지혜롭지 않다고 말할 수가 있겠는가? 우공이 장차 망할 줄을 알고 먼저 그곳을 떠났으니, 지혜롭지 않다고 말할 수는 없다. 당시에 진秦나라에 등용되어 목공이 함께 [도를] 실행할 수 있는[75] 군주임을 알고 그를 도왔으니 지혜롭지 않다고 말할 수 있겠는가? 진秦나라를 도와 그 군주를 천하에 드러내어 후세에 전할 수 있게 했으니 어질지 않고서야 이렇게 할 수 있겠는가? 스스로 팔려 가서 군주를 이루게 한 것은 마을의 자신을 아끼는 자들도 하지 않는데, 하물며 어진 자(백리해)가 그런 일을 했다고 말할 수 있겠는가?"

萬章問曰: "或曰: '百里奚自鬻於秦養牲者五羊之皮食牛以要秦穆公.' 信乎?" 孟子曰: "否, 不然. 好事者爲之也. 百里奚, 虞人也. 晉人以垂棘之璧與屈產之乘假道於虞以伐虢, 宮之奇諫, 百里奚不諫. 知虞公之不可諫而去之秦, 年已七十矣, 曾不知以食牛干秦穆公之爲汙也, 可謂智乎? 不可諫而不諫, 可謂不智乎? 知虞公之將亡而先去之, 不可謂不智也. 時擧於秦, 知穆公之可與有行也而相之, 可謂不智乎? 相秦而顯其君於天下, 可傳於後世, 不賢而能之乎? 自鬻以成其君, 鄕黨自好者不爲, 而謂賢者爲之乎?"

---

74) 원문의 "증曾"을 번역한 것으로, '내乃', '경竟'과 의미가 같다.

75) 원문의 "유행有行"을 번역한 것으로, '~할 수 있다(有爲)'와 같은 의미다.

제10편

만장 하

萬章下

【해설】

이 편은 9장으로 이루어져 있는데, 고대 인물에 대한 맹자의 인물평이 전반부에 놓여 있다. 1장에서 백이와 이윤을 비롯하여 유하혜와 공자 등의 특징을 날카로운 안목으로 평가하고 있다. 2장은 주나라의 관직과 녹봉의 체제를 다루고 있으며, 맹자의 경제적인 안목이 잘 드러나 있다. 3장은 벗을 사귀는 도리에 대한 문답으로 이루어졌는데, 결국 덕 있는 사람을 벗해야 한다는 취지로 일관하고 있다. 4장은 왜 제후들과 교제하느냐는 만장의 당돌한 질문에 대한 답으로 이루어져 있다. 물론 맹자의 태도는 집요하고도 신랄한 제자의 질문에 대한 답변이지만, 제자의 힐난 조의 질문에 대한 맹자의 흔들림 없는 감정의 절제가 스승과 제자의 또 다른 모습을 보는 것 같아 흐뭇하다.

5장은 벼슬하는 이유에 대해 말하고 있는데, 가난 때문인지 부모 봉양 때문인지 비교하여 간단히 다루고 있으며, 6장은 군주가 어떻게 선비를 길러야 하는가 하는 문제를 다루고 있다. 7장 역시 군주가 선비를 예우하는 방식 혹은 방법을 말하고 있는데, 노나라 목공의 사례를 들어 그가 자사를 만난 것을 언급하고 있으며, 아울러 제나라 경공의 무도함도 함께 다루고 있다. 8장은 옛사람과의 교우관계를 다루고 있으며, 9장은 간언의 문제를 다룬다.

백이, 이윤, 유하혜에 대한 맹자의 인물평 10.1

맹자께서 말씀하셨다.

"백이는 눈으로는 나쁜 색깔을 보지 않았고, 귀로는 나쁜 소리를 듣지 않았으며, 자기 군주가 아니면 섬기지 않았고, 자기 백성이 아니면 부리지 않았다. [세상이] 다스려지면 나아가고 어지러우면 물러나 무법의[1] 정치가 나오는 곳과 제멋대로인 백성이 지내는 곳에는 차마 살지 않았으며, [도리에 어두운] 마을 사람들과 있으면 마치 조정의 의복과 조정의 관모를 입은 채 진흙과 숯구덩이에 앉은 듯이 여겼는데, 주왕 때에는 북해의 물가에 살면서 천하가 맑아지기를 기다렸다. 그러므로 백이의 풍도를 들은 자들이라면 지각없는[2] 자는 청렴[3]해지고 나약[4]한 자는 뜻을 세우게 된다.

이윤이 말하기를 '어떤 사람을 섬긴들 군주가 아니겠으며, 어떤

1) 원문의 "횡橫"을 번역한 것으로, 제8편 〈이루 하〉 28장의 "횡역橫逆"에 대해 주희가 "강압적이고 난폭하여 이치에 순응하지 않는다(强暴不順理也)"라고 풀이한 구절의 '횡'과 같은 뜻이다. 주희는 "법도에 따르지 않는(不順法度)"의 의미로 보았다.

2) 원문의 "완頑"을 번역한 것으로, 모기령은 '탐貪'의 의미로 보아 《사서잉언四書賸言》에서 "《맹자》에 나오는 '완부렴'의 '완' 자는 옛날의 모두 '탐' 자이다(孟子頑夫廉, 頑字古皆是貪字)"라고 했으나, 주희는 "'완'은 지각이 없는 것이다(頑者, 無知覺)"라고 했다. 역자는 주희의 설에 따랐다.

3) 원문의 "렴廉"을 번역한 것으로, 주희는 "'렴'은 분별력이 있는 것(廉者, 有分辨)"이라고 했다.

4) 원문의 "나懦"를 번역한 것으로, 주희는 "'나'는 유약함이다(懦, 柔弱也)"라고 했다. 정약용에 따르면 "'나'는 유약하다는 뜻만이 아니다. '나'는 '심心'과 '수需'가 합해진 글자로, '수'는 기다린다는 뜻이다. 무릇 한 가지 일을 만나 느릿느릿하여 차일피일 미루어 완성함이 없는 것으로, 이는 나약한 사내의 행실이다(懦之一字, 亦非但柔弱之意. 懦者, 心需也. 需者, 須也. 凡遇一事, 姑息姑徐, 今日明日, 荏苒濡忍, 無所建立, 此懦夫之行也)"라고 했다.

사람을 부린들 백성이 아니겠는가?'라고 하여, [나라가] 다스려져도 나아가고 어지러워도 나아가서 말하기를 '하늘이 이런 백성을 낸 것은 먼저 안 사람이 늦게 아는 사람을 깨우치게 하기 위함이며, 먼저 깨달은 사람이 늦게 깨닫는 사람을 깨우치게 하기 위함인 것이다. 나는 하늘이 낸 백성 가운데 먼저 깨달은 사람이니, 내가 이런 도로써 백성을 깨우치겠다'라고 했으며, 천하의 백성 가운데 평범한 사내와 평범한 아낙일지라도 요순의 은택을 입지 못하는 사람이 있으면 마치 자신이 [그를] 밀어 도랑 가운데로 들어가게 한 것과[5] 같이 여겼으니, 이는 천하의 무거운 짐을 스스로 짊어지려 한 것이다.

유하혜는 더러운 군주라도 [섬기는 것을] 부끄러워하지 않았으며, 하찮은 벼슬이라도 마다하지 않았다. [벼슬길에] 나아가서는 어짊〔賢〕을 숨기지 않았고 반드시 그 도리대로 했으며, 버림받아도 원망하지 않고 곤궁하게 되어도 근심하지 않았으며, 마을 사람들과 함께 있되 유유히 차마 떠나지 못해서 '너는 너이고 나는 나이니, 비록 내 곁에서 옷을 벗고 [또] 벗는다고 한들 네가 어찌 나를 더럽히겠는가?'라고 했다. 그러므로 유하혜의 풍도를 들은 자들이라면 속 좁은[6] 자는 너그러워지고 야박한 자는 [인심이] 돈후해진다.

공자께서 제나라를 떠나가실 때 [밥을 지으려] 쌀을 담갔다가도 건져서[7] 떠나셨고, 노나라를 떠나가실 때 말씀하시기를 '더디고 더디구나. 나의 발걸음이여, [이는] 부모의 나라를 떠나는 도이다'라고

5) 원문의 "내內" 자를 번역한 것으로, '들이다〔納〕'의 의미로 쓰였다.

6) 원문의 "비鄙"를 번역한 것으로, 주희는 "'비'는 좁고 누추한 것이다〔鄙, 狹陋也〕"라고 했다.

하셨으니, 재빨리 떠날 수 있으면 재빨리 떠나고 오래 머무를 수 있으면 오래 머물며, 숨어 지낼 수 있으면 숨어 지내고 벼슬할 수 있으면 벼슬한 분이 공자이시다."

맹자께서 말씀하셨다.

"백이는 성인 가운데 맑은 자이고, 이윤은 성인 가운데 스스로 책임지려는 자이며, 유하혜는 성인 가운데 온화한 자이고, 공자는 성인 가운데 중도에 들어맞는 자이다.

공자를 집대성한 분이라고 말하는데, 집대성은 [음악에서] 쇠(金)로 소리를 퍼뜨리고 옥玉으로 거두는 것과 같다.[8] 쇠로 소리를 퍼뜨리는 것은 곡조를 시작하는 것이고 옥으로 거두는 것은 곡조를 끝맺는 것이니, 곡조를 시작하는 것은 지智의 사안이고 곡조를 끝맺는 것은 성聖의 사안이다.

7) 원문의 "접석接淅"을 번역한 것으로, 《설문해자》에 "'석'은 쌀을 이는 것이다(淅, 汏米也)"라고 했고, "'경'은 마른 쌀을 물에 담갔다가 건지는 것이다. 《맹자》에서 '공자가 제나라를 떠날 적에 쌀을 담갔다가 건져갔다'고 했다(滰, 浚乾漬米也. 孟子曰: '夫子去齊, 滰淅而行')"라고 했는데, 이에 따라 허신은 《맹자》를 근거로 '접接'을 '경滰' 자로 썼다는 것을 알 수 있다고 했다.

8) 원문의 "금성이옥진金聲而玉振"을 번역한 것으로, 정이천의 《이정유서二程遺書》에 기록된 바에 의하면 "종으로 소리를 퍼뜨리고 옥으로 거두는 것, 이것은 맹자가 배우는 자를 위해 마침과 시작의 뜻을 말씀하신 것이다. 치지에서 시작함은 지의 일이요, 아는 바를 행하여 그 극에 이름은 성인의 일이니, 《주역》에 이르기를 '그칠 데를 알아 그치고 끝마칠 데를 알아 끝마친다'는 것이 이것이다(金聲而玉振之, 此孟子爲學者, 言終始之義也. 始於致知, 智之事也, 行所知而至其極, 聖之事也, 易曰: '知至至之, 知終終之.' 是也)"라는 의미다. 주희는 "팔음을 아울러 연주하면 그 소리를 일으키기 전에 먼저 쇠종을 쳐서 그 소리를 퍼뜨리고, 그 소리가 다하기를 기다린 뒤에 특경을 쳐서 그 운을 거두는 것이다(竝奏八音, 則於其未作, 而先擊鎛鐘, 以宣其聲, 俟其旣闋而後, 擊特磬, 以收其韻)"라고 부연했다. 여기서 팔음이란 여덟 악기가 내는 소리로, 중국 고대의 악기 분류법에서 재료에 따라 금부金部·석부石部·사부絲部·죽부竹部·포부匏部·토부土部·혁부革部·목부木部로 나뉘는 여덟 가지 악기에서 나는 소리를 말한다.

지智를 비유하면 기교〔巧〕이고, 성聖을 비유하면 힘〔力〕이니, 100걸음 밖에서 활을 쏘는 것과 같아서 [과녁에] 이르는 것은 네 능력이지만 과녁에 적중하는 것은 네 능력이 아니다."

孟子曰: "伯夷, 目不視惡色, 耳不聽惡聲. 非其君, 不事, 非其民, 不使. 治則進, 亂則退, 橫政之所出, 橫民之所止, 不忍居也. 思與鄕人處, 如以朝衣朝冠坐於塗炭也, 當紂之時, 居北海之濱, 以待天下之淸也. 故聞伯夷之風者, 頑夫廉, 懦夫有立志. 伊尹曰: '何事非君? 何使非民?' 治亦進, 亂亦進, 曰: '天之生斯民也, 使先知覺後知, 使先覺覺後覺. 予, 天民之先覺者也, 予將以此道覺此民也.' 思天下之民匹夫匹婦有不與被堯舜之澤者, 若己推而內之溝中其自任以天下之重也. 柳下惠不羞汙君, 不辭小官. 進不隱賢, 必以其道. 遺佚而不怨, 阨窮而不憫. 與鄕人處, 由由然不忍去也, '爾爲爾, 我爲我, 雖袒裼裸裎於我側, 爾焉能浼我哉?' 故聞柳下惠之風者, 鄙夫寬, 薄夫敦. 孔子之去齊, 接淅而行, 去魯, 曰: '遲遲吾行也, 去父母國之道也.' 可以速則速, 可以久則久, 可以處則處, 可以仕則仕, 孔子也."

孟子曰: "伯夷, 聖之淸者也, 伊尹, 聖之任者也, 柳下惠, 聖之和者也, 孔子, 聖之時者也. 孔子之謂集大成. 集大成也者, 金聲而玉振之也. 金聲也者, 始條理也, 玉振之也者, 終條理也. 始條理者, 智之事也, 終條理者, 聖之事也. 智, 譬則巧也, 聖, 譬則力也. 由射於百步之外也, 其至, 爾力也, 其中, 非爾力也."

주나라 왕실의 작위와 녹봉은 어떠한가 10.2

북궁기北宮錡[9]가 물었다.

"주나라 왕실에서는 작위와 녹봉을 어떻게 등급 매깁니까?"

맹자께서 말씀하셨다.

"그 자세한 내용은 듣지 못했다. 제후들은 자신들을 해롭게 하는 것을 싫어하여 그 문헌들을 모두 없애버렸지만, 나는 일찍이 그 대략적인 내용을 들었다.

[천자의 나라에서는] 천자가 한 지위요, 공公이 한 지위요, 후侯가 한 지위요, 백伯이 한 지위요, 자子와 남男이 똑같이 한 지위이니, 모두 다섯 등급이다. [제후의 나라에서는] 군주가 한 지위요, 경卿이 한 지위요, 대부가 한 지위요, 상사上士가 한 지위요, 중사中士가 한 지위요, 하사下士가 한 지위니, 모두 여섯 등급이다.

[토지에 관한 규정을 보면] 천자의 제도는 [직접] 관리하는 땅이 사방 1,000리요, 공과 후는 모두 사방 100리요, 백伯은 70리요, 자子와 남男은 50리이니, 모두 네 등급이다. 50리가 못 되는 나라는 천자에게 [직접] 전달하지 못하고 제후에게 부속되니, 이것을 부용附庸[10]이라 한다.

---

9) "북궁기北宮錡"에 대하여 주희는 "'북궁北宮'은 성이고 '기錡'는 이름이니 위衛나라 사람이다(北宮姓, 錡名, 衛人)"라고 했다. 대부분의 국내 번역본에는 '의'로 되어 있으나, '기'라고 발음한 것은 중국어 발음이 '치qi'라고 되어 있는 데 따른 것이다.

10) 원문의 "부용附庸"이란 단어의 보충 설명이 필요하다. 제후 중에서 국력이 떨어지는 나라는 천자에게 직접 조회를 들어 보고하지 못하므로 다른 제후를 거쳐 간접적인 방법으로 천자에게 보고했다. 이러한 방식이므로 이 '부용'이란 단어를 붙였다.

천자의 경卿은 땅을 받는 것이 후侯와 비견되고,[11] 대부는 땅을 받는 것이 백伯과 비견되며, 원사元士는 땅을 받는 것이 자子와 남男과 비견된다.

큰 나라는 땅이 사방 100리이니, 군주는 경卿의 녹봉의 열 배이고,[12] 경卿의 녹봉은 대부의 네 배이며, 대부는 상사의 배이고, 상사는 중사의 배이며, 중사는 하사의 배이고, 하사와 일반 백성으로서 관직에 있는 자는 녹봉이 같으니, 녹봉은 그 농사짓는 것을 대체하기에 충분했다.

그다음의 나라는 땅이 사방 70리이니, 군주는 경卿의 녹봉의 열 배이고, 경卿의 녹봉은 대부의 세 배이고, 대부는 상사의 배이며, 상사는 중사의 배이고, 중사는 하사의 배이며, 하사와 일반 백성으로서 관직에 있는 자는 녹봉이 같으니, 녹봉은 그 농사짓는 것을 대체하기에 충분했다.

작은 나라는 땅이 사방 50리이니, 군주는 경卿의 녹봉의 열 배이고, 경卿의 녹봉은 대부의 두 배이고, 대부는 상사의 배이고, 상사는 중사의 배이며, 중사는 하사의 배이고, 하사와 일반 백성으로서 관직에 있는 자는 녹봉이 같으니, 녹봉은 그 농사짓는 것을 대체하기에 충분했다.

11) 원문의 "시視"를 번역한 것으로, 조기는 "비하다〔比〕"의 뜻이라고 보았다. '같다'라고 번역하기도 한다.

12) 원문의 "군십경록君十卿祿"을 번역한 것으로, 주희는 "'군십경록'의 '록祿'은 지금의 녹봉과 같으니, 군주의 소득으로 사사로이 사용할 수 있는 것이다. 공부貢賦, 빈객賓客, 조근朝覲, 제향祭饗, 교빙交聘, 왕래往來로 말하면 또 별도의 재물이 저장되어 공용되니 이른바 녹봉이 아니다〔君十卿祿, 祿者, 猶今之俸祿, 蓋君所得, 得爲私用者. 至於貢賦賓客朝覲祭饗交聘往來, 又別有財儲公用, 非所謂祿也〕"(《주자어류》 권58)라고 보충 설명했다.

농사짓는 자의 소득은 한 사내가 100이랑이다. 100이랑을 가꾸는 데[13] 상등급의 농부는 아홉 명을 먹이고, 상등급의 농부 그다음은 여덟 명을 먹이며, 중등급의 농부는 일곱 명을 먹이고, 중등급의 농부 그다음은 여섯 명을 먹이며, 하등급의 농부는 다섯 명을 먹이니, 일반 백성으로서 관직에 있는 자는 그 녹봉을 이런 원칙에 따라서 차등을 두었다."

北宮錡問曰: "周室班爵祿也, 如之何?" 孟子曰: "其詳不可得而聞也, 諸侯惡其害己也, 而皆去其籍, 然而軻也嘗聞其略也. 天子一位, 公一位, 侯一位, 伯一位, 子男同一位, 凡五等也. 君一位, 卿一位, 大夫一位, 上士一位, 中士一位, 下士一位, 凡六等. 天子之制, 地方千里, 公侯皆方百里, 伯七十里, 子男五十里, 凡四等. 不能五十里, 不達於天子, 附於諸侯, 曰附庸. 天子之卿受地視侯, 大夫受地視伯, 元士受地視子男. 大國地方百里, 君十卿祿, 卿祿四大夫, 大夫倍上士, 上士倍中士, 中士倍下士, 下士與庶人在官者同祿, 祿足以代其耕也. 次國地方七十里, 君十卿祿, 卿祿三大夫, 大夫倍上士, 上士倍中士, 中士倍下士, 下士與庶人在官者同祿, 祿足以代其耕也. 小國地方五十里, 君十卿祿, 卿祿二大夫, 大夫倍上士, 上士倍中士, 中士倍下士, 下士與庶人在官者同祿, 祿足以代其耕也. 耕者之所獲, 一夫百畝. 百畝之糞, 上農夫食九人, 上次食八人, 中食七人, 中次食六人, 下食五人. 庶人在官者, 其祿以是爲差."

---

13) 원문의 "분糞"을 번역한 것으로, 단옥재의 《설문해자주》에 "대개 분전에는 치워야 할 더러운 것을 [거름 주어] 많이 사용하기 때문에 분이라고 한다〔凡糞田多用所除之穢爲之, 故曰糞〕"고 했다.

벗을 사귀는 도 10.3

만장이 여쭈었다.

"감히 벗을 사귀는 도리에 대해 여쭙겠습니다."

맹자께서 말씀하셨다.

"나이 많은 것을 뽐내지 않고 귀한 것을 뽐내지14) 않으며 형제[의 부귀]를 뽐내지 않고 벗과 사귀는 것이다. 벗과 사귀는 것은 벗의 덕을 벗하는 것이니 뽐내지 않아야 한다. 맹헌자는 수레 백 대를 내는 집안이었다. 벗 다섯이 있었으니 악정구와 목중, 그 나머지 세 사람은 내가 이름을 잊어버렸다. 헌자가 이 다섯 사람과 사귈 때 자신(헌자)의 집안을 의식하지 않았다. 이 다섯 사람이 또한 헌자의 집안이 대부임을 의식했다면 이와 더불어 벗하지 않았을 것이다.

오직 수레 백 대를 내는 집안만이 그런 것이 아니라, 비록 작은 나라의 군주라도 또한 그런 일이 있었으니, 비費 혜공惠公이 말하기를 '나는 자사에 대해서는 스승으로 섬기고 안반顔般[15]에 대해서는 벗으로 대하며, 왕순과 장식은 나를 섬기는 자들이다'라고 했다.

오직 작은 나라의 군주만이 그런 것이 아니라, 비록 큰 나라의 군주라도 또한 그런 일이 있었으니, 진晉 평공平公은 해당亥唐[16]이 들어오라고 이르면 들어가고 앉으라고 이르면 앉고 먹으라고 이르면 먹어서, 비록 거친 밥[17]과 나물국이라도 일찍이 배불리 먹지 않은

14) 원문의 "협挾"을 번역한 것으로, 주희는 "'협'은 가지고 그것을 믿는 것을 겸하는 칭호(挾者, 兼有而恃之之稱)"라는 탁월한 주석을 덧붙였다.

15) 안반顔般에 대하여 양보쥔은 《한서》 〈고금인표古今人表〉에는 '안감顔敢'이라고 쓰여 있다면서 필사 과정의 오기로 유추했다.

적이 없었으니, 아마도 감히 배불리 먹지 않을 수가 없었기 때문이다. 그러나 [진 평공도] 이 정도에서 끝날 뿐이었고, 그와 더불어 관직을 함께하지 않았으며 그와 더불어 정사를 다스리지도 않았고 그와 더불어 녹봉을 누리지도 않았으니, [이는] 선비가 어진 자를 존경하는 것이지 왕공이 어진 자를 존경하는 것이 아니다.

순임금이 요임금을 위로 올라가[18] 뵈었을 때, 요임금이 사위[19] 순임금을 별궁[20]에 머물게 하시고 또한 순임금에게 음식을 먹여 번갈아 손님과 주인이 되었으니, 이는 천자로서 평범한 사내를 벗한 것이다. 아랫사람으로서 윗사람을 공경하는 것을 귀귀貴貴라고 하고 윗사람으로서 아랫사람을 공경하는 것을 존현尊賢이라고 하니, 귀귀와 존현은 그 뜻이 매한가지다."

萬章問曰: "敢問友." 孟子曰: "不挾長, 不挾貴, 不挾兄弟而友. 友也者, 友其德也, 不可以有挾也. 孟獻子, 百乘之家也. 有友五人焉, 樂正裘, 牧仲, 其三人, 則予忘之矣. 獻子之與此五人者友也, 無獻子之家

---

16) "해당亥唐"에 대하여 《태평어람太平御覽》에 황보밀皇甫謐의 《고사전高士傳》을 인용하여 "해당이란 자는 진나라 사람이다. 진나라 평공 때 조정에는 현신이 많이 있었는데, 기해·조무·사광·숙향이 모두 경대부가 되어 이름이 제후들 사이에 널리 알려졌었다〔亥唐者, 晉人也. 晉平公時, 朝多賢臣, 祁奚趙武師曠叔向皆爲卿大夫, 名顯諸侯〕"고 했다.

17) 원문의 "소사蔬食"를 번역한 것으로, 조기의 주에 "거친 밥이다〔糲食也〕"라고 했다. '소蔬' 자는 '소疏'와 같다.

18) 원문의 "상尙"을 번역한 것으로, 주희는 "'상'은 위로 올라감이니 순임금이 위로 올라가서 요임금을 뵙는 것이다〔尙, 上也. 舜上而見於帝堯也〕"라고 했다.

19) 원문의 "생甥"을 번역한 것으로, 조기는 "예에 아내의 아버지를 일러 외구라고 하며, 나에게 구라고 말하는 사람을 나는 사위라고 이른다〔禮, 謂妻父曰外舅, 謂我舅者, 吾謂之甥〕"고 했다.

20) 원문의 "이실貳室"을 번역한 것으로, '궁실의 한 곳'으로 번역하는 학자도 있다.

者也. 此五人者, 亦有獻子之家, 則不與之友矣. 非惟百乘之家爲然也, 雖小國之君亦有之. 費惠公曰: '吾於子思, 則師之矣, 吾於顔般, 則友之矣, 王順長息則事我者也.' 非惟小國之君爲然也, 雖大國之君亦有之. 晉平公之於亥唐也, 入云則入, 坐云則坐, 食云則食, 雖疏食菜羹, 未嘗不飽, 蓋不敢不飽也. 然終於此而已矣. 弗與共天位也, 弗與治天職也, 弗與食天祿也, 士之尊賢者也, 非王公之尊賢也. 舜尙見帝, 帝館甥于貳室, 亦饗舜, 迭爲賓主, 是天子而友匹夫也. 用下敬上, 謂之貴貴, 用上敬下, 謂之尊賢. 貴貴尊賢, 其義一也."

맹자가 제후들과 교제하는 이유 10.4

만장이 여쭈었다.

"감히 여쭙겠습니다만, 교제하는[21] 것은 어떤 마음으로 합니까?"

맹자께서 말씀하셨다.

"공손함이다."

[만장이] 말했다.

"'[예물을] 거절하고 거절하는 것[22]을 공손하지 않다'고 하는 것은 무엇 때문입니까?"

[맹자께서] 말씀하셨다.

"존귀한 자[23]가 물건을 주는데 '그 예물을 취하는 것이 도의에 맞

---

21) 원문의 "교제交際"란 주희의 주석대로 "사람이 예의와 폐백을 가지고 서로 사귀고 접하는 것〔人以禮儀幣帛, 相交接也〕"을 말한다. 즉 주희는 예물을 주고받는 것으로 한정했는데, 오늘날 교제의 일반적 개념과는 그 차원이 다르다.

22) 원문의 "각却"을 번역한 것으로, 주희는 "'각'은 받지 않고 되돌려보내는 것이다〔却, 不受而還之也〕"라고 풀이했다.

는가, 맞지 않는가?'라고 [생각]한 뒤에 받는다면, 이것을 공손하지 않다고 하니, 이 때문에 거절하지 않는 것이다."

[만장이] 말했다.

"말로써 거절하지 않고 마음속으로 거절하며 말하기를 '그가 백성에게서 취한 것이 도의에 맞지 않는다'라고 하고 딴 말을 하여 받지 않는 것이 옳지 않습니까?"

[맹자께서] 말씀하셨다.

"그 교제란 도의로써 하고 그 대접이란 예의로써 하는 것, 이것은 공자께서도 받으셨다."

만장이 말했다.

"지금 수도의 성문 밖에서 사람을 막고 빼앗는 짓을 한[24] 자가 그 교제를 도의로써 하고 그 주는 것을 예의로써 한다면 이 빼앗은 물건이라도 받을 수 있습니까?"

[맹자께서] 말씀하셨다.

"옳지 않으니, 〈강고康誥〉에 말하기를 '사람을 죽여 쓰러뜨리고는 재물을 취하면서 무모하여 죽음을 두려워하지 않는 자를 모든 사람이 원망하지 않는 이가 없다'고 했으니, 이런 사람은 구태여 하교를 기다리지 않고 죽여도 되는 자이다. [이런 방식은] 은나라는 하나라를 물려받았고, 주나라는 은나라를 물려받았어도 마다하지 않았

23) 원문의 "존자尊者"에 대해 양보쥔은 '장자長者'와의 차이점을 들어 "장자와는 다르다. 존자는 지위로 말한 것이며, 장자는 나이를 가지고 말한 것이다"라고 했다.

24) 원문의 "어禦"를 번역한 것으로, 주희는 "'어'는 저지하는 것이다. 사람을 멈춰 세워서 죽이고 또한 그의 재물을 빼앗는 것이다〔禦, 止也. 止人而殺之, 且奪其貨也〕"라고 풀이했다.

지만, 지금에도 굳건하게 지켜지고 있거늘[25] 어찌 그것을 받을 수 있겠는가?"

[만장이] 말했다.

"지금 제후들이 백성에게 취하는 것이 막고 빼앗는 짓을 하는 것과 같은데, '만일 그 예의를 갖추어 교제를 하면 이는 군자도 받는다'고 하시니, 감히 여쭙겠습니다만, 무엇을 말씀하는 겁니까?"

[맹자께서] 말씀하셨다.

"그대는 왕 노릇 하는 자가 나온다면 지금의 제후들을 하나같이[26] 죽일 수 있다고 생각하는가? 가르치고 나서 [그들이] 고치지 않으면 그런 뒤에 죽이겠는가? 자신의 소유도 아닌데 취하는 것을 도둑질이라고 한 것은 비슷한 사례를 미루어 의미를 극단적인 데까지 이르게 한 것이다. 공자께서 노나라에서 벼슬하실 때 노나라 사람들이 사냥물을 [차지하려] 다투자 공자 또한 사냥물을 다투셨으니, 사냥물을 다투시는 것도 오히려 가능한데 하물며 그 [제후가] 주는 것을 받는 것에 있어서랴?"

[만장이] 말했다.

"그렇다면 공자께서 벼슬하신 것은 도道를 일거리로 삼기 위한

---

25) 원문의 "은수하殷受夏, 주수은周受殷, 소불사야所不辭也, 어금위렬於今爲烈"을 번역한 것으로, 이 열네 글자에 대해 주희는 "'殷受'로부터 '爲烈'까지의 열네 자는 말의 뜻이 순서가 없으니, 이욱李郁이 '이것은 반드시 떨어져 나간 글이나 혹은 궐문이 있을 것이다'라고 한 것이 [문리에] 가까울 것이나 나는 다만 연자衍字일 것으로 생각될 뿐이다. 그러나 헤아릴 수 없으니, 우선 빼는 것이 옳다〔商受至爲烈十四字, 語意不倫, 李氏以爲此必有斷簡或闕文者, 近之, 而愚意其直爲衍字耳. 然不可考, 姑闕之可也〕"라고 했으나 역자는 취하지 않고 원문대로 번역했다.

26) 원문의 "비比"를 번역한 것으로,《예기》〈악기樂記〉의 정현의 주에 "'비'는 '동同'자와 같다〔比, 猶同〕"라고 한 것을 참조하면 '일률적으로 대하다'라는 의미다.

것이[27] 아닙니까?"

[맹자께서] 말씀하셨다.

"도를 일거리로 삼은 것이다."

[만장이 말했다.]

"도를 일거리로 삼으셨는데 어째서 사냥물을 다투셨습니까?"

[맹자께서] 말씀하셨다.

"공자께서 먼저 장부로 제수품을 바로잡으셨는데 사방의 [귀한] 음식으로는 공급하지 않게 장부로 바로잡으신 것이다."

[만장이] 말했다.

"어째서 떠나지 않으셨습니까?"

[맹자께서] 말씀하셨다.

"[도를 실행하는] 조짐을 [제수품을 바로잡는 것으로] 보이신 것이니, 그 조짐을 충분히 실행할 수 있는데도 [군주가] 실행하지 않으면 뒤에 떠나셨다. 이 때문에 [조정에서] 3년을 끝마칠 때까지 머무신 곳이 일찍이 없었던 것이다. 공자께서는 도를 실행할 수 있어 보이면 벼슬에 계셨고, [군주로서의] 예우가 적절했기에 벼슬에 계셨으며, [군주가] 어진 이를 받들었기에 벼슬에 계셨으니, 계환자에게서는 [도를] 실행하는 가능성을 보셨기 때문에 벼슬하셨고, 위衛나라 영공에게서는 예우가 적절했기에 벼슬하셨으며,[28] 위나라 효공[29]에게서는

27) 원문의 "사도事道"를 번역한 것으로, "도를 행하는 것으로 일삼다〔爲道而事〕"라고 말하는 것과 같은데, 양보쥔은 고문에서 이러한 어법이 늘 사용되었다고 주장했다.

28) 원문의 "공양公養"과 "제가際可"의 번역을 살펴보면, '공양'은 제나라 직하稷下 현자들의 경우와 같이 당시 일반인에 대한 예우일 가능성이 있으며, '제가'는 어떤 한 사람의 예우를 혼자서 대하는 것으로 구별하여 볼 수 있다.

어진 이를 받들었으므로 벼슬하셨던 것이다."

萬章問曰: "敢問交際何心也?" 孟子曰: "恭也." 曰: "'却之却之爲不恭', 何哉?" 曰: "尊者賜之, 曰: '其所取之者義乎, 不義乎?' 而後受之, 以是爲不恭, 故弗却也." 曰: "請無以辭却之, 以心却之, 曰: '其取諸民之不義也', 而以他辭無受, 不可乎?" 曰: "其交也以道, 其接也以禮, 斯孔子受之矣." 萬章曰: "今有禦人於國門之外者, 其交也以道, 其餽也以禮, 斯可受禦與?" 曰: "不可, 康誥曰: '殺越人于貨, 閔不畏死, 凡民罔不譈.' 是不待教而誅者也. 殷受夏, 周受殷, 所不辭也, 於今爲烈, 如之何其受之?" 曰: "今之諸侯取之於民也, 猶禦也. '苟善其禮際矣, 斯君子受之,' 敢問何說也?" 曰: "子以爲有王者作, 將比今之諸侯而誅之乎? 其教之不改而後誅之乎? 夫謂非其有而取之者盜也, 充類至義之盡也. 孔子之仕於魯也, 魯人獵較, 孔子亦獵較. 獵較猶可, 而況受其賜乎?" 曰: "然則孔子之仕也, 非事道與?" 曰: "事道也." "事道奚獵較也?" 曰: "孔子先簿正祭器, 不以四方之食供簿正." 曰: "奚不去也?" 曰: "爲之兆也. 兆足以行矣, 而不行, 而後去. 是以未嘗有所終三年淹也. 孔子有見行可之仕, 有際可之仕, 有公養之仕. 於季桓子, 見行可之仕也, 於衛靈公, 際可之仕也, 於衛孝公, 公養之仕也."

29) 위衛 효공孝公에 대하여 주희는 "위 효공은 《춘추》와 《사기》에 모두 없으니, 아마도 [위 영공의 손자] 출공出公 첩輒인 듯하다(衛孝公, 春秋史記皆無之, 疑出公輒也)"라고 했고, 정약용은 "등 정공, 등 문공은 모두 《세본世本》과 《사기》와 합치되지 않는다. 출공이 효공이 된 것도 이런 이유일 것이다. …… 또한 의심나는 것은 놔두어야 한다(滕定公, 滕文公皆與世本史記不合. 出公之爲孝公, 亦此類也. …… 且當闕疑)"라고 했다.

가난 때문에 벼슬하는가 10.5

맹자께서 말씀하셨다.

"벼슬하는 것은 가난하기 때문이 아니지만, 때로는 가난 때문인 경우가 있고, 아내를 얻는 것은 [부모] 봉양 때문이 아니지만, 때로는 봉양 때문인 경우가 있다. 가난 때문에 벼슬하는 자는 높은 자리를 마다하고 낮은 자리에 있어야 하며, 많은 녹봉을 마다하고 적은 녹봉을 받아야 한다. 높은 자리를 마다하고 낮은 자리에 있어야 하며, 많은 녹봉을 마다하고 적은 녹봉을 받는 것은 어떤 것이 마땅한가? 관문을 지키고 딱따기를 치는 일이다.

공자께서 일찍이 곳간 관리인[30]이 되어 말씀하시기를 '회계를 담당할 뿐이다'라고 하셨고, 일찍이 승전[31]이 되어 말씀하시기를 '소와 양을 살지워 자라게 할[32] 뿐이다'라고 하셨다. 지위가 낮은데도 큰일을 말하는 것이 죄이고, 남의 조정에 서 있는데도 도가 실행해지지 않는 것은 부끄러운 일이다."

---

30) 원문의 "위리委吏"를 번역한 것으로, 주희는 "쌓은 곡식을 주관하는 관리〔主委積之吏〕"라고 했다.

31) 원문의 "승전乘田"에 대하여 주희는 "동산과 꼴과 목장을 주관하는 관리〔主苑囿芻牧之吏〕"라고 했고, "공자라는 대성인으로서 일찍이 비천한 관리가 되었으나, 이를 욕되게 여기지 않은 것은 이른바 '가난 때문인 벼슬'이어서 관직이 낮고 녹봉은 적어 직분이 간단한 것을 말씀한 것이다〔言以孔子大聖, 而嘗爲賤官不以爲辱者, 所謂爲貧而仕, 官卑祿薄, 而職易稱也〕"라고 했다.

32) 원문의 "촬茁"을 번역한 것으로, '살진 모양〔肥貌〕'을 뜻한다. 명사일 때는 '줄'로, 동사일 때는 '촬'로 읽는다. 그러므로 여기서는 '촬'로 읽어야 마땅하다. 초순의 《맹자정의》에서는 "《설문해자》에서 '줄은 풀이 땅에서 갓 돋아나는 모양'이라고 했는데, 줄은 '초목이 갓 돋아나다'라는 명칭으로 이를 빌려 소와 양을 형용한 것이다〔說文云, '茁, 艸初生出之貌.' 茁草木生出之名, 借以形容牛羊〕"라고 했다.

孟子曰: "仕非爲貧也, 而有時乎爲貧, 娶妻非爲養也, 而有時乎爲養. 爲貧者, 辭尊居卑, 辭富居貧. 辭尊居卑, 辭富居貧, 惡乎宜乎? 抱關擊柝. 孔子嘗爲委吏矣, 曰: '會計當而已矣.' 嘗爲乘田矣, 曰: '牛羊茁壯長而已矣.' 位卑而言高, 罪也, 立乎人之本朝, 而道不行, 恥也."

선비는 제후에게 함부로 몸을 맡기지 않는다 10.6

만장이 말했다.

"선비가 제후에게 [몸을] 맡기지 않는 것은 무엇 때문입니까?"

맹자께서 말씀하셨다.

"감히 못하는 것이다. 제후가 나라를 잃어버리고 나서 [다른 나라의] 제후에게 몸을 맡기는 것은 예의에 들어맞으나, 선비가 제후에게 몸을 맡기는 것은 예의가 아니다."

만장이 말했다.

"군주가 곡식을 주면 그것을 받아야 합니까?"

[맹자께서] 말씀하셨다.

"받아야 한다."

[만장이 말했다.]

"받아야 한다는 것은 어떤 의로움입니까?"

[맹자께서] 말씀하셨다.

"군주란 다른 나라에서 온 백성[33]에 대해서는 진실로 구제해주는

---

33) 원문의 "맹氓"을 번역한 것으로, 앞의 제3편 〈공손추 상〉 5장과 제5편 〈등문공 상〉 4장에서도 나온다. 자세한 설명은 제3편 〈공손추 상〉 5장의 각주 58을 참조하라.

것이다."

[만장이] 말했다.

"구제해주면 받고 내려주면[34] 받지 않는 것은 무엇 때문입니까?"

[맹자께서] 말씀하셨다.

"감히 받지 못하는 것이다."

[만장이] 말했다.

"감히 여쭙겠습니다만, 감히 받지 못하는 것은 무엇입니까?"

[맹자께서] 말씀하셨다.

"관문을 지키고 딱따기를 치는 자 모두가 일정한 직책이 있어 윗사람에게 녹봉을 받아 먹는 것이니, 일정한 직책이 없으면서 윗사람이 내려주는 것을 공손하지 못하다고 하는 것이다."

[만장이] 말했다.

"군주가 구제해주면 받는다고 하시는데, 알지 못하겠습니다만, 일정하게 계속해서 받을 수 있습니까?"

[맹자께서] 말씀하셨다.

"[노나라 군주] 목공이 자사를 대함에 자주 문안하시고 자주 삶은 고기를 주셨다.[35] [그러나] 자사가 달가워하지 않았는데, 마침내 심부름하는 자에게 손을 내저어 대문 밖으로 내보내시고 북쪽을 향해 머리를 조아려 재배하며[36] 받지 않고 말씀하시기를 '이제야 군

34) 원문의 "사賜"를 번역한 것으로, 주희가 "'사'는 녹봉을 주는 것에 정해진 수가 있음을 말한 것이니, 군주가 신하를 대하는 예이다〔賜, 謂予之祿, 有常數, 君所以待臣之禮也〕"라고 한 맥락을 따라 번역했다.

35) 원문의 "극궤정육亟餽鼎肉"을 번역한 것으로, 양보쥔의 설명이 명쾌하다. 옛사람들은 안부를 묻거나 문안을 드릴 때 대부분 선물을 보내어 정성스러운 마음을 나타냈으니, 여기의 '자주 문안하다〔亟問〕'와 '자주 삶은 고기를 주다〔亟餽鼎肉〕'는 한 가지 일인데 구분하여 말한 것이다.

주께서 나를 개와 말처럼 기른 것을 알겠다'라고 하셨으니, 이러고 난 뒤로부터 심부름하는 자들이 고기를 갖다주지 않았다.[37] 어진 자를 좋아하면서도 등용하지 않고 또 봉양하지도 못한다면 어찌 어진 자를 좋아한다고 말할 수 있겠는가?"

[만장이] 말했다.

"감히 여쭙겠습니다만, 한 나라의 군주가 군자를 봉양하고자 할 경우 어떻게 해야 봉양한다고 말할 수 있습니까?"

[맹자께서] 말씀하셨다.

"군주의 명으로 물건을 보내오면[38] [신하는] 두 번 절하고 머리를 조아리며 받게 되니, 그 뒤에는 창고 관리인이 곡식을 보내오며 푸줏간 관리인이 고기를 보내오기는 하나, '군주의 명령으로 가져다

36) 원문의 "계수재배稽首再拜"를 번역한 것으로, 양보쥔은 "머리가 땅에 닿도록 절하는 것을 '계수稽首'라고 하고(拜頭至地謂之稽首), 무릎을 꿇고 두 손을 맞잡는 뒤에 머리를 손까지 숙여 가슴과 평행하게 하는 것을 '배拜'라고 한다(即跪而拱手, 而頭府至于手, 與心平, 謂之拜)"고 했고, "'재배계수再拜稽首'를 '길배吉拜'라고 하는데 예물을 받아들임을 표시하고, '계수재배'를 '흉배凶拜'라고 하는데 여기서는 예물을 거절하는 것을 나타낸다(再拜稽首, 謂之吉拜, 表示接受禮物, 稽首再拜, 謂之凶拜, 此處則表示拒絶禮物)"고 했다. 양보쥔의 주석에서 '예물'이란 '선물'을 의미하나, 맥락상 그대로 살려 번역문에 실었다.

37) 원문의 "대무궤야臺無饋也"를 번역한 것으로, 조기는 "심부름하는 자가 고기를 가져오지 않았으니, 목공이 노여워한 것이다(臺不持餽來, 繆公慍也)"라고 했다. 주희는 "목공이 부끄러워하고 깨달아서 이로부터는 심부름하는 자들에게 고기를 가지고 오는 명령을 다시는 하지 않은 것이다(繆公愧悟, 自此不復令臺來致餽也)"라고 했는데, 정약용은 조기 설에 비중을 두어 주석을 추가로 소개하면서 "참으로 [목공이] 부끄러워하고 깨달았다면, 심부름하는 자가 고기를 가지고 오지도 않고 푸줏간 사람과 창고지기가 [고기와 곡식을] 보내오지도 않는 그런 이치가 있겠는가? 조기의 설이 나은 듯하다(誠若愧悟, 則既不臺饋, 又不庖廩, 有是理乎? 趙說似長)"라고 했다.

38) 원문의 "장將"을 번역한 것으로, 《이아》〈석언釋言〉에 "장은 보내다(將, 送也)"의 뜻이라고 했다.

준다'라고 하지는 않는다. 자사가 생각하시기를 삶은 고기를 보내와, 자신으로 하여금 번거롭게[39] 자주 절하게 한 것이 군자를 봉양하는 예의가 아니라고 여기신 것이다. 요임금은 순임금을 자신의 아들 아홉 명으로 하여금 섬기게 하시고 두 딸을 아내로 삼게 하시고, 백관과 소와 양 및 창고를 갖추어 순임금을 밭 한가운데에서 봉양하게 하시더니, 뒤에 등용하여 윗자리에 올려놓으셨다. 그러므로 '왕공王公이 어진 자를 존중한 것'이라고 말하는 것이다."

萬章曰: "士之不託諸侯, 何也?" 孟子曰: "不敢也. 諸侯失國, 而後託於諸侯, 禮也, 士之託於諸侯, 非禮也." 萬章曰: "君餽之粟, 則受之乎?" 曰: "受之." "受之何義也?" 曰: "君之於氓也, 固周之." 曰: "周之則受, 賜之則不受, 何也?" 曰: "不敢也." 曰: "敢問其不敢何也?" 曰: "抱關擊柝者皆有常職以食於上, 無常職而賜於上者, 以爲不恭也." 曰: "君餽之, 則受之, 不識可常繼乎?" 曰: "繆公之於子思也, 亟問, 亟餽鼎肉. 子思不悅. 於卒也, 摽使者出諸大門之外, 北面稽首再拜而不受, 曰: '今而後知君之犬馬畜伋.' 蓋自是臺無餽也. 悅賢不能擧, 又不能養也, 可謂悅賢乎?" 曰: "敢問國君欲養君子, 如何斯可謂養矣?" 曰: "以君命將之, 再拜稽首而受. 其後廩人繼粟, 庖人繼肉, 不以君命將之. 子思以爲鼎肉使己僕僕爾亟拜也, 非養君子之道也. 堯之於舜也, 使其子九男事之, 二女女焉, 百官牛羊倉廩備, 以養舜於畎畝之中, 後擧而加諸上位. 故曰: '王公之尊賢者也.'"

---

39) 원문의 "복복이僕僕爾"를 번역한 것으로, 조기는 "복복僕僕은 번거롭고 외람된 모양〔僕僕, 煩猥貌〕"이라고 했다.

선비가 군주를 만나는 경우의 수 10.7

만장이 말했다.

"감히 여쭙겠습니다만, 제후를 만나뵙지 않는 것은 무슨 도의입니까?"

맹자께서 말씀하셨다.

"[관직도 없는데] 수도에 있는 자를 '시정市井의 신하'라고 하고, 초야에 있는 자를 '초망草莽의 신하'라고 하는데, 모두 일반 백성(庶人)[40]이라고 한다. 일반 백성이 예물[41]을 올려 신하가 되지 않으면 감히 제후를 만나뵙지 못하는 것이 예의이다."

만장이 말했다.

"일반 백성은 부역에 불려 가면 가서 부역을 하나,[42] 군주가 자신을 만나보고자 하여 부르면 가서 뵙지 않는 것은 무엇 때문입니까?"

[맹자께서] 말씀하셨다.

"가서 부역하는 것은 마땅한 것이지만, 가서 만나뵙는 것은 마땅한 것이 아니기 때문이다. [그런데도] 또 군주가 그를 만나보고자 하는 것은 무엇 때문이겠는가?"

---

40) 원문의 "서인庶人"은 조기에 따르면 "중인衆人"으로, 아직 관직에 나아가지 않은 일반 백성을 말한다.

41) 원문의 "전지傳質"을 번역한 것으로, 양보쥔은 "서민들의 폐백은 집오리(鶩)를 사용했다. 《맹자음의孟子音義》에 '폐백을 가지고 알현을 청할 때 반드시 명을 전하는 자를 통하여 전했기 때문에 전지라고 이르는 것이다'(執贄(同質)請見, 必由將命者傳之, 故謂之傳質)"라고 했다.

42) 원문의 "왕역往役"을 번역한 것으로, 주희는 "가서 부역하는 것은 일반 백성의 직책이고, 가서 만나보지 않는 것은 선비의 예이다(往役者, 庶人之職, 不往見者, 士之禮)"라고 하여 일반 백성과 선비의 예가 다름을 설명했다.

[만장이] 말했다.

"보고 들은 것이 많고 현명하기 때문입니다."

[맹자께서] 말씀하셨다.

"보고 들은 것이 많기 때문이라면 천자도 스승을 부르지 못하는데, 하물며 제후임에랴? 현명하기 때문이라면 [찾아뵈어야 하나] 나는 현자를 만나보고자 하면서 불렀다는 말은 아직 들어보지 못했다. [노나라] 목공이 자사를 자주 뵙고[43] 말하기를 '옛날에 천 대의 수레를 내는 나라의 군주가 선비와 벗했다고 하는데, 어떻습니까?'라고 하자, 자사께서 기뻐하지 않으며 말씀하시기를 '옛사람이 말하기를 「[선비를] 섬겼다고 이를지언정 어찌 벗했다고 이르겠는가?」라고 했습니다'라고 하셨으니, 자사께서 기뻐하지 않은 까닭은 어찌 '지위로는 그대는 군주이고 나는 신하이니 어찌 감히 군주와 벗할 수 있으며, 덕으로는 그대는 나를 섬겨야 할 자이니 어찌 나와 더불어 벗할 수 있겠는가'라고 생각하신 것이 아니겠는가. 천 대의 수레를 내는 군주가 그와 더불어 벗하기를 구해도 할 수 없는데, 하물며 [그를] 부를 수 있겠는가!

제나라 경공이 사냥할 때 사냥터 관리인을 새 깃털이 장식된 깃발로 불렀는데 오지 않아서 그를 죽이려 했었다. [공자께서 칭찬하여] '뜻있는 선비는 도랑이나 골짜기에 버려질 수 있다는 것을 잊지 않고, 용감한 선비는 자신의 머리가 베어질 수 있다는 것을 잊지 않는다'고 하셨으니, 공자께서 어떤 점을 받아들인 것이겠는가? 자신을

43) 원문의 "현어자사見於子思"를 번역한 것으로, "장포가 왕을 뵈니〔暴見於王〕(제2편 〈양혜왕 하〉 1장)"와 "다른 날 왕을 만나 뵙고〔他日, 見於王〕(제2편 〈양혜왕 하〉 1장)" 등 여러 구의 어법에서 예시되었다.

부르는 방법이 아니므로 가지 않은 점을 받아들인 것이다."

[만장이] 말했다.

"감히 여쭙겠습니다만, 동산 관리인을 부를 때는 무엇으로 불러야 합니까?"

[맹자께서] 말씀하셨다.

"가죽 모자[44]로 한다. 일반 백성은 붉은 깃발[45]로, 선비는 용 무늬가 있는 깃발[46]로, 대부는 깃털 달린 깃발로 한다.[47] 대부를 부르는 방법으로 동산 관리인을 불렀는데 동산 관리인은 죽어도 감히 가지 못한 것이니, 선비를 부르는 방법으로 일반 백성을 부른다면 일반 백성이 어찌 감히 갈 수 있겠는가? 하물며 현명하지 못한 사람을 부르는 방법으로 현명한 사람을 부름에 있어서랴? 현명한 사람을 만나보고자 하면서 그 도리로써 하지 않으면, 마치 들어오라고 하면서 문을 닫는 것과 같다. 의義란 [사람이 걸어가야 할] 길이고, 예禮

44) 원문의 "피관皮冠"을 번역한 것으로, '피관'은 두예杜預의 주에 "사냥할 때 쓰는 관(田獵之冠也)"이라고 한다. 주병중周柄中의 《맹자변정孟子辨正》에 "피관은 예관 위에 덮어서 쓰는 것으로, 사냥할 때 먼지를 막고 또한 비와 눈을 막는다. 초나라 영왕이 주래에서 사냥을 하면서 피관을 벗고 자혁과 함께 이야기를 함에 반드시 맨머리는 아니었으니, 피관을 벗더라도 여전히 예관이 있었음을 알 수 있다(皮冠蓋加于禮冠之上, 田獵則以禦塵, 亦以禦雨雪. 楚靈狩於州來, 去皮冠而與子革語, 必非科頭也, 可見去皮冠而仍有禮冠矣)"라고 한 기록에서도 알 수 있다.

45) 원문의 "전旃"을 번역한 것으로, 《설문해자》에 "굽은 자루를 가진 기로, 사졸 무리를 표시한다. 《주례》에 '통비단으로 전을 만든다'고 했다(旗曲柄也, 所以表士衆. 周禮曰: '通帛爲旃')"고 했다.

46) 원문의 "기旂"를 번역한 것으로, 용 두 마리를 그린 것을 '기'라 한다. 《설문해자》에 "기에 여러 방울이 있으므로 무리를 지휘하는 것이다(旗有衆鈴, 以令衆也)"라고 했다.

47) 원문의 "정旌"을 번역한 것으로, 주희는 "깃털을 쪼개서 깃대의 머리에 끼운 것을 '정'이라고 한다(析羽而注於旂干之首曰旌)"고 했다.

는 문이니, 오직 군자만이 능히 그 길을 따르고 그 문으로 드나드는 것이다. 《시경》에 이르기를 '주나라의 길(큰길)은 숫돌과 같고, 그 곧기가 화살과 같아 군자가 밟고 가는 바이고, 소인이 우러러보는 바이네'라고 했다."

만장이 말했다.

"공자께서는 군주가 명하여 부르면 말에 멍에 얹기를 기다리지 않고 가셨다고 하는데, 그렇다면 공자께서 잘못하신 것입니까?"

[맹자께서] 말씀하셨다.

"공자께서는 벼슬하여 관직에 계셨는데 [군주가] 그 관직으로서 불렀기 때문이다."

萬章曰: "敢問不見諸侯, 何義也?" 孟子曰: "在國曰市井之臣, 在野曰草莽之臣, 皆謂庶人. 庶人不傳質爲臣, 不敢見於諸侯, 禮也." 萬章曰: "庶人, 召之役, 則往役, 君欲見之, 召之, 則不往見之, 何也?" 曰: "往役, 義也, 往見, 不義也. 且君之欲見之也, 何爲也哉?" 曰: "爲其多聞也, 爲其賢也." 曰: "爲其多聞也, 則天子不召師, 而況諸侯乎? 爲其賢也, 則吾未聞欲見賢而召之也. 繆公亟見於子思, 曰: '古千乘之國以友士, 何如?' 子思不悅, 曰: '古之人有言曰: 「事之云乎, 豈曰友之云乎?」' 子思之不悅也, 豈不曰: '以位, 則子, 君也, 我, 臣也, 何敢與君友也, 以德, 則子事我者也, 奚可以與我友?' 千乘之君求與之友而不可得也, 而況可召與! 齊景公田, 招虞人以旌, 不至, 將殺之. '志士不忘在溝壑, 勇士不忘喪其元.' 孔子奚取焉? 取非其招不往也." 曰: "敢問招虞人何以?" 曰: "以皮冠, 庶人以旃, 士以旂, 大夫以旌. 以大夫之招招虞人, 虞人死不敢往, 以士之招招庶人, 庶人豈敢往哉? 況乎以不賢人之招招賢人乎? 欲見賢人而不以其道, 猶欲其入而閉之門也. 夫義, 路也, 禮, 門也. 惟君子能由是路, 出入是門也. 詩云, '周道如底, 其直如矢, 君子所履, 小人所視.'" 萬章曰: "孔子, 君命召, 不俟駕而行, 然則孔子非與?" 曰: "孔子當仕有官職, 而以其官召之也."

선한 선비와 벗하라 10.8

맹자께서 만장에게 말씀하셨다.

"한 마을의 선한 선비라야 한 마을의 선한 선비와 벗할 수 있고, 한 나라의 선한 선비라야 한 나라의 선한 선비와 벗할 수 있으며, 천하의 선한 선비라야 천하의 선한 선비와 벗할 수 있다. 천하의 선한 선비와 벗하는 것을 만족스럽지 못하게 여겨 또다시 위로 올라가서 옛사람을 논하니, 그의 시를 외우고 그의 글을 읽으면서도 그의 인물됨을 알지 못한다면 되겠는가? 이 때문에 그의 시대를 논하는 것이니,[48] 이는 위로 올라가 [옛사람을] 벗하는 것이다."

48) 원문의 "논기세야論其世也"를 번역한 것으로, 조기는 "그 글을 읽는 자가 오히려 고인의 위아래를 알지 못함을 두려워했기 때문에 그 시대를 논하여 구별한 것이다. 삼황 시대의 인물이 위가 되고, 오제 시대의 인물이 다음이 되고, 삼왕 시대의 인물이 아래가 된다(讀其書者, 猶恐未知古人高下, 故論其世以別之也. 在三皇之世爲上, 在五帝之世爲次, 在三王之世爲下)"라고 했고, 주희는 "그 당대의 행실과 일의 자취를 논하는 것(論其當世行事之迹)"이라고 했다.

孟子謂萬章曰: “一鄕之善士斯友一鄕之善士, 一國之善士斯友一國之善士, 天下之善士斯友天下之善士. 以友天下之善士爲未足, 又尙論古之人. 頌其詩, 讀其書, 不知其人, 可乎? 是以論其世也. 是尙友也.”

귀한 친척의 경과 다른 성씨의 경, 그 차이 10.9

제나라 선왕이 경卿에 대해 묻자, 맹자께서 말씀하셨다.

“왕은 어떤 경을 물으시는 겁니까?”

왕이 말씀하였다.

“경이란 똑같지 않습니까?”

[맹자께서] 말씀하셨다.

“똑같지 않습니다. [군주와] 귀한 친척의 경[49]이 있고, 다른 성씨의 경이 있습니다.”

왕이 말씀하였다.

“청컨대 귀한 친척의 경에 대해 묻겠습니다.”

[맹자께서] 말씀하셨다.

“군주가 큰 허물이 있으면 간언하고, [간언을] 되풀이해도 듣지 않으면 [군주의] 자리를 바꿉니다.”

왕이 발끈하여 안색이 변했다.

[맹자께서] 말씀하셨다.

“왕께서는 이상하게 생각하지 마십시오. 왕께서 신에게 물으셨기

49) 원문의 “귀척지경貴戚之卿”에 대하여 조기는 “내외의 친척을 말함이다(謂內外親戚也)”라고 했는데 이 설은 고려할 가치가 있다. 《맹자》의 이 문장은 ‘귀척지경’과 ‘이성지경’을 대비하고 있으니, ‘귀척’은 동성임을 알 수 있다.

에 신이 감히 바른대로 대답하지 않을 수 없었습니다.[50)]"

왕은 안색이 안정되고, 그런 다음에 다른 성씨의 경에 대해 물었다.

[맹자께서] 말씀하셨다.

"군주가 허물이 있으면 간언하고, [간언을] 되풀이해도 듣지 않으면 떠나버립니다."[51)]

齊宣王問卿. 孟子曰: "王何卿之問也?" 王曰: "卿不同乎?" 曰: "不同, 有貴戚之卿, 有異姓之卿." 王曰: "請問貴戚之卿." 曰: "君有大過則諫, 反覆之而不聽, 則易位." 王勃然變乎色. 曰: "王勿異也. 王問臣, 臣不敢不以正對." 王色定, 然後請問異姓之卿. 曰: "君有過則諫, 反覆之而不聽, 則去."

50) 원문의 "불감불이정대不敢不以正對"를 번역한 것으로, 양보쥔은 "《논어》〈술이述而〉 7.33에 "[그 점이] 바로 [저희] 제자들로서는 배울 수 없는 것입니다〔正唯弟子不能學也〕"에 대한 정현의 주석에 "노나라에서는 '정正'을 '성誠'으로 읽는다〔魯讀正爲誠〕고 했으니, 여기의 '정'도 '성'으로 읽어야 한다"라고 했다.

51) 부연하자면, 은나라 말기에 세 명의 어진 자로 비간·기자·미자가 있는데,《논어》〈미자〉 18.1에서 "미자는 떠나갔고, 기자는 노비가 되었으며, 비간은 간언하다가 죽었다. 공자께서 말씀하셨다. '은나라에는 세 명의 인한 사람이 있었다'〔微子去之, 箕子爲之奴, 比干諫而死. 孔子曰: '殷有三仁焉'〕"라고 나온다.

제11편

고자 상

告子上

【해설】

이 편은 모두 20장으로 구성되어 있다. 이 편에서 맹자는 고자告子와 인성 문제를 논하면서 기본적으로 인간은 선한 마음을 지니고 있다고 보았다. 맹자는 성선설을 주장하고, 고자는 성무선무악설性無善無惡說, 즉 선과 불선의 구분이 없다는 논리를 펼치고 있다. 고자는 인과 의의 도덕적 행위가 후천적인 것이지, 맹자의 주장대로 선천적인 것으로 보이지 않는다는 입장을 고수하고 있으니, 이렇게 주장한 고자와 물이 아래로 흐르듯 인성은 선한 쪽으로 흐른다는 맹자의 주장이 첨예하게 대립하여 논설체로 전개된다. 이런 사유는 인본주의의 발단이 되며, 맹자가 인정과 덕정을 주창하는 기본 틀이기도 하다.

초반 1장에서 3장까지 고자는 인간의 생리적 본능이 본성이라는 입장을 견지하고, 4장에서도 이런 입장은 반복된다. 고자의 논점은 사람과 개와 소의 본성이 같다는 것이고, 맹자의 입장은 사람의 본성이 소나 개의 본성과 구분되는 사람만의 것이라는 취지 아래 자신의 논지를 다양한 비유와 유추의 수사 기교를 활용하여 펴나간다.

맹자는 선한 성품을 타고난 인간이 어떤 자세로 임해야 자신의 본성을 잃지 않고 살아가는가 하는 문제를 일깨워주는 입장인데, 이런 논지는 4장에 이어 5장에서 의義의 외재성 혹은 내재성의 문제로 공도자와 맹계자가 나눈 문답에 대한 맹자의 반응에서도 드러난다. 6장에는 인의예지仁義禮智가 성선의 기본 토대가 된다는 논지를 펼치고 있는데, 이것이 맹자가 이미 주장한 바 있는 사단의 개념과 긴밀한 상관관계를 갖고 있다. 7장과 8장은 앞의 6장을 아우르는 편으로, 인간의 선한 본성의 보편성을 강조하면서 사람의 본성이 선하다는 입장을 요약하여 설명하고 있다.

학문이란 잃어버린 마음을 찾아가는 과정이라는 11장의 논지도 흥미롭고, 나무를 가꿀 생각을 하지 말고 너 자신을 가꾸라는 충고가 담긴 13장은 촌철살인의 면모를 보여준다. 14장과 15장은 대인과 소인의 입장 차이를 몸의 귀한 부분과 하찮은 부분, 중요한 부분과 사소한 부분으로 구분하여 비유적으로 설명하고 있다. 16장은 하늘이 내린 벼슬과 사람이 주는 벼슬의 근본 차이를 설명하고 있으며, 마지막 20장에서 맹자는 활의 고수와 목공의 고수를 비교함으로써 항상 인을 배우는 데 법도에 따라야 함을 강조하고 있다.

사람의 본성은 갯버들 같다 11.1

고자[1]가 말했다.

"본성[2]은 갯버들[3]과 같고 의義는 그릇[4]과 같으므로, 사람의 본성을 가지고 인과 의를 행하는 것은 갯버들을 가지고 그릇을 만드는 것과 같다."

맹자께서 말씀하셨다.

"그대는 갯버들의 본성에 순응하여 그릇을 만든다고 생각하는가? [아니면] 갯버들을 훼손하고 난 뒤에 그릇을 만든다고 생각하는가? 만일 갯버들을 훼손하고서 그릇을 만든다면 또한 사람을 해쳐

1) 고자와 맹자의 관계에 관해 조기가 주석한 것은 신빙성의 문제가 제기되어왔다. 조기는 "일찍이 맹자에게 배웠다(嘗學於孟子)"라고 했고, 이에 대해 정약용은 "조기가 고자에 대해 '맹자에게 배웠다'라고 하고, 호생에 대해서는 '제나라 사람이다'라고만 하여 분명히 두 사람을 만들었으니, 고자의 이름을 불해라고 하는 것은 혹 다른 근거가 있을 것 같다. 반드시 호생이기 때문에 이름을 불해라고 한 것은 아니다(趙氏於告子則曰'學於孟子', 於浩生則曰'齊人'而已, 明作二人, 則告子名不害, 或有他據. 不必以浩生之故, 名曰不害也)(이지형 역, 《맹자요의》)"라고 고증했다. 정약용이 말하는 《묵자》의 근거는 《문선文選》의 주에서 《묵자》를 인용한 말에 "승은 고자의 이름이라고 한다(勝爲告子之名)"라고 한 대목을 말한 것이다.

2) 원문의 "성性"을 번역한 것으로, 주희는 "'성'은 사람이 태어나서 받은 하늘의 이치다(性者, 人生所稟之天理也)"라고 했다.

3) 원문의 "기류杞柳"를 번역한 것으로, 주희는 《주자어류》에서 "기류는 다만 지금의 상자를 만드는 버들인데, 북방 사람들은 이것으로 화살을 만들고 유전이라 이르니, 바로 갯버들이다(杞柳, 只是而今做合箱底柳, 北人以此爲箭謂之柳箭, 即蒲柳也)"라고 했다. 그래서 '갯버들'로 번역한다.

4) 원문의 "배권桮棬"을 번역한 것으로, 주희는 "나무를 구부려 만든 것이며, 치巵와 이匜의 등속과 같다(屈木所爲, 若巵匜之屬)"라고 했다. 《예기》 〈옥조〉에 "어머니가 돌아가신 후에 [어머니가 쓰시던] 잔으로는 [술이나 물을] 마시지 않는다(母沒而杯圈不能飲焉)"라고 했는데, 여기서 '배권杯圈'은 '배권桮棬'과 같은 글자로, 국을 담거나 술을 따르거나 세수를 하는 데 쓰는 그릇의 통칭이다.

서 인과 의를 행한다는 것인가? 천하 사람을 이끌어 인과 의를 해치게 하는 것은 반드시 그대의 [이런] 언변일 것인저!"

告子曰: "性猶杞柳也, 義猶桮棬也, 以人性爲仁義, 猶以杞柳爲桮棬." 孟子曰: "子能順杞柳之性而以爲桮棬乎? 將戕賊杞柳而後以爲桮棬也? 如將戕賊杞柳而以爲桮棬, 則亦將戕賊人以爲仁義與? 率天下之人而禍仁義者, 必子之言夫!"

사람의 본성의 선함은 물이 아래로 내려가는 것 11.2

고자가 말했다.

"본성은 소용돌이치는 물[5]과 같아서 동쪽으로 터놓으면 동쪽으로 흐르고 서쪽으로 터놓으면 서쪽으로 흐르니, 사람의 본성이 선함과 선하지 않음에 분별이 없는 것은 마치 물이 동쪽과 서쪽의 분별이 없는 것과 같다."

맹자께서 말씀하셨다.

"물은 분명 동쪽과 서쪽의 분별이 없지만 위와 아래의 분별도 없는가? 사람의 본성이 선한 것은 마치 물이 아래로 내려가는 것과 같으니, 사람은 선하지 않은 사람이 없고 물은 아래로 내려가지 않는 것이 없다. 이제 물을 쳐서 튀어 오르게 하면 이마를 넘어갈 수

5) 원문의 "단수湍水"를 번역한 것으로, 《설문해자》에 "'단湍'은 여울이다〔湍, 急瀨也〕"라고 했다. 양보쥔은 그 근거로 조기가 "'단'은 둥글다는 뜻인데, 둥글게 한자리에서 빙빙 도는 물을 말한다〔湍者, 圜也. 謂湍湍瀠水〕"라고 했는데 이 또한 통한다고 보았다. 역자는 "물결이 휘돌아 치는 모양〔波流瀠回之貌〕"이라고 풀이한 주희의 설을 취하여 번역했다.

도 있고,[6] 물을 막아서 거슬러 흘러가게 하면 산 위에 있게 할 수도 있으나 이것이 어떻게 물의 본성인가? 그 형세[7]가 그렇게 만든 것이니, 사람을 선하지 않게 하는 것도 그 본성은 또한 이것과 같은 것이다."

告子曰: "性猶湍水也, 決諸東方則東流, 決諸西方則西流. 人性之無分於善不善也, 猶水之無分於東西也." 孟子曰: "水信無分於東西, 無分於上下乎? 人性之善也, 猶水之就下也. 人無有不善, 水無有不下. 今夫水, 搏而躍之, 可使過顙, 激而行之, 可使在山. 是豈水之性哉? 其勢則然也. 人之可使爲不善, 其性亦猶是也."

개와 소의 본성은 사람과 다르다 11.3

고자가 말했다.
"타고난 것을 본성(性)이라고 일컫는다."[8]

---

6) 원문의 "박이약지搏而躍之, 가사과상可使過顙"을 번역한 것으로, 정약용은 "물이 이마를 넘어가는 것은 절박하여 어쩔 수 없는 것 아니겠는가? 맹자의 '박약'에 대한 설명은 터럭만큼도 사실과 어긋나지 않는다(水之過顙, 非迫不得已乎? 孟子搏躍之說, 毫不爽實)(이지형 역,《맹자요의》)"라고 했다.

7) 원문의 "세勢"를 번역한 것으로, 물리적인 상황이나 환경으로 인한 힘의 형성이라는 의미가 내재되어 있다. 참고로《손자병법》〈세勢〉 편을 보면 "거센 물살이 빠르게 흘러가 바위를 떠내려가게 하는 것은 '기세(勢)' 때문이다(激水之疾, 至於漂石者, 勢也)"라는 문장이 나오는데, 한번 비교해서 읽어볼 필요가 있다.

8) 원문의 "생지위성生之謂性"을 번역한 것으로, 주희는《주자대전》에서 "타고난 것을 일러 '기'라고 하고, 타고나게 한 '리'를 일러 '성'이라고 한다(生之謂氣, 生之理之謂性)"라고 했다.《순자》〈정명正名〉에서는 "사람이 태어나면서 저절로 그러한 바를 '성'이라 한다(生之所以然者謂之性)"라고 했다.

맹자께서 말씀하셨다.

“타고난 것을 본성이라고 일컫는 것은 흰 것을 흰색이라고 일컫는 것과 같은가?”

[고자가] 말했다.

“그렇다.”

[맹자께서 말씀하셨다.]

“[그렇다면] 흰 깃털의 흰색이 흰 눈의 흰색과 같으며, 흰 눈의 흰색이 흰 옥의 흰색과 같은가?”

[고자가] 말했다.

“그렇다.”

[맹자께서 말씀하셨다.]

“그렇다면 개의 본성이 소의 본성과 같으며, 소의 본성이 사람의 본성[9]과 같은가?”

告子曰: “生之謂性.” 孟子曰: “生之謂性也, 猶白之謂白與?” 曰: “然.” “白羽之白也, 猶白雪之白, 白雪之白猶白玉之白與?” 曰: “然.” “然則犬之性猶牛之性, 牛之性猶人之性與?”

9) 이 문장의 “본성”에 대한 논의에서 주희는 “고자는 ‘성’이 ‘리’라는 것을 알지 못하고 이른바 ‘기’라는 것이 ‘성’에 해당한다고 보았다〔告子不知性之爲理, 而以所謂氣者當之〕”라고 했고, 정약용은 “대개 사람의 성은 도의와 기질 두 가지를 합하여 하나의 성이 된 것이고, 금수의 성은 순수히 기질의 성일 뿐이다〔蓋人性者, 合道義氣質二者而爲一性者也, 禽獸性者, 純是氣質之性而已〕(이지형 역, 《맹자요의》)”라는 견해를 내놓았다.

의는 밖에 있는 것인가 11.4

고자가 말했다.

"음식을 먹고 여색을 좋아하는 것은 본성으로,[10] 인仁은 안에 있는 것이지 밖에 있는 것이 아니고, 의義는 밖에 있는 것이지 안에 있는 것이 아니다."[11]

맹자께서 말씀하셨다.

"무엇으로 인은 안에 있고 의는 밖에 있다고 말하는가?"

[고자가] 말했다.

"저 사람이 어른이기에 내가 그를 어른으로 대우하는 것이다. 나에게 어른으로 [대우하는 존경심이] 있는 것은 아니니, 저것이 흰색이기에 내가 그것을 흰색이라고 여겨 그 밖의 [드러난] 흰색을 따르는 것과 같다. 그러므로 이것을 밖에 있다고 말하는 것이다."

[맹자께서] 말씀하셨다.

"백마의 흰색이 백인의 흰색과 다를 것이 없으나, 알지 못하겠지만 나이 많은 말이 나이 많은 것이 나이 많은 사람의 나이 많은 것과 다를 것이 없다는 말인가? 게다가 장자長者를 의라고 여기는가,

10) 원문의 "식색食色, 성야性也"를 번역한 것으로,《예기》〈예운禮運〉 편에 "먹고 마시는 것과 남녀가 좋아하는 것에는 사람의 큰 욕망이 존재하는 것이다(飮食男女, 人之大欲存焉)"라고 한 문장을 염두에 두고 읽어야 한다.

11) 이 구절에 대한 주희의 주석이 참조할 만하다. "고자는 인간의 지각과 운동을 본성이라고 여겼기 때문에 사람이 달게 먹고 색을 좋아하는 것이 곧 그 본성이라고 말한 것이다. 그러므로 인애의 마음은 안에서 생기고 사물의 마땅함은 밖에서 말미암는 것이니, 배우는 자는 단지 마땅히 인에 힘쓰고 반드시 의에 들어맞을 필요는 없다(告子以人之知覺運動者爲性. 故言人之甘食悅色者卽其性. 故仁愛之心生於內, 而事物之宜由乎外, 學者但當用力於仁, 而不必求合於義也)."

그를 장자 대우하는 것을 의라고 여기는가?"

[고자가] 말했다.

"내 동생이면 그를 사랑하고 진秦나라 사람의 동생이면 사랑하지 않는데, 이는 내 마음을 기쁨으로 삼기 때문이다. 그러므로 [인이] 안에 있다고 하는 것이다. 초나라 사람의 어른을 어른으로 대우하며 또한 내 어른을 어른으로 대우하는데, 이는 어른을 기쁨으로 삼는 것이다. 그러므로 [의가] 밖에 있다고 말하는 것이다."

[맹자께서] 말씀하셨다.

"진秦나라 사람이 구운 고기를 좋아하는 것이 내가 구운 고기를 좋아하는 것과 다른 점이 없으니, 사물의 이치 또한 그러한 점이 있다. 그렇다면 구운 고기를 좋아하는 것도 밖에 있다는 것인가?"

告子曰: "食色, 性也. 仁, 內也, 非外也, 義, 外也, 非內也." 孟子曰: "何以謂仁內義外也?" 曰: "彼長而我長之, 非有長於我也, 猶彼白而我白之, 從其白於外也. 故謂之外也." 曰: "異於[12]白馬之白也, 無以異於白人之白也, 不識長馬之長也, 無以異於長人之長與? 且謂長者義乎, 長之者義乎?" 曰: "吾弟則愛之, 秦人之弟則不愛也, 是以我爲悅者也. 故謂之內, 長楚人之長, 亦長吾之長, 是以長爲悅者也. 故謂之外也." 曰: "耆秦人之炙, 無以異於耆吾炙, 夫物則亦有然者也. 然則耆炙亦有外歟?"

12) "이어異於" 두 글자에 대해 주희는 "장씨가 말하길 '위의 「이어」 두 글자는 마땅히 빠져야 한다'〔張氏曰: '上異於二字, 宜衍'〕"라고 한 말을 인용했고, 이 견해에 양보쥔도 동조했다.

의는 안에 있는 것인가 11.5

맹계자가 공도자[13]에게 물었다.

"무엇으로 의義가 안에 있다고 말하는가?"

[공도자가] 말했다.

"내가 공경하는 마음을 실행하기 때문에 안에 있다고 말하는 것이다."

[맹계자가 말했다.]

"마을 사람이 [당신의] 맏형보다 한 살 더 많으면 누구를 공경하겠는가?"

[공도자가] 말했다.

"형을 공경할 것이다."

[맹계자가 말했다.]

"술을 따른다면 누구에게 먼저 따르겠는가?"

[공도자가] 대답했다.

"마을 사람에게 먼저 따를 것이다."

[맹계자가 말했다.]

"[그렇다면] 공경하는 것은 여기(맏형)에 있고 어른으로 대우하는 것은 저기(마을 사람)에 있으니, 과연 의는 밖에 있는 것이지 안에서 말미암는 것이 아니다."

공도자가 대답하지 못하고는 맹자께 [이런 일을] 아뢰자 맹자께서

---

13) 맹자의 제자로 알려진 인물인데, 그의 행적에 관한 기록이 거의 없다.

말씀하셨다.

"'[그대가 맹계자에게] 작은 아버지를 공경하는가? 동생을 공경하는가?'라고 물으면 그자가 대답하기를 '작은 아버지를 공경한다'고 할 것이다. '동생이 시동尸童[14)]이라면 누구를 공경하겠는가'라고 물으면 그자가 대답하기를 '동생을 공경한다'고 할 것이다. 그대가 말하기를 '작은 아버지를 공경한다던 말은 어디에 있는가?'라고 하고 그자가 대답하기를 '[동생이 시동] 자리에 있기 때문이다'라고 하면 그대 역시 말하기를 '[마을 사람이 손님의] 자리에 있기 때문이다'라고 하거라. 보통 때 공경하는 마음은 형에게 있고 잠깐 공경하는 마음은 마을 사람에게 있는 것이다."

맹계자가 이 말을 듣고 말했다.

"작은 아버지를 공경하게 될 경우에는 작은 아버지를 공경하고 동생을 공경하게 될 경우에는 동생을 공경하니, [의는] 과연 밖에 있지, 안에서 말미암는 것이 아니다."

공도자가 말했다.

"겨울에는 뜨거운 물을 마시고 여름에는 찬물을 마시는데, 그렇다면 마시고 먹는 것도 밖에 있다는 말인가?"

孟季子問公都子曰: "何以謂義內也?" 曰: "行吾敬, 故謂之內也." "鄕人長於伯兄一歲, 則誰敬?" 曰: "敬兄." "酌則誰先?" 曰: "先酌鄕人." "所敬在此, 所長在彼, 果在外, 非由內也." 公都子不能答, 以告孟子.

14) '시동尸童'이란 제사 지낼 때 죽은 조상의 상징처럼 신위에 세우는 어린아이를 비유한다. 고대에는 제사를 지낼 때 위패나 신주를 사용하지 않았으며 초상화도 없었다. 여기서 '시尸'는 주인이라는 의미다.

孟子曰: "'敬叔父乎? 敬弟乎?' 彼將曰: '敬叔父.' 曰: '弟爲尸, 則誰敬?' 彼將曰: '敬弟.' 子曰: '惡在其敬叔父也?' 彼將曰: '在位故也.' 子亦曰: '在位故也.' 庸敬在兄, 斯須之敬在鄕人." 季子聞之, 曰: "敬叔父則敬, 敬弟則敬, 果在外, 非由內也." 公都子曰: "冬日則飮湯, 夏日則飮水, 然則飮食亦在外也?"

본성은 선한 것도 없고 선하지 않은 것도 없다? 11.6

공도자가 여쭈었다.

"고자가 말하기를 '본성은 선한 것도 없고 선하지 않은 것도 없다'라고 하고, 어떤 이는 말하기를 '본성은 선할 수도 있고 선하지 않을 수도 있다. 그러므로 문왕과 무왕이 일어나면 백성이 선을 좋아하고, 유왕과 여왕이 일어나면 백성이 포악함을 좋아한다'라고 합니다. 어떤 이는 말하기를 '본성이 선한 자도 있고 본성이 선하지 않은 자도 있다. 그러므로 요임금이 군주였는데도 상象이 있었고, 고수가 아버지였는데도 순임금이 있었으며, 주왕이 조카이면서 군주였는데도 [어진 신하들인] 미자 계啓와 왕자 비간[15]이 있었다'라고 하는데, 지금 [선생님께서] '본성이 선하다'라고 말씀하시니, 그렇다면 저들이 다 그르다는 겁니까?"

맹자께서 말씀하셨다.

"그 [본성에서 비롯된] 감정(情)으로 말하면 선하다고 할 수 있으니,

15) 비간은 은나라 마지막 왕인 주왕의 숙부로, 비比의 제후로 봉해졌기 때문에 비간이라고 불렸다. 그는 무도한 주왕의 음란한 행위가 그치지 않자 이에 간언하다가 성인의 심장에는 구멍이 일곱 개가 있다는 말을 들었다는 주왕에 의해 살해되어 심장이 꺼내졌다.

이것을 선하다고 말한 것이다. 선하지 않은 것은 [타고난] 재능[16)]의 잘못이 아니다. 측은하게 여기는 마음〔惻隱之心〕을 사람이라면 모두 가지고 있고, 부끄럽게 여기는 마음〔羞惡之心〕을 사람이라면 모두 가지고 있으며, 공경하는 마음〔恭敬之心〕을 사람이라면 모두 가지고 있고, 옳고 그름을 따지는 마음〔是非之心〕을 사람이라면 모두 가지고 있으니, 측은하게 여기는 마음은 인仁이고, 부끄럽게 여기는 마음은 의義이며, 공경하는 마음은 예禮이고, 옳고 그름을 따지는 마음은 지智이니, 인仁·의義·예禮·지智가 밖에서 말미암아 나에게 녹아 들어오는[17)] 것이 아니고, 내가 원래부터 가지고 있었지만 [미처] 생각하지 않았을 뿐이다. 그러므로 말하기를 '구하면 얻고 놔버리면 잃게 된다'고 한 것이다. 더러는 [선한 것과 선하지 않은 것의] 차이가 서로 배가 되고 다섯 배가 되어 헤아릴 수 없게 되는 것이 그 [타고난] 재질을 다하지 못했기 때문이다.

《시경》[18)]에 말하기를 '하늘이 뭇 백성을 낼 때 사물이 있으면 법칙

16) 원문의 "재才"를 번역한 것으로, 《설문해자》에 "'재'는 초목이 처음 나오는 모습이다〔才, 艸木之初也〕"라고 기록되어 있다.

17) 원문의 "삭鑠"을 번역한 것으로, 주준성朱駿聲의 《설문통훈정성보유說文通訓定聲補遺》에 "'삭'은 또 '본받을 효效' 자와 같은 의미다. 《맹자》에서 '외부의 사람이 나에게 줄 수 있는 것이 아니다'라고 한 것에서는 생각건대 '주다'의 의미를 지닌 '수授' 자로 쓰였다〔鑠又爲效. 孟子非由外鑠我也, 按授也〕"라고 했다. 역자는 '녹아 들어오는'이라고 번역했다.

18) 이 시는 《시경》 〈대아·증민〉이다. 원문의 "천생증민天生蒸民, 유물유칙有物有則. 민지병이民之秉夷, 호시의덕好是懿德"에서 "증蒸"에 대해 주희는 "'증蒸'은 《시경》에는 '증烝' 자로 쓰여 있으니, '많다'는 뜻이다〔蒸詩作烝, 衆也〕"라고 했다. 한편 《모전》에서는 "'증'은 '많음〔衆〕'과 같고, '물'은 '일〔事〕'이라는 뜻이며, '칙'은 본받는다는 의미이고, '이'는 일정하다는 의미이며, '의'는 아름답다는 뜻이다〔蒸, 衆. 物, 事. 則, 法. 彛(夷), 常. 懿, 美〕"라고 했고, 정현은 "'병'은 잡다〔秉, 執也〕"라는 뜻이라고 했다.

도 있네. 백성이 마음에 떳떳한 본성을 지녀 아름다운 덕을 좋아하네'라고 했는데, 공자께서 말씀하시기를 '이 시를 지은 자는 도를 아는구나! 그러므로 사물이 있으면 반드시 법칙이 있으니, 백성이 떳떳한 본성을 지니므로 이러한 훌륭한 덕을 좋아한다'[19]라고 하셨다."

公都子曰: "告子曰: '性無善無不善也.' 或曰: '性可以爲善, 可以爲不善. 是故文武興, 則民好善, 幽厲興, 則民好暴.' 或曰: '有性善, 有性不善. 是故以堯爲君而有象, 以瞽瞍爲父而有舜, 以紂爲兄之子, 且以爲君, 而有微子啓王子比干.' 今曰'性善', 然則彼皆非與?" 孟子曰: "乃若其情, 則可以爲善矣, 乃所謂善也. 若夫爲不善, 非才其罪也. 惻隱之心, 人皆有之, 羞惡之心, 人皆有之, 恭敬之心, 人皆有之, 是非之心, 人皆有之. 惻隱之心, 仁也, 羞惡之心, 義也, 恭敬之心, 禮也, 是非之心, 智也. 仁義禮智, 非由外鑠我也, 我固有之也, 弗思耳矣. 故曰: '求則得之, 舍則失之.' 或相倍蓰而無算者, 不能盡其才者也. 詩曰: '天生蒸民, 有物有則. 民之秉夷, 好是懿德.' 孔子曰: '爲此詩者, 其知道乎! 故有物必有則, 民之秉彝也, 故好是懿德'"

천하 사람은 다 똑같은 본성을 갖고 있는 법 11.7

맹자께서 말씀하셨다.

"풍년[20]에는 젊은이들이 게으름[21]이 많아지고 흉년에는 젊은이

19) 이 구절에 대해 주희는 "사람의 감정은 이 아름다운 덕을 좋아하지 않음이 없다〔人之情, 無不好此懿德〕"라고 했고, 정약용은 "시인과 공자가 본성을 논할 때에 오로지 좋아함과 싫어함을 주로 말했는데, 여기서 징험할 수 있다〔詩人孔子論性, 專主好惡而言, 於此可驗〕"라고 했다.

들이 난폭함이 많아지니, 타고난 재주가 다른 것이 아니라 그 마음을 빠져들게 해서 그런 것이다.[22]

지금 보리의 씨앗을 뿌리고 그것을 덮어주는데,[23] 그 땅이 같고 심는 때가 같으면 우뚝 솟아나듯 싹터서 하지[24] 때에 이르러서는 모두 영글게 된다. 비록 같지 않은 것이 있다면, 이것은 땅에는 기름지고 척박함[25]이 있으며 비와 이슬의 길러줌과 사람이 가꾸는 일이 같지 않은 것이다. 그러므로 무릇 같은 부류는 대부분 서로 비슷하니, 어째서 유독 사람에게만 [본성이 다르다고] 의심하겠는가? 성인도 나와 같은 부류의 사람이다.

그러므로 용자龍子가 말하기를 '발의 크기를 모르고 신발을 만들

---

20) 원문의 "부세富歲"를 번역한 것으로, '풍년'이라고 풀이한 주희를 따라 번역했다.

21) 원문의 "뢰賴" 자를 번역한 것으로, 조기는 "선한 것〔善〕"이라고 했다. 주희는 "'뢰'는 의뢰하는 것이다〔賴, 藉也〕"라고 했다. 한편 양보쥔은 완원阮元이 "'풍년에는 젊은이들이 대부분 게으르다'에서의 '뢰' 자는 '란嬾' 자이다(지금의 '라懶' 자로 쓰인다)〔富歲子弟多賴, 賴卽嬾(今作懶)〕"라고 한 것에 동조하여 '게으르다〔懶〕'와 같다고 보았다.

22) 이 구절에 대해 주희는 "풍년에는 옷과 먹을 것이 풍요롭고 넉넉하므로 게으름에 의지하여 선한 일을 행하고, 흉년에는 옷과 먹을 것이 부족하므로 그 마음을 빠뜨리게 하는 것이 있어서 포악한 일을 행하는 것이다〔豊年衣食饒足, 故有所賴藉而爲善, 凶年衣食不足, 故有以陷溺其心而爲暴〕"라고 풀이했다.

23) 원문의 "우耰"를 번역한 것으로, 《설문해자》에는 "'우櫌'라고 쓰고, 밭을 가는 기구이다〔作櫌, 云摩田器也〕"라고 했다. 이렇게 보면 원래는 기물의 이름이었으나, 후에는 동사로 사용되어 밭을 간다는 의미로 확장된 것으로 보인다.

24) 원문의 "일지日至"를 번역한 것으로, 옛날에는 간혹 '장지長至' 또는 '일남지日南至'라고도 했다. '일지'는 성백효에 의하면 동지와 하지를 가리키는 말인데, 《맹자집주》에서 주희가 '성숙하는 시기〔成熟之期〕'라고 해석한 것은 보리가 익는 시기는 북부 지방과 남부 지방이 다른데, 주희가 살던 복건성 지역에서는 하지 이전에 보리가 자라 영글었기 때문인 듯하다고 했다. 정약용과 양보쥔은 하지夏至로 해석했는데, 역자도 이를 취하여 번역했다.

25) 원문의 "교磽"를 번역한 것으로, 토지가 척박하다는 뜻이다.

더라도 내가 삼태기를 만들지 않는다는 것을 안다'고 했으니, 신발이 서로 비슷한 것은 천하 사람들의 발이 똑같기 때문이다. 입은 맛에 있어 똑같이 좋아하는 것이 있으니, 역아易牙[26]는 우리의 입이 좋아하는 것을 먼저 알아차린 자이다. 만일 입이 맛에 있어 그 성향이 남과 다른 것[27]이 마치 개와 말이 우리와 같은 부류가 아닌 정도라면, 천하 사람들이 어찌 맛을 좋아하는 것이 모두 역아가 요리한 맛을 따랐겠는가. 맛에 이르러서는 천하 사람들이 역아[와 같은 이]에게 바라니, 이는 천하 사람들의 입맛이 서로 비슷하기 때문이다.

오직 귀도 그러한데, 소리에 이르러서는 천하 사람들이 사광[과 같은 이]에게 바라니, 이것은 천하 사람들의 귀가 서로 비슷하기 때문이다. 눈도 그러하니, [미인인] 자도子都[28]에 이르러서는 천하가 그

26) 역아易牙는 춘추시대 제나라 사람으로, 요리의 달인이다. 적아狄牙라고도 불렸다. 환공의 총신으로 음식 담당 관리였는데, 아첨에 능하여 심지어 자기 아들을 삶아 바친 것으로 유명하다. 주희는 "옛날에 맛을 잘 아는 자〔古之知味者〕"라고 했다. 《좌전》 희공 17년에 "[궁중의 식사를 관장하는] 옹무는 위희인 공희에게 총애를 받고 있었는데, 내시인 초를 중개로 하여 환공에게 좋은 음식을 올렸다〔雍巫有寵於衛共姬, 因寺人貂以薦羞於公〕"라고 했는데, 이에 대해 두예는 "옹무는 옹나라 사람으로 이름이 무인데, 바로 역아이다〔雍巫, 雍人, 名巫, 卽易牙〕"라고 했다. 《사기》 〈제태공세가齊太公世家〉에 "관중이 병이 나자 환공이 물었다. '여러 신하 가운데 누가 재상이 될 만하오?' 관중이 말했다. '군주보다 신하를 더 잘 아는 분은 없습니다.' 환공이 물었다. '역아는 어떻소?' 대답하여 말했다. '자식을 죽여 군주의 뜻에 맞추려 했으니 인간의 정서에 어긋납니다. 안 됩니다'〔管仲病, 桓公問曰: '群臣誰可相者?' 管仲曰: '知臣莫如君.' 公曰: '易牙如何?' 對曰: '殺子以適君, 非人情, 不可'〕"라는 기록이 보인다.

27) 원문의 "여인수與人殊"를 번역한 것으로, 양보쥔은 "'여인수'는 곧 사람과 사람이 다르다는 뜻이다〔與人殊, 卽人與人殊之意〕"라고 했다.

28) 《시경》 〈정풍·산유부소山有扶蘇〉에 "자도를 만나지 못하고, 마침내 광인을 만난단 말인가〔不見子都, 乃見狂且〕"라고 했는데, 《모전》에서 "자도는 세상에서 아름답다고 하는 자이다〔子都, 世之美好者也〕"라고 했다. 아마도 정나라 장공莊公 때의 공손알인 듯하니, 그의 자가 자도였다. 《좌전》 은공 11년 조에 그의 일화가 있다.

아름다움을 모르는 사람이 없으니, 자도의 아름다움을 모르는 사람은 눈이 없는 사람이다.

그러므로 말하기를 '입이 맛에 있어 똑같이 좋아하는 것이 있고, 귀는 소리에 있어 똑같이 듣고 싶은 것이 있으며, 눈은 색에 있어 똑같이 아름답다고 하는 것이 있다'고 하는 것이니, 마음에 이르러서만 유독 똑같은 것이 없겠는가? 마음이 똑같다고 하는 것은 어떤 것인가? 이치(理)와 도의(義)를 말하는 것이다. 성인은 우리 마음의 똑같다고 하는 것을 먼저 아셨을 뿐이다. 그러므로 이치와 도의가 우리 마음을 기쁘게 하는 것은, 마치 짐승(고기)이 우리 입을 기쁘게 하는 것과 같다."

孟子曰: "富歲, 子弟多賴, 凶歲, 子弟多暴, 非天之降才爾殊也, 其所以陷溺其心者然也. 今夫麰麥, 播種而耰之, 其地同, 樹之時又同, 浡然而生, 至於日至之時, 皆熟矣. 雖有不同, 則地有肥磽, 雨露之養, 人事之不齊也. 故凡同類者, 擧相似也, 何獨至於人而疑之? 聖人, 與我同類者. 故龍子曰: '不知足而爲屨, 我知其不爲蕢也.' 屨之相似, 天下之足同也. 口之於味, 有同耆也, 易牙先得我口之所耆者也. 如使口之於味也, 其性與人殊, 若犬馬之與我不同類也, 則天下何耆皆從易牙之於味也. 至於味, 天下期於易牙, 是天下之口相似也. 惟耳亦然. 至於聲, 天下期於師曠, 是天下之耳相似也. 惟目亦然. 至於子都, 天下莫不知其姣也. 不知子都之姣者, 無目者也. 故曰: '口之於味也, 有同耆焉, 耳之於聲也, 有同聽焉, 目之於色也, 有同美焉.' 至於心, 獨無所同然乎? 心之所同然者何也? 謂理也, 義也. 聖人先得我心之所同然耳. 故理義之悅我心, 猶芻豢之悅我口."

선량한 마음을 누구나 지니고 있기에 11.8

맹자께서 말씀하셨다.

"우산의 나무가 일찍이 아름다웠으나, 큰 수도[29]의 교외에 있어서[30] 도끼와 자귀로 [사람들이 날마다] 나무를 베어버리니, 아름다울 수가 있겠는가? 낮과 밤[31]으로 자라고 비와 이슬이 적셔주어 싹이 생겨나지만, 소와 양도 따라서 그곳에 놓아길렀으므로 저처럼 반들반들해진[32] 것이다. 사람들은 그 반들반들해진 것만을 보고는 일찍이 [훌륭한] 재목이 없었다고 여기는데, 이것이 어찌 산의 본성이겠는가?

사람이 지닌 것에 어찌 인과 의를 지닌 마음이 없겠는가? [사람이] 그 선량한 마음[33]을 놓치게 되는 것도 마치 나무를 도끼와 자귀로

---

29) 원문의 "대국大國"을 번역한 것으로, '국國'은 한 나라의 수도를 뜻하므로 '대국'은 큰 나라의 수도를 가리킨다.

30) 원문의 "교郊"를 번역한 것으로, 여기서는 동사로 쓰여 '교외에 있다'라는 뜻이다.

31) 원문의 "일야日夜"를 번역한 것으로, 낮과 밤을 뜻하지만 여기서는 특히 밤을 위주로 말한 것이다.

32) 원문의 "탁탁濯濯"을 번역한 것으로, 조기는 "초목이 없는 모양(無草木之貌)"이라고 했다. 즉 민둥산이라는 의미다.

33) 원문의 "양심良心"을 번역한 것으로, 주희는 "'양심'이란 본연의 선한 마음이니, 즉 '인의의 마음'을 이르는 것이다(良心者, 本然之善心, 卽所謂仁義之心也)"라고 했다.

날마다 베어버리는 것과 같으니 어찌 아름다워질 수 있겠는가? 낮과 밤으로 [선량한 마음이] 자라고, 동틀 때 [맑고 고요한] 기운에서 좋아하고 싫어하는 바가 사람들과 비슷하여 선량한 본성의 미미한 상태인데, 아침과 낮 동안[34] 하는 행동으로 이것마저 없애버린다. 없애는 것을 되풀이하면 밤에 가졌던 [선량한] 기운을 보존하기 부족하고, 밤에 가졌던 [선량한] 기운을 보존할 수 없다면 금수와도 그 거리가 멀지 않다. 사람들은 그 금수와 같은 행동만 보고 그가 일찍이 재질이 없었다고 여기니 이것이 어찌 사람의 [본성에서 비롯된] 감정이겠는가?

따라서 만일 그 기르는 것을 얻게 되면 만물이 자라지 않는 것이 없을 것이고, 만일 그 기르는 것을 잃게 되면 만물이 사라지지 않는 것이 없을 것이다. 공자께서 말씀하시기를 '잡으면 보존되고 놓으면 잃어버리며, 나가고 들어옴에 [정해진] 때가 없으니 그 방향[35]을 알 수 없다'라고 하셨으니, 오직 [사람의] 마음을 말하는 것인저."

孟子曰: "牛山之木嘗美矣, 以其郊於大國也, 斧斤伐之, 可以爲美乎? 是其日夜之所息, 雨雲之所潤, 非無萌蘖之生焉, 牛羊又從而牧之, 是

34) 원문의 "단주旦晝"를 번역한 것으로, 초순의 《맹자정의》에 "'단주'는 다음 날이라고 말하는 것과 같다(旦晝, 猶云明日)"고 했다.

35) 원문의 "향鄕"을 번역한 것으로, 조기는 "'향'은 마을과 같아 거주하는 것을 비유한다(鄕猶里, 以喩居也)"고 했고, 초순의 《맹자정의》에는 "근래에 '향鄕' 자를 '향向' 자와 같이 읽는다(近讀鄕爲向)"고 했다. 초순의 설이 좀 더 믿을 만하다. 정약용도 "나는 '향鄕'을 마땅히 '향嚮'으로 읽고 써야 한다고 생각한다. [《예기》] 〈곡례〉에, '자리를 남향으로 한다, 자리를 동향으로 한다'고 했는데, 모두 '향'으로 썼다(余謂鄕當讀作嚮. 曲禮席南鄕, 席東鄕, 皆作鄕)"고 했다.(이지형 역, 《맹자요의》)

以若彼濯濯也. 人見其濯濯也, 以爲未嘗有材焉, 此豈山之性也哉? 雖存乎人者, 豈無仁義之心哉? 其所以放其良心者, 亦猶斧斤之於木也, 旦旦而伐之, 可以爲美乎? 其日夜之所息, 平旦之氣, 其好惡與人相近也者幾希, 則其旦晝之所爲, 有梏亡之矣. 梏之反覆, 則其夜氣不足以存, 夜氣不足以存, 則其違禽獸不遠矣. 人見其禽獸也, 而以爲未嘗有才焉者, 是豈人之情也哉? 故苟得其養, 無物不長, 苟失其養, 無物不消. 孔子曰: '操則存, 舍則亡, 出入無時, 莫知其鄕.' 惟心之謂與."

자그마한 기술도 배우는 자의 자세에 따라 천양지차다 11.9

맹자께서 말씀하셨다.

"왕이 지혜롭지 못한 것을 이상하게 생각할[36] 것이 없다. 비록 세상에서 쉽게 자라나는 것이 있더라도 하루 동안만 햇볕을 쬐게 하고 열흘 동안 얼게 하면 자랄 수가 없다. 내가 왕을 뵙기도 드물고 내가 물러나 있으면 왕의 양심을 차갑게 하는 자가 다가가니, [선량한 마음의] 싹이 있은들 내가 어찌 하겠는가?

지금 바둑[37]의 기예가 자그마한 기술이나, 온 마음의 의지로써 하지 않으면 터득하지 못한다. 혁추는 나라를 통틀어 바둑을 잘 두는 자이다. [만일] 혁추로 하여금 두 사람에게 바둑을 가르치게 했는

36) 원문의 "혹或"에 대해 주희는 "'혹或' 자는 '혹惑' 자와 같으니, 의심스럽고 괴이한 것이다(或與惑同, 疑怪也)"라고 풀이했다. '이상하게 생각하다'의 의미로 보면 무리가 없다.

37) 원문의 "혁奕"을 번역한 것으로, 조기는 "'혁'은 박놀이이다. 혹자는 바둑 두는 것이라고도 한다(奕博也, 或曰圍棋)"라고 했는데, 주희는 이를 취하여 "'혁'은 바둑을 두는 것이다(奕圍棋也)"라고 했다.

데 한 사람은 온 마음의 의지로써 하여 오직 혁추의 말을 듣고, 한 사람은 비록 듣기는 하지만 마음 한쪽에는 기러기와 큰 새가 장차 이르는 일이 있게 되면 활에 주살을 매달아 쏘아[38] 맞힐 것을 생각하기만 한다면, 비록 그와 함께 배우더라도 같지 못할 것이니, 이것은 그 지혜가 같지 못해서인가? '그렇지 않다'고 말할 것이다."

孟子曰: "無或乎王之不智也. 雖有天下易生之物也, 一日暴之, 十日寒之, 未有能生者也. 吾見亦罕矣, 吾退而寒之者至矣, 吾如有萌焉何哉? 今夫奕之爲數, 小數也, 不專心致志, 則不得也. 奕秋, 通國之善奕者也. 使奕秋誨二人奕, 其一人專心致志, 惟奕秋之爲聽. 一人雖聽之, 一心以爲有鴻鵠將至, 思援弓繳而射之, 雖與之俱學, 弗若之矣. 爲是其智弗若與? 曰: '非然也.'"

생선 요리와 곰 발바닥 요리 중 어느 것을 취하겠는가 11.10

맹자께서 말씀하셨다.

"생선[요리]도 내가 좋아하는 것이고 곰 발바닥[요리]도 내가 좋아하는 것이나, 이 둘을 모두 얻을 수 없다면 생선을 버리고 곰 발바닥을 취하겠다. 삶도 내가 원하는 것이고 의義도 내가 원하는 것이나, 이 둘을 모두 얻을 수 없다면 삶을 버리고 의를 취하겠다. 삶도 내가 원하는 것이나, 원하는 것이 삶보다 더 간절한 경우가 있기에

38) 원문의 "작繳"을 번역한 것으로, 주희는 "'작'은 화살에 줄을 매달아서 쏘는 것이다〔繳, 以繩繫矢而射也〕"라고 했다.

[삶을] 구차하게 얻으려고 하지 않고, 죽음도 내가 싫어하는 것이나, 싫어하는 것이 죽음보다 더 심한 것이 있기에 환란을 피하지 않는 경우가 있다.

만일 사람들이 원하는 것 중에 삶보다 더 간절한 것이 없다면, 삶을 얻을 방법으로 무엇이든 쓰지 않겠는가? 만일 사람들이 싫어하는 것 중에 죽음보다 심한 것이 없다면, 환란을 피할 방법으로 무엇이든 하지 않겠는가? 이로 말미암으면[39] 살 수 있는데도 [그 방법을] 쓰지 않는 경우가 있으며, 이로 말미암으면 재앙을 피할 수 있는데도 하지 않는 경우가 있는 것이다. 따라서 원하는 것이 삶보다 더 간절한 것이 있고 싫어하는 것이 죽음보다 심한 것이 있다. 현명한 자만이 이러한 마음이 있는 것이 아니고 사람은 모두 그것을 가지고 있지만, 현명한 자는 잃어버리지 않을 뿐이다.[40]

한 그릇의 거친 밥과 한 그릇[41]의 국을 얻으면 살고 얻지 못하면 죽더라도 호통치고 꾸짖으면서[42] 주면 길 가는 사람도 받지 않고, 발로 차서 주면 거지라도 달갑게 여기지 않는다.[43] 만종이나 되는

---

39) 원문의 "유시由是"를 번역한 것으로, 주희는 "반드시 떳떳한 성품의 양심을 가지고 있음으로 말미암아 삶을 버리고 의를 취함이 이와 같다(必有秉彝之良心, 是以能舍生取義如此)"고 분석했는데, 정약용은 "'이로 말미암으면 살 수 있고, 이로 말미암으면 화를 피할 수 있다'는 것은 '이와 같이 하면 살고, 이와 같이 하면 환란을 피할 수 있다'라고 하는 것과 같다(由是則生, 由是則可以辟患, 猶言如是則生, 如是則可以辟患)"고 하여 주희가 말한 '떳떳한 성품의 양심'은 맹자가 말한 것이 아니라고 했다.

40) 정약용은 이 부분에서 단락을 나누어야 한다고 주장했다. "이 장은 두 절로 나누어 보아야 한다. '웅어熊魚' 이하는 성선에 대한 확실한 증거이고, '일단사一簞食' 이하는 마음을 잃어버리는 데 대한 지극한 경계이다. 위아래 두 절을 통합하여 보는 것은 옳지 않다(此章當分二節看. 熊魚以下, 乃性善之確證. 一簞食以下, 乃失心之至戒. 上下節不宜通動)"

41) 원문의 "두豆"를 번역한 것으로, 주희는 "나무 그릇(木器)"을 가리킨다고 했다.

녹봉은 예의를 분별하지 않고 받는데, 만종의 녹봉이 나에게 무슨 보탬이 있겠는가? 궁실이 아름다운 것과 처첩이 받드는 것, [그리고] 내가 알고 있는 궁핍한 자가 나에게서 얻게 하기 위해서인가? 예전에는 자신을 위해서는 죽어도 받지 않았는데, 지금은 궁실이 아름다운 것을 위해 그것을 받고, 예전에는 자신을 위해서는 죽어도 받지 않았는데, 지금은 처첩이 받드는 것을 위해 그것을 받으며, 예전에는 자신을 위해서는 죽어도 받지 않았는데, 지금은 내가 알고 있는 궁핍한 자가 나에게서 얻게 하기 위해 그것을 받으니, 이 또한 그만둘 수는 없는가? 이것을 일컬어 '그 본래의 마음을 잃었다'고 하는 것이다."

孟子曰: "魚, 我所欲也, 熊掌亦我所欲也, 二者不可得兼, 舍魚而取熊掌者也. 生亦我所欲也, 義亦我所欲也, 二者不可得兼, 舍生而取義者也. 生亦我所欲, 所欲有甚於生者, 故不爲苟得也, 死亦我所惡, 所惡

42) 원문의 "호이嘑爾"를 번역한 것으로, 조기는 "'호이嘑爾'는 '호이呼爾'와 같으니, 호통치며 꾸짖는 모양이다〔嘑爾, 猶呼爾, 咄啐之貌也〕"라고 했다. 《예기》 〈단궁 하〉 편에 이와 유사한 고사가 있다. "제나라에 큰 기근이 들었다. 검오가 길에서 먹을 것을 가지고 굶주린 자를 기다렸다가 그에게 먹이려고 하였다. 어떤 굶주린 자가 소매로 얼굴을 가리고 힘이 빠져 제대로 걷지도 못하며 눈동자가 풀린 채로 걸어오고 있었다. 검오가 왼손에는 먹을 것을 들고 오른손에는 마실 것을 잡고서 '어이, 와서 먹어라'라고 하자 굶주린 자가 눈을 치켜뜨고 말하기를 '나는 오로지 「어이, 와서 먹어라」 하는 음식을 먹지 않았기 때문에 이 지경까지 이르게 되었소'라고 했다. 따라가 사죄했으나 그는 끝내 먹지 않고 죽었다〔齊大饑. 黔敖爲食於路, 以待餓者而食之. 有餓者蒙袂輯屨, 貿貿然來. 黔敖左奉食, 右執飮, 曰: '嗟來食', 揚其目而視之, 曰: '予唯不食嗟來之食, 以至於斯也.' 從而謝焉, 終不食而死〕."

43) 원문의 "불설不屑"을 번역한 것으로, 주희는 "깨끗하다고 여기지 않는 것이다〔不以爲潔也〕"라고 풀이했다.

有甚於死者, 故患有所不辟也. 如使人之所欲莫甚於生, 則凡可以得生者, 何不用也? 使人之所惡莫甚於死者, 則凡可以辟患者, 何不爲也? 由是則生而有不用也, 由是則可以辟患而有不爲也, 是故所欲有甚於生者, 所惡有甚於死者. 非獨賢者有是心也, 人皆有之, 賢者能勿喪耳. 一簞食, 一豆羹, 得之則生, 弗得則死, 嘑爾而與之, 行道之人弗受, 蹴爾而與之, 乞人不屑也. 萬鍾則不辯禮義而受之. 萬鍾於我何加焉? 爲宮室之美, 妻妾之奉, 所識窮乏者得我與. 鄕爲身死而不受, 今爲宮室之美爲之, 鄕爲身死而不受, 今爲妻妾之奉爲之, 鄕爲身死而不受, 今爲所識窮乏者得我而爲之, 是亦不可以已乎? 此之謂失其本心."

잃어버린 닭과 개는 찾으려 하면서 잃어버린 마음을 찾으려 하지 않으니 11.11

맹자께서 말씀하셨다.

"인仁은 사람의 마음이고, 의義는 사람의 길이다. 그 [바른] 길을 버리고 따라가지 않고, 그 [선량한] 마음을 잃어버리고 되찾을 줄 모르니 슬프구나! 사람들은 닭과 개를 잃어버리면 찾을 줄 알면서 마음을 잃어버리고서는 되찾을 줄 모른다. 학문하는 길은 다른 것이 없으니, 그 잃어버린 마음을 되찾는 것일 뿐이다."

孟子曰: "仁, 人心也, 義, 人路也. 舍其路而弗由, 放其心而不知求, 哀哉! 人有雞犬放, 則知求之, 有放心而不知求. 學問之道無他, 求其放心而已矣."

손가락이 남과 같지 않으면 치료하면서 마음은 치료하지 않는다 11.12

맹자께서 말씀하셨다.

"지금 [어떤 사람이] 약손가락[44]이 굽어 펴지지[45] 않는데, [설령] 아프거나 일에 손해가 되지 않지만, 만일 이것을 펴줄 자가 있다면 진나라나 초나라의 길을 멀다 하지 않고 찾아가게 되니, 손가락이 남과 같지 않기 때문이다. 손가락이 남과 같지 않으면 이것을 싫어할 줄 아는데, 마음이 남과 같지 않으면 이것을 싫어할 줄 모르니, 이것을 일컬어 [일의 경중의] 등급[46]을 모른다고 하는 것이다."

孟子曰: "今有無名之指屈而不信, 非疾痛害事也, 如有能信之者, 則不遠秦楚之路, 爲指之不若人也. 指不若人, 則知惡之, 心不若人, 則不知惡, 此之謂不知類也."

---

44) 원문의 "무명지지無名之指"를 번역한 것으로, 주희는 "'무명지'는 손의 네 번째 손가락이다〔無名指, 手之第四指也〕"라고 했다.

45) 원문의 "신信"을 번역한 것으로, '펴다〔伸〕'와 뜻이 같다.

46) 원문의 "류類"를 번역한 것으로, '부류'의 개념이 아니라 주희의 주석대로 "그 경중의 등급을 알지 못함을 말한 것이다〔言其不知輕重之等也〕"라고 보아야 한다.

자신의 몸을 기르는 방법이 나무 기르는 것보다 더 소중한 법 11.13

맹자께서 말씀하셨다.

"두 손이나 한 손으로 [감싸] 잡을 수 있는[47] 오동나무와 가래나무를 사람들이 살리고자 한다면 모두가 그것을 기르는 방법을 안다. [그러나] 자기 자신에 이르러서는 그것을 기르는 방법을 모르니,[48] 어찌 자신을 사랑하는 것이 오동나무와 가래나무만도 못해서인가? 생각하지 않는 정도가 심하다."

孟子曰: "拱把之桐梓, 人苟欲生之, 皆知所以養之者. 至於身, 而不知所以養之者, 豈愛身不若桐梓哉? 弗思甚也."

대인이 될 것인가, 소인이 될 것인가 11.14

맹자께서 말씀하셨다.

"사람은 자기 몸에 대해서는 두루 다 사랑한다. 두루 다 사랑한다면 두루 잘 기른다. 한 자 한 치의 피부를 사랑하지 않는 것이 없다면, 한 자 한 치의 피부를 기르지 않는 것이 없을 것인데, 잘 기르고

---

47) 원문의 "공파拱把"를 번역한 것으로, 조기는 "'공拱'은 두 손을 합쳐 잡는 것이다. '파把'는 한 손으로 그것을 잡는 것이다(拱, 合兩手也. 把, 以一手把之也)"라고 했다. 여기서는 나무가 작은 것을 비유하여 말한다.

48) 진사개陳師凱는 "단지 육체와 혈기의 몸만 기르는 것이 아니다(非徒養其口體血氣之身)"라고 했고, 정약용은 "몸이란 신령스럽고 밝은 육체이니, 이 몸을 아는 자는 거의 드물다(身者, 靈明之體也. 知此身者, 或鮮矣)"라고 했다.

잘못 기르는 것을 헤아리는 것이 어찌 다른 방법이 있겠는가? 자신에게서 그것을 취하면 될 뿐이다.

몸에는 귀중한 부분과 하찮은 부분이 있고, 사소한 부분과 중요한 부분이 있으니,[49] 사소한 부분으로 중요한 부분을 해치지 않고 하찮은 부분으로 귀중한 부분을 해치지 않아야 하니, 사소한 부분을 기르는 자는 소인이 되고, 중요한 부분을 기르는 자는 대인이 되는 것이다.

지금 어떤 원예사가 있어 [좋은] 오동나무와 가래나무를 버리고 [쓸모가 적은] 멧대추나무와 가시나무를 기른다면 값어치 없는 원예사가 되는 것이다. [자신의] 한 손가락만 기르고 어깨와 등을 잃으면서도 알지 못한다면, 이는 돌아볼 줄 모르는 사람[50]이 되는 것이다.

먹고 마시는 것만 하려는 사람은 사람들이 천하게 여기니, 사소한 부분을 기르고 중요한 부분을 잃기 때문이다. 먹고 마시는 사람이 [중요한 부분도] 잃는 부분이 없다면, [그 먹고 마시는 목적이] 입과 배가 [소화한 것이] 어찌 다만 한 자 한 치의 피부가 될 뿐이겠는가?"

49) 원문의 "유귀천有貴賤, 유대소有大小"를 번역한 것으로, 주희는 "하찮고 사소한 것은 입과 배이고, 귀하고 중요한 것은 마음과 의지다(賤而小者, 口腹, 貴而大者, 心志也)"라고 했다.

50) 원문의 "낭질인狼疾人"을 번역한 것으로, '낭질狼疾'이란 여러 가지 해석이 있으나 주희의 해석이 정확한데, "이리는 뒤돌아보기를 잘하는데, [쫓겨서] 달아날 때는 뒤를 돌아보지 못한다(狼善顧, 疾則不能)"는 말을 염두에 두고 번역했다. 한편 '질즉불능疾則不能'의 '질疾'을 질병으로 보아 '승냥이가 병들면 뒤를 돌아보지 못한다'로 해석하기도 하고, 조기는 "어지러워 질병을 다스릴 줄 모르는 사람(亂不知治疾之人)"으로 해석했다. 양보쥔은 "'낭질'은 '낭자狼藉'와 같다. 혼미하고 어지럽고 흐리멍텅한 것이다(狼疾, 同狼藉. 昏亂糊塗)"라고 했다.

孟子曰: "人之於身也, 兼所愛. 兼所愛, 則兼所養也. 無尺寸之膚不愛焉, 則無尺寸之膚不養也. 所以考其善不善者, 豈有他哉? 於己取之而已矣. 體有貴賤, 有大小. 無以小害大, 無以賤害貴. 養其小者爲小人, 養其大者爲大人. 今有場師, 舍其梧檟, 養其樲棘, 則爲賤場師焉. 養其一指而失其肩背, 而不知也, 則爲狼疾人也. 飮食之人, 則人賤之矣, 爲其養小以失大也. 飮食之人無有失也, 則口腹豈適爲尺寸之膚哉?"

누구는 대인이 되고 누구는 소인이 되는가 11.15

공도자가 여쭈었다.

"같은 사람인데, 어떤 사람은 대인이 되고 어떤 사람은 소인이 되는 것은 무엇 때문입니까?"

맹자께서 말씀하셨다.

"그 몸의 중요한 기관[51]을 따르는 사람은 대인이 되고, 그 사소한 기관을 따르는 사람은 소인이 되는 것이다."

[공도자가] 말했다.

"같은 사람인데, 어떤 사람은 그 중요한 기관을 따르고 어떤 사람은 그 사소한 기관을 따르는 것은 무엇 때문입니까?"

---

51) 원문의 "대체大體"를 번역한 것으로, 인간이 가진 형이상학적 마음을 비유하고, 뒤의 원문에 나오는 "소체小體"는 눈과 귀 같은 감각기관을 비유한다. 조기는 "'대체'는 마음이 예의를 생각하는 것이고, '소체'는 감정의 욕망에 따라 멋대로 하는 것이다〔大體, 心思禮義, 小體, 縱恣情慾〕"라고 했는데, 정약용은 좀 더 구체적으로 설명하여 "'대체'는 형체가 없는 신령스럽고 밝은 것이며, '소체'는 형체가 있는 몸이다. '몸의 중요한 기관을 따른다'는 것은 본성을 따르는 것이며, '그(몸)의 사소한 기관을 따른다'는 것은 욕심을 따르는 것이다〔大體者, 無形之靈明也, 小體者, 有形之軀殼也. 從其大體者, 率性者也, 從其小體者, 循欲者也〕"라고 했다.(이지형 역,《맹자요의》)

[맹자께서] 말씀하셨다.

"귀와 눈 같은 기관은 사고하지 못하여 [바깥] 사물에 의해 가려지니 사물이 한 사물에 [지나지 않는 귀와 눈과] 접하게 되면 그것에 끌려갈 뿐이고, 마음이라는 기관은 사고할 수 있으니 사고하면 사리를 얻고 사고하지 못하면 얻지 못한다. 이것은[52] 하늘이 우리에게 부여한 것이니, 먼저 그 중요한 기관을 세운다면 그 사소한 기관이 [선한 마음을] 능히 빼앗지 못할 것이니, 이것이 대인이 되는 것일 뿐이다."

公都子問曰: "鈞是人也, 或爲大人, 或爲小人, 何也." 孟子曰: "從其大體爲大人, 從其小體爲小人." 曰: "鈞是人也, 或從其大體, 或從其小體, 何也?" 曰: "耳目之官不思, 而蔽於物, 物交物, 則引之而已矣. 心之官則思, 思則得之, 不思則不得也. 此天之所與我者, 先立乎其大者, 則其小者不能奪也. 此爲大人而已矣."

하늘이 내린 벼슬과 사람이 주는 벼슬의 차이 11.16

맹자께서 말씀하셨다.

"하늘이 내린 벼슬(天爵)[53]이 있고 사람이 주는 벼슬(人爵)이 있으니, 인과 의와 충성과 믿음을 행하고 선을 좋아하는 것을 게을리하지 않는 마음, 이런 것은 하늘이 내린 벼슬이고, 공公과 경卿과 대부는

---

52) 원문의 "차此"를 번역한 것으로, 주희는 "'차此' 자를 옛 책에는 대부분 '비比' 자로 썼고, 조기의 주에도 또한 비교함으로 해석했다(此, 舊本, 多作比, 而趙註, 亦以比方釋之)"고 했다.

사람이 주는 벼슬이다. 옛사람의 경우 그 하늘이 내린 벼슬을 닦고 나서 사람이 주는 벼슬이 따라왔다. [그런데] 오늘날 사람들은 하늘이 내린 벼슬을 닦아서 사람이 주는 벼슬을 구하고, 이미 사람이 주는 벼슬을 얻고 나면 하늘이 내린 벼슬을 버리니, 이것은 미혹됨이 심한 것으로 결국에는 [사람이 주는 벼슬] 또한 반드시 잃을 뿐이다."

孟子曰: "有天爵者, 有人爵者. 仁義忠信, 樂善不倦, 此天爵也, 公卿大夫, 此人爵也. 古之人修其天爵, 而人爵從之. 今之人修其天爵, 以要人爵, 旣得人爵, 而棄其天爵, 則惑之甚者也, 終亦必亡而已矣."

귀함은 나에게 있다 11.17

맹자께서 말씀하셨다.

"귀하게 되고자 하는 것은 사람의 똑같은 마음으로 사람마다 자신에게 귀함을 지니고 있으면서[54] 생각하지 않을 뿐이다. 남이 귀하게 해준 바는 진정한 귀함이 아니니, 조맹趙孟이 귀하게 해준 것은 조맹이 능히 천하게 할 수도 있다. 《시경》에 이르기를 '이미 술

---

53) 원문의 "천작天爵"을 번역한 것으로, 주희는 "'천작'이란 덕의로서 높일 수 있는 것이니, 자연의 귀함이다〔天爵者, 德義可尊, 自然之貴也〕"라고 풀이했다. 정약용은 "'인작人爵'은 지위의 높고 낮은 것으로 등급을 삼은 것이며, '천작'은 덕의 높고 낮은 것으로 등급을 삼은 것이니, 어리석은 사람으로서 인작을 얻은 자는 있지만, 어리석은 사람으로서 천작을 얻은 자는 아직까지 없었다〔人爵, 以位之高下爲品級, 天爵, 以德之高下爲品級. 不肖而得人爵者有之矣, 不肖而得天爵者未之有也〕"고 보충했다.

54) 원문의 "유귀어기자有貴於己者"를 번역한 것으로, 주희는 "'자신에게 귀함을 지닌다는 것'은 천작을 말한다〔貴於己者, 謂天爵也〕"라고 했다.

로 취하고 이미 덕으로 배부르네'라고 했으니, 인과 의에 배부른 것을 말한 것이다. 이 때문에 남의 살진 고기와 좋은 쌀맛을 부러워하지[55] 않는 것이고, 훌륭한 소문과 넓은 명예가 몸에 베풀어져 있으므로 남의 수놓은 옷[56]을 부러워하지 않는 것이다."

孟子曰: "欲貴者, 人之同心也. 人人有貴於己者, 弗思耳矣. 人之所貴者, 非良貴也. 趙孟之所貴, 趙孟能賤之. 詩云, '既醉以酒, 既飽以德.' 言飽乎仁義也. 所以不願人之膏粱之味也, 令聞廣譽施於身, 所以不願人之文繡也."

인仁이냐, 불인不仁이냐 11.18

맹자께서 말씀하셨다.

"인仁이 불인不仁을 이기는 것은 물이 불을 이기는 것과 같은데, 오늘날 인을 행하는 자들은 한 잔의 물로 한 수레에 가득 실은 섶의 불을 끄려는 것과 같다. [그런데] 불이 꺼지지 않으면 물이 불을 이기지 못한다[57]고 말하니, 이 또한 불인을 돕기를 매우 심하게 하는 격이니 또한 끝내 [미약한 인조차] 반드시 잃게 될 뿐이다."

55) 원문의 "원願" 자를 번역한 것인데, 축자적 의미와 달리 정현의《예기》〈제의〉 주에 따라 "흠羨", 즉 '흠모하다, 그리워하다'라는 의미로 보면 무난하다. 이 글자를 양보쥔은 "모慕" 자의 의미로 기존의 주석을 인용하여 풀이했는데, 정현의 주석과 같은 풀이다.《순자》〈영욕榮辱〉에서도 "'원'은 '흠모하다'와 같다〔願, 猶慕也〕"라고 풀이되어 있다.

56) 원문의 "문수文繡"를 번역한 것으로, 고대 의복에는 등급이 있어서, 관직에 있던 인재만 무늬를 수놓은 옷을 입을 수 있었다.

孟子曰: "仁之勝不仁也, 猶水勝火. 今之爲仁者, 猶以一杯水救一車薪之火也. 不熄, 則謂之水不勝火, 此又與於不仁之甚者也, 亦終必亡而已矣."

오곡을 여물게 하듯이 인도 여물게 하라 11.19

맹자께서 말씀하셨다.

"오곡은 종자 중에서 훌륭한 것이지만, 만일 여물지 않으면 피만도 못하다.[58] 무릇 인仁 또한 그것을 여물게 하는 데 있을 뿐이다."

孟子曰: "五穀者, 種之美者也, 苟爲不熟, 不如荑稗. 夫仁, 亦在乎熟之而已矣."

기본기를 익혀라 11.20

맹자께서 말씀하셨다.

"예羿가 사람들에게 활쏘기를 가르칠 때는 반드시 활줄을 한껏

57) 채청蔡淸은 "양나라 혜왕이 조그만 은혜를 베풀고서 자기 나라 백성이 이웃나라보다 더 많아지지 않는 것을 의아하게 생각했으니, 이것이 바로 이른바 불이 꺼지지 않으면 물이 불을 이기지 못한다고 하는 것이다(梁惠王以能行小惠, 而訝其民之不加多於鄰國, 是正所謂不熄則謂之水不勝火者也)"라고 했다.

58) 이 말의 맥락에 대해 주희는 "'피(荑稗)'는 풀 중에서 곡식과 비슷한 것이니, 그 열매도 먹을 수 있다. 그러나 오곡만큼 훌륭하지 못하다. 다만 오곡이 다 여물지 못하면 도리어 피가 여무는 것만 못하니, 인仁을 행하여도 여물지 못하면 도리어 다른 도리를 행하여 이룸이 있는 것만 못한 것과 같다(荑稗草之似穀者, 其實亦可食. 然不能如五穀之美也. 但五穀不熟, 則反不如荑稗之熟, 猶爲仁而不熟, 則反不如爲他道之有成)"라고 했다.

당기는 데 뜻을 두게 되니, 배우는 자 역시 반드시 활줄을 한껏 당기는 데 뜻을 두어야 한다.[59] 큰 목수가 사람을 가르칠 때는 반드시 그림쇠와 곱자로써 하니, [목수 일을] 배우는 자 역시 반드시 그림쇠와 곱자로써 해야 한다."

孟子曰: "羿之教人射, 必志於彀, 學者亦必志於彀. 大匠誨人必以規矩, 學者亦必規矩."

59) 원문의 "필지어구必志於彀"를 번역한 것으로, 주희는 "'지'는 '기약함'과 같다. '구'는 활을 가득히 당기는 것이니, 가득 당긴 뒤에 발사하는 것이 활 쏘는 방법이다(志, 猶期也. 彀, 弓滿也, 滿而後發, 射之法也)"라고 했다.

제12편

고자 하

告子下

【해설】

이 편은 모두 16장으로 구성되어 있으며, 맹자의 정치사상이 상당히 부각되어 있는 편이다. 맹자 특유의 왕도정치가 다시 한번 거론되면서, 왜 자신이 이익만 일삼는 정치를 반대하는지 다양한 사례를 거론하고 있다. 1장은 제자와의 대화를 통해 예가 가장 중요하다고 강조하면서 그것이 인간의 본능인 식욕과 색욕보다 앞선다는 점을 강조하고 있다. 2장에는 성인으로 떠받드는 요순도 누구나 될 수 있다는 맹자의 평등사상이 있으며, 3장은 효도의 중요성을 강조하면서《시경》의 두 편명을 예로 들고 마무리는 공자의 말씀으로 하고 있다.

4장에서 맹자는 그가 양나라 혜왕을 처음 만났을 때 혜왕이 어떤 이익을 주려고 양나라에 왔느냐는 제1편 〈양혜왕 상〉 1장의 질문을 연상하게 만드는 대화로 이루어져 있다. 전쟁이라는 대사를 중단시킬 때도 인과 의를 가지고 설득하라는 맹자의 충고는 모든 관계의 기본이 덕에 있음을 시사하고 있다. 특히 9장에서 오직 군주를 위한다는 명목으로 약육강식의 패권을 정당화하고 토지를 빼앗는 전쟁을 합리화하고 인과 의를 외면하는 현실에 대해 맹자의 시각은 매우 비판적이다.

10장에서 맹자는 그가 다른 편과 장에서도 많이 다룬 세법의 문제를 거론하면서 요순의 10분의 1 세율이 이상적임을 강조하고 위정자가 세율을 올리는 행위는 가혹한 수탈로 이어져 백성의 삶을 그르치게 만드는 악정이라고 강하게 비판하는 대목이 나오는데, 오늘날 위정자들에게 귀감이 되는 글이다. 13장에서는 제자 악정자가 정사를 담당했다는 말을 들은 맹자가 그의 능력보다는 그의 선한 마음이 천하를 다스리기에 충분하다고 강조하면서 모든 정치의 출발은 정치에 임하는 자의 마음에 달려 있다고 한 부분도 그의 성선설을 뒷받침한다. 맨 마지막 장에서 가르침 자체를 거절하는 것이 또 다른 가르침의 방식이라는 맹자의 역설은 가르침의 깊이를 강조한 것이다.

예와 음식, 여색 중에 무엇이 중요한가 12.1

임나라[1] 사람이 [맹자의 제자] 옥려자屋廬子[2]에게 물었다.

"예禮와 음식 중에서 어느 것이 더 중요한가?"

[옥려자가] 대답했다.

"예가 중요하다."

[임나라 사람이 말했다.]

"여색과 예 중에서 어느 것이 더 중요한가?"

[옥려자가] 말했다.

"예가 중요하다."

[임나라 사람이] 말했다.

"예에 따라 먹으면 굶어서 죽고 예에 따라 먹지 않으면 음식을 얻더라도, 반드시 예에 따라야 하는가? 친영[예법][3]을 하면 아내를 얻지 못하고 친영을 하지 않으면 아내를 얻을 수 있더라도, 반드시 친영을 해야 하는가?"

1) 원문의 "임任"에 대해 양보쥔의 부연 설명을 참조하면 이렇다. "염약거의《사서석지》에 '임은 나라 이름이다. 태호의 후손이며 풍風을 성씨로 했다. 한漢나라 때에는 임성현任城縣으로 삼았고, 후한 때에는 임성국任城國이 되었다. 지금의 제령주 동임성의 없어진 현이 이곳이다'라고 했다(任, 國名, 太皞之後, 風姓. 漢爲任城縣, 後漢爲任城國. 今濟寧州東任城廢縣是)."

2) 조기는 "옥려자는 맹자의 제자 옥로연(孟子弟子屋廬連)을 말한다"고 했다. 이 편의 5장에 "옥려자가 기뻐하며 말했다. '내가 [선생님께 여쭤볼] 틈을 얻었다'(屋廬子喜曰: '連得間矣')"라고 한 것을 참조하면 옥려자의 이름이 '연連'임을 알 수 있다.

3) "친영親迎"이란 혼인의 절차 가운데서 마지막 단계다. 고대의 혼례 제도는 제후에서부터 일반 백성에 이르기까지 모두 그러했고, 신랑이 친히 신부를 맞아들였다고 했다. 한편《좌전》에는 천자는 친영하지 않았다고 하고,《공양전》에는 천자도 친영했다고 한다.

옥려자가 대답을 하지 못하여 이튿날 추나라[4]에 가서 맹자께 아뢰니, 맹자께서 말씀하셨다.

"이런 것을 대답하는데 뭐가 어렵겠느냐? 그 뿌리를 헤아리지 않고[5] 그 끝만 가지런히 한다면 한 치 되는 나무라도 높은 누각[6]보다 높게 할 수 있다. 쇠가 깃털보다 무겁다는 것이 어찌 혁대의 한 고리쇠와 한 수레[분량]의 깃털을 말하는 것이겠는가?[7] 음식의 중요한 것과 예의 사소한 것을 취해 비교한다면 어찌 음식이 중요하기만 할 뿐이겠으며, 여색의 중요한 것과 예의 사소한 것을 취해 비교

---

4) 여기서 추나라는 지금의 산동성 추현 동남쪽 26리에 있는데, 한편 양보쥔은 "옛날의 임나라와는 거리가 약 100리 정도 떨어져 있었기 때문에 옥려자가 다음 날 바로 갈 수 있었다〔故任國相距約百里, 因之屋廬子可以明日卽往〕"라고 고증하기도 했다. 물론 거리상 쉽지 않기는 하다.

5) 원문의 "불췌不揣"를 번역한 것으로, '췌'는《방언》에서 "높이를 헤아리는 것은 췌이다〔度高爲揣〕"라고 했다.《좌전》소공昭公 23년에 "높고 낮음을 헤아린다〔揣高卑〕"라고 했는데, 이와 통하는 설명이다.

6) 원문의 "잠루岑樓"를 번역한 것으로, 우선《설문해자》에서 "잠은 산이 작으면서 높은 것이다〔岑, 山小而高〕"라고 한 자의적 의미를 살펴야 한다. 조기는 "'잠루'는 뾰족한 산꼭대기다〔岑樓, 山之銳嶺者〕"라고 했으니, '루樓'는 '루塿'의 뜻으로 이해해야 한다. 한편 주희는 "'잠루'는 누대가 높고 뾰족하여 마치 산과 같은 것이다〔岑樓, 樓之高銳似山者〕"라고 했는데, 이로 보면 원문 그대로 '누대〔樓〕'의 의미로 보아야 한다. 정약용도 "왕연수의 〈영광전부靈光殿賦〉에 '높디높은 이궁의 누각'이라고 했으니, 조기의 설이 그른 듯하다〔王延壽, 靈光殿賦曰: '嶔崟離樓.' 趙說似非〕"라고 했고, 양보쥔도 "산꼭대기의 높은 누각〔尖頂高樓〕"이라는 주석을 덧붙였는데 맥락은 같다.

7) "'구鉤'는 허리띠의 고리다. 쇠는 본래 무겁지만, 허리띠의 고리는 작기 때문에 가벼워서 예가 음식과 여색보다 가벼운 경우가 있음을 비유한 것이요, 깃털은 본래 가볍지만 한 수레 분량은 많기 때문에 무거워서 음식과 여색이 예보다 무거운 경우가 있음을 비유한 것이다〔鉤帶鉤也. 金本重而帶鉤小, 故輕, 喩禮有輕於食色者, 羽本輕而一輿多, 故重, 喩食色有重於禮者〕"라고 했고, "이 두 가지는 예와 음식과 여색이 모두 중요한 것이지만, 이것으로써 서로 비교해보면 예가 더욱 중요한 것이 된다〔此二者, 禮與食色, 皆其重者, 而以之相較, 則禮爲尤重也〕"라고 한 주희의 해설이 주목할 만하다.

한다면 어찌 여색이 중요하기만 할 뿐이겠는가?[8]

가서 대답하기를 '형의 팔을 비틀어 밥을 빼앗으면 밥을 먹을 수 있고, 비틀지 않으면 밥을 먹을 수 없더라도 장차 팔을 비틀겠는가? 동쪽 집의 담장을 뛰어넘어 처녀[9]를 끌고 오면[10] 아내를 얻을 수 있고, 끌고 오지 않으면 아내를 얻을 수 없는데도 장차 처녀를 끌고 오겠는가?'라고 말하라."

任人有問屋廬子曰: "禮與食孰重?" 曰: "禮重." "色與禮孰重?" 曰: "禮重." 曰: "以禮食, 則飢而死, 不以禮食, 則得食, 必以禮乎? 親迎, 則不得妻, 不親迎, 則得妻, 必親迎乎?" 屋廬子不能對, 明日之鄒以告孟子. 孟子曰: "於答是也, 何有? 不揣其本, 而齊其末, 方寸之木可使高於岑樓. 金重於羽者, 豈謂一鉤金與一輿羽之謂哉? 取食之重者與禮之輕者而比之, 奚翅食重, 取色之重者與禮之輕者而比之, 奚翅色重? 往應之曰: '紾兄之臂而奪之食, 則得食, 不紾, 則不得食, 則將紾之乎? 踰東家牆而摟其處子, 則得妻, 不摟, 則不得妻, 則將摟之乎?'"

하는 것과 하지 않는 것의 차이 12.2

조교曹交[11]가 물었다.

---

8) 원문의 "시翅"를 번역한 것으로, 양보쥔에 의하면 '시啻' 자와 같다. '단지(只)', '그치다(止)'의 뜻이다.

9) 원문의 "처자處子"를 번역한 것으로, 주희는 "처녀이다(處女也)"라는 주석을 달았다.

10) 원문의 "루摟"를 번역한 것으로, 《설문해자》에는 "끌어모으다(曳聚也)"라고 했다. 조기는 '이끌다(牽)'로 보았다.

"사람은 모두 요순이 될 수 있다고 하는데, 그런 말이 있습니까?"

맹자께서 말씀하셨다.

"그렇소."

[조교가 말했다.]

"제가 듣기로 [키가] 문왕은 10척이고 탕은 9척이었다고 하는데, 지금 저는 9척 4촌이지만 곡식만 축내고 있을 뿐이니, 어떻게 하면 좋겠습니까?"

[맹자께서] 말씀하셨다.

"어찌 이런 것에 달려 있겠소? 단지 그것을 실천하면 될 뿐이오. 어떤 사람이 있는데, 힘으로 오리[12] 한 마리를 이길 수도 없다면 힘이 없는 사람이고, 지금 100균이나 되는 무게를 든다면 힘이 있는 사람이오. 그렇다면 오확烏獲[13]이 들던 짐을 든다면 이 또한 오확이 될 뿐이오. 무릇 사람이 어찌하여 이기지 못하는 것을 [미리] 근심하겠소? [스스로] 하지 않으려 할 뿐이오. 천천히 가면서 장자長者보다 뒤처지는 것을 공경한다고 말하고 빨리 가면서 장자보다 앞서는

---

11) 조기에 의하면 조교曹交는 조나라 군주의 아우라고 알려진 인물이다. 한편 왕응린王應麟은 《곤학기문困學紀聞》이라는 책에서 조기의 주석에 의문을 제기하면서, 그 주된 근거로 조나라가 이미 없어진 지 오래되어 맹자의 시대와는 일정한 간극이 존재한다는 점을 들었다. 양보쥔도 이에 동조했다.

12) 원문의 "필匹"을 번역한 것으로, 주희의 교열에 의하면 이렇다. "'필匹' 자는 본래 '필鴄'로 쓰여 있으니 오리다. 생략하여 '필匹'로 쓴 것이다. 《예기》에 '필匹'은 '오리〔鶩〕'라고 설명한 것이 이것이다〔匹字, 本作鴄, 鴨也. 從省作匹, 禮記, 說匹爲鶩, 是也〕." 이에 대해 좀 더 부연하면, 성백효는 주희의 주석이 '목鶩'으로 읽는 것은 《예기》 〈곡례 하〉에 "일반 백성의 예물은 필을 사용한다〔庶人之摯匹〕"라고 한 문장의 주석에 근거했다고 보았는데, 일리가 있다.

13) 오확烏獲에 대해 주희는 "'오확'은 고대의 힘이 있는 사람으로, 1,000균의 무게를 들어 옮길 수 있었다〔烏獲, 古之有力人也. 能擧移千鈞〕"라고 했다.

것을 공경하지 않는다고 말하니, 천천히 가는 것이 어찌하여 사람들이 능히 할 수 없는 것이겠소? [스스로] 하지 않는 것이니, 요순의 도는 효도와 공경일 뿐이오. 그대가 요임금의 옷을 입고 요임금의 말씀을 외우며 요임금의 행실을 실천한다면 이는 요임금일 뿐이고, 그대가 걸왕의 옷을 입고 걸왕의 말을 외우며 걸왕의 행실을 실천한다면 이는 걸왕일 뿐이오."

[조교가] 말했다.

"제가 추나라 군주를 뵙게 되면 여관을 빌릴 수 있을 것이니, 원하건대 [그곳에] 머물면서 문하생으로 배우겠습니다."

[맹자께서] 말씀하셨다.

"무릇 도는 큰길과 같으니, 어찌 아는 것이 어렵겠소? 사람들이 구하지 않는 것이 병폐일 뿐이니, 그대가 돌아가 구한다면 스승은 [얼마든지] 남아 있을 것이오."

曹交問曰: "人皆可以爲堯舜, 有諸?" 孟子曰: "然." "交聞文王十尺, 湯九尺, 今交九尺四寸以長, 食粟而已, 何如則可?" 曰: "奚有於是? 亦爲之而已矣. 有人於此, 力不能勝一匹雛, 則爲無力人矣, 今日擧百鈞, 則爲有力人矣. 然則擧烏獲之任, 是亦爲烏獲而已矣. 夫人豈以不勝爲患哉? 弗爲耳. 徐行後長者謂之弟, 疾行先長者謂之不弟. 夫徐行者, 豈人所不能哉? 所不爲也. 堯舜之道, 弟孝而已矣. 子服堯之服, 誦堯之言, 行堯之行, 是堯而已矣. 子服桀之服, 誦桀之言, 行桀之行, 是桀而已矣." 曰: "交得見於鄒君, 可以假館, 願留而受業於門." 曰: "夫道若大路然, 豈難知哉? 人病不求耳, 子歸而求之, 有餘師."

어버이의 작은 허물과 큰 허물 12.3

공손추가 여쭈었다.

"고자[14)]가 말하기를 '〈소반〉[15)]은 소인배의 시다'라고 했습니다."

맹자께서 말씀하셨다.

"어떤 점으로 그렇게 말하는가?"

[공손추가] 대답했다.

"원망하는 마음 때문입니다."

[맹자께서] 말씀하셨다.

"고루하구나, 고高 노인이 시를 해석하는 것이여! 여기 어떤 사람이 있는데, 월나라 사람이 활을 당겨 쏘려 할 때 태연하게 웃으면서 그렇게 하지 말라고 말하는 것은 다른 것이 아니라 그(월나라 사람)를 멀리 여기기 때문이고, 그의 형이 활을 당겨 쏘려 할 때 눈물을 떨구며 말하는 것은 다름이 아니라 그(형)를 가깝게[16)] 여기

14) 고자는 《맹자》에 여러 번 보인다. 제4편 〈공손추 하〉 12장의 "고자이고高子以告"의 문장에서 조기는 "고자는 또한 제나라 사람이며, 맹자의 제자이다〔高子亦齊人, 孟子弟子〕"라고 했다. 그런데 여기 본문에서 시를 해석하는 고자에 대해 맹자가 '고 노인〔高叟〕'라고 호칭한 것을 보면 맹자의 제자가 아닌 것으로 보는 것이 타당하다.

15) 주희는 이 편에 대해 "주나라 유왕이 신후를 아내로 맞이하여 태자 의구를 낳았고, 또 포사를 얻어 백복을 낳아 신후를 내치고 의구를 폐위했다. 이에 의구의 스승이 이 시를 지어 애통하고 절박한 심정을 서술한 것이다〔周幽王娶申后, 生太子宜臼, 又得褒姒, 生伯服, 而黜申后, 廢宜臼. 於是, 宜臼之傅, 爲作此詩, 以敍其哀痛迫切之情也〕"라고 부연했다.

기 때문이다. 〈소반〉의 원망이란 어버이를 친하게 여긴 것이다. 어버이를 친하게 여기는 것이 인仁이다. 고루하구나, 고 노인이 시를 해석하는 것이여!"

[공손추가] 여쭈었다.

"〈개풍〉[17]이란 시는 무엇 때문에 원망하지 않았습니까?"

[맹자께서] 말씀하셨다.

"〈개풍〉은 어버이의 허물이 작은 경우인데, 〈소반〉은 어버이의 허물이 큰 것이니, 어버이의 허물이 큰데도 원망하지 않는다면 이는 더욱더 멀어지게 되는 것이고, 어버이의 허물이 작은데도 원망한다면 이는 [자식이] 발끈 화내는 것[18]이니, 더욱 멀어지게 하는 것도 불효이고, [자식이] 발끈 화내는 것 또한 불효이다. 공자께서 말

---

16) 조기는 원문의 "척戚"이 '친척〔親〕'을 말한다고 했다. '가깝다'의 의미로 보아도 무리가 없다.

17) 〈개풍凱風〉은 《시경》 〈패풍邶風〉의 편명으로, 모두 4장이다. 효자를 찬미하는 시로서, 일곱 명의 아들을 둔 홀어머니와의 효행이 그 주된 내용이다. 신안진씨新安陳氏는 "어머니가 일곱 아들을 낳고 과부가 되어 바람이 나서 집안을 편안히 여기지 못하자, 일곱 아들이 시를 지으면서 감히 그 어머니를 비난하지 않고 죄를 끌어다가 자책하여 '자식이 어머니 마음을 위안하지 못해서 어머니로 하여금 불안하게 했다'라고 하여 이로써 어머니를 감동하게 한 것이다〔母生七子而寡, 不能安其室, 七子作詩, 不敢非其母, 引罪自責, '謂子不能慰母心, 使母不安.' 以感動之也〕"라고 했는데, 《모전》과 《시집전詩集傳》의 해석과 크게 벗어나지 않는다.

18) 원문의 "불가기不可磯"를 번역한 것으로, 조기는 "기磯"가 '격하다〔激〕'의 뜻이라고 했다. '불가기'에 대해 주희는 "조금의 격함에도 급격히 노하는 것을 말한다〔言微激之而遽怒也〕"라고 했는데, 성백효는 "'기'는 물 가운데 나와 있는 돌로, 물이 여기에 부딪히면 격해지기 때문에 부모가 조금만 잘못을 저질러도 자식의 성질이 급하여 대번에 격해짐을 비유한 것이다"라고 풀이하고는 정약용이 "'기磯'는 '기機'이니, '기機'란 격동하는 물건으로 '불가기'라고 한 것은 그 성질이 사납고 독하여 조금도 격한 부딪힘이 있을 수 없는 것이다〔磯者, 機也, 機者激發之物, 不可磯者, 言其性悍毒, 不可小有激觸也〕"라고 한 말을 덧붙였다.

씀하시기를 '순임금은 지극한 효자여서 쉰 살이 되어서도 [어버이를] 그리워했다[19]'라고 하셨다."

公孫丑問曰: "高子曰: '小弁, 小人之詩也.'" 孟子曰: "何以言之?" 曰: "怨." 曰: "固哉, 高叟之爲詩也! 有人於此, 越人關弓而射之, 則己談笑而道之, 無他, 疏之也. 其兄關弓而射之, 則己垂涕泣而道之, 無他, 戚之也. 小弁之怨, 親親也. 親親, 仁也. 固矣夫, 高叟之爲詩也!" 曰: "凱風何以不怨?" 曰: "凱風, 親之過小者也, 小弁, 親之過大者也. 親之過大而不怨, 是愈疏也, 親之過小而怨, 是不可磯也. 愈疏, 不孝也, 不可磯, 亦不孝也. 孔子曰: '舜其至孝矣, 五十而慕.'"

진나라와 초나라의 전쟁을 인과 의로 멈추게 하라 12.4

송경宋牼[20]이 초나라로 가는데, 맹자께서 [그를] 석구에서 우연히 만났다.

[맹자께서] 말씀하셨다.

"선생은 장차 어디로 가십니까?"

[송경이] 말했다.

"제가 듣기로 진秦나라와 초나라가 전쟁을 하고 있다고 하니, 제

---

19) 제9편 〈만장 상〉 1장에 이와 관련된 상세한 이야기가 나오니 함께 읽어보면 맥락을 이해하는 데 도움이 된다.

20) 《한비자》 〈외저설 좌상〉에는 송견宋鈃으로 나오는데, 전국시대 송나라 사람으로 송경宋牼·송영자宋榮子라고도 한다. 그는 황로 학파 쪽 사람으로, 모욕을 당해도 치욕스럽게 생각하지 않고 비공非攻을 주장한 인물이다. 평등을 강조하고 군주의 욕망에 따른 전쟁을 반대한 인물이기도 하다.

가 초나라 왕을 만나 설득하여 전쟁을 그만두게 하려는데, 만일 초나라 왕이 달가워하지 않으면 저는 진나라 왕을 만나 설득하여 전쟁을 그만두게 할 것이니, 두 나라 왕 중에는 장차 제 뜻과 들어맞는 사람이 있을 것입니다."

[맹자께서] 말씀하셨다.

"제가 자세한 것은 묻지 않고 그 요지만 듣고 싶으니, 어떻게 설득하려고 하십니까?"

[송경이] 말했다.

"저는 그 [전쟁이] 이익이 없다는 점을 말하려 합니다."

[맹자께서] 말씀하셨다

"선생의 뜻은 크지만, 선생의 명분이 옳지 않습니다. 선생이 이익을 가지고 진나라와 초나라의 왕을 설득하면 진나라와 초나라의 왕은 이익을 좋아하여 삼군의 군대를 그만두게 할 것이니, 이것으로 삼군의 군사들이 전쟁을 그만두는 것을 즐거워하게 되는 것은 [모두] 이익을 좋아하는 셈입니다. 신하 된 자는 이익을 생각하여 그 군주를 섬기고, 자식 된 자는 이익을 생각하여 그 부모를 섬기며, 동생 된 자는 이익을 생각하여 그 형을 섬긴다면, 이는 군신과 부자와 형제가 마침내 인과 의를 버리고 이익을 생각하여 서로 마주하는 것이니, 이렇게 하고서도 망하지 않은 자는 없습니다.

선생이 인과 의를 가지고 진나라와 초나라의 왕을 설득하면 진나라와 초나라의 왕은 인과 의를 좋아하여 삼군의 군대를 그만두게 할 것이니, 이것으로 삼군의 군사들이 전쟁을 그만두는 것을 즐거워하게 되는 것은 [모두] 인과 의를 좋아하는 셈입니다. 신하 된 자는 인과 의를 생각하여 그 군주를 섬기고, 자식 된 자는 인과 의를 생각하여 그 부모를 섬기며, 동생 된 자는 인과 의를 생각하여 그 형을 섬긴다면, 이는 군신과 부자와 형제가 [마침내] 이익을 버리고 인과 의를 생각하여 서로 마주하는 것인데, 그렇게 하고도 왕 노릇 하지 못하는 자는 없으니, 하필이면 이익을 말씀하십니까?"

宋牼將至楚, 孟子遇於石丘, 曰: "先生將何之?" 曰: "吾聞秦楚構兵, 我將見楚王說而罷之. 楚王不悅, 我將見秦王說而罷之. 二王我將有所遇焉." 曰: "軻也請無問其詳, 願聞其指. 說之將如何?" 曰: "我將言其不利也." 曰: "先生之志則大矣, 先生之號則不可. 先生以利說秦楚之王, 秦楚之王悅於利, 以罷三軍之師, 是三軍之士樂罷而悅於利也. 爲人臣者懷利以事其君, 爲人子者懷利以事其父, 爲人弟者懷利以事其兄, 是君臣父子兄弟終去仁義, 懷利以相接, 然而不亡者, 未之有也. 先生以仁義說秦楚之王, 秦楚之王悅於仁義, 而罷三軍之師, 是三軍之士樂罷而悅於仁義也. 爲人臣者懷仁義以事其君, 爲人子者懷仁義以事其父, 爲人弟者懷仁義以事其兄, 是君臣父子兄弟去利, 懷仁義以相接也, 然而不王者, 未之有也. 何必曰利?"

맹자가 답례한 사람, 그러지 않은 사람, 그 기준 12.5

맹자께서 추나라에 머무실 때 [임나라 군주의 동생] 계임이 임나라의 처수處守[21]가 됐었는데, 예물을 보내 교유하려고 하자 예물을 받기만 하고 답례하지 않았고, 평륙에 머무실 때 저자儲子가 재상이 됐었는데, 예물을 보내 교유하려고 하자 예물을 받기만 하고 답례하지 않았다.

다른 날 [맹자께서] 추나라에서 임나라로 가서는 계자(계임)를 만나시고 평륙에서 제나라로 가서는 저자를 만나시지 않자, 옥려자가 기뻐하며 말했다.

"내가 [선생님께 여쭤볼] 틈을 얻었다."[22]

[옥려자가] 여쭈었다.

"선생님께서 임나라에 가서는 계자를 만나셨는데 제나라에 가서는 저자를 만나지 않으셨으니, 저자가 제나라의 재상에 지나지 않았기 때문입니까?"

[맹자께서] 말씀하셨다.

"그렇지 않다. 《서경》에 말하기를 '윗사람을 예물로 받드는 데 있어 예가 다양하나 예가 물건에 미치지 못하면 이를 「불향不享」이라고 하는데 윗사람을 예물로 받드는 예에 뜻을 다하지 않았기 때문이다'라고 했으니, 저자가 윗사람을 받드는 것을 다하지 못했기 때

21) 처수處守란 군주가 잠시 나라 밖으로 나가 자리를 비우게 되었을 때 그를 대신하여 정사를 처리하는 것을 의미한다.

22) 원문의 "연득간의連得間矣"를 번역한 것으로, 주희는 맹자가 두 일을 다르게 대처하여 '반드시 의리가 있다(必有義理)'라고 하여 물어볼 틈을 얻은 것으로 풀이했다. '간間'을 '허점'으로 해석하기도 하나, 역자는 취하지 않았다.

문이다."

옥려자가 [그 말씀을 듣고] 기뻐하자, 어떤 사람이 [그 기뻐하는 까닭을] 물으니 옥려자가 말했다.

"계자는 추나라에 갈 수 없었으나, 저자는 평륙에 갈 수 있었기 때문이다."[23)]

孟子居鄒, 季任爲任處守, 以幣交, 受之而不報, 處於平陸, 儲子爲相, 以幣交, 受之而不報. 他日, 由鄒之任, 見季子, 由平陸之齊, 不見儲子. 屋廬子喜曰: "連得間矣." 問曰: "夫子之任, 見季子, 之齊, 不見儲子, 爲其爲相與?" 曰: "非也. 書曰: '享多儀, 儀不及物曰不享, 惟不役志于享.' 爲其不成享也." 屋廬子悅. 或問之. 屋廬子曰: "季子不得之鄒, 儲子得之平陸."

백이와 이윤, 유하혜가 왕에게 나아간 이유 12.6

순우곤[24)]이 말했다.

"명성과 공적을 앞세우는 자는 남을 위하는 것이고, 명성과 공적을 뒤로하는 자는 자신을 위하는 것입니다. 선생께서는 삼경[25)] 중의 하나가 되셨으나 명성과 공적이 위나 아래에 더해지지 못하고

---

23) 이 문장은 보충 설명이 필요하다. 그 당시 계임이 군주 대신 맡고 있었던 직책으로 인해 맹자를 만나는 것이 불가능했다. 이는 그가 맹자에게 예를 어긴 것으로 해석할 수 없다는 의미다. 이에 비해 저자는 맹자와 직접 만날 수 있는 곳인 평륙에 있었으면서도 오지 않은 것은 예에 어긋난 행위라는 시각이다. 맹자가 왜 두 사람에게 다르게 처신했는지 알려주는 대목이기도 하다.

24) 순우곤은 제나라 학자로 박학다식했으며, 출신은 미미하지만 제나라 위왕威王 때 직하稷下 학자로 들어와 대부가 되었다. 나중에 위魏나라로 들어가 다시 위왕의 신임을 받아 상국이 되기도 했으나, 결국 그만두고 떠나버렸다.

떠나셨으니, 인한 자도 본래 이와 같습니까?"

맹자께서 말씀하셨다.

"낮은 자리에 있으면서도 어짊으로써 어리석은 자를 섬기지 않은 자가 백이였고, 다섯 번이나 탕왕에게 나아갔고 다섯 번이나 걸왕에게 나아간 자가 이윤이었으며, 더러운 군주를 싫어하지 않으며 하찮은 관직이라도 마다하지 않은 자는 유하혜였다. 이 세 분은 방법이 같지 않았으나 그 나아간 것은 같았으니, 같다는 것은 무엇이겠는가? 인仁이다. 군자는 또한 인할 뿐이니, 어찌 [행위를] 꼭 같게 할 필요가 있겠는가?"

[순우곤이] 말했다.

"노나라 목공 때는 공의자公儀子[26]가 정사를 맡았고 자유와 자사가 신하가 되었으나 노나라는 그 영토가 침해되고 줄어드는 것이 더욱

---

25) 원문의 "삼경三卿"에 대해 양보쥔의 고증을 참조할 만하다. "대체로 '삼경'은 상경, 아경, 하경을 가리키는 말이다. 악의가 처음 연나라에 들어와서 아경이 된 것이 그 증거다. 혹자는 '일경은 재상이고, [다른] 일경은 장군이며, 그 [나머지] 하나는 객경이 되었는데, 위아래로 본래 정원이 없었다'라고 했으니 또한 통한다고 했다(大抵三卿者, 指上卿亞卿下卿而言. 樂毅初入燕乃亞卿, 是其證也. 或曰: '一卿是相, 一卿是將, 其一爲客卿, 而上下本無定員.' 亦通)."

26) 공의자公儀子는 공의휴公儀休다. 《사기》〈순리열전〉에 "공의휴는 노나라 박사였다. 그는 뛰어난 재능과 학문으로 노나라 재상이 되었다. 법을 준수하고 이치를 따르며 바꾸는 일이 없었다(公儀休者, 魯博士也. 以高弟爲魯相. 奉法循理, 無所變更)"고 했다. 사마천은 공의휴가 재상으로 있었을 때의 일화도 이어서 소개하고 있다. "어떤 빈객이 재상에게 생선을 보내왔으나 받지 않았다. 다른 빈객이 말했다. '재상께서 생선을 좋아하신다는 말을 듣고 생선을 보내왔는데 무엇 때문에 받지 않으십니까?' 재상이 말했다. '생선을 좋아하기 때문에 받지 않았소. 지금 나는 재상 벼슬에 있으니 나 스스로 생선을 살 수 있소. 그런데 지금 생선을 받고 벼슬에서 쫓겨난다면 누가 다시 나에게 생선을 보내주겠소? 그래서 받지 않은 것이오'(客有遺相魚者, 相不受. 客曰: '聞君嗜魚, 遺君魚, 何故不受也?' 相曰: '以嗜魚, 故不受也. 今爲相, 能自給魚. 今受魚而免, 誰復給我魚者? 吾故不受也.')."

심해졌으니, 이처럼 현능한 사람은 나라에 유익함이 없습니다!"

[맹자께서] 말씀하셨다.

"우虞나라는 백리해를 등용하지 않아서 멸망했는데 진나라 목공은 그를 등용하여 패자覇者가 되었다. 현능한 사람을 등용하지 않으면 나라가 멸망하는 것이니 영토가 줄어드는 것쯤이야 어찌할 수 있겠는가?"

[순우곤이] 말했다.

"예전에 왕표王豹[27)]가 기수의 물가에 살자, 하서河西 지방 사람들이 노래를 잘 불렀고, 면구가 고당에 살자 제나라 서쪽 지방 사람들이 노래를 잘했으며, 화주와 기량의 아내가 그 남편의 상에 곡을 잘하여 [슬피 울었는데] 나라의 풍속도 변했습니다. 안에 있으면 반드시 밖으로 드러나는 것이니, 그러한 일을 하고서 그러한 공적이 없는 자를 저는 일찍이 보지 못했습니다. 그러므로 현능한 자가 없는 것이니, 있다면 제가 틀림없이 알았을 것입니다."

[맹자께서] 말씀하셨다.

"공자께서 노나라의 사구가 되셨지만, 중용되지는 않으셨고, 게다가 제사를 지내고서도 제사 고기[28)]가 이르지 않자[29)] [공자께서는] 관모를 벗지도 않고 떠나셨으니, [공자를] 알지 못하는 자들은 고기 때문에 떠났다고 하고, 공자를 아는 자들은 [노나라가] 무례했기 때

27) 왕표王豹에 대해 조기는 "위나라의 노래를 잘하는 사람이다〔衛之善謳者〕"라고 했다. 또 양보쥔의 고증에 의하면 "정진의 《소경소문집》에서 《좌전》 애공 6년의 문장에 근거하자면 제나라 사람으로 생각하는 것이 따를 만하다〔鄭珍巢經巢文集據左傳哀六年文, 以爲是齊人, 可從〕"라고 했는데, 신빙성이 있다.

28) 원문의 "번육燔肉"을 번역한 것으로, 양보쥔의 고증에 의하면 "'번燔'은 '번膰'이라고도 쓴다. 즉 제사에 올리는 고기로, '조胙', '신脤', '복육福肉', '이육釐肉'이라고도 한다〔燔亦作膰. 卽祭肉, 又曰胙, 又曰脤, 又曰福肉, 又曰釐肉〕"라고 했다.

문이라고 여겼다. 그러나 공자께서는 미미한 죄를 구실 삼아 떠나고자 하여 구차스럽게 떠나려 하지 않으신 것이니, 군자가 하는 행동을 사람들은 본래 알지 못하는 것이다."

淳于髡曰: "先名實者, 爲人也, 後名實者, 自爲也. 夫子在三卿之中, 名實未加於上下而去之, 仁者固如此乎?" 孟子曰: "居下位, 不以賢事不肖者, 伯夷也, 五就湯, 五就桀者, 伊尹也, 不惡汙君, 不辭小官者, 柳下惠也. 三者不同道, 其趨一也. 一者何也? 曰: 仁也. 君子亦仁而已矣. 何必同?" 曰: "魯繆公之時, 公儀子爲政, 子柳子思爲臣, 魯之削也滋甚, 若是乎, 賢者之無益於國也!" 曰: "虞不用百里奚而亡, 秦穆公用之而霸. 不用賢則亡, 削何可得與?" 曰: "昔者王豹處於淇, 而河西善謳, 緜駒處於高唐, 而齊右善歌, 華周杞梁之妻善哭其夫而變國俗. 有諸內, 必形諸外. 爲其事而無其功者, 髡未嘗覩之也. 是故無賢者也, 有則髡必識之." 曰: "孔子爲魯司寇, 不用, 從而祭, 燔肉不至, 不稅冕而行. 不知者以爲爲肉也, 其知者以爲爲無禮也. 乃孔子則欲以微罪行, 不欲爲苟去. 君子之所爲, 衆人固不識也."

29) 그 이유에 대해 주희는 "《사기》를 살펴보면, 공자가 노나라 사구가 되어 재상〔相〕의 일을 대신 행했는데, 제나라 사람들이 [이것을] 듣고는 두려워하여 이에 노나라 군주에게 여악을 보냈다. 계환자가 노나라 군주와 함께 가서 그것을 보고 정사를 게을리하니, 자로가 말했다. '선생님께서 떠나실 만합니다.' 그러자 공자께서 말씀하셨다. '노나라가 이제 막 교제사를 지낼 것이니, 만약 제사 고기를 대부들에게 내준다면 나는 오히려 [떠나려 함을] 그칠 수 있다'〔按史記, 孔子爲魯司寇, 攝行相事, 齊人聞而懼, 於是以女樂遺魯君. 季桓子與魯君, 往觀之, 怠於政事, 子路曰: '夫子可以行矣.' 孔子曰: '魯今且郊, 如致膰于大夫, 則吾猶可以止'〕"라고 풀이했는데, 이에 대해《사기》〈공자세가〉에 자세한 일화가 전해진다. 참고로 계환자는 이름은 사斯이고, 시호는 환桓이며, 계손사季孫斯라고 일컫는 노나라의 경대부로서 공자와 관계가 좋지 않았다. 기원전 501년부터 기원전 492년까지 국정을 좌지우지했다.

오패와 제후와 대부 들은 왜 죄를 지은 사람인가 12.7

맹자께서 말씀하셨다.

"오패는 삼왕에게 죄를 지은 사람들이고, 오늘날의 제후들은 오패에게 죄를 지은 사람들이며, 오늘날의 대부들은 오늘날 제후에게 죄를 지은 사람들이다. 천자가 제후국에 가는 것을 순수巡狩라고 하고, 제후가 천자에게 조회하러 가는 것을 술직述職이라고 한다. [천자의 순수는] 봄에 교외에 나가 경작하는 상태를 살펴 부족한 자를 보충해주고, 가을에는 수확하는 상태를 살펴 부족한 자를 보충해준다. [천자가] 국경 안에 들어가 보아서 땅이 잘 개간되고 논밭이 잘 정리되어 있으며 노인을 봉양하고 어진 이를 높이며 뛰어난 인재들이 자리에 있으면 상을 내리니, 상은 땅으로 주었다. [천자가] 그 국경 안에 들어가 보아서 땅이 황폐하고 노인을 내버려두고 어진 이를 등용하지 않았으며 착취하는 자들이 벼슬자리에 있으면 문책이 주어졌다. [제후의 술직은] 한 번 조회하지 않으면 그 작위를 강등하고, 두 번 조회하지 않으면 그 땅을 삭감하고, 세 번 조회하지 않으면 천자의 군대를 동원하여 제후를 교체한다. 그러므로 천자는 성토[30]만 하지 정벌하지 않으며, 제후는 정벌하기만 하고 성토하지 못한다. 그런데 오패는 제후를 이끌어 제후를 정벌했으므로 '오패

30) 원문의 "토討"를 번역한 것으로, '성토'라는 개념은 제후가 죄를 지으면 천자가 명을 내려 그 죄를 묻고 다른 제후들을 동원하여 그를 치게 하는 것이니, 천자라는 지위에서 낮은 자리에 있는 자를 벌하는 행위라고 보면 된다. 이에 비해 '벌伐'이란 천자의 명에 따라 대등한 지위에 있는 제후가 다른 제후를 치는 것으로, 행위는 같지만 내면의 의미는 다르다. 즉 천자의 명을 받고 행동했느냐 아니냐 하는 부분이 문제가 된다.

는 삼왕에게 죄를 지은 사람'이라고 말하는 것이다.

오패 가운데 환공이 강성했는데, 규구[31]의 회맹에는 제후들이 희생을 바쳐 그 위에 맹서문을 올려놓고는 피를 입에 대는 의식은 하지 않았다.[32] 첫 번째 조목에서는 '불효하는 자를 벌하고, 세워놓은 세자를 바꾸지 않으며, 첩을 아내로 삼지 말라'고 명했다. 두 번째 조목에서는 '어진 이를 높이고 인재를 길러서 덕이 있는 이를 기려라'고 명했다. 세 번째 조목에서는 '노인을 공경하고 어린이를 사랑하며 손님과 나그네[예우]를 잊지 말라'고 명했다. 네 번째 조목에서는 '선비에게는 대대로 관직을 주지 말고, 관청의 일을 겸직시키지 말며, 선비를 취함에 반드시 능력 있는 자를 얻으며, 함부로 대부를 죽이지 말라'고 명했다. 다섯 번째 조목에서는 '제방을 아무 곳이나 쌓지 말고,[33] 쌀을 수입해가는 것을 막지 말며, 대부들을 봉해주면서 [맹주에게] 알리지 않는 일이 없도록 하라'고 명했다. 그러고는 [마지막에] 이르기를 '무릇 우리 회맹한 사람들은 맹약하고 난 뒤에는 이전의 우호 관계로 돌아가도록 하자'고 했다. 그런데 지금 제후

31) 《사기》〈제태공세가〉에 이와 관련된 내용이 자세하게 나온다. "[환공] 35년 여름, 제후들을 규구葵丘에서 맹약하게 했다. 주나라 양왕襄王이 재공宰孔(주나라의 태재 공씨孔氏)으로 하여금 환공에게 문왕과 무왕께 올렸던 제육과 붉은색 화살과 큰 수레를 내려주었는데 절하지 말도록 명했다. 환공이 이를 받아들이려 하자 관중이 그렇게 해서는 안 된다고 말했다. 즉시 내려가 엎드려 절하고는 하사품을 받았다. 가을에 다시 제후들을 규구에서 회맹하게 했는데, [환공은] 더욱더 오만한 기색이었다〔三十五年夏, 會諸侯于葵丘. 周襄王使宰孔賜桓公文武胙彤弓矢大路, 命無拜. 桓公欲許之, 管仲曰不可. 乃下拜受賜. 秋, 復會諸侯於葵丘, 益有驕色〕."(김원중 역, 《사기세가》, 95쪽)

32) 이에 대해 주희는 "《춘추곡량전春秋穀梁傳》을 살펴보면 희공 9년에 규구의 회맹에 희생을 올려놓고 죽이지는 않았으며, 맹서문을 읽고 희생 위에 올려 한결같이 천자의 금령을 밝혔다〔按春秋傳, 僖公九年葵丘之會, 陳牲而不殺, 讀書加於牲上, 壹明天子之禁〕"라고 풀이했다.

들은 모두 이 다섯 가지 금령을 범했으므로 [나는] '지금 제후들은 오패에게 죄를 지은 사람'이라고 말하는 것이다.

군주의 악행을 부추기는 것은 그 죄가 작지만, 군주의 악행에 미리 아첨하여 좇는 것은 그 죄가 크다. 지금 대부들은 모두 군주의 악행에 미리 아첨하여 좇고 있으므로 [나는] '지금 대부들은 지금 제후에게 죄를 지은 사람'이라고 말하는 것이다."

孟子曰: "五霸者, 三王之罪人也, 今之諸侯, 五霸之罪人也, 今之大夫, 今之諸侯之罪人也. 天子適諸侯曰巡狩, 諸侯朝於天子曰述職. 春省耕而補不足, 秋省斂而助不給. 入其疆, 土地辟, 田野治, 養老尊賢, 俊傑在位, 則有慶, 慶以地. 入其疆, 土地荒蕪, 遺老失賢, 掊克在位, 則有讓. 一不朝, 則貶其爵, 再不朝, 則削其地, 三不朝, 則六師移之. 是故天子討而不伐, 諸侯伐而不討. 五霸者, 摟諸侯以伐諸侯者也, 故曰: '五霸者, 三王之罪人也.' 五霸, 桓公爲盛. 葵丘之會, 諸侯束牲載書而不歃血. 初命曰: '誅不孝, 無易樹子, 無以妾爲妻.' 再命曰: '尊賢育才, 以彰有德.' 三命曰: '敬老慈幼, 無忘賓旅.' 四命曰: '士無世官, 官事無攝, 取士必得, 無專殺大夫.' 五命曰: '無曲防, 無遏糴, 無有封而不告.' 曰: '凡我同盟之人, 旣盟之後, 言歸于好.' 今之諸侯皆犯此五

33) 원문의 "무곡방無曲防"을 번역한 것으로, 이에 대하여 주희는 "굽혀 제방을 만들지 않는다[不得曲爲隄防]"고 했는데, 언해는 이렇게 해석하지 않았다. 즉《관본언해》에는 "방防을 곡曲히 말며"라고 했고,《율곡언해》에는 "곡曲히 방防티 말며"라고 했다. 박문호도 "[관본]언해의 풀이는 이(주희) 주석과 어긋난다[諺釋, 有違於此註]"라고 동의했다. 또《관자管子》〈대광大匡〉과 〈패형霸形〉에서 "무곡제無曲隄"라고 한 것을 보면 '방防'은 '제방堤防'이다. 당시의 제후들은 각각 제방을 쌓아 홍수가 나면 이웃 나라를 골짜기로 삼았고, 가뭄이 들면 자기 나라의 수리 시설을 이용하여 이웃 나라가 재난을 받게 했다는 의미를 담고 있다.

禁, 故曰: '今之諸侯, 五霸之罪人也.' 長君之惡其罪小, 逢君之惡其罪大. 今之大夫皆逢君之惡, 故曰: '今之大夫, 今之諸侯之罪人也.'"

전쟁으로 땅을 확보할 것인가, 인정으로 줄일 것인가 12.8

노나라가 신자愼子[34]를 장군으로 삼으려고 하자, 맹자께서 말씀하셨다.

"백성을 [먼저] 가르치지 않고 용병하는 것을 일러 백성에게 재앙을 끼친다고 하니, 백성에게 재앙을 끼치려는 자는 요순의 세상에서는 받아들이지 않았다. 한 번 싸워 제나라를 이겨서 마침내 [빼앗긴] 남양을 소유한다고 해도 이렇게 하는 것은 더욱 옳지 못하다."

신자가 발끈하여 달가워하지 않으며 말했다.

"이것은 제가 모르는 바입니다."

[맹자께서] 말씀하셨다.

"내가 분명하게 그대에게 알려주겠다. 천자의 땅은 사방 1,000리이니, 1,000리가 못 되면 제후를 대접할 수 없고, 제후의 땅은 사방 100리이니, 100리가 못 되면 종묘의 전적을 지킬 수 없다. 주공이 노나라에 봉해졌을 때 사방 100리였으니, 땅이 부족하지는 않으나 100리로 적었으며,[35] 태공이 제나라에 봉해졌을 때 또한 사방 100리였으니, 땅이 부족하지는 않으나 100리로 적게 한 것이다.

오늘의 노나라는 사방 100리가 되는 것이 다섯 곳이니,[36] 그대가

---

34) 신자愼子에 대해 조기는 "용병을 잘하는 사람〔善用兵者〕"으로 풀이했다. 초순의 《맹자정의》에서는 《사기》에 "신도는 조나라 사람이다. 황제와 노자의 도덕에 관한 학술을 배웠으며, 12편을 지었다〔愼到, 趙人也. 學黃老道德之術, 著十二篇〕"라고 한 문장을 인용하여 신자를 '신도愼到'로 보았다.

생각하기에 왕 노릇 하는 자가 나온다면 노나라는 [토지를] 줄여야 할 쪽에 있겠는가, 아니면 보태야 할 쪽에 있겠는가? 한갓 저 나라에서 취하여 이 나라에 준다고 하더라도 인한 사람은 하지 않는데, 하물며 사람을 죽이면서 [토지를] 구하려 한단 말인가? 군자가 군주를 섬기는 것은 그 군주를 이끌어 도에 합치되게 힘써서 인에 뜻을 두게 할 뿐이다."

魯欲使愼子, 爲將軍. 孟子曰: "不敎民而用之, 謂之殃民. 殃民者, 不容於堯舜之世. 一戰勝齊, 遂有南陽, 然且不可." 愼子勃然不悅曰: "此則滑釐所不識也." 曰: "吾明告子. 天子之地方千里, 不千里, 不足以待諸侯. 諸侯之地方百里, 不百里, 不足以守宗廟之典籍. 周公之封於魯, 爲方百里也, 地非不足, 而儉於百里. 太公之封於齊也, 亦爲方百里也, 地非不足也, 而儉於百里. 今魯方百里者五, 子以爲有王者作, 則魯在所損乎, 在所益乎? 徒取諸彼以與此, 然且仁者不爲, 況於殺人以求之乎? 君子之事君也, 務引其君以當道, 志於仁而已."

35) 원문의 "검儉"을 번역한 것으로, 《설문해자》에 "'검'은 '절약하다'라는 뜻이다〔儉, 約也〕"라고 했고, 《회남자》 〈주술훈〉에 "지키는 바가 매우 검약하다〔所守甚約〕"라고 한 문장에서 고유는 "'약'은 '적다'이다〔約, 少也〕"라고 주석했다. 역자는 고유의 주석에 따랐다.

36) 원문의 "금노방백리자오今魯方百里者五"를 번역한 것으로, 조기는 "지금 노나라는 곧 500리다〔今魯乃五百里矣〕"라고 주석했으나, 정약용은 "개방은 200여 리를 넘지 못하니, 조기의 주석은 잘못이다〔開方不得過二百有餘, 趙注誤〕"라고 반박했다.

지금 군주를 섬기는 자들이 하려는 것 12.9

맹자께서 말씀하셨다.

"오늘날 군주를 섬기는 자들은 말하기를 '나는 능히 군주를 위해 땅을 넓히고 창고를 채울 수 있다'고 한다면, 오늘날 훌륭한 신하라고 말하지만, 옛날이라면 백성의 도적이라고 했다. 군주가 도를 지향하지 않아 인에 뜻을 두지 않는데도 그를 잘살게 하기를 구하니, 이것은 걸왕 [같은 폭군]을 부유하게 하는 것과 같다. [또 말하기를] '나는 능히 군주를 위해 다른 나라와 맹약하여 전쟁하면 반드시 이긴다'고 하니, 지금은 훌륭한 신하라고 말하지만 옛날이라면 백성의 도적이라고 했다. 군주가 도를 지향하지 않아 인에 뜻을 두지 않는데도 그를 위해 강제로 전쟁하는 것을 구하니, 이것은 걸왕 [같은 폭군]을 도와주는 것과 같다. [옳지 못한] 지금의 도를 따르고 오늘날의 풍속을 바꾸지 않는다면 비록 천하를 준다 해도 [그 자리에] 하루아침도 있을 수 없을 것[37]이다."

孟子曰: "今之事君者曰: '我能爲君辟土地, 充府庫.' 今之所謂良臣, 古之所謂民賊也. 君不鄕道, 不志於仁, 而求富之, 是富桀也. '我能爲君約與國, 戰必克.' 今之所謂良臣, 古之所謂民賊也. 君不鄕道, 不志於仁, 而求爲之强戰, 是輔桀也. 由今之道, 無變今之俗, 雖與之天下, 不能一朝居也."

37) 《염철론鹽鐵論》에서 이 구절을 인용했다. "《맹자》에 말하기를, '오늘날 조정에 있으면서 그 풍속을 바꾸지 못하면 천 승의 형세를 이루더라도 하루아침도 [그 자리에] 있을 수 없을 것이다'〔孟子曰: '居今之朝, 不易其俗, 而成千乘之勢, 不能一朝居也'〕."

세율에 관한 맹자와 백규의 담론 12.10

백규白圭[38]가 말했다.

"저는 20분의 1의 세금을 거두려고 하는데 어떻겠습니까?"

맹자께서 말씀하셨다.

"그대의 방법은 오랑캐인 맥貉나라의 방법이니, 만 가구의 나라에 한 사람이 질그릇을 굽는다면 [나라 살림이] 가능하겠는가?"

[백규가] 말했다.

"가능하지 않으니, 그릇을 충분히 쓸 수가 없습니다."

[맹자께서] 말씀하셨다.

"맥나라는 오곡이 자라지 않고 기장[39]만 자라니, 성곽과 궁실과 종묘와 제사의 예가 없고, 제후들과 폐백을 주고받고 음식을 대접하는 일도 없으며, 백관과 담당 관리가 없으므로 20분의 1만 취해도 충분한 것이다. 지금 중원에 살면서 인륜을 저버리고 군자(벼슬아치)가 없는 것이 어찌 가능하겠는가? 질그릇을 굽는 것이 너무 적더라도 나라를 다스릴 수 없는데, 하물며 군자가 없으면 어찌하랴! [세율을] 요순이 시행한 방법보다 [줄여주고] 가볍게 하고자 하는 자

---

38) 《사기》〈화식열전貨殖列傳〉에 그에 관한 내용이 있다. "백규白圭는 주나라 사람이다. 위魏나라 문후文侯 때 이극李克은 토지의 생산력을 높이는 일에 힘을 기울였으나, 백규는 시세의 변동을 살피기를 좋아했다. 그래서 백규는 사람들이 버리고 돌아보지 않을 때는 사들이고, 세상 사람들이 사들일 때는 팔아넘겼다. 풍년이 들면 곡식은 사들이고 실과 옷은 팔며, [흉년이 들어] 누에고치가 나돌면 비단과 풀솜을 사들이고 곡식을 내다 팔았다〔白圭, 周人也. 當魏文侯時, 李克務盡地力, 而白圭樂觀時變. 故人棄我取, 人取我與. 夫歲孰取穀, 予之絲漆, 繭出取帛絮, 予之食〕." 이렇듯 백규는 돈을 버는 데 탁월한 재주를 지녔다.

39) 원문의 "서黍"를 번역한 것으로, 양보쥔은 "기장〔黍〕은 찰기가 있는 것인데, 아마도 여기서는 찰기가 없는 기장인 '직稷'을 가리키는 것 같다"라고 했다.

는 큰 맥나라와 작은 맥나라인 격이요, 요순이 시행한 방법보다 무겁게 하고자 하는 자는 큰 걸왕과 작은 걸왕인 격이다."

白圭曰: "吾欲二十而取一, 何如?" 孟子曰: "子之道, 貉道也. 萬室之國, 一人陶, 則可乎?" 曰: "不可, 器不足用也." 曰: "夫貉, 五穀不生, 惟黍生之, 無城郭宮室宗廟祭祀之禮, 無諸侯幣帛饔飧, 無百官有司, 故二十取一而足也. 今居中國, 去人倫, 無君子, 如之何其可也? 陶以寡, 且不可以爲國, 況無君子乎! 欲輕之於堯舜之道者, 大貉小貉也, 欲重之於堯舜之道者, 大桀小桀也."

백규의 치수는 틀렸다 12.11

백규가 말했다.

"제가 물을 다스리는 것[40]이 우임금보다 낫습니다."

맹자께서 말씀하셨다.

"그대가 틀렸다. 우임금이 물을 다스린 것은 물의 길을 따르신 것이므로 우임금은 사해를 [물이 모이는] 골(壑)로 삼으셨는데, 지금 그대는 이웃 나라를 [물이 모이는] 골로 삼았다. 물이 거꾸로 흐르는 것

40) 백규의 치수 방법은 제방을 쌓고 구멍을 막는 것으로, 맹자가 지적한 것은 바로 그의 방식이었다. 백규의 치수에 관해서《한비자》〈유로喩老〉에 "백규는 제방을 순시하다가 작은 구멍을 막았으며, 나이 든 사람들은 불씨를 막기 위해 굴뚝 틈새를 막았다. 이 때문에 백규는 수해를 당하지 않았고, 나이 든 사람들은 화재를 당하지 않았다(白圭之行隄也, 塞其穴, 丈人之愼火也塗其隙. 此皆愼易以避難, 敬細以遠大者也)"(김원중 역,《한비자》, 휴머니스트, 2016, 323~324쪽)라는 구절이 바로 이것이다. 한비자는 백규의 치수 방법을 긍정적으로 평가했으나, 맹자는 정반대로 폄하한 것이다.

을 '강수'라고 하는데, 강수는 홍수가 난 것으로 인한 사람이 미워하는 것이니[41] 그대가 틀렸다."

白圭曰: "丹之治水也愈於禹." 孟子曰: "子過矣. 禹之治水, 水之道也. 是故禹以四海爲壑, 今吾子以鄰國爲壑. 水逆行, 謂之洚水, 洚水者, 洪水也, 仁人之所惡也. 吾子過矣."

군자의 믿음직함 12.12

맹자께서 말씀하셨다.

"군자가 믿음직하지[42] 못하면 어떻게 [일을] 맡아서 할 수 있겠는가?"

孟子曰: "君子不亮, 惡乎執?"

41) 이 문장에 대해 "물이 거꾸로 흐른다는 것은 하류가 막혔기 때문에 물이 거꾸로 흐르는 것이니, 이제 곧 물을 막아 다른 사람을 해치면 홍수의 재앙과 다를 것이 없다〔水逆行者, 下流壅塞, 故水逆流, 今乃壅水以害人, 則與洪水之災無異矣〕"라는 주희의 풀이를 염두에 둘 만하다.

42) 원문의 "불량不亮"을 번역한 것으로, "량亮"은 '량諒'과 같고 '믿다〔信〕'의 뜻이다. 《논어》〈헌문〉 14.17에서 "어찌 보통의 남자와 여자가 작은 신의를 지키기 위해서인가〔豈若匹夫匹婦之爲諒也〕"라고 한 것과 〈위령공〉 15.36에서 "군자는 올곧지만 [작은] 믿음만을 고집하진 않는다〔君子貞而不諒〕"라고 한 것과 뜻이 통한다.

악정자가 정치를 한다고 했을 때 맹자는 왜 잠을 못 잤을까 12.13

노나라에서 [맹자의 제자] 악정자에게 정사를 맡아보게 하려 했는데, 맹자께서 말씀하셨다.

"나는 이 말을 듣고 기뻐서 잠을 자지 못했다."

공손추가 말했다.

"악정자는 [의지가] 굳셉니까?"

[맹자께서] 말씀하셨다.

"아니다."

[공손추가 말했다.]

"지혜와 사려가 있습니까?"

[맹자께서] 말씀하셨다.

"아니다."

[공손추가 말했다.]

"견문과 지식이 많습니까?"

[맹자께서] 말씀하셨다.

"아니다."

[공손추가 말했다.]

"그렇다면 어째서 기뻐 잠을 자지 못하셨습니까?"

[맹자께서] 말씀하셨다.

"그 사람됨이 또한 선을 좋아하기 때문이다."

[공손추가 말했다.]

"선을 좋아하면 충분합니까?"

[맹자께서] 말씀하셨다.

"선을 좋아하면 천하를 다스리기에도 충분한데, 하물며 노나라임에랴? 만약에 선을 좋아하면 사해의 안에서 장차 천 리를 가볍게 와서 선을 말해주게 될 것이나 만약 선을 좋아하지 않으면 사람들이 말하기를 '자만하기는,[43] 나는 모두 이미 그럴 줄 알았도다'라고 할 것이니, 자만하는 목소리와 얼굴빛이 다른 사람을 천 리 밖에서 막는다. [그리하여] 선비가 천 리 밖에서 발걸음을 멈춘다면, [그 틈에] 참소하고 아첨하고 비위나 맞추는 사람들이 이를 것이니, 참소하고 아첨하며 비위나 맞추는 사람들과 함께 있게 된다면 나라를 다스리고자 해도 가능하겠는가?"

魯欲使樂正子爲政. 孟子曰: "吾聞之, 喜而不寐." 公孫丑曰: "樂正子强乎?" 曰: "否." "有知慮乎?" 曰: "否." "多聞識乎?" 曰: "否." "然則奚爲喜而不寐?" 曰: "其爲人也好善." "好善足乎?" 曰: "好善優於天下, 而況魯國乎? 夫苟好善, 則四海之內皆將輕千里而來告之以善, 夫苟不好善, 則人將曰: '訑訑, 予旣已知之矣.' 訑訑之聲音顔色距人於千里之外. 士止於千里之外, 則讒諂面諛之人至矣. 與讒諂面諛之人居, 國欲治, 可得乎?"

43) 원문의 "이이訑訑"를 번역한 것으로, 주희는 "스스로 자기의 지혜에 만족하여 선한 말을 좋아하지 않는 모양〔自足其智, 不嗜善言之貌〕"이라고 풀이했다.

군자가 벼슬에 나아가고 물러나는 세 가지 경우 12.14

진자(진진陳臻)가 말했다.

"옛날의 군자들은 어떠해야 벼슬했습니까?"

맹자께서 말씀하셨다.

"[벼슬에] 나아간 경우가 세 가지이고, 떠나간 경우가 세 가지였다. [군주가] 공경을 지극히 하여 예를 갖추어 맞이하고 장차 그 [간언하는] 말을 실행하겠다고 말하면 벼슬에 나아갔다가 예의와 태도가 사그라지지는 않았더라도 그 말을 실행하지 않으면 떠났다. 그다음으로는 비록 그 말을 실행하지 않았으나, 맞이함에 공경을 지극히 하여 예를 갖추어 맞이하면 벼슬에 나아갔다가, 예의와 태도가 쇠하면 떠났다. 그 아래로는 아침도 먹지 못하고 저녁도 먹지 못하여 굶주려서 문을 나설 수도 없는데 군주가 이 소문을 듣고 말하기를 '내가 크게는 그 사람의 도를 실행하지 못했고, 또 그 말을 따르지도 못해서 내 땅에서 굶주리게 하는 것은 나의 수치다'라고 말하면서 구제해준다면 이 또한 [벼슬을] 받을 수 있지만, 죽는 것을 면할 뿐이다."

陳子曰: "古之君子何如則仕?" 孟子曰: "所就三, 所去三. 迎之致敬以有禮, 言, 將行其言也, 則就之. 禮貌未衰, 言弗行也, 則去之. 其次, 雖未行其言也, 迎之致敬以有禮, 則就之. 禮貌衰, 則去之. 其下,朝不食, 夕不食, 飢餓不能出門戶, 君聞之, 曰: '吾大者不能行其道, 又不能從其言也, 使飢餓於我土地, 吾恥之.' 周之, 亦可受也, 免死而已矣."

하늘이 큰 임무를 주려는 자는 고통을 먼저 안긴다 12.15

맹자께서 말씀하셨다.

"순임금은 밭두둑 가운데에서 떨쳐 일어나셨고, 부열은 제방 쌓는 곳에서 등용되었으며, 교격[44]은 물고기와 소금을 팔다가 등용되었고, 관이오는 감옥지기였다가 등용되었으며,[45] 손숙오[46]는 바닷가에서 등용되었고, 백리해는 시장에서 등용되었다.[47] 그러므로 하늘이 장차 이러한 사람에게 큰 임무를 맡기려 할 때에는 반드시 먼저 그 마음과 의지를 고통스럽게 하고 그 근육과 뼈를 수고롭게 하며 그 몸과 살가죽을 굶주리게 하고 그 몸을 곤궁하게 하여 일을 행함에 그가 하고자 하는 바를 어지럽히니, 이것은 마음을 떨쳐 일으키고 성정을 참게 하여 그 할 수 없었던 바를 더욱 보태주려는

44) 교격은 제3편 〈공손추 상〉 1장에 이미 나온 인물이다. "거어어염지중擧於魚鹽之中"이라는 고사는 다른 책에는 보이지 않는다.

45) 원문의 "거어사擧於士"를 번역한 것으로, 양보쥔은 '사士'에 대해 "여기서는 옥의 죄수의 관리자를 가리킨다〔此處指獄囚管理者〕"라고 했다.

46) 초나라 재상까지 오른 훌륭한 정치가로, 충성과 청렴함으로 초나라 장왕莊王을 패자로 만들기도 했다. 그는 세 번이나 재상 자리에서 물러났어도 낙담하지 않았는데, 그런 일이 자신의 죄가 아니었다고 확신했기 때문이라고 《사기》 〈순리열전〉에 기록되어 있다.

47) 원문의 "거어시擧於市"를 번역한 것으로, 정약용은 "'시市'는 스스로 팔려 가는 것을 이르니 '시정市井'의 '시'가 아니다〔市謂自鬻也, 非市井之市〕"라는 다른 주석을 내놓았다. 이 역시 일리가 있다.

것이다.

사람은 늘[48] 잘못을 저지르고 난 뒤에 고칠 수 있으니, 마음에서 곤궁하고 생각이 덫에 걸린[49] 뒤라야 떨쳐 일어날 수 있으며,[50] 얼굴빛에 드러나고[51] 음성에서 터져 나온 뒤에 깨닫는다.[52] 안으로는 법도 있는 집안과 도와주는 선비가 없고, 밖으로는 적국과 외환이 없다면 나라는 항상 멸망했다. [이런 이치를 안] 그러고 난 뒤에야 근심과 걱정에서 살고 편안함과 즐거움에서 죽는다는 것을 알게 된다."

孟子曰: "舜發於畎畝之中, 傅說擧於版築之間, 膠鬲擧於魚鹽之中, 管夷吾擧於士, 孫叔敖擧於海, 百里奚擧於市. 故天將降大任於是人也, 必先苦其心志, 勞其筋骨, 餓其體膚, 空乏其身, 行拂亂其所爲, 所以動心忍性, 曾益其所不能. 人恒過, 然後能改, 困於心, 衡於慮, 而後作, 徵於色, 發於聲, 而後喩. 入則無法家拂士, 出則無敵國外患者, 國恒亡. 然後知生於憂患而死於安樂也."

48) 원문의 "항恒"을 번역한 것으로, '늘(常)'이란 뜻이며, '대체로(大率)'라는 말과 같다.

49) 원문의 "형衡"을 번역한 것으로, 조기는 '횡橫' 자와 같다고 했으며, "가슴속에서 생각이 가로막힌 것이다(橫塞其慮於胸中)"라고 했다. 주희는 "순조롭지 못함(不順)"으로 풀이했다. 역자는 이를 취하여 '생각이 덫에 걸리다'라고 의역했다.

50) 원문의 "작作"에 대해 주희는 "떨쳐 일어남(奮起)"이라고 했다.

51) 원문의 "징徵"을 번역한 것으로, 주희는 "징험하다(驗)"라는 뜻이라고 했다. 조기도 "징험이 얼굴빛에 드러나다(徵驗見於顔色)"라고 풀이했다.

52) 원문의 "유喩"를 번역한 것으로 '깨닫다(曉)'라는 뜻이다.

가르침의 또 다른 방법 12.16

맹자께서 말씀하셨다.

"가르침에는 또한 기술이 많으니,[53] 내가 달갑게 여기지 않아 거절함으로써 가르치는 것, 이 또한 그를 가르치는 것일 뿐이다."

孟子曰: "教亦多術矣, 予不屑之教誨也者, 是亦教誨之而已矣."

53) 원문의 "다술多術"을 번역한 것으로, 주희는 "하나의 단서가 아님을 말한 것이다(言非一端)"라고 했다. 즉 여러 가지 방법이 있다는 의미다.

제13편

진심 상

盡心上

【해설】

이 편은 모두 46장으로 이루어져 있는데, 사람의 본성과 천명과의 관계를 주축으로 하여 맹자 사상의 핵심인 성선설을 주로 다루고 있다. 인간의 본성은 하늘로부터 부여받은 것이기에 하늘과 근본적으로 같은 존재라는 시각을 가진 맹자의 관점은 네 가지 단서, 즉 측은지심惻隱之心, 수오지심羞惡之心, 사양지심辭讓之心, 시비지심是非之心을 기반으로 한 사단설로 이어진다. 이미 제3편 〈공손추 상〉 6장에서 나온 사단설은 맹자가 말하고자 하는 인정仁政, 즉 왕도정치의 근본을 이루는 것이다. 맹자는 과거 선왕들이 '차마 하지 못하는 마음(不忍之心)'을 지니고 있었던 것과 달리 지금의 왕들은 그렇지 못하다고 탄식한다. 사리사욕만 추구하며 패도정치(힘으로 다스리는 정치)를 일삼고 민생을 파탄지경으로 내몰고 있다고 말이다.

맹자는 마음을 다하여 본성을 알고 그것을 기르는 것을 강조했고, 2장에 나와 있듯이 자신에게 주어진 운명을 있는 그대로 받아들이라는 메시지를 전하고자 한다. 3장은 사람이 구해야 하는 대상을 다루고 있는데, 바로 도덕적인 수양이라는 것이다. 6장과 7장에서 강조하는 '부끄러움', 즉 '치恥'는 공자도 매우 강조한 것으로, 위정자도 백성에게 이 마음이 있게 하느냐 아니냐에 따라 제대로 된 나라냐 아니냐를 판가름할 수 있다고 본 것의 연장선이다. 8장에서는 적어도 옛날의 어진 왕들은 '선善'을 좋아했다면서 그것이 덕정의 초석임을 강조하고 있다.

11장은 부귀에 초연하라는 내용이고, 13장은 왕도와 패도의 차이를 설명하고 있는데, 14장에서 강조하듯 이상적인 정치는 제도와 법령보다는 어진 음악과 선한 가르침에 있다는 말을 염두에 두고 읽어야 한다. 18장에서는 역경 속에서도 견뎌야 사리에 통달한다는 명제를 제시하고 있다. 19장은 사람의 네 가지 유형을 다루고 있는데, 마지막으로 거론한 대인이 가장 훌륭한 인물이다. 그 존재만으로 타인을 감화시킬 수 있는 인물이라는 맹자의 마지막 구절이 인상적이다.

특히 20장에 나오는 "군자삼락君子三樂", 즉 군자의 세 가지 즐거움은 눈여겨볼 대목이다. 첫 번째는 사람의 힘으로 얻을 수 있는 것이 아니라 하늘이 내려주는 것이고, 두 번째 즐거움은 스스로 인격을 수양함으로써 가능한 즐거움이며, 세 번째 즐거움은 교육자로서의 즐거움을 말하는 것이니, 천하의 왕 노릇 하는 것은 여기에 있지 않다는 것이 그가 말하는 어진 정치의 핵심이다.

문왕의 정치 방식을 다룬 22장이나 늘 백성의 먹거리를 풍성하게 하라는 23장을 통해 맹자의 정치사상은 기본적인 생계를 강조하고 있음을 보여준다. 26장에서는 그 당시의 이단이라고 할 양주와 묵적을 비판하면서 그들에게 경도된 현실을 탄식하는 내용이며, 요순과 탕왕과 무왕을 비교한 30장을 통해 군주의 서로 다른 유형을 비교해볼 수 있다. 31장은 공손추가 예시한 인물인 이윤을 사례로 삼아 신하로서 군주를 추방하는 일이 가당한 일인지에 대한 맹자의 기본적인 관점, 즉 역성혁명을 옹호하는 것을 볼 수 있다.

32장은 노동하지 않는 군자에 대한 공손추의 도전적인 질문에 맹자가 답변한 내용으로, 정신노동이 육체노동 못지않게 나라에 이바지한다는 점을 강조한 글이다. 장례 기간을 둘러싸고 공손추와 나눈 문답을 기록한 39장도 흥미롭게 읽어볼 부분이다. 41장은 맹자가 유세는 하지만 제후들에게 받아들여지지 않는 현실을 공손추가 비판하자 이에 대한 맹자의 해답 혹은 반응이 흥미롭게 펼쳐진다. 43장은 교육자로서 배우는 자세가 갖추어지지 않은 자에게는 가르침을 주지 않는다는 맹자의 교육관이 실려 있다. 맨 마지막 46장은 지자와 인자가 추구하는 삶의 방식을 다루고 있다.

이렇듯 이 편은 맹자의 기본 사상을 축으로 하되 이미 앞에서 나온 개념들을 둘러싸고 벌이는 담론 속에 다양한 사고가 깃들어 있고, 그 편폭이 짧은 것도 많고, 강한 인상을 주는 내용도 많다.

명을 세우는 것 13.1

맹자께서 말씀하셨다.

"그 마음을 다하는 자는 그 본성을 알게 되고, 그 본성을 알면 하늘의 뜻을 알게 된다. 그 마음을 온전하게 하여 그 본성을 기르는 것이 하늘을 섬기는 바이고, 일찍 죽거나 오래 사는 것에 기대지 않고[1] 몸을 닦으며 천명을 기다리는 것이 명을 세우는 바[2]이다."

孟子曰: "盡其心者, 知其性也. 知其性, 則知天矣. 存其心, 養其性, 所以事天也. 殀壽不貳, 修身以俟之, 所以立命也."

정명 따르기 13.2

맹자께서 말씀하셨다.

"[길흉이란] 운명이 아닌 것이 없으나 그중에 정명을 따라야 한다. 그러므로 정명을 아는 자는 위태로운 담장 아래에 서지 않는다. 자신의 도를 다하고 죽는 것은 정명이고, 형틀에 묶여 죽는 것은 정명

---

1) 원문의 "요수불이殀壽不貳"를 번역한 것인데, 이 말의 맥락에 대해 조기는 "이전의 사람들을 보더라도 어떤 이는 요절하기도 하고 어떤 이는 장수하기도 했지만, 결국 두 마음이 없었다(見前人或殀或壽, 終無二心)"라고 했고, 주희가 "삶과 죽음을 내 마음의 기쁨과 슬픔으로 삼지 않는다(不以死生爲吾心之欣戚)"고 한 말을 참조할 만하다

2) 정약용은 《주역》을 인용하여 이 구절을 해설했다. "마음과 힘을 다하여 본성을 따르면 그 본성을 알 수 있다. 《주역》에서도 '이치를 궁구하고 본성을 극진히 하여 명에 이른다'고 했다(竭心力以率性, 則可以知其性矣. 易曰: '窮理盡性, 以至於命')."

이 아니다."[3]

孟子曰: "莫非命也, 順受其正. 是故知命者不立乎巖牆之下. 盡其道而死者, 正命也, 桎梏死者, 非正命也."

자신에게 있는 것을 구하기 13.3

맹자께서 말씀하셨다.

"[어떤 것을] 구하면 그것을 얻고 버리면 그것을 잃는데, 이런 경우 구하는 것이 얻는 것에 유익함이 있으니 자신에게서 구하기 때문이다. 구하는 데 도가 있고 얻는 데는 명이 있으니, 이런 경우 구하는 것이 얻는 것에 유익함이 없으니 [자신의] 밖에서 구하기 때문이다."

孟子曰: "求則得之, 舍則失之, 是求有益於得也, 求在我者也. 求之有道, 得之有命, 是求無益於得也, 求在外者也."

3) 이 장은 정명과 정명이 아닌 것을 말한다. 조기는 "수신의 도를 다하여 명대로 사는 것이 정명을 얻는 것이다〔盡修身之道, 以壽終者, 得正命也〕"라고 했고, 손석孫奭은 "형벌과 감옥에 빠지는 것이 질곡으로 죽는 것이 된다〔陷於刑獄, 爲桎梏而死〕"라고 했으며, 주희는 "가령 문왕이 유리에서 죽고 공자가 환퇴에 의해 죽었더라도 도리어 이것은 정명이 된다〔使文王死於羑里, 孔子死於桓魋, 卻是正命〕"고 했다. 정약용은 "소공의 장수, 안연의 요절, 비간의 억울한 죽음, 도척의 요행한 도망은 명이 아닌 것이 없다. …… 정명도 있고 특명도 있기 때문에 군자는 이를 신중히 한다〔邵公之壽, 顔淵之夭, 比干之誤死, 盜跖之倖逭, 莫非命也 …… 有正命焉, 有特命焉, 故君子愼之〕(이지형 역, 《맹자요의》, 386쪽)"고 했는데 탁견이 아닐 수 없다.

모든 것이 나에게 달려 있거늘 13.4

맹자께서 말씀하셨다.

"만물의 이치가 모두 나에게 갖추어져 있으니,[4] 자신을 돌이켜보아 성실하면[5] 즐거움이 [이보다] 더 큰 것이 없고, 자신의 마음을 미루어 남을 헤아리는 것[6]을 힘써서 행하면 인을 구하는 데 더 가까운 것이 없다."

孟子曰: "萬物皆備於我矣. 反身而誠, 樂莫大焉. 强恕而行, 求仁莫近焉."

죽도록 행해도 도를 모르는 자 13.5

맹자께서 말씀하셨다.

"[어떤 일을] 행동하면서도 행동하는 이유를 분명하게 알지 못하며

---

4) 원문의 "만물개비어아의萬物皆備於我矣"를 번역한 것으로, 이 장은 《논어》 〈이인〉 4.15와 연관해서 보면 맥락이 닿는다. "공자께서 말씀하셨다. '삼(증삼)아, 나의 도는 하나로 꿰뚫는다.' 증자가 아뢰었다. '맞습니다.' 공자께서 나가시자 문인들이 물었다. '무엇을 말씀하신 겁니까?' 증자가 말했다. '선생님의 도는 충과 서일 뿐이구나'〔子曰: '參乎, 吾道一以貫之.' 曾子曰: '唯.' 子出, 門人問曰: '何謂也.' 曾子曰: '夫子之道, 忠恕而已矣'〕."

5) 원문의 "반신이성反身而誠"을 번역한 것으로, 정약용은 "자신을 돌이켜보아 성실하다는 것은 '충'이다. 내가 남에게 베풀 적에 자신에게 돌이켜 구해 하나라도 충하지 않은 것이 없으면 즐거움이 이보다 큰 것이 없을 것이다〔反身而誠者, 忠也. 我之所以施於人者, 反求諸己, 無一不忠, 則樂莫大焉〕"라고 했다.

6) 원문의 "서恕" 자를 번역한 것으로, '서'라는 글자의 기본적인 맥락은 공자의 개념에서 나온 것으로, 의역을 취하여 번역했다.

[어떤 일을] 익히면서도 깊이 살피지 못한다. [그러므로] 죽도록 행동하면서도 그 도를 모르는 자가 많은 것이다."

孟子曰: "行之而不著焉, 習矣而不察焉. 終身由之而不知其道者, 衆也."

부끄러움을 알라 13.6

맹자께서 말씀하셨다.

"사람은 부끄러움이 없어서는 안 되니, 부끄러움이 없는 것을 부끄러워한다면 부끄러움이 없게 될 것이다."

孟子曰: "人不可以無恥, 無恥之[7]恥, 無恥矣."

부끄러움이 중요한 이유 13.7

맹자께서 말씀하셨다.

"부끄러움은 사람[관계]에서 대단히 중요하니, 교묘하게 잔꾀를 부리려는[8] 자는 부끄러움을 쓸 곳이 없다. 부끄러워하지 않음이 남과 같지 않다면, 무엇이 남과 같을 수가 있겠는가?"

---

7) 원문의 "지之" 자를 양보쥔은 '이르다〔至〕'로 풀이했다. 그렇다면 "부끄러움을 알지 못하는 것으로부터 부끄러움을 아는 것까지 이르면, 바로 부끄러움에서 면할 수 있는 것이다〔從不知羞恥到知道羞恥, 就可以免於羞恥了〕"라는 의미로 번역되지만, 역자는 취하지 않았다.

孟子曰: “恥之於人大矣, 爲機變之巧者, 無所用恥焉. 不恥不若人, 何若人有?”

신하로 삼을 수 없는 옛날의 어진 선비 13.8

맹자께서 말씀하셨다.

“옛날의 현명한 왕은 선을 좋아하여 권세를 잊었는데, 옛날의 현명한 선비라고 어찌 유독 그러지 않았겠는가? 자신의 도를 즐거워하고 다른 사람의 권세를 잊었기 때문에 왕이나 공경이 공경함을 극진히 하고 예를 다하지 않으면 자주 만나볼 수도 없었다. 만나보는 것조차도 자주 할 수 없었는데 하물며 그를 신하로 삼을 수 있었겠는가?”

孟子曰: “古之賢王好善而忘勢, 古之賢士何獨不然? 樂其道而忘人之勢, 故王公不致敬盡禮, 則不得亟見之. 見且由不得亟, 而況得而臣之乎?”

---

8) 원문의 “기변機變”을 번역한 것으로, 양보쥔의 설에 “‘교활하게 거짓으로 속이다(機械變詐)’라는 뜻과 같다. 《회남자》 〈원도훈原道訓〉에 ‘그러므로 교활하고 거짓된 마음이 가슴속에 감추어져 있다(故機械之心, 藏於胸中)’라고 한 문장에서 고유의 주석에 ‘기계는 교묘하게 속이는 것이다(機械, 巧詐也)’”라고 한 것을 참조할 만하다.

곤궁하든 영달하든 선비는 일관되어야 13.9

맹자께서 송구천宋句踐[9]에게 일러 말씀하셨다.

"그대는 유세[10]를 좋아하는가? 내가 그대에게 유세에 대해 말해 주겠다. 남이 알아주더라도 스스로 만족해야 하며,[11] 남이 알아주지 않더라도 또한 스스로 만족해야 한다."

[송구천이] 말했다.

"어떻게 해야 스스로 만족할 수 있습니까?"

[맹자께서] 대답하셨다.

"덕을 숭상하고 의를 좋아하면 스스로 만족할 수 있다. 그러므로 선비는 곤궁해도 의를 잃지 않고, 영달해도 정도를 벗어나지 않는 것이다. 곤궁해도 의를 잃지 않기 때문에 선비는 자신의 지조를 지키고,[12] 영달해도 정도를 벗어나지 않기 때문에 백성이 실망하지 않는 것이다. 옛날 사람들이 뜻을 얻으면 은택이 백성에게 더해지고 뜻을 얻지 못하면 스스로를 수양하여 세상에 [이름과 실질이] 드러났으니, 곤궁하면 홀로 그 자신을 선하게 하고 영달하면 겸하여 천

---

9) 송나라 사람으로 성이 송宋이고 이름은 구천句踐이며 생몰년은 알 수 없다. 송구천이란 인물은 이 장 외의 다른 곳에서는 전해지지 않아 자세하지 않다.

10) 원문의 "유遊"를 번역한 것으로, 주희는 '유세하다(遊說)'라는 뜻으로 풀이했다. 한편 유유자적하게 삶을 즐긴다는 해석도 있다.

11) 원문의 "효효囂囂"를 번역한 것이다. 그 의미에 대해 조기와 주희는 "스스로 터득하여 욕심이 없는 모양(自得無欲之貌)"이라고 했으며, 여기서는 '느긋하다', '태연하다'는 의미로 보면 무방하다. 이는 제9편 〈만장 상〉 7장에도 보인다.

12) 원문의 "득기得己"를 번역한 것으로, '자득自得'과 같다. 이에 대해 조기는 "자기의 본성을 얻는 것이다(得己之本性也)"라고 했으며, 주희는 "자신을 잃지 않는 것을 말한다(言不失己也)"라고 했는데, 역자는 주희의 설을 따라 '자신의 지조를 지키는 것'으로 의역했다.

하를 선하게 한다."

孟子謂宋句踐曰: "子好遊乎? 吾語子遊. 人知之, 亦囂囂, 人不知, 亦囂囂." 曰: "何如斯可以囂囂矣?" 曰: "尊德樂義, 則可以囂囂矣. 故士窮不失義, 達不離道. 窮不失義, 故士得己焉, 達不離道, 故民不失望焉. 古之人, 得志, 澤加於民, 不得志, 修身見於世. 窮則獨善其身, 達則兼善天下."

호걸 같은 선비 13.10

맹자께서 말씀하셨다.

"문왕을 기다려 나중에 [감동하여] 분발하는[13] 사람은 평범한 백성이다. 호걸 같은 선비로 말하면 비록 문왕[같은 성군]이 없을지라도 홀로 일어난다."

孟子曰: "待文王而後興者, 凡民也. 若夫豪傑之士, 雖無文王猶興."

남보다 뛰어난 자 13.11

맹자께서 말씀하셨다.

"[두 큰 집안인] 한韓·위魏씨 가문의 재화를 보태주더라도[14] 스스로

---

13) 원문의 "흥興"을 번역한 것으로, 주희가 "감동하여 분발한다는 뜻(感動奮發之意)"으로 풀이한 데 따른 것이다.

14) 원문의 "부附"를 번역한 것으로, 《논어》〈선진〉 11.16의 "계씨가 주공보다 부유한데도 구는 그를 위해 세금을 거두어 더욱 늘려주었다(季氏富於周公, 而求也爲之聚斂而附益之)"라고 한 문장의 '부익附益'과 같다.

별것 아니게[15] 여긴다면 남보다 훨씬 뛰어난 것이다."

孟子曰: "附之以韓魏之家, 如其自視欿然, 則過人遠矣."

원칙으로 다스려야 원망이 없다 13.12

맹자께서 말씀하셨다.

"편안하게 느끼는 방식으로 백성을 부리면[16] 비록 힘들더라도 원망하지 않을 것이며, 살리기 위한 방식으로 백성을 죽이면[17] 비록 죽더라도 죽이는 자를 원망하지 않을 것이다."

孟子曰: "以佚道使民, 雖勞不怨. 以生道殺民, 雖死不怨殺者."

---

15) 원문의 "감연欿然"을 번역한 것이다. 단옥재는 《설문해자주》에서 "《맹자》에서 '감欿'을 빌려 '감坎'의 뜻으로 삼았으니, 가득 차 있는 것을 보는데 마치 비어 있는 것처럼 보는 것을 말한다(孟子假欿爲坎, 謂視盈若虛也)"라고 했다.

16) 원문의 "이일도사민以佚道使民"을 번역한 것으로, 다음과 같은 정약용의 부연 설명을 염두에 두고 읽어야 한다. "편안하게 하는 방법으로 백성을 부린다는 것은 한 번 수고롭게 하고 오랫동안 편안하게 하는 일이다. 곡식을 뿌리고 지붕을 이는 것은 해마다 반복해서 하는 일이니, 어찌 반드시 편안하게 하는 방법이 되겠는가? 도랑을 파고 지역의 경계를 수리하는 것이 곧 한 번 수고롭게 하여 오랫동안 편안하게 하는 것이며, 성곽을 보수하고 도로를 닦는 것이 한 번 수고롭게 하고 오랫동안 편안하게 하는 것이다(佚道使民, 當是一勞久佚之事. 播穀乘屋, 年年復起, 何必爲佚道乎? 濬畎澮修疆域, 則一勞而久佚也, 繕城郭治道徑, 則一勞而久佚也)"라고 했다(이지형 역, 《맹자요의》, 393쪽).

17) 원문의 "이생도살민以生道殺民"을 번역한 것인데, 이 문장에 대해 양보쥔은 두 가지 의미로 풀이할 수 있다고 보았다. 첫째는 "형벌을 행함에 형벌이 없기를 기약하고, 죽임으로써 죽임을 그치게 한다(刑期無刑, 殺以止殺)"라는 것이고, 둘째는 〈농강천표瀧岡阡表〉에서 구양수歐陽修가 "이 죽음에 관한 옥사는 내가 그를 살리고자 했으나 부득이했다. 그를 살리고자 했으나 부득이했다면 죽은 자와 내가 모두 한이 없을 것이다(此死獄也, 我求其生不得爾. 求其生而不得, 則死者與我皆無恨也)"라는 것이다.

패도냐, 왕도냐 13.13

맹자께서 말씀하셨다.

"패도로써 다스리는 자의 백성은 기뻐서 즐거워하는 듯하고,[18] 왕도로써 다스리는 자의 백성은 마음이 편안한 듯하다.[19] [백성을] 죽여도 원망하지 않으며 그들을 이롭게 해주어도 공으로 여기지 않는다. 백성이 날마다 선한 데로 옮겨 가도록 하면서도 [누가] 그렇게 하는지를 알지 못한다. 무릇 군자가 지나가는 곳에는 교화가 되고 [그가] 머무는 곳은 신묘해지므로 위로는 하늘과 아래로는 땅과 함께 흐르는 것이니, 어찌 그들에게 사소한 보탬이라고 말하겠는가?"

孟子曰: "霸者之民驩虞如也, 王者之民皞皞如也. 殺之而不怨, 利之而不庸, 民日遷善而不知爲之者. 夫君子所過者化, 所存者神, 上下與天地同流, 豈曰小補之哉?"

인仁하다는 소문과 선한 가르침 13.14

맹자께서 말씀하셨다.

"인한 말은 인하다는 소문이 사람에게 깊이 파고들어 가는 것만 못하다. 선한 정치는 선한 가르침으로 백성의 마음을 얻는 것만 못

---

18) 원문의 "환우驩虞"를 번역한 것으로, 주희는 '기뻐서 즐거워하다(歡娛)'와 같다고 했다.

19) 원문의 "호호皞皞"를 번역한 것으로, 주희는 "넓고 커서 스스로 만족하는 모양(廣大自得之貌)"이라고 했다.

하다. 선한 정치는 백성이 두려워하고 선한 가르침은 백성이 사랑하니,[20] 선한 정치는 백성의 재물을 얻고, 선한 가르침은 백성의 마음을 얻는다."

孟子曰: "仁言不如仁聲之入人深也. 善政不如善教之得民也. 善政, 民畏之, 善教, 民愛之. 善政得民財, 善教得民心."

타고난 능력과 타고난 지혜 13.15

맹자께서 말씀하셨다.

"사람이 배우지 않으면서도 할 수 있는 것은 뛰어난 능력〔良能〕이고, 생각하지 않으면서도 아는 것은 뛰어난 지혜〔良知〕이다.[21] 두세 살배기 어린아이라도 그 어버이를 사랑할 줄 모르는 이가 없고, 어른이 되어서는 그 형을 공경할 줄 모르는 이가 없다. 어버이를 사랑하는 것은 인이고 어른을 공경하는 것은 의이니, [이는] 다른 것이 아니라 [인과 의가] 천하에 두루 도달하기 때문이다."

孟子曰: "人之所不學而能者, 其良能也, 所不慮而知者, 其良知也. 孩

20) 조기는 "두려워하면 게으름에 이를 수 없으므로 부역은 잘하고 재물은 한 집안에 모이게 된다. 사랑하면 풍속이 변화함을 즐거워하여 윗사람과 아랫사람이 친해지므로 기뻐하는 마음을 얻을 수 있다〔畏之, 不逋怠, 故賦役擧而財聚於一家也. 愛之, 樂風化而上下親, 故歡心可得也〕"라고 했다.

21) 원문의 "양능良能"과 "양지良知"에 대한 설명으로 조기는 "양良"을 '매우, 심히〔甚〕'라는 뜻으로 보았다. 그러므로 '양능'은 가장 능력 있는 것이고, '양지'는 가장 잘 아는 것을 말한다. '양'에 대해 주희는 "본연의 잘하는 것이다〔本然之善也〕"라고 했다.

提之童無不知愛其親者, 及其長也, 無不知敬其兄也. 親親, 仁也, 敬長, 義也, 無他, 達之天下也."

선한 말씀을 듣고 선한 행동을 본 순임금 13.16

맹자께서 말씀하셨다.

"순임금이 깊은 산중에 계실 때 나무와 돌과 함께 사셨고 사슴과 멧돼지와 함께 노시니 깊은 산속의 야인과 다른 점이 거의 없으셨다. [그러나] 어떤 선한 말씀을 들으시거나 어떤 선한 행동을 보시게 되면 [본받으려는 기세가] 마치 큰 강물을 터놓은 듯 콸콸 흘러서 막을 수가 없었다."

孟子曰: "舜之居深山之中, 與木石居, 與鹿豕遊, 其所以異於深山之野人者幾希, 及其聞一善言, 見一善行, 若決江河, 沛然莫之能禦也."

단순한 이치 두 가지 13.17

맹자께서 말씀하셨다.

"하지 않아야 할 바를 하지 않으며 바라지 말아야 할 바를 바라지 않아야 하니, 이와 같으면 될 뿐이다."[22]

---

22) 이 장에 대하여 주희는 "이른바 수오지심을 확충하는 것이다(所謂擴充其羞惡之心)"라고 했다.

孟子曰: "無爲其所不爲, 無欲其所不欲, 如此而已矣."

어려워야 통달한다 13.18

맹자께서 말씀하셨다.

"사람 가운데 덕망과 지혜와 술수와 지식[23]을 가지고 있는 자는 늘 재앙과 환난[24]에 있게 된다. 유독 외로운 신하와 서자[25] 들은 그 마음잡는 것이 위태롭고 우환을 생각하는 것이 깊으므로 [사리에] 통달하는 것이다."[26]

孟子曰: "人之有德慧術知者, 恒存乎疢疾. 獨孤臣孼子, 其操心也危, 其慮患也深, 故達."

23) 원문의 "덕혜술지德慧術知"를 번역한 것으로, 조기는 "덕행德行, 지혜智慧, 도술道術, 재지才知"라고 했고, 양보쥔은 "품덕品德, 지혜智慧, 본령本領, 지식知識"으로 풀이했다. 주희는 "덕혜는 덕의 지혜이고, 술지는 기술의 앎이다〔德慧者, 德之慧. 術知者, 術之知〕"라고 했다.

24) 원문의 "진질疢疾"을 번역한 것으로, 주희는 "재앙이나 환난〔災患〕"을 말한다고 했다. 역자는 주희설에 따랐다.

25) "서자〔孼子〕"에 대해 양보쥔은 "고대에는 항상 일부다처였으니, 본처가 낳은 자식이 아니면 '서자' 또는 '얼자'라고 불렀으며, 일반적인 지위는 비천했다〔古代常一夫多妻, 非嫡妻所生之子叫庶子, 也叫孼子, 一般地位卑賤〕"라고 했다. 한편 정약용은 "얼자는 서자를 말하는 것이 아니다. '얼'은 죄의 뜻이다. 《사기》에 '법령을 닦고 서얼을 삼간다'고 했으니, 서얼은 '서옥'을 말하는 것과 같다. 그러므로 삼간다고 말한 것이다〔孼子, 恐非庶子之謂. 孼, 罪也. 史云, '修法令, 愼庶孼.' 庶孼, 猶言庶獄也. 故曰愼也〕"라고 했다.

26) 이 장에 대하여 정약용은 "현명하고 지혜로운 사람이 기이하고 험난한 일을 많이 만나게 되는 것은 하늘이 그의 덕을 단련시켜 그로 하여금 더욱 증진하게 하기 위해서이다〔賢知之人, 所遇多奇險者, 天以是鍛錬其德, 使之有所增益也〕"라고 했다.

네 가지 인물 유형 13.19

맹자께서 말씀하셨다.

"군주 된 자를 섬기는 자가 있으니, 이러한 군주를 섬기는 것을 기쁨으로 받아들이는 자이다. 사직을 안정시키려는 신하가 있으니, 사직을 안정시키는 것을 기쁨으로 삼는 자이다. 하늘의 백성인 자가 있으니, 천하에 영달하게 된 뒤에야 행하는 자이다. 대인[27)]인 자가 있으니, 자기 몸을 단정하게 하여 만물을 바르게 하는 자이다."

孟子曰: "有事君人者, 事是君則爲容悅者也. 有安社稷臣者, 以安社稷爲悅者也, 有天民者, 達可行於天下而後行之者也. 有大人者, 正己而物正者也."

군자의 세 가지 즐거움 13.20

맹자께서 말씀하셨다.

27) 《맹자》에 나오는 대인의 의미가 불명확하다는 양보쥔의 설이 타당하다. 물론 기본적인 함의는 성인의 자리에 있는 것을 대인이라고 하는 《역경》의 의미를 새겨야 한다. 《사기》 〈사마상여열전司馬相如列傳〉에 천자가 그리는 대인의 모습을 거론한 문장이 나온다. 사마상여가 한漢 무제武帝에게 바친 〈대인부大人賦〉의 한 부분으로, "세상에 대인이 있는데 중주국에 살았다. [그의] 저택이 만리에 가득 찼건만 일찍이 잠시나마 머무를 만하다고 여기지 않았다. 세속이 각박하고 비좁은 것을 비탄하며 훨훨 가볍게 날아가 머나먼 곳에서 노닐었다〔世有大人兮, 在于中州. 宅彌萬里兮, 曾不足以少留. 悲世俗之迫隘兮, 朅輕舉而遠遊〕" (김원중 역, 《사기열전》, 509쪽)라고 했는데, 이 문장의 '대인'에 대해 장읍張揖은 '천자天子'에 비유했으며〔喻天子〕, 향수向秀는 "성인이 자리에 있으면 대인이라고 이른다〔聖人在位, 謂之大人〕"라고 했다.(《사기색은史記索隱》)

"군자는 세 가지 즐거움이 있으나, 천하에 왕 노릇 하는 것은 그 속에 있지 않다. 부모가 모두 살아 계시고 형제가 변고가 없는 것이[28] 첫 번째 즐거움이고, 우러러 하늘에 부끄럽지 않고 굽어보아 남에게 부끄럽지 않은 것이 두 번째 즐거움이고, 천하의 영재를 얻어 교육하는 것이 세 번째 즐거움이니, 군자는 세 가지 즐거움이 있으나, 천하에 왕 노릇 하는 것은 그 속에 있지 않다."

孟子曰: "君子有三樂, 而王天下不與存焉. 父母俱存, 兄弟無故, 一樂也, 仰不愧於天, 俯不怍於人, 二樂也, 得天下英才而教育之, 三樂也. 君子有三樂, 而王天下不與存焉."

군자가 바라는 것과 즐거워하는 것 13.21

맹자께서 말씀하셨다.

"넓은 토지와 많은 백성은 군자도 바라는 것이나 군자의 즐거움은 여기에 있지 않다. 천하의 한가운데에 서서 천하의 백성을 안정시키는 것은 군자도 즐겁게 여기는 것이나 [군자의] 본성은 여기에 있지 않다. 군자의 본성으로 삼는 것은 비록 [이상이] 크게 행해지더라도 더 보태지 않으며, 비록 곤궁하게 살더라도 줄어들지 않으니 본분이 정해져 있기 때문이다. 군자의 본성은 인의예지가 마음 속에 뿌리를 내려 그 얼굴빛이 온화하고 윤택하게[29] 얼굴에 드러나

28) 원문의 "무고無故"를 번역한 것으로, 여기서 "고故"는 '사고事故'의 의미로 보면 옳다. 양보쥔의 고증에 의하면 《예기》〈곡례〉에 "임금이 사고가 없으면 옥을 몸에서 떼어놓지 않는다[君無故, 玉不去身]"라고 한 문장에서 정현은 "'고'는 재앙, 환난, 초상, 병이다[故, 災患喪病也]"라고 했다.

며, 등에 밝게 나타나 사체에 미쳐 사체는 말없이 [행동으로] 깨우치게 되는 것이다."

孟子曰: "廣土衆民, 君子欲之, 所樂不存焉. 中天下而立, 定四海之民, 君子樂之, 所性不存焉. 君子所性, 雖大行不加焉, 雖窮居不損焉, 分定故也. 君子所性, 仁義禮智根於心, 其生色也睟然, 見於面, 盎於背, 施於四體, 四體不言而喩."

떨고 굶주리지 않는 것이 봉양의 첫걸음이다 13.22

맹자께서 말씀하셨다.

"백이가 주왕을 피해 북해의 물가에 살다가 문왕이 [떨쳐] 일어났다는 말을 듣고 고무되어 말하기를 '어찌 돌아가지 않겠는가. 나는 서백西伯[30]이 노인을 잘 받들어 모신다고 들었다'라고 했으며, 태공이 주왕을 피해 동해의 물가에 살다가 문왕이 [떨쳐] 일어났다는 말을 듣고 고무되어 말하기를 '어찌 돌아가지 않겠는가. 나는 서백이 노인을 잘 받들어 모신다고 들었다'라고 했으니, 천하에 노인을 잘 받들어 모시는 자가 있으면 어진 사람들은 자신이 귀의할 곳으로 삼을 것이다.

29) 원문의 "수연睟然"을 번역한 것으로, 주희는 "맑고 온화하며 윤택한 모양(淸和潤澤之貌)"이라고 했다.

30) 주나라 문왕으로, 은나라 말기에 서쪽 제후의 우두머리였기 때문에 '서백西伯'으로 불린다. '백伯'은 '패覇'의 의미다. 사마천은 그가 50년간 재위했으며, 죽은 뒤 10년이 지나 문왕이란 시호를 받았고, 은나라의 법도를 고쳐 새롭게 달력도 만들었다고 《사기》 〈주본기〉에 기록했다.

다섯 이랑의 집 담장 아래에 뽕나무를 심어 평범한 아낙이 누에를 치면, 노인이 충분히 비단옷을 입을 수 있고, 다섯 마리의 암탉과 두 마리의 암돼지가 새끼 칠 때를 놓치지 않게 하면 노인이 충분히 고기를 먹을 것이며, 100이랑의 토지를 평범한 사내가 농사지으면 여덟 식구의 집안이 굶주리지 않을 것이다. 이른바 '서백이 노인을 잘 봉양한다'는 것은 그 밭과 택지를 마련해주어 재배하거나 가축 기르는 것을 가르치며, 그 아내와 자식을 이끌어 그들에게 노인을 봉양하도록 한 것이다. 쉰 살에는 비단이 아니면 따뜻하지 않으며 일흔 살에는 고기가 아니면 배부르지 않다. 따뜻하지 않고 배부르지 않는 것을 '떨고 굶주린 것〔凍餒〕'이라고 한다. 문왕의 백성 중에 떨고 굶주린 노인이 없었다는 것은 이것을 [두고] 말하는 것이다."

孟子曰: "伯夷辟紂, 居北海之濱, 聞文王作, 興曰: '盍歸乎來, 吾聞西伯善養老者.' 太公辟紂, 居東海之濱, 聞文王作, 興曰: '盍歸乎來, 吾聞西伯善養老者.' 天下有善養老, 則仁人以爲己歸矣. 五畝之宅, 樹牆下以桑, 匹婦蠶之, 則老者足以衣帛矣. 五母雞, 二母彘, 無失其時, 老者足以無失肉矣. 百畝之田, 匹夫耕之, 八口之家可[31]以無飢矣. 所謂西伯善養老者, 制其田里, 敎之樹畜, 導其妻子使養其老. 五十非帛不煖, 七十非肉不飽, 不煖不飽, 謂之凍餒. 文王之民無凍餒之老者, 此之謂也."

31) 원문의 "가可"는 어떤 판본에는 '족足'으로 되어 있다.

밭을 잘 다스리고 세금을 적게 거두라 13.23

맹자께서 말씀하셨다.

"밭을 다스리고 세금을 적게 거둔다면 백성을 잘살게 할 수 있을 것이다. 먹는 것을 제때에 하고 쓰기를 예禮에 맞게 하면 재물을 다 쓸 수 없을 것이다. 백성은 물과 불이 없으면 살아갈 수가 없는데, 어두운 저녁에 남의 문을 두드리면서 물과 불을 구하면 주지 않는 자가 없는 이유는 지극히 풍족하기 때문이다. 성인이 천하를 다스림에 있어서 콩과 곡식을 물과 불처럼 갖게 하니, 콩과 곡식이 물과 불처럼 많다면 백성 중에 어찌하여 인하지 못한 자가 있겠는가?"

孟子曰: "易其田疇, 薄其稅斂, 民可使富也. 食之以時, 用之以禮, 財不可勝也. 民非水火不生活, 昏暮叩人之門戶求水火, 無弗與者, 至足矣. 聖人治天下, 使有菽粟如水火. 菽粟如水火, 而民焉有不仁者乎?"

일정한 단계에 이르러야 통달한다 13.24

맹자께서 말씀하셨다.

"공자께서는 [노나라] 동산에 올라가서는 노나라를 작다고 여기셨고, 태산에 올라가서는 천하를 작다고 여기셨다. 그러므로 바다를 구경한 자는 [다른] 물로 끌어들이기가 어렵고, 성인의 문하에서 학문을 익힌 자는 [다른] 논의로 끌어들이기가 어려운 것이다. 물을 감상하는 데는 기술이 있으니 반드시 그 여울을 보아야 하고, 해와 달은 밝음이 있으니 빛을 받아들이는 곳[32]을 반드시 비추는 것이다. 흐르는 물이란 움푹 파인 곳을 채우지 않으면 흘러가지 않으니, 군자가 도에 뜻을 두는 것도 일정한 단계에 이르지[33] 않으면 통달할 수 없다."

孟子曰: "孔子登東山而小魯, 登太山而小天下. 故觀於海者難爲水, 遊於聖人之門者, 難爲言. 觀水有術, 必觀其瀾. 日月有明, 容光必照焉. 流水之爲物也, 不盈科不行, 君子之志於道也, 不成章不達."

선과 이익, 그 근본 차이 13.25

맹자께서 말씀하셨다.

"닭이 울면 일어나 부지런히 힘써 선을 행하는 사람은 순임금의 무리이고, 닭이 울면 일어나 부지런히 힘써 이익을 위하는 사람은 도척의 무리이니, 순임금과 도척의 구분되는 점을 알고자 한다면

32) 원문의 "용광容光"을 번역한 것으로, 조기는 "작은 틈(小郤)"으로 풀이했다. 이에 대해 초순은 "진실로 실이나 머리털이 용납되는 틈이 있다면 빛이 반드시 들어가서 비출 것이다. '용광'이 작은 틈이라는 이름으로 불리는 것은 아니지만, 작은 틈에 이르러서 그 용납되는 것의 미미함으로써 그 비춤의 큰 것을 볼 수 있음을 극적으로 말하는 것이다. 그러므로 '작은 틈(小郤)'이란 말로 용광을 밝힌 것이다(苟有絲髮之際可以容納, 則光必入而照焉. 容光非小隙之名, 至於小隙, 極言其容之微者, 以見其照之大也. 故以小郤明容光)"(《맹자정의》)라고 부연했으니, 참조하면 도움이 된다.

33) 원문의 "성장成章"을 번역한 것으로, 《설문해자》에 "음악이 마치면 1장이 된다(樂竟爲一章)"라고 했다. 일정한 단계에 이른다는 의미다.

다른 것이 없고, 이익과 선행의 간극인 것이다."

孟子曰: "雞鳴而起, 孳孳爲善者, 舜之徒也, 雞鳴而起, 孳孳爲利者, 蹠之徒也. 欲知舜與蹠之分, 無他, 利與善之間也."

중도를 취하라 13.26

맹자께서 말씀하셨다.

"양자(양주)는 자신을 위하는(爲我) 학설을 주장하여 털 하나를 뽑아 천하를 이롭게 할 수 있더라도 그리하지 않았다. 묵자는 겸애를 주장했으니, 이마를 갈아 발꿈치조차 없어지더라도 천하에 이로움이 있다면 그리했다. 자막子莫[34]은 중간을 잡았으니, 중간을 잡는 것이 그것(도)에 가까우나 중간을 잡고 저울질함이 없는 것은 한쪽을 잡은 것과 같다. 한쪽을 잡은 것을 미워하는 까닭은 도를 해치기 때문으로, 하나를 거론하며 [다른] 100가지를 없애는 것이다."

孟子曰: "楊子取爲我, 拔一毛利而天下, 不爲也. 墨子兼愛, 摩頂放踵, 利天下, 爲之. 子莫執中, 執中爲近之. 執中無權, 猶執一也. 所惡執一者, 爲其賊道也, 擧一而廢百也."

34) 조기는 "자막은 노나라 현인으로, 그의 성품은 치우치지 않고 조화로우며 전일한 자이다(子莫, 魯之賢人也. 其性中和專一者也)"라고 하여 자막이 전국시대 노나라 사람이라는 것 이외에는 그의 사적에 대해 전해지는 바가 없다고 한다.

굶주리고 목이 마르면 제맛을 모른다 13.27

맹자께서 말씀하셨다.

"굶주린 사람은 달게 먹고 목마른 사람은 달게 마신다. 이는 음식의 제맛을 알지 못하는 것이다. 굶주림과 목마름이 제맛을 해치게 되기 때문이니, 어찌 오직 입과 배에만 굶주림과 목마름의 해로움이 있겠는가? 사람의 마음도 모두 해로움이 있는 것이다. 사람이 굶주림과 목마름의 해로움으로써 마음의 해로움이 되지 않는다면, 남에게 미치지 못하는 것을 근심할 것이 없다."

孟子曰: "饑者甘食, 渴者甘飮, 是未得飮食之正也. 飢渴害之也, 豈惟口腹有飢渴之害? 人心亦皆有害. 人能無以飢渴之害爲心害, 則不及人不爲憂矣."

절개 있는 유하혜 13.28

맹자께서 말씀하셨다.

"유하혜는 삼공의 자리라도 그 지조[35]를 바꾸지 않았다."

孟子曰: "柳下惠不以三公易其介."

35) 원문의 "개介"를 번역한 것으로, '지조(操)'를 뜻한다.

성과가 답이다 13.29

맹자께서 말씀하셨다.

"[인과 의에 관한] 일을 하는 사람을 비유하면 우물을 파는 것과 같다. 우물을 아홉 길[36]이나 팠더라도 샘에 미치지 못하면, 오히려 버려야 되는 우물인 것이다."

孟子曰: "有爲者辟若掘井, 掘井九軔而不及泉, 猶爲棄井也."

오래 빌리고 있으면 소유한 줄로 안다 13.30

맹자께서 말씀하셨다.

"요임금과 순임금은 본성대로 따른 것이고, 탕왕과 무왕은 몸소 하신 것이고, 오패는 [인과 의를] 빌린 것이다. 오랫동안 빌린 채 돌려주지 않았으니, 그것이 어떻게 그들이 소유한 것이 아님을 알겠는가?"

孟子曰: "堯舜, 性之也, 湯武, 身之也, 五霸, 假之也. 久假而不歸, 惡知其非有也?"

36) 원문의 "인軔"을 번역한 것으로, '인軔'이라고도 쓴다. 길이의 단위로 조기는 "인은 8척이다(軔, 八尺也)"라고 했다.

이윤이 태갑을 추방했다가 불러들인 이유 13.31

공손추가 말했다.

"이윤이 말하기를 '「나는 [도리에] 따르지 않는 사람을 가까이할 수 없다」라고 하고 태갑을 동桐 땅으로 추방하자 백성이 크게 기뻐했다. 태갑이 어질어져서 다시 그를 돌아오게 하자 백성이 크게 기뻐했다'라고 했으니, 어진 자가 남의 신하가 되어 그 군주가 어질지 못하면 진실로 추방할 수 있습니까?"

맹자께서 말씀하셨다.

"이윤과 같은 뜻이 있으면 할 수 있겠지만, 이윤과 같은 뜻이 없다면 찬탈이다."

公孫丑曰: "伊尹曰: '「予不狎于不順.」放太甲于桐, 民大悅. 太甲賢, 又反之, 民大悅.' 賢者之爲臣也, 其君不賢, 則固可放與?" 孟子曰: "有伊尹之志, 則可, 無伊尹之志, 則簒也."

군자가 공밥을 먹어도 되는 이유 13.32

공손추가 말했다.

"《시경》에 말하기를 '하는 일 없이 녹祿을 먹지 않네'라고 했으니, 군자가 밭을 갈지 않고 먹을 수 있는 것은 무엇 때문입니까?"

맹자께서 말씀하셨다.

"군자가 어떤 나라에 머무는데, 그 군주가 그를 등용하면 나라가 편안해지고 부유해지며 존귀해지고 영화롭게 되며, 자제들이 그를 따르면 [자제들은] 효도하며 우애하고 충성하고 믿음이 있게 되니, '하는 일 없이 녹을 먹지 않네' 하는 것으로 어느 것이 이보다 더 크겠는가?"

公孫丑曰: "詩曰: '不素餐兮.' 君子之不耕而食, 何也?" 孟子曰: "君子居是國也, 其君用之, 則安富尊榮, 其子弟從之, 則孝弟忠信. '不素饗兮', 孰大於是?"

선비가 일로 삼아야 할 것과 처신할 것 13.33

왕자 점墊[37]이 물었다.

"선비는 무엇을 일로 삼습니까?"

맹자께서 말씀하셨다.

"뜻을 숭상하는 것입니다."

[왕자 점이] 말했다.

"무엇을 뜻을 숭상하는 것이라고 말합니까?"

[맹자께서] 말씀하셨다.

"인仁과 의義일 뿐이니, 한 사람이라도 죄 없는 사람을 죽이는 것

---

37) 조기는 "제나라 왕자로, 이름은 점墊이다(齊王子名墊也)"라고 했다.

은 인이 아니며, 자신이 갖고 있는 것이 아닌데 그것을 취하는 것은 의가 아닙니다. 사는 곳은 어디에 있어야 하겠습니까? 인한 곳이 이것입니다. 길은 어디에 있어야 하겠습니까? 의가 이것입니다. 인에 살고 의를 따른다면 대인의 일이 갖추어진 것입니다."

王子墊問曰: "士何事?" 孟子曰: "尙志." 曰: "何謂尙志?" 曰: "仁義而已矣. 殺一無罪非仁也, 非其有而取之非義也. 居惡在? 仁是也, 路惡在? 義是也. 居仁由義, 大人之事備矣."

진중자의 하찮은 의로움 13.34

맹자께서 말씀하셨다.

"진중자는 의롭지 않은 것으로 그에게 제나라를 주더라도 받지 않는다는 것을[38] 사람들이 모두 믿고 있지만, 이것은 한 대나무 그릇의 밥과 한 그릇의 국을 버리는 것 같은 [사소한] 의로움이다. 사람에게는 친척과 군신과 위아래가 없는 것보다 [잘못이] 큰 것이 없으니, 그 작은 것으로 [의롭다고 해서] 큰 것이라고 믿는 것이 어찌 옳다고 하겠는가?"

孟子曰: "仲子, 不義與之齊國而弗受, 人皆信之, 是舍簞食豆羹之義也. 人莫大焉亡親戚君臣上下, 以其小者信其大者, 奚可哉?"

38) 이 일은 실제로 있었던 일이 아니다. 이 일화는 제6편 〈등문공 하〉 10장에 자세히 나온다.

부친을 위해 천하를 버리는 순임금 13.35

도응이 물었다.

"순임금이 천자가 되셨을 때, 고요가 사士(법관)가 되었는데, [만일] 고수가 사람을 죽였다면 어떻게 했겠습니까?"

맹자께서 말씀하셨다.

"[고요는] 그를 체포했을 뿐이다."

[도응이 말했다.]

"그렇다면 순임금이 저지하지 않았겠습니까?"

[맹자께서] 말씀하셨다.

"순임금이 어떻게 저지할 수 있겠는가? [고요는 법관으로서] 전해 받은 바에 따라 할 것이다."

[도응이 말했다.]

"그렇다면 순임금은 어떻게 하셨겠습니까?"

[맹자께서] 말씀하셨다.

"순임금이 천하를 버리는 것을 보자면 마치 헌신짝을 버리듯이 하셨을 것이다. 몰래 [부친을] 업고 도망하여 바닷가를 따라 살면서 죽을 때까지 흐뭇하게 즐거워하면서 천하를 잊으셨을 것이다."

桃應問曰: "舜爲天子, 皐陶爲士, 瞽瞍殺人, 則如之何?" 孟子曰: "執之而已矣." "然則舜不禁與?" 曰: "夫舜惡得而禁之? 夫有所受之也."

"然則舜如之何?" 曰: "舜視棄天下猶棄敝蹝也. 竊負而逃, 遵海濱而處, 終身訢然, 樂而忘天下."

사는 곳이 목소리마저 결정한다 13.36

맹자께서 범范 땅으로부터 제나라에 가셔서 제나라 왕의 아들을 바라보시고는 감탄하며 말씀하셨다.

"사는 곳이 기운을 옮겨놓고 봉양하는 것이 체질을 바꿔놓으니, 사는 곳의 중요함이여! 그도 사람의 자식이 아니겠는가."

맹자께서 말씀하셨다.

"왕자의 궁실과 거마와 의복이 남들과 같은 것이 많지만, 왕자가 저와 같은 것은 그 사는 곳이 그렇게 만든 것이니, 하물며 천하의 넓은 집〔仁〕[39]에 사는 자에 있어서는 어떻겠는가? 노나라 군주가 송나라 동남쪽의 문[40]에서 고함을 지르니, 문지기가 말하기를 '이자는 우리 군주가 아니거늘 어찌하여 목소리가 우리 군주와 비슷한가'라고 했으니, 이는 다른 것이 아니라 사는 곳이 서로 비슷하기 때문이다."

孟子自范之齊, 望見齊王之子, 喟然嘆曰: "居移氣, 養移體, 大哉居乎!

39) 원문의 "광거廣居"를 번역한 것으로, '인仁'을 가리킨다. 제6편 〈등문공 하〉 2장에 "천하의 넓은 집에 살며 천하의 바른 자리에 서서〔居天下之廣居, 立天下之正位〕"라고 한 문장을 참조하여 읽어야 한다.

40) 원문의 "질택지문垤澤之門"을 번역한 것으로, 주희는 "송나라의 성문의 이름〔宋城門名〕"이라고 했다. 한편《좌전》양공襄公 17년에 '택문澤門'이 나오는데, 두예가 "송나라의 동쪽 성곽 남문이다〔宋東城南門也〕"라고도 풀이했다.

夫非盡人之子與." 孟子曰: "王子宮室車馬衣服多與人同, 而王子若彼者, 其居使之然也, 況居天下之廣居者乎? 魯君之宋, 呼於垤澤之門, 守者曰: '此非吾君也, 何其聲之似我君也?' 此無他, 居相似也."

짐승과 인간이 구별되는 이유 13.37

맹자께서 말씀하셨다.

"[사람을] 먹이기만 하고 사랑하지 않으면 돼지처럼 사귀는 것이고, 사랑하기만 하고 공경하지 않으면 짐승처럼 기르는 것이다. 공경하는 마음은 예물을 보내기[41] 전에 이미 있어야 하는 것이고, [겉으로] 공경을 하면서도 [마음으로 하는] 실질이 없으면 군자는 [현자를 대함에] 헛된 것에 얽매이지 않아야 한다."

孟子曰: "食而弗愛, 豕交之也, 愛而不敬, 獸畜之也. 恭敬者, 幣之未將者也. 恭敬而無實, 君子不可虛拘."

체형과 안색은 천성 13.38

맹자께서 말씀하셨다.

"체형과 안색은 천성이니, 오직 성인이 되고 난 다음에야 체형[과 안색]을 [온전하게] 실천할 수 있다."

41) 원문의 "장將"을 번역한 것으로, 역자와 달리 주희는 '받들다(奉)'로 보았다.

孟子曰: "形色, 天性也, 惟聖人然後可以踐形."

삼년상을 줄이려는 제나라 선왕 13.39

제나라 선왕이 상례 기간을 줄이고자 하니, 공손추가 말했다.

"일년상을 하는 것이 오히려 그만두는 것보다는 낫겠지요?"

맹자께서 말씀하셨다.

"이는 어떤 사람이 그 형의 팔뚝을 비트는데, 그대가 그에게 '좀 천천히 비틀라'라고 하는 것과 같다. 다만 그에게 효도와 우애를 가르쳐야 할 뿐이다."

왕의 자제 가운데 그 어머니가 죽은 자가 있어 그의 스승이 그를 위해 몇 개월의 상을 요청했다. 공손추가 말했다.

"이런 경우는 어떻습니까?"

[맹자께서] 말씀하셨다.

"이는 상례 기간을 마치고자 하더라도 할 수 없는 것이니, 비록 하루를 더하더라도 그만두는 것보다는 낫다. [앞의 것은 삼년상을] 금지하지 않았는데도 지키지 않는 것을 말한 것이다."

齊宣王欲短喪. 公孫丑曰: "爲朞之喪, 猶愈於已乎?" 孟子曰: "是猶或紾其兄之臂, 子謂之姑徐徐云爾. 亦教之孝弟而已矣." 王子有其母死者, 其傅爲之請數月之喪. 公孫丑曰: "若此者何如也?" 曰: "是欲終之而不可得也, 雖加一日愈於已. 謂夫莫之禁而弗爲者也."

군자가 가르치는 다섯 가지 방식 13.40

맹자께서 말씀하셨다.

"군자가 가르치는 방식은 다섯 가지이니, 때맞춰 내리는 비가 변화시키듯이 하는 방식이 있고, 덕을 온전하게 이루게 하는 방식이 있으며, 재능(자질)[42]을 통달하게 하는 방식이 있고, 질문에 답하는 방식이 있으며, 사사롭게 선으로 다스리는 방식이 있으니, 이 다섯 가지는 군자가 가르치는 방식이다."

孟子曰: "君子之所以教者五, 有如時雨化之者, 有成德者, 有達財者, 有答問者, 有私淑艾者. 此五者, 君子之所以教也."

자격을 갖춘 자만이 전수할 수 있다 13.41

공손추가 말했다.

"[선생님의] 도는 높고도 훌륭하나 마땅히 하늘에 오르는 것과 같아서 [제가] 따라갈 수 없을 듯하니, 무엇 때문에 사람들에게 미칠 수 있다고 생각하게 해서 날마다 부지런히 힘쓰도록 하지 않으십니까?"

---

42) 원문의 "재財"를 번역한 것으로, 주희가 "'재材'와 같다(財, 與材同)"라고 풀이한 것을 염두에 두고 역자는 '재능(자질)'이라고 번역했다.

맹자께서 말씀하셨다.

"큰 목수는 서툰 목수를 위해 먹줄과 먹통을 고치거나 없애버리지 않으며, 예羿는 서툰 사수를 위해 활시위를 당기는 기준을 바꾸지 않는다. 군자는 활시위를 당기고도 쏘지 않으나 튕겨 나갈 듯하니, 중용의 도에 맞게 서 있으면 능히 할 수 있는 자가 그것을 따르는 것이다."

公孫丑曰: "道則高矣, 美矣, 宜若似登天然, 似不可及也, 何不使彼爲可幾及而日孳孳也?" 孟子曰: "大匠不爲拙工改廢繩墨, 羿不爲拙射變其彀率. 君子引而不發, 躍如也. 中道而立, 能者從之."

천하에 도가 있을 때와 없을 때의 처신법 13.42

맹자께서 말씀하셨다.

"천하에 도가 있을 때는 죽을 때까지 도를 따르고, 천하에 도가 없을 때는 자신을 희생해서라도 도를 따르는 것이니, 도를 가지고 남을 따른다는 것[43]은 아직 듣지 못했다."

孟子曰: "天下有道, 以道殉身, 天下無道, 以身殉道, 未聞以道殉乎人者也."

---

43) 원문의 "이도순호인以道殉乎人"을 번역한 것으로, 주희는 "도로써 남을 따르는 것은 아녀자의 도이다(以道從人, 妾婦之道)"라고 했다.

맹자가 대답해주지 않은 이유 13.43

공도자가 말했다.

"등경縢更[44]은 [선생님의] 문하에 있으니, 예우받을 바가 있을 듯한데 [그가 물어도] 대답도 하지 않으시는 것은 무엇 때문입니까?"

맹자께서 말씀하셨다.

"고귀한 신분을 믿고 물으며, 어짊을 믿고 물으며, 나이 많음을 믿고 물으며, 공로를 세운 것이 있음을 믿고 물으며, 저의를 가지고 묻는 경우에는 모두 대답해주지 않는 것이니, 등경이 [이 중에] 두 가지를 가지고 있었다."

公都子曰: "縢更之在門也, 若在所禮, 而不答, 何也?" 孟子曰: "挾貴而問, 挾賢而問, 挾長而問, 挾有勳勞而問, 挾故而問, 皆所不答也. 縢更有二焉."

너무 빠르지도, 너무 느리지도 않게 13.44

맹자께서 말씀하셨다.

"그만둘 수 없는데도 그만두는 자는 그만두지 않는 것이 없고, 두텁게 해야 하는데도 각박하게 한다면 각박하지 않은 것이 없을 것이다. 그 나아가는 데 날랜 자는 그 뒤로 물러나는 것도 빠르다."

---

44) 등경縢更에 대해 조기는 "등滕나라 군주의 동생으로 맹자에게 와서 배운 자이다〔滕君之弟, 來學於孟子也〕"라고 하였다.

孟子曰: "於不可已而已者, 無所不已. 於所厚者薄, 無所不薄也. 其進銳者, 其退速."

군자의 사랑법 13.45

맹자께서 말씀하셨다.

"군자가 만물에 대해서는 사랑하기만 하고 인하지는 않으며, 백성에 대해서는 인하기만 하고 친하지는 않으니, 친지를 친애하고서 백성을 인하게 하고, 백성을 인하게 대하고서 만물을 사랑하는 것이다."

孟子曰: "君子之於物也, 愛之而弗仁, 於民也, 仁之而弗親. 親親而仁民, 仁民而愛物."

일의 우선순위 13.46

맹자께서 말씀하셨다.

"지혜로운 사람은 알지 못하는 것이 없지만, 마땅히 힘써야 할 일을 급한 것으로 여기고, 인仁한 사람은 사랑하지 않는 것이 없으나 현능한 이를 친히 하는 것을 급한 용무로 여긴다. 요순의 지혜로도 사물을 두루 알지 못한 것은 먼저 힘써야 할 일을 급한 일로 여겼기 때문이고, 요순의 인으로도 사람을 두루 사랑하지 않은 것은 현능한 이를 친히 하는 것을 급한 일로 여겼기 때문이다. 삼년상은 능하지 못하면서 [삼개월상인] 시마복과 [오개월상인] 소공복[45]은 자세히 살피고, 밥을 크게 떠서 먹고 국을 오래 마시면서[46] 마른고기를 이[齒]로 끊지 말아야 하는 것을 따져 묻는 것, 이것을 힘써야 할 일을 알지 못한다고 말하는 것이다."

孟子曰: "知者無不知也, 當務之爲急, 仁者無不愛也, 急親賢之爲務. 堯舜之知而不徧物, 急先務也, 堯舜之仁不徧愛人, 急親賢也. 不能三年之喪, 而緦小功之察, 放飯流歠, 而問無齒決, 是之謂不知務."

45) 원문의 "소공小功"을 번역한 것으로, 다섯 달 동안 입는 상복인데 외손자가 외조부모를 위해 이 같은 종류의 상복을 입었다는 의미다.

46) 원문의 "방반放飯"을 번역한 것으로, 조기의 주석을 참조하면 "크게 밥을 뜨는 것〔大飯〕"이고, "유철流歠"은 "길게 마시는 것〔長歠〕"이다. 양보쥔에 의하면 '방반유철放飯流歠'은 "크게 밥을 떠먹고 거칠게 마시는 것〔大吃猛喝〕"을 뜻한다. 《예기》〈곡례〉에 "밥을 크게 뜨지 말고, 국을 오래 마시지 말라〔毋放飯, 毋流歠〕"고 했는데, 조기는 "윗사람 앞에서 받은 음식을 먹을 때 밥을 크게 뜨는 것과 길게 마시는 것은 불경함이 큰 것이다〔於尊者前賜食, 大飯長歠, 不敬之大者〕"라고 했다.

제14편

진심 하

盡心下

【해설】

전체가 38장으로 이루어진 이 편은 1장에서 인하지 못한 양나라 혜왕을 비판하는 것으로 시작해서 혜왕이 그토록 고집했던 토지에 대한 욕망과 그것을 차지하기 위한 전쟁으로 자식에게까지 해가 미친다는 것을 밝히고 있다. 2장에서는 정당한 전쟁은 없다는 시각을 보여주며, 이 장의 내용은 4장으로 이어진다. 7장에서는 남의 아버지를 함부로 죽이면 안 된다는 가르침을 주고 있으며, 8장에서는 세금 수탈을 위해 관문을 설치한 것을 꼬집는다. 9장부터는 도를 행해야 하고, 덕을 완벽하게 갖춘 사람만이 이익이 난무하는 난세를 바로잡을 수 있다고 말한다. 부귀를 가볍게 여기라는 조언과 인한 자만이 천하를 얻는다는 13장의 발언 등을 통해 맹자의 정치사상이 인에 있다는 점을 재차 확인하게 된다.

이 편의 백미는 14장에서 백성과 사직과 군주의 순위를 매긴 것인데, 군주는 가장 가볍다면서 백성을 귀한 존재로 둔 것은 맹자의 민본사상으로 역성혁명과 호응하는 중요한 구절로서, 봉건제 아래에서 이런 주장을 펼친 맹자의 용기에 찬사를 보내게 된다. 즉 군주라고 해도 백성을 귀하게 여겨 그들을 폭정으로 억압하거나 부역에 동원하고 사리사욕을 채우는 수단으로 활용해서는 안 된다는 강력한 메시지를 전하고 있는 것이다.

17장에는 공자와 관련된 이야기가 여러 차례 등장하며, 18장에서도 공자가 죽을 뻔한 고비를 넘기면서 유세한 것을 거론하고 있다. 23장에서는 실행하기 힘든 불가능한 일을 풍부馮婦라는 인물에 비유하면서 왕도정치를 실현하는 것이 어려운 일임을 말하고 있다. 24장에서도 성선의 입장에서 인간이 추구하는 본성에 대한 긍정과 결국 인간의 노력 여하에 따라 운명이 바뀌게 된다는 점을 강조하고 있다.

악정자의 인물됨을 평한 25장이나 이단을 대하는 맹자의 태도를 말한 26장, 적당한 과세 정책을 다시 환기한 27장도 의미 있는 장이다. 28장에서는 제후의 보배 세 가지가 토지와 백성, 정사임을 말하면서도 그 중심에 백성이 있음을 또다시 강조하고 있다. 31장은 맹자 성선설의 핵심

인 '차마 하지 못하는 마음'의 개념을 다시 거론하고 있으며, 32장과 33장은 군자의 말과 자신을 지키는 태도와 명예를 소중하게 생각하라고 충고한다. 34장에서는 제후에게 유세할 때도 당당함을 잃지 않는 맹자의 기상이 엿보이며, 35장에서는 마음 수양법으로 욕심을 줄이라는 조언을 다시 한다. 36장은 증자가 왜 효자인지 말해주고 있으며, 37장에서는 공자의 말을 인용하여 네 가지 인물 유형을 상세히 설명하고 있어 맹자가 생각하는 인물상과 공자가 생각하는 인물상의 기본이 같음을 보여준다.

맨 마지막 38장은 유가의 도를 계승하고자 하는 맹자의 간절한 바람과 탄식이 묻어난다. 맹자가 늘 우려한 대로 양주와 묵적의 설이 세상에 횡행한 현실을 보면서 공자도 우려한 것처럼, 이단을 내치고 제후들에게 성현의 도, 즉 유가의 사상을 전수하려는 맹자의 다짐이 깃들어 있다. 공자의 뒤를 잇겠다고 자부한 맹자의 이런 생각은 결국 한나라의 통치 이념으로 유학이 자리 잡으면서 청대에 이르기까지 주류로서 자리를 굳건히 하게 했다.

인하지 못한 양 혜왕이여 14.1

맹자께서 말씀하셨다.

“인하지 않구나, 양 혜왕이여! 인한 자는 자신이 사랑하는 것으로 사랑하지 않는 데에 미치고, 인하지 못한 자는 사랑하지 않는 것으로 사랑하는 데에 미친다.”

공손추가 여쭈었다.

“무엇을 말씀하시는 것입니까?”

[맹자께서 말씀하셨다.]

“양 혜왕은 영토 때문에 자신의 백성을 피와 살이 썩어 문드러지도록[1] 싸우게 했는데, 크게 지고 나서 다시 전쟁하려고 하면서도 이기지 못할까 두려워 그가 사랑하는 자제들을 몰아서 죽게 만들었으니,[2] 이를 일컬어 자신이 사랑하지 않는 것으로 사랑하는 데에 미친다고 하는 것이다.”

孟子曰: “不仁哉梁惠王也! 仁者以其所愛及其所不愛, 不仁者以其所不愛及其所愛.” 公孫丑問曰: “何謂也?” “梁惠王以土地之故, 糜爛其民而戰之, 大敗, 將復之, 恐不能勝, 故驅其所愛子弟以殉之, 是之謂以其所不愛及其所愛也.”

---

1) 원문의 “미란기민糜爛其民”을 번역한 것으로, “미란糜爛”의 개념에 대해 “백성을 싸우게 하여 그들의 피와 살을 썩어 문드러지도록 한 것이다〔使之戰鬪, 糜爛其血肉也〕”라고 한 주희 설을 따랐다.

2) 원문의 “구기소애자제이순지驅其所愛子弟以殉之”에 대해 해당 내용이 제1편 〈양혜왕 상〉 5장에 보인다.

의로운 전쟁은 없다 14.2

맹자께서 말씀하셨다.

"《춘추》에 [기록된] 의로운 전쟁은 없으나, 저 나라의 군주가 이 나라의 군주보다 [상대적으로] 나은 경우는 있었다. 정벌(征)[3]이란 윗사람[천자]이 아랫사람[제후]을 친다는 것이니, 적대시하는 나라[4]끼리 서로 정벌하는 것이 아니다."

孟子曰: "春秋無義戰. 彼善於此, 則有之矣. 征者, 上伐下也, 敵國不相征也."

《서경》만 믿으라고? 14.3

맹자께서 말씀하셨다.

"《서경》의 내용을 다 믿는다면 《서경》이 없는 것만 못하다. 나는 〈무성武成〉[5] 편에 대해서 두세 쪽만을 받아들였을 뿐이다. 인한 사람은 천하에 대적할 사람이 없으니, [주나라 무왕처럼] 지극히 인한 것으로 [은나라 주왕처럼] 지극히 인하지 못한 사람을 정벌했으

---

3) "정征" 자의 개념에 대해 조기는 천자가 죄를 지은 제후를 토벌한다는 의미로 본 반면, 주희는 "'정'은 사람을 바로잡는 것이다. 제후가 죄가 있으면 천자가 토벌하여 그를 바로잡는 것이다. 이는 《춘추》에 의로운 전쟁이 없다는 이유이다(征, 所以正人也. 諸侯有罪, 則天子討而正之. 此春秋所以無義戰也)"라고 풀이했다.

4) 원문의 "적국敵國"을 번역한 것으로, 이것을 "동등한 제후국" 혹은 "대등한 나라"라는 식으로 의역한 번역본도 있으나, 전국시대는 상대국이라는 개념보다는 "적대시하는 나라"라는 의미가 더 타당하다고 본다.

니, 어찌 그 피가 흘러 절굿공이마저 떠다니게 하는 일이 있었겠는가?"[6]

孟子曰: "盡信書, 則不如無書. 吾於武成, 取二三策而已矣. 仁人無敵於天下, 以至仁伐至不仁, 而何其血之流杵也?"

인한 이의 정벌이란 바로잡는다는 의미 14.4

맹자께서 말씀하셨다.

"어떤 사람이 말하기를 '나는 진陳을 잘 구축하며, 나는 전쟁을 잘한다'라고 하면 큰 죄이다. 나라의 군주 된 이가 인仁을 좋아하면 천하에 대적할 자가 없으니, [탕왕이] 남쪽을 향하여 정벌하자 북쪽에 있는 오랑캐가 원망하고, 동쪽을 향하여 정벌하자 서쪽에 있는 오랑캐가 원망하여 '어찌하여 [정벌함에] 우리를 뒤에 두는가?'라고 했다. 무왕이 은나라를 정벌할 때에 무장한 수레가 300대였고, 호랑이처럼 날랜 군사가 3,000명이었다. 왕이 말씀하기를 '두려워하지 마라! 너희를 편안히 하려는 것이지, 백성을 대적하려는 것이

---

5) 〈무성〉은 《상서》의 편명으로, 양보쥔은 "주나라 무왕이 은나라 주왕을 정벌할 때의 일을 서술했다. 오늘날의 〈무성〉은 《위고문상서》로, '피가 흘러 절굿공이마저 떠다니게 했다〔血流漂杵〕'라고 서술한 것은 은나라 주왕의 병사들이 창을 거꾸로 잡고 자기네들끼리 찔러 죽여 그렇게 된 것이라고 했으나 《맹자》의 원래 의미와 합치되지 않는다"라고 했다.

6) 이 장에 대한 주희의 주석을 참조할 만하다. "《서경》의 본래 뜻은 곧 상商나라 사람들이 스스로 서로 죽였음을 말한 것이지, 무왕이 그들을 죽인 것이라고 말한 것은 아니다. 맹자가 이러한 말씀을 하신 것은 후세에 미혹되거나 또 인하지 않은 마음을 조장할까 두려워했기 때문이다〔書本意, 乃謂商人自相殺, 非謂武王殺之也. 孟子之設是言, 懼後世之惑, 且長不仁之心耳〕."

아니다'라고 하시자, [은나라 사람들이] 마치 산모퉁이가 무너지는 듯하며 뿔을 땅에 닿을 듯이[7] 이마를 조아려 절을 했다. 정벌이란 말은 '바로잡는다〔正〕'는 뜻으로, 저마다 자기 나라를 바로잡아주기를 바라니, 어찌하여 전쟁을 하겠는가?"

孟子曰: "有人曰: '我善爲陳, 我善爲戰.' 大罪也. 國君好仁, 天下無敵焉. 南面而征, 北狄怨, 東面而征, 西夷怨, 曰: '奚爲後我?' 武王之伐殷也, 革車三百兩, 虎賁三千人. 王曰: '無畏! 寧爾也, 非敵百姓也.' 若崩厥角稽首. 征之爲言正也, 各欲正己也, 焉用戰?"

기술 전수의 완전함은 없다 14.5

맹자께서 말씀하셨다.

"목수와 수레바퀴와 차체 만드는 사람[8]은 그 방법을 다른 사람에게 전수해줄 수는 있어도 남에게 기교를 다 터득하게 할 수는 없다."

孟子曰: "梓匠輪輿能與人規矩, 不能使人巧."

7) 원문의 "궐각厥角"을 번역한 것으로, 양보쥔은 "'궐厥'은 '넘어지다〔蹶〕'와 같아 '조아리다〔頓〕'의 뜻이다. 《설문해자》에 '돈은 머리를 아래로 내리는 것이다〔頓, 下首也〕'"라고 했다. 한편 "약붕궐각若崩厥角"에 대해 정약용은 "'약붕궐각' 네 글자는 은나라 백성이 마치 가뭄에 비가 내린 듯한 심정을 형용한 것이다〔若崩厥角四字, 形容殷民如旱得雨之情〕"라고 주석을 달았다.

순임금의 마음가짐 14.6

맹자께서 말씀하셨다.

"순임금이 말린 밥을 먹고 푸성귀를 먹을 때에는 죽을 때까지 그렇게 하실 듯하시더니, 천자가 되기에 이르러서는 삼베로 만든 홑옷을 입고[9] 거문고를 타시며, [요임금의] 두 딸이 모시는[10] 것을 마치 본래부터 누리고 있었던 듯 여기셨다."[11]

---

8) 원문의 "재장윤여梓匠輪輿"를 번역한 것으로, 주희는 "장주가 논한 바인 '수레바퀴를 깎다'라는 뜻은 이와 같은 것이다(莊周所論斲輪之意, 蓋如此)"라고 했는데, 좀 더 부연하여 설명하면 이렇다. 제나라 환공이 대청 위에서 글을 읽고 있을 때 윤편輪扁이 뜰 아래에서 수레바퀴를 깎고 있었다. 그가 망치와 끌을 놓고 올라와서 환공에게 "군주께서 읽고 계신 것이 무슨 말씀인지 감히 여쭙고 싶습니다"라고 하자 환공은 성인의 말씀이라고 답했다. 다시 묻는 말이 성인은 살아 있는 분이냐고 하자 이미 죽었다는 답이 돌아왔다. 그렇다면 옛사람의 찌꺼기 혼백일 뿐이라고 한마디를 덧붙이자, 환공은 대뜸 수레바퀴공 따위가 어찌 논의에 끼어드냐고 하면서 근거를 대지 않으면 죽여버리겠다고 했다. 그러자 윤편은 이렇게 답했다. "신은 신이 하는 일로 그 일을 보았습니다. 수레바퀴를 깎을 때 엉성하게 깎으면 헐거워 견고하지 않고, 꼭 끼게 깎으면 빠듯해서 서로 들어맞지 않습니다. 엉성하지도 않고 꼭 끼지도 않으며 그것이 손에 익고 마음에 호응하여 이루어지는 것이지, 입으로 말할 수는 없습니다. 그 사이에 법도가 있기는 합니다만, 저는 그것을 제 아들에게 가르쳐줄 수 없고, 제 아들도 그것을 제게서 배울 수가 없습니다. 그래서 나이 일흔 노인이 되도록 수레바퀴를 깎고 있는 것입니다. 옛사람과 그의 전할 수 없는 정신은 함께 죽어버린 것입니다. 그러니 군주께서 읽고 계신 것은 옛사람들의 찌꺼기 혼백일 뿐입니다(臣也以臣之事觀之. 斲輪, 徐則甘而不固, 疾則苦而不入. 不徐不疾, 得之於手而應於心, 口不能言. 有數存焉於其間, 臣不能以喩臣之子, 臣之子亦不能受之於臣. 是以行年七十而老斲輪. 古之人與其不可傳也死矣. 然則君之所讀者, 古人之糟魄已夫)." 즉 오랫동안 전심專心과 자기 수양의 과정을 거치면서 손과 마음이라는 감각을 터득한 뒤라야 어떤 얽매임도 없는 경지에 올라설 수 있다는 것이다. 마음과 손이라는 감각, 천지자연의 이치에 순응하는 것이므로 막히거나 걸리지 않는다는 논리다.

9) 원문의 "진의袗衣"를 번역한 것으로, 조기는 "'진'은 '그림을 그린다'이다(袗, 畵也)"라고 풀이했는데, 양보쥔은 조기의 해석에 대해 경전에서 실례와 증거가 없어 믿을 수 없다고 비판했다.

孟子曰: "舜之飯糗茹草也, 若將終身焉, 及其爲天子也, 被袗衣, 鼓琴, 二女果, 若固有之."

남의 아버지를 죽이면 안 되는 이유 14.7

맹자께서 말씀하셨다.

"나는 이제야 남의 아버지를 죽이는 일이 얼마나 심각한 것[12]인지를 알았다. 남의 아버지를 죽이면 남도 나의 아버지를 죽이게 되고, 남의 형을 죽이면 남도 나의 형을 죽이게 될 터이니, 그렇다면 자신이 직접 아버지와 형을 죽인 것은 아니지만 [그렇게 한 것과] 다를 바 없을[13] 뿐이다."

孟子曰: "吾今而後知殺人親之重也. 殺人之父, 人亦殺其父, 殺人之兄, 人亦殺其兄. 然則非自殺之也, 一間耳."

---

10) 원문의 "과果"를 번역한 것으로, 조기는 "'과'는 모신다는 뜻이다(果, 侍也)"라고 풀이했다. 《설문해자》에 "와婐"라고 쓰고, "여자가 시중드는 것을 '와'라고 한다(女侍婐)"고 했다. 이에 대해 송시열은 "두 여자가 순임금을 모신다는 뜻(二女侍御於舜之意)"이라고 부연했다.

11) 이 문장이 시사하는 바는 곤궁한 처지든 존귀한 처지든 동요하지 않는 자세가 순임금의 처신법이라는 것이다.

12) 이 문장과 관련하여 《예기》〈곡례〉에 나오는 "아버지의 원수와는 함께 하늘을 이고 살지 않고, 형제의 원수를 보고 무기를 물리지 않으며, 친구의 원수와는 같은 나라에서 살지 않는다(父之讐弗與共戴天, 兄弟之讐弗反兵, 交遊之讐弗同國)"라고 한 말을 염두에 두고 읽어야 한다.

13) 원문의 "일간一間"을 번역한 것으로, 간격이나 떨어짐이라는 의미의 "간間" 자를 살려 '한 사이', 즉 거리가 아주 가까움을 말한다. 역자는 우리말 어감을 살려 "다를 바 없이"라고 번역했음을 부기한다.

관문을 만든 서로 다른 이유 14.8

맹자께서 말씀하셨다.

"옛날에 [국경의] 관문을 만든 이유는 난폭한 자를 막고자 함이었는데, 오늘날 관문을 만든 이유는 난폭한 짓[14]을 하기 위함이다."

孟子曰: "古之爲關也, 將以禦暴, 今之爲關也, 將以爲暴."

자신이 도를 행하지 않으면 설득력이 없다 14.9

맹자께서 말씀하셨다.

"자신이 도를 실행하지 않으면 [그 도가] 아내와 자식에게도 실행되지 않고, 남을 부리는 데 도로써 하지 않으면 아내와 자식에게도 실행되지 않는다."

孟子曰: "身不行道, 不行於妻子, 使人不以道, 不能行於妻子."

이익과 덕을 갖춘 자 14.10

맹자께서 말씀하셨다.

"이익을 충족한[15] 자는 흉년도 [그를] 죽이지 못하고, 덕을 충족한

---

14) 원문의 "폭暴" 자를 번역한 것으로, 관문을 통과하는 자들에게 세금을 무겁게 매기는 것을 비유한 말이다. 제3편 〈공손추 상〉 5장에 "관문에서 [인적 사항을] 검문하기만 하고 통행세를 거두어들이지 않았다(關, 譏而不征)"라고 하여 이와 관련된 문장이 보인다.

자는 사특한 세상도 [그를] 어지럽히지 못한다."

孟子曰: "周于利者凶年不能殺, 周于德者邪世不能亂."

명예를 좋아하는 자는 나라도 사양한다 14.11

맹자께서 말씀하셨다.

"명예를 좋아하는 사람은 천 대의 수레를 내는 나라를 사양할 수 있지만, 만일 그런 사람이 아니라면 한 그릇 밥과 한 그릇 국에도 낯빛에 나타난다."

孟子曰: "好名之人能讓千乘之國, 苟非其人, 簞食豆羹見於色."

정치의 요체 세 가지 14.12

맹자께서 말씀하셨다.

"인한 사람과 현명한 사람을 믿지 않으면 나라가 텅 비게 되고,[16] 예의가 없으면 위아래가 어지럽게 되며, [올바른] 정치가 없으면 재정의 쓰임이 부족하게 된다."

15) 원문의 "주周"를 번역한 것으로, 주희는 "족하다는 뜻이다. 쌓이는 것이 두터우면 사용하는 것에 여유가 있는 것을 말한 것이다〔足也. 言積之厚則用有餘〕"라고 풀었다.

16) 원문의 "공허空虛"를 번역한 것으로, 주희는 "'공허'는 사람이 없는 것과 같음을 말한다〔空虛, 言若無人然〕"라고 했는데, 그 의미는 다소 불분명하다.

孟子曰: "不信仁賢, 則國空虛, 無禮義, 則上下亂, 無政事, 則財用不足."

인해야 천하를 얻는다 14.13

맹자께서 말씀하셨다.

"인하지 않고서 나라를 얻은 자는 있지만, 인하지 않고서 천하를 얻은 일은 없다."

孟子曰: "不仁而得國者, 有之矣, 不仁而得天下, 未之有也."

백성이 귀하고 군주는 가볍다 14.14

맹자께서 말씀하셨다.

"백성이 귀하고, 사직[17]은 그다음이며, 군주는 가벼운 것이다. 이 때문에 천한 백성[18]에게 [마음을] 얻은 자가 천자가 되고, 천자에게

17) 원문의 "사직社稷"에 대해 주희는 "'사社'는 토지 신이고 '직稷'은 곡물 신이니, 나라를 세우면 제단을 세워 제사를 지낸다. 대개 나라는 백성을 근본으로 삼고 사직도 백성을 위해 세우며, 군주의 존귀함은 또 두 가지의 존망에 관계한다. 그러므로 그 가볍고 무거움이 이와 같은 것이다(社, 土神, 稷, 穀神, 建國則立壇壝以祀之. 蓋國, 以民爲本, 社稷, 亦爲民而立, 而君之尊, 又係於二者之存亡. 故其輕重, 如此)"라고 풀이했다. 《주례도周禮圖》에 "사·직의 단은 나란히 있는데, 사단은 동쪽에 있고, 직단은 서쪽에 있으며, 각각 세 가지 등급이 있다. 제단은 사방 모퉁이에 구矩와 같이 곡방曲方으로 한다(社稷壇相竝, 社壇在東, 稷壇在西, 各三級. 壝在四隅, 如矩曲方)"라고 한 기록을 참조할 만하다.

18) 원문의 "구민丘民"을 번역한 것으로, 이 개념에 대해 주희는 "논밭의 백성이니, 매우 미천하다(田野之民, 至微賤也)"라고 했다.

[마음을] 얻은 자가 제후가 되고, 제후에게 마음을 얻은 자가 대부가 된다. 제후가 사직을 위태롭게 하면 [제후를] 바꾸어 놓는다. 희생이 이미 살지고 제물이 이미 정결하여 제사를 제때에 지냈으나, 가뭄이 들거나 홍수가 나면 사직을 바꾸어 설치한다."

孟子曰: "民爲貴, 社稷次之, 君爲輕. 是故得乎丘民而爲天子, 得乎天子爲諸侯, 得乎諸侯爲大夫. 諸侯危社稷, 則變置. 犧牲旣成, 粢盛旣絜, 祭祀以時, 然而旱乾水溢, 則變置社稷."

성인은 백 세대의 스승이다 14.15

맹자께서 말씀하셨다.

"성인은 백 세대의 스승이니, 백이와 유하혜가 이와 같은 분이다. 그러므로 백이의 풍도를 들은 자들이라면, 지각 없는 자는 청렴해지고 나약한 자는 지조를 갖게 되며, 유하혜의 풍도를 들은 자들이라면 경박한 자는 돈후하게 되고 속이 좁은 사람은 너그러워진다. 백 세대 위에서 분발하거든 백 세대의 아래에서 [풍도를] 들은 자 중에서 분발하여 일어나지[19] 않는 자가 없으니, 성인이 아니고서야 이와 같을 수 있겠는가? 하물며 그들을 가까이하여 친히 교화된[20] 자에 있음에랴."

---

19) 원문의 "홍기興起"를 번역한 것으로, 조기는 "뜻이 홍기하는 것이다〔志意興起也〕"라고 했고, 주희는 "감동하고 분발하는 것이다〔感動奮發也〕"라고 풀이했다.

20) 원문의 "친자親炙"를 번역한 것으로, 주희는 "친근하여 그것에 교화되는 것이다〔親近而薰炙之也〕"라고 했다.

孟子曰: "聖人, 百世之師也, 伯夷柳下惠是也. 故聞伯夷之風者, 頑夫廉, 懦夫有立志, 聞柳下惠之風者, 薄夫敦, 鄙夫寬. 奮乎百世之上, 百世之下, 聞者莫不興起也. 非聖人而能若是乎. 而況於親炙之者乎."

인仁과 도道 14.16

맹자께서 말씀하셨다.

"인仁이란 사람〔人〕이라[21]는 말로, [인과 사람을] 합해서 말하면 도道이다."

孟子曰: "仁也者, 人也. 合而言之, 道也."

공자가 노나라를 떠날 때와 제나라를 떠날 때 14.17

맹자께서 말씀하셨다.

"공자께서 노나라를 떠나실 때는 '더디고 더디구나, 내 발걸음이여!'라고 하셨으니 부모 같은 나라를 떠나는 도이고, 제나라를 떠나실 때는 [밥을 지으려고] 담갔던 쌀마저 건져 가지고 떠나셨으니 이는 다른 나라를 떠나는 도이다."

孟子曰: "孔子之去魯, 曰: '遲遲吾行也!', 去父母國之道也. 去齊, 接

---

21) 《설문해자》에도 "인은 친하다는 뜻이다. '사람 인'과 '두 이'를 따른다〔仁, 親也. 從人二〕"라고 했다. 《중용》 20.5에서도 "인이란 사람이라는 뜻이다〔仁者, 人也〕"라고 했다.

淅而行, 去他國之道也."

공자가 두 나라 사이에서 곤궁을 당한 이유 14.18

맹자께서 말씀하셨다.

"군자가 진陳나라와 채蔡나라 사이에서 곤액을 겪으신 것[22]은 [두 나라] 위아래의 교분이 없었기 때문이다."

孟子曰: "君子之戹於陳蔡之間, 無上下之交也."

비난받고 있다는 것 14.19

맥계가 말했다.

"저는 남에 의하여 크게 비난받고[23] 있습니다."

맹자께서 말씀하셨다.

"상심할 것이 없다. 선비는 더욱 구설이 많은 법이니, 《시경》에

22) 이 장에서 '군자'는 공자를 가리키는데, 이 일과 관련하여 《논어》〈선진〉 11.2에 "공자께서 말씀하셨다. '진나라와 채나라에서 [재난을 당했을 때] 나를 따랐던 자는 모두 문하에 남아 있지 않다'(子曰: '從我於陳蔡者, 皆不及門也')"라는 기록이 있으며, 〈위령공〉 15.1에도 보인다. 《사기》〈공자세가〉에도 자세한 기록이 보인다. "[공자가 진나라에 있을 때] 오나라가 진나라를 쳤다. 이때 초나라가 진나라를 구하기 위해서 군사를 일으켰다. [초나라 소왕이] 공자가 진과 채 사이에 있다는 것을 듣고 공자를 초빙하려고 했으나 진나라와 채나라 대부들이 [공자를 가지 못하게] 계획을 세워 말했다. …… 이에 공자를 들에 포위하여 [일주일 동안 갇혀서] 식량도 떨어지고 곁에 문하들이 병이 들어 따르지 못했다(吳伐陳. 楚救陳, 軍于城父. 聞孔子在陳蔡之間, 楚使人聘孔子. 孔子將往拜禮, 陳蔡大夫謀曰: …… 於是乃相與發徒役圍孔子於野. 不得行, 絕糧. 從者病, 莫能興)."

이르기를 '근심스러운 마음으로 가득하여 소인들에게 노여움을 사는구나'라고 했으니 이는 공자 같은 분이고, '그들의 노여움을 없애지는 못했으나, 또한 그 명망을 떨어뜨리지는 않았다'라고 했으니, 문왕 같은 분이다."

貉稽曰: "稽大不理於口." 孟子曰: "無傷也. 士憎茲多口. 詩云, '憂心悄悄, 慍于羣小.' 孔子也. '肆不殄厥慍, 亦不隕厥問.' 文王也."

오늘날 현자인 체하는 자 14.20

맹자께서 말씀하셨다.

"현능한 자는 자신의 밝음으로써 남을 밝게 하는데, 오늘날 사람들은 자신의 어리석음으로써 남을 밝게 하려고 한다."

孟子曰: "賢者以其昭昭使人昭昭, 今以其昏昏使人昭昭."

샛길도 사용하면 큰길이 되거늘 14.21

맹자께서 고자에게 일러 말씀하셨다.

---

23) 원문의 "불리不理"를 번역한 것으로, 《광아》〈석고〉에 "'리'는 순조롭다는 뜻이다(理, 順也)"라고 했다. 왕염손은 《광아》〈소증〉에서 《주역》〈설괘전〉에 "도덕에 화순하고 의에 순조롭다(和順於道德而理於義)"라고 한 말과 《주례》〈고공기〉에 "도랑에 물의 흐름이 순조롭지 않은 것을 일러 배수가 되지 않는다고 한다(水屬不理孫, 謂之不行)"는 말을 근거로 내세웠다. 역자는 의역하여 '비난받다'로 번역했다.

"산비탈[24]에 발자국이 난 작은 샛길[25]도 잠깐 동안이라도 다니면 길을 이루고, 잠깐이라도[26] 다니지 않으면 띠풀이 자라 [길을] 막게 되니, 지금 띠풀이 그대의 마음을 막고 있구나."

孟子謂高子曰: "山徑之蹊, 間介然用之而成路, 爲間不用, 則茅塞之矣. 今茅塞子之心矣."

우임금의 음악이 문왕의 음악보다 나은 근거 14.22

고자가 말했다.

"우임금의 음악이 문왕의 음악보다 더 낫습니다."

맹자께서 말씀하셨다.

"무엇으로 그렇게 말하는가?"

[고자가] 말했다.

"종을 매단 끈이 끊어지려 하기[27] 때문입니다."

[맹자께서] 말씀하셨다.

"그것이 어째서 충분한 이유가 되겠는가? 성문의 수레바퀴 자국

---

24) 원문의 "산경山徑"을 번역한 것으로, '경徑'은 '산비탈 형陘' 자와 같다. 《광아》 〈석구〉에 "'형'은 산비탈이다(陘, 阪也)"라고 했다.

25) 원문의 "혜蹊"를 번역한 것으로, '지름길 혜徯' 자와 같다. 단옥재의 《설문해자주》에 "《맹자》에서는 '산비탈의 길'이라고 하고, [《예기》] 〈월령〉에서는' 사잇길을 막다'라고 했는데, 대개 먼저 간 사람이 후에 간 사람을 기다리는 길을 '혜'라고 한다(孟子, 山徑之蹊. 月令, 塞徯徑. 凡始行之以待後行之徑曰蹊)"고 했다.

26) 원문의 "위간爲間"을 번역한 것으로, 양보쥔은 '유간有間'과 같으며, "시간이 오래지 않다는 뜻(爲時不久之意)"이라고 했고, 주희는 '적은 시간(少頃)'이라고 했다.

이 두 말[28]의 힘만[으로 생긴 것]이겠는가?"

高子曰: "禹之聲尙文王之聲." 孟子曰: "何以言之?" 曰: "以追蠡." 曰: "是奚足哉? 城門之軌, 兩馬之力與?"

옛 명성에 기대면 비웃음뿐이다14.23

제나라에 흉년이 드니, [제자] 진진이 말했다.

"나라 사람들이 모두 선생님께서 장차 다시 [왕에게] 당읍의 창고를 열어 구제하도록 하실 것이라고 기대하는데, 아마도 다시 [그렇게] 할 수가 없을 듯합니다."

맹자께서 말씀하셨다.

"이것은 [나를] 풍부馮婦[29] 같은 사람으로 만들려는 것과 같다. 진晉나라 사람 중에 풍부라는 자가 호랑이를 잘 잡았는데 졸지에 좋

27) 원문의 "추려追蠡"를 번역한 것으로, 종의 끈이 끊어지려는 모양이다. 양보쥔은 "'추'를 옛날에는 '퇴'로 읽었다〔追舊讀堆〕"라고 했다. 조기는 "'추'는 종의 끈이다〔追, 鍾鈕也〕"라고 했고, "'려'는 끊어지려고 하는 모양이다〔蠡, 欲絕之貌也〕"라고 했다. 주희는 풍직豐稷의 말을 인용하여 "'추'는 종의 끈이니, 《주례》에 이른바 '선충旋蟲'이 이것이다. '려'는 나무를 파먹는 벌레이다. 우임금 때의 종으로 현존하는 것은 종의 끈이 벌레가 파먹은 것과 같아서 끊어지려고 하니, 대개 그것(음악)을 사용한 자가 많은 것이고, 문왕의 종은 그렇지 않기 때문에 우임금의 음악이 문왕의 음악보다 나은 것을 안다고 말한 것이다〔追, 鐘紐也, 周禮所謂旋蟲, 是也. 蠡者, 齧木蟲也. 言禹時鐘在者, 鐘紐如蟲齧而欲絶, 蓋用之者多, 而文王之鐘, 不然, 是以, 知禹之樂, 過於文王之樂也〕"라고 주석했다.

28) 원문의 "양마兩馬"를 번역한 것으로, 조기는 '양마'를 '국마國馬'와 '공마公馬' 두 종류의 말로 해석했다. 역자도 직역하여 두 말이라고 했지만, 구설에 따라 '몇 마리 말'로 풀이해도 좋다.

29) 풍부馮婦에 대하여 조기는 "풍은 성이고, 부는 이름이다〔馮, 姓, 婦, 名也〕"라고 주석을 달았다.

은 벼슬아치[30]가 되었다. [한번은] 들에 갔는데 여러 사람이 호랑이를 쫓고 있었다. 호랑이가 산모퉁이를 등지고 있자 사람들이 감히 달려들지 못하더니 풍부를 바라보고는 달려가서 맞이했다. 풍부가 팔을 걷어올리고 수레에서 내려오자, 뭇사람은 모두 그를 좋아했으나 선비들은 그를 비웃었다."

齊饑. 陳臻曰: "國人皆以夫子將復爲發棠, 殆不可復." 孟子曰: "是爲馮婦也. 晉人有馮婦者, 善搏虎, 卒爲善士. 則之野, 有衆逐虎. 虎負嵎, 莫之敢攖. 望見馮婦, 趨而迎之. 馮婦攘臂下車. 衆皆悅之, 其爲士者笑之."

본성과 운명의 근본 차이 14.24

맹자께서 말씀하셨다.

"입은 [좋은] 맛을 구하고,[31] 눈은 [아름다운] 색깔을 구하며, 귀는 [듣기 좋은] 소리를 구하고, 코는 [좋은] 냄새를 구하고,[32] 사지가 편안함을 구하는 것은 본성〔性〕에 속하지만, [이를 얻는 일은] 운명〔命〕에 달려 있다. [그러므로] 군자는 이것을 본성이라고 말하지 않는다.

---

30) 원문의 "선사善士"를 번역한 것으로, 제10편 〈만장 하〉 8장에서의 '선한 선비〔善士〕'와는 그 개념이 다르다는 점을 염두에 두어야 한다.

31) 원문의 "구지어미口之於味"를 번역한 것으로, 직역하면 "입은 맛에 대하여"라는 식의 번역이 가능한데, 여기서는 문맥의 의미를 살려 의역했다.

32) 이 문장에 대하여 양보쥔은 "'미味', '색色', '성聲'은 모두 중성사(좋고 나쁨의 뜻을 포함하지 않음)인데, 다만 여기서는 '좋은 맛', '좋은 색', '음악 소리'를 의미한다〔味色聲都是中性詞(不含美惡之義), 但用在此處, 則指美味美色樂聲此種用法〕"라고 했다.

인仁이 아버지와 자식 사이에 있고, 의義가 군주와 신하 사이에 있고, 예가 손님과 주인 사이에 있고, 지혜가 현자에게 있고, 성인이 천도와 하나가 되는 것은 운명에 속하지만, [실천하는 일은] 본성에 달려 있다. [그러므로] 군자는 이것을 운명이라 말하지 않는다."

孟子曰: "口之於味也, 目之於色也, 耳之於聲也, 鼻之於臭也, 四肢於安佚也, 性也, 有命焉. 君子不謂性也. 仁之於父子也, 義之於君臣也, 禮之於賓主也, 智之於賢者也, 聖人之於天道也, 命也, 有性焉. 君子不謂命也."

악정자의 인물됨을 평가하다 14.25

호생불해가 물었다.
"악정자는 어떤 사람입니까?"
맹자께서 말씀하셨다.
"선한 사람이며 신실한 사람이다."
[호생불해가 물었다.]
"무엇을 선함(善)이라고 하며, 무엇을 신실함(信)이라고 합니까?"
[맹자께서] 말씀하셨다.
"[도가] 좋아할 만한 것을 선함(善)이라고 하고,[33] 선을 자기 몸에 지닌 것을 신실함(信)이라고 하며, [선함이] 충실한 것을 아름다움

33) 원문의 "가욕지위선可欲之謂善"을 번역한 것으로, "가욕可欲"에 대해 정약용은 이렇게 풀이했다. "'가욕'이라는 것은 도가 좋아할 만한 것임을 아는 것이다(可欲者, 知道之可欲也)."

〔美〕이라고 하고, 충실하여 빛나는 것을 위대함〔大〕이라고 하며, 위대하면서 저절로 조화로운 것을 성스러움〔聖〕이라고 하고, 성스러워 알 수 없는 것을 신묘함〔神〕이라고 하는데, 악정자는 [선함과 신실함] 두 가지의 중간에 해당하고, [아름다움, 위대함, 성스러움, 신묘함] 네 가지의 아래에 해당한다."

浩生不害問曰: "樂正子何人也?" 孟子曰: "善人也, 信人也." "何謂善, 何謂信?" 曰: "可欲之謂善, 有諸己之謂信, 充實之謂美, 充實而有光輝之謂大, 大而化之之謂聖, 聖而不可知之之謂神. 樂正子, 二之中, 四之下也."

양주와 묵적의 설에서 유가로 돌아온 자들에 대한 걱정 14.26

맹자께서 말씀하셨다.

"묵적의 설에서 도망쳐 나오면 반드시 양주의 설로 돌아가고, 양주의 설에서 도망쳐 나오면 반드시 유학으로 돌아오니, 돌아오면 곧 받아줄 뿐이다. 오늘날 양주와 묵적과 변론하는 자들은 마치 달아난 돼지를 뒤쫓는 것과 같으니, 이미 그 우리로 들어왔는데도 따라다니며 [달아나지 못하게] 그들을 묶어놓는다."

孟子曰: "逃墨必歸於楊, 逃楊必歸於儒. 歸, 斯受之而已矣. 今之與楊墨辯者, 如追放豚, 旣入其苙, 又從而招之."

세금을 줄여야 한다 14.27

맹자께서 말씀하셨다.

"삼베와 실에 대한 세금이 있고, 곡식에 대한 세금이 있으며, 인력을 부리는 세금이 있으니, 군자는 이들 중에서 한 가지만 쓰고 두 가지는 느슨하게 해준다. 두 가지를 함께 쓰면 백성이 굶어 죽고, 세 가지를 함께 쓰면 아버지와 자식도 흩어질 것이다."[34)]

孟子曰: "有布縷之征, 粟米之征, 力役之征. 君子用其一, 緩其二. 用其二而民有殍, 用其三而父子離."

제후의 보배 세 가지 14.28

맹자께서 말씀하셨다.

"제후의 보배가 세 가지이니, 토지와 백성과 정치이다. 구슬과 옥을 보배롭게 여기는 사람은 재앙이 반드시 몸에 미치게 될 것이다."

---

34) 이 장에 대한 주희의 해석이 명쾌하다. "세금을 징수하는 법은 해마다 일정한 셈이 있다. 그러나 베와 실은 여름에 취하고, 곡식은 가을에 취하며, 노역은 겨울에 취하여 마땅히 저마다 때에 맞게 해야 하니, 만약 이것들을 아울러 취한다면 백성의 힘이 견뎌내지 못하는 바가 있을 것이다(征賦之法, 歲有常數. 然布縷, 取之於夏, 粟米, 取之於秋, 力役, 取之於冬, 當各以其時, 若幷取之, 則民力, 有所不堪矣)."

孟子曰: "諸侯之寶三, 土地, 人民, 政事. 寶珠玉者, 殃必及身."

분성괄의 죽음을 예측한 이유 14.29

분성괄이 제나라에서 벼슬하고 있었는데, 맹자께서 말씀하셨다.

"죽게 되겠구나, 분성괄이여!"

분성괄이 죽임을 당하자, 문하생이 여쭈었다.

"선생님께서는 어떻게 그가 죽임을 당할 것을 아셨습니까?"

[맹자께서] 대답하셨다.

"그의 사람됨이 사소한 재주는 있으나 군자의 위대한 도를 아직 듣지 못했으니, 자신의 몸을 죽이기에 충분할 뿐이다."

盆成括仕於齊, 孟子曰: "死矣盆成括!" 盆成括見殺, 門人問曰: "夫子何以知其將見殺?" 曰: "其爲人也小有才, 未聞君子之大道也, 則足以殺其軀而已矣."

배우려는 자의 태도가 중요하다 14.30

맹자께서 등나라에 가서 별궁[35]에서 머무르고 계셨는데, 다 짜지 못한 신발이 창문 위에 있었으나, 여관 주인이 찾으려 해도 찾지 못했다.

---

35) 원문의 "상궁上宮"에 대한 세 가지 설이 있다. 주희는 "별궁의 이름〔別宮名〕"이라고 했고, 조기는 "누각〔樓〕"이라고 했으며, 초순은 "'상사上舍'와 같아 상등급의 관사를 말한다〔如上舍, 謂上等之館舍也〕"라고 했다. 역자는 주희의 설에 따랐다.

어떤 사람이 물었다.

"이처럼 [선생님을] 따르는 자들이 숨기고 있습니다."

[맹자께서] 말씀하셨다.

"그대는 [그자들이] 신발을 훔치는 것 때문에 왔다고 생각하는가?"

[어떤 사람이] 말했다.

"아닙니다. 선생님께서 교과목을 개설하시고 가는 자를 쫓아가지 않고 오는 자를 막지 않으셔서 진실로 이 [배우려는] 마음을 품고 이르면 그자들을 [누구나] 받아주셨다는 것일 뿐입니다."

孟子之滕, 館於上宮. 有業屨於牖上, 館人求之弗得. 或問之曰: "若是乎從者之廋也." 曰: "子以是爲竊屨來與?" 曰: "殆非也. 夫子之設科也, 往者不追, 來者不拒. 苟以是心至, 斯受之而已矣."

차마 하지 못하는 마음을 채워라 14.31

맹자께서 말씀하셨다.

"사람들은 모두 차마 하지 못하는 바를 가지고 있으니 차마 할 수 있는 데에까지 도달하는 것이 인仁이고, 사람들은 모두 하지 않는 것이 있으니 할 수 있는 데까지 도달한다면 의義이다. 사람이 남을 해치려고 하지 않는 마음을 채워나갈 수 있다면 인을 다 쓰지 못할 것이고, 사람이 담을 뚫거나 넘어가 도둑질하지 않으려는 마음을 채울 수 있다면 의를 다 쓰지 못할 것이다. 사람들이 남들에게 멸시받지 않으려는 마음을 채운다면 가는 곳마다 의가 아님이 없을 것이다. 선비가 말해서는 안 될 때 말한다면 이는 말로써 물건을 [취하려] 핥는[36] 것이고, 말을 해야 할 때 말하지 않는다면 이는 말하지 않음으로써 물건을 [취하려] 핥는 것이니, 이는 모두 담을 뚫거나 넘어가 도둑질하는 부류이다."

孟子曰: "人皆有所不忍, 達之於其所忍, 仁也, 人皆有所不爲, 達之於其所爲, 義也. 人能充無欲害人之心, 而仁不可勝用也, 人能充無穿踰之心, 而義不可勝用也. 人能充無受爾汝之實, 無所往而不爲義也. 士未可以言而言, 是以言餂之也, 可以言而不言, 是以不言餂之也. 是皆穿踰之類也."

남에게 요구는 무겁게 하고 스스로의 책임을 가벼이 여긴다면 14.32

맹자께서 말씀하셨다.

"말이 친근하면서도 뜻이 심원한 것은 선한 말이고, 지킴이 간단하면서도 베풂이 넓은 것은 선한 도이니, 군자의 말은 허리띠를 내려가지 않고[37] 도가 있는 것이다. 군자의 지킴은 그 몸을 닦아 천하

36) 원문의 "첨餂"을 번역한 것으로, 《방언》에서는 '섬銛'으로 쓰고, 곽박郭璞은 "물건을 가려서 취하는 것을 말한다(謂挑取物也)"라고 하여 '취하다'라는 뜻으로 해석했다. 주희는 "'첨'은 더듬어 취하는 것이다. 지금 사람들이 혀로 물건을 취하는 것을 첨이라고 한다(餂, 探取之也. 今人, 以舌取物曰餂)"라고 했는데, 역자는 이를 취하여 '핥다'로 번역했다.

가 태평해지는 것이다. 사람들의 병은 자기 밭을 버려두고 남의 밭을 김매는 데 있으니, 남에게 요구하는 것은 무겁게 하면서 스스로 책임지는 것은 가볍게 한다."

孟子曰: "言近而指遠者, 善言也, 守約而施博者, 善道也. 君子之言也, 不下帶而道存焉. 君子之守修其身, 而天下平. 人病舍其田而芸人之田, 所求於人者重, 而所以自任輕."

군자는 법도를 행하고 운명을 기다리는 자 14.33

맹자께서 말씀하셨다.

"요임금과 순임금은 본성을 따랐고, 탕왕과 무왕은 본성으로 되돌아간 분들이다. 동작과 용모와 몸가짐이 예에 맞는 것은 성한 덕성의 지극한 것이니, 죽은 자를 곡하여 슬퍼하는 것이 산 자를 위해서가 아니고, 떳떳한 덕을 어기지 않는 것은 녹봉을 구해서가 아니며, 언어를 반드시 미덥게 하는 것은 [사람들에게] 행실이 바르다는 것을 알리려는 것이 아니다. 군자는 법도를 행함으로써 천명을 기다릴 뿐이다."

37) 원문의 "불하대不下帶"를 번역한 것으로, '대帶'는 허리띠이다. 주희가 "옛사람들은 시선을 허리띠에서 아래로 하지 않으니, 허리띠 위가 바로 눈앞에서 항상 볼 수 있는 지극히 가까운 곳이다. 눈앞의 가까운 일을 든 것은 거기에 지극한 이치가 있는 것이다. 이 때문에 말이 가까우면서도 뜻이 심원하게 되는 것이다(古人, 視不下於帶, 則帶之上, 乃目前常見至近之處也. 擧目前之近事, 而至理存焉. 所以爲言近而指遠也)"라고 풀이한 말을 염두에 두어야 한다.

孟子曰: "堯舜, 性者也, 湯武, 反之也. 動容周旋中禮者, 盛德之至也. 哭死而哀, 非爲生者也. 經德不回, 非以干祿也. 言語必信, 非以正行也. 君子行法, 以俟命而已矣."

제후들에게 당당했던 맹자의 배짱 14.34

맹자께서 말씀하셨다.

"대인[38]을 설득하려면 그들을 예사롭게 여기고 그들의 높디높은 지위를 보지 말아야 한다. [저들이] 집의 높이가 몇 길이 되고 서까래[39]가 몇 자가 되지만, 나는 뜻을 얻더라도 그리하지 않을 것이며, [저들은] 밥상 앞에 음식이 한 길이나 차려지고 모시는 첩이 수백 명이지만, 나는 뜻을 얻더라도 그리하지 않을 것이며, [저들은] 즐겁게 술을 마시며 말을 달려 사냥하며 뒤에 수레가 천 대나 따르지만, 나는 뜻을 얻더라도 그리하지 않을 것이다. 저들에게 있는 것은 모두 내가 하지 않는 바이고, 나에게 있는 것은 모두 옛 법도이니, 내가 무엇 때문에 저들을 두려워하겠는가?"

孟子曰: "說大人, 則藐之, 勿視其巍巍然. 堂高數仞, 榱題數尺, 我得志, 弗爲也. 食前方丈, 侍妾數百人, 我得志, 弗爲也. 般樂飮酒, 驅騁

38) 원문의 "대인大人"이란 "소인小人"과 반대되는 개념이다. 대인은 '마음을 쓰는 자'로 다른 사람을 다스리며, 소인은 '힘을 쓰는 자'로 다른 사람에게 다스림을 당하는 자이다. 이는 제5편 〈등문공 상〉 4장에 나온다. 여기서는 제후와 같은 신분을 구체적으로 지칭하는 것으로 봐도 꽤 일리가 있다.

39) 원문의 "최제榱題"를 번역한 것으로, 본래 뜻은 서까래지만 처마라고 보는 학자도 있다.

田獵, 後車千乘, 我得志, 弗爲也. 在彼者, 皆我所不爲也, 在我者, 皆古之制也, 吾何畏彼哉?"

욕망을 줄이는 것이 마음 수양법 14.35

맹자께서 말씀하셨다.

"마음을 수양함에 있어 욕망을 적게 하는 것보다 더 좋은 것이 아무것도 없으니, 그 사람됨이 욕망이 적으면 비록 [선한 본성을] 보존하지 못한 점이 있더라도 적을 것이고, 그 사람됨이 욕망이 많으면 비록 [선한 본성을] 보존[40]하더라도 적을 것이다."

孟子曰: "養心莫善於寡欲. 其爲人也寡欲, 雖有不存焉者, 寡矣, 其爲人也多欲, 雖有存焉者, 寡矣."

---

40) 원문의 "부존不存"과 "존存"의 의미는 양보쥔의 견해가 정확하다. "이는 맹자가 이른바 '성선性善'과 '야기夜氣'를 가리키는 말로서, 제8편 〈이루 하〉 19장의 '사람이 금수와 다른 점은 거의 없는데 뭇사람은 그것을 버리고 군자는 그것을 보존한다'와 제11편 〈고자 상〉 8장의 '사람이 지닌 것에 어찌 인과 의를 지닌 마음이 없겠는가?'에 쓰인 여러 '존' 자는 이 '존' 자와 같다. 조기의 주에서는 사람의 생사로 이를 번역했는데, 크게 잘못된 것이다〔此指孟子所謂性善夜氣而言, 離婁下云, '人之所以異於禽獸者幾希, 庶民去之, 君子存之'. 告子上亦云, '雖存乎人者, 豈無仁義之心哉?' 諸存字卽此存字. 趙岐注以人的生死釋之, 大誤〕." 한편 정약용은 "욕심이 적으면 도심을 잃는 것이 또한 적고, 욕심이 많으면 도심을 잃는 것이 또한 많다. 군자가 엄하게 살펴야 하는 것은 단지 마음을 보존하느냐 잃어버리느냐 하는 것일 뿐이다〔慾寡, 則道心亡者亦寡, 慾多, 則道心亡者亦多. 君子之所嚴省者, 只這存亡而已〕"라고 했다.

증자가 고욤을 차마 먹지 못한 이유 14.36

증석이 고욤[41]을 좋아했었기에, 증자는 차마 고욤을 먹지 못하셨다.

공손추가 여쭈었다.

"육회와 구운 고기, 고욤 중에서 어느 것이 더 맛있습니까?"

맹자께서 말씀하셨다.

"육회와 구운 고기일 것이다!"

공손추가 말했다.

"그렇다면 증자는 어찌하여 육회와 구운 고기만 드시고 고욤은 드시지 않았습니까?"

[맹자께서] 말씀하셨다.

"육회와 구운 고기는 누구나 똑같이 좋아하는 것이고, 고욤은 [아버지 증석이] 유독 좋아하는 것이었으니, 이는 이름 부르는 것을 피하고 성을 부르는 것을 피하지 않는 것과 같으니, 이는 성은 똑같고 이름은 혼자만 쓰기 때문이다."

曾晳嗜羊棗. 而曾子不忍食羊棗. 公孫丑問曰: "膾炙與羊棗孰美?" 孟子曰: "膾炙哉!" 公孫丑曰: "然則曾子何爲食膾炙而不食羊棗?" 曰:

41) 원문의 "양조羊棗"를 번역한 것으로, "양시조羊矢棗"라고도 한다. 하작何焯의 《의문독서기義門讀書記》에 "'양조'는 대추가 아니라 바로 감처럼 생긴 작은 것이다. 처음 생길 때는 색이 노랗고 익으면 검어지며 양의 똥과 비슷하다. 그 나무를 다시 접붙이면 감이 된다. 지금 세속에서는 고욤이라고 부르며, 일명 이조라고도 부른다(羊棗非棗也, 乃柿之小者. 初生色黃, 熟則黑, 似羊矢. 其樹再接則成柿. 今俗呼牛奶柿, 一名梗棗)"고 했다. 고욤이 아니라 대추나무 열매로 봐야 한다는 설도 나름 설득력이 있다.

"膾炙所同也, 羊棗所獨也. 諱名不諱姓, 姓所同也, 名所獨也."

공자의 말씀을 인용하여 네 유형의 인물을 평하다 14.37

만장이 여쭈었다.

"공자께서 진陳나라에 계실 때 말씀하시기를 '어찌 돌아가지 않겠는가! 내 고향의 선비들은 뜻은 원대하나 멋대로[42]이고, 진취적이나 그 근본을 잊지 않는다'라고 하셨으니, 공자께서는 진나라에 계시면서 어찌하여 노나라의 뜻이 큰 선비들을 생각하셨습니까?"

맹자께서 말씀하셨다.

"공자께서는 '중용의 도를 행하는 자를 얻어 함께하지 못할 것 같으면,[43] 반드시 뜻이 큰 사람〔狂者〕이나 고집스러운 사람〔獧者〕[과 함께]일 것이다. 광자狂者는 진취적이고, 견자獧者는 하지 않는 바가 있다'라고 하셨으니, 공자께서 어찌 중용의 도로써 하려 하지 않으셨

42) 원문의 "광간狂簡"을 번역한 것으로, 《논어》〈공야장〉 5.21에 "공자께서 진陳나라에 계실 때 말씀하셨다. '돌아가자꾸나! 돌아가자꾸나! 내 마을의 젊은이들은 뜻은 원대하나 하는 일은 소략하고, 찬란하게 빛나는 학문과 성품을 갖추었으나 그것들을 재량하는 방법을 알지 못한다'〔子在陳曰: '歸與! 歸與! 吾黨之小子狂簡, 斐然成章, 不知所以裁之'〕"고 했다. 주희는 '광간'이 "뜻은 원대하나 일을 처리하는 데 너무 거칠고 소략하다〔志大而略於事也〕"는 의미라고 했다. 공영달은 "간簡" 자를 '대大'의 의미로 보기도 했으나 무리가 따르는 풀이다. "광狂"이라는 단어는 〈태백〉 8.16과 〈양화〉 17.8에도 나오는데, 고집스럽고 경박하다는 의미가 있다.

43) 원문의 "공자부득중도이여지孔子不得中道而與之"를 번역한 것으로, 《논어》〈자로〉 13.21의 "공자께서 말씀하셨다. '중도를 행하는 사람을 얻어서 함께할 수 없다면, 반드시 뜻이 큰 사람이나 고집스러운 사람과 함께할 것이다! 뜻이 큰 사람은 진취적이고, 고집스러운 사람은 하지 않는 바가 있다〔子曰: '不得中行而與之, 必也狂狷乎! 狂者進取, 狷者有所不爲也'〕"라는 말씀을 인용했다.

겠느냐? 반드시 얻을 수가 없었으므로 그다음[의 인물]을 생각하신 것이다."

[만장이 여쭈었다.]

"감히 여쭙겠습니다. 어떤 사람 같아야 광狂[44]이라고 이를 수 있습니까?"

[맹자께서] 말씀하셨다.

"금장과 증석과 목피[45] 같은 자들이 공자께서 이르시는 '광'에 해당할 것이다."

[만장이 여쭈었다.]

"어찌하여 '광'이라고 일컬었습니까?"

[맹자께서] 말씀하셨다.

"그들은 말과 뜻이 높고 커서[46] 말하기를 '옛사람이여, 옛사람이여!'라고 했으나, 평소에 그들의 행실을 살펴보면 [행실이 말을] 가리지 못하는 점이 있었기 때문이다. [만일] 광자를 얻지 못하면 불결한 것을 달갑게 여기지 않는 선비를 얻어서 함께하고자 하셨으니, 이것이 '견'[47]이니, 이는 또 그다음 [등급]인 것이다.

공자께서 말씀하시기를 '내 문 앞을 지나면서 내 집에 들어오지 않더라도 내가 섭섭해하지 않는 자는 오직 향원鄕原[48]일 것이다! 향

44) 여기서 "광狂"은 주희가 《논어》 〈자로〉 13.21에서 주석을 단 대로 "뜻이 지극히 고고하여 행동이 거리낌이 없는(志極高而行不掩)"이라는 의미다. 나아갈 줄만 알고 물러날 줄 모른다는 뜻을 담고 있다.

45) 고증하기 어려운 인물이다. 양보쥔은 마서륜馬敍倫의 《장자의증莊子疑證》에서 "목피牧皮가 《논어》 〈옹야〉 6.13에 나오는 맹지반이 아닌가 의심"했으나 설득력이 부족하다.

46) 원문의 "효효연嘐嘐然"을 번역한 것으로, 주희는 "'효효嘐嘐'는 뜻이 크고 말이 큰 것이다(嘐嘐, 志大言大也)"라고 했다.

원은 덕을 해치는 자이다'[49]라고 하셨다."

[만장이] 말했다.

"어떤 사람 같아야 향원이라고 할 수 있습니까?"

[맹자께서] 말씀하셨다.

"'[광자를 보고] 어찌하여 말과 뜻이 커서 [실제로는] 말이 행실을 돌아보지 않으며 행실은 말을 돌아보지 않고, 단지 「옛사람이여, 옛사람이여!」라고 말하며, [견자를 보고]행실을 어찌하여 외롭고 쓸쓸하게 하는가? 이 세상에 태어났으면 이 세상 사람들을 위해 남들이 선하다고 하면 된다'라고 하면서 속을 감추고 세상에 영합하니 이런 자가 향원이다."

만장이 말했다.

"한 마을 사람들이 모두 진실한 사람[50]이라고 칭찬한다면 가는 곳마다 진실한 사람이 되지 않음이 없는데도 공자께서 '덕을 해치

---

47) 원문의 "獧" 자는 《논어》〈자로〉 13.21에 "견狷"으로 되어 있는데, 같은 글자다. 그 의미는 고집만 부린다는 의미가 아니라, 절도를 지키면서 자신의 길을 꿋꿋이 간다는 의미다. 그래서 주희는 "지식은 미치지 못하나 굳게 소신껏 지킨다〔知未及而守有餘〕"는 의미라고 주석을 달았는데, 맹자가 말하는 내용과 의미가 같다.

48) 향원鄕原에 대해 주희는 "'향원'은 유식한 사람이 아니다. '원原'은 '원愿'과 같다. 《순자》에 '원각原慤'이라는 자를 모두 '원愿'으로 읽고 쓰니, 삼가는 사람을 말한다〔鄕原, 非有識者. 原與愿同. 荀子原慤字, 皆讀作愿, 謂謹愿之人也〕"라고 풀이했다.

49) 원문의 구절은 《논어》〈양화〉 17.13에 나온다. '향원'이란 시비를 온전히 가리지 못하고 시세에 영합하면서도 순박한 듯이 행동하는 위선자를 말한다. '향원'의 개념을 가장 정확히 설명한 이는 맹자다. 바로 위 문장에서 맹자가 언급한 내용이 그것이다. 한편 이 구절을 만장의 물음으로 보는 설도 일리가 있다.

50) 원문의 "원인原人"을 번역한 것으로, 주희는 "'원原'은 또한 삼감과 후덕함을 일컬은 것인데, 공자께서 '덕의 적'이라고 했기 때문에 만장이 이를 의심한 것이다〔原亦謹厚之稱, 而孔子以爲德之賊. 故萬章疑之〕"라고 풀이했다.

는 자'라고 하신 것은 어떤 이유입니까?

[맹자께서] 말씀하셨다.

"그들을 비난하려 해도 거론할 것이 없으며 풍자하려 해도 풍자할 것이 없다. 세상의 흐름과 동화하며 더러운 세상에 합세하여, 평소에 충성하고 신의 있는 듯이 보이며 행동은 청렴결백한 것 같아 사람들이 모두 그를 좋아하고 스스로 옳다고 여기지만, [그런 자들과는] 요순의 도에 들어갈 수 없다. 그러므로 '덕을 해치는 자'라고 하신 것이다.

공자께서 '비슷하지만 다른 것을 미워하나니, 독보리를 미워하는 이유는 곡식을 더럽힐까 두려워하기 때문이요, 말재주가 있는 자를 미워하는 것은 의를 어지럽힐까 두려워하기 때문이요, 말 잘하는 입을 가진 자를 미워하는 것은 신의를 어지럽힐까 두려워하기 때문이요, 정나라 음악을 미워하는 것은 바른 음악을 어지럽힐까 두려워하기 때문이요, 자주색을 미워하는 것은 붉은색을 어지럽힐까 두려워하기 때문이요, 향원을 미워하는 것은 덕을 어지럽힐까 두려워하기 때문이다'라고 하신 것이다.

군자는 떳떳한 도를 회복[51]할 뿐이니, 떳떳한 도가 바르게 되면 일반 백성이 [선을] 떨쳐 일으키고,[52] 일반 백성이 떨쳐 일으키면 사특함[53]이 없어질 것이다."

---

51) 원문의 "반경反經"을 번역한 것으로, 주희는 "'반'은 회복하는 것이다. '경'은 떳떳함이니, 만세에 바뀌지 않는 떳떳한 도이다(反, 復也. 經, 常也. 萬世不易之常道也)"라고 했다.

52) 원문의 "흥興"을 번역한 것으로, 주희는 "선을 떨쳐 일으키는 것이다(興起於善也)"라고 했다.

萬章問曰: “孔子在陳曰: ‘盍歸乎來! 吾黨之小子狂簡, 進取, 不忘其初.’ 孔子在陳, 何思魯之狂士?” 孟子曰: “孔子‘不得中道而與之, 必也狂獧乎. 狂者進取, 獧者有所不爲也.’ 孔子豈不欲中道哉? 不可必得, 故思其次也.” “敢問何如斯可謂狂矣?” 曰: “如琴張曾晳牧皮者, 孔子之所謂狂矣.” “何以謂之狂也?” 曰: “其志嘐嘐然, 曰: ‘古之人, 古之人!’ 夷考其行, 而不掩焉者也. 狂者又不可得, 欲得不屑不絜之士而與之, 是獧也, 是又其次也. 孔子曰: ‘過我門而不入我室, 我不憾焉者, 其惟鄕原乎! 鄕原, 德之賊也.’” 曰: “何如斯可謂之鄕原矣?” 曰: “‘何以是嘐嘐也, 言不顧行, 行不顧言, 則曰: 「古之人, 古之人.」 行何爲踽踽涼涼? 生斯世也, 爲斯世也, 善斯可矣.’ 閹然媚於世也者, 是鄕原也.” 萬章曰: “一鄕皆稱原人焉, 無所往而不爲原人, 孔子以爲德之賊, 何哉?” 曰: “非之無擧也, 刺之無刺也, 同乎流俗, 合乎汚世, 居之似忠信, 行之似廉絜, 衆皆悅之, 自以爲是, 而不可與入堯舜之道. 故曰德之賊也. 孔子曰: ‘惡似而非者, 惡莠, 恐其亂苗也, 惡佞, 恐其亂義也, 惡利口, 恐其亂信也, 惡鄭聲, 恐其亂樂也, 惡紫, 恐其亂朱也, 惡鄕原, 恐其亂德也.’ 君子反經而已矣. 經正, 則庶民興, 庶民興, 斯無邪慝矣.”

---

53) 원문의 “사특邪慝”에 대해 주희는 “향원의 등속과 같은 것이 이것이다(如鄕原之屬, 是也)”라고 적시했다.

단절된 도를 계승할 자는 누구인가 14.38

맹자께서 말씀하셨다.

"요임금과 순임금으로부터 탕왕에 이르기까지가 500여 년으로, 우임금과 고요 같은 이들은 [도를] 봐서 알았고, 탕왕과 같은 이는 듣고서 아셨다. 탕왕으로부터 문왕에 이르기까지가 500여 년으로, 이윤과 내주萊朱[54] 같은 이들은 [탕왕의 도를] 직접 봐서 알았고, 문왕은 듣고서 아셨다. 문왕으로부터 공자에 이르기까지가 500여 년으로, 태공망과 산의생散宜生[55] 같은 이들은 직접 봐서 알았고, 공자 같은 이는 듣고서 아셨다.[56]

공자로부터 지금에 이르기까지가 100여 년으로, 성인의 세대로부터 거리가 이처럼 멀지 않으며 성인이 사시던 곳과도 이처럼 매우 가까운데도 [성인을 계승할 사람이] 아무도 없으니, 또한 아무도 없을 것인가!"

54) 내주萊朱에 대하여 조기는 "탕왕의 현신이다. 한편 '중훼'라고 말하는 자가 이 사람이다(湯賢臣也. 一曰仲虺是也)"라고 했고, 초순은 "탕왕 때에는 하나의 예로 이윤과 내주를 들면 당시 현신인 여구·여방·의백·중백·구단 등을 단속했다(在湯時, 擧一伊尹萊朱, 則當時賢臣如女鳩女房義伯仲伯咎單等括之矣)"라고 했다.

55) 산의생散宜生은 주나라 문왕의 신하이자 현인으로, 태전太顚, 굉요閎夭, 육자鬻子, 신갑대부辛甲大夫 등과 함께 서백이라고 불린 문왕에 귀의하여 문왕을 도왔던 인물이라고 사마천은 기록하고 있다. 그 당시 태공망이 군사軍師였다.

56) 이 장에 대해 주희는 "편의 끝에 여러 성인의 도통을 차례로 서술했다(篇終歷序群聖之統)"라고 했고, 왕응린은 "《논어》는 〈요왈〉 편에서 마치고, 《맹자》는 '요·순·탕·문왕·공자'에서 마쳤으며, 《순자》는 또한 '요문'에서 마쳤으니, 그 의미가 매한가지다(論語終於堯曰篇, 孟子終於堯舜湯文孔子, 而荀子亦終堯問, 其意一也)"라고 했다.

孟子曰: "由堯舜至於湯, 五百有餘歲, 若禹皐陶, 則見而知之, 若湯, 則聞而知之. 由湯至於文王, 五百有餘歲, 若伊尹萊朱, 則見而知之, 若文王, 則聞而知之. 由文王至於孔子, 五百有餘歲, 若太公望散宜生, 則見而知之, 若孔子, 則聞而知之. 由孔子而來至於今, 百有餘歲, 去聖人之世若此其未遠也, 近聖人之居若此其甚也, 然而無有乎爾, 則亦無有乎爾."

중용 中庸

해제

《중용》을 탄생시킨 사상적 흐름

동양의 윤리 철학을 관통하고 있는 《중용中庸》은 《예기禮記》 49편 중 31편에 수록되어 있었다가 분리되어 나온 책이다. 《중용》은 궁극의 진리인 천天과 인간 본성과 도덕과 교학을 연결해 설명하는 도학道學의 사상을 담고 있다. '중화中和'를 뜻하는 '중中'과 '항상恒常'을 뜻하는 '용庸'이 결합한 '중용'이란 개념에는 신유학의 심성론과 우주론, '성誠'으로 집약되는 군자상君子像의 거의 모든 의미가 담겨 있다고 해도 과언이 아니다. 즉, 덕행과 윤리와 형이상학의 문제를 다룬 《중용》은 유학이 불교와 갈등하고 대립하는 상황 속에서 형이상학적인 사상 체계를 밝히는 작업의 일환으로 주희의 시야에 들어왔다.

좀 더 들여다보자. 송 대의 정치, 문화의 새로운 분위기 아래 유학을 비판적으로 재해석하려는 시대정신을 기반으로 하여 나온 것이 주자학이며, 당시는 불교와 도교의 영향에서 결코 자유롭지 않았는데, 실제로 신유가 중 상당수가 불교나 도가 사상을 공부했다.

주희는 불교의 선험철학 가운데 일부 요소를 유학에 적용하는 방법을 발견했다. 이 새로운 철학은 많은 사람의 지지를 얻었다. 주희는 '사서학四書學'을 수립하여 한당漢唐 경학과 차별화된 새로운 경전의 토대를 마련하고자 했고, 사서 중에서도 특히 《중용》은 신유학의 철학화, 내면화의 문제를 윤리 질서와 연결하고 조화시키려 한 주희의 의도와도 맞물린다.

《중용》의 저자와 주희의 편집 의도

주희가 도통론道統論을 가져와서 《대학》은 증자曾子, 《중용》은 자사子思의 저작으로 단언하자 수많은 학자가 이에 대해 의견을 제시했다. 그러나 《중용》의 저자를 자사로 보는 시각은 대체로 이견이 없다. 사마천도 《사기史記》 〈공자세가孔子世家〉에 《중용》을 지은 사람은 공자의 손자인 자사라는 것을 밝혔기 때문이다.[1)]

공자는 리鯉를 낳았는데, 자字가 백어伯魚이다. 백어는 나이 50세에 공자보다 먼저 세상을 떠났다. 백어가 급伋을 낳았는데, 자字가 자사子思이며 향년 62세였다. 일찍이 송나라에서 고생했고, 자사가 《중용》을 지었다.[2)]

주희는 《중용》을 편집하면서 송 대 이전의 유학이 육경六經 전수만 업으로 삼았던 점에 비판적 시각을 갖고, 공자 철학을 중심으로 하는 고전을 다시 정리하여 새로운 계통을 세워야겠다고 생각했다. 말하자면 공자의 철학적 사상을 계승하면서도 철학의 방식에 변화를 가져올 필요가 있다고 생각한 것이다. 공자나 맹자는 천인天人 관계를 이원시二元視했지만, 주희는 천인일원관天人一元觀을 제시하여 천과 인의 관계를 수평관계로 바꾸어놓았다. 이러한 관점은 한 대 유학의 독존유술獨尊儒術 전통에서 벗어나 공자와 맹자의 가르침으로 돌아가려는 시도와 더불어 유학 내부의 자기 성찰에 대한 모색이었다.

주희는 《중용장구》의 서문에서 '지분절해支分節解, 맥락관통脈絡貫通'에 입각하여 《중용》을 구조적으로 분석한다고 선언했고, 〈독중용법讀中庸法〉이란 글에서는 이렇게 말했다.

1) 사마천은 자사가 《중용》의 저자라는 점을 분명히 밝혔고, 이후 학자들의 중시를 받았다. 사마천의 주장은 다소 논란의 여지가 있었지만, 정현鄭玄과 공영달孔穎達도 《중용》이 자사의 저서라고 인정했으며, 주희도 여러 설을 종합하여 같은 결론을 내렸다. 자사에 관한 기록으로는 공자의 손자이며 공자 생전에 증자의 제자였다는 정도만 남아 있다. 한비자韓非子는 《한비자》에서 공자가 세상을 떠난 후에 존재한 여덟 학파 가운데 자사의 학파도 있다고 밝혔다.

2) "孔子生鯉, 字伯魚. 伯魚年五十, 先孔子死. 伯魚生伋, 字子思, 年六十二. 嘗困於宋. 子思作中庸."

《중용》 한 책을 내가 망령되이 나의 생각으로 장구를 나누었다. 이 책이 어찌 장구로써 그 본지를 구할 수 있는 것이겠는가? 그러나 학자가 경전을 공부하면서 문사文辭를 터득하지 못한 채 능히 그 의미를 통달하는 자는 아직까지 없었다.[3)]

주희는 장구를 나눈 이유와 구조적 이해의 중요성을 언급했으며, 학자들도 지절支節과 장구章句의 논리접속을 제대로 하지 않으면 주석에 따라 문구나 해석하는 데 그칠 수 있다고 경계했다. 십삼경주소본十三經注疏本에 실린 《예기禮記》의 〈중용〉 편은 본래 후한 정현鄭玄의 주註에 당나라 공영달孔穎達이 소疏를 낸 것으로, 전체가 32장으로 나뉘어 있었다. 주희는 이것을 33장으로 나누었는데,[4)] 주자학이 관학官學으로 자리를 잡게 되면서 주자의 설이 통용되었다.

《중용》의 의미와 구성 체제

《중용》에서 '중中'은 균형 잡힌 마음가짐이고, '용庸'은 진실하여 중

3) "中庸一篇, 某妄以己意, 分其章句. 是書豈可以章句求哉. 然學者之於經, 未有不得於辭而能通其意者."

도를 잃지 않는 마음을 늘 유지하여 한순간도 벗어나지 않는 것을 의미한다. '중中'을 천덕天德에, '용庸'을 왕도王道에 비유하기도 한다. 유가가 성군으로 존중하는 요임금과 순임금이 왕위를 물려주면서 지키라고 한 것이 바로 '중中'의 철학이었다.

《중용》의 주제어는 '성性 · 도道 · 교教'로, 인간 존재의 심성에 주목하여 존심양성存心養性해서 하늘이 명한 성性에 순응하는 인간의 길을 제시한다.《중용》의 대지大旨를 한마디로 하면 '성誠'으로, 천도天道와 더불어 지극한 수신의 인도人道를 번갈아 말하고 있다. 또《중용》을 체용體用의 관점에서 보면, 우리가 눈으로 보고 귀로 들을 수

---

4) 좀 더 살펴보면, 주희는《중용장구》장하주章下註에서 네 단락으로 나누고 있고, 명나라 초 호광胡廣 등이 편찬한《중용장구대전中庸章句大典》에 주희의〈독중용법〉이 실려 있는데, 중용 제1장을 제1대절로, 제2장부터 제11장까지를 제2대절, 제12장부터 제19장까지를 제3대절, 제20장부터 제26장까지를 제4대절, 제27장부터 제32장까지를 제5대절, 마지막 제33장을 제6대절로 나누었다. 이런 현상은 조선에도 영향을 끼쳐《중용》분절설이 활발했다. 권근權近은 주자의 설과 달리 대지삼절大旨三節을, 김만영金萬英은 주희의《중용장구》에서의 제4대지설을 근본으로 하되 독자적으로 분절했으며, 김근행金謹行은 스승 한원진韓元震의 설을 따라 4대절로 나누었다. 한편 서지학적인 문제도 제기되었으니,《중용》제28장에 "금천하차동궤今天下車同軌, 서동문書同文, 행동륜行同倫"이라는 구절이 있어 청 대 학자 유월俞樾은《중용》이 진시황 이후의 작품이라고 의문을 제기했고, 이때부터《중용》의 저작연대를 진한 이후로 내려 잡기 시작했다. 서복관 교수는《중용》과 무관한 문장이 끼어든 것이라고 배제했으며, 김충열 교수는 예악제정 문제를 연구하는 데 중요한 자료라는 이유를 들어 유보했다.

있는 현상의 세계를 두루 보는 광대한 영역의 '비費'를 용用으로, 그 이면에 내재해 드러나지 않는 영역의 '은隱'을 체體로 하고 있다. 《중용》은 마음을 공평무사하고 광명정대하게 지속하여 하늘과 하나가 되는 삶을 살라는 공자의 가르침이 녹아 있으나, 주희가 "초학자들이 이해하기에 타당하지 않은 책이다.[初學者未當理會.]"라고 말했듯이 난해한 책이다.

《중용》은 본래 상하 두 편으로 보는 서지학적인 문제가 있다. 십삼경주소본《예기》 제31편에 수록된 〈중용〉은 주자의 《중용장구》 제19장까지를 권52에, 이하 내용을 권53에 나누어 상하 두 편으로 존재했던 흔적이 남아 일리가 있다.

주희가 33장으로 나눈 《중용》은 제1장을 수장首章으로 하여 상편에서는 주로 중용의 '중中'을 논하고 중용을 실천하는 과정을, 은미隱微에서 광대廣大로, 부부에서 천하국가로 나아가다가 제20장의 '애공문정哀公問政'에 이르러 치국평천하라는 정치 논리에 귀결된다. 이는 횡적 공간을 넓혀 사람 간의 문제를 주로 다룬 것이다. 제1장에서 도는 하늘에서 명령한 것으로, 각자의 본성에 하늘의 품성이 내재하고 있으며, '중中'과 '화和'는 정도가 있고 군자는 완벽한 상태를 유지하고자 노력하는 자라고 했다.

제2장부터 제11장까지는 공자의 말을 인용하면서 중용의 도道를 실천하는 행위원칙으로서의 '시중時中'과 도에 들어가는 '지智', '인仁', '용勇'의 삼달덕三達德을 말한다. 이는 오륜을 실천하는 방법으

로, 앎과 실천의 관계에 있다고 했다. 또 사람은 사사롭기 쉬워 그 '양단兩端'은 대중의 논의가 같지 않음이 궁극에 이른 것이므로, 중용은 선한 가운데에서 그 두 끝을 잡아서 재고 헤아림으로써 중심을 취하고 난 뒤에 쓰니, 곧 그 택한 것의 살핌이고 행한 것의 지극함이라 했다. 공자는 중용을 실천하는 예로 순임금과 안회를 들기도 하고, '강함'을 묻는 자로子路에게 진정 강한 것이 무엇이지 중용으로써 답하기도 한다.

제12장에서는 중용의 도의 첫 단계인 '부부지도夫婦之道'를, 제13장은 인간관계의 윤리로 대표되는 '충서忠恕'와 군자의 자세를, 제14장은 현재의 위치에 만족하고 모든 문제의 출발을 자신에게서 찾으려는 태도를, 제15장은 가장 낮은 곳에서 하나씩 실천할 것을 말하고 있다. 제16장부터는 도의 광대한 모습과 은미한 경지를 순임금과 문왕, 무왕의 효와 통치, 그리고 제례의 지극함으로 말하고, 제20장은 공자와 애공의 문답을 통해 정치의 아홉 가지 대법인 구경九經을 설명한다. 이 장의 끝부분에서는 천도를 '성誠'이라 하고, 성誠에 도달하기 위한 '성지誠之'의 과정으로 널리 배우고, 자세히 물으며, 신중하게 생각하고, 분명하게 변별하며, 독실하게 행한다면 성인의 경지에 도달한다고 말하고 있다.

반면 제21장에서 시작되는 하편에서는 '성誠'을 논할 때는 인도에서 천도로 방향이 바뀌고 있어서 정의를 내리기 어려운 '성誠'을 이해하기 위한 과정이 필요하다. 주희의 주에서 밝혔듯 "성이란 것은 진실하고 망령되지 않은 것이다.[誠者眞實無妄.]"라는 명제에서 출발해 아직 '진실무망'하지 않은 존재로서 천리天理 본연의 '진실무망'함에 도달하려는 노력을 단초로 볼 일이다. 제21장에서 천도와 인도를 겸하여 말하고, 제22장, 제24장, 제26장은 천도를, 제23장, 제25장, 제27장은 인도를 말해 세 차례씩 번갈아 천도와 인도를 말한다. 마지막 제33장은 제1장의 내용과 수미상관을 이루며 '성性, 도道, 교教'의 대미를 장식한다.

《중용》을 어떻게 읽을 것인가

《대학》과 《중용》을 비교하자면, 《중용》은 내적인 부분으로, 개인의 수양에 중점을 두고 있으며 사변적이고 철리적이다. 말하자면 《대학》은 평천하平天下에, 《중용》은 수신修身에 무게 중심을 두었다. 제20장의 '애공문정哀公問政'을 보면 이런 말이 나온다. "정치를 하는 것은 사람에게 달려 있다. 사람을 취하는 것은 자신의 몸으로써 하고, 몸을 수양하는 것은 도로 하며, 도를 수양하는 것은 인으로 한다.[爲政在人, 取人以身, 修身以道, 修道以仁.]" 노나라 군주 애공이 정치를 물었을 때 공자는 이처럼 명쾌하게 답변했다. 방책方策(목판과 죽간)에 기록되어 있는 문왕과 무왕 같은 성군의 정치력이 힘을 발휘한 것도 따지고 보면 현신賢臣에 달려 있으며, 만일 그 반대의 경우 정치는 멈출 수밖에 없다는 논지다.

이런 예문에서 보이듯《중용》은 가르치는 입장에서 학문을 통해 도달하는 경지를 설명한다. 이에 비해《대학》은 주로 국가 경영, 정치 선언 등 외적인 문제에 관한 내용이며, 배우는 사람의 입장에서 학문하는 것을 설명하고 있다.

선진先秦 유학은 하늘과 연관한 '도道'를 중심으로 다루는데 공자와 맹자가 이에 해당한다. 반면 신유학은 '성性'을 중심으로 다룬다. 주희의《중용장구》도입부에서 말하는 '중용'을 살펴보면 다음과 같다.

> 중이라는 것은 치우치지 않고, 의지하지 않고, 지나치거나 미치지 않는 것이 없음의 이름이다. 용이라는 것은 공평하고 떳떳함이다. 정자 선생이 말했다. "치우치지 않는 것을 일컬어 중이라 하고 변하지 않는 것을 일컬어 용이라 하니, 중이라는 것은 천하의 바른 도요, 용이라는 것은 천하의 정해진 이치다." 이 책은 곧 공자의 문하에서 전수한 심법心法으로, 자사는 오래되어 차질이 있을까 두려워했다. 그러므로 책에 이것을 집필하여 맹자에게 준 것이다. 이 책은 처음에는 한 이치를 말하고, 중간에 가서는 흩어져 만사가 되었고, 끝에 가서는 다시 합하여 하나의 이치가 되어, "이것을 놓아두면 육합六合(천지 사방)에 가득 차고, 거두면 정밀한 것에 감춰져 있다."라고 하니, 그 맛이 무궁하여 모두 진실한 학문이다. 잘 읽는 자가 깊은 뜻을 생각하여 찾

아내어 얻음이 있으면 평생토록 이것을 써도 다할 수 없는 것이다.[5]

절제와 성실의 미덕을 최고의 가치로 보는《중용》의 사유는 전통적으로 동양적 사유의 기본 틀이라고 해도 과언이 아니며, 동서양 문화의 주요한 차이점이기도 하다.《중용》은 동양적 정서에서는 군자의 자질을 보여주는 절제미의 정수로 꼽지만, 발전적인 역사관과 적극적인 개척정신, 과학기술을 통한 자연의 극복 등 환경을 개조하는 21세기의 서구화된 시각에서 보자면 과연 그런 미덕이 얼마나 가치가 있는지에 대한 반문이나 반론의 여지도 있다.

이러한 점은 갑골문을 보더라도 그 의미를 확연히 알 수 있다. 즉, 바람에 나부끼는 깃발이 깃대를 중심축으로 삼고 있는 '중中'은 좌도 아니고 우도 아닌 중간의 의미를 지닌 동시에 백중伯仲의 의미도 있다. 씨족 사회에서 깃발이 꽂힌 곳이 중앙이고, 그 중앙을 표지로 삼아 사방에서 모여드는 것이니, 사방과 주변의 그 어디에서 보더라도 치우침이 없다는 의미로 볼 수 있다.

우리는 공자가 강조하는 '과유불급過猶不及'의 개념에서 중용의

---

5) "中者, 不偏不倚, 無過不及之名. 庸, 平常也. 子程子曰: "不偏之謂中, 不易之謂庸. 中者, 天下之正道, 庸者, 天下之定理." 此篇 乃孔門傳授心法, 子思恐其久而差也. 故筆之於書, 以授孟子. 其書始言一理, 中散爲萬事, 末復合爲一理, "放之則彌六合, 卷之則退藏於密", 其味無窮, 皆實學也. 善讀者玩索而有得焉, 則終身用之, 有不能盡者矣."

의미를 알아차릴 수 있다. '중'과 '용' 모두 지나침과 모자람의 대응 관계에서 나온 개념이라는 점을 염두에 두어야 한다. 공자가 말한 대로 옛 성인의 도를 행하려는 뜻만 높은 '광자狂者'와 자신을 지키기에만 급급하고 남을 교화하지 못하는 '견자狷者'라는 개념과도 상대되는 것이 바로 '중'의 개념이다.

오늘날의 잣대로 인간의 덕성을 완성하는 '중용'이라는 말을 자칫 이것도 아니고 저것도 아닌 중간이라는 식의 편향된 시각을 의미할 소지도 있다. 하지만 그것은 '중용'의 내포와 외연을 전혀 터득하지 못한 데서 오는 것이다. '중용'의 방법과 효과가 무엇인지 아는 사람은 감정의 절제, 즉 '하고자 하는 바[所欲]'와 '하는 바[所爲]'에서 벗어나야 한다. 역설적으로 들리겠지만, 자기 표출과 감정의 절제를 잘 하지 못하는 요즘 '중용'이라는 말의 의미는 매우 신선하다. 오히려 좀 답답해 보일지라도 묵묵히 내면을 곱씹으며 자신의 힘을 키우는 것이 길고 긴 인생의 호흡을 음미하며 살아갈 수 있는 길일 수도 있기에 말이다.

우리 사회에 엄존하는 편협성과 편집성을 지양하고 균형 잡힌 인간관계와 질서 있는 세계를 구축하기 위해서는 '중용'을 형식적으로 받아들일 것이 아니라 현실에 따른 시의성時宜性, 즉 '시중時中'의 의미를 끊임없이 염두에 두어야 한다. 묵자의 겸애설처럼 모두를 사랑하면서 오직 천하를 위해 이로운 일만 한다는 개념도, 양주의 위아설爲我說처럼 오직 자신만 위하고 천하를 위해서는 머리카락 하나도 버리지 못하는 극단적 개인주의도 지양해야 하지 않은가?

어찌 보면 우리 인간 모두에게는 이기적 유전자가 흐르는 듯하다. 하지만 자기 생각이 옳다고 고집하고 집착하면서도 공자의 말처럼 '무아毋我'와 '무고毋固'의 정신으로 귀착하는 것이 중용의 세계관이다.

오늘날에도 세계는 강대국의 갈등이 여전해서 서로를 배척하고 응징하는 상황의 연속이며, 우리 사회 역시 보수와 진보의 이념 논쟁이 여전해서 거의 모든 계층이 분열로 치닫고 있다. 이런 현실 속에서 중용의 원칙, 즉 균형과 조화의 삶을 살아가기 위해서는 이 책을 읽어야 하는 것이다.

제1장

공자가 전해준 요체를 자사가 서술하다

【해설】

《중용中庸》 제1장은 《중용》의 첫머리로, 유가 철학의 핵심 사상을 한마디로 압축해놓은 명문이다. 사람은 본성은 알면서 그 본성이 하늘에서 나온 것인 줄 모르고, 성인의 교훈은 알면서 그 교훈이 자신에 의해 재단된 것임을 모른다. 그러기에 '성性', '도道', '교教'가 연결된 인과관계를 이해하는 것이 바로 제1장의 의미다. "성性"은 곧 '본성本性'을 뜻하는데, 성性, 도道, 교教 중 '성性'이 가장 상위개념이다. 사람과 사물이 생겨날 때 각자 하늘에서 품부한 이치를 얻어서 오상五常의 덕(다섯 가지의 떳떳한 덕)을 따르는 것을 '성性'이라고 한다. 그리고 사람과 사물이 각자 본성에 따라 마땅히 행해야 하는 길이 '도道'라는 것이다. 도는 본성의 덕으로, 마음에서 갖추어져 있어서 사물마다 가지고 있고 때마다 마땅하니, 떨어질 수 있다면 진짜 도가 아니라 가짜 도다. 본성이 마음에 항상 갖추어져 있는데, 이것이 내 마음에서 떠나 있다면 본성을 따른다고 할 수 없다. 덧붙이자면 주희는 "희로애락은 정이고, 피어나지 않은 것은 곧 성이니, 치우치고 치우친 바가 없으므로 그것을 일컬어 '중中'이라 한다. [喜怒哀樂, 情也, 其未發, 則性也, 無所偏倚, 故謂之中.]"라고 했다. 여기서 '정'은 희로애락의 표출을 의미하고, '성'은 내면에 피어나지 않은 본성을 가리킨다. 그래서 '중'은 희로애락이 바깥으로 피어나지 않은 상태, 즉 '감정의 절제'를 말한다.

하늘로부터 부여받은 본성을 알아차리고 늘 성찰하며, 희로애락을 드러낼 때 절도와 중화를 극진하게 지속함으로써 천도와 합치할 것을 말하고 있다. 특히 "치중화致中和, 천지위언天地位焉, 만물육언萬物育焉"이라는 구절을 보면 '중화'에 이르러야 천지가 질서를 잡고 만물이 번성하는 것으로 설명하고 있다. 이는 인간이 천지의 조화를 도울 수 있는 능력과 책임이 있다고 본 것이다.

성, 도, 교 1.1

하늘이 명령한 것[1)]을 일컬어 '성性'[2)]이라 하고, 본성을 따르는 것을 일컬어 '도道'라 하며, 도를 닦는 것을 일컬어 '교敎'[3)]라고 한다.[4)]

天命之謂性, 率性之謂道, 修道之謂教.

잠시도 떠날 수 없는 것 1.2

도[5)]는 잠시라도 떠날 수 없으니, 떠날 수 있으면 도가 아니다. 이 때문에 군자는 그 보이지 않는 곳에서도 경계하고[6)] 삼가며, 그 들리지 않는 곳에서 두려워하고 두려워하는 것이다.

道也者, 不可須臾離也, 可離, 非道也. 是故, 君子戒愼乎其所不睹, 恐

---

1) 원문의 "천명天命"을 번역한 것으로, 사물에 드러나는 자연스러운 이치 또는 하늘이 부여한 사명으로 보아도 무방하다. 정현은 이에 대해 "천명은 하늘이 명한 바로 사람을 낳은 것이니, 이것을 일컬어 성명性命이라고 한다.[天命, 謂天所命生人者也, 是謂性命.]"라고 했다. "명命"은 '령令'과 같다.(주희 설)

2) 주희는 '성性'을 '리理'라고 풀이했는데, 이에 대한 이론이 많다. 주희는 뒤에 오는 '솔率'도 '순循'으로 풀이했다.

3) 원문의 "교敎"는 예악禮樂과 형정刑政 등을 말한다. 주희는 마음[心]에 있는 것을 성性이라 하며, 일[事]에 있는 것을 리理라고 했다.[在心喚做性, 在事喚做理.] 이러한 성을 따르는 것을 '도道'라고 하며, '수도修道'는 곧 '교敎'가 된다.

4) "성性", "도道", "교敎" 3대 명제는 성인이 나타남으로써 비로소 인문세계의 실체로 등장한다.

5) "도道라는 것은 하늘의 이치가 마땅히 그러함이니, 중심일 뿐이다.[道者, 天理之當然, 中而已矣.]"(주희 설) 그래서 '도道'는 '중용지도中庸之道'를 의미한다.

懼乎其所不聞.

홀로 있음을 삼가라 1.3

숨어 있는 것보다 드러나는 것은 없으며, 세밀한 것[7]보다 드러나는 것이 없으니, 그러므로 군자는 그 홀로 있음을 삼가는[8] 것이다.

莫見乎隱, 莫顯乎微, 故君子愼其獨也.

---

6) 원문의 "계戒"를 번역한 것으로, '경계하다, 삼가다'라는 뜻이다. 공자의 말씀에 "군자에게는 세 가지 경계해야 하는 것이 있다. 젊어서는 혈기가 안정되지 않았으므로 여색에 빠지는 것을 경계해야 하고, 장년이 되어서는 혈기가 막 왕성해지므로 싸움에 휘말리는 것을 경계해야 하며, 늙어서는 혈기가 이미 사그라졌으므로 탐욕에 빠지는 것을 경계해야 한다.[子曰, 君子有三戒. 少之時, 血氣未定, 戒之在色. 及其壯也, 血氣方剛, 戒之在鬪. 及其老也, 血氣旣衰, 戒之在得.]"(《논어》〈계씨季氏〉 16.7편)라는 내용이 있으니 주목할 만하다.

7) 원문의 "미微"를 번역한 것으로, 주희는 "세밀한 일이다.[微, 細事也.]"라고 풀이했다. '세사細事'는 세세한 일로, 추호지말秋毫之末처럼 아주 엷지만 자세히 보면 보이는 정도이며, 이것이 큰일이 된다는 뜻이다. '미微'는 '아니다, 없다'라는 뜻이지만, 아예 없는 것이 아니라 겉으로는 보이지 않으나 속에는 기미가 이미 있어서 아주 미세한 것일지라도 시작되는 것이다. 남들은 알지 못할 것이라고 여겨 행할지라도 적어도 스스로는 알고 있으니 이 또한 두려운 바다. 남들이 알지 못하는 미세한 마음은《맹자》에 쓰인 사단四端의 수오지심羞惡之心과 같은 것으로, 자신의 잘못을 부끄러워하고 타인의 잘못을 미워하는 마음이다.

8) 원문의 "신독愼獨"을 번역한 것으로, "독獨"은 "다른 사람이 알지 못하는 바지만, 자기는 홀로 아는 바의 곳이다.[人所不知而己所獨知之地也.]"(주희 설)라는 뜻이다. 은미한 가운데에서 몰래 자라나고, 어둠 속에서 자라나서 도를 떠나면 데에 이르게 하는데, 그러지 못하도록 노력하는 것이 '신독'이다. 한편《대학》의 전傳6장인 '성의장'에서 "군자는 반드시 홀로 있음을 삼가는 것[君子必愼其獨]"이라고 말한 대목과 함께 읽으면 좋다.

중과 화 1.4

기쁨·노여움·슬픔·즐거움이 아직 드러나지 않는 것[9]을 일컬어 '중中'이라 하고, 드러나더라도 모두 절도에 들어맞는 것을 일컬어 '화和'[10]라고 한다. '중'이란 천하의 큰 본질[11]이고, '화'란 천하에 통하는 도이다.

喜怒哀樂之未發, 謂之中, 發而皆中節, 謂之和, 中也者, 天下之大本也, 和也者, 天下之達道也.

천지 만물이 중과 화에 달려 있다 1.5

'중'과 '화'를 끝까지 파고들면 하늘과 땅이 자리를 잡으며,[12] 만

9) 원문의 "희로애락지미발喜怒哀樂之未發"을 번역한 것이다. 이에 대해 공영달은 "희로애락의 감정은 [외부의] 사물로 인해 생겨나니 [희로애락이] 드러나지 않을 때는 담담하면서 고요하고 마음에 생각하는 바가 없어서 이치에 마땅함이다.[喜怒哀樂緣事而生, 未發之時, 澹然虛靜, 心無所慮而當於理.]"라고 했는데, 정약용은 "희로애락이 아직 드러나지 않은 것이지, 심지사려가 아직 드러나지 않은 게 아니다.[喜怒哀樂之未發, 非心知思慮之未發.]"라고 하여 미발未發의 구분을 두었고, 군자의 심성心性을 수양하는 신독愼獨과 관련지어 풀이했다.

10) "화和"는 희로애락이라는 감정이 피어났지만, 모두 절도에 들어맞는 것이다. '화和'는 '용庸'과 같으니, 중용中庸은 중화中和와 같다.

11) 원문의 "대본大本"을 번역한 것으로, 주희는 "하늘이 명령한 성품이어서 천하의 이치가 모두 이로 말미암아 나오니, 도의 본체이다.[天命之性, 天下之理, 皆由此出, 道之體也.]"라고 풀이했다.

12) 원문의 "위位"를 번역한 것으로, 정현은 '바르다[正]'라고 풀이했고, 주희는 '그 자리를 편안히 하는 것[安其所也]'이라고 했으니, 역자는 주희의 견해에 따라 '자리를 잡다'라고 번역했다.

물이 자라게 된다.[13)]

致中和, 天地位焉, 萬物育焉.

13) 원문의 "만물육언萬物育焉"을 번역한 것이다. 하늘과 땅에서 편안하게 자리를 잡게 해야 하고, 하늘과 땅에 자리를 잡아도 화육化育(생장)되지 못하면 중간에 소멸하게 될 것이니, 그 삶을 다하게 하여 만물이 화육되어야 한다.

제2장

군자는 중용, 소인은 반중용

【해설】

제1장이 해설의 성격을 띠고 있다면, 제2장부터 제11장까지는 한 묶음으로 공자의 말씀을 인용한 것이다. 그 말이 간략하고 질박하여 《논어》의 축소판처럼 보인다. 장조이蔣祖怡는 《중용》이 자사의 단독 저술이 아니라면서 제2장부터 제11장까지 지어진 시기가 이르다고 분석했다.

이 장의 주제는 군자의 중용이다. 그 중용의 도를 실천하는 '시중時中'을 말하고, 소인과 대비해 도가 행해지지 않는 이유를 하늘의 품성을 본받았다는 사실을 알아차리지 못하는 데서 찾고 있다. 이는 중용을 하기 위한 지智, 인仁, 용勇의 삼달덕三達德 중에 '지智'를 말하는 대목이기도 하다. 중용이란 '공평하고 떳떳함'이란 뜻의 '평상平常'의 개념인데, 어느 한쪽에 치우치거나 모자라지 않고, 다소 어리석은 것 같으나 일정하여 변함이 없는 경지를 가리킨다. 군자만이 중용할 수 있고, 소인은 이를 실현하기에는 역부족이라는 것이다.

"군자가 중용을 하는 까닭은 그에게 군자의 덕이 있으며, 또한 능히 때에 맞추어 중심에 처할 수 있다는 것이다. 소인이 중용을 거꾸로 하는 까닭은 그에게 소인의 마음이 있으며, 또한 거리끼고 거리끼는 바가 없기 때문이다."라는 왕숙의 설이 이 장의 의미를 이해하는 데 참조할 만하다. 처세와 처신은 어렵다.

군자와 소인의 차이 2.1

선생님[1]께서 말씀하시기를 "군자는 중용을 하고, 소인은 중용에 반(反)하는 [중용을] 한다.[2]

仲尼曰: "君子, 中庸, 小人, 反中庸.

군자와 소인의 중용 2.2

군자의 중용은 군자다우면서 때에 들어맞게 하고, 소인의 반중용[3]은 소인이면서 거리낌이 없는 것이다."라고 했다.

君子之中庸也, 君子而時中, 小人之反中庸也, 小人而無忌憚也."

---

1) 원문의 "중니仲尼"를 번역한 것으로, 송시열은 "다른 장에서 말한 '자왈子曰'이란 것이 모두 중니임을 나타냈다."라고 했고, 주희는 "만약 공자라고 말하면 외면하는 말이고, 만약 부자라고 말하면 당시의 중인이 서로 부르는 통칭이다."라고 했으며, 박문호朴文鎬는 이 두 설을 인용하며 "살펴보건대 중니는 친근히 하는 말이고, 자子는 높이는 말이다."라고 정리했다.(성백효, 《현토신역 부안설 중용집주》, 한국인문고전연구소, 2016, 76쪽 참조.)

2) 원문의 "반중용反中庸"을 번역한 것으로, 왕숙王肅의 판본에 '소인지반중용야小人之反中庸也'라고 기록되어 있고, 정이천도 이것이 옳다고 하여 주희가 따랐다. 정현은 "반중용"을 "행하는 바가 중용이 아닌데도 스스로 중용으로 여기는 것이다.[所行非中庸, 然亦自以爲中庸也.]"라 했고, 정약용은 "소인은 마음을 두는 것이 혹 편벽되거나 치우쳐서, 일을 행할 때도 지나치거나 미치지 못하여 그 덕을 잡는 것이 떳떳함이 없으니 이것을 일컬어 '반중용'이라 한다."고 했다.

3) 원문의 "소인지반중용야小人之反中庸也"는 '소인지중용야小人之中庸也'와 더불어 해석의 논란이 있다. 역자는 왕숙본과 주희 설을 따라 '반反'을 넣어 해석했다. 이는 앞 절의 '군자君子, 중용中庸, 소인小人, 반중용反中庸'에 근거했다. 그러나 '반反'을 빼고 해석해도 무방하다.

제3장

중용을 지속하기가 쉽지 않다

【해설】

제2장에서는 군자와 소인으로 나눠 중용을 지키는 자와 그렇지 못한 자를 설명했고, 제3장에서는 중용의 지극한 덕을 실천하고 그것을 지속하기가 드물다는 것을 탄식하고 있다. 그만큼 중용은 실천하기 어렵고 실천하더라도 지속하기 어렵다는 것이다. 즉, 매사에 중용을 행하려 해도 자칫 지나치면 중심을 잃고, 미치지 않으면 지극하지 못한 것이 되기 쉽다. 그러므로 오직 중용의 덕만이 지극함이 된다는 것이다. 중용에 대한 세상의 가르침이 쇠해져서 자꾸 지나침에 가까워지니 백성이 중용을 행하지 않게 되어서 능히 실천하거나 지속하는 이가 드문 것이다.

이 장은 열세 자에 불과하지만, 상당히 중요한 의미가 있다. 김충열은 "공자가 그 시대의 인간 정서와 행위가 심하게 타락하는 것을 걱정하면서 문제의 원인을 '중용을 행하지 않은 데'서 찾아 '중용'이라는 개념을 처음으로 제기했기 때문이다."라고 했는데 상당히 타당한 의견이다. 이 내용은《논어》〈옹야雍冶〉6.27편에 나온 말이다.《논어》에는 '능能'이라는 글자가 없고,《중용》에는 '지위덕야之爲德也'라는 네 글자가 빠져 있다. 물론 '능' 자가 있어야 의미가 쉽게 파악된다.

공자께서 말씀하셨다. "중용[1]은 아마도 지극함일진저! 백성 중에 능한 자가 드문 지 오래되었구나.[2]"

子曰: "中庸, 其至矣乎! 民鮮能久矣!"

1) 원래 "중용中庸"의 "용庸"으로 정약용은 "'용庸'이라는 글자는 원래 떳떳함이 있다는 뜻이므로 군자가 덕에 나아가고 업을 닦음에 능히 오래 함을 귀함으로 삼는다.[庸之爲字. 原是有常之意. 故君子進德修業. 以能久爲貴.]"라고 풀이했다.

2) 원문의 "능구能久"를 번역한 것으로, 사람이 함께 얻는 바가 있어서 처음에는 어려운 일이 없으나, 세상의 가르침이 쇠약하여 백성이 일어나 행하지 않게 되었다. 그러므로 능한 자가 드문 지가 오래되었다. 〈중용장구서〉에 "《중용》은 어찌하여 지어진 것인가? 자사자子思子가 도학이 그 전함을 잃어버릴까 우려하여 지으신 것이다.[中庸何爲而作也. 子思子憂道學之失其傳而作也.]"라고 한 말을 보더라도 도가 쇠퇴한 것에 대한 한탄을 느낄 수 있다.

제4장

도가 행해지지 못하는 이유

【해설】

중용의 도가 행해지지 않고 밝아지지 않는 이유를 '과유불급過猶不及'에서 찾고 있다. '중中'을 벗어난 행위는 지나치거나 모자란 상태를 말하는 것으로, 아직 마음속에 '도'가 중심을 잡지 않은 것을 말한다. 지혜롭다고 스스로 과대평가하는 것을 경계하면서 품성에 따라 도를 행하는 것이 중요하다. 물론 어리석은 사람은 아는 것도 행하는 것도 미치지 못한다. 제1절에서 공자의 말씀을 인용하면서 중용의 도가 행해지지 못한 것을 한탄했고, 그 이유를 주희의 풀이대로 "아는 자는 아는 것이 지나쳐서 이미 도를 행할 수 없다고 생각하고, 어리석은 자는 아는 것이 모자라 행해야 하는 까닭을 알지 못하니, 이것이 도가 항상 행해지지 않는 까닭이다. 현명한 척하는 자는 행동이 지나쳐 이미 도를 알 수 없다고 생각하고, 어리석은 자는 행하는 데에 미치지 못하고, 또 앎을 구하지 못하니, 이것이 도가 항상 밝혀지지 않는 까닭이다.[知者知之過, 旣以道爲不足行, 愚者不及知, 又不知所以行, 此道之所以常不行也. 賢者行之過, 旣以道爲不足知, 不肖者不及行, 又不求所以知, 此道之所以常不明也.]"라고 한 것에 주목해서 읽어야 한다.

도가 행해지지 않는 이유 4.1

공자께서 말씀하셨다.

"도가 행해지지 않는 것을 나는 알고 있다. 아는 체하는 자[1]는 지나치고, 어리석은 자는 미치지 못한다. 도가 밝아지지 않는 것을 나는 알고 있으니, 현명한 척하는 자는 지나치고, 모자란 자[2]는 미치지 못한다.

子曰: "道之不行也, 我知之矣, 知者, 過之, 愚者, 不及也. 道之不明也, 我知之矣, 賢者, 過之, 不肖者, 不及也.[3]

---

1) 원문의 "지자知者"를 번역한 것으로, "지知"는 '지智'와 같으나, 사실상 지혜롭지 않다는 뜻이다. 지혜로운 자 또는 알고 있는 자의 의미가 아니라 진정으로 알지 못하는 자, 말하자면 아는 체하는 어설픈 지식을 갖춘 자를 가리킨다. 따라서 이 개념은 긍정적으로 쓰인 것이라고 볼 수 없다.

2) 원문의 "불초자不肖者"를 번역한 것으로, "초肖"는 '아버지 닮을 초'이며, 불초자란 아버지를 닮지 않은 자, 즉 어리석은 자, 현명하지 못한 자, 어질지 못한 자 등을 뜻한다.

3) 원문의 의미에 대해 "지知·우愚·현賢·불초不肖의 지나침과 미치지 못함은 곧 타고난 품성의 차이로, 그 중심을 잃는 것이다.[知愚賢不肖之過不及, 則生稟之異而失其中也.]"(주희 설)라는 풀이를 참조할 만하다.

맛을 제대로 아는 자가 있는가 4.2

사람 중에서 마시고 먹지 않음이 없으나, 능히 맛을 아는 사람은 드물다."[4]라고 했다.

人莫不飮食也, 鮮能知味也."

4) "도는 가히 떠날 수 없는데 사람들은 스스로 살피지 않는다. 이 때문에 지나치거나 미치지 못하는 병폐가 있는 것이다.[道不可離, 人自不察, 是以, 有過不及之弊.]"(주희 설) 사람들은 일상생활을 하면서도 그 진리를 아는 이가 드문 것을 말한 것이다.

제5장

공자의 한탄

【해설】

제4장과 같은 편으로 보일 정도로 연계성이 있는 이 장은 중용의 도를 마음속에서 알아차려 간직하는 것과 지나치거나 미치지 않는 것은 어려우므로 공자의 말씀을 인용하여 도가 밝혀지지 않기에 중용의 도가 행해지지 않음을 한탄하여 말하고 있다. 이는 자사子思가 도학이 그 전함을 잃어버릴까 우려한 것과 같은 맥락으로 중용의 도가 행해지기를 바라는 공자의 간절함이 배어 있다.

공자께서 말씀하셨다. “도가 아마도 행해지지 않을 것일진저!”[1)]

子曰: “道其不行矣夫!”

1) 현명한 군주가 없어 가르쳐줄 수 없는 상황을 안타까워한 것이라는 정현의 해설이 타당하다. 정현의 해설에 공영달도 동조했다. 주희는 이 장을 앞의 제4장에 이어 다음 장의 뜻을 일으킨 것으로 보았으며, 정약용도 같은 생각이었다.

제6장

순임금은 왜 지혜로울까

【해설】

이 장은 다른 사람의 지혜를 적절하게 취해 그것들을 활용하는 순임금의 지혜를 말한다. 순임금은 자기의 의견을 독단적으로 백성에게 강요하기보다는 백성과 함께 중심 지점을 찾아서 합리적인 방향을 취하고, 백성에게 전파했다. 순임금은 다른 사람에게 묻기를 좋아하고[好問] 남의 말을 살피기를 좋아하며, 사소한 말도 함부로 버리지 않았다. 《논어》〈향당鄕黨〉 10.13편에서 "[공자가] 태묘에 들어가서 모든 일을 물었다[入太廟每事問]."라고 한 데서도 "호문好問"의 맥락과 통한다.

본문에서 '양단兩端'은 지나친 것과 미치지 못한 것이라는 의미로, 대중의 논의가 같지 않은 궁극의 이름이다. 선한 가운데에서 두 끝을 잡아서 재고 헤아림으로써 중심을 취한 이후에 써야 한다. 사람은 객관적이지 않고 사사로운 감정이 앞서기 때문에 양단을 재고 헤아려서 중심을 잡아야 한다는 것이다. 순임금이 이것을 잘했으므로 그의 훌륭한 역량을 공자 또한 감탄한 것이다.

공자께서 말씀하셨다.

"순임금은 아마도 대단히 지혜로울 것일진저.[1] 순임금은 묻기를 좋아하시고, 평범한 말[2]을 살피기를 좋아하시며, 악한 것을 숨기고 선한 것을 들어 올리며, 그 양쪽 끝을 잡아서 그 중심을 백성에게 사용하시니, 아마도 이러한 것들이 순임금다운 것으로 생각되는구나."

子曰: "舜其大知也與! 舜好問而好察邇言, 隱惡而揚善, 執其兩端, 用其中於民, 其斯以爲舜乎!"

---

1) 순임금은 '중용'을 천하를 통치하는 원리와 준칙으로 활용했다. 순임금의 '중용'은《맹자》〈등문공滕文公 상上〉에서 "천하 만물이 가지런하지 않은 것은 만물의 성정이다.[物之不齊, 物之情也.]"라고 한 것과 통한다.

2) 원문의 "이언邇言"을 번역한 것으로, 주희는 "쉽고 가까운 말로써 반드시 살피는 것과 같으니, 그가 선을 버리지 않은 것을 알 수 있다.[淺近之言, 猶必察焉, 其無遺善, 可知.]"라고 풀이했다.

제7장

공자의 겸손한 자기 평가

【해설】

도가 밝아지지 않는 단서를 말하는 장으로, 순임금의 '중용'을 설명했던 앞 장에 이어 공자 자신을 예로 들며 중용을 지켜가기 어려움을 이야기하고 있다. 공자의 진솔한 자기 평가는 다음 장인 8장으로 이어진다.

덧붙여 주희는 이 장이 앞의 '대지大知'를 잇고 다음 장을 열었다고 했는데, 김충열은 "지자과지知者過之, 현자과지賢者過之"를 구체적으로 설명한 문장으로 보아 제4장의 뒤에 오는 게 맞다고 보았다.

공자께서 말씀하셨다.

"사람들은 모두 자신은[1] 지혜롭다고 말하지만, 달리게 하여 그물이나 덫이나 함정[2] 속에 들어가게 해도 아무것도 피할 줄을 알지 못한다. 사람들은 모두 자신은 지혜롭다고 말하지만, 중용을 택하여[3] 능히 한 달[4]도 지킬 수 없다."

子曰: "人皆曰予知, 驅而納諸罟擭陷阱之中, 而莫之知辟也. 人皆曰予知, 擇乎中庸而不能期月守也."

1) 원문의 "여予"를 번역한 것으로, 이 대상을 공자 자신으로 보기도 하고 다른 사람들이 자신을 지칭하는 말로 보기도 하는데, 역자는 공자 자신을 포함한 대부분의 사람으로 해석했다. 그리하여 공자 자신도 중용을 실천하는 일이 어렵다는 것을 토로하면서 자신 역시 대부분의 사람에 포함하여 순임금이나 안회의 경우와 대비되는 모습을 보여주고 있다. 이는 물론 중용의 선택과 실천이 그만큼 어렵고 중요하다는 것을 겸손하게 표현한 것이다.

2) 원문의 "고확함정罟擭陷阱"을 번역한 것이다. "고罟"는 그물이고 "확擭"은 덫이며 "함정陷阱"은 구덩이로, 날짐승과 길짐승을 유인하여 빠져나가지 못하게 만드는 것을 의미한다.

3) 원문의 "택호중용擇乎中庸"을 번역한 것으로, 모든 이치를 변별함으로써 중용을 구하는 것이다. 옥석혼효玉石混淆(옥과 돌이 섞여 있는 것)를 가리는 것처럼 시비是非와 선악善惡을 가려야 함을 말한다. 곧 여러 이치를 변별하여 중용을 찾음이니, 바로 앞 장에서 순임금이 묻기를 좋아하여 중용을 이룬 것을 말한다.

4) 원문의 "기월期月"을 번역한 것으로, '만 한 달'을 뜻한다. 그물 속으로 들어가는 것을 뻔히 알면서도 못 피하고, 중용을 택할 줄은 알지만 한 달도 못 지키는 것에 대해 사람들이 비아냥거리는 것이다. 스스로 객관적이고 편파적이지 않게 중심을 잡고서 초심을 끝까지 유지하여 유종의 미를 거두기는 쉽지 않음을 의미한다.

제8장

중용을 지킨 안회

【해설】

이 장은 중용을 실천하는 방법인 지知·인仁·용勇 중에서 중용을 오랫동안 지켜나가는 '인仁'의 덕목에 대해 안회를 예로 들어 설명하고 있다. 안회의 중용을 순임금의 중용적 정치와 비교하면 '수기공부修己工夫'에 해당한다. 안회의 중용은 다소 소극적이고 답답해 보이기도 하지만, 인간으로서의 기본기를 다지는 인물로는 최고의 본보기이며, 수신을 시작으로 제왕에 도달하기까지 은미하게 구축되는 중용의 핵심이 된다. 한편 사마천은 안회에 대해 "노나라 사람으로 자는 자연子淵이며, 공자보다 30세가 적었다."라고 하며 《사기》 〈중니제자열전〉의 첫머리에 두었다. 안회는 29세에 머리가 하얗게 세더니 공자보다 일찍 죽었다.

공자께서 말씀하셨다.

"회[1]의 사람됨은 중용에서 택하여 하나의 선을 얻으면 정성스러운 모양으로 가슴속에 잘 담아두어[2] 그것을 잃지 않았다."

子曰: "回之爲人也, 擇乎中庸, 得一善, 則拳拳服膺而弗失之矣."

1) "회回"는 공자의 제자인 안연의 이름으로, 안회顔回라고도 한다. 안회는 중용을 택하여 지키는 데까지 이르렀다. 그러한 안회의 성품을 공자가 찬미한 것이다.

2) 원문의 "권권복응拳拳服膺"을 번역한 것이다. "권拳"은 '정성스럽다'는 뜻으로, '권권拳拳'은 받들어 잡는 모양이다[奉持之貌]. '복服'은 '두다, 새기다, 담아두다'라는 뜻으로, '착著' 자와 같다. '응膺'은 '가슴[胸]'이니 잘 받들어 잡아서 마음에 붙여둠이니, 능히 지킴을 말한다. '복응服膺'은 율곡 이이가 쓴《격몽요결擊蒙要訣》〈지신장持身章〉에서도 "선왕의 법도에 맞는 의복이 아니면 함부로 입지 않으며, 선왕의 법도에 맞는 말이 아니면 함부로 말해서는 안 되고, 선왕의 덕행이 아니면 함부로 행동할 수 없으니, 이러한 것은 죽을 때까지 가슴속 깊이 새겨두어야 할 것이다."라고 언급되었다.

제9장

중용은 아주 어렵다

【해설】

이 장에서도 지·인·용에 관해 이야기하고 있다. 중용이란 의義를 정밀하게 하고 인仁을 익힌 뒤에 인욕人欲의 사사로움이 한 터럭이라도 없어야만 미칠 수 있는 것이라고 했다. 그러므로 중용이란 쉬우면서도 어려운 것이니, 백성 가운데 능히 할 수 있는 이가 드물다. 알기 때문에 천하와 국가를 고르게 다스릴 수 있는 것이며, 인하기 때문에 작위와 봉록을 사양할 수 있는 것이며, 용기가 있기 때문에 흰 칼날을 밟을 수 있는 것이다. 이 세 가지는 어렵기는 하지만 자질과 노력으로 가능한 일이다. 이에 반해 중용은 더 어렵다는 뜻으로, 중용에 능한 자가 드문 이유이다. 이 장은《예기》〈유행儒行〉의 "선비는 친할 수는 있으나 겁박할 수는 없고, 가까이할 수는 있어도 다그칠 수는 없으며, 죽일 수는 있지만 모욕할 수는 없다.[儒有可親而不可劫也, 可近而不可迫也, 可殺而不可辱也.]"는 구절과《맹자》〈등문공滕文公 하下〉의 "위협과 무력에도 굴복하지 않는다.[威武不能屈.]"라는 구절을 함께 읽어보기를 권한다.

공자께서 말씀하셨다.

"천하와 국가를 고르게[1] 다스릴 수 있으며, 작위와 봉록을 사양할 수 있으며, 흰 칼날을 밟을 수 있으나 중용은 할 수 없다."

子曰: "天下國家, 可均也, 爵祿, 可辭也, 白刃, 可蹈也, 中庸, 不可能也."

1) 원문의 "균均"을 번역한 것으로, 균치均治, 평치平治를 의미한다. 이에 맞춰 '천하국가天下國家'는 주격으로 해석하고, 가균可均은 피동으로 해석하여, '가히 고르게 할 수 있다, 다스려질 수 있다'라고 해석해야 하나, 원래의 문장에 따라 '천하국가'가 '가균可均' 뒤로 도치가 된 것이므로 '천하와 국가를 가히 고르게 할 수 있다'라고 해석했다.

제10장

진정한 강함은 무엇인가

【해설】

이 장은 지·인·용 삼달덕 중에 용勇을 말하고 있는데, 자로의 질문에 공자가 대답하는 형식을 취하고 있다. 중용을 지키는 강한 모습으로 '화이불류和而不流, 중립이불의中立而不倚, 지사불변至死不變'을 말하고 있다.

첫 문장부터 등장하는 것이 남방과 북방의 강함의 차이인데, 장강長江을 기준으로 북방과 남방으로 나뉜다. 제齊나라가 위치한 북방은 황하가 종종 범람해 걱정이 많았다. 그래서 강했고, 문학적으로는《시경》이 발달했다. 초楚나라가 위치한 남방은 고민거리가 적었던 만큼 도道와 무위자연無爲自然이 성행했다. 그래서 부드러움이 강했고, 문학적으로는 초사楚辭가 발달했다. 김충열의 말처럼, "'강强'이라는 명제를 중용의 기준에 맞춰 정리해보면, 남방과 북방의 강함은 공간상 치우친 강함이니, 화합하나 휩쓸리지 않고 중립하면서 기대지 않는 중용의 강함으로 교정 또는 승화시킨다."고 해석할 수도 있겠다.

강함이란 10.1

자로가 강함에 대해 여쭙자,[1)]

子路問強,

남방의 강함인가, 북방의 강함인가 10.2

공자께서 말씀하셨다. "남방의 강함인가? 북방의 강함인가? 아니면 너의 강함인가?[2)]

子曰: "南方之強與? 北方之強與? 抑而強與?

1) 앞 장에 이어서 중용의 쉽지 않음을 말하고 있다. 자로가 용맹을 좋아하여 강強에 대해 물은 것이다. 공자는 자로가 혈기지강血氣之剛은 알지만 덕의지용德義之勇은 알지 못한다고 했다.

2) 성백효는 주희와 정현의 같은 점과 다른 점을 서술하면서 정약용의 견해와 차이가 있다고 했다. 주희는 기질에 따라 강한 용맹을 숭상하는 북방지강北方之強, 유순을 숭상하는 남방지강南方之強으로 보고, 기질과 관계없이 성인군자의 강함이자 자로가 힘써야 할 중립불의中立不倚의 강強을 용맹으로 본 반면, 정현은 북방지강北方之強, 남방지강南方之強, 자로가 힘써야 할 중국의 강 세 가지를 모두 지역 특성에 따른 기질로 보았다. 정약용은 북방지강과 남방지강 두 가지로 보고, 남방지강이 성현 군자들이 머물러야 할 강으로 보았다.

군자는 남방의 강함이다 10.3

너그러움과 부드러움으로써 가르치고, 도가 없음에 되갚지 않는 것이 남방의 강함이니, 군자는 거기에 머무른다.

寬柔以教, 不報無道, 南方之強也, 君子居之.

북방의 강함에 머무는 자 10.4

병기와 갑옷을 [요로 삼아] 깔고,[3] 죽을지라도 싫어하지 않는 것이 북방의 강함이니, 강한 자는 거기에 머무른다.

衽金革, 死而不厭, 北方之強也, 而強者居之.

3) 원문의 "임금혁衽金革"을 번역한 것으로, "임衽"은 '자리[席]'이고, "금金"은 '병기[戈兵]', "혁革"은 '갑옷[甲]'과 '투구[冑]'를 말한다. '임금혁衽金革'에 대해 주희는《대전大全》에 "창을 베고 있다는 말과 같다.[如云枕戈.]"고 했고, 정약용은 "《장구章句》에서 '임衽'을 '석席'이라 읽는 것은 옳지 않은 듯하다."라고 다른 해석을 내놓았다.

나라에 도가 없더라도 10.5

그러므로 군자는 조화로우나 시류에 영합하지 않으니, 강하면서도 꿋꿋함이여![4] 중립하여 치우치지 않으니, 강하면서도 꿋꿋함이여! 나라에 도가 있을 때는 관직에 도달하지 못해도[5] [중용의 마음을] 변하지 않으니, 강하면서도 꿋꿋함이여! 나라에 도가 없을 때는 죽음에 이르더라도 변하지 않으니, 강하면서도 꿋꿋함이여!"

故君子和而不流, 強哉矯! 中立而不倚, 強哉矯! 國有道, 不變塞焉, 強哉矯! 國無道, 至死不變, 強哉矯!"

---

4) 원문의 "교矯"를 번역한 것으로, '강한 모습'을 말한다. 《시경》에서는 "꿋꿋하고 꿋꿋한 호랑이 같은 신하[矯矯虎臣]"라고 했다.

5) 원문의 "색塞"을 번역한 것으로, 세 가지 설이 있다. 주희는 영달하지 못했을 때[未達] 지키는 의지나 포부로 본 반면, 정현은 '실實'의 뜻으로 풀이했고, 공영달은 덕행이 충실한 것으로 부연했다. 역자는 주희의 견해에 따랐다.

제11장

도에 들어가는 세 가지

【해설】

이 장은 공자의 말씀을 인용하여 중용의 도인 지·인·용 삼달덕의 방도를 설명한 것이다. '중中'의 의미처럼 괴이한 것 등에 치우치거나 의지하지 않는 자세로 임하고, '용庸'의 의미처럼 중도에 그만두지 않고 지속할 수 있게 하며, 남이 알아주지 않더라도 꿋꿋하게 자신의 길을 가라고 한다. 이를 행하는 데 삼달덕이 필요한 것이다.

서술할 수 없는 것이 있으니 11.1

공자께서 말씀하셨다.

"숨어 사는 생활을 찾고[1] 괴이하게 행동하는 것[2]을 후세에 서술하는 것이 있으나[3] 나는 그러한 행동을 하지 않을 것이다.

子曰: "素隱行怪, 後世, 有述焉, 吾弗爲之矣.

절반의 길에서 그만두니 11.2

군자가 도를 따라 행하다가도 절반의 길에서 그만두니,[4] 나는 능히 그만두지 않을 것이다.

君子遵道而行, 半塗而廢, 吾弗能已矣.

---

1) 원문의 "소素"를 번역한 것으로, 두 가지로 읽을 수 있다. 주희는 "'소素'는《한서》에 따르면 마땅히 '색索'이라고 해야 하니, 아마도 글자를 잘못 쓴 것이다.[素, 按漢書當作索, 蓋字之誤也.]"라 했고, 정현은 '소素'를 '소傃[향하다]'로 보고 "소傃는 향向[鄉]과 같으니 소은행괴素隱行怪는 해로움을 피할 곳을 향해 몸을 숨기고서 도리에 어긋난 짓을 하는 것이다."라고 했다.

2) 원문의 "소은행괴素隱行怪"를 번역한 것이다. "은隱"은 '숨어 있으면서 편벽된 것', '은벽하다'를 뜻한다. "괴怪"는《논어》〈술이述而〉 7.20편에 "공자는 괴이함, 완력, 패란, 귀신을 말하지 않으셨다[子不語怪力亂神]."라고 나온다.

3) 원문의 "유술언有述焉"을 번역한 것으로, 해석을 놓고 이견이 있다. '기술하는 사람들이 있으니'라고 하여 인과로 보는 견해와 '기술하는 사람들이 있으나'라고 하여 역접으로 보는 견해가 있다. 후세 사람들은 '소은행괴'가 기이하여 화젯거리로 삼아서 술[述]했으나 공자는 '소은행괴'를 부정적으로 평가하여, 자신은 서술하지 않겠다는 말이다. "술述"은 '기술', '서술'을 뜻한다. 이는 공자의 "서술하되 짓지 않으셨다.[述而不作.]"(《논어》〈술이〉 7.1편)라는 말에서와 같다.

오직 성인이라야 11.3

군자는 중용에 따라[5] 세상에 숨어서 [남이] 알아줌을 받지 못해도 후회하지 않으니, 오직 성인이라야 능히 그렇게 할 수 있다."

君子, 依乎中庸, 遯世不見知而不悔, 唯聖者能之."

4) 원문의 "반도이폐半塗而廢"를 번역한 것으로, "도途"는 '길 도道'와 같다. 정현은 "폐廢"를 '그만두어 멈추는 것[廢猶罷止也]'이라고 했다. '반도이폐'는 공자가 염구冉求를 "능력이 부족한 사람이라면 중간의 길에서 그만두니, 지금 너는 한계를 긋는구나.[力不足者, 中道而廢, 今女畫.]"(《논어》 〈옹야〉 6.10편)라고 비판한 말과 맥락을 같이하며, 중도에서 포기하지 말고 끝까지 밀고 나가야 한다는 의미다. 정현은 '반도이폐'를 존도이행遵道而行을 그만둘 수 없음으로 해석하는데, 정약용은 중도에 그만두는 것으로 보지 않고, 배우는 자가 힘이 다하여 몸이 쓰러지는 것으로 보았는데, 여기에 성백효도 동조했다.

5) 원문의 "의호중용依乎中庸"을 번역한 것으로, 율곡언해본栗谷諺解本에는 "중용에 의依하다."라고 되어 있고, 관본언해본官本諺解本에는 "중용을 의依하다."라고 되어 있다.

제12장

군자의 도

【해설】

이 장은 도는 사람에게서 멀리 있지 않아서 부부 사이에서 단서가 시작된다고 했고, 현재 자신의 위치에서 바르게 하는 것에 있다고 했다. 즉, 이 장의 핵심어는 '부부夫婦'이다. 유가 사상에서 남녀가 사랑하고 자식을 낳아 기르면서 생생불식生生不息하는 가정이 모든 이치의 단서가 된다. 그래서 부부지도夫婦之道는 인륜지시人倫之始다.

이 장의 핵심 가운데 하나인 "부부지우夫婦之愚"는 보충 설명이 필요하다. 박문호는 "어리석은 남편과 어리석은 부인[愚夫愚婦]"과 같다고 했고, 정약용은 필부와 필부[匹夫匹婦]라고 했다. 부부는 민중, 못난 사람들을 뜻하는데, 이들이 인륜의 시초이다. 이들과 반대되는 사람은 군자인데, 지식은 군자가 독점하는 것이 아니라, 군자와 더불어 기본적인 부분은 평범한 사람이라도 알 수 있다는 의미다. '공자천주孔子穿珠'를 보더라도 어리석은 사람에게도 배울 점이 있음을 알 수 있으며, 《논어》〈공야장〉 5.14편의 '불치하문不恥下問' 구절을 보더라도 은미하게 쓰이는 군자의 도를 알 수 있다. 백성은 어리석고 불초하지만, 결국 여기서부터 군자의 경지에까지 이르는 것이다.

도가 광대하고 은미하게 두루 미치며, 대소와 상하 어디에도 작용하나, 그 단서는 미미한 것에서 비롯됨을 말하고 있다.

넓고도 은미한 군자의 도 12.1

군자의 도는 널리 쓰이면서도 은미하다.[1)]

君子之道, 費而隱.

성인이 부부의 어리석음에 미치지 못한 것도 있다 12.2

부부의 어리석음으로도 가히 참여하여 알 수 있지만, 그 지극함[2)]에 이르러서는 비록 성인이라도 또한 알지 못하는 바가 있다. 부부의 현명하지 못함으로도 능히 행할 수 있지만, 그 지극함에 이르러서는 비록 성인이라도 또한 능하지 못한 바가 있으며, 하늘과 땅이 [은혜가] 아무리 크더라도 사람은 오히려 섭섭한 바가 있다. 그러므로 군자가 원대한 것(선왕의 도)을 말하더라도 천하 사람들은 능히 싣지 못하는 것이 있고, 작은 것을 말하더라도 천하 사람들은 깨뜨릴 수 없는 것이 있다.

---

1) 원문의 "비이은費而隱"을 번역한 것으로, "'비費'는 '쓰는 것의 넓음[用之廣也]'이고 '隱'은 '몸의 은미[體之微]'이다."(주희 설) 정약용은 주희와 달리 "문왕이 인재를 만든 것이 성대함을 비유한 것[猶文王作人之盛也]"이라고 했다. 이 문장은 《시경詩經》의 "군자지도君子之道, 조단호부부造端乎夫婦"의 의미와 통한다. 정현은 "'비費'는 '궤佹'와 같으니, 도가 어긋나지 않으면 벼슬한다.[費猶佹也, 道不費則仕.]"라고 하여, '비이은費而隱'을 "도가 어긋나면 은둔한다."라고 해석했으며, 소疏에 "군자라는 사람은 어지러운 세상을 만나 도덕이 어긋나면 은둔하면서 벼슬하지 않지만 만일 도가 어긋나지 않으면 마땅히 벼슬해야 한다.[言君子之人, 遭値亂世, 道德違費, 則隱而不仕, 若道之不費, 則當仕也.]"라고 했다.

2) 원문의 "지至"를 번역한 것으로, '극極'과 같으며, 남들이 쉽게 보지 못하는 부분, 미세한 부분을 뜻한다.

夫婦之愚, 可以與知焉, 及其至也, 雖聖人亦有所不知焉. 夫婦之不肖, 可以能行焉, 及其至也, 雖聖人亦有所不能焉. 天地之大也, 人猶有所憾. 故君子語大, 天下莫能載焉. 語小,[3] 天下莫能破焉.

솔개는 날고 물고기는 뛰노니 12.3

《시경》에 이르기를 "솔개는 날아서 하늘에 이르고 물고기는 연못에서 뛰논다."라고 했으니, 그 위(하늘)와 아래(땅)에까지 드러나는 것을 말한다.[4]

詩云: "鳶飛戾天, 魚躍於淵."[5] 言其上下察也.

3) 원문의 "대大"는 도의 위대하고 큰 작용이고, "소小"는 도의 작은 작용이다.

4) 12.1에서 언급된 '비費'와 '은隱'의 의미를 설명한 것으로, 성인이 백성을 교화하는 것이 날짐승이나 물고기 같은 하찮은 것에까지 이르러 위아래가 밝게 드러나는 것(비費)이다. 그러나 이렇게 해도 다 보이거나 다 들리는 것이 아니다. 천하는 편벽되고 공평하지 않기 때문에 숨어 있는 곳, 은미한 곳이 존재할 수밖에 없음[隱]을 말하고 있다.

5) 인용된 《시경》은 〈대아〉의 '한록旱麓' 편이다. 원문의 "연鳶"은 솔개류[鴟類]이다. "려戾"는 '이르다[至]'라는 의미다.

군자의 도는 부부로부터 12.4

군자의 도는 부부에게서 단서를 만드니,[6] 그 지극함에 미쳐서는 하늘과 땅에 드러나게 된다.

君子之道, 造端乎夫婦, 及其至也, 察乎天地.

6) 원문의 "조단호부부造端乎夫婦"를 번역한 것으로, 전우田愚는 "조造는 시작함이고, 단端은 머리이다. '조단造端'은 머리에서 일어난다는 것과 같다.[造始也, 端首也, 造端猶言起頭也.]"고 했다.

제13장

충서는 도에서 떨어지지 않는다

【해설】

앞 장이 중용의 도에서 첫 단계인 '부부지도夫婦之道'를 설명했다면, 이 장은 인간관계의 윤리로 대표되는 '충서忠恕'를 말하고 있다. 도는 멀리 있지도 않고, 매일 쓰면서도 알아차리지 못하며, 일상의 사소한 데에서 시작되는 것이니 신중하지 않을 수 없다. 특히 마지막 단락에서 공자가 군자의 도 네 가지 중 하나라도 능히 할 수 있는 것이 없다고 겸손하게 말한 부분을 주의 깊게 읽어야 할 것이다. 이 문장은 한마디로 '자기를 미루어서 남에게 미치는 것[推己及人]'이다. 중용이 가르치는 자의 학문이라는 점에서 공자의 겸손은 어미 닭이 알 속에서 보내는 병아리의 신호를 알아듣는 '줄탁동시啐啄同時' 같은 일이다.

도는 사람을 멀리하지 않는다 13.1

공자께서 말씀하셨다.

"도는 사람을 멀리하지 않으니, 사람이 도를 행하다가 사람을 멀리하는 것은[1] 가히 도라고 할 수 없다.

子曰: "道不遠人, 人之爲道而遠人, 不可以爲道.

군자는 고칠 때까지 다스린다 13.2

《시경》에 이르기를 '도낏자루를 베고, 도낏자루를 만들 나무[2]를 베는구나, 그 모형[3]은 멀리 있지 않도다'라고 했으니, 도낏자루를 잡고서 도낏자루 만들 나무를 베니 [도낏자루를] 훔쳐보면서도 오히려 멀다고 생각한다. 그러므로 군자는 사람의 도리로써 사람을 다스리다가[4] [그의 잘못이] 고쳐지고 나면 그만둔다.[5]

---

1) 원문의 "도불원인道不遠人"을 번역한 것으로, 모든 사람이 도를 가지고 있고, 도 안에서 산다는 의미다. 그러므로 도는 사람을 멀리하지 않으나, 사람이 도를 행하다가 어긋나 도에서 멀어지게 된 것이다. 여기서 사람은 자신을 포함한 모든 사람을 말한다.

2) 원문의 "가柯"를 번역한 것으로, 도낏자루[斧柄]로 반복되는 두 글자를 모두 '도낏자루'로 번역하기도 하고, 뒤에 오는 '가柯'를 '도낏자루에 쓸 나무'로 번역하기도 한다.

3) 원문의 "則"을 번역한 것으로, '칙則'으로 읽어야 한다. '칙則'은 모형[法]으로, 도낏자루를 본뜨기 위한 모형을 뜻한다.

詩云: '伐柯伐柯, 其則不遠.'[6] 執柯以伐柯, 睨而視之, 猶以爲遠, 故君子以人治人, 改而止.

충과 서 13.3

충과 서[7]는 도에서 멀리 떨어진 것이 아니니, 자신에게 베풀어지기를 원하지 않는 것 또한 남에게 베풀지 말라.

忠恕違道不遠, 施諸己而不願, 亦勿施於人.

4) 원문의 "이인치인以人治人"을 번역한 것으로, 앞의 '인人'은 '사람의 도리[人道]'이고, 뒤의 '인人'은 '사람[人]'을 말한다. '이인치인'에 대해 주희는 사람의 도가 저마다 자신의 몸에 있기에 각자의 도로써 자기 몸을 다스리는 의미로 해석했고, 정현은 사람이 죄와 허물이 있을 때 군자가 사람의 도로 그를 다스리다가 그 사람이 고치면 다스림을 멈추고 용서하여 사람이 할 수 없는 것을 꾸짖지 않는 것을 말한다. 정약용은 "남에게 구하려는 것을 가지고 남을 섬기는 것[所求乎人以事人]"이라고 했다.

5) 도낏자루를 쥐고서 도낏자루를 만들 나무를 베는 것은 안 된다. 주공의 덕을 찬미한《시경》의 구절을 인용하여 벨 것과 베지 않을 것을 제대로 구분하지 못하는 것을 비판한 것으로, 주공이 덕정으로 나라를 잘 다스리는데 신하들이 비판하는 것은 마치 도낏자루를 만들 만한 재목인데 도낏자루를 가지고 베는 격이니, 이렇게 하면 안 된다는 것이다.

6) 인용된《시경》은 〈빈풍豳風〉의 '벌가伐柯' 편이다.

7) 원문의 "충서忠恕"를 번역한 것으로, 주희는 "자기의 마음을 다하는 것을 '충忠'이라고 하고, 자기를 미루어서 남에게 미치는 것을 '서恕'라고 한다.[盡己之心爲忠, 推己及人爲恕.]"라고 풀이했다. 충서忠恕는 도에 가깝다.《논어》〈위령공〉15.23편의 "자기가 하고자 하지 않는 바를 남에게 베풀지 말라.[己所不欲, 勿施於人.]"라는 말을 지키면 된다.

군자의 네 가지 도 13.4

군자의 도가 네 가지인데, 나는 한 가지라도 능히 할 수 있는 것이 없다. 자식에게 바랄[8] 수 있는 바로써 부모를 섬기는 것을 능히 하지 못하며, 신하에게 바랄 수 있는 바로써 군주를 섬기는 것을 능히 하지 못하며, 동생에게 바랄 수 있는 바로써 형을 섬기는 것을 능히 하지 못하며, 친구에게 바랄 수 있는 바로써 먼저 그것을 베푸는 것을 능히 할 수 없으니, 떳떳한 덕을 행하며, 평범한 말[9]을 삼가서 만족하지 않는 바가 있거든 감히 힘쓰지 않을 수 없으며, 남음이 있거든 감히 다하지 못하며, 말은 행동을 돌아보고 행동은 말을 돌아보니, 군자가 어찌 독실하지[10] 않을 수 있겠는가!"

君子之道四, 丘未能一焉. 所求乎子, 以事父未能也. 所求乎臣, 以事君未能也. 所求乎弟, 以事兄未能也. 所求乎朋友, 先施之未能也. 庸德之行, 庸言之謹, 有所不足, 不敢不勉, 有餘不敢盡. 言顧行, 行顧言, 君子胡不慥慥爾!"

---

8) 원문의 "구求"를 번역한 것으로, 주희는 '책責'과 같다고 풀이했다. 역자도 '바라다[責]'라는 뜻으로 번역했다.

9) 원문의 "용언庸言"을 번역한 것으로, 정약용은 원문의 "용덕庸德은 항덕恒德(영원한 덕)이요, 용언庸言은 항언恒言(영원한 말)이니, 용덕을 행하면 덕이 항상 나아가게 되고, 용언을 삼가면 말이 항상 참아지게 된다."라고 했다.

10) 원문의 "조조慥慥"를 번역한 것으로, "조慥"는 독실한 모양을 뜻한다. '초조하다'라고 번역하는 경우도 있다.

제14장

군자가 살아가는 방식

【해설】

이 장은 현재의 위치[素位]에서 만족하고, 모든 잘못을 나에게 돌리면[反求諸己] '발전 가능성'이 있다는 것을 말한다. 중용에서는 '모든 문제는 나로부터 일어나는 것이니, 내면에 집중하고, 내 탓으로 해야 한다.'라고 말한다. 활쏘기를 예로 들어 정곡正鵠을 맞추지 못하면 내 탓으로 하겠다는 의미다. 《논어》〈팔일〉 3.16편에 "활을 쏠 때 가죽의 과녁을 [뚫는 것만을] 주된 목표로 삼지 않는 것은 [쏘는 사람마다] 힘을 쓰는 것이 같은 등급이 아니었기 때문이니, [이것이] 옛날의 규칙이었다.[射不主皮, 爲力不同科, 古之道也.]"라고 했으니, '옛날의 규칙'이란 활쏘기로써 덕을 살핀 것이다. 활쏘기는 육예六藝(예禮·악樂·사射·어禦·서書·수數)의 한 가지로, 덕망과 예의의 상징이다. "정正"은 "베에 그려 넣는 것[畫布]"이라 하고, "곡鵠"은 '고니, 따오기, 과녁'이라는 뜻인데, 주희의 주석에 "가죽에 깃든 것을 '곡鵠'이라 말한다.[棲皮曰鵠.]"라고 한 것에 따랐다. 정䲔과 곡鵠은 원래 모두 새 이름으로, 뒷날 정正은 베로 만든 과녁의 한가운데를 가리키게 되었다고 한다.

군자는 주변의 것들 때문에 정곡을 맞추지 못한 탓을 하지 않고, 모든 것을 자신의 탓으로 한다는 것이다. 즉, 자기를 바르게 하지 않고 남에게 구하여 윗사람은 하늘을 원망하고 아랫사람은 주변의 다른 사람을 탓하나, 군자는 그렇지 않다는 것이다.

자리를 벗어나지 말라 14.1

군자는 그 자리를 현재로 하여[1] 행하고, 그 바깥으로 벗어나는 것을 원하지 않는다.[2]

君子素其位而行, 不願乎其外.

군자가 터득하는 방식 14.2

현재의 부유하고 귀함에 따라 부유하고 귀하게 행동하고, 현재의 가난하고 천함에 따라 가난하고 천하게 행동하며, 현재의 오랑캐 땅에서는 오랑캐를 따라 행동하며, 현재의 근심과 재난에 처해서는 근심과 재난에 따라 행동하니, 군자는 들어가는 곳에서 스스로 터득하지 않음이 없다.[3]

1) 원문의 "소기위素其位"를 번역한 것으로, "소素"는 '지금', '현재'라는 뜻이다. '소기위素其位'를 번역할 때 '기위其位'를 목적어로 하고, '소素'를 동사로 하여, '그 자리를 현재로 하여'라고 해야 한다. 군자는 다만 현재 자신이 처해 있는 상황을 당연하게 받아들여 그 밖의 어떤 것에도 기대하지 않는다는 것이다.(김충열 설) 정약용은《중용자잠中庸自箴》에서 "소素는 본질이니, '회사후소繪事後素'의 '소素' 자처럼 읽어야 한다. '소기위素其位'는 본래 그 지위요, '행行'이란 스스로 행하는 것이다."라고 했다.

2) 원문의 "불원호기외不願乎其外"를 번역한 것으로, '바깥에 있는 것을 원하지 않는다.'라는 뜻이다. '외外'는 '현재의 자리에서 벗어난 것'을 의미한다.

3) 주희는 이 구절에 대해 "이는 자리를 현재로 삼아 행동한다는 것을 말한 것이다.[此言素其位而行也.]"라고 설명했다. 사람들은 현재 상황을 인정하지 않고 불만족스러워하며 과거에 얽매여 사는데, 현재 위치에서 자족自足하도록 노력해야 한다는 '만족의 중요성'을 말한 것이다.

素富貴, 行乎富貴. 素貧賤, 行乎貧賤. 素夷狄, 行乎夷狄. 素患難, 行乎患難. 君子無入而不自得焉.

윗자리든 아랫자리든 14.3

윗자리에 있으면서 아랫사람을 능멸하지 않으며, 아랫자리에 있으면서 윗사람을 잡아당기지 않고, 자기를 바르게 하여 남에게서 구하지 않으면 원망하는 [마음이] 없게 될 것이니, 위로는 하늘을 원망하지 않으며, 아래로는 다른 사람을 허물하지 않는다.

在上位不陵下, 在下位不援上, 正己而不求於人則無怨, 上不怨天, 下不尤人.

천명이냐 요행이냐 14.4

그러므로 군자는 평이하게[4] 살면서 천명을 기다리고,[5] 소인은 험난하게[6] 행하면서 요행을 바란다.

故君子居易以俟命, 小人行險以徼幸.

---

4) 원문의 "이易"를 번역한 것으로, 평평한 땅[平地]이다. "거이居易"는 "자리를 현재로 하여 행하는[素位而行也]"(주희 설) 것으로, "행험行險"과 반대 개념이다.

5) 원문의 "사명俟命"을 번역한 것으로, "바깥에 있는 것을 원하지 않는 것[不願乎外也]"(주희 설)이다. 즉, 본분을 벗어나는 것을 원하지 않는 것이다.

6) 원문의 "험險"을 번역한 것으로, '평범한 이치를 벗어난 것'을 뜻한다.

활쏘기도 자신에게 달려 있다 14.5

공자께서 말씀하셨다.

"활쏘기는 군자와 비슷한 것이 있으니, 정곡을 잃으면 돌이켜서 그 자신에게서 구한다."

子曰: "射有似乎君子. 失諸正鵠, 反求諸其身."

제15장

도를 실천하는 방법

【해설】

이 장은《시경》과 공자의 말씀을 인용하여 가깝고 낮은 곳부터 도를 실천해야 한다고 말하고 있다. 첫 단락에서 보이듯 높은 태산도 가장 낮은 지면에서 시작하는 것이니, 높은 곳에 오르려면 반드시 낮은 곳에서부터 하라는 말이다. 이것이 군자의 도이다. 원문의 "행원필자이行遠必自邇"는 "천 리의 길은 발밑에서 시작한다.[千里之行, 始於足下.]"라는 말로, "천 리 길도 한 걸음부터"와 같은 의미다.

《중용》 제11장 이전은 개인의 수신에 관련된 내용이고, 제12장에서는 부부의 문제를 다루고 있으므로 이 장으로 이어지는 것이 논리 전개상 자연스럽다.

높은 곳에 오르려면 15.1

군자의 도는 비유하면 마치 먼 곳을 가려면 반드시 가까운 곳에서부터 하는 것과 같고, 비유하면 마치 높은 곳에 오르려면 반드시 낮은 곳에서부터 하는 것과 같다.

君子之道, 辟如行遠必自邇, 辟如登高必自卑.

집안이 화목하니 15.2

《시경》에 이르기를 "아내와 자식이 잘 화합되니 거문고와 비파를 타는 듯하며, 형제가 이미 화합한 것이 화락하고 또 즐겁구나! 너의 집안을 화목하게 하며, 너의 아내와 자식을 즐겁게 한다."라고 했다.

詩曰: "妻子好合, 如鼓瑟琴, 兄弟旣翕, 和樂且耽, 宜爾室家, 樂爾妻帑."[1)]

1) 인용된 《시경》은 〈소아〉의 '상체常棣' 편이다. 원문의 "흡翕"은 합한다는 뜻이고, "탐耽"은 즐긴다는 뜻이며, "노帑"는 자손을 말한다.

편안한 부모님 15.3

공자께서 말씀하셨다.

"부모님은 아마도 [마음이] 편안하실 것일진저![2)]"

子曰: "父母其順矣乎!"

2) 주희는 "사람이 아내와 자식 간에 화합하고 형제간에 우애하는 것이 이와 같으면 그 부모가 안락하실 것이다.[人能和於妻子, 宜於兄弟如此, 則父母其安樂之矣.]"라고 했다. 한편 정현은 "교령이 행해져서 집안으로 하여금 순하게 하는 것[謂其教令行, 使室家順]"이라고 했다.

제16장

도의 광대함과 은미함

【해설】

이 장은 앞서 밝힌 비費·은隱에 대한 풀이를 확장하여 살피고 있다. 공자께서 귀신에 대해 언급했는데, 그 말씀이 엄중하다. 보려 해도 보이지 않고, 들으려 해도 들리지 않으며, 예측할 수 없는 바가 귀신의 속성이다. 《논어》〈술이〉 7.20편에서 나온 "공자께서는 괴이한 일, 위세 부리는 일, 어지럽히는 일, 귀신에 관한 일에 대해서는 말씀하시지 않았다.[子不語, 怪力亂神.]"라는 문장에서도 '신神'이 등장한다. 그러므로 싫어하고 태만하게 여길 수 없는 것이요, 공경하지 않을 수 없는 것이다. 거듭 귀신에 대해 풀이한 의미가 은미하고도 심오한데, 귀鬼와 신神이 일상과 밀접하여 떼려야 뗄 수 없고, 음양의 조화를 통해 사물을 몸으로 하여 '공용성功用性', '효용성效用性'이 있기에 버릴 수 없다는 것이다.

귀신도 덕이 됨이 16.1

공자께서 말씀하셨다.
"귀신[1]이 덕이 되는 것이 아마도 성대함일진저!

子曰: "鬼神之爲德, 其盛矣乎!

귀신의 속성 16.2

보려 해도 보이지 않으며, 들으려 해도 들리지 않으나, 사물을 몸체[2]로 하기에 빠뜨릴 수 없다.[3]

視之而弗見, 聽之而弗聞, 體物而不可遺.

---

1) 원문의 "귀鬼"와 "신神"은 차이가 있다. 신神은 하늘의 신으로 양陽에, 귀鬼는 땅의 신으로 음陰에 해당한다. 그래서 제사를 지낼 때 향을 피워서 신을 불러들이고, 술을 부어서 귀鬼를 달래주는 것이다. '천신지귀天神地鬼'가 그런 말이다. 한편 귀신의 의미에 대해 정이천은 "귀신은 천지의 공용이요, 조화의 자취이다.[鬼神, 天地之功用, 而造化之跡也.]"라 했고, 장재張載는 "[음과 양] 두 가지 기운의 양능[二氣之良能也]"이라고 했는데, 주희는 "귀는 음기의 신령함이고, 신은 양기의 신령함이니, 하나의 기로 말하자면 이르러 펼치면 신이 되고 도리어 돌아가면 귀가 되니 실제로는 하나의 물物일 뿐이다.[鬼者陰之靈也, 神者陽之靈也. 以一氣言, 則至而伸者爲神, 反而歸者爲鬼, 其實一物而已.]"라고 했다.

2) 원문의 "체물體物"을 번역한 것으로, 형체와 소리가 없는 것이 귀신의 속성이다. 물物은 시종始終이 있어 음양이 합하고 흩어지며 행하지 못함이 없다. 이것이 물物의 체體이고, 물物을 빠뜨릴 수 없는 까닭이다. 체물體物이라는 것은 《주역》〈건괘乾卦〉'문언전文言傳'에서의 간사幹事를 말하며, 일에 근간이 된다.(주희 설)

재계는 청결히 해야 16.3

천하의 사람으로 하여금 재계는 청결히 하고,[4] 옷을 잘 차려입음으로써 제사를 이어받고 흘러넘치는 것이[5] 마치 그 위에 있는[6] 듯하고, 마치 그 좌우에 있는 듯하다.[7]

使天下之人齊明盛服, 以承祭祀, 洋洋乎如在其上, 如在其左右.

---

3) 원문의 "체물이불가유體物而不可遺"를 번역한 것이다. 이에 대해 세 가지 설이 있다. 주희는 "귀신이 물건의 체가 되어 빠뜨릴 수 없는 것"으로 해석했으나, 정현은 "만물이 귀신의 기운으로써 낳지 않은 것이 없음을 말한 것이다.[言萬物無不以鬼神之氣生也.]"라고 했다. 공영달은 "만물이 낳아 형체가 있게 함을 말한 것이다.[言萬物生而有形體.]"라고 하여 이것은 귀신의 도이고 '만물을 낳아 기르는 것[生養萬物]'이라 풀이했다.

4) 원문의 "재명齊明"을 번역한 것으로, '재齊'는 '재계'를 뜻하는 것이어서 '재'로 읽는다. 재계에는 산재散齋와 치재致齋 두 가지가 있는데, 산재는 제사를 지내기 전 이레 동안 마음을 가라앉히는 것이고, 치재는 사흘 동안 돌아가신 분의 일상생활에 대해 회상하는 것이다.(동양고전연구회 설) "명明"은 '청결할 결潔'과 의미가 같다. 원래는 '명재明齊'이다.

5) 원문의 "양양호洋洋乎"를 번역한 것으로, "양洋"은 '넘치다'라는 뜻이고, "양양洋洋"은 흘러 움직여 충만되었다는 뜻이다[洋洋, 流動充滿之意].(주희 설) 이는 귀신이 양양히 있는 듯하다는 말이다. 정현은 "양양洋洋"은 '사람들이 모호하고 몽롱한 [귀신의] 모습을 상상하는 모양[人想思其傍僾之貌]'이라고 했다.

6) 원문의 "재기상在其上"을 번역한 것인데, 귀신이 그 위에 있다는 것이다. 여기서 "상上"은 사람의 머리를 뜻한다.

7) 앞 절의 '체물이불가유體物而不可遺'에 대해 더욱 자세히 밝혔다. 이를 주희는 "사람으로 하여금 두려워하고 공경하여 받들게 하고는, 발견하고 밝게 드러남이 이와 같으니 이것이 바로 사물의 본체가 되어 빠뜨릴 수 없다는 징험徵驗이다.[能使人畏敬奉承, 而發見昭著如此, 乃其體物而不可遺之驗也.]"라고 했다.

신이 오는 것은 아무도 모른다 16.4

《시경》에 이르기를 "신이 온다는 것을 헤아릴 수 없거늘, 하물며 [신을] 싫어할 수 있겠는가!'"라고 했다.

詩曰: "神之格思,[8] 不可度思! 矧可射[9]思!"[10]

은미한 것이 드러나게 되니 16.5

무릇 [귀신의 덕과 같은] 은미한 것이 드러나게 되니, 정성스러움[11]을 가릴 수 없음이 이와 같구나!"

夫微之顯, 誠之不可揜如此夫!"

---

8) 원문의 "사思"는 의미 없는 어조사로 해석하지 않는다.

9) "격格"은 '래來'의 의미이며 "역射"은 '싫어하다'라는 의미로, "싫어하고 태만하여 공경하지 않음[厭怠而不敬]"(주희 설)을 말한다.

10) 인용된《시경》은 〈대아〉의 '억抑' 편이다.

11) 원문의 "성誠"을 번역한 것으로, 귀신의 실리實理를 뜻한다. 즉, 정성을 통해 귀신의 효험이 나타남을 말한다.

제17장

중용의 실현은 순임금의 이상적 정치다

【해설】

이 장은 순임금의 이상적 정치가 바로 중용의 실현이라고 설명한다. 도의 작용이 일상에서 지극한 경지에까지 확대된 것을 순임금을 예로 들어 말하고 있으며, 이는 도의 광대한 작용을 드러낸 것이다. 순임금의 대효大孝와 대덕大德을 칭송하고, 《시경》을 인용하여 큰 덕을 가진 자만이 받을 수 있는 천명은 하늘이'내려준 자질이요, 노력해서 되는 것이 아님을 밝히고 있다. 제3절에 나와 있듯이 싹이 있는 것은 북돋아 키워주고, 싹이 없는 것은 엎는다는 뜻으로, 이것은 자질론·천부론을 말한다. 즉, 자질이 있다는 것이다. 군주는 군주, 신하는 신하, 평민은 평민의 등급으로 매겨져서 그 등급 간에 넘나들지 못했던 것과 같다.

위대한 효자 순임금 17.1

공자께서 말씀하셨다.

"순임금은 아마도 위대한 효자이실진저! 덕이 있어 성인이 되시고, 존엄하여 천자가 되시고, 부유하여 사해의 안을 소유하시어 종묘에서는 그(순임금)를 흠향하시고, 자손들은 그를 보존하는구나.[1]

子曰: "舜其大孝也與! 德爲聖人, 尊爲天子, 富有四海之內, 宗廟饗之, 子孫保之.

위대한 덕이 먼저다 17.2

그러므로 위대한 덕이 있으면 반드시 그 지위를 얻게 되며, 반드시 그 봉록을 얻게 되며, 반드시 그 이름을 얻게 되며, 반드시 그 장수를 얻게 된다.[2]

故大德, 必得其位, 必得其祿, 必得其名, 必得其壽.

1) 원문의 "자손보지子孫保之"를 번역한 것으로, "자손子孫"에 대해 주희는 "우사와 진 호공의 무리[虞思陳胡公之屬]"로 보았으며, 공영달은 "주나라 때 진陳나라는 순의 후예[周時陳國是舜之後]"라 했고, 자손들이 제사를 이어받았기 때문에 "보保"라고 했으니, 말하자면 진나라 사람들이 대대로 순임금을 받들었다는 것이다.

2) 순임금은 나이가 110세였다[舜年百有十歲].(주희 설). 직급을 얻고, 일정한 수입을 얻을 수 있고, 장수를 얻고자 함은 보통 사람들이 항상 원하는 바이다. 그러나 이것을 얻으려면 덕이 근본이 되어야 하며, 덕이 있으면 자연히 얻게 되는 이치를 설명한 것이다. 그러므로 원문의 "대덕大德"을 원인으로, 뒤에 이어지는 "必得其位, 必得其祿, 必得其名, 必得其壽"를 결과로 보아 풀이할 수도 있다.

하늘의 섭리 17.3

그러므로 하늘이 만물을 낳음에 반드시 그 자질[3]에 따라 돈독하게[4] 되므로, 심은 것을 북돋아주고, 기울어지려는 것을 뒤집어엎는다.

故天之生物, 必因其材而篤焉, 故栽者培之, 傾者覆之.

화락한 군자 17.4

《시경》에 이르기를 '화락한[5] 군자여! 밝게 드러나는 아름다운 덕을 지녔도다.[6] 백성에게 마땅하고 관리들에게도 마땅하게 대하시니, 하늘로부터 복록을 받으시니 [하늘은] 보호하여 명을 내리시며, 하늘로부터 거듭 보살핌을 받으시네!'라고 했다.

---

3) 원문의 "재材"를 번역한 것으로, 자질을 뜻한다. 각각의 능력과 자질에 따라 구분하는 것이다. 차등을 두지 않는 겸애 사상의 묵가와 비교하자면 의도적인 차별을 두었다고 볼 수 있다.

4) 원문의 "독篤"을 번역한 것으로, '두터울 후厚'와 의미가 같다. 정현과 주희 모두 '두텁게 하다'로 풀이했다. 정현에 따르면, 선한 일을 하는 사람에게는 하늘이 복을 더 많이 주고, 나쁜 일을 하는 사람에게는 하늘이 더 많은 해를 주니, 모두 그 일의 근거에 따라 그렇게 한다는 말이다.

5) 원문의 "가락嘉樂"을 번역한 것으로, 공영달은 "가嘉"를 '선善'으로 풀이했다.

6) 원문의 "헌헌영덕憲憲令德"을 번역한 것으로, 정현과 공영달은 "헌헌憲憲"을 흥성하는 모습이라 했고, 주희는 《시경》에 근거해 '현현顯顯'으로 바꿔야 한다고 말했다.

詩曰: '嘉樂君子, 憲憲令德! 宜民宜人, 受祿於天, 保佑命之, 自天申之!'[7]

천명을 받는 자 17.5

그러므로 큰 덕을 가진 자는 반드시 천명을 받는다.[8]"

故大德者必受命."

---

7) 인용된《시경》은 〈대아〉의 '가락嘉樂' 편이다.

8) 원문의 "수명受命"을 번역한 것으로, 하늘의 명을 받아서 천자가 되는 것이다[受天命爲天子也].(주희 설) 즉, 큰 덕을 가진 자만이 받을 수 있는 것으로, 싹이 있는 자만이 천명을 받는다는 말이다. 노력해서 되는 것은 아니고 하늘이 내려준 자질[天資]이 있어야 한다.

제18장

문왕과 무왕으로 이어지는 도

【해설】

이 장은 앞 장의 순임금에 이어 문왕과 무왕으로 이어지는 도의 광대한 작용을 말하고 있다. 역사적 사실관계를 보면 문왕의 아들 무왕이 선친의 업적을 이어받아 천하를 다스려 칭송한 것이다. 폭군의 전형으로 불리는 주왕紂王처럼 포악한 정치로 백성을 궁지에 몰아넣지는 않았지만, 무력으로 전쟁을 일으켜 천하를 소유했으니 문왕의 덕에는 미치지 못했다. 중용의 도를 말하면서 상례를 다룬 것에 대해 주희는 중용은 부모를 섬기는 일을 주로 말할 뿐이라고 했으나, 귀신의 일을 다룬 은미함에 이어 선왕이나 선조의 덕을 기리는 일까지도 지극한 정성을 다하는 도의 광대한 작용이라 하겠다.

근심 없는 문왕 18.1

공자께서 말씀하셨다.

"근심이 없는 사람은 아마도 오직 문왕일진저! 왕계를 아버지로 삼으시고, 무왕을 자식으로 삼으시니, 아버지가 일을 시작하자 자식이 이어받았다.[1]

子曰: "無憂者, 其惟文王乎! 以王季爲父, 以武王爲子, 父作之, 子述之.

무왕의 공적은 18.2

무왕이 태왕·왕계·문왕이 시작한 일을 계승했다. [그는] 한 번 전투복을 입고[2] 천하를 소유하셨는데, 자신은 천하에 훌륭한 이름을 잃지 않으셨고, 존귀하여 천자가 되셨고, 부유하여 사해의 안을 소유하여 종묘에서는 흠향하시고, 자손들은 그를 보존하는구나.

---

1) 요임금은 아들 단주丹朱를 제치고 순舜을 제위에 천거했으며, 순임금은 아들 상균商均이 아닌 우禹를 천거했는데, 우가 상균에게 제위를 양보하고 양성陽城으로 갔다가 제후들의 요구로 어쩔 수 없이 천자에 등극했다. 순의 아버지는 계부 고수瞽叟였고, 우의 아버지 곤鯀은 치수治水에 실패하여 순임금에게 처형당했다. 그리하여 우가 치수를 맡았다. 이렇듯 어질지 못한 아비 아래 현명한 군주가 나오지 않으리란 법이 없다.

2) 원문의 "일융의壹戎衣"를 번역한 것인데, "융의戎衣"는 갑옷과 투구[甲冑]이다. 정현은 '의衣'를 '은殷'으로 보았다. 반면 공영달은《고문상서古文尙書》〈무성武城〉 편에 "한 번 전투복을 입음[一著戎衣]"으로 보충했다. 여기서는 한 번 군대를 일으켜 은나라를 토벌했다는 뜻이다.

武王纘大王王季文王之緖. 壹戎衣而有天下, 身不失天下之顯名. 尊爲天子, 富有四海之內. 宗廟饗之, 子孫保之.

말년에 천명을 받은 무왕 18.3

무왕이 말년에야 천명을 받으셨으므로, 주공이 문왕과 무왕의 덕을 완성하셔서 태왕과 왕계를 추존하여 왕으로 높이셨고, 위로는 선공[3]을 천자의 예로써 제사 지냈으니, 이러한 예가 제후와 대부 및 선비와 서민에게까지 도달했다. [그래서] 아버지는 대부이고 아들은 선비가 되었으면 장례는 대부의 예로써 하고 제사는 선비의 예로써 했고, 아버지는 선비이고 아들은 대부가 되었으면 장례는 선비의 예로써 하고 제사는 대부의 예로써 했다. 1년상[4]은 대부까지 이르렀고 3년상은 천자까지이나, 부모의 상은 귀하건 천하건 [상관없이] 매한가지였다."

武王末受命, 周公, 成文武之德, 追王大王王季, 上祀先公以天子之禮. 斯禮也, 達乎諸候大夫, 及士庶人, 父爲大夫, 子爲士, 葬以大夫, 祭以士. 父爲士, 子爲大夫, 葬以士, 祭以大夫. 期之喪, 達乎大夫, 三年之喪, 達乎天子, 父母之喪, 無貴賤一也."

---

3) 여기서 "선공先公"은 태왕의 아버지인 조감組紺부터 후직後稷까지를 말한다.

4) 원문의 "기지상期之喪"을 번역한 것으로, 기년상을 말한다. 즉, 직계가족이 아닌 친척 간에 1년 동안 상복을 입는 것이다.

제19장

무왕과 주공의 도

【해설】

이 장은 앞 장에 이어 도의 광대한 작용을 무왕과 주공의 예로 말하고 있다. 특히 효의 덕목을 강조하여 선조의 뜻과 사업을 이어간 것을 칭송했다. 제례와 의식의 의미를 상세히 설명하면서 엄숙한 행위를 하는 가운데 지극한 정성이 담겨 있음을 말하고 있다. 《논어》〈자장〉 19.22편의 "문왕과 무왕의 도가 땅에 떨어지지 않고 사람들에게 남아 있습니다. 현명한 자는 그중에서 큰 것을 기억하고, 현명하지 못한 사람은 그중에서 작은 것을 기억하고 있으니 문왕과 무왕의 도가 없는 곳이 없습니다.[文武之道, 未墜於地, 在人. 賢者識其大者, 不賢者識其小者, 莫不有文武之道焉.]"라는 구절을 보더라도 선조의 대업을 이어가는 모습을 볼 수 있고, 〈미자〉 18.10편에서 주공이 자신의 아들 노공에게 "군자는 자신의 친족을 소홀히 하지 않고, 대신들이 부려지지 않는다고 원망해서는 안 되며, 큰 문제가 없으면 오래된 사람도 버리지 않아야 하며, 한 사람에게 [모든 것을] 갖출 것을 요구하지 않는다.[周公謂魯公曰: 君子不施其親, 不使大臣怨乎不以. 故舊無大故, 則不棄也. 無求備於一人.]"라고 훈계한 것을 보더라도 무왕과 주공의 효성에서 비롯되는 덕성을 볼 수 있다.

효에 통달한 두 사람 19.1

공자께서 말씀하셨다.
"무왕과 주공은 아마도 효를 통달하셨을진저!

子曰: "武王周公, 其達孝矣乎!

효란 19.2

무릇 효란 선조의 뜻을 잘 계승하고, 선조의 사업을 잘 이은 것이다.[1)]

夫孝者, 善繼人之志, 善述人之事者也.

봄가을에 할 일 19.3

봄과 가을에는 조상의 사당[2)]을 수리하고, 제기를 진열하고, [조상

---

1) "무왕이 태왕, 왕계, 문왕이 시작한 일을 계승하여 천하를 소유했으며, 주공이 문왕, 무왕의 덕을 이루어 그 선조들을 추존하셨음[武王纘大王王季文王之緖以有天下, 而周公成文武之德以追崇其先祖]"을 말하고, 아래 단락과 연관해 제사의 예가 상하에 통행하는 것을 말했다.(주희 설)

2) 선조의 사당은 천자는 칠묘七廟이고, 제후는 오묘五廟, 대부는 삼묘三廟, 적사適士(원사元士)는 이묘二廟, 관사官師(유사有司)는 일묘一廟이다. 종기宗器는 선대부터 소장해온 귀중한 기물器物이니, 주周나라의 적도赤刀, 대훈大訓, 천구天球, 하도河圖와 같은 등속이다.[祖廟, 天子七, 諸侯五, 大夫三, 適士二, 官師一. 宗器, 先世所藏之重器, 若周之赤刀大訓天球河圖之屬也.](주희 설)

이 입었던] 옷을 펼쳐두고,[3] 그 계절에 나는 음식을 올린다.[4]

春秋修其祖廟, 陳其宗器, 設其裳衣, 薦其時食.

종묘의 예 19.4

종묘의 예는 [신주를 놓을 때] 왼쪽과 오른쪽[5]에 순서를 정하기 위함이다. 작위의 순서대로 정하는 것은 신분의 귀함과 천함을 구별하기 위한 까닭이다. 직분의 순서대로 정하는 것은[6] 현명함을 구별하기 위해서다. [제사가 끝난 뒤에] 여러 사람이 술잔을 돌릴 때 아랫사람이 윗사람을 위해 잔을 올리는 것은[7] 미천한 사람들에게 [은혜

3) 원문의 "설기상의設其裳衣"를 번역한 것으로, '상의裳衣'란 조상이 남긴 의복을 말한다. '설設'은 그 의복을 펼쳐놓음을 뜻하는데, 제사를 지낼 때 시동尸童에게 넘겨주어 빙의의 의미를 부여한다.(동양고전연구회 설)

4) 원문의 "시식時食"을 번역한 것으로, 사계절에 각기 마땅한 음식이 있으니 '봄철에는 염소와 돼지를 쓰되 쇠기름으로 요리하는 것[如春行羔豚膳膏香]'과 같은 것이다.(주희 설) 박문호는 "네 개의 '기其' 자는 모두 선왕을 가리킨다. '기시식其時食'은 선왕이 살아 계실 적에 먹던 때에 맞는 음식을 일컫는다.[四其字, 皆指先王, 其時食, 謂先王生時所食之時食.]"라고 설명했다.

5) 원문의 "소목昭穆"을 번역한 것으로, 종묘나 사당에 조상의 신주를 모시는 차례다. "소昭"는 왼쪽을, "목穆"은 오른쪽을 가리킨다.

6) 원문의 "서사序事"를 번역한 것이다. 여기에서 "사事"는 제사 음식 올리는 일을 가리키는 것(정현 설)으로, 현능賢能을 분별하여 관직을 맡기는 것을 말한다. 그래서 사도司徒는 소[牛]를 올리고, 사마司馬는 양[羊]을 올리고, 종백宗伯은 닭을 올린다고 했다.(공영달 설)

7) 원문의 "여수하위상旅酬下爲上"을 번역한 것으로, 정약용은 "여수旅酬의 방법은 군주에게서 빈賓에 이르고, 그다음은 경卿, 그다음은 대부大夫, 그다음은 서자庶子, 그다음은 소신小臣에게 이른다.[旅酬之法, 自君而賓, 次卿次大夫次士次庶子次小臣.]"(《중용강의보中庸講義補》)라고 했다.

를] 미치게 하기 위함이다. [제사를 다 마치고] 연회석에서 머리카락의 빛깔에 따라 자리를 배치하는 것[8]은 나이대로 순서를 매기기 위함이다.

宗廟之禮, 所以序昭穆也, 序爵, 所以辨貴賤也, 序事, 所以辨賢也, 旅酬下爲上, 所以逮賤也, 燕毛, 所以序齒也.

제례와 효도의 지극함이란 19.5

선조[9]의 자리에서 제례를 행하고[10] 그 예에 따라 그 음악을 연주하며, 그(선조)가 존경했던 사람을 존경하고, 그가 가까이했던 사람을 아끼며, 죽은 사람을 섬기는 것을 마치 산 사람을 섬기듯 하고, 없는 사람 섬기기를 마치 생존해 있는 사람을 섬기듯이 하는 것이 효도의 지극함이다.

踐其位, 行其禮, 奏其樂, 敬其所尊, 愛其所親, 事死如事生, 事亡如事存, 孝之至也.

8) 원문의 "연모燕毛"를 번역한 것으로, 제사가 끝나고 나서 머리카락 색에 따라 장유長幼를 구별해 자리에 앉는 순서를 정하는 것을 말한다.

9) 원문의 "기其"를 번역한 것으로, 주희는 "처음 죽었을 때를 '사死'라 하고 이미 장례하고 돌아와서는 '망亡'이라 하니, 이는 모두 선왕을 가리킨다.[始死謂之死, 旣葬則曰反而亡焉, 皆指先王也.]"라고 풀이했다.

10) 원문의 "천踐"을 번역한 것으로, 위패가 놓여 있는 곳으로 올라간다는 뜻이다. '승升'과 같은 의미로 보면 무리가 없다.

교사제는 상제를 섬기기 위함인가 19.6

[하늘과 땅에 제사 지내는] 교사[11]의 예는 상제를 섬기기 위함이다. 종묘의 예는 자신의 선조에게 제사 지내기 위함이다. 교제와 사제의 예와 [천자가 종묘에 지내는] 체 제사와 가을에 [선조에게] 지내는 제사[12]의 의미에 밝으면 나라를 다스리는 일은 아마도 손바닥을 보는 것처럼 쉬울 것일진저!"[13]

郊社之禮, 所以事上帝也, 宗廟之禮, 所以祀乎其先也. 明乎郊社之禮, 禘嘗之義, 治國, 其如示諸掌乎!"

11) 원문의 "교사郊社"에서 "'교郊'는 상제를 모시는 제사이고, '사社'는 토지신을 모시는 제사이다. 후토後土에 대해 언급하지 않은 것은 문장을 간략히 하기 위해서일 뿐이다.[郊, 祀天. 社, 祭地. 不言後土者, 省文也.]"(주희 설)

12) 원문의 "체禘"는 제사 이름인데, 천자가 동성 친족의 뿌리인 조상에게 지내는 봄 제사의 일종이다. 《논어》〈팔일〉 3.10편에 체 제사와 관련한 내용이 있다. "체 제사를 지낼 때 관례 이후의 일은 내가 보고 싶지 않다.[禘自既灌而往者, 吾不欲觀之矣.]"

13) 원문의 "기여시저장호其如示諸掌乎"를 번역한 것인데, "시示"에 대해 정현은 '치寘'로, 주희는 '시視'로 풀이했다. 이에 따르면 정현은 '물건을 손바닥에 놓고 가늠해보는 것처럼 쉽다'라는 뜻으로, 주희는 '물건을 손바닥에 올려놓고 보는 것처럼 쉽다'라는 뜻으로, 공영달은 '물건을 손바닥에 올려놓는 것처럼 쉽다'라는 뜻으로 풀이했다.

제20장

성실함에 관하여

【해설】

이 장은《중용》가운데 가장 글자가 많은 장으로 약 770자에 이르며, 수식修飾과 대구對句를 맞춘 의론議論이 많다. 주희는 이 장을 스물한 절로 나누었는데, 중간에 중첩되어 군더더기 문장으로 본 제6절을 제외하면 모두 스무 절이다. 이 중 제16절까지는 정사政事를 말했고, 그 이하는 명선明善, 성신誠身에 관해 말했는데, 정사도 수신을 주로 말한 것이니, 연관성을 갖는다.

첫 문장부터 애공哀公의 질문으로 시작된다. 애공은 노나라 군주이며, 이름은 '장蔣'이다.《논어》〈위정爲政〉2.19편에서 애공이 공자에게 "어떻게 하면 백성이 복종합니까?[何爲則民服?]" 하고 물으니, 공자는 "정직한 사람을 천거하여 비뚤어진 사람들 위에 두면 백성이 복종한다.[擧直錯諸枉, 則民服.]"라고 답한다. 애공이 정사에 관심도가 높았음을 알 수 있는 장으로 함께 읽으면 좋다. 또한 〈옹야〉편에서는 공자에게 제자 중 '호학好學'하는 자를 묻기도 하며, 〈팔일〉, 〈안연〉편 등에서도 애공이 등장하는데, 공자 외에도 재아宰我에게 사社 제사에 대해 묻고, 유약에게 세금 거두는 일에 대해 묻는 장면도 보인다. 이런 군주의 모습을 통해 이 문장의 맥락을 이해해야 한다.

이 장의 핵심어 중의 하나인 인仁의 의미에 대해서도 잘 알아야 한다. 인仁은 곧 인人(사람의 몸)이니, 친친親親이며 존현尊賢이며, 모두 인人을 바탕으로 뻗어나가는 것이다. 이것은 동양 사유의 근간이다. 공자가 주장하는 유가 사상에는 의도적 차별이 내재하고 있다. 곧 제 아버지와 다른 사람의 아버지는 차등이 있다는 것이다. 겸애설을 주장한 묵자의 사상에서는 사람은 모두 똑같기에 차별이 없어야 함을 주장했고, 모든 아버지는 나의 아버지와 같다고 보았다. 이는 객관성 있게 구별해야 한다는 것이요, 유가의 주장과 대조된다. 이 구절에서 인仁과 의義 두 가지가 예가 탄생하는 바라고 했다. 나를 중심으로 하며 가족의 문제가 '인'이고, 사회의 문제는 '의'라고 말하고 있다.

주로 유가 정치에 관한 내용을 다루고 있는데, 오달도五達道, 삼달덕三

達德, 구경九經 등 천하를 다스리는 정치 논리로 풀이하여 비록 심오한 철학적 깊이는 없지만, 지금의 정치사상이나 원리에 적용할 수 있는 보편성을 지니며, 그 근본은 수신에 있음을 논했다. 중요한 개념어 "달도達道"의 의미를 살펴보면 이렇다. 천하와 고금이 모두 공용하는 길이다. 다섯 가지는 오륜五倫을 말한다. 지知·인仁·용勇에서 지知는 이 다섯 가지 달도達道를 아는 것이요, 인仁은 다섯 가지를 체행體行하는 것이고, 용勇은 다섯 가지를 힘쓰는 것이다. '일一'로 하는 것은 성실히 함이다. 달덕은 천하와 고금이 함께 얻는 이치이다. 《논어》〈자한子罕〉 9.28편에 "지혜로운 사람은 미혹되지 않고, 인한 사람은 근심하지 않으며, 용기 있는 사람은 두려워하지 않는다.[知者不惑, 仁者不憂, 勇者不懼.]"라고 했으니, 곧 지知는 현혹되지 않는 마음 또는 동요하지 않는 마음이요, 인仁이란 늘 포용하는 마음을 지니기 때문에 근심이 없는 것이요, 용勇은 불의를 보고 견디지 못하는 것으로 두려워하지 않는 마음이다.

제6절에 나오는 정치의 신뢰 문제도 눈여겨볼 대목이다. 윗사람에게 신뢰를 얻지 못한 아랫사람은 다스리는 행위를 하지 못한다. 권위는 천자부터 백성에 이르기까지 위에서 아래로 내려온다. 즉, 천자가 제후와 왕에게 믿음을 주면 제후와 왕은 "천자가 말하기를"이라면서 아랫사람인 대부를 다스리고, 대부 또한 이런 식으로 백성을 다스린다. 그러기에 권위가 없으면 다스리지 못한다. 그래서 '윗자리'에 있으면서 '믿음'을 얻지 못하면 권위가 없고, '아랫자리'가 다스려지지 않는다. 여기에서 말하는 '아래의 위치'란, 상중하에서 중간 단계를 의미한다. 중간의 위치에서 윗사람에게 신임을 확고하게 얻어야만 아랫사람을 부리기가 쉬운 것이다.

맨 마지막 절도 유의 깊게 보아야 한다. 이 절은 앞의 다섯 조목에 대한 부연으로, 군자의 배움은 하지 않으면 그만이거니와, 한다면 반드시 그 완성[成]이 필요[要]하다는 뜻이다. 그러므로 될 때까지 항상 노력해야 한다는 것이다. 학문이나 수행은 끈기와 인내가 바탕이 되어야 한다. 용기가 없거나 마음을 굳게 다지지 못한 자는 쉽게 포기해버리기 때문이다.

정자가 《중용》 서두에서 "이 책은 처음에는 한 이치를 말하고, 중간에 가서는 흩어져 만사가 되었고, 끝에 가서는 다시 합하여 하나의 이치가 되었다.[其書始言一理, 中散爲萬事, 末復合爲一理.]"라고 했는데, 이 장의 변화무쌍하고 치밀한 문장 구조를 염두에 두고 한 말이 아닌가 한다.

애공이 물은 것 20.1

애공이 정사를 물었다.

哀公問政.

정치는 사람이다 20.2

공자께서 말씀하셨다. "문왕과 무왕의 정사가 목판과 죽간에 펼쳐져 있으니, 그런 사람이 있으면 그 정치가 일어나게 되고, 그런 사람이 없으면 그 정치는 사그라질 것입니다.[1]

子曰: "文武之政, 布在方策, 其人存, 則其政舉. 其人亡, 則其政息.

정치란 갈대다 20.3

사람의 도는 정치에 민첩하고,[2] 땅의 도는 나무에 민첩하니, 무릇 정치라는 것은 갈대[3] 같습니다.[4]

---

1) 이 문장은 "이러한 군주가 있으면 이러한 신하가 있게 되고, 이러한 신하가 있으면 이러한 정사가 있다.[有是君, 有是臣, 則有是政矣.]"라는 뜻이다. 결국 정치를 일어나게도 하고 사그라지게도 하는 것은 사람이니, 사람이 문제라는 것이다. 이것이 바로 '인재론'의 기본 틀과 연관된다. 무왕의 탄생과 존재와 관련해 공맹孔孟의 유가 사상과 사마천, 황로黃老의 도가 사상을 견주어보자면 각각 주장하는 바가 다르다. 사마천은 상대의 포악함을 용납하지 않았기 때문에 덕으로 바꿔야 함을 내세웠고, 맹자는 만약 어짊과 올바름을 해치는 자라면 군주가 아니라 한낱 사내일 뿐이라고 했다.(《맹자》〈양혜왕梁惠王 하下〉)

人道敏政, 地道敏樹, 夫政也者, 蒲盧也.

사람이 정치하는 것 20.4

그러므로 정치를 하는 것은 사람에게 달려 있으니, 사람을 취함에 [군주 자신의] 몸으로써 하고,[5] 몸을 닦음에 도로써 하고, 도를 닦음에 인으로써 해야 합니다.[6]

---

2) 원문의 "민敏"을 번역한 것으로, 정현은 '힘쓸 면勉' 자와 같다고 보았고, 주희는 '빠를 속速'으로 풀이했다. 역자는 주희의 설을 따랐다.

3) 원문의 "포로蒲盧"를 번역한 것으로, 주희는 "심괄沈括의 설을 따라 갈대[蒲葦]라고 했다.[沈括以爲蒲葦是也.]"라고 풀이했다.

4) "사람이 정사를 세움은 마치 땅에 나무를 심는 것과 같아서 이루어짐이 빠르며, 갈대는 또 쉽게 자라는 물건이어서 이루어짐이 더욱 빠르다. 훌륭한 사람이 있으면 정사가 거행됨이 그 쉬움이 이와 같음을 말한 것이다.[以人立政, 猶以地種樹, 其成速矣, 而蒲葦又易生之物, 其成尤速也. 言人存政擧, 其易如此.]"(주희설) 나무는 토질에 따라 잘 자라기도 하고, 시들어 말라버리기도 한다. 이것은 땅의 도에 따라 나무가 반응하는 것이니, 사람의 도 또한 정사에 따라 반응하는 것이요, 문왕이나 무왕 같은 훌륭한 인재가 있으면 정사가 거행되는 것이 이처럼 쉬움을 설명하고 있다.

5) 원문의 "취인이신取人以身"을 번역한 것으로, 공영달은 "명군이 현명한 사람을 취하고자 하여 먼저 자기 몸을 바르게 수양하면 현인이 이르는 것이다.[明君欲取賢人, 先以脩正己身, 則賢人至也.]"라고 했고, 주희는 "인人"을 현명한 신하[賢臣]로 보았고, "신身"은 군주의 몸[君身]을 가리킨다고 했으니, "[수신하는] 군주가 있으면 [현명한] 신하가 있으니 정사를 거행하지 않을 수 없다.[有君有臣, 而政無不擧矣.]"라고 했다.

6) 이는 앞 절의 "인도민정人道敏政"을 이어 말한 것이다. 인군人君이 정사를 함은 사람을 얻음에 있고, 사람을 취하는 법은 몸을 닦음에 있음을 말했으니, 그 몸을 인仁하게 하면 훌륭한 군주와 신하가 있어서 정사가 거행되지 않음이 없다는 것이다. 유학은 '인仁'을 가장 근본이자 핵심으로 여기는 사상이다. 인으로써 도를 닦고 수신할 수 있으니, 수신은 유학에서 모범이 되는 자세이다. 그리하여 사람을 취할 수 있고 정사를 할 수 있다는 것이다.

故爲政在人, 取人以身, 修身以道, 修道以仁.

인이란 사람이다 20.5

인이라는 것은 사람이니, 어버이를 친하게 여기는 것이 큰 것이 되고, 의라는 것은 마땅함이니, 어진 사람을 높여주는 것이 큰 것이 되니, 어버이를 친하게 여기는 것의 줄임[7]과 어진 사람을 높이는 등급[8]의 예가 생기는 바입니다.

仁者人也, 親親爲大. 義者宜也, 尊賢爲大. 親親之殺, 尊賢之等, 禮所生也.

윗사람의 믿음을 얻어야 하는 이유 20.6

아래 자리에 있으면서 윗사람의 [믿음을] 얻지 못하면, 백성을 얻어서 다스릴 수 없습니다.

---

7) 원문의 "쇄殺"를 번역한 것으로, '줄이다'는 뜻이니 '쇄'로 읽어야 한다. 여기서 '쇄殺'와 '등等'은 같은 개념인데, 줄인다는 것은 친족 관계에서 상복을 입거나 제사 지낼 때 부모님을 중심으로 조부모님에 대한 예를 덜 갖추는 식으로, 멀어질수록 느슨하게 하고 차등을 둔다는 의미다.

8) 원문의 "등等"을 번역한 것으로, 왕·제후·사대부의 지위에 따라 수레의 등급을 매긴 것이다. "존현지등尊賢之等"은 사회, 조정의 문제이다. 천자는 수레 덮개에 용무늬를 화려하게 수놓고, 제후와 왕은 봉황을 수놓는 것과 같다. 그래서 "친친지쇄親親之殺"가 '인仁'이고, "존현지등尊賢之等"이 '의義'다. 여기서 '의義'란 '마땅할 의宜'이고, '의宜'의 개념에 대해 주희는 "사물의 이치를 나누어 각자 저마다 마땅한 바가 있게 하는 것이다.[分別事理, 各有所宜也.]"라고 설명한다. '등급, 차등을 둔다'는 개념은 인도人道와 천리에서 크게 벗어나지 않는다.

在下位不獲乎上, 民不可得而治矣.

군자가 수양하는 이유 20.7

그러므로 군자는 자신을 수양하지 않을 수 없으니, 자신을 수양할 것을 생각한다면 어버이를 섬기지 않을 수 없으며, 어버이를 섬길 것을 생각한다면 사람을 알지 않을 수 없으며, 사람에 대해 알 것을 생각한다면, 하늘을 알지 않으면 안 될 것입니다."

故君子不可以不修身. 思修身, 不可以不事親. 思事親, 不可以不知人. 思知人, 不可以不知天."[9]

천하의 통달한 도 다섯 가지 20.8

천하에 통달한 도가 다섯인데 그것을 행할 수 있는 바는 셋이다. '군주와 신하요, 아버지와 아들이요, 남편과 아내요, 형과 아우요, 벗의 사귐'이니, 다섯 가지는 천하의 통달한 도다. 지·인·용 세 가지는 천하의 통달한 덕이니, 그것(통달한 도)을 행하는 까닭은 매한가지다.

天下之達道五, 所以行之者三. 曰君臣也, 父子也, 夫婦也, 昆弟也, 朋

9) "정치하는 것은 사람에게 달려 있다.[爲政在人]."라는 말처럼 '수신'이 먼저이고, 그다음이 '사친'이며, 다음이 '지인', 다음이 '지천'이다. 수신과 사친은 나에 대한 것으로, 수신과 제가에 해당하며, 지인과 지천은 치국과 평천하에 해당한다. 특히 자신을 닦는 것을 핵심으로 삼는다.

友之交也. 五者天下之達道也, 知仁勇三者, 天下之達德也, 所以行之者一也.

아는 것의 등급 20.9

어떤 사람은 태어나면서 그것을 알고, 어떤 사람은 배워서 그것을 알며, 어떤 사람은 곤궁해서 그것을 알게 되니,[10] 그것을 아는 데에 이르러서는 매한가지다.[11] 어떤 사람은 편안하게 그것을 행하며, 어떤 사람은 이롭게 여겨서 그것을 행하며, 어떤 사람은 억지로 힘써서 그것을 행하니, 그 공을 이룸에 이르러서는 매한가지다.[12]

或生而知之, 或學而知之, 或困而知之, 及其知之一也. 或安而行之, 或利而行之, 或勉強而行之, 及其成功一也.

10) 원문의 "혹곤이지지或困而知之"를 번역한 것으로, 이에 대해 정현은 "장성해서 예의의 일을 보고서 자기가 그것에 임하여 부족함이 있고 나서야 비로소 배워 그것을 아는 것이다.[謂長而見禮義之事, 己臨之而有不足, 乃始學而知之.]"라고 했고, 공영달은 "일에 임하여 곤궁함이 있은 뒤에 배워서 곧 아는 것이다.[臨事有困, 由學乃知.]"라고 했다.

11) 단계를 말하는 것으로, 생이지지生而知之는 가장 높은 사람들이고, 학이지지學而知之는 영민한 사람들이고, 곤이지지困而知之는 가장 낮은 등급의 사람을 말한다. 여기서 중요한 것은 '행行'하는 데에 있다는 뜻이다. 편안하게 그것을 하는 사람이 있고, 이롭게 여겨서 이기적인 마음으로 하는 사람도 있으며, 남이 시켜서 억지로 힘써서 하는 사람도 있다. 품부를 받은 상황에 맞게 도에 도달하려는 의지를 보인 것이며, 결과는 같다는 말이다.

12) 원문의 '아는 바[知之]'와 '행하는 바[行之]'는 '달도達道'이다. 분별하여 말하자면 아는 바는 지智요, 행하는 바는 인仁이다. 그것을 알고 공功을 이루어 하나가 됨을 용勇이라 한다. 등급으로 말하면 생지生知와 안행安行은 지知이고, 학지學知와 이행利行은 용勇이다.(주희 설)

지, 인, 용의 바탕 20.10

공자께서 말씀하셨다.

"배우기를 좋아하면 지혜로움에 가까워지고, 힘써 행하면 인에 가까워지고, 치욕을 알면 용기에 가까워진다.[13]

子曰: "好學近乎知, 力行近乎仁, 知恥近乎勇.

세 가지를 알아야 하는 이유 20.11

이 세 가지를 알면[14] 곧 자신을 수양하는 까닭을 아는 것이요, 자

---

13) 이 구절은 달도達道에 미치지 못하여 덕에 들어가기를 구하는 일을 말한 것이다. 윗글의 삼지三知(생지生知·학지學知·곤지困知)는 지智가 되고, 삼행三行(안행安行·이행利行·면행勉行)은 인仁이 됨을 살펴보면, 이 세 가지 가까움은 용勇의 다음이다.(주희 설) 어리석은 자는 스스로 옳다 여기고 구하지 아니하며, 스스로를 사사롭게 여기는 자는 인욕人欲을 따라 돌아올 줄 모르며, 나약한 자는 남의 아래가 되기를 달게 여기고 사양하지 않는다. 그러므로 호학好學은 지智가 아니지만 족히 어리석음을 깨뜨릴 수 있고, 역행力行은 인仁이 아니나 족히 사사로움을 잊을 수 있고, 지치知恥는 용勇이 아니나 족히 나약함을 일으켜 세울 수 있다.(여대림 설)

14) 원문의 "지사삼자知斯三者"를 번역한 것으로, 여기에서 "삼자三者"란 삼근三近으로, '호학好學'과 '역행力行'과 '지치知恥'를 말한다. 이 세 가지가 수신의 전제조건이다. 다른 사람을 기준으로 헤아려 천하와 국가를 다스리는 데 최선을 다하는 것이다. 이것으로써 윗글의 수신이 뜻하는 바를 맺고, 다음 글에서 이야기하는 구경九經의 단서를 일으킨다. 천하와 국가를 다스리는 데 근본은 수신이다.《중용》에서 거듭 밝히고 있듯이 유가에서는 '나[己]'를 기준으로 세상의 온갖 존재와 일 따위가 뻗어가는 것으로 여긴다. '수신제가치국평천하'의 '평천하', '치국', '제가' 모두 수신에서 비롯된다는 의미다. 법가에서는 만물은 '나'를 버리는 것에서부터 나아갈 수 있다고 본다. 즉, 좋아하는 것도 버려두고, 미워하는 것도 버려두어야[去好去惡] 한다. '나'라는 주관을 최소화하고, 개인의 울타리에서 벗어나야 한다는 주의다.

신을 수양하는 까닭을 알게 되면 곧 사람을 다스리는 까닭을 알게 되며, 사람을 다스리는 방법을 알면 곧 천하와 국가[15]를 다스리는 까닭을 아는 것이다."[16]

知斯三者, 則知所以修身, 知所以修身, 則知所以治人, 知所以治人, 則知所以治天下國家矣."

천하와 국가를 위한 아홉 가지 준칙 20.12

무릇 천하와 국가를 위해서는 아홉 가지 준칙[17]이 있으니, 자신

---

15) 원문의 "국國"은 제후나 왕의 나라를 말하며, "가家"는 대부가 다스리는 나라를 의미한다.

16) 수신의 방법으로 효제신孝弟信이 있는데, 유가에서는 이것으로 국가를 다스릴 수 있다고도 보았다. 이론적으로는 가능하지만, 실질적으로는 힘들다. 법가에서는 국가를 다스리는 방법을 동일 선상에 놓고 보지 않는다. 오히려 서로 도움이 안 된다. 나라를 잘 다스리는 사람은 역설적으로 불효不孝, 부제不弟, 불신不信해야 한다고 보았다. 유가에서는 작은 것을 다스려서 큰 것을 다스려야 한다고 말하지만, 법가에서는 작은 것을 버려야 큰 것을 이룰 수 있다고 한다.

17) 원문의 "구경九經"을 번역한 것이다. "경經"은 '떳떳할 상常'과 같다. 구경은 '수신修身', '존현尊賢', '친친親親', '경대신敬大臣', '체군신體群臣', '자서민子庶民', '래백공來百工', '유원인柔遠人', '회제후懷諸侯'를 가리킨다. "천하와 국가를 다스리는 데 이 아홉 가지 떳떳함[九經]이 있다. 천하와 국가의 근본은 몸에 있기 때문에 수신이 구경의 근본이다. 반드시 스승을 친히 하고[親師], 벗을 취한[取友] 연후에야 수신의 도가 나아가기 때문에 존현은 그다음이요, 도의 나아가는 바가 제 집안보다 앞서는 것은 없기 때문에 친친은 그다음이요, 집안으로 말미암아 조정에까지 미치기 때문에 경대신과 체군신이 그다음이요, 또한 조정을 잘 다스려야 나라에 미치는 것이기 때문에 자서민, 래백공이 그다음이고, 나라를 잘 다스려야 천하에까지 미치는 것이니 유원인과 회제후가 그다음이니, 이것이 구경의 질서이자 차례이다."(여대림 설)

을 수양하는 것, 어진 사람을 존중하는 것, 친한 사람을 가까이 여기는 것, 대신을 존경하는 것, 여러 신하를 살피는 것,[18] 서민을 사랑하는 것,[19] 모든 장인을 오게 하는 것, 먼 곳에 있는 사람을 달래는 것,[20] 제후들을 포용하는 것[21]을 말한다.

凡爲天下國家有九經, 曰: 修身也, 尊賢也, 親親也, 敬大臣也, 體群臣也, 子庶民也, 來百工也, 柔遠人也, 懷諸侯也.

천하가 공경하고 두려워하게 하는 법 20.13

자신을 수양하면 도가 확립되고, 어진 사람을 존중하면 미혹되지 않고,[22] 친한 이를 친히 여기면 여러 아버지[23]와 형제가 원망하지 않고, 대신을 공경하면 [일 처리가] 어지럽게 되지 않고, 여러 신하를

18) 원문의 "체體"를 번역한 것으로, 주희는 "자신이 그 처지에 처함을 생각하여 그 마음을 살피는 것[設以身處其地而察其心]"이라 했고, 정현은 "여러 신하를 자기의 몸처럼 여겨 받아들이는 것[接納群臣與之同體也]"으로 풀이했다.

19) 원문의 "자子"를 번역한 것으로, '사랑 애愛'와 같은 의미다. 부모가 마치 자식을 사랑하듯이 애틋한 마음이며, 서민을 사랑할 때 이해관계나 조건 없이 애정을 줘야 한다는 의미다.

20) 원문의 "유柔"를 번역한 것으로, 제후들과 싸우지 않고 품는다는 뜻이다.

21) 원문의 "회제후懷諸侯"를 번역한 것이다.

22) 원문의 "불혹不惑"을 번역한 것으로, 공영달은 "현명한 사람이 보필하기 때문에 일에 임하는 데 미혹됨이 없고 도모한 바가 잘 되는 것이다.[以賢人輔弼, 故臨事不惑, 所謀者善也.]"라 했고, 주희는 '이치에 의심됨이 없는 것[不疑於理]'으로 보았으며, 정약용은 '도에 의혹됨이 없는 것[不惑於道]'이라고 했다.

23) 원문의 "제부諸父"를 번역한 것으로, 내 아버지를 제외한 아버지인 백부와 숙부를 말한다.

살피면 선비가 예를 보답하는 것이 무겁고, 서민을 사랑하면 백성이 힘쓰게 되고, 모든 장인을 오게 하면 재물의 쓰임이 풍족해지고, 먼 곳에 있는 사람을 달래주면 사방에 있는 사람들이 그에게 귀의하고, 제후들을 포용하면 천하가 외경하게 된다.[24)]

修身則道立, 尊賢則不惑, 親親則諸父昆弟不怨, 敬大臣則不眩, 體群臣則士之報禮重, 子庶民則百姓勸, 來百工則財用足, 柔遠人則四方歸之, 懷諸侯則天下畏之.

제후를 품어주는 방법 20.14

재계하여 [몸과 마음을] 깨끗이 하고, 복장을 성대히 하고, 예가 아니면 행동하지 않는 것은[25)] 자신을 수양하는 방법이다. 남 헐뜯는 말을 버리고 여색을 멀리하며, 재물을 천시하고 덕을 귀하게 여기는 것은 어진 사람을 격려하는 방법이요, 그 지위를 높여주고, 그 봉록을 무겁게 해주고, 그 좋아하고 싫어함을 함께하는 것은 어버

---

24) 멀리 떨어진 사람들은 피해 의식이 있으므로 달래주어야 한다. 천자가 싫어하는 제후를 공격하는 대신 품어주면 천하가 외경하게 된다. 유가에서는 부모가 자식을 사랑하듯이 사랑하여 백성이 저절로 권면하게 해야 하며, 기다려주어야 함을 말한다. 유가는 멀리 보고 덕화德化를 하라고 하지만, 법가는 이에 반대한다. 법가는 법으로 구속, 인위적으로 이루게 한다는 입장이다. '법은 귀함에 아첨하지 않는다.[法不阿貴.]'라는 뜻으로, 법으로 백성을 통제해야 하며, 각박한 세상이기에 기다리지 못함을 말한다.

25) 원문의 "비례부동非禮不動"을 번역한 것으로,《논어》〈안연〉 12.1편에서 "예가 아니면 보지 말고, 예가 아니면 듣지 말며, 예가 아니면 말하지 말고, 예가 아니면 움직이지 말라.[非禮勿視, 非禮勿請, 非禮勿言, 非禮勿動.]"라는 것과 같으며, 수신의 기본이다.

이를 친하게 여기도록 격려하는 것이다.[26] 관리가 많아서 사령을 마음대로 부리는[27] 대신을 권면하는 것이요, 충신으로 대하고[28] 봉록을 많이 줌은 선비를 권면하는 것이요, 철에 따라 부역을 시키고 세금을 적게 거둠은 백성을 권면하는 것이요, 날로 살피고 달로 시험하여 창고의 녹봉을 일에 맞추어 함[29]은 여러 장인을 권면하는 것이요, 가는 이를 전송하고 오는 이를 맞이하며, 잘하는 이를 아름답게 여기고 능하지 못한 이를 가엾게 여기는 것은 먼 곳의 사람을 회유하는 것이요, 끊어진 세대를 이어주고 무너진 나라를 세워주며, 어지러움을 다스리고 위태로움을 붙들어주며, 조회와 빙문을 때에 따라 하며 가는 사람에게는 후하게 해주고 오는 사람에게는 박하게 하는 것은 제후들을 품어주는 방법이다.

齊明盛服, 非禮不動, 所以修身也. 去讒遠色, 賤貨而貴德, 所以勸賢也. 尊其位, 重其祿, 同其好惡, 所以勸親親也. 官盛任使, 所以勸大臣也.

26) 재계하고 깨끗이 하며 복장을 갖추어 입는 것은 예를 차리는 것으로, 예가 아니면 행동하지 않는 것이다. 참언을 버리고 여색을 멀리하고, 재화를 낮게 하고, 덕을 귀하게 여기는 것은 어진 사람을 권면하는 까닭이다. 원문의 "권勸"은 앞에서의 '존尊'과 같다. 지위를 높여주고, 봉록을 무겁게 해주고, 좋아하고 싫어함을 함께하는 것은 어버이를 친하게 여기는 것을 권면하는 것이다.

27) 원문의 "임사任使"를 번역한 것으로, 정약용은 "현명한 이에게 맡기고 능력 있는 이에게 시키는 것이다.[任賢而使能也.]"라고 했다.

28) 원문의 "충신忠信"을 번역한 것으로, 주희는 정성스럽게 대하는 것[待之誠]으로 보았고, 정약용은 "충忠"은 임금에게 충심으로 하는 것[忠於君也]이고, "신信"은 신실한 마음으로 공직에 봉사하는 것[以實心奉公也]이라고 풀이했다.

29) 원문의 "희름칭사旣稟稱事"를 번역한 것으로, 주희에 따르면 '기旣' 자는 여기에서 '희餼' 자로 읽으니, 희름餼廩은 관리들의 녹봉을 말한다. '稟'은 '廩'과 동의어이다. 역자는 '창고의 녹봉을 일에 맞추다'라고 풀이했다.

忠信重祿, 所以勸士也. 時使薄斂, 所以勸百姓也. 日省月試, 旣稟稱事, 所以勸百工也. 送往迎來, 嘉善而矜不能, 所以柔遠人也. 繼絶世, 擧廢國, 治亂持危, 朝聘以時, 厚往而薄來, 所以懷諸侯也.

행하는 바는 한 가지 20.15

무릇 천하와 국가를 위해서는 아홉 가지 준칙이 있으니, 그것을 행하는 까닭이란 한 가지[30]다.[31]

凡爲天下國家有九經, 所以行之者一也.

미리 하라 20.16

무릇 일[32]은 미리 하면 서게 되고, 미리 하지 않으면 없어지니, 말이 미리 정해지면 막힘이 없고, 일이 앞서서 정해지면 곤궁하지 않고, 행동이 앞서서 정해지면 병들지 않고, 도가 앞서서 정해지면 궁색해지지 않게 된다.[33]

---

30) 원문의 "일一"을 번역한 것으로, 정현은 '마땅히 미리 하는 것[當豫]'이라 하고, 주희는 '성실[誠也]'이라 하여 한 가지라도 성실하지 않으면 구경은 모두 헛된 것이라고 했다. 천하와 국가를 다스릴 때 아홉 가지의 떳떳함, 즉 구경이 있으니, 한 가지라도 소홀히 할 수 없다고 했다.

31) 이 문장에 대해 정약용은 "구경九經에 대한 구절은 지위를 얻고 도를 행한 자를 위해 그 방법을 진술한 것이다.[九經一節, 爲得位行道者陳其數也.]"라고 했고, 다음 20.17편에 나오는 '재하위在下位'의 구절은 "지위를 얻지 못한 자를 위해 그 의義를 설명한 것이다.[爲不得位者說其義也.]"(《중용자잠》)라고 했다.

凡事豫則立, 不豫則廢, 言前定則不跲, 事前定則不困, 行前定則不疚, 道前定則不窮.

믿음의 존재 이유 20.17

아래 자리에 있으면서 윗사람의 [믿음을] 얻지 못하면, 백성을 얻어서 다스릴 수 없다. 윗사람에게 [신임을] 얻는 데에 도가 있으니, 벗에게서 믿음을 얻을 수 없으면 윗사람에게 [신임을] 얻지 못할 것이다. 벗에게 [믿음을] 얻는 데에 도가 있으니, 어버이에게 순종하지 않으면 벗에게 믿음을 얻지 못할 것이다. 어버이에게 순종함에 도가 있으니, 자신을 돌이켜보아 성실하지 않으면[34] 어버이에게 순종하지 않을 것이다. 몸을 성실히 하는 것에 도가 있으니, 선을 밝히지 않으면[35] 자신에게 성실하지 않을 것이다.

---

32) 원문의 "범사凡事"를 번역한 것인데, 범사는 달도達道, 달덕達德, 구경九經의 무리를 가리킨다.(주희 설) 범사는 성실함을 바탕으로 한다. 보통의 사람이 요행을 바라며 안일하게 살아가는 태도를 보이고 결과를 중요시하고 과정과 근본을 가벼이 여기는 것은 어리석은 행동이다. 눈앞의 것만 중요하게 여기고 멀리 보는 변별력이 부족한 것이다. 준비된 자만이 좋은 결실을 얻을 수 있으며, 노력 없이는 좋은 결과 또한 얻지 못한다.

33) 미리 하지 않으면 '없어짐[廢]', '넘어짐[跲]', '곤궁함[困]', '병듦[疚]', '궁색해짐[窮]'의 다섯 가지 사태가 벌어지므로 미리미리 해야 한다.

34) 원문의 "반저신불성反諸身不誠"을 번역한 것으로, 이 문장의 핵심이다. 자신이 성실한지 불성실한지 돌이켜보는 것이다.

35) 원문의 "성신유도誠身有道, 불명호선不明乎善"을 번역한 것으로, 이에 대해 주희는 "성신은 곧 《대학》의 '성의'이고, 명선은 《대학》의 '치지'이다.[誠身卽大學誠意, 明善卽大學致知.](《상설詳說》)"라고 했다.

在下位不獲乎上, 民不可得而治矣. 獲乎上有道. 不信乎朋友, 不獲乎上矣. 信乎朋友有道. 不順乎親, 不信乎朋友矣. 順乎親有道, 反諸身不誠, 不順乎親矣. 誠身有道, 不明乎善, 不誠乎身矣.

성실함이란 20.18

성실함은 하늘의 도요, 그것을 성실히 하려는 것은 사람의 도이니, 성실함이란 힘쓰지 않아도 [도에] 들어맞으며, 생각하지 않아도 [도를] 터득하며, 조용한 가운데에서도 도에 맞으니, 성인의 경지이다. 성실히 하려는 것은 선을 택하여 굳게 잡는 것이다.[36)]

誠者, 天之道也. 誠之者, 人之道也, 誠者, 不勉而中, 不思而得, 從容中道, 聖人也. 誠之者, 擇善而固執之者也.

성실한 자의 조건 다섯 가지 20.19

[성실하려는 자는] 널리 배우고, 자세히 물으며, 신중하게 생각하고,

---

36) 성신誠身에 대해 말한 장이다. '성誠'이란 '진실하고 망령됨이 없는 것[眞實無妄]'이니 하늘의 도이고, '성지誠之'는 '진실하고 망령됨이 없고자 하는 것[欲眞實無妄之]'이니 사람의 도이다. 성인의 경지에 이르지 못하면 인욕人慾의 사사로움 때문에 그의 덕이 진실할 수 없다. 그러므로 생각하지 않고 알 수가 없어서 반드시 선善을 택한 뒤에야 선을 밝게 알 수 있고, 힘쓰지 않고 도道에 맞을 수가 없어서 반드시 굳게 잡아 몸을 성실히 하는 것이 사람의 도이다.(주희 설) 성실한 사람은 억지로 하지 않아도 들어맞고, 일부러 생각하지 않아도 터득하고, 말없이 가만히 있어도 도에 맞는다. 이처럼 성실한 사람을 성인의 반열에까지 끌어올렸다.

분명하게 변별하며, 독실하게 행한다.[37]

博學之, 審問之, 愼思之, 明辨之, 篤行之.

배움, 생각, 질문, 분별, 실행의 효과 20.20

배우지 않을지언정 배우는데도 능숙해지지 않으면 그만두지 않는다. 질문하지 않을지언정 질문하는데도 알지 못하면 그만두지 않는다. 생각하지 못할지언정 생각하는데도 터득하지 못하면 그만두지 않는다. 분별하지 못할지언정 분별하는데도 분명하지 않으면 그만두지 않는다. 실행하지 않을지언정 실행하는데도 독실하지 않으면 그만두지 않는다. 다른 사람이 한 번에 [제대로] 할 수 있다 해도 나는 백 번이라도 하며, 다른 사람이 열 번에 할 수 있다 해도 나는 천 번이라도 한다.

有弗學, 學之弗能弗措也. 有弗問, 問之弗知弗措也. 有弗思, 思之弗得弗措也. 有弗辨, 辨之弗明弗措也. 有弗行, 行之弗篤弗措也. 人一能之己百之, 人十能之己千之.

37) "이 문장은 성실하게 하려는 자의 조목으로, '배우고, 묻고, 생각하고, 분별함'은 선을 택하는 것으로써 '지知'가 되니 배워서 아는 것이다. '독행篤行'은 굳게 잡는 것으로써 '인仁'이 되니, 이롭게 여겨 행하는 것이다. 정자程子는 '이 다섯 가지 중 한 가지가 없어져도 학문이 아니다'라고 했다.[此誠之之目也. 學·問·思·辨, 所以擇善而爲知, 學而知也. 篤行, 所以固執而爲仁, 利而行也. 程子曰: '五者廢其一, 非學也.']"(주희 설)라고 했는데 학문을 하는 데 주요한 조목이다.

어리석어도 명철해지고 부드러워도 강해진다 20.21

과연 이러한 방법대로 할 수 있다면, 비록 어리석어도 반드시 명철해지고, 비록 부드러울지라도 반드시 강해질 것이다.

果能此道矣, 雖愚必明, 雖柔必強.

제21장

하늘의 도와 사람의 도

【해설】

자사가 공자의 천도天道와 인도人道에 대해 덧붙여 설명한 장으로, 제21장부터 제32장에 이르는 열두 장 가운데 첫 번째 장이다. 즉, 열두 장 모두 자사의 말씀으로, 《중용》의 핵심인 '성誠'에 대해 집중적으로 논하여 대의를 반복하여 밝히고 있으며, 천도와 인도를 번갈아가며 말하고 있다.

제21장은 앞 장에서 다룬 '명선明善'과 '성신誠身'을 이어받아 말한 것으로 하늘에서 사람으로 내려오는 하향적 관점에서의 '성性'과 사람에서 하늘로 올라가는 상향적 관점의 '교敎'에 관한 설명이 핵심을 이룬다. 특히 "자성명自誠明"이란 구句에 주목해야 하는데, 명선을 통해 성신에 이르는 것을 의미한다. 성실하면 명철해질 수밖에 없고, 명철해지면 성실함에 이른다는 것이다.

성실함으로 말미암아 명철해지는 것을 일컬어 '본성[性]'이라고 한다. 명철함으로 말미암아 성실해지는 것을 일컬어 '가르침[敎]'이라고 한다. 성실하면 명철해지고, 명철하면 성실해진다.

自誠明, 謂之性, 自明誠, 謂之敎, 誠則明矣, 明則誠矣.

제22장

지극히 성실해야 본성을 다하게 된다

【해설】

이 장은 천도天道를 말한 것으로, 진실로 가득 찬 성인의 덕을 의미하는 '지성至誠'에 관한 장이다. '지성至誠'이란 천하의 지극한 성으로, 성인의 덕이 성실하여 천하에 더할 것이 없다는 주희의 해설이 적절하다. 정약용은 '진기성盡其性'에 대해 "자신을 닦아 지극한 선에 이르는 것[修己而至於至善也](《중용자잠》)"이라고 했는데, 덕이란 성실하지 않음이 없기 때문에 욕심의 사사로움이 없어 천명을 살필 수 있는 근거가 된다.

오직 천하의 지극한 성실함[을 지닌 사람]이라야 그 본성을 다할 수 있다. 그 본성을 다할 수 있다면 다른 사람의 본성을 다할 수 있다. 다른 사람의 본성을 다할 수 있다면 만물의 본성을 다할 수 있다. 만물의 본성을 다 드러낼 수 있다면 천지가 [만물을 만들어] 교화하고 기르도록 도울 수 있다. 천지가 [만물을 만들어] 교화하고 기르도록 도울 수 있다면 천지와 더불어 참여[1)]할 수 있을 것이다.

唯天下至誠, 爲能盡其性, 能盡其性, 則能盡人之性, 能盡人之性, 則能盡物之性, 能盡物之性, 則可以贊天地之化育, 可以贊[2)]天地之化育, 則可以與天地參矣.

---

1) 원문의 "참參"을 번역한 것이다. 이것을 '셋'이라고 번역하기도 하는데, 공영달의 관점이다. 즉, 천지가 둘이고 성인이 셋에 해당한다는 것이다.

2) 원문의 "찬贊"은 "도울 조助" 자와 같다는 주희의 설이 타당하다.

제23장

마음속에 쌓인 덕

【해설】

이 장은 인도人道의 관점에서 말한 것으로 "치곡致曲"이란 단어가 핵심어다. 이 장은 해석하기가 매우 어려운데 바로 이 "치곡"이란 단어를 어떻게 풀이하는가 하는 문제에 달려 있다. 최석기의 지적처럼, 자신의 마음속에 쌓인 덕이 '형形·저著·명明·동動·변變·화化'의 과정을 거쳐 겉으로 드러나 다른 사람에게 영향을 미쳐 그 사람의 마음을 어떻게 온전하게 변화하게 하는지를 꼼꼼하게 말한 것이다. 특히 이 장의 맨 마지막 단락의 의미에 주목해야 한다. 지극히 성실해야만 드러남과 뚜렷해짐과 밝음과 감동과 변함과 교화가 진행될 수 있으니, 바로 지성至誠의 오묘함이야말로 성인과 전혀 다르지 않다.

그다음은[1] [선한] 한쪽으로 치우친 것을 지극히 하는 것[2]이니, 한쪽으로 치우친 것을 [지극히 하면] 성실할 수 있고, 성실하면 드러나고, 드러나면 뚜렷해지고,[3] 뚜렷해지면 밝게 되고, 밝아지면 감동하게 되고,[4] 감동하게 되면 변하게 되고, 변하게 되면 교화하게 될 수 있으니,[5] 오직 천하의 지극히 성실한 사람이라야 교화할 수 있다.

其次致曲, 曲能有誠, 誠則形, 形則著, 著則明, 明則動, 動則變, 變則化, 唯天下至誠爲能化.

---

1) 원문의 "기차其次"를 번역한 것으로, 앞 장의 성실함이 지극한 자의 다음을 뜻하며 성실함이 지극하지 못한 자를 포괄적으로 이르는 말이다.

2) 원문의 "치곡致曲"을 번역한 것이다. 주희는 "곡曲"을 한쪽으로 치우친다[一偏]는 의미로 풀이했다. 그런데 정현은 '소소한 일[小小之事]'로 풀이했으며, 정약용은 '만 가지 일과 만 가지 사물[萬事萬物]'이라는 의미로 풀이했다. 정약용의 풀이에 따라 '만물을 하나도 빠뜨림이 없이'라고 번역해도 무방하다. 한편 역자는 "곡曲"의 의미를 제8장의 "중용에서 택하여 하나의 선을 얻으면 정성스러운 모양으로 가슴속에 잘 담아두어 그것을 잃지 않았다.[擇乎中庸, 得一善, 則拳拳服膺而弗失之矣.]"라고 한 구절로 볼 때 중용을 택한 것을 전제로 그 선한 한쪽을 지극히 키워나가는 의미로 보았다.

3) 원문의 "형즉저形則著"를 번역한 것이다. '저著'는 속에 있는 것이 겉으로 드러나 또렷해진다는 의미다. 주희는 '현顯' 자로 보았다.

4) 원문의 "명즉동明則動"을 번역한 것으로, '명明'은 빛이 나서 바깥으로 발산되는 것이다.

5) 원문의 "변즉화變則化"를 번역한 것이다. '변變'이란 악惡을 고쳐서 선하게 만드는 과정으로, 바뀌는 정도가 과거의 흔적까지 없어져버리는 것을 의미한다. '화化'는 변화하는 것이 오래 이어져 본성마저 선하게 바뀐다는 의미를 담고 있다. 즉, 완전히 변화하여 옛날의 모습이 사라져버린다는 주희의 해석이 타당성이 있다.

제24장

지극한 성실함은 신처럼 작용한다

【해설】

이 장은 지성至誠을 지닌 성인의 관점에서 천도를 말하고 있다. 모든 이치는 겉으로 보이지 않으나 미리 드러남이 있으니, 무슨 일이든 지극히 신중하고 조심하면 그 기미나 조짐을 미리 알아차릴 수 있다는 것이다. 큰 사건이나 사고는 우연히 어느 순간 갑작스레 발생하는 것이 아니라 그 전에 작은 사고가 반복되는 과정에서 발생한다는 것을 밝힌 '하인리히의 법칙(Heinrich's Law)'이 있다. 또《한비자》의 〈유로喩老〉 편에서도 "어려운 것을 도모할 때는 쉬운 것에서 시작하고, 큰 것을 하고자 할 때는 작은 것에서 시작한다. 천 장이나 되는 제방도 땅강아지와 개미구멍 때문에 무너지고, 백 척이나 되는 집도 굴뚝 틈새의 불씨로 인해 잿더미가 된다.[圖難於其易也, 爲大於其細也. 千丈之隄, 以螻蟻之穴潰; 百尺之室, 以突隙之煙焚.]"라고 했다.

모든 일에서 사심이 없게 하고 지극히 성실히 하면 그 조짐을 알아 신처럼 작용한다고 말한다.

지극히 성실한 도는 앞일을 [미리] 알 수 있다. 국가가 장차 흥하려고 하면 반드시 상서로운 조짐[1]이 있고, 국가가 장차 망하려고 하면 반드시 요사스러운 재앙[2]이 있어 [이는] 시초점과 거북점에서 나타나고, 온몸에서 움직임으로 나타난다.[3] [그래서] 화와 복이 장차 이르면 좋은 것[善]은 반드시 그것을 먼저 알게 되며, 좋지 못할 것[不善]도 반드시 그것을 먼저 알게 된다. 그러므로 지극한 성실함은 신처럼 작용한다.[4]

至誠之道, 可以前知. 國家將興, 必有禎祥, 國家將亡, 必有妖孽, 見乎蓍龜, 動乎四體. 禍福將至, 善必先知之, 不善必先知之, 故至誠如神.

1) 원문의 "정상禎祥"을 번역한 것으로, 복의 조짐을 뜻한다.

2) 원문의 "요얼妖孽"을 번역한 것으로, 화의 싹을 뜻한다.

3) 원문의 "동호사체動乎四體"를 번역한 것인데, 공영달은 [점]괘의 조짐이 거북의 사지에서 발동된다고 보았다. 이에 비해 주희는 '사체'를 사람의 사지로 보아 동작하고 거동하는 의미로 해석했다. 정현은 "거북의 네 발을 일컬으니, 봄에는 뒤의 왼발로 점을 치고, 여름에는 앞의 왼발로 점을 치고, 가을에는 앞의 오른발로 점을 치고, 겨울에는 뒤의 오른발로 점을 친다.[四體, 謂龜之四足, 春占後左, 夏占前左, 秋占前右, 冬占後右.]"라고 했다. 필자는 주희의 견해에 따랐다.

4) 원문의 "지성여신至誠如神"을 번역한 것으로, '진실무망眞實無妄'과 통하는 말이다. 이는 사람의 사사로움이 없는 오관五官 밖에 있는 육감六感을 말한다.

제25장

성실함에 대하여

【해설】

제25장은 최석기의 지적처럼, 제1절을 '성자자성誠者自成'으로 시작하여 천도의 입장에서 말하고 있으나, 그다음 구절의 '도자도道自道'는 목표를 향해 스스로 걸어가야 할 길이므로 뒤쪽을 염두에 두어야 한다.

제2절의 '성자물지종시誠者物之終始'는 주희의 주석에서 보듯 모든 생명체가 태어나면서부터 죽을 때까지 관통하고 있는 실제의 이치다. 제3절은 자신의 마음이 진실하고 거짓이 없으면 자기 완성은 물론이고, 남에게도 영향을 미쳐 주위 사람들도 완성시키는 성인의 공능功能이 있다고 말한다. 이 과정에서 시의성과 중中과 화和의 조화는 반드시 필요하다.

성실함[誠]은 자신을 이루게 하고 결국 만물, 즉 남에게까지도 미치게 되는데, 이는 모두 나의 본성에 본래 그러한 것이 있어서 안과 밖의 분별이 없기 때문이다. 유가 학문의 핵심은 '위기지학爲己之學'으로, 공부는 반드시 나에게서 시작됨을 강조한 말이지만, 결국 나에게서 시작된 것이 남에게도 똑같이 적용되고, 남을 위해 쓰이는 것을 뜻하는 것이다. "공부工夫"란 원래 노력과 시간을 쏟아 어떤 일을 하거나, 이러한 과정을 거쳐 얻게 된 결과나 조예를 의미하는 말이었다. 그러나 송 대의 성리학자들은 이 말을 도덕적 실천과 수양을 의미하는 용어로 사용했다.

성실함과 도의 차이 25.1

성실함이란 스스로 이루는 것이요, 도는 스스로 이끌어가는 것[1] 이다.

誠者自成也, 而道自道也.

만물의 처음이자 끝이 성실함이다 25.2

성실함[2]이란 만물의 끝과 시작이니,[3] 성실하지 않으면 [어떤] 만물도 없게 된다. 그러므로 군자는 성실함을 귀하게 여긴다.

誠者物之終始, 不誠無物. 是故君子誠之爲貴.

1) 원문의 "자도自道"를 번역한 것으로, 여기서 "도道"는 인도하다[導]는 뜻이다. 스스로 행하는 것으로 해석할 수도 있다.

2) 원문의 "성誠"을 번역한 것으로, 여기서는 사물이 그 시작에서 끝으로 이르게 되는 생생生生의 도道를 뜻한다. 즉, 성誠은 천도天道로서, 이 천도가 없으면 사물은 존재할 수 없다. '지성이면 감천이다.'라는 말이 있듯이 지극한 성실함으로 시작하여 지극한 성실함으로 마무리하는 것이다. 성실을 방해하는 것으로는 요행이나 첩경을 들 수 있다. 성실하지 못한 일은 '유종의 미'를 거두기 어렵다.

3) '성誠'은 어떤 일에 집중해 그 일을 움직이게 한다. 동動은 시간이고, 사물은 시간의 변화 과정을 겪고서야 이루어진다. 그 과정이 사물의 시작이요 끝이다. 성은 사물의 시작에서부터 이루어지는 끝까지 간단없이 그 사물에 깃들어서 움직이게끔 한다. 이것이 "성자물지종시誠者物之終始"이다.(김충열 설)

성실함의 효과 25.3

성실함은 스스로 자신을 이루게 할 뿐만 아니라 만물을 이루게 하는 까닭이다. 자신을 이루게 하는 것은 인이고, 만물을 이루게 하는 것은 지혜로움이다. [이는] 성실함의 덕이니, 안과 밖을 합하는 도이다. 그러므로 때에 맞게 조처하는 것이 마땅하다.

誠者非自成己而已[4]也, 所以成物也. 成己, 仁也, 成物, 知也. 性之德也, 合內外之道也, 故時措之宜也.

4) 원문의 "이이而已"는 허사로 쓰인 것으로 단정의 의미가 있다. 이것을 실사로 보아 '그치게 할 뿐'으로 해석하기도 하는데, 이는 잘못된 번역이다.

제26장

하늘의 도에 관하여

【해설】

이 장은 대체로 천도를 말하는데, 문장이 상당히 길며 크게는 세 단락으로 나뉘고, 세분해보면 열 절이다. 김근행의 요지를 참고해볼 때, 제1절은 이 장의 주제어인 '지성무식至誠無息'을 앞 장에 이어서 말하고, 제2절부터 제6절까지는 성인이 '성誠'을 지속하여 그 덕이 밖으로 드러나 징험이 되는 과정을 펼쳐나가고 있다. 제7절에서 제9절까지는 천지의 일을 설명하고 마지막 제10절에서 성인의 일과 천지의 일을 하나로 귀결하고 있다.

그런데 특히 눈여겨볼 대목은 제10절로, 요임금이나 순임금이 아닌 문왕을 그 표본으로 삼고 있다는 점이다. 문왕의 덕을 내세우면서 이어지는 제27장 첫머리의 "성인지도聖人之道"와 연계된다.

직관적 논리와 시적 표현으로 유가 우주론을 펼치고 있다는 김충열의 지적처럼 천지와 산수를 시적으로 묘사하면서도 철학적 논리를 갖추고 있으며, 유가 도덕의 궁극적 귀결인 도덕적 인격과 천덕의 합치를 말하고 있다.

그침이 없는 성실함 26.1

그러므로 지극한 성실함은 그침이 없으니

故至誠無息[1)]

쉬지 않고 오래가야 26.2

쉬지 않으면 오래가고, 오래가면 징험이 나타나며,[2)]

不息則久, 久則徵,

징험이 나타나면 여유롭다 26.3

징험이 나타나면 여유롭고 오래가며, 여유롭고 오래가면 넓고 두터워지며, 넓고 두터워지면 높고 밝아진다.

---

1) 정약용은 "지성至誠은 중화中和이고, 무식無息은 용庸이다.[至誠者, 中和也, 無息者, 庸也.]"라고 하여 "지성至誠"을 '중화中和'라고 거듭 풀이했다[中和非至誠乎](《중용자잠》).

2) 원문의 "구즉징久則徵"을 번역한 것으로, "구久"는 마음속에 영원함이요, "징徵"은 바깥에 징험이 나타남이다. 주희의 풀이대로 늘 마음속에 오래도록 있다는 의미로서, 효험으로 드러나기 전의 준비단계에 해당한다. 마음속, 즉 중심에서 영원하다는 것은 흔들림이 없다는 뜻으로, 똑같은 상태를 계속 유지하는 것이다. 유가에서는 쉬는 일을 매우 경계하는데, 어떠한 삶의 변화에도 아랑곳하지 않고 평정심을 유지하는 일은 말처럼 쉬운 일이 아니기에 여러 번 강조하게 되는 것이다.

徵則悠遠, 悠遠則博厚, 博厚則高明.

만물을 실어주고 덮어주고 이루어주는 까닭 26.4

넓고 두터움은 만물을 실어주는 까닭이요, 높고 밝아짐은 만물을 덮어주는 까닭이며, 여유롭고 오래감[3]은 만물을 이루어주는 까닭이다.

博厚所以載物也, 高明所以覆物也, 悠久所以成物也.

땅과 하늘과 짝할 수 있는 것 26.5

넓고 두터움은 땅과 짝할 수 있고, 높고 밝음은 하늘과 짝할 수 있으며, 여유롭고 오래감은 끝이 없다.

博厚配地, 高明配天, 悠久無疆.

드러나고 변하며 이루어지는 것 26.6

이와 같은 것[을 지닌 사람]은 보여주지 않아도 드러나며, 움직이지 않아도 변하며, 하는 것이 없이도 이루어진다.[4]

---

3) 원문의 "유구悠久"를 번역한 것인데, 신안 진씨新安陳氏의 설처럼 박후와 고명이 유구한 것으로 보는 것이 타당하다.(김충열 설)

如此者, 不見而章, 不動而變, 無爲而成.

천지의 도 26.7

천지의 도는 한마디 말로 다할 수 있으니, 그것(천지의 도)이 만물을 되게 함에 둘로 나뉨이 없으니, 그것(천지의 도)이 만물을 낳음에 측량할 수 없다.[5)]

天地之道, 可一言而盡也, 其爲物不貳, 則其生物不測.

넓고 두터우며 밝고 오래가는 것 26.8

천지의 도는 넓고 두터우며 높고 밝으며 여유롭고 오래간다.[6)]

天地之道, 博也, 厚也, 高也, 明也, 悠也, 久也.

4) 원문의 "불현이장不見而章"은 성인의 덕이 땅의 덕과 같은 점을, "부동이변不動而變"은 성인의 덕이 하늘의 덕과 같은 점을 말한 것이다.(최석기 설) 즉, 성실하면 천지가 짝하여 도와주므로 모든 것이 잘 된다는 뜻으로, "무위이성無爲而成"을 포함하여 매우 역설적인 표현이다.

5) 정약용은 이 단락을 중용의 도가 하늘의 도를 근본으로 삼아서 "능히 유구함[能悠久]"(《중용자잠》)이라고 했다. 지극히 성실함으로써 이루어지는 천지 만물의 생육을 명약관화하게 말하고 있다.

6) 앞서 말한 "박후고명유구博厚高明悠久"를 다시 한번 강조하고 있다.

하늘은 밝은 빛이 모인 것 26.9

지금 저 하늘은 이처럼 밝은 빛[7]이 많이 모인 것이니, 무궁한 곳에 이르면 해와 달과 별들이 거기에 매여 있고, 만물이 [그것에] 덮여 있다. 지금 저 땅은 한 줌의 흙이 많이 모인 것이니, 땅의 넓고 두터운 데에 이르면 화악(華嶽, 화산)과 [같이 큰 산을] 싣고 있어도 무겁게 여기지 않고, 황하와 북해와 [같이 큰 강물과 바다를] 안고 있으면서도 새지 않으며, 만물이 그곳에 실려 있다. 지금 저 산은 주먹만 한 작은 돌이 많이 모인 것이니, 그 넓고 큰 데에 이르러서는 풀과 나무가 그곳에서 자라고, 날짐승과 들짐승이 그곳에 살며, 보물이 그곳에서 생겨난다. 지금 저 물은 한 국자의 물이 많이 모인 것이니, [깊이를] 헤아릴 수 없는 데에 이르면 큰 자라와 악어, 교룡과 용, 물고기와 자라가 그곳에서 자라며 재화가 거기에서 번식하게 된다.

今夫天, 斯昭昭之多, 及其無窮也, 日月星辰繫焉, 萬物覆焉. 今夫地一撮土之多, 及其廣厚, 載華嶽而不重, 振河海而不洩, 萬物載焉. 今夫山, 一劵石之多, 及其廣大, 草木生之, 禽獸居之, 寶藏興焉. 今夫水一勺之多, 及其不測, 黿鼉蛟龍魚鼈生焉, 貨財殖焉.

---

7) 원문의 "소소昭昭"를 번역한 것인데, 정현은 '경경耿耿'과 같은 개념으로 작은 빛[小明]으로 보았고, 주희 역시 이 견해를 따랐다. 공영달은 '협소한 모습[狹小之貌]'으로 풀이했다.

하늘이 하늘이 될 수밖에 없는 까닭 26.10

《시경》에 이르기를 "아아, 하늘의 명이여! 오오, 심원하여[8] 그침이 없구나!"라고 한 것은 아마도 하늘이 하늘이 된 까닭을 말한 듯하며, "아아, 드러나지 않겠는가! 문왕의 덕의 순수함이여!"라고 한 것은 아마도 문왕이 문왕이 된 까닭을 순수함 또한 그침이 없음이라 말한 듯하다.

詩云: "維天之命! 於穆不已!"[9] 蓋曰, 天之所以爲天也. "於乎不顯! 文王之德之純!" 蓋曰, 文王之所以爲文也, 純亦不已.

8) 원문의 "목穆"을 번역한 것으로, 주희는 '심원하다[深遠]'로 보았고, 공영달은 '아름답다[美]'고 풀이했다. 역자는 주희의 설을 따랐다.

9) 인용된 《시경》은 〈주송〉의 '유천지명維天之命' 편이다. 이 시를 인용한 이유는 "지성무식至誠無息"의 뜻을 밝히기 위해서다.(김충열 설)

제27장

성인의 위상과 공덕에 관하여

【해설】

이 장은 지극한 도를 얻으려면 지극한 덕을 갖추는 공부가 필요하다는 점을 말하는데, 공부의 두 축으로 존덕성尊德性과 도문학道問學을 제시하고 있다. 유가는 '위기지학爲己之學'을 시작으로 사람이 사람을 가르치는 '이인치인以人治人'의 논리를 편다. 사람이 사람을 다스리며 이끌어가는 존재로서 신의 존재보다는 덕성을 갖춘 인간, 곧 성인의 힘에 의한 정치를 강조한다. 맨 마지막의 "명철보신明哲保身"이란 구句로 마무리하는 것에 유의해보자. 좀 거칠게 말해서 이 개념은 현실에서 도피하고 은둔하며 살라는 처세관의 한 단면을 보여주는 것처럼 오해될 소지가 있다. 그런데 유가의 처세관의 핵심은 천하에 도가 없는 난세에는 은둔하며 '보신'하고 천하에 도가 있는 치세에는 '명철'하라는 것이다.

위대한 성인의 도 27.1

위대하구나! 성인의 도여!

大哉! 聖人之道!

위대함이 하늘에 이르네 27.2

[곳곳에] 충만하여 만물을 피어나게 하고 기르니, 높고 위대함이 하늘에 이르는구나.

洋洋乎發育萬物, 峻極於天.

넓고 커다란 도 27.3

넉넉하고도 크도다! 예의가 삼백 가지요. 세세한 예절이 삼천 가지로구나.

優優大哉! 禮儀三百, 威儀三千.

그 사람을 기다리다 27.4

[성인의 도는] 그 [행할] 사람을 기다린 뒤에야 행해질 것이다.

待其人而後行.

지극한 덕을 지녀야만 27.5

그러므로 말하기를 "진실로 지극한 덕을 지닌 사람이 아니면, 지극한 도는 모이지 않는다."라고 했다.

故曰, "苟不至德, 至道不凝焉."

군자는 덕성을 받들면서 중용에 통달하려 한다 27.6

그러므로 군자는 덕성을 [공경하여] 높이면서도 묻고 배우는 것에서 말미암으니,[1] 넓고 큰 것을 이루면서도 정밀하고 미세함을 다하고, 높고 밝음을 지극하게 하면서도 중용에 통달하며,[2] 옛것을 익히고 새로운 것을 알며, 후덕함을 돈독히 하고 예를 숭상한다.

故君子尊德性而道問學, 致廣大而盡精微, 極高明而道中庸, 溫故而知新, 敦厚以崇禮.[3]

---

1) 원문의 "도道"를 번역한 것으로, 주희는 말미암다는 의미의 '유由' 자로 보았는데, 일리가 있다. 이 글자의 의미는 '계기로 삼는다'이다.

2) 원문의 "도道"를 번역한 것으로, 공영달은 이 글자를 '통通' 자로 풀이하여 '통달한다'는 개념으로 보았다. 역자도 공영달의 견해를 따랐다. 주희는 '따르다'는 개념으로 보았는데 이 역시 일리가 있다. 한편 앞 문장의 "도문학道問學"에서 '도道' 자와 같은 용법으로 보아 '말미암다'라고 해석하기도 한다.

3) 정약용은 "'존덕성尊德性'은 지극한 성실함이고, '광대廣大'란 넓고 두터운 것이며, '고명高明'은 높고 밝은 것이다. 앞 장에서 '지극히 성실한 도가 천지에 배합할 수 있다'고 말했으니, 글이 서로 비춘다.[尊德性者至誠也, 廣大者博厚也, 高明者高明也, 上章云至誠之道可配天地, 文相照也.]"라고 했다.

위아래가 교만하지 않고 배반하지도 않는다 27.7

그러므로 윗자리에 있으면서도 교만하지 않고, 아랫자리에 있으면서도 배반하지 않는다. 나라에 도가 있으면 그 말이 [자신을] 일으킬 수 있고, 나라에 도가 없으면 그 침묵이 [자신을] 용납할 수 있다. 《시경》에 말하기를 "이미 밝고 또 밝아 그 자신을 보전한다."라고 했으니 아마도 이것(앞 문장 전체)을 일컫는 것인가!

是故居上不驕, 爲下不倍. 國有道, 其言足以興, 國無道, 其默足以容. 詩曰: "旣明且哲, 以保其身"[4] 其此之謂與!

4) 이 말은 선악을 분명히 하고 시비를 가릴 줄 안다는 의미다. 인용된 《시경》은 〈대아〉의 '증민烝民' 편이다.

제28장

어리석고 덕이 부족하면 자리를 탐하지 말라

【해설】

이 장은 덕이 부족하고 어리석은 사람이 자리를 탐하는 것은 시대의 흐름을 무시한 것이라는 공자의 꾸짖음을 말하고 있다. 특히 제1절에서 보이듯 덕이 없고 지위가 없는 사람은 당대의 법을 준수하는 데 그쳐야 하며, 예악과 문물제도를 새로 만들려고 하면 안 된다고 했는데, 그 자격이 있는 사람은 천자뿐이다.

청 대 의고파 학자 유월兪樾은 제3절에 "거동궤車同軌, 서동문書同文, 행동륜行同倫."이란 문장이 중용과 무관하게 끼어들어 진시황 이후의 문장으로 보아야 한다고 주장했다. 자사가 지은 것이 아닌 데다 《중용》의 저작 연대를 진나라 이후로 보아야 한다는 논쟁을 불러일으킨 장이다.

재앙이 자신의 몸에 미치는 자 28.1

공자께서 말씀하셨다.

"어리석은데도 스스로 등용되기를 좋아하고, 지위가 낮으면서도 자기 멋대로 하는 것을 좋아하며, 지금 세상에 살면서 예전의 도로 되돌아간다면,[1] 이와 같은 사람은 재앙이 자신의 몸에 미칠 것이다."

子曰: "愚而好自用, 賤而好自專, 生乎今之世, 反古之道, 如此者, 烖及其身者也."

천자가 되면 할 일 28.2

천자가 아니면 예법[2]을 논의하지 못하고, 법도를 만들지 못하며, 문자를 살피지 못한다.

非天子, 不議禮, 不制度, 不考文.

1) 원문의 "반고지도反古之道"를 번역한 것으로, 한 가지 길만 아는 사람은 지금의 왕이 펴는 새로운 정사가 따를 만한 것인지 아닌지 알지 못한다는 뜻이다. "반反"은 '회복할 복復'과 같다.(주희 설)

2) 원문의 "예禮"를 번역한 것인데, 주희는 '친소親疏'와 '귀천貴賤'이 서로 만나는 본질적인 문제로 보았다. 말하자면 이들을 구분하는 문제로 본 것이다.

똑같이 하는 것 세 가지 28.3

오늘날[3] 천하에는 수레는 바퀴 폭을 같게 하고, 글은 문자를 같게 하며, 행실은 인륜을 같게 한다.[4]

今天下車同軌, 書同文, 行同倫.

명실상부 28.4

비록 그 지위(천자)를 갖고 있더라도, 진실로 그에 [어울리는] 덕이 없다면 감히 예악을 만들지 못하며, 비록 [어울리는] 덕이 있더라도 진실로 그 지위가 없으면 역시 감히 예악을 만들지 못한다.

雖有其位, 苟無其德, 不敢作禮樂焉. 雖有其德, 苟無其位, 亦不敢作禮樂焉.

---

3) 원문의 "금今" 자를 번역한 것인데, 주희는 앞의 "비천자非天子, 불의례不議禮" 이하는 자사의 말씀이라고 하여 자사가 살았던 시점으로 보았다. 정현은 뒤의 "역불감작례악언亦不敢作禮樂焉"까지 공자의 말씀으로 이어진다고 하여 공자가 살았던 시점으로 보았다. 공영달과 정약용도 이 설을 따랐다. 유월은 뒤쪽 문장의 '거동궤車同軌, 서동문書同文'을 들어 진시황이 수레바퀴 너비와 문자를 통일한 일련의 개혁 정책을 의미한다고 보아 '금今'을 진시황의 시기라고 확대 해석하기도 한다.

4) 원문의 "행동륜行同倫"을 번역한 것이다. 공영달은 "륜倫"을 '도道'와 같다고 보아 사람의 행실은 모두 똑같은 도리를 따르는 것으로, 제2절의 '불의례不議禮'를 다시 설명한 것이라고 보았다. 주희는 '순서의 체[次序之體]'로 풀이했다. 다양하고 구체적인 예식을 가능하게 하는 예禮의 뼈대로 이해된다.(동양고전연구회 설)

주나라를 따르는 이유 28.5

공자께서 말씀하셨다.

"나는 하나라의 예를 말할 수는 있지만 [하나라의 후예인] 기나라가 [그것을] 고증하기에[5] 부족하다.[6] 나는 은나라의 예를 배웠는데, [은나라의 후예인] 송나라가 그것을 보존하고 있기는 하다. 나는 주나라의 예를 배웠는데, 오늘날 이것을 쓰고 있으니, 나는 주나라를 따르겠다.[7]"

子曰: "吾說夏禮, 杞不足徵也, 吾學殷禮, 有宋存焉, 吾學周禮, 今用之, 吾從周."

---

5) 원문의 "징徵"을 번역한 것으로, 주희의 해석대로 '증證'의 의미로 보았다. 한편 공영달은 이 글자를 '성成'과 '명明'으로 보아 '이룬다'와 '밝힌다'라는 의미로 풀이했다.

6) 이와 비슷한 내용이 《논어》〈팔일〉 3.9편에 나온다. "하나라의 예에 대해서는 내가 말할 수 있지만, [그 뒤를 잇는] 기나라의 예는 고증하기에 부족하고 은나라의 예에 대해서는 내가 말할 수 있지만, [그 뒤를 잇는] 송나라의 예는 고증하기에 부족하다. 문헌이 부족하기 때문이니, 충족된다면 나는 고증할 수 있을 것이다.[夏禮吾能言之, 杞不足徵也, 殷禮吾能言之, 宋不足徵也. 文獻不足故也. 足則吾能徵之矣.]"

7) 공자는 하나라, 은나라, 주나라, 즉 3대의 예를 다 배워 그 의미를 파악하고 있었다. 그런데 공자의 판단으로는 하나라의 예는 고증할 수 없고, 은나라의 예는 보존되어 있기는 하나 그 당시의 예가 아니라는 것이다. 공자는 주나라의 예만 천자의 제도를 사용하고 있으므로, 그 예를 따른다는 것이다.

제29장

천하에 왕 노릇을 하는 데 중요한 것 세 가지

【해설】

제28장에 이어 덕도 갖추고 지위도 있는 성인이 천하에 왕도를 펼쳐야 하는 것을 말하고 있다. 군자의 도는 자신에게 근본을 두어 뭇 백성에게서 입증되도록 하며, 선왕에게 상고해보아도 어긋나는 부분이 없으며, 천지간에 세워보아도 어그러지는 부분이 없으며, 귀신에게 물어보아도 미혹됨이 없을 것이고, 백 세대 뒤의 성인을 기다려도 미혹되지 않을 것이라고 했다. 제4절의 "지천知天"과 "지인知人"의 개념이 제20장에서도 똑같이 나왔다는 데 주목하면서 하늘의 도[天道]와 사람의 도[人道]를 아는 것이 덕을 함양하는 데 얼마나 중요한 것인지 알아야 한다.

왕 노릇을 하는 데 중요한 세 가지 29.1

천하에 왕 노릇을 하는 데에는 세 가지 중요한 것[1]이 있으니, [이것을 행하면] 아마도 [천하를 다스릴 때] 허물을 적게 할 수 있을진저!

王天下有三重焉, 其寡過矣乎!

믿지 못하면 백성이 따르지 않는다 29.2

위의 것[2](하나라의 예나 은나라의 예)은 비록 선하다고 해도 고증할 수 없고, 고증할 수 없기 때문에 믿을 것이 없고, 믿을 것이 없기 때문에 백성은 따르지 않는다. 아래에 있는 사람(성인)은 비록 선하지만 [지위가] 높아질 수 없고, 높은 지위에 있지 않기 때문에 믿지 못하고, 믿지 못하기 때문에 백성은 따르지 않는다.

---

1) 원문의 "삼중三重"은 의례儀禮, 제도制度, 고문考文을 의미하는데(김충열 설), 성덕과 존위에 있는 자만이 제정할 수 있는 치도治道의 근본이다. 정약용은 "천하에 왕 노릇을 하는 자는 예禮를 논의해도 죄가 없고, 법도를 만들어도 죄가 없고, 문헌을 고증해도 죄가 없는 것[王天下者, 議禮而無罪, 制度而無罪, 考文而無罪]"(《중용자잠》)을 '삼중三重'이라고 했다. 이는 왕 천하의 성패를 결정하는 일로, 자신의 덕성에 묻는 일부터 천지신명과 귀신에게 묻는 일까지 신중하고 삼가며 경건해야 하는 일이다.

2) 원문의 "상언자上焉者"를 번역한 것으로, 정현과 공영달은 군주로 보았는데, 이는 이어지는 '하언자下焉者'와 대비되는 문장으로 보았기 때문이다. 문맥을 고려해볼 때 정현과 공영달의 주석도 상당한 설득력이 있다. 역자는 주희의 해석에 따라 '하상대夏商代', 즉 상고시대의 의미로 보았는데, 고증하기 어려운 하상대는 백성이 따르지 않고, 공자가 살았던 후대의 경우에도 비록 예에는 밝지만 천자의 지위를 갖고 있지 않으므로 백성이 따르지 않는다는 견해다.

上焉者 雖善無徵, 無徵不信, 不信民弗從, 下焉者, 雖善不尊, 不尊不信, 不信民弗從.

군자의 도는 자신이 근본이다 29.3

그러므로 군자의 도는 자신에게 근본을 두어, 뭇 백성에게서 입증되도록 하며, [하·은·주나라의] 삼왕에게 상고해보아도 어긋나는 부분이 없으며, 천지간에 세워보아도 어그러지는 부분이 없으며, 귀신[3]에게 물어보아도 의심이 없을 것이고, 백 세대 뒤의 성인을 기다려도 미혹되지 않을 것이다.

故君子之道, 本諸身, 徵諸庶民, 考諸三王而不謬, 建諸天地而不悖, 質諸鬼神而無疑, 百世以俟聖人而不惑.

하늘의 도, 사람의 도 29.4

귀신에게 물어보아도 의심이 없다는 것은 하늘(하늘의 도)을 알기 때문이고,[4] 백 세대 뒤의 성인을 기다려서도 미혹되지 않는다는 것

---

3) 원문의 "귀신鬼神"이란 말은 오늘날 귀신의 개념이 아니라 공영달의 해석처럼 음양이 변화하는 방식으로 사물을 생성하는 것이고, 주희의 해석처럼 '조화造化'의 자취로 볼 수 있다.

4) 《주역》〈계사전繫辭傳〉에 "공자께서 말씀하셨다. 변화의 도를 아는 자는 신이 하는 바를 아는 사람이다.[子曰, 知變化之道者, 其知神之所爲乎.]"라는 구절이 있고, 《논어》〈팔일〉 편에 "하늘에 죄를 지으면 빌 곳이 없다.[獲罪於天, 無所禱也.]"라고 했다. 성인은 사욕사념으로 천지신께 빌지 않는다는 뜻을 포함한 말이다. 이러한 지천知天, 지인知人의 기본이 성誠에 있음을 염두에 두어야 한다.

은 사람(사람의 도)을 알기 때문이다.

質諸鬼神而無疑, 知天也, 百世以俟聖人而不惑, 知人也.

군자의 움직임 29.5

그러므로 군자가 움직이면 대대로 천하의 도가 되니, [그가] 행하면 대대로 천하의 법도가 되며, [그가] 말하면 대대로 천하의 준칙이 된다. [그러한 군자와] 멀리 있으면 우러러보고, 가까이 있으면 싫어하지 않는다.

是故君子動而世爲天下道, 行而世爲天下法, 言而世爲天下則. 遠之則有望, 近之則不厭.

군자가 명예를 떨치기 위해서는 29.6

《시경》에 말하기를 "저기에 있어도 미워하는 사람이 없으며, 여기에 있어도 싫어하는 사람이 없어, 거의 일찍 일어나고 밤늦도록 힘써서 오래도록 칭송을 받으리다!"라고 했으니, 군자가 이처럼 하지 않고서 일찍이 천하에 명예를 떨친 사람은 있지 않다.

詩曰: "在彼無惡, 在此無射, 庶幾夙夜, 以永終譽!"[5)]君子未有不如此而蚤有譽於天下者也.

---

5) 인용된 《시경》은 〈주송〉의 '진로振鷺' 편이다.

제30장

공자의 도는 성현을 계승했고, 천지의 덕과 닮았다

【해설】

이 장은 길지 않은 편이지만 공자의 사상이 압축적으로 담겨 있으며, 공자의 인생관과 윤리관이 잘 정리되어 있다. 제29장에 이어 공자의 사상이 천도에 들어맞는 것을 밝히면서 공자의 사상이 귀신이나 절대자의 계시에서 나온 것이 아니라 요임금과 순임금을 필두로 하여 문왕과 무왕 등 성왕의 삶의 온축이라는 것을 말하고 있다.

제1절과 제2절에서는 공자 도통의 계승 관계를 밝히고 있는데 기본적으로 이미 제17장, 제18장, 제19장에서 다룬 순임금과 문왕, 무왕, 주공 등이 덕으로 천하를 다스린 일을 거론한 부분과 일맥상통하는 지점이 있다. 물론 공자는 성왕의 지위에 오르지 못했으나 "천시天時"를 따랐음을 밝히면서 공자의 덕이 사시四時와 일월日月의 순환처럼 한 치의 어긋남이 없음을 강조했다. 제3절에서는 천지의 위대함과 공자의 덕의 위상이 동일함을 강조하면서 조화로운 자연의 질서가 천지의 덕임을 분명히 밝히고 있다.

공자의 업적들 30.1

선생님은 요임금과 순임금을 으뜸으로 높여 이어받으셨고,[1] 문왕과 무왕이 [이룬 업적을] 본받아 밝히셨으며,[2] 위로는 하늘의 때를 따르고, 아래로는 물과 흙의 이치를 따랐다.[3]

仲尼祖述堯舜, 憲章文武, 上律天時, 下襲水土.

업적을 비유하자면 30.2

비유하자면 하늘과 땅이 [만물을] 실어주지 않는 것이 없고 덮어주지 않는 것이 없는 것과 같아, 비유하자면 사계절이 번갈아 운행하며,[4] 마치 해와 달이 번갈아 밝혀주는 것과 같다.

辟如天地之無不持載, 無不覆幬, 辟如四時之錯行, 如日月之代明.

---

1) 원문의 "조술祖述"을 번역한 것으로, "조祖"는 '시始'와 같다.(공영달 설) 따라서 요임금과 순임금의 도를 시원으로 여겨 높인 것이다. 주희는 "멀리 그 도를 으뜸으로 높이는 것[遠宗其道]"이라고 했다.

2) 원문의 "헌장憲章"을 번역한 것으로, "헌憲"은 '본받을 법法'과 같고, "장章"은 '밝을 명明'과 같다.(공영달 설)

3) 원문의 "습襲"을 번역한 것인데, 주희는 이 글자를 '인因'으로 보아 '인습하다'는 개념으로 풀이했으며 '따르다'라는 의미로 보면 무난하다.

4) 원문의 "사시지착행四時之錯行"을 번역한 것으로, "착錯"은 '번갈아들 질迭'과 같다. 이것은 성인의 덕을 말씀한 것이다.(주희 설) 정약용은 "추위와 더위가 서로 교대하는 것[寒暑相交]"(《중용자잠》)이라고 보았다.

천지가 위대해지는 까닭 30.3

만물이 나란히 자라면서도 서로 해치지 않고, 도가 나란히 행해져도 서로 어그러지지 않는다. 자그마한 덕[5)]은 냇물처럼 흘러가고 커다란 덕은 두텁게 교화되니, 이것이 천지가 위대해지는 까닭이다.

萬物並育而不相害, 道並行而不相悖. 小德川流, 大德敦化, 此天地之所以爲大也.

5) 원문의 "소덕小德"을 번역한 것으로 제후의 덕을 뜻하며, 바로 뒤의 "대덕大德"은 천자의 덕을 비유한 것이다. 소덕은 제자 중에서 덕이 자그마한 자로 칠십 제자를 말하고, 대덕은 제자 중 덕이 큰 자로 공자 문도의 사과四科 십철十哲 같은 무리를 말한다.(정약용 설) 한편 주희는 소덕을 "해치지 않고 어긋나지 않는 것[不害不悖]", 대덕을 "함께 길러지고 함께 행해지는 것[並育並行]"이라고 했다.

제31장

지성의 덕이라야 천도와 들어맞는다

【해설】

제30장이 공자의 천하관, 즉 천도에 관한 내용이라면, 제31장은 덕을 체화한 성인이 인간 세상을 교화하고 세상에 베푸는 인도에 관한 내용이 주를 이룬다. 말하자면 성인이 갖고 있는 덕성과 지혜의 효능은 두루 원만하게 만물에 미치며 그것은 온화하면서도 심원하게 발현되어 미치지 않는 곳이 없음을 말하고 있다. 첫머리에 나오듯 "총명예지聰明睿知" 한 "지성至聖"의 덕은 하늘의 덕과 일치하기에 가능한 일이다. 백성은 성인을 존경하여 자신들에게 베푼 덕을 기쁘게 받아들인다. 주희가 이 장의 대의에 대해 냇물처럼 갈라져 흐르는 성인의 덕을 풀이한 것이라는 것은 그래서 설득력이 있다.

제1절에서 "관유온유寬裕溫柔"는 인의 덕이니 포용력이요, "발강강의發強剛毅"는 의의 덕이니 의로운 집행력을 의미하며, "재장중정齊莊中正"은 예의 덕이니 공경함이며, "문리밀찰文理密察"은 지의 덕이니 시비의 분별력을 의미한다. 제2절은 그 덕이 보편적이고 광활하고 깊고 근본이 있어 수시로 발현됨을 말하고 있고, 제3절은 그 덕이 백성에게 미치는 영향을 말하고 있으며, 제4절의 '배천配天'은 지성의 덕을 갖춘 성인이 천도와 합치는 것을 설명했다.

천하의 지극한 성인 31.1

오직 천하의 지극한 성인이라야 총명과 예지[1]로써 충분히 [백성에게] 다가설 수 있고, 너그럽고 부드러워 충분히 포용할 수 있으며, 강하고 굳세고 강인하게 발하여 충분히 지켜나갈 수 있고, 엄정하고 바르므로 충분히 [천하 사람들에게] 공경을 받을 수 있고, 문장의 조리가 세밀하고 살필 수 있기에 충분히 분별할 수 있다.

唯天下至聖, 爲能聰明睿知, 足以有臨也, 寬裕溫柔, 足以有容也, 發強剛毅, 足以有執也, 齊莊中正, 足以有敬也, 文理密察, 足以有別也.

덕의 표출 31.2

두루두루 넓으면서도 고요하게 깊어 때에 맞추어 그의 덕을 표출[2]한다.

溥博淵泉,[3] 而時出之.

---

1) 원문의 "총명예지聰明睿知"를 번역한 것으로, 주희는 "태어나면서부터 아는 자질이고, 그 아래 네 가지는 인의예지의 덕[生知之質. 其下四者, 乃仁義禮知之德]"이라고 했다.

2) 원문의 "시출지時出之"를 번역한 것으로, 정치의 교화는 때를 기다렸다가 표출된다는 뜻이다. 덕이 가득 쌓이면 언제든 바깥으로 드러나게 된다는 뜻을 함축하고 있다.

3) 원문의 "부박溥博"은 '두루두루 넓음[周徧而廣闊]'이고 "연천淵泉"은 '고요하고 깊으며 근본이 있음[靜深而有本]'이라는 뜻이다.(주희 설)

백성이 기뻐하는 까닭 31.3

두루 [미치고도] 넓은 것은 하늘과 같고, 고요하고도 깊은 것은 연못과 같으니, [그러한 덕을 지닌 군자가] 나타나면 백성은 공경하지 않는 이가 없고, [그러한 덕을 지닌 군자가] 말을 하면 백성은 믿지 않는 이가 없으며, [그러한 덕을 지닌 군자] 행하면 백성은 기뻐하지 않는 이가 없다.

溥博如天, 淵泉如淵, 見而民莫不敬, 言而民莫不信, 行而民莫不說.

하늘과 짝하는 명성 31.4

이 때문에 [그의] 명성은 중원[온 나라]에 넘쳐나 [주변] 오랑캐 나라까지도 뻗쳐서, 배나 수레가 이르는 곳이나 사람의 힘이 통하는 곳과 하늘이 덮어주는 곳, 땅이 실어주는 곳, 해와 달이 비치는 곳, 이슬이 내리는 곳에 무릇 혈기가 있는 것은 존경하고 친근하게 여기지 않는 이가 없다. 그러므로 '하늘과 짝한다'고 말한 것이다.

是以聲名, 洋溢乎中國, 施及蠻貊, 舟車所至, 人力所通, 天之所覆, 地之所載, 日月所照, 霜露所隊, 凡有血氣者, 莫不尊親, 故曰配天.

제32장

대덕과 돈화로 천도의 극치를 말하다

【해설】

제32장은 앞 장에 이어 지성至誠으로 천하를 경륜하고 근본을 세우는 성인의 큰 덕이 돈독히 교화되는 것을 다룬다. 사실상《중용》의 총결론에 해당한다. 첫 장부터 일관된 논지로《중용》은 하늘이 인간에게 내린 '성性'의 명제에서 시작하여 '덕德'으로 대체되어 천덕天德이나 지덕至德의 말로도 환치되었으며 '성性'의 효용면에서 덕성德性이니 성덕性德이니 하는 말로 쓰였다. 천명을 제대로 알아야만 스스로에게 부여된 본성을 해치지 않고 순응하는 삶을 살아가게 되고 오상의 윤리를 세우게 된다는 논지가 이 장의 앞부분에 서술되어 있으며, 제2절에서는 도치문을 통해 지성의 도가 왜 중요한지 강조하고 있다. 거듭 강조하지만《중용》의 핵심교리는 바로 "성誠"이니, 영원한 지속성과 무한성으로 나아가기 위한 강한 추진력과 생명력을 갖고 있다고 하겠다.

치우치지 않는다 32.1

오직 천하의 지극히 성실한 사람이어야 천하의 위대한 법도[大經]로 다스릴 수 있고, 천하의 위대한 근본을 세우며, 천지의 [온갖] 변화와 생육을 알 수 있으니, 무릇 어찌 [달리] 치우치는 바가 있겠는가?

唯天下至誠, 爲能經綸天下之大經, 立天下之大本, 知天地之化育. 夫焉有所倚?

지극한 인 32.2

간절하고 지극한[1] 그 인자함이여! 깊고 깊음은[2] 그 연못과 같으며, 넓고 넓음은[3] 저 하늘 같구나!

肫肫其仁! 淵淵其淵, 浩浩其天!

1) 원문의 "순순肫肫"을 번역한 것으로, '간곡하고 지극한 모양으로, 경륜으로써 말한 것[懇至貌, 以經綸而言]'이라고 했다.(주희 설)

2) 원문의 "연연淵淵"을 번역한 것으로, '고요하고 깊은 모양으로, 근본을 세움으로써 말한 것[靜深貌, 以立本而言]'이라고 했다.(주희 설)

3) 원문의 "호호浩浩"를 번역한 것으로, '넓고 큰 모습으로, 화육을 안다는 것으로써 말한 것[廣大貌, 以知化而言]'이라고 했다.(주희 설)

하늘의 덕에 도달해야만 32.3

진실로 총명하고 성인의 지혜를 갖추어서 하늘의 덕에 도달한 자가 아니라면, 그 누가 그를 알아볼 수 있겠는가?

苟不固聰明聖知達天德者, 其孰能知之?

제33장

《중용》의 요체

【해설】

이 장은 제32장의 연장선에 있는 마지막 장으로, 《중용》 전체의 결론에 해당한다. 제1장과 수미관계를 이루니 제1장은 천天에서 비롯하여 "성性, 도道, 교敎"로 시작하는데, 이 장은 반대로 아래로부터 위, 즉 천天으로 향한다는 하학상달下學上達을 말한 것이다.

이 장은 모두 여섯 절이다. 《중용》의 앞부분이 주로 공자의 말씀으로 시작되는 데 비해, 이 장에서는 《시경》의 여덟 구절을 인용하여 신독愼獨과 계신공구戒愼恐懼 등의 유가 수양 덕목을 시로 요약하고 강조하며 끝을 맺는다. 천하를 다스리는 이치를 지성至誠에 바탕을 두고 있으면서도 모든 것이 마음으로 귀착됨을 의미 있게 서술하고 있다.

제1절은 군자의 위기지학을, 제2절은 마음이 발한 뒤 군자의 신독의 일을, 제3절은 계신공구함을, 제4절은 신독과 계신공구의 공부, 즉 존양성찰存養省察의 공부를 통해 나타나는 공효功效를, 제5절은 제26장에 보이는 문왕의 덕을 칭송한 문장과 연관하여 불현유덕不顯惟德과 같은 성인의 지덕이 세상에 감응하는 공효를, 제6절은 성인의 불현지덕不顯之德은 하늘의 일과 같음을 찬미했다. 특히 제1절의 "의금상경衣錦尙絅"이란 말을 의미 있게 보아야 한다. 화려한 비단옷 무늬가 드러날까 봐 홑옷을 한 겹 걸쳐 가리듯, 자기 안에 온축된 도를 밖으로 드러내지 않으려는 절제미를 말하고 있다. 화려한 겉모습보다는 은근과 숨김의 미학을 의미하는 이 말은 중용의 의미, 시중時中의 의미와 맞닿아 있다.

비단옷에 홑옷을 걸친 이유 33.1

《시경》에 말하기를 "비단옷을 입고 홑옷을 걸쳤구나."[1)]라고 했으니, 그 비단옷의 무늬가 드러나는 것을 싫어했기 때문이다. 그러므로 군자의 도는 잘 보이지 않는 것[2)] 같지만 나날이 드러나고, 소인의 도는 선명하게 드러나지만 나날이 없어진다. 군자의 도는 담담하지만 싫증이 나지 않고, 간결하면서도 문채가 나며, 온유하면서도 조리가 있다. [그러므로] 먼 것은 가까운 데서 [비롯한 것임을] 알고, 바람이 [어디에서] 시작되는 것을 알며, 은미한 것이 [현저하게] 드러남을 안다면, 함께 덕에 들어갈 수 있다.

詩曰: "衣錦尙絅", 惡其文之著也. 故君子之道, 闇然而日章, 小人之道, 的然而日亡. 君子之道, 淡而不厭, 簡而文, 溫而理, 知遠之近, 知風之自, 知微之顯, 可與入德矣.

1) 원문의 "의금상경衣錦尙絅"은 《시경》 〈위풍〉의 '석인碩人' 편과 〈정풍鄭風〉의 '봉丰' 편에 "의금경의衣錦褧衣"로 되어 있다. '경絅'은 옷 위에 겹쳐 입는 홑옷을 말한다. 〈위풍〉의 '석인' 편에서는 장강莊姜의 아름다움을 노래하고, 〈정풍〉의 '봉' 편에서는 여인이 놓친 사람을 아쉬워하며 복식을 성대히 갖추고 자신을 데려가기를 바라는 마음을 노래했다.

2) 원문의 "암연闇然"을 번역한 것으로, "군자의 도로써 덕이 심원하고 겸손하여 물러나 처음에 보려면 잘 보이지 않는다.[君子以其道德深遠謙退, 初視未見.]"라고 했다.(공영달 설) 김충열은 "불현不顯의 지덕至德과 위기지학爲己之學 같은 유가의 도덕론도 결국은 상경문화尙絅文化로 포장된다. '의금상경衣錦尙絅'을 다시 한번 음미해보면 노출을 가리는 문화, 이것이 동양의 미덕이다."라고 했다.

잠긴 물고기가 밝게 보인다 33.2

《시경》에 이르기를 "잠긴 것(물고기)이 비록 엎드려 있으나, 또한 오히려 대단히 밝게 보이네!"라고 했다. 그러므로 군자는 안으로 성찰하여 허물이 없다면 마음속에 부끄러움이 없어야 한다. 군자에게 [보통 사람들이] 미칠 수 없는 점은 아마도 오직 다른 사람들이 보지 못하는 바에 있을 것일진저!

詩云: "潛雖伏矣, 亦孔之昭!"[3] 故君子內省不疚, 無惡於志. 君子之所不可及者, 其唯人之所不見乎!

구석에 앉아도 부끄러움이 없어라 33.3

《시경》에 이르기를 "네가 방 안에 있을 때를 보니, 잘 볼 수 없는 구석에 앉아서도 부끄러움이 없도록 하라."라고 했으니, 그러므로 군자는 행동하지 않아도 공경을 받으며, 말하지 않아도 믿음을 준다.

詩云: "相在爾室, 尙不愧於屋漏."[4] 故君子不動而敬, 不言而信.

---

3) 인용된 《시경》은 〈소아〉의 '정월正月' 편이다. 이 시의 문맥으로 보아 동주東周 초기 주나라가 쇠퇴해가는 시기에 화란禍亂이 미치니 도망할 곳이 없음을 의미한다. 이 구절 또한 앞 구절의 인용과 마찬가지로 제1장의 "숨어 있는 것보다 드러나는 것은 없으며, 세밀한 것보다 드러나는 것이 없다.[莫見乎隱, 莫顯乎微.]"라는 내용을 부연하는 데 활용하고 있다.

음악을 펼칠 때는 말도 없다 33.4

《시경》에 말하기를 "[장엄한 음악을] 연주할 때 말이 없으니, 이때에는 다툼이 있지 않네."라고 했다. 그러므로 군자가 상을 주지 않아도 백성이 힘쓸 것이며, 성내지 않아도 백성은 [여물을 써는] 작도와 도끼보다 더 두려워한다.

詩曰: "奏假無言, 時靡有爭."[5] 是故君子不賞而民勸, 不怒而民威於鈇鉞.

드러나지 않는 덕 33.5

《시경》에 말하기를 "드러나지 않는 [그윽한] 덕을 모든 제후가 본받는구나![6]"라고 했다. 그러므로 군자는 공경함을 돈독하게 하여 천하가 태평스러워진다.

詩曰: "不顯惟德, 百辟其刑之!"[7] 是故君子篤恭而天下平.

---

4) 인용된 《시경》은 〈대아〉의 '억抑' 편이다. 시의 내용을 부연하면, "나를 보는 이가 없다고 말하지 말라. 신의 이르름은 헤아릴 수가 없거늘.[莫予云覯. 神之格思, 不可度思.]"이라고 했으니 군자의 계신공구戒愼恐懼함은 홀로 거처할 때도 지극히 해야 함을 강조하기 위해 인용되었다.

5) 인용된 《시경》은 〈상송〉의 '열조烈祖' 편이다. 원래의 시에는 "종가무언鬷假無言, 시미유쟁時靡有爭"으로 되어 있다. 맑은 술을 올려 제사를 지내며 말이 없고 다툼이 없으니 엄숙하고 공경함이 지극한 것이다.

6) 원문의 "형刑"을 번역한 것으로, '법法'의 의미로써 동사로 쓰였다.

소리도 없고 냄새도 없는 것 33.6

《시경》에 이르기를 "내 밝은 덕이 음성과 얼굴빛을 크게 여기지 않음을 생각하노라."라고 했다. 공자께서 말씀하셨다. "음성과 얼굴빛은 백성을 교화함에 있어서 말단이다. 《시경》에 이르기를 '덕은 가볍기가 터럭과 같으니'라고 했다. 터럭에는 오히려 [무게를] 비교할 만한 것이 있다. '높은 하늘의 일은 소리도 없고 냄새도 없으니'라고 한 것이 지극하구나!"

詩云: "予懷明德, 不大聲以色."[8] 子曰: "聲色之於以化民, 末也. 詩云: '德輶如毛'[9] 毛猶有倫. '上天之載, 無聲無臭.'[10] 至矣!"

---

7) 인용된 《시경》은 〈주송〉의 '열문' 편이다. 유심현원幽深玄遠한 덕을 본받아 널리 감화되는 것을 표현했다. 《중용》 26.10편의 "아아, 하늘의 명이여! 오오, 심원하여 그침이 없구나![維天之命! 於穆不已!]", "아아, 드러나지 않겠는가! 문왕의 덕의 순수함이여![於乎不顯! 文王之德之純!]"라고 한 구절과 상통한다.

8) 인용된 《시경》은 〈대아〉의 '황의皇矣' 편이다. 이 시는 상제가 문왕에게 이르는 말로, 덕이 깊고 은미하여 천리를 따르고, 성색을 요란하게 하는 정치의 말단을 멀리하는 것을 말했다.

9) 인용된 《시경》은 〈대아〉의 '증민' 편이다. 덕이 가벼워 행하기 쉬운 듯하나 행하는 이가 드물고, 중산보仲山甫만 홀로 행함을 말하고 있다. 터럭이 가볍고 미세하지만, 그보다 더 지극한 것으로 이 시를 인용했다.

10) 인용된 《시경》은 〈대아〉의 '문왕' 편이다. 이 시를 보면 "천명은 보전하기가 쉽지 않으니 네 몸에서 끊어지지 않게 하라. 훌륭한 명성을 펴서 밝히며 은나라를 헤아리되 하늘로부터 하라. 천상의 일은 소리도 없고 냄새도 없거니와 문왕을 본받으면 만방이 진작하여 믿으리라.[命之不易, 無遏爾躬. 宣昭義問, 有虞殷自天. 上天之載, 無聲無臭. 儀刑文王, 萬邦作孚.]"라고 했다. 이는 〈주송〉 '열문' 편에서 문왕의 덕을 찬미한 것과 같으며, 《대학》 전2.3편의 "주나라가 비록 옛 나라이지만, 천명은 오직 새로워질 것이다.[周雖舊邦, 其命惟新.]"라고 한 부분과도 일맥상통한다.

四書

참고문헌

1. 논어

- 何晏,《論語注疏》(《十三經注疏》下册), 中華書局, 1980
- 刑昺,《論語義疏》, 中華書局, 1980
- 皇侃,《論語義疏》
- 韓愈,《論語筆解》
- 宋翔鳳,《論語說義》
- 朱熹,《論語集注》, 中華書局, 1983
- 楊樹達,《論語疏證》, 科學, 1955
- 이장우, 박종연 역,《논어역주》, 중문출판사, 1997
- 趙紀彬,《論語新探》, 人民出版社, 1976
- 楊伯峻,《論語譯注》, 中華書局, 1980
- 錢穆,《論語新解》, 三聯書店, 2002(1963년 초판)
- ──,《錢穆先生全集(新校本)-孔子與論語》, 九洲圖書, 2011
- 李澤厚,《論語今讀》, 三聯書店, 2004
- 程樹德,《論語集釋(全4册)》, 中華書局, 2011
- 劉寶楠,《論語正義(上·下)》, 中華書局, 1990
- 丁若鏞,《論語古今註》, 성균관대학교 대동문화연구원 刊, 한국경학자료
- 이지형 역주,《논어고금주》, 사암, 2017

- 李珥,《論語釋義》, 한국경학자료집성본
- 李滉,《論語釋義》, 한국경학자료집성본
- 朴世堂,《論語》, 민족문화추진회본
- 李零,《去聖乃得眞孔子-論語縱橫讀》, 三聯書店, 2008
- ———,《喪家狗我讀論語》, 山西人民出版社, 2007
- 김갑수 역,《집 잃은 개》(1, 2), 글항아리, 2012
- ———,《郭店楚簡校讀記》, 北京大學出版社, 2001
- 南懷瑾,《論語別裁》, 復旦大學出版社, 1990
- 孫欽善,《論語注譯》, 巴蜀書社, 1990
- 金良年,《論語譯注》, 上海古籍出版社, 1995
- 牛澤群,《論語札記》, 連山出版社, 2003
- 傅佩榮,《論語300講(上·下)》, 中華書局, 2010
- 司馬遷,《史記》(標點本), 中華書局, 2002(1959년 초판)
- 倪晋波,〈《史記·孔子世家》辨惑〉,《渭南師范學院學報》, 第23卷 第6期(2008. 11)
- 田率,〈孔子言行考兩則以《史記·孔子世家》爲中心〉,《湖南科技學院學》, 第29卷 第9期(2008. 9)
- 陳移瑜,〈孔子形象的悲色彩讀《史記·孔子世家》〉,《中國校外教育雜志教》, 2008. 8
- ———,〈讀《史記·孔子世家》談孔子形象的悲色彩〉,《中國校外教育下旬刊》, 2008. 1
- 李啓謙,《孔門弟子研究》, 齊魯書社, 1988
- 李啓謙·駱承烈·王式倫 編,《孔子資料彙編》, 山東友誼書社, 1991
- ———,《孔子弟子資料彙編》, 山東友誼書社, 1991
- 孫星衍·郭沂 校補,《孔子集語校補》, 齊魯書社, 1998
- 이강재,〈《論語》, 上十篇의 解釋에 대한 研究〉, 서울대학교 박사학위 논문. 1998
- 許愼, 段玉裁,《說文解字注》, 黎明文化公司, 1986
- 김학주,《논어》, 서울대출판부, 2009

- ———, 《공자의 생애와 사상》, 태양문화사, 1978
- 성백효, 《논어집주》, 전통문화연구회, 2011
- ———, 《논어집주》 3권, 한국인문고전연구소, 2013
- 동양고전연구회 역, 《논어》, 민음사, 2016
- 배병삼, 《논어》 1 · 2, 문학동네, 2010
- 심경호, 《논어》(1~3), 민음사, 2013
- 이을호, 《논어》, 박영사, 1973
- 류종목, 《논어의 문법적 이해》, 문학과지성사, 2000
- 황희경, 《논어》, 시공사, 2000
- 김용옥, 《논어한글역주(전3권)》, 통나무, 2008
- 피에르 도딘, 김경애 옮김, 《공자》, 한길사, 1998
- 벤자민 슈워츠, 나성 옮김, 《중국 고대사상의 세계》, 살림, 1996
- 차주환, 《동양의 지혜-논어》, 을유문화사, 1972
- 김원중, 《사기세가》, 민음사, 2015
- ———, 《사기열전》, 민음사, 2015
- ———, 《사기본기》, 민음사, 2015
- 김종무, 《논어신해》, 민음사, 1989
- 김학주, 《시경》, 명문당, 1985
- ———, 《서경》, 명문당, 2001
- ———, 《순자》, 을유문화사, 2001
- 안동림, 《장자》, 현암사, 2004
- 오규 소라이, 임옥균 등 옮김, 《논어징(전3권)》, 소명출판, 2010
- 카이즈카 시게키, 박연호 옮김, 《공자의 생애와 사상》, 서광사, 1991
- 金谷治, 《論語》, 岩波文庫, 1999
- Robert Eno, "The Background of the Kong Family of lu and the Origins of Ruism", Early China, No.28, 2003

- Dawson, Raymond Stanley, The analects Confucius, New York : Oxford University Press, 2008
- Leonel M. Jesen, Manufacturing Confucianism: Chinese Traditions & Universal Civilization, Durhamand London : Duke University Press,1997
- E. Bruce Brooks and A. Taeko Brooks, The Original Analects: Sayings of Confucius and His Successors, New York : Columbia University Press, 1998
- D. C. Lau, Confucius-The Analects, Hong Kong : Chinese University Press, 1979
- Herrlee Gr. Creel, Confucius and The Chinese Way, New York : Harper & Row Publishers, 1949(이성규 옮김,《공자: 인간과 신화》, 지식산업사, 1983)
- Herber Fingratte, Confucius: The Secularas Sacred, New York : Harper & Row Publishers, 1972
- Roger T. Amesand Henry Rosemont, Jr., The Analects of Confucius: a Philosophical Translation, New York : The Ballantine Publishng Group, 1998
- Michael Loeweed, Early Chinese Texts: a Bibliogphical Guide, Berkeley: The Society for Study of Early China and The Institute of East Asian Studies, Universoty of California, 1993

2. 맹자

- 《孟子集註》 內閣本, 成均館大學校 大東文化硏究院 影印本, 1965.
- 楊伯峻, 《孟子譯注》, 中華書局, 1992.
- 이이李珥 저, 《사서율곡언해 맹자》, 학자원, 2017.
- 대진戴震 저, 임옥균 역, 《맹자자의소증원선》, 홍익출판사, 1998.
- 맹자孟子 저, 김학주 역, 《맹자》, 명문당, 1999.
- ———, 동양고전연구회 역, 《맹자》, 민음사, 2016.
- ———, 박경환 역, 《맹자》, 홍익출판사, 2005.
- ———, 성백효 역, 《맹자집주》, 전통문화연구회, 2011.
- ———, 양보쥔 역, 우재호 한역, 《맹자역주》, 중문, 2005.
- ———, 우재호 역, 《맹자》, 을유문화사, 2007.
- ———, 이기동 역, 《맹자강설》, 성균관대학교출판부, 2014.
- ———, 이을호 역, 《맹자》, 올재, 2019.
- ———, 최영갑 역, 《맹자》, 펭귄클래식코리아, 2012.
- 성백효 저, 《현토신역 맹자집주》, 한국인문고전연구소, 2018.
- 이토 진사이伊藤仁齋 저, 최경열 역, 《맹자고의》, 그린비, 2020.
- 정약용丁若鏞 저, 이지형 역, 《맹자요의孟子要義》, 현대실학사, 1994.
- 조기趙岐·손석孫奭 저, 최채기 외 1명 역, 《역주 맹자주소 1(십삼경주소)》, 전통문화연구회, 2019.
- 주희 집주, 임동석 역, 《사서집주언해 맹자》, 학고방, 2004.
- 푸페이룽傅佩榮 저, 정광훈 역, 《맹자교양강의》, 돌베개, 2010.
- 朱熹, 《朱子語類》, 中華書局, 1986.
- 《大學章句集註》 內閣本, 成均館大學校 大東文化硏究院 影印本, 1965.
- 《論語集註》 內閣本, 成均館大學校 大東文化硏究院 影印本, 1965.
- 《書傳集註》 內閣本, 成均館大學校 大東文化硏究院 影印本, 1965.
- 《詩傳集註》 內閣本, 成均館大學校 大東文化硏究院 影印本, 1965.

- 사마천司馬遷 저, 김원중 역,《사기》(전 6권), 민음사, 2015.
- 한비자韓非子 저, 김원중 역,《한비자》, 휴머니스트, 2016.
- 공자孔子 저, 김원중 역,《논어》, 휴머니스트, 2019.
- 노자老子 저, 김원중 역,《노자 도덕경》, 휴머니스트, 2018.
- 장자莊子 저, 김학주 역,《장자》, 연암서가, 2010.
- ———, 안동림 역,《장자》, 현암사, 2004.

- 금장태, 〈茶山의《孟子》해석과 性 개념 인식〉,《人文論叢》, 제50집, 2003.
- 김경희, 〈《孟子》에 관한 朱熹·이토 진사이·丁若鏞의 해석의 비교연구: 性·心·政을 중심으로〉, 성균관대학교 박사학위논문, 2016.
- 김조영, 〈《孟子要義》에 나타난 茶山의 經學觀 연구〉,《漢文古典硏究》, 제35집, 2017.
- 백민정, 〈茶山과 老少論系 학자의 人性論 비교 연구: 茶山《孟子要義》와《經史講義·孟子》세 조목의 條對 내용을 중심으로〉,《東洋哲學硏究》, 제59집, 2009.
- 서근식, 〈다산(茶山) 정약용(丁若鏞)의《맹자요의(孟子要義)》에 나타난 심성론(心性論) 연구(硏究)〉,《溫知論叢》, 제29집, 2011.
- 신창호, 〈孟子의 마음 修養論과 교육적 인간상 고찰〉,《東洋古典硏究》, 제14집, 2000.
- 양충열, 〈孟子의 문학해석학 방법론〉,《중국연구》, 제42집, 2008.
- 오종일, 〈맹자의 정전론과 정전제도의 사상적 연원〉,《東洋哲學硏究》, 제37집, 2004.
- 유민정, 〈한·중·일의 수사학적 경전 해석:《孟子》주석서를 중심으로〉, 성균관대학교 박사학위논문, 2019.
- 유영기, 〈《孟子》의 언어학적 연구: 제시주어를 중심으로〉,《중국인문과학》, 제68집, 2018.

- 이범수, 〈《孟子》에 나타난 커뮤니케이션 사상 연구〉, 《동양고전연구》, 제46집, 2012.
- 이소동, 〈《孟子·公孫丑(上)》 '知言' 句의 의미 연구〉, 《중국문학연구》, 제57집, 2014.
- 이연승, 〈趙岐의 孟子章句에 대한 小考〉, 《퇴계학보》, 제121집, 2007.
- 이철승, 〈孟子의 '浩然之氣' 사상에 대한 朱熹와 王夫之의 관점 비교: 《孟子集註》와 《讀孟子大全說》의 '浩然之氣'章을 중심으로〉, 《유교사상문화연구》, 제57집, 2014.
- 임옥균, 〈이토 진사이[伊藤仁齋]의 《맹자》 해석: 주자의 해석과의 비교를 중심으로〉, 《동양철학연구》, 제66집, 2011.
- 장현근, 〈맹자의 군주: '대인(大人)' 정치론〉, 《정치사상연구》, 제24집, 2018.
- 지준호, 〈孟子의 도덕교육론: 性善의 확충을 위한 교수작용의 측면을 중심으로〉, 《한국 철학논집》, 제42집, 2014.
- 최진덕, 〈《맹자》에 대한 두 해석: 《맹자집주(孟子集注)》와 《맹자요의(孟子要義)》〉, 《다산학》, 제8집, 2006.
- 함영대, 〈청대(清代) 학자들의 《맹자》 해석과 다산 정약용의 《맹자요의(孟子要義)》〉, 《다산학》, 제16집, 2010.

3. 대학·중용

- 《大學章句集註》內閣本, 成均館大學校 大東文化研究院 影印本, 1965.
- 《論語集註》內閣本, 成均館大學校 大東文化研究院 影印本, 1965.
- 《孟子集註》內閣本, 成均館大學校 大東文化研究院 影印本, 1965.
- 《書傳集註》內閣本 成均館大學校 大東文化研究院 影印本, 1965.
- 《詩傳集註》內閣本, 成均館大學校 大東文化研究院 影印本, 1965.
- 김기현 저, 《대학 – 진보의 동아시아적 의미》, 사계절, 2002.
- 김석진 저, 《대산 대학강의》, 한길사, 2012.
- 김석진·신성수 저, 《대산 중용강의》, 한길사, 2012.
- 김수길 저, 《집주완역 대학》, 대유학당, 2016.
- 김수길 저, 《집주완역 중용》 상·하, 대유학당, 2008.
- 김시준 역해, 《대학·중용》, 혜원출판사, 1990.
- 김충열 저, 《김충열 교수의 중용대학강의》, 예문서원, 2007.
- 김학주 역주, 《대학》, 서울대학교출판문화원, 2017.
- 김학주 역주, 《중용》, 서울대학교출판부, 1996.
- 동양고전연구회 역주, 《대학》, 민음사, 2016.
- 동양고전연구회 역주, 《중용》, 민음사, 2016.
- 동양고전학회 편, 《대학의 종합적 고찰》, 심산, 2013.
- 박완식 편저, 《대학 – 대학, 대학혹문, 대학강어》, 여강출판사, 2005.
- 박완식 편저, 《중용》, 북피아(여강), 2005.
- 성백효 역주, 《대학·중용집주》, 전통문화연구회, 2010.
- 성백효 저, 《현토신역 부안설 대학집주》, 한국인문고전연구소, 2016.
- 성백효 저, 《현토신역 부안설 중용집주》, 한국인문고전연구소, 2016.
- 세종대왕기념사업회 편집부 저, 장세경 역, 《역주 중용언해》, 세종대왕기념사업회, 2012.
- 수이청빙水成冰 저, 허유영 역, 《지키는 기술 – 중용, 난세에 빛나는 궁극의 전략》,

웅진지식하우스, 2009.
- 이기동 역, 《대학·중용강설》, 성균관대학교출판부, 2014.
- 이세동 역, 《대학·중용》, 을유문화사, 2018.
- 이을호 역, 《정다산의 대학공의》, 명문당, 1974.
- 이을호 역, 현암학술문화연구소 보, 《한글 중용·대학》, 올재클래식스, 2012.
- 자사子思·주희朱熹 저, 최영갑 역, 《대학·중용》, 펭귄클래식코리아(웅진), 2012.
- 잠일성岑溢成 저, 황갑연 역, 《대학철학》, 서광사, 2000.
- 전우田愚 저, BK21 중(한)문고전적 번역대학원 역, 《간재 전우, 중용을 탐구하다》, 심산, 2010.
- 정약용 저, 이광호 외 역, 다산학술문화재단 기획, 《대학공의·대학강의·소학지언·심경밀험》, 사암, 2016.
- 정현鄭玄 저, 이광호 외 역, 《역주 예기정의-중용·대학》, 전통문화연구회, 2015.
- 주희朱熹 저, 김미영 역, 《대학·중용》, 홍익출판사, 2015.
- 주희朱熹 저, 최석기 역, 《대학》, 한길사, 2014.
- 주희朱熹 저, 최석기 역, 《중용》, 한길사, 2014.

- 김형태, 〈《대학大學》에 인용된 《시경詩經》 구절의 문학적 효용성〉, 《동양고전연구》, 제31집, 2008.
- 민병희, 〈주희朱熹의 "대학大學"과 사대부士大夫의 사회·정치적 권력〉, 《중국사연구》, 제55집, 2008.
- 박순철, 〈《대학大學》·《중용中庸》의 《시경詩經》 인용시引用詩 소고小攷〉, 《한국사상과 문화》, 제30집, 2005.
- 백민정, 〈정조正祖와 다산茶山의 《대학大學》에 관한 철학적 입장 비교〉, 《퇴계학보》, 제126집, 2009.
- 서근식, 〈《대학大學》 해석解釋을 통해 본 주자朱子의 격물치지론格物致知論〉, 《동양고전연구》, 제33집, 2008.

- 서근식, 〈다산 정약용의《대학》해석에 관한 연구〉,《동양고전연구》, 제60집, 2015.
- 서근식, 〈주자의《대학장구》를 통해 본 평천하平天下의 세계〉,《동양고전연구》, 제63집, 2016.
- 신창호, 〈《대학大學》'삼강령三綱領'을 통해 본 교육의 원리〉,《교육문제연구》, 제25집, 2006.
- 신창호, 〈《대학장구大學章句》〈서序〉에 담긴 교육敎育의 체계體系 탐구探究〉,《동양철학연구》, 제49집, 2007.
- 오종일, 〈다산의《대학》《중용》관〉,《한문교육연구》, 제14집, 2000.
- 이규필, 〈대전본大全本 사서장구집주四書章句集注의 음주音注에 대한 일고찰一考察〉,《한문고전연구》, 제34집, 2017.
- 조상우, 〈《대학大學》의 '격물치지格物致知'를 활용한 글쓰기 전략〉,《동양고전연구》, 제23집, 2005.
- 지준호, 〈《대학공의大學公議》를 통해 본 다산茶山 정약용丁若鏞의《대학大學》관觀〉,《한국 철학논집》, 제12집, 2003.
- 지준호, 〈다산 정약용의 대학관 연구〉,《한국사상과 문화》, 제22집, 2003.

찾아보기

ㄱ

ㄷ

ㅂ

ㅈ

ㅌ

지은이 **공자**孔子

춘추시대 노魯나라의 사상가이자 유가 사상의 비조이며 이름은 구丘, 자는 중니仲尼이다. 여러 나라를 두루 돌아다니며 인仁을 바탕으로 하는 새로운 천하를 구축하려 했지만, 그의 정치적 이상은 시대적 상황에 들어맞지 않아 현실화되지 못했다. 하지만 공자와 그의 제자들의 대화를 기록한 《논어》는 인류의 보편적 가치를 담은 고전으로서 2,500여 년 동안 전 세계 독자들에게 사랑받고 있다.

지은이 **맹자**孟子

전국시대 추鄒나라의 사상가로 이름은 가軻이고, 자는 자여子輿 또는 자거子車이다. 기원전 385년에 태어나 기원전 304년까지 살았다고 추정된다. 공자의 손자인 자사子思에게 학문을 배웠으며, 다른 학설을 물리치고 유가의 가르침을 전승하고자 노력했다. 공자의 인성론과 교육관을 재해석하여 자신의 사상 체계를 확립했으며, 이로 인해 성인 공자를 잇는 아성亞聖으로 불린다.

지은이 **증자**曾子

공자의 제자로 이름은 삼參, 자는 자여子輿이며, '증자'는 그를 높인 칭호이다. 아버지 증점曾點 또한 공자의 제자이다. 공자가 던진 말의 핵심을 가장 잘 깨달은 제자로 유명한데, 공자는 그를 그다지 총명하다고 생각하지 않았다는 설도 있다. 송유宋儒가 도통을 세울 때 그를 극히 높이 받들었으며 공자, 맹자, 안자(안회), 자사자(자사)와 함께 유가의 오성五聖으로 꼽힌다.

지은이 **자사**子思

이름은 급伋, 자는 자사子思인데 자로 널리 알려졌다. '자사자子思子'라고도 불린다. 공자의 손자이며 공리孔鯉의 아들이다. 증자의 가르침을 받았으며, 노魯나라 목공穆公의 스승으로 알려져 있다.《중용中庸》을 지어 공자의 학통을 이었고, 유가 오성의 반열에 들었다. 공자에서 증자, 자사, 맹자로 이어지는 성리학의 학통으로 인해 술성공述聖公으로 추존되는 영예를 누렸다.

옮긴이 김원중金元中

성균관대학교 중문과에서 문학박사 학위를 받았다. 대만 중앙연구원과 중국 문철연구소 방문학자 및 대만사범대학교 국문연구소 방문교수, 건양대학교 중문과 교수, 대통령 직속 인문정신문화특별위원, 한국학진흥사업위원장을 역임했다. 현재 단국대학교 사범대학 한문교육과 교수로 재직 중이며, 한국중국문화학회 부회장을 맡고 있다.
동양의 고전을 우리 시대의 보편적 언어로 섬세히 복원하는 작업에 매진하여, 고전 한문의 응축미를 담아내면서도 아름다운 우리말의 결을 살려 원전의 품격을 잃지 않는 번역으로 정평 나 있다. 《교수신문》이 선정한 최고의 번역서인 《사기 열전》을 비롯해 《사기 본기》, 《사기 표》, 《사기 서》, 《사기 세가》 등 개인으로서는 세계 최초로 《사기》 전체를 완역했으며, 그 외에도 MBC 〈느낌표〉 선정도서인 《삼국유사》를 비롯해 《논어》, 《손자병법》, 《한비자》, 《맹자》, 《대학 · 중용》, 《노자 도덕경》, 《명심보감》, 《채근담》, 《정관정요》, 《정사 삼국지》(전 4권), 《당시》, 《송시》, 《격몽요결》 등 20여 권의 고전을 번역했다. 또한 《고사성어 사전: 한마디의 인문학》(편저), 《한문 해석 사전》(편저), 《중국 문화사》, 《중국 문학 이론의 세계》 등의 저서를 출간했고 40여 편의 논문을 발표했다. 2011년 환경재단 '2011 세상을 밝게 만든 사람들'(학계 부문)에 선정되었다. 삼성사장단과 LG사장단 강연, SERICEO 강연 등 이 시대의 오피니언 리더들을 위한 대표적인 인문학 강연자로도 널리 알려져 있다.

사서 특별 한정판

1판 1쇄 발행일 2021년 4월 5일

지은이 공자 맹자 증자 자사
옮긴이 김원중

발행인 김학원
발행처 (주)휴머니스트출판그룹
출판등록 제313-2007-000007호(2007년 1월 5일)
주소 (03991) 서울시 마포구 동교로23길 76(연남동)
전화 02-335-4422 **팩스** 02-334-3427
저자·독자 서비스 humanist@humanistbooks.com
홈페이지 www.humanistbooks.com
유튜브 youtube.com/user/humanistma **포스트** post.naver.com/hmcv
페이스북 facebook.com/hmcv2001 **인스타그램** @humanist_insta

편집주간 황서현 **편집** 전두현 **디자인** 김태형 유주현
용지 화인페이퍼 **인쇄** 청아디앤피 **제본** 영신사

ISBN 979-11-6080-616-8 03140